U0947723

國家清史編纂委員會・文獻叢刊

張之洞全集

五

公牘・咨札

◎主編／趙德馨◎副主編／吳劍杰　馮天瑜

◎本册點校／吳劍杰

武漢出版社

第五册編輯説明

本册收録光緒八年二月至光緒二十二年八月，即張之洞出任山西巡撫、兩廣總督、湖廣總督（含署理兩江總督）期間的咨札共六百八十六件（不含附件），包括底本《張文襄公全集》（北平文華齋一九二八年刊本）第八十六至九十九卷中的全部二百八十七件和第一百卷中的前十六件，計三百零三件；另增補三百八十三件，其中除少量外，均録自抄本《督楚公牘》（不著卷次、頁碼。中國社會科學院經濟研究所圖書館藏）。凡增補各件，均在目録中相應標題的上方標示圓圈，并隨文分别注明出處。

本册由吴劍杰負責點校整理。張寧、黎浩參加了增補文獻的搜集。

第五册目録

公牘·咨札 光緒八年二月至光緒二十二年八月

光緒八年

光緒九年

光緒十年

光緒十一年

光緒十二年

光緒十三年

光緒十四年

光緒十五年

光緒十六年

光緒十八年

光緒十九年

公牘

咨札

光緒八年

札藩司通飭永遠裁禁陋規 光緒八年二月二十九日

照得本部院奉命撫晉，即聞前護院葆在藩司任內，有籌議院署津貼之舉。嗣又商令司道，有改提院署公費之議，已不勝其駭異。到任後，因諭令司道首府，凡本衙門舊有規禮，迅速作函傳知通省，一概不准呈送。盤查藩、運庫陋規，并予裁除。檢查卷案，光緒六年七月據司道會詳，以院署辦公不敷，擬於善後節省項下籌動銀五萬兩，作爲發商新增生息。所有此項息銀六千兩，每月以五百兩由藩司備文呈解，作爲津貼之用。前護院葆因去任在即，批令儲備公用。復於向來致送水禮暨缺分較優之處，議令兩司三道四府一廳三直隸州一縣，每年共提公費銀一萬七千兩，加一五小費銀二千五百五十兩，分季批解，即將節壽、水禮一概停止，并於前詳新增生息津貼項下，提出銀二千四百兩，每月以二百兩由營製所備文呈解，作爲卓飯銀兩，以抵家丁裁去水禮之門包。查籌議津貼與新增生息兩詳，皆以院署辦公不敷爲詞，而公費一項，調查司存改提公費卷總簿，亦有院署公費司道各出幾何，府廳州縣各出幾何一單，而不言某任收受與否。即如前部院衛撫晉經年，於公費一項皭然不滓，而一應底案名目尚在，如閱時稍久，爲清爲濁，誰能辨之。將來按籍而稽，豈不永爲本省屬官留一無窮之累。在司道當日議詳，自係迫於護院之意，具有苦衷，情猶可諒。然此等利孔弊根，斷不可不早爲杜絶，是不得不將當日議詳原委，撮要宣布者也。至於司道府廳州縣致送上司水禮，雖屬積習，本干例禁，在下逞苞苴公行之技，在上蒙簠簋不飭之譏，稍知自愛者不爲也。詳考前撫院各任，甚廉潔者絲毫不收，稍謹飭者間收微物，亦從無歷任俱收之説。矧將水禮改折實銀，揣瘠分肥，限期批解，是返虛入實，化私爲官，謂之利己可也，謂爲恤人得乎。夫作法於凉，其弊猶貪，作法於貪，弊將安底。以晉承大祲之後，官司窘累萬分，本部院雖不能格外體恤，俾得牧養斯民，又何忍巧立名目，奪其固有之利，縱令日尋斤斧，以割剥閭閻元氣乎。此公費一欵，所當明白裁革者也。至於善後一款，其來既不容易，其用何忍含糊。查現在農桑、水利、道路、倉廒，關於善後者不可枚舉。工用未訖，節省奚來。即曰發商生息，亦祇應留備善後公用。以此專欵爲院署津貼之項，固屬不倫，迨經有改備公用之文，又復分半爲僕從卓飯之需，尤屬瑣屑無謂。試思一年水禮所值盈千累萬，何異贓私收受。水禮本應糾參，豈隨水禮而來之門包反爲義取。水禮既裁，皮之不存，毛將安附，何用代籌常欵，飽此貪囊乎。此卓飯一欵，又當明白裁禁者也。若每年供支四千兩一欵，取之生息，公用項下較之他欵，尚屬有名，意在爲首縣省供億之煩，亦有取義。本部院用度儉約，無藉於斯，且係近年新設之欵，義所不受，早經明札發還，本任決不以充私用。至後任動用與否，斟酌聽之後賢。此供支一欵，本任內已經切實裁除，亦當明白曉示者也。本部院受國厚恩，忝爲一省文武諸官之長，堂堂詔糈，本足自給，就令不敷，惟當以儉養廉，亦斷無取盈屬官之理。若謂裁禁以後，非後來所願，則人之欲善，誰不如我，豈可厚誣來者自便私圖。何況此日化水禮爲公費，他日必於公費之外又增水禮。水禮既行，門包仍在，誅求封殖，長此安窮。自應先將本部院衙門公費、卓飯、查庫、門包等項一律永遠裁禁，以衈屬官而維政體。除供支卓飯等欵已經專札發還，飭充公用，到省數日之火食供給，填衙之鋪陳，均經如數發價給還營製所立案稟辭，門包、喜敬、茶敬已經牌示禁革。查庫一欵，已經面諭該司并傳知河東道不行至送外，合行札飭該司即便遵辦，并通飭闔省府廳州縣一體知照，將原議公費、卓飯、查庫、門包等欵永遠裁除，於各種案卷詳晰注明某年月日本部院任内，奉文裁除，不准仍舊函胡登載，致啟後人疑竇。總之，本部院目擊山西官窮民困，決意挽此頹風，於陋規少一分沾潤，自必於公事少一分通融。所望凡我僚屬，大法小廉，同修職守，上報國家厚恩，下爲民生造福。諸君子之善，本部院與有榮焉。古人云：以身教者從，以言教者訟。若身教言教而俱不從，本部院惟有白簡從事，不知其他。

札司道首府裁革例差查明開報光緒八年四月初七日

照得晉省災祲之後，民窮官困，苦累難支，若再重以無謂之酬應，責以格外之差徭，俶擾百端，伊於胡底。亟應查明裁革，以示體卹。查各省司道府衙門向有春秋例差，如小錢、白役、保甲、契尾、鹽當、燒鍋、馬匹之類是也。有雖非例差而等諸例差者，如緝捕、錢糧、驛站、稽查、游勇之類是也。有并非例差而亦託名差使者，如催提、繁費之類是也。其名目甚繁，其委員無定，要皆藉差調劑，騷擾驛站而已。至於密札委審提案、守催一切，係屬特委事件，不在此數。今欲體恤州縣，而不能爲州縣省供億之煩。今方裁減差徭，而仍復爲百姓增車馬之累，名實矛盾，於事果奚益乎。除分飭外，爲此札仰該司道府於三日内，立將通年一應例差共有幾項，其中應委正印幾項，佐雜幾項，每年約委若干人，查明開摺詳覆，以憑酌核。

札營務處嚴禁積弊光緒八年四月二十五日

照得將弁之與士卒同甘共苦，情若一家，平日必能衈其饑寒，厚其豢養，護如愛子，視如嬰兒，而後可期上下一心，臨敵得其死力。軍興以來，國家於緑營兵外添設練軍、防勇，月支口糧較多緑營月餉數倍，無非欲以養其精力，固其腹心，以備一日緩急之用。乃近聞各營習氣，營哨各官往往於勇丁肆行其剥削，散發糧餉，每銀一兩或扣減數分。或製就衣履、包頭、裹脚等件散給勇丁，於各勇月餉内坐扣。或日需米麪皆由哨長總買俵散，比照市價加增扣還。或兵械號衣添新换舊，派令勇丁自行出錢。或親戚家屬携帶茶煙布匹等類到營，勒派勇丁，藉收重利。種種惡習，殊難盡述。查各將弁月支薪水不爲不豐，即有應行添造更新物件，各營自有辦公銀兩。似此任意刻剥，妄行科派，致令手下勇丁敢怒而不敢言，同役而不同心。輕則竊逃，甚或譁變，一旦有事，尚望其陷陣衝鋒，如同船之相救哉。前准部咨景山官教習王開運瀝陳陸路防軍情形，欽奉諭旨，飭各直省督撫及各該統兵大臣、將軍遵照。除將部咨及各摺鈔粘飭閲外，合亟飛札嚴飭該營立即遵照。將領無剋扣之弊端，則士馬有飽騰之實用，整頓營規莫急於此。倘敢陽奉陰違，仍有不卹士卒，扣減餉銀，及以衣履、包頭、裹脚、兵械、棉衣、茶煙、布匹等物科派勇丁等事，一經察知，除將勒扣勒派銀錢照數追繳外，定即從嚴參辦，決不姑容，勿謂言之不早也。

札歸綏道速解充公銀兩并開報公費數目光緒八年五月二十七日

據籌餉局詳稱，案奉歸綏道文開，以應解公費應否在於綏遠城應領兵餉内劃扣之處，未敢擅議，理合詳請察核批示等情。據此。查該道有光緒六年舊案應解院署各費銀二千三百兩，本部院去私歸公，通飭按季批解餉局，藉充津貼各屬之用。該道以監司大員，如能體會法行貴近之義，自應照章解省，共砥官廉，何得率以綏遠兵餉扣抵爲請，意存嘗試。不思津貼係恤吏之端，兵餉乃養軍之用，兩事絶不相蒙，豈能牽混爲一。且公費解存餉局，兵餉撥自藩司，在朝廷初無令該道捐廉養兵之條，即本部院亦萬無扣餉恤官之理。何況一經扣抵，轉折過多，日久月長，必將廢格。雖該道欲以一欵累全局，而謂本部院可徇一請欺各屬乎。試問從前陋習相沿之時，該道致送院署水禮、公費、門包等項，一一皆須實物現銀，自必隨事專丁，歲時不缺，又將如何撥兑，如何扣抵。種種紕繆，實出意外。大抵今世人情豪於私饋而吝於公用，總由該道以應解院署各費銀兩如果歸之於上，縱多取亦所不惜。今以廉泉一勺，分潤同人，上官不以見情，同僚不以爲德，雖托名撥抵，而不願之隱，實已流露紙上。本部院初不料該道貌似老成，機巧一至於此，尤不料立法之初貴近者即已玩視如此。所擬撥抵綏遠兵餉之議，斷不准行。仍將本年夏季充公銀兩，立即專差妥靠丁役，解送餉局，毋再延誤干咎。再，口外各廳缺多瘠苦，從前查本無解道公費，乃該道當葆護院改定公費之時，輒敢乘機作俑，加派各廳公費銀兩，而且深自隱匿，不稟不詳，暗地私收，專圖利己，以致本部院裁定公費之際，不能舉其數目，照河東道之例一律全裁，不見輿薪，尤堪怪歎。現經本部院業已確實查明，并應責令該道將前派各屬公費數目，據實開報，以便全裁立案，俾資遵守。萬不能因該道距省較遠，遂謂本部院一無聞見也。

札臬司整飭郵政光緒八年七月十三日

照得例設驛馬，原以備警急非常之需。查定例，遞送公文定限日行六百里者，有驛州縣遲延至三刻以上，降一級調用，定限日行五百里、四百里者，遲延三刻以上，降一級留任。虧短驛馬，吏議綦嚴。查晉省州縣積習，專以侵蝕額領馬乾爲事，竟視爲州縣進欵，居之不疑。驛站馬匹絶不買補，不及原額之半，遇有差使，拉扣過客騾馬，勒令支差，怨咨載道。且查閲各屬投院文報，往往遲逾，其他衙門公文，稽延更不可問。郵政廢弛至此，既屬擾累商民，兼之遇有重情急遞，必至貽誤，亟應認真整飭。今養廉三成已復，公費已分別減裁，常年攤捐已定議自冬季爲始一概裁免。若再欲坐擁馬乾，盡歸囊槖，則是貪得無厭，斷斷無可原恕。爲此，札仰按察司即便轉飭有驛州縣，趕將缺額馬匹如數買補，務令壯健足用。倘或仍前缺額，於往來文件致有躭延，混拉民馬支差應用，一經本部院不時委員查出，定即嚴參不貸。

札司道設局清查庫欵光緒八年八月二十四日

照得晉省庫欵自道光二十九年清查後，至今三十三年，膠葛日甚，弊混尤多，亟應澈底清查。經本部院奏請設局，勒限清查。奉旨允准，當經鈔奏并恭録上諭行知在案。應即設局派員，即日開辦。此局奏明名曰清源局，即派委藩臬兩司、冀甯道暨委用道高道督辦局務。高道現非實任，事務較簡，即飭令坐局辦事，並派委署太原府知府馬丕瑶、降調知府安頤爲提調，補用知府李秉衡、代州直隸州知州俞廉三、候補直隸州知州錢榮增爲會辦提調，平定直隸州知州張彬、候補直隸州知州杜崧年，試用通判張焕，試用知縣祝汝霖，候補知縣聶鴻年，試用知縣趙爾頤、定榮爲分辦。如人數不敷，由該司道酌量詳明續派。提調總司其事，會辦幫同綜核，分辦各任一門。其應用佐雜委員，責令該提調等揀選，詳明派委。該局即設於本部院署内，其查案、算帳、辦稿，即在藩司衙門善後、交代等局本局就近辦理。辦定後，其稿即存放院署局内，一切各稿均由局移知藩司衙門備案。仰即查照原奏各事宜分别辦理。大率分爲五門：一軍需，一善後，一交代，一攤捐，一借動。其餘門目，或應分附各門，或應別增一股，或一人兼辦兩門，以及一切詳細辦法，統由該局隨時酌量禀明辦理。由司刊刻關防一顆，文曰山西清源局之關防，以備鈐用。遵照奏案，勒限五個月將各項清查一律完竣，其薪水飯饌銀兩，比照各局籌給，本有薪水者仍不重支。此係奏奉諭旨清查重件，該司道等務須督飭局員詳確迅速，認真辦理，不得稍有諉延含混。如妥速竣事，各局員自當優給奬勵。其佐雜微員如何酌加津貼之處，一併核議詳辦。

札藩司飭減浮費光緒八年八月二十七日

照得陵川縣民人王恒山等因書吏浮收滋事一案，業經飭司將案證委提到省，發交太原府審辦。前於七月内據該守等呈送供摺：據陵川縣户書甯玉昆等供稱，徵收錢糧，各項雜費甚多，每年批解錢糧三萬兩，藩司衙門各種使費每百兩較縣庫平須加平色、火耗、雜費等項，需銀三兩二錢五分，三萬兩共銀九百七十五兩。又有布收科四批規費七十二兩，布總科册費四十兩，共計每年需費一千零八十七兩等情。并據該司面呈紅單所開，訊明各欵均屬相同。查各州縣庫平皆係司頒法馬，即使平色火耗略補少許，尚屬情理所有。若如該書吏所供一縣平色火耗使費動需巨欵，數至千金以外，實爲駭人聽聞，以致該縣幾乎釀成鉅案。合通省州縣計之，其爲朘民害政，豈可勝言。當以案關司書於錢糧正供勒索浮費，該司剔弊懲奸，責無旁貸，無庸本部院代爲預謀。是以面諭該司，自行分別裁減，并先將各屬報解錢糧每縣各加平色火耗銀若干，雜費若干，開單呈請核奪。此等事體，該司書吏、庫吏、銀匠等一一皆有底帳，無難一詢而知。乃迄今將及兩月，上忙錢糧已多收竣，未據禀覆。疊經本部院於外來州縣詳加詢訪，各有補加平色、火耗、雜費銀兩，多寡不一，甚至有每百兩加至五兩餘者。似此司吏玩法，燎原日熾，再不亟加整頓，何以肅紀綱而對僚屬。除各衙門雜費仰該司飭令太原府查核分別裁減外，合亟札飭該司即便遵照，嚴飭承辦各該書吏，立將每年各廳州縣批解錢糧各加平色、火耗以及各種使費銀若干，種種加費逐漸增多始於何年何任，據實詳晰開具清單，於三日内詳送核奪。倘有絲毫隱匿漏報，嗣後一經發覺，定即立予親提奏辦，勿謂言之不豫也。

再，查閲單開各費内，有撫院衙門通年規費二十兩，當經本部院嚴加查訊，毫無影響。遍查各屬批解錢糧，從來絶無交納撫院衙門絲毫規費之説。似此假名需索，尤爲可惡。此條應即先行轉飭太原府明白曉示，向來并無此項規費。以後如有司吏影射勒索，許該縣書指稟，嚴行懲辦。

札催各屬買穀還倉 光緒八年十月二十七日

光緒八年十月十九日准户部咨稱，光緒五年九月初一日，軍機大臣奉上諭：曾國荃奏指定撥欵及時買穀還倉一摺，據稱山西前被旱災，外省運米驟難入境，每賴本地倉穀接濟賑需。現在善後事宜，以買穀還倉爲要務。擬將部撥及指撥山東等省之銀五十萬兩，再由山西陸續籌措銀五十萬兩，專爲買穀填倉之用，於三年内籌補足額等語，自係爲儲備災荒起見，即著照所議辦理。惟採買倉穀，易滋弊混，當此欵項支絀之時，尤應力求實際。該撫務當慎選賢員，核實經理，毋得有名無實，虚糜帑項，餘依議。欽此。欽遵鈔出到部。當經本部行文山西巡撫，嚴飭局員認真經理，將買補倉穀價值及動用銀兩各數目詳細分晰，專案造册，報部核銷，并令將截至本年八月底止實在存儲常平倉穀若干石，及採買日期、委員銜名，一併先行報部查核，節次咨催各在案。查此案至本年八月止，已届三年期滿，並未據該撫將買補倉穀數目報部核銷。似此任意遲延，殊非慎重錢糧之道，若不速爲買補，何以示限制而符奏章。相應再行專案咨催，毋再延宕，致干未便。等因。准此。查晋省倉穀，前經升任部院曾定限三年買補。嗣復疊准部咨，札行善後局飭催在案。乃查核各屬倉穀買齊者，止三十餘處，其餘多未報買，即買者亦未報齊。倉儲爲民命所繫，各該州縣一味推諉宕延，設遇偏災，何以禦急。大率一由於坐待極賤，冀染贏餘。一由於買儲繁重，慮有後累。玩視民瘼，因私廢公，莫此爲甚。今三年之限已逾，而督趣之咨又至，詞旨嚴迫，急如星火。本部院稔知今年各路穀價甚賤，及此不買，更將何待。且年穀屢豐則必歉，銀欵久存則必耗。去年一誤，今年豈可再誤，萬不能聽其再延。合亟嚴札飛飭該府、州立飭所屬未買倉穀各州縣，迅將光緒三四五等年所放常平倉穀，各照前定數目採買，並將現定價銀暨採買穀石數先行報查，統行勒限於今冬明春一律買竣，不得稍有逾違。其各處社、義倉穀因災動用者，前次業經發給穀價，亦即一併買還，與常平穀分晰稟明，毋許牽混。倘經此次嚴催之後，猶復規避推諉，甚至藉端浮開，一經察實，定予嚴懲。

札各屬禁種罌粟 附單 光緒八年十月

照得本部院奏明禁種罌粟，前經鈔發原奏，並恭録諭旨行司通飭在案。查晋省盛種罌粟，奪我稼穡，致有光緒三四兩年之奇災。今災象猶在目前，而此風毫不悛改。比歲豐收，窮困如故，大率由此。地方官見解俗謬，不閔民瘼，甚或私享畝税之利。此時情弊，本部院皆已稔知，實堪痛恨。當本部院涖任之初，本擬即行嚴禁，因其時種已出土，畝無棲糧，閔此蚩愚，略寬時日。現當罌粟將及布種之候，正是迎機杜絶之時。除行布、按兩司認真督勸設法考核外，爲此，札仰該道、府、州轉飭所屬并徑行該廳州縣遵照，務須實力禁絶，竭誠勸諭。或責成鄉保社首，或委任公正紳耆，或查其社廟地簿，或隨時密訪親巡，因時因地，不拘一格，總以禁絶根株爲度。本部院隨時遣人密查，多方詢訪。如有視爲具文、怠玩不力者，官吏丁役得賄包庇者，或僅令鄉保具一空結并未親勘者，或有禁有不禁苛貧袒富者，或通衢拔毁僻路不問者，或縱令吏胥藉端索擾者，均即立予撤參懲辦，本管府州不行勘察舉發者，一體劾治。總之，地方官若肯認真查禁，又不私收畝税，斷無不能禁止之理。本部院惟以能禁與否定地方官之功過，既不准聽其種植，亦不准騷擾生事。勘禁責之該府州縣，督考責之兩司四道，禁絶者優奬，不禁者嚴參。至於種種飾詞邪説，一概全置不聽。告示發去，即日張貼，如有不敷，照刊廣布。仍將奉札日期、出示處所、查禁情形隨時禀報。

禁種罌粟章程十條

一曰得人。差役供指揮奔走而已，不可專寄耳目，以致滋擾。鄉地人等，自當嚴以責成，然亦不可盡恃。擇紳士社首中有品望者，無嗜好者，給付諭帖，俾其家諭户曉。凡一切禍福利害，反覆開導，勢既甚便，不至語焉不詳。嗣後何地最多，何地較少，某人怙惡，某人遷善，由紳士面禀，查勘時默為印證。

二曰先難。播種之時，親赴四鄉，於從前極盛之村，暨具結有案之户，水利素饒之地，人跡難到之區，風俗玩悍之鄉，客民强霸之處，申禁一次。出土以後，擇要抽勘。每鄉略辦數村，或鱗次挨查。一鄉連到數村，所到之處，逐隴審視。否則，民以官為可欺，犯禁之地户鄉保，當場枷責，辦一處可得十數處之力。其山村僻徑、園地圍墻，藏垢尤多，不得遺漏。

三曰通力。天下之惡一也。同在山西一省，既係奉旨嚴禁之事，各屬俱經本部院飭委，自應不分畛域，各州縣交界處所，會銜示禁於前，約期同勘於後。凡種煙地畝在兩邑接壤地方者，准鄰封州縣一律拔毁，不必定候本管官。其地畝如何入社，地户如何責懲，移送鄰封照章辦理。如有袖手甚至掣肘，准即禀揭。

四曰除弊。私收畝税，稍知自愛者所不為。現經疊次飭禁，萬不可再蹈覆轍。更有家丁、書役、鄉約、地保，得賄包庇，此亦與畝税無殊，官即不染一塵，仍不得辭其咎。應按村發貼告條，俾衆周知。至下鄉諭禁，除水火外，均須自備，亦不得使民供給。

五曰議罰。頑民嗜利，甚於畏罪。充公一節，法在必行。查出種煙地畝，立時過割於公社，每年租入，悉充廟中公用，如治道、修橋、濬河等事皆是。佃户包租，業户賃地與受同罪，分别枷責充公。每村豫具結二，一送縣署，一貼公廟，將以上應罰之法叙結内。其入社田畝三年後，闔邑廓清，本人悔過，給還原業。至各公耆自立村規，或驅逐出境，或指名送官，各聽其便。

六曰懸賞。紳士實心任事，勞怨不辭，酒醴花紅，以示旌異。其勸辦有效，尤為出力者，請給功牌匾額。鄉地鄰右來城首告，按其道里之遠近，酌給盤費之多寡，隨時准告，無須狀式，不許書役攔阻。所告屬實，酌給奬賞。

七曰抑强。訪聞各路營兵，每違功令，如代州之東路營，交城之靖安營，遼州之粟城營，業將該管將弁分别懲處。恐各屬亦未免有此。除移行鎮將飭屬一體申禁，仍由地方官就近移知營汛，會同查辦。將弁徇庇，兵丁抗違，隨時揭報以外，劣紳豪富，蠹役棍徒，皆有所恃，無論或包或抗，加等治罪。警衆在此，示平亦在此。至一切極苦貧民，亦不得以其困窮而酌留，致有分别。

八曰速毁。迎機杜絶改種，翻犁事半而功倍。種後拔除，已屬下乘。查煙苗柔脆，不耐摧折，應用長桿擊打，一兩時許，數十畝可以立盡。用犂用鋤，亦隨其便而為之，總以浄盡為度。或就地雇夫，或派起鄉夫，眼同自拔，立待其盡。毋任具限，斷不可信。

九曰用威。交、蒲兩縣，前經派兵幫拔，頗為得力。明年如有著名之處客民負固，地方官令不能行，准其請兵彈壓，既可藉壯聲威，亦便分任拔毀，以為一勞永逸之計。

十曰化俗。改種有利可圖，孰再違禁。考之於古，則唐魏詩篇，桑皆入詠。證之於今，則澤、潞兩郡，絲亦著名。如果教以蠶事，何見晉省不逮東南。他如木綿、藍靛、煙葉等有益之物，用力少而收穫多，利亦足以相敵。并為辨其土宜。蒺藜蔓生，其屬宜瓜，宜花生、山藥，紅白薯等種，蒼耳挺生而子有油，其屬宜脂麻、大麻、小麻諸出油物。不特除莠，亦可墾荒。由官紳等各就本地情形，謀其籽種，教之樹畜，務使舍舊謀新。

札藩司議改右衛兵米折色 光緒八年十二月二十一日

照得右衛駐防兵米，向由大、朔兩府屬州縣徵收解交朔平府同知轉放，各州縣徵解本色，遠道運送，脚費固已浩繁，迨至運米到廳，廳員百端指勒，諉稱官兵挑剔不領，各州縣遂有就近采買交倉之舉。該廳胥役句串市儈，抬價刁難，以致州縣視爲畏途，延欠不解。及至卸任，輒又設法取巧、抵解藩司領欵。司吏利其撥抵使費，輒爲率准，以致計口待哺之兵食，變爲司庫紙上之積逋。迨至官隔多任，虧短愈鉅，牽絓逾多，遂致無從清理。每一催問，州縣歸咎於糧廳，糧廳諉過於州縣，省城視同膜外，一聽旗兵之呼籲，糧廳州縣之詬爭，一概置之不理。昨閱右衛城守尉呈送欠解米數清摺，其積欠之數多至數萬石，遠至三十餘年，深爲駭然。當經飭司逐細清查，詳候核辦在案。似此積年拖欠，愈累愈深，兵糈虛懸，交代陳積，實屬不成事體。本部院體察此事固係州縣之疲玩，亦由糧廳之勒索。官便其私，遂致兵受其害，實堪痛恨。此後必須變而通之，方能一掃積弊。現在八年以前舊欠，飭由該司遵照另札分任分欵，澈底查明，另定清釐之法。其自九年以後，除應徵新米仍飭各就地方情形照舊辦理外，所有每年額解右衛兵米，即一律議改折色，酌中定價，定限解交。朔平府同知有兑收核放之責，辦公無資，亦應議給公費，以免藉端勒索，由解米各州縣按解米多少分成匀解，應即派員前往，會議舉辦。兹查有候補直隸州知州水之濂，堪以派委。除徑札飭委外，合亟札行該司立即遵照，轉飭大、朔兩府，一俟該委員到境，會督各州縣體察地方情形，迅速籌議，查明某州縣每年應解右衛兵米幾何，按照市值，酌中定價每石改作折色銀幾何，永爲定章。年額應解之數，分作幾批，亦須嚴定批解確期，不准延欠。並爲議給朔平同知公費幾何，何州縣認解幾何，如何分批搭解，如州縣批解逾期，糧餉同知藉口挑剔，應如何責成大、朔兩府考察懲處，或解司轉發朔平同知領放，或仍徑解朔平同知。如何方爲盡善，一一酌擬章程，飛速會禀。一面徑禀本部院，一面禀由該司迅速議詳核奪，限明年二月半前覆到，不得延誤。該司仍將各州縣舊欠遵照另檄，分案詳辦。

札清源局飭議清盤倉穀章程 光緒八年十二月

照得州縣交代，以正、雜、倉爲三大端，考成甚嚴，豈有不接倉穀，遽謂交代清結之理。乃晉省積習，交代本屬疲玩，而交代中倉穀一端，自作章程，晝開另算，不盤不接，居然出具倉穀正雜無虧總結，尤爲大謬。其盤者前任以爲刻，其接者幕友以爲愚，新舊踵接者已多含糊，越任接收者更不過問，於是黴變虧耗，日甚一日。一任畏難，任任受累。總由違例損人，以致交案無清結之期，地方無旱荒之備。亟應嚴申明例，挽救陋風。爲此，札仰該局通飭各府廳州縣，此後交案無論挨任越任，核算交代之時，倉穀一項如實係存倉無虧，即於總結内隨同正雜各款逐細聲明無虧，造册結報。如有黴變虧短，亦即依期請員盤驗，據實禀揭。倘例限兩月内後任不盤不結，又不禀揭，照例開參。其有未接倉穀輒出無虧總結者，該局即行駁斥，前任扣委，署扣到任。其從前州縣以帶結進省，得有拔委，而後任未接倉穀者，該局刻即查明，開單詳報，將拔委之案撤銷。仰該局立即飛飭通行，併籌議詳細章程，以前如何區別，以後如何考察，議詳核奪。

札保甲局查禁煙館 光緒八年十二月

照得洋煙之害，流毒無窮。昨經本部院刊發禁種罌粟告示，通行張貼，各地方官果能實力奉行，種者漸稀，吸者自少。惟各處煙館之設，尤爲誘民陷溺之端。凡屬貧乏士民，皆可就便取携，積成痼疾。若不一律查禁，留此萌蘖，終爲民生風俗之害。況各路時有竊發之案，或由本地宵小，或係外來匪類，大凡無可託足之徒，皆於煙館爲藏垢納污之所，貽害地方，此爲尤甚。自本年春間，即屢經諭飭該局暨陽曲縣認真設法驅逐，究竟是否漸少，殊未可知。除行陽曲縣外，合再嚴飭申禁，該局即便嚴飭查夜查街正佐各員，將省城所有煙館一律驅逐，不准容留一家。該委員等平素於各路巡查，本有專責，又當編换門牌之際，更可無虞疏漏。如敢虚應故事，或稍涉庇徇，一經本部院訪察得實，定將該員立即撤差，記過停委。仍將查禁驅逐情形，按旬據實禀覆。

札各屬行守助約 光緒八年

照得晉省比年多盜，近來南北各路，報劫頻聞並聞其分股成羣，伺隙而逞。前經通飭文武衙門、營汛嚴緝在案。夫以堂堂三晉，而令鄰省匪徒藐爲可欺，來往無忌，此我山西文武官吏軍民之恥也。本部院體察情形，非官民協力，文武同心不可。今令通省城鄉居民舉行守助約，詳定規條，刊示頒發。爲此，札仰該廳州縣於奉到日立即張貼。如有不敷，照刊廣布，切實董勸，逐村考察，責成賞罰，一依告示。但該廳州縣尚有應辦要事五條：一訪拏窩家，不容賄庇。一多設棚鋪，護送巡邏。一訪求教習，募練壯勇。一關津市店，密布眼綫。一聯絡營汛，體恤激勵。此乃地方官分内之事，不可盡諉民間。如能行此五條，并將守助約實力奉行，雖有大盜，豈能來晉横行。本部院不時遣人密查，有效者隨時奬勵，不辦及擾民者，隨時撤參。懔之。

光緒九年

札清源局釐定交代章程附單　光緒九年正月初四日

案查晉省交代未清結者最多，上下三十餘年，懸積八百餘案，塵牘如山，官累如海，上虧國帑，下累寅僚，不特爲法令所不容，其心術亦不可問。而其弊則前任之抗延不交，與後任之取巧不接，兼而有之。上年經衛前部院奏明定限清釐，乃歷任藩司及交代局員，與各該廳州縣毫無儆畏，置若罔聞。本部院莅任後，多方儆戒，并將該局改設藩司衙門，以便督催，雖稍稍振動，而大局之疲玩依然。徒以意在先欲蘇起民瘼，滌除吏困，方亟亟於墾荒蕪，減徭役，裁公費，免攤捐，禁罌粟，治盜賊，清庫欵諸政，夜以繼日，未遑專力於交代一端，且以爲情或可原，故不忍急於督過也。今已灼見各員情形，未免溺於惡習，有心藐玩。大率一恃有交代繁費之庇，一謂定例二參之久不舉行，局員則不過怠惰模糊，瞻徇見好兩病。若不申明令甲，嚴定責成，斷無望交案之廓清也。現除交代繁費業經通飭裁禁外，特爲詳立章程，一律清理，分爲初限新案，二限新案，三年舊案，歷年陳案四門，分別辦法，嚴定限期，責成藩司督率，提調各員實力催查，細心核算。局員奉行出力，由記功累至酌委，不能秉公舉職，由記過遞至撤參。如提調遵章催查，依限算清，按月稟報，而藩司不即行催轉詳本部院，即查照定例上司不行揭參及有心徇庇之條，奏明辦理。爲此，札仰該局立即遵照發去章程，督同提調詳細推闡，妥速議詳，刊印成本，剋期通行辦理。

釐定交代章程

初限新案第一

各廳州縣自光緒九年正月初一日以後交替者，爲初限新案。除五月以前已經算結者無庸議外，其未算結者，均以奉到此次通飭刊刻章程之日爲始，本管上司於三日内㩙委監交，前任於十日内將交抵各摺開送，後任於二十日内查案籤覆，統限一箇月算清結報，即由前任親齎總結回省銷差，照章給予獎勵。一月不結，不准到省稟見，立即前詣本管道府州聽候調算，再限一箇月算結。兩月不結，即由局移司，一面調省，一面照例詳請初參。其倉穀錢糧數多，或一人而有兩任交代例准加展者，扣滿展限，亦即詳參，一面飛飭本管道府州將前任虧欠，或後任勒掯情形，據實咨覆詳覆，由清源局交代科督算。查出本管道府州督算不力，延誤例限，甚至有偏袒情事，即由司轉詳，分別記過撤參。其對調衝繁，地方緊要，未便羈延，藩司臨時酌度情形，即於札委内注明前赴新任，無庸候算交代字樣，報院查考，移局知照。其雖係調缺，而地方不甚緊要者，不在此限。准其酌留親信得力之人在任會算，仍不得逾一月、兩月之限，逾限不清，調省督算，本缺委員代理。以及各項事故人員，均即責成該管上司依限照章辦理。

二限新案第二

初參調省者爲二限新案。於前後任到省後，由清源局交代科提調分派本科委員，秉公核算，除必應請展者照第九條辦理外，尋常案限十日算清，繁難案限二十日算清。開列清單，將應交應抵各欵，及前任是否短欠，一一詳載，確下斷語，督算、提調、承算委員均列銜名，鈐章畫押其下，連單會稟藩司批定。辦一存稿，鈐印立案，不准翻異，從前議單名目概予禁革。前任短欠者，按其銀數多少，勒限清交，後任延宕者，勒限結報。均稟明藩司暨督辦司道，酌量委員守提分別記過、停委、扣到任注銷拔酌勞績，調省撤任各項薄懲。如仍不交不接，自交替日起逾四箇月例限，查其咎在前任後任，照例詳請二參。

三年舊案第三

自光緒六年至八年十二月三十日以前交替者，為三年舊案。完欠早經算明者，該局刻即分別前任不交，後任不接，先行擇尤詳參，次者勒限分催。如以前但經太原府局調算，而欵目膠葛争執不决者，該局速即查明覆算。其現在府州調算未結者，即日嚴催，勒限一箇月，將或完或欠或結或揭，確切稟覆。逾限不覆者，即由局迅速調算，照上條核算新案章程依限算定。辦稿存案，由局詳咨院司，查其咎在前任後任，分別懲儆，勒限清交結報，逾限即行詳參。

歷年陳案第四

自道光二十九年至光緒五年，為歷年陳案，其辦法章程限期，悉如三年舊案。如欠欵較鉅，急切未能全清，該科亦必將欠數核明，提調暨委員會稟藩司辦稿，鈐印立案，分限勒追，免其變幻狡執。其各陳案中有官好累公，前任貽累，為數無幾，可原可閔，核減改章，不能銷領，調算無人，案據不備，徒多枝節，無益庫欵。可為設法清結者，會同清源局籌議開單，請示辦理。

原算核正第五

從前在局未結各案，或經太原府局算明者，或經本管府州算明者，迄今何以未結。應查當日原算案據，或與定章未符，或與新章未符，或欵目未確應札查，或清完已確應催結，或虧短已確應催銀，均限於本月内，將舛錯遺漏參差之處，一一查明更正。如此後再有舛錯，即照新章懲處。

外算報查第六

此次各屬奉到新章以後，凡前任遵照十日限内將交代清摺移交後任，即照録清摺一分，呈報司局交代科查考。後任遵照二十日限内簽覆，移知前任，亦即照録清摺一分，呈報司局交代科查考。如一月不結，應由本管道府州調集前後任會算，亦將調算日期分別咨報司局交代科，以便核限辦理。

賑釐併計第七倉穀附

各廳州縣虧挪查荒、工賑、掩埋等費，以及籽種牛馬價、穀價餘存，并有關賑務之欵暨釐金捐輸各項，往往於核算交代時聲明提開，自行清解，其經管賑欵，釐金局員又恃有交案可以查核，遂不過問。究竟是否清解，無從查對，因此益得遂其詭避之計，竟有積欠纍纍，漸成無著者。嗣後交案中，此等欵項未算者亟應列入，已算者亦即補提，永遠不得再有提開另算名目。其各屬呈解欠交正雜銀兩，以及借撥兵差之欵，均令一面稟司，一面稟局。司庫收到交代欠欵，亦應即日付知交代科查照備案，以免此交彼催，辦理歧誤。均自此次定章之日，由清源局移明布政司，諭知庫書，并傳付撥欵科一體遵辦。倉穀未接收者，不准率送總結，其查催懲儆辦法，另刊章程四條附後。

杜絶翻異第八

此次局中所算各案，統於算明後五日行文前後任遵辦。設後任查有應行補交，前任查有初算漏抵等欵，均按照程限文到十日內詳請更正。如逾限不覆，及至催結催銀始行稟請復核者，局中仍照原定之案辦理。即使果為前任漏交浮抵，仍著落後任認賠。如前任長交短抵，亦照原案定斷，不准再有翻異，以杜狡執。

省局月報第九

該科提調於每月初五日，將上月通省交代，開分案清摺四分，一分開交替兩月後任未結未揭之初限新案，一分開初參調省之二限新案，一分開九年正月初一日以前溯查至光緒六年之舊案，一分開光緒五年溯至道光二十九年之陳案。舊案陳案中區為三類，算定確欠未交、確完未接者為一類，完欠各執、現任該局核算查催者為一類，四項人員列後。再開分辦法清摺五分：一曰請銷。本月申送交代總結者，入此摺。二曰請核。新案交替逾月，陳案會算已到，現催該管府州督算者，外算難結必須提省者，案甫到局起限派算者，札飭簽覆未到行催者，本月算明現已催結催銀者，入此摺。凡應催簽催算催結催銀者，即由局迅速行文嚴催，摺內注明行文日期，不准以應催云云搪塞。提省及派算者，亦須注明行提起算日期，不准云應提應算。三曰請展。確有膠葛應需澈查者，會算未到羈延有故者，原算不符仍須覆算者，入此摺。四曰請示。官聲卓著、因公賠累者，接自前任因人受累者，為數無幾可原可閔，應飭後任結報者須定限制，上缺五百上下，中缺三百上下，下缺一百上下。核減改章、抵欵雖確不能造報請領者，調算無人、案據不備、徒多枝節、無益庫欵者，入此摺。五曰請處。催簽催算、玩延逾限、應薄懲者，記過、撤銷記功、停委、扣到任、調省撤銷拔委、酌委。有意不接、有力不交應示儆者，扣到任、調省撤銷拔委、酌委、摘頂、撤任、停委、詳參。案陳虧鉅、實在無著應參追者，入此摺。各摺中，仍分別注明新舊陳案字樣，詳載欵目限期辦法，附以案語，開列銜名，并開四柱清摺一分，摘叙某官某任交案簡明目録，分別管收除在。四案各為一類，合開一摺，自上月交替起，至到局皆為新收，送結送銀參追，皆為開除，在局在府州在任，皆為實在。局員承算逾限不結，省外各員逾限應催應處，局員不舉者，提調查明，附開此摺後呈閱，照章示懲。以分案四摺為經，以分辦法五摺為緯，以四柱一摺為綱，一面稟明藩司暨督辦，即行分別詳辦，一面徑送本部院一分，以備稽核。

查局稽核第十

局中立交代總目簿一本，將各案交代情節逐條登注。何案派何員承算，本月何員算結若干起，應於何日起限，何日限滿，何案應查欵，於何日行查，何日查覆，應否展限，何案發交本管府州，何案飭發前後任簽覆，何日起限，何日限滿。逾限十日，由局委提，委提不到，開摺請處，并製交代限期表兩分，一核局內限期，一核局外限期。內限表注局員承算、司吏查案、局文發行、冊結轉詳之限，外限表注初參三參、催簽催算催結催銀之限。縱横畫格，懸掛木牌，衆目共睹。每月一幅，每幅三十行，行占一日，日下分畫兩行，將何案自此日起限，書於右行，何案至此日限滿，預書左行。起限用墨書，限滿用朱書。或起限黏黄籤，限滿黏紅籤亦可，以備在局各員公同隨時檢核，照章辦理。

局員功過第十一

提調委員秉公出力者，十案記功一次，原案繁難者記大功一次。記功至五次，記大功至三次者，酌委。如核算舛漏者，案語模棱者，逾限未算結者，司案不速查者，應催不呈稿者，屆期不舉報請示者，一案記過一次，銀數甚多者記大過一次。記過至十次，記大過至五次者，撤差。袒徇賄囑者嚴懲。如局員已經算清，照章稟辦，而藩司延閣不催不詳者，本部院即查照定例上司不行揭參及有心徇庇之條，奏明辦理。

司吏禁約第十二

各屬稟詳請示之件，往往懸閣不辦，甚至將原卷遺失。司吏惡習，殊堪痛恨，各員遂得藉口推延，交案因而膠葛。此後凡有關涉交代稟詳事件，該藩司應於文到後檢出，即日發局立簿發號，責成局員督率各承核辦，統限十日內發行。如各該承仍敢延閣，即由局員稟明藩司，將各該承從重責懲。局員任令延閣，不行稟辦者，每案記過一次。司署檔案局員、調查書吏延不呈送者，及局員不稟辦者同。司書查案限期，三年以內之案限兩日覆，三年以外至六年者限三日覆，歷年久遠者限五日覆。延閣不覆，枝梧違抗者，提調稟明責懲。局員明知不舉，照章記過。

冊結限期第十三

各屬接收交代後，造送倉庫正雜各項冊結，到任後造送驛站冊結均以此次奉文之日為始。照例造具全分，除户部一分仍由司核轉外，餘均同日申發，聽候加結，逕申府州，逕詳道司，院道移司詳院，均如之，不必更候各該衙門層遞核送，致滋周折。各該衙門有應駁詰者，務當明白指飭，勿稍遺漏。不得駁後更駁，仍令一面批駁，一面稟院查考。府州道司各定核轉日期，司限十五日，道府州各限十日，駁限減半，均以文到之日起限扣算。府州道司出詳，各於詳尾聲明何日冊到，何日出詳，是否逾限。如有書吏挑剔勒索，延閣逾期者，本部院即行查究，并准該州縣稟明提審懲辦。

札解州等四十一州縣減免差徭 光緒九年正月十三日

照得晉省州縣如陽曲、榆次，以及南路之平、蒲、解、絳、霍、隰，東路之平定等屬，北路之忻州，共四十一州縣，所有差徭，業經閣部堂暨本部院疊次核定批飭遵辦在案。惟查各州縣累民之事，色目甚多，積弊太深。從前雖將差徭專案稟報，但此外借資民力，擾累行户之處，不一而足誠恐因仍陋習，不肯盡情發露，實力裁減。積習相沿，必致擾累商民，誅求無已。爲此，札仰各該州縣，除大差、兵差、流差支應一切車馬，曾經釐有定章，稟明立案者照舊遵辦外。此外，支差、酒席等項有無借支民力，修理河渠、堤堰、城垣、衙署、倉廒、監獄等工有無借助民財，衙署公館所需桌椅、瓷器、天棚及各項鋪陳家具，并木炭、嵐炭、米麪、油肉、酒燭、紙張、銅錫鐵器、雞鴨、蔬菜一切食物用物，民間有無供給。州縣下鄉相驗踏勘，是否里下供應，沿途縴夫、扛夫，民間如何派撥，歲科考試、月課生童、朝賀祭祀、耕藉迎春、招解轉解赴省人犯、遞送過境軍流人犯等事，以及開載不盡事理，是否派民支差。此類事體，各處情形不同，受累輕重不一，而其甚者即爲民間鉅害。官吏役約，層層剥削，瑣瑣誅求。務須審度民力，必不得已者留之，可删者删之，可減者減之。又如從前官署所需，多由行户支應，價值短扣，已屬累民。或則任意取求，需索無度，以致行户賠累不堪，甚至並此區區官價亦不給發，以致去任臨行時，商民遮攔詬詈，尤爲無賴之行，民牧之辱。以上各節，統限於文到十日內，迅將行户應官舊規用數，以及署內公館所需工料，并一切食用各物，是否民間攤派，開具詳細清摺，據實陳明查核，不准一字欺隱。一面會同紳耆妥議章程，限一月内定議稟覆。舊章所有衹宜從實删減，舊章所無不准妄議增添。務使上不累官，下不困民，據實詳請核奪立案。各州縣舊有差局，一律改名清徭局，以歸畫一。每逢月底，務將支過差使幾起，某起用車若干，某起用馬若干，某起折價若干，支過車馬價若干，某項人領錢若干，局費若干，上月餘錢若干，本月收錢若干，支錢若干，餘存若干，現存何處，由公局分別管收除在，逐細開一清單，榜示局門，使衆周知。并照録局榜兩分，於各下月初五日以前詳送本部院及善後局查考。發去聞喜縣月榜格式一紙，各就本處村里綱領，出入欵目，局董姓名，酌量比擬增減，分別四柱，明晰刊板，印作横榜式，按月填注，庶幾收支明白，弊竇永清。即或有過境兵流各差，本省上司衙門騷擾驛站者，本部院亦得以察知劾奏。倘或玩視民瘼，護惜利藪，任令劣丁蠹役擾累商民，藉差中飽，誅求行户，剥民自封，不及此時早籌良法，以及稟報稍有不實，一經查出，定即嚴參不貸，并責成該管道府隨時督察。如本部院查出擾累而道府不以聞者，一併劾議。差徭爲本部院治晉第一著意之事，諸牧令幸勿藐忽嘗試也。

札徐溝等六十州縣減免差徭 光緒九年正月十三日

案查晉省衝途州縣，如陽曲、榆次、忻州，及平、蒲、解、絳、霍、隰并平定等屬，所有差徭業經閣部堂暨本部院疊次核定，積弊漸清，規模粗具。惟查徐溝、太谷、太原、交城、祁縣、嵐縣、岢嵐、興縣、文水、長治、潞城、襄垣、屯留、長子、黎城、壺關、汾陽、永寧、孝義、臨縣、寧鄉、石樓、介休、平遥、沁州、武鄉、沁源、鳳臺、高平、陽城、陵川、沁水等三十二州縣，雖經具稟前部院批飭有案，惟各州縣藉差累民，相沿已久，積弊太深，大率因仍陋習，不肯盡情發露，實力裁減。再查代州、崞縣、山陰、應州、大同、懷仁、陽高、天鎮、左雲、右玉等十處，所有差徭雖不至若平定、永濟等處之繁重，但地臨大道，往來差使未必一無所累於民。又查遼州、和順、榆社、定襄、静樂、渾源、廣靈、靈邱、寧武、偏關、神池、五寨、朔州、平魯、五臺、繁峙、保德、河曲等十八處，地非衝途，差務較少，但藉差累民之事，恐難保其必無。以上共二十八州縣，至今未據專稟到院辦理，不無偏枯。上年六月，本部院奏明各郡邑差徭以次推行，隨時整飭。欽奉諭旨，著照所議辦理。欽此。飭司通行在案。特恐各州縣未能實力奉行，仍滋民累，合再詳切查辦。札到各該州縣，速即悉心體察，分別籌議。其無累於民者，仍舊辦理。有累於民者，立即設法變通，力爲裁減。一爲差務，如大差、流差、兵差支應一切車馬，向來如何辦理，如有曾經稟定章程者是否遵行，行之能否無弊。或從前設有騾櫃，抽收商賈錢文，洎乎有差，仍不按照民價僱備，輒倚官勢拉扣過客車騾、民間牲畜，勒令支差，既害商旅，亦擾農民，最堪痛恨，宜即嚴行禁革。一爲公局，如從前設有公局支辦差務，其經費所出是否病民，向歸何人經理，局紳有無浮費冒開，官署有無影射濫用。必須選擇端人，付之紳士，公同經管，核實支銷，極力節省。一爲行户，如從前官署所需，多由行户支應，價值短扣已屬病民，或則任意取求，需索無度，以致行户賠累不堪。甚則并此區區官價亦不給發，以致去任臨行時，商民遮攔詬詈，尤爲無賴之行，民牧之辱。一爲攤派，如支差、酒席等項，有無借資民力，修理河渠、隄堰、城垣、衙署、倉廒、監獄等工，有無借助民財，號内草束料豆，民間有無攤派，衙署公館所需桌椅、瓷器、天棚及各項鋪陳家具，并木炭、嵐炭、米麪、油肉、酒燭、紙張、銅錫鐵器、雞鴨、蔬菜一切食物用物，民間有無供給，州縣下鄉相驗踏勘，是否里下供應，沿路縴夫、扛夫，民間如何派撥，歲科考試、月課生童、朝賀祭祀、耕藉迎春、招解轉解赴省人犯、遞送過境軍流各犯等事，以及開載不盡事理，是否派民支差。此類事體，各處情形不同，受累輕重不一。而其甚者即爲民間鉅害，官吏役約，層層剥削，瑣瑣誅求。務須審度民力，必不得已者留之，可删者删之，可減者減之。以上四項，統限於文到十日内，一面先將向來各差支應車馬章程用數，公局章程用數，行户應官舊規用數，以及雜派之衙署公館所需工料，一切食用各物民間攤交舊規用數，分開詳細清摺，據實稟明查核，不准一字欺隱。一面會同紳耆妥議章程，限一月内定議稟覆。舊章所有祇宜從實删減，舊章所無不准妄議增添，務使上不累官，下不困民，據實稟請核奪立案。凡各州縣無論舊有新設差局，一律改名清徭局，以歸畫一。每逢月底，由局將月内支過車馬數目，開過官用局用各項錢文，餘錢現存何處，分別管收除在，逐細開一清單，榜示局門，使衆周知。並照録局榜兩分，於下月初五日以前詳送本部院及善後局查考。發去聞喜縣月榜式一紙，各就本處村里綱領出入欵目、局董姓名，酌量比擬增減，分列四柱，明晰刊板，印作横榜式，按月填注，庶幾差徭去一分擾累，即地方有一分起色。即或有過境官員、兵差、本省上司衙門騷擾驛站者，本部院亦得以察知劾奏。倘或玩視民瘼，護惜利藪，一任車騾櫃及劣丁蠹役人等擾累商民，藉差中飽，誅求行户，剥民自封，不及此時早籌良法，以及稟報稍有不實，一經查出，定即嚴參不貸，并責成該管道府隨時督察。如本部院查出擾累，而道府不以聞者，一併劾議。差徭爲本部院治晉第一著意之事，諸牧令幸勿藐忽嘗試也。

札善後局辦理清徭光緒九年正月十三日

照得晉省衝途州縣云云，幸勿藐忽嘗試也。除札飭以上各州縣遵照辦理外，合亟札飭該局即便遵照，督催考核，認真清釐，隨時稟請核示，毋得諉諸本部院一人。如苛政不除，民累不去，該局一無舉發，一無籌備，該局司道不能辭其責也。

札臬司通飭各屬審理命盗案件不得删改口供光緒九年正月十七日

照得人命重案，欲使罪當，先貴情真。若擅改原供，移情就例，不特例議綦嚴，亦且必多枉縱。查晉省州縣惡習，所有刑案多係捏改情節，編造供詞，十殺九鬬，十案九緩，兇器必由奪來，逞忿亦云冒札。甚至死者本徒手而誣以拚命，傷者已倒地而號稱拾石。案案一轍，鄙謬不通，以致慘死者受誣，行兇者倖免。即使罪名本無出入，亦必隱没真情，强安死套。大抵由於文理本欠清通，不能講明律意，又不肯用心研究，辨析異同。動謂若不陳陳相因，必干部駁，但免自己處分，不顧刑憲乖違。此固刑幕陋劣伎倆，亦由州縣全不經心，專倚幕友所致。此等誣罔情詞，本部院斷難照辦。曾經明飭在案，誠恐各州縣未克周知，合亟剴切飭禁。該司即便通飭各府廳州縣，嗣後審辦一切命盗案件，無論初審招解，悉照原供詳辦。如遇有實在意義不明，序次不順，與情罪并無干礙，即稍爲核正，總不得妄行删改，隱没真情，曲爲庇縱，致干例議。以後如遇仍蹈上項惡習者，定行駁飭，輕則記過，重則撤參。懔之。

札河東道澈查公費 光緒九年正月二十二日

案查河東行銷潞鹽，自免商後，辦公經費按引徵收，每名公費銀十五兩，計三省額引每綱共徵銀七萬四千九百七十一兩零，原定支銷章程共用銀七萬四千五百八十五兩零，每綱計可餘銀三百八十五兩零。嗣又添銷靈寶引三百名，亦照章徵收，共銀四千五百兩，原定支銷章程共用銀四千二百六十七兩零，每綱計可餘銀二百三十二兩零。三省額引公費，雖歷據該前道自咸豐四年起至光緒四年止共二十五綱，按綱摺報截算數目，每綱餘銀不等，中間尚空闕兩年未報。今就有摺可稽者核算，共應餘銀一十五萬五千九百餘兩，約計此空闕兩年用項前後相準，相差當亦不多。而核之江前道光緒七年十月所呈自同治十年至光緒四年總册，欵既參差，數亦歧異。同治十年以前，僅有摺報而無總册。光緒四年以後，册摺俱無，辦理已多舛誤。至靈寶新引所添公費歷年如何收支，有無解存，至今二十餘年，概無隻字造送，尤堪詫異。凡經收支放胥爲庫欵所關，而竟出納自如，不詳不報，虧移掩覆，凭何稽查。且何得以事前未經詳准動支，事後又未隨案報明之欵，事隔多年，突造總册，一筆銷去，不知歷任道員所司何事，是何居心。難保無漏隱弊混情事，亟應澈底清查，以重庫欵。合亟札飭該道立即遵照，將按引隨徵之公費銀十五萬兩一欵，自改章徵收之年起，截至光緒八年止，查明底案底帳，以原定各項費用應在此欵内開支者作爲正動，不應在此項内開支而動用者作爲借動，分年、分欵，開列四柱清册，并將何欵已經隨案詳報，分別注明，呈送查核。仍于册尾截清總數應徵若干，共收若干，未收若干，正動若干，借動若干，實在若干，已詳已報若干，未詳未報若干，或者墊發出何欵若干，或有欠發共計幾宗，各將數目一一詳載，務使欵欵落實，一目了然。如實有欺隱虧短情弊，該道亟宜乘此摘發，盡情披露，勿以關涉前任，稍爲扶徇。本部院素信，無論事之鉅細，稍不信心，斷難含混。倘此次飭查之後，仍有一欵不清，一字不實，咎在該道，亦不得以非本任之事，冀寛責備也。

札藩司通飭官員戒吸鴉片 光緒九年二月十七日

光緒九年二月初十日准吏部咨，奉上諭：御史劉恩溥奏請除錮習以肅官方各摺片，據稱滿漢文武大員，以及翰詹科道中，如有吸食洋藥者，請勒限三月，概令禁斷等語。官員吸食鴉片，例禁綦嚴，凡列朝班，宜知自愛。然如該御史所奏漸染嗜好之人，恐亦不免。著再嚴行申儆，嗣後中外文武大小各員如有吸食鴉片者，務當痛自湔洗，力改前非。儻再陽奉陰違，不知悛悔，一經發覺，定即嚴行懲辦，决不寛貸。欽此。欽遵到部，相應恭録諭旨知照。等因。准此。查文武官員吸食鴉片，例禁綦嚴，歷年各省以沾染嗜好參劾者，指不勝屈。本部院莅晋以來，苦口勸諭，誥誡周詳。藩司以嗜好而去任，州縣以嗜好而參撤停委，示罰示戒，何止三令五申。乃經年以來，察看大小官員悔過湔除者，不過十之二三，苟安因循者仍有十之七八。沉迷如此，可爲痛恨。

茲復欽奉諭旨，勒限三月禁斷。聖諭煌煌，宜如何知所悚懼。除分飭外，合再嚴札飭戒。該司即便欽遵，分別移會並通飭省內各局所、省外各郡邑大小文武各員，一體欽遵戒斷，毋得仍前泄沓，致干功令。本部院明察暗訪，必欲將此等昏惰藐法之官，認真汰黜，各員可早自爲計。如自揣必不能戒者，及早引退，勿待本部院劾罷纍纍，始歎悔之無及也。

札委知府李秉衡統領精兵馬步三營光緒九年三月十一日

照得練軍馬隊一營、步隊左右兩營，雖經派員分帶，無所鈐轄，紀律不齊。現當修飭戎備之際，亟須專委大員統領，以一事權而資整頓。查平陽府知府李秉衡，廉公有威，小心實力，堪以派充統領精兵練軍馬步三營，仍兼辦本部院營務處。除札行司局、營務處并通飭各營遵照外，合亟札委。該守即便遵照統領，詳細點查，不准空缺一名，督率各營將弁整飭訓練，紀律必嚴，賞罰必信。營官不論官階，均聽節制。將弁中有缺額蝕餉者，販賣衣物攤扣兵丁者，不受約束者，不能得力者，立即稟明撤參。兵丁中有擾民生事者，吸食洋煙者，懶惰油滑者，疲弱怯懦者，技藝生疏者，立即沙汰另補，不得稍存姑息。總之，不用一無能之將，不養一糜餉之兵。至於訓練陣法技藝，當求臨陣可收實用，不可沿襲緑營故套，徒飾外觀。務令悉成節制之師，敢戰之士，俾山西本省主兵日臻强勁，緩急可用，以副委任。如無成效，責有攸歸。

札清源局併局分科光緒九年三月十八日

照得爲政之要，事權貴壹，條理貴分。晋省各局紛歧，事多延擱，滑者推諉，惰者虛糜。且人才有限，雖列諸曹，仍多兼攝。查上年奏設清源局，乃吏治之會歸，度支之筦要。今將現有善後局及曩設籌防局事務、現辦報銷事務統於該局，業經奏明，另札行知。其交代局、營製所亦即併入該局，分立八科：一會計科，以清歲入歲出之欵。二交代科。三撥欵科，以清吏事之欵。四善後科，以清民事之欵。五籌防科，以清兵事之欵。六報銷科，以清內銷之欵。七裁攤科，以清官累之欵。八工程科，以清外銷之欵。提調以下分條析理，督辦大員挈領提綱，庶幾脈絡貫通，心思齊一。爲此，札仰該局司道即便查照後開分科事宜，刻日議詳，董率分辦，另刊關防，文曰：山西清源局兼善後籌防交代事務之關防。其局費應於籌防善後項下各動幾成，一併議詳。

將善後局、交代局名目省去，營製所改名工程所，俱統於清源局，分爲八科：

一、會計科：清查舊案，催辦奏銷，稽核收支，清還借動，開造會計月簿、總簿。

一、交代科：核算新舊交案，查催應交正雜耗稅，應盤倉穀，應送册結，稽核各屬及司吏限期開送月報。

一、撥欵科：辦理新舊交代、兵差領解一切撥抵事宜，稽核准駁限期。

一、善後科：管理善後事宜，墾荒、倉穀、差徭、清丈、修工、利商一切地方善後事宜。

一、籌防科：管理本省練軍防軍營制餉項，武職薪水，防營處所，軍火製造案據。

一、報銷科：管理善後籌防各案報銷，隨時立案詳請，分別奏咨存案，及查催一應題銷事件，核計撥餉、額餉、防餉，駐防兵米、緑營養廉公費，製造、棚馬、軍裝、驛站。

一、裁攤科：管理裁抵攤捐息欵用欵，催提舊欠攤欵，查核各屬公費。

一、工程科：管理通省道路、河渠、省城一切工程，查核各衙門供支填衙各欵，一應津貼公用，外銷欵目。

提調總司其事，分辦委員或認辦一科，或兼辦數科，俱由督辦酌量分派。惟目前分辦交代提調者，不兼他科。工程所即派知府爲管理，遇事稟明清源局，由清源局行文，毋庸另刊關防。

札善後局派員分查荒地光緒九年三月二十三日

照得晉省自遭災後，各屬呈報荒地經前撫院查明數目，分別有主無主，停徵三年、四年奏明在案。本部院蒞晋以來，續查各屬稟報，多有啟徵屆期地未墾種者。若責令概照前案奏限一律開徵，則災後殘喘之民，斷難納曠土不毛之賦。當於光緒八年六月奏奉諭旨：從前業經報墾荒地，仍照前撫部院奏案分別年限啟徵。其六月十九日以後未經報墾各荒地，准自實在開墾之日起，停徵三年，再行啟徵，疊經通飭遵辦在案。乃疊據榆次、霍州、吉州、芮城、榮河、和順、太平、介休、垣曲、太原、和林格爾等廳州縣來稟，多稱原報荒地數目不符，或當時查辦遺漏，或以老荒混入新荒，或迫於官令，村鄰社長勉强認領，而至今無人墾種完糧，或本人領到籽種徒以救饑，已領而未能開墾，或因工力過貴，已墾而旋即抛荒。雖情形各有不同，無非爲民呼籲，冀免賠糧之苦。本部院因查晉民疊遭災祲，元氣未舒，正當加意撫恤，豈有遷就從前誤報之案，迴護從前率查之愆，責令無力窮民、無干里社代賠糧賦，益加苦累，將致流亡。汙萊坐廢，終無墾闢之期，苟且墊賠，安有足額之日。其何以休養嚴疆，奉宣德意。應即分派妥員前往各路詳實查勘，本部院覆核確實後，當不避冒瀆，上籲皇慈。惟國家田賦有常，老荒錢糧係屬永免，若紛紛請豁，正供日虧，亦非爲疆吏者誼所敢出。各屬如有老荒，祇可飭辦清丈，查出餘地，設法補劑，既不至上耗國課，亦不致下累民生。其新荒地畝，若實有從前查辦遺漏者，具報錯混者，代認無領者，已領未懇者，既墾旋荒者，查確情形，截清數目，即由該局議詳，以憑奏懇恩施，展限啟徵，以紓民力。合亟札飭該局立即遵照，查明各州縣報荒原案。上項所開各廳州縣外如有曾經具稟者，一併查辦，不得遺漏。分派委員迅速前赴各路，會同地方官切實勘查。如實有未墾未種新荒如上項所指五條，准其詳開數目，會稟該局，彙詳核辦。該局於派委各員時，必須各就各案，詳細飭查，不准有一處疏漏。各該委員與地方官於此次奉飭查辦，務宜字字核實開報，既不得以荒作熟，致累民生，亦不得以熟作荒，致虧正賦。儻再有不實不盡之處，定將承辦之員從嚴參處。事關民瘼，慎毋玩忽干咎。仍將派定委員銜名報查，并飭各該員將勘辦情形，隨時稟請核示。

札司局設局講習洋務附單〔一〕

光緒九年四月初一日

照得地球上下各國通商以來，中外交涉事體繁多，自應籌知彼知己之法，爲可大可久之圖。開物成務以富民，明體達用以自立。三晉表裏山河，風氣未開，洋務罕習，而各國使命所歷，幾遍天下。遇有交涉事件，恐難以空疏無據之材出而肆應，自不得以遠距海疆，闕焉不講。查直省各局林立，取精用宏，裨益甚多，關係甚重。爲國家儲宏濟之才，爲民生裕日用之質，凡玆美利，屈指難賅。亟宜仿照興辦，極力講求，開利源以復舊規，圖近功而勤遠略。現於省垣建設洋務局，延訪習知西事、通達體用諸人，舉凡天文、算學、水法、地輿、格物、製器、公法、條約、語言、文字、兵械、船礮、鑛學、電汽諸端，但有涉於洋務，一律廣募。或則衆美兼備，或則一藝名家，果肯聞風而來，無不量材委用。各省局廠學堂人才輩出，擅長者當不乏人，已咨請選擇資送來晉。此外，官幕紳局如有講求此事，自請北來，即希量加考核是否確有實際，如非虛誕，亦併量予津遣，所有路費，咨照歸欵。其自行投效者，但察其果有所長，一體量能禮遇，優其薪資，以收實效，而資利用。除備具文啟多張分咨各省，飭屬張貼遴選，勸導前來，并分行遵照辦理外，爲此札仰該司局即便遵照，會同悉心籌議，即於東門内新買金姓房屋設立洋務局，酌派提調、正佐、委員，先就晉中通曉洋務之人，及現已購來各種洋務之書，研求試辦，詳立課程，廣求益友。如有試造新式各器，不得吝惜工料。該處地勢寬闊，將來酌於附近添修院落，以爲製造廠所。所有新出關涉洋務各書，隨時向津滬購買，刻即籌欵附赴蘇僱募機匠便員，令其在上海購買外洋新式織機、農器數種前來，以爲嚆矢。各省著名通曉中外交涉事務之人，即由清源局隨時訪求，指名稟請，以便商調，藉資倡辦。所有一切經費，即於河東道庫提存續增五欵項下專案動支，并將以上各節由清源局擬就簡明章程，詳請核辦。

延訪洋務人才啟

蓋聞經國以自强為本，自强以儲材為先。方今萬國盟聘，事變日多，洋務最為當務之急。海疆諸省設局講求，并著成效。查中外交涉事宜，以商務為體，以兵戰為用，以條約為章程，以周知各國物産、商情、疆域、政令、學術、兵械、公法、律例為根柢，以通曉各國語言文字為入門。世用所資，至廣且急。晉省僻處山陬，亟願集思廣益。其有研精天算，周歷地球，通曉諸邦之形聲，熟於沿海之險要，或多見機器、運用得宜，或推闡洋法、自能創造，或究極船礮之利鈍，或精通礦學之法門，或能貫澈新舊條約之變遷，或能剖析公法西例之同異。兼擅衆長者俾為人師，專通一門者亦資節取。苟能褰裳就我，即當開閣延賓。各省廠局員弁學堂生徒，以及官幕紳商良工巧匠，或經各省大憲選擇遣行，或據本人自陳查明津送，盤費均由各省墊付，咨照歸欵。或即不由各省咨送，亦無妨徑自前來，到晉後量才禮遇，優其薪資，俟美利漸臻，仍仿照各省局章程詳請奏奬。所冀絶學宏開，時艱共濟。神州海外，莫譏衍説之虛荒。杕杜道周，竊比唐風之慕好。太行如砥，敬俟來游。此啟。

〔一〕據許同莘《張文襄公年譜》卷二，設洋務局事在光緒九年四月，底本誤置於光緒十年。

咨江蘇撫院僱募織綢機匠〔一〕光緒九年四月初三日

爲照素絹黃絲，列諸貢典，潞綢澤緞，夙擅嘉名。晉省從前本有蠶桑之利，本部院志在修復，爲晉民開生財之源，除游手之習，飭屬勸辦。除澤、潞、沁等處本有桑繭之利者勸令擴充，解州一帶新開織染之風者督飭勿廢外，據平定州已經種桑十餘萬株，介休已種成數萬株。此外，各屬宜桑之土，十得五六。現於省城設立桑棉局，率作興事。貴省所織綢料不減嘉、湖，有蘇綫縐、蘇寧綢、金閶紗等名目。閶、胥兩門，作坊雲連，工匠鱗萃。但得僱募諳練機匠一二十名，携帶紡織生熟花素疋頭機具來晉，住局教習，俾得轉相則效，雖不能媲東南機杼之精，亦可復澤、潞從前之盛。除行清源局委員前往將購機募匠各事宜妥爲辦理外，爲此咨請貴撫部院轉飭長、元、吴三縣，查詢各機匠有願來晉者，僱取一二十名。該機匠應需路費工食暨紡織機具，每名每具各應給銀若干，均希飭縣體察開導，會同晉省委員商定給發。如所帶盤費不敷，即請貴部院飭司墊付，咨到歸欵，俾得早日就道北來，則裨益晉民，良非淺鮮。貴部院請煩查照，咨覆過晉。望速施行。

通飭各屬嚴禁諱盜光緒九年四月初九日

照得晉省盜風日熾，近日竟有一縣連劫三四案，一案衆至數十人。一由於外來匪徒牽引日繁，一由於本省捕務廢弛不講，而欺飾諱匿，尤爲痼弊。往往搶案一出，率由鄉地書役先行往勘，將有關盜案情節一一減飾彌縫，然後本官照例勘驗，適符竊案情節，裝點具報。即有拒傷事主重情，亦必以臨時行强等語，爲斡旋之計。迨至兇盜被獲，輒復迴護原報，聽其游供，不肯重辦。種種弊竇，實難枚舉。近則荒謬愈甚，或連出搶案，膽敢不報，希圖僥倖，直至鄰境緝獲，真情破露，始以會禀協緝，具報稍遲，掩飾前非，并坐以起意偷竊，化大爲小。或盜夥甚多，情節甚重，而禀報含糊，真情概從删減。似此相習成風，匪徒得意，始則因諱匿而無從防範，繼則因飾供而無憑嚴懲。若不破除此習，晉事豈復可問。除由本部院隨時派員密查嚴劾并飭司轉行外，合亟嚴札，通飭該府州立即遵照，并嚴飭所屬，如遇地方盜案，務將强盜幾人，如何撞門入室，如何明火執仗，有無火槍洋槍，劫何贓物，傷何人口，一一據實詳禀，將來獲盜乃可嚴辦除害。如有一字欺飾，一經本部院訪察得實，定即立予嚴參，斷不寬貸。再，盜案公罪准抵，諱盜私罪不准抵，輕重顯然。若必執迷不悟，是非特貽誤地方，直自誤而已矣。懔之，改之。

札遊擊羅朝樑等查勘汾河形勢光緒九年四月十四日

照得晉省腹地，河道無多，舟楫不通，商貨騰貴。惟有汾流中貫，經過郡縣廿餘，綿亘千里以外，實爲鉅川主水。特以中經霍山，岡阜阻隔，加之泥沙停淤，民堰填塞，雖在平陸，亦多涸淺。聞二十年以前，平陽城外猶有帆檣，近年行舟及絳而止。本部院思之，惠工莫如開山澤，通商莫如治水道。既通百貨，尤便行鹽。合亟派員查勘，以備籌議。除分行外，爲此札仰該將等即

〔一〕此件底本誤置於光緒十年四月。

日束裝出省，將汾水形勢親履詳察。自省城西門起，至滎河縣止，孰廣孰狹，孰深孰淺，淤墊高仰者共有幾段，灘石梗塞者共有幾里，建築閘壩能否闌蓄，開鑿鍜淬能否施工，極力疏濬，舟行可至何處，能浮幾石船隻，工費約需幾何。所到之處，會同地方官吏諮訪瀕水父老，繪圖貼説，分段具稟，并將運城至滎河之口水陸程途幾何，鹽運能否上溯，一一勘明。到運城後，往見河東唐道、監掣張丞，面陳大略。鹽運事體由唐道具稟，汾水全局由該將等具稟。所有上項委查事理，務宜確實詳細，不准欺飾草率，耳食臆斷。并派熟悉水道船工、湘軍四名隨帶前往，以供指揮。

札河東道酌減公費光緒九年四月十四日

案據該道申稱：案查前護道議詳憲臺衙門需用公費，每年在於辦公費項下申解銀八千兩，當蒙批准在案。遵將光緒九年夏季分辦公費銀二千兩，派差解赴憲轅交納等情。據此。查河東鹽務，每年應解本部院衙門公費銀八千兩，向於奏定隨引徵收辦公費銀十五兩一欵内動支批解，係循照成案辦理。惟近年潞綱滯銷，課欵餉缺。本年二月間，本部院查核該道展限奏銷來詳核計，新陳引數短絀尚多。本部院督理鹺政，不能設法疎銷，規復引地，俾課數蒸蒸，心實疚焉。若尚於辦公經費如數取盈，是重本部院之愧也。且今日正須凡百節減，力除浮蠹，不自己始，何以率衆。惟有以行銷成數爲斷，情理爲協。查潞綱額引五千二百九十八名零，光緒八年僅銷四千一百八十餘名，約銷七成九分。此次應收九年夏季公費七成銀一千四百兩餘。銀六百兩即發交便員試用鹽經歷岳昉解回該道，即行收庫，歸入辦公本欵。至該道亦有應支隨徵公費，本部院前於裁減通省公費案内，將河東所屬州縣歷年解送該道衙門節壽改公費之欵，全數裁除，歲入已甚清簡。此項另案公費出於引鹽，爲該道辦公專欵，若再核減，辦公必致不敷。此項可仍其舊，不必仿照院案。此外，廳場各官，秩卑數微，且鹽綱不振，不能責之末吏，均毋庸核減。除行司外，爲此札仰該道遵照，將發還銀六百兩收庫歸欵。此後該道批解本部院衙門公費，即照行銷成數按成批解，永爲定章。

札各屬嚴禁買空賣空光緒九年四月二十一日

照得虎盤賽賭，最壞人心。升任撫部院王深惡痛懲，於咸豐七年四月間奏奉諭旨，飭部議立專條，纂入律例，久經通行嚴禁在案。自奉文之後，至今二十餘年，理諭刑威，惡風似應少熄。乃本部院訪聞，該商民等不惟不知儆戒，且愈陷愈深。該地方官不惟不肯嚴查，且利其規費。初不過汾陽、孝義、平遥、介休、祁縣、太谷、榆次、壽陽并附省之陽曲，省北之忻州富商輻輳之區，沾染惡習。今則口外之豐鎮、歸化、薩拉齊三廳，並薩屬之包頭鎮，亦相率效尤。初不過銀商與銀商賭，米商與米商賭，或銀商米商互賭。今則并有素封之子不事懋遷，但於鉅埠名城起造曲房華屋，虚刊圖記，專做空盤。初不過兩無實物，但鬭前知逆料後來之價值必昂必落，先期儘力買賣，以誇億中而獲横財。其或勝或負，以所訂日期早市各商交易第一盤之數爲準則。度其增而竟增，則以賤值得貴物，度其減而竟減，則以賤物得貴值。以故打虎之家，無不養飛鴿、立風竿，課雨問晴、占星望氣，楚巫吴鬼，終日若狂。至期，市估一定，其原訂之價，錢與貨兩抵勿論，贏者但取其應賺以爲贏，輸者但出其應賠以爲輸。輸贏一聽諸氣數，而無所遁逃悔賴於其間。今則欲增者必多方驅之使增，欲減者必多方抑之使減，往往串謀夥黨，僞做一盤，揚言於衆，暗使市估隨己意爲高下，以便私圖。幻之又幻，空之又空，變詐千端，莫能究詰。初不過無識愚民偶爲利誘，或一擲十金百金，勝無多獲，敗無大傷。今則竟有土豪鉅猾混迹其中，膽愈雄，心愈狠，而買賣之爲數愈多。斗粟錠金，但增減絲毫。頃刻之間，乞丐變富翁，富翁變乞丐。或因而典妻鬻子，或因而仰藥投繯。獄訟緣以繁興，閭閻頓形蕭索。即包頭一鎮而言，閉門歇業者已十分有五，他處可知。不但此也。每歲兩忙，農民不能不用銀，乃因虎盤攬擾，銀不應昂而忽昂，則完糧難。一家八口，城居不能不糴米，乃因虎盤拖牽，米不應貴而忽貴，則度日難。姦由市儈，害及編氓，其改名換貌，欺詐取財，與廣東之闈姓賭，上海之鴿票賭，跡異實同。其逞機械變重輕，把持行市，較之闈姓、鴿票，尤堪痛恨。似此頹俗澆風，愈縱愈熾。若不申明定例，從嚴懲治，何以絶惡俗而安農商。前以代州棍徒劉定邦在薩拉齊廳串通衙門，把持行市，屢做油盤，幾釀鉅案。經本部院訪聞，先將貪縱害民之廳員定福奏參革職，立將劉定邦拏解來省，按律擬罪，并奏明務將此風嚴行禁絶在案。因查害民之事，如盜賊，如娼賭，必匿於隱僻之地，發於暗昧之時。此則賭賽行於日間，聚集恒在城鎮，日中爲市，確有定期，地方官耳目易周，不致漫無覺察。商民有犯，率由地方官得賄庇縱所致。亟應通飭嚴禁。爲此，札仰該州廳縣立即遵照，傳集各行頭，諭以利害，將買空賣空惡習永遠禁止，取具確結，不准再犯。儻經此次通飭之後，地方官違例賄縱，即照定福之案嚴參。商民違禁故犯，即照劉定邦之案嚴辦。言出法隨，不稍寬貸，各宜懔遵。

札河東道飭查鹽務陋規光緒九年四月二十六日

照得潞引鹽課銷額多虧，固由災後人稀，亦由於地方文武舊有陋規絲毫未減。成本既重，浮費又多，於是雜水、攙沙、擡價、短秤，無弊不有，私鹽得以乘機暢行。官徇其私，民受其害。現准户部來咨，以從前河東行鹽，山西官運州縣規費煩苛，官吏到任，勒索贄禮，累千累百，一歲更代兩任，商販愈苦不支，或至上控。此實晉省滯銷之弊。應飭河東道禁減雜費，公私併計。此後按年領引，依限奏銷，當經札行該道轉飭在案。查光緒七年六月間據江前道詳稱，規費累商，請將月規、季規、節壽、贄見一切名目，概行裁除。緝私爲地方官專責，各口岸池灘各員，及本省鄰省如陝州、靈寶、華陰、解州、安邑各州縣，悉由道庫籌發公費，自應援案酌辦。擬請查明各該州縣每年實能行銷引鹽若干，每名准由鹽店籌送運官緝私經費上等銀三十兩，中等銀二十兩，三等銀十兩，按名計算，照數遞扣。核算之法，須公同查明該處每鹽一名，由池發運到境，除課價費脚，再定緝私經費等差，總須爲商人留有餘利。每月所銷之鹽，次月初五日以前先由鹽店報明運官，官即查明，報道存核，一面照規收取緝私經費，不准預支，鹽店亦不許拖欠，署代人員按日分潤。緣各處情形不同，緝私經費亦不得不隨地參酌。其同城文武衙門向有規費者，不得不按照銷數核計。祇准統年酌送錢文若干，或分季致送，亦由該管府州一併酌議，詳明立案。此外，如再有需索，一經查出或被告發，從嚴參處各等語。經前部院衛批准，迄今未見舉行。屢次查詢，河東道大半皆未議覆，膽玩可恨。各州縣之意，殆以此項陋規竟是天造地設，不肯稍從裁減，而於緝拏梟販，有益鹽綱，查禁攙短有益民食之事則絶不過問。虧課誤餉，累商病民，兼而有之。但顧誅求之私圖，竟忘短銷之處分，可謂貪矣昏矣，蔑以加矣。一年以來，據報裁減鹽店規費者，止有署高平縣李義銘一人，可爲浩歎。現經户部指出，山西官運州縣勒索規費，斷爲滯銷之由，未嘗非灼見癥結之論。本部院忝爲諸官吏之長，而不能化此貪風，革除惡習，實覺慚悚負疚，片刻難安。除飭該道立查銷不足額州縣職名先行奏參外，合亟札催該道立即飛飭行銷潞鹽引地各州縣文武官吏，商人收受餽送鹽規，及節壽贄見一切規費名色數目，據實開報，不准一字欺隱。此文到日，將舊日各色規費概行停止，張貼明示，曉諭鹽店。如敢有私受一兩者，以贓私論。准商人告發，即行查辦。一面遵照衛前部院批准江前道詳定章程，逐條講解，實力奉行。責之於官者，一爲責令緝私，一爲三等定費，一爲月報銷數，一爲費不預支，一爲署代按日，一爲同城酌送，一爲不輕更商，共七條。責之於商者，一爲嚴禁攙短，一爲率請加價，一爲餘引融銷，一爲勸開子店，一爲准人請領，一爲禁止率閉，共六條，一一照辦。其中月報銷數一條尤爲要義，不惟報道，并應報院，不准遺漏一處。除三等定費、同城酌送兩條數目應聽候本部院核定批示外，其餘各條即日舉辦，不准藉詞推宕。限文到五日内，將舊有各欵數目、現在規費示稿，以後整頓辦法三大端，由四百里詳晰禀覆本部院，并禀該道。其應議數目，由該道接到禀覆十處，即行酌量擬議，飛禀本部院核定飭遵，毋庸俟各州縣彙齊，致稽時日。各該州縣奉到此札後，如敢延緩欺飾，誤限違章，惟有嚴行參處，無暇再爲告戒。該道亦應上緊查催，毋稍瞻徇。

札候補知縣王煒覆勘文峪、瓷窰兩河工程 光緒九年五月初一日

照得前因文峪、瓷窰兩河上游漲猛，下游淤墊，漫決爲患已非一年，當經檄委候補直隸州知州陳贇清前往查勘。兹據會同文水等縣禀報查勘擬辦情形，似乎方略甚多。要其大旨，不過留文峪之決口使行新道，挑瓷窰之淤塞使歸文峪。總之，以汾陽爲尾閭而已。查張家莊一帶，正河不濬，決口不塞，以鄰爲壑之譏，雖户説汾民，恐難相諒。至議於決口入汾陽境之處建修閘工，水小則閉，水大則啟，是水小則文水受其利，水大則汾陽受其害，尤非事理之平。若爲規復文湖故道起見，必須挑河槽、築堤堰、暢去路，籌錢糧各節，統籌定議，剴諭民間，方能舉辦，爲時倉猝，未可率爾。此文峪辦法亟須另籌之大略也。瓷窰則二十年來尚不爲害，自光緒五年清源鄉白水河彙入，以致下流盛漲，上年文峪又復倒灌，一河三水，無怪實不能容。今若不治瓷窰南行故道，聽其併入文峪，是文峪之水愈漲，文民之患愈深，東高西下，必仍以汾陽百金堡等村爲澤國。明知之而陷溺之，無是理也。此瓷窰辦法又須另籌之大略也。惟該牧令等所禀此時農事忙迫，人工已甚難顧，轉瞬夏至節後大雨時行，更屬無可施力，自應就目前要工，先爲捍禦之計。除會禀批發飭司籌動銀兩并分行外，爲此，札仰該令即日束裝前往，會同各該縣親歷周勘，商之汾州張署守，將刻下應辦工程，飭由各該縣迅即酌量擇要趕辦，如文水境内南北張莊、南北武澇、蘇家堡、東西宜亭、上河頭等村抱河

之堤，護村之堰。汾陽境內百金堡之大堰，宣才堡之疏通，皆在所急之列。而文峪正河淤塞五百六十丈，最爲全河關鍵，尤須挑濬寬深。民力所不足者，量予津貼，務速務堅，各盡職守。仍由該令將兩河源流通盤規畫，如何分派以殺其勢，如何導引以竟其功，勿囿目前苟且之圖，務爲久遠利賴之計，詳悉籌議，稟候酌奪，俟秋後農事告成，再行大舉。

札知府劉林新等赴交城督禁罌粟 光緒九年五月初八日

照得晉省栽種罌粟，爲害最烈，經本部院奏奉諭旨嚴禁。一年以來，何啻三令五申，自應先將著名產煙之交城認真禁絶，以爲通省之倡。乃疊據該縣知縣賈成霖、委員知縣黃縉榮等稟報，於平下各村則實力剷毀，於胡盧峪內外，則有意含糊。若因山僻民頑，遂存遷就，是政不平而法不信也。不平不信，何以服民。當經嚴批痛飭該令等切實拔毀，勿稍瞻顧。特恐該令等狃於習俗謬見，不免畏葸欺飾，合再派委文武大員，酌帶兵役，前往督率彈壓，一律剷除。除將縱兵賄庇之署靖安營千總張芝琴先行撤任聽候參辦外，爲此札仰候補知府劉林新、太原營參將施紹恒，自行揀帶佐雜委員二人、千把外委二人、保甲局巡役十名、太原營兵丁一百名，由司發給兵役每名每日盤費銀一錢。兵役分爲兩起行走，頭起隨帶前往，二起聽候該守等續調。札到，即日束裝馳往交城縣，督同賈令、黃令，將胡盧峪內外村莊傳集社首、練總等，立刻拔除淨盡，改種五穀，各具永不再種甘結。如有租户、奸商、劣紳、地棍敢於遷延抗違，以及衙役汛兵得規包庇，即行捕拏，鎖押來省，盡法懲辦。帶往兵役不准絲毫滋擾勒索，致干軍律。總之，此事法在必行，無論官吏、弁兵、紳民、客户，不容一人梗令。賈令之蒼猾虛誕，黃令之敷衍因循，以前一味欺蒙延誤，直至今日，本部院早已存記於胸，且看事定後如何參辦。該守等此行，本部院仍遣人密查。倘亦欺飾畏葸，定將該守等一併參處。如賈令仍然禁毀不力，即由該守將該令摘印，交黃縉榮署理。

札豐、甯官荒局繪墾荒地圖 光緒九年六月十四日

照得該局承辦押荒事宜，所有豐屬薛浩、源主敬、余旺通、李榮貴、劉通、貴興等承辦官荒牧廠各地，甯屬莊親王、鄭親王、克勤郡王、禄公、繼公等牧廠各地，以及墾户彭敦厚等百餘户，聯名呈懇勘丈。各地雖未一律竣事，而既經呈請勘丈，則方向、界址、頃畝數目，正可得其梗概。至此，外已墾未報官荒，以及蒙古牧地私租私墾者，雖未報明議辦，然既係可耕之地，亦應周知其地脈、民情、旗屬、界限，以便爲撫民安邊之計。該總辦等躬親其事，必已博覽周知。合亟札飭該守等立即遵照，將豐、甯兩廳所屬已墾未墾、已報未報官荒牧地，以及察哈爾右翼界內毗連豐甯轄境之蒙古牧地，凡有地勢平衍、土性膏腴，水澤利便向多私墾處所，一一查勘明確，迅速繪成全圖，開定方數，劃清界限。紅筆畫格開方，墨筆圖寫山川、道里、村莊部落地段名目、頃數。但取形勢分明，不必采色混目，并於圖上詳細黏籤標識。另開説帖清摺，一樣兩分，限十日內由五百里飛速稟呈。倘敢草

率了事，致有不符，一經本部院披覽考證，指出錯謬，責有攸歸。毋違。

札藩司發清盤倉穀章程附單 光緒九年六月十五日

照得該司議詳清盤倉穀章程四條，當經批准飭辦在案。茲查前議各條，於盤收程督各事宜多有可取，而於因時變通之道、懲前毖後之方，尚未能纖悉具備。現經本部院刪繁撮要，歸併增定，仍爲四條，黏單札發。該司即便會同清源局傳付交代科作速刊印，附入交代章程，通飭遵行。

清盤倉穀章程

一、新舊倉一律勒限

向來積習，以盤接為畏途，既恐盤出黴折致怨於人，復慮雜費所需有損於己，因而多方枝梧，相率懸宕。雖有到任兩月限内請盤之定章，實亦但占分賠二成之地步。請盤之禀一上，推延之計隨之，以致穀朽案懸，公私交病。茲特嚴定章程，府廳州縣有倉儲之責者，除現任官業經盤清呈報有案，以及府委代理不及兩月者不計外，其未盤各處，不論正任署代，皆責成現任之員於文到後，禀明司局及本管道府州，迅委鄰封監盤委員，會同前任定期開盤。統於奉到此次章程五日内起限，五千石以上限一月，一萬石以上限兩月，二萬石以上限三月，一律盤清，此指從前未盤之倉。此次盤清後，照第三條章程辦理。現任者先將盤收實數接收經管，一面會同通禀有無黴折，查照原定章程應歸何任賠補，分晰禀明，聽候核辦。如有抗違不盤，逾限一月者記大過三次，再逾限一月即行撤參。如實係年久紅陳，咎非一任，盤出時自有斟酌辦法，決不令偏枯受累。

一、監盤不必候本員

查本管道府州，為親臨上司，本有督算督盤之責。地近易查，各府廳州縣請盤之先，一面禀明司局，一面本管道府州就近飭委監盤委員，并飭知前任同赴該處，三面會同開倉，秉公持平，迅速盤量，不准多延時日，不准苛細吹求。倘各前任或有不能親往，又不遣親信之人前往，以及四項人員業已回籍，家屬遷延不到，即由監盤委員會同現任公平清盤完竣，即屬永遠定案，未到者不得再事挑剔，以免推延。如現任定期而監盤委員不到者，亦照逾限不盤章程，記過撤參。

一、署代盤倉賞罰

此次盤量接收以後，每遇交替，不論正在署代，均限五日内清盤，兩月内接收，二萬五千石以上展限半月。違者照逾限章程懲罰。其監盤不候本員，盤量不准苛延，俱如上條。交卸各員帶結進省，以及本管轉詳總結，結内必須叙明倉儲盤交清楚並無黴變朽壞。如無此等字樣，即由交代科駁飭換結。正任者職任方長，盤接倉儲無庸議獎。署代各員，責令一律清盤，不免稍有賠累，宜加獎勸。此次署代各員如能遵限竣事，所盤之穀米豆二萬石以上儘先拔委，一萬石以上拔委，五千石以上記大功，一千石以上記功。修補倉廒盤倉需用之席棚、板片，書級等口食、雜費，即責成現任捐辦，不准絲毫累民。其從前署代各員有未經盤倉而帶結進省得有拔委獎叙者，查明原案詳銷。

一、責令出陳易新

欲嚴接倉之令，宜探倉累之源。此時通省倉儲大率皆災後新買之穀，無虞耗折，交接尚易。若不早為之計，數年之後，因積而陳，因陳而積，展轉相循，又成不治之證，將使百數十萬之帑金化為百數十萬石之土穅，復為地方官添百數十萬石之禍累，於備荒便民之本意有何干涉。此後應令各屬各就地方情形，或借或糶，聽其酌辦，源源遞放，出陳易新，周而復始。大約使三四年而一周，永無朽蠹。借則嚴禁勒派浮收，糶則不准有賣無補，由司仿製部斛，烙印編號，發給各屬，出入交收均用此斛，不得浮收勒措。出借則用斛而不用斗，散户亦以斛湊放湊交，以免多收斗面。該管上司按年抽盤，隨時稽察。倘各屬囤閉不理，任令陳朽，或假名出易，擾累閭閻，責成該管上司及接任之員稟揭，不得僅以原數足額含糊結報，除照例責令賠補外，仍行嚴參。

札歸綏道繪口外七廳全圖 光緒九年六月十九日

照得歸綏一帶，從古爲漠南重鎮，所屬五廳，地勢雄闊。方今内撫蒙回，外通商路。現議七廳改制，豐、寧兩屬聯爲一家，亟應圖繪廣輪，以籌建置。札到，該道即行確查詳考，將七廳形勢合畫横圖。先開方數，每方十里。紅筆畫格開方，墨筆圖繪物色，各水分用藍緑黄赤紫赭，以爲區別，水道宜詳支派，山嶺但具形模，并於圖上詳細黏籤標識。所有道里遠近、界址出入、山谷險易、水道廣狹、廳巡營汛、市鎮要隘、官站商路、牧廠軍臺、陸地税卡、水路口岸、漢民村落、蒙部旗分、喇嘛刹廟、洋人教堂、土脈肥磽、砂磧多少、已墾未墾、有人無人、孰産貨材、孰豐水草，一一開載，不得但憑舊圖，不得僅據傳説。豐、寧兩廳委員到彼，會同該同通地局考核彙辦，另開説帖清摺，一樣兩分。限文到一月内繪畢，飛速稟呈。倘經本部院披覽考證，指出錯繆，責有攸歸。毋違。

札清源局刊印清查章程附單 光緒九年六月

照得本部院奏明設局清查庫欵，當經飭據該局籌議章程，呈請核定，發局舉辦。其間遇有應行推闡增補者，復經隨時請示，釐訂飭遵各在案。兹查晉省清查事務，照章辦理，將次告竣。所有該局章程，現准兩江督部堂，江蘇、福建、江西、河南撫部院先後來晉咨取，并有委員在此守候者。查各省情形與晉省多不相同，惟既經咨取，自應刊印咨送，以省鈔胥。合就札行該局，即將彙集章程二十一條即日發刊，印裝多本，呈送來轅，以憑咨覆。

山西清查章程

併局分科第一

設立清源局，分別八科。一會計科，以清歲入歲出之欵。二交代科。三撥欵科，以清吏事之欵。四善後科，以清民事之欵。五籌防科，以清兵事之欵。六報銷科，以清外銷之欵。七裁攤科，以清官累之欵。八工程科，以清外銷之欵。八科設正副總辦二三人，每科提調一人，正印佐雜委員各一人，事繁者酌增。所有善後局、交代局、籌防局、報銷局、營製所、撥欵處、攤捐科事宜，俱併於此局辦理。此局設於司署，并於院署設立檔房，每日局員齊集司局分辦通查，互相關會，以免漏誤歧複，移查停待。

分查底欵第二

山西司庫，正雜攤捐共計三百餘欵。自道光二十九年清查後，迄今三十四年，愈積愈深，互相糾葛，渺無端緒。今分派局員各認數欵，案據不全者以庫簿文、領銷册互相參檢，以舊案清查實在，為此次清查之舊管，各歸各欵，分別四柱，截至光緒八年十二月底止實在幾何，各造一册，再議撥正支銷、清還删除諸事宜。

墊欵正銷第三

歷年以來，籌解京協各餉，籌辦軍需各案，以及因災蠲緩、籌放兵餉、籌放留支，各有墊欵，為數甚鉅。在本欵則尚作實存，論現銀則早經動用。溯查從前奏咨各案，各有指欵以備撥還，惟墊欵或并無急需，而指欵已空無所有。若一一待還，以正還正，則同係報撥，本無彼此之分，以正還雜，則本末顛倒，難免影射之弊。應即核明無庸歸還之原墊京協餉、軍需欵、額餉年例、留支蠲免、借放例支各若干，分案分欵，分册截清數目，奏明咨部，作為正支開銷，不必虛立墊欠名目。其有原墊之欵正在待用，且轉借他欵必須收回抵還，勢難作正支銷者，亦分案分欵，分册截清數目。本部院當斟酌緩急，分別立定章程，限制成數，於奏咨案內聲明，俟指欵續收成數，按照定章籌還。

釐正借動第四

自咸同以來，軍支日繁，庫藏日絀，遇有急需欵無所出，於是有借放名目。始則指欵專借，繼則零星湊集，端緒已甚紛雜。又有提儲候領，提儲防費，提儲雜項，并上次清查之彌補三成養廉。彌補各欵或係備支，或係候撥。當借動時，但按提儲寄儲之總名，不分提儲寄儲之細目。若斯之類，糾葛尤多。又有本欵已作開銷，而銷案並未全收者，亦有銷案已列新收，而本欵未作開除者。查閱從前報銷釐税軍需各案，多有此病。至交代案內，各州縣或以現銀渾淪解司，未分欵目，或以領欵聲請作抵，未經撥收。此次清查，均須一一釐正。即將軍需案內之正雜各欵，釐税案內之籌防經費，各屬之交代現銀，請抵之已放領欵，查明底案，撥正釐清。其借動之提儲寄儲，先查明原借，按總數撥還，然後再就各項分為細目。至各借欵內，往往有一欵中既受借於他欵，又負欠於別欵者，應先造負欠草册，以受借之款為綱，負欠之欵為目，次造過撥草册。如有甲欠乙，乙欠丙，丙復欠甲，即由甲起層遞過撥而還之甲，是以甲還甲無須提動現銀，而欵目自清。又有甲欠乙，乙欠丙，丙又欠丁，即將甲欵層遞過撥而還之丁，是以甲還丁，亦無須提動現銀，而欵目亦清。如負欠之欵無欵可撥，應查明無銀之由，籌議歸補之法，亦造一册存案，俟籌補有欵，再行撥還。倘甲無欵而乙丙有欵，先將乙丙欠丁之欵釐清，專留甲欵待籌，不准仍前牽混。諸欵釐正以後，再造定數清册。

删除浮濫第五

軍興以來，庫內有籌墊，庫外有懸欠。如其舊日實用，今日急需，自未能一概抹煞。惟其中有歷年久遠，可就現欵支持，陳欠無須歸還者，有前案渺茫，欠項無人承領者。即如奏明之趙嘉年、羅承勳、王同文等欵，其中不無冒濫。此外，如軍需第三案內積欠之綏遠滿營防餉，大同緑營防餉，伊克昭盟防餉，烏蘭察布防餉，土默特防餉，團防勇糧，口外腰撥各屬墊辦帳房之類，均可分別核減删除。又如各屬攤捐養廉彌補，亦有無須歸還無人承領之欵，即予删除，不准承領。內銷者分別奏咨，外銷者詳立檔案，提歸公欵，杜絶再支。

勒清撥欵第六

各廳州縣領欵解欵，須待過撥而後定案者，凡有數端：曰墊辦兵差，曰墊發行裝，曰添設腰站，曰暫墊雜支，曰交代寄儲，曰領欵作抵。但係本任及接收歷任有案者，皆准指欵請撥。乃檢核檔案，未撥之欵尚多。一由於州縣之頑疲，有催無應，一由於司書之耽閣，非賄不行，以致交案不清，庫欵懸宕。今勒限清釐，凡各屬有存司未領未撥之欵，飛檄飭催於五日内具文指欵請撥，即由撥欵科查明數目相符，即日咨司。司中另派廉勤之員覆核，即日辦稿。札庫動撥，將撥清欵目行知各屬，自文到之日起至行文之日止，不得逾五日之限。一切均由藩司親督委員辦理，不經書吏之手，如敢索費，照例嚴辦。以清查之限為限，如各屬逾限不行請撥，或查明前任雖有領儲各欵未經列入交代者，即行注銷，仍將撥抵數目詳細報院。

禁止借撥第七

晉省近年惡習，州縣於應解欵項任意虧欠，恃有從前墊辦兵差之案，准其以此縣之兵差作抵别縣之欠欵，通融借撥，以致解庫實銀化為空帳。今覆核開報之案，甚有虚浮。本員既准抵銷，有餘又可轉賣，勢必人人覬覦，交代誰肯清完。病國長奸，莫此為甚，必應即行杜絶。除本員本任確有案據者准照第六條辦理外，其彼此通融，長餘借撥，自八年七月初一日為始，一概不准。

速結交代第八

清庫欵以結交代為第一義。晉省未結交代，上下三十餘年，懸積八百餘案，塵牘如山，官累如海。今為前後任本管道府州暨司局各定章程，自奉到定章以後，交替者為初限新案，卸任不帶總結回省者，不准稟到。責成本管道府州督算，兩月不結，查其咎在前任後任，照例詳請初參，本管並予懲處，即行調省。初參調省者，為二限新案。省局督算亦限兩月，逾限不結，詳請二參。例應加展者，扣足展限照辦。定章以前光緒八年溯至光緒六年者，為三年舊案。光緒五年以前，溯至道光二十九年者，為歷年陳案。完欠算明者，擇尤詳參，次則勒限。爭執不決、調算未結者復算，確下斷語，或結或揭，分别辦理。交代科委員於每月初五日，將上月通省交代開分案清摺四分，一開初限新案，一開二限新案，一開三年舊案，一開歷年陳案。舊案、陳案中區為三類，算確完欠、確完未接者為一類，完欠各執、核算查催者為一類，完欠未確、現在府州核算者為一類。一類中以有官有人者列前，四項人員列後。再開分辦法清摺五分：一曰請銷。本月申送總結者入此摺。二曰請核。新案交替逾月，陳案會算已到。現催府州督算，外算難結，必須調省。案甫到局，起限派算，札飭籤覆未到、行催本月算清、催銀催結者入此摺。三曰請展。確有轇葛、尚須確查、會算未到，羈延有故、原算不符，仍須覆核者入此摺。四曰請示。官聲卓著，因公賠累者，接自前任，因人受累者，為數無幾，可原可閔者，抵欵雖確，核減改章者調算無人、案據不備、徒多枝節、無益庫儲者入此摺。五曰請處。催籤催算、玩延逾限應薄懲者，記過、撤銷記功、停委、扣到任、調省、撤銷拔委酌委。有意不接、有力不交應示儆者，扣到任、調省、撤銷拔委酌委、摘頂、撤任、停委、詳參。案陳虧鉅、實在無著應參追者入此摺。并開四柱總摺一分，摘叙某官某任交案簡明目録，分列管收除在，以分案四摺為經，以分辦法五摺為緯，以四柱一摺為綱，一面送司，一面送院。向章提開不入交代之查荒、工賑、掩埋等費，籽種牛馬價、穀價餘存，并有關賑務之欵暨釐金捐輸各項，應一併列交，不准提開另算，從前議單名目永遠革除。承算局員，尋常案限十日，繁難者二十日。秉公出力，十案記功，繁難者記大功，積功五次酌委，大功倍之。核算舛漏、案語模棱、逾限未算結、司案不速查、應催不呈稿、届期不舉報，一案記過，重大者記大過，積過至十次撤差，袒徇賄囑者嚴參。檢案司書，新案限即日覆，舊案限兩日覆，陳案限三日覆，歷年過遠者亦不得過五日。延擱不覆、枝梧抗違，提調稟明藩司責懲，索費者嚴辦。局員明知不舉，照章記過。如局員已經照章稟辦，而藩司延閣不催不詳者，本部院即查照定例上司不行揭參及有心徇庇之條，奏明辦理。

清盤倉穀第九

晉省官司以經收倉穀為大厄，又惜盤量之費，因創為接庫不接倉之謬説。交代總結不及倉儲，於是有乾隆初年至今未動之穀，有咸豐年間至今未接之倉。一人取巧，人人效尤，一任有虧，任任受累。日引月長，遂致無從措手。今令府廳州縣佐雜有倉儲之責者，不論正任署代，均由現任於文到五日内稟請監盤，即由該管道府州就近委員，會同前任刻期盤竣，務在秉公持平，不准多延時日，不准苛細吹求。如係從前未盤之倉，五千石以上限一月，一萬石以上限兩月，二萬石以上限三月。此次盤清後，仍照例限現任者一面收管，一面會稟有無黴朽耗折，應歸何任彌補，稟明核辦。如實係年久紅陳，咎非一任，盤出時自有斟酌辦法，不令偏枯。倘前任不能親往，家屬遷延不到，即由印委公平盤量，作為定案，未到者不得再事挑剔。盤倉所需書級雜費，責成現任捐辦，不准絲毫累民。交代總結内，務須聲明倉穀盤交清楚，並無黴朽耗折。如無此等字樣，立由清源局交代科駁飭換結。署代人員依限盤竣者，視其穀數多少，予以獎勵。後任五日内不請盤者，照省章分賠二成。監盤會盤已到而藉詞支飾者，記過撤任。惟欲嚴接倉之令，宜探倉累之源。此時通省倉儲，大率皆災後發欵新買之穀，無虞耗折，交接尚易。若不早為之計，數年之後，因積而陳，因陳而積，展轉相循，又成不治之證，將使百數十萬之帑金，化為百數十萬石之土穅，復為地方官添百數十萬石之禍累，於備荒便民之本意有何干涉。此後應令各屬各就地方情形，或借或糶，聽其酌辦，源源遞放，出陳易新，周而復始。大約使三四年而一周，永無朽蠹。借則嚴禁勒派浮收，糶則不准有賣無補。由司仿製部斛，烙印編號，發給各屬，出入交收均用此斛，不得浮收勒捐。出借則用斛而不用斗，散户亦以斛湊放湊交，以免多收斗面。該管上司按年抽盤，隨時稽察。倘各屬假名出易，擾累閭閻，或囤閉不理，任令陳朽，責成該管上司及接任之員稟揭，不得僅以原數足額含糊結報。除照例責令賠補外，仍將本員暨該管一併嚴參。

奏銷復舊第十

正雜錢糧，例定於次年四月内奏銷，户部考其殿最而賞罰之。此乃治賦綱領，國家經制。晉省民風愿樸，正供向不延欠。災荒以來，奏銷遞年展緩，春秋撥册因而遲逾。今將光緒六年分奏銷限至九年二月底，七年分奏銷限至九年四月底，八年分奏銷限至九年十月底，依期辦齊，分次題報。九年一年中趕辦三年奏銷，十年即可復歸舊制。至未完一分以上職名，屢准部咨，令於奏銷前開單奏報，及時議處，俾知儆畏。歷來迄未遵辦，其跡則似為玩延者留展期免議之地，其弊則將為虧空者開幸澤豁免之門。近來錢糧頗有蒂欠，此後必須遵照部章，將職名先行奏報，以防虧蝕之漸。

改題為奏第十一

年例錢糧奏銷之外，尚有專案題銷各册，陳陳相因，迄未造報。一由於上届清查未截尾數，難以接算；一由於軍需交代，互相出入，久未畫清；一由於災荒年分展轉挪借，數多懸宕。今查出歷年久遠尚未題銷者十三案：一常平倉穀，二大、朔二府本色米豆，三學租，四科場經費，五鼓鑄，六武職養廉，七綠營公費，八各營棚馬，九兵丁白事，十節省鋪司工食，十一川甘回目土司過境食物，十二護送遣犯弁兵盤費，十三獄囚棉衣冰煤。上自道光、咸豐、同治年間，截至光緒八年冬季為止，遠者三四十年，近亦十一二年，其欵則皆為動撥無存之欵，其數則均係照例應銷之數。若一一補册追銷，簿籍繁碎，欵目參差，寫者腕脱，閱者目迷，曠日持久，而於綜核盈虚無絲毫之益。應即由局開具簡明清單，詳請改題為奏，以期立清陳積。此外，年例題銷案陳數瑣者，亦可類推照辦。又如交代細數册結一項，每一州縣約十數欵，欵各一册，存案及道府州司院部各一分，共須册八九十本，結八九十張。一任即須此數，若一人而接數任、十數任，交代則須代為補造册結四五百分以至八九百分不等。而此册到部之時，距本員在任時已在數年、數十年之後，徒為各上司衙門書吏挑駁勒索之資而已。查州縣經管欵項，若丁糧、雜耗、税課、倉穀、兵米、學租之屬，其徵欠動支各數，有本管道府州按季盤查册，有藩司按年奏銷册，有後任正雜無虧總結，層層防制，其有無虧短，原不待檢此細册而後知。設有外錯，惟最後出結之員是問可矣。且晉省未結新舊交案，及已結而未册報者，不下數百起。必責取挨任細册，奪其旬稽之日力，何關庫帑之盈虚，駁換稽延，奏結無日。惟有將光緒八年十二月以前新舊各案例造細册，詳請奏明，免其造送。

裁革攤捐第十二

晉省州縣缺分甚瘠，攤捐甚多，積累已非一年。州縣無從取辦，或貪黷敗檢，或挪移成虧，固無論已。究之掃數者少，蒂欠者多，皆由司庫墊欵應用。一經罷官物故，州縣之累終成司庫之虧。此所謂自欺自啗，庫帑第一鉅蠹也。歷年雖經前部院成、鮑、曾三次議減，終未大改規模，至今尚存一十七欵，歲攤約十萬金，甚至佐雜微員亦有攤欵。道府本屬自有雜攤，尚不在此數之內。實缺按日認攤，署任有半廉半攤、半廉全攤之别，代理有一月内不攤、一月外即攤之分，更有災年全免酌免之欵，降革休故免認之案。瑣屑繳繞，令人迷惑。交代之推延，司吏之弊混，胥在於此。必宜除此秕政，則庫無墊欠之虧，官無誅求之累。今將可删者删，可節者節。不能删節者籌欵抵補，自八年冬季為始，一律裁革，永免攤捐。

設局辦運第十三

攤捐中有必不能删者，如平鐵、好鐵、大潞紬、小潞紬、生素絹、農桑絹、毛頭紙、呈文紙、硫磺之屬，不敷價脚及部飯部費、委員盤費津貼等項，為數甚鉅。加以各路採運，分處造辦，收放查驗，冗費尤多。行户苦支應，匠役苦例價，正佐苦攤幫，經收苦蠹攘，解官苦賠累，脚户苦淹滯，司庫苦墊欠。公私交累，而銷結之繁難生焉。今專設鐵絹局理之，磺附於鐵，紬紅附於絹，覓匠招商，委員僱運，事事求節求實。其經費於本部院奏明借動釐金外，再為酌籌息欵充用。昔日承辦之羡餘，司吏之扣項，委員之挂名津貼，一概鉤除，遵照新定章程，不准踰越。冬春路燥駝多之時，併批發運，以節經費，立限解納，以杜延擱。

截追舊欠第十四

此次清查各州縣應解各欵，完欠畢露。離任之員已入交代案辦理，現任各員節年所欠，亦應截清數目，嚴札催提。如實有不能速完者，即查照上届清查户部奏定章程，分别欠數多寡，定限勒追，即於清查奏結時詳細聲叙。

早催解欵第十五

各屬無名之費，此時都已革禁，攤捐之欵又復全裁，舊欠亦經截數，止此年額徵解正雜，累輕數簡，不容再有拖欠。覺察新虧之法，宜將每忙應解正雜按欵開列，刊印循環簿，頒發各屬，令其將完欠數目按欵分注其下。上忙限本年八月，下忙限次年二月，一律解清，並將所發刊本照填，分送院司，循去環來，以備稽考。未及上下忙而交卸者，即以交卸之日截數，藩司核其未完，委員專札守提，非隨銀回省，不准銷差。蓋廉謹之吏，按時清解，不待督趣。其有官項到手，任意揮霍。始則暫時挪動，原思即事補苴，繼則挪新掩舊，愈積愈深，有欲圖補救而不能者。與其事後參追，莫如及早催查。此非一切督責之政，乃保全屬吏之方也。

除免官累第十六

交城縣向有木税，自道光以來，山空樹盡，久已無徵，而税額如故。屢經前部院奏請儘徵儘解，部議未允。查順天府密雲縣應徵古北口木税，因山木已盡，於嘉慶七年奏准照雜税之例，儘徵儘解。又殺虎口應解河保營徵收大青山木税，因本欵無收，於火耗盈餘項下抵補。此項交城木税，由司籌議奏辦，不必累及該縣。至上次清查案内，有二參虧欠銀米十八員，屢經恩詔，例在豁免之列。若必待故員子孫呈請，多有貲産早罄，親屬凋零，應予咨部請免。此外，如有此類葛藤波累之案，乘此清查之際，一律為之掃除。

借欵限制第十七

從前司庫實存數目，僅於堂期簿後列一總數，凡正雜生息攤捐，均在其内，并不細分欵目，不能一覽而知。遇有所需，悉聽書吏指揮，撥甲則甲，撥乙則乙，展轉挪借，欵目混淆，索費居奇，恃為秘訣，實為歷來痼弊。此次舉辦，亦以清查借動為最難。今既通盤釐正，則本欵之有無，已一一披露。亟宜乘此定章，遇有動撥，務須各支各欵，不准紛借。其有必須移緩就急者，即由藩司指欵借動，仍於詳内聲明原應正動某欵，因某欵無銀，是以借動，一俟正欵有銀，即行歸還，即將庫簿庫札借撥之條注銷。至於妄指無銀之欵，空借濫支，以致有借無還，實為晉省敝漏之尤，自今永遠禁止。如本欵無銀，而相當可借之欵亦復告罄，此項即可停發，俟有欵再行補放。當此財用支絀之時，筦度支者既不能苦心持籌，開源足用，則惟有毅然撙節，截斷衆流。若不肯為怨府，必將甘為漏巵矣。

改歸簡易第十八

吏之利在繁，官之利在簡。作弊之利在繁，核實之利在簡，而錢穀事體為尤甚。緣此事本極紛雜，加以原委曲折，折算繳繞，案牘散漫，一事一欵，輒費考究。心思為之淆亂，積壓由此而起，奸弊由此而生。惟有改歸簡易以救之。即如各屬驛站不敷夫馬工料，道光二十三年寶晉局鼓鑄錢文案内，每領銀一百兩搭放制錢五千四百一十文，扣收銀五兩四錢一分，放實銀九十四兩五錢九分。嗣因奉文分鑄當十大錢，又於搭錢之中，以大錢、制錢各半搭放。自大錢停鑄，而應搭一半大錢無可搭放，乃扣銀存儲候領。未幾而寶晉局制錢亦復停鑄，又議以應搭一半制錢借欵墊發，積成鉅欵。歧中有歧，畸零微末，動牽數欵，領者有名無實，墊者懸欠無歸，存儲者挪移無著。現經本部院奏明，將此項夫馬工料每銀一百兩，於原定扣收銀五兩四錢一分數内，以一半發給州縣，作為全數發清，不必搭放制錢，以一半扣存司庫報撥。其實不過每百少發銀二兩七錢五釐而已，不再搭錢，亦不再借款，於庫款符原數，於領款無增減。有扣無折，徑捷分明，不必費人思索。此外，如平陽營兵米，向由平陽府采買供支，而於蒲州府屬之虞鄉、臨晉、榮河等縣徵銀歸款。平、垣營兵米豆，向由平陸、夏縣、垣曲、聞喜、安邑等縣於常平倉穀内碾米借放買豆供支，而於永濟、猗氏、虞鄉等縣折徵穀豆價解銀歸司，司發買補。嗣後平陽、平垣兩營即就近徑赴徵銀各州縣領銀自買，年終報司核銷，不必再由平陽府及平陸等縣供支，以免此縣解赴彼縣，及此縣解司、彼縣赴司請領展轉勞費之煩。又各營迎喜、開操、霜降等典禮祭品例支、綠營公費，嗣大同鎮裁兵而公費未減，部議令將應減祭品銀解司，於是全領公費，另解減款。又通省驛站例歸留支。留支不敷之州縣，既將夫馬扣建、倒馬皮臟、閏月棚廠餘剩官支等項解司，復另領不敷銀兩。此後大同各營路裁減一款，即於應領公費内扣除，驛站不敷一款即於應解扣建等項内留抵，由司照案分款提收。又州縣解糧脚費，例動耗羡。即仿照留支，於解耗羡時扣出。惟究非留支正款，與奏銷起運數目不合，可於文批内全數報解，另文聲明扣領。其他錢糧銷算撥抵事宜，可以變通併省者尚多，司局即照此廣為推闡，議詳辦理。

會計月報第十九

司庫出款雖係例支，亦必詳明，或奏或咨，或請備案。其動用鉅款及不在列支之内者，尤應詳准後方得動放。若出入積至數十萬，當時不詳不奏，必待他年造銷而後彙報，是為毀裂紀綱，從來無此度支之法。應即將從前動用各款，如已還之軍需墊款暨賑務善後之款，未經詳報者，分案分款，澈底查明，專案詳報，仍列入此次清查案内辦理。此後釐定章程，每年立一會計總簿，分為六段：第一段為入款門，開列通省一年應入正雜閒款各幾何，注明報部、不報部、奏銷、咨銷字樣。贏絀不能預計者，寫無定數，每款後列上三年入數比較。第二段為存款門，開列上年餘剩現除正雜閒款各幾何（截至上年十二月底止）。第三段為借款門，開列何款於某年月日借動，何款各幾何（已撥還者不列）。第四段為尾款門，開列積年正雜閒款未完者各幾何，將未到、未報、應免分晰注明。第五段為欠款門，開列積年欠發本省俸餉雜支一切等項，將來必應補發者（可不補發者不列），及各路協餉。第六段為用款門，開列一年應出京協餉，本省額餉、防餉、俸工、驛站一應雜支必用之款各幾何。其多少不能預計者，寫無定數，每款後分別上三年用數比較。定限每年正月初十日呈院，每月另立一會計月簿，鈐用司印。前半本即將會計總簿刊印，裝訂於前，後半本責成庫大使督率庫書，按開庫堂期將收支各款一一開列，逐堂隨時記簿，須與庫簿一律，不得稍有歧異。每繕兩分，一呈堂，一呈院。大建限每月三十日，小建限下月初一日呈送。年例收支之款，照此辦理。應奏咨者，仍隨時詳請奏咨。其非年例收支之款，無論銀數多少，必專案詳報，分別奏咨備案，仍彙入會計月簿，不得以另有專案，轉從闕略。

檔案編目第二十

司吏惡習，在案據參差可以弊混，卷册遺失難以稽察。今清源局八科，科設專吏（繁八人、簡六人），於局内分設各科書吏房。凡底案三分，一呈院署檔房，一移司，一存局。本科吏司之局員置簿編為目録，一類各為一簿，排列大厨，將何門何類標記厨門，科吏必有二人值宿，查案一檢即得，以免藏匿延誤。如書吏傳喚未到，局員能自向厨内檢之，按月粘連一次，年底將通年新案、歷年舊案詳細清釐。如有章程改易、辦法互異者，稟明藩司，或將歧出之舊案，或將酌辦之新案分别注銷，顜若畫一，仍開原案報院查考。

刊布事例第二十一

晉省地僻民安，大半沿襲陳古，即如太原府税則，乃順治初年税課司之刊本，科場條約乃前明青衣絲帶之舊章。現行事例每多不合，此類甚多。而一應用度之欵目案據，惟藩司衙門有之，又復斷爛不全。不惟屬吏無從窺測，且多並未詳院，遇有收支，無從稽核。撫不問其所以然，惟受成於司詳。藩亦不知其所以然，惟取決於書吏。再晉省向無錢穀幕友，本部院莅晉以來，問及通省度支，屬官中能對者寥寥可數，幕友知此者無一焉。查本省舊有晉政輯要一書，備載本省官制、田賦、租課、税則、鹽法、一切雜收雜支、營制、俸餉、米豆、驛站、水利、營造、鼓鑄、土貢、料價諸大端，惟其間頗有漏略。且自乾隆五十四年以後，未經續修。時事變遷，難資考鏡。而咸豐、同治年間兩次軍務，光緒丁戊通省奇災，豁賦併丁，裁兵移餉，經制已多不符，他事更多損益。此次清查案内，已將各項原委現行事例查清，就此將晉政輯要重為纂補，遇有改易，隨時續入，頒發通省僚屬。新到省正印以上人給一部，俾大吏可以總挈宏綱，有司可以各舉職守，老儒新進，一覽即知，斷不致聽命幕賓，授權胥吏。此則古人制事典治舊洿之意，不獨為清查庫欵一端計矣。

札清源局籌濟山東災賑 光緒九年七月初四日

照得山東河決爲災，經年未塞，本年夏間復決數口，災民數十萬，流離昏墊，慘不可言。恭閲邸鈔，屢奉恩旨頒發部帑，截留京餉江漕，多方拯救。惟横流太廣，窮黎太多，山東本省汲汲宣防，工需浩大。查欽差倉場部堂游、山東撫部院陳疊次奏報，工費尚無所出，賑欵自更爲難。現經東省朝紳馳書具啟各省呼援，四川督部堂丁捐集鉅貲，奏明解濟。查山西前當丁、戊大饑之際，山東大吏羣寮仰稟宸謨，顧全大局，若借撥漕倉、借撥藩道運庫、折經輕賫、協濟賑務、協撥兵餉，以及官員紳民捐欵之屬，通計公私濟助凡四十三萬餘金，全活晉民無算。今山東重罹河患，度支竭蹶，災不可忍，惠不可忘。況流民失業，嘯聚爲非，勢將轉徙河淮，紛紜畿甸，尤爲大局所關。晉省庫藏雖甚支絀，然較之山東已有緩急之分，誼不當漠然事外，視同秦越，自應籌欵解濟，竭力捐助。爲此，札仰該司道等作速籌議，於善後正欵下動銀數萬兩，即日委員解赴東省應用。此項善後之欵，本由各省協濟而來，以受爲施，正爲允當。除本部院首先倡捐銀二千兩，該司道等亦經竭力佽助，并傳知通省山東籍、非山東籍各官，分别量力捐助，不必勉强，彙成鉅欵，一併搭解。再，晉省比年尚稱中稔，并應傳知本省紳富如有尚義好施者，及早捐集，奏明解往，以盡報施救災之道，即所以爲祈年迓福之基。其應如何勸諭、集捐、彙解之處，一併速議詳辦。

札霍州方龍光勘修韓侯嶺道路 光緒九年七月十一日

照得省南驛路，惟韓侯嶺最爲險阻難行。每至冬春，雪消泥涷，輪蹄滑陷，解裝卸貨，動輒耽延數日，行旅困苦異常。夏令大雨時行之際，亦復如是。雖東面山下有小徑可繞，而鳥道險窄，叢棘阻礙。該處地當衝要，每逢雨後路壞，即傳附近里民修墊，不過敷衍一時，而胥役從中取利，於行客居民兩無裨益。現在四天門已經工竣，自應將嶺路一律修治平坦，俾通省官道盡作康莊。此事即責成該牧辦理，仰即親身履勘，將自靈石縣至仁義鎮嶺上嶺下石工土工，以及逍遥嶺、老張灣、霍家溝各土路應修者幾段，何處應留水道，何處應鑿山石，何處應鋪砌石塊，何處應幫寬崖岸，需工幾何，需料幾何，需費幾何，爲期幾何，詳細籌議估計，繪圖貼説，迅速禀候核定。以便一面發欵覓工購料，添派監工委員，俟秋高氣爽，剋日興工，勿得草率推延。

札臬司查邊 光緒九年七月二十一日

照得口外七廳，前經本部院奏准改理事爲撫民，一應治理仿照内地章程，當經飭據布按兩司、雁歸兩道先後分條議詳在案。惟現當改設之始，未盡事宜尚多。該司熟悉蒙部情形，本部院於邊務事體，專任該司，亟應委令出邊，周歷審度。爲此，札仰該司立即選派正印二員、佐雜二員，即日起程，前赴口外歸綏道所屬五廳及豐、寧兩廳，將改設應辦事宜，推闡考求。凡綏輯邊氓、撫馭蒙部、緝盗安良、屯兵禦侮、墾田足食、理財通商諸要政，一一博訪周諮，隨時禀陳，以便裁酌舉辦。或應單銜具禀，或應會同歸綏道具禀，酌量分别辦理。其豐、寧兩廳現辦官荒升科，爲該司專責，亦即督催派出各員，妥速蕆事。蒙古近來貧弱，多由牧政不修。目前近邊蒙部東至察哈爾，西至烏拉特，北至四子部落，凡在山西轄境之内及交錯毗連地方，有何良策可以整飭，一併體察籌議，回省日禀陳。北路州縣瘠苦，塞外地方遼闊，支應車馬，諸多不便，而日久費鉅，斷無令各員賠累之理。即飭藩司在籌防經費項下發銀一千兩，爲該司暨委員等盤費。如有不敷，回時禀請補發。

札清源局籌濟畿輔災賑 光緒九年八月十一日

照得順天、直隸各屬，本年入秋以來，猝被異常水患，災區甚廣。前此恭閲邸鈔，七月初八日奉上諭：順天直隸所屬窪區，向苦積潦，近來雨水過多，加以山水暴發，低田更難涸復，小民失於耕種，困苦實深。朝廷軫念窮黎，亟應預籌撫恤。此次江北糧米除撥抵山東賑需五萬石外，尚有六萬七千七十餘石，現已運抵天津，著李鴻章就近截留，督飭各屬查明被災輕重，分别核實散放。等因。欽此。又於七月十五日奉上諭：畢道遠、周家湄奏順天府屬被水情形亟籌拯濟一摺，據稱本年雨水過多，河水漫溢，通州等州縣所屬村莊田廬被淹，并有傷斃人口，現在分别察勘等語。京畿一帶地方被災甚重，小民蕩析離居，情形困苦，朝廷實深廑念。著李鴻章、畢道遠、周家湄迅速籌欵，派委妥員前赴災區詳細查明，妥爲賑撫，務使實惠及民，毋任一夫失所，用副軫恤災黎至意。欽此。頃准順天府尹堂周函開，京師及順天所屬，非常大雨，以致通州、武清、三河、薊州、寶坻一帶一片汪洋，大成、文安、保定堤水漫決，咸有其魚之患。據各屬禀報，謂爲五十年來所未有。蒙恩截漕備賑，籌欵賑卹，仍慮救濟難周。用特瀝誠函懇，如蒙垂援，并求迅賜奏明撥濟，巡解敝處等因。是順直各屬水災之重，情形相同，待賑孔亟。當晉省丁、戊大饑之歲，籌運籌賑，得直省協助之力居多，而又遵奉諭旨，疊次籌撥共計銀十四萬兩，官捐民捐商捐共銀十一萬餘兩，通計公私惠濟已至三十五萬餘兩之多。今順直水患汎濫二十餘州縣之廣，洵爲數十年未有奇災。災民墊隘，慘不忍聞。前以山東河決，籌欵濟助，況今事在京畿，尤爲根本重地，當事者復馳書告急。論固本之義，報施之情，救災之道，均不應漠然度外。雖晉省度支竭蹶，局面褊小，亦應設法籌濟，量力集捐。爲此，札仰該司道等作速籌議，於從前各省協濟賑務餘存善後欵下動銀數萬兩，詳請奏明解濟。再由本部院倡捐銀二千兩，并傳知順直旗奉籍各官量力捐集，彙欵搭解順天府，以備順直分用。務即速議詳辦。

咨綏遠城將軍籌商折解右衛兵米 光緒九年

八月二十二日

案查大、朔二府屬各州縣應解右衛駐防旗營兵米，前據該衛城守尉開呈清摺，積欠甚鉅。大率由於糧店把持，盤剥旗兵，抑勒州縣，以故舊欠無從廓清，新額亦難清解，愈積愈深，終歸旗兵受累。本部院體念兵艱，當經先後檄委候補直隸州知州水之濂、雁平道廣蔭，會督大、朔二府查議。旋據廣道查取糧店歷年底帳，訊明包辦折買情弊，議章禀覆。經本部院飭發布、按兩司籌議，一面將現議情形函商貴將軍。嗣准函覆，以每米一石擬價一兩二錢，豆一石擬價一兩。若盡豐年，此爲有益，儻逢歉歲，鄰封遏糴，行店起價，官兵口食必致立形拮据。其所不樂從者，只爲是耳等語。查本部院函內，聲明所定米豆折價，合之時估，有盈無絀。并慮價或騰貴，再於每年正月下旬由大、朔二府查明市估，禀明立案，以定一年之數。如市價適符定價，或減於定數，無論多寡，均仍照折，不再核減。如米豆價長，則於春季立案時禀請照市量加，一年只定一數，不得屢更。核之户部則例，山西駐防兵米每石折銀一兩五分，豆每石折銀八錢五分，大爲從優，而又明定市價較定價每石長至一錢以上，更爲按市酌加，實已處處寬備。且據廣道、水牧等查覆，各州縣解米石時，皆由興盛源粟店包辦包交，向未解過本色。該粟店向各州縣算上米之價，折給旗兵以次米論，因而罔利。且糧餉同知放給米票，兵丁賣給興盛源，每米一斗二升五合，得錢二百四十文至二百文不等。放米一次，該店收買十之七八，更有在街叫賣者，兵丁不盡需米可知。豆每石現在市估八錢零等情。是右衛米豆，皆係就地取辦，已歷有年，歲歉不患無米，此其明徵。就該兵丁所賣米票價值，以錢合銀，每石不過八錢餘，確有粟店底帳可查。豆價八錢餘，亦有市估可考。今擬改章，優給價值，該營官弁忽多顧慮，難保非糧店人等從中煽惑，旗兵受其欺愚。且原函聲叙按市增價，而來函猶以起價爲慮，亦未符合。惟本部院此舉，專爲整頓兵糈，禁絶官虧，體卹旗營，力杜中飽。若慮旗兵受累，格外寬恤，亦本部院所樂爲。因查尚有脚價一項，或即於前定米豆常價之外，每石各加銀一錢，竟定爲米每石以一兩三錢、豆每石以一兩一錢折解，復經檄飭兩司彙入前案會議。兹據布政使易佩紳、按察使奎斌會詳：查駐防右衛旗兵各有身家，其日用食物買自該處，自應以右衛爲定其米豆折色價銀。該牧等按現時右衛中稔之年，酌定每米一石解庫平足色銀一兩二錢，每豆一石解庫平足色銀一兩，本屬有盈無絀。現蒙格外寬卹，擬於前定米豆市價之外，每石各加銀一錢，洵屬至優極渥，想各官兵未有不鼓舞樂從等情議覆前來。查此次擬改右衛兵米折色，事屬體恤旗營，籌備似極寬舒，定章似極詳備。此事若經奏定，將來斷不至有惜費核減之虞。即疊經司道府州查議，衆論僉同，斷無中止之理，自應咨會定議舉辦。相應咨商貴將軍，請煩查照，迅賜見覆，以便會銜奏明，請旨辦理。是否能照議辦理之處，亦望明白速即見覆。

札飭平定州籌議奏弛鐵禁辦法 光緒九年九月初五日

光緒九年九月初二日，准署直隸爵閣督部堂通商大臣李咨：前准咨開晉省平定、盂縣一帶，素爲產鐵之區。銷路以運赴關東者爲最暢，定例不准下海，須運至獲鹿，轉運武强縣之小範鎮上船，以達天津，仍陸運赴關東售賣，不能徑走海道運至牛莊，成本過重。自各口通商以來，鐵貨、鐵器及槍礮之堅利者，悉從海運，購自洋商，中華大利盡爲外洋所奪，未免可惜。擬請嚴定稽察章程，變通舊例，改由海道運販，行銷關東。如以爲可，請主稿挈銜會奏等因。本署大臣當查海禁既開以後，雖無刪除舊例明文，但今昔情形實已不同，自須變通成法，以保我自有之利，惠及工商。究竟津關出口船隻有無裝運山西鐵貨，如何徵稅，常關與新關稅則如何區別，應如何妥定章程，當經札飭津海關道逐細查明，詳確擬議具覆核辦去後。兹據該道周馥稟稱，查禁止鐵斤下海，本屬舊例，近來海禁已開，此條雖無刪除明文，而各國條約新關章程均無禁止鐵貨下海之説，是以新關遇有鐵鍋、刀翦、火鐮等物運往上海等處，俱照進口稅則及估價分别徵稅。惟爲數不多，其運關東大批鐵貨，仍由內河運至蘆臺、豐臺等處，起車陸行，經過鈔關，按則收稅。現在外洋鋼鐵既准由海運進口，中國鐵斤似應一律准其下海販運，以昭公允。擬請嗣後山西鐵斤，准裝民船由天津徑直出海，照章應完內地稅釐。如改裝輪船、夾板出海，除已完內地稅釐外，臨時再在新關交一出口正稅，略仿銅錢、米穀出口章程，取具保單，隨時放行。如遇有海上用兵之時，則一律禁止出口，庶於便商之中仍寓限制之意。又據另單稟稱，山西鐵斤准由海運，洵足裕課便商。惟鐵斤一項不在條約違禁之列，一經曉諭准由海運，如有重利可圖，不能禁止洋商販賣。若洋商請領土貨三聯報單前往采買，只在津關完一半稅，臨出口時又完一正稅，凡經過內地稅釐，一概免徵。將來華商避重就輕，不免借名依託。山西產鐵地方如有稅課，恐亦不免有損，而洋商領單職官無詞禁阻。似宜預爲設法，以保課稅。竊謂如令晉省鑛商先行交課。然後發賣，則洋商無可藉口。此爲晉省杜弊起見，可否先行密咨晉省，預爲議定辦法，再行會奏之處，伏候憲裁等情，到本署大臣。據此。查該道正附各稟，係於裕課便商之中，兼杜洋商領單之弊，自應議定辦法，再行會奏。相應咨商貴部院，請煩查覈酌議咨覆等因，准此。查來咨轉據津海關周道稟，由鑛商先行交課然後發賣，係於開利拓源之中爲隱塞漏卮之計，代籌實屬周至。該州爲向產鐵貨之區，此後明弛海禁，日益暢行。設如近年內地釐金憑單免稅，則本省自有之利，將爲洋稅侵佔，奸商影射，於山右利源仍無大益，自宜先事預籌，以杜流弊。合亟札飭該州立即察度情形，一面傳詢礦鐵各商，或先課後鐵，設卡查驗，或設局由官收買，轉發外省商販。如何妥善有益，詳悉籌議，飛速稟覆，以便咨商直省會同奏明辦理。

札清源局設局戒煙 光緒九年九月初七日

准署直隸總督部堂李咨開：前准貴部院咨晉省戒煙需人，應飭調都司楊佑青迅速來晉。茲該都司剋日起程，咨請查照施行等因。准此。查吸食洋煙之害，晉爲最甚。本部院深惡痛絶，力求拯治之方，曾於去歲秋間延醫設局。嗣因該醫士病故，暫行停止。茲准直省咨送都司楊佑青來晉接辦，自應照前設局，委員經理。查寶晉局地方僻静寬敞，最爲相宜，惟修理需時。目前暫於三橋街公所設局，其各項經費，即由善後局正欵暫行動支，將來或於洋藥税項下酌量匀提。仰清源局即札委正印一員、佐雜二員，認真經理。該局一切章程、委員、醫士、人役薪水局費，作速擬議，詳候示遵。仍將委員銜名、開局日期詳報查考。

札大同府查蒙鹽情形 光緒九年九月十一日

照得蘇尼特、吉蘭泰等處所産蒙鹽，例准由殺虎關進口，陸運至省北州縣及太汾兩府屬，與土鹽一律行銷，是以殺虎關有税，忻口等卡有釐，歷經照辦。惟查本省州縣行潞鹽者不過三分之一，行蒙鹽者幾及三分之二。潞鹽每年額銷一千六百餘石，蒙鹽銷數應較潞鹽爲增。乃檢閲忻口等卡釐簿，每年所收鹽釐，按照斤重不過五百石上下，其爲繞越偷漏可知。蒙鹽本無課欵，若再偷税漏釐，成本愈輕，則行銷愈廣，因而浸灌潞綱，以致官引日滯，是蒙鹽漏釐之弊小，浸灌之弊大，必須設法整頓，以護引地。而欲嚴稽查，仍非設卡抽釐不可。亟應詳考源流，以憑酌辦。當經函商大同鎮張查覆去後。茲准覆稱：蒙鹽産自邊外，雖有三種，而商販總匯所在，陸路則豐鎮與直隸之張家口，水路則托城屬之河口。自河口之車運殺虎者，皆在關上納税，其泛舟而下者，直至磧口，始有釐局。凡磧口以上沿河之分銷者，則不可得而知。自張家口來者，由直晉交界之枳兒嶺入境，其張家口之有無税章，亦不可得而知。自豐鎮入者，悉由得勝進口，每石四百斤税銀一錢五分，與殺虎口同。一交秋冬，日不下數百石，亦與殺虎相等。長城雖隨處通行，偷漏之弊則在土人而不在商販。商販連鑣接軫，勢既難隱，且又畏土人持短訛詐，故不輕於繞越。若土人則路徑甚熟，去來甚易，防之不勝其防，禁之無從而禁。在一人運雖無多，合衆人數則不少，比入口内四散分銷，則益漫難稽詰矣。蒙詢添設總卡分卡，以資防範之處，除天鎮屬枳兒嶺應設卡扼権外，餘頗難得其要。竊謂與其分立各卡徒糜經費，似不若即豐鎮、河口總匯地方設局抽釐，尚可得其實際。且按行銷去路填給票照，亦可藉以稽查而杜浸灌。又大、朔、寧、代、忻一路所行之鹽係屬山陰、應州及忻州東二十里等處所産，初出潔白如雪，名曰潤鹽，每斤十二文。熬成黄粒，名曰紅鹽，亦曰斗鹽，每斤十四五文，價減蒙鹽十之四五。民户多以其賤而食之，蒙鹽至爲不銷，此亦一大宗也。該處沙瘠斥鹵，窮民恃以爲生，由來已久，自可因其所利，酌收釐税，以裨國課。可否就地徵榷，抑在産鹽附近設卡抽收之處，應請檄下該管道府詳議等因前來。本部院之意，以爲省北蒙鹽不能不行，潞岸浸灌不可不杜，内卡不如外卡以免脱漏，多卡不如少卡以省煩擾。合亟札飭該守立即遵照，查明蘇尼特、鄂爾多斯、吉蘭泰産鹽地方共有幾處，何處産鹽爲最佳、行銷爲最暢，商販皆係何處人民，是否大起購運，抑係零星負販，就地每斤合價幾何，運至何處轉運每斤脚價幾何，向分幾路進口，近邊一帶宜於何處設立總卡，何處設立分卡，共需幾處方不至於透漏，每年進口鹽約共幾何，能否與殺虎關所收鹽税互相稽核，詳加推究，據實指明。至張鎮所陳枳兒嶺、豐鎮、河口各立總卡，是否扼要。至抽釐之數，忻口向章每百斤抽銀二分四釐，爲數太微。查陝西鹽釐章程，大青鹽每百斤抽制錢二百二十文，合銀一錢三分。能否照此抽收，并應查酌，俾釐政商情兩無窒礙，以及山陰、應州所産土鹽能否就地酌收釐税，均由該守查訪情形，籌擬辦法，由五百里禀覆，勿稍含糊推宕。是爲切要。

咨陝甘督院請飭禁蒙私水運 光緒九年九月二十四日

竊准貴部堂咨開：據陝西延榆綏道張岳年禀稱，據神府鹽釐分局委員王南薰禀稱，探得晋屬之磧口堡鹽捕廳出示嚴禁，不准蒙鹽渡河。查卑局所過之鹽，專銷晋省，而磧口爲多，忽奉嚴禁，自不敢壅於上聞等情。查陝甘邊界各旗蒙鹽，多由花定馱載，例准銷至陝西鳳、邠所屬爲止，鳳、邠以南則與行銷潞鹽引境接壤。前奉行知，已由晋撫飭在宜洛、長武關隘分作三路，實力巡緝堵截，并令分飭花馬池鹽屬官吏嚴諭花鹽運販，照例運至鳳邠所屬界内售賣，不得任意闌入潞鹽引地，侵佔正課，如違照律懲辦等因。遵奉轉行照辦在案。兹探得晋屬磧口鹽捕廳接奉山西撫憲飭禁明文，兩次出示不准蒙鹽渡河，自爲恐侵佔潞鹽引地，照章辦理。惟磧口通判告示内稱，查花鹽暨附近各旗蒙鹽，係於嘉慶十七年欽奉諭旨，向准窮民馱載肩挑背負，由殺虎口陸路運至食土鹽地方行銷等語。是此等零星馱載負販蒙鹽，原不在禁令之列。現在事同創始，商販祇知漁利，罔顧例禁，或有阻撓違抗，亦未可定。若概繩以法律，操之過蹙，難免激成事端。可否移咨山西撫院，飭令磧口通判遵章妥辦，仍將馱載肩挑零星負販蒙鹽，照舊由陸行銷，但不准違例水運私售，以期陝晋商民相安無事。敬候核示遵行等情到本督部堂。據此相應咨會，請煩飭議見覆施行。等因。准此。查河東鹽務，積疲年甚一年，引滯課懸，西餉竭蹶，奏銷緊迫，部議森嚴。自蒙鹽内灌，而河東全綱始壞。自磧口弛禁，而來鹽益多。其初不過蔓延汾、介一帶，繼乃漸灌漸南，而到處暢銷，直達澤、潞。至今日而官課日絀，逋積日多，不得不於横流潰決之秋，爲亡羊補牢之計。除據河東道議禀，將積年陳引先於太、汾兩府試銷外，當經嚴飭署磧口通判周桂敷總查沿河各口，重申功令，專緝永甯州磧口、臨縣馬家、塔子等處水運蒙私。另於河曲縣暨薩拉齊廳之包頭鎮設立專卡，抽收釐金，又於保德州之天橋村、興縣之羅峪口派員前往，專管查緝水運對渡蒙私，拏獲照例懲辦，均經先後飭辦各在案。因查蒙鹽之來晋銷售者，一爲阿拉善旗之吉蘭泰池鹽，一爲鄂爾多斯旗之花馬池鹽。溯查嘉慶十七年欽差侍郎阮元等奏定吉鹽章程一案，吉蘭泰引額八萬七千五百道，歲徵課銀六萬三千五百八十兩。自嘉慶十八年爲始，議由河東商人認辦。其吉鹽引地六十四廳州縣，概歸潞商一體行鹽，并照長蘆之例，定爲餘引。吉蘭泰池鹽聽該處民人自行撈運，有興販入口者，照鄂爾多斯、蘇尼特鹽之例，由山西巡撫照章收税。止准車載騾馱，由陸路運販，不准水運，所有水販，只准至皇甫川爲止，等因。又前撫部院成奏，晋省西北邊境與鄂爾多旗接壤，今吉鹽既經招商認課，如仍聽鄂鹽照常販賣，必致充斥引地，有妨官課，自應量加限制。嗣後於口外之歸化城等廳應准仍食蒙鹽，其口内之大、朔、寧三府，保德一州沿邊沿河各屬，請照江浙等省老少鹽例，准令肩挑背負，零星售賣，不得逾四十斤之數。如有馱運車載以及水運多斤到地者，即以私鹽論罪。又前撫院衛奏，河東引地僻在省南，所食蒙鹽、土鹽之六十四廳州縣，遠居省北，路遠運艱，成本太貴，所有每年加增餘引，請在現行潞岸分銷。至蒙鹽入口，均由殺虎口收稅。除移咨殺虎口監督轉飭各稅口一律遵辦，并飭沿河各州縣營汛嚴密稽查，毋許水運偷漏，俾免充斥。先後經部覈議覆奏，奉旨依議。欽此。各等因在案。是前奏之車載騾馱，准由陸運者，係指入殺虎口一帶之吉鹽而言。後奏之如有水運車載，仍以私鹽論罪者，係指入殺虎口一帶之鄂鹽而言。在吉鹽之陸運者，例准進口，鄂鹽之陸運者，例且不准進口，更何論繞至磧口，并暗灌磧口以下潞引各岸乎。今則潞商久認無鹽之課，蒙人徧銷無課之鹽，平心而論，曲直顯然。陝局所謂該處鹽斤行銷晉省，而磧口爲多等語，是以積年侵軼之故智，爲一成不變之良規，其於潞、蒙界畫，口岸公私，與夫當年奏案源流，固未暇深考也。延榆綏張道僅憑該局臆斷之詞，據情禀達，似亦因未能深悉例案所致。竊意蒙鹽行銷晉省已閱多年，不必强分其爲何路之鹽，而不可不定其所運銷之路。既例准吉鹽水運至皇甫川爲止，嗣後應勿論鄂鹽吉鹽，凡有水運者，一概照例以運至皇甫川爲斷。該處與晉省之河曲縣對岸，其願從該處過河，徑由河曲運赴口外七廳地面行銷者聽，即運至口内之太、汾、大、朔、寧、忻、代、保、平、遼、沁等府州，隰州所屬之大寧、永和等縣，與土潞等鹽一體行銷者亦聽。雖鄂鹽進口照例僅止肩挑背負，而現在通融辦理，不但零販准其進口，并大宗車馱亦准進口，且准其偏行口内名銷吉引，課歸潞商之六十四廳州縣。至磧口通判於咸豐五年奏明改駐，原爲緝私而設，現亦不過重申定例。即此次禁勒，係禁蒙鹽之運磧暗灌，非禁蒙鹽之來晉分銷。凡所籌辦，正是原本從前奏案因時推廣，寬恤商蒙，并非創設。厲禁抽釐，亦歷年辦理有案之事。第扼要以杜其繞越，非曲防以遏其來源。況河東以有課之鹽，行銷陝岸尚收釐金，彼此情事相同，尤非於蒙鹽稍有歧視也。且詳譯例意，不言吉鹽准至東岸晉境之河曲縣，而言准至西岸陝境之皇甫川，自係許其入秦，禁其入晉。然則對渡河曲，已非舊案所有。惟念水運蒙私灌晉有年，漢蒙民販多沾此利，吉、鄂同屬外藩，似亦無甚區別，故特量予從寬，准由皇甫川對渡河曲，轉銷晉境，車馱捆載，一聽所爲，吉蘭花馬不復深問。是已於托城、河口以下，新讓數百里之水運，俾省陸販繞行殺虎十餘程之紆迴，略示以横溢之限，仍開以行銷之途，不得謂非法外行權，至寬極厚。但尚須咨明户部辦理，若邀議准，方敢執爲定案。惟查鄂鹽自神木、葭州一帶運赴磧口者，現據委員禀報，每年爲數甚多。若非陝省曉諭民販，禁斷皇甫川以下水運，令其由河曲縣登岸，不准再自河曲以下各口對渡，則行至東岸，必致被緝被罰。愚民不諳科條，賠折受累，亦殊可憫。尤望貴督部堂通籌課餉，光照鄰疆，剴諭商民免蹈法網，則陝晉同深感幸。相應咨覆貴督部堂，請煩飭屬照例諭禁，望切施行。

札司道暨各局試銷潞鹽積引附單

光緒九年九月

照得河東鹺務積疲，課虧餉絀，積引過多，部限森嚴，奏銷迫急，必須急籌疏通，規復定額。查太、汾兩府屬向食土鹽，祇以出産不多，商人舍近求遠，販運蒙鹽。因蒙鹽向無課額，成本極輕，雖殺虎口有税，忻口等務徵釐，而山路紛歧，奸商繞漏，以致浸灌省南、平、陽、澤、潞、霍、隰等府州，幾不知爲違例踰界之事。甚至花私蘆私，亦皆越省充斥。潞綱受累，無所底止。現經申明舊例，磧口禁絶水運，陸路不准繞越殺虎口。誠恐蒙鹽來數漸少，各處所産土鹽不敷民食，兹特籌措本銀，官運潞鹽，分發太原府屬之陽曲、太原、徐溝、文水、榆次、太谷、祁縣，汾州府屬之汾陽、平遥、介休、孝義，責成各縣承銷。於省城設立總運局，派新授河東道高道崇基爲督辦，准補霍州直隸州杜牧崧年爲提調，總司一切。其籌措運本、綜核脚價、催提銷價、清交課項、稽察弊端、禁遏私銷諸事宜，均責成該局經管。於河東設立發運局，派護理河東道黄守照臨爲督辦，派監掣同知張丞元鼎爲提調，經管精選鹽質，譏禁挾私，節省運費，相時趕運，廣籌銷路各事宜。發鹽脚價，先由道庫借提外銷欵墊給，以期迅速。以百石爲一運，俟發足百名，即行還欵。於霍州設立轉運局，由河東運至霍州，由霍州籌備車駄分發各路，派署霍州直隸州方牧龍光爲總辦，經管察驗來鹽秤色，酌劑各縣緩急，招徠馱脚，平治道路各事宜。其由霍州轉運太原一路，除文水併歸霍州徑發外，於祁縣設立分運局，再行轉發陽、原、榆、徐、谷五縣，由總運局委員經理。其兩府所屬各縣運銷，由各該令自行選擇妥人，總以勤樸耐勞爲主，商賈尤佳，勿用委員。房租、薪工於銷價内支用，按月報明省道兩局，力求撙節，不得浮費。運本銷價不准虧挪，尤禁攙雜短秤，抑勒累民，違者重懲。本地土鹽照舊聽貧民淋曬，不得禁止。蒙鹽亦仍准其兼銷，衰旺聽其自然。太原府屬即派馬守丕瑶爲監銷，汾州府屬即派朱守采爲監銷，經管督催屬縣會同霍局體察民便所宜，密考私鹽銷路各事宜，隨事體訪禀知省局。此事經本部院熟思集議。兹據黄護道詳籌利弊，禀請開辦，并擬暫行先鹽後課，以資周轉前來，決計即行試辦，并粘發簡明章程十四條。未盡事宜，責成總運、發運、轉運三局隨時籌畫，禀院核奪。今於鐵絹局生息備辦鐵絹綢紙各欵内，提動銀六萬兩以爲運銷之本。時届九月，正配鹽暢運之時，由清源局即飭籌餉、鐵絹兩局，照數籌本，即日派員領解，分發行運各該縣刻期舉辦。事在必行，毋違毋延。

試銷潞鹽積引章程

一、總運司　省城總運局暫附於鐵絹局，現委督辦高道、提調杜牧，俱係兼差，無庸另給薪水。如將來果有成效，再行酌加津貼。添派正印一人、佐雜二人為委員，薪水由餘利中照章支給。用書吏二人、茶房一名、局役聽事四名，亦照鐵絹局工食數目，由餘利中支發。毋庸另立厨房，俟派定人數，按日津貼鐵絹局火食煤水。

一、發運局、轉運局、分運局　河東發運局督辦黄護道，提調監掣同知張丞，霍州轉運局總辦署霍州知州方牧，太原府監銷馬守，汾州監銷朱守，均係實任人員，不支薪水。其河東發運局應用委員二人，由黄護道於運城候補中有薪水差使者酌派，不得重支薪水，以節縻費。霍州轉運局應用收發、佐雜委員二人，由督辦高道即日詳委，薪水照章，其餘概用商夥。應用人役名數、局費、工食，由方牧酌定。祁縣分運局人費由省局酌定。霍局先發銀一萬兩，祁縣先發銀三千兩，以備發鹽收鹽脚價及局用工食。

一、各縣承銷人費　各縣承銷事宜，責成各該令自行經理，派何人司事、何人領運，何處設店分售以及房租薪工，由各該縣撙節酌擬，速即定議，報明省局及河東局備查。

一、運本　籌本六萬兩，霍局發銀一萬兩，祁局三千兩，太原屬陽曲縣三千兩，太原縣一千五百兩，文水縣一千五百兩，徐溝縣二千五百兩，榆次縣二千五百兩，太谷縣二千五百兩，祁縣二千五百兩，汾州屬汾陽縣二千五百兩，平遥縣二千五百兩，介休縣二千五百兩，孝義縣一千五百兩，備還河東墊脚一萬兩，省局存儲備用一萬二千兩。

一、墊欵發運　目下正當配運之時，本部院札到，即須開辦。應由黄護道暫行借動道庫外銷銀兩，墊發初運脚價，飭張丞趕運上等好鹽一百石屯儲霍州，以便分發各縣行銷。墊欵俟初運完竣，即行核算還欵，不得拖欠。以後皆一百石為一運，一運為一結。

一、運費分上下脚　由河東發運霍州，道局發上脚，霍局發下脚，上下各半，河東給票，霍局照發。霍州轉運各縣，霍局發上脚，汾州屬暨文水各該縣發下脚，太原屬祁局發下脚，上下各半，霍局給票，各縣照發。祁縣分運陽、原、榆、徐、谷五縣皆同。

一、鹽色　河東發鹽，必須乾潔純淨，若非上等，責成霍局駁回。

一、鹽秤　發鹽收鹽之秤，奉札後即日由河東製造，較準烙印，分頒各局各縣應用，務歸畫一。

一、鹽價　各縣銷價，按道里之遠近，成本之輕重，市價之高低，自行酌擬，禀明省局，聽候批定，不准私加一文。

一、承銷事宜　各縣承銷或設總店，或設子店，或發民販，悉聽因地制宜，惟不論總發零售，均須乾鹽足秤，不准攙和短扣，抑勒累民。

一、每月銷數　各縣每月銷鹽若干，用四柱册按月分報省局、河東局查考。

一、交課　應交正課雜課，由省局與河東局按石核算。

一、印記　省局應刊木質關防，文曰山西鹽務總運局之關防。祁縣分運局應刊木質條記，文曰太原府屬鹽務分運局記。并飭布政司即行刊頒，以便行用。其餘河東發運局、霍州轉運局均係現任之員，即用本印。

一、考成　此舉為疏銷額引而設，乃維課籌餉，便民卹商之要政。鹽質不佳，脚户夾私，責在監掣。來鹽攙短，不行舉發遲滯誤運，脚價糜費，責在霍州。太原六屬，責在祁局。加價攙短，抑勒侵挪，責在各縣。不能稽察弊端，責在兩府。不能綜核盈虛，權衡緩急，考核功過，責在省道兩局。各該道府州縣務宜實心奉公，竭力籌辦，不得推諉膜視，任用非人，以致有拂民情，壅滯虧折。辦理有效者從優獎勵，有弊者參處著賠。

咨太、大兩鎮籌備冬防 光緒九年十月初五日

竊照省南一帶地段綿長，歧徑雜錯，祲後煙户寥落，盜劫頻聞，祇以兵力過單，不敷分布。現屆冬令，亟須南北通籌，以免顧此失彼。昨經本部院咨行貴鎮，速將樹軍各旗專顧口外，騰出大同練軍，以三旗分紮口內，北自殺虎口，東自枳兒嶺，南至省北陽曲灣，以兩旗飭調來省，聽候本部院調派，約計該兩旗指日可到。茲特添派營兵，畫定段落，分路梭巡，以期周密。應令太原營派馬兵二十名、步兵八十名，巡緝省門附近地方，南至徐溝，

西至交城，東至什貼，北至黄土寨。省北大同練軍，巡察至黄土寨爲止。精兵營、練軍步隊兩營巡緝東路，由直界入晋通省之大道，東自平定州井陘縣界起，歷盂縣、壽陽，西至榆次之什貼鎮止。大同練軍馬隊兩旗，巡緝西南路由陜通京大道，一旗南自蒲州府風陵渡起，歷永濟、臨晋、猗氏、安邑、夏縣、聞喜、曲沃、太平、襄陵，北至平陽府止。一旗南自平陽府起，歷臨汾、洪洞、趙城、霍州、靈石、介休、平遥、祁縣，北至徐溝縣止。於太原鎮屬抽調馬兵八十名、步兵四百名，巡緝西南路大道東西兩旁横通陜、豫、潞、澤之歧路。分爲西四路、東四路：自禹門起，歷河津、稷山、絳州，至侯馬驛路止，爲西第一路。自吉州起，歷鄉寧、太平、襄陵至趙曲驛路止，爲西第二路。自永和關起，歷永和、大寧、隰州、蒲縣至平陽府城外驛路止，爲西第三路。自磧口起，歷永寧、吴城鎮、汾州府、孝義，至介休城外驛路止，爲西第四路。自平陸茅津渡起，至夏縣之水頭驛路止，爲東第一路。自垣曲封門口起，歷臯落、絳縣至聞喜之東鎮驛路止，爲東第二路。自沁水西塢嶺起，歷翼城至曲沃之高顯鎮驛路止，爲東第三路。自洪洞曲亭起，至平陽府東關驛路止，爲東第四路。於潞安協屬抽調馬兵六十名、步兵三百名，巡緝東南路自省通豫之大道，并横通豫省涉、武，本省平、絳之歧路。南自澤州府椀子城起，歷鳳臺、高平、長子、屯留、襄垣、沁州、武鄉，北至祁縣之子洪口止，爲中路。而此大路兩旁横出歧徑，應分爲東西共三路。自東陽關起，歷黎城、潞城至潞安府止，爲東路。自西塢嶺起，歷沁水、陽城至澤州府止，爲西一路。自曲亭起，歷古縣鎮良馬至長子之鮑店止，爲西二路。所派緑營弁兵，必須挑選精壯，申明紀律，配帶槍械必須堅利。其如何分段責成，以及何員爲管帶，何員爲分帶，悉由貴鎮籌議派撥，并徑札潞安副協將籌議派撥。應需官兵津貼，查照同治四年奏定章程，由清源局核議數目，在籌防經費項下動支。官兵先發兩箇月，將弁俟鎮協派定，各派委員速來請領核發。所有上項分撥省標、大同各練軍，鎮派、協派、太原營派各緑兵，均宜各就分巡地段上下聯屬處，定期會哨，互相聯絡，附近地方責成兼顧，勿得稍留罅隙。斷不可虚應故事，徒糜餉糈。儻能緝捕認真，臟賊併獲，於報明審實後，分别從優獎賞。如敢於派定信地疏懈偷安，一任盗賊肆行，不能破一窩藏，獲一鉅盗，定將管帶、分帶各員與地方文武一律從嚴參辦，兵丁責革。至沿河渡口，沿邊山隘，并飭原設各該營汛仍須嚴密盤查，不准外來匪徒乘間攔入。恃有巡兵，置身事外，違者懲處。除分别咨行外，相應咨行貴鎮查照籌議，并轉飭潞安協遵照。一面速辦，一面飛速見覆可也。

札各屬停勸直東賑捐 光緒九年十月二十一日

查山東、順直助賑，前擬各屬應勸之數，數千者止著名富庶數縣，其餘率僅數百，均經酌量情形，損之又損，務俾易於集事。至偏僻瘠苦州縣，皆未之及。其禀報較多者，絳州核減一半。稷山僅收二千。榆次酌留六成，以充本境賑需。介休分撥文峪經費。鳳臺批令停止，現按七成交收。他如猗氏請示微警，解州、趙城議及小户，無不嚴加指飭，概不准行。凡此皆以該紳富力有未逮，或情有不願，斷不使出之抑勒。乃訪聞各州縣於勸辦此項捐輸，不能深明本部院之意，竟有强派勒捐情事。大謬至此，殊堪痛恨。昨據絳縣貢生張熙和竟以苛派捐輸上控，各屬類此者更可概見。

現查報解大數，足敷分解，應即停捐，以除流弊。除刊發告示并行知清源局外，合行札飭該廳州縣即便遵照。除將已繳銀兩照數批解，此外無論已未書捐各户，一律停止，毋庸再勸并將發去告示即日張貼，俾衆周知。該廳州縣前既不肯用心體察，以致奉行不善，若再乘便營私，因此滋弊，定當照例參處。凛之，毋忽。

札清源局外銷經費指定實用 光緒九年十月二十四日

案查前據該局於籌解京員津貼案内議詳，以晋省創辦釐金，初以一成提作公費，然亦必隨同正項一律奏銷，仍係内銷之欵。迨軍用日繁，多有不能造報之欵，亦恃釐金一項相爲彌縫。因未定有成數，遂致暗中隱匿，額外濫支，日引月長，隱濫尤甚。擬請按所收數目先提一成外銷公費，再作爲十成，提出一成内銷公費，其餘九成報部照舊撥用，即自光緒九年爲始，照此辦理。此項外銷公欵，必須實係有關地方公事，方准動用。所有前項京員津貼，擬即於一成外銷公欵内提銀二千兩，解部應用等情。查該局所議，前之所有者爲内銷一成公費，後之所定者爲外銷一成公欵。定一成之數，以杜濫支，分内外之名，以清欵目。因所議係爲核實起見，是以批飭照辦在案。惟本部院檢閲咸豐九年前撫院英奏准酌改釐税成案，聲明無論行商坐賈，釐銀均以九成作爲報解正項，一成作爲外銷公費。是從前原有之一成本係外銷，並無内銷字樣，與該局前所詳定無所區分。欵目既未畫清，成數不免牽混，於本部院綜覈名實之意仍未附合，節用剔弊之方仍未詳盡。亟應定名指欵，以免紛淆。因查從前所定係達部外銷之欵，後之所限係不達部外銷之欵。應即將該局前詳所稱爲内銷一成公費者，改爲達部一成外銷公費。所稱爲外銷一成公欵者，即改爲不達部外銷一成閒欵。惟原詳未將此項不達部外銷一成，全數指定用欵。查該司道等原議，與本部院批准之本意，本爲限定濫支，並非欲多留閒欵，以供縻費。若不指名專作何用，恐以後漸滋流弊，將爲衆官自便之階。今爲明定限制，此項祇准備京員津貼及令德書院經費、書局經費三項之用。此外，一切無益之舉，以及供應上司應酬寅好，概不得濫行提取。從此嚴立章程，畫清界限，外而培養文教，内而籌濟朝官，爲大公至正之需，籌經久不弊之欵，杜暗中之消耗，絶額外之侵漁。特是欵有定名，收無定數，恐將來彼此遷就，殊難核計盈虚。自應預爲籌議，將通年約收之數並通年應用之需，每欵酌提幾成，立有準則，庶不致復有弊混。合行札飭該局即便遵照，本部院核定欵目指定用項，通盤籌畫每欵應提幾成，議詳立案。再，京員津貼、户部指派之數較少。查部咨所擬，分給各官津貼之數，多者二百金，少者數十金。照此核計，官階較小者必尚不能贍足。本部院之意，擬爲翰詹科道量請從優。今既立有專欵，每年能否於原提二千兩之外酌添若干，以示晋省現辦諸事至公無私、先内後外之意。一併妥議，迅速詳覆。

札委抽收鹽釐各員 光緒九年十月二十四日

照得蒙鹽入境，約分數種，東以蘇尼特、多倫諾爾等鹽爲大宗，所謂青鹽者是。西以阿拉善旗之吉蘭泰池、鄂爾多斯之大小花馬池等鹽爲大宗，所謂紅鹽白鹽者是。青鹽向不到磧，到磧者惟紅鹽白鹽兩種。定例鄂鹽祇准行銷口外，如有車載騾馱以及水運多斤到地者，以私鹽論罪，吉鹽亦第准水運至皇甫川而止。功令煌煌，理宜遵守。乃查吉鹽一項，多由磴口下船運至包頭，近來竟有由包頭裝船運至大站、皇甫川等處，賣與囤主，乘閒偷運到磧者。有由包頭一帶僱備船隻，上裝甘草或油糧雜貨，船底夾帶私鹽，到磧出售者。花鹽陸運入陜，再由陜屬葭州之萬户峪裝船下駛，距磧口僅二百里，順流而下，一日可到。迭據委員禀報，蒙鹽每年到磧不下四五萬包，大約吉居十之二三，花居十之七八。初亦不過蔓延汾、介各縣，繼乃益灌益、南，到處浸淫，直達澤、潞，至今日而潞綱受累極矣。現雖開拓太、汾兩府各口岸試行潞引期銷滯課，第念蒙鹽歷年行銷省北口内外各屬，民食攸賴，亦外藩生計所關，應予酌量從寬。嗣後勿論鄂鹽吉鹽，凡有水運者，一概運至皇甫川爲止，祇准對渡，不准直下。查皇甫川爲鄂鹽囤聚之所，從前所設忻口等卡抽收鹽釐，地非扼要，易於繞越偷漏。應於包頭暨皇甫川對岸之河曲縣地方，派員設卡，仿照陜西抽收潞鹽章程，專收鹽釐，以佐忻口各卡之所不及。其有油糧甘草船隻，驗無夾帶，即由該卡驗明放行，不准留難。如已由包頭納釐，即由河曲、保德等卡驗明釐票，不得重徵。至由河曲抵磧口，約計水路三百餘里，中間隘口林立，隨在可渡。臨縣屬之馬家塔子，應就近責成周丞桂敷兼司巡緝。其保德州屬之天橋村、興縣之羅峪口，均應擇要設卡，專司緝私。内保德一卡，並驗河曲照票。以上兩卡遇有鹽船對渡，以及裝鹽下駛船隻，隨時查拏，照例懲辦。又查龍王山緝私委員，向由河東派委。此次上游層層鈐束，無庸再由該卡巡緝，應即撤回，以節糜費，即以應支薪水等項，改給新設緝私兩卡委員。一切用項，籌餉局先行墊支，仍由河東道照數籌欵，按季解還。包頭一卡係地方官兼辦，但於所抽釐金内扣支局費，無庸另支薪水。河曲一卡薪水局費，統於該卡釐金項下坐支。此係創辦之初，緝私委員暫且由省選派，試行一二年，著有成效，再行併歸河東道照章委派，以昭畫一。所有現委各該員是否得力，有無弊混，到差以後，應即統歸總查沿河十口、現署磧口通判周丞桂敷就近考覈，隨時禀報。除飛咨陜甘督部堂飭屬一體照例申禁，并行司局暨河東道外，合行札委該員立即遵照，於該廳所屬包頭地方［并］束裝馳赴河曲縣地方〔一〕設立專卡，遇有蒙鹽到岸，即便照章每百斤抽收制錢二百二十文。務須認真稽查，實收實報，勿任書役人等留難需索，從中舞弊。仍將到差日期禀報查考。

札催河東道查覆道署用欵 光緒九年十月二十七日

照得河東鹽務衙門歲用浩穰，名目煩瑣，正雜課餉以外，更有報部、不報部公費各欵，於是内則公私用度重疊開銷，外則大小差支任情揮霍。甚至昔有今無，名存實去，并有與鹽務了不相涉者。從前全綱極盛之時，勉力支持，尚可敷衍。今則引課逋積，期迫奏銷，入欵遠不如前，而出欵一無可省。光緒七年江前道任内，亦曾酌議減裁，時則怵於衆咻，辦理仍多不實不盡。現計引額壅滯較前更甚，若再不因時變革，勢必商人永無喘息之時，滯課永無全完之望。利歸羣蠹，患中公家，所關於鹺綱者非細故也。本部院目擊頹風，志除錮習。該護道在省之日，曾與當面熟商，

〔一〕「并」字為編者所加，其上文「於該廳所屬包頭」及下文「束裝馳赴河曲」原為小號字雙行并列。

亦頗毅然引爲己任。現計到任逾月，尚未據該護道查明稟覆。合亟飛札行催，仰該護道於文到五日内，立即詳查道庫常年一切用項，分晰欵目，細考源流，孰公孰私，孰明孰暗，其中應留者留，應去者去，可緩則緩，可節則節，均由該護道逐一定斷，由五百里妥速議詳。總之，汰無名之費以恤商艱，留有用之財以充國課。該護道志趣遠大，任事果決，相與有成，有厚期焉。望之，勉之。

札委抽收北路鹽釐專員光緒九年十一月初五日

照得蒙鹽入境，種類繁多。近年以來，浸灌潞綱，虧缺課餉。西北路鄂吉等鹽，現已申明定例，禁斷水運，當將辦理情形奏明在案。查東北路之鹽，大概以錫林果勒盟各部所産爲最多，内分烏珠穆沁、浩齊特兩種，由多倫諾爾販運而來，内地所謂大青鹽者是也。蘇尼特鹽亦分兩種，色白者爲小白鹽，色青者爲小青鹽，而察哈爾鑲黄旗所産之黑小鹽不與焉。口外蒙漢人等，專養車牛，名漢板車。以十車爲一排，前後相屬，一人御之，恃其水草之便，運脚之輕，晝夜轆轤，委輸不絶。常年運至口内外各屬地面銷售者，其數不可勝計。秋冬進口，日不下數百石，大約以豐鎮及甯遠屬科布爾爲薈萃囤積之所。而自張家口來者，又以直、晉交界之枳兒嶺爲必由之路。查本省州縣食潞鹽者三分之一，食蒙鹽者三之二。乃檢查忻口等卡釐收數目，按照斤重，歲得五百石上下，較之潞岸額引一千六百餘石之數相去應殊，其爲繞越偷漏可知。夫以蒙部無課之鹽，而倍得各屬食鹽之岸，本輕則利重，運便則售多。其始不過就地行銷，繼乃浸淫及於内岸，占奪額課，貽累全綱。年來潞引積疲，其病未必不由於此。是蒙鹽紛繞避釐之患淺，越界透私之患深。已擇要路於西北路水運聚集之包頭、河曲等處設卡抽釐，而東北路之陸運銷售者，爲數亦復不少，自應於來路匯總之區，一律扼要抽釐，以杜侵軼而便稽核。除將抽收章程、月支薪用分飭總運局核議詳奪，并由籌餉局刊發條記，合行札委該員即便馳赴豐鎮廳地方，知照該地方官設立專卡，遇有蒙鹽到境，即便照章抽釐，體察情形，妥爲辦理。務須認真稽查，實收實報，勿得縱令書役人等需索留難，從中舞弊。仍將到差日期稟報查考。

札藩司籌議辦銅鼓鑄光緒九年十一月

光緒九年十月二十九日准户部咨：查山西寶晉局鼓鑄錢文需用銅斤，例由商人按年領價採買，運局供鑄。前因局存銅斤鑄竣，於光緒元年據山西巡撫咨請停鑄，曾經本部飛咨該撫嚴飭商人趕緊採辦銅斤，運局供鑄。嗣因銅商周繼祖病故，伊子生員周郁文接充。本部咨行山西巡撫轉飭該商周郁文，趕緊領價，依限採辦銅斤，運局供鑄。復於本年四月間專案咨催，迄今又逾半年之久。該商周郁文已否領價辦銅，并現在曾否開爐鼓鑄情形，仍未據該撫咨報到部。事關圜法，詎宜久延，應再飛咨山西巡撫，嚴飭商人周郁文趕緊領價採辦銅斤，運局供鑄，并將發給該商銅價依限採辦及開爐鼓鑄各日期，先行咨部查核可也。等因。准此。查此案屢准部咨轉行遵照，迄今未據該司詳報領運。圜法爲便民要政，久停本屬非宜。晉省採辦銅斤既有例價例脚，復有生息津貼，經費不爲不裕，何至多年停運。總緣銅商漁利已久，視侵蝕浮冒爲當然，藉價值水脚昂貴爲名，妄冀多領欵項，遂其私計，以致費多鑄少，籌欵無從。若不破除積弊，另籌變通辦理，徒糜帑金，無益錢法。查由山西至漢口，陸路遥遠，運費繁多，且向來銅商辦運一次，領發多金，遷延數年，尚未到晉，開銷貼價漫無稽考。現值海運暢通，轉輸利便。去年本部院委員赴津，查明洋銅價值合計運脚，較歷年銅商所開價脚所省不貲。况近年滇銅減採，運京之數尚且艱難，安有餘銅屯積漢口以供他省採辦。方今時勢物情迥非昔比，既經將料價運道考核明確，貴賤懸殊，通塞異致，豈有株守積弊，虚擲庫儲。至現在寶晉局尚存銅鉛若干，歷來鼓鑄之法是否核實，亦應一律查明核議，别籌整頓之道。仰該司即便遵照，會同清源局將辦銅鼓鑄事宜通盤籌畫，妥爲核議。該商人周郁文能否領價承運，或應另行委員採辦，别議鼓鑄章程，一併查覆。

札各屬嚴禁再種罌粟并發章程告示 光緒九年十二月初一日

照得各屬查禁種煙，業經飭司考定功過，詳請核辦在案。查從前札文批牘，本部院指飭詳明，不憚煩言苦口，各屬中或力任鉅艱，或漸知愧奮，即畏難觀望者，經道府督責，委員會查，亦得因人成事，是以統籌全局，頗有成效可觀。刻又值布種之期，若不重申禁令，勢必官漸因循，民仍嘗試，將歷次查辦之苦功消歸無有。除行兩司督勸考核、倍加認真外，爲此札仰該府道州轉飭所屬，并徑行該廳州縣遵照。須知此次續禁，因而非創，辦理自後易於前。本部院查閲稟詞，博采衆議，斟酌而損益之，分列十條，黏單札發，俾各牧令用心紬繹，或仿照大意，或節取數端，或量加變通，或再爲推廣，總在因地制宜，有實效而無流弊。至於明年禁拔，斷不准再有遺漏，以期永絶根株。其或貽誤，即日撤參，并不待全局定時始行議處也。照刊前示，使習見而不忘，另撰四言，期簡明而易曉，到日迅速張貼，并照刊千餘張，務於鄉僻山陬，一律廣布。毋違。

札平定、霍州籌議歲修山路經費 光緒九年十二月初六日

照得平定、霍州等處山路，爲晉省南北通衢，凡使命、商旅、郵遞往來，絡繹道路。前因年久失修，軌深跡陷，跋涉艱阻，行旅咨嗟，著爲畏途。平定一帶路工，經本部院分派練軍逐段修理，費數萬帑金，竭兩年工力，始得蕆事。霍靈一帶嶺工，亦經派員發欵，大舉平治，刻已竣工。但該處路徑本係闢自巉巖，此日雖爲坦途，誠恐雨水沖刷，車馬蹂躪，日久復成嶮巇，必須籌定歲修之計。惟庫帑不能屢動，閒欵亦難常籌。方今差徭積害已去，拉扣牲畜之苦亦除，舉凡行旅載負之儔，共利攸往。莫如按其馱載，酌議抽取微資。車每套抽錢若干，馱貨騾每頭抽錢若干，馱貨橐駝每頭抽錢若干，牛驢分文不抽，名曰歲修善捐。積少成多，俾每歲遇有坍塌地段，隨時即爲修補，自可永慶蕩平，不至積成鉅工，再煩大舉。東來者於東天門抽收，西來者於南天門抽收。惟只宜責成紳士，不准委任丁役。章程議定以後，每年歲修動善捐之半，地方官督飭，即顧沿路村民修理。三年一小修，動善捐積存之欵，地方官稟請委員，會同估工修理。十年一大修，地方官稟明派委大員，勘估發欵修理。其有山水異常猛漲，以致沖壞

者，禀明委勘，扣實係人力難施，并非歲修不力者，另案核辦。儻因歲修工程不實以致損壞，責成該地方官賠修。如是，則既不累官，亦不病民，又不廢工，似以此最爲善策。第收數如何分別等差，經理之人如何考察，抽收應在何處路口廟宇，歲修應在何時修補，應分幾段，何者歸路旁村户承認，何者歸地方官經理，錢數如何稽核，工程如何察驗，均須一一籌畫周詳，方可行之久遠，有實效而無流弊。該州即便遵照，各就該屬情形，悉心籌議，妥議章程，禀覆核辦。

札河東道禁止工程發款 光緒九年十二月初八日

照得河東歲支各款，向多浮冒，内中工程一項，更爲妄費之尤。據該護道呈到八年分收支各款，大約外則託名於渠堰禁墻，内則藉口於祠廟廨宇。甚至修治街道，整理門扇，以及一圬漫髹飾之細，無不一一取給公帑。其實所費有限，而所領極多，下以此爲津貼之資，上以此爲應酬之具。一味見好，濫放濫支。閒款不足，居然侵及正項，猶且自託於寬大之名，而鹺務益敝壞不可收拾。現在引額極滯，課餉極疲，若再不嚴定章程，亟予禁止，則以後庫款益不可問。所有大小工程各項，除鹽池搶險應由該護道察看情形，酌定用款，隨時禀請查核，聽候委勘驗收外，其餘百金以下者，准即由道估修，按月彙報百金以上者，必須禀候批示，方准動支，應由該護道遵照立案辦理。仰該護道立即查照札内指飭事理，大書木牌，油飾堅固，以一面懸挂道庫門，一面懸挂官廳，務令鹽務印委各員咸知遵照。經此定章，如敢陽奉陰違，仍前擅動，除將公項追繳外，仍照徇情濫用之例，奏請嚴懲。懔之，慎之。

札監掣同知舉發弊端 光緒九年十二月十一日

照得監掣一官，爲河東鹽務各衙門樞紐，仰承俯注，事必由之。該丞任此多年，閱歷尤深，情形尤熟。當此鹺務疲敝至此，該丞自應將課餉因何短絀，引岸因何滯銷，如何減費恤商以護正帑，如何量入爲出以塞漏卮，一一據實上陳，聽候採擇。從前該丞在省，本部院屢令直抒所見，乃該丞始終一味迴護。兩年以來，未舉發一敝，條陳一事。即如三河口打帖一項，歲用不過千餘兩，而每年入款則在萬金以外。此項向歸道署委員經收，不由庫官書吏之手，前後任亦無從文移帳目交代。現據護黄護道禀請歸公，該丞近在同城，豈竟一無見聞，何以始終不肯吐露一字。即此而論，則以外收支各款之類此者，恐亦不少。向謂該丞爲晉中老吏，歷任首要，期之甚厚，遇之甚優，不意其蒼猾性成，諂悦僚屬，欺蒙上官，一至於此，實出情理之外。本部院現已備知河東庫款多有浮支、濫借、補領、捏銷、懸欠、匿報等項情弊。現值整飭綱務之日，若人人均如該丞之巧爲緘默，務便身圖，本部院亦遂聽其自然，不一過問，則凡有官守之責者，以後皆可置身事外矣。合亟嚴札查詢，仰該丞立即遵照，指飭事理，速將何項發款最多浮冒，何項收款内有隱匿，何款虧短可以勒追，何款糜費可以停止，於文到五日内詳晰開單，據實明白禀覆。如其盡情披露，一無諱飾，尚可酌寬既往。儻有一款未盡，一字涉虛，則是該丞暴棄自甘，本部院亦即自有辦法也。

咨覆綏遠城將軍兵米仍照章折徵採買散放光緒九年十二月十三日

案查前議綏遠城兵米改徵折色一案，定以每石折銀一兩六錢徵之於民，以一兩三錢由各廳解交綏遠廳同知，采買本色散放，以二錢爲綏遠同知公費，以一錢爲各廳公費，連解費火耗一併在内。定議之後，當經函商貴將軍籌商折放。旋准函覆傳諭八旗官兵，據稱既經增價，以一兩三錢折放，以濟兵艱，願照新章折領等情。惟以積欠過多，併請將新舊欵目酌核籌計等因前來。復飭由按察司奎斌、歸綏道阿克達春詳議，經本部院覆加酌核，綜計各項每年連扣減成平，共可折米四萬石零，即以二萬六千四百餘石提充現年新支。尚餘米一萬三千五百餘石，於此項餘米内再提四千四百餘石彌補兩個月舊欠，尚餘米九千餘石，以備遇閏加增，并偶遇偏災蠲緩及民欠之用。如此新陳併籌，則於兵艱、民困、官累均尚有所補益。兩次備文咨商貴將軍迅籌見覆，以便會奏在案。并准貴將軍來咨，仍擬以成平一項專補舊欠，而以各廳徵解及先以道廳養廉，現改豐寧升科地租撥補之。豁缺兵糧各款折放現支不足之數，於豁缺、偏災、逃户、挪前、交代、虧挪六項，飭司著追核算，欵目有著，再行定議等因。本部院熟議新舊併籌，計無閏之年每年可放十四箇月兵米，有閏之年可放十五箇月兵米，確係有著。即偶遇水旱偏災，亦可無虞缺乏。現支既不至稍有蒂欠，舊欠既可逐漸清釐，眉目分明，籌解簡易，實已極力籌畫。今貴將軍欲將成平專歸舊欠，而以現支之不足者責之藩庫，每年必欲得十八九箇月月米方可照辦。晉省現當欵絀時艱，實屬無從取辦，應聽貴將軍循舊辦理。所有疊次咨商折放籌補各節，應即作爲罷論。至各廳徵米，雖已飭令遵照現定章程折徵，按價解交糧餉同知，仍當飭令該同知采買本色，照舊散放。其向按例價支放者，仍照舊章，按例價辦理。其現改折徵采買散放情形，另由本部院自行隨時附奏。

咨覆户部緩辦建倉積穀光緒九年十二月

案准貴部咨開：先據山西巡撫張奏，查明善後節省存欵二十二萬八千餘兩，悉數建倉積穀，以備緩急一摺。光緒八年六月十九日軍機大臣奉旨：知道了。欽此。當經本部行文欽遵在案。迄今年餘，購辦有無頭緒，未據報部，相應咨催該撫迅即聲覆，一俟事竣，造册送部核銷等因。准此。查此項儲備倉穀，經本部院於八年六月奏明提動善後節省銀二十二萬八千餘兩，采買存儲。祇以是年邊穀不豐，未便購此大宗，致妨民食。上年疊經咨行大同鎮，體察穀價貴賤，相機採買，飭令歸綏道會同照料，并委磧口通判籌備倉厫去後。旋准大同鎮函稱，口外地方向有穀糜兩種，八月初間爲隕霜所損，收成大減，糜之質粗易腐，不能久存。舍此而專求穀，已去十之六七，鋪户舊存，復皆聞風居奇，自非從緩以圖，市肆必至踊貴。又准咨稱運脚一項，無論渾脱舟船，每石約銀五錢不等。重以包頭下河車力足錢九十文，薩拉齊二百三四十文，能否籌出盈餘以爲運費，目前實無把握等因。據磧口通判查有地居山坡，臨近黄河業主劉仲龍舊石窯一所，計四十三間，原契價銀四千一百五十兩。梁錦榮石窯一所，計三十六孔，原契價銀二千八百兩。陳學清空地一處，原係駱駝店，房屋無多，原契價銀五百七十兩。此外，或房主遠在陝省，或地主不一，價亦居奇。又據禀稱，查糧石從先由北路運來者較多，嗣後收成歉薄，價值增長，便無專運糧石木筏。九年甫有秋成，價仍未大平減，若寬緩時日，在包頭陸續購買，當無抬價居奇之慮。至磧口市集，只有零星粟米，并無穀石各等情。本部院查此項穀石，原爲籌備緩急之用，既須數多，尤須費省，是以原奏聲明操縱因時，見可則行，知難則止，穀賤時收買存倉，穀貴時舟運至磧。賣穀一石，可運三石。原冀運穀之費，即出糶穀之中。惟現查包頭穀價既非甚賤，磧口窯倉亦尚居奇，自應從緩舉辦。除已籌動銀一萬兩撥交大同鎮先行酌量購儲，并飭磧口通判妥議儲穀窯倉或購或造外，查此案提欵買穀，固以廣儲倉廪。爲晉省固本之計，尤以撙節用欵，爲善後經久之方。現經本部院已將前項奏明買穀銀二十二萬八千餘兩飭提專欵存儲，提定買穀之用，自應查照原奏，操縱因時，從容議購，以期價不增昂，欵不虛糜。仍俟購有成數，再行具文咨報。

光緒十年

札委道員吴其復等勘修汾河工程光緒十年

二月十八日

照得開修汾河，爲晉省通商便民，兼運潞鹽第一大利。本部院曾經疊次委員沿河察看，并據河東道暨知縣莫奎林、都司王金榜等先後條陳開河事宜，批飭清源局彙議在案。查汾河上下千餘里，其間石多溜緊，不過自義堂鎮至洪洞二百餘里，餘則沙多石少，水勢寬平，修濬較易。除太平境内鷄心灘已責成該縣勘修，并絳州以下舟行熟路無庸興修外，現擬自太平以上設法開修。必先察度情形，統籌全局，次第擬議一修治之法。大石如何鍜鑿，小石如何搬運，沙泥如何挑濬，如何築壩建閘，沿河縴路亦宜一併勘修。是否先從下游上溯，且行且修，抑上下游同時並修，抑按段分修，監工各員何處設局，并應如何修理始於民渠水磨無礙，尤關緊要。一估工之法。全河應分幾段，能否一氣開通。抑但就靈石以上、趙城以下兩處開修，中間起剥全修，工費若干，上下游分修，工費若干，起剥陸行有無窒礙，河道各擬寬深若干。先須不擱淺，又須不頂溜，施工至此，則暢行無滯矣。一造船之法。船形須視河勢，宜造何船，每船約載貨若干，造船木料何處采買，釘造油艙何處設廠，駕工水手何處招僱，船上應用各項何處置備。以上各情形，非身歷目覩，斷難籌議精密，措施允當。兹查有候補道吴其復、總兵劉廣才堪以前赴。平陽與太原鎮何會同查勘籌辦，大挑知縣莫奎林、都司王金榜，并候補知縣馬汝良、李蘊芳，均堪隨同辦理。該道立即束裝帶同各員，自陽曲縣西門外起，沿河踏勘至太平之史邨止，遵照札飭各節，晤商何總鎮，詳晰逐條會議，開具清摺，繪圖貼説，稟候核奪，以便擇日興工。事關民生水利，該道等務當殫竭心力，克底成功，無負委任。

札各廳州縣勸辦社倉附單[一]　光緒十年

照得晉省當丁、戊大祲之際，赤地千里，流亡過半。幸蒙朝廷恩施，各省捐助，合計不下千餘萬金，而卒難補救十之三四。良由民待官賑，則緩不濟急，而其勢亦斷難周徧。向使當日各州縣鄉村均有蓋藏，何至於此。本部院之意，以爲救荒不如備荒，官穀不如民穀。既鑒前車，宜籌良策。況年來豐登屢告，穀賤傷農。亟宜因勢利導，廣行社義倉法，以爲圖匱於豐之計。茲就前人成法，暨通省大勢，酌定章程十一條，飭發各廳州縣一律勸辦。除分行司局道府外，仰該州廳縣即便遵照，邀集紳耆各就本地情形，悉心籌議，實力奉行，一面照刊章程，發貼各村，善爲敦勸，務令人人樂輸，多多益善。此次章程於捐穀、收穀、糶穀、借穀、耗穀、管穀諸事，處處從寬，絶不拘泥古法，苛以繁文，於備荒之中兼寓賙恤之意，務使捐者不苦，借者不難，經管者不累，而尤以嚴禁官吏騷擾爲主。其向有社穀，荒年未經用罄，暨收存社倉穀價者，無論有無膠葛，應由地方官另案辦理，不在此列，萬萬不准與此次社穀牽混爲一。限文到一月內，先將辦理情形稟報，再限三箇月造册詳報存案。此乃晉省善後第一要政，民生攸繫，本部院必欲樂觀厥成。如敢視爲具文，空言塞責，定予參處。刁生劣監恃符阻撓，并藉此漁利者，立即詳請斥革，提省嚴辦不貸。

勸辦社倉章程

一、捐穀等差

此次勸捐社穀，無論城關村鎮，以各户所種之地為斷，上地畝捐三升，中地畝捐二升，下地畝捐一升。其種地三十畝以下者免捐，租種者免捐，窮困者免捐。穀必乾圓潔浄，實存在倉，不准折收銀錢。如連年豐稔，即接續捐辦，三年中有歉年則否。捐足三年以後，如民力寬裕，年歲豐登，再行酌量籌議應否續捐。

二、捐穀奬勵

如地畝雖少，并無農田，而家業豐饒素行好義者，一體勸令捐穀。捐至百石者地方給匾，二百石者本道給匾，三百石者本部院給匾，五百石以上者，詳明奏請給奬。此項富户本年已捐直東賑欵者，緩至明年再勸。惟有田者仍行計畝捐穀。

三、儲穀處所

初辦時經費不足，不必建倉，只就各村社廟、公所及大户空屋先行借用，或酌給賃價，俟積有經費，再議建倉。如有願捐房屋者，公議價值，詳請給予功牌匾額，以示奬勵，萬不可借存常平，致滋弊混。

四、管倉擇人

各村公舉正直紳耆二人為董事，輪年經管，以一年為度。即或堪舉者無多，亦必間年方准再管，不准連年接充，以防流弊。充董事者免其差徭，仍酌量議給薪費，以酬勞勣，其不願領薪費

[一] 以下二件因具體時間不詳，依底本編例置於其撫晉咨札之末。

者聽。大小衙門書役及值年鄉保，一概不准濫充。每年於十一月初一日以前，先行舉報，榜示社廟，於十二月十五日以前接管，出具接收清楚甘結，一分付上屆董事收執，一分交官存案。如有侵短，准接管者禀官，責成上屆經手人賠補。儻敢扶同隱蔽，准合村人公禀，一併著追，以免盤交監盤等事，多費多擾。

五、穀類不拘

產穀之區固宜全數收穀，如向來不多種穀，除高粱外，准其或麥或豆并各項雜糧可歷二三年不壞者，先行捐存，仍一面勸民多種秋穀，以備逐年更換。

六、逐年糶換

穀三年一糶，麥豆一年一糶。記清收倉年分，先遠後近，逐年遞推。至糶價買還或有贏餘，或有虧折，實用實報，不令經手人包賠。但須選派本鄉公正紳耆查閱帳目，代出切結，聲明並無浮開少報情弊，送官存查。

七、併村儲穀

户口衆多之村，向分三五社，辦事者只准歸併一處，輪年管理，互相稽查。其户少散村，亦應數村併作一村，議定某處存穀，輪年經管，以省繁費。但不准歸併太多，合邑僅設數處，以致倉少收放不便，穀多紛雜難理。

八、提穀建倉

此次捐穀，不准加收耗穀。捐至百石，准提出十石，内以三石為收捐時盤量人工飯食並席片木板之費，以七石為建倉之費。建倉之穀另記簿籍，俟三年後積有成數，變價修建。每倉間或裝二百石，或裝三百石，須量準確數，標明檐首，挨次啟放，則交接時有無虧短，一望可知，以免年年盤量勞費。如查有虧短損壞情事，再行禀官，邀集紳耆盤量。

九、借還從寬

春借秋還，以出半入半為準。願借多寡，聽民自便。如無人願借，即全數存儲。還穀時不取顆粒之息。新穀登場以後，董事即向借户催收。抗不清還者，禀官究追，注其名籍，以後不准再借。如實在窮苦無償者，由本鄉公正紳耆酌量分別或緩至次年，或酌量減數，或竟予豁免，彙開一公議單，報官存查。如有偏徇不公，查出罰賠。或借或還，俱用清册，將借户還户姓名散總數開明，照開清單，一分榜示社廟，一分報官存案。至通年出入帳簿，亦宜開列四柱，注明某人經手，並照開清單，一分榜示社廟，一分報官轉詳。

十、耗費歲修

准於原存穀數中，每年每石除穀一升為倉耗，每石糶穀三升為社倉歲修，每石糶穀三升為每年收捐借還出納飯辛雜費，每石糶穀三升，為管倉董事薪費，俱准於倉存原數内開銷。

十一、官吏不擾

民捐民辦，官但總其大綱，隨時督催，不准籤派書役干預社事。如實在必需盤查之處，准由地方官酌量道里遠近，另邀聞望素優紳士前往監盤，事竣并具結存案。至社中遇有經管事件，不准家丁書役勒索分文，查出重懲。年終十二月二十日以前，由該廳州縣彙齊各社存穀實數，詳報本部院并司局道府查考。

以上十一條，特撮其大要，其詳細章程宜各因地制宜，妥議禀聞。

咨學院籌商學校事宜 光緒年

案准前學院王咨開：竊以勵賢崇化，禮教爲先，栽俗正蒙，勸學乃大。晉省比年以來，斯文日替。人不以讀書爲重，讀書人遂亦不知自重。士習文風，交承其敝。本院典職既久，疚心實深。爰籌振起頹業之方，以爲修舉宏綱之助。粗陳六條。等因。准此。詳繹各條，端蒙養而興文教，優新進而重士林，振淹滯而革錮習，具見持論名通，曉暢政體。本部院於接見僚屬時博考周諮，復就地方情形詳加酌核，衍爲十條，黏單臚列。前六條大旨從同，係就所已及者而斟酌之，後四條引伸前説，係就所未及者而推廣之。除行兩司、四道、清源局轉飭各屬一體遵照、分別籌議舉辦外，爲此，合咨貴院請煩查照，酌核施行。

計開

一、減社錢以廣義學　查義學一節，現各屬正在籌欵議辦。惟未必處處有欵可籌。即有館之處，亦不能村村設立。應照來咨，凡各村社錢，無論按地按糧，公田存欵每年提出若干，先儘義學經費。大村設學二，中村設一，瘠苦之村則兩三村合辦，畸零不成村者則數村併辦。應飭各廳州縣邀集鄉紳社首，悉心籌議，各就本地情形，酌量舉辦。其提錢之數，設學之所，以及經收管理各章程，一併公議妥辦。城中無社錢者，由官籌建，先為創行。其如何設塾，如何延師，開列規條，俾各村仿照。每州縣義學數目，塾師姓名，由地方官報明，并報貴院備案，於出棚按臨時查考。所有村中餘賸社錢以祈神賽社者聽，惟祇准按年一舉，尤不得因設立義學格外攤派。

一、籌經費以修書院　查外府州縣書院膏修，現在以裁減之差徭暨抵補攤捐之陋規撥充經費，如汾州、大同等府，絳、代等州，曲沃、太平、垣曲、洪洞等縣，統計全省大約有經費者十之四，無經費者十之六。除充裕者無庸議及，其向無書院暨不敷之處，由守令等各就本處情形，妥為設法。或自分廉俸，或敦勸紳商，或捐未盡之舊規，或查隱漏之糧地。若著名瘠苦之區，勢難舉行，亦應由縣學月課季考酌給獎賞，猶賢乎已。至明定章並一切稽核之法，按照來咨，飭屬辦理。

一、去棚費以汰積弊　查晉省棚費，出自新生者惟瘠僻州縣有之，如保德州、隰州一屬，及太原府屬之興縣，汾州府屬之石樓、甯鄉、臨縣、永甯州，平陽府屬之鄉甯、吉州，絳州屬之垣曲等縣。保德州業經本部院於裁攤籌發棚規案內，批飭清源局通行示禁在案。公堂禮亦棚費之類。現棚費既出自公，則公堂禮亦在併裁之列。惟既有此名，若不指實禁絶，恐滋官吏私收之弊，且留後日取巧之端，自應札飭司局轉飭出示永革。

一、免差徭以尊學校　查生員優免差徭，例准免三十畝差錢。來咨以歲考之等第，定免役之多寡，自二百畝至五十畝不等，於例似有窒礙。惟貴院自為鼓勵人才起見，現擬多設義學，凡各村聘請塾師，先儘一等生員，二等次之，三等又次之。其劣等暨不赴試者，不准濫竽充數。均以本届為憑，庶顯以謀其飯穀之資，即隱以激其發憤之志。貧士寒窗，愈得昕夕攻苦，與貴院之意仍屬相符。至生員不准充膺官役雜差，載在學政全書，定例綦嚴。應飭各州縣教職申明舊例，毋再派充。其或詭名頂替，一概撤退。

一、重歲貢以勸來學　查歲貢選教，止有單月選訓導一班。今部選纔及道光十一二年，所選者皆係已故，則現存者無選期可知。家屬不即報官，地方官不即詳司，司吏不即詳請達部，三者均咎有應得，而反使現存之歲貢淹蹇，仕途何以持平。應照來咨，嚴飭各州縣查照貢監名册，將貢生一項挨户詢明。其已故者確查日期，彙案詳司，該司迅即彙詳報部。各州縣限文到一月内，查明詳報。該司限半月詳院咨部。如有疏漏延閣，仍有選缺發憑到省始行補報者，照例參辦。經此次查辦之後，凡届年終，照前查報一次。至廪生應貢不貢，仍請貴院設法整頓，庶該生不致戀棧，後生得以進身。

一、戒鴉片以作士氣　查晉省士子，大半一入膠庠，便染惡習，以學校而嗜好成風，非痛加創懲，不足以發聾振聵。本部院前有戒煙局之設，有種煙之禁，均經奏明在案。應請貴院將稽覈之法，革煙之限，重申禁令。凡遇生員考等、童生入學，染嗜好者文雖工而不録，能改過者文平通而亦取。至應如何責成教官舉報，廪保稽察，互結防維，統由貴院隨時隨地酌量情形辦理，似不必拘定成式，致涉紛擾，而滋流弊。

一、覈教官以端表率　查教官位列師儒，自應立品厲學。若沾染嗜好，何能禁士子之吸煙；干預公事，何能禁士子之訐訟；月課季考并具文而無之，何能禁士子之廢學。應請貴院按臨時傳齊面試，則各教官文章根柢暨有無嗜好，大概可知。并飭該管府州出具切實考語，互相印證。本部院會同貴院擇取數員，分別舉劾，庶師嚴然後道尊，道尊然後民知敬學。

一、裁陋規以卹寒素　查各儒學陋規，報事故者，丁憂起復者，學師有禮，學書門斗有費，習以為常，否則廢閣不報。歲試未到，例應除名，該生竟抱不白之冤。至舉報節孝亦有需索，此何等事，取之毋乃傷廉，應一併裁禁。若贄見規禮，似亦束脩以上之義，惟由生致送則可，由師勒索則不可，格外多取尤干例議，併飭各學毋違定例。

一、清學田以復舊章　查晉省原設學田，共二百七十餘頃之多。各學有田者居其大半，此外或由紳富捐輸，尚不在此數。日積月累，間有户失地迷，無從稽考。應飭地方官逐漸清釐，或查出隱漏，或勸墾荒蕪，俾得照額徵收，庶解司正項與學中正用之欵，均歸有著。

一、整武校以資練習　查講堂課藝，學館横經，文生隨在皆可肄業。至武生弓馬技藝，有旋得旋棄者。既無所事，必至易於為非。應飭學官稽察加嚴，毋任視同秦越。現在盜風未靖，冬防巡勇需人，鄉間又舉行守助，俾其供差遣而練膽識。此亦一法，亦在地方官因地制宜，量材委用耳。

咨水師提督催辦團練 光緒十年六月初八日

兹准貴提督將現辦廣屬沿海各縣團練情形，并挑練名數分別列摺商辦，并請添派東按察司會同督辦前來。披閲所陳各節，甚合機宜。該司於緝匪衛民，責無旁貸。現已照咨札委東按察司會同督辦，應請貴提督迅即會同該司通盤籌畫，酌擬章程，率同文武委員親往各該縣覆加簡閲，以備徵調。厓門、蕉門、横門、虎跳門、磨刀門應如何就地籌欵築臺塞河，購船置械，并酌募礮勇、召募勇營訓練防守，統由貴提督各就地方情形，督同地方官會商紳士妥籌辦理。前委辦團各員如有應换應添，亦即移會司局照派，以期得力。貴提督威信素孚，情形熟悉，所有五門防守機宜，各該縣團練事體，本署部堂一意倚任貴提督籌辦。嗣後應辦各事咨商到日，本署部堂立即施行。務宜任怨任勞，切勿遲疑瞻顧，是爲至要。再，檢查舊案，前據遊擊黄增勝呈遞團練條議一件，大略謂横門、磨刀口河道較深，難以堵塞，宜用長樁作梅花形，以阻輪船，并築土臺於放馬山頂、竹洲頭等處。蕉門、厓門水淺可塞，宜築土臺於東莞縣屬之黄角村、前新會縣屬之塔東虎坑等處。虎跳門與厓門相去不遠，猪頭山雖有礮臺，仍恐孤立，宜築土臺於新會縣屬之梅角村前并盤古廟一帶。平洲五叉口、三山滘等處河道，係五門入口總匯，而小號輪船仍可往來，宜在南海縣屬之三山滘左右岡建築土臺，各水口亦設法填淺等語。所言尚屬近理，并請察看情形，斟酌采擇辦理。

札瓊州鎮道嚴防海口光緒十年六月十一日

照得海防情形日形吃重，瓊州孤懸海外，守備尤須加嚴。該鎮道所部丁勇已有四千餘人，軍火餉糈陸續接濟，以粤省情形而論，亦可謂盡力以圖。該鎮道久歷戎行，才略素著，海南防務，本署部堂專倚該鎮道爲長城。儻至事機緊迫，即當激勵將士，聯絡鄉團，優懸重賞，衆志成城，俾敵人無從侵犯。且海口河道甚淺，非特鐵甲戰船不能進駛，即稍大輪船亦難踰越，如果守禦得法，斷不至有衝突之虞。所有安置水雷及一切守臺設險出奇制勝之事，務須先期籌備，以免臨事張皇。省城相距甚遥，所慮警報頻來，消息未能靈捷，一切機宜未便遥制，惟在該鎮道同心協力，多設偵探，隨時體察情形，斟酌辦理。慎毋鹵莽從事，亦不得坐失機宜。是爲至要。

札潮州鎮道籌辦海防光緒十年六月十一日

照得現在防務吃重，汕頭爲潮州門户，尤屬口岸扼要之區。雖向隸南澳鎮所轄，而遠隔海洋，閩防正形吃緊，斷非南澳鎮本標之力所能兼顧，必須潮屬將吏兵勇全力防遏，不使敵人登岸，以固藩籬。查崎碌礮臺早已據報工竣，派兵防守，惟礮位尚未配齊，若俟省中購運，誠恐緩不濟急。該處沿海民船向有大礮，應亟設法購買租借應用，安設妥當，以資備禦。至籌餉募勇，均關緊要。潮州素稱殷實，民情驍果善戰，見義勇爲。當此中外多事之日，必有同仇敵愾之心。有力者量力捐資，無力者抽丁團練。就本地之財力，辦本地之海防，一切軍火器械，務須先事豫籌，以免臨時束手。儻事機緊迫，汕頭距省較遠，恐有鞭長莫及之虞。該鎮閲歷老練，該道素著長才，東江防務，本署部堂專倚該鎮道爲長城。應即責成該鎮道酌量情形，設法防守，相機策應，不得盡諉爲南澳鎮之責。務當激勵義民，優懸重賞，以收衆志成城之效。一應機宜，并仰函商方軍門辦理。合亟札飭該鎮道立即遵照，會同妥速辦理，督飭所屬各府州縣暨各營汛認真籌辦。仍將遵辦情形隨時飛稟察核。

咨李學士舉辦團練光緒十年六月二十一日

照得海防情形日益喫重，水陸各隘雖已分布防軍，力籌備禦，仍覺兵力尚單。查粤東民情素尚忠義，一旦有事，必須大起團練，與官軍相輔，方足以禦外侮而戢内奸，非有才望兼優之鄉紳不能號召。前經設局，延請各紳籌辦，仍須廣藉賢才。貴學士品行經濟，海内高名，久直禁廷，忠忱素著，必能倡明大義，審度兵機，聯絡各局之賢士大夫，激勸各鄉之父老子弟，同心戮力，報國安鄉，遠紹三元里之美談，近方曾湘鄉之勳業。如須自練義勇，購募奇材，率異軍特起之師，爲出奇制勝之計，所需經費，應請咨明本署部堂酌量商辦。除俟附片奏明，并札團防局續行延請前江西撫州府曹守秉濬、前甘肅蘭州道曹道秉哲并張前部堂奏明舉辦團練葉户部等會同辦理外，相應咨請貴學士會同各紳，迅將省城及近省各屬團練，由近及遠，以次舉辦。務期衆志成城，外患内憂，無虞交作，本署部堂實深倚賴焉。仍將現辦情形，先行撮要咨覆。

照會唐主政密查南關各軍情形 光緒十年六月二十二日

現據有人禀稱：月前觀音橋連捷，法夷經此大創，坐失機會，致彼族得以養鋭整兵，狡謀再犯。據報船頭兵輪已陸繼駛至，俟我前敵退出險要，即尾綴襲取諒山，近逼南關，勢加喫緊。又徐前部院移交各路防軍，左計十四營半，右計二十八營，中計十四營，後路亦不下十營。自裁撤歸併，現存五分之一遣散太急，祗圖省費，不率舊章。無論勇數多寡，欠餉久暫，將弁功罪，部衆强弱，一律用威，僅給千金驅之使去，吞聲飲泣，鬱極思逞。諒防九營悉數裁撤，刻計關外游勇何止萬人，無計聊生，必甘心而爲盜。萬一敵人用爲前導，其患尤不可勝言。自太平、龍州、鎮安毗連越之艽葑、牧馬等處，内外數百里，伏莽煽結，滋蔓已深，大軍朝歸，亂黨夕作，有斷然者。又關外各軍苦於轉糈，病者多，故者亦不少，楚軍爲尤甚。其故因戴糧而渡，暑蒸濕結，瘴發疫流，枕藉道途，傷心慘目。儻乘勝前進百里，地方高敞，水土平和，可免疾，可就糧，足資戰守。奉諭一面退兵備戰，部曲痛心疾首，一旦敵勢掩至，既無可恃之險，又雜以病勇扶携，難民號泣，安能必其不我蹙也。以上節節可慮，各員將間有因事禀陳，無不累牘連篇，痛加訶斥，漸至舊部灰心，賓僚結舌。王藩司楚師十營力請咨回江南，新調楊提督、方提督兩軍代統左路，鎮南桂軍趙道等皆欲告退。此三員受知甚深，相隨日久，尚有危不自安之勢。兩廣全局攸關，連日敵情愈急，軍事愈繁，揭帖訛言叢起，越南官民携眷潛進關内者相率於道，附邊内外人心皇皇，誠堪痛惜等語。查潘部院威望素隆，撫循有術，今督師邊徼，關係非輕。據禀前情，查撤兵一節，係屬遵旨辦理。糧艱瘴病，乃由地勢使然，并非措置不宜之故。至此外各情，本署部堂殊深疑慮。如果所言不謬，則邊防大屬可虞，不待外寇之來，先有内訌之患。貴主政在彼年餘，見聞較確，上項各情是否屬實，請即明查暗訪，飛速據實密封函覆，以資參考，本署部堂必不宣揚。切勿含糊遷就，是爲至要。

札中軍王副將統帶省河輪船 光緒十年六月二十二日

照得前經札委赤溪協副將吴迪文、水師提標左營游擊黄廷耀各統帶輪船十號，分駐虎門、黄埔一帶，以爲策應，并札飭營務處、善後局將各船酌量分撥，禀候核奪。現據該處局將派定輪船開摺會詳前來。檢查摺開所派各船，尚屬妥協，惟派在虎門之蓬洲海一船，應與派在省河之執中一船互相更换。現計海鏡清、海東雄、安瀾、執中、横海、靖安、宣威、澄波、廣濟、精捷十船歸吴副將迪文統帶，駐泊虎門横檔一帶。輯西、鎮東、廣安、揚武、翔雲、永濟、康濟、靖海、霞飛并新購之飛電十船，歸黄游擊廷耀統帶，駐泊黄埔一帶。靖江、利川、翼虎、寬濟四船，歸鄧都司鎮邦統帶，聽候彭部堂差遣，以資巡察各港。此項共止四艘，爲數較少，仍恐不敷差遣，已飭營務處租雇輪船兩艘，派歸彭部堂行營應用。定功、鷹梭兩船，派往水雷局調用。蓬洲海、廣靖、永安、安濤、濟川、報捷、南圖、惠安、肇安、利濟、永清十一船，派在省河差遣。其虎門、黄埔各船，均已派有統帶之員，所有省河之十一船，應即派標下中軍副將王世清統帶，以資督率。查各輪船一切事務，向隸中廣二協。前據該副將等稟請銷差，即經牌行善後、海防局核議。旋據詳請，仍飭該副將等照舊經理。現在各輪船雖已派定地段，各有統帶，惟省中傳宣經理不可無人。所有派往虎門、黄埔并兵部大堂彭行營、水雷局大小輪船二十六號，仍歸中軍副將兼轄。嗣後領煤修葺一切事務，并綏靖、鎮濤兩船薪工，均由該副將照舊經理，庶專責成。内中尚未派有管帶官之各輪船，應如何選派。永靖一船，向未配有各項人役，聞此船行駛甚緩，應否配用，并由該副將一併查議，稟覆核奪。查省河輪船，專爲派往各路各營提運軍火餉項，遞送機密文報，查探緊急軍情以及一切緊要差遣之用。近則虎門、香港，遠則肇慶、梧州，差務紛繁，程途遥遠，船隻較少，每虞不敷。兹因前敵需用火船，不得不先其所急，已儘船身較大礮位較多者分撥虎門、黄埔兩段，并分布南石頭、水雷局等處。省河所留皆係中小號居多，設有要務需用，前敵較鬆之時，所有分派各路輪船，仍應一體聽候本署部堂差遣，不得推諉。切切。

札司道各局速籌防務光緒十年六月二十七日

照得海警頻聞，防務日急。粤東爲南洋首衝，尤宜刻刻嚴備。本署部堂莅任以來，多方經畫，考核軍實，察閲海口，所有增營購械，塞河下雷，增置輪艇各船，籌防五門港口，鼓舞六縣民團，分派輪船汛地，扼護城西各局，布置省東陸營各條，業經隨時諮詢將領，會商各帥，分别飭辦在案。惟是事體繁重，日期急迫，誠恐委員將弁等不免狃於積習，或存僥倖無事之心，或蹈推諉敷衍之弊，必致臨事擾攘，貽誤戎機。合行嚴切通飭。查軍餉戰具，庫絀用繁，現欵足支幾月，以後如何續籌，或移緩就急，或提前催解，此責在藩運兩司、糧道者也。博采羣策，儲備人才，督催支應，委員籌遞瓊廉文報，計省垣米糧之來路，核洋土各煤之盈虚，雷局電燈應用之屋船，礮臺河工所需之物料，添租巡防之輪船，修備近城之船橋，此責在善後局者也。督催礮臺河工，酌築陸路濠壘，察新添各營之强弱，通河道諸軍之往來，水雷地雷飭其上緊演習，各臺礮位責令操練取準，以及一切戰守之具偵探之法，扼要出奇之方，豫籌密辦，此責在營務處者也。添購洋礮民礮，趕造沙袋羣子、洋土各藥，以及豫備調團之號衣、旗幟、鍋帳、器具，安礮修槍之機器，一應需用各物，分别速製速添，此責在軍裝、軍火、機器各局者也。外縣團練揀派管帶、挑選精鋭，省垣團練彈壓土匪、嚴察奸細，均須聯絡各紳，會同方署提督、鄧署協認真舉辦，此責在臬司及團防局者也。稽核委員大批報解，剴諭紳民竭力輸將，此責在釐務、捐輸、沙田各局者也。各有攸司，一無可緩。除水陸各提督、防軍各將領另行分别咨照札飭催辦外，爲此札仰該司道等遵照，一面上緊籌畫，一面各就所司目前現辦情形，以後籌辦事宜，分晰開具簡明清摺，即日稟覆。該司道渥荷國恩，各局候補道等亦同膺重寄。值此時艱孔亟，務宜共矢公忠，力任勞怨，竭誠盡力，博采周諮，時時作枕戈待旦之想，庶有合於有備無患之義。各局委員如不敷用，可即增添得力之員，以資指臂。出力及玩誤者，隨時分別勸懲。將弁有不得力者，營務處隨時密查，禀聞懲儆。設有貽誤，責有所歸。

咨陸路提督派員講求地雷 光緒十年七月初一日

據候選知縣廕昌禀稱：奉出使德奥等國大臣李札飭携帶地雷赴粤，旋奉飭赴黄埔地方，教授施放各法。兹教演各徒已漸熟習，應即禀請銷差，親賫地雷五十枚，前赴北洋大臣衙門投納等情，到本署部堂。據此。當批據禀及另摺均悉。此項地雷經該令傳授，各徒雖知用法，惟所知者不過安放演試之方，至於臨陣守隘如何布置埋伏，必須將領熟悉竅要，運用方合機宜。該令應暫留粤東差委，前赴署陸路提督鄭暨統領蔡提督、統領楊提督各營，與各統領并營哨各官切實講求，悉心傳授，以期得力。

照會陶提督填塞内河 光緒十年七月初二日

照得省城南面逼處海濱，民户稠密，地面窄狹，萬一敵船駛至，瞰城肆擾，守禦殊多棘手。查省東十里中流沙，省西十餘里大黄滘，爲省河兩端扼要之地，若敵船不能過該兩處，省垣自可無虞。此兩處皆係前督部堂林文忠公塞河築壘之所，遺址猶存，地勢兵機，確乎不易，前賢碩畫，具有良規。本署部堂昨日登山眺覽，熟查形勢，欲護南關，惟此最爲要義，亟宜速行舉辦，以固根本。中流砥柱責成黄游擊增勝，大黄滘責成該統領承辦。此正係該兩營屯紮之所，責專勢便。爲此照會該統領，即將該處塞河事體，相度形勢，核計工料，即日舉辦。其何策方能堅固，何法方可迅速，統聽該統領、該游擊等酌量辦理，限二十日内畢工。口門各留十五丈，仍須將堵塞物料預備齊全，有警時片刻即可酌量塞斷。萬勿延誤。

照會澳門羅大臣嚴守局外公法 光緒十年七月初四日

照得法國吞併越南，是非曲直，各國自有公評，我朝廷所以屢次含容者，非徒重惜邦交，亦爲各國通商大局起見。今法人背約啟衅，肆擾海口，不合天理，不守公法。現已在福州開仗，如法人兵船前來，即當邀擊。貴國與我國和好日久，此次中法戰事，諒必守公法局外之義。凡法船所需米穀、牛羊、甜水、煤炭以及軍火、軍裝一切應用等物，務望不可接濟，以敦友誼。

咨水師提督頒統領輪船章程 附單 光緒十年七月初五日

照得現在海防吃緊，前經札飭副將吴迪文、游擊黄廷耀統帶大小輪船，分駐黄埔、虎門等處，往來策應，加意巡防。惟號令必須嚴明，臨事方期得力。以上各輪船應請貴提督總統調遣，如有不勝任之管帶官，立即撤换，兵勇人等應换應添，槍礮子藥一切應備，火攻各物是否敷用，即由吴、黄兩統帶會同各管帶詳細查明，禀商貴提督辦理。一有戰事，各宜督率兵勇，奮勇攻擊。惟灣泊處所必須審擇地勢，攻擊之時必須相機出奇。兩統帶務與各船籌定善策，禀商貴提督臨時相機辦理，總期於禦敵有益，方爲盡善。如能立功克敵，自當破格保奬。如應備之戰具不備，應籌之奇計不籌，散漫雜亂，不相聯絡，遇有機會，畏縮不前，以致縱敵誤事者，定按軍法從事。至所擬章程，經本署部堂復加酌核，相應咨請貴提督嚴飭吴、黄兩統帶轉飭各輪船管帶官，一體凛遵施行。

一、輪拖等船，除軍火礮械之外，應多備火藥包、噴筒、火箭、火水油一切引火之物，設與敵船相近，各船齊力拋擲，不得有誤。該統帶親到各船稽查，如到船查出未經豫備者，軍法從事。

一、大號輪船遵照所分地段駐紮，或護臺或守隘。如遇敵船駛到，一面飛報統領，號令一到，即行發礮攻擊前敵之船，速用旗燈知會各路大小輪船一律準備，不得遲誤。

一、中小輪船礮力稍遜，應分派為各號大輪船之輔，如遇對敵，隨同施礮應援，不准退縮。

一、拖扒長龍各船全賴人力，自與輪船利鈍懸殊。而槍礮勇丁果能奮勇出奇，亦何嘗不能克敵。應分派二三號隨每號輪船之後，一有戰事，隨同輪船奮勇攻撲。

一、拖扒各船之用，一在多備火具，購募敢死之士，駛近敵船，躍上焚殺，一在晦夜港汊多設疑兵，晝夜分番攻擾，令敵人驚疑，不得休息，耗其子藥。統由該統領籌度辦理。如相距遥遠，徒放空礮，不能稍損敵船，有何益處，務宜切戒。

一、輪拖等船如果攻擊得勝，即行跟踪尾追。設敵船繞路入口，即當預備旗號，知會該路各船飛駛迎擊，務宜前後夾攻，四面兜截。儻應跟追而不跟追，應迎擊而不迎擊，定按失機懲辦。

一、大中各輪船如應駛往某處合攻、某處截擊，須聽統領號令，該管帶官不得擅自離防。至各小輪船隨同駐紮防所，如應駛往某處應援、某處偵探，亦須聽統領號令，不得私行移動。

札知縣張衍鋆籌辦海防事宜光緒十年七月初六日

照得海防緊急，所有水師礮臺添船築壘各事宜，均應博采西法，亟行籌辦，必須有幹練精壯、熟悉洋情之員，方克勝任。查有試用知縣張衍鋆，堪以委派。本署部堂稔知英國人參贊官璧德滿才略優長，勇往任事，應飭該令會同璧參贊商酌辦理。應即招募水師五百人，多覓外國水師好手，租購輪船二隻，在黄埔操演聽用。所有購備淺水輪船，體察虎門等處舊臺酌量補救，添築土壘，雇募西人幫築礮臺，教習陸路隊伍，教習水師槍礮，豫籌購置軍火、硝磺等物設法運送入口，探聽敵情，繪畫木板地圖，均責成該令會同璧參贊妥籌速辦，務須慎密妥速，以副委任。他日成功之後，定當格外酬庸。勉之。

咨水師提督調派團練光緒十年七月十一日

照得現接上海電報，法船已有來粤之信，亟應迅速備戰。查沙角、威遠各礮臺一帶，地勢廣闊，須防敵人抄襲後路，亟應飛調團練助戰。相應咨會貴提督煩爲查照，飛速將濂溪、竹溪兩社團練挑選精健團丁，整備器械，酌定駐紮處所，約定號令，一聞沙角、威遠接戰，即行相機策應，奮勇攻勦，勿令敵人登岸。其管帶練丁之團總，無論員弁紳衿，務須擇其聲望足以服衆、才力足以任戰者，方可派委，人數不宜甚多。所有派出團總員名、調到練丁名數及駐紮何所，尚祈見覆施行。

照會各統領速備戰守光緒十年七月十二日

現聞有法國兵艦二隻駛近香港一帶，所有虎門以内各海口防務，萬分喫緊。各將領身膺重任，於一切戰守事宜，必已嚴密布置，鼓勇待戰。頃閱邸鈔，七月初二日欽奉上諭：劉銘傳奏臺北基隆礮臺爲敵攻陷，我軍復踏毁敵營獲勝情形一摺。劉銘傳調度有方，著交部從優議叙。尤爲出力之福寧鎮總兵曹志忠，著賞穿黄馬褂。提督張高元、蘇得勝均著遇有海疆總兵缺出，即行簡放。張高元并賞换年昌阿巴圖魯名號，蘇得勝并賞换西林巴圖魯名號。副將王三星著以總兵記名簡放，并賞給額騰依巴圖魯名號。已革游擊鄧長安著開復原官。其餘立功將士及出力文武員弁，准其擇尤彙請奬勵。欽奉慈禧端佑康頤昭豫莊誠皇太后懿旨，著於內帑節省項下發去銀三千兩，賞給此次出力兵勇。著劉銘傳查明尤爲奮勇者，傳旨賞給。等因。欽此。仰見朝廷破格恩施，薄海臣民同深鼓舞。凡在將領，尤當殫盡血誠，力圖報效。一切戰守事宜，趕緊籌辦，勿因强敵未臨因循坐誤，勿聽奸民謡惑希冀偷安。萬一法艦突來，倉皇失措，致誤戎機，該統領立即查明失機之將士，咨由本署部堂即會同各帥，按照軍律從嚴參辦。果能克敵立功，定即奏懇天恩，同膺懋賞。

札知縣張琮等催辦近省團練 光緒十年七月十三日

照得廣府南、番等縣鄉團，夙稱忠義，昔年平寇勦匪，頗有聲稱。前因辦理海防，已由司局委員分往勸辦。疊據稟報，各鄉團練悉已舉行。現在警報頻來，亟應遴委明幹之員，先往南、番兩屬暨近省之外縣屬地方，再行勸諭催辦。查張令琮兩任南海，卓著循聲。張令璿現辦團防，情形熟悉，合亟札委。札到，該令等即便會同先赴附近省城東北之三十六鄉，西北之三元里、江村、石鎮一帶，省西之九十六鄉，西南之沙茭公所，南海屬之佛山鎮、五斗司，省南沿海大角以西之南沙等處，剴切勸諭。其餘各鄉亦即親身周歷，多方鼓舞，激勵民心，立即整備齊全，以備協助官軍戰守。其中如有衆情稍有扞格，布置未盡合法者，該令等務即代爲籌商妥辦，并查明各起團丁訓練已否嫻熟，器械是否整齊，隨時詳細飛稟，以憑察奪。該令等係特委之員，務宜認真辦理。果有成效，將來論功行賞，當不在前敵諸員之後也。

咨粤海關監督核定帶水章程 附單 光緒十年七月十四日

案照海防情形吃重，所有大角、沙角及沙路、魚珠各路水雷，均已下齊，所設記號定行文二日內即行裁撤。嗣後官船礮船洋船出入，應派帶水之人引帶，以免誤碰。兹飭據文報局蔡守會同税務司議擬章程前來，逐條復核，尚屬妥協，應即迅速照辦。爲此，合咨貴監督，請煩查照章程，再與税務司妥商，即日開辦，并照會各國領事知會商船，以臻穩妥。至帶水費用如有不敷，應由貴監督按月墊足，事竣另議歸欵施行。

帶水章程

一、帶水人九名，可兼帶中國礮船出入，如不敷用，隨後另議。

一、帶水人向在本關領有牌照，惟帶引洋船出入水雷河道，事關機密，責任綦重，應委妥員將帶水人籍貫注册，分報海關、營務處，以備查究。

一、所派小輪船來往帶水站之管帶官，須用歷練之人，令與黄埔洋税關聯絡一氣，庶得彼此關照。

一、虎門所派稽查洋船入口之輪船管帶官，須飭令帶水人同赴洋船查驗，毋使來船久候，是為至要。

一、官輪船出入，帶水費可按月彙計，由官照給。

一、帶水不敷之費，咨明海關發給。

一、此次所雇帶水九名，係專為帶引官船、洋船而設，中國渡船出入如何引帶，應請照會粤海關仿照辦理。

一、中國渡船應禁止夜間出入，防其為敵所用，或夜間水雷電綫已開，恐其誤碰，一律由地方官禁止。

一、雇用帶水人及帶水學徒共九名，帶引官船、礮船、洋船出入水雷河道，開辦後人數或須增減，隨時酌定。

一、帶水九名分處三站，一在虎門，一在新橋，一在黄埔。帶民船另由海關與税司商辦。專派小輪船一號來往三站，以備調撥帶水人之用，并責成該輪船管帶官將帶水人妥為分派。如一時外站帶水人不敷用，准由虎門官電報傳至内站調撥，以免延誤。該管帶官務須隨時與水雷教習通信，以便周知水雷確處，轉告帶水人如何引帶。

一、帶水定章，帶水人歸理船廳管轄。此次所設帶水係為帶引官船、洋船出入水雷河道之用，應責成管帶官及帶水人謹慎從事，毋得貽誤。

一、帶水人各執號簿一本，每帶船隻出入，即請船主在簿上注明，按月將簿呈繳理船廳查核給費。每帶外埠洋船出入各一次，給銀十五元，内河輪船給銀八元，小輪船不拖帶別船，給銀五元。各船到後，即將應收之費照交理船廳核收。

一、每届一箇月，理船廳即將收到洋船帶水費共若干，應給帶水人工食共若干，列單呈送粤海關查核。不敷之數，即由粤海關補足，發交理船廳給帶水人。

一、帶水人應用小艇上下洋船及三站住處，由其自備，惟所派小輪船及電報費，即由官支理。

咨水師提督護惜輪船光緒十年七月十五日

照得粤省并無鐵船雷艇、大號兵輪足供衝鋒禦敵之用。所有中小號木輪船，原係關局捕盗緝私之具，上施房屋，礮小而稀。今遇戰事撥赴前敵，以之轉餉載兵，搬運軍火，傳遞信息，巡邏偵探，固見靈捷，以之攻擊外洋堅固兵輪，實屬無益有損。查福建揚武等兵輪遠勝粤船，而堅瑕之勢，勝負之形，前車可鑒，則粤之輪船其未堪以之應敵也明矣。況海口交鋒，前中後三路營壘，南北中夾岸礮臺，聲息務相聯接，内地解運軍火，移調兵勇刻不可緩。儻將所有輪船驅之使前，設被擊燬，必致轉運等事無從措手，前敵何所恃應援，彼此何所通消息，所關於大局者匪細，不獨損威奪氣已也。本署部堂前准貴提督開具輪船章程，囑其隨同前敵，奮勇争先，毋任退縮，已分咨貴提督在案。惟軍律固有定章，而兵法尤貴知己知彼，方能決勝。儻將必不可敵之船揮之向敵，雖有驍勇之卒，力將何施。雖有智謀之將，策將何出。一有損失，又未能臨時趕造雇買，彌縫其闕，是直委而棄之，豈不可惜。現在時局艱難，餉項未裕，且戰局已開，香港諸事掣肘，買無從買，租無從租。此等輪船務須珍惜愛護，專留爲應援前敵，轉餉載兵，搬運軍火，傳遞信息，巡邏偵探之用。至臨敵之時，應在附近虎門、黄埔各港汊妥爲屯紮，以便調遣。此外，蚊子船兩號尚堪任戰，應臨時相機調度，奮力轟擊，然亦須依臺傍港，露礟藏船，方能屢發不窮。至拖船扒船，尤難恃以制敵，特遇攻燒敵船，攔塞河路，載運死士，疲擾敵人，決不可少。以之餌敵，亦無大害。添調修買，均屬易易，迥非輪船可比，應仍備前敵調遣，毋任落後。

咨水師提督派員築臺光緒十年七月二十一日

案照新會縣屬虎跳門、厓門水勢過於深廣，難資防遏。惟狗尾山、盤古廟地方當扼要，尚可築臺防守。現在該處團練已經辦齊，應建土臺亦已定築，誠恐不諳作法，工竣後不合於用。應由貴提督速派將官一員馳往該縣，會商該處團紳，將臺工作法一一指點，刻日興工，以資防守。至梅角村前之蒲魚沙水淺處所，尚可填塞河道，并飭該縣迅速親往相度，立即併工填塞，或船或壩，用石用樁，俱聽便宜從事。

札順德協挑選水勇善用拖船光緒十年七月二十三日

照得拖船一項，船身笨重，原難與兵輪相角，然灣泊得地，運用得法，亦可轉弱爲强。該副將所帶拖船二十號，已據具報挑募配齊，駐泊五斗口、陳頭一帶防守。惟船上勇丁必須挑選精健矯捷、善於泅水之人，多備火具，以備敵船到來，或伺便轟擊，或抛擲火器，或躍上敵船，或入水設法。萬一該船有損，仍可登岸陸戰，方爲有用。全在該副將預先揀選上等水勇，臨時察看敵情，相機攻擊。若呆坐一船，必蹈閩省故轍，有損無益。該副將即便懔遵辦理。

札廣州府塞河築臺光緒十年七月二十四日

照得海防日形喫緊，所有虎門中路攔河設臺一切，均經本部堂院會同彭部堂、張前部堂分飭各將領嚴密布置，業已粗有規模。其厓門、磨刀門、虎跳門、横門、蕉門各口，港汊紛歧，有水深可容大輪船進出直抵省城者，有衹通小輪船者，均應豫爲杜塞，以遏敵鋒。業將最要之番、順兩縣交界之紫泥關，香山縣屬之竹洲頭，東莞縣屬之菱角洲，專派文武委員分往塞河築臺在案。現查番禺縣屬之韋涌、尾沙灣口亦屬内河要隘，亟應一律照辦，以期周密。惟府縣爲守土之官，一切塞河、設險、集團，乃地方官職司之事。查廣州府屬各縣如南海、番禺、順德、東莞、香山、新會、新安等處，所轄河道均係外接大海，内通省河，其要隘如前數處固係必應堵塞，且恐尚不止此數處。若一一專待本部堂院查勘委辦，不特日不暇給，且遥爲籌度經畫，終慮難周，委員往辦，呼應不靈，亦必遲緩費手。該縣職司一邑，四境之内形勢要害，平日當已悉知，屢經嚴札明示，從未聞自籌一策，辦成一事，實堪詫異。值此防務日緊，猶復袖手仰成，不自經理，所司何事。況疊經飭辦團防，原爲保護地方起見。該縣素稱繁富，所收海防捐項以之籌辦塞河築臺等事，自必敷用，即使稍有短缺，亦當設法勉籌，以資保衛。爲此，札飭該府立即轉飭該縣，將所轄河道，如前項所指紫泥關、竹洲頭、菱角洲、韋涌、尾沙灣口等處，以及未經指出各隘，迅速查明水道不甚深者，設法填塞，或用船石，或用木樁，悉聽其便。旁築土臺，租買借覓礮位，守以團勇。水口寬深難以堵截者，亦相勢築臺，就近聯絡師船，調雇護沙等船，扼險駐守。其韋涌、尾沙灣兩處，亦即責成該縣一律妥辦，是爲至要。至於河如何塞，臺如何築，礮如何覓，團如何調，各就該處情形酌量辦理，一切便宜從事，不爲遥制。若以籌欵請示等語飾詞推諉，概不聽許。即派有委員之處，總以地方官爲主，委員爲輔，不准藉口卸責。儻敵船犯境而該處未經堵塞，或雖塞而工程不固，以及無臺無礮，或并無團勇守禦，或雖築臺駐勇而草率無用，定按軍律參辦，決不寬假。此時若責該縣以鳩集雄師，攻擊鐵艦，自屬力有未逮。今止責以審量地勢，塞河集團，築臺置礮，事非甚難，分無可諉。目前如何辦法，即日切實簡明稟報，自認限期，聽候委員驗收。如自問材力不及，窘於布置，亦迅速稟請改委，以避賢路。毋得觀望遷延，致誤大局，自干罪戾。

照會各統領酌彷基隆新築礮臺

光緒十年七月二十四日

昨閲香港探報，內叙基隆礮臺備禦情形甚爲明晰，所云掘塹爲臺，穴山藏礮，并未傷殘一兵各節，大可得制敵之方。查基隆舊礮臺不知費幾萬金錢，址必甚高，墻必甚厚，然敵人一擊即燬。刻下所造礮臺不過草草急就，因地制宜，斷無厚鐵、鉅石、三合土、紅毛泥各種物料，亦必無高峻整齊之可觀，然而利鈍迥殊，可見因山爲臺之善。既已著有成效，自宜因勢類推。粵東各臺地勢雖與基隆情形未必盡同，亦可略采其意，相機制宜，斟酌辦理。合將探報鈔録，照會該統領即便查照，熟商所部各營官，各就該處地勢及現在情形，迅速籌辦，以臻穩固而操勝算。但師其意即可，亦不必拘拘於基隆之成法也。

咨水師提督精選礮勇

光緒十年七月二十五日

照得守臺勇丁礮手，最爲緊要。現在各礮臺所安各種洋礮，製作極精，價值甚鉅。若裝放不得其法，非特不能取準，且恐損傷礮位，貽誤非輕。即土製鉅礮，功用亦復不小。必須在於所部中精選善放洋土大礮之人，配定各礮，隨時操演，俾臨時轟擊敵船，不致虛發。而此等稍有技能之人若不格外優待，未必能認真出力。貴提督久歷戎行，必已早爲布置。

咨水師提督礮臺多備軍火米糧

光緒十年七月二十五日

照得上下横檔兩礮臺孤懸海中，最爲喫重。現在海防情形日緊，不可不加意嚴防。所有該臺礮手，務須挑選上等好手，平時細心測量，期於每發必中。臺上應用洋礮洋槍子藥及土礮子藥，必須逐項領足，并須較各臺尤爲加多。存儲火藥尤要，萬一鏖戰多時，礮子不繼，惟有多備火彈、火藥包，安置地雷等物，以防敵艇争臺登岸。至米糧食用各物，亦須廣爲儲備，務使可供一月之用，以防敵船環攻，相持日久，海面無從接濟。若不早爲籌備，設或臨時貽誤，關繫大局者非淺。相應飛速咨會貴提督煩爲查照，嚴切轉飭該臺將備遵照辦理，毋誤戎機。

札廣東藩、臬兩司飭催紳富繳團防經費

光緒十年七月二十九日

照得海防喫緊，各縣港路紛歧，惟有整備團練，可以爲禦敵

保境之用。前經札飭該令等就捐辦團，以本縣之財供本縣之用。官軍防餉既不在此提支，宜如何踴躍輸將，以資保衛，乃兩月以來尚未聞捐有成數。現在東莞、新安等縣團練已由鄧副將調到三千，濂、竹二溪并南海四堡九十六鄉、沙茭兩司三十六鄉，三元里等恩洲堡十八鄉，慕德里迤北各社各民團，有事皆須調集。所需口糧器械，費用浩繁，而各該縣塞河、雇船、築臺、購礟，皆需經費。省庫軍餉支絀異常，萬難再行兼顧。該縣團防經費若不自行助捐，則無糧無械，無礟無臺，團練只屬具文，警報如來，憑何守禦。業經本署部堂徑札南、番等縣，會同辦團委員剴切勸諭各紳富盡力捐助，即由該縣另欵存儲，以爲辦團調團經費。如家貲饒裕而吝不書捐者，責以大義，動以至誠，期於踴躍輸將而後已。儻此時仍復觀望不前，經費無措，團練難成，以致寇氛闌入，土匪四起，雖有鉅萬生業，豈能安享，及今不辦，後悔何追。乃將勸辦情形先行稟覆在案。查該司局前委勸捐各委員，或已勸有端倪，或已捐有成數，於捐務較爲熟悉。應仍飭該委員等前往辦理團捐，迅即會同該縣勸諭紳富，已捐者迅速照繳，未捐者立即書捐，并飭將所捐銀兩繳赴縣庫兑收存儲，支發辦團調團及塞河築臺各經費。仍飭將辦理情形具稟察核。

札委陽江鎮黃廷彪統領水軍各船總辦省河防務光緒十年七月二十九日

照得海防緊要，各路拖扒等船分泊各處，零散紛紜，必須有人統率布置，戰守方能得力。而六門以內各港汊一切布置，亦必須明幹大員者督率稽查，方無乖誤。方提督現駐虎門，防務方殷，勢難兼顧，亟應派委專員幫同方提督辦理，以專責成。查該鎮水師久歷，熟習情形，現已遵調來省，堪以派充斯任。所有赤溪協副將吴迪文、德順協副將利輝、水提右營游擊黃廷耀、調署香山縣知縣蕭丙堃等，所部紅單船、拖船，省佛南順段緝捕扒船並調紮鹿步滘口之東江上下游段扒船十號，石壁河面之南三段、肇德段、三水段、清遠段、英德段扒船二十八號，均歸該鎮統領。香山、順德兩協，新會參將均聽節制。該鎮先將各船逐一點驗，人數不足者選補，弁兵疲弱者汰革，器械不精者配齊。各船平日應如何分紮，臨事時如何分合，如何進退，何船當先，何船策應，何船埋伏港汊，何船縱火焚攻，議定章程，約定號令，以免臨時散漫紛擾。遇有戰事，相機調度，務令互相聯絡，更番擾敵。其六門以內各港汊，如石壁五斗口業經屯駐師船，建築土臺，籌辦攔河。竹洲頭、菱角洲、流紅瀝、大鵬沙等處，業已委員前往，會同地方營縣督率紳團或堵塞河道，或建築土臺，分別辦理。該鎮亦即周歷各港汊，確切查明何處尚應設防，何處未曾團練，察看情形，確切籌畫，因地制宜，督率稽查。一切調度，仍隨時會商水師提督方，斟酌妥善。是爲至要。

札飭營員會辦團防光緒十年八月初二日

照得六門以內緊要河道，如南、番兩縣之登洲口、冬瓜隴，順德紫泥關，香山竹洲頭、菱角洲，新會盤古廟、豬頭山等處，業已札派文武委員，會同地方官督率紳團前往各該處查勘情形，分別築臺築壩，調集團丁，以資守禦。惟以上應防應扼各處，難免遺漏，且該縣事繁，亦未能常駐周巡。該副參將管轄營伍，防衛地方是其專責。雖據香山協暨新會營參將稟陳籌防情形，仍恐有名無實，亟應前往會同印委各員，將該營所轄地方團練、塞河、築臺事宜，詳切查勘，妥速辦理。如另有扼要形勢地方籌有簡速切實辦法，准其迅速具稟核辦，并酌挑精壯勇敢營兵，配齊精利器械，協同防守，督催工程。所需口糧准照練兵章程，赴局請領，但不准老弱充數，有兵無實。仍將辦理情形并調兵名數具報察奪。合行札飭該副參將即便遵照，勿得含糊敷衍，視爲具文。如玩事辭勞，不脱綠營積習，籌辦不力，定行參處。

咨覆張前部堂核辦建造地營 光緒十年八月初九日

准貴前部堂咨開：據統領武毅右軍吴提督宏洛稟請挖做各營地窨，以避敵人槍礮子彈及請飭委員購買板木各料等因到本部堂。准此。并據吴提督宏洛稟請前來。查與西人接仗，舊傳有地營之説，其如何修造方法，使足以禦礮彈，而又不至因有藏身之固，將士遂相率避匿，不肯奮勇向前，始爲妥善。卷查雲貴督部堂岑十年二月二十一日鈔摺密咨一件，内稱據劉永福稟稱，粤軍未紥地營，難禦礮彈。擬即仿照滇軍地營形式，趕緊分紥。又無鋤頭，諸多掣肘，請分發應用，并派人前往指示紥立等情。當即派哨弁何自學等帶勇二百名，解鋤頭筆碼各物，先往濟用云云。是地營有一定形式，仍謂之紥立，并需熟手指示，方克有成。今該提督稟請挖做地窨，是否即係地營。所稱窨内四面貼以厚板，上架整木，以泥土堆平，是否即滇軍地營形式。此曰挖做，彼曰紥立，有無兩歧，未知合法與否。查敵船將近即須瞭望開礮，敵人搶臺登岸即須拒守奮擊，豈能一概潛伏。體察所謂地營，大約不過如濠塹之類，至礮房藥庫，方係窟室之形。則一營之衆，似不應只設一窨，必須星羅棋布，奇正相生，具可戰可守之宜，有能顯能隱之勢，方爲盡善。即行隊扼守之時，亦可因地設險，埋伏突擊。應即通飭各營用心思索，多方講求，一律安設，各就地勢，斟酌辦理。所需物料，即由各該統領前赴善後局領欵購辦，核實報銷，無庸假手委員，以期迅速而資保衛。

咨水陸提督操練各營 光緒十年八月初十日

照得海防日形喫緊，所有水陸各路防營扼要駐紥，棋布星羅，兵力不可謂不厚，使一卒獲一卒之用，一械得一械之力，敵雖盡鋭來犯，亦當足以禦之。惟查自去冬辦理防務，陸續調募防營，其中雖亦多舊有之營，或遇有疾病假歸，添募亦所時有。招募既衆，難期一律精純，其中技藝未嫻，膽氣未壯，心志未一，號令未齊，均屬必有之事。使不勤加操練，驟使應敵，不教民戰，是謂棄之。況西人最長火器，槍手、礮手無不各極其良，其在軍日日打靶，時刻演習，其選士必礮彈無虚發，鉛藥不虚糜。我新募之軍，急於充數，洋槍稍知施放，未必遽有準頭，其開花洋礮須測量遠近較定尺寸者，尤難窺其奥妙。苟不講求於先事，安能制勝於臨時。利器雖多，付之不諳演放之人，殊爲可惜。亟應迅速訓練，以資戰守。爲此，合咨貴提督煩爲轉飭各營官，速將新營所募粤軍一律勤加操練，早晚嚴定章程，優劣明示賞罰，務期由生而熟，化弱爲强，以收克敵致果之效。本部堂仍不時親往考驗，以覘將材而申軍律。

札委道員周炳勳查驗水雷 光緒十年八月十四日

查虎門、沙角、蒲洲、横檔、魚珠、沙路各處河道安設水雷，本部堂采訪衆論，僉謂淺處較多，深處較少。查敵船之來，必由中泓，若旁密中疏，有何益處。儻係因水雷數多，亦當先儘中泓深處安設，一面趕緊製造備用。若因電綫較短，儘可接長。至發電房尤爲水雷命脈所在，若顯露水濱，敵礮一擊，則雷局經年累月無數工力付之流水。此節最爲要義。本部堂於六月内閲看黄埔電房雷局時，即諄諄以此爲戒，何止數百言。而各員弁聽之漠然，毫不措意。茲准張前部堂來咨，慮及電房孤露受礮，籌計精詳，正與本部堂之意適相符合。合即專委大員切實飭查。爲此，札仰該道即便會同楊提督安典，前赴虎門、沙角、蒲洲、横檔、魚珠、沙路各處河道，徧加詳查水雷安放之所是否正當敵衝。如雷少泓寬，或應添製新雷以密補疏，或應接長電綫移内就外。各處發電房地勢是否穩固，引綫是否深藏，左右是否有營壘，照應承管發電之人是否熟習，以及何處歸何員經管，水中何處有幾船巡護，岸上何處有幾人看守，一一查明，繪圖附説，開具清摺。其有位置不妥、防護不密之處，亦即籌議妥協，就近稟商張前部堂，飭令該員弁照辦。不准任聽偏執，抗違怠忽，誤事違者據實稟聞。經此次派員勘定以後，儻仍不能妥善，草率銷差，以致誤事，惟該道該提督是問。軍事重大，懔之毋忽。

照札各營發地營圖説 光緒十年八月二十四日

案據龔藩司呈閲雲南營務處湯道聘珍來函條議一件，内稱禦敵須講求地營。如要隘築壘之處，壘中衹備平時食宿，於壘外環挖地營狀若護濠，更須曲折成形，寬必六尺，深必五尺，以相距六尺立一垛口，出地尺許各修槍眼，兩垛之中仍留本土作間。高與地齊，厚須四尺，由壘門各開明槽通入地營。如敵人來犯，將棚帳鍋碗鑿穴窖藏，引兵伏入地營，按垛以守，任其炸彈落入壘中，於兵無損。而地營垛口只出地尺許，礮難測擊，營形又復曲折，礮彈自難輒中。即偶爾落入，而各垛中有土間，所傷只一垛兵，不能旁及，人心自可固守。若敵人擁兵撲壘，而我兵各伏地營垛口，環施槍礮，斷難進前。築壘之法，高必八尺，厚必五尺，外用石條合縫砌成，内用横木鬬榫層層貼住，土中合以石灰石沙，千錘百杵，築而成之，則固若鐵砦銅碉，雖轟以數十磅之開花炸彈，亦未必即見傾圮。至營壘方圓各式，則須度勢爲之，不可拘泥。壘旁壘隅，均須擇要修建礮臺碉樓，安置鉅礮以備遠擊，另繪圖貼説呈鑒等語。查湯道在保勝營次目擊滇軍、劉軍掘造情形，熟知利害，故其言之確鑿如此。所稱濠須曲折，中隔土間，垛只尺許，礮難測擊各節，最爲切要，於備禦洋兵殊有裨益，自應仿造。惟所言營壘外用石條砌成，以堅攻堅，礮彈恐反易摧陷，似未盡善。查前奉寄諭，鈔發翰林院編修徐琪條陳築隄禦礮原奏一件，業經恭録咨行在案。原摺所稱從前蘇常等處如何堅城，夷礮三五轟即裂，獨城隍土塞屢攻不動，可知夷礮利於攻堅而難於攻軟，則再設土隄誠爲萬不可少。況堆土成隄，勇丁可爲，不必需費。果能日積日厚，敵礮必無可施等語，洵屬切當不移之論。查能守而後能戰，前代名言。先爲不可勝以待敵之可勝，兵家要旨。本部堂參考兩説，事理極相貫通。湯議重在掘濠，人伏濠中，徐奏意在築隄，礮發隄内。若將兩説合采兼用，以地營之土壘作長隄，於長隄之上多開礟孔，隄宜厚而不宜高，濠宜曲而不宜直，濠内宜隔而不宜通，或照湯説作垛於缺處施放槍礟，亦無不可，合亟鈔發酌辦。爲此，照會札仰該提督、鎮將，即便查照湯道地營圖説，詳加思繹，并將徐編修原奏土隄禦礟之法參互推求，各就該營形勢，酌量采擇，推廣妥辦，不得過於拘泥，膠柱刻舟。或能别籌守禦之法，製造捍衛之具，亦可各抒己見，一面稟陳，一面隨宜製造，并即將該營是否可以照辦，抑或别有良法之處，限三日内切實稟覆。不得玩忽漠置，徒爲大言高論，致誤戎機。切切。

札潮州鎮、道查辦教民聚衆光緒十年八月二十六日

據陸豐縣知縣張振鏞稟稱，揭陽縣河婆地方，張蔡劉黄各姓教民不知因何滋事，以致該縣河田教民紛紛搬移，土人與教民不睦，乘間搶奪。其螺溪上下砂教人潛往河婆粘田壩地方盤聚，修械置礟，現經彈壓查拏等情。正在核辦間，又據首府面稟，接惠州楊守來函鈔寄守備關貴昌寄惠州協稟一件，核其情節，與陸豐縣所稟大略相同。查潮州土人向與教民不睦，結怨已深。際此海疆有事，該民人等難免不藉端報復。此次河田、河婆等處教民盤聚，修械置礟，是否真有糾黨爲亂情形，抑係因民人恃衆逼迫，深恐勢不相容，畏禍自保。潮民素多好事，現當海防喫緊之時，若不亟爲彈壓解散，必致激成事端。合亟札飭該鎮道即便遵照，督飭所屬并派委文武幹員妥速查辦，總以解散開導爲主，勿令民教尋仇，多生枝節，致於海防大局有礙。是爲至要。

札團防局飭各縣仿辦團練光緒十年八月二十八日

據署順德縣知縣鄭菼稟，該縣設立團防局，擬分十團，每團設一分局，先募百長五人、什長五十人，遴委正副總理，以資鈐束。設遇緊急，即由什長一人召募團丁九人，刻日成軍，立備徵調。當即批行遵照辦理。現又據該令會同委員通判楊炳勳、都司羅惇材稟稱，該縣十團已募定百長、什長五百五十人，按月支給口糧，操步習伐，候有警報，再令什長分募，通力合作，咄嗟可辦，斷不致貽誤事機等情。查該縣十團，每團什長五十名，每什長一名，臨時招募鄉勇九名，合計十團可得鄉勇五千名。平時無薪糧之費，而臨時得勇丁之助，所辦最爲得法，各縣皆可仿照辦理，以資保衛。合亟札飭該局即便先行飛速轉飭防務喫重之南、番、香、新、東、新安六縣，并通行辦防辦團各州縣一體遵照，酌量查照順德章程，公議舉辦。但須相度防務緩急。如該處情形有窒礙難行之處，亦即切實詳晰稟覆。

札瓊州鎮、道速辦瓊防光緒十年八月二十八日

據文報局委員譯呈洋字報云，法人若據基隆之後，即行往攻海南。又云向中國索取八千萬佛郎作爲恤欵，前在天津所議條約應要中國立即照行，遂先占據臺灣、海南爲質，俟賠欵交清，再行交還。又英京洋報云，據法報内稱，我水師提督孤拔定必踞守基隆、臺灣，而海南一島密邇東京，該提督亦必兼踞，俟各該處得踞之後，即行往攻北省等語。查洋人攻擊某處，往往先期刊列各報。從前基隆之劫煤，馬江之毁廠，事前聲言不諱，則兹之欲踞海南，斷非無因。且法人若不得志於淡水，必將别圖取償，而

單薄孤危，莫如瓊郡。或謂地瘠無益於商務，水淺有礙於兵輪，或可偷安自保。不知瓊爲入中國第一島，彼得之則雷、廉二州一帆可渡，海防將無弛備之日。且海口貿易足可收税，昌化銅礦久已垂涎，彼若經營墾闢，以爲屯駐水師之所，便利甚多。淺輪洋划，何難載兵深入。若待敵艦已來，横絶海面，即使有兵有將，何從飛援，有餉有械，何從接濟。望洋坐困，思之寒心。雖經雷瓊王道暨吴署鎮經營一載，戰守可資，而地勢孤懸，自宜及此時速爲籌備。其應如何廣儲軍火，屯積米糧，選練民團以備助戰，密雇商舶以通軍書，以及築壘掘塹，製造戰具守具，均非倉卒可成。至於因地設險，出奇設伏，藉資民力，激勵軍心，雖不能一一縷陳，亦應密定謀畫。合亟飛飭詳籌。爲此札，仰該鎮道即便查照上項指飭事理，分别籌辦。事涉省局者責之該局處，事繫鎮道者責之該鎮道。毋得恃陋徼幸，致誤大局也。

札各營告誡將士 光緒十年九月二十六日

照得海防緊要，各省均添營築壘，加意嚴防。而敵人詭詐多端，往往布散謡言，妄稱欵議將成，撓我計慮無識人等，或疑朝廷意欲厭兵殆將，俯如所請。不知法人反覆刁狡，非可理馴。前者津款已成，無故背約，馬江之戰，不待師期，譎詐之謀，屢經嘗試。聖上震怒，特頒綸旨，布告天下，以不能不用兵之故，分遣重臣督師，復諭廷臣嗣後以賠兵費請者，拏交刑部治罪。誠以堅將士敵愾之心，而絶敵人要求之念也。本部堂抵任以來，疊奉寄諭，均以嚴防海口，援應鄰疆爲言。廟堂决意用兵，萬萬不能遷就。迺近閲滬港各報，輒有欵議之説，言之若甚可信，而各省及外國來電則謂并無其事。此等謡言，自係敵人暗中散布，以期懈我軍心，墮其奸計，言之殊堪憤恨。亟應明白宣布，以釋羣疑。爲此，札飭該口即便遵照，迅速曉諭各營加意操練，實力嚴防，時時存臨敵之思，刻刻以殄寇爲念，庶幾同心戮力，衆志成城，敵自不敢内犯。儻希冀無事，以爲欵議將成，將士必皆鬆勁。儆備一弛，敵即知之，必將乘我疏虞，肆其兇毒，大局恐不可問。本部堂諄諄告誡，爲各將士一提振精神，勿爲欵議所誤。其各懔遵。切切。

照會右江鎮出關援勦 光緒十年十月初七日

照得法人攻圍臺灣，事機緊迫，援濟不易。今日事勢，緩臺惟有急越。屢奉諭旨進兵越南，牽制敵勢。昨經本督部堂電奏爭越南以振全局，復蒙諭旨飭辦。查滇桂兩軍現經分路進討，惟滇軍及劉提督永福之軍正攻宣光，尚未東下。桂軍扼守谷松、觀音橋等處，法人糾合教匪犵匪，分路窺伺，專注諒山。桂軍各道分防，兵力尚薄，必應由東路再增勁兵，以收犄角夾擊之效。查前廣西提督馮，老成宿將，熟習邊情，曩年勦平越匪，威重遠播。廣西右江鎮總兵王鎮孝祺，威重不浮，謀勇素著，曾官粤西，情形亦熟，若率軍協勦，必能得力。今定由廣東出軍兩枝，一枝即飭王鎮統本部四營，再抽撥粤軍四營，内安勇三營，遊擊黄庭耀、方道長華所部合爲一營，共成八營，由梧州赴龍州出關，會合西提督蘇一軍，出谷松、進攻船頭一路，聽西撫院潘節制。一枝由馮提督募勇十營，由欽州上思州亦赴龍州出關，出那陽，進攻廣安一路，仍與西撫院潘商酌辦理。於龍州設立東軍轉運局，派委前署高州府知府張賡雲管理，并派委署廉州府知府黄杰爲馮提督營務處，以便經理一切，并飭司委正佐三四員前赴欽州，以資差遣。兩軍應需軍火，責成軍裝、軍火等局上緊籌備，分别撥解。王軍餉仍由東善後局接濟，馮軍餉專動運司新籌懸引一欵，暨糧道庫新籌充餉一欵，刻日解欽應用。除電奏暨分别咨行外，爲此密切照會該鎮立即整飭隊伍，點齊裝械，迅速啟程。其營哨官有不得力者精加遴換，勇丁有疲弱者認真汰補，勿稍延緩。軍行所到，紀律爲先，不得騷擾地方，并藉攻擊教匪爲名殘害越民，致失衆心，驅之資敵。尤不得頓兵挫鋭，坐失事機。此舉乃全局所關，廟謨注重之所在，必須於數月内攻克堅城大敵，免致來年春深瘴發，進兵爲難。該鎮務須力矢公忠，激勵士卒，安撫越人，與滇、桂、劉各軍和衷協力。王、馮兩軍相距不得過遠，務使聲息相聞，互爲策應。敵情軍勢，隨時飛報本部堂察核。若能建立奇功，朝廷自有殊恩懋賞。勉之。

札飭廣東營務處速演連珠礮 光緒十年十月二十九日

照得東省現辦防務，以製造礮械爲亟。利用前民之舉，不必盡出西洋。中土穎慧之工，亦能創造新奇妙合機巧，廣以招之，寬以取之，斯可以得人才而儲利器矣。茲據府知事費士鵬稟稱，該員領欵試造之連珠礮，於前月二十八日呈驗後，即解呈營務處，蒙飭令聽候示期試演。迄今一月，尚無試演日期。工匠坐食，徒滋耗費。鋪家工料尚有短欠，實屬無從墊備。且裝配子藥已久，礮未封口，誠恐生潮銹滯，將來施放或致炸裂，請速飭定期試演等語。查百工藝事，無難考驗。礮之良楛，用之靈鈍，尤易周知。該知事連珠礮早經製成，應即速爲演試，佳即續造，否則停止，無任久延。如謂此等條陳俱屬炫鬻，如法造成未必皆能合用，則尤屬非是。夫一材一藝，各有專長，廣益集思，乃稱善事。古人善輪，扁之一語，市馬骨以千金，惟其意切於旁求，斯乃才占夫彙聚。試觀泰西各國，於製造、機器、軍械、礮臺、戰船，類皆不憚苦思，不惜工本，或既成而復毁，或屢變而益精，所謂大輅始於椎輪，泰山不讓土壤。方今各局差委不乏冗員，每月支銷尤多繁費。凡及關係戰守之要，詎宜稍存吝惜，過事苛求，訑訑之顔色聲音，或致拒人於千里耶。此外，如有懷忠獻藝者，務須多方蒐采，切實舉行，庶幾合衆人之智勇，鞏吾圉之藩籬。有厚望焉。

札廣東善後局安設臺站 光緒十年十一月初二日

照得唐主政一軍，現與滇軍、劉軍會兵攻剿宣光。軍報最宜迅速，庶滇、桂、唐、劉諸軍可以互相聯絡，東省亦得豫爲籌辦。惟龍州至宣光一路，山徑奇險，人跡荒凉，必須專設臺站，方能刻期馳遞。當經電飭景軍轉運局委員州判唐鏡沅趕辦去後。茲據稟稱，由龍州至左丁，設站一十七處，接遞文報等情，到本部堂。據此。查此項臺站專爲通遞滇、桂、唐、劉各軍信息，應即照准趕辦。合就札飭該局即便遵照，於起解景軍月餉時統解分銷，并轉飭該州判遵照。

札廣東善後局鈔發路程節略光緒十年十一月十七日

照得歷年粵東官軍前赴越南征勦以及轉運餉銀、軍火，皆由肇慶上溯梧、潯、南甯，以達龍州，出鎮南關，水程五十餘日，陸行將及四十日。迂滯曠時，不免事機延誤。本部堂按考地圖，查得欽州、龍州東西相望，到關必不甚遠。若由省乘輪抵龍門口，由欽陸行赴龍，程途必較梧江一路捷速過半。是以此次馮提督統兵出關以及轉運軍火，即屬其取道於此。茲復飭傳欽州營差弁龐錦榮來轅，詳詢途徑，當據開呈道里情形，尚爲明晰。果如該弁所云，則是商旅通行毫無滯礙，以後發兵運餉，皆可照此遄行。同日據署欽州余牧禀報馮提督拔隊啟行日期，禀内亦經臚列由欽州至甯明州站數，并有飛飭沿途團鄉正副掃館備船，附近居民多辦食物公平擺賣等語，則是此一路斷非幽荒險惡，轍迹不至之區。但使海上無警，兵商各輪可行，自斷無舍近求遠之理。除飭東軍轉運局張守即由此轉運進發外，合將龐錦榮清摺及余牧原禀鈔録札行，以備查考。

咨水陸提督轉飭各營講求礮臺事宜光緒十年十一月十九日

據營務處會同善後局、藩臬兩司等詳稱，奉札開准軍機大臣字寄光緒十年八月二十六日奉上諭：沿海辦防，興築礮臺，糜費甚鉅。此次福建失去，長門礮臺全不足恃，皆由興建之時并未切實講求，以致臨時誤事。閩省如此，他省礮臺亦未必盡能得法。亟應及早計議，各就現有礮臺，認真試驗，務期守禦足恃，並先博采衆論，悉心參考。前據劉銘傳詳陳礮臺圖式，并編修鍾德祥、朱一新、劉宗標，州同劉峻德各陳興築守護之法。是否有可採擇，著該將軍、督撫等詳加酌核，妥籌辦理，并咨取劉銘傳所擬圖式採用。又據侍讀志鋭條陳戰守事宜、教職陳麟圖條陳避礮之法、主事余思詒請飭廣設水師學堂，并著查照所陳各節，隨宜酌辦。原摺單均著摘鈔給與閱看。欽此。遵旨寄信前來等因。承准此。查鈔發各摺片所陳興築守護之法，或與本省情形相同，或與本省地勢未合，亟應參酌采取，擇善而從，切實講求，以資守禦。合就恭録札知會同妥籌，摘要議覆。等因。奉此。遵將奉發摺單公同酌核，其要厥在築臺之法、護臺之具、守臺之策三大端。築臺如劉督辦之障蔽不恃垣墻，鍾編修之砌造不用磚石，朱編修之房不宜瓦、臺不宜露，宜有斜坡，有深溝，劉編修之築基宜石、受礮宜土、形宜圓宜斜以及劉州同之配土築土諸說。查廣東舊建各礮臺，多在海禁未開之時，或未如法。目下籌欵未裕，猝難更改，則惟議用麻袋裝沙、竹簍盛泥，與草皮間土、砌堆架木、覆土平隄，以至爲窨室、通伏道、掘深坎各節。凡擬爲補救之計者，當次第舉行，疊經議詳在案，較之各說，亦大致不甚相遠。其有近年興修各臺，未蕆之工如能節取劉州同配土築土之法，因地制宜，可期鞏固。所請試擊堅者奬叙，否則仿照河工議罰賠修。蓋以糜費事小，誤機事大，守局當以此爲先務。況查本年三月間奉發趙御史爾巽所陳海防戰守機宜一摺，亦曾議及廣東礮臺罰罪綦重，請憲臺嚴飭承修各員，已竣者不得倖圖塞責，未竣者切勿苟且畢工，免干咎戾。此議築臺之法也。護臺如劉督辦之操水雷，志侍讀之埋地雷，劉編修之護臺外衣竹柚子，陳教職之薄棉夾帳各項。查現在虎門、黄埔一帶，水道則安放沉雷、浮雷、碰雷、魚雷、繫雷，專用雷勇操習，陸路則教習地雷。情形既與相同，又擬臺外懸障熟革，與護臺外衣用意亦合。惟竹柚子製法，係以細竹編成，空其中，形如桔柚，此物是否合用，尚難臆度。其薄棉夾帳縱用水澆濕，亦恐未能制禦。此議護臺之具也。守臺如劉督辦之兩面設守，朱編修之人自爲戰，志侍讀之藏兵備戰，陳教職之掘地伏兵各條。查廣東礮臺，有各處擇紮營壘相輔，與劉説相符。若截殺上岸之敵人，專用陸路游擊之師，如有輕棄礮臺者重治其罪，似朱説亦與本司道等前議守臺之兵宜静而不宜動之説脗合。此議守臺之策也。三者而外，尚有可擇者：一、知敵軍愈戰愈少，我則更番疊進以勝之。一、如敵軍不能野戰，我則虛張聲勢以疑之。一、或誤以多方，使肘腋生患。一、或誘之深入，使腹背受兵。是皆防海要術。其余主事所陳廣建水師學堂一節。查上年廣東設立實學館，延聘熟悉洋學之員，考選聰慧幼童，教以駕駛、算學各事宜，原爲培養邊才之意。後再推廣講求，俾嫺一切救時之學，用備驅遣。所有遵議緣由，理合詳請察核等由到本部堂。據此。查該司道等核議鈔發摺單所稱築臺之法、護臺之具、守臺之策三大端，或與本省辦理相同，或與本省地勢未合，自應就地參酌，擇善而從。至於兩面設守，人自爲戰，藏兵備戰，掘地伏兵諸説，均爲守臺要義，應由各軍審勢相機，謀定後戰，不得大言玩敵，臨事倉皇，亦無庸墨守遥制。本部堂悉心核閱，原奏中輕棄礮臺者重治其罪一語，最爲扼要。如一見敵來，不守而走，不戰而潰，雖有堅臺鉅礮，快槍猛雷，亦復何用。目前海氛日警，應再申儆戎行，儻遇有戰事時，如各軍守礮臺者棄臺、營壘者棄壘、帶船者不護礮臺而駛匿他處、策應者臺失營破而不肯赴援，本部堂惟有按照軍律，據實嚴參。至於各臺如何培護，演礮如何練準，礮勇如何激勸，臨敵如何援應，以前屢經詳切通行，一聽各軍自行籌辦。若各軍自不肯用心講求，實力辦理，縱有羣策良規，亦不過徒煩文牘而已。至於廣設水師學堂，本省現設實學館，即爲造就海防人材起見。應俟防務稍定，籌欵議章，急速推廣辦理。

札知縣張琮等加辦攔河　光緒十年十二月初五日

照得省防汊港紛歧，所有魚珠、沙路、大黃滘、五斗口以及厓門、磨刀門、虎跳門、橫門、蕉門各口，疊經本部堂會同彭部堂分飭各將領嚴密布置，妥爲攔堵。但河面寬狹不同，工程堅脆亦異，疊經委員確查禀覆。查魚珠等處水面寬深，船壩既嫌疏闊，潮頭震撼，木石亦易傾頽。若不多籌良法，恐攔阻敵船終無實濟。亟宜遴選幹員，博采羣議，趕緊辦理，以資守禦。兹查有補用知縣張琮、候補通判閻賡良、候補知縣吕汝鈞、儘先都司吴良儒等，堪以委令辦理。札到，該員弁等立即會同悉心參酌，在魚珠、沙路、大黃滘、五斗口等處地方礮臺旁擇一水道最窄之處，量底面之深淺，測潮汐之漲落，將海防新論所載近日各員弁條議所陳，如衝拒浮纜諸法，體察水勢，推究物理，實心籌辦，工竣後禀請核驗。如果有益，即行推廣，五門一律辦理。

咨李學士廣勸義捐　光緒十年十二月初六日

照得法人不道，吞噬越裳，擾犯中華，朝廷命將出師，遏寇字小。維時劉軍門永福僑寓越境，首倡義旗，屢挫狂虜，聖上特旌其功，授爲提督，俾其恢復越圻，屏藩滇桂，賞賚駢蕃，給以軍糈。九月間，劉軍甫下，而館司關之踞寇已聞風退至興化，於是會合各路官軍，圍攻宣光，屢次殺敵奪船，虜勢已蹙，計日可下。本部堂院仰稟宸謨，餉項軍火源源接濟。惟是廣、滇、桂三省出關官軍百餘營，餉需浩大，徼外險遠，轉運需時。劉軍門前戰勁敵，後籌軍糧，經畫爲勞，尚未能從容展布。兹聞法艦力困臺灣，增兵來越，意欲盡有越地，直抵邊關。横悖情形，聞者髮指。各省官軍現已分道進戰，力挫兇鋒，尤須土著勁兵以爲犄角鄉導。劉軍門謀勇素爲敵人所憚，所部身經百戰，服習水土，深明地勢敵情。若能豐其羽毛，俾有勁卒百餘營，利器數萬具，必能縱横盪決，數月之内掃清北圻。查劉軍門以粤産良將，馳驅異域，爲國宣勞，我内地豈無懷忠慕義之人，助我功烈。况兩粤紳民，尤應桑梓相關，唇齒相衛。計惟有大集義捐，資其餉械，爲破虜安邊之上策。貴學士奉旨督辦廣屬團練捐輸事宜，誼屬同鄉，勸導較易。相應咨請貴學士會同粤省鄉望諸紳宦，於省城設立義捐局，刊發捐簿，廣作書函，布告兩粤，并徧致沿海沿江各省通都大鎮，凡籍隸粤省商富，如願助劉軍餉需者，隨意書捐，盈千累萬不嫌其多，一緡半兩不嫌其少。簿上鈐用本部堂、部院關防暨貴學士團局關防。訪擇妥實紳董，分投勸導，定限收回。捐項或交首事匯寄，或徑行自交粤省義捐局，俱無不可。首事付給收條，總局按月榜示，一有成數，即由貴學士咨報本部堂、部院，或賫解餉項，或采辦軍儲，隨時星馳接濟。此乃樂施義舉，與尋常官捐不同，不過各盡其心，報效國家，扶持義士，不用官法之文檄相督責，但以紳董之書函相勸勉。願請奬者，當照章上請。不願請奬者，亦當彙列姓名，聞諸朝廷，破格褒表。事平之後，刊録成册，勒石垂名，庶使福字全軍馬騰士飽，乘勢長驅，上之爲國家宣威，下之爲粤將吐氣。前數年北省災賑，善捐不下千餘萬金。今日安攘大局所關，較災賑尤爲急要。各省商富其有并非粤籍好義書捐者，更所樂聞。爲劉爲粤，即所以上爲朝廷。本部堂、部院來鎮廣部，酌水無欺，首捐三二千金以爲之倡。九州四海義士如雲，平日忠憤填膺，此是發舒之日。敬以俟之。

札廣東藩司分設關外諸軍東、西轉運局 光緒十年十二月十五日

照得越南地方，法寇添兵肆擾，攻剿方殷，關外大軍漸次雲集，廣東一省出關規越之軍已有唐主政、馮提督、王鎮三軍，又有備用一軍。此四枝共計已及三十八營，餉械繁鉅。加以廣西、雲南兩省出關各營以及提督劉永福一軍，餉銀軍火，近來亦多由粤省籌濟。即津滬解濟滇桂者，亦皆由東轉解。是廣桂滇越諸軍軍資所出，統以東省爲轉輸，無日無催餉之電音，無日無購械之文件。近復造船西江，溯流催運，設站關外，馳遞軍書，差員紛紜，匯兑繁瑣，本流既大，端緒尤棼。歷經飭令東善後、軍裝、軍火、機器等局、營務處各司道兼綜辦理各在案。惟是本省防務緊急，軍需已極浩繁，内外兼營，疲於肆應。兼之自秋至今，援閩援臺，撥兵濟餉，雇船購械，尤爲繁重艱難。必須另有總匯之區，專屬之責，方免顧此遺彼之虞，失枝脱節之弊，且不致喧賓奪主，致妨本省要圖。自應專設轉運局，用以提挈綱領，計畫通盤。查廣東省城爲軍實來源，應在省城設東轉運局。廣西龍州爲出關總要，應在龍州設西轉運局。而南甯既爲赴龍頓舍之所，又爲運滇分歧之區，應於該府派員分辦西轉運局。從前所設萃字、

勤字、景字等軍轉運局，悉行裁併。該兩局分應七軍，統爲一事。東局之責，餉應計期籌解，械應詳核選買，勒限造船，覓匠製器，零星者應歸併帶運，緊迫者應催促先行，一應支銷考核應會商東善後局、營務處釐定章程，迅速移行廣軍各營，俾知遵守，並責成該局隨時核算稽察。西局之責，存儲宜慎，修理宜勤，糧運宜兼備車騾，臺站宜隨軍分設，各號匯項隨時籌商，前敵醫藥豫爲儲備，粗笨軍裝就近在南甯添補，急需工匠隨時電東省遣發，船運往返應剋程期，探報悠遠應核虛實，所有廣軍各營勇丁足不足額，餉數是否實支，統責成該局稽察。東、西兩局互相關會，務使首尾通貫，呼應靈捷，所需必無缺乏，所報必無虛浮，庶於關外軍事不致貽誤。

札游擊方沿調防欽、廉 光緒十年十二月十八日

照得臺灣被困緊急，前經本部堂奏派方恭五營赴援。因該游擊患病未愈，改派游擊方沿接統，飭令汰疲補鋭，其添備裝械飭在存潮項下匀撥。屢據委員電稟，方沿五營已經汰補，本月十五日俱已齊備候船在案。嗣准督辦臺灣軍務劉爵部院電，稱不願粤軍赴臺。復奉電旨：劉銘傳稱方恭軍廣勇不得力，請調舊部吴宏洛軍。兩軍更調，尚屬相宜。等因。欽此。自應欽遵辦理，另派他軍赴援。惟查法人大股麕聚越南船頭一帶，其兵輪時向廉州、北海窺探，測量水勢，用意叵測。張鎮得禄一軍防守該處尚嫌單薄，而欽州東興設防之處，與越境芒街僅隔一河，教匪尤多。署欽州營參將莫善喜現在派赴越南助勦，後路空虛，亟須重兵扼守，以彌敵釁。方沿五營既無須赴臺，應即調往欽廉一帶，擇要駐紮。應即令自覓雇輪船，逕赴北海登岸，爲莫善喜後路，以顧欽州門户。如遇北海有警，亦即星馳赴援，統應聽候高州鎮張鎮節制調度，即與張鎮一軍互爲聯絡，力扼敵衝，是所至要。合亟札飭該游擊立即遵照，速帶所部五營馳往欽廉一帶，聽候張鎮調度，擇要扼守，相機辦理。毋違。

札廣西臬司總理關外東軍營務處 光緒十年十二月二十四日

照得越南被法人滋擾，廣軍先後出關，與滇桂兩省官軍聯絡會勦，分道併進。西路之宣光有唐主政一軍，中路之諒山有右江王鎮孝祺一軍，東路之那陽有前廣西提督馮提督一軍。東南路與欽州接壤，亦密飭參將莫善喜等率兵協勦。棋布星羅，爲營數十。深入敵境，營壘時有遷移，距廣東省城遠至二千里外。其間將弁之勇怯，士卒之甘苦，紀律之優劣，地勢之險易，軍報之虛實，必須遴派大員，就近總司稽察，隨事彈壓，庶可明賞罰而決攻守。查西按察使李臬司篤實嚴明，夙諳兵事，現駐龍州，距關甚近，堪以總理關外諸路廣軍營務處事宜。除分别咨行外，爲此，札仰該司即便遵照，將關外諸路廣軍前項各事宜逐一稽察，認真彈壓，隨時據實稟報察核。

照札各營歲暮嚴防 光緒十年十二月二十四日

照得東省海防緊要，各將士分防要隘，自應常川駐守，不得稍離。際兹歲事將闌，尤防敵人伺隙乘虚攻我不備。現接福建、上海等處電稱，有法船七八艘來往閩洋及江浙洋面等處，忽南忽

北。又探聞香港口外有法船兩艘，近兩日忽又駛往他處，不知所向。英國來電，復有法船將分擾中國各口之說。是彼族設心内犯，不爲無因。粤洋爲臺、越要衝，久已耽耽虎視。當此警報狎至，尤應備豫不虞。如統領晉省，必不能覺察營官之離營，營官來省度歲，必不能禁士卒之擅離汛地，責哨弁之固守壘門，萬一敵船驟來，關係殊非淺鮮。本兵部堂與本督部堂、撫部院再四熟商，當此外警紛傳，敵意叵測，應由本兵部堂親駐沙角，督率將領，嚴防海口一帶，并委營務處、東按察使沈臬司、李鎮先義於歲除正初數日，前赴長洲以至虎門各營，稽察一切。各統領分膺重寄，有統率之責，斷不必離營回省，修賀歲之虛文。其各營官如有私自離營回家，或藉稱拜年擅離防所者，定干未便。爲此照會、札飭。札到，該　立即遵照，并即通飭各營官一體遵照。

札水雷魚雷局整頓水雷附單　光緒十年十二月二十五日

照得虎門、長洲等處安設水雷，原以防備敵船衝突。今安放日久，若不隨時巡護審視，及以次括去垢膩，設或需用，恐有貽誤之虞。惟取雷括雷必須派定船隻水勇，并派學習魚雷回粤之千總韋振聲、把總何應祥分頭管帶，方可得力。所有派定船勇數目，合亟鈔單札知該局，即便分别移行，遵照辦理。

鈔單

一、應撥巡護水雷船勇。蒲洲舢板二隻，威遠舢板二隻，魚珠四隻，沙路四隻，平崗局前聽差四隻，魚雷局前二隻，魚雷練船二隻，共需用舢板二十隻。每船派勇一棚，計正勇十名，伙勇一名。再須另挑水勇五十名，伙勇五名，與局中原募水勇五十名輪流取雷括雷。其調來之勇二百七十五名，即派北洋學習魚雷回粤之韋千總振聲、何把總應祥分頭管帶，以專責成而靈呼應。其劉鎮所剩丁勇一百七十五名，令護雷局。

一、虎門所安之水雷、威遠之浮雷，因原無木殼，常遭碰壞。蒲洲、沙角均已生蠔，至下墜八九尺不等。即須添雇民船，派勇取出撈括。今秋以長洲地方長橋未成，欲備臨時渡兵，由營務處雇備民船十號駐紮該處。現在長橋已成，中留一缺二船，足以敷用。其餘八號民船應否暫為撥作取雷之用，免再另雇，以節經費。即飭營務處暨施道、楊提督著該船即到水雷局聽差，不分歲暮，分派水勇即日興工，以免疏虞。

光緒十一年

照札各營通飭嚴防光緒十一年正月初四日

照得近日屢接探報，法人確有窺粤之意。昨據駐港探報，大蛇山後有法船來往，香港山後亦有二艘，旋即駛去，而鯉魚門外復停泊法兵輪三隻，近日忽又駛往他處。是敵踪飄忽，近在藩籬，誠慮聲東擊西，伺我不備，且難保不句買奸匪溷入城市各營，乘機煽擾。省防經畫年餘，各軍星羅棋布，尚屬嚴密。惟大敵當前，非尋常防守可比。所有虎門中路以及五門各口、內河各港、省垣城闕内外，亟應通飭各統領并内地沿海地方文武，激勵將士，聯絡民團，齊心併力，嚴爲之備。虎門内外以至黄埔左右各礮臺，所有原設礮位亟須整理，晝夜瞭望，量準攻擊。高樓旗桿宜急撤去，臺外泥簍沙包宜速堆設，礮彈火藥拉引等物，務宜豫備足用，一切閒人不准闌入礮臺、藥房左近窺探。攔河工程有未堅實者，速爲修補。營壘分駐有未週密者，亟爲填紮。水雷安放有未妥貼者，趕爲布置，其引門有無受潮，其電綫有無傷損，均須一一驗過。現設之魚雷艇、蚊子船、副將吴迪文所帶之紅單船，各宜屯泊便利處所，與臺礮夾擊敵船。其分守沙路、魚珠遊擊黄廷耀之紅單船，分守登洲、陳頭，五斗口副將利輝之紅單船以及各項扒船，或分泊港汊而作疑兵，或搶護攔河而助臺勇，應責成統率内河各船之黄鎮廷彪相機調度。陸路各軍貴得地勢，宜分段埋伏，多設地營。或奇兵横襲，後路包抄。敵兵在船則精選槍手伏隄而狙擊，敵兵登岸則安設地雷依險而密布。省垣重地尤爲緊要，凡稽查奸細，防護藥局，彈壓土匪，應責成中廣協綏靖營嚴爲巡緝。守備羅祺一營仍勤巡沙面一帶，靖海營紅單船仍扼守新會厓門一帶，以資犄角。軍火軍裝水雷各件，責成各該局迅速併工趕製速購，勿令臨時短缺。至團練輔兵力之不足，粤民素稱義勇，應由欽派奏派辦團各大紳剴切激勵。所有附近虎門、沙角之蓮竹二溪團練，沙路之沙茭二司團練，魚珠之鹿步司，東莞、新安二縣團練，白雲山一帶之慕德里等社團練，增步之三元等里、恩洲十四鄉、大瀝四堡團練，佛山鎮五斗司等處團練，以及近省濱海之南海、番禺、香山、順德、新會、東莞、新安等縣城鄉各團，均即嚴爲儆備，議定管帶營哨，備齊旗幟器械，挑選精壯勇丁，以及攔截河道、建築土臺、分布礮位、調集沙艇、挑選練兵，均責成各該營縣會督紳董刻期整備，以待調遣。一聞警信，立即馳往要隘，奮勇攻剿。到防之日，給發口糧。各懷同仇敵愾之心，同矢待旦枕戈之意。是爲至要。

札總兵李先義招募廣勝軍光緒十一年正月初五日

照得粤東海防日形喫重，外海内河各礮臺、城東城北各營，俱有專責，勢難移調。設遇有警，本部堂出省督剿，必須有中權重兵，方能控制策應。自上年秋間即擬募練勁兵一枝，以期緩急足恃，因經費支絀，尚未舉行。現經本部堂電奏准，由山西籌借專款，可充此軍餉需。當此邊防緊急之時，應即招募五營，俾資調遣。此軍即名爲廣勝軍。查記名總兵李先義，久歷戎行，謀勇素著，堪以派充統領。其五營營官，亦須選派熟習兵事之員，方可得力。都司吴良儒勇敢有爲，堪以委帶一營，其餘各員應由該鎮慎選派委。該鎮迅即在粤先行招募三營，但取精壯樸實，不拘何省籍貫。至天津、江北一帶，爲南北各軍匯聚之所，熟悉洋槍洋礮者較多，該鎮酌派兩員分赴津、徐挑募兩營，募足後航海前來，仍多帶餘丁數百，以備挑選。共編爲廣勝軍前後中左右五營，擇地駐紮，勤加訓練。月需餉欵，赴善後局照本省所行楚軍營制請領，軍火器械由軍裝局照發，軍裝照章給價，該營自辦。併由營務處刊刻統帶管帶關防五顆，發給開用，以昭信守。

委陽江鎮黄廷彪、道員周炳勛查閲礮準光緒十一年正月初六日

照得外海内河各路衝要，疊經本部堂增臺安礮，屬飭勤加練習。惟礮臺之能否命中，視乎礮勇。每臺中司表尺、搬藥彈、拉繩索各項礮勇，早經各將領派定演習。然必須察礮體，考藥力，測表尺之偏差，量綫路之曲直，比擊力之强弱，算炸時之遲早，所以盡能事而定準點者。悉心研求，務令十分精熟，心手相應，方可以一礮得一礮之用，並能以此礮悟彼礮之理。此不獨守臺將領營哨弁勇所宜究心，即護臺各營亦當留意。現在防務喫緊，特委陽江黄鎮、營務處候補周道，周歷各臺，認真考校一次，查明某臺某礮用勇幾人，開具花名清册，當面施放。如有技藝生疏，即在本人名下注明，責令勤加學習，下屆再行考驗。三次不熟，即令革退。弁勇中有精通礮法者，開單呈請優獎。仍飭令各管帶官隨時操演，嚴定成數，一臺自相比較，各臺互相比較，以礮勇之優劣，定管帶之勤惰。并飭護臺各營官挑選心細膽壯營勇，隨同觀看學習，凡度數之高低，藥彈之重輕，中靶之遠近，到地之遲速，令其一一記明，互相講求，庶幾生者熟而熟者巧，於防務不無裨益。

照會澳門羅大臣阻止法人借地屯兵光緒十一年正月初七日

照得法人背約啓釁，中國各處海口均經設禁嚴防，即友好各邦亦均守公法局外之例。現時香港地方，亦經英國遵守局外在案。惟近日風聞法人有在澳門界内貴國商民住居之處，招民充兵並接濟軍食等件，且風聞法人倚勢欲强貴大臣借地屯兵泊船等語。查萬國公法内載，凡局外之國，均不得在境内准交戰之國招募兵勇，置辦戰具，并不准戰船入口及借地屯兵等事。例禁綦嚴，萬國遵守。況澳門地方雖屬貴國所居，實與我邦唇齒相依，彼此和好已數百年。如法人果有是謀，本部堂深知貴大臣必援公法，自守局外之義，堅持不許。且貴大臣歷與中國和衷辦事，信義素孚，尤必不肯袒護他國，自傷友誼。但慮住澳之商民人等或不知例禁，暗有招人濟食等事。深願貴大臣重念鄰交，務守公法，嚴爲禁阻。至借地屯兵泊船之語，自係出於風聞，必無其事。但既有此風聞，不能不爲貴大臣剴切一言。法人無信，各國所知，即有利誘威嚇之言，不能逃貴大臣洞鑒。現時中法兩國交兵，凡局外之國均守公法。本部堂深望貴大臣力阻法人之謀，永敦中國之好，勿使侵犯公法，致爲局外各國所譏。澳門片土與内地處處接連，中國之利即澳門之利，貴國人之居於此者，實與中國休戚相關。内地安則澳門安，内地有事則澳門不能無事。現時中國民心憤恨法人已

極，本部堂極力嚴禁，毋令滋事。故亦願貴大臣亦能嚴禁住澳之貴國商民，相安無事，永守公法，以敦友誼，本部堂實有厚望焉。

札同知危德連等趕造礮划光緒十一年正月二十日

照得粤垣防務，虎門以至黄埔中路一帶略有規模，惟五門西來港汊歧出，誠恐敵人小輪突入，轉致窺我堂奥。自去年秋間即飭副將利輝作臺駐艇分防陳頭、五斗口等處，飭陽江鎮黄鎮統帶各段調到扒船以資策應，築臺東滘口以備扼守。惟艇船笨滯招礮，扒船器械陳朽，駕駛亦復生疏。本部堂早夜籌思，博采衆議，惟有倣照長江礮划，多製舢板，配用湘楚水勇，用於内河，庶可收以多勝寡、以散制整之效。去冬即飭署南海縣危德連會同前記名總兵柏正才試造舢板一隻，現已造成，大段尚屬合用。查法人慣用魚雷傷我輪船，惟有舢板可以防彼雷艇攻襲。本月十五、十七等日，浙江鎮海口内南洋兵輪三艘，將法船雷艇擊敗，即得舢板之力。是此船可以禦敵，確有明徵。現經與彭部堂籌商定議，應即飭委候補同知危德連、記名提督王光耀、前總兵柏正才，會同督造舢板一百隻。一切俱照長江水師之式，間有不便者稍加變通，分廠趕造，限一月内造成。此船成時，分爲三營，每營三十餘隻，合爲一軍，名爲廣安水軍，委派熟悉水戰之員爲統帶。此項水軍應向湘楚招募，其統帶營哨各員，統候咨商彭部堂酌量調取應用。責成營務處、善後局會同繪定圖式，議估價值，迅速發欵，購料開工。一面將各船如何分營編伍，勇數餉數，應配各種槍礮，應用各項器具，分別籌議。營制營規略倣長江章程，斟酌辦理，簡明開單，聽候會商彭部堂核定。一切未盡事宜，隨時請彭部堂裁示遵行。總之，造船、招軍、配械三端，分投趕辦。目前軍情緊急，在事各員均毋稍游移停待，致誤戎機。合亟札飭該員即便遵照，將購料設廠事宜迅速擬議，領欵開辦，務須工堅料實，靈捷合用，勿率勿延。

札副將梁正源署高州鎮兼統各防營光緒十一年正月二十四日

照得廉欽防務緊要，前經張前督部堂飭令高州張鎮統帶防營，分紮北海在案。本部堂詳加體察，張鎮到防以來，議論浮夸，變更無定。前聞海警，忽創爲責成水師之議。若非胸無定見，即是意存諉卸。當此防務喫緊之際，誠恐難期得力，應即調赴省防，聽候差委，以免貽誤。所遺高州鎮總兵一缺，查有署龍門協副將梁正源戎行老練，熟悉欽廉情形，堪以署理。所有張鎮原統各營及參將莫善喜新舊五營、參將陳榮輝所部并帶往瓊軍共三營、游擊方沿潮軍五營各軍，均歸梁署鎮統率調度，以一事權。所遺龍門協副將一缺，由該副將就近揀員暫行代理。

札東、西轉運局籌備醫藥光緒十一年二月二十日

照得關外官軍攻勦喫緊，現值春深雨漲，戰場暴骨，瘴疫必作，亟宜預防急救，醫藥萬不可緩。至醫治臨陣創傷，尤須專門良藥，以期護我猛士，振我軍心。東轉運局作速選擇良醫内外科十餘人，酌給工資，止須有效，不必有職人員，并多買諸品避瘴避疫藥材，購製各種避瘴避疫丸散藥茶，刊印經驗藥方，迅速委員解往。以多爲貴，不得惜費，以後陸續解濟。其醫藥等項有在

西省可以儲備者，西轉運局酌量籌備應用，不得專候東局解往。其治創以西醫爲精。現經本部堂函詢各國領事，訪求醫治槍礮傷好手多人，資遣前往。俟送到時，速即議定薪資，遣員護送赴龍，分發各軍。其陣亡弁勇及關外暴露骸骨，由西轉運局派員撥欵，分別斂送掩埋，以恤忠魂而免疫癘。其瘴疫丸散暨治創西醫，並應咨送滇軍備用。

照覆英阿領事申明告示本意光緒十一年二月二十九日

光緒十一年二月二十八日接貴領事官照會内開：光緒十一年正月二十三日，本領事照請廉州府示諭軍民人等知悉，現在北海西人皆非法人，相應一併保護等因去後。隨准示諭，并咨請張鎮臺一體示諭保護等由各在案，本領事聞之不勝感激。但查張鎮臺所出示内，有如果法人來犯，應准各兵勇團練竭力誅滅，殺盡乃止，及割呈首級，盡數呈驗給賞，已奉督憲出示有案等語。查此等兇殺，實有違萬國公法。恐張鎮臺有誤會之處，爲此照會請煩查照等情，到本部堂，均已閲悉。查中國戰陣之法，如於兩軍對壘，能將敵人擒斬者，死則獻馘，生則獻俘，計功授賞，以此爲據，斷無憑空殘殺之事。張鎮告示所云割級驗賞，係指敵人已被陣斬者而言，其就擒者生獻俘囚，給賞尤厚。此等軍律，各營皆知。至於生擒者自當查訊情節，準情酌理，分别核辦。如歸降者必予免死，肯效用者尚可録用，并非不拒敵者亦必殺盡也。來文謂爲兇殺，實係未悉告示本意。惟是數月以來，法人在臺灣南北，此擊壞焚燬商船民船共八十餘隻，焚斃溺斃殺斃各船商民無數。此則真可謂之兇殺，有違萬國公法矣。接文前情，相應照覆貴領事官查照。

札派委員偕税司馳赴宣光一路遞撤兵諭旨光緒十一年三月初三日

光緒十一年二月二十二日准總署二十二日來電，本日奉旨：法人現來請和，於津約外别無要求，業經允其所請。約定越南宣光以東三月初一日停戰，十一日華兵拔隊撤回，二十一日齊抵廣西邊界。宣光以西三月十一日停戰，二十一日華兵拔隊撤回，四月二十二日齊抵雲南邊界。臺灣定於三月初一日停戰，法國即開各處封口。已由李鴻章分電沿海、雲、桂各督撫如約遵行矣。等因。欽此。二十五日，北洋轉總署二十五日來電，本日奉旨：如電信不到之處，即發急遞飛達，如期停戰撤兵。等因。欽此。又二十九日准北洋大臣李電稱，法外部二十七來電，云在法都所定章程第三條説明，在越南之雲桂華兵當按所定限期停戰撤回。如中途有阻滯，法國可允幫助中國將此命令能傳到華營之武官，請轉告兩廣總督等語。應請延粤關税司將前奉停戰撤兵諭旨，設法由輪船速寄河内，屬法官轉遞前敵各營等因。當經恭録諭旨并北洋電函，分别咨行繕就，咨札照會，將前敵各軍官銜於文件上分晰開明，交粤海關税務司吴得禄轉交香港法國領事，飛速傳到諒山、宣光、臨洮一帶中國前敵軍營，欽遵電旨，依期停戰撤兵在案。三月初三日，又准北洋大臣李電稱：頃林椿送閲河内提督勃里也初二電稱，應請廣東速派税務司及委員坐輪船趕緊赴越，遞送停戰撤兵之諭旨。今粤督僅寫文曰轉寄河内，恐致遲誤。我已派員送四封信知會諒山前敵各軍，均已接著。惟宣光一路，非稅務司等前去知會不可等語。祈即趕辦等因到本部堂。准此。除廣西關外各軍已經接奉諭旨自可毋庸再往并分札外，合行札飭該員即便遵照，刻日乘坐輪船前至越南海防進口，由河内馳赴宣光一路前敵各軍，遞到二十二日所奉停戰撤兵之旨，以圖迅速而免延誤。是爲至要。該委員等俟到前敵營次投文後，即星馳回省具報，毋稍逗延。如鮑軍尚未行入越境，其文件即交岑督部堂代爲轉遞。切切。

咨雲貴督院保奬宣光出力員弁光緒十一年三月十七日

爲照本部堂於光緒十一年三月十一日電奏雲、粵各軍宣光攻戰出力緣由，今於三月十四日准總署十三日來電，本日奉旨：張之洞電奏瀝陳邊軍出力情形，官軍圍攻宣光，雖未克復，而疊次奮勇進勦，勞績足録。著岑毓英仍遵前旨，將十一月初五之捷出力員弁查明保奏，并將雲、粵各軍宣光攻戰出力者，與臨洮勝仗案一同保奏，候旨施恩。欽此。即轉電岑等因，到本部堂。承准此。查去年秋間奉旨飭令滇桂進兵，本部堂因貴部堂督率雲軍已將循江東下，適劉提督永福奉旨録用，特奉派唐主事景崧統率粵軍遠涉越疆，間道往會，聯絡黑旗，聊作雲軍前驅，稍助萬一。自七月間率營出關，由牧馬以達宣光，間關崎嶇，千有餘里，皆行無人之地，山箐險惡，不見天日，虎蛭縱横，人馬顛隕，縋幽鑿險，艱苦異常。而地方幽僻，辦糧極難，非遠到數百里外無從採購，其轉運糧米以及軍裝器械，尤爲累重艱辛。至於沿途耗損需費繁多，尚不足論。嗣又創立臺站，設法覓丁馳遞，各路軍情賴以通達。到防以後，會合雲軍、劉軍，仰賴聲威，遂有十一月初五日之捷，以後復偕諸軍圍攻宣光。貴部堂調度精密，號令嚴明，而諸軍俱能禀承指揮，踊躍用命，和衷協力，聯絡救應，先殲援賊，繼奪礮臺，血戰數月，殲斃法國酋兵無算，教匪更不待言。力攻缺口，肉薄先登，我軍死傷如積，毫無退沮，法虜號泣技窮，伏匿待斃，實爲法入中國被圍窮蹙之始。其時法已糧盡援絶，克在旦夕，若非諒山失陷，敵兵分援，宣光早拔。今戰事已定，回念諸軍鏖戰之苦，似未可以堅城未下没其前功。至劉提督永福雖經敗挫，其部下數月死戰，亦有足録之勞。且十一月初五日之役，曾奉明旨保奏。兹復欽奉前因，除業經恭録轉電貴督部堂欽遵外，相應恭録并鈔電奏咨會貴部堂，請煩欽遵查照辦理。仍希見覆施行。

札各屬申明就地正法部章光緒十一年四月二十日

照得粵省盗匪之多，甲於各省，由於游勇、會匪、土匪結夥持械，逞兇肆劫，從不認真嚴辦，以致匪徒得意，商民銜冤。況目前防營衆多，東西兩省遣撤之勇尤復不少，又值水災爲患，奸匪萌生。若再姑息因循，亂階不遠。前於光緒八年五月准刑部咨議覆御史陳啟泰請規復舊例、停止就地正法摺内，聲明凡土匪、馬賊、會匪、游勇案情重大并形同叛逆之犯，仍應就地正法。奉旨依議。欽此。咨行到粵，轉飭通行在案。嗣經前部堂、院於光緒九年覆奏實係土匪、會匪、游勇，案情重大及原例罪應斬梟者，分別解省解道府覆審，禀候批飭，就地正法，其餘尋常盗犯，審擬解省覆勘題奏等因，經部覆奏准通行亦在案。是强盜案内，放火、殺人，或疊劫多次，或糾衆持械，或拒傷事主。此等糾衆行兇，愍不畏法，若非會匪、土匪，即係游勇，暨粤省前奏聲明原例罪應斬梟者，均在應行就地正法之列，只須道府復訊，并不必照舊勘題。況案情重大一語，所包者廣，果係情節可惡，凶暴衆著，即或部章未經分晰指明，儘可據實稟明本部堂、部院，當爲酌奪，專案奏明辦理。無如該州縣等不知愛民，但知養奸，專聽猾吏之謬談，不繹部章之文義，轉以此等爲尋常盜犯，逐案解勘，以致轉審供翻，熬刑狡脱，經年累月，案懸不結。即使定案就戮，亦已地易時非，無人警畏。甚至諱强爲竊，匿不稟報。本部堂、部院到任以來，訪聞被盜之案甚多，而據各屬稟報盜案甚少。似此縱盜殃民，不惟冤抑一案擾害一鄉，必致禍延通省而後已。除密查諱盜各員嚴行參處外，兹特申明部章，頒發簡明告示，飭令廣行張貼，通曉軍民。以後各該管文武營汛、州縣，務當激發天良，振刷精神。須知官以保民，非以殃民，果使養癰釀亂，功名身家亦不能保。嚴勒兵勇差役，密緝地棍窩家，有盜必獲，審明確供，實係土匪、會匪、游勇以及一切案情重大者，暨原例罪應斬梟者，解由道府勘訊，稟明本部堂、部院核奪，即行批飭就地正法，以肅刑憲而遏亂萌。從前各案未報者速報，未獲者速緝。儻仍有意姑息，規避處分，圖省捕費。或已獲故縱，或諱匿不報，或改强爲竊，抑勒事主，豢養窩家，徇庇通盜兵役，一經查明，定將該管文武從嚴參革，并勒令在犯事地方留緝，必期贓盜破獲而後已。合亟申明札發，仰該府即將發去告示轉發所屬各州縣遍貼曉諭，一面遵照檄飭會營據實稟報，認真拏辦，毋再誤會殃民，自干參咎。該府有督緝之責，亦勿瞻徇，并干吏議。仍飭將奉札遵辦及轉發告示日期報查。

照會劉提督入關 光緒十一年四月二十四日

光緒十一年二月二十三日准總署二十二日來電，本日奉旨：本日已將停戰日期諭知岑毓英矣。現距撤兵期近，劉永福一軍必須妥爲安插，將來或在邊界屯軍，抑或别籌調度，該督務須熟思審處，先行奏聞，候旨定奪。欽此。三月初五日准總署來電，本日奉旨：張之洞電奏，擬令劉永福統軍屯紮思、欽一帶，所籌尚是。著該督與岑毓英商辦。欽此。轉電雲督等因。三月十一日又准總署來電，本日奉旨：劉永福一軍，昨據張之洞電請移紮思、欽一帶，已諭令與岑毓英商辦。關外現已停戰，劉永福應添募勇丁若干，俟移紮思、欽後，由張之洞酌覆奏明辦理等因。欽此。四月初十日又准北洋大臣轉准總署初八日來電，本日奉旨：劉永福仍遵前旨，飭赴欽州，歸張之洞調遣等因。欽此。四月十八日又准總署來電，本日奉旨：李鴻章奏，法電稱吴税司言雲督不肯退兵回界，謂須奉旨全退，方可欽遵等語。其言固不足據，但撤兵之期早經約定，且雲軍路遠，已議展十日。現在條欵不日畫押，爽約之衅，豈可自我而開。岑毓英惟當懔遵疊次諭旨，將全軍按期速撤至界，並與張之洞嚴催劉永福一軍如期撤回雲界，再赴思、欽。中外交涉，惟以信義爲重。況中旨屢降，大計攸關，在遠疆臣未能深悉情形，何得於事及垂成，再生異議。將來設有貽誤，致蹈上年覆轍，該督等豈能當此重咎耶。岑毓英接奉此旨後，即將啟程及何時抵界日期速行電聞。欽此。到本部堂。承准此。當經轉電雲貴督部堂岑暨唐主政轉行欽遵在案。查中法欵議已定，滇桂各軍撤守邊界，貴提督所部尚羈越境，非主非客，於義未安。且法人既與貴軍爲讎，越地又歸法人保護，豈能留彈丸之保勝，供士馬之久屯。應即欽遵疊次諭旨，速帶得力舊部一兩千人，由貴提督自行酌量，貴精不貴多，并貴提督親丁眷屬，一併起程離越，先入滇境，轉至龍州，再行募足全軍，聽候指定或思或欽屯紮調遣爲要。至其餘歷年部衆家屬、越地輜重資産，應由貴提督隨宜斟酌，妥爲安置。除將一切安插事宜於貴提督來牘批示并疊次照會外，相應彙集恭録，照會貴提督，希即欽遵查照辦理。

通飭各屬禁止餽送 光緒十一年五月初一日

照得苞苴之風，粵省最熾。上行下效，吏治攸關。查本部堂衙門遞年春秋二次例貢品物，向由各該府州縣及鹽運同領價承辦。歷來承辦之員，每於正貢件數之外，備有貢餘各品，内有應寛備帶京，聽候奏事處復加揀選者，亦有僅係呈交本部堂及聲明係本署堂官公用者。本部堂服官所到，從不收受屬吏餽送禮物。至堂官即係門丁之别名，本部堂向來於傳宣事件責成巡捕官，於公牘文件責成文案委員及各房書吏，從未設有門稿、籤稿等名目，向不令家丁經手公事，不准家丁私收門包，應即全數發還。所有光緒十年秋貢、十一年春貢，前據各該員先後照章辦繳前來。除節經本部堂恭選進呈，并將應行帶京貢餘品物飭交差弁隨帶進京外，當將呈交公用之件發還來差具領回繳在案。此外，如到任、節壽、查庫各項陋規、禮物、門包，以及各員稟辭，到任各屬餽送土宜，名目甚多，鹽務人員亦間有前項情事。本部堂抵粵伊始，即經傳諭屬員不得餽送禮物，其循舊致送者，當經隨時發還，并無一次收受。而各該員等沿訛襲謬，置若罔聞。却者自却，送者自送，以致隨時稽察，不勝其煩，逐件駁回，不勝其擾，足見廣東官場風氣惡劣，亟應嚴切禁斷。且聞粵省大小各衙門送禮收禮視爲故常，毫不爲怪，實足以淆吏治而害官箴。兹因發還貢餘一案，應再嚴札通飭，合就札飭。札到，該府即便遵照，并移行所屬，嗣後辦貢之員係在本部堂任内承辦者，不得更有呈送本部堂及堂官之件，仍於辦解之時備具公文，列摺呈繳，以憑點驗。其餘各種陋規、禮物、門包，悉行禁絶。敢有仍行瀆送，定行參處不貸。如司道以下有屬員餽送者、上司收受者，查出一併嚴參。

札廣勝軍統領李先義定章操練 光緒十一年六月初八日

照得海防各軍，原爲洋戰而設，新募廣勝軍自應專擇目前切要事宜，斟酌情形，認真訓練，方爲餉不虛糜，緩急可用。查向來營操各陣式，以及大刀、花槍、鋼叉等件，在今日已無實用。兹特酌定數條：一練卧槍。專演卧放後膛槍、滾地前進，以備冒礮攻敵。一練過山礮隊測表取準。一練掘造地營。一練安放地雷。一練修築礮臺。一練臨敵散隊，不准沿用方圓舊陣，徒飾觀美，更不准仿襲近日各省洋操陣式，麕聚方行。務期進戰之時，可於頃刻間令一營變爲無數小隊，不嫌畸零，人自爲戰，但須互相救應，可分可合。一練演放洋式火箭。一練安設行軍電綫。一練健步疾行，踰濠越嶺。一練夜戰擾敵。大率守地營則惟以堅静深藏爲主，出戰則專以輕剽猛疾爲貴。至於濬濠築墻一應工程，皆須督飭勇丁，聽令工作。教習雖參用洋弁，口令俱專用華語。每逢半月，本部堂親臨校閲一次。如操演有效，隨時奬賞。如技藝不精，工作不實，惟該統領、營官是問。勉之懔之。

札釐務總局考察委員光緒十一年八月初一日

照得東省釐金辦理未善，侵蝕舞弊不一而足，疊奉廷旨飭查。天語煌煌，宜如何欽遵辦理。迺本部堂屢次面諭該局司道加意整頓，留心舉劾，以冀挽回風氣。一年以來，未聞該司道舉發一事，詳請撤參一人。似此有意瞻徇，習爲容忍，既乖激濁揚清之道，亦昧阜財裕國之謀。方今籌餉艱難，民生凋敝，各項捐抽未能即爲蠲免，深覺抱歉於懷。若此正項釐金分應完納，在商民已竭力輸繳，而廠員迺恣意侵漁，致使利不在國，害實在民。道途聞咨怨之聲，官府無考察之舉，且有短抽中飽之員。委署繁要，大缺中材者無以動其向善之念，不肖者益以堅其爲利之忱，澆風何自而挽回，痼弊曷從而洗滌，言之殊堪痛恨。合亟札飭。爲此，札仰該司道立將省外釐收各廠卡相度情形設法整頓，以期逐漸旺收。所有大小委員，認真考察，廉正辦公、收數較長者稟請即予奬勵，俾資效法。其有辦理不善、聲名素劣之員，亦即分別詳請撤差參辦，以肅官常，以端釐政。切切。

札廣東司道籌議大修圍隄光緒十一年八月初一日

照得廣、肇兩府民田，率多濱江臨海，所有圍隄，歷係民捐民辦，向無官工，基隄痺薄，樁築率略。一遇盛漲，動輒漫決。大率近十餘年來，幾於無年無之。本年西潦過猛，暑雨復多，西、北兩江同時暴漲，上起高要，下迄新會，決圍甚多，受災甚重。當經本部堂、部院督同司道、各該府縣多方籌欵，各處紳富善士慷慨捐貲，委員委紳，撥兵撥勇，運米派輪，分投賑濟，緊要各圍發欵趕築。復經歷陳民困，上籲宸聰，仰荷慈仁發帑三萬兩，至優極渥，實爲粵省歷年之所無。現經體察各屬情形，災民稍蘇，晚稻已種，從此雨暘時若補救，尚可稍資。惟是救急雖紓於目前，備災宜籌夫久計。核計備災各欵，司局之所籌措，官紳之所集捐，除已用十餘萬兩外，爲數尚復不少，合之部欵，約在十四萬［兩］以外。必須切實籌畫，爲粵民謀一永久可恃禦災捍患之方，方足以上暢仁恩，下愜義願。本部堂、院公同籌酌，亟宜乘此秋清水涸，將廣、肇兩府圍隄擇其衝要，大舉興修，俾得旱潦無憂，永免墊溺之患。論目前則爲以工代賑，論日後則爲思患豫防。曲突之功，似當遠勝焦爛。應即由司飭委素習民事、熟悉地理之員數人，迅速前往會同地方官詳加勘議，將高要、四會、花縣、高明、清遠、三水、南海、番禺、新會各圍以及附近各廳縣查明圍大田多、地窪隄薄、當衝受灌者若干處，分別最衝、次衝，體察地形，采訪輿論。今若大舉興修，應用何等工料，或宜灰沙，或宜三合土，或宜間用石基，高厚宜若干尺。大率最要五義：一頂址必有收分，始免坍卸。一土作必加夯硪，始免浸漬。一土料必兼灰沙，始免衝刷。一頂衝必作斜壩，始能挑溜。一内攔必多月隄，始免盡潰。工費若干，期限幾日，員弁如何分段，工程如何考核，一一確實估計。至以後修守章程如何籌定，下游添築阻水圍基如何查禁，各圍本係民工，各該圍富紳業户能否勸捐助工，一併體察核議，繪圖貼説，妥擬辦法，稟候核定，刻期舉辦。再，作工必須利器，所需鐵硪石硪之屬。昨據肇陽羅道潘道面稟，一切尚屬詳悉，應即一面在省飭工如式趕造多具備用。又，作工必須有通習隍工之人，較易得力。應向湘軍檄調熟習弁勇，幫同照料工作。潘道現在因公來省，該道轄境專責。前任廣州府荆宜施道蕭道熟悉情形，應飭與在省司道一併與議。署陸路提督鄭現經督辦圍工，著有成效，應與鄭署提督隨時籌商。除分別咨行外，爲此，札仰該司道等速即會同悉心核議，一面將大概情形辦法禀覆，一面委員飭屬會勘，查照上項事理詳晰具禀，以憑及早定議興工，奏明辦理。總期聖澤常垂，民生永賴，以仰副朝廷軫念饑溺之至意。毋稍率延。

咨呈總理衙門越司務朝貢事[一] 光緒十一年

八月初八日

光緒十一年六月十六日據越南國七品司務阮籍等禀稱：溯自法匪有事於越以來，東封西肆，無厭鯨吞，占有六埠之地，環攻北圻四省。挖造詆詞，造爲遵守癸酉年他所定之和約云云。于前年時逢不造，國君喪世，他乃不哀吾喪。而法吾宗國，使以從和，又逼以不可忍爲之事。索取國印，占據海關。當時內憂外患相繼疊至，既不能戰，又不能守。則從和之舉，倒持太阿，然下國亦思所以續統固存於萬一。長仰中朝將來，故一時從權，亦出於萬萬不得已也。進退維谷，國亦成空。猶幸東京劉錡，西貢士民，同時義舉。他雖顧全却后，難以爲力。乃狡焉思逞，進逼順京，冀圖挾制之策，使之從命，故下國外難從和，內則未敢忘其自治，整兵秣馬，日夕引領而望。幸而天兵南下，直搗北河。則下國臣民亦同時效順，背城獵一，以定雌雄，决不敢以父母之邦，而甘心降虜。下國年求三次命使請罪，詎料爲他遮阻，弗克如願。遂致音問不通，而使下國蒙不白之冤，無從告訴。幸而天威有德，彼夷帖服，使下國得以內屬如故，則仰視天日從此有期矣。因思內屬之例，蒙有封印行用。維下國年前爲他迫取，不肯順交，致生成許多交節。尋思無計，敬自火藏，不敢使辱於賊手。去年四月□日，他向謂令中國與他和約，業已原將下國交他保護，凡事應由他管轄。中國亦不認爲其藩，其受封印亦現無用，交他認取，以使一端。下國以事屬無理無憑，多方辯詰，决不肯交。縱有如此，亦應由下國先行奏知。而他故意不許，即將兵船迫臨城下，要其必得，不然則立見兵戈。下國此時嗣君未殞，外患重來，自知勢力不支，乃有火藏之事。這般苦念，惟有天知，以此負恩，徒思泣血。茲近届入貢之期，而未敢率辦。下國現擬恭繕國書，謹委價臣，先由督部堂大人閣下，膝行受罪，泣血苦衷，仰承鈞旨裁定如何，以使從事。豈意事猶未發，戎且生心，將欲括囊卷席，以厭其求，則供給之下，何能堪命。以戰則難保其必勝，以和則無厭其誅求，故猶且隱忍從權，以俟十年之約。乃於本月初十日，聞得來信。五月二十二日他又以兵見脅，下國勢不能忍而出於一戰。君臣奔播，社稷丘墟，定下國臣民正欲得而甘心，而最得以從命。天高日遠，暹崖谷之陽春；魚釜雁庖，見危亡于旦夕。敬惟大人閣下，權隆制閫，職重分司，字小心殷，柔懷道大。是以薄海內外，咸沾帝世之仁，而下國君臣，獨抱向隅之泣。爲此下國謹委價等潛往，伏叩轅門，以事懇告，仰承軫恤如何，還以尊卑分隔，無爲先容，欲號訴而莫由，恐置身之無地。怔忪無

[一] 録自苑書義等主編《張之洞全集》第四册，第二四六四至二四六五頁，河北人民出版社一九九八年版。

措，進退兩難，故不自量，冒昧唐突，仰惟高明燭照，赦罪憐躬，示以指南，迷途早覺。幸仰天日回照，復見威儀，則長蒙再造之恩，頂戴高深于無既矣。價等臨楮不勝惶悚之至等情到本部堂。據此。當批據稟該國近爲法人所逼，旦夕危亡，懇求軫恤。兹届入貢之期，未敢率辦。并稱國印已經火藏等情。本部堂仰體朝廷字小之仁，原不難據以入告。特是該國奏達天朝，向須疊簡大臣，恭賫表疏。即使頒策已毁，亦應函咨本部堂或撫部院，并令該國大員具稟，蓋用印信，稟達本部堂暨西撫院，遣派大員，前來投遞，以征信念，而重典禮，方能查核具奏。今該司務等官職既卑，僅自行繕具紅稟一扣，又無國書印據，礙難率行代爲上請。此繳。等因。印發并分别咨行外，相應咨呈。爲此，咨呈貴衙門謹請察照施行。

咨呈總署鈔送與法領事往來函件 附單 光緒十一年九月三十日

准貴衙門函開：法國漢文正使微席業疊次來署，據稱廣東領事官師克勤到粤後，拜謁將軍、督撫，始則僅將軍接見答拜，繼則撫台亦已晤見，惟總督終未允見等語。本處告以想因公事較繁，是以未能接見。乃彼復以中法新和，不見領事，恐百姓疑心，生出事端爲言。查各國領事准見督撫，定章如此。前經貴督奏明，凡有交涉緊要事件，由瑞運司辦理，本署照知各國去後。嗣據先後照覆，以與向章不符，不肯遵照。本署告以如實有瑞運司不能了結之事，原可直達總督，并非由瑞運司一人專主。蓋以照約而行之事，遽欲更改，彼必不允。況中法新和，領事初到拜謁，亦是應有儀文。洋人最愛體面，豈可拒而不見，致有煩言。如師領事謁見時，似宜假以詞色，勿使觖望，亦牢籠之一法也。又准貴衙門函開：前因法使巴特納來言，師領事到省未經接見，業已專函奉達。昨又接巴使來文，并鈔録領事與尊處往來照會送閱，始知閣下未見之故。查師領事照會，意在豫爲教堂訛索地步，實屬無理，此端必不可開，尊處駁之甚是。乃巴使反爲强辯，語多袒護，業經本衙門將領事來文不合之處照覆該使。兹將往來照會鈔録寄閲，如師領事仍請會晤，自宜待以禮貌，使之無可藉口。儻有非理之求，即當直言拒絶，以杜其漸，諒閣下必能相機折服也各等因，到本部堂。承准此。查廣州口岸，法領事師克勤本年將回粤之時，先由該國教士由香港致書署廣州協副將總兵鄧安邦，係因去年東莞縣屬教堂偶有滋鬧，歸咎於該處紳士助匪縱虐等情。經本部堂以其詞甚狂謬，當即代鄧安邦酌定一函覆之。及該領事到粤，其氣燄甚盛。初次請見，適在本部堂感暑之時，覆函卻以從緩。嗣於七月十二日又據投函請見，當以是月初間該領事另有來文一件，内中言及失和時事，越理負氣，傲慢無理，並云教堂燬缺各物，欲委員會查，秉公辦理。是其意圖逞强索賠，藉此文爲嘗試，斷不可不杜之於始。當經正言駁覆，拒之不見各在案。來函謂其豫爲教堂訛索地步，此端必不可開，洵爲灼見，狡謀至明至決。以後如該領事有非理之求，自當遵照指示，直言拒絶。至法領事師克勤狡險狂妄，遇事生波，難以枚舉。兹因奉其本國之命赴越勘界，已於本月二十日離粤。新任法領事法蘭亭已經到粤，此後可省一枝節矣。兹將該領事前後來函及函覆稿、另案來文及照覆稿并鄧安邦覆教士函稿，照録咨送備查。

照録與法領事往來文函稿件并鄧安邦

覆教士函稿

法國師領事來函六月二十一日到

逕啟者。照得中法業已罷兵，言歸於好，從此中外一家，永敦睦誼，實為欣幸。本領事現承貴部堂邀請回粵，業於本日抵署。本擬即行趨謁台階，面伸積悃，未悉貴部堂何日可以會晤。希為定期示覆，以便前來拜候也。

覆法國師領事函六月二十二日發

逕覆者。昨接來函，即經閱悉。其領事官重來粵省，約期過晤，本部堂良願接談。但日來因感暑抱病，不能久坐，誠恐晉接難周。擬俟所患就痊，再當訂期延晤也。

法國師領事照會

為照會事。光緒十一年六月十五日，得接法國駐京欽差大臣巴來電，云接總理衙門照覆內開，應令本領事仍回粵東本任，並領回所封衙門以及廣東省各處天主教堂教民房屋，飭令核辦此事。於六月十六日承賀稅務司電知貴部堂美意，非但用心保護教士平安回粵，且保嗣後相安無事，惟遲十日方可請本領事及教士等回粵等語。本領事因事屬兩難，躊躇未定，衹得獨自一人先期兩天回粵，令教士等須候本領事定奪，隨後再來。本領事之意，總欲彼此往來和好商辦。孰料如此要事，貴部堂及撫部院均不肯相見。本領事思此事關緊要，責任重大，如再遲延，實在不能一人肩任。思維再四，相應照請貴部堂用何善法，令教士回粵，希為照覆。至去歲逼令本領事等離粵，皆出地方官之意，核與光緒十年七月初五日之上諭相反。查該地方官當日查封教堂及教民房屋之時，業已允許將來教士教民回粵，即將所封房屋物件一切照舊交回管理。現在教士教民不日回粵，應請貴部堂飭令地方官立將佔霸教士房屋之人全行逐出，并委員會同主教所差之人，查明所佔何地，所燬何屋，所缺何物，詳細查明，秉公辦理。想貴部堂明知本領事所求非獨公道，且亦分所應為。本領事甚願兩國和好，實無他意。吾有所求，衹願秉公與合理之事而已。為此照會。

覆法國師領事照會

為照覆事。光緒十一年七月初四日，接貴領事官照會，內稱光緒十一年六月十五日云云，為此照會等情。本部堂均已閱悉。查上年七月初間，貴國兵船棄和開衅，攻犯閩江。其時粵東義民同聲憤激，衆怒洶洶，傳書集衆，意欲盡燬貴國商民屋產，攻擊教民。本部堂深以保衛商教為念，是以照知貴領事官挈同商民離粵，以避衆怒，并通飭示禁，不准擾害貴國教堂、教士人等，凡教堂皆須歸官封守，教士願出境者護送，不願者保衛。旋奉廷旨保護貴國官商教士，又經恭録通行出示曉諭。所有札文告示，戒飭諄諄，均為保全貴國商民教士起見。今來文轉以去歲地方官逼令貴領事官等離粵為言，是本部堂前此維持調護之意，貴領事官尚未深知，且未將當日情事細為審度也。試思去歲貴領事官如不挈商民等離粵，所有教堂房屋如不由官封守，萬一變生不測，何從保衛，何今日不以為德，反以為怨乎。現在兩國重敦睦誼，貴領事官及教士、商民人等仍回粵東，從前所封教堂自應撤封交回管理。本部堂業已於前月通札各屬地方官，俟貴國教士入境游歷、傳教，即按約妥為保護，并將曾經封守之教堂撤封交還，一面出示曉諭各屬民人，不得疑惑滋事。茲將告示稿鈔録送閱。來文請飭地方官立將佔霸教士房屋之人全行逐出，并委員會同主教所差之人查明所佔何地，所燬何屋，所缺何物，秉公辦理各節。查所稱教士房屋，大約即指教堂，上年或被教民自行拆遷，或被閒人乘機滋擾，間亦有之，經地方官費盡心力，始克大段保全。事在開戰以後，議和以前，礙難深究，并無霸佔之人，無所用其逐出，亦無所用其派員會查也。接文前情，相應照覆貴領事官查照。為此照覆。

法國師領事來函光緒十一年七月十二到

逕啟者。本領事重來粵省業已兩旬，尚未獲領教言，殊深悵仄。現聞貴部堂玉體業經安和，所有文武僚屬照常接見，並往行香拜客。本領事官得悉之餘，良深欣慰。現擬於日內前來拜候，貴部堂何日可以會晤，希即定期示覆為盼。

覆法國師領事函七月十三日發

逕覆者。頃接來函，即經閱悉。中法重敦睦誼，貴領事官復來粵東，本部堂亟願晤談。特以貴領事官前此訂晤，適在本部堂抱恙未愈之時，誠恐晉接未周，故爾暫從緩議。乃本月初間，接到來文一件，內中言及失和時事語多越理負氣，且有稱呼失當之處，閱之不勝訝然。今將來文越理負氣、稱呼失當之處，為貴領事官切直言之。查自去年七月初間，中、法已成敵國，而粵東仍肯衛送貴國教士使之行止自由，封守貴國教堂使之稽察易及，是則雖居敵國之日，猶存友國之心，相待之情，亦不為不厚矣。來文乃以衛送為驅逐，封守為霸佔，豈尚欲追論失和時事乎。況貴國首開釁端，兵連禍結，荼毒人民，不可勝計。即使驅逐教士，產業入官，在當時并不為過舉，況實係衛送，實係封守乎。本部堂以為前此教士無論是驅逐是衛送，教堂無論是封守是霸佔，事在開戰以後，議和以前，此時皆不當復問。況自和議定後，粵東各屬教堂先經本部堂通飭撤封交還，教士入境者亦飭按約保護，原不待貴領事官之請而後行。貴領事官既欲給還教堂，安置教士，亦應和平商辦，豈可作霸佔、驅逐等傲慢無禮之詞乎。至兩國官員稱謂之間，尤當各存謙敬。來文自稱，不曰領事而曰吾，未免倨傲已甚。本部堂因此件來文係貴領事官回粵後第一次因案請辦之件，乃其中詞句已多失檢，則貴領事官意氣未平，雖與晤面可知。設或席間言語齟齬，豈不轉傷睦誼。日來身體雖已調和，然欲晤聚有期，總在貴領事官意氣盡除之後，彼時定期暢敘，不復提及去年失和以後之事，始能從容欵洽也。此覆。

代署廣州協副將記名總兵鄧安邦覆法教士李默函

逕覆者。查中國地方文武官員，與外國教士向無信函來往之事。昨者貴教士由香港馳遞本總鎮一函，本不敢擅行拆閱，因念兩國修好伊始，來函必有要事，故不拘守向式，當即收拆，乃知來函之意，係因東莞縣屬教堂被擾，教民失所，歸咎於該處紳士助匪縱虐，請為善辦等語。此事本末緣由，利害所在，本總鎮不可無答，故又不拘向式，覆函為貴教士明晰言之。自上年七月初間，貴國兵船棄和開衅，襲踞雞籠，攻犯閩江，而且焚燬船廠，害及商船。查商船與戰事何干，似此酷虐，誰實縱之。因此粵東義民視凡法人皆若讎敵，幾欲盡與教士、商民為難，即教民亦不使片刻在境。萬衆汹汹，各無異心。幸我朝廷明降諭旨，保護貴國官商教士。而粵中大憲既先照請領事官挈同商民離粵，以避衆怒，又復屢次通飭示諭各屬官民不准擾害法國教堂、教士、教民。凡教堂皆須歸官封守，教士願出境者護送，不願者保衛，教民亦飭安分照常，不得妄動。所有通行札文告示，戒飭諄諄，不止一次，諒貴教士近在香港亦有風聞。此則我朝廷覆幬之深恩，與我大憲維持之美意，貴國一切人等所宜知感者也。當是時，萬民一心，衆怒難犯，若無如此高厚之廷旨，如此剴切之憲諭，不知變故猝乘，更作何狀。況各處教民平日積慣恃强，欺凌鄉里，結怨甚深，本有自取之道乎。來函謂朝廷一視同仁，是貴教士亦知感激天恩，本總鎮甚為嘉許。至謂紳士助匪縱虐，則未知當日利害所在矣。查東莞屬内法國教堂，惟罟魚洲一處被火燒燬，當經官員督同紳士彈壓救息。是紳士助官止虐則有之，助匪縱虐則無也。其餘教堂均經封禁，甚少傷損之處。至於教民房屋，亦止石龍墟洪亞美家一處被衆搶鬧，經縣查無搶掠確據。且教民雖從法教，仍係中國子民，貴國安得於稱兵之後尚管及中國之民乎。本總鎮以為，兩國現已重敦睦誼，則凡未睦以前之事，不當復有所言，紳士助匪等辭，實不欲入於吾耳。惟貴教士所請與邑主早為善辦，自可允予照行，現即致函東莞縣查照辦理。但所謂善辦者，無非指明中法已和，教堂撤封交還，教士入境遊歷，使民間不致疑惑滋事。查此等辦法，我大憲業已出具告示，通飭遵行，東莞自同一律。茲將告示鈔録送閲貴教士。此時前赴東莞，地方官自必相待如初，無可疑慮之處。貴教士惟當切囑教民，自此鄉鄰交際，務須禮讓謙和，慎毋稍逞强梁，致滋怨怒，庶幾相安日久，可免他虞矣。

札委州判孫鴻勛等襄理福軍營務附單　光緒十一年十月初一日

照得提督劉永福一軍已抵南甯，現經飭令率部前來廣東省城暫行駐紮，聽候調遣，亟應籌定營制，以便遵守。茲經本部堂酌定該軍營制事宜八條，并通行楚軍營制，刊本合行飭發。惟該提督軍旅起家，該軍初入關内，宦途禮節、内地營規、公牘體式諸多未諳，必須有明白曉事之員，左右匡導，經理一切，以免措置失宜。前經派委方道長華赴邕經理一切。現因該道另有要差，未能前往，自應另行改委。查州判孫鴻勛、通判陳文垿前赴該軍公幹，并護送該提督部衆眷口東來，於福軍情形均所熟悉。孫州判兩次跋涉，其聞見尤屬詳晰。所有福軍營務處兼文案事宜，應派孫州判總辦，陳倅幫辦。即由東省選帶差弁四人，親兵四十人，管帶親兵哨官一人，書識酌帶，前赴南甯，將該軍一切營務文件妥爲經理。此乃本部堂曲體護持該提督之意，即責成該員等於該提督隨時匡助，講論書史。該提督務須遇事與該委員等虚衷商酌，以期周妥。至該提督以下營哨各官，該委員均應剴切指示，俾知法度，約束部伍，毋得違犯。嗣後該軍如有不遵軍律，不諳體制之處，即係該員等不能糾率之咎，定惟該員等是問。

酌定福軍營制事宜

營制餉數

營官一員，薪水五十兩照舊，辦公費六十兩，均不扣建。凡幫辦及管帳目、軍裝、書識、醫生、工匠薪糧，并更換旗幟號衣各費在内，聽營官酌用。

營官親兵分兩隊二十四名，每名月支銀三兩九錢。

新兵什長二名，每名月支銀四兩二錢。

哨官四員，每員月支銀九兩。

哨官護勇每哨二名八名，每名月支銀三兩九錢。

正勇每哨三十四名一百三十六名，每名月支銀三兩六錢。

正勇什長每哨三名一十二名，每名月支銀四兩二錢。

伙勇親兵二名，每哨三名一十四名，每名月支銀三兩三錢。

一營共二百人營官在外，每月大建共支銀七百五十五兩四錢，小建共支銀七百三十兩二錢二分。

長夫每營五十二名，每名月支銀三兩，每月大建共支銀一百五十六兩，小建共支銀一百五十兩八錢。

合計一營月餉，大建每月共支銀一千二十一兩四錢，小建共支銀九百九十一兩二分。

統領薪水一百兩，照章公費一百兩。該提督關外遠來，從人衆多，需費甚鉅，從優酌加二百兩，每月共公費銀三百兩。

差委將弁十員，不論官階，分為兩等，頭等每員月支銀十八兩，二等每員月支銀十二兩。

親軍一百名在五營之外，照各營親兵例，每名月支銀三兩九錢。

現在防務大定，内地勇營節次裁減，該提督所部五營，應各暫定為五底營，每營二百人。仍分四哨，取其人數較少，便於約束，以免生事，致為該提督之累。嗣後如邊防有事，派令出征，臨時再按通行營制募足。

一、五底營之外，准該提督另設親軍一百名，差委將弁十員，以資任使。

一、營勇及親軍務須挑選精壯樸實之人，不得以老弱充數，其狡猾生事之人，勿得濫收。

一、該軍餉數，照東省通行楚軍營制，按現定底營名數核給。

一、收支餉項，應由該提督酌派親信穩實之員經管。

一、各營勇數，不准一名缺額，其月餉應於每月二十九日全月全給，由營務委員會同統領點名支放，不准扣延，各將弁薪水同日并發。

一、劉軍素稱敢戰，惟省防與邊外不同，紀律尤須嚴整。應即董率各營官申明約束，整齊步伐，平日所在之處務須紮營歸隊，不可零星散處，游蕩生事，尤須按期操練後膛槍礮，以期材藝精熟。

一、該提督親丁眷口，可即一併同來粤省，其餘閒散丁口應即分別資遣安置，勿庸帶同來粤。此項餘衆丁口，本部堂前經發給資費，務須妥為安置，勿令失所。

手諭

安置福軍一切事宜，已詳切面諭委員孫鴻勛前往傳知。凡文電所未盡者，該提督務與孫州判、陳倅會商妥辦。

前檄未盡事宜數條

一、營哨官須擇穩實有用之人，不可草率，須稟候批准。

一、來東一路軍容，務須嚴整鮮明。

一、本部堂事事親裁，東省官方嚴肅，該提督來東，斷不可聽妄人言語，妄行應酬糜費。

該提督前稟請獎各單，務須復加確核，實有勞績者方准列保，并須將已經岑帥保奏者、留越未從入關者扣除。嚴禁營哨各官向各員弁勇索取使費，責成該提督會同孫州判、陳倅切實查核。

咨呈户部速核定數分攤各省關匯粤按期歸償借欵[一] 光緒十一年十月二十四日

據廣東善后總局司道會同廣東布政使沈鎔經、代理兩廣鹽運

[一] 録自苑書義等主編《張之洞全集》第四册，第二四七六至二四七七頁，河北人民出版社一九九八年版。

使蔣澤春詳稱，竊照光緒十一年正月二十五日奉憲台密札開：照得本部堂於光緒十一年正月初九日，電請總署代奏借專欵供鮑餉緣由。十三日准總署十二日來電，本日奉旨：張之洞電稱，另借匯豐銀百萬兩濟鮑超軍餉等語，著該督即與匯豐借定，仍由各海關還。至鮑超月餉如何限定，四川能否供支，此欵如何撥用，著户部速議具奏，候旨遵行。鮑超帶二十一營於十二月初三日自滬起行。欽此。等因。到本部堂。承准此。合就恭録電旨，并抄稿行知，仰局即便欽遵，查照毋違。計粘抄奏稿一紙。又二月初二日奉憲台札開：照得本部堂於光緒十一年正月初九日，電請總署代奏稱前奏准借大東公司五十萬零五千鎊，供臺、越氣礮用。疊接曾電，東司礙法不願借。兹改與匯豐議定，再借五十萬鎊，照粤新借五十萬兩五千鎊辦法，年息九釐加閏，十年期，前五年還利，後五年本利并還。各省關還，各海關保，蓋粤關、粤藩印。又擬請由粤代川借鮑餉百萬兩，利息期限作保與匯豐兩欵同，已與倫敦議妥。鮑欵詳另電奏内。如蒙允准，請敕總署照巴使電港，立約提銀。法禁英借兵債，匯豐言只借一次。與商妥新借各欵共一合同，分注約上。曾電東司勸我速定，事急，請代奏。十三日准總署十二日來電，本日奉旨：張之洞電稱，大東公司不願借欵，改與匯豐定借，照粤新借之欵辦法等語，著依議行。欽此。等因，到本部堂。承准此。札局欽遵查照各等因。奉此。當經派員赴港，與匯豐銀行訂立合同，再借銀七十五萬鎊，約洋銀三百萬兩。查此項三百萬兩内，係以一百萬兩購美國氣礮，以一百萬兩供援桂濟臺之需，以一百萬兩接濟鮑餉。嗣又改分撥滇、桂及鮑軍之餉，均非東省支用。所有歸還本息，分年分次分期，均已議定，開列清單，附於合同之後，届期應由各省關將應還之欵解由廣東藩、運兩庫歸還。業將合同清單照録清册，詳請奏明，并請咨明大部速行核定數目，分派各省關按期按數，豫解廣東藩庫收儲，查照合同辦理，以免遲誤在案。兹查本年八月二十六日應還一期息銀三萬三千七百五十鎊，現届期，尚未奉准部覆核定數目，分派各省關解粤關而洋欵届期，萬難緩，且恐一經失信，致啟洋人輕視之心。現已在於各庫不論何欵先行挪墊歸還，以免借口。又憲台札派王道藻章息借寶源洋行銀一百萬兩，分濟雲、桂各軍一案。接准總署電代奏，准由各海關認還，因係在粤訂借，用粤關一處之印，請飭部酌派各關省攤認，届期各海關將應還之欵解交粤海關匯還。業將合同清單照録清册，另案詳請奏明，并請咨明大部核定數目，分派各省關按期按數預解粤海關收儲。查照合同辦理亦在案。查本年十二月十四日應還寶源借欵項一期本銀三十三萬三千四百零五兩，息銀八萬五千兩，爲期已近，理合一併（譯）[擬]請察核，俯賜咨催大部，迅速核定數目，分派各省關刻日解粤，以便届期歸數。以後并請按期按數豫解廣東藩庫收儲，查照合同辦理，避免延誤等由，到本部堂。據此。相應咨呈。爲此，咨呈貴衙門謹請察照施行。

札委各員測繪海口圖説 光緒十一年十一月初四日

案照光緒十年七月初六日接准總署來電，奉旨：著將沿海各口地形繪圖貼説，并將某營現紮某口，兵勇若干，何人管帶，有無礮臺，分別詳細註寫，以備考證。等因。欽此。當經札飭營務處會同善後局，移行各鎮道府及各統領一體詳細確查，繪列圖説，詳晰情形，開具清摺，繳送該處復加核勘，測繪精圖，詳請分別進呈咨送。嗣准總理衙門咨開，准軍機處鈔交内閣侍讀學士延茂奏：海防緊要，請飭繪輿圖進呈一摺，奉旨：該衙門知道。欽此。傳知欽遵辦理，即希遵照疊奉諭旨，督飭所司繪列簡明圖説，實事求是，毋漏毋枝，進呈乙覽，并咨送軍機處及本署各一分，以備隨時稽核等因。復經本部堂札飭營務處會同善後局移行各在案。查此項圖説，疊奉諭旨繪造進呈，洵爲當務之急。屢經本部堂飭催，迄今未據送到，即間有送呈礮臺各圖，亦屬簡略未備，擬難再事延緩。應即委派營務處方道、陽江鎮黄鎮、本任高州鎮張鎮、會辦營務處户部趙主事，酌帶明幹委員，會同周歷各海口，逐一測勘，并委水雷局教習詹天佑選帶測繪生徒，洋務委員員外郎銜辜湯生帶領洋弁隨同前往，欽遵疊奉諭旨，勘明海口幾處，各口門寬狹、曲直、深淺，内外暗礁、明島，口外沙灘若干里，何口爲極衝，何口爲次衝，何口爲又次衝，何處可屯師船，何處可艤立船塢，何處可造電房，何處埋伏水雷、魚雷，或漁舟蛋户可資引水，或暗沙叢島無庸置防，及海口現有各礮臺或舊式或洋式，工程用石用沙用土，及離海離江若干步尺，或江心或海濱，船行之際距臺若干遠，每臺建兵房幾間，應用礮兵幾隊，臺旁臺後餘地能紮步隊幾營，現紮兵勇幾營，安礮位大小幾尊，礮臺應否添建，由海口入内之河寬窄深淺，可抵何處，均須詳載圖説，以期形勢瞭然。應繪虎門圖一，沙角、大角、蒲州、上下横檔、鵝嘴、觀音沙附焉。黄埔圖一，長洲、沙路、牛山、魚珠附焉。省河圖一，中流沙、南石頭、東滘口、白鵝潭附焉。省城後路圖一，燕塘、龍泉岡、白雲山、增步附焉。五門圖一，西江之甘竹灘，南海之五斗口、蔗圍口、三山滘、陳頭，順德之容奇、桂洲，香山之圭沙附焉。香山、澳門陸路接壤圖一，合爲省防六門外總圖一。又繪北海圖一，龍門附焉。欽州東興汛陸防圖一，合爲廉防水陸總圖一。又繪瓊防圖一、鋪前、青藍港、儋州海口、崖州海口附焉。又繪潮防圖一，汕頭、揭陽、南澳附焉。共合爲全省海防邊防總圖一，通計總分圖十三。除札營務處遵照外，合就札委該道即便會同各員周歷各海口，按照准咨先後奉旨事理，逐一考察測勘，督令詹天佑等繪圖注説。先繪省防六門，再繪廉防、瓊防、潮防各圖。務須精當詳細，以備進呈咨送，切勿草率遺漏。是爲至要。

光緒十二年

咨呈奏派員弁前往滇、桂勘界摺奉硃批[一] 光緒十二年正月十二日

本部堂於光緒十一年十月初九日恭摺具奏爲分派繙譯員生暨正佐各員隨往滇、桂勘界，并揀派將弁并往周歷考究，以備將來籌防一摺。茲于光緒十一年十二月初七日差弁賫回原摺内開，軍機大臣奉旨：知道了。欽此。查摺稿先抄録咨呈在案，欽奉前因，除恭録咨行外，相應恭録咨呈。爲此，咨呈貴衙門謹請欽遵查照施行。

札副將鄧安邦整頓捕務 光緒十二年正月十九日

照得粤省盗風日熾，省城内外及附近省河地面，搶劫頻聞，萑苻四起，甚至團局公然劫殺，城市時有戒心。其村小丁稀，因畏盗而事主不報，估船渡艇，因打單而停泊不開，又不知凡幾。光天化日之中，竟人懷跼蹐不安之念。馴是不已，必至商旅裹足，市井蕭條。大亂萌芽，或由兹起，甚非地方之福也。本部堂忝任疆事，寤寐難安，業將持械夥劫各項水陸兇暴衆著之盗匪，仍予先行就地正法，會同撫部院奏請辦理在案。惟是申明刑律所以截其流，而本源之害，由於額兵疲弱，練兵巡勇或在防人數不足，或管帶不得其人。捕務廢弛，匪徒結幫行劫，來去自由。甚至得規縱放，借案消弭，而正兇真盗逍遥事外，言之殊堪痛恨。查省河等處緝捕，原配練兵七百九十七名，廣協駐省巡防勇二百二十名，加以江浦行營勇丁暨鄧署副將所帶本部之勇，爲數不爲不多。而鄧署副將責成尤重，正可盡力捕拏。乃歷年報獲著名盗匪甚屬有限，未經破獲之案日見其多。該署副將才具素長，情形素熟，倚任最專，乃於省會要地捕務，近來頗不甚究心。上年六月中旬以前防務倥偬，猶或可以藉口，六月以後，亦仍未見上緊緝獲，例以疊次疏防重大盗案，即予處分，亦所應得。姑先嚴札申飭，以振積習而破玩泄。爲此，札飭該副將立即遵照，將從前未經破獲各案及以後設有新出之案，一律迅派兵勇分途購緝，務獲報解。如再不知振作，縱盗殃民，有負委任，定干未便。懔之。

咨呈總署奏派員先期查勘欽州、越南交界片奉硃批[二] 光緒十二年正月二十二日

本部堂於光緒十一年十月初九日會同廣東撫部院倪，附片具奏派員先期查勘欽州、越南交界緣由，兹於十二月初七日差弁賫回原片。軍機大臣奉旨：知道了。欽此。查片稿先經抄録咨呈在案，欽奉前因，相應恭録咨呈。爲此，咨呈總理各國事務衙門謹請欽遵察照施行。

[一] 録自苑書義等主編《張之洞全集》第四册，第二四七九頁，河北人民出版社一九九八年版。

[二] 以下二件録自苑書義等主編《張之洞全集》第四册，第二四八一頁，河北人民出版社一九九八年版。

咨呈奏寶源借欵初次本息由各省關解粵歸還片奉硃批光緒十二年二月初八日

爲照本部堂於光緒十一年九月初四日附片具奏寶源借欵初次本息仍請由各省關解粵歸還緣由一片。今於光緒十一年十月二十四日差弁賫回原片内開，軍機大臣奉旨：户部速議具奏。欽此。查片稿先經抄録咨呈查照在案。兹奉前因，除札東藩司會同善後、釐務局欽遵查照外，相應恭録咨呈。爲此，合咨貴衙門謹請欽遵察照施行。

札東善後局存儲專欵建築礮臺光緒十二年二月初八日

照得省河東路北岸之牛山地方，距省約七十里，爲省防陸路最衝最遠之所，正與沙路南北相對，實爲長洲之左臂，魚珠之外屏，形勢極爲扼要。上年飭委德弁周覽礮臺形勢，僉謂此處必宜築造礮臺，方不致令敵人由波羅一帶登陸，襲我魚珠後路。現就該山建築礮臺八座，礮路所向，正扼四沙口之咽喉，若敵船將近，正可與沙路之礮犄角呼應。即使敵船越過，又可與魚珠之礮首尾夾攻。上年九月間，即飭李鎮先義督率副將吴元愷、都司吴良儒相度形勢，繪具圖説，經本部堂核定後，督飭營勇刻日興工，力求核實節省，由善後局撥付經費在案。統計該處臺工造成，比照他處臺工約計需銀三萬兩。共安克虜伯二十一生特三十五倍口徑新式大礮八尊，前經購就五尊，尚缺三尊。每尊約三萬兩，計需銀九萬兩。臺、礮統計，非十二萬兩不可。查有已革道員温子紹罰繳扣存銀五萬兩，已革知縣王懋官罰繳銀五萬兩，已革參將莫善喜罰繳銀一萬四千餘兩，三共十一萬四千餘兩。除莫善喜尚欠繳銀一半外，餘俱先後稟繳該局收存。此三項皆係製造工程營餉等項罰賠之欵，以之爲築臺購礮之費，於義既順，爲數亦略足相當，自應專欵存儲待撥，他項不得挪用，以重要需。

咨東撫院論懲辦盜匪事例光緒十二年二月二十五日

光緒十一年十二月二十九日准貴撫部院咨開：據署南海縣知縣張琮稟稱，請提行劫三江糧局書識梁亞秀等銀物盜犯黄亞九等由營務處訊辦等情到本部院。當批該犯黄亞九等九名，訊認從劫得贜一次，係屬尋常盜犯，核與就地正法條欵不符，自應照例解勘，聽候部覆，再行懲辦，不准率請就地正法。仰按察司轉飭遵照，立將該犯黄亞九等按照通行依限審解，仍候督部堂批示等因。除批印發外，相應咨請查照。同日又准咨開：據署番禺縣知縣裘伯玉稟稱，盜犯黄亞來先經訊認行劫兩次，其匪黨復敢在外尋仇，致傷綫人，并揚言殺害，實屬罪大惡極，黨與衆多，係屬土匪。可否提犯訊明，就地懲辦等情到本部院。當批查昨據該縣具稟，請將盜犯黄亞來解營務處訊明正法。當查黄亞來認劫二次，其羅姓一案，該縣又疑隨口混認，實衹從劫一案，核與就地正法條欵不符，即經批飭按照通行依限審解在案。兹據稟，該犯黄亞來獲案後，匪徒衆多，尋仇毆傷綫人，并揚言殺害各情。此不過綫人一面之詞。黄亞繼既未拘獲質審，何知即係黄亞來夥黨。况黄亞繼果係居心要爲黄亞來報仇，圖將綫人周姓合村殺害，其於綫人更欲得甘心可知。何以業被綑縛，不加殺害，乃僅空言恐嚇一毆了事，有是理乎。盜惡綫人，比比皆是。黃亞繼綑毆周亞蘭，保無起衅別故。事未究確，未便遽以加重黃亞來罪名也。又稟內係屬土匪四字，尤爲費解。例所謂土匪者，係揭竿盜弄，形同叛逆之謂，故罪名在强盜上，非尋常盜夥皆可目爲土匪也。該縣屬內果有大夥土匪，頭子何人，黨羽若干，屯聚何處，何時糾約拜會，乃竟一無覺察，又復久匿不報，該縣能膺此重咎否。在該縣不過迴護前稟，欲置黃亞來於就地正法。乃舞文周納，引擬失倫，致躬蹈嚴處而不知，殊堪浩歎。仰按察司飭速查照前批，上緊提犯覆訊，録取切供，依限解審，毋得再有飾瀆。大抵用法總期得平，既欲殺一儆百，尤須刑當其罪。若市譽寬大，勢必姑息養奸。弁髦王章，定將流於殘酷，皆非明允之道，并飭知之等因。除批印發外，相應咨請查照。同日又准咨開：據營務處司道稟稱，訊過南海縣盜犯梁亞六、陳亞福，供與縣訊無異，請批示就地正法等情到本部院。當批據稟覆訊盜犯梁亞六、陳亞福，供認携帶洋槍刀械，白晝在佛山省城鷹嘴沙等處結夥强劫得贜，供明行劫俱在三次以上，實屬兇惡異常，法所難宥。所請就地正法，應即如稟辦理。仰即轉飭查明不停刑日期，提犯就地正法梟示，以昭炯戒，并飭勒緝供開各夥黨，務獲究辦，仍候督部堂批示等因。除批印發外，相應咨請查照。十二年正月初一日又准咨開：粤省盜案，前據司詳請就地正法章程，經會貴部堂具奏，并鈔摺行知在案。查名例箋釋有云，新例嚴者犯在例前，議在例後，不得援引新例從嚴等語。盜案請復就地正法章程，係屬從嚴辦理。設令今即奉到諭旨并部議准行，而各屬尋常盜犯，事犯到官係在此次諭旨之前，仍應遵照原奉通行審擬解勘，聽候部覆，方能懲辦，不得援引新例，率請從嚴就地正法也。況今未奉諭旨，則各屬所獲尋常盜犯，更應遵照通行依限解勘，毫無疑義。乃近日南、番兩縣率將所獲尋常盜犯，稟請飭交營務處提審懲辦，已屬不合。而番禺裘令且迴護原稟，任意周内，直謂尋常盜夥係屬土匪，尤不解係何居心。首縣如此，外縣恐亦不免。臬司爲刑名總匯，用法首貴持平。嗣後各屬有將所獲盜犯稟請飭交營務處提審懲辦，務須詳加稽核。其係海盜行劫外洋，或潛入內河及登岸伺劫，確有證據，并土匪、游勇暨强盜罪至斬梟，合於就地正法章程，應予核准。如係尋常盜犯，行劫止一二次，雖供認另犯窩竊，或曾擾害閭閻，按律不以加重者，一概嚴予批駁，飭令照章審解，毋任朦混。儻有好爲武健，深文周內，立即照例從嚴參撤，庶於明刑弼盜之中，不失矜恤詳慎之意。除札按察司通飭各屬一體遵照辦理外，相應咨請查照。十三日又准咨開：據署南海縣知縣張琮稟稱，行劫縣屬三江糧局盜犯黃亞九等罪應斬梟，請將犯提赴營務處復訊明確，照章稟請就地正法，并將不符前稟發回塗銷等情，到本部院。當批：該縣於黃亞九等犯翻供發回，一味高擱，致令日久稽誅，厥咎已無可辭。迨經該司查詢，率將該犯等稟請飭交營務處提審懲辦，而於行劫官帑一層，又復隱匿不叙。及奉批飭方行添入犯供緊要情節，竟敢任意增減，誠不解是何居心。應由司嚴予申飭，以儆將來。至行劫官帑一層，係爲原報所無。書吏有何天良，迎合乃其慣技。該縣既謂所刦銀兩有糧銀在內，該書吏等自必亦謂所刦銀兩有糧銀在內。此等供詞原不足靠，且以曾經照章解審之犯，忽而加重情節，改請就地正法，先後兩歧，亦恐有干部詰。現准督部堂咨，以糧局爲國賦存儲重地，衆目昭彰。盜犯黃亞九等輒敢糾衆執持火器，夥劫得贜，拒傷差役。即此兇横情形，可謂案情重大，批司會同營務處確審稟辦，杜遏亂萌等因。仰按察司會同營務處司道立提該犯黃亞九等，虛衷研鞫，務得真情，録取切供，照例議擬，稟候核示，分別懲辦。仍飭該縣勒緝本案逸犯，務獲究報可也。惟查行劫官帑盜犯，首夥例應斬梟，其瞭望接贓各犯，本例係問擬斬候，入於秋審辦理。今即援照新例從嚴，罪亦止於斬決，不得如縣稟强行扭合一律，問擬斬梟，致滋錯誤。又粵東内河盜劫夥衆四十人以上，或不及四十人而有拜會結盟、拒傷事主、奪犯傷差、假冒職官，或行劫三次以上，或逃脱二三年後就獲，犯應斬決，均加梟示。如行劫止一二次，夥衆不及四十人，并無拜會及别項重情，即係尋常盜劫，仍應照例具題，例文固甚明晰也。又應斬應絞各犯，例應聽候部覆。誤行處決，錯至二名者，革職。盜犯罪至斬決，照章解勘，與就地正法其死不過稍分遲速。一有錯誤，吏議綦嚴，尤難聽任草率從事。至營務處本爲軍務而設，地方獲有大夥游勇或會匪、土匪，發交審辦，尚覺名實相符。若命盜重案，例當解由該司審轉。今各屬獲有盜犯，率請解交營務處審辦，幾成定例。究竟將來造繳送部供招，是否將營務處司道銜名一併開列。設有援引失當，處決錯誤，經部飭取職名，是否將營務處司道職名一併開送，著併妥議，通詳立案，以杜推諉。該縣前稟業經批行，毋庸發回塗銷。并飭知照，仍候督部堂批示等因。除批印發外，相應咨請查照。二月十五日又准咨開：據署靈山縣知縣鄧清圻稟，遵將會同萃軍查辦縣屬劉、廖兩姓疊次械鬬併案擬辦請示祇遵等由，到本部院。當批據稟及清摺均悉。粵東民情强悍，動輒糾鬬，大爲地方之害。前經會同督部堂奏請分任文武大員，將各屬著名匪鄉分别查辦，原期澈底清釐，以挽積習。惟奸徒固應嚴辦，而執法仍貴持平。此案劉相田與廖乃舉等糾衆互鬬，搶擄焚殺，該縣擬將劉相田照聚衆三人以上、持械搶奪例，擬斬立決，廖乃舉、廖乃寶照因争鬬擅將竹銃施放殺人，以故殺論例亦擬斬決，均予就地正法等語。查律載本與人鬬毆，因而奪去財物者，加竊取罪二等，罪止杖一百、流三千里。蓋因事搶奪與無故搶奪，其罪固不相侔，豈能藉以加至斬決。又例載因争鬬擅將竹銃施放殺人者，以故殺論，故殺者斬監候。稟稱斬決，尤屬錯誤。查該縣所獲各犯，業經奏明訊供，定罪應由廉州府會同辦理。仰按察司速飭廉州府立飭該縣，迅將所獲各犯提解赴府研審明確，按擬稟辦，仍飭該縣加懸重賞，嚴緝首匪劉華函等，務獲究報。所請將摺開劉、廖兩姓鬬案註銷應否照准，由司核飭遵照，并飭候督部堂批示等因。除批印發及札廉州府外，相應咨請查照。十九日又據東按察司申報光緒十二年二月十一日奉撫部院批：據靈山縣具稟拏獲搶匪陳亞花五，訊明擬辦，稟請批示，并請註銷前稟摺開葉廣桂控案由。奉批：據稟閱悉該犯陳亞花五所犯强搶三次，應以入室刃傷葉梁氏，嚇禁聲張搶奪錢文、衣物爲重。蓋持械入室，刃傷事主，嚇禁搜搶，即係强行盜劫，於例應擬斬決。其所犯徒手搶奪及搶奪傷人各一次，係屬輕罪。該縣乃以搶奪傷人爲重，已屬錯誤。且該犯實祇行刦一次，强搶二次，遽予就地正法。彼行刦三次以上之犯，又將如何懲辦，情法亦未得平。仰按察司飭再提犯復訊，究明有無另犯夥劫，録取切供，按擬審解詳辦，毋稍縱延。仍候督部堂馮宫保批示。又據申報光緒十二年二月十一日奉撫部院批：據靈山縣具稟，縣民卜朝邦呈控楊秀年誘拐伊女案，獲犯訊供擬辦請示祇遵由。奉批查援引光棍之例，須照光棍條欵斟酌定擬。其餘情罪相仿，尚非實在光棍者，不得一概引擬，例有明條。據稟，此案楊秀年因見卜朝邦之女頗好，起意拐賣，騙伊女出村，用布塞口，拐回家中，勒贖得贓。又另犯誘拐勒贖四次，擬照光棍例，擬以斬決等情。查誘拐二字，指設爲方略、用計誘拐而言，故誘拐不知情婦女，例止絞候。此案楊秀年始而供誘卜朝邦之女出門，繼用布塞口捉回勒贖，明係恃强搶奪。查例載各省匪徒如有將婦女捉回關禁勒贖者，即以搶奪婦女及擄捉勒贖各本例相比，從其重者論等語。該縣乃舍搶奪本例，而遠引光棍之條，殊未允協。且前請憑軍門查辦廉屬積案，係專指强盜、會匪、械鬭重案三項，此等搶奪婦女之案，自應仍照向辦，録供按擬，解府勘轉，未便遽予就地正法，致失情法之平。仰按察司飭即提犯復訊，明確録取切供，按擬詳辦，毋稍縱延，仍候督部堂批示各等因到本部堂。准據此。前接初次來咨三件，已覺疑異。嗣後第二咨、第三咨接踵而至，禁令愈嚴，詞氣愈厲，尤深惶惑。復接第四咨及臬司録批申報兩案，愈覺無所適從。查粤省盜風恣肆，水陸横行，計光緒十一年一歲之中，通省禀報盜案者三百四十九起，殺人、傷人、拒捕者甚多，其未呈未報者不知凡幾。甚至省城内外匪徒肆搶，順德縣城羣盜越獄。商旅怨嗟，紳民呼籲。上年春夏以來，疊經本部堂會商貴部院先則會檄出示，繼則會奏請定新章，并由本部堂密檄訪拏，懲撤將弁，懸賞購緝，與貴部院隨時核飭正法。至十一月間于臬司到任後，飭查南海、番禺兩縣監羈盜犯，共一百七八十名，擁塞疏脱，時時可慮。當經該司就單點出南海四十一名、番禺三十五名，令其查訊，如情罪合於部章就地正法之條者，禀請提辦。計此兩月内，除輪船拏獲正法洋盜不計，内地盜犯由南韶道禀辦一案三名，由臬司禀辦一案六名不計，縣禀提訊翻供未定案者三案不計外，其經兩縣禀提批准立辦者，止有兩案共盜犯八名。正慮狡展羈延，未足示儆，玆准疊咨，歧異百出。月來禀牘甚多，礙難處斷，盜案絡繹，儆懼毫無，實於地方利害大有關繫。近日猖獗益甚。據署廣州府知府孫楫面禀，本月十八日，有新、順交界銀瓶嘴河面，賊船施放槍礮，擄去委員候補知縣劉鉦暨全船人客之事，以後粤省情形豈復可問。不得不將蓄疑各節，分條詳晰咨詢，具列於後。

一、查律載，强盜已行，但得財者，不分首從皆斬。例載强盜殺人，無論得財不得財，俱照得財律斬，隨即奏請審決梟示。又例載把風接贓，雖未分贓，亦係同惡相濟，照爲首一律問擬，不得量爲末減。地方官曲爲開脱，照諱盜例參處。又例載粤東内河盜劫，除并無拜會及别項重情，仍照例具題外，如有行刦夥衆四十人以上，或不及四十人而有拜會結盟、拒傷事主、奪犯傷差、假冒職官，或行劫三次以上，或脱逃二三年後就獲各犯，應斬決者均加梟示，恭請王命，先行正法各等語。此定例也。光緒八年四月，刑部奏准通行章程，實係土匪、馬賊、會匪、游勇案情重大并形同叛逆之犯，均准就地正法。此部章也。光緒九年四月前督部堂曾、撫部院裕奏，嗣後除土匪、馬賊、會匪、游勇案情重大并形同叛逆之犯，及原例罪應斬梟者，仍由該州縣體察情形，隨時禀請就地正法。其餘尋常盜犯，自光緒九年五月初八日爲始，規復舊制等語，奉旨允准。此省章也。統繹例意，同治間定例，是不分首從皆斬決。廣東專條，是重情應決者均加梟先行正法。光緒八年部章，是案情重大者，均准先行正法。光緒九年奏定省章，是全遵部章之外，又增入原例應梟一條，准由州縣體察情形禀請。前後相承，文義明顯，事理該通。大率近來兩縣請訊，臬司請辦，經本部堂批准者，皆案情較重，例章本可先行正法之犯。靈山三案亦復相同，來咨乃謂不得援引新例從嚴。以多年懸布之舊章，而貴部院指爲擬議未行之新例，此未解者一也。

一、來咨稱，今即奉到諭旨并部議准行，而各屬尋常盜犯，仍應遵照解勘，不得援引新例從嚴。又稱嗣後各屬海盜并土匪、游勇，罪至斬梟，合於就地正法章程，應予核准。如係尋常盜犯，一概嚴予批駁等語。查上年十二月初一日會同貴部院具奏請定盜案新章，聲明持械夥劫、兇暴衆著，罪干斬梟斬決者，均請就地正法。夫本罪既至於決，已不得謂爲尋常。今來咨限定海盜、土匪、游勇、應梟四項，且有嗣後字樣，是此次奏内所稱持械夥刦、兇暴衆者，或有罪止應決而不在來咨四項之内者，雖奉旨以後，仍皆以尋常盜犯論矣。會奏既請應決者正法，來咨通飭又限定四項方能正法，豈不與原奏自相矛盾。此未解者二也。

一、查光緒八年四月刑部通行章程，則以土匪、馬賊、會匪、游勇案情重大并形同叛逆，爲六項。光緒九年五月粵省奏准章程，則全引部章原文，又添列應梟一條，爲七項，文義甚明。今來咨除舊制本係即決之海盜、粵省所無之馬賊、罕有之叛逆外，止列土匪、游勇、應梟三項，無故刪去會匪及案情重大兩項。查拜會最爲粵省大害。案情重大包括甚多，關繫尤要。即謂拜會一項，尚有舊例專條可引，姑不提及猶或可也。若將案情重大一項刪去，則可嚴辦者益少，是於盜風日熾之時，反將舊例改輕，不惟非部例部章之意，且并非光緒九年本省前部堂、部院原奏之意矣。此未解者三也。

一、來咨聲叙批飭有云：所謂土匪者，係揭竿盜弄、形同叛逆之謂，非尋常盜夥皆可謂之土匪。該縣若有大夥土匪，頭子幾人，黨羽若干，何時糾約拜會等語。查番禺此案，係裘令面稟貴部院請示後，令其具稟，始行稟陳。至來咨各節，查揭竿盜弄即叛逆矣，糾約拜會即會匪矣。部章明以土匪、會匪、形同叛逆，分爲三條，中間皆隔有他項字樣，自係別有一種匪徒，亦未言土匪必須大夥，更未言必兼拜會。查嘉慶十六年前督部堂松奏定專條原摺内稱：粵東内河陸路土匪，以劫掠爲生涯，肆行無忌，每多拜會結盟云云。奏内即屢有土匪字樣，刑部即據此議准奏覆，并未加以駁飭。至番禺一案，謂黄亞來不必引土匪例可也，若謂土匪必如來咨所云，則是將土匪、會匪、叛逆三種合而爲一。然則部章但列形同叛逆一項可矣，土匪、會匪四字可删。且限以大夥，必致將來即使接准部覆，以後拏獲土匪、會匪在數十人以下者，皆不能辦。此未解者四也。

一、近奉上年十二月初二日寄諭：彭玉麟奏，粵省海盜横行，請飭嚴行懲辦等語。廣東海盜恣肆，現在該省内河設立廣安水師，著張之洞、倪文蔚嚴飭該統領等加意巡緝，務期有犯必獲，緝獲後交地方官訊明，即行就地正法。等因。欽此。查海盜本係訊明即決，恭繹諭旨中明有内河字樣，自係兼指外海内河盜匪而言。溯查彭部堂在粵時，因内河刦案數起，如清遠縣黄賡座公文被刦一案，花縣大濄墟陳淑陶等劫殺一案，西甯縣道員葉正固被劫一案。或親提懲辦，或咨函催拏，疊次與本部堂暨貴部院面談，言之痛切。此兩年内亦無洋盜入内地横行之事，然則此奏所指，固已顯然。粵省帶海爲疆，故統稱海盜，綸音簡括，互文見義。廣安水師舢板止在内河巡緝，不能出海。當日三衙會奏，曾經聲明。頃准彭部堂鈔咨奏稿，係水陸盜犯，訊明即行就地正法等語。來咨謂必行劫外洋、確有證據，則仍是洋盜而非内河劫盜矣。洋盜不緝之於外海而緝之於内河，既在内地行劫，緝獲不懲，其内地現犯現獲之劫案，而究其外洋渺茫已往之劫案，似多周折。即如近日新會内河銀瓶嘴擄捉職官一案，將來獲犯如訊明并非曾經行劫外洋之盜，應否即行正法。此未解者五也。

一、粤盜根株蔓衍，最患窩家。大豪鉅棍庇匪通謀，窩贓豢盜，情節甚重，爲禍甚烈，故窩家原有罪至斬決之條。至於劫盜平日或充私梟，或助械鬭，或打單，或擄贖，或句串港澳匪徒擾害地方，無惡不作，此不在人數多少、行劫次數之中，亦不關有無殺傷之事。今來咨謂供認窩竊、擾害閭閻，概不加重。查偷竊自可不論，至如窩非一等，害非一端。假如查其屢犯諸惡，雖盜劫一次，豈得不目爲土匪。查嘉慶十六年刑部議覆前督部堂松請定專條，刑部原奏内云：該督請將夥衆四十人以上等因。查粤東地近海隅，民風獷悍，每有不法之徒，易於樹黨，預謀劫掠，實爲閭閻之害，係屬因地隨時懲創，應如該督等所奏辦理。是擾害閭閻，正刑部准定正法專條之本意。今乃謂概不加重，似與例意未甚符合。若認窩贓擾害概不許論及，然則部章所謂案情重大，前部堂院原奏所謂體察情形，皆成贅語。此未解者六也。

一、南海縣黄亞九等夥劫三江糧局一案。該犯於光緒九年十一月糾夥執持槍械，由麻奢鄉至三江司，駕艇疊劫，順流而下，勢極兇横，行劫糧局銀物得贓，當經把總梁鎮鏗、外委林廣培、南花衛良局紳貢生張邦達等督率兵差巡船、各鄉團勇水陸截拏，槍礮對擊，有四差驗明均受槍傷，據營禀則兵勇亦有受傷者。除格斃溺斃外，當場拏獲十七名，奪獲洋槍三枝。前任南海縣盧樂戍、廣州城守副將黄龍韜等分别詳晰禀詳，經前部堂張將弁兵、團局、紳練優獎，咨行有案。案情如此，可謂重大。除狡供及瘐斃者不論外，經本部堂批將認供之黄亞九等九名嚴辦。至所劫銀物，盧樂戍初禀但稱糧局銀物，危德連再禀遂改爲糧局書識梁秀等銀物，張琮請辦初禀亦仍其舊。繼經補禀據實聲明，原單實係内有糧銀四十五兩，家用銀七兩餘，餘贓甚多，開單附呈。調查縣卷，内有糧局銀匠所報原單蓋印判語可據，曾經向貴部院面禀實情，始行具禀。夫此案所劫是否糧局，固已確鑿。但就其明知官帑，夥劫得贓，火器拒捕，傷差多名，已干梟示。即使并非糧局，法亦難寬。夫猖獗如此，而來咨及批飭以爲尋常盜犯，似有未協。即謂瞭望接贓之四犯，罪至斬決，然既屬重大案情，即可援照部章先行懲辦。部章既未聲明應梟者方爲合格，省章亦未限定非應梟者不許懲辦，甚至專案奏辦，有何不可。查增減重情，原屬大干例禁，屬吏迎合尤爲惡習。然此案咎在盧令蒙混之減，危令虚捏之增，而不在張令據實更正之。增其劫去糧銀，現有鈐印原卷可據，似不能謂爲此等供詞原不足靠。至張令前禀未詳，此次補禀情同檢舉，較始終隱飾者終勝一籌。究其居心，無非爲除暴安良起見，比之居心縱盜殃民者何如。乃不責當日漏去糧銀實數之盧令及憑空增入書識梁秀銀兩之危令，而責今日據實補報之張令，貴部院除暴安良，斷不爲此，必係原批繕寫時偶有筆誤。查張令前禀沿襲前任之稿，并不詳切聲叙，原應嚴飭。但批内旁及有何天良，迎合慣技，是何居心等語。以據實更正而干嚴批，恐從此州縣惟有扶同捏飾，迴護前任，隱匿盜情，於吏治固有關繫，且於部議公過變爲私罪，將令屬吏相率蹈於嚴處而不知矣。至謂原擬審勘，恐干部詰一層，竊謂但論時勢當嚴罪名，當辦則照章速懲，據實咨部更正，方可力挽迴護捏飾，縱盜殃民之習。昨是今非，似亦無妨。此未解者七也。

一、番禺縣黄亞來一案，於光緒十一年七月合夥七人行劫鍾鎮藩口山莊得贓，拒殺事主張亞桂，供認不諱，并另認糾夥行刦大朗村羅姓得贓之案。又有被控黨與報得，仇殺綫人周亞蘭之案。來咨以行劫一次，嚴批痛斥。查强盜拒殺事主，案情已重，不分首從，一律皆斬，即可一律皆梟。專條固有各犯應斬決者，均加梟正法之文。來咨於行劫三次，亦係用不分首從，一律正法之例。該犯素多犯案，及報復仇殺，并羅姓劫案，懼禍不報，已據署廣州協鄧副將查明屬實。粵省盜案畏禍不報者，一年不知幾百起，貴部院蒞粵多年，當所深悉。即謂此皆未經獲審，但就本案論之，竊思當盜賊横行之時，已經奏請嚴定正法章程之際，此等夥劫殺人從犯，認劫二次，被控黨與報復慘殺，既據縣稟稱指爲土匪，司道稟請速辦示儆，即予以先行正法，恐刑部斷不至科該令以誣陷良善，朝廷亦不至責督撫以擅殺罪人。且當日經裘令面稟貴部院，方敢遵示具稟，是該令土匪之説，尚非臆斷。至周亞蘭之死，係潛伏横岡坡，邀截綑縛，刀傷十二處，致命二處，骨損三處，驗報通詳有案，仇殺何疑，且曾經貴部院調閱原卷。乃來咨批飭則云果係報復，何不殺害，僅止毆傷。夫不信其報復以駁黄亞來之黨與可也，何明明詳報已殺之周亞蘭，而詰其何以不殺。此未解者八也。

一、署靈山縣鄧清圻稟請速辦三案，貴部院駁其誤劫爲搶，誤擄爲拐，極爲明允，曷勝欽佩。惟劉相田一名，主謀糾鬬焚搶擄贖共四次，糾集三五十人，執持銃械，銃斃廖汝寬、廖汝仲、廖汝庭三命。廖汝寬係該犯銃斃。築有礮樓，閉寨負嵎抗拒十日，被官兵攻開，始行拏獲。雖未傷兵，實已拒捕。此與尋常械鬬迴然不同，正與上年十二月二十七日會奏查辦匪鄉摺内所稱有擄殺糾匪實據，即行正法等語相合。此奏現已奉旨允准，雖批發時尚未奉到此旨，而劉相田一犯豈尚不能加以土匪之條，豈尚不可蔽以案情重大之罪。即按放銃殺人，舊例亦應斬候。按仇殺糾鬬、擄贖爲首各舊例，亦應發遣。來咨乃謂照因事搶奪，滿流，置其糾衆焚擄銃斃三命於不議。如陳亞花五一名，白晝入室，嚇禁强劫，刃傷葉梁氏得贓。又另犯强搶二次，内刃傷事主一次，正合定例專條拒傷事主加梟正法之文。貴部院批又謂其行劫一次，不能遽予正法，尤難領悟。如楊秀年一名，擄捉婦女勒贖得贓五次，共六口。積惡至此，案情已重。其第一次所擄卜朝邦之女年僅十五歲。兩犯斬決原可加梟正法，貴部院批謂應照向辦解勘，亦似甚有窒礙。夫素行不法，擄殺糾匪，即予正法，原奏語也。今擄贖五次者，謂不在查辦匪鄉積案之内，幫鬬放銃殺人者，亦僅照舊例斬候，似與辦匪原奏不合。且廣屬、惠屬擄殺之案，自必一律辦理，似須另行酌核。查靈山即係廉屬著名匪鄉，奏請馮督辦統軍查辦之地。如主糾疊斃、火器殺人、强劫拒傷、擄贖多次，此四項皆不准正法。然則此次奏請三提督查辦匪鄉，所查何案，所辦何匪。此三案若告以暫緩旬日，俟奉到批旨再行就地懲辦，亦尚無妨，何必限以照舊解勘乎。此未解者九也。

一、罪從情出，果使供情未確，自當詳細推勘，即再三駁飭，原屬詳慎之道，不嫌遲緩。南、番兩案既未翻供，又無别情。南海一案衆目昭彰，稽誅兩年。番禺一案經于臬司、蔣署運司督同知府黄守杰、直隸州曾牧紀渠、番禺縣裘令伯玉、知縣何令福海復訊三次，開具供摺，稟請正法。貴部院未嘗疑其人非真盜，亦未嘗駁其罪不應死，但謂係尋常盜犯，不能先行正法。夫以夥劫殺人得贓從犯，案情較重，本罪至於斬決，已難謂爲尋常。使僅此一案緩辦，尚可不必辯論。若以洋槍夥劫糧局、拒捕傷差，而亦以爲尋常，然則更有何案不尋常者乎。今即會奏奉旨，而此等重案仍歸尋常，雖奏何益。又況主謀糾鬬焚擄四次，銃斃三命，而僅科搶奪乎。至營務處提訊重盜，不過取其辦理簡速，足以儆衆，仍是臬司主稿，審轉用臬司印稟，開具供摺。請示如此辦法，已及經年，貴部院未加駁飭。且營務處向係臬司主政，盜案既由臬司定議，又參以營務處、司道會督委員疊次研審，豈不更昭詳慎，正與秋審時司道公同在坐，用意相同，不過易一問供之地耳。案牘具在，曷嘗不由臬司審轉乎。此未解者十也。

一、貴部院面告本部堂及司道等云，案情重大，乃即指上四項土匪、馬賊、會匪、游勇而言，并非自爲一條等語。查案情重大四字，所包者廣。如舊例六項不待言，專條拜會各項，即本條所謂別項重情。重情二字，明見例文，亦即部章所謂案情重大者也。然事變繁多，斷難悉數，故以渾括一語，聽之外省酌量。猶憶本部堂前在山西巡撫任内，光緒八年十二月十六日奏請於部章六項之外，指定七項，仍予就地正法，經刑部核議奏覆，謂案情重大已經包括，若多立條目，反多窒礙，應由該撫酌量辦理。可見案情重大自爲一條，有刑部議覆原案可證。然此係他省之案，原不必據以爲定。即專就部章原文解之，查應梟者正法一條，乃粤省自奏章程所添，部文并無此語。繹部章之意，凡盜案准先正法者，皆以案情重大四字賅之，應梟者固在其中，應決者亦括其内。何爲重大，舊例之殺人、放火、强污、庫獄、城衙、百人六項，粤東專條之四十人拜會、拒傷、奪犯、傷差、冒官三次、脱逃二三年七項是也。然此六項、七項尚有不能盡包者，體察地方情形緩急，察其情罪是否凶暴，比照核擬，聽之外省督撫臬司酌量辦理，故并不指明何項。此刑部於慎重刑章之中，仍爲整飭地方之計，可謂極慎極明，較之粤省所奏應梟一條，簡要通達，勝之遠矣。緣只有馬賊一項專係行劫，至土匪、會匪、游勇、叛逆四種，另有所犯之事，并不必兼爲劫盜而後可正法也。且馬賊只北省有之，於各省盜案通例無涉，故專以案情重大四字，指示各省盜案辦法。如謂案情重大爲總束上四項空語，則各直省之步行、乘船劫盜，不本籍則非土匪，不乘騎則非馬賊，不結盟則非會匪，不投營則非游勇，不攻城則非叛逆。無論如何凶暴，皆不准正法矣。何以此件部咨，上文備言廣東、四川爲盜賊最多之處。在各該督撫、將軍身任封圻，惟恐姑息養奸，致貽地方之患。是以懲創此輩，不嫌過嚴，蓋亦除暴方能安良，水懦不如火烈之意，自係實在情形等語乎。且查此次部議，原專爲御史條陳盜案而起，意在分别何項盜案准正法，何項不准正法。論辦盜之章程是本意，論土匪、會匪、游勇、叛逆之正法是旁及。若如粤省官幕所解，將案情重大四字專屬於會匪等四項，而部章既别無盜案應梟一語，他省亦未奏添應梟一條，是除馬賊以外，各省皆無准其正法之盜犯，驟將舊例六項、專條七項皆改輕矣。何以又云尋常盜案，予限一年規復舊制乎。而歷年各省劫盜正法梟示如故，何未聞刑部議駁乎。此未解者十一也。

一、來咨於批飭南海第二次稟辦黄亞九一案，有云粤東内河盜劫，拒傷事主，奪犯傷差，犯應斬決，均加梟示。如行劫止一二次，夥衆不及四十人，并無拜會及别項重情，即係尋常盜劫，仍應照例具題，例文固甚明晰也等語。是拒傷、傷差兩項，皆在各犯應決者，均加梟示正法之列。然則南海案之傷差，番禺案之拒殺從犯，何以不應正法。貴部院面云專條言奪犯傷差，未言拒捕傷差。夫因拒捕而傷差，不與因奪犯而傷差者同乎，拒殺事主不較之拒傷事主者爲尤重乎。如云番禺案係拒殺從犯，并非該犯所殺，夫靈山陳亞花五强劫嚇禁、刃傷葉梁氏一案，不確係本犯拒傷事主乎。今已引傷差加重之例，而反駁靈山拒傷事主之案，已引拒傷事主加重之例，而即駁南海傷差之案。此未解者十二也。

一、來咨行劫官帑，瞭望接贓，即按新例罪止斬決。查瞭望接贓，與爲首一律斬決，見於咸豐五年之諭旨，同治九年之定例。查重情劫案，在他省既爲應決，在粤東即可加梟速辦。商民刦案皆然，何況官帑。若案老例，則應斬候秋審。若照粤東專條、光緒八年之部章，則應先行正法。來咨限定爲應決，似非内河盜刦專條之意，況案内兼有拒捕傷差重情乎。豈劫民家者當從專條，劫官帑者反不在粤盜專條之内乎。此未解者十三也。

一、貴部院云廣東專條所謂加梟正法，係指首犯而言。查專條但言各犯應決者均加梟正法，并無首從分别之語。且貴部院同日來咨批飭正法之南海縣梁亞六、陳亞福二名，即係行劫三次爲從、并未傷人之犯。夫行劫三次之從犯可以正法，即係本此專條，此與拒殺事主、拒捕傷差之從犯何異。又前次貴部院批准正法之譚榮階、譚榮祖二名，亦皆係劫殺從犯。何以忽則不分首從，忽又必分首從。至靈山陳亞花五係强劫拒傷事主本犯，并非從犯，何以亦不許就地正法。此未解者十四也。

一、粤東專條，誠如來咨所云，例文固甚明晰，惟來咨云行刦止一二次，夥衆不及四十人，并無拜會及别項重情，即係尋常盜劫等語，於原文似有誤會。蓋例文係内河盜劫，除尋常行劫止一二次，夥衆不及四十人并無拜會及别項重情，仍應照例具題外。如行劫夥衆四十人以上，或不及四十人而有拜會結盟、拒傷事主、奪犯傷差、假冒職官，或行劫三次以上，或脱逃二三年後就獲各犯，應斬決者均加梟示，恭請王命先行正法等語。蓋尋常行劫四字，貫至并無别項重情，爲一氣連讀。無重情者，故計其次數人數爲輕重，并非專以行劫止一二次爲尋常。若有下文各項重情，如拜會、拒傷、傷差、假冒諸條，則不得謂之尋常，斷無再論次數人數之理。至下文之行劫三次以上一項，則就其疊劫怙惡，已不得謂之尋常，故但就其次數定罪，不論有無重情矣。觀例文加一或字以間隔之，可見另是一項。蓋人少次少者，有重情即從嚴，人多次多者，則無重情亦從嚴也，此例殊爲明顯易解。來咨將尋常二字移於此條之尾，而加即係兩字以斷之，於例意固亦可通，但核閲貴部院屢次批斷，皆謂行劫一二次即係尋常盜犯。但計次數，不論有無重情，則恐是由誤解此條文義而然。試思如拜會、拒傷、傷差、假冒各項，豈必待至三次方爲重情乎。如必以三次爲斷，則例止云或不及四十人而行劫三次以上者先行正法可矣，何必臚列而有以下諸項乎。此未解者十五也。

一、上年六月初六日，本部堂與貴部院會札通飭，略云案情重大，所包者廣，果係情節可惡，凶暴衆著，即或部章未經分晰指明，儘可據實稟明督撫酌奪，專案奏明辦理等語。前督部堂、撫部院既經奏准由州縣體察情形稟請嚴辦，今本部堂與貴部院又經會札，令州縣稟請酌奪，專案奏辦。夫既准州縣察，令州縣稟，何兩縣以遵例遵章之案上稟，而又怒其率請乎。初批南、番兩案，皆令照例解勘。該兩縣再稟，一以土匪，一以官帑，請仍正法，遂加嚴駁痛斥，責爲迎合。夫戒屬吏以迎合，善矣。既禁其迎合，則宜容其抗争。乃因再稟不與貴部院初批相合，而始痛責之，是不更導屬吏以迎合乎。且通飭各屬，則坐以好爲武健、深文周内等語，批行臬司則怵以弁髦王章，必流殘酷等語，是必致從此州縣不敢具一稟，臬司不能懲一盜而後已。夫以粤盜如此之横，兩縣羈繫纍纍，數月來經臬司飭查而後禀辦者止有此數，不責其疏懈縱弛，而責其武健殘酷。此未解者十六也。

一、來咨批飭，又云斬決人犯，何慮稽誅。不思犯供之狡翻，中途監獄之疏縱，州縣之懈懦，讞局之疲玩，審轉勘題之繁重，招解使費之煩難，官民共知，已非一日。各省議奏不欲遽改就地正法章程，其故實由於此。毛前部堂原奏所謂州縣憚於辦案之煩，意在避就，爲弊尤大。張前部堂原奏所謂長途囹圄，固多意外，各屬以解費賠累，諱飾養癰，實爲確論。本部堂到任以來，實未見粤省有一依限解勘之盜案。查光緒元年至八年，每年正法盜犯大率二三四百名，少者亦一百五六十名。九年上半年尚有九十名，皆經彙奏有案。自五月復舊制以後，是年下半年照例勘轉題辦者止二名，十年例辦者止三十名。其高州滋事會匪，暨剿辦惠州稔山會匪正法百餘名，不與盜案相涉。十一年例辦者止十七名。自上年以來，本部堂會商正法數起，而題辦者則甚寥寥。何以從前每年誅盜至數百名之多，近年驟減至如此之少，豈盜風忽然止息乎。然則舊例復而懲盜難，顯有明徵，豈惟稽誅，直是漏網，今乃謂照舊解勘爲不致稽誅。此未解者十七也。

一、來咨引名例律箋釋，謂此次奉旨以後，從前盜案仍應照舊解勘。查名例律載，犯在已前者，并依新律擬斷。注云：事犯在未經定例之先，仍依律及已行之例定擬。又注云：事犯在未經結案者，自新律頒到，即當遵照科斷，不得仍泥舊文。箋釋云：犯在例前，不得引新例從嚴各等語。參考律文及注釋，或云依新頒，或云依已行例，或云未結案遵照新律，或云犯在前不引新例，已多參差。推考歷來辦法，大抵在議前，議輕者從新，議嚴者從舊，無非矜恤庶獄之意。特是凶悍盜匪，常赦不赦，停刑不停，與尋常案件本有區別。且粤東盜劫專條，乃嘉慶十六年前任督部堂松奏准，嘉慶十九年纂入定例，同治九年僅修改數虚字，删去情有可原二語。廣東劫盜應梟決者均就地正法之章，乃同治二年奏准，光緒八、九年部章、省章皆有案情重大一條，是正法章程懸諸令甲，將及百年，未嘗停止。既未停止，即非新例。乃本省官幕誤解，遂謂止有原例應梟一種方合章程。此次會奏不過申明部章。至奏内所謂應決者均請正法之犯，固即在部章案情重大之中，案情不重，本例即不至於決，并非創立新法，亦非格外加重，斷不能照他項新例如名例箋釋所云也。再查毛前部堂原奏云：如有拏獲曾經拜會從逆、拒敵官兵及疊次搶劫夥衆、持械拒捕傷人、罪應斬梟斬決者，於審實後禀解該管復審，詳報核飭，就地正法等語。奏内明有曾經二字，自係指禀案而言，本省成案可爲確據。不然，豈當寇亂未靖之時、奏定新章以後，乃舍現獲之匪徒不辦，專待另起逆匪而後用之乎。再不然，如行劫三次，將問其前兩次在新章之前、新章之後，將以爲等差乎。如拜會結盟者，將究其拜會在新章之前、新章之後以爲區別乎。如脱逃二三年就獲者，將待其獲而復逃，逃而又獲，然後以新章治之乎。再，現經奏明查辦惠州、廣州、廉州等處匪鄉，所查辦者皆以前之案也，將皆令其纍纍解省題勘，司府縣三監能容之乎。平心思之，將不勝其窒礙矣。查粤省積年盜案未結者不下二三千起，除不呈不報外，每年不下二三百起，破獲者不過十分之一，定供懲辦者不過二十分之一，拏獲審辦如此之難。若將從前已出劫案現獲及續獲之犯概行附會此文不能就地正法，必坐待新出之案，希冀不可必獲之犯而後用之，則是徒懸嚴懲速辦之條，并無嚴懲速辦之實。即間有新案，又將以尋常二字原之，是仍歸於一無所辦而後已。如謂來咨之意，所云事犯到官，或係專指到官在接到部覆以後，并非謂其犯事在部覆以後。果如此解，則窒礙似乎較少。然名例注及箋釋皆謂事犯在例前例後，不言到官在例前例後。今若以正法爲舊章，此次奏請不過申明以防誤解，或恪遵部章，案情重大一語臨時酌量，則迴不與名例律此條新律新例相涉，或徑辦或專條奏辦，均無窒礙。今既牽引名例律此條，强名之爲新例，堅守箋釋之語，指定不得從嚴，則注釋各條所定界限，均言事犯，非言到官。若將部覆後到官者一概速辦，仍與名例律箋釋不合。既不劃開不引，又不全行遵照，似乎進退無據，轉干挑駁，徒致州縣無從措手。此未解者十八也。

竊將所有貴部院歷次咨批詳加尋繹，大抵於部章但取游勇一項，於省章但取應梟一項，於專條但取行劫三次一項，而其餘皆置之不論。然於例所應梟者，亦復加以駁斥，既不合多年定例，亦不合粤盗專條，亦不合刑部通行，亦不合粤省前部堂、部院奏准成案。於會印通札之件，而自駁之，於會銜具奏之件，而又自駁之，於同日、近日貴衙門批准正法一類之案，而又自駁之。所有從嚴之舊章，概以新例二字限之，遇有凶暴應懲之盗犯，動以尋常二字原之。假使一案之遲速原可不必固争，一批之異同亦可徐加商榷。今嚴札通飭，另立限制，則是永杜禁暴之門，而虚懸奏定之法。在貴部院久歷外任，曾官刑曹，自必確有卓見。特是本部堂才識淺陋，律學粗疏，實未能仰窺意指。此後州縣辦案，臬司讞獄，欲照例章則干譴訶，欲遵貴部院批札則非例意，豈惟屬吏爲難，即本部堂亦礙難批示。且輕重頗未畫一，准駁亦似無定，即欲恪遵教戒，亦屬無所適從。匪徒知此情形，更復何所畏憚，以致銀瓶嘴職官被擄，爲三十年來未有之奇聞。一月以來，本部堂疊次晤商，懇請講釋例文，指示辦法。辯論十餘次，反覆數千言，終未蒙明晰指示。貴部院但告以盗案罪名，應由撫院衙門主政等語。竊思凡事但論事理是非，爲政當計地方利害。果其是耶，雖末僚小吏亦當采擇。如其非耶，雖上官嚴檄，亦合匡規。況本部堂仰荷聖恩，承乏兩粤，欽頒坐名敕書，有弭盗安民，興利除害，盗賊屏息，地方安謐，斯稱委任之諭。光緒十年五月十五日赴任時，欽奉寄諭：有人奏，粤省吏治積弊太深，臚陳賄賂之風，盗賊之患，賭博之習，差役之害等語，亟應實力湔除，嚴加整頓。著張之洞於到任後，按照所奏各節，認真清查禁革，并此外有應行整飭之處，一併體察情形，妥爲籌辦，俾地方日有起色，以副委任。等因。欽此。是年五月二十八日，内閣奉上諭：張樹聲奏瀝陳粤事大略情形一摺，所稱吏治、軍政、財用、民風各端。該省積弊至此，著張之洞於到任後，將一切應辦事宜認真經理，總期有利必興，無弊不革，以資治理而重地方。欽此。均經恭録咨行在案。似此敕有明文，旨有明訓，煌煌聖諭，責備綦嚴，是地方吏治、懲盗安民，皆爲本部堂職守所在。假使地方不靖，縱盗殃民，釀成寇亂，馴至如咸豐同治間紅匪、客匪諸禍，朝廷譴責見及，豈能諉諸同僚，自居局外。查秋審案件照例題勘，則自應貴部院主持。若懲盗弭患，斟酌新章以及吏治民生重大事宜，則本衙門亦未便不參末議。又況檢查成案，同治二年十月奏定粤省盗劫正法章程，即係前督部堂毛主稿，會同前撫部院郭具奏。光緒三年十月覆奏廣東辦理盗案情形，亦係前督部堂劉主稿，會同前撫部院張具奏。光緒七年十一月覆奏廣東盗風未息，勢難規復舊制，亦係前督部堂張主稿，會同前撫院裕具奏。成規具在，又豈敢自安緘默。茲特備咨請示，如本部堂引斷謬戾，即請明切指駁，俾開茅塞。儻係因素抱慈祥，過防流弊，異同可否，本無成心，抑或因賓幕偏於拘謹，掾吏未克精詳，以致援引偶未確切，伏望俯采輿論，垂念民瘼。可否札飭司道督同廣州府妥議畫一章程，聽候核定，俾僚屬皆得秉奉良規，執以從事，何幸如之。設或卓見甚堅，始終未能畫一，亦望刻期明晰見覆，謹當各抒所見，據實陳奏請旨，敕交刑部核議遵行，以免公事參差，鉅案停閣。地方幸甚。

札各屬遵照奏准章程審辦盜案 光緒十二年三月初六日

案照前因粵省盜風日熾，經本部堂、院會同奏請，將持械夥劫盜匪，無論水陸，不分首從，仍予先行正法，以安民生而弭隱患。等因。奉旨：刑部速議具奏。欽此。嗣經刑部議准覆奏，奉旨：依議。欽此。節經先後恭録鈔稿，行知在案。查原奏内稱，持械夥劫、兇暴衆著之各項盜匪，無論水陸，不分首從，凡有案情重大、罪干斬梟斬決者，一體先行懲辦。其距省較遠者，由該廳州縣審實後，酌核道路遠近，如道府同城者解由該管巡道督府復審，不同城者即分別解由最近之該管或道或府州復審，録供通禀本部堂、院核飭，就地正法，案情重大者梟示。其廣州府屬及佛岡、赤溪二直隸廳所獲盜匪，仍於審實後録供解府，審時通禀臬司會同營務處司道復訊明確，禀候核飭，就地正法，案情重大者梟示。按三箇月彙奏一次，逐案補具供看，由府送司詳咨等因。查近日盜匪益肆，附省鉅案益多。此次奏准辦法，仍係同治二年粵省奏案，光緒八年刑部通行，衹係規復舊章，并非創立新例。誠恐各州縣拘牽誤會，指爲新章，强爲區别，重典徒自虚懸，現犯不能速辦，是嚴懲仍無實際，殊不足以儆兇暴而杜亂階。現經本部堂、部院會同商定，除已經定罪題咨之盜案仍候部覆不計外，其餘盜犯凡罪至斬決、斬梟者，無論新案舊案、已獲未獲、本案已否報部、匪犯已否招解到司到道到府到州，統照奏定章程，一律改爲録供禀解，該司道府廳州分别照章復訊，明確録供，通禀本部堂、部院核明批行，就地正法，毋庸再扣審限，具詳解勘，以歸簡易而免稽延。并即通飭各屬，獲案認供者禀請速懲，有供無案者查傳補報。從前誤報漏報各案，准其據實更正，概免深究。似此簡立條章，寬原絓誤，各地方官無文牘複沓之繁，無解駁往返之費，無監羈填塞之累，無長途疏脱之虞，無初報錯漏之礙難，無扣限例參之牽制，解役無絆鎖拖斃之災，幕友無改供就例之苦。若再不認真緝拏，據實禀報，仍敢有諱匿曲縱，删減人數，捏改供情，諱强劫爲搶竊，改火器爲徒手，種種惡習積弊，有意縱盜殃民，定即從嚴參處，決不姑容。要知此乃爲民除害，期於枉縱俱無。各該員亦不得訊供草率，輕信仇攀，藉案搪塞，致有寃濫。

札運司開設書局 光緒十二年三月初七日

照得刊布經籍，乃興學之要務，致用之本原。近年江、浙、楚、蜀諸省各設書局，刊行甚多。廣東嶺海名區，人文薈萃，此舉未備，殊爲闕如。且自前督部堂阮文達公創立學堂，輯成皇清經解，迄今亦已六十年。或前賢稿本漸獲流傳，或後起學人繼有述作，亟應蒐輯續刊，以昭聖代經學之盛。又如前雲貴督部堂賀藕庚先生輯刊皇朝經世文編，專爲講求經濟。前督部堂林文忠公纂刊海國圖志專爲籌備海防。所當景紹前規，兼綜羣籍，其可以考核古今、有益經濟者，亦併博采刊行。惟是此舉經費繁重，粤省兵食艱難，不易籌畫。查本衙門向有海關經費一項，本部堂到任以來，一概發交善後局專欵存儲，留充公用。今即將此欵提充書局經費，專刊經史有用之書。即在菊坡精舍設立書局，委蔣署運司總理局事，委候補知府方守功惠提調局事，延請順德李學士文田爲總纂，南海廖太史廷相、番禺梁太史鼎芬、番禺陶孝廉福祥爲總校，已備具書幣，專往延聘。其分校、收掌各員，由總理、提調協訪通人，親往延訂。擇日開局，并將詳細章程議擬詳定，略仿鍾前運司刊刻各書辦法，參酌盡善。總期事事核實，屏除浮冗，是爲至要。爲此，札仰該署司即便遵照，妥速舉辦。遇有用欵，即移善後局照欵支給，勿違。

咨馮督辦暨水陸提督查辦匪鄉光緒十二年三月初九日

案照前因粤省積匪糾結，隱患日深，著名匪鄉必須澈底查辦，痛加懲創，方足以消内患而安民生。經本部堂、院奏明咨會貴督辦、提督會同道府大員，分路專辦，業經奉旨允准，并經先後鈔稿恭録咨會，并刊發告示，咨送張貼各在案。應即請貴督辦、提督欽遵題奏案，即日調集兵勇，前往開辦。現經本部堂、部院督同臬司公同商酌。此次辦鄉原爲便宜從事，以期匪徒儆畏，早遏亂萌。貴督辦、提督明慎愛民，素所深信。所有獲送各匪，自應一面懲辦彙報，方昭簡速。應即查照奏定章程，將所獲匪犯飭發該管道府，督率委員，調查案卷，研究是非。其未經報勘、無案可查者，詳訊供情，參考衆證，分别虚實，審核輕重，按擬罪名。凡素行不法、有擄殺糾匪實據者，立即商請貴督辦、提督核定，批飭先行就地正法，酌加梟示，俾昭炯戒，而快人心。至應辦各匪所犯情節，除會匪、刧盜已有重典專條外，凡搶奪婦女，擄人勒贖，夥衆打單，攔路械刦，積慣窩盜，主糾焚搶，助鬬殺人，以及一鄉公禀指爲積年匪棍、擾害地方、凶暴衆著、確有證據者，皆係真正土匪，即在原奏素行不法、擄殺糾匪之内，一面將訊過供情由各該道開具簡明事由及正法日期，分起彙案，咨報察核，以憑彙奏。其情罪較輕、罪不至死者，分别礅禁枷責，立時發落，毋庸照尋常案件辦理，以免羈累而清積牘。誤拏妄攀、審係無辜者，立予省釋。挾讎勒索誣陷者，亦即嚴辦。其素不安分、尚無重案實據者，責令該鄉該族公正紳董切結保領，帶回約束，以後如再滋事，惟原保之人是問。如有情罪可疑者，及原奏未能該括罪犯、萬無可寬者，應即詳叙案情，咨明復核辦理。其有劣紳刁衿，平日窩匪主鬬，爲害地方，此時保匪庇盜，抗撓國法者，即由貴督辦、提督咨明，分别奏咨斥革懲辦，毋稍瞻顧。所有勒繳礮械，平毁臺寨，起出擄捉人口，清還占毁物業，務令澈底澄清。至各屬地方遼闊，伏莽尚多，原奏所指各州縣，不過擇要舉隅，此外各屬及附近經過之州縣如有著名匪犯，自可比照推廣，一律辦理。應請貴督辦、提督一體就近查明，併案嚴辦，期於一勞永逸，莠去良安。其一切善後事宜，應即查照原奏暨刊發告示，切實辦理。散姓之鄉就鄉設長，大姓聚族之鄉就族設長，族户過多就房設長。選擇端人，分别鼓勵，責成約束。再查匪鄉滋事，由於族强人衆，祠産素豐，足以供糾衆之資，助逞凶之勢。此次清釐積匪後，其蠻鄉悍族，或將宗祠分爲支祠，配給祠産，各支分管公業，分束族人，俾免積盜成惡，積惡成亂。尤須隨處勸令多設義學，以期漸化澆風。應即就地酌核情形妥辦，並希嚴飭各將弁約束兵勇，毋任稍有滋擾。是爲至要。

札肇慶府革黃江稅廠積弊光緒十二年三月十五日

照得肇慶府黃江稅廠徵收雜稅，弊竇繁多，商民受累，欽奉諭旨查辦。現經本部堂、部院疊次密委確查議奏，擬將黃江稅廠改照太平關章程，委員幫辦，駐廠稽徵，將廠書、籤子手及官房、總房、散房各項名目，永遠革除，改用司事、巡丁，不准幕友、書吏、家丁干預稅項。該廠私收之各項浮費，所有辦用錢、官釐頭、額外平餘、船頭錢、墟艇錢、黑錢、包攬錢共七欵，該廠繳官之各項陋規，所有充規、節禮、堂禮、簾規、火燭共五欵，一概永遠禁革。暨該府該廠繳納藩司、肇陽羅道衙門之季規、充規等項，以及此外無論省内省外何衙門如有向來規禮，一概永遠禁革。其向有之花押小票錢、差艇看船錢、掛號錢、收旗錢爲數甚微，准仍其舊，以資司巡人等飯食津貼之用，此外不准多收分文，亦不准別立名目。又所收稅項除正稅、羨餘、加徵盈餘、橋羨四項及隨同正稅解司之院司養廉照額解足外，其餘悉數歸公，解交善後局。又簾租、簾夫、司事、巡丁薪工犒賞，扒船陸勇口糧等項辦公必需，應於正稅項下提出一成，留充廠用。又肇慶道府衙門辦公及端溪書院經費，綠營操演跳山梁經費，白石卡巡兵口糧分攤，科場經費，歲修景福圍幫費，向由該府籌備者，改在向有之三六補平水項下酌量提撥，不動正稅。酌定爲該府公費每年銀一萬兩，該道公費每年銀三千兩，按月支給，其餘公用各欵分撥數目，應俟委員試辦數月後，酌量情形，看其贏餘多少，稟候核定。其徵收稅銀刊給三聯印票，分別存發，按月報查。以上應革應裁應留酌改章程分別十條，札發示禁。至書吏朱安擾商漁利，本應嚴辦，姑念積弊已久，在廠朋分者不止該書一人。且業經飭令該書罰繳鉅欵，從寬免其治罪。應飭該府立即傳提該書朱安，責懲革役，并經奏明先委山西候補直隸州知州陳占鼇前往幫辦，以免久擾商民。除俟奉到諭旨再行恭録飭遵暨分飭遵照外，合亟札飭該府立即遵照，會同該委員陳牧恪遵札示，即日開辦，以期一清積弊，永利商民。即將發去告示并裁革核定章程榜示該廠十里内外，俟奉到諭旨後即行勒石水陸通衢，務使商民共見，永遠遵行。仍將發去告示實貼處所同開辦日期，專文報查。至該府在任多年，於該廠書等任意浮收、累商病民毫無覺察，實難辭咎。經本部堂面詢電詢多次，始終不肯將該廠積弊據實舉發，大負委任。姑念該府現將府署規費逐欵開呈，并責令該書朱安罰繳鉅欵，此次是以奏請從寬議結，已屬格外寬原。現經委員議辦，以期整飭。若該府不知感發愧悔，仍敢縱容丁書在廠把持，索詐撓亂榷政，定即從嚴參處，決不能再予寬恕。懔之。

照會駐澳西洋羅大臣勿越界收稅光緒十二年三月十七日

據望厦鄉生張耀昌等遣抱來轅呈稱：竊生等世居恭常都望厦鄉，與澳地毗連。澳洋納稅而居，原有限制，東至水坑尾門，西至三巴門止，高築圍墻爲界。門以内華洋雜處，門以外墳塚纍纍。過此則華人稅田十數頃，煙户千百家，從無洋人攙入居住。此固非澳洋所得過問者也。近年洋人夜郎自大，日肆鴟張。同治年間，擅將水坑尾門、三巴門毁拆，預爲蠶食地步。厥後又編洋字號數於各鄉各户門首。舊歲又於村前開闢馬路，約佔税田八畝零。去年正月，又向各處税田屋宇，勒索租鈔，得寸入尺，村田皆税，産屋亦税。田土建造既經輸納國課，無力再輸西洋之税。且天朝土地，斷不能尺寸與人。查道光八年，洋人開掘馬路，經紳士趙允齡等禀，蒙前縣憲李詳奉督撫憲李成委員查勘，出示禁止。據詳文内聲明澳地東北枕山高建圍墻，西南倚水界限劃然，詎容越佔。嗣後二十三、二十七八九年，屢次編號竪界，勒收地租，均經本鄉紳士趙勳等、二十四鄉紳士黄河清等禀請各大憲示禁，事始寢息。今乃故智復萌，狡然思逞。去年底又向各處税田屋宇派票勒收，愆期嚴罰。鄉人駭異，民情汹汹，非仗憲威挫遏其鋒，則愈肆愈横，禍伊胡底。伏乞迅賜照會遵守舊章，毋得越境啓釁等情到本部堂。據此。查此事先於上年七月間，據該生員張耀昌等以前情來轅呈控。當查澳門地方原有界限，三巴門外本非洋人所得過問。惟事關地界税糧，均應飭查明確。即經札飭香山縣詳查禀覆核辦去後。嗣據該縣禀覆内稱：三巴門以内固係華洋雜居，門以外即係望厦村，村外税田四頃餘，遞年由縣催征完納。洋官遽向勒租，實違舊章等由前來。即擬具文照會貴護大臣查明禁止。旋因貴國適有大事，貴護大臣正在哀戚之際，又以爲貴護大臣明達事體，敦睦爲懷，既知望厦村係中國税地，斷不致混行强越，本部堂是以暫緩行文。兹復據該生員張耀昌等呈控前情。查望厦村地方既經再四飭查確係中國税地，斷不能任人越佔。且貴國人在澳門地方居住已閲數百年，歷均照常相安，何以此次遽向該村勒收租鈔銀兩，殊堪詫異。想貴護大臣明白情理，必不爲此冒越之事。地方官固斷不能任聽佔越，且該村居民衆多，儻若被勒難服，尤易憤激生事。相應照會貴護大臣查照，務即迅將此事查明禁止。所有澳門事宜，一律遵照舊章辦理，毋輒向民間勒收租鈔，免致徒生枝節，有礙睦誼。

照覆廣州法國領事駁索賠教堂各欵 光緒十二年四月初八日

案接貴署領事官文稱：日前廣東省各屬教堂被搶被燒之案，當經飭教士將各處情形逐一詳細列單，共計三十三張，相應照送貴部堂查照。惟此次教士教民被害，共失去銀三十八萬三千三百八十八元三毫四仙，皆係大清光緒十年、十一年，即法國八百八十四年、八百八十五年之事。亦因各地方官未能實力保護，以致遭此慘毒。雖經屢奉大清皇上保護之旨，無如各官不能實力奉行，是以各處百姓將教士、教民任意欺凌，無可安生。此次既被擾害，又失鉅欵，深爲可憫。素仰貴部堂高厚廣大爲懷，定可爲本署領事用心速爲，將案辦結。仍希飭知各屬一體保護，以敦睦誼。或由貴部堂派委明幹公正之員，會同本署領事所派之員商量，秉公妥辦亦可。至應如何辦理之處，希即照覆。等情。本部堂均已閲悉。查中法自去年定約，敦睦如初，所有前年七月貴前領事官離粤以後，至去年六月回粤以前一切事件，本部堂實以爲無可議辦。去年七月初四日接師前領事來文，業於七月十一日照覆文内，暨七月三十日答覆函内明白指陳在案。意謂師前領事必當恍然大悟，深悔立言之失，貴領事官亦必不至再爲沿襲師前領事之錯。乃此次來文，核與師前領事去年文件大意相同，殊甚詫異。想貴領事官素來深明公平道理，備悉各國交涉章程，不應又生波瀾，爲此不合情理之請。本部堂不得不更與貴領事切直論之。來文所稱教堂各案，約分三端，一曰教堂，一曰教士，一曰教民。粵東各屬法國教堂，有事時則官代爲封固看守，事平後則點明交還。保護之道，不過如此。若謂此等辦法未能實力，必如何而後可稱實力乎。此教堂之無可議辦者也。教士出境則送之，留粵則衛之。保護之道，亦不過如此，此教士之無可議辦者也。以上二節，前次照覆文内均已詳切聲叙，現文無庸複説。至於教民一項，其人雖習法教，仍係中國子民，領事官離粵期内，粵省教民之事豈能復行追問。如欲追問，是不啻干預中國保護子民之權矣。此尤教民之無可議辦者也。總之，前奉諭旨保護法國官商教士，乃係我國家格外浩蕩之深仁，棄捐小忿，眷念舊盟之厚誼，故雖當兵事紛紜，而高天厚地，徧覆包涵，曾無少異。粵中文武百司奏宣恩命，爲之泯仇釁，爲之衛行旅，爲之保室廬。其時人情洶洶，數百里内外傳書驟衆，必欲得敵人而甘心，見有敵國之人無論官商，敵國之物無論錢貨，誓不少留於境内。貴前領事暨教士人等何一不親見，何一不深知。經本部堂再四通飭曉諭，聲明法國官商教士不因争戰而來，本與法兵有别，嚴飭諸將約束各營，明示密防，費盡心力，始有今日之安。夫以衆怒所萃之物業，而居然幸獲瓦全，即小有遺落，僅如纖芥，所全於法國者實大且多。法國官商教士將去之時，無傷生之恐，及去之日，無失路之悲，復回之後，得棲止之所，其所仰賴於天恩者，至優極渥。而粵省地方官睦誼之重，禁令之嚴，粵民之遵旨守法，格外厚道，亦甚有可感激之處。本部堂之意，以爲師前領事回粵之後，必當轉述貴國國家與夫將相大臣及總教士之意，善辭盡禮，道歉道謝，以答我兩廣百姓，以後格外謙和，格外謹斂，不争不競，以期民教永遠相安。如此，則貴領事官斯爲善於奉行西教、維持商務者也。今來文不知感謝地方官，不知慰答衆軍民，乃謂保護之旨各官不實力奉行，誣爲欺凌，詆爲擾害，謗爲慘毒。試思若果當時不實力奉行，則當義民百萬虓怒沸騰之際，恐於貴國師前領事官早已不利矣，尚論區區之教堂什物乎。現在玉帛重敦，言歸於好，以前之事自應置之不提。來文所謂失銀三十八萬餘元，請爲將案辦結等語。查此等皆開戰以後、議和以前之事，無可議辦，無可歸結。如果各屬教堂於去年七月教士回堂之後别有被搶被燒之案，一經照知前來，自必按約飭地方官持平妥辦，亦不必另派商辦之員也。再者，去年撤兵立約以前之事，本部堂本不欲言及，致形見小。今來文既屢經糾纏前事，則本部堂亦未便默然不言。查中國自光緒九年辦理海防以來，以至十年六月雞籠開戰以後，耗費銀款各路用兵之費及税釐短收之項，爲數甚鉅。然此係國家款項，斷不肯與鄰國計較。即專以商民虧損而論，兵端既啟，生理大礙，福州、臺灣、鎮海等處兵燹，擾攘士農工商船户漁户，損傷人口物業財貨船隻，不知凡幾。然此尚係别省，姑置勿論。即專以廣東一省而論，擄廣海之渡船，封北海之商口，省潮廉瓊道路梗阻，貨物停銷，商工船漁俱受虧損。統算廣東省各口損耗，銀數約計三百八十餘萬兩。按照萬國公法，自應以舉兵至人之國生衅者認其咎。貴領事官須先言明將此項銀三百八十萬兩若何查辦，若何歸結，籌有妥善切實辦法，與本部堂議明辦妥，再爲查辦教堂損失零星物件可也。至廣東省籌辦海防，正需經費。現擬籌備銀四百萬兩購買船礮，尚未措齊。貴領事官友睦爲懷，如能代爲用心籌助，尤所欣悦者耳。

札梧州税廠裁革規費光緒十二年四月十四日

照得梧州税廠加抽經費一項，積弊過深，於公家無絲毫之益，於商民有無窮之累，加以因頭等項雜費，苛斂多端。以梧州一隅之地，有税有費又有釐金，一日之内三次榷徵，實爲病民之尤，以致商賈怨咨，銷流不旺。若不亟爲滌盪，必致趨避影射，正課益虧，西省正項税釐將不可問。大局所關，殊非細故。疊奉諭旨查辦。現經本部堂、護部院會同飭查具奏，將經費一項即予免抽，并查出該廠另有私收因頭、外費、現費等項及書巡充規，永遠禁革。所有該廠廠書、算房、銀房、籤子手、尺手各名目，一律革除，改用司事、巡丁，以杜賄充把持、婪索隱漏等弊。惟該廠人數過衆，辦公需資，酌爲核定准按正税每兩收飯銀五分，以作司事、巡丁人等辦公之用。其向有之紅單錢每單銀一錢，掛號錢上水每船一百文、下水每船二百文，收旗錢每船三十文共三欵，爲數甚微，准仍其舊，以作雜項人役津貼，此外不准多收分文，并不准別立名目。違者嚴行拏辦。又該廠尚有柴規銀一欵，每束收錢一文，取之甚微，積之甚鉅，無税無費，不致累及商民，應盡數提解西善後局，以充科場經費等項公用。至該府向有解繳西省院司道各衙門公費一項，現既大加裁減，定有專欵，即不得重複解送，影射開銷。其餘節壽等名目，從前已經裁除，應再嚴行申禁，永遠禁革。從此一清積弊，永利商民，以期杜絶旁流，保護正餉。除俟奉到諭旨再行恭録飭遵外，合先出示嚴禁，專札飭遵，俾可早除商累。仰該府立即遵照出示，將經費一項即行免抽，其餘應禁各項一律禁止。其該廠所募上字營勇即行裁撤，以節糜費。如該府自願酌留，亦不得開銷公項。將發去告示實貼該廠并十里内外水陸通衢，一體曉諭，務令人人共見，咸使周知。此後該廠徵税俱按定則估算，不准浮加因數，并刊給三聯印票，分別存發報查。該廠正税應由該府自行實力稽徵，不得藉口缺額短解，一切務遵札示事理實力奉行。仍將實貼告示處所日期及遵辦情形迅速專文具報，毋稍違延。以後責成該府實力稽察，違章索擾者隨時懲辦。如有不肖司巡丁役將前項禁免各欵私收分文，或變名巧取，一經查出，定惟該府是問。切切。

咨東撫院統核規越用欵光緒十二年四月二十九日

案照光緒十年法人搆釁，竄擾臺灣、粤、閩、浙、滬，各口戒嚴，事勢萬分喫緊。當經本部堂會商彭部堂、貴部院電奏陳明，遵旨籌畫臺越情形，會同奏派馮、王、唐各軍大舉出關，並接濟劉提督永福全軍。以規越爲援臺之計，分設關外諸軍東西轉運局，創造廣源水軍轉運船。其時餉項奇絀，又值省防增軍築臺，購船製械，需欵尤殷，不得不統計兼籌，另儲專欵。當經會同貴撫部院督同前升任東按察使沈臬司、升任兩廣鹽運司瑞運司、現署運司蔣道多方籌畫，於奏准息借滙豐洋欵内，提撥銀五十萬兩，派銷懸引一十二萬包，每包繳價八錢五分，共銀一十萬二千兩，武營報效邊餉十七萬五千兩，關書捐欵十八萬二千兩，通共九十五萬九千兩。專備援越各軍協濟餉糈，籌解軍械之用。又於寶源借欵内奏准提撥銀二十萬兩，勸集義捐銀一萬三千六百餘兩，專備福軍在越餉項。通共籌備銀一百一十七萬二千六百餘兩。計萃軍自招募之日起，截至十一年四月回防廉欽之日止，共餉銀二十六萬二千六百餘兩。勤軍自招募之日起，截至十一年七月赴廉之日止，共餉銀一十九萬四千八百餘兩。景軍自招募之日起，截至十一年十二月裁撤之日止，共餉銀二十四萬三千四百餘兩。又派參將陳榮輝、莫善喜各募勁勇爲分道進攻之計，兩軍共餉銀八萬三千二百餘兩。福軍自十年九月越南開戰之日起，截至十一年十一月奉調來東點驗成軍之日止，共餉銀十二萬三千兩。又籌解各軍槍械軍火，除繳還可用各項另行黏鈔備查外，所有歷次臨戰用去，暨繳還零星缺損各項一併核計，約共銀十四萬二千餘兩。東轉運局自開辦之日起，截至歸併善後局之日止，西轉運局及分局截至九月三十日止，共銀四萬二千六百餘兩。水軍轉運船經費勇糧共銀二萬六千七百餘兩。以上九項，約計通共實支銀一百一十二萬餘兩。統核所籌之欵，合諸支銷之數，有盈無絀。且各軍所領軍火，多有原係就局存之械領用，并未概行支動此欵購製。惟數目繁瑣，猝難逐一劃出。若將各件撥出，則此欵所餘尚多。所有餘欵，統歸東善後局併入本省海防支用。現在邊防大定，籌辦善後，所有從前規越支銷各欵，亟應分晰開列，以清欵目而免轇轕。除札東善後局、轉運局、營務處、軍械局遵照會同詳細核明立案外，相應鈔單咨會貴撫部院，請煩查照施行。

札委都司武永泰總帶河海巡緝營光緒十二年五月十九日

照得粵東巡緝輪船，各自爲營，漫無統束，以致巡緝未能得力，糧餉盡屬虛（糜）[縻]。上年冬間，經本部堂特派海防、鹽務、釐務、海關大小輪船，前赴六門口外港澳一帶洋面捕盜緝私，疊經札飭統歸緝私局考察調遣在案。終以營制未定，號令不專，雖較前略有起色，尚未大著成效。亟應派員統率，嚴定營規，以期得力。茲特先行挑選大小輪船十五號，編爲河海巡緝營，分爲中前後三營，每營五輪，爲中前後左右五哨，特派一員總帶三營，督率營哨各官分段梭巡，扼要截緝。無論外海內海、六門以外以內，以及省河西海連接西北兩江之處，遇有私梟盜匪，立時嚴密兜拏，不得稍涉推諉。如遇私匪逸入內河，亦即跟蹤追截，不准藉口坐視縱逸。務使私匪絕跡，海口內外肅清。一切仿照乾隆章程，管帶營哨各官無論是何官階，悉聽總帶節制調遣，以期號令專一，氣勢聯絡。如營哨各官緝捕無效，得規放私，藉端擾民，遷延縱匪，以及擅離防所、怠惰誤公各項情弊，應由該總帶隨時稽查，禀請撤參，以一事權而資整飭。查有都司武永泰熟悉巡洋緝私情形，辦事不避勞怨，堪以派充總帶，兼充中營營官，合行札委。該總帶即便遵照，將單開各輪船調回省河，逐一查驗，並將各輪原帶各官詳加考察是否勝任選擬營官，禀請分別撤留更換，並將各船薪糧、礮械、勇匠人等詳實察酌，應如何整飭配用操練核省，妥擬章程，禀候核定，以憑刊發關防，分別飭遵。

計開

中營：蓬洲海　輯西　鎮東　靖安　保靖

前營：執中　海鏡清　澄波　廣安　運籌

後營：永安　廣靖　利川　靖海　克虜

札兩司委查澳門租界光緒十二年五月二十日

案查香山縣屬澳門一區，自前明以來，准令大西洋即葡萄牙人在彼寄住。該處向由葡人歲繳租銀五百兩，道光二十九年以後，延欠至今。其租住地段，北至舊有圍墻爲界。圍墻以外，地名望厦村。該村附近悉係官荒民田，乃葡人始而越出墻外建築礮臺，屯駐洋兵，繼而占侵民田，砌成馬路，遂將圍墻拆卸滅跡，任意侵占，近又向村民勒收田房租鈔。迭據村民到轅聯控，業經本部堂行文澳門葡官，令其查明禁止在案。惟澳地洋官覆文意存狡混，非確查根據，堅持力争，斷難杜遏後患。查此事因歷年粤省洋務棘手，無暇問及澳門，以致彼族暗長潛滋，得步進步。始則私毁防閑，繼則逐漸侵占，寖而編牌，寖而收税，寖而屯兵築臺。隱患甚深，關繫甚大。當此紳民稟控之時，若不亟爲澈底清釐，奏聞朝廷，妥議條規，嚴定界限，數十年以後，豈復可問。亟應查明澳門圍墻究係拆於何時，墻外礮臺、兵房、馬路又係建於何日，舊日圍墻爲界之説，案牘官書有無堪以引據之處，以及墻外之望厦村人向係以何爲業，有無紳衿仕宦之人，該村民與住澳之葡人近日是否相安，務得確實情形，以憑核辦。合就札飭該司即便遵照，會同遴委明幹精細之員一二人，前往澳門，遵照現札指查各節暨抄發各件事理，逐一詳確查明，稟覆察奪。

照會陽江鎮查辦西南水陸盜匪光緒十二年五月二十五日

照得廣屬之香山、新會、順德等處，肇屬之開平、鶴山等處，外濱大海，内接西江，近來盜匪甚熾，迭出鉅案。前經派委順德協副將利輝馳赴新、香一帶，會同營縣拏辦，猶恐事權未能專一，或至稍分畛域。且鶴山、開平均屬新會營參將所轄，若專顧近海各路，於内地伏莽仍復未能清釐，亟應特委大員前往督辦。查有陽江鎮黄鎮堪以派委。爲此，照會該鎮即便選帶綏靖營勇二百名，并已派給廣貞兵輪一號，飭中營副將撥給扒船三號，即日率帶前往，擇要駐紮，相機搜捕，督同順德、香山協，新會營參將等暨各該縣查探盜蹤。無論河海水陸，一律兜拏，如敢抗拒，即行圍捕。南沿大海，北至鶴、開，俱責成該鎮辦理。其有界連肇慶協轄境地方，即知會肇慶協副將合力會拏。務將著名盜匪悉數設法擒獲，所有賊巢悉數平毁，積慣窩主尤應密拏嚴辦，以清盜源。惟須緝獲真盜，勿稍粗率敷衍，以副委任。

札委副將黄金福查辦西江盜匪光緒十二年五月二十七日

照得德慶、封川、西甯、東安一帶，西江上浙〔一〕，界連桂省，盜匪日熾，鉅案日多。疊據各該州縣稟報，請派兵勇圍捕等情。除批飭設法懸賞購綫，會營聯團上緊捕拏外，亟應專委大員督辦，以資得力。查有副將黄金福，現經委署肇慶協副將，堪以派委。爲此，札仰該副將即便選帶本部堂標下副營練兵二百名，前往拏辦，即督同各該營、縣并會商羅定協副將、督標水師營參將相機掩捕。該副將先到德慶，與德慶州葉署牧、西甯縣田令及鄰近各州縣密函商定，確探匪蹤。應先向何處掩捕，即由何路進兵，無論北岸南岸，均應一律追捕，并知會羅定協副將、新會營參將合力會拏，不得諉爲協營所轄，推延誤事。如敢抗拒，即行圍捕。其肇慶協本轄盜匪，自更應認真搜捕，責無旁貸，惟須緝獲真盜。務須掃穴擒渠，多獲首要。勿稍粗率敷衍，致負委任。

〔一〕「浙」，疑為「游」之誤。

咨呈總署匯豐銀行借欵第一期息銀在海防項下挪墊[一] 光緒十二年六月十七日

據廣東善后局司道會同署廣東布政使蕭韶、署兩廣鹽運使蔣澤春詳稱，光緒十二年二月二十三日，奉憲台案驗光緒十二年正月二十三日准户部咨，廣東司案呈准兩廣總督張咨，據廣東善后局司道會同廣東布政使沈鎔經等詳稱：案照光緒十年十二月間，經憲台奏奉電旨，向匯豐再借五十萬零五千鎊，約洋銀二百萬兩，粵借粵還，以應急需。又於光緒十一年正月間奏奉電旨，與匯豐銀行再借銀七十五萬鎊，約洋銀三百萬兩，各省關還，所立合同并還銀次數清單，均經照録清册詳請咨送在案。惟兩次借欵均係定立合同，照鎊伸算，先借之五十萬零五千鎊，每鎊合銀三兩九錢八分五釐零，計收銀二百零一萬二千五百兩零二錢九分三釐。後借之七十五萬鎊，每鎊合銀三兩九錢八分五釐零，計收銀二百九十八萬八千八百六十一兩八錢二分二釐。查光緒十一年六月准户部咨，閩省借用洋欵，購鎊歸還，虧折過甚，將來概以奏定應還數目爲斷，萬不能數外准銷分釐，奏奉諭旨准行。粵東自應一體遵辦。查先借五十萬五千鎊，係粵借粵還，前五年還利，後五年本利并還。前五年自光緒十一年六月初二日起，至十六年六月初二日止，應還利銀一百零二萬六千三百七十五兩一錢四分九釐。後五年自光緒十七年正月初二日起，至二十一年正月初二日止，應還本利銀二百四十七萬四千三百六十九兩一錢一分。後借七十五萬鎊，係由各海關還。前五年自光緒十二年八月十六日起，至十六年八月十六日止，應還利銀一百五十二萬四千三百一十九兩五錢二分九釐。後五年自光緒十七年二月十六日起，至二十一年二月十六日止，應還本利銀三百六十七萬四千八百零五兩六錢一分。除粵借粵還五十萬五千鎊，届期應由藩、運兩庫分別提支清還按年報銷外，其由各海關還七十五萬鎊，應咨部按照現在鎊價數目，分派各省關按期按數豫解廣東藩庫收儲，查照合同購鎊還欵。所解之欵，有盈提存，不敷由粵省設法籌補，并據該督另行咨報。前向匯豐銀行借銀七十五萬鎊，所有歸還本息，應由各省關解由廣東藩、運兩庫歸還。兹查本年八月十六日應還頭一期息銀三萬三千七百五十鎊，現已届期，尚未奉准部覆，現已在於各庫不論何欵，先行挪墊歸還。又息借寶源洋行銀一百萬兩，本年十二月十四日應還頭一期本銀三十三萬三千四百零五兩，息銀八萬五千兩，爲期已近，咨部迅速核定數目，分派各省關刻日解粵，以便届期歸欵。以後并請按期按數豫解廣東藩庫收儲，查照合同辦理，俾免延誤等因。并據總理各國事務衙門將該督分咨抄録知照等因前來。查廣東歷借洋欵，本部業已節次分别籌欵，奏准行知遵照。此次該省所咨各節，應由該督查照各前案辦理。至本年八月十六日應還匯豐所借之七十五萬鎊頭一期息銀三萬三千七百五十鎊，已在該省各庫挪墊歸還。究係動支何欵，銀數若干，應即詳細聲覆，并令按照本年七月部咨，仍由該督轉飭粵海關監督就近即於該關六成洋税内如數扣還，以免牽混。所有該省前后借過洋欵，每届歸還之期，務將總散本息數目及歸還日期動用銀兩，按期備造詳明全册送部，以備查覈，勿得遺漏，致滋轇轕。相應

[一] 録自苑書義等主編《張之洞全集》第四册，第二五二〇至二五二二頁，河北人民出版社一九九八年版。

咨覆該督查照可也等因，到本部堂。准此。除咨粵海關監督查照辦理外，合就檄行，仰局照依部咨事理，即便會同藩、運二司遵照辦理毋違。又，先於二月初七日奉撫憲案驗。光緒十二年正月二十二日，准户部咨同前事，仰局會同布、運二司遵照辦理毋違各等因。奉此。查光緒十一年八月十六日應還匯豐所借之七十五萬鎊頭一期息銀三萬三千七百五十鎊，照借時鎊價合洋銀十三萬四千四百九十八兩七錢八分二釐。上年八月間鎊價稍昂，計不敷銀五千八百六十八兩五錢九分五釐。因此項第一項息銀届期未奉撥定，當即在於海防項下挪墊支付。現已遵照移會粵海關在六成洋税内如數扣還，另行匯造清册，詳請咨送。不敷之銀，亦當設法籌補。至本省前後借過洋欵，嗣後每届歸還之期，當遵照將本息總散數目及歸還日期另造清册，詳請咨送，以備查覈。所有歸還匯豐七十五萬鎊借欵頭一期息銀，在於海防項下挪墊緣由，理合詳請查核咨覆大部等由，到本部堂。據此。除咨户部查照外，相應咨呈。爲此，咨呈貴衙門謹請查照施行。

札司道講求洋務 光緒十二年六月二十日

照得洋務爲今日要政，加以廣東遠控南洋，距各國洋界最近，交涉事件尤爲緊要。舉凡安内攘外，關税釐金，教案海防，種種皆與吏治民生相涉。稍有疏舛，即生枝節。稍涉敷衍，即致貽誤大局，所繫悔不可追。且條約本極細密，詳情又極變幻。必須熟考詳酌，緩急操縱，方能合宜。乃本部堂衙門於交涉事件，總匯紛來。其間或有事資羣議者，向來一經行議，司則以諉之府，府則以諉之縣，縣無可諉，則遂束之高閣。迨經屢奉檄催，然後草率具覆，引約章則多舛，援成案則多歧。又或司道府縣衙門自理案件干涉洋務者，或失之卑屈，或失之迂遠，既與條約不符，亦於事理不切。推求其故，皆由各衙門多諉爲無關職任，不加深求，約章全不究心，成案直未寓目，以致隔膜無當。甚至近來有外州縣請粵海關監督，向領三聯單之洋商索補釐金者，有外府行文税務司，其書銜稱爲大英官員者。迷謬至此，可駭可慮。恭查光緒三年五月間欽奉上諭：地方官務將條約詳研熟悉，融會貫通，以期深明窾要，遇事辦理妥協等因。欽此。通行欽遵在案。敕諭諄切，允宜奉行。查粵省前經前督部堂、撫部院奏明，委督糧道專辦廣州口岸洋務。而各國領事事無大小，仍皆徑行照會本部堂衙門，動輒瀆請晤商，并不知照該道，以致該局徒成具文。且洋務動關大局，亦非一糧道衙門所能周知定斷，遇有交涉事件，本省實任候補各官大都茫然，罕有能爲指臂之助者。當於上年四月、本年三月，先後奏委瑞升運司、蔣署運司兼辦洋務，遇有要件，先由該司與之辯論，方有層次等因。均經奉旨允准，飭遵在案。惟接見止屬一端，至於撫綏之本，因應之方，必須合通省有職掌之大員悉心籌畫，同任其責，且須廣集羣材，以資練習。應即兼派在省四司道督同大小各員籌辦。司道爲總辦，如候補道中有得力之員，一體派委。廣州府暨候選知府蔡守錫勇爲提調，蔡守爲坐辦提調，員外郎銜辜湯生爲德文繙譯委員，通判張懋德爲法文繙譯委員，布理問、鄺其照爲英文繙譯委員，署虎門同知、試用通判王存善，試用通判許如騆，奏調貴州候補知縣王秉恩爲該處辦事委員。其該處稽核、文案、編録、密件、聽候差委各員，應擇明習條約通知洋情而又素行端謹者，詳請酌派數員，既備差遣，兼資造就。即於本衙門附近毗連地方設立辦理洋務處，即與在本部堂署内無異。薈集條約檔案、中外圖籍，以便查核而資講求。如總署所刊萬國公法、星軺便覽，上海所譯四裔編年、列國會計政要、長江海道圖說，總税務司所呈各關貿易總册，以及坊間印行萬國公報、遊歷日記等類一切有關洋務政事之書，均須廣儲備用。委員各勤所司，司道時常到處。如遇洋人請見，除本部堂隨時接晤外，或適遇政務無暇，或應先與詢問來意，剖析大概者，委蔣署運司接見轉達，以免覆延。其有重要創見事體，各領事不願與專員商辦者，司道不拘何員，臨時酌委，先與辯論大略，仍稟明本部堂核奪籌辦。如副領事及繙譯等官，則不在例應請見之列，由提調以下相機酬對。至一切應辦事宜，本部堂必將各案原委行知該處，或明札或密示，總必令司道一體密切與聞。該司道等均須一律考核研求，公同商酌，不得推諉，亦不得洩漏要件。總之，此舉乃爲督飭各衙門講求洋務而設，以期襄助有人，籌畫周妥，兼以練習人材，俾資器使。其各事操縱機宜，仍由本部堂采集羣議，酌核辦理，并非諉之該處。該處亦不得徑自行文領事，免致外人誤會，以爲創立新章，致生枝節。凡遇洋務關涉地方，無須秘密者，隨時稟請核示，録案報明撫部院查照，以資商酌，而備稽核。所有建設辦事屋舍、印發條約、蒐集圖書、選派差委各員、酌定考核章程、籌計經費各事宜，即由該司道等迅速妥議，稟候核定，刻日開辦。

札司道開設船局 光緒十二年七月初九日

照得粵省海防善後，尤以造船爲第一要務。其鐵快各艦，工用繁博，力不能及，應聽候海軍衙門籌度議辦。惟有製造淺水兵輪，以資防護海口内河，較爲切近易辦。前經籌欵撥交水師提督方，會同升東藩司沈、前臬司候補道施道，設局製造淺水四艘，尚爲合用。惟爲數過少，自應續行製造。昨據署廣州協副將鄧安邦、署大鵬協副將賴鎮邊、順德協副將利輝等稟請捐助製辦淺輪經費，當經飭交督糧道專欵存儲備用在案。本部堂統加核計，擬就現籌之欵，以一年半爲期，造成淺水兵輪十艘，配齊應用礮械。此十艘即按興造之次序，編爲船名，第一艘名曰廣甲，第十艘名曰廣癸。應即就黄埔原設船局，刻期舉辦。查東按察司于臬司廉正核實，堪以督辦局務。候補道施道在鉦船務明晰，堪以會辦局務。除提調、監工各員另札派委并咨行外，爲此，札仰該司道等即便督飭該提調等訪求得力通曉員匠，詳考成法，核計工料，就廣元等四輪作法，斟酌損益。一律皆用縮氣冷水櫃，酌擬圖式，呈候核定，即日開辦。務期事事核實，堅利迅速，兼可巡駛近洋，方臻美善。尤須計日程功，不得曠時糜費。即將該局事宜詳加籌度，選定員生工役，妥議章程，隨時詳稟。應行采辦物料，迅速分別購定。所需欵項，隨時赴糧道庫移支應用。此因粵省海防未備，鉅欵難籌，故本部堂苦心羅掘，量力經營，期於必成。此舉惟賴該司道殫心實力，廣集羣材，成此利器，以宏遠謨。有厚望焉。

咨呈總署越南派員乞援録批抄稿咨呈備案 附單 光緒十二年八月

案據越使武克寬代越南前山西總督阮廷潤等遞稟一件，内稱越南前山省吏阮廷潤、諒山省吏吕春葳、高平省吏嚴春芳肅稟天朝兩廣督部堂張大人轅門下玉照：下國於去年五月日爲法人所逼，下嗣君奔避，經具情由雲貴督部堂、廣西撫部院稟乞題達，未奉恩命。十月日於河静省山防復修文，遵例由廣西撫部院具稟，本年六月初六日派員賫到，下職等尊已奉納，仍於南關静候，未承覆示。誠恐勘界事繁，未及題達。下嗣君瞻仰激切之忱，無以自伸。下列另抄原文，稟由馮宫保軍門轉咨貴部堂鈞審，候蒙波及。且下國遭此多難，臣民莫不痛心，惟裝火闕如，勢難自立。去年十一月日下列業委員請接下嗣君到來牧馬、保樂一帶，夾近内地，憑藉天朝聲靈，以圖再舉。無奈此一帶現爲散勇據擾，經商牧馬之梁俊秀善詞勸曉，終亦無如之何。竊下嗣君於河静久住，軍火無從取資，要往北圻，沿邊又無寸地乾净。事勢如此困迫，憲台六合爲心，想亦未忍遐棄。除另稟廣西撫部院審辦外，輒此冒昧叩稟，伏乞照顧（量）［諒］原，俾下嗣君得於夾牧馬、保樂之内地棲託倚賴，便調臣民規復故疆，以長隸天朝藩服，下國實深賴焉。如蒙俯准所請，懇賜覆示，庶憑轉達下嗣君遵辦。下情焦急，言詞無次，惟鑒伏諒。再，稟文謹專用參贊軍務關防等情。另抄該國王阮福明稟一件到本部堂。據此。當批：查越南久隸藩封，本屬天朝臣子。咸豐、同治以來，該國數有寇亂，均賴王師進討，次第削平。扶危定傾之衷，我國家未嘗一日忘也。迺該國王昧於制治保邦之義，歷年與法人疊次私立盟約，漸撤藩籬，蹙境喪師，自貽禍患。前年滇桂出師，本部堂遵旨力籌規越之計，徵兵轉餉，百道經營。該國并不遣一使、備一文來轅陳請商定並舉夾攻之策。迨大兵破敵南關，克復諒山、長慶之際，復不能糾集義旅，協助官軍乘機却敵。朝廷不忍生靈久罹鋒鏑，俯從法人欵議。今成局已定，該國自願歸法人保護。近來勢愈不振，乃始來瀝懇乞援。覽其情詞，極爲可憫，而事機已失，補救無從。盟約昭然，豈能更生他議。所請牧馬、保樂一帶准該國王自行居住，非原約中所有，本部堂礙難代爲奏請。惟在該國臣民度德量力，同心竭誠，善爲維持，以存宗祀。至該越官武克寬遠道來粵，自當仰體朝廷懷柔之意，仰營務處傳到該越官明白諭知，妥爲撫慰，厚給川資，派弁護送，并將發去該越官護照一張轉發給領，令由海道前赴廉、欽，自上思、甯明以達龍州回越。並由該處司道備文札覆該國前山西總督阮廷潤等可也。此繳。等因。批發外，相應咨呈備案，謹請查照施行。

照録越南國王阮福明稟

越南先國王阮福時嗣子阮福明，謹稟天朝廣西撫部院大人閣下：曦矚竊照下國，仰蒙天朝封植，列在職方，數百年於兹矣。明先父阮福時於光緒九年六月日以病奄逝，下國人推其弟阮福昇權理國事。纔四月間，阮福昇自料衰病弗堪，推讓於先父王之嗣子阮福昊，即明之親兄也。光緒九年六月日與十一月日，節經具將情事稟由兩廣督部堂大人并雲貴督部堂大人，懇為題達。九重天遠，不知已未上達。嗣光緒十年六月日，明先兄阮福昊病歿，遺囑以明按次當立，以繼明先父王之嗣業，奉權理國事，以待恩命。奈下國北圻諸省經被法人占據，沿海港口他又封禁，水陸俱梗。下國急難，無由上聞。且數年來，法人節於下國滋事。光緒九年七月日，法全權何羅芒將兵船闖來下國都城外之順安汛口，攻破各屯壘，要迫定約二十七欵，以换甲戌年舊約。此次明先父王阮福時等喪事未成，中外疑懼，不得不從。光緒十年五月日，明先兄王方在病劇，法全權巴德那再多將兵船投入順安汛，步兵突到下國都城，逼改和約，以換何羅芒所定之欵，又逼取原奉錫封國印銷化。他復派兵入都城内迫住。又北圻各省官吏自行廢置，抑捉民丁數萬，驅之戰地。節次天兵援勦，所到之處，或嚮路，或隨軍餉火，或通間消息，為他探得，一概罪之，方民多被燒殺甚酷。且法人於下國始焉蠶食，終欲鯨吞。年來賴有天朝命將出師，為之主持，致他尚有顧忌。迨他屢敗乞和得允，想他永永不敢憑陵下國，亦已具在和約中條欵矣，下國君臣竊有私幸焉。不謂他因此得志。本年五月日，他都統忽將兵船增來，與他原派合住，謀圖逼占保護。似此暴横，勢難隱忍。下國業於是月二十二夜與他交戰約四辰，殺得他兵數多。無奈他礮轟破甚烈，下國勢力難支，業率臣僚避往右直畿各省，依山住紮，勸勵國内臣民再圖復興。六月日經即具狀肅書，遞稟貴撫部院大人并雲貴督部堂大人，據情題請。第前途多梗，恐未得達。玆明現於河静省山分去北圻七八日子設駐，諸省紳豪心殷戴舊，各已糾集義兵應衛，而清化、甯平以北，他兵船（站）[佔]據，號令難施，獨力勢難自立。竊念錫封國印，乃明先祖父受於天朝也。下國土地人民，亦皆天朝所錫予也。先兄在日，國印已不能守，今又不能保守都城，得罪甚矣。近日法人又擁立他人為國長，同住都城。欵欵所行，其欺侮弱小固然，却敢慢天朝統紀，想萬國公法之所不容也。明雖沖齡而知能具在，豈不思奮。但當渙散之餘，自非憑藉天朝再造之德，恐不能以圖存。仰懇貴大人軫及下國迫切情形，據情代為題請。幸蒙諭准命將出關，聲罪致討，下國願悉索敝賦以從。又請原情宥罪，錫之封章，使上藉寵靈，號令其國，收復疆宇，以永為外藩，則天朝字小固存之仁，救欵恤難之義，非惟明銘刻不忘，而下國百姓胥同頂戴於無既矣。輒致披瀝血誠，陳罪請命，自覺冒瀆，臨書不勝翹望之至。再國印經為他脅取，請用手押記，仍發交諒山省遞納，庶免阻滯。希惟審諒，早賜覆示，禱切。今肅稟。

光緒十一年十月初六日　阮福明

札委道員李蕊等查勘廣西鑛苗 光緒十二年九月十一日

照得西省山高谷深，素産五金鑛苗。如潯州府貴縣天平寨銀鑛，桂林府臨桂縣撈江暨義甯縣銅鑛，慶遠府河池州思恩縣銀鑛、錫鑛、鐵鑛、硃砂鑛，横州博白縣等處金銀鑛，百色奉議州等處磺鑛。上年九月欽奉八月二十九日寄諭，飭令妥爲開採，以資利用，逐一詳查，奏明辦理。又奉九月初九日寄諭，煤鐵爲製器必須之物，如果鑛苗暢旺，自應及時開採，以資利用。能否招商集股，設法試辦，於地勢民情兩無妨礙，詳加酌度，奏明辦理。等因。欽此。綸綍疊頒，無非開地利以立自强之本，自應欽遵詳查，酌度辦理。查前以平樂綷路工程暨臨桂各處鑛務，委候補道李道蕊前往查勘。玆臨桂、義甯等處，應即專委李道，横州之博白等處，應委候補鹽運同金武祥，貴縣、百色、奉議等處，應委前順天宛平縣知縣趙文粹，河池、思恩等處，應委山西候補知縣何見揚，密行查勘，明確繪圖列説，酌帶鑛砂呈驗稟覆，以憑會商西撫部院籌酌辦理。合就仰該道立即遵照，改裝易服，分赴各州縣，詳確查明該處山場鑛苗是否豐旺足供開采，工費運脚是否相宜，銷路能否暢旺，於地方民生利害有無窒礙。或係旺而未開，或係開而復禁，從前有何成案，因何未經舉辦，目前有無商民私開，其私開者地方官紳有無抽收經費，目前均應如何辦法，詳晰繪具圖説，稟覆核奪。不得以流俗風水之説，拘泥畏難，坐棄地利。亦不得以捕風捉影之説，據爲定論。并將各該處鑛砂共有幾種，各別等差，每種酌帶若干，回東呈驗，以備發局煎煉考核，是爲至要。再，查貴縣隴頭、六班等山，出産黑鉛鑛砂，疊經東西省委員會同地方官前往查勘。據該處紳民聯稟，以爲聚匪窩盗，害多利少，請予封禁各在案。現經本部堂調查，同治十年署貴縣知縣張家齊原稟内稱，該山出産鉛鑛，附近村民視爲衣食，歷年飭令封禁，實則並未禁止，山中常聚鑛徒千餘人。迨與在城局紳議及招商開采，僉又以爲不可。暗中查訪，始知城紳黄賨銘串同該山附近團紳有意阻難，深恐開采之利歸公，伊不得與，是以陽則聯名請禁，陰則私抽分肥。其他紳士畏其險詐，不敢攻訐等情。似此專利營私，阻撓大局，深堪痛恨。此等情形，他處恐亦不免。應即一併確查稟辦。貴縣張署令原稟，應節鈔大略，發給閲看，以便查照辦理。

札委都司司徒驥查辦恩平等三縣匪鄉 光緒十二年十月二十日

案照粵省現在奏明查辦各屬匪鄉，將會匪、盗匪、鬭匪一體澈底清釐，業經分札飭遵辦理在案。茲查恩平、開平、新寧各縣盗風甚熾，積匪尤多，必須迅速認真辦理，方足以昭懲戒而挽頽風。其開平、新甯兩屬匪鄉，前經札飭責成署赤溪協副將黄廷耀、署新會營參將潘瀛會同各營縣拏辦。惟各縣地方幅員遼闊，壤地相錯，巡緝難周，必須專派熟悉情形之員總辦該三縣一帶緝匪事務。責成既專，庶可得力。應即委令常守穆暨該都司司徒驥總辦恩、開、新三縣緝匪事務。除分別檄委咨行外，合就札飭該都司立即招募勁勇二百名，即歸該都司管帶，親督各勇分赴各處，設法緝拏著名各匪。遇有各界交涉之事，分別稟知赤溪協，並會同肇應協、新會營聯絡辦理，但責成尤重在該都司一人。所獲之匪就近解交候補知府常穆研審明確，照章妥擬稟辦，不得稍有騷擾以及妄拏仇陷、瞻徇庇縱情事。此係本部堂特札委辦之件，該都司務須勤奮辦理，毋負委任。仍將募勇花名籍貫造册報查。

札飭副將黄金福專辦肇慶匪鄉 光緒十二年十月二十日

照得粵省奏辦匪鄉，肇慶府屬與廣州府界連處所，原議附入鄭署提督一路辦理，先經咨行在案。茲查廣州府屬匪鄉亟須清釐，鄭署提督現已移軍駐紮東莞、增城一帶，將來尚須接辦北江三水、清遠等處，端緒繁多，其肇慶府所屬各州縣，全境地方遼闊，一時未能兼顧。署肇慶協副將黄金福現在駐軍該府，緝捕盗匪尚屬得力，應將肇慶府全郡匪鄉即責成該副將專辦，并飭肇陽羅道、肇慶府輪流赴鄉會辦，俾期早日蕆事。除分別咨行外，合就札飭該署將即便遵照，督帶得力弁兵，將肇慶一府所屬匪鄉逐一認真查辦。細心訪採，澈底清釐，尤須明速，不可苛細。隨時會同該管道府督同委員，將緝交匪犯悉心研鞫，分別究釋，但不得鋪張騷擾，致使閭閻不安。總期莠除良安，毋得稍涉枉縱，株累無辜。仍將查辦情形隨時馳稟察核。

札藩運兩司議開鐵禁 光緒十二年十月二十日

照得各省鑛產，煤鐵最爲大宗。但鐵斤、鐵器不准下海，舊例著有明文，所以預防接濟外洋及海盜也。自海禁既開以後，今昔情形迥不相同，每歲外洋鋼鐵入口不下數千萬斤，所售槍礮器具不下數百萬件，銷銀何止數百萬兩。任彼之來，禁我之往，中國產鐵銷路不廣，銷數日滯。即欲行銷沿海各口，而陸運脚費艱難，海運又冒法網，徒使洋鐵到處流通，大利盡爲所奪，甚非計之得也。本部堂前在山西巡撫任內，奏明山西鐵斤准由天津出口，海運各處，奉旨允准。現在晉省運至天津轉運東三省鐵斤，久已欽遵辦理。廣東事同一律，現正開辦鑛政，亟應變通成法，妥議章程，奏請免禁鐵斤及各種鐵器下海出洋，惠及工商，以暢我內地之土貨，而漸減無窮之漏卮。惟是興利之始，必先籌計周密。今洋鐵既准入口行銷，土鐵亦難免他人圖販。儻開禁出洋，奸商假託洋行，競請土貨三聯單采買，但完子口稅，凡經過內地稅釐一概免征，避重就輕，仍無大益。查鹽務例不准洋商干預。鹽鐵事同一律，其應如何設法防弊，抑或就開采鐵鑛、製造鐵器處所約計徵課，庶可以保稅餉而開利源。爲此，札仰布政、鹽運二司會同鑛政、善後兩局司道悉心籌議，迅速詳覆，以憑核奏。

咨呈總署辦認欽州中國老界繪圖列證請旨飭辦摺奉諭旨(一) 光緒十二年十月二十三日

竊照本部堂於光緒十二年八月初十日具奏辦認欽州中國老界繪圖列證請旨飭辦一摺。今於十月初一日差弁齎回原摺，內開軍機大臣奉旨：該衙門知道。單圖并發。欽此。查摺稿圖說先經抄録咨呈在案。茲欽奉前因，相應恭録咨呈。爲此，咨呈總理衙門謹請欽遵查照施行。

咨馮督辦商辦撫黎事宜 光緒十二年十一月初一日

爲照瓊州黎匪，自貴督辦督師進剿以來，擒渠搗穴，迭奏奇功。近准電咨，復經親赴萬州督剿。現在大軍深入，黎山匪黨畏威竄匿。從前貴督辦開通十字路之議，大有機會可圖。除積惡抗拒各亂黎應由貴督辦督飭各軍攻剿購拏外，其安分生熟各良黎，自應設法招撫，開山收土，永奠海南。恭宣本年二月十五日欽奉正月二十二日寄諭：曾紀澤奏，瓊州情形較臺灣尤爲喫重，并請將生番黎人設法化導等語。廣東瓊州防務，前經該省督撫調兵扼紮，惟係暫時設防，未及經久之計。該處孤懸海外，逼近越界，應如何未雨綢繆，扼要布置，著張之洞、倪文蔚酌度情形，會商妥籌，奏明請旨辦理。至瓊州黎人疊次滋事，重煩兵力，果能設法化導，變狉榛爲馴擾，實爲當務之急。本日據張之洞奏，檄委張得祿署理瓊州鎮總兵，即著督飭該總兵會同雷瓊道妥爲開導，宣諭朝廷德意，務使逐漸歸化，著有成效，仍將議辦情形隨時具奏。曾紀澤原片，均著鈔給閲看。欽此。是招徠黎人，久勞廟算。八月初十日，本部堂陳奏大舉辦黎一摺，奉到批旨，復有剿撫兼施之諭。及今軍威已振，正是亟籌招撫之時。惟其間規模遠大，

(一) 録自苑書義等主編《張之洞全集》第四册，第二五三三頁，河北人民出版社一九九八年版。

條理紛繁，應如何威惠兼施，宣布德意，化導榛狉，俾臻一勞永逸之處。貴督辦親臨黎境，必能深悉情形。相應恭録前旨，并曾大臣原奏咨送貴督辦查閲，即請詳切規畫，妥籌章程，飛咨本部堂商酌辦理，以期綏定全瓊，上慰宸廑。仍希一面先行電致本部堂隨時商辦，是爲至要。

札東臬司飭東莞等七屬遵辦清釐匪鄉事宜光緒十二年十一月初二日

照得東莞、增城、三水、清遠、花縣、佛岡、英德七廳縣匪鄉，現經議定，由署陸路提督鄭即日督軍馳往查辦。昨准鄭署提督來省籌商各事宜，開列條欵，經本部堂覆加酌核。

一、各鄉編查保甲，以別良歹。將户口查清造册，若子弟出外爲非，責令紳董、約長、族長按名交出。如在本鄉爲匪尚未破案，豫須開列所犯事由實蹟，稟送到官，以憑訊明懲治。其有情尚可原者，准約長、族長切結保回，由官核明，量予責懲，即交該鄉族嚴加管束教導。儻日後怙惡不悛，惟原保之人是問。若著匪遠颺，即令具結立案，日後潛回，由該鄉族綑交或報官引拏。儻敢包庇縱容，一併懲處。

一、各局約遞相管束，以資糾察。在縣城設公局一所，市鎮大鄉各設分局一所，遴選公正紳士經理局事，不必拘定職銜。令公局稽察分局，分局查所屬各約，各約查所屬村莊，并許鄰局鄰村互相糾察。如有庇匪之鄉，該管局約先爲勸導，不聽則指名稟官。如局約明知不舉，扶同諉飾，鄰局鄰村有意黨護、窩留、逃匿，查明分别懲儆示罪。

一、慎選局紳，以端表率。各局約須憑闔縣闔鄉公議，推舉公正任事之紳董入局辦事。衆望素孚者毋許諉卸，素行不稱者不准濫厠，尤不准强行干預。如有不知自愛、豪霸武斷、假公濟私、索賄誣良、挾嫌陷害、倚勢抗官，以及得財濫保、庇匪殃民、造言生事、阻撓大局者，准各廳州縣據實通稟，一面由鄭署提督查明，將該劣紳勒傳送省，分别奏咨，斥革懲辦。

一、妥辦團練，以助守望。冬令盜匪易滋。各鄉值此農閒，各練壯丁，以爲防緝。平日分地巡察，有事合力截拏。如匪黨過悍，立即報官派勇兜擒。

一、就地籌欵，以資保衛。辦匪辦團均須經費。應由鄭署提督督同地方官勸諭各鄉紳董各就本地情形，或比照他縣辦法，妥爲籌辦，稟由地方官酌核通稟，并稟明鄭署提督核定准行，發交本鄉殷實鋪户存儲。局約紳董秉公經理，核實支用，報明地方官存案查核。遇事稟官發給諭帖，方准提用，但不由官吏經手，亦不准局中擅派私提，濫支糜費。嚴禁弁兵、胥役藉端抑勒。

一、責成地方官，以資督率。此本係地方官應辦之事，各該屬遇有辦匪事宜，均應恪遵鄭署提督指示，督率紳董切實辦理。其有情形不同應行隨時變通斟酌之處，亦即稟商鄭署提督核示遵行，不得緘默不言，置身事外。如有抗延推諉，即行撤懲。

以上諸條，均爲目前除莠安良要務，合亟轉飭遵辦。爲此，札仰該司即便轉行七屬文武各員，查照上項指飭事理，實力奉行。官弁紳董一體遵辦，毋稍違延粉飾，别滋流弊。仍將開辦情形稟報查核。

咨呈歸還匯豐銀行借欵本息銀附單〔一〕

光緒十三年四月初四日

據廣東善後局司道會同廣東布政使高崇基、兩廣鹽運使王毓藻詳稱：竊照本省上年籌辦海防，需費浩繁，餉項支絀，先后詳請奏准與香港匯豐銀行及寶源銀行息借銀兩，以濟要需。所立合同清單，均經先後照録清册，詳請咨送大部備查。復將光緒十一年正月十五日起至十二年二月十六日止，每屆歸還之期總散本息數目及歸還日期備造詳明清册，詳請咨送查核各在案。兹將光緒十二年五月初十日起至八月十六日止，歸還匯豐第二次借欵第二期息銀、第三次借欵第二期息銀、第四期借欵第三期息銀、第五次借欵第三期息銀各數目日期備造清册，詳請查核，咨送大部查照實爲公便等由連册到本部堂。據此。除咨送户部查照外，相應咨呈。爲此，咨呈貴衙門，謹請查照施行。

照録清册

廣東善後總局兼辦海防事務，廣東布政使司、兩廣鹽運使司為造報事。今將粤省歸還匯豐銀行各次借欵，自本年五月初十日起至八月十六日止，各次息銀數目日期，逐一備開造報施行。須至册者。計開匯豐銀行第二次借欵一百萬兩，前三年還息，後三年本息清還。自光緒十年五月初十日借銀之日起，以十二箇月為一年，遇閏照加。除十一年五月頭一年息銀業已如期清還列册造報外，計自光緒十年五月初十日至十二年五月初十日，應還第二年息銀九萬兩，在於本省藩庫洋藥包釐項内及運庫徵收省河課餉項下如數歸還。匯豐銀行第三次借欵一百一十四萬三千四百兩，前三年還息，後五年本息清還。自光緒十年八月十四日借銀之日起，以十二箇月為一年，遇閏照加。除十一年八月頭一年息銀業已如期清還列册造報外，計自光緒十年八月十四日至十二年八月十四日，應還第二年息銀十萬零二千九百零六兩，在於本省藩、運兩庫如數歸還。

匯豐銀行第四次借欵五十萬零五千鎊，照時價收銀二百零一萬二千五百兩零二錢九分三釐，前五年還利，後五年本利併還。自光緒十一年正月初二日借銀之日起，以六箇月為一期，遇閏照加。除十一年六月及本年正月頭兩期息銀業已如期清還列册造報外，計自光緒十一年正月初二日至十二年六月初二日，應還第三期息銀二萬二千七百二十五鎊，照借時鎊價合銀九萬零五百六十二兩五錢一分三釐。至付給此項息銀之時，香港英鎊時價每鎊合銀四兩四錢九分八釐八二三六七，計不敷銀一萬一千六百七十三兩二錢五分五釐，在於本省藩、運兩庫如數歸還。所有不敷鎊價銀兩，已由外籌補，合併聲明。

匯豐銀行第五次借欵七十五萬鎊，照時價收銀二百九十八萬八千八百六十一兩八錢二分二釐，前五年還利，後五年本利併還。自光緒十一年二月二十六日借欵之日起，以六箇月為一期，遇閏照加。除十一年八月及本年二月頭二期息銀業已如期清還列册造

〔一〕録自苑書義等主編《張之洞全集》第四册，第二五三六至二五三八頁，河北人民出版社一九九八年版。

報外，計自光緒十一年二月十六日至十二年八月十六日，應還第三期息銀三萬三千七百五十鎊，借時鎊價價合銀一十三萬四千四百九十八兩七錢八分二釐。至付給此項息銀之時，香港英鎊時價每鎊合銀四兩五錢二分八釐四毫二絲，計不敷銀一萬八千三百三十五兩四錢一分八釐，在於粤海關六成洋税内如數歸還。所有不敷鎊價銀兩，已由外籌補，合併聲明。

札東藩司改小蓬仙館爲七公祠 光緒十三年四月三十日

照得廣東自漢元封置交州（剌）［刺］史以來，暨於昭代，名宦輩出，指不勝屈，而德業最著，厥有七公。如晉陶桓公之鎮定交廣，致力中原。唐宋文貞之清正率下，教陶瓦以除火患。明韓襄毅躬搗大藤峽，剿除羣盜，王文成東平浰頭之匪，西靖田州之亂。我朝李恭毅之立專營，增戰艇，肅清海陸盜藪，全活良民，阮文達之馭夷索兇，力持大體，創設學海堂，振興文教，林文忠之正民俗、杜漏卮、防外患、測洋情，營造海口内外礮臺，創撰海國圖志，威懾重溟，識微鑒遠。此七公者雖治術不同，要其功德霑被粤民，措施動關大計。考諸禮經，所稱有功德於民則祀、禦災捍患則祀者，均無愧焉。本部堂、部院擬仿宋張頡十賢堂之例，特建一祠，合祀七公，以昭崇報而資效法。茲查河南自岸鄉地方，有小蓬仙館道院一所，乃咸豐年間前閣督部堂葉，爲其封翁光禄公醵金創建。封翁雅慕神仙，於院中供奉王子晉、吕純陽、李青蓮三木主，詩人羽客，錯出不倫。且該館道士陳叶埜曾經刊布訴詞，内稱創建之時，合共捐集銀八萬餘兩，當時係交鶴山縣人馮華彬、馮暉谷等經手承辦。僅成中院，旁搆兩厢，餘銀悉爲乾没，又將院外園業佔踞賃眦。若不及時清釐，必爲馮姓所有等語。查募修該館，醵資不少，何以所建屋宇，僅止數間，自未便任其侵蝕隱占。至於該館所祀，崇尚虚無，罔資觀感，甚非守吏以道導民之誼。其屋宇基址既係官爲集欵興修，即難據爲方外私業。應即改建祠廟，以祀上項所舉陶、宋、韓、王、李、阮、林七公，名曰七公祠，并將原設三木主移入别處道院附祀。經費所需有限，統由藩司於無礙閒欵籌發。所有前項捐集銀兩有無乾没，均應澈底清查，另案完結。爲此，札仰該司會同運司轉飭廣州府，督飭南、番兩縣一面查勘明確，移傳馮華彬等澈底究明，分别將存項追繳，園業清還，另案議結，一面委員將改修遷移各節，迅速勘估，妥議詳辦。

札運司改鄭仙祠爲三君祠 光緒十三年四月三十日

照得廣東嶺外大府，人文蔚起，經學昌明，於斯爲盛。而推原所自，則惟後漢虞功曹仲翔肇之於先，唐韓文公、宋蘇文忠公繼之於後。功曹初徙交州，復徙蒼梧，講學不倦，門徒常數百人。文公始貶陽山，繼謫潮州，政教兼施，所過者化。文忠則由惠而瓊，所至以濟人化俗爲事，海外從風，彬彬嚮學。三先生皆以忠直謫官，復皆以文學教化嶺表。雖在海隅，不忘忠愛，文章氣節，異代同符。論其教澤留遺，正堪鼎足。本部堂、部院久擬於省城擇地合而祠之，以崇報祀。而闤闠囂隘，難得高明爽塏之地。茲查粤秀山菊坡精舍之前有鄭仙祠，其地亦宋崔清獻公菊坡之遺址。祠爲嘉慶、道光以來前將軍慶暨洋商富紳等陸續集資建造，崇祀神仙，兼爲游觀之所。按鄭仙即史稱之安期生，事涉恢奇，無關風教。且其地毗連菊坡精舍，左則應元書院，右則學海堂，並爲書院士子朝夕講貫之地。而鄭仙祠介在其間，居方辨物，亦非所宜。若就其地崇祀儒宗，表章師法，俾三書院士子有所矜式，其於士習民風，均非小補。除菊坡精舍業經本部堂、部院重修增祀崔清獻公外，擬即將鄭仙祠堂改祀虞、韓、蘇三先生。詢於士林，稽諸衆論，僉以爲宜。按後漢書，竇武、劉淑、陳蕃稱爲三君，釋之曰君者世所宗也。三先生學行教澤，素爲粵士宗師，因取此名義曰三君祠，以正祀典，而端趨向。亟宜釐正修葺，令與菊坡精舍相通。將來即由鹽運司委員經管，并於附近龍王廟後酌撥隙地，另修祠宇三楹，移奉安期生，仍名之曰鄭仙祠，以存舊祀，其祠内如有香燈生息等項，亦并查明撥令同往。在彼既福緣不替，而此則觀感一新。一轉移間，各得其當。所有遷移增修費用，併由運司於無礙閒欵籌發，以便興工。爲此，札仰該司遵照，會同藩司轉飭廣州府，督飭南、番兩縣查明原案，速委妥員確切勘估，并即籌撥經費，妥議詳辦。

咨馮督辦凱撤瓊州各軍徐圖善後 光緒十三年閏四月初二日

爲照瓊州客黎各匪，自去年八月奏明大舉勦辦，疊經貴督辦督軍進勦，其中、東兩路如什密老巢黎客總逆首陳鍾明，長沙寨逆首陳鍾青，馬嶺逆首黄清，廖二弓逆首那肥、那閔，陵水逆首丁鬚生、藍紅衫、胡明時，西峒逆首陳文中，樂會七峒逆首王打文、賴文成、賴文才等，及奉旨飭拏之僞大將軍鄭顯昌，逆夥悍黨悉經萃軍誅擒淨盡。其西路積年倡亂客首黄鄒保、温河清，亦爲方道長華拏獲，并擒斬匪黨陳贊桂、張秀生、鄧亞生、賴官生等四十三名，餘衆百數十名，悉拏交各州縣分别禁釋。又捕獲儋州匪首陳鍾銘，解大營訊辦，西路亦就肅清。其南路崖州、南林峒黎匪，亦經楊道玉書、馮守相榮、相華等攻破堅巢，招撫餘衆，搜捕逸匪。統計全瓊已無抗拒之黎，可勦之匪。各峒生熟黎早經薙髮改裝造册歸化者，東路丁口三萬餘，北路一萬餘，西路四萬餘。南路三差四差生黎、西黎各頭目，現已趕造丁册，次第改裝。近日各路陸續造册歸化者，計必較前愈多。其奏明開闢之大路十二條，疊據方道、楊道、孫丞鴻勳、署崖州知州劉保林、署崖州協方副將敬禀報，已陸續遵照丈尺開通。此外，原奏未及之路，復添開十餘道。據謙護道貴電及各州縣禀報，工竣者萬州小路五條，會同二、陵水三、澄邁二、臨高二、定安二、樂會、感恩、昌化、崖州各一，均合於大路，以達五指。其崖州、凡陽一路，月内亦即完工。所有勦撫開通事宜，均已告竣。其餘查勘化導、興利變俗等事，必須熟籌審處，持久不懈，方能就緒。當此瘴熱已作，大軍若仍久駐黎峒，受病必多。前經電達貴督辦及飭各軍調紮善地，外省人員不得深入，酌留土著員紳扼紮要隘，并分别咨行辦理。貴督辦應即酌帶隨員親兵，凱回郡城。各軍員弁應駐紮何處爲妥，土勇員紳應如何酌留分派，居中調度，應請貴督辦酌度辦理。其方道一軍及孫丞所部，并亦經分飭由該員等體察情形，電禀請示調紮無瘴地面，分撥屯紮，并由貴督辦酌核情形，咨商辦理。一切善後事宜，貴督辦從容規畫，徐籌全瓊治安之策，上副聖謨久遠之圖。

札東藩司籌給雷瓊道公費并裁禁陋規光緒十三年閏四月初八日

照得雷瓊一道，遠跨海南，地瘠民貧，公私交困。加以瓊州等處黎匪滋擾，土客尋釁。現當勦撫略定，善後方殷，閭閻未臻安謐，物力尤極凋殘，該處地方大小各缺，莫不異常瘠苦。州縣則虧空正項，因交代參革者不少。雷瓊道一缺，進欵寥寥，向來不免收受屬員陋規，以資用度。各屬員無所從出，虧挪而外，仍復取之於民。展轉朘削，吏治頹壞，實屬不成事體。現據新授雷瓊道朱道面禀，所有到任以及節壽陋規，該道概不收受。體卹屬吏，即所以嘉惠邊氓。並據將該道所屬向來陋規數目，開呈查核。計到任節壽三宗，共銀一萬零二百元，門包、小使二千八百零八元。查雷瓊各屬素號瘠區，而道署陋規每年需銀一萬三千餘元之多，尚有屬員到任陋規不在此數。海隅蕞爾，其何以堪。該道既不受此陋規，所見甚是。自應從此裁禁，以成美舉。惟此缺著名瘠苦，在該道廉樸自勵，雖肯力爲其難，然亦須足敷辦公，始堪經久。本部堂、部院公同商酌，亟應籌給公費銀兩，俾資治理而免賠累。合就札飭該司即便妥速籌議，按照單開陋規數目，酌減數成，在於節省等欵項下每年酌給該道津貼公費銀若干兩，詳候核奪飭遵。并即將前項到任、節壽、陋規、門包、小使等項，分別移行，永遠裁禁，與受同科。自經此次裁禁之後，該府廳州縣較前綽裕，無可藉口。儻再有虧短交代以及侵漁地方情事，定即嚴行參辦。

札緝私局統率河海緝捕營光緒十三年閏四月初八日

照得本部堂前經選配大小輪船十五號，編立河海巡緝營，札委都司武永泰爲總管，督率各營員弁分段梭巡，扼要堵截。原以力遏私鹽，兼緝各項私土、私貨、私硝、私磺以及一切盜匪。查該都司任事以來，去年鹽務銷數雖已漸有起色，近來不免稍形鬆勁，至於盜匪，所獲無多。前據劉守轉據該都司請將領餉及私船變價諸事，改由該局添派專員管理，續又酌擬大小輪船緝私捕盜章程，均經如禀准行在案，無非爲整頓緝務起見。本部堂體察情形，必應將三營統於總局，方足以嚴考核而專責成。查粵省除釐金以外，籌餉以鹽務爲大宗。原設河海巡緝營以緝私爲本義，所有河海三營輪扒各船，即統歸督辦六門緝私局劉守節制調遣，切實考核，隨時督催，申明賞罰。如各船員弁勇丁巡緝有效者，禀請獎勵，怠玩離防、不能得力、賄縱私梟、庇匪私貨者，禀請究辦。合就札飭該守即便遵照，將河海緝捕營之大小輪拖各船，認真督催，分別功過，秉公賞罰，毋稍敷衍瞻徇，以副委任。仍先將奉札遵辦情形禀報察核。

札東臬司總理巡緝事務光緒十三年閏四月初十日

照得省城盜案之多，甲於外郡。疊經選派文武員弁，分帶陸營練勇、水陸輪扒各船嚴密購緝，益以兩標練兵、各縣分汛、省城保甲、四鄉團防，棋布星羅，邏察維謹。緝之不可謂不密，防之不可謂不周，而盜蹤仍未止息，則以地段紛歧、統紀不一之故。查上年奏辦匪鄉，省城一路係歸鄭提督督同署廣州協鄧副將安邦辦理。現在鄭提督移營北江辦理積匪，鄧副將於派拏各案，時有破獲，而於省城内外全局未能兼顧，以致緝捕久無起色。本部堂、部院詳加籌度，惟有合文武爲一途，聯水陸爲一體，防緝各專責成，功過毫無隱蔽，庶幾成效可期。應即於省城專設緝務總局，特派大員綜持其事，庶收羣力羣策之功，而無涣散隔閡之弊。查廣東按察使王臬司職在詰奸，責無旁貸。奏調廣東差委、前浙江按察使陳臬司，現充總理營務處，緝匪乃其職司，應并委令總理巡緝事務。本部堂、部院各頒發大令一枝，交該司等祗領，遇有率營出外緝盗辦匪等事，即行賫持前往，并飭營務處刊刻總理巡務關防一顆，發給應用。即將省城暨南、番、香、順、新五縣團練、保甲巡察緝捕各事宜，認真督辦。所有各該處水陸將弁緝捕各營，南三、南順各段巡船，香山、新會巡船，省河海珠緝捕輪扒各船，暨前通判徐倅賡陛、知州田牧明曜、知縣李令家焯、守備羅祺各營，省城保甲總分局員弁，均歸該司等統率節制。其督標中軍王副將世清、撫標中軍鳳參將鳴、廣州協鄧署副將安邦、順德協利副將輝、香山協吉副將瑞、新會營潘署參將瀛所轄防緝各汛各段弁勇，一併歸該司等考察調遣。如各路弁勇有廢弛缺額、縱盗通賊諸弊，即由該司等分别會同各該將領，禀請撤換懲處，以一事權。遇有移撥省河海珠巡船、中廣順香新各協營員弁分防地段之處，仍會商王、鳳、鄧、利、吉、潘各將，妥籌辦理。至督標派出協緝練兵、撫標各段巡緝練兵及水師提標後營所管駐段扒船，一併責成該司等稽察聯絡，遇事即行知照，務令通力合作。如不得力者，准其據實禀明，聽候本部堂、部院核辦。陳前臬司久歷軍營，規畫布置素稱精密，前在湖南鎮筸道、河南河北道各在任内辦理緝捕，盗賊屏迹，著有功效。王臬司本任政務殷繁，未便遠歷各鄉親巡，諸路海口河道一切巡緝調度稽核各營諸事宜，應由陳前司悉心籌畫，會同該臬司辦理。所有籌撥經費、添募練勇、酌設輪船、選派員弁、分段巡防、購覓眼綫、設法偵緝、督營圍捕，隨時稽核勤惰、勸懲功過，并嚴定城内關外暨以上各屬保甲團練章程。該司等務即迅速詳議章程，詳候核定飭遵。一俟各該縣地段辦清後，附近新甯、恩平、開平、鶴山四縣匪鄉盗案，亦應接續清辦，以竟全局。

札東藩司查禁粤米漏卮 光緒十三年閏四月初十日

照得粤省耕三漁七，户口殷繁，素有食米不敷之患，每恃南洋米及西米接濟。前經訪聞有等奸商弊串領照，藉稱接濟澳門華民，由省運米至澳，即由澳轉運出洋，當經飭司拏究在案。復經本部堂派委試用通判魏恒、補用知縣李洪毓前往澳門，查明在澳華民共有若干，每年共需食米若干，妥籌辦理，以免奸商藉詞多運。兹據該委員等列摺呈覆：查澳門本屬租界，并非外洋，所有華民需用米石，固應接濟，若藉名赴澳轉運出洋，則係奸商牟利，未便姑容。就所禀有照無照各艇核計，每年出洋米石，大率在一百數十萬石以外，實屬大干例禁。惟近來民人出洋至金山埠、新加坡等處貿易工作者實繁有徒，亦專賴内地米石前往糶濟。若概行禁絶，則待哺嗷嗷，亦殊可憫。而廣東地方産米本少，近年歉收，米價尤昂。前經奏請招商由江蘇、安徽買米，始得接濟民食。若不設法查禁，示以限制，則告糴之米，終不敵漏卮之多，粤民艱食之患伊於胡底。本部堂查華民在洋，固未可斷其接濟，而粤米有限，亦難任竟成漏卮。惟有酌量本省豐歉情形，以定米石出洋多寡。除澳門華民每年約需食米三十萬石，業經查明毋庸增減外，其金山埠、新加坡等處華民，爲數甚多，勢難徧給，自應按粤東中稔之年，酌量定擬每處各准運米若干石。若遇豐歉，仍隨時增減。無論澳門、金山、新加坡等處，運米概須請領運照。儻無照可驗，或藉照多運，均屬私運，即行查拏。至於請領運照，完納税釐，應明定章程，歸官辦理。其金山、新加坡等處所需米照，或在粤請領，或由出使大臣暨中國領事官給照。商船來粤，照粤東所定數目領運出洋，不得任奸商仍踵前轍，弊串請照，漫無稽查，徒令丁役中飽。至該委員等所擬六門各廠盤查船隻，及分飭地方官查禁等情，應一併通籌妥議，以憑奏明辦理。

札南、番兩縣勘修遷善所光緒十三年閏四月初十日

照得南、番兩縣，獄訟繁多，各差館羈所地方，囚繫纍纍，幾無隙地。內有磡禁一項，比之枷杖決釋各犯，情罪較重。或因無案可歸，姑從羈繫。或因屢次犯案，未便縱歸。數年以來，新舊磡禁已不下數百人。此種匪徒拘繫日久，無所事事，頹惰之習益慣，悔悟之念不萌。一旦省釋，謀生無具，難保不再蹈故轍，復行搶劫。且當此夏令炎蒸，縲絏駢沓，疾病易生，動致瘐斃，實爲可憫。亟應設法善爲之所，以示體恤。查觀音山下綏靖營舊地頗屬寬闊，尚有房屋堪以居住，應即再加修治，添設房間，加築高厚圍墻，名之曰遷善所，以爲兩縣公用之地。即從兩縣磡犯中擇其情罪較輕、性質較馴者，南海縣先行酌撥二百名，番禺縣先行酌撥一百名，分禁其内。區分院落，各設頭目，購置工具，酌募工師，責令各犯學藝自給，量能授藝勒限學成，寬籌宿食，嚴禁滋事，俾其顧名思義，改過遷善。將來放出，各有一藝可以資生，自然不再爲非，囹圄可期漸少。此係先行試辦，如行之無弊而有效，以後再量爲添撥分設，推行各縣。此舉本之古人圜土頌繫之意，而略加變通，比之漢代鬼薪織室之法，而更從其厚，是於矜恤庶獄之中，兼寓默化潛移之道。除行兩司、廣州府轉飭外，合行札飭該縣會同前往綏靖營舊地，查勘原有房屋應如何修補、添設改造，迅即籌定興修。所有此次興修開辦各經費，即由該兩縣估計，稟司覆估，發欵委修。以後常年經費，應由司酌籌發給若干，其餘由該兩縣自行籌欵協助。仍將勘修情形繪具圖説，暨如何約束稽察，添委專員幫同照料，教習何等工藝，以後常年經費如何籌措，先行妥議，通稟核奪。至於現羈人犯，可擬結者隨時擬結，其餘均應親加查看，責成妥役善其居處飲食，嚴禁差役凌虐。均毋玩延。

札委知府方功惠等監修廣雅書院光緒十三年閏四月十五日

照得肇慶端溪書院，爲兩廣作育人材之區。惟舊址不甚寬綽，復因年久失修。前經本部堂派員勘估增修，限於地基，無可展拓，業經檄飭該道府等撥欵，將講堂齋舍興工重修，并重定章程，增給膏火奬銀在案。惟肇慶究屬偏僻，書院舊有齋房過少，不足以容兩廣英才。且本部堂衙門久已移駐廣州，距肇郡過遠，亦難親臨考校。茲特另籌專欵，在廣東省城西北三元里之南源頭鄉地方，擇得地基一處，山川雄闊，風土清曠，形勢甚爲相宜。擬就其地

創建兩廣經古書院一區，建置東西齋舍二百間，遴選兩省高才生肄業其中，講求經史身心、希賢用世之學，名曰廣雅書院。院內建祠，崇祀先儒濂溪周子，并以歷代名賢有功兩廣文教者，暨國朝歷年院長品學足爲後進矜式者，附祀其中。當經本部堂親往勘定，繪具圖説，亟應派員估計監修，查照圖式，精心營造。采買木料務須堅實，磚瓦灰石并須精好。書院四周開成溝渠，環植樹木。多召匠頭，分段承修。諏吉本月二十日開工，限期五箇月，一律工竣。所有工程一切費用，統於東善後局存儲專欵項下隨時撥給。查有知府方功惠、同知王秉恩堪以派充總辦，通判范鼎、知縣續芳堪以派委驗料監工，巡檢楊悦、縣丞孫承澤堪以隨同差委。各員俱由藩、運兩司議給薪水，於本欵下動支。其修造書院經費暨常年師生束脩膏火、監院吏役薪糧、卷價、歲修各費，俱經籌定的欵應用，不動正欵，另札司局飭知。除分別咨行外，合亟札委該守迅即查照上項事理發去圖式，悉心籌辦，核實勘估，召匠興工，隨時稟請核示。務期工堅料實，如限修竣，毋稍粗率延誤。

咨呈總署録送澳門舊案 光緒十三年五月初五日

據香山縣知縣張文翰稟稱：據望厦鄉生員張耀昌等稟，澳夷派人入村勒索，并每户送單一紙，責以繳租遲緩，應行照章苛罰，而應完之正供錢糧，又復追呼孔亟，迫得聯叩轉稟，照會該夷禁止收鈔，劃清租界等情。查本案前據生員張耀昌等赴縣具稟，澳門葡萄牙人佔地收租，業經卑前縣蕭令稟奉憲台暨撫院，委員前往查勘稟覆，并照會駐澳西洋大臣查禁在案。現據生員張耀昌等具稟前情，可否俯賜再行照會澳門葡官，飭其查明，嚴行禁止等情，到本部堂。據此。查香山縣屬澳門一區，自前明以來，准令大西洋即葡萄牙人在彼寄住。該處向由葡人歲繳租銀五百兩，道光二十九年以後延欠至今。其租住地段，北至舊有圍墻爲界，圍墻以外地名望厦村，附近係官荒民田。乃葡人始而越出墻外建築礮臺，屯駐洋兵，繼而佔侵民田砌成馬路，遂將圍墻拆卸，任意侵佔，近又屢向村民勒收田房租鈔。疊據村民到轅聯控，業經本部堂行文澳門葡官，令其查明禁止在案。該葡官覆文意存狡混，語多支離。嗣復疊經委員密往勘查籌辦，斷難遷就。查二十年來，粤省洋務紛紜，無暇問及澳門，以致彼族暗長潛滋，得步進步。始則私毁防閘，繼則逐漸侵佔，寖而編牌，寖而收税，寖而屯兵築臺。隱患甚深，關係甚大，非嚴詰堅持，斷難杜遏後患。據稟前由正在核辦間，譯閲洋報所載洋藥税釐併徵一案，中葡已訂有草約，允將澳門歸葡國管轄，所傳當必有因。查向之所謂澳門者，係指葡人所居租界而言，東北枕山，西南濱海，高建圍墻界限。劃清界以外税田民村，皆香山縣屬，歷年完納賦税，有案可稽。彼之馬路兵房，皆屬界外侵占。貴衙門於此中情節或未周知。相應録案咨呈，以備異日立約時分別引證。

札東善後局發欵生息充廣雅書院經費 光緒十三年六月十一日

照得本部堂創建廣雅書院，調取兩廣諸生二百名肄業其中，講求經義史事、身心經濟之學，業經籌欵委員監修，分別咨行在案。將來書院落成，規制宏鉅，兩省人士聞風興起，來者必多。

所有常年山長束脩、生徒膏火、監院薪夫暨吏役薪糧、卷價、歲修各費，爲數不貲，必須寬爲籌備。查粵海關歷任向有解送兩廣總督衙門辦公費一欵。本部堂任内，前項公費銀兩雖照各章解送，而本部堂素性儉約，并無需用之處。當將此項銀兩自光緒十年夏間本部堂到任起，至光緒十三年四月止，歷次札發該局專欵存儲，以充公用。遇有重要公事，飭知提撥。節經本部堂提過賑濟東西兩省災民、修築圍工、援越福軍加餉、渡臺賞項、南關傷亡將弁恤賻、關外凱撤萃軍勤軍景軍加賞、購寄前敵將領藥物、出關勤軍夫價、東西兩省湘淮楚粵諸軍武職諒山獎案經費、瓊州親兵醫藥葬費、親軍營馬匹草料差弁川資、外省賑欵、惠州書院書籍等欵外，本欵存儲尚多。應即提銀十萬兩，并據樂桂埠商稟請捐助廣雅書院經費銀二萬兩，合成十二萬兩，發交匯豐洋行。按照每百元每年周息五元五角計算，每年可得息銀六千六百兩。本銀當留生息，不准動用。所有息銀，悉充廣雅書院常年經費。約計用欵仍屬不敷，業經另行籌備新增無礙閒欵足用，另札司局飭遵。除分别咨行外，合就札飭該局即便遵照辦理，迅將上項銀兩委員解赴香港，發交洋行生息。其樂桂埠商捐項，應俟陸續繳局，隨時解港起息。所有發存數目日期暨酌定提用息銀期限，并取具該洋行存銀票據具報查核。

札三司等發善後局存欵收支清單光緒十三年六月十三日

照得粵海關歷任向有解送兩廣總督衙門辦公費一欵，每月紋銀三千兩。又三節辦公津貼，每節紋銀二千兩。又有另欵辦公津貼，每年紋銀二千兩。本部堂任内，前項公費銀兩雖照向章咨解，而本部堂素性儉約，并無需用之處，當將此項銀兩自光緒十年閏五月到任起，至光緒十三年四月二十五日止，又十三年五月節一欵，暨十二年本部堂兼署撫篆任内公費銀四千兩，歷次札發東善後局，悉數飭令專欵存儲，以充公用，遇有重要事務，飭知提撥。節經本部堂提過施濟災賑、卹犒將士、捐助義舉、支給差弁及捐購軍營藥物、馬匹，書院書籍等項外，現已積成鉅欵，發交匯豐生息，作爲廣雅書院常年經費。現據東善後局開具收支數目詳細清單，呈請察核前來。本部堂逐欵覆核，與飭發各欵數目均屬相符，所有清單，合就飭知該司即便知照。

札三司增設學海堂生額并增修課舍光緒十三年七月二十五日

照得廣東省城自道光四年經前督部堂阮文達公創建學海堂，以通經學古之方，訓迪多士，立法至爲精要。惟以經費不足，故有隨課之弊，無常課之額。至前督部堂盧敏肅公恢張前緒，特設課業生十名，俾習專門之學。於每季出題各作課卷之外，令其自立課程，分句讀、評校、鈔録、著述四種，按季呈交課業，由學長稽核訂正。復經前署撫部院郭修舉堂事，增訂專課章程，仍以十人爲率，三年學成更换别舉，續又增生童額十名。數十年來，課生中人才輩出，通儒接踵，可謂成效昭著。惟嚮學日多，而原額尚少。兹者本部堂院推前賢之盛心，繹勸學之本指，特再籌欵增設專課生十名，仍令各學長於舉貢生監中擇尤舉薦，稟請充補，連前專課生共二十名。其附課生原有二十名，一併增設十名，以備遞補。其續增之生童十名，應撥作童生，專課所習之業，與各生一律評定甲乙，但論學業不論科名。至會集交課之期，向按四季，爲期較疏。今酌改爲每月一次，除正月不會外，每年十一次，遇閏多會一次，以期課程有稽，講習無間。新增專課生十名，每年共應給膏火銀二百兩，按季發給。其學長及原設、新增之專課生、附課生，每月會課飯食，比照向章核計，每一次需銀二十兩，均在善後局息欵項下按季撥給。惟屋宇頗少，向來每值會課，學長課生一時咸集，山堂一所，不能兼容。今復增課生，自須增築課舍。已勘得堂東山麓尚有隙地，可以造屋數楹，以爲課舍。亟應派員勘估興修，并將舊屋敝漏者量爲修治，門内外酌增棚廊，以蔽風雨。所需工料銀兩，即在釐務局變價充公項下撥用。除委署虎門同知王存善、試用同知王秉恩會同監修外，合亟札飭該司即便遵照辦理。

札前山都司整頓操防 光緒十三年八月二十一日

照得前山地方設有同知、都司各一員，其駐紮處所與澳門相距不遠，近接關閘，所屬各汛環布要區，旺厦一汛且在關閘以内，本所以防維他族。該營都司水陸營汛，是其專責。乃三十年來，操防廢弛，營伍幾同虛設。文員以閒曹自居，武員以陸路寨門自限，於華洋交涉事宜不復措意。於是澳門僑居之葡人，逐漸侵佔三巴門等處圍墻界外之地，開馬路，築礮臺，勒收望厦等七村地租燈費，并越佔隔水之潭仔、過路環各村島，勒收漁欄規費。該處民人或勉應誅求，或力與抗拒，或移徙他處，無非官民闊疎，無從控愬之故。現在與葡人議立新約，先清界址。該處距香山縣城較遠，所有分防之文武各員責成尤重。亟應責成該都司修明職守，督率水陸汛地弁兵船隻，操練巡緝，不許擅離他處，亦不得株守塞城，并會同前山同知、香山縣，將保甲團練、水陸捕盜緝私及一切應辦事宜，認真整頓。務期鎮静周密，以繫民情而杜隱患。至香山協副將轄境所在，不得因其距城稍遠置汛防於不問，亦應隨時親往彈壓稽查。

札緝務局總提調出省督捕 光緒十三年十一月十一日

照得粤省附近省會各縣，盜風尚未止息。際兹冬令，盜匪易滋，緝捕尤爲緊要。應即特派專員，前赴各縣親巡督捕，迅速懲辦，方足以振動疲頑。合亟會札飭委。札到，該員立即遵照，酌帶勇丁親赴香山、順德、新會三縣，并將前經頒發緝務局大令賫持前往，會督各該營縣周歷巡緝，嚴密捕拏。所獲盜匪，即由該員會縣詳加研訊，調核縣卷。其情節尤爲可惡者，如果供案相符，一面請令正法，一面録取供詞稟報，以昭炯戒，而免稽誅。其情節稍次者，仍行照章録供，稟候批辦。此係特委之件，該員務須認真詳慎辦理，毋稍枉縱。

咨送請賞赫政二品頂戴片稿〔一〕 光緒十三年十二月十九日

照得本部堂於光緒十三年十月二十四日恭摺附奏，請將勘辦

〔一〕録自苑書義等主編《張之洞全集》第四册，第二五五四頁，河北人民出版社一九九八年版。

界務派繙譯之前江漢關税務司赫政懇恩賞加二品頂戴一片，相應鈔録片稿咨呈貴衙門，謹請查照施行。

光緒十四年

札南海、番禺、順德三縣嚴飭捕盜 光緒十四年二月初七日

照得粵省盜風，廣屬最熾。各牧令狃於積習，諱縱頻聞，曾經本部堂將諱盜各縣參革。盜多且重各縣，同營汛擇尤參革留緝。嗣各州縣漸知振作，會營破獲重大盜匪，審明一律正法，革留各縣營汛奏請開復在案。本部堂復因各該縣河道紛歧，撥給輪船應用。捕費較鉅，准留各縣膏釐俾充經費。勇役或恐不敷，復飭辦團練以輔官力所不逮。凡經該縣緝獲訊係真盜者，均即批飭正法。所以體恤策勵，實已無微不至。一年以來，省外東西北三江，多有成效。惟查南海縣盜案八十七起破獲四起，番禺縣盜案四十四起破獲五起，順德縣盜案三十四起破獲八起。該三縣不能減少，并且增多。各該縣從前則藉口於無船無費無權，不能除盜。今既有船有費有權，何以絲毫不能振作，坐視盜賊横行，實堪憤懣。本應即行奏參，姑再從寬勒限三箇月。就此三箇月内極力整頓，一應事權物力如有所需，但經稟請，無不允准。務令新案日見其少，舊案要犯破獲過半，并限半年内將舊案要犯悉數弋獲，從此民安盜戢，尚可寬其既往。儻不趕緊實力講求，新案不減，舊案不破，并敢有心諱匿，妄拏搪塞，貽害殃民，則是各該縣自甘暴棄。該管知府督緝無方，臬司爲刑名專責，不能隨時策勵考核，亦不得辭其咎。本部堂當自行奏請議處，并將臬司暨廣州府，南、

番、順等處該管各協營及該三縣奏明請旨，分別予以處分。除分別咨行外，合亟專札嚴飭該縣立即會同營汛，挑選兵勇，設法訪察盗蹤，重賞緝拏。并即整飭團練，聯絡防範，毋任因循泄沓，自貽伊戚。仍將遵辦情形馳禀查核。

札香山、東莞、新會三縣嚴飭捕盗光緒十四年二月初七日

照得粤省盗風，廣屬最熾。各牧令狃於積習，諱縱頻聞，曾經本部堂將諱盗各縣參革。盗多且重各縣，同營汛擇尤參革留緝。嗣各縣漸知振作，會營破獲重大盗匪，審明一律正法，革留各縣營汛奏請開復在案。本部堂復因各該縣河道紛歧，撥給輪船應用。捕費較鉅，准留各縣膏釐俾充經費。勇役或恐不敷，復飭辦團練以輔官力所不逮。凡經該縣緝獲訊係真盗者，均即批飭正法，所以體恤策勵，實已無微不至。一年以來，省外東西北三江，多有成效，惟查南海、番禺、順德三縣盗案仍多。至香山縣盗案十一起破獲八起，東莞縣盗案十起破獲五起，新會縣盗案十五起破獲三起。該三縣捕務雖較前略加整頓，尚未大見起色，亟應再加上緊清理。兹特予限三箇月，就此三箇月内極力整頓，一應事權物力如有所需，但經禀請，無不允准。務令新案不復再出，舊案首要就擒，并限半年内將舊案要犯悉數弋獲，從此民安盗戢，不惟無過，抑且録功。若遂以爲盡職無事，新案不絶，舊案不破，甚至有心諱匿，妄拏搪塞，定干未便。除嚴飭南、番、順三縣并分別咨行外，合亟札飭該縣立即會同營汛挑選兵勇，設法訪察盗蹤，重賞緝拏。并即整飭團練，聯絡防範，毋稍因循懈弛，與南、番、順三縣同絓吏議也。仍將遵辦情形馳禀查核。

札東藩司設立采訪總局光緒十四年二月二十五日

照得爲政本原，實在風化。國家定例，凡忠義孝弟之士，節孝貞烈婦女，以及一切義行，皆得題請旌表，所以化民善俗，德意精微。查近年舉報節孝各郡縣，往往視爲具文，胥吏需索，輒轉稽延。至於窮鄉僻壤，舉報無人，淹没尤多。此外孝友義行，尤罕見有請旌之事，遂致苦節卓行，往往旌揚未逮。若非廣爲甄采，加意激揚，何由使風俗大醇，士行純茂。查同治三年八月十七日准禮部咨奏定章程内開，嗣後各省貞孝節烈婦女應旌表者，該州縣取有供結，限一月内徑詳督撫、學政，會同具題，毋庸申報府司轉詳，以省繁牘。光緒十三年十月二十二日，又准部咨抄奏内閣，凡貞孝節烈婦女應旌表者，恪遵光緒十二年所奉諭旨，照例題請，不得率行遽呈入奏各等因在案。是立法既極慎重，蒐訪更宜周詳。溯查同治年間，廣東省城原有采訪總局，不久復行裁撤，以致積弊相仍。兹特查照舊章，在省設局，專派大員，會同東布政司，督同地方官暨教官紳士，不論城鄉，逐一認真采訪。如鄉鄰切近確有見聞者，准即開具事實清册，附同親族甘結，徑呈該局，由局飭發該婦女本籍地方官就近復查。如果所舉得實，限十日内加具印結，照章徑詳督撫、學院，照例具題，一面通詳府司備案。儻在地方官衙門呈報地，地方官亦即趕緊復查加結詳辦。如有本省官吏爲其親屬呈請者，必須州縣以上實缺官員，其親屬實係寄居本省，與例相符，即由局詳請彙題，并令該同鄉官通詳府司備案。至各屬中如有忠義孝弟之士暨一切義行例應旌表

者，以及品節清純、潛修績學足以矜式士林者，并即隨時確查，一併照依上項章程，呈報該局，以憑飭查復核，分別旌舉，或給奬扁額，俾資觀感。現在開設總局，應即遴員委充總辦，會同該司辦理。查有候補道施道在鈺，堪以派委。除分行遵照外，合就札飭。該司即便遵照，會同施道在於省城擇地設立采訪總局，按照札飭事宜，通飭各州縣一體認真遵辦。事關維持風化，毋得任意宕延，尤不准吏胥需索，稍事留難。該局并查明向辦采訪事實、甘結成式，刊發多張，分給各屬，俾舉報之家照式造送，以免胥吏駁换，致稽時日。仍將設局日期具報察核。

咨呈總署汕頭招商局建設馬頭擬拆税關貨廠填地互易 光緒十四年四月初六日

爲照上年十二月間本部堂巡視各海口，曾到潮屬汕頭地方，親見該處爲中外輪舶薈萃之區，形勢壯闊，貿易繁盛。濱海一帶，洋人建設馬頭，幾無餘隙，貨物起卸，便捷異常，添造洋樓，工作不停，日增月盛。而招商局輪船及中國兵輪船、官輪船，反無停泊之處，寄椗海中，盤運駁載，備極艱辛。無怪利權旁落，生理不前。當飭該局董事同知廖維杰，速行擇地建築馬頭，繪圖貼説，妥議禀核去後。兹據禀稱，汕局馬頭所需地段，當日原擬承售藩署收回公地一段，分年繳還墊欵一萬七千元。惟汕關税司亦欲分此官地開設船港，灣泊舢板。伏思汕關所需地段，不過爲灣泊舢板起見，似不必拘定何處，但求近在關前，便於上落即屬合宜。若汕局設立馬頭，商務所關，最爲緊要。權衡緩急，似應先准商局擇用。查關前濱海之處，汕關設有查貨廠一間。廠以東税司擬留官地四十七丈，開作船港。若堅執此議，則商局擬建馬頭須在船港以東。該處沙淤水淺，不便泊船，且工程浩大，填築倍難。再四籌思，莫若在查貨廠之東，由商局填地，照式另建貨廠一間與汕關對易，將現在之貨廠拆去，俾商局改建馬頭，則貨廠可與船港相連，而馬頭亦與商局附近，彼此有益。商之税司，據稱須得總税司允准，方能照辦。此外，別無可築馬頭之處。謹繪圖貼説，懇請咨呈總理衙門轉商總税務司，飭下汕關税司遵辦等情，到本部堂。據此。查汕頭魯麟洋行争地一案，於光緒十一年三月間，經龔前藩司辦結，將所争地段及濱臨海灘三段一概收回，作爲官地墊欵在案。是年八月間，承准貴衙門咨開，汕頭海坪地段現既歸官，海關需用船港，即可畫撥一段，此外地段即照該藩司所擬，無論中外商民填作馬頭、建造房屋，皆須承買，庶免墊欵虚懸等因亦在案。本部堂查汕頭洋商設有馬頭，壟斷居奇，利權幾乎獨攬。乃中國之地，而中國官商各輪船反無停泊處所，相形見絀，難廣招徠，殊非當日設立商局之本意，於事理尤爲不順。現據廖丞所禀，擬將汕關查貨廠拆改建作馬頭，另在馬頭之旁填地建廠，與汕關對易。稍一轉移，在汕關并無不便，而商局之裨益實非淺鮮。至此外別無可築馬頭之處，確係實在情形。一經議定由商局承造馬頭之後，自當飭令該局將藩庫墊欵，分年繳清。應請貴衙門札飭總税司遵照辦理。該總税司明白大體，於中國維持商局、振興商務之事，當必樂從。據禀前由，相應咨呈貴衙門察照，轉飭施行。

札各營協統籌廣屬緝捕添派兵輪扒船 光緒十四年四月初七日

照得粵省盜匪素多。近年來，省外東西北三江稍有成效，惟近省各縣盜匪仍未斂迹。良由各該縣河道紛歧，密邇港澳，若非於扼要處所添派兵輪、扒船，嚴申賞罰，緝務斷不能望有起色。昨經飭據該營將等，將南、番、順、香、東、新會、新甯七縣河道繪圖註說，酌擬添船地段數目。上月本部堂出省，於履勘北路基圍之後，因即親歷各縣最衝之海汊河道，詳加察看，核與所繪之圖大致相符，亟應統籌辦理。查南海縣屬河道，節節均有海珠及南順巡船扼要分駐，尚屬聯絡。惟查牛墟至大岸口二十餘里，僅有巡船一號，尚覺空虛。應將現駐荔枝園南三段扒船一號移紮適中之吉利口，歸順德協兼轄，另撥廣安水軍扒船一號補紮荔枝園地方。又自五汊口至瓜步一段，相距有二十餘里，兩處原設巡船恐難兼顧，應由海珠緝捕經費節省項下添製中扒船一號，於此段往來梭巡，以昭周密。此以上爲南海縣河道所添之船。又番禺縣屬河道及東莞縣屬西路河道，自省河以東至四沙口，及由波羅口至新塘一帶，均有海珠及長州段船分駐防緝，惟最衝之大欖口北至新塘四十里，由新塘北至石龍八十里，由新塘八斗郎口北小河至蛇頭灣九十里，此段應添派兵輪一艘。又由八堂尾東南至蕉門五十里，西南至潭州七十里，正西至沙灣紫坭五十里，此段應添派兵輪一艘。又有西沙東至蛇頭灣一百二十里，由四沙東入石獅頭海至八堂尾六十里，此段亦應添派兵輪一艘。又次衝之分歧岡、飛鵝岡二處，每處各應分撥廣安水軍扒船一號駐紮，來往梭巡，俾臻周妥。所有添派輪扒各船，均歸督標中軍副將、撫標中軍參將、廣州協副將會同督率巡緝。此以上爲番禺、東莞兩縣河道所添之船。又順德縣屬，從前所派南順段各船分駐處所，毋庸移易。惟查濠滘口、李家沙、橫流頭即木頭海三處，亦屬最衝之地，每處應添派中扒船一號。又三洪奇河面，應添派扒船一號。所有添派之扒船，均歸順德協督率巡緝，順德縣會同調遣。以此上爲順德縣河道所添之船。又香山縣河道，大洋十居六七，內河十居三四，原設駐防拖巡各船，分布未盡周密。查有最衝之磨刀門西北至疊石五十里，至龍鱗沙七十里，西南至虎跳門八十里，此段應添派兵輪一艘。又由白花頭北至黃圃五十里，西至小欖、鶯哥嘴四十里，東至東濠二十五里，南至南村五十里，此段應添派兵輪一艘。又由橫門至金星門七十里，西至潭州八十里，西南至大王頭二十里，此段應添派兵輪一艘。又白花頭、港口、小欖、鶯哥嘴四處，每處應再添派扒船各一號，駐紮梭巡，使之聲氣聯絡，呼應靈通。所有添派之輪扒各船，均歸香山協督率巡緝，并歸香山縣會同調遣。以此上爲香山縣河道所添之船。又新會縣屬河道，多係內河。惟查外海最衝之崖門西至荻海一百二十里，由崖門西北至江門三十餘里，此段應添派兵輪一艘。又由江門南至虎跳門七十里，北至甘竹灘七十里，此段亦應添派兵輪一艘。至於燕子塔及白鶴洲嘴二處，每處亦應添派中扒船一號。又於橫海及新昌荻海二處，每處各添派中扒船一號。所有添派輪扒各船，均歸新會營參將督率巡緝，并歸新會縣會同調遣。又查該縣屬之銀瓶嘴河面廣闊，雖有巡船駐防，尚形單薄。應將原駐西海白坭塘扒船一號移駐銀瓶嘴地方，并將原駐西海橫村西扒船一號移駐古勞口地方。所移扒船二號，仍歸督標中協督率巡緝。其橫村西、白坭墟二處，應分撥廣安水軍扒船二號，分別照舊補紮。此以上爲新會、新甯兩縣河道所添之船。合計南海縣屬移駐扒船一號、分撥扒船二號，番禺、東莞兩縣屬添派兵輪三號、分撥扒船二號，順德縣屬添派扒船四號，香山縣屬添派兵輪三號、扒船四號，新會、新甯縣屬添派兵輪二號、扒船四號、移駐扒船二號、分撥扒船三號。以上添派輪扒各船，遇有緝拏盜匪緊要事件，並聽各該縣會同調遣，但非緝捕之事不得擅行調用。至此次添派各船，除兵船由省派往外，應添各扒船，即由各該營將會同各該縣督工製造，工竣稟報驗收。所需軍械赴局請領，其造船工價、該船弁勇薪糧經費，統由海防善後局籌欵支發。此次添設輪扒船如此之多，月費鉅欵。該管營將及該縣，務各激發天良，一洗從前積習，督飭各船認真巡緝。該將等十日之内，必有數日在外親身乘船查巡，不得安坐衙齋，諉之末弁。總期盜案一律浄絶，有則立時擒獲。應將添設輪扒各船及原設分段緝捕巡船一體核計功過，以歸畫一而昭平允。兹定以添派輪扒各船到段之日起，如一月内所巡段内水路安靖，并無失事，分巡各弁記功一次。積功至三次以上，候補者儘先委署一次。每屆三月，由各該管營將會同各該縣查明列摺，稟報察核。此三月内，所巡段内如有盜案一起，十日内即能獲犯，功過准其相抵。如十日未能獲犯，即將該縣及武員專汛協防各記過一次，該段管駕各弁各記大過一次。一月未能獲犯，停支該船半月經費，其停支之費罰由該縣營如數支給，該縣營仍各記過一次，該段管駕各弁亦仍各記大過一次。兩月未能獲犯，停支一月經費，罰由該縣營照數支給，均不准攤派扣發兵勇口糧，該段管駕各弁即行撤差停委，并將該縣營及該管督率各將等一併分别嚴行參處。如三月之内出有盜案二起，無論有無獲犯，先罰賠一月薪糧，無獲從重撤參。如三月之内出有盜案三起，無論有無獲犯，即將三箇月薪糧全數罰賠，無獲亦從重撤參。并於此次所派分巡兵輪外，另派輪船二艘，遴委幹員，逐日親往沿海一帶以及各内河梭巡稽查，將某段有無失事、已未獲犯各節據實列摺通稟，以憑考察功過。如查有各營將并不親身出巡，駐防分巡船弁怠惰曠誤，停船不動，遇劫不救，聞盜不追、扣餉缺額及妄拏搪塞情事，立即撤回，從嚴參辦。似此船隻足備，賞罰明切，如必自甘暴棄，本部堂、部院斷不能再爲寬容。

札道員方長華查辦瓊州番嶇墾田 光緒十四年四月十六日

照得瓊州所屬，客匪於同治、光緒年間變亂數起，旋撫旋叛，爲患甚劇。光緒十一年、十二年冬春之間，匪首黄鄒保等句結各客匪攻破澄邁之金江司等處，府城大震。所到村莊，焚掠一空，戕害良民七八百名，擄掠婦女百餘口，數百里之間俱遭荼毒。文詞悖逆，拒敵官兵，瓊郡紳民呈愬者，呈詞數十紙，情詞哀慘，民不聊生。本部堂奏明，特派大員前往大舉澈辦，并派方道長華專辦儋、臨、澄三屬客匪，將黄鄒保、温河清等著名匪首及庇匪之劣紳等拏獲懲辦。并責令客村繳送悍匪，訊明懲辦。計拏獲繳送者不過百名，兇鋒始戢，而餘匪尚多，民憤未平，呈控不已。本部堂閔其報復終無已時，爲之預籌長策。特是上年經參將陳榮輝資遣過海安插雷、高一帶者，旋即逃歸，仍無實濟。是以飭令雷瓊道朱采，查客匪平素强悍生事者，貸其一死，令其入山墾田，既可開荒，兼免逼處。經朱道委員查出番嶇地方可耕之田甚多，將著名客匪開單，責成紳耆交案，令赴耕作。此番嶇墾田之所由起也。茲據儋州客紳、耆民、貢生李芳等聯名，以酷吏虐民，逃丁滋事等情赴本部堂、部院呈控。據稱，上年十一月，徐委員來儋開辦屯田，諭令局紳繳匪充屯，交下各匪花名清單，勒限清繳，并設法勸捐米石，以供屯丁食用，并令捐造一切農器，以五年爲限，面諭爾等客屯。現據土紳指控，均非良善，各屯丁被逼，有自縊服毒身死者，竟於二月二十七日夜燒營逃散。比聞逃丁蕖有爲首，聚數千人，希圖報復。徐委員變而加厲，又復妄殺無辜。懇請密查以安地方等語。據此。查開墾荒田，安插莠民，畀以恒産，課之力作，以期化莠爲良，實於保全之中兼寓裁成之意。惟是開墾之與屯田，截然兩事。上年八月，朱道請開設屯田、義學一稟，當經本部堂以屯田爲備邊之良規，非撫黎之切務，以屯者務農講武，設官修倉是也。復經本部堂屢次電飭朱道，繁重而無實用等語批飭在案。墾者勸民開闢，酌給牛種，緩徵薄賦是也。瓊屬但須開墾，毋庸設屯。又經電飭朱道，以西路客屯無剿辦事體，開墾設市等事，尤當因利勸導，不僅恃兵力驅迫等語，明晰指示各在案。乃此次番嶇開墾，仍將屯、墾牽合爲一。該委員徐革倅賡陛等并不遵照疊次批電，所稟設屯官、編屯丁、納租息、練武藝、備征調等事，多係屯田章程，繁碎難行，而派令客村月供米石，尤爲紕繆，以致客民苦而思逃。雖客紳所呈未必盡實，其爲辦理不善已可概見。至於客匪蕖有等造言惑衆，糾黨滋事，怙惡不悛，不法已極，必應查拏懲辦。徐革倅故違電示批示，堅執己見，於此等重要創辦事體章程不候批准，率行開辦，立法苛擾，不體羣情，以致匪徒藉口，已電飭撤去差使，迅飭離瓊。亟應另委明幹大員，前往查辦。查奏調差遣廣西候補道方道長華，前辦儋臨等處客匪事宜尚屬妥協，堪以派往瓊州。一面查明該客紳原呈各節是否屬實暨目前確實情形先行稟覆，一面明白曉示，將該處客民分别良莠，妥爲辦理。所有該處開墾事宜，另議妥善章程，稟候核辦。如有願墾者，儘可由官發給牛種耔種，以資勸導，俟田熟有收後再行停止。并會同朱道，將造言生事之蕖有等及出頭滋事各匪勒拏，務獲懲辦，以儆刁頑。其安分無干之客民，概不株累。

札東善後局籌議修築省河隄岸光緒十四年九月十五日

照得省河官地，歷年以來侵佔日多，漸致淤塞。前據建業堂等各商人先後呈請承築隄岸，以弭水患而利民生，并請捐繳鉅餉三百餘萬元。當經飭令善後局暨南、番兩縣傳集紳商核議。茲據各員紳等條議事宜稟覆前來。本部堂詳加籌度，省河修築隄岸之舉，實爲利商便民，當務之急莫先於此，惟斷不能令一人居奇專利，亦勿庸繳餉歸官。查省河北岸，自洋人建築沙基，地勢增高，隄基鞏固，馬路寬廣。而我與毗連之處，街市逼窄，屋宇參差，瓦礫雜投，蕪穢堆積。不特相形見絀，商務受虧，而沿河一帶填佔日多，河面益窄，再逾數十年後，爲患將不可勝言。若果堅築長隄，陡岸界限分明，永斷私佔，滌瑕蕩穢，無河流淤塞之患，利一。寬修馬路，康莊馳騁，貨物盤運無紆迴轉折之勞，利二。廣拓街市，闤闠大啟，貿遷日臻繁盛，利三。增造馬頭，中國官輪兵輪商輪皆可停泊，各鄉渡船皆有依止，舟車上下便易，利四。廣修棧房，凡各路貨物俱可移至省門屯儲，利五。旁開横涌多處，輕舠小艇避風有所，利六。深濬東西兩濠，載出泥沙填築隄身，建橋其上，接連馬路，利七。而隄岸高廣，街衢清潔，設小車以便來往，募壯丁以資巡緝，置機器船以濬泥淤，種樹木以資蔭息，安電燈以照行旅，開華商美利之源，壯海表蕃昌之象，其爲利尤不可殫述。第此事辦法，必應徧詢沿河一帶商民，務令於南關、西關、河南等處俱無窒礙。專選公正紳士、殷實商人，籌定全局，通力合作。令其自擬章程，自籌欵項，設局總匯，分段承修，但由官爲督勸經理。以沿河水陸之利，還之沿河商民，而官不與焉，斷不准猾商二三人承充罔利。誠恐小民無知，懷疑揣測。侵佔已久者恐其究追驅逐，衝要獲利者恐其變遷失業。或捏稱水患，多方阻撓，或煽惑窮民，危言聳聽。兹特將辦法大要數條，先行明白宣示：

一、承辦此項工程者，無論紳商，一概無庸繳餉。

一、凡侵佔填築之户，但須清丈明白，呈驗契據，均寬其私佔私填之罪，不再追繳舊租。

一、造有房屋者，非實有大礙，不令拆毁。儻必須撤去，仍照修理原價給銀。

一、馬頭挑抬之利，仍歸原主。

一、沿岸原係何鋪户生理，修築寬平之後，仍行租給原鋪，斷不令他人佔奪。若原鋪不願租地開設，方許别人承領。

一、河南地方亦須勘定界址，不准再佔。

一、西關、河南一帶如須築壩挑涌、疏洩水漲之處，亦即同時籌辦。

一、隄岸成後，收取地租務予從輕。

一、所收此項地租，以一半備修圍基，一半建造欄河鐵椿，概不提取歸公。如此措置，中華輪船有馬頭，各路貨物有屯棧，岸之佔者不能再佔，河之淤者不能再淤，於粤民但見其益，未見其損，更有何疑。合亟札飭籌議，仰該局即便轉飭廣州府暨南、番兩縣，傳集愛育堂紳董及南關、西關、河南沿河一帶紳商，各抒己見，妥爲籌商。如公議允協，情願開辦，即繕具公稟，擬議章程，稟覆核奪。

札司道籌議展拓貢院 光緒十四年十月二十八日

照得貢院爲掄才重地，必應閎敞整齊，始足以惠士林而防弊端。粤省貢院於咸豐九年曾經重修，仍不免遷就地勢，未臻完善。自龍門、頭門以至外柵門，爲地甚狹。點名僅分三路，士子應名領卷，十分艱苦。喧闐擁擠，前後攙越，正點不到，退遂不能。考具擊撞，顛踣相望，衰老羸弱者幾有性命之虞。及至勉强歸號，爲時已晚，率皆喘汗委頓，力盡神疲。轉瞬下題，安能搆思爲文。且封門過遲，於稽察弊端亦多窒礙。此一節最爲大患，首宜疏通。至頭門外避雨葵棚，綿亘數十間，火燭堪虞。附近院外民居逼處，有礙關防，最易傳遞。此龍門以外之必應增修展拓者也。龍門以下，號舍甚多，其地曲折深僻，稽察實有難周。甬道年久未經修理，兩旁餘泥堆積，反致高於中塗。至公堂爲貢院全局綱領眉目，而地勢庳下，與甬道相平，瞭望彈壓諸多不便。五所官地方，率皆湫隘卑溼，來往皆在沮洳之中。其中謄録一所，尤爲積弊之區，更當嚴慎關防。而書手住屋，零星散碎，並無歸總門户。書手一千餘人，房屋僅止十餘間，肩摩踵接，不能轉側，人氣相蒸，易生疾病，且散漫無稽，亦非慎重防弊之道。又每科供事佐雜官六十餘員，竟無住屋一間，類皆以席（蓬）[篷]爲棲止，時有火燭之虞。此外簾各處之必應修改添建者也。至於内簾聚奎堂，爲填榜之地，堂深不過丈餘，每届填榜，主試、監臨及司道内外簾各官設案列坐，逼窄無隙，幾不能容。填榜隨寫隨卷，全榜竟不能平鋪展讀，尤屬不成事體。兩主試房間僅敷居住，鬱蒸非常。且厨房與住屋相併，亦多不便。内監試及東西兩列各房官所住地方，俱屬卑溼狹小。此内簾地方之必應修整加寬者也。本届戊子科鄉試，本部堂於七月中旬兼署撫部院，例應入闈監臨，爲期已迫。趕即莅院閲看，當經飭派委員添建謄録房屋，加高甬道，移建兩旁栅欄，填高至公堂地址。第爲時過促，各該員晝夜催趲。始克完工。謄録各房未能改作號舍，至公堂屋瓦柱梁均未能升高，尚非持久之計。查省會地方公所，以貢院爲最要。朝廷求賢鉅典，士民瞻仰之區，士子三年一試，寸晷風簷，實爲辛苦。即執事各官欲責其勤慎從公，亦當先令其有所棲息，未便因陋就簡，以致百弊叢生。本部堂詳加察閲，貢院外必須多買餘地，將栅門外拓分爲數門，使栅門以内可容多人。添建大門、二門各二座，士子點名，分爲五路，庶爲時較速，既免久待守候，又可行走從容。頭門以外，葵棚一律改爲瓦頂敞棚，四圍附近民房一律收入貢院。至頭門内點名散卷處所，宜作堅固栅欄，填高地基。龍門宜加高放寬。甬道雖已填高，仍當一律鋪石，兩旁闌干亦宜换用石欄，庶免雨淋日炙，時須修造。闈外有樹有井，行走不便，須使空地較寬，庶免擁塞。其由外栅門、頭門、龍門以達號舍道路，俱宜用灰沙舂築堅平，以利行走，且便牽挽考籃。至公堂應即將房屋升高，五所地方應酌量官吏之多寡，修改完固。龍門以下兩旁號舍均應拆去。其門以上號舍，於兩端近甬道處亦應拆去數間，讓作空地。其不敷號舍，應於西邊買地添建一行。謄録所應照原雇添雇書手人數，察看地形，改造號舍，分爲四所。外建總門，以稽出入，中設謄録官住屋，以便督察。供事各委員應擇地建屋數間，俾資住宿。内簾聚奎堂應改建加深放寬。主試住房、厨屋，均宜布置合宜。内監試東西各房官住屋，亦宜量加修葺。此乃必不可緩、必不容已之工，合就札飭籌議。該司道等即便查照以上指飭各節，督同首府兩縣親往勘視，悉心籌議。應如何妥籌經費，添買民房，作何興建，遴派委員繪圖貼説，刻日禀候本部堂詳核辦理。

札東藩司籌撥雷陽書院經費光緒十四年十一月初二日

照得雷州府自康熙年間陳清端公以清節名天下，嗣後以文學、政事著稱者，頗不乏人。迄今數十年以來，風流闃寂，繼起無聞，科名亦遠遜昔時。良田僻在海隅，士少師資，學無門徑。府城雖有雷陽書院，而經費無多，每年士子膏火、山長脩金，總共不過數百緡。菲薄已極，實不足以獎勸後進，延致通儒。亟應飭司籌撥經費，力圖整頓，以期振興文教，踵美前徽。合亟札飭該司即便遵照，詳加籌畫，有無别項閒欵可提，及有新增溢出之欵堪以撥充雷陽書院膏火脩金。迅速查明，妥議詳奪。

札南海等縣嚴飭保護圍基光緒十四年十二月二十七日

照得本年春夏，西、北兩江盛漲，所有南海、三水、清遠、高要、高明、四會各縣圍基，或經漫决，或經搶護保全。當此冬晴水涸，取土既易，農務亦閒，疊經嚴札委員發欵，飭令大加培築。查各屬中南海各圍多屬沃壤，得失最關重要，而民力有餘，祇須官爲之倡，即可自行籌築。已由該縣請領銀三千餘兩，分給各圍。兹再發銀二千兩，交該縣張令酌量發給。此外，以高明各圍爲最貧，四會各圍今夏漫決爲最多，均各發銀五千兩。高要各圍民力亦有不足，發銀四千兩。惟清遠一屬圍基尚固，被水亦輕，尚有留存護基銀三百餘兩，准即酌量分撥，未經另行發欵，各在案。兹與各縣約，務於春雨未盛之前，將屬内應修各圍，督飭紳董業户一律趕修高厚堅實。該縣一縣全境圍基固須一律防護，單開衝要危險各處尤宜格外加工。儻明年漲發，單開各圍及領過修費銀兩有被沖決者，即將該縣立時撤任。若所屬各圍全未沖決，即當分别獎勵，或令其久任，或酌予量移。儻決在他圍而單開各圍俱未沖者，仍酌量情形，分别辦理，以示勸懲。該員等有何善後良圖，及早與紳董切實講求。儻有劣紳疲户或不照章抽費，或不協力加工，或設法撓阻以鄰爲壑，希圖自私自便，使該員等呼應不靈。准其先事指禀革究，本部堂必將劣紳疲户從重罰懲，俾該員免於掣肘。如果先時漫無布置，而欲臨時諉過他人，則斷不能辭其責也。

光緒十五年

札糧道存儲開設槍礮廠經費光緒十五年正月十二日

照得廣東省前託閩廠協造兵輪應須加增協費，并改設耳臺，添購礮位，以及粤廠續製淺水輪船，需費尚多。前次指繳四成罰欵，不敷應用。上年夏間，經本部堂飭據署廣州協黄副將金福、順德協利副將輝、署大鵬協何副將長清籌議禀覆，除光緒十四年四月起截至年底止，仍照前數收繳報解外，又自光緒十五年正月起，再將罰欵捐繳四成，以三年爲期，按照原定數目，每年仍以三十萬元爲率，解交糧道庫收儲備用。經本部堂批准，札飭糧道按月核收具報，不准挪作别用等因在案。查此項四成捐欵，原以專充製船購礮之需。惟至大鐵艦費鉅工遲，即鐵甲、衝快各船，每艘亦需數十萬，未便率爾興工。此外，中小各號兵輪，目下分布巡防，已堪敷用，亦毋庸急於添造。至於前次閩廠協造兵輪，業經本部堂奏准，加費無多，以及改設耳臺、添購礮位，粤廠續製淺水兵輪各項經費，在於上年五月起至年底止所收銀兩項内撥支，當可有盈無絀。現在當務之急，自以火器爲先。本部堂前經於光緒十一年九月具奏籌議海防善後、擬請大治水師摺内，聲明粤省原擬開設槍雷各局。現在澈底清查，選員覓匠，重加整頓，俟籌有經費，即可逐漸擴充等因在案。所有魚雷、水雷各局，業已開辦有成。製造局雖經歸併，然僅能製小鋼礮、開花子等類。

前年又設槍彈廠，購買機器兩副，僅能造毛瑟、馬梯尼、士乃得、雲者士得四種槍彈。而各種槍礮概須購自外洋，不但精繆易鐵，巵漏無當，且所購之物種式不一，精粗各別，平時操練取準既難，設遇緩急，挾制居奇，尤多掣肘。本部堂詳加籌畫，必須設廠自鑄槍礮，方免受制於人。除上年五月起至年底止所收四成罰欵撥充閩廠加費尾數等項外，所有光緒十五年正月起續收三年四成罰欵銀兩，應即指定爲開設槍礮廠專欵經費。如此辦理，既與前此奏案相符，而粵省利器有資，取用不竭，毋庸再向外洋購買，所省實多，於防務大有裨益。除由本部堂電商出使德國洪大臣訂購槍礮兼鑄機器俟有定議另行飭遵外，所有設廠地方事宜，應即籌議，以便及早興工。爲此，札仰該道遵照札飭辦理，自光緒十五年正月起，續收三年四成罰欵每年三十萬元，按月核收，另欵存儲，專充開設槍礮廠經費，毋得挪作別用。仍將每月收數具報查核。

札東西藩司、東運司籌抵爐餉光緒十五年正月十八日

照得廣東開除鐵禁、變通旗程、暫免稅釐，裁革向來派累爐商規費，不准吏胥差役私立名目，藉端勒索。前經本部堂兩次奏准，通飭欽遵辦理，聲明開設大爐、土爐，仍照舊章分別完納爐餉，并飭毋得興販私爐煽鑄之鐵等因各在案。復經派員確查廣東、廣西兩省鐵爐行銷稅費及奸商各情形去後。茲據廣東委員鄭敦善、鄭業崇禀稱，各屬鐵鑛甚旺，而鐵利不興，反不暢行，爐商致多歇業者，一由成本過重，一由洋鐵充斥。將欲除弊興利，惟有化私爐爲官爐等語。查此次開除鐵禁，大爐土爐裁免一切規費，僅令完納爐餉，原以輕其成本，並嚴私爐煽鑄之禁，欲令大爐、土爐獲利較厚，俾其暢銷而敵外來之鐵。乃公家之稅項雖裁，而文武衙門陋規仍舊。從前限以旗程，有此疆彼界之分，大爐、土爐得以專利，除公私費用外仍有餘利可沾，尚復勉强開爐。今則不容壟斷，獲利有限，難供需索之多，懦者停冶，黠者藉官爐之名，包庇私爐，坐收蓋戳之費，如該委員等禀內所云者，是以爐餉仍不見旺，而私爐照舊開設。且需索既多，則成本仍重。成本既重，則外鐵得以暢沖，此則爐法之未善也。至於運鐵行銷，准予暫免稅釐，并禁關吏留難，廠員需索，宜商販有利可圖。乃訪聞各處釐廠，但圖釐金之多，不顧商務之大，輒將鉎鐵、鐵器令照廢鐵完釐。至於地方員弁將從前裁革規費告示并不張貼，或旋貼旋毁，以致僻遠之處未及周知，文武兵差照常需索。即如廉州一屬，盡屬私爐，除繳爐規外，其鐵鍋運至北海，營汛巡檢計鍋收錢，每鍋至數十文，合計爲數不少。此則販運之受累也。夫大爐、土爐己則無利，惟包庇私爐，坐收其利，空存爐座之名，並無完餉之實，轉令私爐之利盡歸中飽。官爐之耗費固鉅，私爐之成本亦復不輕，徒使銷售維艱，難敵外鐵。若不切實講求，是仍難冀暢行，何由開其美利。該委員等所陳化私爐爲官爐之語，雖引其端，未竟其緒，復經飭令切實禀覆。據稱，爐座一有官私之名，則文武衙門不無需索。現在規費雖免，而旗程未經調銷，商人時存觀望。不若廣開鐵禁，不用承商承餉，前商執照旗程概予注銷，免其退商費用。凡運鐵斤，比照布帛菽粟，凡開爐座，比照耕織雜作。革除大爐、土爐之名，無分官私，即無煩查禁。無煩查禁，即不能索取陋規。凡屬私爐，均係自食其力。私化爲公，聽其自便，

則鼓鑄日盛，出鐵自多，成本既輕，販運自易。三年之後，惟見鐵抽釐，以釐抵爐餉鐵税，必可有盈無絀，利在公家等情。核其所陳，不爲無見。此舉專爲暢興中國鐵利，以敵洋鐵充銷，必須破其舊弊，鐵禁始可暢開。惟查鐵税一項，已與鐵釐併經奏准暫免三年，僅照舊徵收爐餉。廣東大爐餉歸藩司，土爐餉歸運司，廣西土爐止在藩司完納爐税，均係奏銷正欵，歷充餉需之用。今既除大爐、土爐之名，免其爐餉，須俟三年之後開抽鐵釐，始能撥抵，現年應完爐餉未便虚懸。惟有暫行籌抵，以重餉需。至廣西爐座弊端，現雖未據委員禀覆，情形自必相同，亦應照辦，以歸畫一。應俟議定撥抵辦法後，即通飭各屬并出示曉諭，所有爐座無分官私，一概免納餉税。三年之内，凡有廢鐵亦宜併免税釐。爲此，札仰該司遵照，會同釐局迅速悉心籌議，應否即將各爐商原領執照旗程一併注銷，嚴飭胥吏家丁不得索取退商費用。凡販運鐵斤鐵器，惟領用本部堂上年所發連二運票，以便稽考。并查明五年内大爐、土爐爐餉爐税每年若干，按照最多之年作爲定額，俟鐵釐開徵照數劃撥，仍充爐餉、爐税，并將現年應徵爐餉、爐税如何於閒欵項下照數撥抵，以免虚懸。其西省爐税既免，閒欵難籌，應一併由東省籌解抵補。至此後各府州縣鐵税應如何歸入釐金併徵分别撥解之處，一併迅速妥議，詳候核奪。

札防城縣孫鴻勳飭辦新設縣治事宜 光緒十五年二月初三日

據該代令禀稱，奉委代理防城縣事，謹按奏案輿圖，揣度事勢，加意訪求。所有應辦各事，如移營勇、齊團練、編保甲、興教化、嚴禁約、清界至、籌津貼各節逐條擬議，呈具清摺前來。查所擬各條，尚有未盡。該縣南濱大海，西接深山，外界彊鄰，内綏疲甿，最衝最要。兹當開設之初，事事皆須一掃官吏積習，籌畫久大之規，方爲稱職。本部堂舉其綱領，約有數端：

一、清邊界。界務不清，轇轕易啟。該代令擬於沿邊種植樹木，以爲識别，尚未可恃。所有沿邊要隘處所，除樹立碑記外，必須設立勇棚礮卡，書明縣屬，標插旗幟。尤必派撥營團，時常巡哨。彼見有人經理，斥候修明，自不能輕易生心，潛行踰越。

一、護邊民。越難未平，游氛未靖，法人難保不藉口游匪，侵軼滋擾。必須宣布信義，聯絡防營，獎勵團練，壯其聲勢，妥爲保護，使不爲彼族擾累。至於散勇游匪，務宜嚴防實禁，免致滋事生衅。

一、輕賦税。邊地初收，田地瘠薄，所有升科定賦諸事，務從寬減，不可多取，并嚴禁吏胥兵勇需索訛詐，不准稍有擾累。此爲固結民心之本。

一、緝海盜。白龍尾一帶，大洋遼闊，海盜素多，每以九頭山等處爲淵藪，往往出没海面，劫掠商漁，傍海登岸，突劫村莊。年來因青梅頭諸島劃歸越地，該匪恃其越境遁匿，肆行無忌。尤應嚴密巡緝，訪有盜蹤，督飭所派兵輪迅追截擊，勿使漏網，庶沿海商民得以安生。

一、興地利。地利之目有三：一在農。沿海一帶地方，荒闊沙坦甚多，從前居民寥落，兼以貧苦，無人經理，坐棄地利。宜查勘海濱地勢，勸督居民廣築圍隄，捍潮蓄水，便成沙田，實爲該縣無窮之利。一在商。越地因法人徵斂繁苛，商賈相率徙避，近復屢遭游衆攻掠，墟市焚燬殘破，無所託足。宜於東興等處多造鋪房，招徠商賈，寬立章程，於魚鹽材木以及一切所有關商務之事，極力體恤講求，自然市販雲集，日臻繁盛。一在漁。沿海之民衣食所資，多在捕漁。必須緝海盜以安之，禁規費以卹之，即是保民阜財之切務。

其餘如有可興之利，惟在相度土宜，以次經畫。至於興教化一節，該縣草昧初開，惟宜多設義學，宣講聖諭，使蚩氓漸知禮教法度。所稱縣治建立書院，尚非目前當務之急，俟政化漸行，人文漸起，再徐圖之，未爲晚也。若保甲詞訟，乃地方官向來應辦之事。其餘一切未盡事宜，統由該代令到任後，查看情形，酌量緩急，確切籌議，禀明辦理。總之，該縣爲創設之官，所轄多新收之地，當效法古人所謂篳路藍縷，以啟山林，方克有濟。萬不可先設衙署，示民以意在便安，粉飾文教，轉致抛荒安邊本務。至請移營勇一節，據稱萃軍防營未便擅動，且恐呼應不靈，擬撥瓊州勇營五百名，另募土人等情。查經營邊務，彈壓緝捕，勇丁在所必需。惟瓊州各營分布要地，均有彈壓搜捕之責，未便抽調。應准募勇二百五十名爲一底營，餉需照粵省向章支給。其所請給津貼銀兩，事屬可行，并准酌給建置經費，先行帶往，遇有禀准開辦事件，隨時核實動用報銷。除札東善後局外，合行札飭該代令遵照，將應辦各務實力逐條舉辦。務須力除積習，規畫久遠，毋得敷衍粉飾，致負委任。

札委知府夏獻銘等查勘前山 光緒十五年二月二十八日

據署東布政司禀：前據署前山都司黎中配禀請於前山近海一帶地方開濬新河，以爲商船避風灣泊之所。并聲稱澳門漁船甚夥，葡人藉收漁税爲利，各漁船因灣泊無處，不得不集於澳門，是以受其挾制。若新河開成，不獨各商船可避風濤，即各漁船必遷泊於前山，則前山之商務日有起色等因。伏查前山一隅逼近澳門，本華洋交涉之地，若果於商民有益，不妨因地制宜。擬請先委前署前山同知、前南雄直隸州蕭丙堃前往，會同危丞、黎都司查勘情形，估量地勢，繪圖貼説，禀覆核辦。旋據蕭牧禀稱，奉飭前因，遵即前往，會同危丞、黎都司，由前山沿河逐加查勘。自前山馬頭至紅灣企人石約二十里，其中河身淤淺者，計有五處須挑挖，綿長約共四百餘丈，闊四五十丈至二三十丈不等，深則潮退時計四五尺不等。惟挑河如用機器，需費甚鉅，且一時不能購。查沿海一帶多有挖取蠔殼之船，水深盈丈，亦能挖取，須數百號船不難招致，論泥計值，費不虚糜，亦辦理之一法。惟開濬河道，原所以便舟楫而廣招徠，如先將拱北灣魚行試辦，設法引導移建，前山開埠以爲之倡，則漁船數百號日至。漁船至則各行貿易自聚，立見成效。查魚行共有五六十家，原在澳門開設，爲葡人挾制。上年在前山任内，諭飭移建拱北灣，因該處風潮險惡，人口多病，且不便灣泊，又欲遷回澳門。乘此機會引至前山，任其擇地建鋪，先收魚行一大宗。俟傳諭首事熟商，魚行果能遷進，則各行可冀接踵而來，庶不枉費數萬鉅欵各等因，到本部堂。據此。查前山開河之議，原爲招徠商賈，維持内地民人生計，自係要圖。惟現在漁行是否能遷，開挖工費究需若干，均尚未據切實禀覆，未便遽行開辦。亟應委員前往覆查確勘，以憑核奪。查有候補知府夏獻銘、署香山協副將何長清，堪以派委。合就札飭該守遵照，即偕何署副將馳赴前山，會同前南雄直隸州知州蕭丙堃、代理前山同知蔡國楨，確切查勘，悉心體察。究竟該處開河有無利益，衆情是否較便，需用挖河機器有無現成，是否可向洋行租用，一切工費共需若干，核實估計，迅速詳晰禀候核奪。至應修汛房工程現在辦理情形如何，一併查明具報。

札潮州府籌增金山書院專欵 光緒十五年三月十四日

照得潮州府地方，氣勢雄博。自唐進士趙德配祀昌黎以來，賢達輩出，代不乏人。前明人物甚盛，本期乾隆以後稍遜於前，自宜多方培養，庶可使文公遺澤積久彌昌。府城自同治年間設有金山書院，用意甚佳，但相沿仍只課習舉業。經本部堂飭令前署府方守延請名宿課試經古，勉爲根柢之學。惟經費尚未充足。前年臘月，本部堂巡海至潮，曾面諭方署守在潮州牌捐項下每年提銀一千兩，歸金山書院添作專欵。查此項牌捐，近年積欠甚多，若不明晰立案，立定章程，難免日久廢弛。合就札飭該府遵照，嗣後每年在於牌捐項下，提銀一千兩撥入金山書院，充作添給奬賞專欵，嚴飭各縣務將牌捐經費銀兩，催令如數繳足。此事有關合郡振興文教，不准延欠，致有廢弛。

照會汕頭英領事華民出洋仍應禁用賒單 光緒十五年三月十九日

案接貴領事官照會，内稱禁用賒單一事，現准新架坡總督轉飭輔政司來文，以汕頭出洋永禁賒單，於本處收工事宜實爲有礙，請與地方官設法，以便嗣後出洋毫無窒礙等由。本領事查賒單情由，恐貴總督未知其詳，特爲述之。假如有人立意過洋，苦無盤費，即賒給船單一紙，以便前往。到新架坡或檳榔嶼等處，均令其先到領有牌照之客館。如有親友，即由親友將盤費付還贖出，任其所之。如無親友，則不拘何人，均可向贖，然必須該工人願意與贖方可其贖費，立有定章，不得多索分毫。贖後即由該客頭帶赴保衛華民司署，將姓名籍貫年歲等事入册，願到何處傭工，隨意所向，不能捐勒。議定後，護衛司再將傭工章程逐欵解説，務期聽者明白。然後將合約當面訂立畫押，并不准該客頭及招工者致有哄騙計誘等弊。將來如有查追，即可按册找尋。所定傭工保護章程，并該處總督示諭，極爲妥協。兹將示諭章程共四紙附送察閲等由到本部堂，均已閲悉。查華民出外謀生，向辦章程必須自備川資，自願出洋，方准前往。蓋有鑒於借貸川資之弊，不欲其以身作質，而束縛於限年傭工之合約也。來文所稱若用賒單，到洋之後先寓客館，待人向贖，當官訂立合約等情。無論章程如何美備，既立合同，則來往不能自由，弊竇必由此叢生。孰若聽其自備川資，任便往來之爲愈也。所請嗣後不必禁用賒單一節，礙難照行。

札副將江志查辦民瑤〔一〕積案 光緒十五年三月二十三日

案據連州朱璟、連山綏瑤同知郭中夔、南韶連鎮方鎮、署南韶連道林道先後禀報，光緒十五年正月十四日夜，軍寮排瑤匪串同土匪突至三江城外大舖尾地方，肆行焚劫，兵役民團追捕，當場格斃匪徒一名等情。當經分別批飭嚴行查辦，并飭林道親自馳

〔一〕底本作「猺」。下同。

往該處確查情形，速籌妥辦在案。茲據三江協副將宋福慶、連州朱璟、署連山綏猺同知輔良稟覆到本部堂。查核所稟，起衅緣由全因民村激成。瑶人疊次出擾，乃係報復，非爲搶劫。歷年文武隱匿不報，即間有稟報，亦僅云猺人出巢焚掠，積成多案深仇，支蔓橫生，可恨已極。至於今日，其是非曲直，已屬紛糾混淆。民、瑶皆有凶暴不法之處，皆有好事匪徒從中煽動。惟有將民、瑶各匪一律查拏，擄捉者調放，已死及無下落者勒令起骸查追，酌賠燒埋銀兩，彼此焚搶財物酌量賠補，解仇息争。尤不得偏袒刁民，草率了事。從前各排積案，此次一律清結，永遠不准再論。各排均須清理，不可止辦一排。責成綏瑶同知常川駐紥連山，不得取便私行移駐三江口，如違查參。并將瑶把總選擇妥人理處，以後事宜方爲妥善。若不探其源，不得其情，僅照章派兵設防修汛，有何益處，久之必致釀成大事，該管文武豈能當此重咎。據稟前由，亟應派委得力將官，會同林道馳往，妥爲澈底查辦，并酌帶兵勇前往，以資彈壓。查有卸清遠營游擊副將江志，熟悉情形，堪以派委。除先行電飭外，爲此札仰該游擊遵照，即便酌帶安勇四五百名，馳往連州綏瑶廳等處，會同南韶連林署道暨三江協副將，按照札内指飭事理，秉公持平，將民、瑶各匪一律查拏嚴辦，查明生死下落，分别調放，勒起追賠。從前各排積案，一併澈底辦結，不准稍有抗違支飾，以杜衅端。毋得草率敷衍了事。仍將查辦情形隨時稟報查核。

札東臬司飭各屬清理羈繫開釋拖累 光緒十五年四月十六日

照得廣東地方詞訟極繁，盜案尤夥。而各州縣中明達果決長於聽斷者，未易多得。往往兩造控案不能遽結，拖累延押，經年累月，吏役訛索，無有窮期，百般挫磨，破家殞命，不可勝數。遇有盜犯不能審出實情，其狡不認供，被團紳事主稟攻確鑿者，則擬以礅禁。其跡涉疑似供詞恍惚者，或亦以礅禁了事，或日久羈繫待查。愈積愈多，有增無減，由是拘繫纍纍。所在之處，無不擁擠，穢濕熏蒸，致多瘐斃。疊經飭令查辦，無如該州縣等視爲具文，并未認真清理。獨不思獄訟兩字爲州縣第一要政，稍有淹留，動關民命。既號爲民父母，坐視無辜瘐斃，於心忍乎。本部堂決意整頓，斷不容任意羈縲。現在已交夏令，炎蒸日甚，疾疫易起，尤宜及早清查。爲此，札仰該司即便遵照，飛飭所屬各府廳州縣，務將現在羈繫各犯，迅即查明原案，分别情罪，除兇狡盜匪及怙惡不悛仍行鎖繫，其有因案牽連押候審訊者，務即迅速傳集審斷，分别究釋。如兩造有意延宕，應訊人證一時斷不能傳到者，分别詳銷，取保候傳，斷不可甘墮訟棍之計，徒致拖累無辜。其盜案各犯，如有跡涉疑似者，務即設法清查，分别虛實擬辦，毋得長年囚繫，不查不審。其餘情輕人犯，酌量減擬，稟報查核。此係特飭專辦之件，務須每届一月清理一次。本部堂當不時派員密查。如有羈繫太多，拖累人證以及凌虐罪囚者，定即分别撤參，勿謂告誡之不豫也。又前月專飭查辦礅犯一事，業經逾限，未據稟覆，并即飛速飭催，趕緊查明辦理具報，毋任玩延。

札委瓊州鎮督辦瓊海隄岸 光緒十五年四月二十二日

照得瓊州孤懸海中，逼近越南。海口地方海灘廣闊十餘里，河道無定，敵人巨艦難以駛近，須防舢板小輪入口近岸。前年本部堂親莅瓊海，相度地勢，水淺沙鬆，舊有礮臺修造既未合法，地基亦多坍陷，潮長輒至淹没，於防守大非所宜。當經勘得地段東路自東礮臺起迤東至牛始礮臺約二百餘丈，西路自西礮臺起西南至西場地方約十五六里，均須一律普築堅實長隄，開修礮路，堅築隄墻，以便通行礮車，排立槍隊，用以扼擊敵人入口近岸之小輪舢板。至遥擊敵人鐵甲巨艦之大礮，礮臺應於近内堅實高燥處所擇地興修，另行籌辦。上年已飭雷瓊朱道，將西礮臺至海口街外舊礮臺自北而南一段隄岸興工修築。現擬東自東礮臺起東至牛始礮臺，西自西礮臺起至西場止，勘估興工。亟應派委諳習礮臺工程之武職大員會同督辦。隄寬一丈，底寬四丈内外，作坦坡形，緊要處加寬加厚。均用灰沙三合土堅築隄身，連隄墻共高一丈。隄墻或作缺口，或開槍礮眼，以及隄身隄墻暨橋工一切寬廣高厚土木灰石工程，均由該員籌議妥協，會同雷瓊道稟辦，以專責成。查該鎮熟悉礮臺工程作法，堪以派委督辦。合亟札委該鎮，即便遵照前往海口，會同雷瓊道查照札行事理，詳切丈量勘估，繪圖貼説，稟候核辦。

札各屬嚴催奏銷册籍 光緒十五年五月初二日

照得州縣徵存錢糧，例應隨時報解。廣東省歷年錢糧奏銷，例限次年正月截數，由各州縣造報，六月内由院出題。近年來遲至逾限九箇月之久始行辦竣，侵虧挪移因之而起。本部堂前次兼署撫篆，業經奏明自光緒十二年爲始，每年趲早一月辦理，以期規復舊制，札飭遵辦在案。查光緒十三年分奏銷，雖經於上年十月内力催辦竣，然情形已漸疲玩，意圖拖延。今十四年分奏銷應於本年九月内具題，先經列單，札飭司道查辦在案。查州縣應徵錢糧早届全完之期，如果趕緊報解奏銷，册籍何難及早造辦。現經本部堂兼署部院訪查詳確，除有名瘠區缺額數處外，大率臘月底即已徵至八九分以上。而各州縣膽玩相沿，明明徵存，故意不報不解，以便私挪。必俟五月以後，徵有新糧可以填補舊賦，各該州縣始行造册詳報。又須月餘，始能到司到道。司道無從預造，以致司道具詳到院已至冬令。奏銷遲誤，職此之由。延玩取巧，實屬可恨。殊不知報解遲延，在各州縣目前非不暫覺從容，可以騰挪應用。惟縱弛既慣，挪移過多，無從償補，遂成虧空。及至交代無著，定須按限參追。近年部例森嚴，凡交代不清者，概不准飭赴新任調任。補署無望，開復無期，既阻終身仕進之途，兼貽子孫無窮之累，是寬之適以害之也。曷若嚴切飭催，使各州縣早自爲計，務從節儉，以備正供，暫時雖覺拮据，以後寬然無累，所全實多。至若各營銷算册，均係例支之欵，尤不難於造送。總之，錢糧奏銷限期，乃係國家定制，正賦攸關。現在業經本部堂兼署部院奏明提前趕辦，自應按年遵照，逐漸提前。所有州縣一切積弊，本部堂兼署部院皆已灼知，斷不能任其玩法營私，故意遲誤。合亟會札嚴催，仰該廳州縣遵照，即將光緒十四年分所徵錢糧趕緊掃數報解，一面將奏銷各册提前造送。今既查知各屬民欠甚少，自應更行早報早解，務於本年六月以前到司。近省處所不拘月分，愈早愈佳。即極遠州縣，亦不得過六月之期，以便由司核明。陸續隨到隨造，則本年八月内始能出詳，九月内始可依限具題。該州縣於奏銷册詳司詳道之日，一面通稟本部堂兼署部院查核。如六月内册不到司、文不報院者，惟有立即撤參，決不寬容。嗣後按年提前一月，俱照此章程辦理。此係清理正供，爲各州縣預防虧累，實屬公私兩有裨益。該員慎勿視爲具文，務將此札録置案頭，隨時省覽，以便早日豫籌，免致臨時自誤，悔之無及。并飭書吏將此札載入須知册内，遇有更替，流交後任，俾知功令定章，懍遵辦理。

札副將利輝辦理聯絡沙艇事宜 光緒十五年五月初五日

照得前因沙艇頭人張成生等合拏盜匪甚爲得力，曾加優奬，並通飭各縣暨各協營查明各屬沙艇，曉以大義，令與緝捕，輪扒各船聯爲一氣，互相應援等因在案。嗣據各縣暨各協營陸續禀覆，僅係空文，并未將查明沙艇若干暨如何設法聯絡援應切實辦理，具報查核。惟新會縣所禀向來辦理情形，較爲詳悉，並有沙艇數目可稽，然於現在辦法，仍欠切實。欲求成效，殊非易易。茲本部堂詳加訪察，從前沙艇未與官兵聯絡者，蓋因養艇經費由紳局自籌，駕艇丁壯由紳局自選，調遣之權悉出自紳。各該紳等往來，可令該艇護送，田禾穫後可調該艇專守村口。若與官兵聯絡，則有事調遣，即不能任其指揮。此向來沙艇各自爲用之情形也。惟近來盜匪猖獗，該艇等各守一沙，每遇糾黨行刦，衆寡不敵，常時退避，不免仍被劫掠，甚或遭其戕害。現在各沙艇幾與各盜有不能兩立之勢。若再不加整頓，恐沙艇遂成虚設，當必非紳局之利。若於此時因勢利導，不撓其權而令有援助之益，豈有不欣然樂從願相聯絡者。茲擬凡各紳局向來調遣沙艇如護沙、護送局紳、調守村口等事，一切悉仍其舊，惟各艇管駕由紳舉充，由官給札。儻紳等無人可舉，即由官遴選派充，如有追緝圍捕等事，務須聽官調派。至於各村地勢不同，應聯數村之沙艇爲一路，共分幾路握要巡緝，較之零星分守尤爲得力，亦由該紳等公舉總帶一人，由官給札。儻管駕、總帶有應行撤换者，無論由官查撤，由紳請撤，仍歸各局選舉更换。如此辦理，無事則各路駐泊自衛鄉村，有事則會合緝拏互爲援應，平時仍由局紳調度，悉聽其便，祇期守望相助，并無窒礙難行。惟各沙多屬散處，驟難集議有成。前本飭令潮州鄧鎮設法辦理，鄧鎮旋即病故，以致久延。亟應遴委熟習情形之員前往開辦。查有前順德協利副將輝堪以派委。合就札飭該將即便前往南海、番禺、順德、香山、新會、東莞地方，會同各該縣暨各協營，查明境内凡有護割沙艇之處，傳集該紳暨各艇頭目，剴切開導，按照札内指示事理，迅速遵辦。務令妥籌聯絡章程，永遠遵守，以禦盜賊而靖閭閻。仍將舉辦情形及沙艇數目具報查核。

札司道禁止收受餽贈 光緒十五年五月初六日

照得粤省從前吏治蕪雜，習尚奢靡，上下僚屬，惟以餽贈酬酢爲能事。本部堂前於五年前到任之始，暨兩次兼署撫篆之時，均經傳諭屬員，凡各項陋規禮物門包土宜等類，悉行禁絶，不許餽送。其循舊致送者，皆已隨時屏斥發還，并於發還貢餘通飭札内，嚴切申禁，并聲明司道以下有屬員餽送者、上司收受者，查出一併嚴參等因各在案。數年以來，賄賂之風漸息，各屬員貪以敗官者較前略少。近年省城司道尚俱能廉隅自勵，本部堂兼署部院深爲欣慰。省外道府各員，則有收受屬員水禮，并聽家丁收受門包隨封者，亦有變其名爲茶敬者。在其意以爲水禮甚微，與餽送銀錢不同。殊不知古之所謂苞苴，即今之所謂水禮，其爲受賂敗檢則一。儻涓涓不塞，則踵事增華，貪風必將復熾。至於門包、茶敬，例禁綦嚴，稍一失察，足爲本官之累。語有之：正己率屬，上行下效。今本部堂兼署部院事事克己率下，而粤省官吏竟有置若罔聞者。上行而下不效，此固爲法律所不貸，亦恐爲情理所不安。本部堂兼署部院豈能甘居聾聵，自蹈徇縱失察之愆乎。亟應嚴行申禁，通省所屬大小各官各宜省察儆惕，有則改之，無則加勉。除會札通飭各道府直隸州遵照外，爲此，札仰該司道遵照，務須勉益加勉，始終不懈。嗣後一切節壽陋規禮物，仍照前札概行禁絶，隨時留心體察，約束家丁人等，勿任影射私收，亦不准收受水禮及門包、茶敬。并於所屬府縣各員等嚴加考察，嚴切轉飭不准再行餽送收受。儻敢故違，一經查出，即將受者、送者一并以白簡從事。道府州縣私行餽受而司道不能考察劾參者，責有攸歸。所望大法小廉，俾廣東全省官員同爲名臣循吏，賢進貪黜，政清民樂，本部堂兼署部院有厚幸焉。勉之，懔之。并將此札鈔録張貼各該司道官廳。勿違。

札各屬嚴禁山標、田標等項賭博光緒十五年五月初七日

據茂名縣知縣潘泰謙稟稱：竊查卑縣黄泥坡鄉以黄姓爲鉅族，所有該鄉修造廟宇等事，向由廪生黄兆春之父職員黄建中管理。該鄉有文昌廟，年久失修，黄建中藉修廟爲名，刊發招字，巧立名目，稱爲山揮。查招字所開，每揮收銀一錢，即仿照花會山標，聚衆抽簽，標列各名將銀派分，以賭勝負。因而引誘各鄉男婦投揮紛集，爲害滋甚。傳到黄兆春赴案訊供，仍以修廟爲詞，嘵嘵狡辯，應暫行斥革，以懲鄉蠹而肅刁風等由，到本部堂。據此。查廣東賭風最盛，中有山標、田標等項，以求田問舍爲名，爲誘衆聚賭之計。抽簽派分，坐地分肥，引誘良家子弟，不論良田廣宅、山林園圃，盡出以供豪賭，拚孤注之一擲，棄産業如敝屣，因而傾家蕩業者比比皆是，爲害實非淺鮮。該職員黄建中暨其子廪生黄兆春以修廟爲詞，别立山揮名目，聚賭勝負，招致該鄉男婦趨之若（鶩）［鶩］，託名尤巧，牟利尤工。恐他處似此巧立名目、聚衆誘賭者正復不少。且白鴿標館新經嚴禁，難保無不法之徒藉此影射，復行開設。亟應嚴查示禁。除批飭將黄建中、黄兆春褫革拘傳究辦外，合亟通飭嚴禁。仰該府州廳遵照，即便轉飭各屬一體出示嚴禁，并訪查各城廂内外及鄉鎮地方，如有前項山標、田標及巧立山揮及别項名目誘衆聚賭者，立即嚴拏究辦。并將遵辦情形稟報察核。

札糧道查禁填佔官河光緒十五年五月初九日

照得省河河南兩岸，市廛櫛比，濱臨大江，海潮東來，三江潦漲，挾沙而至，沿河近岸處所往往稍有淤墊，各鋪户居民貪得餘地，加之填築，江流日逼，爲患甚殷。每遇東、西、北三江水漲，西關一帶多被淹浸。此皆日佔日多，無所底止，與水争地之故。是以本年議築隄岸，原所以保護居民，使有限制，不得再行佔築，以期安軌順流，無憂水患。乃查知兩岸市民自前年聞有築隄之議，輒敢紛紛私行填佔，非止一區。不獨水漲堪虞，并於將來推廣興修隄岸工程大有妨礙。且侵佔田畝不過希圖種植，至填

佔官河，因一家得地之利，致使通省居民咸憂水潦。核其情節，較之侵佔官荒爲尤甚，此非嚴行禁斷不可。合就札飭該道，即便督同委員知縣盧蔚猷暨南、番兩縣并原派監修隄岸各員，親往省河北岸、河南南岸沿河處所，逐段澈底勘查。如有數年之内填築官河者，無論何等紳民，一律勒令停止。所填之地儻於水道尚無大礙，豎立界碑，全行充公作爲官地，不准填築之人建立管業。如於水道實有窒礙者，即行督令挖拆，不容稍有含混。此事關係省垣水道利害，斷不准絲毫瞻顧通融。本部堂爲保安居民預防水患起見，該道務宜督率縣、委實力稽查，秉公辦理，毋稍徇庇擾累。

札各營嚴禁貼差虛伍 光緒十五年五月十二日

照得各營額設兵丁，向應按照營制，務存實兵操練。其分派汛卡及各要隘處所防守者，亦應照額分撥，以備巡防彈壓。如有缺額虛伍隱佔私役等弊，例禁綦嚴。查廣東水陸各營大小員弁，每將兵丁挑赴衙署當差，其字識茶號等項，謂之四行兵丁，即使業經足用，亦於當差各兵之外多取名糧，謂之貼差。聞一鎮署當差貼差竟有一百數十名之多，一副參衙門稿房多至四十名。他役稱是，實堪駭異。以下各員弁自必層層挑取，行行須兵，無非提取空糧，侵漁入己，或圖挂名尺籍，以作護符，便其武斷收規之計。各營大率相同。以此計之，通省各營兵丁幾盡提作當差之用，以致兵力單薄，分汛無人，無怪盜賊充斥。捕務全不得力，緝盜辦匪又須另恃募勇，成何事體，亟應嚴行禁絕。爲此，札仰該　遵照，查明該　共有貼差兵丁若干名，開送上司衙門貼差者若干名。除照例應行供差者酌留外，其餘立即遣令歸伍，空名者立即補額，不准再有曠缺。此外，千把轄下各兵，飭令查明，即日補足歸伍。如再有虛額冒餉情事，即行據實參辦。儻仍有上司勒派，許該　據實稟揭，毋得通同隱佔，致干併究。本部堂於此次札飭之後，仍不時派員密查。如果陽奉陰違，仍敢多派貼差，任意虛伍，定將該員嚴參示儆，決不寬貸。懍之。此文到後，即將該衙門及開送上司衙門向來貼差積弊若干名，現在飭令歸伍挑補足額若干名，現在如何遵辦情形，一一妥實籌畫，據實稟覆，不准稍有欺飾。如有掣肘礙難之處，亦即據實密稟。

札各營確查攤扣 光緒十五年五月十二日

照得營兵額餉，例應按名發足。且粵省食用昂貴，各兵常慮支絀，若加以層層攤派，兵丁所得無幾，餬口無資，安望其足額精壯、歸伍勤操、足備緩急乎。玆查廣東各營平日發餉，俱有公攤，存諸公櫃，遇有應辦公務，隨時開支。此外，遇有弁兵出差，或將官暨本管提鎮到任供張、巡閱出洋、進省盤費、往來迎送以及節壽規禮、紅白應酬等類，又有隨時攤派，各按兵丁名數，扣取餉銀。此項用度，多係浮濫開銷，半歸承辦之人侵蝕中飽。其公櫃銀兩若有存儲，則各將領又借名提用，以致兵丁貧困，怨歎常聞。技藝不能操，盜賊不能緝，專恃收規漁利爲生。挂名軍籍，兼習他業，疲羸懶惰，穨廢自甘。營伍竟同虛設，實堪痛恨。若再不大加清查，切實整頓，必致通省無一可用之兵，所關非細。雖此等積弊不獨廣東一省爲然，營中公攤公用或有事在必需，不能一概禁絕，然何至多立名目，遇事輒加攤扣。究竟所攤各欵孰爲向有舊章，孰爲臨時酌派，孰爲闔營公用，孰爲常年支銷，所派數目是否輕重得宜。今昔情形現有不同，亟應將通省各營攤派欵目逐一查明，分别裁減禁革，以除積弊而恤戎行。爲此，札仰該　即便遵照，迅將該營攤派各欵確切查明，某欵向充何用，每次攤派若干，歸該衙門自用者共有幾欵，提歸上司衙門者共有幾欵，爲闔營弁兵公用者共有幾欵，臨時攤派者約有幾事，其多寡數目若何，現應如何酌量裁減，逐一查核分别議擬。限文到十日内據實開列清摺，徑行稟繳本部堂以憑核辦。此係本部堂立意整飭營伍要政，斷不准稍有隱匿遺漏。如稍違延，定即嚴參。

札各屬開報捐攤欵目光緒十五年五月十二日

照得察吏之本，首在清廉。爲政之道，貴乎平恕。廣東州縣積弊，於地方應辦公事應籌經費者，則吝嗇支飾因循不辦，然於正部各欵仍然不免挪用，每至交代無不虧短。其尚知自好者，不免困累纏身，永無自拔之日。其不肖者，甚至骫法鬻獄，賄賣案首，藉案勒罰入己，遇事侵蝕浮開，交代延欠取巧，庫欵隱受其累。推求其故，皆由攤欵、陋規、辦差等項浮費過多，以致公私交迫操守難言。至於地方利害，雖欲興除，更屬力有不及。前數年本部堂莅粤之初，海防界務以及各國交涉事體倥偬紛紜，加以水災、匪鄉、軍餉、洋欵統籌兼顧，日不暇給，且積重已久，亦猝難大舉通籌。惟有身教言教，於省城風氣力加整飭，省外官吏隨事激揚。目前諸事漸定，本部堂兼署部院，兩院兼綜，責無旁貸，滌弊清源，不可再緩。今欲整飭吏治，非免其虧累不可。欲免虧累非裁減攤欵、陋規、辦差等費不可。光緒十三年曾經札飭瓊州道府將節壽門包等項一律裁禁，另行籌給公費，現經遵行。本年春間，復飭王署藩司由司函詢各屬，令將捐攤各欵詳細開陳，以憑分别核減等由各在案。查州縣爲累，尚不止交代册内所列司攤、道攤、府攤一端，如節壽、季規、幕友coh金、油米、水禮、門包等各種陋規，辦差、應酬等項各種煩費，爲數尤鉅。至知府暨直隸州，有取之各屬解入者，亦有用之於上司衙門者，均應詳細開列，始可分别核計。數年來陸續訪查，亦已略有梗概。大率一州縣攤欵、陋規、辦差等項費用，大缺五千金内外，中缺二千金内外，下缺千金内外，下下缺亦在三百金内外，惟瘠苦無聊如昌化、感恩之類者，乃得免耳。如此而欲其内顧從容，專心求治，不虧庫欵，不擾民生，豈可得耶。總之，若因仍積習，彼此通融，徒以見好於該管各官之故，不加裁節，遂任聽州縣虧帑病民，曲加原諒，不行劾治，斷無此理。然使爲上官者己身則取求豐饒，俯仰娱樂，而但於屬員之虧空貪墨者强顔參處，亦無此法。恕誹要求，言既不順，免而無恥，事亦無益。本部堂兼署部院思之已熟，必欲將各屬攤欵、陋規、辦差等項浮費澈底清查。所有公私各欵可裁者裁，可減者減，可籌抵者設法籌抵，總使州縣足敷用度。大缺寬然有餘，於地方應辦事體，可以從容展布。即最苦之缺，亦足以撙節自給。如有侵貪，執法從事，彼亦無辭。至若道府衙門仰給規費，相沿已久，斷不肯驟加苛繩，令其辦公無措。必當籌一良法，酌定公費。即稍有減色，當於本部堂暨兼署部院兩衙門各照所減之數先行捐出，發局存儲，以備籌抵道府公費之用。此外，有可捐者，并令照捐，以均甘苦。應即通飭司道府廳州縣，一律澈查。爲此札仰該　遵照，將本缺浮費逐欵開列，分爲三類。每年應捐應攤欵目銀數，何欵應解何衙門，向充何用，近年實解若干，并科場經費、學院歲科試辦考經費爲一類，統名爲攤欵。上司節壽、季規、水禮、油米、門包各種規禮爲一類，統名曰陋規。上憲過境、辦差委員差費、一切隨缺應酬爲一類，統名曰差費。逐一查明，據實開具清摺，以及本缺進欵若干，署中用度若干，亦據實另開一摺，不准絲毫隱匿。限五日内稟覆，聽候本部堂兼署部院查核，分别辦理。必當準情酌理，籌一通行無弊之法，斷不致故爲已甚。各該員不必疑慮，慎勿遺漏延緩，亦不得任意妄開，虚張數目。此事本部堂兼署部院確有定見，事在必行。如所屬大小各官敢有狃於積習，造言飾詞匿報推延意圖阻撓者，定即先將阻撓之員專摺奏參。懔遵勿違。

札東臬司籌辦礅禁人犯出洋傭工光緒十五年五月十五日

現據署順德縣知縣左壔稟稱：奉札開粤省辦理竊盜，載有鎖禁專條。近年案犯日繁，礅犯日多，本年節次恭逢恩詔，應行查辦減等，飭即查明礅禁人犯，分别可援免不可援免，列稟該管府州復核彙稟等因。業經將卑縣礅犯共一百零二名查明犯罪案由、擬礅年限及起礅日期，另文列摺稟繳本府復核，彙稟在案。惟是卑縣礅犯刦竊盜案居多。此等匪徒凶悍性成，難期悛改。現在礅滿各犯屢次傳屬保領，均以不敢具保爲辭，無一赴案。更有地方紳士恐其釋放貽害，呈請加礅。若因年限已滿，含糊開釋，勢必呼朋引類，故智復萌。更恐挾攻訐之仇，圖謀報復，則攻匪者受害，必將羣相隱忍，畏縮不言，盜氣愈張。斯盜風愈熾，而治盜愈難。若任其久留羈所，則羈屋無多，瘐斃可憫，疏脱滋事，在在堪虞。因思自通商以後，内地之民出洋傭工者甚衆，此等礅犯若准出洋傭工，則人地生疏，勢難相聚爲盜，自不得不勤苦工作。既保該犯之身，亦弭内地之患，較之久羈不可開釋不能聽其死而不忍者，似亦矜全之道。卑職與卑縣護沙約紳等相商，僉稱現在新嘉坡附近地方招工種植及開河修路各事。若准該犯等出洋傭工，斷不致無生可謀。該紳等情願商派妥人，帶交香港船頭館，渡洋交與園主傭工，并向船頭館擔承一切，船價食用俟渡洋到工後，即由工價内無利陸續扣還。一再籌議，意見相同。擬除永礅及情重各犯不議外，所有礅期已滿無人具保并礅期未滿情罪尚輕與情願出洋者，分别查詢列摺，稟候奉准批示，即由卑職給以衣履，分起撥派差勇同護沙約所派之人護解香港交船頭館，搭附輪船出洋。至新嘉坡地方傭工，限十年後准其回歸，免予緝拏等因。據此。當批：查本省各州縣羈押人犯日積日多，充塞囹圄。聽其瘐斃固屬可憫，一經釋放必滋事端，誠有如該縣現稟所稱久羈不可開釋，不能聽其死而不忍者。上年本部堂飭令首府縣函詢新甯、新安等縣，令其體察情形，熟籌辦法，原有資送出洋之議。嗣據兩縣覆到，尚未有切實辦法。兹據稟，該縣官紳相商，擬將礅犯除永礅及情重各犯不議外，其餘礅犯均令出洋傭工，限以十年，准其回里等情。核與本部堂所籌辦法相合，應即照准。仰即督同護沙約紳妥爲辦理，務須責成該鄉紳約、族長出具切實保結，令其真確出洋，勿令藉詞圖免羈縶，中途逃逸潛歸各處滋事，是爲最要。辦法尤須周詳，所立合同必須妥善，所有船價食用均如稟，由該約紳等切實擔承，并切實函致新嘉坡領事，轉飭華商董事妥爲經理，不得使向攬頭借債，致受盤剥。出洋之後，亦不致受洋人凌虐羈留，於合同上切實訂明方可。并飭該約紳等更宜多分數起，優給衣履飯食。尤須格外慎密，勿令洋人知係中國罪犯，稍露痕迹，致滋藉口。其有情願羈押不願出洋者，亦勿庸勉强帶往，轉致生事。除批發外，查本省各州縣濱海者居多，情形大抵相同。上年本部堂飭令函詢新甯等縣，未據切實稟覆，或恐其中尚有窒礙，各該州縣難於奉行，是以未經催辦。玆據該縣所稟，是順德本可如此辦理，其他州縣自可體察情形，酌量仿辦。合就札飭該司即便轉飭各該州縣詳加察訪，斟酌妥善。應如何仿照辦理，刻日稟覆核奪。此係本部堂爲慎重民命、免其瘐斃、消弭隱害以靖地方起見，該司勿得視爲具文，任聽各州縣空言搪塞。是爲至要。

札通判鄭敦善募勇辦瑶 光緒十五年六月初八日

照得連州綏瑶廳屬軍寮排等處，瑶匪屢次出巢尋衅肆擾。前經檄委署南韶道林道前往查辦。據林道電請調員差委。當經飭司派委該倅前往，隨同辦理在案。查民、瑶搆衅積案六十七起，猺控民人不過十之一二，餘皆自逞凶暴，肆行報復。是民匪之狡狠固難姑容，而瑶匪之凶悍尤爲隱患。此次派勇進攻火燒寨、新寨、耳環沖等處，僅焚燬匪寮百餘間，擊斃瑶匪數名，其著名之皮道二油里諸兇均未拏獲，素稱稔惡之殺人坪、打鐵沖、黄瓜沖三瑶排亦未辦其一。瑶匪毫無儆懼，殊不足以示懲創。林道匆遽回韶，於一切應辦事宜多未就緒。若如此草草敷衍目前，必致養癰貽患。現經另檄飭令仍赴三江口一帶督飭籌辦。查辦理瑶務，地方官係常駐之員，事前操縱，事竣善後，均可隨時相機布置。若假以兵力，辦理尤易得手，較之徵調外軍地形生疏，心志不定者迥然不同。現已飭司另委該倅前往署理綏瑶廳篆務，應即飭令於該廳附近地方選募勇丁五百名，務須精壯耐瘴、熟悉地勢者帶往任所，隨同林道籌辦一切。除分行外，爲此，札仰該倅遵照，迅即招募精壯勇丁五百名帶赴任所，聽候林道節制調遣。現當炎暑瘴起，未便驟進，先宜擇要築卡，扼其出路，斷其鹽布木植貿易以困之。俟秋涼暑退，即行會合各軍焚山開路，步步爲營，逐漸逼困，務令窮蹙。再於深入瑶排險要駐所築碉留勇，以資控制，將內山要路大加開闢，令此後官軍得以出入無阻，瑶人不得恃險負固，庶期經久綏安。一面清理積案，逐件澈底清結。至民村積匪，一律嚴拏究辦，以示持平，不得稍有偏縱。所需口糧器械，分赴善後、軍械兩局請領，并將成軍、起程、到任各日期具報。所有辦理情形，仍隨時馳稟察核。

札釐務局嚴禁各釐廠苛罰留難 光緒十五年六月十五日

照得裕餉必在恤商，不易之理。本部堂訪查近日各釐廠委員侵蝕之弊較少，而苛累之弊不除，其中勤慎知大體者固不乏人，然頗有以搜求爲能事，以苛罰爲示威者。即或不然，亦皆習成驕惰。闔廠官役，嗜好淹纏，日高不起，船集户外，若罔聞知，任聽司巡人等留難勒索。一船到廠，有規者先查，無規者後查。船户多一日之延閣，即多一日之費用，所得水脚不敷用度，更誤一日之行程，每月可裝運三次者，止能裝運兩次。不得已，惟有致送司巡規費，以求先行查驗放行。其始終不與經費者，則停閣經日，仍不驗放。盤查之時格外挑剔，斤兩數目稍有不符，即任意苛罰。又恐省中查知罰欵太重，將所收罰欵仍作爲商賈補繳釐金，填給釐票。各船户運載而來，其勢不能將貨運回，率皆隱忍，甚至有變賣人口以償者。若來省控告，則省中以爲此乃認真收釐，難爲伸理。各廠委員又藉口於比較太重，非此不敷，而此等司巡每爲總辦之所嘉奬信任。不思苛索擾商固已不可，無故留難不驗，坐耗時日，誤其爭先趨利之期程，減其往返營運之次數。如此必致釐收日絀，雖罰奚益。損人而不利己，是誠何心。且差船官船夾帶纍纍，罕見有查出禀報者，五年中不過兩三處耳。苛於商民而恕於官員，尤不足以服人，且走漏之多益甚矣。凡此弊端，實於商業船業有妨，即於餉項有害。而其故實由於司巡之需索，委員之傲惰，言之殊堪痛恨。本部堂上年飭令該局於省局提調中按月抽派一員周歷各廠，巡查弊端，日久亦未見該局遵辦。凡事總宜寬嚴得中。釐金爲國家不得已之政，尤宜寬以卹商賈，嚴以馭司巡。所謂剔弊者，乃剔除司巡中飽之弊，稽察官差夾帶抗漏之弊，非刻待無知識無氣力之商人船户，即可謂之除弊也。若不嚴章切誡，則以後商賈嗟怨繁興，販運日少，其有害民生釐政，殊非淺鮮。合就札飭該局即便遵照上年指飭各節，按月派員前往各廠周巡密查。除本省鄰省各項文武官員解運各種官物，務須破除情面認真稽察，勒令照章完釐，如帶貨較多者，即行一面扣留，一面電禀。儻敢抗漏，除照章充公外，本部堂定當嚴行參處。如該廠瞻徇縱放，查出撤懲不貸。至尋常商船民船，務須斟酌妥辦，於稽核之中不失體恤之意，方爲得宜。如有前項苛索留難情弊，立即密禀本部堂及該局查明參辦一二，以儆其餘。并由該局繕具簡明告示兩張，發給各廠實貼廠前，曉諭司巡商賈：

一、不准苛罰。以後如有再將罰欵改作補釐者，准各商賈開出罰欵數目，改填票據，持赴省局禀告，立即嚴提該司巡究辦。

一、不准留難。凡商船到廠，小廠船少者限一刻内往查，再一刻内完釐放行。中廠船稍多者，限二刻内往查，再二刻内完釐放行。大廠船多者，限四刻内往查，再四刻内完釐放行。

儻逾期不往查、不放行者，查出嚴辦。本部堂仍派員密查，如各廠并不將兩種告示實貼廠前者，立將廠員參處。并刊刻木戳，加印該局聯票之上，寫明某船某時某刻報查，某時某刻查驗，某時某刻放行，令商賈在廠前當面自行填寫。儻有時刻不符者，准該商持票來局禀報，立提該廠之司巡至省從重嚴辦。本部堂及該局亦隨時委派妥員改裝易服前往密查。如有抑勒商賈、倒填時刻者，加等治罪，決不寬貸。該局務於文到五日内，將擬定章程及告示、木戳式樣呈繳察核，并將遵辦緣由禀報。毋稍遲延。

照會廣州法領事委員稽查育嬰堂 光緒十五年七月初八日

接貴署領事官函稱：上月二十九日，有教堂工人陳亞發將育嬰堂已死之尸舁往城外瘞埋。經過東門，被管帶沙面緝務局李委員捉拏。揭尸開看，觀者雲集，衆情汹汹，説是教堂挖眼剖心，莫不欲盡殺教士、盡拆教堂而甘心。遂送到按察司案下，飭交番禺縣審驗，并無挖剖痕跡。查教堂在省設立育嬰堂，留養無靠女孩，給衣食、醫藥、瘞埋，係屬善舉，二十餘年向無異議。而該委員未經詳查，遽行捉拏，致人情鼎沸，幾釀大禍，至今教堂門首胡覰詈駡者不可數計。爲此，函請貴部堂迅行設法除此謠言，不致禍生不測等情。本部堂均已閲悉。查此案據民人陳至剛赴臬司衙門禀稱東門外淘金坑常有嬰孩屍首，掩埋甚多，恐有殘害等情。當經臬司派委員弁帶同陳至剛在東門城緝獲挑屍之陳亞發并嬰尸七具，即交番禺縣訊。據陳亞發供，係教堂收養病死掩埋者。當衆驗明，確係因病身死，羣疑盡釋，業已具結完案。粵省民情浮動，一時謡言四起，欲與教堂爲難。經本部堂預飭地方文武多方開導，嚴密彈壓，不准滋生事端。各員弁竭力保護，日來民情安謐，可無意外之虞。查教士設立育嬰堂原屬善舉，自不至有殘害之事。惟堂中嬰孩死者頗多，究竟月中收養若干名，病故若干名，是否撫養未得其法，抑係乳媪照顧不力，致以行善之舉反啟猜疑之端，是非委員到堂稽查，無以彰心跡而釋羣疑。昨經與貴領事官商定，由本部堂遴委老成妥員，每月親到教士所設之育嬰堂查看一次，將堂中辦理情形詳細稟報。儻其中辦法有未洽之處，亦即稟由本部堂照會貴領事官轉飭教士商改。該委員專司稽查，自不得將堂內章程任意更改，另由管理育嬰堂委員逐日遣人到教士所設之育嬰堂查詢，如有病故嬰孩，即由該堂呈單查驗，由該委員親往相驗，驗訖然後由教堂瘞埋。如此辦理，庶足以重育養而息浮言。斷不准委員所帶差役人等向教士、嬰堂需索分文。業經嚴行戒禁，相應照會貴署領事官查照，希即轉飭該教士遵照，將所設育嬰堂每日收養嬰孩若干名，病故若干名，按月彙報一次，列單交委員代呈，以憑查核。如有病故者，須隨時填寫報單，報請管理育嬰堂委員親往查驗明白後，再用棺木瘞埋。從此善舉昭然，羣疑盡釋。此實永遠相安之極好辦法，想貴領事官必能深悉本部堂代籌周至之厚意也。

札東善後局裁免巡緝經費 光緒十五年八月二十六日

照得光緒十二年五月經前藩司詳請，奏明開辦巡緝經費。其時因防務初定，庫欵支絀萬分，而緝捕盜賊、查辦匪鄉、添設船勇各項，需欵甚鉅，是以照准辦理，每年約收銀三四十萬兩。因此項經費係爲緝捕衛民之用，是以數年以來所抽已及百萬。商民遵抽，尚無觀望情事。嗣經開辦省河補抽釐金，每年連拱北各關約可收銀三十餘萬兩。本年三月據商人承充通省硝磺餉項，每年繳銀十萬兩。此皆新定之欵。又經本部堂奏明米穀出洋抽費，爲儲穀并修基圍專欵之用，每年可省支修基圍銀萬餘兩，核計可抵巡緝經費所收之數，有贏無絀。統計本省各司局收支各欵，所有歲支銀五百數十萬兩，除裁去此項巡緝經費外，數適相當，不致支絀。此項經費雖僅百分抽二，而商人藉口貨價不免增昂，且多各行商人承辦，中飽取盈，亦所必有。本部堂統籌全局，既餉項不至十分爲難，則巡緝經費自應停止。現定於十月初一日起，無論省内省外一概免抽。

札東藩、臬司籌議裁免攤欵加給公費 光緒十五年八月二十九日

照得廣東各項捐攤、道府規禮、考棚差費爲數浩繁，均爲州縣之累。前經本部堂兼署部院會札深言其弊，飭令分欵據實開報，并將本缺進欵用欵一併報明，以憑查核辦理等因在案。茲據通省司道府廳州縣開列清摺，分晰具報前來。雖數目有多寡之殊，而情形則大略相同。查攤欵一項，多係有名無實，其應解司道者，

或竟始終懸欠，或買餉票抵兑，徒爲吏胥利藪，於庫欵仍然無補。其歷任流攤者久成虚濫，徒於交代案内多費筆墨。至陋規一類，有到任禮，有節壽，有季規，有月費，有客脩，有油米，有柴炭，有衙署歲修，有秋審費，有盤查費，有節壽水禮，有門包，有隨封，有茶敬。雖各屬非必皆全，而以高州、廉州、惠州、韶州、肇慶等屬爲最多，潮州、嘉應、羅定、南雄、連州、陽江等屬次之。其節壽、到任、規禮、門包、茶敬、水禮等項，昨經本部堂兼署部院通飭裁禁，恐亦未見實力奉行。若其餘欵目，道府收受仍多。上司以誅求屬員爲事，屬員以挾制上司爲心，既朘州縣之膏脂，亦不足以勵道府之廉恥。究其流弊所極，不過虧帑剥民，國計民生交受其害而已。至於差費等項，如必須委員催查之事，因難概行停止。而近來省中候補人員多有借例差以爲津貼者，甚至周歷多府，竟等秋風。其餘分道分府候差人員，每月必委出數次，幾欲援爲常例，尤爲無端擾累。似此種種耗費，在優沃各缺尚可勉力支持，其中下各缺豈能堪此。廣東優缺無幾，下邑居多，欲其潔己奉公，不爲骫法營私豈可得乎。至於學院按臨考試及往來過境夫馬宿食，原有向章，本不至於多費。無如承辦各員踵事增華，以圖見好，且每浮開價值，攤派各縣。且多開夫價、船價、過山禮等名目，以冀藉端取償。殊不知此等攤欵，各州縣向不清解，徒使藉口辦考辦差賠累，以爲賄賣案首、虧空侵挪之地。欲清此弊，非核實辦理不可，亦應分别查明裁減。至道府有表率之責，減成養廉，本不甚多。今既將一切陋規裁禁，若不另爲籌給公費，其向無税廠盈餘之處，必致用度竭蹶，辦公無資，豈有既令州縣寬舒而令道府困累之理。且難免不潛行饋受，仍非經久可行之策，自應分别籌給公費銀兩，以昭公平而肅政體。爲此，札仰該局即便會同司善後局深思治本，通籌全局，妥協擬議，應如何分别裁革減免。其道府應加給公費者幾處，應於何缺籌給，悉心酌擬詳晰章程，詳候核定通行。

咨東學院籌解公費 光緒十五年九月二十日

據東善後局會同藩、臬兩司詳稱：案奉札開廣東各項捐攤、道府規禮、考棚差費，爲數浩繁，均爲州縣之累。飭即深思治本，通籌全局，妥協擬議應如何分别裁革減免，其道府應加給公費者幾處，應於何缺籌給，悉心酌擬詳晰章程，詳候核定等因。奉此。伏查各州縣藉口賠累者，無非以司道府署攤捐，及道府衙門規禮暨辦差繁重等項爲詞。從前裁減米羡，入欵頓少，出項依舊，誠如憲諭，實爲州縣之累。今蒙飭令據實開陳，大加裁減，并酌減學院考棚辦差雜用，另籌公費津貼，指示辦法，檄飭會議，從此道府無挾持之慮，州縣無賠累之虞。小廉大法，痼弊全除，凡在寮屬，同深悦服。本司道等查照各道府廳州縣摺開各欵，會同悉心核議，所有各屬應捐解本藩司衙門之香蠟差費、高錫差費、小書工食、憲書三成、綏瑶廳練勇經費、瑶目口糧、餉差盤費、清查無著攤欵、報資塘兵餉、不敷火藥價、草烏船經費十二欵，類皆有名無實，應一律全裁。所有向支之欵約銀二萬五千兩，擬於司庫易番伸水及釐局籌備項下分别提補支用。以後道府廳州縣各員養廉，除扣抵部欵雜欵外，均以現銀實發，不必再行留抵。又捐解本臬司衙門之驛傳房紙劄、飯食傳供、飯食司監加增藥餌三欵，每年僅解二三成，應即概行裁免。所需之項爲數無多，即於積案局經費項下每年開支銀二百兩。至捐解道府衙門各欵，除向係實解者，准仍照舊解成數批解。其有捐無解之虚欵，及府廳州外縣衙門自行流攤虚捐各項，概行全裁。此分别裁減捐攤之辦法也。若道府衙門之規禮，名目繁多。兹擬酌分三等。凡節壽、到任禮、季規、月費、油米、柴炭、客案、脩金、盤查倉庫、秋審規、到任水禮、過山禮、乾脩、修理衙署、各項門包共十四項，應即全裁；其道府之到任供張、换季鋪墊、新春執事往來、夫船等四項，均裁減一半；其上司幕友節禮等項，向有者自行酌送，不准苛索。此分别裁減陋規之辦法也。規禮既裁，各道府中除别有進項，支用充裕各缺，毋庸置議，并將關税盈餘較豐之廣州府所收六大縣米羨五千七百餘兩提解本局湊支外，其餘各缺難免竭蹶。應即酌給津貼公費及小費銀兩。原無者新給，原有者加增，總以所裁數少所給數多，以示從厚。合其向有各項併計，大率道府各缺優者約在一萬餘金，絀者亦在九千餘兩。其直隸州内如嘉應、羅定兩州，各加給工費小費，并將著名瘠苦之平遠、鎮平、感恩、昌化四缺，亦各加給津貼，免致匱乏。此籌給道府州津貼公費小費及加給最苦四縣津貼之辦法也。至於學院歲科兩考各棚經費及來往程途船夫供應，向係鉅欵，素爲辦差州縣藉口虧累之端。今并經憲台商明，渥荷學院體衈，將折席、折價、程儀、雜項及隨棚家丁、書役各項雜費一律裁減三成。惟學院按試各處道途遥遠，隨棚幕丁、吏役人數衆多，若經裁減，深慮辦公或有不敷，自宜另行量爲籌補，以資辦公。兹擬籌妥學院公費每年銀二千四百兩，三年共七千二百兩。又加給家丁、書差、人役等項小費每年銀八百兩，三年共銀二千四百兩。此亦係所減數少，所加數多，每年按季由善後局備文解送。至學院棚規，本係歷年舊章，自應由各棚循舊辦理，不得藉詞更改。此酌減考棚辦差各費，籌補學院衙門公費小費之辦法也。至各外府首縣暨各直隸州承辦考試，本已酌給津貼，惟尚藉稱不敷，攤派追呼，日煩案牘。今擬將高要、歸善、瓊山、茂名、合浦五縣，羅定、嘉應二州，暨附棚考試之欽州，酌量加增津貼銀九千兩，三年匀攤，仍分歲科兩試給領。一切考務即由該州縣承辦，不准再行攤派各邑。其廣州府屬考費本無津貼，除現減三成應由缺分較優之南、番、香、順、東、新六縣合辦，以香山、新會協助南海，以東莞、順德協助番禺，仍按原數分成攤派。潮州府屬考費，除照原數減三成及原有津貼外，其餘不敷之欵，應由揭陽、潮陽、海陽三縣分成攤派，公同辦理。其韶州府、連州、南雄州、陽江廳各屬考試，向已領有專欵，現又酌減三成，已屬有盈無絀，不必再議津貼，以昭公允。海康縣用費較輕，現又裁減三成，原有津貼已足敷用，亦可不加。此擬酌加州縣津貼考費之辦法也。再，兩院憲衙門疊奉憲臺自莅任後，即嚴飭所有節壽、水禮、門包、貢餘亦久裁除净盡在案。至於本司等衙門禁絶餽遺門包之辦法也。以上除本藩司衙門裁免捐攤三欵，擬於積案局經費内開支外。所有擬給道府司衙門裁免捐攤十二欵，擬由易番伸水及釐局籌備項下撥補。本臬不肯收受，近年更已嚴禁務絶，自應再行申明，永行禁止，以杜嘗試之漸。此本司等暨鹽運司衙門，查歷任各前司其知自愛者每多直隸州津貼、公費、加給小費，每年須銀五萬二千七百兩，又平遠、鎮平、感恩、昌化等四縣加給津貼銀三千八百兩，又加給各縣津貼考費每年匀攤銀三千兩，又加給學院考棚津貼公費小費每年匀攤銀三千二百兩，共銀六萬二千七百兩。除裁提六大縣解廣州府米羨銀五千七百餘兩湊支外，其餘銀五萬七千餘兩，擬由本善後局在於誠信、敬忠兩堂商人認捐餉項下照數提撥，分别解支給領，俾有實在永遠專欵，庶可經久，不致中輟。此外，在省候補及分道分府候差人員，凡司局道府均毋庸多委例差，以免擾累州縣。儻省内外道府將毋須催查之事濫行委員，該州縣等不准致送差費，則鑽營者少，委派自稀。此亦節省之一大端，於州縣不無裨補。理合列摺詳請察核，批示立案，通飭遵照，並請咨明學院衙門查照辦理等由，并摺五扣，到本部堂兼署部院。據此。查所擬各節，尚屬平允周妥，應即如詳辦理。現經本部堂兼署部院據實奏明，并將詳細章程咨部立案，統自光緒十五年十月初一日爲始，切實奉行，永資遵守。所有加給公費、小費、津貼、考費等項銀兩，均由東善後局按季分別解支給領，文領到日，立即給發，不得稍有稽延，亦不准書吏絲毫扣減。其從前原定各州縣津貼暨考費銀，向由藩司衙門給發者，一併改歸善後局發給，以免胥吏勒扣之弊。所有道府廳州縣養廉除扣抵部欵雜欵外，務須照章實發現銀，不准扣抵。該司等亦不得再以各項經費不能内銷者，新立名目攤派各屬。其清查無著攤欵一項，即由該司妥速具詳，奏請删除。經此次加給公費裁免陋規之後，儻道府仍巧取於下，牧令仍轉剥於民，以及侵挪錢糧、賄賣案首等弊，則是廉隅蕩然，本心盡昧，故違奏案，甘蹈官邪。即由該兩司據實詳請嚴參，毋稍瞻徇容隱。總之，上有平恕之政，則下必有廉潔之心。從此通省官吏不致以貪墨苞苴絓於吏議，參追虧空見之彈章，史册書之謂廣東吏治爲天下第一，豈不美哉。除詳批回，并將奏稿另鈔咨行，暨刊發清單章程札飭通省司道府廳州縣立案永遠遵辦外，相應咨會貴學院，請煩查照立案，永遠照辦施行。

札東藩司議各營貼差攤扣 光緒十五年十月十五日

前因廣東各營向有貼差虛伍、攤扣糧餉等事，積弊太深。經本部堂分札飭令查明，據實稟報，以憑核辦。嗣據各標營陸續稟報前來，雖所報情形各有不同，而肯據實直陳者，寥寥無幾，其餘多係含混，概稱并無貼差虛伍，亦無攤扣糧餉等情。積習相沿，牢不可破，實堪痛恨。試問各衙署挑取當差兵丁過多，動輒數十名，漫無限制，非虛伍乎。任憑兵丁貼錢代替，非貼差乎。攤派迎送應酬等類，非攤扣乎。該將領等不思振除積弊，乃以陋習奉爲舊章，可謂無識之至者矣。查各營中惟署大鵬協副將林保，將該衙門當差兵丁認真核減，并將向來攤派之欵分別裁免，深屬可嘉。又南韶連鎮方鎮友升，裁出四十九名歸伍，亦屬認真辦事。又署瓊州鎮李鎮先義，亦有裁減，惟瓊州各營攤認鎮署辦差等項，以及各該營自攤之欵，爲數尚多。又代理澄海營參將鄧國輝，於各衙門當差兵丁均能核減，惟攤派之弊尚未能除。又署新會營參將成聚，於攤派陋規裁除頗嚴，而當差兵丁裁減外，所留尚多。其餘各協營於當差兵丁業經裁減者雖有數處，尚未能合宜。此外則均屬含糊，并不將當差名數報明，惟稱概無虛額，或謂屆期一同操演，其爲有心蒙蔽，已可概見。尤可怪者，如羅定協各營攤派最重，經本部堂派人密查，知該協向有羅扣名目，每兵一名，每季約攤扣銀四錢有餘，又本營再扣公幫六錢，又幫出差辦公銀一二錢，守兵每季約領銀二兩八錢，竟攤去一兩二錢之多。都、守、千、把各弁每季攤派，甚有餉不敷扣，尚須墊賠者。似此情形，最爲苦累，而該協將領稟報，乃謂并無攤扣名目。又南澳鎮標各員多有長支銀兩，將存櫃穀價及裁存應解廉餉暨修整礮臺存銀各欵虧挪罄盡。自鄧鎮履任以後，閱操進省川資、按月燈油、逐年封印所辦各件并營中差費，有倍於前所領兩季養廉，不敷攤派，又添長支一千兩有餘，而該營將領亦謂并無攤扣情事。此外，碣石鎮各營攤派之多虧挪之甚，及吴川營長支櫃項，業經據禀發覺者，已有數起。該營等尚欲掩飾，豈可得耶。至於那扶小營每兵每月攤銀至五六分，亦爲太多。又四會營於當差之兵，既不將名數報明，所稱請領硝磺船價，均由該弁自辦，不扣兵丁，究竟出自何項，亦未聲明，可謂顢頇。此外，並不禀覆者尚有六處，尤爲膽玩已極。似此相率欺罔，無非欲踵其故習，以便私圖，欲使良法美意迄不能行。殊不知本部堂决意興除，即便移調鄂省，不日去粤，此等有關通省陸營兵餉要政，亦當奏明移交後任，接續辦理，豈能任聽蒙混，搪塞了事。查瓊州鎮衙門當差兵丁連稿書共九十八名，南韶連鎮衙門當差兵丁連稿書共七十三名，廣州協副將衙門當差兵丁連稿書共七十二名，惠州協副將衙門當差兵丁連稿書共六十名。雖不致漫無限數，究屬稍多。此外，濫取供差者，更爲無理。所有鎮協將備各衙門，自應視地方之繁簡，爲留差之多寡，即酌定一數，庶於操防、差遣兩不相妨。至於各營攤欵，除請餉、請領、硝磺、出差等項公幫及兵丁自立義幫與官無涉者自應照舊。此外，上司到任年節應酬酒席水禮、轅門供應、來往夫船、修理衙署等項，何項可裁，何項可減，其向來籌有息項之處，何項准由息項開支，其并無息項可指之處，何欵應如何辦理，以免苛累兵丁。以上各節，亟應咨行籌議，分别妥擬詳咨核辦，以除痼弊而實營伍。除咨會水師提督，將提督衙門供差人數如何酌定，有無貼差攤扣等項積弊查明酌擬辦法見覆，以便彙同核議及飭催未經禀覆各營據實禀報查核備案外，合就札飭該司即便遵照札飭事理，將各處應領差遣兵丁數目暨擬扣供應各項如何分别裁減，悉心籌議，妥擬章程，詳候核奪飭遵。并查明虧短公櫃，各營嚴行清理，另案具報。

札廣雅書院提調設立分校光緒十五年十月二十日

照得本部堂創建廣雅書院，一切學規章程皆經手自裁定，極費籌維。兩年以來，規模雖已大定，而其中尚有應增應改之處，必須斟酌咸宜，以收實效。查書院額設二百人，原分經學、史學、理學、經濟四類，又兼習詞章專門之學，各擅其長。且院地極廣，事務極繁，僅掌以院長一人，每日須巡行各齋以察諸生之勤惰，閱日記簿以考諸生之功詣，升堂講書以覘諸生之學識。更有諸生執經問業，咸須批答。每月開課卷幾二百本，每卷數藝，動逾萬言，一一皆須批閱，事繁責重，幾至日不暇給，未免過於勞瘁。此定章期於久遠，如稍涉繁難，若非旋踵廢弛，即致別生流弊。此非院長之學問才力有所不逮，實由限於事勢，有所不能。是以阮前部堂創立學海堂當時，不設院長，分設學長數人，除錢給諫外，再無主講之名。菊坡精舍自陳京卿故後，亦復改設學長。揆厥由來，未始不因乎此。惟廣雅書院事關兩省，人才衆多。若僅設學長，無所統繫，其勢必涣散，參差趨向，學業不能畫一。本部堂詳加酌量，應於院長之下另設分校四人，襄助院長閱卷講授，雖稍與院長遜其體制，實可爲院長分其勤勞。原定章程，經濟專立一門，詞章歸於兼習，此教人之法，理應崇實黜華。至設立分校，則史學可包經濟，而詞章實有專門，必須專於此道者方能究極源流，指摘利病。且專以經濟名家者，世罕其人，亦難專立一師。

今定爲經學、史學、理學、文學四門，分設四館。經濟學附於史學館内，各設分校一人。凡遇官課，先將課卷收齊，送到本月主課衙門點核無誤後，即仍發至書院批點改抹，各就本門擬爲名次，於卷面左方填注擬取某學第幾名，不分幾等，仍由監院彙齊，送致主課衙門合閲評定，仍全院共爲一榜。如遇齋課分閲，擬取一切均照官課辦法，仍由院長彙齊，覆加評點，將全院課卷合定名次，列榜宣示。諸生平時講習一切，院長間有未暇，即可請益於分校。專取諸舉貢生員，不選通籍之人，庶與院長名位有所區别維繫。并專取諸兩粤本省之人，不及别省之人，庶於諸生言語可以相通，講解較易爲力。山長則專延他省之人，不延兩粤之人，庶東西兩省諸生不致各存鄉里之見，於師弟之間尤徵沆瀣。至四學分校，本應在院中諸生内擇其才學出羣、年齒稍長者爲之。第開院未久，諸生中未能各學均有勝任愉快之人。應俟三年之後，諸生年齒漸長，學問日進，嗣後著爲定章，分校均在肄業諸生内升拔延訂，不另延院外之人。監院之於分校，仍應優加敬禮，僅次於院長一等，不得慢忽。每館每月支送脩金銀四十兩，火食銀十兩，共五十兩。查有番禺縣生員黄濤、番禺縣舉人林國賡、順德縣生員馬貞榆、香山縣舉人黄紹昌，堪以選作廣雅書院分校，即由書院提調備具書幣延訂。至分校講習之所，應在無邪堂左右兩廳，題曰東分校堂、西分校堂。居住之所，查齋舍之外尚有餘地，東西各建二館，題曰分校某。學堂應即迅速勘估，興修四館，一律整潔，俾可居止安舒。合就專札飭遵，該提調即便在書院齋舍兩旁餘地勘明丈尺，繪圖估價，將分校四館迅速建造，列摺稟覆監院，即便遵照辦理。

札東善後局提公費交雷瓊道建昭忠祠 光緒十五年十月二十一日

照得廣東瓊州黎客各匪歷年滋擾，幾無安歲。經本部堂於光緒十二年八月奏明大舉澈辦。三年以來，黎歧戡定，撫黎開山善後諸務畢舉。峒黎嚮化，瓊民乂安，而在事文武各員弁陣亡、瘴故至四百餘員之多。疊經奏請賜卹及在瓊建立昭忠祠，以隆報祀在案。在各員弁致身報國，馨香俎豆，自足千秋。而本部堂追念袍澤之誼，各將士出入鋒鏑，蒙犯霧露，殞身瘴域，百折不回，且敬且感。兹以調任荆湘，不及觀祠之成，一奠椒漿，尤惻惻於懷而不能已。應即飭局由本部堂餘存公費項下提銀一千兩，解交雷瓊道爲修建昭忠祠之用，贊成表忠之典，藉抒思舊之情。

咨呈總署籌議修訂美約事宜 光緒十五年十月

案照承准貴衙門咨開：准軍機處抄交出使張大臣奏稱美約中輟，善後無期，請飭籌補救各等因。查此案於上年七月間准貴督奏，稱美國禁止華工前往，商務受困，請詳議新約，以維華民生計各等語。本衙門以事關大局，衆情既有不協，自未便將新約奏請批准，當即電囑該大臣緩與美廷商訂，冀圖挽救萬一。詎意美廷藉此廢約，自行禁例，不惟無益補救，反更變本加厲。現據該大臣所陳一切情形，已有難以轉圜之勢。相應抄録原摺、附録節略各件，咨行貴督，查核有無補救之法。希即詳議速覆，以憑酌辦等因，到本部堂。承准此。查上年六月間，據粤省及香港業金山生理各行店聯名稟懇，詳議新約，以維華民生計。查閲稟詞，關繫重大，是以據情上陳，請旨敕下貴衙門查核利弊，設法維持。

其時新約因何起議，條欵如何措詞，未准出使大臣張抄咨有案，無從參以末議。迨後張大臣將起議緣由及新約條欵咨送前來，本部堂詳查端末，始知自禁之議倡自鄭前大臣持論本未的當，乃復推行不善，以訛沿訛，遂至一發而不可收拾。查兩國民人隨時往來，聽其自便，不得禁阻中國人至美國或經歷各處，或常行居住，美國必按照相待最優之國所得利益，俾中國人一體均沾，載在續約，歷歷可考。光緒六年，美以華工於彼有礙，遣使來京修約。中國垂念友誼，准其可以或爲整理，或定人數年數之限，並非禁止前往。其已在美國之華工，均聽其往來自便，無論常居暫往，如有偶受他人欺侮之事，美國應即盡力設法保護。夫華工之未往者，准其限制，已往者責其保護，是中國既已曲從所請，美國豈能卸肩責成。乃因土惡之欺凌，輒思自禁以免禍，削趾就屨，殊屬無當。然其中或有萬不得已之苦衷，有非旁觀所能盡悉者，則自禁之議，殆亦有辭。詳核鄭前大臣原議，所謂自禁者，仍中國自行其禁令，蓋欲暴其惡於衆，而示以不甘之情，使美之君相翻然而自省也。詎意張大臣即本自禁之説，而與之交約。大凡兩國立約，自非城下之盟，未有不出於願者。今之新約以禁止華工與收受賠欵相提併列，准禁二十年，並現已在美之華工領有執照回華者亦在限禁之內，較諸庚辰續約，實已變本加厲。傳之中外，必曰中國因得其賠償之資二十七萬餘元，故願以此對易耳。夫曰自禁則因何而禁，可以宣播於衆，如何禁法可以自操其權，一經立約准禁，即是美有應禁之權，而中國無不願之意，實與鄭議有毫釐千里之差。新約畫押之後，物議沸騰，皆由於此。省港華民生計所關，既禁華工，即礙華商。彼有切身之患，因而稟請設法維持，自屬人情之常，非關鄺其照一人所播弄。貴衙門以事關大局，衆情既有不協，未便將新約奏請批准，自是正辦。蓋使臣畫押之約，朝廷不予批准，事所常有。美廷藉此廢約，自行禁例，事實不公。今欲籌議補救，須先杜其藉口之端，而又非空言辨論之所能爭也。揆諸美廷之意，必曰新約賠欵業已照付，而中國不予批准，不得不自行禁例耳。爲今之計，正值更换使臣，宜就新約設法轉圜，准其限制而減其年限。已在美國之華工，應照庚辰續約仍准任便往來，入境假道，均不得禁。彼如以賠欵爲詞，國家保民爲重，何惜此二十餘萬金而與人以口實。宜將此欵撥還，但責其將來之保護，不咎其已往之非爲，使之無可藉口。朝廷如肯發還賠欵，即由粵省諭令香港及出洋各島華商捐集此欵。該商等冀圖後來生計，亦必樂從。我之言正理順，彼自不能不與另商。如其始終固執，絶無轉圜之機，不妨明告以美之禁例違約不公，中國萬難允從。若不另行商改，中國將調回使臣，不與通使，稅關各處有用美國人者盡行辭退，禁止美民教士入内地游歷傳教。凡此皆於美民之利益大有關礙。彼知中國有報復之意，自不能無所顧慮。如其能就範圍，固屬甚善，否則以此稍示抵制，於商務并無關礙，斷不至無端啟釁，將來亦不難轉圜。此事關係沿海華民百餘萬無窮生計，似不可不與力圖挽回。管見所及，相應咨呈貴衙門查照核辦施行。

咨呈總署派員勘立中越界牌 光緒十五年十月

光緒十五年八月二十日承准貴衙門電開：法使照稱，中越立界，伊國已派文武官會同中國官辦理，并帶護衛兵三百餘名，擡夫二百餘名，定於十月初九日在芒街會齊。原定地圖勘界大臣有未親歷之處，直綫畫界之段有不合地勢者，准照形勢曲折，彼此相讓，期於兩國均無損礙。若有意見不合之處，留待設牌完竣，再行商議，以免延緩等語。查依綫立牌，難免左右參差，且地有犬牙相錯。此次立界，不必執得尺得寸之見，但求不離綫界，而於地勢轇葛處所彼此通融相讓，期於兩便，方爲妥善。所派之員須通達穩練、能耐勞苦者。彼隨帶兵役較多，自因邊界伏莽未清之故，決無他意。中國官隨帶官兵不必過多，且須嚴加約束。至彼謂意見不同處所，先行記出，勘完再定，可以照行等因，到本部堂。承准此。查勘立中越界牌，事關重要，必須通達穩練、能耐勞苦而又熟悉邊地情形及中外交涉事宜之員，假以事權，方克勝任。所有欽州一帶界務，前已派委署欽州直隸州李受彤暨代理防城縣知縣孫鴻勛、試用通判范鼎會同辦理在案。茲准前因，自應分别派委妥員辦理，以專責成。查欽州知州李受彤，身任地方，責無旁貸，且係原派勘界之員，備悉此案原委，久任邊地，明澈洋情，自應即委該牧專辦。惟慮該牧近來病體尚未復元，應再派員協助。查有廣東候補知府陳武純，辦理北海釐廠甚久，於廉欽一帶中外情形亦頗明晰，堪以派委會同辦理。至現代理防城縣知縣同知孫鴻勛、同知朱陶階，堪以派委隨同辦理。大率此事總以李牧爲主議之員，或須明辨，或應通融，一切責成籌酌定議，并由督辦欽、廉防務馮選派穩慎得力之將弁，酌帶萃軍營勇二三百名，隨同前往。前飭將石料工匠預爲料理，李牧必已如式措辦齊備。應用擡夫若干名，即由李牧、孫丞斟酌雇募，俟法國官員前來，即赴芒街會同前往查照界圖，依綫竪立界牌。陳守、李牧等務當查明紅綫内外中越地名，證以輿圖地志。其確係我境、地勢并無轇葛者，必當與之辨論明白，不能稍涉含混。如或有地勢與界綫不合，其山川險要，道路村鎮犬牙相錯，有萬難畫清之處，亦當彼此商酌以歸入何界爲宜，期於兩無損礙，酌擬公平辦法，以備勘畢通核定議。如有意見不同之處，彼此於圖册記明，俟勘立界事竣再行稟請核辦，以免延緩。一切情形，隨時電稟牘稟，俾得周悉預籌。所帶營勇，務須一律精壯，旗幟鮮明，器械精整，悉用後膛精槍，磨擦光明。如槍械未能一律，應由廉州府存儲軍火選撥應用。并咨會督辦欽廉防務馮，嚴飭該管哨官務須紀律嚴明，軍容整肅，各在界牌内整隊齊行，不得稍有參差紊亂。尤須嚴加約束，勿任滋事肇衅，是爲至要。除龍州一帶勘立界牌，立即電咨廣西撫部院選派妥員，暨督辦廣西邊防蘇酌派弁勇，會同法員辦理暨分别咨行外，相應咨覆貴衙門察照施行。

咨呈總署安置越官謹請察照光緒十五年十月

爲照前因越南各官阮福説、陳春撰、陳克喬、陳之棟、胡瓊等，隨帶兵役十人來粵，稟稱法人狡欺，肆虐尋仇，乞據情題達救助等情。當以欵議久定，礙難照准，飭局發銀五百兩資遣即行回國。旋據該越官稟，道路阻絶，實無可歸，懇請在欽州隨便居住，量賜口糧，俾免飢窮等情。當以欽州界務甫定，越邊游匪尚多，若令前往居住，防範難周，必致另生枝節。惟該越官等既窮無所歸，不得不量爲安插，因暫令在省垣居住，飭局發給火食雜用銀每月共五十七兩三錢六分，并責成廣州協副將派勇在該越官寓所巡察盤查，不准與閒人交結往來。茲查該越官等在省居住尚屬相安，惟省垣地方逼近海口，華洋雜處，港澳各輪渡朝往夕來，人衆繁雜，防範難周，難保不另生枝節。欽州一帶既不准其前往，他處亦難安插，惟有羅定州地方不當孔道，地僻民良，應即飭廣州協副將派勇護送該越官等前往該州城居住，責成地方文武約束防範，輪派兵役巡察，不准交結游民及外來人衆，并禁令不得擅離州城他往。所寓房屋即由該州代爲租定，每月火食雜用銀五十七兩三錢六分及房租若干，由該州所收挂税項下撥給，人數以初來時十五人爲限，不准再有加增。隨時切實曉諭該越官等務安義命，勿得妄有希冀。由該州會營輪流稽察。儻不告而去及在他處滋生事端，惟該州文武是問。爲此，咨呈貴衙門察照施行。

咨呈總署查辦法兵越界焚殺那沙墟華民案附單〔二〕

光緒十五年十一月十三日

案照法兵誤認游匪，率衆越境，攻剿那沙墟，殺斃良民數十命，焚燒房屋數十間一案。先准貴衙門函開：前接來電，當經函致李使，囑其確切查明。茲准該使轉據駐越法官電稱，那沙墟并不在中國界内，實在北圻横模社對面先安河之北岸，法兵總不越界抵中國地面。現將横模、那沙等處繪圖送閲，并援來電以爲板邦在界外之證。嘵嘵置辨，反以中國兵越界爲詞。本處查此事曲直，總以法兵是否越界爲斷，請飭屬認真查覆，以便與法使辯論，并將所稱官兵迎收潰匪一事確切查明，以免藉口。抄録照會，函令查明速覆等因。承准此。當經轉電馮督辦飭查見覆去後。嗣准馮督辦將飭據署欽州營參將梁振基、管帶萃字中軍左營廣西補用知府馮相榮先後查禀情形，并繪圖分送前來，先經撮要電達貴衙門在案。查此事實因界圖未甚清晰，法人得以借口那沙墟不在中國界内，紛紛狡辯。若僅以口舌相争，終屬於事無補。欽州與法越交界，現正辦理勘界立牌事務。應俟界務定后，核明該處是否界内抑在界外，分別辦理，自能確有把握。若在我界内，必應切實詰□，加以儆罰，令其認錯，方可爲經久相安之計。所有據報查明及辦理情形，相應先行咨覆。爲此，咨呈貴衙門謹請察照施行。

照録粘單

為據禀續咨核辦事。竊照敝督辦昨據署欽州營參將梁振基禀，查明板邦各情形，并呈繳地圖一幅前來。當經據禀繪圖咨呈貴部堂核辦在案去後。本月初八日復據管帶萃字中軍左營三品銜補用道廣西補用知府馮相榮、管帶萃字前軍中營同知銜升用直隸州分省補用知縣蔡其銘禀稱：竊卑府等于二月初九日奉憲台札開，照得本年二月初五日准督部堂張電開：總署初一日來電，法使文稱，據駐粵法官電稱，那沙墟不在中國界内，實在北圻横模社對面先安河北岸，與板邦相近，實無越界情事。查署存畫押原圖，并無那沙墟之名，中越界址分明。法使所云與來電迥殊，必須按圖查明速覆，以便與之辯論。又法使稱，去冬官兵迎收被剿敗匪，係指近芒街八莊之甯陽大廟對面大河北岸而言，亦希查明速覆。凡交涉事，總須確查真情，方可酌辦，若稍曦不實，不盡轉遺口實等因。查尊處佳電稱，那沙即那舍，界圖亦無此名。凡引用界圖所無之土名，須就界圖所有者，照羅經方向指明在某處偏東北或偏西南若干里，方知的確部位。究竟此段分界處以何山何水為限，

〔二〕録自苑書義等主編《張之洞全集》第四册，第二六一四至二六一八頁，河北人民出版社一九九八年版。

總以鄧星使分界畫押之圖為主。請即派妥員照署電分別詳查，確實速覆等因，到本督辦。准此。應即如電辦理。除分札飭遵外，合就札飭。札到，該管帶遵照速派得力千弁，馳赴東興、峒中一帶，會同黄立富將法使所稱那沙墟并非内地，實在北圻横模社對面先安河北岸，與板邦相近等情，是否屬實。又稱去冬官兵迎收被剿敗匪，係指近芒街、八莊之寧陽大廟對面大河一節，有無其事，務須按照鄧星使前定界址，乃督部此次來電方向部位詳細確查，據實稟覆，以憑轉電。事關中外交涉，不得絲毫含糊，是為至要，凛遵毋違等因。奉此。卑府等遵即會同派弁，前往峒中一帶，按邊界村莊逐一詳查。查邊界小地名甚多，那沙墟離界僅一里，那沙與峒中及横模，均係以河為界，離横模約四里餘，離峒中約二里餘。那沙内有峒舍、那舍二村，離界約二里餘。那沙在冷峒右手邊西北角，其法營即在對河之横模嶺。自光緒十三年十月間畫界，因峒中割與法國，欽州李牧到界安撫，諭飭商民在冷峒一帶成墟。因嚴義和、馮同記等買有坡田在那沙，故就地起墟，貿易鄰人，亦同遷之，故名那沙墟。彼查越之板邦，離那沙尚遠，約有八九十里，先安河尚在板邦之外，離那沙更遠。萃軍分哨駐紮之處，名曰板崩、板興，均在界内，離界八九里，離那沙十餘里。至於甯陽大廟，即經堂大廟，在東興對河之西岸，離東興十五里。所稱去冬官兵迎收敗匪一節，查東興邊地只有萃軍駐紮，此外并無别項官兵。至於卑府等到防防堵，自上歲越南游衆四起，早已於九月間遍出告示，禁止民人不得藏匪。如有藏匪於何處，報信者即行重賞，衆民皆知，惟恐有劫搶，竭力設法除之。復凛奉督憲電諭、憲台軍令，晝夜長派弁勇梭巡，或自行稽查。卑府等兩營緝捕甚嚴，無論好歹人等，皆嚴禁不准過河，不准往來，均畏内藏匪徒混迹於内，是以清源絶流之法。如有不遵，即以軍令示法。至於游匪，更應嚴加驅逐，以防擾邊疆。卑府等因防守之嚴，并無所謂游匪者稍敢到界混迹。即一切好歹人等，亦不敢往來過河也。邊界居民，耳聞目睹，衆所共知，實無護庇游匪等情。況法人亦在懸揣，忽而北市，忽而甯陽大廟，追匪均無實據之辭。統因無其事，則不能決其言也。茲奉飭查，合無實據稟覆憲台察核施行等情，到敝督辦。據此。除批印發外，相應續咨。為此咨呈貴部堂，請賜鑒照核辦施行。須至咨呈者。

為據稟咨呈核辦事。竊照本年二月初五日，承准貴部堂豪電，飭查板邦地界等因，當經分札查覆去後。昨據營務處劉守保林等查明稟覆，并呈到地圖一紙前來。當經據稟電陳，并於本月初一日具械繪圖，專差恭賫晉省，敬呈貴部堂察核各在案。茲於本月初四日復據署欽州營參將梁振基稟稱：本年二月初六日接奉憲台札開，仰即遵照速派署東興與黄守備輔文，會同營員，將法使所稱那沙墟并非内地，實在北圻横模社對面先安河北岸，與板邦相近等情是否屬實。又稱去冬官兵迎收被剿敗匪，係指近芒街、八莊之寧陽大廟對面大河一節，有無其事，務須按照鄧星使前定界址及督部堂此次來電方向部位，詳細確查，據實稟覆，以憑轉電。事關中外交涉，不得絲毫含糊，是為至要。凛遵火速毋違。特札。等因。奉此。當即轉飭查明去後。茲據署東興守備黄輔文稟稱：竊守備接奉札飭，遵即會同鍾鼎銓馳赴峒中一帶，率峒長黄立富并各鄉正副等，隨同守備周歷各界，按圖詳細踏勘。查前定界東南以木罕隘水為界，西北以北岡水為界。那沙墟在冷峒西北分水界内，峒舍、那舍在其旁，離界一里，離峒中二里，離横模社尚有六餘里，離板邦且有六七十里之遥。況横模在板邦之東北，板邦又在橫模之西南，而那沙墟則在西北，且隔有大溝，山水分明，其非越地可知。惟那沙一帶小族甚繁，原圖多未備載。自光緒十三年十月間劃界，將峒中墟場割與法國，内地商民未便過界貿易。當經李州主諭飭商民在冷峒成墟。那沙即在右邊，均是冷峒所轄，因嚴義和、馮同記等户田地多在那沙，就地起墟，鄰人亦同遷貿易，故名那沙墟。至沿邊遠近，并無北岸，獨有西岸，在芒街對河。甯陽大廟即經堂大廟，在西岸墨羅村，離東興十五里，相距大河之外。法使稱官兵迎收敗匪。查自萃軍紮防以來，曉諭□□稱：奉督憲文，行督辦憲軍令，所有良歹可疑之人，均禁止不准往來過河。督勇巡防，日夜嚴密，是以毋論良歹人等，均不敢近界。至於游匪，見我邊地嚴防，亦不敢近界，均已遠揚。守備責在邊汛，晝夜汛緝，并無異説。兹奉飭查，遵將查明實在情形，并將界址踏勘詳細繪圖一紙，稟繳察核，俯賜轉稟施行。連界址與圖一張等情。據此。卑職復核無異，合照據實稟明察核等情，并呈繳界址與圖一張，到敝督辦。據此。查該署將轉札所查各節，核與劉守等前稟情形大略相同。應連繳到地圖，一併再行咨送。為此，咨呈貴部堂請賜鑒照核辦施行。須至咨呈者。

札知縣高培蘭等分勘湘黔煤鐵鑛 光緒十五年十二月二十日

照得中國鑛産之富，甲於天下。晉省而外，湘黔之煤鐵最多。特以地脈之淺深、體質之純雜、層次之厚薄、鑛穴之寬狹，揣測而未能盡知，煎煉又不得其法，是以内地之出産日微，外洋之來源日旺。年來製造繁興，在在皆需煤鐵，乃棄其所固有而取資於他人，其何以保利權而塞漏巵。本部堂蒞任以來，詳加訪察，查得湖南寶慶、衡州、辰州等府所屬煤鐵之鑛，隨處皆有，體質俱佳，堪以取用。至貴州清溪縣毗連湘境，一水可通，産鐵素旺，近日設有機爐照西法鎔煉，尤爲合用。合亟委員分投詳勘。查有湖北海防分缺先用知縣高培蘭、湖南試用典史王天爵，堪以派往寶慶所屬各處。湖北拔貢試用知縣歐陽柄榮、分缺間用典史歐陽琴，堪以派往衡州一帶攸縣、醴陵及江西萍鄉接界等處。補用知縣楊湘雲、試用巡檢莊允元，堪以派往辰州所屬辰谿、浦市等處。試用同知楊秀觀、分缺間用巡檢張福元，堪以派往貴州青溪縣地方。務須躬親履勘，詳查各該處所有煤鐵鑛坐落何山，何年開采，鑛深幾何，占地幾畝，每日各出煤鐵若干擔，鑛夫若干名，爐竈幾處，如何煎煉，如何銷售，價值幾何，距水道若干里，脚費幾何，用船載運能否暢行無阻，沿途所經有無應納釐税，開采之處與附近村莊墳墓有無窒礙，青溪機爐每日用煤若干噸，距煤鑛若干里，煤價每噸若干，逐一詳查，繪圖稟覆，并將所查煤鑛式樣呈繳來轅，以憑飭發考驗。是爲至要。許同莘按：同時并派員赴鄖陽、興山、巴東、當陽、京山暨漢中、興安、夔州等處查勘。札文大指相同，兹不備録。

札各屬查緝會匪游匪 光緒十五年十二月二十五日

照得鄂省爲上游重鎮，南北交衝，各種匪徒每易潛蹤混迹各屬。如安、襄、荆門等處，刁痞窩户隨時照新章就地懲辦，尚不免有竊發之案。歷年散撤各勇習爲游惰，往往聯名結會，希圖生事，沿江各省無處無之。本部堂奉命督治兩湖，戢匪安民，責無旁貸。溯查乾嘉之際，川、楚教匪即由湖北與陝西、四川交界糾集起事，朝廷命將出師，經十餘年而底定。其咎在地方文武平日漫不經心。即見有亂萌，亦相率粉飾敷衍，不肯實力懲辦，蘊釀日久，遂致一旦禍發，勢成燎原。前車非遥，可爲炯鑒。迨咸豐、同治間，髮、捻各逆蔓延腹地，我楚民之罹於鋒鏑者最久最深，至今瘡痍未復。近年鄂省會匪時有竊發。本年八月間，興山、房縣一帶，復有會匪蠢動之案。查興山獲犯，多鄖西、房縣、四川等處人，是會匪句結，常在川、楚、陝交界。昨接程提督函，近日河南鄧州拏獲會匪湖北棗陽縣人連世傑、光化縣人張胡，妄稱僞號，密通逆信，欲乘災歉之時句結鄧民，陰謀不逞，現經將該兩犯弋獲訊辦等語。此兩次雖人數無多，即時捕獲撲滅，而禍萌時發，已有明徵。涓涓不塞，終爲江河，必寖致難於收拾。本年災區甚廣，該匪等尤易句串煽惑，更當嚴爲防範。爲此，札仰該府州即便遵照，轉飭所屬於所轄地方隨地隨時一體嚴密查緝。如有會匪、游匪潛匿境内，立即會督兵役前往拏獲，研訊確供。如實係糾夥匪首及聽糾入會甘心爲逆犯有不法重情者，即行稟請核示，准其就地懲辦，以杜亂萌。該地方文武各有綏靖地方之責，須知除莠乃可安良。其各振刷精神，凛遵辦理，慎勿稍涉玩縱，致滋後患。儻漫不經心，絶無覺察，以致黨羽滋蔓。或經本部堂查知，或在鄰境發覺，定即從重參辦，以昭炯戒。果能認真嚴緝，拏獲著名首要各匪，亦必破格優獎，以示鼓勵。但不准妄拏良善，累及無辜。特此通飭。仍將奉札遵辦日期及地方善後情形，隨時據實稟報查考，毋稍遲誤，致干未便。

札知府扎勒哈哩等查勘大冶等處煤鑛

光緒十五年十二月三十日

照得湖北大冶鐵鑛前經山東登萊青道盛道〔一〕派委比國鑛師白乃富前往履勘，查得鑛苗甚旺，鐵質亦佳。惟限於時日，未及詳繪細圖，分辨層次，而且有鐵無煤，亦難鎔鍊。亟宜派員再往復勘，兼於大冶左近沿江一帶尋覓煤鑛。必有可製焦炭之煤，而後鐵鑛乃能開採。經本部堂電調原派比國鑛師白乃富來鄂，會同所募德國鑛師畢盎希、英國鑛師巴庚生再往確切詳勘，鑽取鐵砂，分化成數，詳求鑛苗層次，占地幾何，分繪細圖，稟繳察閱。並於大冶左近沿江一帶距水道不甚遠之處，如武昌屬之西山、樊山，興國州屬之漳源口、竹家槽，廣濟屬之阮家山暨蘄水縣屬各處，詳查煤鑛，并取煤樣分化考驗，確查所含炭質若干分、煤層厚薄，能否燒作焦炭足供大冶鐵鑛之需。如大冶附近無煤，即溯江上駛，直抵宜昌以上，至歸州、巴東一帶川省交界止，繪圖貼説，稟候核奪。查有補用知府扎勒哈哩、候補同知盛春頤、候補通判易象、員外郎銜繙譯委員辜湯生堪以派委，帶同該鑛師等前往大冶、武昌、興國、廣濟、蘄水各州縣確查煤鐵各鑛。除札北善後局飭派輪船以便該委員及鑛師等乘坐前往，并籌給夫馬公費外，合行札委該員即便遵照，帶同各鑛師前往履勘。仍將該鑛師履勘情形稟報查核。

〔一〕指盛宣懷。

光緒十六年

札南藩司查勘邵陽等處險灘援案開炸 光緒十六年正月二十三日

據湖北通山縣職員徐聿修呈稱：職於上年六月由湖南寶慶府回京，同人云此間附舟東下抵益陽縣，計七百餘里，三兩日可到，免走永豐旱道，跋涉兼勞，職是其論。適夏雨通宵，於二十七日乘寶幫運煤大油板船開行。行數十里，下銅柱灘，水聲雷鳴，河中亂石排牙，坐船忽由南過北抵岸，轉舵而下，稍一失慎，不堪言狀。旋過侵急等灘，無不土霧冥濛，水氣腥穢，飛浪入艙，濕透衣物，勢異險同。及至新化縣屬猪南門，兩岸山嘴競奔，河中尖石對峙，只隔丈許，水性素急，加以暴漲丈餘，與全河大溜爭貫口門，奇險無比。凡船必向兩石適中，水石相搏，耳目震眩，怒泖翻雪，勢若倒傾，逕由正洪直撞而下。此各險中最險者。旋登平水，見岸畔撈檢篷板，方知先行煤船在猪南門碰沉二隻、損二隻，斃舵工水手三十餘命，父老聚歎。下一次陰雨放一幫煤船，只看沉溺多少，從無全數倖免。以年數次數統論，遭厄何啻巨萬。不但此處爲然，明日必經連灘、落灘及近益陽縣大小扁擔灘，莫不皆然。此灘一日不平，此禍一日不止。職聞多故，促舟起埠，不敢冒險。次日傳聞連灘碰沉煤船五隻，到湘後又聞職前所坐船亦在扁擔灘碰沉。目擊心傷，坐視歎息。伏思憲台督粵，廣西梧州等處炸平險灘數十，商民蒙庥，歡聲載道。可否遴員前往相度，撙節估計，做照辦理。且梧州炸灘數十處，此河只有邵陽縣銅柱、侵急，新化縣猪南門，安化縣連灘、落灘、瓦灘，入益陽縣界大小扁擔灘數處。梧州平日水深，灘石俱藏水内。此河平日水淺，灘石俱露水外。如法炸裂，較易於梧，而受益生全，則較多百倍。如委員查辦需時，即求先行頒示嚴禁，此後運煤宜用堅實油板船隻，不准擅用澆薄毛板船隻。如奸商圖利仍用毛板船隻，致斃人命者，應請照斃人命數多寡定罪，從重懲辦。另稟：寶慶府東關外有水府廟，極其壯麗，商民因河灘兇險，在此演戲求神，每年自二月起至七月底止，忌辰外日日不斷，經費浩繁。可否飭地方官勸令該首士等將此項糜費移作炸灘經費。其次，煤船絡繹，煤利豐盈，可否飭地方官勸諭該商等提捐。又其次，濱河兩岸好善右族居多，可否飭地方官勸令樂捐，以襄善舉等情，到本部堂。

據此。當批：查煤斤爲湖南地方大利之所在，本部堂正在設法招徠，分別開采收買，以濬利源而阜民財。據呈寶慶煤船取道邵陽、新化、安化等處，該處銅柱、侵急等灘奇險無比，煤船下灘觸石，多遭覆溺。自應援照廣西辦法，一律開炸，化險爲夷，以利舟行。仰候札行南布政司揀派委員前往，會同各該縣查明各險灘形勢，繪圖貼說，稟候派員前往開炸。其裝運煤斤應用各船式樣造法，因地制宜，自應悉聽商便。惟飭諭各商販裝造船隻，務須堅實，不得任意草率，省費僥倖，誤人性命。至開炸險灘，須購辦炸藥，遴派熟手員弁前往，一切均須官爲籌辦，無庸另籌經費。至稟請提捐經費及該職員認捐錢百緡之處，均勿庸議等因揭示外，查開炸險灘，利濟商民，乃確實可行之事。該處無識紳民，必有以關礙地方風水等詞搖惑衆聽者。查本部堂前在兩廣任内興辦廣東鑛務，開炸廣西險灘，一意興作，惠商利民，初不爲浮議所撓，乃去年己丑科鼎甲三人，粤東西竟得其二，浮言頓息。可見人傑地靈，風水之説本不足憑，與地方開采諸務尤絶無干涉。此次查明應開各灘，應即由司先行出示曉諭，曉以廣西開炸各灘，化險爲夷，每年保全上下水船隻不計其數，商民歡忭，均歌利涉。此次開炸各灘，一切均由官籌辦，絲毫不以擾累民間，不准地方劣紳訟棍藉詞阻撓。合亟札飭該司即便遵照札行事理，揀派妥員前往各該縣會同地方官詳切履勘，繪圖貼説，稟候核辦。并由司先行出示曉諭地方，不准劣紳訟棍架詞阻撓，致干查究。

札岳常澧道履勘南洲 光緒十六年二月二十五日

案據署岳常澧道莊道賡良稟稱：近年湖流壅滯，龍陽、華容、安鄉三縣轄境淤土成洲，日積日寬，又頗肥沃，争占搆釁，雇標械鬬之事層見疊出，有司稍疏防範，往往釀成大獄。去歲夏秋之交，華容縣屬之南北兩洲鬬斃多命，勢極兇横。因奉升撫憲王檄調水陸營勇前往彈壓，并委員會督營縣查辦，將地畝逐一清丈。凡外來滋事强佃釀事之徒，概令出莊還籍。殫五閲月之力，始克竣事，此時情形暫可安敉。惟械鬬兇犯尚未獲案懲辦，不足示儆。而洲面遼闊，稽察難周，匪徒潛踪往來，仍恐不免。一有事故，該管華、安兩縣相距或七八十里，或百餘里，龍陽則二百餘里，且爲湖水限隔，均有鞭長莫及之慮。雖有岳州通判移駐南洲兼管該洲墾荒事宜，然祇一行館，并無衙署，權輕役少，不能彈壓。體察情形，似宜設官建署，畫疆而理，問刑緝捕，并專責成，庶足以弭斯隱患等由。復據龍陽縣知縣毛龍章稟稱：自同治年間荊州南岸藕池潰口，江水挾沙灌入，西湖逐漸淤漲。自華容縣之九都，至卑縣南嘴山對岸荒洲止，横亘二百餘里，士人呼爲南洲。而南洲對岸又有北洲、新洲浹、苧麻腰、倒浹湖等洲，係卑縣與華容、安鄉等處所轄，適當澧水入湖之衝，近年亦復淤高，皆成沃壤，游民來洲墾種者實繁有徒。沿湖刁生劣監又復執持廢契印照，影射争佔，盗賣盗佃，械鬬成風，訟獄繁興，命件疊出。上年岳常二府會同稟議南洲等處擬照古丈坪廳例，改設撫民丞倅一員以資治理。當因經費無出，又恐格於部議，窒礙諸多，未蒙允准。惟是辰沅之水，向由縣城北出西港、南嘴以入湖，經蕭公廟直達岳州。現因西湖逐漸成洲，辰河澧州船隻木簰皆由卑縣之遊巡塘過沅江縣城出湘陰之臨泚口，以入湘江而達岳州，程途迂繞，河流寬狹靡常。設遇盛漲，沅、澧諸水皆無消納之區。體察情形，咨訪輿論，無論智愚，咸以西湖淤塞爲將來鉅患。但湖洲沙土鬆浮，非一經挖濬即能疏通。且洲地廣遠，將成鎮市，尤非一時能復成鉅浸，一切疏濬水道，教養聽斷，在在須官經理，不如仍將南洲委員改爲理事丞倅，并遴委州縣佐雜各一二員，請由本道於水涸時移駐南洲督辦，酌調水師船勇，先查水道，將南嘴、西港及傅家磯下澧水入湖各處至岳州一帶淤塞地段詳悉測量，或參用機器開挖引河，俾諸水仍復故道。次及聽斷、催租。凡該洲事務，均歸理事丞倅辦理。一面將藕池潰口設法堵築，以弭鉅患而資治理。惟事關重大，可否采擇，伏候示遵各等情，先後到本部堂、護院。據此。查南洲淤地肥沃，土客互争，鬬盗之風滋熾，實爲南省隱患。而淤洲日積日寬，湖水横溢四出，則南北兩省均受其害。莊道擬設官建署畫疆而理以專責成，毛令又以改設丞倅爲請。本部堂、護院詳加籌度，該處水害、民争，均爲兩省大患，亟應早籌良法，以期補救綏安。至該洲地廣土沃，多係官荒。若得幹員認真查辦，建置一切經費尚不難籌。丞倅權輕，自以設立州縣或直隸廳州爲宜。應即遴員前往查勘，應如何建置州縣，分設營汛，清理歷年積案，疏濬東湖水道，籌畫沙洲接長日寬如何防維之策。以前墾種之地畫界升科，以後新增之洲永杜私占。籌議詳細章程稟覆，以憑酌核奏明，大舉澈辦。查莊道賡良現署岳常澧道，情形熟悉，才具素優；湖南候補知府周幹辦事老練，曾經委查；記名提督陶提督定昇現在岳州原籍，任事樸誠，均堪派委。除分行外，合亟會札飭委該道即便會同陶提督、周守遵照札行事理，詳切履勘，悉心籌議，稟覆核辦。

札山西冀甯道查勘煤鑛光緒十六年二月二十七日

照得本部堂前經札委奏調湖北差委、山西補用道陳道占鼇，前赴山西澤州、潞安兩府查勘鐵價及運道情形。旋復飭委順赴平定、盂縣等處，會同山西冀甯道俞道查勘各在案。疊據陳道稟稱：查得澤屬之鳳臺、高平、陵川、陽城四縣，潞屬長治一縣，鐵價均廉，運腳亦省等情。查晉鐵産旺質良，本甲於各直省，惟采煉未精，運道艱難，成本過貴。近年爲洋鐵充斥，業此者大率減價賠折，紛紛歇業，坐棄美利，實爲可惜。必須新式機器大鑪開采鎔鍊，或煉成鐵，或煉成鋼，取多製精，本輕價廉，始足暢銷路而杜外耗。前經奏明擬購置陸運機爐，爲晉省開濬利源。惟機爐煉鐵煉鋼，專以煤爲緊要關鍵，其需煤之數甚多，大約一大爐每日用煤十三四萬斤。若各屬産鐵之區産煤不佳，或佳而不多，亦不足以濟用。或煤峒距鐵鑛太遠，脚價較貴，亦多窒礙。大率煤斤成塊，質性堅結，燒之無油。煙上有白光者，名曰白煤，亦名石煤，方能煉鐵。其質堅有油者，晉省名曰肥煤。必須煉作枯煤便無油煙，晉省謂之藍炭。煉鐵亦佳。若性鬆質碎及有油煙者，皆不可用。山内産煤，横看皆分數層，必須煤質結聚深厚，連成大片，每層厚者至一二丈，薄者亦有二三尺，方可供機器開采，取用不窮。若每層止厚尺許，或動有石質隔斷，即不足供機器之開采。至機器開采之法，仍需用人力入内掘取，機器不過抽水、起重兩事，一可免爲峒中出水所阻，一可由峒底提出峒口，舉重若輕，較省人力。若煤鐵能開大可暢行奉直豫東各省，實可爲晉省力作貧民增數十萬人之生計，爲晉省每年開數百萬金之財源。所有澤、潞兩府，平定州、盂縣等處，其煤峒距鐵鑛之遠近，煤質之佳否，峒内煤層之厚薄，出煤之多少，煤價與運腳之貴賤及土人煉鐵向用何煤，澤、潞之煤有無運至河南清化鎮、楊樹灣等處售賣，平定之煤有無運至直隸獲鹿縣售賣，刻下本處價若干，運至清化、獲鹿腳價若干，可售價若干。其平定一路，近年疊經繕治，漸臻平坦。若三四套之大車能否通行，騾駝每隻可馱若干斤，其孃子關一路道路是否稍爲寬平，夏令能否用小船運出。由獲鹿陸運至小范河口上船，或車或騾，每百斤約需價幾何。由小范水運至保定每船能載若干斤，船價約幾何。均應確查，以備酌核。澤州即委周守天麟、潞安即委劉守鼎新詳切查勘，分晰稟覆。并將各種煤樣鐵樣、未煉之鐵鑛砂樣專差送鄂，以憑考驗。其平定、盂縣等處，即委陳道、俞道會同詳查。陳道如已回鄂，即專委俞道，派員會同平定州確切查勘，分晰稟覆，并將各種煤樣及生熟鐵樣、未煉之鐵鑛砂樣，專差送鄂考驗。此係本部堂設法開濬晉省民間生計之意，各該員等務宜用心考究，以副厚望。除分行外，合亟札委該道即便遵照札行事理，迅速詳查稟覆，毋稍疏略延緩。并將煤樣、鐵樣分別專差送鄂，以憑考驗。是爲至要。

札司道籌議錢法 光緒十六年閏二月初一日

照得湖北全省商民生計，近來頗形蕭索。推究所由，固因商務減色，水災迭告，而制錢日少亦其一端。查鄂省向章，各州縣徵收丁漕及各局抽收釐金、鹽課，大率皆用制錢交納，每年需用之數甚鉅。自同治以來，滇銅不旺，各省鼓鑄多停。青銅制錢本已日罕日珍，加以私銷外耗，兩弊交乘，以致現錢愈形短缺。一則奸徒骫法射利改鑄小錢，一則漢口、沙市兩處銅器鋪素多，率皆毀錢以造銅器以及一切不急之物，毀錢一緡，獲利三倍。至華洋商船販運出口鎔銅取利者，爲數尤多。昨經飭江漢關道向錢業各店查明，每年運往他省者，或數十萬串，或百餘萬串。漏卮大開，涸可立待。然各處徵收官項必需此物，吏胥司巡往往抑勒苛求補水加價，農商苦累，怨咨時聞。光緒十二年七月，曾經前部堂裕、前部院譚札飭各釐局，准其兼收青紅二色錢，并頒發錢樣。光緒十二年十二月，復經前部堂裕會同本部院具奏，請禁洋船販運制錢各在案。夫以銷耗如此之鉅，而民間交納官欵需用如此之殷。一年之中，民間鉅累暗虧爲數何止億萬。年復一年，何堪設想。若再不亟圖挽救之計，以後必致民無制錢可交，官無制錢可用，其有妨於國計民生實非淺鮮。爲此，札仰該司道等即便遵照，督同武、漢兩府，江、漢兩縣，詳考地方情形，會同悉心酌核私鑄如何禁絶，令其不致有名無實。銅鋪私銷，無非藉口收買廢銅，如何杜絶影射，俾有實濟。商船販運出境者如何稽查禁阻，設法嚴懲。至丁漕、釐課、賦餉所關，自不容以濫惡私錢充數。惟各該印委亦須曲體民困商艱，因時制宜，酌予寬恤，總期於無苛求而有限制。查前十年錢價每銀一兩易錢一千六百文，州縣辦公足可敷用。今已減至一千四百數十文，州縣餘潤日多，即使錢色稍寬，州縣亦斷斷不至賠累，更何忍再事苛求。此本部堂、部院之所灼知，斷不容其藉口。至餉錢易銀，雖略有欵耗，亦不失損上益下、藏富於民之義。果使民困咸蘇，徵榷亦不憂不旺。如能別籌良法，斟酌變通，俾商民不致艱於交納，尤爲妥善。此乃全省財用所關，民艱所在。本部堂、部院籌之已熟，必欲力挽頹波。該司道等務即分晰妥籌議覆，以憑酌核辦理。

札北鹽道籌抵鹽務公費 光緒十六年閏二月二十二日

照得鄂省鹽務向有五成公費、雜欵公費兩項，爲地方文武大小衙門津貼辦公之用。從前川鹽暢銷，歲收正加課及公費等項，嘗在二百萬緡以上，應支公費有盈無絀，歲有餘欵，庫儲豐盈，未遑遠慮。迨至川、淮分界以後，川鹽銷滯收絀，年甚一年，兼以查辦教匪、籌濟賑欵，用項浩繁，餘欵提用既罄，虧累日增。近年川銷收數大絀，不敷愈甚。除將前存寶武局發當生息成本銀二萬兩作抵五成公費、前發公濟益銀號生息成本五千兩作抵雜欵公費外，統計兩項尚虧銀五萬數千兩。以一年收支之數計之，每年約不敷銀三萬兩。若不急行設法，以後愈累愈深，虧餉無底，誰任其咎。本部堂通盤籌畫，淮銷既於此欵不能有所增益，川銷即極力整頓，收數盈絀，尚難豫必。既無開源之方，自不得不以節流爲先務。應即飭令該道一面設法撙節，一面籌欵抵補。合計撙節及另籌之數，每年能將不敷銀三萬兩抵補若干，此外不足之數，即將省内省外大小衙門應支鹽務公費暨宜昌川鹽局薪水局用并文武衙門鹽務津貼各項銀錢，核計每年所短成數，自本部堂衙門起，一律按成裁減。務期收支兩抵，每年五成、雜欵兩項公費不致再有虧短，以顧課餉而維鹺法。

札北鹽道等布置槍礮廠興造事宜光緒十六年閏二月二十四日

准兩廣督部堂咨開：案查廣東省奏設槍礮機器廠，經費部堂電請出使德國大臣洪，在德國力拂廠定購仿造毛瑟連珠槍及克虜伯式小礮機器各一分，於上年准洪大臣將廠屋粗細各圖咨送前來。當經貴部堂札委試用道閻道希范等辦理該廠事務，以資經始。本部堂抵任後，因經費不敷，奏請將槍礮廠移置要地。旋經海軍衙門奏准移鄂開辦各在案。茲准貴部堂來電，槍礮廠各圖請飭取速寄，并録案咨鄂等因。相應將廠圖、合同一併抄録咨送等因到本部堂。准此。查前此承准海軍衙門電知，槍礮廠改移鄂省，業經先後檄委該道等於省城内外查勘地基、繪圖貼説，禀辦在案。現又承准海軍衙門咨，原奏内稱粤省開設槍礮廠經費，係由紳商報效捐助，光緒十五年正月起扣至十七年年底止，續捐三年，指定專充購買鑄造槍礮機器，並建造廠屋經費，以足敷開廠之用爲度。又議定武營四成展捐半年，至十八年六月止，如有不敷，鹽捐尚可接辦。大約此兩欵可收八十餘萬。既經通盤籌定，即應照原議以捐足八十餘萬爲度，以成是舉。至於購地造廠，若待捐欵繳齊舉辦，恐需時日。粤省既墊鉅欵，造廠經費未便再令粤省措墊。擬由部籌造路歲撥二百萬内劃借銀十五萬兩，統俟本案捐欵收齊如數撥還，以清欵目而免轇轕，斷不可以必需之專欵，留作該省別項使用等因。廠費既撥有專欵，亟應迅速購地，估工建造，以成盛舉。茲准前因，除原合同抄咨存查外，合將送到廠圖二件，札發該道等即便遵照，迅速督同江夏縣勘定廠基，將應辦事宜布置周妥，禀請發價購買。一面將發去廠圖二紙，按照部位丈尺，悉心籌議。如有應行變通或改照中國欵式之處，隨時酌定請示。所需木料、磚瓦、灰石及一切物料，均須一律精良堅實。先行召匠估計造册，呈候核定。一俟經費劃定，即行諏吉興工，認真監造。務須求精求實，力杜虚糜。工期經久，毋稍疎率。是爲至要。

札漢陽縣籌辦漢口藥土行店帖照光緒十六年閏二月二十九日

照得湖北地方川滇各土藥行銷日旺。然土藥及洋藥入境，向只徵之行商，并未議及坐賈。雖從前辦理省内外間有認捐之鋪，亦屬參差不齊，零星有限。藥土各行亦并不領帖交課，以致各貨落地行銷之多寡生意之大小莫由知悉，偷漏不知凡幾，均屬無從稽考。查土洋各藥，漢口鎮市殷繁，銷售最廣。所有該鎮藥土各行及銷售藥土整賣零售各店，自應立法稽查，分别發給帖照，以杜偷漏而裨要需。除咨行外，合亟札飭該縣即便遵照上項事理，查明漢鎮售賣各項藥土各行棧、鋪店共有若干家，應如何分别給帖、給照、領牌以資稽查，并令酌繳經費，分别解交牙釐局以充課餉，及解交善後局以備地方重要公事之需。酌量情形，妥議辦法，禀候核奪。

札知縣梅冠林等勘興國州錳鑛附單 光緒十六年三月初十日

照得湖北興國州城北門外地方離城約十六七里之遥，向有鐵鑛。所産之鐵，名曰錳鐵。光緒三年，英國鑛師郭師敦勘報，本部堂衙門有案。據稱，此等錳鐵甲於歐美各國所産之鐵，洵爲世所罕覯。不惟礦形極大取之無盡，抑且甚合市銷。若與大冶鐵鑛兩質合鎔生鐵，再煉熟鐵及鋼，足供中國各廠一切需鐵之用。該處錳鐵已由前人開采多年，尚有無數鐵渣在鑛左近等語。亟應派員帶同鑛師前赴興國州，會同地方官按照郭師敦所稱各節，查明錳鐵鑛形何似，周圍若干里，所産是否豐旺，現在本地人有無在彼處開采，詳悉勘明。查有襄陽縣知縣梅冠林、候補知縣張飛鵬，堪以帶同鑛師畢盎希、柯克斯前往查勘。除分行外，合亟札飭該員即便遵照，帶同鑛師畢盎希、柯克斯迅往興國州，會同地方官查照黏鈔，查明錳鐵鑛産情形，繪圖貼説禀候核辦，并將錳鐵鑛質采取數十斤帶省考驗。是爲至要。

鈔發郭師敦勘鑛原禀

興國州鐵鑛在北門外五英里，所産之鐵名曰上等錳鐵。化質如左：

鐵養二十八分。

鐵淡五十八分六六。

水質一分一六。

廢質五分五十。

雜質如明礬、灰石、吸鐵石之類六分六八。

硫磺、燐酸各質無。

鐵養化淨得鐵質十九分六十，鐵淡化淨得錳鐵三十七分零八二。質相較，惟錳最多。其質之佳，甲於歐美各國所産之鐵。此等錳鐵，洵為世所罕覯。不惟鑛形極大，取之無盡，抑且甚合市銷，價值亦昂。若與養酸、緑炭等氣合化，研為細粉，即可澆作玻璃及作漂白粉等用。近來裴生滿及徐梅史等所作鎔鋼新法，亦必用以鎔煉，足見此質用處甚廣。苟與白雉山所産之鑛兩質合鎔生鐵，再煉熟鐵及鋼，足供中國各廠一切需鐵之用。所冀久挖不完，即所得之鑛悉是佳鋼佳鐵矣。竊又約計，鎔費亦不甚多。凡此二鑛，本非易得，今幸於湖北一省得之，又有石灰大礦佳而且厚，頗合鎔爐之用。此外所需，惟有鎔鐵白煤一項，須得包定若干，不致缺乏，方能濟事。查該處錳鐵已由前人開采多年，尚有無數鐵渣在該鑛左近，處處堆積。茲將化見鐵渣内所有養、淡二質分別合數開列於後：

鐵養三十七分二十，合淨鐵質二十六分零四。

淡鐵十五分八一，合淨錳質十一分二九。

札司道籌辦煉鐵事宜光緒十六年四月十六日

前經承准總理海軍事務衙門咨開：光緒十六年二月二十九日會同户部具奏，請將煉鐵廠量爲移置一摺，奉旨依議。欽此。并抄原奏内開：湘鄂煤鐵既經訪知可恃，自應准將此項機器改運鄂省，擇地安設等因。當經恭録咨行，欽遵辦理在案。查此事先於本年正月承准海軍衙門江電，内開鐵爲盛舉之根，今日之軌，他日之械，皆本乎此。部欵歲二百萬，已奏准的項。鐵機既可移鄂，本署即據入奏等因。遵即於正月在鄂省内水陸街舊營務處公所設局，飭令鑛師白乃富及前由粤訂之鑛師畢盎希、巴庚生，化學教習駱丙生，工師時維禮及洋匠等赴局籌辦，考求一切。遴派湖北候補道蔡道錫勇督率籌辦，并派委員分投采取各種煤樣送局考驗，及大冶、興國一帶確查鐵鑛、錳鐵、灰石、煤窿、運道各情形各在案。現查荆門、歸州、興山等處之煤，及湘省、川省白煤、石煤、煙煤各種合用之煤甚多，足供煎煉冶鐵之用。近復承准海署電示，截留京餉抵用。事關緊要，端緒繁重，亟應趕速辦理。原設之局過小。查有城内寶武局公所一區，較爲寛廣，應即於此設立鐵政局。派委北布按二司、糧鹽二道、候補道蔡道錫勇總辦局務。蔡道作爲駐局總辦，會同籌辦一切，以專責成。其餘提調暨文案各員，均候隨時遴員派充。煉鐵廠應即於省城武勝門外塘角地方近江處所擇地建造，便於轉運。自五月起，務須於一年之内造成鐵廠，以便安爐煉鐵，趕造鋼軌。目前要務，如勘定地基，召匠估工，修隄運石，開窑燒磚，訂購廠屋鐵木灰石等料，均屬刻不容緩。餘如采運煤斤，設局屯儲，購買小鐵路、小輪船暨敲鐵鑽地、起重抽水各項機器，局内各種應用器具，興修大冶鐵山運道，均須於一年之内趕辦齊全。由蔡道將緊要事宜開單呈核，派員分投趕辦。并飭北善後局刊刻木質關防一顆，其文曰湖北鐵政局之關防，呈候札發開用。除分行外，合亟札飭該司道等即便會同遵照札行事理，悉心籌辦，務於一年之内造成鐵廠，開爐煉鐵造軌，以應要需。是爲至要。

札司局籌議整頓土藥税釐章程 光緒十六年五月十五日

案照前經欽奉寄諭：整頓土藥税釐，各疆臣務當破除情面，實力稽核，即將各該處出産行銷及私徵各實數詳查聲覆。此事期在必行，著勒限三箇月，各將原定、新定各辦法迅速覆奏。等因。欽此。當經恭録咨行欽遵辦理。旋復承准總理各國事務衙門咨同前由，并黏抄總税務司原呈二件咨行查照辦理。復經札行司局籌議詳辦各在案。查川土入鄂及繞運湖南、兩廣等省。前據通判魏慶昭呈遞節略，每年走私偷漏爲數甚鉅。當經札委該倅前往來鳳設卡補抽，并飭宜昌鎮羅鎮親赴施南查勘情形籌辦去後。兹據該鎮禀稱，四月十五至施南恩施，十八至來鳳，由來鳳出西門，查藥土繞越要路。從四月十九起至二十三止計五天，共遇藥土五百七十餘擔，每天約百餘擔。如逢大旺之日，更勝於此。通盤打算，每年可得鉅欵等語，可見大幫私販之多。來鳳一路已屬如此，每年私土走漏釐税，不知凡幾。現奉嚴旨飭查，期在必行，斷難仍前敷衍遷就。亟應大舉澈辦，以杜偷漏。查咸豐九年部定章程，土藥每百斤收税銀三十兩。各局完過税銀後，如係運至本省各屬，起坡落地，每百斤仍應完釐錢十四千四百文，計應完税釐共銀三十九兩有奇。光緒十三年覆奏洋藥税釐併徵一案，曾經奏明在案。聞歷年外間變通辦理，減折抽收，甚至有每百斤僅按二十斤折收者，是百斤止收税銀六兩，爲數甚微。原期招徠商販藉防趨避，乃奸商繞越偷漏，日甚一日，仍屬毫無實濟。合計偷漏及減折之數，每年不下數十萬兩之多。本部堂詳加籌度，此事係奉特旨嚴切飭辦之件，必須核實抽收，於餉項大有裨益，始能據以入告。然如總税務司赫德所議，每百斤悉照洋藥税釐共徵一百一十兩，爲數太重，亦不可行。自應查照部定舊章，每百斤照十成足數，實收銀三十兩，似毋庸再議加抽。此係遵照舊章核實辦理，并非新有加增，商販完納，當不爲難。且近年土藥銷路日旺，獲利愈豐。若一味曲予減讓，亦非情理之平。該卡委員果能辦理得宜，收數自有起色。即使間有偷漏，較之昔年百斤止收六兩者，無論如何必可有贏無絀。其應如何扼要堵截，實力稽徵，優予獎勵，知照鄰省通力合作，并應否添募巡勇以資得力，及能否照洋藥一百一十兩加抽之處，應即飭令司局會同迅速籌議章程詳覆。並飭羅鎮會同籌商定議後，即當會同撫部院奏派文武大員，擇要設立專局督辦。所有野三關、平善壩、沙市、樊城、老河口等處，均應一律照十成足數抽收。其各釐局應完釐錢應否照舊抽收之處，一併妥議詳辦。

札候補知府史悠慶暨候選通判陳其煃建修兩湖書院[一] 光緒十六年八月初二日

照得本部堂創建兩湖書院，議定就經心書院擴充展拓，前經先後遴派湖北候補知縣陳延益、候補縣丞吴元彬、在籍前四川候補道彭紳汝琮等勘估監修在案。查書院添拓地基，已飭江夏縣諸令可權會同紳士購定，所有填地建造一切工程，亟應乘此秋日晴燥，按照核定圖式趕緊鳩工集料，剋期興作。應再添派熟悉委員迅速趕辦，以期早日觀成。查有候補知府史悠慶熟悉工程，堪以添派辦理。前派之候補知縣陳延益，現有要差不能兼顧，應即改委。查有通判職銜陳其煃，工程亦屬諳悉，堪以派委。除咨行外，合亟札委。札到，該守、倅即便遵照，會同先後派委各員紳等，核實按圖勘估，先行開摺呈候本部堂覆核，一面鳩工購料，認真監修。所有磚瓦木石各項物料，均須詳細考究，核實購備。工程必須堅固迅速，不得稍有草率偷減。儻有糜費不實，定惟該守等是問。毋違。切切。

飭江陵縣速修李家灘潰口 光緒十六年八月初五日

案據安陸府史守稟報，據潛江縣知縣劉壽椿稟稱：竊照卑縣南岸濱臨襄河，地勢低窪，内有東荊河一道，兩岸隄塍與江陵犬牙相錯。每遇汛漲，水由吴家改口灌入，全賴隄塍爲之保障。本年三月中旬，襄河先後陡漲二丈有餘，致將東岸江陵李家灘隄塍漫潰一口，帶淹卑縣西耳、虱祖、河汊、范東、紅西、木頭、邊江、直東、直西、紅東、紅外、平灩、陶和、白渕、北耳、古隄、東湖、丁家、茭灣、崔家、太豐、坨埠、下耳、柴林、道仁、浪子沙、長河、泥垽、張家、梁泗等三十餘垸。卑職當即馳詣該垸查勘，均屬一片汪洋，二麥俱成波底。隨即諭令該垸紳首齊集人夫，設法疏消，以期補種秋糧，一面移請江陵縣迅將李家灘潰口修復在案。卑職正稟辦間，詎料江邑李家灘潰口未築，水勢直射，於五月二十八日汛漲，又將卑縣内面燕家橋隄漫潰，帶淹垸灣、東耳、長溝、夾洲、牛埠、牛角、江汊、下後灣、東淌、蘇湖、雙豐、上江等十二垸。又於六月初五日襄水復漲，江邑之張家嘴潰決，水勢内外洶湧，致將卑縣與江隄毗連之馬家拐隄帶潰。其前被李家灘隄潰帶淹之西耳、虱祖等三十餘垸，又一律被淹。維時卑職因襄河南岸騎家隄係護城隄保障，最關緊要，駐隄防護，難以分身兼顧。遂即移行汛員前赴該處，督同紳首圩業人等晝夜巡防。迨聞報後，隨赴各垸逐一查勘，所有各垸秋禾俱被淹没，

[一] 以下十九件録自抄本《督楚公牘》。

幸居民早已遷居高阜，尚無倒塌房屋、損傷人口情事。除督率各垸紳首趕將各口門好爲裹護，搶築斷流，免致愈刷愈寬，一面安撫被水災黎，并俟秋後查勘情形再行稟辦外，所有江邑李家灘等處潰口帶潰卑縣燕家橋各隄被淹各垸緣由，理合稟報查核，并懇札飭江陵縣，一俟水勢稍退，趕緊修築完固以防秋汛，實爲公便等情到府。據此。卑府伏查江陵縣修築隄塍，歷來徵收土費，修復甚易。此次李家灘漫潰一口，自應及早修築以防秋汛。據稟前情，除飭令該縣督率各垸紳首趕將各口門好爲裹護，搶築斷流，安撫災黎，并札飭江陵縣趕將李家灘潰口修築完固外，理合稟報，俯賜查核，并懇檄催江陵縣，一俟水勢稍退趕緊修築完固以防秋汛各等情。據此。查前據江陵縣先後稟報，該縣直路河隄陳家嘴漫潰，并帶連李家灘新隄亦有崩矬。疊經批司轉飭新任縣龍令親詣各工查勘，應如何退挽大月方臻穩固，先行勘明繪圖貼説，稟覆查核，不得因東岸之隄於江陵本境無關利害，仍前膜視等因各在案。查此項隄塍，本係民修之工，上年因土費未齊，隄防關緊，經奎前部院借撥萬緡委員督修。乃功敗垂成，固因陡漲難防，實由修築不堅之過。即使此隄修成，於江陵必數年後方能受益。要在地方官竭力及早爲之，否則終無受益之時，徒以鄰壑爲患。且救災卹鄰，誼所當爲，豈容因本境已成廢垸，官民漠不關心，殊失卹鄰之意。上年借撥萬緡之欵，聲明由土費攤出歸還。刻下即民力未逮，不能另派集修，亦當移緩就急。即將應還之萬緡暫緩歸欵，挪作李家灘修費，趕爲補救，庶隄岸不至再塌，以防秋汛而救鄰邦。除行北布政司分別移行遵照、巡札江陵縣遵照外，合亟札飭。札到，該縣速即剋日履勘，核實估計，并遴選公正紳首，力除隄工惡習，招集人夫，趕緊興工修築。所需經費，准先將應還之一萬串項下動用。務須工歸實用，欵不虛糜。經此次嚴飭之後，如再任聽隄紳敷衍塞責，苟安目前，致又漫潰爲患，即惟該縣是問。切勿玩視。先將勘估情形繪圖貼説具稟覆核。勿違。切速。

飭楚材輪船裁減停泊候差委王得勝經管光緒十六年八月初九日

照得楚材輪船較大，所需經費、煤炭過多。現在鐵政甫經開辦，所有轉運煤鐵事尚無多，現有小輪船足供差遣。應將楚材暫爲裁減停泊，以節糜費。惟停泊候差，船上鍋爐機器一切需人經理，以免鏽壞。查有儘先千總王得勝，堪以派委。除分飭外，合行札委。札到，該弁即將楚材輪船接管。該船舊有、新購各項器具、什物及全副船機、鍋爐等件，照底帳點收清楚，不得短少。至該船管機、水手應酌留數名，兼管備用，不得多留糜費。所應留人數，即先核實開單，賫呈覆核飭遵。仍將接管日期及點收船隻鍋爐、機器一切什物器具分別開具清摺，聲明并無短少損壞，申報查考，并須隨時督同留船人等妥爲照料停泊。每月所需辛工經費，俟留定人數，酌核定章，即改由鐵政局支發可也。勿違。切切。

飭北善後局核明楚材輪船煤價光緒十六年八月初九日

案查楚材輪船據北善後局呈開清摺，除月支經費外，每次出差所領煤價，有至一千五百餘兩之多者，其次亦一千二三百餘兩不等，殊堪詫異。即如五月間本部堂赴荆州查看各處隄防，係乘坐固陵輪船。往返併計，煤價僅用二百七十餘兩。該船隨後上駛并未到荆，即行折回，何以開報煤價九百兩。似此每次動需鉅款，既無定章，又無本部堂批札，該局亦并未隨時請示核定，率行照發，任聽該管帶具領糜費，從來無此辦法，實屬不合。亟須查明核實開報。餘款即著該管帶都司武永泰照數繳局，以重公款。除分飭外，合就札飭。札到，該局即速遵照，令都司武永泰將歷次實用煤價若干據實開摺報銷，核算明確，其多領餘款，即按次彙繳到局核收具報，以杜浮冒而免虚糜。該局亦不得瞻徇見好該都司。如敢飾詞抗延，定干參究。該局於支領鉅款并未稟請核示，率行給發，應行申飭。此後凡有支發款目，如向有定章者照章核發，無定章者務須稟請核奪批定，方准給領。毋再率忽。切切。勿違。

札黄邦俊添設鍾祥局電綫光緒十六年八月十七日

照得襄河陡峻湍悍，每逢盛漲，安、襄等府地方全恃一綫隄工障蔽，關係實爲重要。前經奏明接通襄樊商局電綫，信息靈捷，防護襄郡隄工實多便利。現在襄陽商綫業已修竣，惟安郡鍾隄相距較遠。綫路雖經過鍾祥境内，第在對河地方，無通報之所，倉卒殊難得力。亟應於商綫經過最近之處添設官綫一段，接至安陸府署内，相去至多不過三四十里。惟中隔襄河，須接水綫。應即派委沙市電局委員直隸候補同知黄邦俊，隨帶工匠及水陸電綫工料等件前往勘路興工。先由北善後局撥銀一千兩，交該丞帶往購辦電杆一切。此綫成後，應於安陸府署内設一報房，商綫接造處設一報房。各設報生一名，不必派員管理，以省經費。此項報房專爲防隄而設，每年所費無多，即於該縣船釐項下開支。除咨詢外，合亟札委。札到，該丞即便遵照，選帶工匠及電綫工料前往鍾祥，會同地方官勘明水陸綫路，迅速興工，安設報房。工程一切，務須核實勘估，隨時稟候核發。毋違。

札捐修兩湖書院各款准隨時稟請撥用光緒十六年八月十八日

案據北善後局詳轉據署漢陽縣知縣朱滋澤詳稱，漢口紳商候選道蔡元吉捐銀二萬兩，分發試用道萬航捐銀六千兩，願充作修建兩湖書院經費等情前來。當經批飭將該紳等繳到銀票即送北鹽道存儲等因在案。又漢口江工捐款，自本年二月起至年底止，約可收錢四萬串。前經檄飭牙釐總局按季提存，通年共提存三萬串，以備書院營建之費。又漢鎮土藥捐繳善後經費項下約可提撥錢數千串。以上兩項如已提存有款，應即一併解交北鹽道庫彙存，飭由工程委員候補知府史悠慶、候補縣丞吴元彬勘估興工，隨時稟請撥用。除咨行外，合亟札飭。札到，該守等即便遵照，迅將兩湖書院工程核實勘估，稟候核定。需款應用，隨時稟請，由道庫動撥。是爲至要。

咨薛大臣請與諦塞德廠議罰賠光緒十六年八月二十日

案照諦塞德廠第二批煉鐵機器及建造鐵廠器具，并喜克哈葛里甫織布三爐、博次代定布廠各件，由葛林分辣司船裝運來鄂。

先後准貴大臣咨送正副各提單，并言明船到漢口時起貨下貨以十日爲限，逾限應付躭延費四十鎊，按日計算等因前來。當經札飭湖北鐵政局派委幹員，雇備堅實剥船及起重人夫，會督洋匠賀伯生等照單妥速起卸驗收具報在案。查葛林分辣司輪船於七月十五日下午抵鄂，自十六早開艙卸貨，委員逐日驗收，一切順適。惟該船僅有艙口兩處，其一處因安設起重機器，豎立木架作工，數日不能起貨，只有艙口一處，卸貨無多，十日限期斷難起清。七月二十日，經總辦鐵政局蔡道錫勇函致該船漢口代理人怡和洋行，以船上起貨責在船主，剥船接收責在委員。今逐日雇備剥船數十號，而起貨無多，延擱出於船主。如有逾限，官不認給躭延之費。旋據怡和覆稱，當將情轉達上海總理人。二十四日，起重機安設完備，經船主邀同洋匠賀伯生、白乃富等眼同考驗，俱係照圖安配，毫無舛錯。驗畢，然後試提鐵墩。詎意機軸方轉三周，而小輪忽折一齒。其時鐵墩方提高一二寸，徐徐放下，不致撞破船底，亦云幸矣。船主以此項鐵墩本不願載，因有諦塞德廠專製之起重機包其起卸，故爲載來。孰知機輪不固，以致誤事，船不任咎。即經怡和電滬總理人請示辦法，一面將船上小件趕緊起出。至二十八日，所有小件俱已起清，尚餘大鍋爐三箇、火車鍋爐一箇，因被鐵墩阻礙，不能起出。共計七件，仍在艙内。怡和静候上海覆信，又延數日。至八月初三日始致函蔡道。據稱，接英電，以此項大鐵墩應由鄂省自行設法起卸，或令該船赴滬起卸。如有意外之事船須官賠，一切費用亦須官給。查此項鐵墩笨重無比，有起重機器尚不能提出，何能爲之設法代肩責成。當飭蔡道函覆，以鄂省憑提單收貨，照章用剥船在輪船傍接收，至應如何提起，自係船主之事，未便過問。船主及代理人莫得主張，又復電英、電滬請示，卒無辦法。本部堂查起重機齒輪折斷，非製機不堅固，即是安配不合法，二者必居其一。應行考驗明晰，方免互相推諉。當飭諦廠所薦之賀伯生及鄂省所用之白乃富二員，皆精於機器之學，又係當時在場目擊。令將起重機輪損折之故詳加勘驗，是否製造不牢固，抑係安配不合法，務得確情詳細稟覆，并將搭架形勢、齒輪折斷模樣照映兩圖，備作將來在英理論張本。旋據稟稱，實因起重機器力不能勝，非關安配之不合法。并稱洋單内載，此係限起二十噸之機器等情。諦廠於製造此項起重機宜如何謹慎小心，乃以限起二十噸者，包起二十五噸，以致力不勝任，齒輪中折，其錯謬實非尋常疎忽可比。怡和以船不任咎，逐日開單索取躭延費四十鎊。衡情而論，所有躭延轉運各費，均應由諦廠罰賠，方昭公允。當經本部堂於七月二十五、二十九日由有、豔兩電節要布達，請飭麥葛雷船行電知漢口代理人，所有躭延各費由英核算，俾免在鄂糾纏。旋准貴大臣覆電稱，諦廠認錯，欲知細情，祈咨示，麥格雷已電該船矣等因。乃怡和洋行又以英電只言躭延費在英清算，至於如何提法，誰任責成，誰出費用，并未提及，仍須候示。彼此相持，徒延時日，當飭蔡道與之另商辦法，由彼赴滬起卸，另換剥船運漢交收，所有運費由怡和先墊，聽候貴大臣在英與經手人理論。如應官給，鄂省自當照付。至輪船赴滬起卸，如有意外之事，與官無涉。如此辦法，該船行不至墊欵無着，而鄂省亦免肩全船保固之責。怡和始猶未敢遽許，電滬請示然後應允照辦，書立字樣存案。遂令該葛林分辣司輪船於八月初十早駛赴上海，將存艙七件到滬起卸，另換剥船運鄂。查該輪船自八月二十八日停止起卸，早應赴滬設法轉剥來漢交收，方是正辦。乃欲卸肩責成，藉詞推諉，以致多延十日。其遷延之咎實出於船行之遲疑莫決，不應向人索費。所有蔡道與怡和洋行往返辯論各洋函，備載此事起止細情。合將全案洋文抄録咨送。爲此合咨貴大臣請煩查照，希即飭派妥員與諦廠及船行理論罰賠。至起重機力量較小，是否與原議相符，應否寄英退還，抑由諦廠另造齒輪抵換，并請核明見覆施行。

專札振字營添勇兜拏澧州滋事匪首廖星階等光緒十六年八月二十二日

光緒十六年八月二十一日又據澧州直隸州知州鄭立誠稟，卑職於初五日酉刻自新洲發稟後，適振字營哨弁張得朝已由梁家坪、廖家坪等處旱路追匪而回。據稱，拏獲匪黨劉傳立一名，業已派勇解州收管，其餘各匪俱已竄散。初六日，卑職即令張哨弁督同勇丁并所派差役前往分途搜捕，一面示諭居民安堵勿驚，一面親履各處查勘。被燒者共十五户，并見已死杜彩珍屍身倒於灰燼之旁，驗得仰面頂心接連額顱三傷，胸膛肚腹二傷，血流及地，實係被刀砍戳致死。迨至黄昏時，仍還新洲寓所。該勇役亦各陸續踵至，僉稱搜尋終日，毫無踪跡。詎該匪等晝伏夜行，竟於是日二更後，又在新洲對河之孟姜垸、甘家灣及上陽、中條、下條等團焚燒房屋，火燄張天，并敢駕舟渡河，至新洲街尾舉火。卑職當即督飭差役團丁，會同唐鎮營勇前往圍拏。該匪膽敢齊聲大喊，各執刀棍器械，撲攏拒捕，由是互相格鬭，以致差役張汰、劉清并團丁王姓等各受數傷。其匪黨中亦被格殺三人，倒地身死。該匪紛紛逃跑，於火光中見有紅布包頭者，俱各登舟，飛掉而去。僅據兵差、團丁等身擒匪首劉顯澤、馬德暄、陳啟元、徐祖樹、陳國樑、徐先林等六名解至寓所。并查明格殺之匪係名黄行亭、羅祖訓，外有一名無人認識。隨即提訊。據劉顯澤、馬德暄等同供，俱已入會多年，派充第三、第五，各自邀得數十餘人，聽候遣用。此次與會首廖星階、馬萬伏等商議，赴南洲邀集多人，由新洲、津市搶奪入城刦獄起事，是以先行放火燒屋，使團總人等無所棲止，既可投入會黨，又免藏匿官兵等供。即將該匪劉顯澤等六人一併解州收禁。卑職於初七日親往孟姜垸、甘家灣及上陽等團查勘，昨夜被燒者共二十七户，其民人均已逃避。當飭各團保招集居民，妥爲安撫。并轉回新洲，諭令街市仍各照常貿易，民心稍覺安定。乃於是晚謡言復倡，竟有入城劫獄之語。因思先後所獲匪徒本有此供，現在加以匪徒劉顯澤等被獲羈禁，更恐所謡不爲無因。卑職以事關重大，城内空虚，不得不趕緊回州嚴加防範，遂於初八日清晨輕騎返署佈置一切。第思該匪等雖係明目張膽，燒殺抗鬬而又行踪詭秘，每於起更以後則聚衆横行，待至天明則逃走藏避。縱使切力追拏，而該匪蕩槳飛行。各勇役等無舟可濟，亦只登岸徘徊，瞻望其匪船遠隱無踪。似此情形，不以水師截其去路，則此追彼竄，實有莫可如何之勢。且查廖星階等久爲著名匪首，疊經團保控告，卑前州勒拏未獲，有案可稽，足見該匪之萌孽係在數年以前。迄今根蒂日深，黨與日衆，若不早爲厚集兵力搜絶根株，竊恐蔓延日久，釀成巨禍，不可收拾。惟現在卑州景參將所管營汛分往常德應操，僅存左哨把總馬國炳，帶人無多。其振字營唐總鎮所帶勇丁亦止兩哨，分派各處防緝兼資，實形單薄。是以卑職稟商守道，轉請撫憲就近請撥水陸各兵會同搜捕，務期盡數弋獲，俾得殲厥渠魁，解散脅從等因。據此。查此案先據該州稟報匪徒廖星階等燒殺搶奪各情形，即經本部堂批示，專札岳常澧道督同該州，并飭該營會同捕拏嚴辦各在案。茲據稟前情，除札澧州營參將調集營汛回顧州城，扼要防範緝拏。并分别咨行外，合亟由五百里飛飭。札到，該總兵迅即添調營勇，選派得力之哨弁管帶，分途會同水師勇丁及兵役，四面實力兜捕，務將匪首廖星階等悉數弋獲，解審嚴辦。并即解散脅從，勿使緩延滋蔓。火速切速。仍將遵辦情形刻日飛稟查考。毋違。

飭北善後局派員點收粵匯銀兩存儲聽撥 光緒十六年八月二十三日

照得湖北織布局造廠經費，前經奏明由粵省弛禁商人報效專欵項下撥銀十六萬兩濟用。本年四月間，准兩廣督部堂李飭由廣東善後局先行代借匯豐洋行銀十萬兩，除息銀五千五百兩及應扣紋水外，共匯漢紋九萬零九百四十一兩四錢二分到鄂。當經札飭湖北善後局如數點收，專欵存儲聽候撥用在案。現接廣東王藩司電稱，布局造廠尾數六萬兩，除利浄餘五萬六千七百兩七一七，伸洋七萬九千零七十九元五毫。訂明每千元合洋紋七百兩，共合銀五萬五千三百五十五兩六錢五分，於十六日電漢照兑。每千元比前次加銀十兩，伏祈鑒收。并據漢口匯豐銀行稟知，前項銀兩於十六日匯到，請即派員兑收等情，到本部堂。據此。合就札飭。札到，該局即便遵照，迅即派員前往漢口匯豐銀行點收專欵存儲，俟布局需欵時聽候撥用。仍將收欵日期具報查考。毋違。

札南臬司查拏新洲等處匪徒 光緒十六年八月二十三日

光緒十六年八月二十一日，據澧州直隷州知州鄭立誠稟稱：

卑職於初五日酉刻自新洲發稟後，適振字營哨弁張得朝已由梁家坪、廖家坪等處旱路追匪而回。據稱，拏獲匪黨劉傳立一名，業已派勇解州收管，其餘各匪俱已竄散。初六日，卑職即令張哨弁督同勇丁并所派差役前往分途搜捕，一面示諭居民安堵勿驚，一面親履各處查勘。被燒者共十五户，并見已死杜彩珍屍身倒於灰燼之旁，驗得仰面頂心接連額顱三傷，胸膛肚腹二傷，血流及地，實係被刀砍戳致死。迨至黄昏時，仍還新洲寓所。該勇役亦各陸續踵至，僉稱搜尋終日，毫無踪跡。詎該匪等晝伏夜行，竟於是日二更後，又在新洲對河之孟姜垸、甘家灣及上陽、中條、下條等團焚燒房屋，火燄張天，并敢駕舟渡河至新洲街尾舉火。卑職當即督飭差役團丁，會同唐鎮營勇前往圍拏。該匪膽敢齊聲大喊，各執刀棍器械，撲攏拒捕，由是互相格鬬，以致差役張汰、劉清并團丁王姓等各受數傷。其匪黨中亦被格殺三人，倒地身死。該匪紛紛逃跑，於火光中見有紅布包頭者，俱各登舟，飛掉而去。僅據兵差團丁等生擒匪首劉顯澤、馬德暄、陳啟元、徐祖樹、陳國樑、徐先林等六名，解至寓所。并查明格殺之匪，係名黄竹亭、羅祖訓，外有一名無人認識。隨即提訊。據劉顯澤、馬德暄等同供，俱已入會多年，派充第三、第五，各自邀得數十餘人，聽候遣用。此次與會首廖星階、馬萬伏等商議，赴南洲邀集多人，由新洲、津市搶奪入城刦獄起事，是以先行放火燒屋，使團總人等無所棲止，即可投入會黨，又免藏匿官兵等供。即將該匪劉顯澤等六人一併解州收禁。卑職於初七日親往孟姜垸、甘家灣及上陽等團查勘，昨夜被燒者共二十七户，其民人均已逃避。當飭各團保招集居民，妥爲安撫。并轉回新洲，諭令街市仍各照常貿易，民心稍覺安定。乃於是晚謡言復倡，竟有入城劫獄之語。因思先後所獲匪徒本有此供，現在加以匪徒劉顯澤等被獲羈禁，更恐所謡不爲無因。卑職以事關重大，城内空虚，不得不趕緊回州嚴加防範，遂於初八日清晨輕騎返署佈置一切。第思該匪等雖係明目張胆，燒殺抗鬭，而又行踪詭秘，每於起更以後則聚衆横行，待至天明則逃走藏避。縱使切力追拏，而該匪蕩槳飛行。各勇役等無舟可濟，亦只登岸徘徊，瞻望其匪船遠隱無踪。似此情形，不以水師截其去路，則此追彼竄，實有莫可如何之勢。且查廖星階等久爲著名匪首，迭經團保控告，卑前州勒拏未獲，有案可稽，足見該匪之萌孽係在數年以前。迄今根蒂日深，黨與日衆，若不早爲厚集兵力，搜絶根株，竊恐蔓延日久，釀成巨禍，不可收拾。惟現在卑州景參將所管營汛分往常德應操，僅存左哨把總馬國炳，帶人無多。其振字營唐總鎮所帶勇丁亦止兩哨，分派各處，防緝兼資，實形單薄。是以卑職稟商守道，轉請撫憲就近請撥水陸各兵，會同搜捕，務期盡數弋獲，俾得殲厥渠魁，解散脅從等情。據此。查此案先據該州稟報匪徒廖星階等燒殺搶奪各情形，即經本部堂批示，專札岳常澧道督同該州，并札飭管帶振字營唐鎮會同捕拏嚴辦在案。兹據稟前情，除飛飭唐鎮迅即添調營勇，選派得力哨弁管帶，分途會同水師勇丁及兵役四面實力兜捕，務將匪首廖星階等就獲嚴辦，并飭澧州營參將調集營汛回顧州城，扼要防範緝拏。惟查振字營唐鎮所部一營分紮各處，該州所駐恐兵力單薄。一面由五百里飛飭岳常澧道，或營勇水師，或練軍營汛，尤爲近便之處酌量咨調，協力兜拏，務期匪首就擒，勿使滋蔓。并札常德協副將督飭弁兵，於該協所屬汛地嚴密防範，相機協緝，毋任竄逸句串滋事外，合亟札飭。爲此，札仰該司迅速移飭營縣及水陸防營、練軍一體兜捕，務將匪首廖星階等悉數弋獲，以遏亂萌。并飭澧州即提已獲之匪首劉顯澤等，覆訊確供，迅速開摺稟辦，免稽顯戮。并先嚴緊監禁，勿致疏虞。是爲至要。仍將拏辦情形馳報查考。

札徐建寅等籌辦開採轉運湘煤 光緒十六年八月二十四日

湖北現設煉鐵廠，日需白煤三四百噸，籌辦煤炭最爲要務。先前因湖南寶慶、衡州各府屬暨界連江西萍鄉縣地方多産佳煤。先經札委湖北候補知縣高培蘭等分往各屬，會同地方官查勘。旋據繪圖列摺稟覆，并繳呈煤樣多種，均經飭發鑛師分化考驗。其中白煤可供煉鐵之用者甚多，大約質佳而灰少者以寶慶爲最。轉運利便者以衡州及萍鄉爲易，均有可採。惟是各窿口情形不一，或須用機器開採。使出數增多，或應設廠屯收，使濟用不竭。大抵挖煤機器不外抽水、起重兩種，皆是協助人力之事。能用機器則出煤愈多，用人愈衆，挑挖民夫、轉運船户，從前用百人者，必加增至四五百人，從前用船千餘號者，今必加增至四五千號。國家以此興利，小民即以此養生，理所必然，毫無疑義。特以内地之人未經習見機器，不諳用法，莫能趨易而避難。肩挑背負，手胼足胝，終歲僕僕，所得且不足以糊口，勞而無功，情殊可憫。故必有熟悉鑛務之員親詣産煤之區詳加履勘，妥爲籌計，何處可用舊窿，何處宜開新井，購買抽水機、起重機及各種機器之價若干，開井造廠之費若干，各就地勢運道情形逐一詳估。窿户之有力者，勸令自購抽水機器試辦，無力者由官置買抽水機租與開採。如不自置機又不願租用，則官租買山場自行開採。要在切實勸導，使民間曉然於機器之妙用實能興利，決不至或奪其利。則官採民採，其利同歸於一致。查有候選道徐道建寅、湖北試用知縣歐陽炳榮、補用典史歐陽棽，堪以派往衡州府清泉、耒陽、常甯三屬復勘煤鑛。鑛務委員、守備池貞銓，湖北候補知縣高培蘭、湖南試用典史王天爵，堪以派往寶慶府邵陽、新化兩屬復勘煤鑛。該員等應即和衷商定由何處先勘，大要以灰少之白煤爲主，須於距水較近之處、煤苗寬厚之區審定一二佳鑛，堪以施用機器大舉開採，使出煤多而轉運易，方能濟用不竭，有裨要需。除札鐵政局照章支給薪水、夫馬，并分行湖南衡、寶各屬妥爲照料，其餘長、衡、辰、永各屬産煤州縣及江西萍鄉地方，應俟出示曉諭，勸令自行設法廣爲開採毋庸派員前往外，合就札行。爲此，札仰該道員即便遵照，會同各員迅速束裝就道，按照現札分派地段、指飭事理，查勘詳確，妥爲籌議稟覆，毋稍率忽。尤須迅速回鄂銷差，不得藉端稽延，多曠時日，致誤要工。切切。

札徐建寅等查勘祁陽縣煤鑛 光緒十六年八月二十七日

照得湖北現設煉鐵廠，日需白煤三四百噸，籌辦煤炭最爲要務。業經檄委候選道徐道建寅、湖北試用知縣歐陽炳榮、補用典史歐陽棽，派往衡州府清泉、耒陽、常甯三屬，鑛務委員、守備池貞銓，湖北候補知縣高培蘭、湖南試用典史王天爵，派往寶慶府邵陽、新化兩屬復勘煤鑛在案。惟查永州府屬祁陽縣多産佳煤，水運亦便。應令候選道徐道建寅等於復勘衡州各屬煤鑛之後，遵照前札事理，即赴祁陽縣體察情形，詳加履勘，何處可用舊窿，何處宜開新井，購買抽水機、起重機及各種機器之價若干，開井造廠之費若干，即就地勢運道情形，逐一詳估。窿户之有力者勸令自購抽水機器試辦，無力者由官置買抽水機租與開採，如不自置機又不願租用，則官租買山場，自行開采。要在切實勸導，使民間曉然聽從，以期出煤多而轉運易，方能濟用不竭，有裨要需。除飭永州府祁陽縣妥爲照料外，合就札行。爲此，札仰該道員即便遵照，一俟衡州各屬煤鑛查勘事竣，迅即率同歐陽令等前赴祁陽縣詳細履勘，妥爲籌議稟覆。仍須迅速回鄂銷差，不得藉延，致誤要工。切切。

札北藩司等提截留京餉内續提鐵路經費存儲撥用 光緒十六年八月二十八日

案照光緒十六年四月十五日承准總理海軍事務衙門四月十四日願電，内開鐵路經費一百萬，經户部咨復，除鄂認五萬留用外，其餘九十五萬准由本年鄂解京餉内撥地丁三十六萬、釐金八萬、鹽釐十六萬、西征洋欵二十萬、釐金邊防八萬、旗兵加餉内劃撥七萬截留抵用。嗣於五月十八日承准海署咨開，准户部片呈撥銀九十五萬，并鄂省自行籌出咨明留用銀五萬，兩共湊集銀一百萬兩撥鄂應用，并照前咨於湖北本年解京欵項下照數截留劃抵。下欠一百萬兩，俟各省一律報齊再行陸續撥解。茲將鄂省應抵各項解京之欵粘連清單一併咨呈到本衙門。相應照録原單，咨行湖廣總督張查照辦理可也。計粘單内開籌付鐵路經費銀一百萬兩内，除湖北認籌五萬兩留用外，其餘銀九十五萬兩應由湖北省光緒十六年分應解京餉等欵内，劃撥地丁京餉銀三十六萬兩，釐金京餉銀八萬兩，鹽鳌京餉銀十六萬兩，西征洋欵改爲加放俸餉銀二十萬兩，鳌金邊防銀八萬兩，旗兵加餉銀八萬八千餘兩內劃撥七萬兩。以上共銀九十五萬兩等因。承准此。當經札飭司道關局如數截留，聽候隨時提撥。旋即兩次飭在藩庫京餉內提銀二十萬兩，鹽道庫京餉內提銀十萬兩，共銀三十萬兩，解交北善後局專欵存儲聽候隨時撥用各在案。查現在趕辦煉鐵廠工及籌辦煤鐵等務，事繁用鉅，前項提存之欵將次用竣。亟應再於奉撥截留本年各餉內，飭在地丁京餉內提銀六萬兩，鳌金京餉內提銀五萬兩，鹽鳌京餉內提銀二萬兩，西征洋欵改爲加放俸餉內提銀十二萬兩，鳌金邊防經費內提銀五萬兩，共提銀三十萬兩，解交北善後局專欵存儲，聽候隨時提用以應要需。除分行外，合就札行。爲此，札仰該局司道即便遵照，迅將上項札提銀兩分別催解存局，照數撥解北善後局聽候提用。毋稍刻延。仍將撥收、撥解數目、日期具報查考。

嚴飭漢陽府逢潤古繳出浮開新關新欵銀兩 光緒十六年八月三十日

照得前因鄂省新關竹木税務近年收數短絀，該關積弊甚多。札委趙道濱彦查悉該關監督、漢陽府知府逢守潤古歷年收支各欵類多不實不盡。飭據逢守逐條禀覆，並呈遞清摺二扣。據稱，新關收支帳目皆針鋒相對，並無一毫可以隱瞞朦混等語。復經本部堂派員密查，并調齊案據詳加查核，所禀歧異含混，不一而足。支銷之欵顯有浮冒。其徵收之欵歧異含混者，如該關所收正税銀數，較鸚鵡洲鳌局所收錢數每百應加二成有餘，仍係一定之理。自光緒十三年鸚鵡洲鳌務經整頓之後，是年鳌錢收至八萬串，新關收銀十一萬一千二百餘兩，適加二成有餘。蓋鳌金之源由於關税，斷無鳌收如額而關税短絀之理。即該守清摺內。亦稱鸚鵡洲、武穴、樊口各卡完鳌，無不以新關紅票爲憑。乃十四、十五兩年滿届收數，切核與鸚鵡洲鳌短少二萬金左右，此何以故。又帳房存銀八千四百兩，據該守清摺稱，係上年十二月及本年正月所收正税尚未傾鎔報解之欵。查上年十二月及本年正月所收税銀係一萬一百九十餘兩。既與此數不符，該守禀内又稱此欵與後文所開之十四年一届期滿徵收餘銀一萬二千五百六十七兩有奇，皆係上年九月截清届滿後徵存下届正税，合共銀二萬零九百六十七兩有奇。而清摺又稱餘存銀一萬二千五百六十七兩有奇，係十三年滿届徵存之銀共一萬九千一百三十兩零，除撥補十四、十五年兩届不足税額外，尚餘銀一萬二千五百六十七兩有奇。清摺與禀前後三説互異，數目亦參差不符。此餘存銀一萬二千五百餘兩，清摺則稱已於上年十二月解善後局一萬兩，取有收條。下餘尚存二千五百餘兩，禀内則稱上年十二月解善後局一萬兩，取有收條，餘銀一萬零九百六十餘兩。所餘銀數或多或少，禀與清摺自相矛盾，歧而又歧，所謂針鋒相對者安在。查税數長收留存下届撥補不足之額，此亦情理所有。顧此項餘存，留待滿届撥補額數則可，若分搭入每月所收正税作爲每月收數，則無此辦法。乃該守不將此項另欵解局留作滿届撥補之項，輒搭入上年十二月，本年正、二兩月徵收短絀之月，是何居心，將以掩其數月收數之短耶。則牙鳌總局每月旬報具在，所收之數與詳解之數判然各異，此掩之無可掩者也。其支銷之數顯然浮冒者，則莫如石頭關經費一欵。查五五耗銀，據該守禀稱，光緒九年奉前署督部堂卞添設石頭關，提銀二兩作石頭關經費，因此督辦公費只有三兩五錢等語。查石頭關已於光緒十年九月裁撤，歸併新關經理。據委員徐道兆英稟明，所有向支薪資、火食以及划夫、火夫工食，均毋庸開支，每月只需油燭紙張錢二千文。當經卞前署部堂批飭將另提二成火耗全數充公等因在案。乃該守督辦五年，所收五五耗銀猶作石頭關提銀二兩合算，明目張膽，輒言督辦公費只有三兩五錢，不知石頭關所提之二兩歸於何所。至督辦自有公費，此項火耗，卷查卞前署部堂示稿，僅有火耗向爲工巡銀號監督各項津貼之語，應否津貼該守，並無明文，且亦只可謂之津貼，不得謂之公費。況該守已得三兩五錢，復將奉提充公之二兩全數乾没，尤出情理之外。飭據沈守保祥查覆，自光緒十一年十一月起至十六年三月止，共收正税銀四十二萬五千三百餘兩。逄守浮開石頭關二兩火耗，該銀八千五百零六兩。此欵斷須飭令該守全數繳出充公，以警侵欺。至每年罰欵收數六七千兩不等，除工巡滿貫賞、節賞及科場經費暨工書赴京報銷費應開支外，尚有所餘。且據沈守查覆，每年工書報銷費一千二百兩，該守帳房交來收支鈔帳，此欵開在關用餘銀之內。一欵重開，亦堪詫異。又篷斧錢該守每年約提五六千串，據稱開支一切關用油燭等項用度。查關用一年報銷一萬一千餘金，油燭等項已開支在内。該守又有公費，又有三五耗銀、津貼銀櫃、二三耗銀，除用外又有盈餘，何得復將此項篷斧任意浮開。該關税務現經沈守辦理，四箇月所收正税已多於該守上年十月至本年三月七箇月所收之數，其罰欵耗銀及篷斧錢文復加存八千餘兩，悉數解充公用。又該守移交之罰欵二千餘兩，一併交出歸公。此項雜欵每届多則二萬餘兩，少亦有一萬七八千兩。該守監督五年，每年除實支實銷外，侵冒實已不少，猶復顯肆欺飾，輒謂收支各欵并無一毫隱瞞朦混。膽妄糊塗，至此已極。亟應分別飭繳，以重公項。除咨行外，合亟札飭。札到，該守即便遵照，迅將裁撤石頭關飭提充公之二兩火耗自光緒十一年十一月起十六年三月止，共銀八千五百零六兩，刻日繳出解赴善後局備充公用，斷不准絲毫延欠。其每年該守所提之篷斧錢一項，合計不下二萬餘串，爲數太多，本應追繳，姑念爲日已久，早經支銷，從寬免其深究。至此外每届工書赴京報銷銀何以重開，及近年税數何以與鸚鵡釐金不符，餘存及解局之欵何以互相歧異，逐條明白稟覆。如再稍有遲延含混，定干重懲。

札發湘省捐摺樂輸順、直賑撫光緒十六年九月初六日

案照今年順、直水災極重，災區甚廣，需欵甚鉅。疊奉恩旨發欵拯濟，先後疊准直隸爵閣督部堂、順天府尹函電告賑，旋准户部、直隸爵閣督部堂各咨開籌辦賑捐，以廣招徠。業經檄行鄂省司道設立順直賑捐局，通飭開辦，并已籌解銀二萬兩，分解順、直。茲復疊接順、直在京官紳函電，力懇勸募義賑，情形急迫，災象未紓。又經檄飭湖北全省各道府州，廣勸官紳商富捐助義賑，先行墊欵，電匯京師。轉瞬秋盡冬來，飢寒交迫，亟須多方勸集，源源匯解。查湘省官商紳富好義者多，應知畿疆重地，率土瞻依。當此賑撫孔亟之時，自能效慷慨解推之義。合亟刷印捐摺檄發各道府州善爲勸諭，捐助義賑。盈千累百不嫌其多，一緡半兩不嫌其少，惟期廣爲集腋，成數自有可觀。務須出於好善之誠，不可稍加勉强抑勒。除苗疆瘠苦各廳縣勿庸勸辦外，合亟札飭。札到，

該府、州即便遵照，將發去捐摺二百本，按照所屬各州縣分別等差，酌量發給本數，督同各該地方官剴切勸諭，官商紳富，量力書助。總期集成鉅欵，解由南善後局兑收，轉解北善後局，早日電匯順、直濟用，以拯災黎，勿稍延緩。捐摺按名寫滿，隨案解繳。如有已經竭力勸募書捐未滿者，准將餘摺呈繳。仍先將奉到札文遵辦情形報查。切切。

飭委湖北候補道淩道卿雲赴山東查勘煤鑛光緒十六年九月初七日

照得煤鐵爲中國自有之利源，亟應廣爲開拓，以杜外耗。現在鄂省欽奉諭旨開辦煉鐵廠，需煤尤多。前經本部堂派員赴湖南、山西、四川各省查勘煤斤，均屬産旺質良。茲查山東所屬，素産石煤、烟煤甚多，足供煉鐵及各路輪船之用。現聞嶧縣地方已有商人集股用機器開采者。鄂省現亦擬購機器開采，應即派員前往查勘，稟候核辦。查有湖北候補道淩道卿雲於山東地方情形熟悉，應飭該道馳往，查訪山東所屬何處産煤最良，該處是否向通水運，價值運脚若干，并查明嶧縣地方所産是否烟煤、石煤，係何人集股，用何種機器開采，每日能出若干噸，與江南徐州利國鐵鑛相距若干里，該處煤斤轉運赴徐是否便利。逐一詳查，務得確情，迅速切實稟覆，以憑核辦。除分別咨行外，合亟札委。札到，該員即便遵照，刻日束裝前往，查照札行事理，會同地方官切實詳勘稟覆，并將所查煤樣賫送來轅呈驗，毋稍違延。切切。

會札順直賑捐局會同北鹽道等抽收川、淮鹽助賑光緒十六年九月初七日

案照今年順、直水災甚重，賑撫需欵維殷。叠准户部、直隸爵閣督部堂各咨開勸辦賑捐，變通章程，以廣招徠。當檄飭司道設立順直賑捐局通飭勸辦在案。茲接准户部本月二十日電開，順、直災民禦寒無具，望勸辦棉衣褲捐，以多爲貴，封河前解津，照章准奬，先電覆。等因。准此。畿疆重地，根本攸關。朝廷發帑裁漕，恩施疊沛。惟被災地廣，飢黎過多。鄂省業經力籌接濟。轉瞬秋盡冬來，飢寒交迫，亟應廣爲籌集，以資接濟。查鹽斤爲民間日用所需，鄂岸分銷川、淮鹽斤，每歲出入有常，非别項生意有衰旺者可比。該鹽商等應知畿輔根本，率土瞻依。當此賑撫孔亟之時，宜效慷慨解推之義。應由順直賑捐局、鹽法道會同川、淮各鹽局妥爲勸辦，迅集鉅欵，以拯災黎。合亟札飭。札到，該局、道即便遵照，會同北鹽法道、順直賑捐局暨宜昌川鹽局勸令集捐，迅速議覆飭辦。其淮鹽各商應如何勸諭捐助之處，該局司道等會商淮鹽督銷局斟酌辦理。如各鹽商中有能捐輸請奬建坊者，亦即勸導照章辦理。務期踴躍集事，多多益善，彙解順直濟用，勿稍延緩。切切。

會札江陵縣勸辦順、直賑捐光緒十六年九月初八日

案照本年順直水災甚重，賑撫需欵維殷。迭准户部、直隸爵閣督部堂各咨開勸辦賑捐，變通章程，以廣招徠。當檄飭司道設立順直賑捐局通飭勸辦在案。茲接准户部八月二十日電開，順、直災民禦寒無具，望勸辦棉衣褲捐，以多爲貴，封河前解津，照

章准獎，先電覆等因。准此。查畿疆重地，根本攸關，朝廷發帑截漕，恩施疊沛。但被災甚廣，飢黎過多，轉眼秋盡冬來，飢寒交迫。鄂省前經籌欵解濟，亟須再行設法，廣爲勸導招徠。查漢鎮水陸通衢，商賈薈萃，已檄飭漢陽縣勸諭，辦有成數。該縣沙市大鎮，亦富商大賈輻輳之區。各該商富應知畿輔根本，率土瞻依。當此賑撫孔亟之時，宜效慷慨解推之義，或捐輸請獎，或好善樂輸，集腋成裘，多多益善。要在地方官曉以大義，廣爲勸導，合行專札飭辦。札到，該縣即便遵照，督同公正紳耆，邀集各紳商剴切勸諭，分別請奬樂輸。總期踴躍集事，彙解濟用，以拯災黎。毋稍延緩。切切。

飭北善後局將本衙門供支銀兩電匯順、直助賑 光緒十六年九月初八日

案照本年順直水災極重，賑撫需欵維殷，業經遵照户部賑捐章程，設立順直賑捐局勸捐，并勸諭官商紳富樂輸助賑，先行籌款墊解。復經本部堂倡捐銀一千兩，飭局電匯順直濟用各在案。惟疊接京都官紳函電，以災象未紓，待賑甚急各等情。轉瞬秋盡冬來，飢寒交迫，亟須再行設法，多方籌集，源源接濟。除刷印捐摺，檄飭湘省各道府州縣勸令官商紳富捐集義賑外，茲據供支局委員史守稟呈，本年夏秋二季，本衙門應支銀一千兩前來。查本部堂衙門應用器物、工程一切，俱係自行備辦，無須動用此欵。應即將此項銀兩捐充賑需。合亟札發。札到，該局即將前項省平沙紋銀一千兩核收，剋日電匯京都，送交禮部大堂李、吏部右堂白兑收散放，以拯飢黎。勿稍延緩。仍將核收電匯日期具文呈報查考。勿違。切切。

札沔陽州陸祐勤赴沙洋籌議川運 光緒十六年九月初九日

據湖北老河口官運川鹽局委員李牧榦稟稱：查沙洋市面商情，襄河上下川鹽商販轉售已逾十年，若統歸官運，在公家課税誠大爲裨益，而該商販未免向隅。請暫緩辦沙洋官運等情。據此。查襄鄖以下五府一州，川、淮同運，久奉諭旨辦理。近年川運滯銷，課税短絀，雖半由承辦委員於緝私運鹽等事未能悉心講求，實力辦理，而襄河商販又復零星雜出，人情不一，鹽價忽長忽落，巧取居奇，民食有妨，而税課亦因之日絀。非大加整頓，不足以便民食而裕儲需。今該牧所請緩辦沙洋官運，自爲慎重公務，體卹商販起見。不知鹽課爲正帑攸關，例應由官督率，非尋常百貨可比。即如淮綱，現在漢口奏設督銷總局，又於五府一州地面加派局員分銷零運，何等鄭重認真。惟川運既無定章，亦無定價，一任商販壟斷。始則民間受病，繼則漸耗正供，近更鬭捷争先，即本商盈虧亦無把握。害多利多，病民兼且病商。若再姑息因循，弊竇伊於胡底。亟應委員會同察看，通盤籌畫，悉心妥議，稟候核奪。查現任沔陽州陸牧曾任荆門州，熟悉情形，堪以委辦。合就鈔黏李牧原稟分行。札到，該牧即便遵照馳往，會同現署荆門州歐陽署牧刻期同赴沙洋，察看商人貿易情形及可以分銷鎮市，通盤籌畫。或仍照前議，并淮鹽章程統歸官銷官運，以一事權。或令殷實販商仿照淮鹽票商辦法，認定包數，按限輪銷，俾資執業。此外，如有裨益公家、商民交便之法，亦即詳加體察，并可

各抒所見，詳悉稟陳核奪。

札發廣雅書院秋季課題由附單〔一〕　光緒十六年九月初十日

照得本部堂前在兩廣任内，立定廣雅書院季課章程，以光緒十六年爲始，每逢四季，由本部堂命題封寄粵省諸生課卷，交監院彙收轉送提調，遞送湖廣本部堂親加評閲。定榜寄回，藉覘在院諸生學業進退，以無負本部堂創設書院之本意。等因。檄飭遵照在案。查本年春夏兩季課題已由電發。春季課卷業據該書院提調、監院等遞送到鄂，現經本部堂評閲核定。除將榜示并加獎銀兩封發回粵外，現在已届秋季，所有秋季課題亟應查照定章，命題封寄。其春夏兩季課題，應即一併鈔發備案。合亟札飭。札到，該監院等即便遵照，將發去秋季課題一紙轉發在院諸生，按題作文，依限繳卷，彙齊封固，即送書院提調交文報局迅速寄鄂評閲。是爲至要。

廣東廣雅書院春季課題

經學

明堂圖考須自為圖以明之

周官五禮教中，六樂教和，中禮作陰德，和樂作陽德，即中庸致中和解

史學

元盡平西北諸國不能取東洋南洋諸島論

理學

静中養出端倪説

文學

海市賦以須臾之間變化無窮為韻

擬鮑明遠行路難不限首數

廣雅書院夏季課題

經學

洗心解　明農解　汾王解　實來解　渠眉解

史學

宋太祖捍邊之策在乎寬待邊將論

理學

非全放下終難湊泊説朱子語

文學

天問疏證

題司馬温公獨樂園圖七言古

廣雅書院秋季課題

經學

春秋經世，先王之志，聖人議而不辯説

史學

寇萊公自謂不學無術説

理學

問宋四子説易之書，周子易通，程子易傳，邵子皇極經世，朱子本義，孰為最得經旨

文學

〔一〕以下十三件録自抄本《督楚公牘》。

君子三可惜箴仿昌黎五箴體，出明史夏寅傳

擬廣南方草木狀序

擬唐人詩四首五古

劉禹錫爽砧應秋律即搗衣曲

温庭筠悠悠復悠悠即西洲曲

陸龜蒙茱萸篋中鏡

李端水國葉黄時

按：升菴詩話云，大歷以後，五古之可選者惟此四篇。論雖少偏，然四詩恰自可愛。

札發廣雅書院春季課卷獎銀附單　光緒十六年九月十二日

照得本部堂前在兩廣任内立定廣雅書院季課章程，到鄂後疊將春、夏、秋三季課題封發各在案。昨據廣雅書院提調、監院等送到在院肄業東、西兩省暨外課諸生各課卷。經本部堂親加披閲，評定甲乙。經學、史學、理學、文學四門，每門各獎十名，東、西兩省暨外課各生共獎一百二十名。列榜寄示，并發去獎銀一百兩，分別發給各生，以示鼓勵。合行札發。札到，該提調即便遵照，將發去課卷、榜示、獎銀查收，轉發東、西兩監院，分別張貼榜示，發還課卷，并將獎銀查照粘單如數給獎，暨將遵辦情形具報查考。

粘單

計開

獎東省經、史、理、文各前十名，共四十名。第一名獎銀各二兩，二名至五名各一兩，六名至十名各八錢，共銀四十兩。

獎西省經、史、理、文各前十名，共四十名。照東省給獎，共銀四十兩。

獎兩省外課卷經、史、理、文各前十名，共四十名。第一名獎銀一兩，二名至五名各五錢，六名至十名各四錢，共銀二十兩。

為榜示事。照得本部堂課試本年春季分廣東廣雅書院東、西兩省在院肄業暨外課諸生，所有評定甲乙名次，合行列榜曉諭。為此，榜示諸生知悉，須至榜者。

計開[一]

廣東省

經學生員六十五名

趙宗壇　陳慶龢　黎元莊　胡仕榜　馬呈圖　鍾樹棠

桂　坫　趙天錫　黄錫光　龍鳳書　勞植楠　傅球林

馮祖禧　李為翰　林燿增　劉鼎元　吴尹全　邱鶚翎

梁統高　鍾樹棠　陳慶年　羅獻修　鍾淩漢　梁翰藩

馮　思　羅獻修　平　遠　廖佩珣　區炳泰　劉冕卿

陳倬雲　區炳泰　利　璋　劉潤綱　祝慶祥　梁宗柏

胡其焕　林鶴年　劉樹杰　熊曜宗　饒從龍　易啟泰

莫世墉　盤棨光　譚駿謀　張祖元　梁式英　顔重光

陳桂植　龔炳章　黄興賢　張建猷　熊曜宗　廖天章

張文錦　廖佩珣　張壽波　龔炳章　吴錫疇　李稽堯

卞文苞　祝慶祥　龍裔剛　尹自琛　林懋基

[一] 下開各門名單中同一門有姓名重復者，如廣東經學生員鍾樹棠、廣西經學生員梁百川等，似係刊誤。

史學生員五十二名
黎元莊　陳慶龢　勞植楠　黃錫光　梁式英　顏煜麟
桂　坫　傅維林　趙宗壇　卞文苞　黃僑生　邱鶚翎
梁翰藩　劉潤綱　劉鼎元　趙天錫　劉冕卿　羅獻修
盤榮光　楊丙鼐　龔炳章　陳炳章　張錫麟　黃恩永
陳倬雲　胡仕榜　傅球林　梁統高　鍾淩漢　馮祖禧
區炳泰　林燿增　顏重光　龍裔剛　梁宗柏　饒從龍
吴萃英　吴錫疇　張祖元　易啟泰　梁寶瑜　李稽堯
莫世墉　黃興賢　林懋基　龍鳳書　劉樹杰　鍾樹榮
張獻猷　尹自琛　胡其煥　張文錦

理學生員六十一名
羅獻修　陳慶龢　勞植南　卞文苞　趙天錫　黎元莊
祝慶祥　胡其煥　尹自琛　張祖元　李稽堯　饒從龍
鍾淩漢　譚駿謀　顏重光　梁式英　劉潤綱　張建猷
林鶴年　張文錦　廖佩珣　傅維林　桂　坫　吴萃英
趙宗壇　黃僑生　胡仕榜　盤榮光　傅球林　梁宗柏
黃興賢　陳桂植　莫世墉　林懋基　邱鶚翎　區炳泰
黃恩永　黃錫光　陳倬雲　梁統高　張錫麟　梁翰藩
馮　思　楊紹墀　陳慶年　張壽波　廖天章　劉樹杰
易啟泰　吴錫疇　利　璋　李為翰　平　遠　顏煜麟
陳炳章　馬呈圖　龍裔剛　楊丙鼐　林燿增　梁寶瑜
馮祖禧

文學生員五十九名
陳慶龢　譚駿謀　饒從龍　傅維森　黃僑生　平　遠
張壽波　趙天錫　黃錫光　熊曜宗　劉潤綱　顏煜麟
劉鼎元　陳桂植　林燿增　黎元莊　吴尹全　李為翰
吴萃英　廖天章　吴錫疇　盤榮光　馮祖禧　林鶴年
黃恩永　趙宗壇　劉冕卿　龍鳳書　易啟泰　楊丙鼐
梁寶瑜　張祖元　楊紹墀　利　璋　桂　坫　林懋基
馮　思　馬呈圖　梁式英　劉樹杰　龔炳章　陳炳章
傅球林　陳慶年　黃興賢　胡其煥　卞文苞　陳倬雲
梁統高　鍾樹榮　莫世墉　龍裔剛　邱鶚翎　張錫麟
顏重光　尹自琛　李稽堯　梁宗柏　張建猷

廣西省

經學生員五十八名
祁永膺　姚繼崇　李桂紛　汪鸞翔　尹紹文　施獻璜
李青選　韋得琛　張其瀚　汪鳳翔　呂端燕　利建侯
崔彰熼　利建侯　梁百川　謝行鈞　蘇紹章　譚熙齡
封元宗　覃德純　林志廣　劉志光　何穎章　唐昌齡
蘇肇儒　黃華元　張其潤　姚青坊　陳慶蕃　劉濟才
周維宗　李樹滋　王光瀛　余運貞　朱永觀　蘇濟才
徐士棻　梁百川　左盛德　胡建恭　董樹敏　朱永嵩
陳起貞　蕭宗栻　黃可觀　梁登瀛　唐象賢　廖藻翔
唐象賢　謝元監　周　易　嚴式鏐　鄧　磏　沈際元
黃鋼封　覃　榕　廖　鵾　朱鼎元

史學生員五十四名
汪鸞翔　朱永觀　利建侯　姚青坊　尹紹文　唐昌齡
呂端燕　施獻璜　封元宗　梁詠春　胡建恭　梁登瀛
李祖培　余運貞　李青選　王光瀛　蕭宗栻　何穎章
李桂紛　蘇濟才　謝行鈞　朱德垣　嚴式鏐　左盛德

徐士棻　劉志光　黃可觀　朱永嵩　劉奉璋　朱鼎元
覃德純　韋得琛　姚繼崇　蘇紹章　張其潤　黃鋼封
崔彰煐　沈際元　朱得元　譚熙齡　謝元監　蘇肇儒
陳慶蕃　鄧　磏　張其瀚　劉濟才　周維宗　李樹滋
關焯然　唐象賢　廖　鵾　陳起貞　黃華元　賈　榕

理學生員五十五名

李桂馚　姚繼崇　張其潤　崔彰煐　譚熙齡　覃德純
朱得元　朱鼎元　嚴式鏐　黃華元　李青選　董樹敏
梁詠春　梁登瀛　胡建恭　尹紹文　徐士棻　韋得琛
劉奉璋　利建侯　姚青坊　蘇肇儒　林志廣　蕭宗栻
劉濟才　朱永嵩　蘇紹章　唐昌齡　黃鋼封　鄧　磏
張其翰　朱永觀　余運貞　周維宗　李祖培　祁永膺
謝行均　蘇濟才　陳起貞　左盛德　謝元監　沈際元
李樹滋　黃可觀　何穎章　朱得垣　陳慶蕃　廖藻翔
周　易　吕端燕　劉志光　關焯然　施獻璜　王光瀛
廖　鵾

文學生員六十名

朱永觀　汪鸞翔　李祖培　劉濟才　蘇紹章　梁百川
胡建恭　朱得元　徐士棻　左盛德　姚繼崇　施獻璜
朱德垣　嚴式鏐　蘇濟才　覃德純　陳慶蕃　封元宗
張其潤　何穎章　謝行鈞　朱永嵩　蕭宗栻　董樹敏
唐昌齡　唐象賢　謝元監　姚青坊　廖藻翔　朱鼎元
劉志光　關焯然　汪鳳翔　梁登瀛　梁詠春　韋得琛
沈際元　周維宗　崔彰煐　廖　鵾　周　易　覃　榕
蘇肇儒　林志廣　張其瀚　吕端燕　譚熙齡　余運貞

陳起貞　黃可觀　王光瀛　劉奉璋　尹紹文　李桂馚
鄧　磏　李青選　李樹滋　祁永膺　黃鋼封　黃華元

廣東、廣西兩省外課

經學生員三十二名

蘇葆康　洪景楠　胡象江　蘇志偉　洪景甡　陶炳熙
張恩齡　李錫南　蘇允恭　蘇志偉　葉國馨　黃瀚章
陳錦章　招宗耀　潘嘉謀　張秋魁　潘霄漢　劉樹銘
梁致祥　黃澤林　黃立權　譚敦培　孔昭經　梁致文
黃顯台　周雨時　劉　鑅　許錫儲　廖恩光　廖鍾鏞
許文瀚　許錫樧

史學生員二十四名

梁致文　梁致祥　洪景甡　俞恩榮　陶炳熙　李錫南
黃顯台　龍光鈺　張恩齡　黃　尊　蘇允恭　譚敦培
葉國馨　洪景楠　潘霄漢　麥壽祺　許文瀚　黃立權
廖恩光　周雨時　黃瀚章　黃澤林　梁兆文　許錫樧

理學生員三十一名

談　亮　蘇志偉　譚敦培　李錫南　黃顯台　洪景楠
鄭廷杰　廖鍾鏞　陳錦章　許文瀚　劉　鑅　陶炳熙
俞恩榮　蘇葆康　周雨時　葉國馨　招宗耀　黃　尊
張恩齡　洪景甡　孔昭經　梁致文　潘霄漢　龍先鈺
梁致祥　劉樹銘　黃翰章　張秋魁　梁兆文　麥壽祺
許錫樧

文學生員三十六名[一]

[一] 實為三十五名。

陶炳熙　鄭廷杰　談　亮　招宗耀　俞恩榮　蘇志偉
梁致祥　龍先鈺　黃　尊　梁致文　洪景楠　廖鍾鏞
胡象江　黃顯台　洪景甡　潘嘉謀　黃立權　李錫南
蘇葆康　劉樹銘　黃澤林　麥壽祺　張秋魁　周雨時
梁兆文　陳錦章　孔昭經　蘇允恭　黃翰章　譚敦培
葉國馨　潘霄漢　廖恩光　劉　鑠　許文瀚

飭襄陽馬隊等營查禁賣放私鹽私土光緒十六年九月十四日

照得襄陽馬隊及水陸勇營各營練軍，挨段駐紮襄、鄖一帶彈壓地方，向有緝私之責。近來各營哨弁兵勇人等，視爲故常，不獨緝捕不力，每有拏起私鹽、私土，或將人縱放，鹽土儘數乾没分肥。或説情受賄，人鹽私土概行賣放。甚有講定規費，爲之包庇護送，并敢句串夥販，營私圖利。種種弊端，日甚一日。查鹽課爲正帑攸關，近年來銷數愈形疲滯，課餉因之短絀。本部堂現於樊城設局，辦理官運，設法運銷。惟欲暢運銷之路，必須嚴禁私鹽浸灌。欲遏浸灌，必先嚴禁各營卡弁勇營兵受賄賣放。至土藥税釐，現奉諭旨嚴加整頓，亦經奏明於宜昌等處暨襄陽之老河口派員設立總局，於襄、鄖一帶分設局卡，認真辦理，尤應堵緝偷越走漏，以整鹺綱而裕釐税。合亟嚴檄水陸勇營練軍各營認真查禁。爲此札飭。札到，該鎮、營、將官務即振刷精神，督飭所屬各汛、所部哨弁勇丁，無論私鹽私土，一律實力查緝。如汛弁兵丁、弁勇人等有前項弊端，立即禀明，嚴行懲辦，該將領、管帶官即免予懲處。倘敢迴護縱容及因循失察，一經查出，除勒交舞弊之哨弁兵勇按名嚴辦外，該將領咎有應得，立即撤差參辦。本部堂言出法隨，各宜凛遵。即將如何稽查嚴禁情形先行禀覆查考。毋違。切切。

札發嚴禁私販告示通飭兜拏拒捕梟匪附單

光緒十六年九月十四日

案照近來鄂岸鹽銷疲滯，實由鄰私充斥，沿邊引地、濱江口岸多被侵佔。前據湖北鹽法道暨湖北督銷淮鹽局詳，請飭屬堵緝北私，業經申明禁令，出示嚴飭緝拏在案。查武、漢、黃、德各府暨上游襄、鄖邊境一帶，與皖豫毗連，素爲刀匪出没之區。此輩販運北潞各私，結隊成羣，明目張胆，執持槍械，拒捕傷人。現據統帶鼎字營周提督禀，該營在麻城緝私，被鹽梟用火槍拒捕，傷斃勇丁等情，已批飭勒限拏獲，訊明正法梟示矣。查鹽課有關正帑。鹽梟被拏拒捕罪名，本干坐斬，況糾約大夥，執持火槍，傷斃兵勇，直與土匪無異。若不嚴緝重懲，必致釀爲刀匪横行之漸。應再刊刷簡明告示發給，以儆梟匪而遏亂萌。合亟札飭。札到，該州、縣等即速分貼曉諭，并協力巡邏，幫同營卡兜緝。嗣後如有私梟結夥多人執持火器槍械拒捕者，照律格殺勿論。拏獲者，訊明禀請就地正法。該營弁兵役等如敢藉端滋事，及已就拘執之犯狹嫌擅殺，捏報并誣害平人者，亦隨時嚴察，照例擬罪，不得稍有迴護。仍將貼過告示處所開單具報。毋違。切切。

湖廣總督部堂張示

私鹽梟販，大干例禁。
槍械大夥，藐法尤甚。

形同土匪，刁風宜靖。
兵役營勇，嚴緝務盡。
火器拒捕，格殺勿論。

札北藩司、牙釐總局曉諭北路土藥商販告示光緒十六年九月十四日

照得北路襄鄖等府土藥税務，業經檄委李牧紹遠前往開辦在案。本部堂院應即會銜出示，飭發襄、鄖、安、德等屬張貼，曉諭商販周知。合將示稿札發。札到，該司、局即便遵照，迅速刊就刷印一千張，呈候札發各屬，并交李牧帶往北路産土地方，及各屬要隘商販經過處所暨川、陝、豫交界一帶張貼曉諭。毋稍違延。

札委參將羅珍材隨同李牧紹遠辦理北路土藥税務光緒十六年九月十七日

照得鄂省北路襄、鄖一帶土藥税務，前經會委候補直隸州李牧紹遠總辦在案。查北路老河口設立土藥專局，并於樊城、竹山、竹谿、房縣、均州等處設立分局分卡，選募緝私勇丁分路巡緝。查有湖北候補參將羅珍材，强健耐勞，籍隸四川綏定府，於川、楚交界道路情形極爲熟悉，堪以派令隨同前往緝私。其應派往何路，撥給勇丁幾名，應如何周歷要隘，統聽李牧酌量派撥。月支薪水夫馬共五十兩，由土藥專局經費項下撥給。除分行外，合亟札委。札到，該參將即便遵照隨同李牧前往襄、鄖一帶，聽候李牧酌量分派，認真緝私。務須周歷要隘，嚴密查拏，不辭勞瘁，勿稍疏懈瞻徇。切切。

咨南撫院法教士在澧州置買房地契約蓋印事光緒十六年九月二十二日

據署湖北漢黄德道、監督江漢關税務江麟瑞詳稱，竊照光緒十六年九月初六日准法國駐漢哈領事照會内開：本年六月，本領事曾將湖南澧州界溪橋謡言并契約蓋印一事，照請轉飭該州蓋印出示。至今數月，未接回覆，不知作何辦理。現據該教士趙本篤禀稱，該處謡風如故，衆口囂囂，羣言驅逐洋人，并揚言州官受契不印者，皆不欲洋人在此立脚也。故該處惡黨愈形猖獗，祇得據實將契紙呈懇轉請飭該州蓋印，并出示以禁謡風等因。本領事據此查閲該士所買房屋，契據明白，實無違礙約章，而州官至今不印。至謡風一事，前已照請轉飭出示，而州官仍未出示。是不但百姓欲與教士爲難，地方官亦欲與教士爲難也。其何以符約章而安民教。爲此，相應將契紙照送貴監督，煩爲詳請湖廣督部堂轉咨南撫部院，嚴飭澧州速將契紙蓋印以符約章，并妥善出示，禁止造謡滋事，庶民教相安，而和睦永敦。至契紙仍希賜還爲荷等因。并送契紙一張前來。查此案前於本年六月初五日准哈領事照會，業經詳蒙咨請轉飭辦覆鄂在案。兹准前因，除先行照覆外，所有契紙相應具文詳賫查核，移咨湖南撫部院轉飭澧州按照約章，查明妥辦，并禁止造謡滋事，併案覆鄂等情，到本部堂。據此。除批：卷查教士趙本篤，於光緒十二年間赴澧州界溪橋地方傳教，人不信從，致肇衅端。經裕前部堂札飭該關道照會法領事官轉飭該教士，勸令勿再前往在案。本年，該教士復到澧州傳教，民情仍前疑阻，謡言四起。經地方官切實彈壓，幸未滋生事端。可見

該處人心尚未信教，勉强行之，終屬無益。仰即照會領事官勸令該教士勿再前往，以息事端。至印契一節，查契内所寫係永租字様，而文内則稱價買。語涉含混，地方官自未便爲其蓋印。如果賣爲該處天主堂公産，賣業之人於未賣之先，應照章報明地方官，請示應否准其賣給，由官酌定，方准照辦。如有私行賣給者，查出立加懲處。此案是賣是租，該業户曾否先行報明，應由澧州核明，照章辦理。除咨明南撫部院轉飭遵照辦理并徑札澧州稟覆外，仰即知照。繳契紙發還，印發并徑札澧州云云外，相應咨明。爲此合咨貴部院，請煩查照轉飭遵照辦理施行。

咨南撫院教士在澧州税契請禁止造謡生事 光緒十六年九月二十二日

據署湖北漢黄德道、監督江漢關税務江麟瑞詳稱，竊照光緒十六年九月十四日准法國駐漢哈領事官照會内開：案查湖南澧州界溪橋税契謡風一案，本領事前已疊次照請轉飭查辦在案，至今竟未獲見該州詳覆。現據該教士稟稱，敝教士屢次稟請州官税契，出示禁止造謡滋事，而州官不理，以未奉上憲明文，不能辦理爲辭。故該處惡黨許性善、曾小豐等益形猖獗，恃州官爲護符，明目張膽，敢於前日齊團聚議，傳言定於九月二十日殺教士，逐教民，搶掠財物，滅此朝食。竊思天主一教，本係勸人爲善，早已奉旨通行各省准許傳教。且和約第六欵所載，凡有傳習天主教者，准一體保護，中國官不得刻待禁阻。第八欵所載，亦准在各處造堂，不得阻擾。而該州受契不印，請示不出，不惟違背約章，亦且藐視諭旨。教士處此危險，情急莫何，衹得據實稟懇轉請速爲税契，出示彈壓，禁止滋事等情前來。本領事據查，此案契約已延擱數載，即謡言亦經數月，而該州總以未奉上憲明文，不能辦理爲辭。不知果係上憲未有明文，抑州官假託上憲未有明文與否。現在該處惡黨猖獗日甚，勢極汹汹，應請貴監督先行逕札澧州速爲出示彈壓，免釀事端，稍遲則不能先爲防範，非惟教士教民受害，即地方官亦受其累。仍一面請詳督部堂迅咨南撫部院速札澧州專以責成，照章印契，妥善出示彈壓，拏獲許性善、曾小豐到案，治以無端滋擾之罪，是所切禱。等因。准此。查天主教本係勸人爲善，爲條約所准行，民間願習與否，均聽其便。至教堂置買産業，由賣主稟明地方官查勘，如無礙民居方向，始准買賣，契内應寫賣作本處教堂公産字様，由領事官送請蓋印，歷經辦理無異。此案前准漢口法領事官兩次照會，并送契約一紙前來，均經詳咨飭辦在案。茲准前因，除逕札澧州趕緊申明條約，出示彈壓，毋任造謡滋事，并將前項契紙按照約章查明妥辦外，相應具文詳請查核，咨移湖南撫部院迅飭遵辦覆鄂等情，到本部堂。據此。除批：據詳已悉。澧州民情强悍，素不與洋人相習，勉强傳教，徒增紛擾，終無濟事。光緒十二年間肇衅一案，可爲前鑒。經裕前部堂勸令勿再前往，原爲息事相安起見。該教士明知其不可行，乃欲自投危險，故意作難，殊太無謂。至於齊團聚議殺逐教士教民之言，如果實有其事，地方官責任攸關，豈能漫無覺察，任其妄爲。該教士以危言聳聽，領事官率行請詳本部堂咨札澧州查辦，而該道輒以鄂省道員徑札隔省並非所屬之澧州查辦出示并契紙等事，大屬不合，應行申飭。以後遇有此等事件，只可詳請本部堂咨明南撫部院轉飭辦理，或由本部堂酌核徑札該管道府州縣辦理，該道不得徑札鄰省地方官，以符定制。印契一事，已另案批發矣。除咨行查辦仰即遵照繳印發外，相應咨明。爲此，合咨貴部院請煩查照，迅飭澧州查照約章，體察民情，酌核妥辦，勿任滋生事端，是爲至要。仍希見覆施行。

札北藩司、善後局迅將漢陽逢守新關徵收餘存銀議覆 光緒十六年九月二十五日

照得前因鄂省新關近年税收短絀，檄委候補道趙道濱彦查悉漢陽府逢守潤古辦理關務積弊甚多，并查出上年一届期滿，所徵税銀除報解開支外，尚餘銀一萬二千五百六十七兩有奇，并未報明有案，當飭逢守稟覆。據呈清摺内稱，餘存銀一萬二千五百六十七兩有奇，實於光緒十二年十一月至十三年九月一届徵銀至十一萬一千二百六十七兩三錢一分六釐九毫，因大部每見解數加增，即據爲定額，是以本年止解九萬二千一百三十六兩三錢九分一釐五毫，餘銀一萬九千一百三十兩零九錢二分五釐四毫，當經回明前部堂裕，推至十三年十月以後再陸續報解。至十四年九月一届收數未能滿額，即將此欵貼補八百餘兩。及十五年一届又撥補銀五千七百餘兩，是以尚餘一萬二千五百六十七兩四錢二釐六毫，已於上年即將此欵先解善後局一萬兩，取有收條，下餘尚存二千五百六十餘兩，總接上年十月起一直滚下，按月搭入現收銀内，分次報解。此欵雖往後挨推，實自督辦至工巡以下，皆有點單、底簿、票根存案，絲毫不能隱匿，并非侵挪，撫轅及牙釐總局皆有旬報可憑等語。而該守所遞稟内，又稱此欵餘存與帳房存銀八千四百兩，皆係上年九月截清届滿後徵存下届正税，合共銀二萬零九百六十七兩有奇，已於上年十二月解赴善後局一萬兩，取有收條，餘銀一萬零九百六十餘兩等語。一云係十三年一届徵存所餘税銀，一云係上年九月截清下届徵存正税，一云解善後局一萬兩下餘二千五百餘兩，一云解善後局一萬兩餘銀一萬零九百餘兩，清摺與稟自相矛盾。查徵存税銀留補下届不足之説，殊屬牽强，豈有十二年十一月至十三年九月一届收數如此大旺，以後兩届年年短絀，并無一年稍旺，實屬不近情理。且從前何以并不報明，迨經飭查，猶復左支右吾，情詞互異，已可駭怪。乃檢閲該守上年十二月，本年正、二兩月報解之文，竟將此餘存作爲三箇月所收正税，與該守前所云點單、底簿、票根及旬報三箇月所收税數判然各異，悉皆置之不顧，誠不解是何居心。查新關每年正額總可徵足，何須另用舊存之數湊補。且即需撥補，亦應將實在情形稟明，聽候核明准駁，何得以解存善後局之欵，任聽該守隨意抽回移充新欠，兩年之間支銷净盡。如取如携，從來公事無此辦法，膽妄已極。前已嚴飭該守明白稟覆，并分别咨行在案。總之，此欵一萬二千五百六十七兩有奇無論是否該守隱匿侵挪之欵，及十三年一届餘存之欵，總應另欵報解，不得任聽蒙混，作爲本届正税新關。現經整頓之後，每届正税徵收必可有盈無絀，亦無庸此欵餘存撥補，自應將此欵據實提開另算，不得任其牽混挪移，作爲十五年十二月以後三箇月新收之數，以昭核實而杜取巧。至十三年徵收正税早經奏銷，該關光緒十五年十月起連閏計至十六年八月一届奏銷，日内即須趕辦，此欵一萬二千五百餘兩應歸入何欵列收撥用之處，應飭司、局迅速妥議稟覆，并飭代理漢陽府沈守保祥，按照本届十二箇月所收正税劃清欵目，以免牽混。除咨行外，合亟札飭。札到，該司、局即便遵照，會同善後局、布政局查照札行事理，於文到五日内議覆。立待核辦，毋稍稽延，致

誤奏銷。

會札委員密查安陸府屬近年抽收船釐附單 光緒十六年十月初二日

光緒十六年九月二十七日准兵部火票遞到承准軍機大臣字寄湖廣總督張、湖北巡撫譚。光緒十六年九月十六日奉上諭：有人奏，湖北安陸府屬獅子口地方抽收船釐，近年逐漸加增，繳足後并不給票，往往留難數日，不肯放行。該處船釐無補正欵，徒累商民。懇恩撤免等語。各省徵釐向有定章，豈容任意苛索。所參各節，著張、譚確切查明，據實具奏。此項船釐應否准予撤免之處，并著體查情形，奏明辦理。原片均著抄給閱看，將此各諭令知之。欽此。遵旨寄信前來等因，到本部堂、部院。承准此。應即欽遵委員，馳往密查稟覆。查有湖北即用知縣趙五星堪以委派，合亟札飭。爲此，札仰該員即便遵照，剋日束裝馳往該處，按照原奏各節，不動聲色，暗訪明查。如有苛索匿報以及擾累商民情事，務即分晰確切，查明後即將船釐局近年流水賬簿、票根等件調取查對明白，據實稟覆。并將近年賬簿、票根等隨帶來省，聽候查核，飭行司局籌議覆奏。該員務當認真詳細密查，勿得絲毫瞻徇隱飾。毋違。切切。

原奏片

再，查湖北安陸府屬獅子口地方設立船釐，歷有年所。其始每船所收，極多不過錢數百文，至近年則逐漸加增，一船非錢數千不能完釐。繳足之後，并不給以票據，往往留難數日，不肯即時放行，故長河上下，人皆視為畏途。似此病商厲〔一〕，不但朝廷不及知，恐亦非大吏所料也。竊惟軍興以來，釐金為國家不得已之政，即令藉以充餉，亦必立有定章，示以遵守。乃該船釐任意苛索，有加無已，徒供胥吏之橐，無補正欵之需。揆諸我皇上裕國便民、子惠元元之至意，亦實有不能盡副者。合無仰懇天恩，飭下湖北督撫立派妥員密查，有浮收切實究辦，并將定章刊示，不得蒙混抽取，俾永遠遵行，以歸畫一。倘蒙聖仁矜閭閻之疾苦，以為所收無幾，酌予撤免，出自高厚之施，則又非微臣所敢擅請者也。臣冒昧續懇，毋任戰慄屏營之至。伏祈聖鑒。謹奏。

札北藩、臬司會詳麻城三慶恒、黄岡永順公控爭黄州會館一案光緒十六年十月初三日

照得麻城縣職員三慶恒等、黄岡等縣貿民永順公等控爭黄州會館一案，自光緒十三年黄岡劉志連控告麻城馮學美爲始，時閱四年，屢結屢翻，枝節橫生。前經奎前部院批，委湖北補用知府徐家幹，會同荊州府舒惠提集卷宗人證，逐一會訊，斷結取具，兩造遵依切結，於本年九月十一日稟請銷案前來本部堂。查此案纏訟不休，誠如奎前部院所批，實由根底未清所致。會館創自麻城，不曰麻城而曰黄州，自應體察前人創建之心，公諸一府。惟查此館肇始於康熙年間麻城錫匠公所，至乾隆二十三年，麻城各商卜基建館，置買房屋，陸續積欵至萬餘金。四十九年起修會館，五十一年告竣。黄岡洪泰臨於乾隆五十九年始捐鑄鐘銀一兩。嘉

〔一〕「厲」字下似脫一「階」字。

慶六年，洪泰臨始捐義地銀四兩。是黄岡入會於嘉慶年間，在會館久已造成之後。至黄安各商，自咸豐年間始來沙市貿易，於光緒三年始行入會，爲時更晚。且據該府等查明，該會館自乾隆二十三年至光緒十六年，均係麻人公派值年經管，登註明晰，公欵開支尚無含混，百餘年來相安無事。而黄岡劉志連等、黄安德順公等忽搆訟端，并欠房租。且劉志連等控詞供詞又多失實臆度之詞，尤屬不合。總之，麻人獨捐鉅欵，創修會館，經始之功，究與岡、安二邑有别。若派管值年，不復少示軒輊，恐不足昭折服而斷訟藤。兹徐守等議以麻城公舉一人爲總管，黄岡公舉一人爲協理，按年輪值。黄安入會最後，不派值年，每届算帳之期，邀黄安正經號商公用核對，尚屬公允。當批：此案既據該府等集訊酌斷，均各遵依，取具切結，准即如禀銷案。至所該麻城賓興及萃英堂兩欵，有關學校，未便久懸。既應該會館公還，限以歲收租項分繳，即由該府等定以年限，每年應繳若干，令其照定案分繳，以免稽延推展。仰荆宜施道轉飭遵照。仍候撫部院批示。繳。等因。於九月十三日批行荆宜施道，轉飭遵照在案。先據麻城職員三慶恒等、黄岡永順公等互控來轅。因案經斷結，當批：案已據該委員徐守等斷結，取具兩造遵依切結禀覆。查核所斷，尚稱平允，乃汪綬榮、李貽興等圖翻拖累，實屬非是。仰荆宜施道查照立案不行，以省訟累而杜健訟。詞鈔并發。等因。又於永順公詞内，批案經該府等訊斷，兩造遵結，并無偏袒，不得任意圖翻，致滋訟累，難安生業。着仍遵斷毋違，仰荆宜施道立案。詞鈔併發。等因。均於九月二十四日批發荆宜施道各在案。兹於九月二十九日據北布政司呈報，奉撫部院批，據麻城縣職員三慶恒等、黄岡等縣貿民永順公等呈控争黄州會館一案等情。奉批：查此案前據該府與委員徐守會禀，固謂會館起於麻城，確有根據。而檢閲前署江陵縣黄牧原禀，則稱會館雖創始於麻城，而岡、安二邑商人後亦捐有經費，置買産業，是該二邑既有捐欵，無論遲早，即不得謂爲無分。且會館之名，不曰麻城而曰黄州，顧名思義，當亦聯閤府之鄉誼。即使麻人創建，亦可見前人存心之公。今兩造立異争訟，無非黷産，各懷私見。不然，則會館本屬公所經理，果係公人，無論何縣執管，皆不得染指，又何用争執爲也。況查該前署縣黄牧原斷甚屬公允，當時兩造本已遵依，乃由馮學美避匿主唆翻訟，其爲藉訟霸管，圖飽私囊，情更顯然。今仍又使該職等來轅妄瀆，益見逞刁。若再任其狡執纏訟，勢必公産不盡不休，會館將成廢址。本部院持平定論，應仍查照縣斷完結。會館無論建自何縣，既已題名黄州，應作閤府公所，其帳項産業，嗣後即於麻城、黄岡、黄安三縣商民中每縣各選擇公正之人，妥定章程，輪流經管，以昭公允。未經擇定首士以前，所有公産租息，暫令江陵縣先爲收存。或出示停止收取租息，俟選舉有人再行發交收取。其現在興訟謀充首士者，概不准干預，并不准藉訟費開銷公欵，以絶覬覦而杜訟蔓。仰布政司即飭荆州府速傳兩造到案，查照取結，并勒令馮學美即將契帳呈繳。倘敢抗延，即行解省懲辦，毋稍寬縱。切切。同日，又奉批：已於麻幫首士三慶恒等呈内批示矣，仰布政司查照飭遵，粘件并發各等因。奉此。除檄荆州府并江陵縣遵辦外，合先具文，録報憲台查閲。爲此，備由呈乞照驗施行等因，到本部堂。准此。查此案先未准撫部院録批咨會，遂致兩批歧異，該地方官商無所適從，自應覆加詳訊妥擬，以歸畫一。應飭北布、按兩司移行荆宜施道，督飭荆州府暨原派委員徐守調齊人證、卷宗，再行秉公詳訊，確核會禀，由司覆核，妥擬議結。務期酌量衡情，衷諸至當，會詳銷案，以息纏訟而安商業。除分行外，合亟札行。札到，該司即便遵照，移行該道府、委員等遵照辦理。毋違。

咨總署收管宜昌英商立德出售棧房地基光緒十六年十月初三日

光緒十六年五月十七日承准貴衙門函開：頃據總税務司呈稱，所有買留固陵輪船及在宜昌之棧房基地一事，茲將英商立德繕立出售字據，由領事官蓋印，共十紙，併送貴衙門存案備查。此項輪船已遵奉飭知，交招商局接收，其買留之宜昌房地宜作何用，請示覆以便遵行等語。查固陵輪船已於四月初間咨行貴處，改歸鄂省應用，至棧房基地，自應由我接收。茲據總税司申呈請示前來，究竟該處基地應作何項公用，即希台端酌核見覆，一面先飭宜昌關道按照圖契查驗收管可也。附抄圖契各一紙等因，到本部堂。承准此。當飭宜昌關道方恭釗遵照，將棧房基地按照圖契查驗收管，并查明各房屋是否完整，有無滲漏，其未竣工之兩間尚差工程幾何，須加費若干始能一律修建完固，詳估稟覆去後。旋據該道詳稱，遵即委員會晤該關好税務司。據稱，立德尚有寄存什物等件在內，擬令一併搬清，再行交收，以免枝節。嗣於八月初五日經好税務司會同英領事，將立德存物搬空，當將該屋及基地按照契界面交委員驗收訖，現派關勇二名暫行看守，原發圖契仍存關檔查考。再，好税務司面稱，自接收派人經管該屋至今，計四箇月零十八天，每月墊發工食錢四串，合共付錢十八串四百文。該道以接收之前係看守立德房屋物件，其錢應由立德照付，因爲數甚微，好税務司又赴渝在即，姑予通融辦理，已飭關員如數撥送歸欵。查該屋前間略同洋式，後屋未竣工者係中國式樣，計上下兩層，前後多開窗户，又似仿照洋式而做。該屋雖屬新造，然自去年二月間初議收買船棧之時即已停止，年餘以來無人居住，剥蝕甚多，基地四圍多無墻垣遮攔。當飭委員就未竣工者估修完竣，共約需錢二千一二百串文。亟應即時修理，以免頹敗。再，英商立德此次售出屋地，延不交清，聞好税務司電其來宜，亦竟不來，顯係規避取巧。查該商曾在本國倒賬，又於前升道任内違章舞弊，迭犯數次。雖經於前升道照例懲辦，難保其不再至宜渝貿易。該道已函知好税務司并咨川東伊道開關後嚴密防察，合併聲明等情，到本部堂。據此。除詳批回外，查該英商立德出售棧房基地，已由宜昌關道按照契圖驗明收管，派勇看守，惟房屋墻垣多未完備，估修需費二千一二百串文，應俟將來作何項公用，再行籌欵修理。合將接收英商立德棧房基地緣由咨呈貴衙門，謹請察照施行。

札委張金生等往衡、寶、永查勘煤鑛光緒十六年十月初四日

照得湖北現設煉鐵廠日需白煤三四百噸，籌辦煤炭最爲要務。前經檄委候選道徐道建寅、湖北試用知縣歐陽柄榮、補用典史歐陽棽，前往衡陽清泉、耒陽、常甯三屬，鑛務委員守備池貞銓、湖北候補知縣高培蘭、湖南試用典史王天爵，前往寶慶府邵陽、新化兩屬復勘煤鑛，并赴祁陽縣詳細履勘，籌議稟覆在案。茲查徐道建寅現已請假回甯，亟應分別改派。查有鑛務委員、都司張

金生堪以飭委，會同原委各員先行各赴衡州各屬復勘煤鑛。一俟勘畢，即令守備池貞銓、知縣歐陽柄榮、典史歐陽棽三員即赴祁陽縣履勘煤鑛，都司張金生、知縣高培蘭、典史王天爵即赴寶慶各屬履勘煤鑛。各該員等應即和衷商榷，按照前查各處曾取煤樣化驗，擇其質良灰少、煤苗寬厚之區詳加體察。何處可用舊窿，何處宜開新井，購買抽水機、起重機及各種機器之價若干，開井、造廠之費若干，各就地勢運道情形逐一估計。窿户之有力者，若能自購抽水機器試辦，則出煤愈多，獲利愈厚。其無力者，則官爲租買山場，仍用本處人夫自行開採。要在切實開導，使知此舉係爲民間開濬利源。煤利既興，則開挖挑負之人夫、裝載運轉之船户自必增多數倍。衡、寶各屬煤産之富甲於天下，雖千萬年開採，亦無慮其罄竭。此實湘省獨擅之地利，貧民無窮之生業。但患出之不多，無患取之易盡。除行鐵政局轉飭各員暨咨行外，合行札飭。爲此，札仰該員即便遵照，會同各員刻日束裝就道，按照此次札派地段指飭事理，查勘詳確，妥速籌議禀覆，毋稍率忽。尤不得稍有稽延，致誤要工。切切。

札南、北藩司飭議開設輿圖局

附單　光緒十六年十月初六日

照得前准會典館咨開，本館現辦會典輿圖，謹將畫圖事宜及擬就圖式、附圖説式奏呈御覽。奉旨：依議。欽此。今將圖式、附圖説式刊刻頒發，行文貴省遵照。奏定限期於一年内，測繪省圖、府直隸廳州、縣圖各一分，附以圖説，解送到館。省圖每方百里，府直隸廳、州圖每方五十里，廳、州、縣圖每方十里。疆界袤廣不齊，方數不必拘定格式，大小必須遵照頒出圖式，以期畫一。至測算里數，人行里曲，鳥飛里直，查國朝胡渭繪禹貢圖，創鳥飛準繩之説，合晉裴秀準望之義。胡林翼等所刻大清一統輿圖即用其法。今各省繪圖開方，皆依法測繪，庶幾方向不差，里數可合。茲事體大。在當時尤須講求，務須從速從實開辦，不得將舊圖及志書所有之圖搪塞了事。儻有草率從事及逾限不交者，由本館請旨責催。所有省府廳州縣志書及海防、邊防、河工、水利、漕運、鹽銅、刑案、兵制、軍器、官書册籍，有爲畫圖所應參考事例所應纂入者，先送到館。官紳自繪自刻輿圖精審者，並許一同解館以備考證。謹録原摺各行查照等因。業經裕前部堂咨照通行。本年五月初八日又准咨開，本館具奏畫圖章程一摺。奉旨：依議。欽此。相應刷印原奏，移會查照辦理等因。復經本部堂咨照通行各在案。查上年七月初十日會典館原奏内稱：先擬就開方圖式，敬請飭頒各省將軍、督撫，遴派留心地理精於測繪之官紳士子，限期一年，每省繪一省圖，及所屬各府直隸州廳分圖、州縣分圖解送到館。儻有草率從事，及逾限不交者，由館奏聞，請旨責催。等因。本年二月，曾據永州鎮總兵韓晉昌禀請，飭司訪求測繪之人分赴各屬繪圖。當經本部堂札行南北布政司認真延訪，妥籌辦理等因在案。迄今一年之限已將届滿，應如何籌辦及訪求精於地理及測繪官紳之處，北、南兩藩司均未據籌議詳覆核辦，殊屬怠忽。查會典一書，分典、例、圖三門，而圖中輿地一門，關繫綦重，爲用尤宏。聞各省多已設局認真舉辦，行將告成，而兩湖獨置之高閣，殊屬不成事體。茲特再將會典館兩次原奏摘要鈔録，黏單札發，亟應於省城設立輿圖局，遴員專司其事。查照會典館兩次具奏及咨行事理，認真籌辦，并延訪精於地理及測繪之人來省，暨購辦測繪器具應用。先將近年所修湖北通志内畫成之輿圖復加審核，本省舊有地圖與胡文忠公所纂各省全圖、陽湖李氏全圖互相參考，議定以何爲底本，何項就原本拓充，何項須另行測繪，分别採訪釐訂，繪圖纂説，立定課程，分門辦理，方免訛謬延誤。其新舊省志、府廳州縣各志，書局所刊輿地圖書及各官紳自繪自刻圖書之精審者，迅速調取到局，以憑考證採輯，分别解送會典館。應如何設局開辦及延訪人才、籌撥經費之處，速由司會同善後局妥議章程，詳覆核辦。

會典館奏摺〔一〕　光緒十五年七月初十日

奏為詳陳畫圖事宜，并催各省速解志書、官書、册籍，以備採輯考訂，恭摺仰祈聖鑒事。恭查嘉慶會典，分典、例、圖為三，相輔而行。典、例所不備者，每賴圖以著明。圖中禮制、祭器、樂律、樂器、度量、權衡、冠服、輿衛、天文儀器之屬，並應遵照原圖考繪。武備之屬，須酌增新式數事。其日出而無定式者，不能畫圖。惟輿地一門，今昔情形稍異，關係至切，為用尤宏，亟應重繪。洪惟聖祖仁皇帝以天縱之資，察地員之奥。上揆躔度，創繪輿圖，藏之内府。高宗純皇帝威德遐宣，拓地三萬餘里，回疆、青海、藏衛、金川，罔不率服。採河源，測年極，審經緯度分。於輿圖重加欽定，列入會典·兵部。仁宗睿皇帝續修會典，又增内蒙古阿拉善、額魯特、額濟納舊土爾扈特及外蒙古喀爾喀、科布多、唐努烏梁海百餘游牧部落。九州砥屬，八極會同，按圖可稽，作述詳備。惟是各府廳州縣分並陞降改隸，職官增減移駐，盛京吉林增設州縣，新疆建省，臺灣駐紮巡撫，與舊制既多同異。河流遷徙，中外疆界，亦屢更定。又會典原圖，未標經緯綫及開方。有省府直隸州廳圖，無州縣圖，不可不及。今詳考另繪。現在各部院册籍未齊，圖亦不全，無可據以入繪。應先擬就開方圖式，敬請飭頒各省將軍、督撫，遴派留心地理、精於測繪之官紳士子，限期一年，每省繪一省圖及所屬各府直隸州廳分圖、州縣分圖解送到館。夫莅政行軍，莫先形勢。各疆臣於管子察環轅之術，義當夙諳。如並實心講求，因宣力而作繪，視晉裴秀、明朱恩本宜詳明過之。倘有草率從事及逾限不交者，由臣館奏聞請旨責催。俟新圖解齊，仍取原圖互勘入繪。各部院事例與地圖關涉宜互證處極多，今例舊圖，每有歧異。臣等深知幅員廣大，聞見難周，即多方考訂，難必一無舛錯。惟多一圖，有一圖之用；多一番考訂，收一番考訂之功。此事亟須求詳舉辦，不宜更緩，期限却不可太迫。臣等董率，理應謹嚴。所有一切事宜，分條臚陳，伏候聖明采酌。

一、總圖宜具經緯度數，分圖但可按鳥里開方也。中國居赤道北，經度近赤道則侈，近北極則斂。若分圖皆具經緯度數，北狹南寬，各省分繪難免舛誤。查外間所行輿圖，惟嘉慶中原任安徽鳳臺縣知縣李兆洛所繪總圖，同治中原任湖北巡撫胡林翼、嚴樹森等所刻畫圖最為精核，皆具經緯度數，而胡林翼等圖尤詳。雖間有可議之處，准望則不致大差，且畫法係遵照内府圖式。今宜據為畫圖藍本，采訪釐訂，更加測繪。首例每方四百里略圖，附地球東、西兩圖；次每方百里分排圖，卷數尺寸，悉依原例，不必增減縮合。至各省分圖，應照此次所請，飭頒樣式。省圖每

〔一〕録自苑書義等主編《張之洞全集》第四册，第二六八九至二六九九頁，河北人民出版社一九九八年版。

方百里。省有大小，不拘方數。府直隸州廳每方五十里，不拘方數。州縣每方十里，不拘方數。其省府州縣城堡、卡倫、鄂博、營屯、山水，并用胡林翼等圖例，以昭畫一。

一、省府廳州縣各圖宜以次遞詳也。省圖但著所屬府、直隸州、廳州縣及名山大川、駐官、關隘、城鎮。府、直隸州廳圖，惟著所屬州縣分司及巨山經流、大村雄鎮。州縣圖則群巒支港，大小村堡，都宜詳繪。

一、圖説宜增修也。原圖每省、每府圖後均有説，詳省距京、府距省方向里數，四至八到及水道，今宜存其舊文。如規制有改定，水道有遷移，應查官書及檔籍，并令各省開報，詳注於下。其新增各府州縣圖，亦令各省繪圖時即按照原書圖説之例，詳考具説於後，并記何時增設改立。

一、疆界宜詳察也。近年以來，有與各國立約分界之案。原圖舊界，不可更動。所有屢次畫界，但可於圖中詳記關口、卡倫、鄂博、噶珊、土司、村鎮地名，連點標明。應請飭下總理各國事務衙門，詳檢定界條約及圖籍送館。一面由館中行文東三省、新疆、廣西、雲南，各繪詳圖，附以詳説報館。至蒙古、回疆、四川及沿邊各省將軍、督撫，擇派明習地理算學數人，携帶算生畫手，分循新界舊界履勘采訪，測繪詳議呈館，再由臣館檢官私圖書印證，庶圖成可佐籌邊之用，亦不致貽他族口實。如各省所派之員采訪不實，繪記外誤，查出惟該將軍、督撫是問。此事所關尤鉅，倍當慎之於幾先爾。

一、繪事宜擇人也。原圖列十二門，為圖一千四百三十。今又增繪。繪器與繪地，操術不同。所用繪手，不能不稍多。恭查嘉慶年間辦理章程，圖上别立總纂官、幫總纂官、校對官。其畫手多用吏部召募工於繪畫之人，嚴加考試，精取繪圖謄録數名，以備咨取，不許濫竽充數。繪不合法，咨回另行考取。又有承辦界畫供事五名、承辦輿圖供事二名。其人俱解繪事，協同繪畫繪圖。謄録與繪圖供事，俱另班獎叙。今宜遵照辦理。惟應考畫手未必工於測算，計里開方原非易事。除照舊例考派外，擬由同文館先派算學生兼能繪事者三四人，并充繪圖謄録。其在同文館應得月費膏火，不必開除。外省解到各圖，如有測繪精敏者，請旨調取數員，來充圖上纂修、協修，仍令本省資以薪水。此項調用人員，并照繪圖謄録供事，圖成另班照原官大小酌量優給獎叙，庶資鼓舞，早覩厥成。

以上各條并畫圖事宜應籌度者，如蒙俞允，請由臣館設立繪圖處，派定總纂官、幫總纂官、校對官，一面考取調取繪圖供事謄録，先將應行遵繪各圖畫出，俟各省地圖陸續解到，再行開方測繪。至各省省志、府廳州縣志以及河工、水利、户口、田賦、漕運、鹽銅、刑案、兵制、軍器官書册籍，有為畫圖所當參考，有為事例所應纂入者，一併應請旨飭令速解到館。其官紳自繪自刻輿地圖書有精審者，并許一同解館，以憑采輯。臣等公同商酌，是否有當，伏乞皇上聖鑒。謹奏。

奏為詳定畫圖章程，恭摺仰祈聖鑒事。臣等於上年十二月二十日奏派畫圖處人員。奉旨：依議。欽此。遵即開辦，應將圖上各事宜詳定章程。謹擬十條，恭呈御鑒。

一、書籍宜多備也。恭查乾隆纂修會典時，值三禮館、律吕館告成，二館存書并翰林院及各衙門書籍資考據者，俱聽酌取，以備稽考。嘉慶續修會典時，亦值欽定皇朝三通、欽定四庫提要成書之后，咨取書籍尤易。今開館二年有餘，咨取書籍，每多不齊。書上纂修事例，謹憑各部院檔册。檔册亦未全備。擬俟各衙門檔册查完，事例粗具，各處官書解到，即令本衙門承辦事例之員再行恭檢實録、聖訓及各官書校補遺漏，以求詳備。至圖上纂辦所用書籍，尤屬浩繁。考康熙、雍正、乾隆三會典，圖附例中。嘉慶會典始析出。必當令四典以證淵源，其禮制、祭器、彝器、樂律、度量、權衡、冠服、輿衛、武備諸門，多本之欽定古今圖書集成、欽定皇朝三通、欽定禮器圖式、欽定三禮義疏、欽定國子監志、欽定日下舊聞考、欽定律吕正義前後編、宫中現行則例、欽定宫史及乾隆大清通禮、乘輿儀仗做法、工程做法、軍器做法、各衙門圖檔，兼采及明王圻之三才圖會。天文、算術、儀器諸門，本之欽定歷象考成、儀象考成、數理精蘊及靈台儀象志。輿地一門，本之内府輿圖、欽定皇輿西域圖志、欽定治河方略、欽定河源紀略及乾隆大清一統志。各省府廳州縣志圖，兼采及故禮部侍郎齊召南水道提綱，故輿地圖説於水道極詳。以上各書，有應請出恭校者，有應咨取訪購戡對者。通禮、一統志，道光間已重修。儀象考成，道光間續有後編。各省府廳州縣志，新修者尤多。輿衛圖，亦有新繪者。嘉慶十七年以後，各省府廳州縣升降改並源流，以道光續修一統志為最要。查國史館有正、副二本，應先請過正本，為纂辦圖説之用。嘉慶以後官書，亦惟國史館所存較多。兩館相距不遠，擬請由國史館總裁官、提調官酌派協修官二員、供事四名，輪班在國史館專司收發書籍。圖成時，該館提調官及所派協修官、供事，按照各衙門查檔功課議奬。其各省志書局刻圖書，應令從速解館。至坊肆印刻官私書，有為校圖所必需者，在京由臣等公商訪購派部支領，外省由臣館開單，咨省購買解館。

一、請書宜謹護也。凡請出圖書，多係内庭專藏之本。發出後，由收掌官將頁數及有無原缺損濕痕迹開單交内務府。原領人員登記，提調官、總纂官公同商酌限期，纂修官、協修官、校對官在館恭校，不得折角污損，不許私携出館。每日校畢，收掌官檢齊收藏。有折損及携出館者，查出即將本員咨回原衙門，並將收掌官記過。校完，即由收掌官送交原領之員，按數核對繳進。

一、功課宜從嚴也。現雖各省及邊疆藩部圖籍未齊，輿圖宜稍緩開畫，而各門應校應補者自可次第商辦。纂修、協修各官，分任校理考查，將應遵繪、應補繪輿圖説、應修改添註增撰之處一一簽出，再由點纂官擬定條例，交臣等核定。應先繪者即開繪。總纂官、幫總纂官八人，分四班，每班二人。纂修官十人，亦分班輪日到館，辰入申出，五日咸集，公商疑義。總纂官、幫總纂官有内廷差使者，到館可稍通融。其餘各總纂、幫總纂、纂修官有不到注假，不得連注，俟圖多時趲辦，宜逐日到館。自開辦之日為始，派定圖上收掌官二員，輪班在館督供事登考勤簿，按日詳記某總纂官、某幫總纂官復核某圖，增改幾條；某纂修、協修官復輯某圖，創辦某圖，增修某圖，校改某圖，監繪某圖，纂圖説若干條，修補改訂圖説若干條；某詳校、校對官核某圖及圖説；某畫圖供事畫某圖，謄録承繪某圖，兼繕某圖圖説，謄録供事注某圖圖中小字，繕某圖圖説。每月朔，同書上考勤簿，送各總裁官稽查畫押。開辦後，亦按照書上章程，三月奏報功課一次，三月無功課之員記過。記過三次之員，咨回原衙門。下次補交初次功課者，銷去初次記過。各部院所派圖上協修官，有專長三禮之學及掌故者，任禮制、祭器、彝器、冠服、輿衛諸門。有講求樂律者，任樂律、樂器、度量、權衡諸門。有留心海防、營制者，任武備諸門。有精天文、明算術者，任天文、算術、儀器諸門。有熟於何方輿地者，任何方輿地。任定功課，并須時時到館。其餘檢查本衙門應辦事宜，交出檔案圖書於會典各圖中實可參訂者，即按可采之條作為功課。禮制、祭器、彝器、樂律、樂器、冠服、輿衛，禮部檔案為多，敬考欽定律吕正義後編。樂器均畫正面、剖面，其縮繪依原器幾分之幾，於標名下注明，實視典圖為精。除擇要遵繪外，所有禮器諸類，并擬查原器照繪。又原圖有舞器無舞圖。壇廟舞譜，亦詳見欽定律吕正義後編，可據以酌增。惟喜起舞、揚烈舞、慶隆舞未繪有譜。此禮部纂修官、協修官、内務府協修官所應會同太常寺樂部人員考查者也。刑部禮律則例中，間有與禮制可互證之條。嘉慶會典前列奏定事宜云，會典内圖式刊具報制之類，罔不備列，而圖中兩門實闕。此禮、刑二部纂修、協修官所應考查者也。輿圖武備，兵部所司。營屯、牧場、臺站、卡倫，皆輿圖所當采。武備新式，海軍衙門為多，并宜酌繪纂説。吏部之增設省府廳州縣，户部之改定疆理，工部之河渠、海塘、城垣、礮臺，總理衙門之界約、界圖，理藩院之藩部并與典圖有關。此户、兵、工三部纂修、協修官所應會同海軍衙門、總理衙門、理藩院纂修、協修官考查者也。陵寢、壇廟、宫殿制度尺寸，圖説中多未詳。此二部纂修、協修官所應會同内務府協修官考查行文、測量補纂者也。凡檢查圖檔每交一事，准其難易。易者作一條功課，難者抵一圖功課。圖成，於書上纂修官、協修官，并照奏案核算功課，分別議叙。無功課者，不列名。若所交檔册書籍於圖無所取裁及復出者發還，不列功課。其纂辦功課草率者，發還另纂。不聽商辦者，提調官、總纂官將其應辦功課選派他人。

一、地名宜檢查也。事例中所有地名，舊圖多無稽考。應於開辦之初，合圖上各員，將嘉慶會典·事例分門詳檢。書中所有大小地名、支河汊港，按省分邊地，開成詳册。又官書中歷届欽定方略及欽定皇朝三通内地名，圖中亦不可略，并應一一請出分檢，開入册中，行文各省督撫及各將軍、都統、辦事大臣等訪查明確，繪圖時按方向里數增入圖中。圖中不能盡列，别開詳册交館。此次新增事例，所有地名，隨時由書上總纂官、幫總纂官知照圖上人員續開行查，補入圖册。

一、增改宜有據也。書上以各部檔册為據，圖上不能盡有檔册，所有總纂、幫總纂、纂修、協修各官增補新圖、修改舊圖及圖説，仍按照舊圖圖説作例，不列書名，另將所據官私書圖詳録底册，注明書名卷第，不許私撰臆説。俟繪成，隨圖交總裁閲改商訂，再排入典圖。將來恭呈御覽，仍簽明敬俟欽定，以杜妄增妄改之弊。

一、詳略宜有體也。凡辦書與圖，先辦長編時不嫌繁密，至成書必芟其蕪冗，使就簡潔。此書典、例、圖雖分三門，而實則互相發明。典所詳者，例與圖説略；典不詳而例詳者，圖説亦略；典例俱不詳應入圖説者，説則詳。三者各有宜詳宜略。其欽定各書頒立各官者，舊圖但舉大略，而不甚求詳，所以省繁復，亦如部例詳而會典事例略也。今遵此意，擇其應補者補入、應續者續入，要以簡明為主。惟輿地一門，康熙、雍正、乾隆、嘉慶四會典·輿圖，以次加詳，今宜更詳於嘉慶圖。辦輿圖，先辦州縣，次府、直隷廳州，次省圖，再合校總圖，由詳而略，庶免遺漏舛誤。其中體例，尚有須斟酌改訂者，俟將來開畫時商定。

一、用人宜變通也。圖上協修官、校對官，由各部院分派。所派協修，如有綜核典則、通習圖史大例者，僅充協修官未盡所長，應照嘉慶檔案令，而以協修充幫總纂官。俟有纂修缺出，升補書上纂修、詳校等官。有將本分功課辦完，或所學甚優，可兼充圖上幫總纂官、纂修官。或能查圖檔，可兼充圖上協修官，由提調官與總纂官公同商定，由臣等點派。如訪聞各部院人員，真有精通禮制、武備、天文、地理之學未派入館者，亦可由館咨取。乾隆十二年會典館奏定條款，准照三禮館總裁於進士舉貢内確知經術湛深、長於編纂者酌保數人，以收實效。此次辦理各圖，正宜破格求才。惟采之虚聲，不如驗以實事。臣等如有訪聞，擬即由館調取，作為額外協修官。俟辦有成卷功課，果能實副其名，再派充圖上協修官。至圖上各部院協修官，有於畫圖、查圖檔不能得力者，尚能檢案辦書，可即移為書上協修官。

一、器具宜求精也。測繪天文算術諸圖、地球總圖及武備各新式圖所用器具，每分直自數金至數十金，均擇其適用而精潔靈便者。合宜擬由館自行購辦，行文户部支領價值，臣等公同核定，部中不必扣減。其餘一切木器，仍行文工部調取。

一、畫手宜考取也。畫圖謄録，除由臣館訪聞隨時選派，並行文欽天監、同文館、南北洋及各省咨取外，本年會試後，正才士云集之時。擬由臣館查照實録館謄録章程出示，定期檢考畫圖謄録。凡舉貢生監與在京候選職員、七八品以下小京官，有願考者，先在吏部報名，匯齊選館。臣等恭擬測繪界畫兩題，即在館中定期考試。應試人多，分日考試。綜計舊圖一千六百，新增天文、輿地、武備，並擬收入長江、黄河沿海七省海口各圖，數當相等，合三千餘圖。除遵循舊例會典中各圖不發繙譯外，每圖畫一底本，一呈堂副本。呈堂由總裁閲定後再繪一恭呈御覽本。欽定後，再繪一備陳設本，一發刻本，凡五分，為圖數將二萬。計人繪二百圖，須用畫手一百餘人。此次先考取測繪謄録三十名，界畫謄録三十名。館中畫圖謄録除咨調者，以二十名為額，按名次陸續傳補。傳補畢，再檢考。風氣既開，後必勝前。其題紙考卷，由館刻辦，咨户部領價。測繪者滿二百圖為上等功課，百五十圖為中等功課，百圖為下等功課。滿功課者聽其行止，願在館效力多繪者，將來議叙，酌量從優。兼繕圖説、注寫圖中小字謄録，仍由書上各謄録中選字體瑩潔端正者充派。其畫圖供事，嘉慶會典原定界畫供事五名、承辦輿圖供事二名，俱能繪畫。今界畫多仍舊式，增圖尚少。測繪、天文、輿地、武備各圖所增較多，應派畫圖處總承值供事四名、承辦界畫供事四名、承辦測繪供事六名、注寫圖中小字兼繕圖説供事十名，就現在供事中能繪畫工小楷者選擇酌派，毋庸另行考取，亦不必按圖上各官分派承值供事，徒多冗濫。

一、經費宜裕籌也。向例各館桌飯每銀一兩，户部發制錢一串文。自咸豐中，減成發大錢二千文，各館用項皆絀。查各館所修之書，或門類無多，成書較易；或永遠開設，功課不亟。惟臣館薈萃各衙門事例圖籍，官多務繁，非趲辦不能依限告蕆。然自開辦以來，經費不敷。書上纂修官、協修官，均各在本衙門纂辦。提調、總纂、幫總纂各官到館辦事，每月惟辦六餐。此後書上功課益多，提調官及書上總纂官須日日到館，各衙門纂修、協修、詳校、校對各官來館辦事者漸多。圖上開辦後，總纂、幫總纂、纂修各官須按期到館。各衙門所派圖上協修、詳校、校對各官，亦自有到館者。至書上承值供事、圖上謄録供事人員甚衆，日夕在館辦事。桌飯之外，須量其勤惰，酌予津貼，以資鼓勵。今若令館中大小人員均請查照定額，實發桌飯銀兩，為數月過千數百金，未免太費。擬請由户部月發書上經費三百兩，圖上經費二百兩，臣等當飭提調官撙節籌辦，勿使絲毫糜費。每日書上、圖上各輪派收掌官一員，專司賬目。每月朔日，由提調官將用欵、存欵賬目與書上、圖上考勤簿，呈交臣等詳核畫押。其制辦器具、購買書籍及畫圖紙張、工匠人役各項銀兩，另行報部支發，不在此數。竊惟會典一書，紀已成之謨烈，示後世之訓行，絜經政之紀綱，備宸猷之敷布。此次畫圖，在全書中雖因實創，將來圖成後，於立象垂制，體國經野，稍資廣運，則經費不為虛糜。臣等仍當公同查核，從嚴鉤稽。以上十條，臣等公同商酌，是否有當，伏乞皇上聖鑒，訓示遵行。謹奏。

再，此次臣館酌請欵項，為辦理書與圖之用，原期速於蕆事。若不立定限期，誠恐虛糜無節。查會典原有十年告成之議，計開館已逾二年。擬自此次奉旨之日起，限以八年，即行停止，以昭核實而期迅速。理合附片具奏，伏乞訓示遵行。謹奏。

札鐵政局刊發曉諭鄂、湘及川、贛各屬民間多開采煤斤示〔一〕

光緒十六年十月初七日

照得湖北、湖南各屬并川省夔、巫，江西萍鄉地方多産佳煤，亟應飭發告示，曉諭民間開采，以濬利源。合就札發。札到，該局即將發去示稿一紙，刻日刊刷一千道，呈賫來轅蓋印，以憑飭發張貼曉諭。毋違〔二〕。

札黄州府查都司李先修禀該協副將各欵附單

光緒十六年十月初八日

案據湖北黄州協中營都司李先修禀稱：竊都司由行伍入標下營效力，前蒙各上憲歷拔，今職歸標候補，并迭蒙恩予差務，計前後一十餘年，幸免違誤。光緒十五年，蒙前憲裕以都司勤慎穩練，委署黄州協中營，都司楊得山調省遺缺，衹領委札，遵於是年八月十九日到營接印任事。伏思黄州爲省垣門户，地當水陸要衝，原設副鎮兼領三營，而中營都司、僉書員缺，實膺首領之任，一切兵馬、錢糧、軍器以及盤查庫局，察驗汛防，在在皆關緊要。都司自慚無似，惟其矢勤矢慎，以冀答鴻慈於萬一。敢以事涉代庖，稍形弛懈。都司自受事以來，無論營務大小，事事皆禀命以行。而副將陳以都司署事之員，無關隄防，由此補員補兵，無缺不弊。此都司無力清釐罪難自逭之實情也。惟是寸心歉仄，欲爲扶同則深負委任之恩，欲爲整飭則重膺本轄之怒。人有論都司愚戇者，謂即屬親臨上官，自應略公分而言私情。凡弊無鉅細，尤宜隱忍曲從。豈知隱忍過多，凌虐愈甚。即都司自到任至本年七月，兩次清查火藥軍裝，并飭拏匿名帖子，都司實爲慎重營防，飭禁流言起見。而副將陳反以都司清查火藥太激，更置揭帖於罔聞。揆其大意，以將就了事爲是，不欲颺言，竊恐大憲風聞也。前蒙憲恩，委署新缺，兢兢懼不稱職，惟永誓以不欺不朦之心，以免獲戾於本轄上司，於分盡矣，何敢屢教不聽。乃以將順之過，

〔一〕以下二件録自抄本《督楚公牘》。

〔二〕示稿見本集《公牘·諭示》類。

而轉冒不韙之名。若不申明緣起，則都司之負屈永無伸期矣。并呈粘單一紙各等因。據此。查前據該協副將陳樹勳以該都司心地不明，公事悉無條理等情請示前來。當經另檄委員接署，將李先修撤省各在案。茲據李先修臚列多欵，稟揭該管將官，是否李先修挾嫌摭拾揑稟。如果該副將於所列各欵實有其事，亦應查辦。倘係挾嫌妄訐，意圖反噬，此風斷不可長，亟應澈底究明。查該府近在同城，平日見聞較確，除稟批聽候委員查明稟覆外，合就密札飭查。札到，該守即查照單列各條，秉公確查，據實密切稟覆，聽候核辦。切毋瞻徇延護。切切。

粘單

計開

一、營兵奸佔民間婦女，謀殺親夫一案，都司因索凶犯過急，有隱觸副將陳怒，以致挾嫌起衅。上年九月十二夜，民婦陶廖氏赴都司衙門喊冤，緣協署伴當戰兵黄鴻鈞，與城中酇林氏之女，即陶廖氏三子陶德才未婚之婦，與鴻鈞同居奸佔，隱匿無踪。鈞陡於是夜二更後，勾引陶德才至城北大士閣近水之處用刀亂殺，傷之不及，打入水内。陶德才大聲喊救，始有民人羅金富、胡道海兩人聞聲往救，證據確鑿，懇將黄鴻鈞拏送黄岡縣審辦等情。據此。都司因營兵謀殺親夫鉅案，即於是夜面稟副將陳，請交出黄鴻鈞以憑送縣審辦，而副將陳寵任黄鴻鈞太過，立意左袒，不惟揹不交出，且囑都司暫行拖延，自有辦法。都司聞言惶懼，恐副將陳不識功令黑夜放走，於都司亦有妨礙。斯時處萬不得已之際，不得不聲色俱厲，百計開導，在署坐索。延至十三日下晚始勉强交出。都司當飭千總押送黄岡縣審辦，而黄鴻鈞名糧，副將陳囑令都司提前革除。交出後，副將陳於是夜申刻，同舅弟候補巡檢李斐章過縣關説，致激陶廖氏寅夜赴府喊冤，而城中百姓從觀者數百人，同聲叫屈，聲震天地。陶廖氏指訴副將陳與留黄聽差。候補巡檢李訓臣即斐章，便服微行，至縣署更餘不出，以致縣主并不研審奸佔與謀殺重情等詞有府案可稽。此挾嫌起釁，揑稟之實情也。

一、上年八月，都司接印數日，親查火藥軍裝。實查得存局火藥一萬一千斤有奇。照卸任楊都司移册輕重不符，實虧火藥二千餘斤。本年七月，又查得虧失火藥八百餘斤。均經先後將守局兵丁革報送縣審治，副將陳恐干失察處分。又前操房營已領應用火藥未用，以致餘存過多，不准都司催辦，並壅上聞。雖功令蕩然，都司不敢抗違。

一、副將陳居尊處優，懶於操練，以有用之火藥，置於無用之地。即存儲一萬一千有奇，自應稟以上憲，妥為布置。乃不論不議，而又每年援例請領六百斤，彌縫未操之短。都司履任後，亦飭都司照常請領，不敢抗違。

一、有塘汛缺出，向例由都司酌選妥弁，親加考驗，再行備文呈送副將復加考驗，然後詳請拔補調升，以昭平允。現因副將陳隨任之舅弟候補巡檢交通納賄，不由都司呈送。雖於例不符，不敢嘖聲，尤不敢抗違。

一、有馬、戰、守各兵缺出，向例由千總挑選，呈册都司，由都司呈册副將，均係三次考取方准補放。今改由副將陳縱令各少爺受賄，携具名條交都司拔補名糧，竟視同常例。有條可證。雖概未考送，皆副將陳所教，都司未敢抗違。

一、副將陳鬻官賣糧，始由舅弟李斐章暗通綫索。令斐章回省供差，則事事改由各少爺過付，以致邪人穢夫爭候門下。或挽臂扶肩出入酒肆，或聯床倚枕呼吸洋煙，而此中消息盡堪知矣。

一、副將陳私用過多，苛求無厭，又無欵可籌，都司所備供應，稍不合意，即指為有意率辦。且疊次需求浩繁，均有細賬可核，并經手呈送兵目可證。都司以減半之俸薪屢供無盡之需索，雖不克自存，都司不敢抗違。

一、每當考糧之期，協署各少爺在外招摇納賄，棄輕就重。得糧者歡喜不盡，而向隅者則銜恨無窮。以致人心洶洶，滿街遍貼指名詐贜帖子，竟有懸至都司署前。均經揭存，當即選幹密拏在案。而副將陳外示寬厚，實圖陰消，而諭都司無庸查辦。揆其大意，以含糊了事為是，不敢抗違。

一、都司到任後，風聞人言楊得山性情浮躁，動輒犯上。副將陳因平時所行卑污，致紀綱不振，反多畏懼。近日謠傳楊得山啗以重利，副將陳雖動貪婪之念，猶懼跋扈之威。令張金龍與楊得山對調，如此轉移，則事構矣。雖斡旋有力，而副將陳欺君罔上之罪上通於天，種之弊端難逃犀鑒。故都司發憤直陳，合並聲明。

札當陽縣盛春頤委辦荆當煤務 光緒十六年十月十一日

照得湖北荆門、當陽等州縣向産白煤，質堅灰少，堪以煉鐵。前經派委知府扎勒哈哩、候補同知盛春頤等帶同鑛師，前往沿江一帶荆、當、歸、興等州縣查勘考驗在案。兹查盛丞業經委署當陽縣篆務，荆、當一帶煤鑛其轉運出山之口，皆係當陽地方，所有開采事宜，應即責成該署縣一手辦理。事權歸一，呼應較靈。所有前勘定素産白煤之荆、當交界之窩子溝，當陽屬之大林堡等處煤窿，應如何督勸商民集貲采運、開挖新窿、疏通運道、招徠船夫，俾出煤日多，銷路暢旺。每噸白煤運至漢陽大别山下煉鐵廠交卸，共需價值運脚若干，每月能運至鐵廠交卸若干噸，按月解到無誤，應由該署縣詳切籌辦，分晰稟候核奪。開採煤窿，濬利源而阜民用，本地方官應辦之事。該署縣講求有素，飭委當陽，應以此事爲當務之急。除金米觀一處煤斤灰質稍多須開挖深處煤層取驗外，餘如窩子溝、大林堡、甯家灣、雙河口等四處，皆質堅灰少，煉鐵最爲合用。該署縣亟應妥籌辦法，以副委任。除分行外，合亟札委。該署縣即便遵照，將開採白煤應辦各事悉心籌畫，務使運載到廠價值運費均極合宜。商販爭趨，效成利見。是爲至要。

札委副將周得勝等開採鐵山〔一〕 光緒十六年十月十四日

照得湖北大冶鐵山鑛砂産旺質良，唐宋以來屢經開採鼓鑄。本年二月二十九日，經總理海軍事務衙門奏請開採，將粤省煉鐵機爐移設鄂省。欽奉諭旨允准，咨行到鄂。當經恭録咨行欽遵辦理，并遴員帶同外洋工師前往鐵山查勘運道各在案。兹查煉鐵廠基已定於漢陽縣大别山下開設，興工造廠，所有大冶開採鐵山、興修運道各事，亟應次第舉辦。業經另札派委候補知縣張飛鵬、

〔一〕以下二件録自抄本《督楚公牘》。

同知施啟華等帶同洋員前往，會同地方官開辦。查有副將周得勝籍隸大冶，熟悉鐵山情形，堪以添派辦理。應支薪水，由鐵局議覆核給。除分行外，合行札委。札到，該將即便遵照，將開採鐵山、興修運道應辦事宜，隨時商同委員張令等妥速辦理。如有所見，商明各委員，由委員會同地方官稟請核示。切切。

札北善後局等槍價分五年籌還礮俟新礮鑄成撥還附單　光緒十六年十月十七日

案准兩廣督部堂李〔一〕咨開，案據廣東海防、善後局司道詳稱：奉憲台札開，案准湖廣督部堂張咨開，前在兩廣任内開設槍彈局，并訂購槍礮機器，擬設槍礮廠自製槍礮。旋值調任湖廣，因廣東購置後膛各種槍礮甚多，鄂省素乏此種精械，是以奏明撥帶黎意槍二千枝，七生半礮十八尊，配足彈碼運解前來，其價值均由鄂省陸續籌還等因在案。嗣經總理海軍事務衙門奏准，將粤省槍礮廠移置鄂省安設。將來開廠，鄂省自能製造後膛槍礮，移步換形，自應另籌辦法。惟前項槍礮既經運解到鄂，亦未便復運回粤，應仍留備鄂用。所有黎意槍枝、刀頭、彈碼價值及運保各費，共銀四萬八千三百一十三兩二錢九分八釐七毫，鄂省應分作十年歸還，每年四千八百餘兩，按年分還粤省。其七生半礮十八尊，應俟鄂省槍礮廠開辦後，鑄成新礮照數還粤，并由鄂省運送到粤，以昭公允。至粤省墊過鑛師、化學教習購帶器具，暨薪水船價路費，及布局匠首薪工、船價、路費等項銀二千零五十四兩五錢五分一釐二毫，又鑛學、化學洋教習購件價值水脚保險銀共英金四百一十二鎊十八先令四本士，應即由北善後局查明平色，折合現在鎊價，在於鐵、布兩局專欵項下分别提撥歸還粤省，以清欵目。除電達貴部堂及札北善後局遵照，將粤省墊過鑛師、教習、匠首薪工、購件銀二千零五十四兩五錢五分一釐二毫又英金四百一十二鎊十八先令四本士，查明平色，折合鎊價，迅速由鐵、布兩局欵下提銀匯還粤省，并將匯銀數目日期具報查考暨咨行外，相應咨覆查照見覆等因，到本部堂。准此。查前項槍礮，即准張部堂來咨分别辦理，自可照辦。惟槍價及運保各費四萬八千三百餘兩，現當局欵支絀，若分作十年歸還，期太久遠，應否照辦，應由該局核議。至此外墊過鑛師薪工、路費等銀，應俟鄂省匯還到日，核明兑收，以清欵目。合就札飭，札局即便會同軍械局核明妥議，詳請咨覆毋延等因到局。奉此。除俟湖北善後局匯到粤省墊過鑛師、教習、匠首薪工、購件等銀分别核明兑收歸欵，另行核辦外，本司道等伏查上年十月間，前憲張調任湖廣時，奉行撥過槍礮隨帶到鄂，業奉奏明價值由鄂籌還，奉到硃批，恭録咨行，飭將槍礮價值分别查清細數詳候咨明等因。當即移由軍械局，查明撥過鄂省七生脱半礮一十八尊，連車架事件子彈，共該價值、水脚、保險、運費共銀四萬六千九百三十八兩五錢一分，又黎意槍二千枝連配彈二百萬顆，共該價值、保險、運費零用等銀四萬八千三百一十三兩二錢九分八釐九毫，通共該銀九萬五千二百五十一兩八錢零八釐九毫，詳請咨明湖廣督憲解價歸欵在案。兹奉准咨行，所有黎意槍枝、刀頭、彈碼價值，運保各費，共銀四萬八千三百餘兩，鄂省分作十年歸還，每年四千八百餘兩，按年分

〔一〕指兩廣總督李瀚章。

還粵省。其七生半礮十八尊，俟鄂省槍礮廠開辦後，鑄成新礮，照數運還粵省等因，核與奉行原案未符，且槍價分十年歸還，爲期太遠。現在局欵萬分奇絀，需用孔亟，所有撥過鄂省前項槍枝、彈子應還價脚、運保等費，共銀四萬八千三百餘兩，爲數甚鉅，應請咨催鄂省查照原案，迅速如數匯還，以歸墊欵而濟支放。是否有當，理合詳請察核，咨覆湖廣督憲查照辦理等由，到本部堂。據此。除詳批迴外，相應咨覆查照辦理等因，到本部堂。准此。當於本年十月初九日電商兩廣督部堂，槍價四萬八千餘兩改爲五年分解，礮仍照前咨，以新礮歸還等因去後。茲准兩廣督部堂覆電允照辦。應即抄發電稿，飭行司局查照分別辦理。除分行暨咨覆兩廣督部堂外，合就札行。札到，該局、司即便遵照辦理。

來往電稿二紙

致廣東李制台

大咨悉。槍價四萬八千餘兩，尊意既以十年為遲，與司局籌商，改為五年分解。礮仍照前咨，以新礮歸還。鄂力極絀，只可如此辦理，勉副尊指。祈示覆，以便咨行。佳。十月初九日

李制台來電

佳電悉。粵局支絀日甚，槍價急須歸還。惟鄂省情形素所深知。既承商改五年，當飭司局遵辦。務祈分年匯解，以資歸欵。礮俟鑄成撥還，亦飭知照。元。十月十三、四日午、亥刻發、到

札北鹽道籌議整頓房、竹等縣鹽務光緒十六年十月十八日

照得本部堂訪聞鄖陽府屬之竹山、竹谿、房縣三屬界連蜀省，民間向食大甯鹽，分三路入三縣境。南路由九道梁過房縣，北路由小官山至郭家州，水路繞道竹山所屬之保豐仍歸陸路過竹谿縣，中路則由大甯場陸路至界嶺、馬門入水道，至官渡河達竹山縣。從前陸路運鹽，背夫騾馬併用。後因騾馬行速鹽價賤，背夫行緩鹽價貴。價貴則難銷，背夫争訟，不准馱運，以致鹽價漸增，前買四五十文，今增至六七十文，甚爲民累。至竹谿一路，每年可銷七八千包，竹山可銷萬餘包，房縣可銷五千六包。每包重百八十斤，向只官渡河由竹山抽取鹽釐每斤一文，鹽行取用一文，每歲僅解鹽道庫錢二百四十串。查兵燹而後，鄂岸川、淮併銷。鄖陽毗連秦、蜀，山路崎嶇，淮鹽挽運維艱，不能接濟，大甯場之鹽又因不能馱運，鹽價增漲，潞私價廉，以致民間多食私鹽，引地遂爲潞私侵占。且房、竹三縣所銷川鹽之數既有二萬餘包，每斤抽釐一文，每年應抽三千餘串，何以解道只有此數。鹽釐常年鉅欵，豈容官吏、鹽行概行中飽，實屬不成事體，亟應查明設法整頓。再，查大甯鹽價增漲，蓋由不能馱運。若能善爲曉諭，妥籌章程，令背夫之鹽總有銷路，有利可圖。背夫騾運併行不悖，則運多行速，運脚且輕，則鹽價自可大減，行銷可期暢旺。亦應一併籌辦，以期民食課項兩有裨益。該道即便遵照，悉心籌畫運道如何疏通暢行，鹽釐如何核實稽徵，妥議章程，詳候核奪。

札州判王樹藩等勘辦大冶煤鑛光緒十六年十月十九日

照得大冶縣屬王三石地方産有石煤，前經派委候補知縣張飛鵬開採煤樣帶省考驗。炭灰在十分以內，尚堪煉鐵，煤層亦厚。

惟煤質尚欠堅結，再行挖深，尚有堅結之煤。明家灣煙煤極佳，惟煤層稍薄，須用鑽地機器探試。又金山店、勝山寺地方亦有煤鑛，亟應遴員前往，分投勘辦。查王三石煤窿經張令飛鵬開辦，漸著成效。現在派委兼辦大冶鐵山運道事宜，應即添派候選州判王樹藩、鑛務學生游學詩前往，會同張令辦理。其金山店、勝山寺煤鑛，應即派委候補知縣黄建藩、候選縣丞敖開郁前往勘辦，并飭派鑛師畢盎希、柯克斯先往王三石勘驗確實，再往勝山寺開挖煤窿，驗明煤層厚薄，煤質堅鬆。如果層厚質堅，即帶煤樣回省化驗。其明家灣煙煤，應俟鑽地機器運到再行派員前往辦理。除分行外，合亟札委。該員即便遵照，帶同鑛師前往大冶縣金山店、勝山寺、王三石地方，會同張令將煤層煤質詳切考驗，及煤井如何開挖，應用何種機器及運道如何修理，能否接續鐵山運道之處，商同鑛師并勘修鐵山運道之洋員時維禮會議妥協，繪圖貼説，稟候核辦。

咨呈總署籌議維持土藥税釐辦法 光緒十六年十月二十日

據湖北布政使黄彭年，署漢黄德道、監督江漢關税務江麟瑞，湖北通省牙釐總局司道會詳稱：湖北土藥税局羅鎮縉紳、吴道廷華會稟，內地奸商欲乘間在川中産土州縣拉行子口税銀一案，奉批仰北牙釐局會同北藩司、江漢關道悉心籌議等因。查英國善後條約第五欵，訂明洋藥祇准在口銷售，一經離口即屬中國貨物，祇准華商運入內地，外國商人不得護送。即天津條約所載英民執照前往內地通商并內地關税之例，與洋藥無涉。又煙臺會議條欵第三端，訂明洋藥准另定辦法，與他項洋貨有別各等語。是洋藥辦法既與别項洋貨不同，則土藥辦法自不能與各項土貨一律。况土藥非洋人必需之物，不在准領單照入內地采辦之列。查漢關開設已及三十年，每年英美各國領事常有照請填給洋商采辦土貨單照，從無請給洋商採辦土藥單照之事，足見土藥與土貨辦理本有區别。嗣後如果華商串通洋人，向宜、漢、重慶各關道衙門請領入內地自辦土藥之運照報單，希圖避重就輕，自可援照約章不准發給。既不發給單照，即無所謂子口。羅鎮、吴道所稱在川中産土州縣拉行子口一節，應請毋庸置議。惟輪船在通商口岸向准裝運土藥出口。重慶既經開關，洋商雇置各船均照輪船章程辦理，雖能禁止洋人請領單照，不能禁止洋船裝載出口。將來土藥若由重慶報裝，洋商雇用華船及自置華式船隻運赴通商各口銷售，擬請仿照洋藥辦法，由重慶關每百斤徵收出口正税銀三十兩、釐銀八十兩，黏貼印花，填給完清税釐印票，各關免其重徵。俟運到宜昌時，由宜昌關會同土藥税局查驗單貨相符，准予放行，仍不准洋商運入內地。儻有以多報少朦混偷漏等弊，即將該土藥全數入官。是否有當，相應會詳，俯賜察核等情，到本部堂。據此。

查司局詳稱洋藥辦法，既與别項洋貨不同，則土藥辦法自不能與各項土貨一律，係屬比擬之詞，約章并無明文。從前洋商所以不請采辦土藥單照者，殆因釐輕於税，無所用其取巧。現值各省遵旨整頓土藥税釐，綜算內地所徵，較之海關正、半税爲多。雖土貨報單必須運往外國者方准發給，似不至於取巧。然通商各口通共章程第五欵，載洋商由長江口岸運土貨回上海，若係洋商由內地自販之貨已在江口完一子税，到上海時交長江出口之正税，並先將一半税存在銀號。如在限內出口運往外國，確係原包原貨，并無拆動抽換情形，即將所存之銀交還。如在上海銷賣或逾限未出口，即將所存之一半税入賬，作爲復進口之税等語。洋商惟利是視，復有狡猾華商通同作弊，難保不援引此欵章程，請領報單，赴川省産土之區包攬販運，計完一正税、兩子税共銀六十兩，即可免各省内地税釐巡運上海銷售，實與現在整頓土藥辦法大有關礙。查土藥非洋人必需之物，自無運赴外洋之事。應請貴衙門知照各國公使明定章程，凡中國土藥概不准洋商請領單照前往内地販運，以杜取巧而免流弊。至重慶通商之後，土藥出口運至通商别口，照章完一正税加一復進口半税，共銀四十五兩。無論華商洋商，皆得任便販運。查川土由川至鄂，兩省所徵内地税釐，已不止新關正、半兩税之數。若轉運江皖閩粤，節節加徵，其數且比洋藥税釐併徵爲多。今如重慶開關，僅照舊章收税，則川土運赴通商各口銷售，皆得避重就輕，争赴新關報税。匪惟鄂省餉源無著，即各省内地税釐亦將大爲減色。該司局所請仿照洋藥辦法，由重慶每百斤徵收出口正税銀三十兩、釐銀八十兩，粘貼印花，填給完清税釐印票，各關免其重徵，俟運到宜昌時由宜關會同土藥税局確切查驗，單貨相符准予放行。儻查有以多報少、矇混偷漏等弊，即將該土藥全數入官，係爲杜絶商人取巧，維持内地税釐起見，所議似尚妥協。此外，抑或有何杜弊防損之法，應請貴衙門籌酌核定，遵照辦理，以維藥税大局。重慶不日開關，尤望早爲核定，行知見覆，以便遵照辦理。

札發鄂、湘暨川省開採煤斤告示(一) 光緒十六年十月二十日

照得本部堂欽奉諭旨開辦煉鐵事宜，現已建廠興工，需用煤斤甚多。前經派員分赴湘、鄂兩省暨鄰境四川之奉節、巫山，江西之萍鄉産煤各處認真履勘，採取煤樣詳加考驗，其中均有佳者，堪供煉鐵之用。現經刷印告示，曉諭商民，按照所開向産好煤處所，選擇上等煤苗，設法廣爲開採，源源運來鄂省，由鐵政局驗明收買應用，以濬利源。除分別札發各州縣張貼曉諭外，合行札發。札到，該州縣即將發去告示　道，迅速張貼曉諭。一面勸諭商民早籌資本，踴躍開採，是爲至要。并將貼示處所報查。切切。

照會宜昌鎮復勘峽路工程 光緒十六年十月二十日

據委勘峽路工程委員、湖北候補知縣潘誦捷會同署巴東縣知縣康士銓禀稱：川路自南岸青蓬溪上至青石洞止三十里，炸鑿鋤砌，相間施工。由山腰全用炸鑿之路，甚少易工，寬者偶有七八尺，難工則五六尺不等。自青石洞上至巫山縣對岸止四十五里，因雷姓原修小路，加以展拓，寬不過五六尺。過江由北岸巫山縣城上至狀元堆止九十里，本係塘路，其先責成居民分段自修，繼又經官派夫重加平治，寬四五尺、五六尺不等。自狀元堆上至白帝城連灣曲約二十餘里，峽中峭壁懸巖，多由山腰炸鑿成路，高可八尺，寬六尺。有横鑿恐斷山根以致崩陷者，仍培砌階級，因勢上下。遇碎石沙土相間之處，間有鋤挖八九尺寬者。統觀川境新路，唯恐大水淹没，多就高處修鑿，枯水時相去一二十丈、三四十丈不等。大水縴路，可就者多半繞越彎曲，不可就者少半，

（一）録自抄本《督楚公牘》。示稿見本集《公牘·諭示》類。

扁輿騾馱可行，而不可暢行。目下背負肩挑與夫畏避險灘舍舟登陸者，莫不歌功稱快。至綷若轎來往併行，實難避讓。而山坳路轉處，旁少攔石，下臨深淵，殊形險絶。將來楚境接修工竣，行李輻輳，冠蓋相望，更有壅滯之虞。此川境綷路之情形也。鄂省接修之路，若仿照川省，擬統以六尺寬爲率，山腰炸鑿之路以八尺高爲準。如欲開成綷轎大路，似應加高二尺，合成一丈，加寬四尺，高險處加攔石尺許，實止九尺，庶幾往來尚可暢行。故估工清摺，先行分晰開明，俟興工時，承修委員可隨時請示增減。工程等次，大致以石質堅硬，炸鑿費工，與山勢峭絶、工用艱險者爲極難。斜壁愣巖宜炸鑿鑲砌者次之，土石相間炸鑿少而鋤砌多者次之，土多石少宜鑿砌者更次之。所估巴東境内之路，逐段相度山勢，編分八十二號，其極難者每丈需工二百名，極易者每丈八名，相去懸遠。層次過多，分列名色，轉覺眉目不清。若多寡約略牽算，又非實事求是之意。故清摺内止編號數，各於每號下載明里數、丈尺、工料。此工程丈尺難易之情形也。各號保磡階級應用石料與鋼鐵各種器具，有因工艱易於損壞、工匠另請給價者，今與石料一併包入工内，以歸簡便。其硝磺、石灰、枯炭、藥引等物，仍將價值分號開明。溪溝橋道窄者，估設平橋，鑲砌保磡，包入溝工之内。寬者設圓孔拱橋，以工包料，另開價值。丈尺過寬難於立脚築橋者，聽民自設渡船。舊有橋梁可就者，少紓其路以就之。此綷路、橋道、工料之情形也。查巴東石匠，每日每工足錢一百四十三文，川匠每工足錢一百四十文。川路興工時，援往年修城舊章，減爲每名一百二十八文，綜計出入甚鉅，仍照川省核減之價計工。將來招募石匠，或川、楚併用，以川匠工價範圍楚匠，臨時當可權變。所定工料價值，皆係核實撙節估計，興工時開銷雜費一併在外。此估計工價之情形也。自青蓬溪覆勘至巴東縣治，因南岸工程較北岸爲難，故過江由對岸紗帽山、鎮江廟起，已估至巴東、歸州分界之牛口營兵橋止，共計一百三十里，編分八十二號。遵即繪具圖説清摺，稟呈察核。又據該令會同歸州知州畢大琛稟稱：南岸歸峽以内，如鎖瀦山、白狗峽、大小崆岭峽、羅漢面一帶，山勢陡峻，坳曲重叠，臨江則巨石磋砑，嶙峋叢亂，裂隙開張，縱横如織，亦有上累巨磴，下承拳石，岌岌難支，一施炸鑿，崩塌之患輕重難測。而且溪溝林立，需橋孔多，工費極鉅。故南岸施工仍屬不易。至開北岸，不惟工費省於南岸，且施炸鑿別無顧慮。復會同自前勘巴東縣北岸牛口營兵橋以下起，歷州城直下香溪，循新灘、廟河徑達東歸北岸分界黑巖子止，逐段詳細履勘，撙節估計，計程一百四十里，由八十三號編至二百十一號止。歸州境内，全段綜計編分一百二十八號，較巴東程增十里，多編四十五號，工費自亦增添。其道路寬窄高下一如巴東，並無增减。惟香溪以下兵書峽、黄石巖、新灘以下廟河以上六壬背、牛肝馬肺峽、獅子巖等處，計程三十里，率多懸巖峭壁，炸工既多，經費隨鉅。且溪層出，除平橋十五道包入溝工，又加修拱橋五座。附入路工不計外，應築圓孔拱橋十四座。工以此數處爲最難，餘均稍次。約計工費雖較巴邑增多，而地段丈尺實較巴邑增長。另開清摺，繪具圖説，稟呈查核。又據會同署東湖縣知縣許之璡稟稱：勘得黑巖子對岸至毛坪四十五里，尚在歸州峽内，山勢陡絶。北岸工費較省。自南岸分界之毛坪埸起，直達孝子巖，其間舊有大水綷路逐段相間，約六十餘里，寬者二尺四五寸，窄者一尺五六寸，高低不一，上下參差。若就原路向外鑲寬既少餘地，向裏炸鑿工用又鉅。且由南津關進峽，如平善壩、臺子閣、天花板、神龕子、石牌、龍燈溪以至洗灘，計程四十里，多係懸巖峭壁。況水溪山溝南岸較多，橋工又需增益。而北岸黑巖子以下舊有縴路四十五里，間可就以加高加寬。熟察情形，仍由黑巖子上首柳林溪起，直達宜昌府治北門外紫雲宫止，計程一百六十里，起二百十二號，止二百四十四號，共編三十三號，工程實較南岸減省。行舟拉縴，南岸已有六十餘里之舊路，又從北岸開成大路，自南自北，順從舟便。惟北岸太平溪至羅甸溪止，臨江山曲多溝，循繞環轉，路途一如弓背，計長九千七百四十丈。若由山後舊路補修鑲填以出羅甸、溪口，路若弓弦，計長三千七百六十丈。核算丈尺，山前開路應多五千九百八十丈，溢出工價一萬七千七百九串有奇。而北岸太平溪下至覃家河舊有縴路，南岸水田角至毛坪溪亦有縴路五十里，縴夫本可行走，是新開之路似可改由後山，以節經費。因此次勘估重在縴轎併行，故估工總摺仍由山前估計，另開太平溪至羅甸、溪山後工程一扣，以備隨時核辦。理合繪具圖説，開列清摺，禀賫察核各等由。並據該令面呈峽路工程詳細情形，暨變通節省次第籌辦摺二件、圖一件，到本部堂。據此。查峽路自川省巫山縣之青蓮溪起，至宜昌府北門外東湖縣治地方止，計程共四百三十里。潘令沿途勘估，分爲三段，編號估工，尚屬詳細。惟所估工程約需銀三十四萬餘兩，加以委員薪水經費等項，爲數亦當不少。工費未免過鉅，鄂省斷難舉辦。應再詳籌復估，酌定辦法。查該令所擬變通辦法繞修山後，於縴路不能獲益。若僅由川界修至巴東，殊屬無所取義。查川路僅寬六尺，山腰開炸之路均高八尺。該令擬加寬加高，均以一丈爲度，高險處加攔石，實寬九尺。今若酌減二尺，除去攔石，實寬七尺，每百餘步内外，酌留寬展處一所，以便轎扛騾馱來生相讓，省工當復不少。其橋道或一律修成平橋，或間用木橋。至開炸山巖石壁，若用洋炸藥，尤覺工捷價廉。查該鎮久鎮宜昌，於川楚交界情形最爲熟悉。應即照飭該鎮揀派妥幹員弁前往復加切實勘估，籌議辦法禀覆。再，此路修成，是否於商民大有利益，併由該鎮體察情形詳切議覆，以憑核奪。若估工較省，利民之處實多，當再籌計陸續集欵，分年興修之法。爲此照仰該鎮，即便揀派妥幹員弁，將巴東、歸州、東湖一帶沿江路工，查照粘抄圖摺及札行事理，復加切實勘估，并體察情形是否於商民大有利益，分别妥議禀覆，是爲至要。

札知縣張飛鵬等開採大冶鐵山勘修運道 光緒十六年十月二十一日

照得湖北大冶縣鐵山鑛砂産旺質良，唐宋以來屢經開採鼓鑄。本年二月二十九日，經總理海軍軍務衙門奏請開採，將粤省煉鐵機爐移設鄂省。奉旨：依議。欽此。咨行到鄂。當經恭録咨行，欽遵辦理，并遴派委員帶同洋匠工師前往鐵山查勘運道各在案。茲查煉鐵廠基已勘定漢陽大别山下興工造廠，所有大冶鐵山開採事宜，應即次第舉辦。該山多係官山官地，如有民間田廬致礙開採者，應查明契據照價購買。其鐵山至黄石港江岸，應修運鑛寬平大路一條，約寬五丈爲度，以便車馬馳驟往來無礙。查候補知縣張飛鵬熟悉大冶情形，應即派委兼辦鐵山運道事宜，會同地方官妥爲開辦。并飭派候補同知施啟華、候選州同沈鑑、候補府經歷倪濤，帶同洋員時維禮，前往會同張令勘辦。應自鐵山何處修起，沿途山溪增修橋道，田塍培墊高廣，民間田畝公平價買，遇有墳墓、村落設法繞避，溝渠設法變通，修至黃石港江岸應否添修碼頭，其運煤及灰石之路應如何接續修理，應於何處扼要設局一所，爲委員管理採鐵運鑛人夫之處，由該員等帶同時維禮詳切履勘籌議，繪圖貼説，會同地方官稟候核辦。并責成該縣會同委員，將民間應購田廬一面妥速購買，以便刻日興工。其開採鐵砂及灰石等鑛，暨修運道工程應如何雇募人夫暨稽察約束章程，一併妥議稟辦。除分行外，合亟札委。該員即便遵照，前往會同陸署令及委員等，將應修地名道里查勘明確，開辦章程會議妥協，繪圖貼説，稟候核飭開辦。

札司局籌辦峽路工程 光緒十六年十月二十九日

照得前據委勘峽路工程委員潘令誦捷會同巴東、歸州、東湖等州縣具稟查勘川、楚接界峽路情形及潘令面呈清摺圖説等件，業經本部堂照會署宜昌鎮羅鎮復加勘估，籌議辦法，并行知北布按二司、善後局在案。查峽路上自川省巫山縣交界，下至湖北宜昌府城四百八十里，若能一律修治寬平，輿馬併行，縴路無阻，水陸來往化險爲夷，不惟商旅暢行，免蹈危險，從此宜昌以上東湖、歸州、巴東等處地方居民生計日增，瘠區變爲蕃盛。揆厥情形，實爲川楚商民百世之利。且川省夔州以下，已經修至楚境，此等利民要政，鄂省自亦未便視爲緩圖，自宜及時興修。惟工需甚鉅，庫欵支絀，其應如何設法籌措及分年辦理之法，應飭司局切實籌議詳覆，以憑核辦。

札北藩司等妥定安陸府抽收船釐章程[一] 光緒十六年十月二十九日

光緒十六年九月二十七日准兵部火票遞到承准軍機大臣字寄，湖廣總督張、湖北巡撫譚，光緒十六年九月十六日奉上諭：有人奏，湖北安陸府屬獅子口地方抽收船釐，近年逐漸加增，繳足後并不給票，往往留難數日，不肯放行。該處船釐無補正欵，徒累商民，懇恩撤免等語。各省徵釐向有定章，豈容任意苛索。所參各節，著張、譚確切查明，據實具奏。此項船釐，應否准予撤免之處，并著體查情形，奏明辦理。原片均著抄給閲看，將此各諭令知之。欽此。遵旨寄信前來等因，到本部堂、部院。承准此。當即欽遵，密委即用知縣趙五星馳往該處，按照原奏各節，不動聲色，暗訪明查。如有苛索匿報以及擾累商民情事，務即分晰確查，并調取近年賬簿，票根等件，隨帶來省聽候查核，飭行司局籌議覆奏。該員當認真詳細密查，勿得絲毫瞻徇隱飾去後。兹據該委員趙五星稟：卑職遵即於十月初三日布衣徒步，覓船馳往，沿途諮訪各船水工及岸上各棧房，以安陸府獅子口船釐，昔年如何抽法，近日如何抽法，有無留難之處。據云，開辦之始，大約小船二百文以上，大船不過八九百文。詢以何年開辦，其章程有無確據，僉云得之傳聞，實無確據。卑職暗訪明查，得悉安陸府城南地方有邢公祠，門外有石碑可考。於十四日到邢公祠查考。碑文係咸豐九年署安陸府邢守築新河口按船捐抽。及功成後，民感其德，爲之立祠，因將抽收章程刻石，以垂久遠。卑職查考碑

[一] 以下四件録自抄本《督楚公牘》。

記章程，小船二百文，大船至三串四百文而止，與大船不過數百文，亦不甚符。又見鍾祥縣徐令、安陸府史守，遍查案卷，僅有牙釐局章程，係按載貨多寡定爲抽釐數目，大約每錢一串，照收五十文之譜，而小船二百文，大船多不過數百文一層，各船水工衆口同音，别無確據。至原奏逐漸加增，一船非數千不能完釐，卑職沿途諮訪，僉云小船自五六百文以上，至六七千文不等。十三日親到抽岸河岸，布衣徒步親查，船只約數十號之多，小船實自五六百文以上，中等之船則二串、三串數百文不等。以此類推，則極大之船，當在五六千文。卑職親到釐局，面諮委員陳令諭英，詢以抽釐有無章程，即將在牙釐局抽出底本，出以相質。小船則自二百文以上，至極大之船六千四百文而止。原奏近年逐漸加增，非數千不能完釐一層，實有確據，乃指極大之船而言也。至繳足之後並不給以票據，往往爲難數日。卑職於十三、十四兩日内，布衣遍查沿岸之船，皆係隨到岸隨報釐，報釐後或停船或開船，皆各船自便，未見有留難之處。惟查船之處在河西岸，繳錢之處在河東岸，往復皆需小費。倘遇河漲流急，諸多不便。卑職與陳令、徐令商酌，不如查船繳錢合成一處，既便稽查河丁，亦省往復小費，意見相同。查取流水賬簿、票根，陳令於閏二月接辦，所有流水賬簿三本及秋季未解票根，皆隨同封貼，交卑職一並帶交牙釐總局以備查考。至於借充軍餉亦必立有章程一層。卑職考證碑文，查看案卷，始則爲捐助口岸而設，繼則提充軍餉，所有歲修隄工，改立畝費。又於光緒九年奉旨查辦，奏歸隄工，裁汰畝費，以紓民力，有案可查。至於船釐抽收錢項隄工紳士有無濫用，據徐令、陳令詳陳近來辦法。凡遇隄段要工，局紳報明某段隄工險要，需錢若干到縣。徐令親自上工估計，核實數目，填寫憑單申府，由府史守加蓋照發圖章下縣，再給該工局紳持憑單到縣領欵，局員陳令照章給發。局中每季利用之錢，掃數解交府庫，由史守加蓋府印行縣，由縣加蓋縣印申府。其縣亦立有支領簿。每支領欵項，由縣蓋印申府，由府加蓋府印行縣，府縣局員互相考核。所有此次奉札密查安陸府獅子口船釐各節情形，據實稟覆，并無絲毫瞻徇隱飾等情。據此。查此項抽收船釐，自光緒九年奉旨查辦，奏歸鍾祥隄工歲修專欵，裁汰畝費，以紓民力。近來隄工經本部堂、院嚴定章程，由縣府督率經理，立有支領印簿，府、縣、局員互相考核，工竣造册報銷。至抽收船釐歲收之後亦有册報，自可印證核對。其往來船只，據查俱係隨到隨報，并無留難、不給票據之事。惟據該委員所查，小船則自二百文以上，至極大之船六千四百文而止。又據查考碑記章程，小船二百文，大船至三千四百文而止等因，是較從前碑記章程已漸加增。究竟近年抽收如何定章，因何加增，其中有無苛擾揑飾各弊，亟應檄行該司局核議詳覆。爲此，札仰該司即便會同牙釐總局，查照該委員稟覆各節，逐細核明。至鍾祥連年疊被水災，民力困苦。上年潰口，奏明借撥官欵修復，分年攤還。現正據該府縣稟懇展限攤徵，斷無復抽畝費之理。而隄工爲鍾祥、天門、京山等縣民命田廬所關，如將此項船釐撤免，該處隄工經費能否另行籌措。如必不能裁，應如何核減抽收，嚴禁以後苛索擾累，俾商力得紓，而於隄工亦不致貽誤。應即體察情形，悉心會議，妥定章程，刻日具詳，以憑酌核覆奏。該局并將委員帶交之流水賬簿及未解票據逐一核對，有無不符之處，隨詳聲叙，切毋稍事違延。特札。

札委候補副將錢永林赴襄陽一帶會同緝私光緒十六年十一月初三日

照得湖北川鹽行銷襄鄖以下五府一州地方，前因上游各屬緝私未能認真，沿邊州縣俱被潞私浸灌，以致銷路愈滯，課項愈短。經本部堂通盤籌畫，設法整頓，飭據北鹽法道妥議，委員在於樊城、老河口等處設局督銷，并經嚴飭各地方官、營、汛實力緝捕私梟等因各在案。查堵緝私鹽，各該營、縣身任地方，均屬責無旁貸。且近年鹽道庫本有津貼北提督衙門緝私經費，尤不容稍涉懈弛。但上游各屬邊境地方遼闊，山徑錯雜，到處皆可走私，巡緝恐難周密。現值整頓鹺綱之際，緝私尤當先事講求。亟應專派武員幫同局員，會同地方營、縣及馬隊、練軍各營，認真巡緝。查有湖北候補副將錢永林昔在襄陽管帶馬隊，情形熟悉，堪以委派。除分別咨行轉飭外，合就札委。札到，該副將即便遵照，剋日馳赴襄郡，在於毗連豫省一帶，幫同局員與各地方官、武營聯絡梭巡，認真兜捕。如有北潞私販入境，即時將人鹽併獲，解送該地方官衙門訊辦，務使私梟斂跡，官引暢銷，不得稍形疏懈。仍將到差日期、會同辦理情形具報查考。勿違。切切。

咨前陝甘譚督院據函電覆總署事光緒十六年十一月初三日

光緒十六年十月二十二日本部堂承准總理各國事務衙門本日電傳諭旨。欽此。欽遵當經恭録飛咨貴部堂院欽遵查照等因在案。兹于十一月初二日接准貴部堂函開：准咨總署電傳二十二日諭旨，跪聆之餘，莫名惶悚。才疏任重，福薄災生，數年來屢以目眚，上勞宸廑，頒上方之珍藥，許開缺以就醫。自顧何人，頻邀異數，涓埃未報，寢饋難安。兹復天語遥傳，令入京陛見。觚棱在望，翮奮欲飛。惟自西安針治后，右目雖明不能視遠，左目則仍模糊，數步外不辨人眉宇，看書寫字鏡不能離。若趨闕廷，深虞隕越。伏懇秋間卧病月餘，近日始瘳。一俟氣體充復，方謀部署登程。伏懇電覆總署，代達下忱。第電詞簡略，不及詳叙，或請于奏事之便，附片代爲陳明。是否可行，祈裁酌等因，到本部堂。准此。查此次欽奉諭旨，係由總署電傳，自應仍由電覆總署，請即代奏。除據函電覆總署并咨明湖南撫院外，相應抄録電稿咨覆。爲此，合咨貴部堂請煩查照施行。

咨呈海署請將新海防捐留支煉鐵設廠及開採煤鐵等費光緒十六年十一月初六日

案照光緒十六年閏二月二十七日本部堂電呈貴衙門，以鄂省籌辦煤鐵，所有外洋工師、委員、學生薪水盤費，購置化學器藥、爐座并省城局中雜費，數月皆係墊發，擬於鄂省新海防捐項下撥支。旋於三月初三日承准貴衙門覆電開，鄂省新收海防捐留墊勘鑛一切雜費，希分咨户部、本署、北洋，免致與各省捐欵偕提等因。當經遵照分咨，并飭司局遵辦各在案。查鄂省煉鐵廠開辦工程，前承准貴衙門撥定經費銀二百萬兩，現在約估購機、設廠、採鐵、開煤等事，共需銀二百四十六萬餘兩。工用紛繁，尚恐難保不溢出初估之數。此項新海防捐既准留支，除以前所收二萬八千五百五十一兩四錢俱已隨時撥用，本年八、九、十三箇月准咨撥解順直賑務外，以後仍擬留支，添補雜費，務請勿在續撥之一百萬兩内扣除。此項捐輸已成弩末，雖經展限一年，收數斷不能甚多，以本年所收比較，恐不能過一二萬兩之外。第工費繁鉅，此項或可稍資補苴。其收捐銀數、請獎發照，仍照向章咨明户、貴部辦理。除咨呈户部外，相應咨呈。爲此，咨呈貴衙門謹請察照核覆施行。

咨呈海署約估籌辦煤鐵用欵報明立案附單

光緒十六年十一月初九日

閏二月十八日承准貴衙門咨開：本衙門會同户部具奏，請將廣東煉鐵廠量爲移置一摺。奉旨：依議。欽此。黏鈔原奏内稱：湘、鄂煤鐵既經訪知可恃，自應准其將此項機器改運鄂省擇地安設，較爲直截簡便。第煉鐵爲造軌之基，其後半價值及營建廠屋之需，自當由部撥每年二百萬兩内劃撥。究用若干，應令先行估定報明立案等因，到本部堂。承准此。當經恭録咨行，遵照辦理在案。查開設煉鐵廠，爲中國創辦之舉。廠大工精，事繁用鉅。原議在廣東開設，所有洋匠鑛師及化學教習等，均係在粤電致外洋延訂。自上年冬間，本部堂由粤赴湖廣調任。到鄂後，因查勘煤鐵，即分别電致粤省及外洋出使英德各國大臣，請飭鑛師等改道來鄂，派員帶同分勘大冶縣鐵山、興國州錳鐵，及荆門、當陽、歸州、興山、巴東、京山等州縣煤鑛，鄖陽、麻城等處鐵鑛。復揀調委員暨閩廠學生分赴衡州、寶慶、辰州、永州等府，暨毗連鄂境之四川夔州、陜西之興安、漢中等府，毗連湘境之江西萍鄉、貴州青溪等縣查勘煤鐵，并委赴素産煤鐵之山西省澤、潞、平、盂等處，採取煤鐵各式樣，以資比較考證。本年承准貴衙門來咨奏准前因，

當即在武昌省城開設鐵政局，遴委奏調差委湖北補用道蔡道錫勇，會同在省司道等悉心籌辦，勘定煉鐵廠基於漢陽縣大别山下。博訪外洋各鐵廠規模，督飭鑛師洋匠各具圖説，博觀約取。統核一切用欵，大率以購機、設廠、採鐵、開煤爲四大端，而購機則有運脚、保險、起剥等費，設廠則有購地、修隄、築基及增設鑛學、化學學堂、修理機器廠等費，採鐵則有修運道，購火車、鋼軌、輪船及兼取錳鐵、灰石等費，開煤則有另購機器及修車路、設屯棧等費。事事經始，皆係平地爲山，毫無憑藉，非同外洋鐵煤各事、機器各廠，本係習辦之事，工料齊備，連類推廣，自易爲功。此係創立規模，施工難易不可同年而語。兼以人才難得，不獨外洋工師薪糧素厚，即訪求選調委員學生通達機器、鑛學等事者，亦非優給薪資不能羅致。總核用欵，除粤省訂購煉鐵機器定銀十三萬一千兩不計外，所有設廠、安機、採鐵、開煤等費，共需銀二百四十六萬八千餘兩。事皆創辦，約略估計，疏漏尚恐不免。此外，續添料件，續增用費，或尚有溢於原估之外者。查前任兩江沈督部堂開辦閩省船廠時，營建鑄鐵拉鐵各廠工料，原估用欵銀四十萬兩，續估多至一百餘萬兩，有案可稽。足徵創始之事，實難豫定。鄂省設廠煉鐵及開採煤鐵各項事宜，均係迭飭通曉機器洋務委員督同外洋鑛師工師及出使大臣募來之鐵廠洋匠頭目詳細考求，復電詢英德各國開辦各鐵廠情形，與中國工料反復考證，通盤籌畫，估計斷不至如閩廠之前後懸殊，然實不能限定初估之毫無溢出。本部堂惟有隨時隨事，親加綜核，有可節省者必當極力撙節，不使稍涉虚糜。一切欵目細數，應俟廠工告竣，鋼軌造成，督飭該局據實造報核銷。據鐵政局司道詳請核咨前來，除將勘定廠基及籌辦煤鐵情形遵照衙門來電具奏暨咨明户部外，相應

將約估用欵大數開具清單，咨呈貴衙門，謹請察照施行。

計開約估煉鐵需用經費銀數

一、煉鋼鐵機器項下：

定購英國諦塞廠煉鐵機器全副，共價英金八萬五千六百三十九鎊，合銀約四十萬兩。除由粤省匯過定銀十三萬一千兩外，計應找付銀二十六萬九千兩。

一、煉鋼鐵機器運保費項下：

計分五批，每批約費三萬兩，共約銀十五萬兩。

一、機器到鄂到滬轉運起卸各費項下：

機器五批，起卸雇用人夫約銀八千兩。

雇用剥船約銀七千兩。

鋪墊木料約銀一千兩。

輪船拖運煤火各費約銀三千兩。

搭蓋篷廠收儲機器約銀五百兩。

儲機器所四圍木柵約銀一千兩。

起重木架約銀二百兩。

繩索鐵鍊零件約銀四千兩。

油飾機器工料約銀八百兩。

起卸大鐵墩、火車頭，補貼自滬運鄂運費約銀五千兩。

共約銀三萬零五百兩。

一、漢陽大別山下購買地基碼頭項下：

購買地基共約銀二萬八千兩。

購買隄上隄下民房并補給遷費，約銀一萬五千兩，共約銀四萬三千兩。

一、漢陽隄工項下：

修築襄河一帶隄工約銀一萬三千兩。

修築鐵廠内隄橫隄約銀二萬五千兩。

共約銀三萬八千兩。

一、經營廠地項下：

開總水渠、造攔水閘約銀三千兩。

修路約銀二千兩。

暫設運物料鐵路木墊砂口人工，約銀五千兩。

試地壓地測量繪圖各費約銀五百兩。

挖地開綫立表位置各工費約銀二千兩。

開井約銀五百兩。

造平水池約銀三千兩。

造高水池約銀四千兩。

流水明溝暗渠等項約銀五千兩。

打樁工費約銀六千兩。

抽水工費約銀一千兩。

共約銀三萬二千兩。

一、填廠地、設碼頭、置抽水機、鋪鐵軌項下：

培填廠屋地基土工約銀五萬兩。

通江碼頭修造高隄土工約銀五千兩。

廠内及碼頭土隄鋪軌需用木墊碎石工料約銀七千兩。

安設抽水機器、築墩各工費約銀五百兩。

濱江築洋木碼頭一大座約銀一萬五千兩。

襄河碼頭及挑水石磯二處約銀二萬兩。

共約銀九萬七千五百兩。

一、添購外洋機器物料項下：

修理鍋鑪等件，兼製鐵貨機器廠一座約銀七萬兩。

鋼鐵器具零件約銀四千兩。

打鐵鑪風箱機約銀二千兩。

鐵喉管汽管、水管、煤氣管約銀六千兩。

添購廠内及通江碼頭應用鋼軌約銀二萬兩。

本廠臨江碼頭起重機器一座約銀六千兩。

黄石港運鑛碼頭起重機器一座約銀六千兩。

抽水全副機器約銀七千兩。

運土鋼手車五百五十輛連運保費約銀七千兩。

預添煉鋼煽風機二副約銀五千兩。

預添別色麻鑪及造軌機零件約銀八千兩。

預添汽鼓轉軸各件約銀五千兩。

碾碎石機器一具約銀一千兩。

和灰砂機器一具約銀一千兩。

配用鍋鑪機器約銀二千兩。

采煤鑽地機器約銀五千兩。

化鑛器具藥料約銀七千兩。

洋匠購用勘鑛測繪各器具約銀五千兩。

打樁火機器約銀三千兩。

造磚瓦機器約銀五千兩。

共約銀十七萬五千兩。

一、起造鐵廠基墩鑪座工料項下：

毛紅砂石約銀二萬兩。

鑿紅砂石約銀三萬兩。

大麻石料約銀四萬兩。

青磚約銀五萬兩。

開平火磚約銀三萬兩。

石灰約銀六千兩。

外洋水泥約銀二萬兩。

外洋火泥約銀六千兩。

粗砂約銀二千兩。

木料約銀二萬五千兩。

起造應用木架千斤架零件約銀五千兩。

起造廠屋機墩鑪座工價約銀五萬四千兩。

安設機器搬運配合人工各費約銀一萬二千兩。

機器應用油料、鉛粉、樹膠、砂石、零件約銀五千兩。

繪圖紙張器具約銀二千兩。

共約銀三十萬七千兩。

一、起造局屋工料項下：

煉鐵、造軌、煉鋼、製料四大廠外洋購定鐵柱、鐵梁、瓦鐵、間壁連運保費約銀二十萬兩。

局屋正間全所約銀二萬兩。

全廠圍墻約銀二萬兩。

各項棧房、煤廠約銀一萬五千兩。

委員辦公房約銀八千兩。

洋匠住房約銀八千兩。

修造大廠門面約銀五千兩。

修理省城鐵政局房屋約銀二千兩。

共約銀二十七萬八千兩。

一、委員、鑛師、學生分赴本省及鄰近各省等處查勘煤鐵、開采煤樣薪水、夫馬人工物料各費項下：

共約銀二萬兩。

一、委員、閩廠學生、繙譯、司事、書吏雜項匠役薪伙項下：

計兩年共約銀四萬兩。

一、洋匠薪水雜費項下：

駐德洪大臣代雇德國鑛師三人，駐英劉大臣代雇英國鑛師、匠首四人，鄂省雇用德國工師一人，留用登萊青道盛宣懷稟准南北洋大臣雇用比國鑛師一人，共九人，計兩年共約銀七萬二千兩。

查大舉製煉鋼鐵，事屬創辦。中國工匠未經習練，一有差池，貽誤匪小。故必多募洋匠，藉資引導。將來華匠習熟之後，即可將洋匠裁汰，以節經費。前准出使英國劉大臣函稱，煉鋼、煉鐵、造軌、製料四各廠將次落成，再行招募來鄂。此項洋匠尚未來華，薪水多寡無從核估。又各廠落成之後，陸續分門試煉，每廠約需熟悉機器製造之華匠百餘人，工價比尋常多加數倍，亦一鉅欵。應俟臨時酌量雇用，歸入常年經費內另報，不在此次覈估之內，合併聲明。

一、學堂經費項下：

鑛學學堂兩年經費約銀一萬兩。

化學學堂兩年經費約銀一萬兩。

購買洋書、圖畫、儀器約銀五千兩。

化學館常用藥料器具約銀五千兩。

共約銀三萬兩。

查開鑛煉鐵，必須講求鑛學、化學。外洋鑛師薪工太厚，勢難多雇，必須自設學堂練習人材，以備將來鄂廠及各省之用。此為必不可少之舉，即以現雇鑛師兼充教習，為費較省。

一、鐵政局公費項下：

兩年約共銀八千兩。

一、開鑛項下：

大冶運礦修造鐵路至黃石港入江，繞道避墳，約長七十里，每里約費五千兩，共約銀三十五萬兩。

查每日約需運鑛五千餘擔，長途往返，需人太多，諸形窒礙，必須建設鐵路，方能運速而費省。

大冶運鑛分局房屋雜費約銀五千兩。

黃石港修築木碼頭一座約銀一萬二千兩。

興國運錳鐵分局房屋雜費約銀五千兩。

開鑛機器約銀一萬兩。

大冶鐵鑛興國錳鑛買山、修路、買地各費約銀六萬兩。

共約銀四十萬二千兩。

一、開煤項下：

開煤機器大小兩副連運保費約銀十八萬五千兩。買山、開窿、砌石各工費約銀六萬兩。

煤山房屋雜費約銀六千兩。

共約銀二十五萬一千兩。

一、拖鑛輪船項下：

運鑛大剥船六號，約銀三萬兩。

拖帶剥船輪船五號，約銀七萬五千兩。

粵省調來廣昌輪船一號改名楚材，約值銀十餘萬兩，無須付買價。

兩年内養船雜項約銀四萬兩。

兩年内輪船需用煤斤約銀四萬餘兩。

共銀一十八萬五千餘兩。

以上總共約估銀二百四十六萬八千餘兩。

飭司局速議北學院按試荊州改坐輪船（一） 光緒十六年十一月十一日

准北學院趙函開：竊照學政按試各府州縣經行地方，例應咨明督撫備查，歷經遵辦在案。查光緒十五年十月，姪於歲試按臨荊州府屬，時係照例雇坐民船，由江夏至漢陽、漢川、沔陽、天門、潛江縣屬之澤口，舍舟遵陸，前赴江陵棚次。内湖舟行水涸，既異常濡滯，而陸行驛路被水冲坍，未經修理，率皆淹没水中，無從辨認路徑，不得已沿行民垸之上，迂迴周折，晝夜兼行，夫役倍形困苦。若遇深宵風雨，役夫失足墮水，即有淹斃之虞，文卷、關防漂没雨溼，在在可慮。沿途居民避水遠出，以致行程一百餘里，倘遇風雨，并無房屋可以棲止暫避。此皆姪所目擊之實在情形，不得不酌量變通以示體卹者。近來各省通行輪船，並設有官輪地方，如廣東學政之按試雷瓊各府，業經奏明改坐輪船，以期迅速。茲湖北之荊州府，外江内湖，由武昌省乘坐官輪沿江而上，計程二三日可抵江陵，既無風雨阻滯，取齊可以剋期，生童無勞守候，關防、文卷不至損失，夫役亦無淹斃之虞。情事相同。可否援案改坐官輪，溯江按試荊州之處。合行函商，請煩查照來函酌核辦理。來春科試在即，并希迅賜示覆等因，到本部堂。准此。查鄂省由江路至荊州府，官商輪船均屬便捷。茲北學院擬以後按試荊州，援照廣東成案，改坐輪船，於考試諸事及生童、官民無一不便，自係爲迅速試事，體恤州縣起見。宜昌情形自亦相同。届期如官輪有事他往，即乘商輪，省費亦多。向來經行各州縣既免水陸船轎之備，又省迎送酬應之煩。所有官輪油煤及商輪船價之需，自應由向章經由之各州縣照解給發。即將從前應辦夫馬經費移作此用，所省實多。各該州縣應如何勻派解繳及應否先行籌墊之處，即由司局查核向章，會議妥協，詳請會同撫部院、學院奏明辦理。合亟飭議。爲此，札仰該司、局即便會同北善後局、布按二司遵照札行事理，迅速妥議詳辦。毋稍延緩。切切。

札水師健捷正營、中營兩相换防移紮 光緒十六年十一月十二日

照得記名總兵陸成祖所帶水師健捷正營，礮船二十號，駐防安陸府河，巡防自沙洋起至流水溝，上巡至啞口止，水程三百九十里，地段長而礮少。記名提督丁長春所帶水師健捷中營，礮船二十六號，駐防天門縣屬之岳家口，巡防自麥旺嘴起至多寶灣，上巡至沙洋止，水程三百四十餘里，地段短而礮船多。該兩營駐紮日久，亟應量爲更調换防，以免弁勇等積久生疲。應飭陸鎮、丁提督各率所部礮船，將原派駐紮巡防地段兩相對調移紮。至於船隻之多寡、地段之遠近，應由該兩營管帶官體察河道情形，應否勻撥，會商禀定，聯絡聲勢，認真巡緝。除分飭外，合就札行。爲此，札仰該鎮、提督即便遵照，迅率所部礮船移紮，并將如何

（一） 以下七件録自抄本《督楚公牘》。

妥派勻紮，按段巡防，會商稟覆核奪，暨將對調到防日期及派紮地段哨弁銜名，具報查考。

札朱滋澍等赴黃、麻縣屬豫省交界地方查勘煤鉛光緒十六年十一月十二日

照得鄂省奉旨開辦煉鐵、槍礮兩廠，煉鐵需煤，槍礮需鉛，製造各彈均係必不可少，必不容緩之務。惟煤有白煤、石煤、油煤、煙煤之分，鉛有黑鉛、白鉛之別。白煤、油煤始能煉鐵，白鉛始可造彈。亟應查勘開采，以供要需。茲訪聞黃安、麻城等縣屬邊界與河南羅山、光山等縣毗連地方，均有煤、鉛等鑛，產旺質良。應即派委湖南候補知縣朱滋澍、副將舒拜發，帶同鑛師巴庚生、洋匠斯瓦而茲前往該處交界地方，會同地方官詳切查勘，分別稟辦。其有地涉豫省邊境與鄂境相去不遠者，一併就便勘明稟覆。如果堪以采辦，再行酌核咨明辦理。該委員等應支薪水、夫馬，由鐵政局議覆核給。除分行外，合亟札飭。札到，該員、將即便遵照，迅速帶同鑛師巴庚生等前往黃安縣邊界，會同地方官將煤鉛等鑛詳切勘尋。如鑛在河南界內者，并由該委員等帶同鑛師往勘，一切妥爲照料，毋任地方滋生事端。是爲至要。

咨北撫院大冶縣稟鐵山運道情形光緒十六年十一月十六日

光緒十六年十一月十六日據署大冶縣知縣陸祐勤稟稱：竊卑職於前月初旬奉到憲台札飭充當鐵政局幫辦提調，辦理大冶采鐵開煤修路及興國州采運錳鐵一切事宜，隨時稟商該局總辦蔡道，悉心籌辦，并將到局日期稟報查考等因。奉此。維時卑職正當交卸沔陽印務，原擬到省後叩謝恩慈，面求訓示，俾有遵行。旋據張署牧傳知憲諭，飭即馳赴冶邑新任，毋稍逗留。遵於卸篆三日後即束裝啟行，順流逕下，十九日行抵大冶，二十日接印任事。當將梅前任交代先爲收受，以免彼此躭延。梅令於二十六日由冶赴梅，卑職即於是日由城下鄉，接見城鄉各路紳耆，訪度民情地勢，藉悉本年夏潦秋旱，冶民甚爲苦困。幸開挖煤窿，挑抬盤運，均是本處居民，食力資生，保全不少。其明理辦公各首士，亦知鑛務通行，官民交益，實爲經國遠謨，并分赴鄉村轉輾開導。間有拘泥風水等輩，因聞憲札遇有墳墓村落設法繞避，亦各釋然於懷，是以地方頗屬相安。惟卑職則諸務均未講求，不知從何措手。因於所到之處，每與田夫野老登山涉水，探脈絡而溯源流。復赴王山石[一]煤場，承張令飛鵬詳爲指示，參以士民議論，互相推究，稍有一隙之明。適勘路鑛煤各委員施丞、黃令、倪府經、王州判、敖縣丞等帶同洋人於二十七日到黃石港鎮，卑職隨即由鄉回城，將各期案牘提要清理，於本月初一日到港，與施丞張令、黃令等會集詢商，遵檄辦理，并將數日來見聞所及開具圖説公同閱看。黃令、王州判、敖縣丞等先赴王山石一帶產煤之區，施丞偕倪府經、周副將、陳都司等暫留港鎮照料洋人勘設江岸碼頭。卑職與港汛巡檢伍紹美一面幫同彈壓，一面傳齊各鄉紳保，切屬沿途護送，以免紛囂。洋人數日江干碼路未能遽定，擬且共赴鐵山，自高及低，從上勘下，形勢較爲明顯，遂於初六日同抵鐵山

[一] 亦作「王三石」。

周圍探驗。停留兩日，復赴金山店、勝山寺、王山石等處驗視煤層。途中男婦老幼萬目爭看，尚無胡言妄動，一切均爲安靜。惟是由港入山崎嶇特甚，崇岡峻坂，忽高忽低，或兩面溪河，或兩山夾路，寬衹數尺，僅容人行。更有峭壁懸厓，下臨深壑，肩輿有礙，側足蟻旋，似此二十里有餘。過樟樹嶺等處，山勢方爲展拓，平岡斜上，彌望坡陀，直至鐵山二十餘里間，頗似滇南大路。若樟樹嶺下至港鎮江邊，則鳥道羊腸，較黔蜀山程更爲窄狹。卑職詢問洋人陸路如此難行，運道作何辦理。據稱，高山用火藥轟崩，再加人力平削，水際則釘樁培土，橋梁駁岸，各視所宜等情。卑職於鑛務實所未諳，而地勢粗知大概。凡通津大河，其淤腐浮泥，水激浪淘，隨波而下，河底堅實，可以施工。若斷港深潭，木葉草根腐爛層積，木樁既速朽堪虞，石樁又不能到底，非遍栽鐵柱，基址不能渾堅。至於炸藥攻山，多在沿邊曠野，若內地人烟稠密，不特驚駭物情，抑且稍有傷殘，即仰負憲台繞避村庄之德意。卑職鰓鰓過計，恐需費甚鉅而速效難期，不得不變通盡利。竊聞議辦之始，憲意本在水路運行，因冶邑官紳狃於唐宋以迄前明，皆由保安湖而出樊口，以爲舊貫堪仍。不知梁子湖爲江、蒲、嘉、咸、武、冶六州縣公共藪澤，迴環七八百里。自咸豐軍興以來，水利失修已久，湖民或圖淤築埂，或建簺取魚，上下河身日淤日淺，秋冬水退，重載難行。兼之界址不明，人心不一，欲加疏濬，阻撓多端。從前故道應毋庸議，各委員改籌陸運，緣未悉漳源口亦可通行。且自鐵山以至漳源口，江干無須鄰封假道，民間見舟運暢通，農商交便，自必樂於從事。查縣城之北上行約二十里有跳石地方，夏秋商船可載三二百石，如遇大水更可上至黃免。跳石離鐵山二十餘里，黃免離鐵山十五六里。黃免再上十餘里爲李家灣，河形具在，沙泥淤塞，探視尚非石底，可以設法開疏。該處距鐵山不過五里有餘，且地勢寬平，既無起伏岡巒，亦無民房墳墓。五丈之路，一丈之高，二五收分，約計十丈之底，所須民田不過二百餘畝。其疏濬之河，於兩岸去土堆泥，須田亦不過二百餘畝。田地隨時作價，估算給錢。其開河工費各照土方，尤易扣核，無慮虛浮，較之石港開至鐵山，所費當不及半。其五里陸路，仍令洋人措辦，較原勘亦不過十中之一。本處紳士均以爲然，且與憲台原前查勘水運之諭仍相符合。伏乞檄行委員施丞、張令、黃令等，將漳源口內跳石以上水陸形勢詳加勘視，禀候核示遵行，實爲恩便。辰下施丞帶同洋人仍回鐵山隨處探驗，其黃令、張令分起籌辦開煤等事。卑職因前奉憲批，會同興國州及蘄州衛會勘漳源口閘工，即日起行。一俟奉到此案憲台核示，即行赴省面陳種切，合併聲明。所有卑職奉檄充當幫辦鐵政局提調，并會合委員帶同洋人看視鐵山運道大略情形，合先肅具寸禀，恭請鈞安，伏乞垂鑒等情，并圖說二件，到本部堂。據此。當批：據禀，深堪詫異。查鐵山運道自黃石港至張家壋，前據鍾倅天緯等帶同洋匠查勘山路，并無險峻之處，惟地勢稍低，須築高堤，取土稍難。若就山路興修，去高填低，施工較易。并據該縣前令孫克勤禀稱，民情均屬相安，初無異議等情在案。衹以該署令素稱能事，調署斯篆，兼委幫辦提調鐵政局務，以專責成，一切事宜檄飭隨時禀商總辦蔡道，悉心籌辦。此路飭令測量，并未刻日興工，如果工鉅費繁，別查有省便之水路，(僅)[儘]可會商委員具禀蔡道從長計議，斟酌請示。乃該署令既不討論事理，又未測量道路，忽稱鳥道羊腸，較黔蜀山程更爲險窄，炸藥攻山，驚駭物情等語。危詞聳聽，遽行具禀，阻撓大局，搖惑衆聽，誠不解是何居心。且山路既云崎嶇，人煙何得稠密，炸藥最多用至數兩，僅止炸去礙路頑石數塊，并非將青山全行炸裂，何至驚駭物情。點放係用電綫遠引，何至稍有傷殘。即如該署令所稟漳源口水道亦可通行，而每日通運鑛若干，冬春能否通行，漳源閘口能否無阻，若須盤壩，勞費無算，如何可行。此等處全未計及，疏略已極。查鐵廠每日需鑛砂、灰石、煤斤共六百餘噸，内港及南湖開淤淺，必須四時能通千石内外之船出江，便於輪拖方可濟用。總之，鐵山運道無論由陸由水，均須詳切測量，妥議辦法，方可定局。該署令心粗氣浮，一味自是，全不講求。據洋匠畢盎希稟稱，時維禮欲測量，該署令輒以恐致鬧事、不任責成等語恐嚇，不令測量，尤爲可恨。應先行嚴加申飭，仍責成該署令會同張令飛鵬、黄令建藩等，帶領洋匠將黄石港運道詳細測量，繪具圖説，再行會同委員帶領洋匠前往鐵山鋪，將南湖至漳源口一帶水道測量，并將李灣橋、漳源口沿河一帶是否能修造鐵路運道，一併測量繪圖貼説，即會同委員來省面陳一切。至黄石港運道，本年四月鍾倅及梅令冠林等帶同洋匠畢盎希、柯克斯前往查勘。彼時孫令在任，業經督率弓手、丈書丈量一過，復會同委員、洋匠勘測，具有圖説，地方毫無異議，即此次該署令來稟，亦云一切均爲安静，足見民情良善。現飭復勘，該署令帶同洋匠周歷測量，明白開導，妥爲彈壓。倘或滋生事端，即係該令煽播謬説，明知故縱，藉以迴護前説，阻撓大局，定即撤參不貸。懍之。

札司道照案申明整頓錢法 光緒十六年十一月十九日

照得湖北全省商民生計近來頗形蕭索。推究所由，固因商務減色，水災迭告，而制錢日少亦其一端。當經本部堂會同奎前部院，飭據該司道局會議禁販運，嚴私賣，查銅鋪，拏私鑄及輪船夾板船裝運制錢出口，查照約章核實辦理各條，具詳批飭，分別移行遵照，務令認真查辦。并飭據江漢關道查明回空鹽船裝運制錢出口，會商漢口督銷局咨商兩淮運司，嗣後將來漢鹽船姓名，編號立簿稽查。章程其餘各項，民船於南岸嘴一帶派員專查出口民船裝攬錢文，具詳批飭嚴密查禁等因各在案。查錢法爲全省財用所關，民艱所在，本部堂、院籌之至再，必欲力挽頹波。前此議定整頓各章程已極周密。乃半載有餘，錢價仍前昂貴，市面不能疏通，顯係該府州縣暨各局卡委員等視爲具文，并不實力奉行之故。合再申明前案，會札分別嚴飭遵辦。爲此，札仰該司、局道、關道即便查照，分飭該府州縣暨各局卡及專查委員等，遵照詳定批准稽查禁止各章程認真辦理，不得置之不理，有名無實，致干未便。并飭將數月來遵辦情形先行分別詳覆，以後責令該印委等按月各將應稽查拏禁各節具報查考。該司道等務即隨時督率辦理，毋任敷衍塞責，徒託空言。是爲至要。切切。

札北藩司速議黄梅縣同仁隄遷建籌款 光緒十六年十二月二十一日

案據湖北黄梅縣會同江西德化縣、安徽宿松縣稟稱：竊照宿松、黄梅、德化三縣共管之同仁隄，係道光十八年由湖北省請帑創建，上自梅邑董家口起，下至宿邑歸林庄大田尾止，計長一千九百餘丈，工竣後編列康、樂、和、親、安、平六字號，勸諭三縣業民分段歲修保固。卑宿松縣承管康、樂、安、平四字號，卑黃梅縣承管和字號。惟親字號地段最長，又劃分九號，卑德化縣分管五、八兩號，其一、二、三、四、六、七、九各號歸卑宿松縣與湖北蘄州衛承管。雖有要工協濟之議，諸多窒礙難行。同治九年，皖、楚、江三省同委道府各縣會勘，議立定章。因該隄本由楚省發欵建築，故議每年歲修各按原管地段承認如遇大水之年，隄應挽月改建，仍由卑黃梅縣請欵。旋經湖北核議，以隄既分號，各管各修，則改建大工亦應歸各號地方官稟由各該管上司撥欵修理，先後稟詳各前憲批准，咨行遵照。光緒元年，該隄和字號與樂字號、親字號接壤之處江岸崩坍，彼此訂期會同查勘。卑黃梅縣所管之和字號隄段逼近江流，勢非遷脚改建，不足以資抵禦。卑德化縣所承之親字五、八兩號距江尚遠，若遽舍舊圖新，民力未逮。隨仍由卑黃梅縣請欵，改建挽月，卑德化縣則僅飭隄董等鳩工加高培厚。迨光緒五六年間，該隄和字號尾下接親字號外洲崩潰，隄身離江數丈，情形十分危險，非建挽月隄不可。經卑各前令迭次勘估，繼復稟蒙各憲遴委大員會督勘辦，在於和字號尾至新字五號李姓門首建一挽月子隄，藉圖補救一時。迄今未及十載，險工叠出，此其明證。本年七月間，卑德化縣所承之親字五號隄岸以江水增漲，冲塌十有餘丈，與新築子隄切近，當經卑職嗚珂馳詣勘明。查隄內程家營街道地勢高阜與隄相埒，督飭該處圩業人等於街之首尾分築土壋，各與老堤相接。嗣因卑黃梅縣承管之和字號隄段亦有崩塌，逼近新舊交接隄身。卑前縣李令毅函商卑職起鸞、卑職鳴珂，定期前詣會勘商酌。該隄業已穿漏，危險異常。因即會督合力搶護，并由李令捐廉，於和字號隄內再圈挽月，亦即剋期完竣，聊救目前之急。當查本年險工雖在梅、化兩邑隄段之內，而宿堤介在其中，勢成孤立，利害攸關，殊非淺鮮。欲圖經久良規，亟宜擇地遷築。然究應由何處立脚改建，其時水勢盛漲，程家營之外已成澤國，礙難勘定。卑職等復又當面商約，容俟冬日晴霽，積水涸復，再行會督三縣紳民，博採衆論，指定衆基，援照成案，三省匀籌經費，通力合作，以保三縣農田賦命。一面各將會同搶護及商議情形，各自稟請本省憲示，奉批復勘籌辦等因。正在遵批會督勘辦間，適前黃梅縣李令毅奉調交卸。卑職冠林接署斯篆，即於赴任之便，繞道過潯，與卑職鳴珂晤商一切。抵任後，將署中緊要公事趕緊清釐，函商訂期於十一月二十四日同詣隄次，會督三縣堤董相度地勢，悉心體察。先勘得該隄和字號尾及親字一、二、三、四、五號舊有隄身早已崩卸入江，即新建月隄均已間斷坍塌，逼臨崩岸。所有本年卑黃梅、德化兩縣分築之子隄土壋，亦被江水冲激，類多坍卸。現在水已涸退歸槽，如僅將月隄加培，一經江水漲發，該處直當其衝，實爲徒勞糜費，自應毋庸置議。又勘得該隄樂字號尾至平字號大田尾，計長一千三百五十餘丈，估需工費銀三萬有餘。不特工項太鉅，而挖壓宿田既廣且長，田園廬墓大半遺棄隄外。察核情形，宿民痛切剥膚，甚非所願，未便强其所難，亦應作爲罷論。卑職等復又會督週歷踏勘。自該隄樂字號尾連和字號老隄接頭起至安字號丁家口，直長一線沙路，其中三縣民居犬牙相錯，地土多寡不同。督飭土工逐段翻撅層土層沙，五六尺下即係净土，土性亦頗堅實，堪作隄基。於此處改建長隄一道，洵足永慶安瀾。質諸三縣隄董紳民，宿、梅兩邑均甚樂從，惟化邑紳民等不贊一詞。卑職鳴珂詳加查詢，僉稱該處建隄固屬久遠之計，然隄內均係梅宿産業，化邑田土較少，所需建隄用費由三省均匀攤派，未免偏枯，況隄工告竣，即須承隄，每年歲修搶險，在在需費。隄內既無田土，費從何出等語。卑職鳴珂當諭以同仁隄爲皖、楚、江三省保障，本屬唇齒相依，利害併受。此次會議建隄之處，三縣均沾有土地，隄内化産誠屬寥寥，而縣屬之桑落、封廓，全鄉胥坐隄後，堪資攔衛。光緒九年三省合建挽月隄，梅土未佔分寸，曾經請欵津貼，豈可事出兩歧。至於歲修搶險一層，更可無慮。緣同仁隄向係按畝分承，隄成之後儘可清查隄内田畝，計畝承管。其餘坐落化境隄身，不妨由梅、宿兩邑代承。從前宿邑修理康字號隄段，宿民因坐隄外，不肯承保，商派化民代承三十二丈，確有成案可循，似可仿照辦理。該隄董等經卑職鳴珂諄切曉諭，無可置辯，均各照允。卑職等隨親督弓手、土工等逐段丈量，一面翻沙估計。自該隄樂字號尾連和字號老隄接頭起量至安字號尾丁家口止，共分八段，計長一千一百三十八丈五尺，内坐梅土二百八十八丈五尺，化土三百五十丈，宿土五百丈。各段沙有深淺廣狹，兼需填補溝宕，平脚扦寬，故隄身高一丈四尺五寸至一丈七尺，隄脚寬九丈二尺五寸至十一丈九尺各不等，隄面均寬二丈。隄内幫築襯臺，隄外加築土臺，以及隄面堆積土牛三百二十座，大共合算土方硪工并翻沙填宕難工等欵，實需經費銀二萬五千九百七十一兩九錢四分七釐。三省匀籌，每省應發銀八千六百五十七兩三錢一分五釐六毫七絲。此次建隄地方，較前建挽月隄取土更難，工價較貴。卑職等督同隄董再四熟商，仍照前價每土一方給銀一錢六分，他處不敢援以爲例。惟現在遷建長隄，工程浩大，用費不貲，所有修費銀兩，若遽悉數發交該隄董等具領興修，萬一該隄董等罔知顧慮，圖飽私囊，工程任意偷減，將寸土不堅，即全隄無用，卑職等何能辭責。又該隄紳民赴工營作，固係誼不容辭，但亦須督率有人，方免偷安懈怠。必須統籌全局，慎之又慎，庶幾盡善盡美。卑職等復面督該隄董公同集議，擬於該處附近地面設一三縣公館，各延一友在彼專司銀錢出入，另於各段分設土方局，由該隄董經理，每晚由隄董等將應發是日工價開單向帳房支取。至於監修委員，責任綦重，非尋常差遣可比，自應逐日在工梭織監視，俾免草率。然該委員斷不能枵腹從公，不得不議給薪水及夫馬等欵。而此項工用係屬核實估計，實用實銷，尚虞不足，若再加以委員薪水夫馬用度，益覺不支。卑職等愚見，擬於各縣汛官中酌委一員，專駐工所監修。卑宿松縣則委小姑司巡檢屠念曾，卑黄梅縣則委孔壠司巡檢郭發銘，卑德化縣則委小池司巡檢汪曰賓。該員等均係熟悉隄務，歷練老成，堪勝督修之任，且各有本任俸廉，即使稍有賠累，似尚不至爲難。卑職等三人仍分上中下三旬，前詣工次監督。各段既有汛官以專其責，復有印官以總其成，較之委員監修者更屬呼應靈通，衆擎易舉。以上諸事，係由卑職等三人各抒所見，當面籌酌。憶前者遷建挽月子隄時，三縣官紳各有成竹在胸，往返函移，卷積成帙，卒之議論雖多，莫衷一是，以故遲之又久，始克定議。殷鑑非遥，曷敢蹈此覆轍。今由卑職等屏除積習，和衷共濟，連日虚心商榷，意見相同。先時三縣隄董人等尚不免爾疆我界之争，而舍此别無可圖，一經卑職等婉曲開導，各無異言。所可慮者，該隄須從沙路立脚，并須翻沙取土，施工不易，約計告厥成功，定須四月之久。目下時届嚴冬，雨雪載途，年内爲日無幾，未便興舉。但極遲正月底總須動工，并須多集人夫，層硪層築。蓋長江夏汛不出五月，設或工至半途汛漲驟臨，貽害即不堪設想。且建隄工項每省需銀八千餘兩之多，俱經卑職等督飭隄董按段估計，竭力撙節，減之無可再減，如再勉强節省，竊恐該隄董慮及賠累，未敢供任其事。

詳查該隄内外居民窮苦，合境無中饒之户。加以連年昏墊之餘，流亡未復，就地實屬無欵可籌，更不能不爲請帑。事關三省民瘼，固未敢玩愒因循，亦未便拘泥成格。第時日之局促如此，工費之浩大又如彼，卑職等何敢擅便。爰特臚陳大概，仰乞憲恩咨商周妥，飭知遵照，俾重隄防而維大局。是否有當，理合將卑職等會勘同仁隄擇地遷建，秉公籌議緣由，繪圖貼説，同估計土方工價清摺，會銜馳禀，俯賜察核，批示祇遵等因。據此。案查同治九年議定該隄章程，以該處隄段綿長，坐落宿松、德化、黄梅三縣地方，既經分别字號各管歲修，遇有建挽大月，仍各照分管字號段落認修，由該管上司酌撥欵項，解工會辦，俾昭公允。光緒元年暨八、九等年歷次興修挽月，鄂省或經借撥釐金濟用，後由該縣受益之區按畝徵還。或有賑務，勻撥賑款協修，以工代賑各在案。兹該縣等督同各紳首會勘，必須遷建大月，估需經費銀二萬五千餘兩，三省均攤，鄂省應籌八千餘兩。查該隄本係官督民修之工，原不能仰藉官欵。第念同仁隄關繫三縣賦命田廬，該縣等會商妥議，退挽大月，藉資保衛，爲一勞永逸之計，所全者大。三縣官紳意見相同，均無異議，估需經費由三省合籌會辦，所議尚屬妥協。既爲大局攸關，即鄂力支絀亦不能不豫爲籌定，以待江欵定議，庶可通力合作，以竟全功。現在民力艱苦，若拘泥民修之工仍令照章就地籌辦，必至貽誤事機。惟現在鄂省庫欵十分支絀，至賑款上年分撥已屬不敷，挪墊者急待歸欵，更屬無可勻給。惟有援案酌籌借欵，以濟工需，議定由該縣受益地畝分年攤派歸還，不得藉詞延緩。除飛咨江西、安徽撫部院查照定議咨覆外，合亟札飭。札到，該司即便遵照，迅速妥議應撥何欵借給，分限幾年攤還，剋日具詳。一俟江、皖覆到，即可分飭舉辦。再，此項工程須趕來年正月底興工，以禦春汛。爲時已促，務須速籌，以免遲誤。至該縣所請免另委員，藉節經費，即派該三縣汛員督辦及派（友）［員］管理收支之處，并即議覆飭遵。毋違。切切。

札安襄鄖荆道出示曉諭抽收土藥不得漫無區别擾商損税光緒十六年十二月二十五日

照得湖北襄、鄖一帶新設局卡抽收土藥税項，川、陝、皖、豫各省土藥均有來者，各局卡及各該營縣司巡兵役人等遇有土販，若果查明來路確係繞越及有隱匿偷漏情形者，自應緝拏充公，以儆效尤。若商販甫經入境，愚民無知，不知赴局納税，自應明白開導，妥送各該局卡，俾知只要完税并無他項留難，豈得漫無區别，統以私土緝拏，一概充公。非特愚民駭懼裹足不前，更恐荒僻棍徒冒名劫奪，流弊滋多。查土藥非比私鹽。鹽有引地，越境之鹽來，則阻我銷路。土無畛域，他省之土來，則開我利源。頃據提標中軍丁參將貞創來禀，荆門把總李仲元在棗陽遇皮貨客夾帶私土，被該弁嚇詐潛逃，已經本部堂批飭將該弁革斥示懲。此後各土藥由營汛巡役送至者，必得與商販同至局卡，查明實係西南各路繞越河口、樊城者，應以私論充公。若東南、東北地方送至者，只可令照章完納，即在所存充公欵内酌提充賞，不得漫無區别，以致擾商損税。倘有仍前嚇詐及隱瞞私行賣放各情弊，一經發覺，定行從嚴撤參不貸。除行知襄陽道府外，合就札行。札到，該守、牧、令即便遵照，即由韓守、李牧、張令三員會銜出示，曉諭商民遵章來局完納釐税，勿得繞漏干罰，亦無庸驚懼疑沮。并轉移各營、縣一體遵照。毋違。

咨四川督院重慶開關預籌土藥防弊之法 光緒十六年十二月二十七日

案據奏委辦理湖北土藥税宜昌鎮羅鎮縉紳、吴道廷華會禀：內地奸商，欲乘間在川中産土州縣拉行子口税銀一案，當經批飭北牙釐局會同北藩司、江漢關道籌議詳覆去後。旋據該司會詳前來，即經本部堂咨商總理衙門核奪見覆。兹承准總署函開：本衙門詳細酌核，土藥非洋人必需一節，尊意蓋謂以此立説，則禁止領單不爲無辭。第洋商購運貨物，祇問有利無利，不論需與不需。苟有利可圖，不能因其不需遂可杜其販運。又請與各使定章一節，尊意蓋以與其争辯於後，不若商定於前。然查核約章，既有可據明文，若待定議於他國，阻則遲滯難行，允則索酬招事，似不必自生枝節。禁洋商領單照入内地一節，查通商章程第一欵，有出口税則未載，應照進口税則納税之語。據此，則他事均應比例辦理。況第五欵有不准外國商人護送洋藥入内地之語，即爲不准洋商入内地采辦土藥之比例。又中法通商專條有法人祇准在新通商三處購買土藥之語，則確爲不准入内地之據，自可照此申禁，無庸知照公使，另立新章，致滋口舌。至仿照洋藥在重慶併徵一節，尊意蓋欲於重慶一口徵足税釐，即可任其所之，無虞偷漏。惟出産之處物價較輕，若以全數重税責令交納，商力勢必難支。似應仍由重慶照章徵收二十兩，俟轉運通商他口入關棧後，出運時再照洋藥併徵税釐一百十兩，以後不再重徵。此係酌照雲南蒙自關販運土藥章程辦理。即希函致仲良，分飭司道局員會商該關税務司詳籌酌定。此外，杜弊防損之法。查洋藥併徵辦法，本處於光緒十三年正月間曾經刊單分行各關，所有起岸、入棧、裝載華式船隻等七項准單及封存躉船五種辦法，均已詳列，而稽杜射漏之法亦頗賅括其中。并望飭檢前案，仿照釐定等因，到本部堂。承准此。查各省奉旨整頓土藥税釐，以後辦理自必較前認真。所慮重慶開關之後，土藥仍照各關向章，收一正税加一半税，則中外商人皆得避重就輕，報裝洋商，雇用華船及自置華式船隻，即可由川直達他口，於下游各省土藥税釐大有關礙。故擬請渝關土藥仿照洋藥税釐併徵，俾免規避取巧，庶内地下游各省税釐不至全行落空。現經總署核定，以産土之處物價較輕，若以全數重税責令交納，商力勢必難支，應由重慶照章徵收二十兩，俟轉運通商他口入關棧後，出運時再照洋藥併徵税釐一百十兩，以後不再重徵等因，自應遵照辦理。惟重慶係照向章徵收，於川省税務似無出入，而在他口各關則不能不預籌杜弊防損之法。除再咨商總理衙門通飭各口海關，按照光緒十三年正月間刊單分行各關所有起岸、入棧、裝載華式船隻等七項准單及封存躉船五種辦法定期一律舉辦外，相應飛咨貴部堂，請煩查照分飭司道局員會商該關税務司詳籌酌定，見覆施行。

咨呈海署聲覆廣東沙路遞加鐵樁情形 附單

光緒十六年十二月二十七日

案照承准貴衙門咨開：准軍機處鈔交兩廣總督、調任湖廣總督張奏樹椿設險，以備河道開通，仍於粤防無礙，籌定久計一摺。光緒十五年九月二十七日奉硃批：該衙門知道。欽此。欽遵到本衙門。查原奏設椿之策，布置合宜，實爲慎固海防至計，應即照准。相應恭録咨行，遵照辦理。即將沙路、魚珠兩支全局并樹椿留口形勢，繪具圖說，咨報本衙門備案。原奏所稱約一年内可以安畢，以後擬兩年加增一次等語，將來如何接辦，而遞加至十數層，計需何年方能蕆工，此項工程現派何項承管，該路向係何項人員專司巡守，希即逐一聲覆本衙門，用備查考等因，到本部堂。承准此。查此項鐵樁，於上年冬月陸續起運到粤。本部堂前在兩廣總督任内，已札委記名提督蔡金章、廣東候補道閻希范督率安設，所雇監工洋匠亦於上年冬間到粤。據報，於本年三月開手下樁，議定在沙路舊樹木樁之内安設，以品字三枝合成一攢，樁根螺絲旋入河底，深一丈三尺，下開展而上結束，上加鐵蓋，繫以鐵鍊，交加紐合。工程繁重精細，深入河底，每日只能下品字一套，約至明年三月始可竣工，與原奏一年竣工之期尚屬符合。若以一攢而論，遇鉅物撞擊或尚微動。現定内外兩排，視水之淺深，定樁之長短。除水深數尺者無庸樹樁外，計分三丈、四丈、五丈、六丈、七丈凡五等，共三百四十餘攢。其每樁接榫合縫處密釘螺絲，每攢距各一丈，以大鐵鍊交加維繫，抵力倍增，敵人雖用水雷，亦不能驟然攻拔。中留口門，以便有事時立可封堵。近則沙路、長洲，遠則牛山、魚珠，四路礮臺礮力所及，均能遏擊敵船，保護鐵樁。戰守之資俱備，地勢最據形勝，實爲設險要圖。原奏擬兩年加增一次，向外添樹鐵樁兩層，遞加至十數層，則河路永臻鞏固，原係慎益加慎辦法。竊擬兩年加增一次，每次兩排，連原有之兩排，共應加至十二排。雖有鐵甲鉅艦，亦難飛渡。揆度粤省海防經費，辦此尚不爲難。應請貴衙門核定，咨令粤省酌量接辦，以收一勞永逸之功，并將沙路、魚珠兩支全圖、留口形勢及樹樁排列式樣摹圖注說，并抄録鐵樁料件清單，咨呈備案。至沙路專司巡守人員一節查沙路一支爲粤防大局所關，故於礮臺水雷而外，議設鐵樁，以臻鞏固。詳細情形，原奏言之已晰。若海防有事，該處自應增設重兵扼守。現在沙路礮臺係廣勝軍一營駐紮，按期操演礮準。廣勝軍三營統領蔡提督金章，即駐於此。將來鐵樁安就，所有巡守人員或由蔡提督營内分撥弁勇巡守，或應另撥礮船防護，届時應由兩廣督部堂核酌辦理。再樁鐵各圖，皆存粤省工次，摹繪需時，以致咨覆稍遲，合併陳明。

清單

茲將德國哈確廠承辦沙路攔河鐵樁數目、價值列左。

計開

熟鐵螺絲樁一百零二套。每套三枝，每枝長三十尺。每套銀七百四十二馬，共銀七萬五千六百八十四馬。

又四十一套。每套三枝，每枝長四十尺。每套銀九百四十三馬，共銀三萬八千六百六十三馬。

又九十七套。每套三枝，每枝長五十尺。每套銀一千六百九十三馬，共銀一十六萬四千二百二十一馬。

又六十套。每套三枝，每枝長六十尺，每套銀二千六百一十七馬，共銀一十五萬七千零二十馬。

又十四套。每套三枝，每枝長七十尺，每套銀三千零五十五馬，共銀四萬二千七百七十馬。

又四十四枝。每枝長四十尺，價銀二百九十七馬，共銀一萬三千零六十八馬。

又四十四枝。每枝長七十尺，價銀九百五十四馬，共銀四萬一千九百七十六馬。

又橋口攔邊鐵料四套。每套二千二百七十一馬，共銀九千零八十四馬。

又三箇刮大鐵鏈長五千三百三十三碼，每碼銀五馬零二十四分，共銀二萬七千九百二十四馬。

又鐵柄鐵圈。接連鐵鏈、鐵樁之用，約七千二百箇啟羅，即七噸零五分一。每啟羅銀一馬零一六五，共銀八千三百八十八馬。

總共熟鐵螺絲樁一千零三十枝并所配各料件，共重約一千九百四十六噸。

合共德銀五十七萬八千七百九十八馬，每洋一元約合三馬，合洋一十九萬四千九百三十二元。

一、以上所沽鐵樁價值，連生鐵螺絲頭在内。今再將螺絲頭價值列下：

三十至四十尺之鐵樁，配生鐵螺絲頭，每箇銀六十三馬。五十尺至七十尺長之鐵樁，配生鐵螺絲頭，每箇銀六十八馬半。

一、螺絲鐵樁一套。内有鐵樁三、實心樁三、生鐵螺絲三、鐵頭一。

一、頭號雙角卷成熟鐵樁，厚一寸之十六分五，至一寸之三十二分十五者，釘合易于為力，因用熟鐵卷成，較諸用鐵片而成者更為堅固。切勿用薄鐵，因不能經久。圖内所繪甚詳，閲之便悉。

一、鐵樁下截用實心柱者，因恐河底有石塊，取其體小而質堅；上截用空心柱者，取其體大而立穩。其實心與通心相連處，有活軌鐵一塊，以便旋轉。鐵樁三枝一套，同時旋下，須用大鐵一塊套之，分為品字形，使無偏側之弊，施力亦易。

札衛昌營、石門縣營照料楊令試運銅鑛[一]

光緒十六年十二月二十七日

照得湖北鶴峰州所屬九台香山即久財鄉地方，向有銅鑛，前經札飭該州丁牧國楨採取鑛砂考驗，銅質最佳。鄂省現在奉旨開辦槍礮廠，需用銅料甚殷。本省既有銅鑛可資鎔煉，而開採鑛砂需用民夫甚多，裨益窮黎，尤非淺鮮。現經本部堂飭委候補知縣楊鈞，前往鶴峰州會同丁牧馳赴九台香山分晰查明，并採取銅鑛數萬斤，由水路運回鄂省，以備試煉各在案。查九台香鑛山左右地方曠僻，招募砂丁採運鑛砂、雇覓船隻等事，必須派撥兵役幫同照料彈壓，方爲周妥。其在鶴峰境内，應即飭鶴峰州衛昌營吴游擊亮才督飭汛弁，酌撥兵丁，隨同楊令等照料彈壓。其水運由石門泥沙河裝船至津市以達大江。其在石門境内，應即飭石門縣黄令廷贊，會同澧州營景參將元酌派兵役，幫同照料護送，俾臻妥速。除分行外，合亟札飭。札到，該游擊即便遵照，俟楊令鈞到境會查銅鑛，迅即查照札行事理，督飭汛弁派撥兵丁，隨同楊令、丁牧前往妥爲照料彈壓，毋稍疏忽。是爲至要。

咨北撫院朱令滋澤稟銷鐵政局幫辦提調

光緒十六年十二月二十九日

據幫辦鐵政局提調、卸署漢陽縣知縣朱令滋澤稟稱：竊卑職奉委幫辦鐵政局提調，所有經手購買廠基以及伏汛隄防工程，前皆造報在案。現在購買江岸碼頭基地房屋，及廠隄内外民房，並

[一] 以下三件録自抄本《督楚公牘》。

添購餘基，亦均議定價值，一律發給具領，即當逐款造册，報請核銷。惟承修廠外一帶河隄，及月湖江岸横隄石磯等工，正在集夫趕修。尚未工竣，詎丁母憂，誠難稟交接替。前乞轉稟，暫托舒副將拜發駐工，查點行硪，督率照料一切，趕催監工委員等認真修築，及早完竣，務期工堅費實。一俟工竣，即行報請驗銷。所有札委幫辦鐵政局提調差使，應祈准予銷差，一面趕將經手工程完竣報驗，核銷清楚，俾得扶柩歸葬等情，到本部堂。據此。當批：查該令督辦鐵廠隄工，正資得力，惟現丁母憂，所有鐵政局幫辦提調自應暫准銷差，其未完隄磯等工，關係十分緊要，欵目繁多，確難另易生手。目前如稟，暫交舒副將拜發駐工，認真趕緊督修，勿稍疏率遲誤，遇事仍隨時與該令商酌，俟該令百日滿後，如暫未回籍，即仍在鐵局差委，責令該令一手經理，以重廠工。仰鐵政局轉飭遵照。繳。等因。除印發外，相應咨會。爲此，合咨貴部院請煩查照施行。

札北藩司等籌議彭、楊專祠經費光緒十六年十二月二十日

案據漢陽鎮總兵高鎮光效稟稱：竊以前任兵部尚書彭〔一〕於本年三月在原籍衡州病故，前陝甘總督楊〔二〕於本年六月在原籍乾州病故，仰蒙聖恩賜恤，并准於立功地方建立專祠。朝廷眷念藎臣，飾終之典，至渥極優，凡在臣工，同聲感激。伏念前尚書彭、總督楊均於咸豐初年隨同前大學士曾〔三〕創立水師，削平鉅寇，艱難辛苦，卒底於成。迨江面肅清以後，因長江天塹，雄視東南，防範未可稍懈。奏設長江水師，挑積年之精鋭，改爲經制水兵，意美法良，規模久遠。前尚書彭嗣奉廷旨，每年巡閲營伍一次，簡練軍實，勞怨不辭，雖至衰病侵尋，猶復力疾巡行，不辭勞瘁，沿江士庶，至今感念不忘。溯惟湘、鄂兩省，當粤逆披猖之際，掠洞庭舟楫，浮江而下直指金陵，舳艫千里，大軍十餘萬，芟舍從之，常出其後。自彭、楊二公分典水軍，扼其死命，而後有湘潭大捷，江夏燔舟，破田鎮之鐵鎖横江，解漢陽之堅城負固，燬賊舟萬有數千，清江面三千餘里。於是窺復武漢，略定蘄黄，一鼓東征，勢如破竹，更肅清江皖。二公之勳績，併震一時。其間衝鋒陷陣，戰必身先，推楊公爲最。訓兵籌餉，威震華夷，屬彭公見長。茲僅就鄂省而言，以二公數年血戰，再造巖疆，功德在民，輿情愛戴。允宜建祠，列入祀典，以彰藎績而順輿情。職鎮所屬水師均係二公舊部，分應捐助建祠經費，共襄厥成。用敢臚陳二公湘鄂戰績，稟瀆鈞聰。伏思此項專祠，多由捐建，落成之日，稟請入奏，免其造報，是近年歷辦之情形也。茲據職鎮所屬四營將弁，稟請擬捐助俸廉銀二千兩，存候湖北省建祠提用。然兩祠一時併舉，工程浩大，經費不貲。職鎮等備員軍旅，勢難勝此鉅任。爲此稟乞憲恩，俯賜核奪，應如何籌欵措捐、借撥動用之處，伏望仁慈提綱挈領，三軍感戴，萬姓瞻依等因。據此。除稟批：據稟，該鎮所屬水師，均係前兵部尚書彭、陝甘總督楊

〔一〕指彭玉麟，字雪琴。歷授廣東布政使、安徽巡撫、兵部右侍郎。光緒九年（一八八三年）擢兵部尚書，以衰病辭。

〔二〕指楊岳斌，原名載福，字厚庵。歷授總兵、湖北提督。同治三年（一八六四年）授陝甘總督。

〔三〕指曾國藩。

舊部。現據各將弁稟請擬捐助俸廉銀二千兩，爲勅建專祠之費等因。應如何繳存，俟籌捐之欵集有成數，指撥動用之處，仰北布政司核議具覆飭遵。仍候撫部院批示。繳。印發該司外，查彭、楊二公肅清長江，奠安楚境，功績甚偉。長江水師，至今武備攸資，商民利賴，遺澤尤長。惟此項工程經費，據該總兵擬捐四營俸廉銀二千兩，其不敷之數甚鉅。應如何籌捐集欵，應即由該司、道、局會同妥議辦理。合行札飭。札到，該道、司、局即便遵照，會同北鹽法道、善後局籌議，具覆核奪。所有該鎮請捐俸廉銀二千兩以備湊建前任兵部尚書彭、陝甘總督楊專祠經費，應如何繳存，併議辦理。毋違。此札。

光緒十七年

咨南、北學院調兩湖書院肄業生附單

光緒十七年正月初一日

爲照維持世道，首賴人材。人材之成，必由學術。即論地方官化民成俗之道，亦必以教士爲先。故書院之設，所以作養賢才，貴得明體達用之士，以備國家任使，庶可以羽翼聖道，匡濟時艱。然必須有羣萃州處之區，始克收師友講習之益。查兩湖地方人才素盛，名賢輩出。惟湖北江漢書院暨本部堂前在學政任内創建經心書院，皆因經費未裕，齋舍無多。湖南省城書院頗多，然省外遠郡士子，亦尚未能徧及。本部堂現於湖北省城創建兩湖書院，籌集經費，就都士湖地方環置齋舍二百間，調取兩湖諸生各一百名入院肄業。另置齋舍四十間，附調商籍諸生四十名肄業。課士之法，分經學、史學、理學、文學、算學、經濟學六門，延請分教六人專門訓課諸生。願執何業，各隨才性所近，能兼者聽。肄業者皆須常川住院，以便計日程功，常聆講授。既資檢束，亦便觀摩。有事稟明給假，假滿不回院者開除。每名每月常膏火銀三兩，每月官師二課，住院二百四十名，兩課均有奬賞，以課卷之高下爲等差，惟草率謬妄者不給。此外調到録取而不願住院者爲外課，自行投考者爲附課，每月亦二課，有奬賞，無膏火。課取視人數斟酌，無定額。其舊有之經心書院肄業生移住經心講舍，另請院長主講。兩湖書院之北省諸生，及經心書院肄業諸生，彼此均可互考，均與外課同。其願習時文者，北省諸生俱准送入江漢書院應課，無須另行甄別，每課優獎，以勸力學。廣置書籍以供博覽，嚴立學規以端趨向，勤考日記以驗功修。博約兼資，言行并勗，期於他日成就出爲名臣，處爲名儒。專派提調一員，督同監院二員稽查考核。如調院之後有干預外事、荒嬉廢學、侮慢師儒、不敬官長、詆毁先賢、妄談時政者，皆爲干犯學規，隨時查明並逐出院。所有兩湖書院肄業生額，分府選調，各屬徧及，以示公溥，先由貴學院選取咨送。其北省額數，將經心講舍優生合併選擇。應調諸生，或才識出羣，或多聞博覽，或志行不苟，或好學深思，均在可選調之列。應請北學院查照黏單額數，分別選調咨送，并酌量多調備取數名。其南省鳳凰、永綏、乾州、晃州四直隸廳，能否四廳合計共調一人，即於南省別屬撥出一名，應請南學院酌核辦理。如有篤學潛修之士，未經應過歲科考試，學院無由周知，各該府廳州縣如諮訪確實，亦准具文申送。書院本年春間落成，選調各生務於本年三月初旬齊集鄂省，聽候本部堂示期面試，甄別去取，留院肄業。諸生除録取入院外，餘皆酌給川資，遣歸其由籍。來鄂時道路遥遠及貧不能具資斧者，均由各地方官酌量墊給川資，稟明如數發還，願留應外課者聽。如未經兩省學院咨送，又未經府縣申送，自揣學業過人有志求益者，准其臨時報名投考，一併面試，甄別選取。其投考而不録取者，不給川資，以示限制。其已經甄別録取而該府州額數已滿者，作爲候缺，仍應外課，有額遞補。咨送、申送者只及廪增附生，投考者舉貢亦可，但只能作爲附課。本年適值鄉試，南省入院肄業諸生，本部堂自當於場前先期派撥輪船送歸應考，遺才者并咨明學院，免其録遺，以示體卹。另設商籍課額四十名，因茶業各商籌捐兩湖書院經費，特調其子弟肄業，以昭奬勸。其應調商籍諸生四十名，應由江漢關道轉飭茶業各商，自行稟請該道申送。統俟諸生到齊，書院規模大定，當即專案奏明。爲此，合咨貴院請煩查照，按照黏單額數選調咨送，將該生所長何業註明單内。各府州均酌量多調數名，以備或有不到。希於接到咨文後，一面開單迅即咨覆，一面徑札各學調取，轉飭該生迅速來鄂。望切施行。

兩湖書院肄業生額數商籍在外

湖北

武昌府十六名　漢陽府十二名　黄州府十九名　安陸府十名　德安府八名　荆州府十名　荆州駐防旗學一名　襄陽府六名　鄖陽府五名　宜昌府五名　施南府五名　荆門州三名

湖南

長沙府二十五名　衡州府十四名　岳州府十名　寶慶府十名　常德府七名　永州府七名　澧州四名　郴州三名　桂陽州三名　靖州三名

通飭有隄各州縣趕修隄防光緒十七年正月十九日

照得湖北濱臨江漢各州縣，民命田廬全賴隄塍保衛。有因沖塌漫潰借欵修復者，有因民力不能全籌量予津貼修築者。其應歲修之處，或指有專欵，或派有畝費以及數縣協修者，均應照章於春汛前一律完竣。無如近年各州縣或存徼倖之心，或養成一種怠惰悠忽之習，并不督率隄紳人等及早舉辦。迨春水漲發，難以施工，或致已修之工復被沖壞，功敗垂成，費歸無用。今年雷雨較早，春漲必速。亟須趕早動工，剋期完竣，方免因遲有悔。合亟飛札，豫爲告戒。札到，該廳州縣暨該委員即速遵照，督率紳首人等即日動工，星夜修築，不可稍耽安逸。工須堅固，費須核實，趕於二月底一律告竣稟報勘驗。并將搶險物料豫備齊全，免致出有險工時倉卒措手不及。經此次豫行嚴飭之後，如有不剋期修竣報驗者，以及漲發工險并無物料可資民築者，定即從重懲處。試思該處如係向來受水之區，如隄工不能完固，身爲堵牧，夜臥豈能安枕。該州縣切勿視爲具文，并當剴切勸諭紳民，慎勿遷延觀望，自貽伊戚。仍將開工日期、辦理情形，限文到五日内先行稟覆查考。

會咨續匯集捐賑欵分濟順、直附單[一]

光緒十七年正月二十五日

據總辦湖北善後局司道詳稱，案奉札開：本年順、直水災極重，賑撫需欵維殷。業經遵照户部賑捐章程，設立順直賑捐局勸捐，并勸諭官商紳富樂輸助賑，先行籌欵墊解。經本部堂倡捐銀一千兩先行電匯濟用在案。茲又續捐銀二千兩發局，刻日照匯，並將司道府廳州縣已捐成數，一併速匯天津，解交直隸爵閣督部堂李飭收散放。仍將電匯日期具報。等因。奉此。查此次順、直賑捐，先由督憲倡捐銀一千兩，撫憲倡捐銀六百兩，并糧鹽道、江漢關各捐銀三百兩，均經各自分匯。所有本局經收之欵，已先後匯過銀八千兩，内六千兩呈禮部大堂李、吏部右堂白兑收，又二千兩交軍機處、刑部馮主政錫仁兑收，悉係集腋勸募之欵。茲遵將奉督憲發下續捐之二千兩及本局續收經捐銀五千兩，共銀七千兩，于上年十二月中旬統交百川通商號電匯天津，交直隸爵閣督部堂銀錢所兑收轉發賑需。余俟續收有欵，再行電匯。理合開具清單詳請核查分咨等情。又據詳稱，茲於上年十二月下旬又續撥銀二千兩，交百川通商號電匯京都，定限年内投交户部毛員外慶蕃兑收，以湊暖廠等經費。除輸捐銜名另案匯報外，所有電匯銀兩日期理合詳報查核，併案分咨等情先後到本部堂、部院。據此。除附片奏明外，相應咨會。爲此合咨貴閣爵部堂、貴尹堂，請煩查照施行。

清單

計開

湖廣總督張續捐銀二千兩。

調任江蘇布政使、前湖北布政使鄧華熙捐銀四百兩。

升任廣東布政使、前湖北按察使覺羅成允捐銀四百兩。

湖北督糧道惲祖翼續捐銀一百兩。

湖北鹽法、武昌道瞿廷韶續捐銀二百兩。

署湖北漢黄德道、候補道江鱗瑞續捐銀一百兩。

湖北荆宜施道方恭釗捐銀二百兩。

武昌府知府李有棻捐銀二百兩。

本任漢陽府、調署宜昌府知府逢潤古捐銀二千一百兩。

黄州府知府李方豫捐銀一百兩。

德安府知府汪元慶捐銀一百兩。

安陸府知府史書青捐銀一百兩。

候補知府裕庚捐銀一百兩。

[一] 以下二十件録自抄本《督楚公牘》。

孝感縣知縣亢廷鏞捐銀二百兩。
鍾祥縣知縣徐嘉禾捐銀二百兩。
天門縣知縣邵世恩捐銀一百兩。
署隨州知州陳彰五捐銀一百兩。
署麻城縣知縣沈星標捐銀二百兩。
黄岡縣知縣楊壽昌捐銀二百兩。
署棗陽縣知縣宋熙曾捐銀一百兩。
當陽縣知縣李元才捐銀一百兩。
署蒲圻縣知縣陳樹楠捐銀一百兩。

以上共收銀七千四百兩。又零星捐銀每名不滿一百兩，毋庸開列銜名，及捐銀先交名册、未齊之欵共銀七千六百兩，統合銀一萬五千兩。除已兩次匯過銀六千兩交禮部大堂李、吏部右堂白兑收轉交善紳散放，又匯過銀二千兩，交軍機處刑部馮主政錫仁兑收，轉交善紳散放，均充順天賑需外，又於上年十二月中旬續匯銀七千兩，交天津直隸爵閣督部堂李銀錢所兑收，專充直隸賑需。以後如有續捐，俟收有成數，再行詳解。理合登明。

附開

湖廣總督張倡捐銀一千兩，由督署分匯順、直。
湖北巡撫譚倡捐銀六百兩，交前臬司成分匯順、直。
督糧道惲祖翼捐銀三百兩，匯交李中堂銀錢所。
鹽法道瞿廷韶捐銀三百兩，匯呈順天府。
署江漢關道、候補道江麟瑞捐銀三百兩，匯直呈李中堂。
以上共捐銀二千五百兩。

札高培蘭查勘湖南益陽縣煤鑛 光緒十七年正月二十六日

照得鄂省奉旨開辦煉鐵廠，前因查明湘省衡寶各屬産〔一〕有白煤，最合煉鐵之用，業經派委湖北候補知縣高培蘭、鑛務學生都司張金生等前往勘辦在案。茲本部堂訪聞益陽縣地方亦産白煤，前數年有商人開挖，因他事中止，現在屯儲甚多。查煤斤爲民生日用所必需，湘省産旺質良，爲地方大利所在。但期無礙田廬，即可開採，其於地脈風水毫無關涉。衡、寶各屬到處開挖，該處文武功名均爲極盛，是其明證。益陽縣與鄂省較近，水運尤便，如果白煤産旺，亟應由地方官勸諭商民開採，嚴禁阻撓，以濬利源而阜民用。高令培蘭等衡寶差竣回鄂，益陽爲必經之路，應即會同地方官查明産煤處所，采取煤樣回鄂，詳（詞）〔詢〕山價運脚及水陸運道，應如何招徠商人開采轉運，一併妥籌辦法，稟候核奪。除分行外，合亟札飭。札到，該令等即便遵照，會同益陽縣詳悉查勘，妥籌辦法，并採取煤樣，帶回考驗。是爲至要。

札鐵政局當陽縣稟採辦荆當煤務情形 光緒十七年正月二十九日

據署當陽縣知縣盛丞春頤稟：採辦荆當煤務，酌擬山價運脚經費數目，并擬諭飭羅紳督飭商人收買，由内河駁載至筲箕窪，再由官運至大别山交納等情到本部堂。據此。當批：據稟及清摺均悉。荆當之煤雖經試煉合用，惟窿口既多，所産能否一律，每

〔一〕抄本《督楚公牘》為「雇」，似應為「産」。

日竭力開採能出若干，每年能運若干，合計成本每噸究需幾何，此時皆屬懸揣擬議之詞，非下手試辦，不能知其確實，便不能定其去取。即責成該署令迅速採辦真正一色白煤一千噸，毋許以皮層煤苗混雜充數，刻日運解來省，不得遲緩，以致竄水淹浸。至鼓勵紳士民夫分别官運商運各節，均由該署令斟酌辦理。運至省城交納，總以核實迅速爲度。已飭鐵政局先發銀四千兩即日匯至沙市，電知該令應用矣。惟土法所採，所得不過浮面鬆薄散碎之煤，及至開掘既深，漸入佳境，必爲深水所阻，且苦於逆挽艱難，仍歸廢棄，是佳煤終不能得，且所得太少，亦終不能濟用。該署令務須親往察看，擇其最佳最厚而運道較便之窿口兩三處，迅速詳晰禀聞，以便飭派鑛學學生勘驗鑽試，酌購小機器用西法鑿井深開，庶可有益。至此項試辦之煤到省，或於鐵廠隙地，或於漢口，或於武昌省城外江岸酌蓋棚廠存儲，以便留用發銷，臨時酌辦，并由局酌核辦理。其餘所請免税釐、發護照、發磅秤各節，該局并即核議，詳覆飭遵。此繳。等因。除印發外，合就札行。爲此，札仰該局即便查照批内事宜，迅速核議詳辦。一面先發給銀四千兩即日匯至沙市，電知該令應用具報。毋違。

札行海署議覆煉鐵廠基請續撥欵摺附單

光緒十七年二月十三日

光緒十七年二月十三日准兵部火票遞到總理海軍事務衙門咨開：本衙門於光緒十七年正月二十四日，會同户部議覆湖廣總督張奏勘定煉鐵廠基、開采煉鐵事宜、請續撥欵項一摺。本日奉旨：依議。欽此。除分行外，相應恭録諭旨暨抄原奏，咨行湖廣總督欽遵查照可也等因，到本部堂。承准此。除分行外，合就札行。爲此，札仰該司、局即便遵照，勿違。

遵旨議奏摺光緒十七年正月二十四日

奏為遵旨議奏事。光緒十六年十一月二十八日承准軍機處交出湖廣總督張之洞勘定煉鐵廠基、現籌趕辦廠工暨開采煤鐵事宜一摺，本日奉硃批：該衙門議奏。欽此。欽遵抄交前來。查開辦鐵路，自以煉鐵采煤為要務。該督原奏所稱勘得漢陽縣大别山下恰宜建廠，利便凡有六端。自八月初勘定廠基之日起，兩年為期，即可開爐造軌。惟此項工程需欵甚鉅，今鄂省開設煉鋼、鐵兩爐及抽條、夾板、造軌各機器，詢據外洋工師，僉稱在外國亦稱大廠，更兼采鐵、煉鐵、開煤三事合而為一。復有修運道，築江隄，設化學鑛務學堂，添修理機器廠，皆連類而及，必不可少之費，所需尤多。前海署來電，擬以二百萬兩撥歸湖北為煉鐵之用，深恐不敷。前於三月初十日電達海軍衙門在案。現在約估大數，約需銀二百四十餘萬兩。計户部共撥到銀一百萬兩，以後續撥之欵，必需源源接濟，方免停工待欵，轉資糜費。廠内所出之鋼軌鐵料，銷售得價，收回貨本，即是經費。上年三月北洋大臣李鴻章電稱撥用鄂軌，隨撥隨付價，界限乃清等語。當以所籌甚當，電達海軍衙門在案。俟軌價付到以後，即可藉資周轉等語。該督現開煉鐵廠，辦理殊有端倪，籌畫亦頗詳盡。惟前次會同總理各國事務衙門奏明，鐵路先由東三省開辦，以期移緩就急，並經臣李鴻章電知該督，仍擬撥用鄂省鐵軌，是鄂省煉鐵自當趕辦。惟臣衙門前所擬撥該省鐵路經費二百萬兩，因東三省甫經勘度地勢，尚未開辦，是以將户部所籌本年之欵，勻撥鄂省煉鐵之用。自本年起，東三省造路之事繁興，涓涓不能他移，應請旨飭下該督，但就撥定二百萬兩數内開廠煉鑄，設法匀籌，撙節辦理。俟其鋼軌鐵料銷售，見有價本，再行將廠内未盡事宜陸續興辦。至所稱請飭户部即將續撥之款一百萬兩早為籌定，俾得及時撥給趕辦竣工等語。查此款應由臣衙門將收到上年各省所解鐵路經費盡數撥往。惟十月間因黑龍江添設防兵，開辦需款，移緩就急，已動撥銀三十萬兩。現在實存各省解到銀一十七萬五千兩，合之未解到之二十七萬五千兩，尚有四十五萬兩。今該督待款孔亟，擬由臣衙門將各省未經解到之項先由海防經費項下提撥，補足四十五萬兩之數，行令該督派員來京領取，俟外省陸續解到，再行歸款。其已動用之三十萬兩，擬將湖北十七年分應解臣衙門海防經費實銀二十四萬兩並江西省欠解臣衙門海防經費内提撥銀六萬兩，就近抵補應用。至户部應籌解之二十五萬兩，户部查此項鐵路經費，前經臣部奏明，每年由部庫籌銀一百二十萬兩，由各省籌銀八十萬兩。光緒十六年分部庫應籌之一百二十萬兩，已於去歲四月間劃撥湖北九十五萬兩，以為該煉鐵之用。下餘銀二十五萬兩，現在復經海軍衙門核准，撥歸湖北應用。應令該督於派員赴海軍衙門領款時一併赴部支領。

再，查部庫應籌鐵路經費，前經奏明，由籌邊軍餉項下籌銀六十萬兩，六分平餘項下籌銀六十萬兩。去歲劃撥湖北銀九十五萬兩，其時六分平餘一款，并無餘存，當在籌邊軍餉項下提銀六十萬兩，後借動漕折銀三十萬兩正項，待支銀五十萬兩，湊足九十五萬兩之數。將來六分平餘扣收有款，應即將此項借款歸還。至此次應撥之二十五萬兩，亦應在部庫現存六分平餘項下動撥，以符奏案而清款目。所有遵議緣由，謹合詞具陳，伏乞皇上聖鑒。

再，此摺係總理海軍事務衙門主稿，會同户部辦理。合併聲明。謹奏。

咨四川總督施南府協會稟請拏紅綫會匪

光緒十七年二月十七日

據湖北施南府額守勒恒額、署施南協蒯副將德浦、恩施縣黄令承清、署宣恩縣斯令康等稟稱：拏獲聚衆拜盟，拒捕兵役會匪，擬請分別正法，并請咨明飭拏逸犯等情，到本部堂。據此。當批：據稟拏獲會匪吴幅娃等供認，聽從匪首向怔沅起意，結會拜盟滋事。請將吴幅娃等七犯就地正法等情。查紅綫會匪向爲施南及川、黔沿邊之害。此次該匪等結黨爲惡，藏匿深山，經該文武各員督率弁兵人等冒雪入山，實力掩捕，業將匪首向怔沅等格殺五名，并拏獲吴幅娃等多名，辦理尚屬妥速。惟查核開呈供摺内叙吴幅娃、邱晴子、譚歡漋、朱滿、譚啟幅、姚發友、張胖娃七名供詞所犯情節，各有輕重不同。罪名出入，生死攸關，未便草率定讞，將該七犯全置重典。亟應委員復審，分別稟辦。查候補知府李守謙，現赴施南府查辦案件，仰北按察司即飭李守會同施南府額守，提犯逐一虛衷研鞫，務得確切供情，分別録供，稟候核辦。務當情罪相符，無枉無縱，以歸核實而昭詳慎。至該匪等結會拜盟，强搶婦女，擾害劫奪，并敢拒傷官兵，如實罪惡昭著，自有例章懲辦。兹閲該府縣等稟叙該犯不軌謀叛，形同叛逆等語，意在鋪張請獎。其實地方文武緝捕勤能，拏獲匪犯，閭閻藉得安全，非不可仰邀獎勵，何得輕加以叛逆之名，一律駢誅。殊屬太過，斷斷不可。該司并即轉行申飭。其黄小老幺等犯，如何分別定擬，并飭復訊，議擬核辦。逸犯黃國碎等即飭屬嚴緝，并候分咨轉飭，一體查緝，務獲解究。另單爲文武各員弁兵練丁等請獎一節，在事出力者，自應分別獎勵。應俟案結，由司查案，核議詳奪，即録批報明撫部院衙門暨候批示。繳。供摺存等因。除印發外，相應鈔稟咨明。爲此，合咨貴部堂請煩查照，轉飭巫山、奉節、雲陽、萬縣、酉陽、石砫、黔江、彭水各廳州縣一體查緝案内逸犯，務獲究辦。望切施行。

札都司陸忠上私販土藥速來省聽候查辦 光緒十七年二月二十日

據湖北北路老河口土藥專局補用同知、直隸州知州李紹遠稟稱，光緒十六年十二月初一日，奉憲台電諭：土藥税務整頓之始，關繫緊要，南北兩路務須通力合作。如宜昌野三關收數較前日旺，即係該員堵截之力，北路各局卡委員一律記功獎勵，萬不可稍分畛域，私讓觔兩，減成折收，致礙全局。即飛飭各局卡懔遵。等因。奉此。當即遵辦在案。旋奉憲台四百里排單札開：據總辦南路土税局稟稱，北路祇許撙節經費，不許裁卡，緣爲堵截起見，誠恐北路收數不旺，私讓觔兩，減成折收等因同前由。奉此。伏讀再四，曷勝謹懔。竊思卑職奉飭之後，自維才識譾陋，何蒙知遇之隆，日夜焦灼，慮難勝任，深虞隕越。惟有矢勤矢慎，誠信不欺，潔清自愛，核實撙節，以圖報效，上酬高厚。及至開辦後，派遣各分局卡員，靡不悉心勉勵，勤奮廉潔，涓滴歸公，遵照定章，一一核實。自揣幼秉庭訓，讀聖賢書，百無所長，惟不要錢三字差堪自信。即各分局卡委員，多係卑職久耳端介之名，始敢表薦。其後日之見利改操與否，卑職雖未敢決其必無，然既蒙憲台之優禮推誠，破格録用，卑職又復仰體憲意，諄諄勸勉。倘稍具天良非同木石者，必不致自待菲薄，甘於暴棄，作奸犯科。此卑職所以必其無私讓觔兩、減成折收也。詎料南路所設馬門、竹山各卡委員，減成折收，營私舞弊，大有出諸臆料之外者。據官渡河代辦司事從九趙龍章稟稱：南路所設馬門子河分卡委員陸忠上，來官渡河解土藥三十一担至老河口兑給税銀，卑職往查，追問再四，始將税票呈驗。迨復秤，多至五百一十餘觔，稱願補税。越日細詢根由，緣陸忠上欲包攬賣放，串通飽橐。見卑職追究甚急，始將所餘税票私填搪抵。卑職因念南北一體，既呈票補税，可作罷論，并未苛求。殊該委員怙惡不悛，復逗遛私販土藥數担，欲舟載東下。卑職得知往查，伊稱箱裏公務税銀重件，阻攔不准查驗。卑職會同巡司守備把總等眼同查出土藥三箱，共八十五元，計重二百五十二觔。再三追究，伊始將税票呈出。上係捏名陸致祥，當徧問并無其人。再查土上印花，無印花者十七元，有印花填十二月初一、初二及十一月初二、初六、初十、二十及日期不明者共六十八鉢元，參差不齊，與票上所載日月劃然兩橛，其爲陸續私貼已不問而知。迨經查出，始將所餘税票總填一票，希圖塞責。若謂客土，何無陸致祥其人既號委員，何得包攬客貨。兩窮其詞，不能置(啄)[喙]，其爲販運私土已確然無疑。陸忠上當求不用聲張，許卑職銀三十兩，遞至八十、一百不等。卑職思在官人役，何敢蹈此不肖，一誤奚容再誤，決毅不從，陸計已窮。况卑分局開辦之初，定章森嚴，不許減折。今陸忠上身爲委員，仍敢包攬私販，肆行無忌，以後事宜何能措辦。現將土藥二百五十二斤扣留分局，稟候裁示等情據此前來。適該分局委員祝令汝嘉前赴該局，卑職飭其確查，當批候祝大令到日察辦。旋據祝令函稱陸忠上私土確實等語覆來。查卑專局先於光緒十六年十一月底查出曹更順土一十二元，毛三十九觔，净三十七觔，稱在南路竹山完稅，有印花無大票。又興順玉土一挑，計二十二元，河口專局過秤連簍八十觔，有南路竹山大票，内註土净重四十三觔四兩，貼有印花，未填年月。又長興和土一挑計二十六元，過河口專局秤，連簍七十四觔，有南路竹山大票，内註土净重五十九觔四兩，貼有印花，亦未填年月。均稱係該分卡派人於四川接來，照六折完稅，當面扣算不虛。又查得河口本街永隆棧，十二月初四傍晚巡勇魏明彪見該鋪藥土無印花報局，卑職即往查驗，計土十挑，一百八十三元，内有二十一元係挖舊土面南路印花，註十六年十一月初四日嵌於新土之上，餘有貼南路印花者，有無印花者。當驗票，係在南路馬門子河分卡完稅，内註本年十一月十五日。永元隆土二百二十六元，共重四百八十觔。當將土十挑、一百八十三元過河口專局秤，連簍八百二十四觔，即出簍皮一百三十四觔，净重六百九十觔。照原票點數尚少土四十三元，猶有六百九十觔。矧加土四十三元，又何止四百八十觔乎。以上查得南路所設馬門、竹山等處分卡，所過土藥有八折者，有六折者，有僅衹印花而無大票者，有大票而印花不填年月者，有土面不粘印花、待盤詰而商販始行執出者，有驗大票而所註土觔一過秤竟大相懸殊者。種種情節，歷驗無不吻合。并據該商販挑夫等僉稱：南路暫設房、竹各卡，既專人於四川迎接土挑，許以八折、六折之説，又十挑衹完九挑，餘一挑一頭歸過秤人，一頭歸客販，并幫挑夫脚力錢每挑二串文之議。雖係一面之詞未盡可憑，然以所獲曹更順等藥土驗之，似亦足信。卑職前奉憲台疊次嚴諭，不准減成折收，北路各局卡均一律恪遵辦理，不料南路各卡竟敢視同弁髦。卑職當將曹更順等及減收土挑解赴憲轅稟請裁示。道出樊城，經多人勸阻，始僅繕詳細情形稟知。南路以爲亂萌可遏，故將四人土藥統在卑局補完二百六十餘觔，後聞黄龍灘分卡亦補完三百六十餘觔。此在接奉憲台電諭不許減折之後。其未奉電諭之前，卑職以爲既屬一事，何分南北，同係遴委，必定端方，照例驗票放行者何下百有餘挑，其間私讓折減，不知凡幾。卑職疎忽之愆，亦所難辭。豈意更有陸忠上罔利營私，撓害税務，至於如此其極，將來南北收數尚堪過問。用是縷晰呈明，不敢壅於上聞。查土面粘貼印花原爲杜弊而設，加填年月日時字號又防影射起見。若印花付之商販收執，印花不填年月日時，印花何足爲憑。今陸忠上等身任徵收，而竟置同兒戲，卑職所不可解者一也。税票原爲執照，今所載年月與印花異，所註觔兩與過秤異，税票何足爲據。今陸忠上等職司典守，而又視爲利藪，此卑職所不可解者二也。尤可異者，衹粘貼印花，不填與税票，不識税銀銷於何路，解於何方，其爲夥同漁利，已可想見。而尤教商販遮飾其詞，曰土藥不及一挑者不給税票。若如所云，勢必將不及一挑藥土概歸私橐。不知憲台已明白誥誡，若驗無南北兩路印花税票者，即以私論，且并未言單驗印花而不及税票。今陸忠上等在官執事，及敢創一説以違功令，此卑職所不可解者三也。南路稟請憲台札諭卑局，不准私讓減折。此是憑空結撰臆度之詞。而南路馬門、竹山各卡公然勾串商販，壟斷獨登，顯違憲飭，此卑職所不可解者四也。若謂馬門、竹山各卡距宜過遠，思慮難周，種種弊端胥由各委員所爲。南路止失於覺察，何以卑局一向恪遵定章，并未減讓，南路尚能深求遠慮，上瀆憲聽，預爲防戒，豈自行派往者爲此作奸犯科之事，竟褎如充耳，漫不加察耶，此卑職所不可解者五也。則猶可諉曰，耳目有所不及。何以南路暫設各卡，馬門子房縣等處均已一律撤回，獨留竹山一卡至今不撤，乃任其私讓減折、句串包攬如故。謂非包藏禍心，故縱若輩攬撓北路，誰其信之。同省服官而竟爲此陰險之行，此卑職所不可解者六也。至委員陸忠上身司榷務，句串市賈，連爲一氣，復作逃税之商，非特行同市（獪）［儈］，亦且有玷官箴，無恥之尤。所深惡而最堪痛絶者，又莫如税票印花在其掌握，不經發覺，則恃爲護身之符以肥己。亦既查獲，又取其塗抹之便，以支吾隱匿中飽。誠如上諭所云，若非國帑，即是民膏。當庫欵支絀之際，實朝廷創劇之衷。凡屬在官，苟稍有天良者，皆當仰體籌畫，涓滴歸公，以酬寬大之恩。乃該委員陸忠上等忍心害理，行出悖義，與監守自盗又何間焉。倘非趙從九龍章不避勞怨，認真稽查，發其奸私，將漏卮伊於胡底。若不根究嚴懲，以昭炯戒，北路四局十餘卡辦公者因之解體，罔利者從而效尤。卑職遠隔千里，鞭長莫及，照應實慮難周。況當開辦之始，縱極力整飭，悉心籌畫，猶慮成效難收。乃遭該委員等儌一時弋獲之倖，撓百年可久之規，逞壟斷陰險之謀，壞全鄂南北之局。卑職欲仿照辦法，而憲諭綦嚴，未敢視同弁髦。欲仍收十成，而商販喻利，必致盡趨南路，視北路爲畏途，收數斷難起色。而四局十餘卡用費如此之繁，又不得輕議裁撤，後此之跋前躓後，左絀右支，其棘手將不堪設想。卑職爲謹遵憲飭，欽奉上諭，整頓土税，欲裨餉需起見，一切禍福利害、死生榮辱，均置不問。謹將實情披瀝下忱，縷陳冒瀆。究應如何措置之處，伏候鈞裁批示遵行。又據另單稟稱，正封發間，接得官渡河分局祝令汝嘉稟稱：卑職奉查卑分局代辦委員趙巡檢龍章所稟南路暫設馬門子河分卡委員陸忠上包攬客貨、私販土觔并揑填陸致祥税票等情一事，業據該委員陸忠上面將前項過犯承認不諱，趙委員所稟洵屬確實。卑職未敢擅專，仍將私土二百五十二觔扣留卑分局，稟候核辦等情據此前來。除實在細情已於前稟縷陳外，謹將原稟由二扣、清摺一扣、揑填南路税票一紙併呈憲鑒。伏乞鈞裁，訓示祇遵等情。并祝令汝嘉稟及清摺税票等件到本部堂。據此。除批：據稟暨祝令汝嘉稟及清摺均悉。查南路委員陸忠上解來土欒漏税至五百餘觔之多，復敢逗遛包攬客貨，私販土欒三箱，揑填税票，種種妄爲，膽大已極。當經電詢吴道。旋據覆電稟稱：接該都司稟，臘月初五起程，因餉多陸路不便，由小路回宜，節經催提，疑爲風雨所阻等語。除札調該都司陸忠上來省查訊究辦外，所有祝令扣留該都司私土二百五十二觔，既經查明税票確係揑填，印花日期又不相符，應即全數充公，以示懲儆。仰北布政司會同牙釐局轉飭該牧遵照辦理，仍候撫部院批示。繳。稟、單及清摺均抄發。祝令稟並發，即發還該牧備案。税票存。等因。印發外，合亟札調。札到，該都司即便遵照迅速來省聽候查辦，勿稍違延，致干重懲。

札委黄牧迅赴宜關會議查驗釐税章程 光緒

十七年二月二十七日

案照前據宜昌關方道稟稱：重慶通商，現在新約業已互換，渝關開辦有日。宜關爲川、楚要道，自應趕緊妥籌布置。惟按照新約，宜關收税改歸重慶，而輪船到宜停泊，貨物即須起駁過儎，由洋商僱用、自備兩項船隻分裝運渝。照長江統共章程一律辦理，是防範稽查較前尤形繁密，特飭大關委員等妥商籌議。先將目前籌辦要端，并因地制宜，擬添設分卡，嚴密稽查，以重榷税而期防杜大概情形開列六條，恭呈憲覽。一面咨會川東道查照等情稟請示遵前來。當經批飭：所議章程六條，皆由宜關應辦之事，尚屬周妥。仰即會商税務司次第舉辦，并擇要照會領事，俾洋商一體遵照等因印發在案。查重慶通商之後，准洋商僱用、自備兩項船隻來往宜渝，悉歸洋關查驗。華洋混雜，難保無冒旗走漏情弊。該道擬酌定停泊處所以便稽查，自是要着。如有越界停泊，無論是否挂用洋旗，該處釐局皆得一體查驗，以防影射。事關釐税出入，防範不可不嚴。亟應派員馳赴宜昌，會同釐局及洋關委員詳籌稽查杜漏之法。查有候補知州黄宗度，熟悉關務釐務，堪以派委，合就札行。爲此，札仰該員即便遵照，隨同宜昌關方道，會同釐局及洋關各委員，詳籌稽查杜漏之法，妥議章程。總期無礙税釐，辦理不至棘手。稟候核奪。毋違。

札曹道南英等勸諭北茶商捐銀充兩湖書院常年經費光緒十七年三月初二日

照得本部堂創建兩湖書院，前經派委湖北候補道曹道南英，會同江漢關道勸諭南茶各商每茶百斤捐銀一錢以充書院常年經費，并議定於兩湖肄業生課額二百名外，增設商籍課額四十名，以昭獎勸，通行遵照各在案。茲查兩湖書院常年經費爲欵甚鉅，尚有不敷。南茶北茶各商事同一律，自應通力合作，以襄盛舉。查北茶各商向有堡工一捐，每茶百斤僅捐銀七分。應即派委曹道會同江漢關道勸令該商等於堡工捐外，另捐銀三分，專充兩湖書院常年經費，立爲定案，不作他項之用。如此，則每茶百斤，與南茶同係捐銀一錢，於事理方爲平允。所出甚微，衆擎易舉，而振興鄉里之人才，培養自家之子弟，收效甚大。南茶各商慕義争先，北茶各商豈在人後。其北茶各商子弟，自亦應選入書院肄業。所有商籍課額四十名，即將南北各茶商一併彙同遴選。其應如何匀撥之處，即由曹道等妥議章程，詳請核定。除分行外，合亟札委。札到，該道即便遵照，會同署江漢關道江道迅速傳集北茶各商，實力勸導，共成盛舉。是爲至要。

咨南撫院江漢關詳賫法教士在湖南買房屋地基契約請飭澧州查辦光緒十七年三月初三日

據署湖北漢黄德道、監督江漢關税務江麟瑞詳稱：光緒十七年二月十七日准漢口法國哈領事官照會内稱，照得本領事曾將湖南界溪橋地方痞黨阻擾教務疊次照請飭辦在案。上年業蒙督部堂轉咨湖南撫部院，煩爲委員查辦，俟稟覆後再行照會等因。至今未接准該州詳覆，不知作何辦理。茲據該教士稟稱，本年二月新官到署，即查辦此案。因未見教士所買曾象高、曾傳笠、曾玉愷房屋基地契約，即有州差路遇教民王選廷，聲言州官傳爾到案。王選廷即隨差進城見州官。州官言，有人控爾，曾象高之屋係盜買，曾玉愷之屋并未賣，爾可將契呈驗。王選廷稱此約尚在敝上手中，難以遽呈，因將王選廷禁押繳約。王選廷即函請教士繳約，祇得函懇將前呈契約轉請飭發該州驗明蓋印，妥善完結，王選廷釋放等情前來。本領事據查該教士所買曾象高、曾玉愷房屋基地，均憑中証，立有新約，并繳出老約。既有中証，何云盜買。既繳老約，何云未賣。其爲該痞黨之顛倒是非，故意蒙混，已可概見。相應將曾象高新舊契約二紙、曾玉愷新舊契約三紙照送貴監督，煩爲賫詳督部堂，轉咨湖南撫部院嚴飭澧州驗明蓋印，不爲該痞黨所敝，免滋事端，并將該痞黨拘案，治以誣控之罪。教民王選廷等均無罪之民，理應釋放。所有契約蓋印，仍希賜還敝處，是所切禱。爲此照會查照，詳請轉咨飭辦，從速施行見覆。計送新舊契約五紙等因。准此。職道卷查光緒十六年九月初六日准法領事照送教士趙本篤稟呈曾興柱仝子玉愷，將地基房屋永租與天主堂爲業契約一紙，請詳咨南撫部院轉飭澧州蓋印前來，當經詳奉憲台批示。查契内所寫係永租字樣，文内則稱價買，語涉含混，地方官自未便蓋印，并將契約發還，已由職道照送法領事查收給領。旋奉憲台札，據澧州直隸州鄭立誠稟稱，教士趙本篤於光緒十二年來界溪橋賃住曾姓房屋傳教，致肇衅端。經卑前州會同委員況守辦結，卷内并無置買房屋之事。今該教士將租字作爲賣契稟請投税，迨經批駁，又聳領事矇請飭辦，實屬違背約章，所請應毋庸議等語稟奉行關。又經照會法領事查照各在案。茲准前因，所有該領事送到曾興柱父子永租新約一紙，并繳余文清、韓經文等老契二紙，又曾象高、曾傳笠永賣新約一紙，并繳曾小豐等老約一紙，共五紙，應否咨送南撫部院飭發澧州查明酌辦之處，相應具文詳賫核奪示遵等情。據此。查此案前據江漢關道詳賫該教士所呈曾興柱屋地永租與天主堂爲業契約，請轉飭蓋印等情。當經本部堂以契内所寫係永租字樣，文内則稱價買，語涉含混，地方官自未便蓋印。如果賣爲該處天主堂公産，賣業之人於未賣之先，應照章報明地方官請示應否准其賣給，由官酌定，方准照辦。如有私行賣給者，查出立加懲處，并將契約發還給領，明晰批示，并抄録契約咨明貴部院查照，轉飭澧州遵照辦理各在案。茲據詳前情，相應咨送。爲此，合咨貴部院請煩查照，迅飭澧州查明情節，酌度辦理。如實有違定章，不能蓋印，亦將所以不能蓋印之故，詳晰稟由貴部院核咨覆鄂，以便將各契發還給領可也。須至咨者。

札林佐等興修大冶鐵山運道 光緒十七年三月初五日

照得鄂省奉旨開設煉鐵廠，開採大冶煤鐵，興修鐵山運道各事宜，業經本部堂先後委員帶同洋匠鑛師，會同地方官詳晰勘估稟覆奏明各在案。茲查鐵山運道已勘定由鐵山之麓開至石灰窑，沿途經過地方及江岸應修馬頭，均經德弁時維禮詳細測量繪呈圖説，業將應購運鑛火車鐵軌一切等件照購，本年秋間即可到齊。所有運道、馬頭等項工程，飭據該弁時維禮估定，本年十二月底告成。亟應遴員前往監修，以專責成。查有補用知縣林佐曾任大冶，熟悉地方情形，堪以派委專辦大冶鐵山運道事宜。該令應即帶同時維禮及洋匠等迅即馳往大冶，會同大冶陸署令祐勤，將鐵山起至石灰窑江岸止，除官山、官地外，所有道内應購民房民地，迅速揀派公正紳耆，查明原有契據，妥爲照價購買，限期遷徙。其應如何僱集夫役，分段興修，及應在何處設立分局暨支放銀錢、運購米穀等事宜，悉心擬議章程，分別稟辦。其運道應如何填築橋梁，溝渠如何開設，鐵軌如何安放，馬頭如何開辦，應由時維禮暨洋匠等督率工役，照料興修。所有鳩集工役、購運木石等料、派員督工以及彈壓地方、稽查工匠勤惰、建造分局各事，均責成該令隨時會同陸署令妥商辦理。其收發銀錢，宜應即派委候補知縣李紹閔、候選直隸州州判王樹藩專管。限期今年臘月底竣工，不准稍有遲逾。應用監工、佐雜、委員、司事人等，由鐵政局派委。需用地方紳耆，由該令等會同陸署令選派。該令等及小委員、司事人等薪水夫馬，分別由鐵政局核給具報。除分行外，合亟札委。該令即便遵照，帶同洋匠等馳往大冶，會同陸署令迅速會議章程，分別具稟，妥速辦理，如期竣工，以副委任。是爲至要。

札張飛鵬等專辦大冶煤鑛 光緒十七年三月初五日

照得鄂省奉旨開辦煉鐵廠，煉鐵需煤。前因勘得大冶縣地方産有白煤、油煤，堪供煉鐵之用，叠經本部堂派員帶同鑛師採取煤樣考驗各在案。兹查大冶縣屬王三石、鉤兒山、道士洑、明家灣、鸚哥山、八角井及他處出産白煤、油煤之處甚多。現已購定機器三副，亟應派員勘定煤鑛三處，以憑開辦。查有原勘委員候補知縣張飛鵬，鑛學生、候選知縣游學詩堪以派委，專辦開挖煤鑛事宜。該令等應即帶同鑛師馳往大冶查勘各煤鑛，用機鑽試，擇其煤層最厚、水運最便而又離鐵山較近者勘定三處，應如何開鑿煤井，安設機器，雇夫開辦及設立分局，起造煉焦炭爐座暨水陸轉運之處，督同鑛師悉心籌議，繪圖貼説，稟候核辦。其勘定之煤鑛是否官山，抑係民産，應如何分別購買，并由該令等會同大冶縣陸署令祐勤妥商辦理。除分札飭遵外，合亟札委。札到，該員即便遵照合同迅速前往大冶，按照札行事理，督同鑛師隨時悉心籌議，繪圖貼説，稟候核辦。其勘定煤礦應否購買，并與陸署令妥商稟辦。

咨户部、海軍衙門鄂省所收新海防捐准留鐵廠開銷及另存候提 光緒十七年三月十八日

光緒十七年二月二十四日承准貴衙門咨開：查開辦海防新捐，所收之欵奏明均歸海軍衙門應用。所有各直省報收銀兩，業經另欵存儲候提。現在本衙門待餉孔殷，亟當照數提回，用濟要需。相應咨行湖廣總督查照，即將自開辦起截至上年七月底止所收海防新捐銀兩，統限於五月以前全數委解本衙門，幸勿遲延可也等因。嗣於三月初五日復經承准貴海軍衙門咨開，准湖廣總督張咨稱：鄂省新收海防捐，曾准留墊勘鑛一切雜支，除所收二萬八千五百五十一兩四錢俱已隨時撥用，八、九、十三箇月撥解順直賑務外，以後仍擬留支添補雜費，請勿在續撥之一百萬内扣除，咨請核覆等因前來。查開辦新海防捐輸，所收之欵係專備本衙門要需，斷非各省所當留用。鄂省前收捐欵，彼因籌辦煤鐵勘鑛，一切雜支皆係該省墊發，是以暫准留墊所有開廠煉鐵。嗣經奏明撥定二百萬，一切用項，應就此欵數内設法匀籌，撙節辦理，未便再撥他欵。今新海防捐展限一年，該省續收捐欵，仍應遵照奏准成案，另欵存儲，聽候本衙門提用。該督咨請留支添補雜費之處，礙難照准。相應咨覆湖廣總督張查照可也等因，先後到本部堂。承准此。當於三月初八日電呈貴海軍衙門，以上年七月以前所收捐欵，奉准留墊勘鑛雜支，此時應否補還等因，電請核示。兹於三月十二日承准貴海軍衙門覆電開：庚電悉。上年七月以前新海

防捐銀二萬八千餘兩，應准留鄂，歸入鐵廠雜費内開銷，勿庸撥還。其十一月以後及本年所收之欵，均另存候提等因，到本部堂。承准此。應即遵照辦理。除札行鐵政局遵照，將上年七月以前所收新海防捐銀二萬八千五百五十一兩四錢核明支銷各欵，彙案造報，及飭湖北布政司將上年八、九、十三箇月撥歸順天賑濟捐欵截清，即將上年十一月以後所收捐項及本年所收捐銀，另欵存儲，聽候貴海軍衙門提用暨咨明户部外，相應咨呈。爲此，咨呈貴衙門謹請查照施行。

咨請許大臣[一]訂購大冶修路開鑛應用物件并訂雇洋匠一名 光緒十七年三月十九日

鄂省奉旨開辦鍊鐵廠，開採大冶煤鐵，興修運道，自鐵山舖直達石灰窑江干，計長四十八里。所有應用鋼軌、歧軌、鐵墊、鐵橋、汽車、運車以及開煤輪機、修路器具一切大宗物料，節經本部堂電請貴大臣核價訂購各在案。其零星器具物件，及夾鑛石機器、電線、電機等項，爲開鑛修路必需之物，名目繁多，未便由電訂購。據湖北鐵政局司道督同洋匠時維禮，開列總單一摺，洋文清單六件，另訂僱管理汽車洋匠合同節略一紙，呈請咨購訂雇前來。本部堂查單開各件，皆修路開鑛必不可少之物，逐欵有約估限價，所值當不甚懸殊。相應咨請貴大臣請煩查照，派員與各洋廠核減實價，迅速購辦，寄交上海轉運委員樊棻妥寄來鄂。至雇用管理輪車洋匠一名，亦祈與韓志兒輪車廠訂雇，查照合同節略辦理。望切施行。

札委蔡錫勇總辦輿圖局務 光緒十七年三月二十二日

照得前准會典館咨遵旨恭頒欽定畫圖格式，行令測繪省圖等因，業經通行司局設立輿圖局，派委錫道璋會同藩司、善後局開局辦理各在案。查測繪輿圖既須測準經緯度數，按計鳥里開方，又須將界址廣狹、山水形勢逐處實測詳記，方有實用。事理精微，功夫繁重，必須明於算學之大員，考核人才，酌購儀器，核定章程，依法精繪，始能方向不差，里數密合，庶幾可刻期蕆事，費不虚糜。查有湖北候補道蔡道錫勇深明數理，縝密精詳，堪以派委會同總辦輿圖局務，月支夫馬銀五十兩，以資辦公。除分行外，合亟會委。爲此，札仰該道即便遵照，總辦輿圖局事務，會同藩司、善後局暨原派之錫道，督率該局提調，將該局一切應辦事宜悉心籌辦。應如何遴選人才，精購儀器，核擬章程，酌定限期，迅速擬議禀候核定舉辦。總期圖成之後，精審無誤，確有實用，又不致曠日糜費。是爲至要。并將到局日期具報查考。

札各府、州申送兩湖書院肄業生來省甄別 光緒十七年三月二十三日

照得本部堂於湖北武昌省城創建兩湖書院，前經咨會北、南學院選調諸生咨送來鄂甄別，留院肄業，并檄飭各屬咨訪確實，亦准申文具送等因在案。查選調各生先由學院選擇，查照粘單額數，選調咨送，并將該生所長何業注明單内。此外，如有篤學潛

[一] 指中國駐俄、德公使許景澄。

修之士，學院無由周知，各該府、廳、州、縣咨訪確實，方准申送，前次札文甚明。乃近閱湖北各屬申送來文，多係各士子自行祈請，各該屬等亦不考其才分學業之何似，遽爲保送，漫無限制，殊非本部堂慎拔人才、選調諸生之意，合亟通飭。爲此，札仰該府、州即便遵照，此後申送兩湖書院肄業各生來省甄別者，或才識出羣，或多聞博覽，或志行不苟，或好學深思，如原札所云在選調之列者，諮訪確實。爲學院所未及周知、未經咨送者，方准具文申送，并將該生等所長何業注明單內，以備稽考。其有自願來省者，儘可諭令自行投考。若懇求申送者，不得漫無考察，遽允所請，即爲申送，以示限制。如訪有篤學潛修之士確實有據者，隨時俱可申送來省，隨課甄別，有額遞補。但須確有真知確據，方可申送。并迅即轉飭所屬一體遵辦，勿稍違延。

札委兩湖書院提調、監院光緒十七年三月二十七日

照得本部堂創設兩湖書院落成在即，調取兩省來鄂甄別留院肄業各生將次齊集，即日示期考試甄別。所有書院提調及北、南兩省監院各員亟應遴選派定，以專責成。查有湖北候補知府陳宗濂學優才裕，堪以委充兩湖書院提調。羅田縣教諭關棠學行端雅，堪以委充兩湖書院北監院。湖南候選訓導成克襄守謹學純，堪以委充兩湖書院南監院。院內一切事宜，兩監院仍會同辦理，勿庸過分畛域。均應刊給木質關防鈐記。其提調關防文曰兩湖書院提調關防。其監院鈐記兩顆，文曰兩湖書院北監院之鈐記、兩湖書院南監院之鈐記，由善後局刊給呈候札發。陳守應月支夫馬銀三十兩，兩省監院應月支薪水銀各三十兩，均由書院專欵項下支給。除分行外，合亟札委。札到，該守即便遵照，提調兩湖書院事宜。務將書院一切應辦事宜會同兩省監院悉心商辦，隨時禀候核定辦理。是爲至要。

札北藩司議覆北提擬興修提督衙署并請將右營移紮樊城光緒十七年三月二十八日

現准湖北提督程軍門來咨：光緒十五年正月十五日准前督部堂裕、撫部院奎咨開，於光緒十四年十二月二十四日會奏湖北提督應仍駐紮襄陽一摺。奉硃批：知道了。欽此。欽遵等因，恭録咨照前來。准此。查提督自移襄陽，未建衙署，僅就北門內守備舊署居住，房屋庳小，規模狹隘。提督統轄三十餘營，卷案堆積。材官書吏、內外人等住屋無多，擁擠實甚，箭道官廳均無位置，非修造衙署，不足符體制而壯觀瞻。中軍參將以下各官，均隨移襄，悉租民房辦公。中軍係各標首領之官，公務殷繁，室宇湫隘，并守備、千、把各署，似應一律興修，以符定制。查提督衙署可就現住守備舊地從新翻蓋，并買署後及左右民房，增廓基宇。蓋襄陽居天下衝要，南北之中，提督有統轄全省營務之責，衙署爲四民所瞻仰，自應倍加巍壯，用示威儀。中軍等署并需擇地建造，應俟定議後另購基址。至襄郡向駐城守右營二營，從前提督遠駐穀城，郡城緊要，故以二營并駐其間。自中營移襄，三營將備大小各官皆同城而居，又似偏重。查右營汛地俱在樊城之北。樊城與襄陽對隔一江，街長八里，城週十里有餘，人煙輻輳，商賈雲集，且爲滇、黔、湘、桂孔道，差使絡繹，彈壓巡防均關緊要，

僅駐守備，兵力殊嫌單薄。考樊城自漢、魏、唐、宋以來，俱與襄陽併稱，守襄者無不守樊，蓋其地北走中原，西趨秦、洛，論者以襄陽爲天下樞紐，樊城又爲襄陽屏蔽，其爲形勢扼要可知。且漢北一帶，民俗强悍甚於襄南。若將右營移駐樊城，兵力較厚，内固城防，外聯汛境，於彈壓緝捕諸務尤屬相宜。設遇有事，可爲襄陽一臂，輔車唇齒，歷代已然。此又無待一一詳陳者也。本軍門爲慎固兵防起見，相應備文咨請查照，可否將右營遊擊移駐樊城，并修建提督中軍衙署之處，一併核奪見覆等因到本部堂。准此。查湖北提督自移駐襄陽以來，垂三十年，并未建有衙署，僅就守備舊署居住，規模狹小，自不足以崇體制而壯觀瞻。准咨擬就守備舊署從新翻蓋，并買署後及左右民房，增廓基宇等因，約計需欵甚鉅。提督養廉無多，既無可借支，鄂省用宏費絀，有無他欵可以騰挪撥用之處，應飭司局籌議詳覆，再行定議。其中軍參將以下各衙署，只可暫從緩議。至擬將右營移駐樊城一節，必須奏明辦理。樊城爲襄陽屏蔽，形勢自爲扼要，若將右營一營移駐其間，是否於地方操防緝捕諸務大有裨益，應一併由司妥議，詳候核奪。合亟飭議。札到，該司即便會同按察司、北善後局查照札行事理，悉心會議，詳候核辦。毋違。

札曹道南英會同江漢關道查詢兩湖書院南茶商捐情形 光緒十七年四月初七日

據南茶商開泰祥、仁泰豐、同發泰、怡成昌、信春祥、得義源、大全生、生義全、和記、謙慎祥、正美祥、寶聚公等呈稱爲本虧累重，乞念苦情，施恩豁免事。光緒十六年三月二十七日奉監督鈔關道曹、前監督江漢關道李諭：奉憲台札飭，勸導湖南茶商仿照堡防捐案集欵，儲爲兩湖書院常年經費等因，飭遵照捐繳。等因。奉此。竊此項捐欵，商等奉到道諭，正在集議。旋奉傳喚至江漢關署面諭。商等面禀自辦茶以來，助軍糈多年，蒙國恩裁免。益以堡防捐，又竭力輸將，未嘗稍存觀望。今奉諭捐繳書院經費，實緣茶貿虧折頻仍，力疲不勝，求據情轉禀乞免。商等隨於四月初二、六月初十等日先後具禀江漢關道求免，奉批著繳，而茶船到漢抽收經費并局用，已於四月初六日舉行。商等情迫，於七月初八日具禀轅門，奉批嚴飭照案輸將。嗣因茶事告竣，商等先後南旋會商。各夥僉以茶務自丁亥一役大傷元氣，雖收獲餘燼，不過行險，冀稍復所虧，乃戊子山價稍廉，賴此復丁亥所失之二三，己丑、庚寅兩年中所失，皆去丁亥不遠。以頻年虧折負累甚多，欲罷不能，故今歲復集資夥辦，於此失之，蓋將於此償之。雖明知得不償失，然已置之亡地，不得不求所以存。伏思商等販茶釐税用費，每茶百斤需銀六兩，而茶本不與焉。如昨歲有僅沽價四五兩，不僅販茶資本蔑有，即以抵釐税用費尚歉。有如瘡痍，不堪復創。憲台明絜温犀，商何人斯，敢售欺誑。爲此再叩俯念商旅，加恩予免。再，禀詞係商等集衆公擬，并非請人代作，合併呈明等情，到本部堂。據此。查鄂省創設兩湖書院，營建之費甚鉅，均係本部堂設法籌捐。祇以常年經費尚有不敷，前經飭該道會同江漢關道勸集茶捐，就從前之堡防捐每茶百斤酌減至一錢，以充書院常年經費。茶業各商均以事關興賢育才，衆情樂從，絶無勉强，本部堂實深嘉許，當經允准該商所請，於兩湖士子肄業課額外，增設商籍課額，以昭獎勸。商情允洽，輸將愈形踴躍。現在兩湖書院不日落成，所有工費加以購置書籍、製造器具、栽種樹木一切雜費，合計當在十萬内外。本部堂多方經營，無非爲地方培植人材起見。昨因兩省人士齊集，示期甄别。商籍各生申送及投考者共有八十餘人之多，羣情景附，毫無閒言。何以此稟忽有本虧累重之言，具呈求免，殊不可解。查中國商務茶爲大宗，果使此捐於茶務稍有關礙，本部堂體察情形，自當即時寬免。惟此舉集腋成裘，於茶務毫無所損，所出甚微，收效甚大。且楚弓楚得，受益者即仍在茶商。此次具稟之各商是否尚有别情，抑係爲一二家牽率所致。本年茶市是否暢旺，該商等是否實係虧本，自應詳加體察，不可稍有抑勒。本部堂博訪商情，深惟士論，均以兩湖書院之設爲地方當務之急，此項商捐爲惠而不費之舉。特事必要諸久遠，是否其中尚有因時變通以規美善之處，應即派該道會同北鹽道、江漢關道傳集茶業各商，剴切咨詢，即令將實在情形稟覆，再由該道等會同妥議辦法，詳候核奪。除分行外，合亟札飭。札到，該道即便會同江漢關道、北鹽道查照札行事理，迅速查詢稟覆，妥議詳辦。毋稍稽延。

札田繼昌往查湖南東安縣唐、席兩姓搶穀案 光緒十七年四月初十日

案據湖南永州府知府光熙稟稱：竊照卑府訪聞東安縣已革提督唐本有，有糾衆搶挑席姓倉穀情事。正飭差訪查間，旋據稟生席曜衡以唐本有統匪捲抄等情赴府具稟，并據該署縣張令查明稟報前來。卑府隨即移請防營楊鎮酌派弁勇前往彈壓，并批飭關移營汛嚴密查拏去後。兹據該縣稟稱，唐本有僱請鄉民，將伊梘頭莊穀抄去六百餘石。復於三月初三日，唐本有又糾帶多人，將伊西江橋莊穀抄去一千零三十餘石。至其起衅情節，風聞席匯湘等故父席紳寶田先年統軍援黔，屢著戰功，曆遞奏保提督，後發粤西差委，因事被參革職回籍。今糾抄席匯湘等莊穀，係因席營先年欠餉索補未遂，及席姓先年承買唐姓田畝減價所致等情。據此。除仍批飭嚴拏各搶犯訊明辦理并移防營知照外，卑府查唐本有與席故紳先年同患難共功名，今以追索欠餉之故，輒即糾集鄉人搶挑其子席曜衡等莊穀至一千六百餘石之多。雖係事出有因，究屬行同無賴。惟查唐本有雖被參革，究係帶勇出身，鄉民多其舊部。此次糾衆搶挑，聞仍以兵法部署，與尋常劫搶不同。且該邑民情刁悍，狡焉思逞，倘或别滋事故，實於地方大局有礙。似此案情重大，恐非地方官所能照例審辦。卑府再四思維，業經稟懇派委監司大員，下縣督拏一干隨時研訊。倘唐本有怙惡不悛，應請准其就近調撥防勇相機督捕，庶足以資懾服而弭事端。卑府愚昧之見，是否有當，理合稟乞俯賜查核，批示祇遵等情。并先據東安縣張秉煊同前由，到本部堂。據此。當經批示：據稟暨東安縣稟已悉。革員唐本有糾搶席姓莊穀，無論是否事出有因，均屬目無法紀，亟應嚴拏究辦。惟該處遣勇、游勇甚多，勢必至隨聲附和，藉端生事。此時先以解散黨與爲要。該府縣迅即出示曉諭，唐本有挾嫌糾搶，與衆人無干，已派大員帶營查辦，不得聽其煽誘，恃衆拒捕，致干重罪。至唐本有既以買田勒價爲詞，尤宜選派妥紳，前往開導，速將所聚游衆遣散，聽候官爲查辦。該革員曾保武職大員，勿得怙惡聚衆，自陷匪徒。除飛咨南撫部院迅速派委明幹監司大員馳往查辦，并就近派撥防營會同彈壓相機督拏外，仰南按察司轉飭該府，迅飭該縣妥爲開導彈壓，勿使别生事端。一面督拏滋事人等，訊明究辦，勿稍縱

延。切切。仍候撫部院批示。繳。印發并飛咨南撫部院查照，迅速派委明幹監司大員馳往查辦，并就近調撥防營會同彈壓，相機督拏究辦，并行永州鎮遵照各在案。惟查已革提督唐本有所稱先年席姓承買唐姓田畝減價，如果席姓理屈，儘可控訴，由官訊明剖斷，何得藉遠年欠餉索補未遂，糾集鄉人，疊次搶挑席姓莊穀。且唐本有曾保武職大員，當年歷著戰功，何以不知法令，甘犯科條。既已緣事參革，尤當安分守己。該革員係席前司多年舊部，尤不應如此負義妄爲。至遠年欠餉，萬萬不能追論，此風斷不可長。但其中恐有別項膠葛，啟此衅端。現查有由湘解餉來鄂委員、湖南候補知縣田繼昌，經本部堂接見，詢知該員於唐、席兩家均係熟識，亟應派委前往澈查明確，妥爲曉諭，禀覆核辦。除分別咨行外，合亟札飭。札到，該員迅即馳赴東安縣查明此案啟衅情形，其中究竟如何膠葛，并先行開導曉諭，令唐本有速將所挑之穀退還席姓，不得再滋事端，聽候派委大員查辦，是非曲直自能秉公分別辦理。其滋事人等，查明勒令交出懲辦。倘敢恃强糾聚，再生事端，則煌煌國典，豈能稍事姑容。前經咨會南撫部院派委大員帶營查辦，刻下當已到縣。如再不散遣游衆，束身歸罪，必致貽悔無及。該員務當剴切開導，隨時禀商委員，會商該縣辦理。仍將查明情形飛速通禀核辦，毋稍刻延。切切。特札。

札北鹽道襄陽道禀襄邊潞私撤退鄉間需鹽孔亟飭川鹽局運鹽銷售 光緒十七年四月初十日

光緒十七年四月初五日據安襄鄖荊道朱道其煊禀稱：竊職道於本年三月初六日接提督軍門程函，稱前准督部堂咨撤豫境潞私鹽行一事。昨接南陽崔鎮軍來函，限期已滿，應即派員會同南陽文武派員前往按圖分定界址。在省時，督部堂談及此事總須認真會同地方官辦理，庶於捕盜緝私均有裨益，界劃一清，并可免日後爭執。現擬派兩營官率帶馬隊，東路由滄臺，西路由孟家樓，會同南陽文武派員前往分界，并函請南陽、新野、鄧州牧令諸君親臨一往。因事關兩境地方公務，應請選派妥員一併前往等因。職道伏查此事於地方實有關繫，必須會同地方官妥爲辦理，不特緝捕事宜務期裨益，一切撫綏彈壓均應得力，免滋貽誤。當經札飭襄陽縣茹令朝政會同前往妥爲辦理去後。茲據該縣禀稱，於十三日起程往各交界處所，查得魏家集、木栅河、魯家寨、都司鎮、孟家樓鹽行均已撤至河南貢林關北十里開設，從此私梟絶跡，愚民無犯，法良意美，蔑以復加。然而私可以百年杜絶，鹽不可以一日不食。查卑縣泰山廟、黑龍集、石礄子、龍王集、陳家河等處與河南鄧州交界，黃渠河、喬家岡與新野交界，鄢家埠口、蔡新集、上泥河與唐縣交界，均離樊城分卡或五六十、七八十里不等。各該處襄民向係與河南接壤之魏家集等處鹽行，或與物交易，或由婦女價買一二斤懷歸濟食。照例固屬不合，原情亦復可憫。今潞鹽一律撤退三十里，襄邑人民既不准越境買食，又川淮鹽局道路太遠，窮民所買半斤數兩，何能往返百餘里。各該處居民人心惶惶，目擊心傷。思維再四，惟有由樊局速撥吕堰、雙溝分卡銷售，并諭令各該處殷實之家赴局躉買，開店零賣。如該處並無富户，即飭令該處公正紳士取具保狀，先行領賣，俟銷售繳價復發。總之，私鹽既已遠退，官鹽即宜速行。伏望會同鹽局籌商，核示遵行。或另有妥善辦理之處，先行示諭，俾得淡食無虞，地方民情益臻安謐，不勝引領待命之至。又另單禀稱：現在襄、豫交界處所，雖潞鹽店撤退三十里，官鹽局道路較遠，鄉間耕作之人，淡食似難用力。茲雖禀請會局商議妥當，有需時日，百姓食鹽不能一日或無。可否卑職向局先行發鹽數十包，捐廉雇車，發各集鎮紳耆具領行銷，以救目前之急。其價均由卑職歸欵，候擬定章程，再行遵照辦理。是否有當，伏候示遵等情。據此。竊念鹽爲日用所必需，貧民之家又不能多買多蓄，惟有旋食旋購。如襄、豫交界各集鎮距樊局道途尚遠，川、淮之鹽從無一車一擔到彼分售，潞私則就地貿易，因之數十年來民人買食慣便。今一旦潞私盡逐，而川、淮之鹽又不即到，民間甚恐缺食，是以人心惶惶。茹令爲急濟民食起見，所請商局先行發鹽數十包，捐廉雇運，發紳銷售之處，似屬可行。惟該局委員各有責成，若令憑空發鹽數十包，又似不便。職道擬以此鹽即作爲茹令購領，一俟各紳銷後，按價將錢繳由茹令解歸該局。此時襄邊情景，因不識官司如何施爲，故多皇迫，必須局鹽早到一日，則衆心早定一日。且民生食用之常，實難暫乏。若具禀静候，批行有需月日，似覺緩不濟急，不得不從權辦理。先由職道批示該令迅速向局購鹽發紳，分運各集行銷，權濟民人眉急，并就近行知樊局川、淮各委員，與該令商籌撥售。除已批明縣禀暨札行樊局委員外，所有襄邊各集鎮潞私既撤局鹽未到，民心皇迫及職道從權批辦緣由，合具飛禀。上懇憲恩，俯念邊民待食孔急，迅賜札行局道等一體遵照。至襄邊一帶應如何酌定地址增設分卡行銷，或准如茹令所禀，或別籌善法以資接濟，合併請示祇遵等情，到本部堂。據此。除批：查襄樊邊界潞私充斥。前據老河口川鹽局李牧幹禀，擬於水陸要路設立子店，即以銷鹽爲堵私之處。是邊界官私爭銷之不暇，何至缺鹽。即一二窮鄉僻壤距官鹽店過遠，潞私既經撤退，小民不免缺食，官鹽自應速往接濟。該道亟應知照川鹽局趕緊運鹽前往以濟民食，一面酌定地段分設子店，以暢官銷。如官運局無鹽可銷，則茹令雖欲捐廉購運發紳領售，亦無鹽可購矣。潞私充斥，官鹽欲銷不得，既經撤退，即是川、淮官鹽引地，何云局員各有責成，憑空發鹽，又似不便，種種甚不可解。除電飭老河口川鹽官運局李牧等趕緊派員運鹽分往各集鎮銷售權濟民食，一面酌定地段迅速分設子店，以暢官銷。并行知北鹽道飛飭妥辦外，目前暫准照來禀所請，由茹令購鹽發紳領售，以期民食無缺。一面該道即知照官運局迅速分投運鹽，前往邊界接濟，仰即遵照。仍候撫部院批示。繳。等因。印發外，合就札行。札到，該道即便飛速轉飭遵照妥辦，勿稍延誤。切切。

札南藩、臬司嚴辦會匪劫盗 光緒十七年四月十三日

照得兩湖地方襟江帶湖，水陸交衝，幅員遼闊，伏莽最多。本部堂到任以來，疊經通飭兩省臬司暨各鎮營認真查緝、嚴拏懲辦各在案。查湖南會匪盗案歷年素多，根株衆盛。自上年以來，如桑植縣、慈利縣、澧州、長沙府、岳州府、醴陵縣禀獲匪訊供情形，均經隨時批飭，札飭嚴拏密緝，照章嚴行懲辦各在案。并風聞湘鄉一縣，劫案不絶，但未據該縣禀報有案。此外，未經禀報者想必不少。似此會匪時萌，搶劫疊見。若地方官及防緑各營再不認真查緝，實力巡防，遇有獲犯立時盡法懲辦，必致匪徒益無忌憚，釀成厲階，馴至不可收拾。必應力除廢弛延緩、瞻顧彌

縫、諱匿捏飾種種積習，始克有濟。合再嚴行通飭。再，各該州縣暨營汛防營，既欲責其一清伏莽，力挽頹風，似必須寬其文法，假以事權，優其獎勵，重其責成，庶能振刷鼓舞，大著成效。其應如何整頓激勵之處，應飭該司等體察情形，妥爲籌議，詳候會商核定舉辦。

札陳汝蕃查漢鎮商捐[一] 光緒十七年四月十三日

案照有人在本部堂衙門密禀，稱漢鎮釐金而外，每百兩貨本歸行户代扣捐輸銀一兩。合計漢鎮生意，每年何止數千萬兩，則應收捐銀數十萬兩。其欵與釐金相同，每年各行户所繳善後、堡工等局，不過十之二三而已。行收行吞，局收局吞，實見各行之帳，大者每年吞捐千餘兩，小者亦數百兩。共計五百餘行，每年私吞者不下數十萬兩，徒使公家受此虚名，商賈出此鉅欵等情。又有人禀稱，通計漢鎮有帖行户不下五六百家，一年買賣在數千萬兩，應收捐銀數十萬兩。以實在收數與繳數相衡，多則繳十之五，少則繳三之一，商集鉅欵，利歸中飽各等情。據此。當經飭據委辦漢鎮釐局候補知府裕守庚，將近三年所收各商幫善後工程經費數目，及江工、堡工、保甲各項收數，開具清摺呈閱。案查漢鎮各幫商捐，自光緒五年改爲減半收納，不給獎叙，作爲樂輸，由該商幫陸續分别繳由漢鎮釐局帶收解北善後局，作爲地方善後工程之需，久經該司局會詳遵辦在案。茲核裕守庚開呈清摺，内開善後商捐自改章減半，除臘正閏外，每年各商幫按十箇月認捐，應繳捐銀九千三百餘兩。又分開近三年繳數，十四年僅繳三千二百餘兩，十五年繳四千七百餘兩，十六年繳二千六百餘兩。檢查北善後局月報，數皆相符，較之改章減半，各幫每年認捐九千三百餘兩之數，短少三分之二。以十五年所收四千餘兩，亦短收一半。其餘江工、堡工、保甲等項，據裕守摺開，近三年銀錢并計，每年所收約計不過五六萬兩。若據此人呈稱每年應收數十萬兩，各行户所繳善後、堡工各局不過十之二三而已等語，則出入多寡，大相懸殊。又查光緒五年，各商幫減半認捐，按月彙解，并無照貨本每百兩行户代扣捐輸一兩之案。今據呈，有廣福幫捐輸章程一本，首載總局示。據該幫禀稱，捐欵重疊，似難措繳，禀請派人在局，凡遇起坡廣福雜貨，按值百兩九九扣捐銀一兩，經總局批准出示等語。本部堂衙門亦無此案可稽。是否各商幫皆因各項捐欵重疊，統按貨本百兩扣捐一兩，行户分繳各局，抑係廣福雜貨一幫爲然。其廣福一幫究竟如何收繳，值百捐一之議始自何時，他行又係如何抽收。所稱行收行吞、局收局吞等語，所言雖未可盡信，但人言藉藉，恐該行户等向散商抽收之數與繳官之數斷難一律核實。至釐局究竟是否照案帶收，其數是否相符，更難保各行户無籍公濟私影射多抽之弊。亟應澈底查明，以清捐欵而恤商情。查有候補道陳道汝蕃，堪以派委。合就札委。札到，該員即便馳赴漢鎮，查照文内事理，嚴密訪查印證各幫行户如何扣收，如何分繳各局，及善後捐欵何以近年不能按改章減半認捐之數，繳納所捐照貨本百兩扣捐一兩係何年何行，章程是否一律如此，行户扣收後分繳各項捐輸每年約計可收若干，江工、堡工、保甲等項每年各實繳若干，逐層認真訪查詳確，據實分晰開摺禀覆，

[一] 録自抄本《督楚公牘》。

并體察漢口商務情形。此後應如何裁併稽核，令其明白簡易，盡除中飽，大紓商力，酌核擬議辦法稟覆，以憑核辦，勿稍含糊草率。切切。

札南臬司查辦盜案 光緒十七年四月十六日

案查前因南省會匪時萌，盜案疊見，恐各地方官規避處分，諱匿不報，經本部堂嚴札通飭南省綠防水陸各營暨行該司道府廳州縣，飭令振刷精神，認真緝拏嚴辦，并飭該司等妥議整頓激勵章程，詳候會商核辦各在案。近又訪聞衡山一縣自上年冬間至今春三箇月內，民間被劫者三十三起，該縣僅通報三案，其有失贓無幾未據事主投報者尚不在內。湘潭近有劫案五起，本年三月二十一日善化縣盜案一起，并省垣重地幾乎無夜不被竊，贓皆逾貫，均未破獲。并聞各盜犯從前搶劫得贓即行逃逸，近來竟有劫得贓物後，即在事主之家，恃係孤村獨主，任意加餐飽食，遍肆姦淫。種種罪惡，言之實堪髮指。當此會匪游勇句結痞徒搶劫滋事，該地方官既不能思患預防，力求弭盜之方，又不能將報案者立時破獲，獲案者迅速懲辦，復敢諱匿不報，以致盜匪明目張膽，益無忌憚。似此怠玩廢弛，必至釀成鉅患。該司即速明查暗訪，某案諱匿未報，某案已據勘詳尚未獲犯，某案業已破獲尚未定讞，將一切情形先行迅速開單稟覆。一面除有諱匿之案照例據實揭參外，其已報未獲案情重者，先將該地方官摘頂，勒限緝拏。限滿無獲，即行專案詳參。或先行撤任，留於地方協緝。其已報獲犯者，速即嚴催提訊確供，查照例章，立即稟請就地懲辦，切勿稍事瞻徇延宕。該司一面仍遵照前札，會同南布政司將如何整頓激勵各章程迅速妥議詳覆，以憑會商南撫部院核定飭遵。

札謝得龍統帶水師并換防匀紮[一] 光緒十七年四月十六日

照得統帶水師健捷正營記名總兵陸鎮成祖，現據稟報在營病故。所遺該營水師事務，亟應遴員接帶。查有記名提督謝得龍，才識優長，辦事切實，堪以飭委統帶。查該營所部礮船二十號，分防地段下自沔陽州屬之麥旺嘴起，上至京山縣屬之長樂垸止，接巡至多寶灣，計水程三百十五里。張副將國棟所帶水師健捷左營礮船二十七號，分防地段下自漢陽縣屬之拖路口起，上至漢川縣之羊子口止及內湖自銅山頭進上至楓口止，共計水程七百餘里。應飭該兩營將所防地段互相換紮，船數多寡，各仍其舊。謝提督船只少，所換地段較長，張副將船只多所換地段較短。應由兩營官就船數多寡，按照道里遠近，妥議攤派匀紮，稟候核實示遵。除分飭外，合行札委。札到，該提督即便遵照，前往接帶水師健捷正營，務須督率弁勇勤加操練，實力巡防，勿負委任。仍與張副將會商換防匀紮，稟請示遵，并將到營接帶日期先行報查。

札委署棗陽縣知縣宋熙曾兼辦棗陽土藥分局 光緒十七年四月十八日

照得湖北襄、鄖各屬多產土藥。昨據北路委員張令國蘭面稟稱：棗陽縣所產綠土，素爲大宗。每年新土上市，各路商販均赴

[一] 以下九件録自抄本《督楚公牘》。

該縣收買，販往各處銷售，并有以他處土藥充作綠土販運，銷路甚廣，獲利頗重等語。查該處雖經北路土藥專局李牧紹遠派委小委員前往設卡抽收稅項，惟人地生疏，事權不屬，斷難得力。查署棗陽縣知縣宋熙曾辦事精敏，熟悉地方情形，應即委派該署令兼辦棗陽土藥分局稅務，督率李牧原派之委員，認真辦理，遵照部章核實徵收。稅票印花仍由北路專局領取應用。惟新土上市，水氣未乾，辦法自應量予從寬。所有新土藥漿，碗鉢所盛，尚未成土，必須成餅成團，能帖印花者照章抽收。既經成餅成團，便可販運牟利，即不必再分新陳等差。應否責成行棧代抽，或責成紳董辦理，或任令商販自行赴局報明繳稅，統由該署令妥議章程，迅速稟明試辦。其李牧所派委員，是否尚須仍留棗陽幫辦，抑可撤回。至應辦稅銀，應否由該署令徑解省城，抑解由老河口專局匯解，并即由北路專局李牧妥議稟辦。除分行外，合亟札委。札到，該縣即便遵照札行事理，兼辦棗陽土藥分局，妥議章程，迅即稟明試辦，毋稍遲延。切切。

札李牧紹遠妥議新土收稅章程 光緒十七年四月十八日

案據北路土藥稅務專局李牧紹遠稟襄鄖出產新土稅收請示遵辦一案，當經本部堂批飭北布政司會同牙釐總局迅速逐條妥議詳覆，核奪飭遵。茲據該司局詳稱：本司道等遵查湖北出產土藥之鄖宜等處道路紛歧，奸商繞越偷漏，稅務日形短絀。嗣經憲台分途委查，設法整頓，南路於宜昌設立總局，北路老河口另設一局，藉資堵截。南北雖分兩局，章程胥歸畫一。今核李牧所稟，分別新土陳土，新土以各該處收割遲早，按月酌定折耗斤兩，核計收稅。陳土仍須查明係照市價折半抑係三成售賣，即照折半、三成完稅，及於適中之地擇商設棧抽收等語。辦法參差，司巡棧商人等易於高下其手，委員耳目稽查難周，旁招告訐，亦虞煩擾且核吴道原議章程，并無分別新陳之説。況由商人開設行棧，代收新土稅項，究需行用若干可以敷用，以及新土未貼印花如何稽查真僞，該委員亦毫無把握，司局礙難懸擬，且恐與南路稅務有礙。因思荊宜一帶亦產新土，南路稅收極旺，自已辦有端倪。現在李牧來稟，亦請抄發南路章程仿辦。擬請迅飭宜昌總局吴道，查明所轄局卡遇有新土究係如何稽徵，悉心妥議，稟候酌定，較爲妥善。抑本司道等更有説者。伏讀憲台批示，有云未乾新土多係土人自食，無妨量予從寬。又有立法宜較從簡，令其可行等諭。仰見權衡輕重，於整飭稅務中仍寓卹民之意。奉行之員但當嚴查商販繞越偷漏及司巡人等需索賣放中飽等弊，以收實效，不宜苛細繳繞，析及錙銖，藉爲取盈之方。查種煙之家甫經割取，只稱爲漿。及至晾乾成餅，乃始有土之名，謂其色質與土似也。盛漿者以碗以鉢，商販斷難携帶及遠，即非盡土人自食，爲利亦纖，取之歸公，其益幾何。既無能粘貼印花，自當仰承憲意，量予從寬。擬請飭知該委員等，凡未及成土、藥漿不能粘貼印花者，不在抽稅之例，以昭寬大而崇政體。是否有當，相應具文詳請查核，批示飭遵等由，到本部堂、部院。據此。當經將南路新土稽徵辦法電詢吴道去後。茲據吴道電覆稱，施宜所產新土，恐水氣未乾，擬分新陳，憲意爲體卹經久之圖。但本地產土不多，川新同有水氣，小分別不足招徠，大分別川必藉口。後水氣乾，又須擬加章。二弊生目前，不苛刻并無難色。羅鎮意同，似照舊劃一爲妥等語。

查該處新土自係曬乾成餅，販運過卡再行抽税。南路新土既無分别抽收辦法，自應就北路情形令其斟酌試辦。查北路襄、鄖各屬産土之處甚多，散漫難稽，販運四出，走漏不一而足，與南路土藥素少，又野三關、平善壩水陸各有要隘者不同。南北情形既殊，辦法自難一致。該司局既稱不能懸擬，惟有先飭李牧就所擬章程試辦。所有辦法，務從簡易。應如來詳所擬，凡新出土藥，椀鉢所盛未及成餅不能粘貼印花者，皆係土人自食，不在抽税之例。必須成餅成團能貼印花，始行照章收税。既經成餅成團，便可販運出境，發商牟利，一律抽收，不必再分新陳等差。至或責成行棧，或責成紳董，統由該牧妥酌。其行棧行用，每百錢只准取錢二文作爲行用，如有苛索浮收及隱匿不報者，查出重懲。除詳批迴外，合亟札飭。札到，該牧即便遵照札行事理，妥議章程，迅速稟請試辦，毋稍稽延。

札趙龍章將沙洋土藥分卡裁撤，安陸分卡仍責成典史洪士綱辦理 光緒十七年四月十八日

據辦理湖北土藥税務補用道吴道廷華稟稱：光緒十七年三月初二日，據現貿安陸府四川客民董福泰、劉長盛、李玉太、益太和、徐元盛、復順永等聯名呈稱，爲公懇鴻慈，縷呈下情，祈恩詳請查照定案，按月遵繳事。緣民等原籍四川省，投治安陸府開貿土棧落客，售賣川土，於光緒十三年沐前藩憲蒯稟請兩院憲裕、奎奏定川土落地釐税一案，民等每月每棧遵繳税銀十兩。因彼貿小客稀，銷售無幾，未沐設委辦理，札飭民等各棧按月繳呈本河船釐局彙解總局，并沐委請府憲、縣憲督辦、協辦，民等感恩，按月措繳無欠。去沐督憲奏奉土釐每土百斤繳税銀三十兩，外加火耗、庫平、庫色銀四兩七錢，一在宜昌設收南路土税總局，一在老河口設收北路土税總局。竊民等所寓客商由蜀至楚，在南路憲局報税，每土一元，蓋印花一張，并飭有報驗税票存查。如運往北路售賣，僅只驗票，再不收釐。民等川客遵示，不敢違例。本年二月，又沐北路總局憲派員在安陸府另設分局，徵收北路土税。昨二十一日，沐委憲將民等各棧傳局面諭，不但查驗南路總局税票，每担另外苛索驗票費錢一千一百文，并格外生枝及驗土面印花，另蓋分局圖章，方准其售。如有印花擦爛不明，即爲漏税私土，定欲處罰充公。民等聞駭，歸向各客商議，不思各客運土由宜來郢，程途遥遠，水陸交雜，倘遇過渡，突遭風雨，脚夫怠忽，如將土面印花損折，豈不爲私，咎戾何辭。再者，各客在籍收買土面，蓋有砝碼數目。行至憲局報税印花，又蓋其面。倘貨一到，各客無不查啟印花，照碼合平收數。如有撕爛之事，亦屬爲私。似此累害無底。查北路總局現在安陸另設分局之意，云去南路税銀徵收盈盈，北路徵收無幾。尤恐南局有恩與商民，所以另設分局。在彼并欲議改前章苛徵，實爲窒塞南商至意。殊不知北與河南毗連，北商運土小販盡在山集小鎮售賣，縱有偷漏，亦難稽查。民等南商大販，一遇同伴或三五十挑不等，何敢偷漏。況民等川土落地釐税，前有定例，按月遵繳之銀，盡屬民等挪墊。若民等一次難給，豈敢任其議改前章，節外生枝，不祈詳請院憲查照前奏定章，民等按月遵繳，異民難生。爲此縷呈下情，奔叩大人台前，賞憐作主，實爲恩公兩便等情。據此。職道當經委員傳訊該商等，均稱所呈屬實，并據稱業在安陸府縣呈訴有案。惟

該商等所呈各節是否屬實及有無在安陸府縣遍呈。既據該商等稟呈前來，因事關稅務，隨即行文該府縣確查去後。嗣於三月二十三日據安陸府史守書青督同鍾祥縣徐令嘉禾申稱，遵查前據客民劉長盛等以前情赴卑府縣衙門具呈。當批：據呈此項土稅，本係前院憲奏定客棧每月派繳十兩。現在新章，亦係督憲奏定出示。宜昌、老河口設立南北二路總局，今北總局派委來郢，設立分局，亦係稟蒙督憲批准。抽稅自有定章，豈能任意苛索。爾等不得妄生議論，自取咎戾。然既改照新章向客查收，即不能再收每棧十兩一月之落地稅。惟藥土稅釐既有總局主政，仍應據實稟請總局憲轉稟院司批定。不日北總局憲來郢請示遵行，慎勿以無稽浮言冒瀆干咎。切切。在案。伏查安郡土行向有落地釐稅，每棧月繳稅銀十兩，由船釐局截票彙收解省。從前有十數家，至去年只有七家，今春又閉歇一家，現在共只六家。每棧各收十兩，月收六十兩，皆由船釐委員彙解，卑府縣向不預聞。今年二月，北總局委員來郡另設分局，當與卑府縣會晤，詢及開辦章程，據云不知此地舊有落地稅，新章須收九文一兩。如南總局已收，即須查驗。如果無印花者，即爲私土，定當充公。隨與各棧紛紛呈訴卑府，當以既須開局，必應將情形查清，前定十兩一月之稅，即須稟裁，然後方能向客抽稅，以免藉口。該委員不能主政，須稟北總局核奪，至今亦無回文。後以不服查驗，每致生事。經卑職傳諭曉以利害。今先擬定土担來行，先投土局報明，呈請驗票印票，加蓋查驗戳記，局中即將來土若干登簿，以備考察。惟開辦之始，未將從前根柢查清，又未明定章程，將如何收稅、如何處罰出示曉諭，以致辦理諸多窒礙。至有無格外需索一層，局員行客各執一詞，均屬空言無稽。開辦月餘，辦理尚無頭緒。茲奉前因，理合會銜具文，據實申覆憲台俯賜查核。爲此申乞照驗施行等情。又於三月十六、十八等日，復據土販等紛紛來局呈訴，以所運土藥經過北路荆門州、沙洋各卡，驗票苛索，故意留難勒補，且有大秤小秤之別。并據興發昌、興泰昌將所過沙洋北路補完稅票二張呈驗前來。職道查沙洋興發昌等在南路完過稅銀者，土藥四担，計重二百九十八斤，經過北路沙洋卡，勒令補完四斤。興泰昌土藥七担，計重五百十六斤，勒令補完十一斤。并有秤土用小秤、秤皮用大秤等語。查南路商販由平善壩水路赴宜納稅者，大半前往安陸、荆門、沙洋等處。今北路各卡若如此需索苛刻，豈非有意刁難，商販將必視爲畏途，南路徵收必大減色，關礙頗重。又據安陸商販呈稱，每担另外需索驗票蓋戳費一千一百文，及印花必須加蓋圖章方准出售，否則即多方留難。并據該府縣申稱，開辦月餘，尚無頭緒，該委員請示章程至今亦無回文等情。種種任意刁難，幾同兒戲。職道看此情形，是北路因減折，未便改爲格外加嚴。嚴不得中，流爲苛刻，故不加察。似此辦理，較之減折爲尤甚。既據衆商公呈、府縣申覆各情，未敢稍避嫌怨，竟致緘默，不得不據實轉陳。仰懇憲台檄飭李牧紹遠查照前項情弊，趕緊整頓，以免貽誤。職道爲恤商裕稅起見，應如何杜弊之處，伏候查核訓示祇遵。旋又據稟稱：本月初二日，復據現貿荆門州四川客民錦榮祥、王吉盛、信義公、董福泰、羅恒昌、譚義盛、恒發益等聯名呈稱，爲懇恩鑒原作主以恤民艱而安商賈事。緣民等原籍四川，投在荆門開貿土棧生理。民等遵照定章，按月完繳稅銀，毫無蒂欠。邇時因未設局，運土客商甚多，生意順暢，實感局憲之大德，恩至渥矣。後因局卡一設，來客甚稀，生意微末，以致各棧搬遷安陸貿易。近年雖有民等數家，盡是坐食資本，每月税銀均係挪墊呈繳，無非望生意稍順，補還前欵。誰知又設北路分局，愈加苛索。即民錦榮祥、客謝茂順運土三簍，在南總局報税，過秤一百一十二斤半，蓋有印花，給有大票驗票。路過荆門往安陸售賣，不意被北路分局驗票以小秤過秤，收謝茂順土外重二斤，苛索税銀六錢九分四釐。客將大票執出理論，豈觸分局之怒，不由分説，勢欲抓毆，客即隱忍。現有分局税票呈電。又客民劉岐山等運土由荆仍往安陸發賣，亦被北路分局驗票以小秤，格外苛索税銀。商民受害，不一而足。甚至藉印花擦爛不明，即爲漏税私土，處罰充公。不思運土由宜來荆，路途風雨，難免土面不有損壞。況既在總局秉公過秤完税，每元蓋有印花，給有大票驗票，而分局不過驗票放行，以杜漏税之弊，何得另外以小秤苛索，實屬商民受害難堪。但下情不達，壅於上聞，弗沐憐情，體念民艱，則客商裹足，民等各棧亦無生活，豈不坐以待斃矣。爲此冒呈下情，奔叩大人電憐作主，以恤民艱，庶商賈免受苛索之害，異民感戴無暨等情。據此。除由職道委員傳訊并批示外，查錦榮祥之棧商謝茂順運土三簍，在宜局完過税銀，運往安陸經過荆門，被北路分局以小秤多出兩斤，苛索税銀六錢九分四釐。又土商劉岐山運土到荆，亦被北路局以小秤格外苛索税銀。商民受害不一而足，并印花略爲擦損，即作私土充公。似此需索苛刻土商之案，層見疊出，實屬大違定章。自三月以來，由平善壩水路赴宜完税之土藥漸少，固因水漲多改行野三關陸路。但水勢尚不甚大，何致遽行稀少。據土商僉稱，因北路局卡處處需索，刁難太甚，商人頗生觀望疑畏。并稱若不迅速查禁，此業即不能做等語。事關税務盛衰，既據該商等禀呈前來，理合據情禀懇察核。應如何嚴行查禁以恤商情之處，伏候訓示飭遵各等由到本部堂、部院。據此。查安陸府及荆門、沙洋北路各卡，專爲查南北路繞漏補抽而設，有南北兩路税票者，自不應再行重抽。若如吴道所禀，藉印花偶有破損苛罰重抽及用小秤勒補各節，殊於商情不便。應即將荆門、沙洋分卡裁撤。應如何稽查漏税之處，應飭署荆門州知州歐陽牧速籌一簡易妥善之法，禀覆核奪。至安陸府爲南北土藥會萃之所，該府分卡仍責成委員典史洪士綱妥慎辦理。此卡專管驗票放行，不得藉詞印花偶有擦損苛罰重抽，以及用小秤勒補需索零費，以致擾商損税。至此卡意在稽查繞漏，其收數多少，經費或敷或否，無庸過計，并責成安陸府史守隨時稽查。除分行外，合亟札飭。札到，該員即便遵照，將沙洋土藥分卡裁撤，並將撤局日期具報查考。

札北臬司轉飭襄陽縣嚴訊彭家莒苛逼張三母死一案光緒十七年四月十八日

案據湖北督銷淮鹽局呈報樊城分局及兩河口緝卡會禀緝私礮船哨弁彭家莒緝私釀事一案，當經本部堂以所稱張三邀集多人，扭去哨官吊拷一節斷不可信，飭司轉飭襄陽縣集訊起衅情節，録供詳辦在案。查張三手提潞鹽僅止五觔，明係買食，何得指爲販私，何至苛罰至四百觔之多。該弁有船有勇，張三兄弟何能將該弁扭去吊拷。張三兄弟既能扭去該弁，又復打壞礮船，其勢洶洶，其母焉知畏罪。且張三等正在逞凶打船，其母有何情急自行投水身死，張三兄弟又何以坐視不救。禀詞揑飾，自相矛盾，顯係訛詐逼命。豈容含糊了事。復經本部堂電飭襄陽朱道暨署襄陽縣茹令朝政據實禀覆去後。茲據朱道、茹令電禀稱：彭家莒緝獲張三潞鹽五觔，苛罰鹽四百無出，伊全家往船哀求，反將張三繩捆稱送，其母情急投水身死，激怒岸上人衆，抛石將船棚窗鏡損壞，什物無恙。該弁被屍親抓扭，輕不成傷。牌甲王開德見該弁被困，保護至家禮待。均經卑縣驗訊確切，已依限通報。現已集證復訊，另稟請示遵辦等情，到本部堂。據此。查哨弁彭家菖訛詐貧民，釀逼人命，大干定律，亟應嚴訊確供，按律擬辦。該局委員江鳳藻、樊城分局委員林志禮如此等重案并不查明據實稟辦，輒敢憑空揑造張三兄弟扭去哨官吊拷，幾遭不測及哨官週身均受有傷等危詞，希圖聳聽。實屬有心庇縱，膽玩妄爲。查該兩員均係湖北候補人員，應即飭司先行記大過一次，俟此案審結時查明情節，分別懲儆。除分飭外，合亟札飭。札到，該司即便飛飭襄陽縣遵照，迅速提集彭家菖及張三等一干人證，秉公嚴訊確情，録供詳辦，毋稍偏延。并移北布政司遵照註册記過。切切。

札知北善後局、江漢關道俄儲游歷漢口奉旨欵待事 光緒十七年四月二十二日

光緒十六年十二月初五日准北洋大臣李來電内開，總署朔電：俄閼使來署，言俄太子明春游歷中國各海口。伊國儲君游歷，此爲創始等語。查彼國視此事極重，接待禮儀各省必須一律，請酌定見覆。覆以各國太子與國君略等。前美總統格蘭忒來津，先令進口處礮臺升美國旗，放礮二十一響，旋派大員赴船迎接，親往拜晤，俟其答拜，再請筵宴，酒半起立致頌詞。出口時，仍聲礮二十一響。此次接待俄太子，似可仿辦等語。初四日總署來電，本日奉旨：李鴻章電報已悉。即著該大臣電致各省督撫，俟俄太子抵口岸時，一律照議，親行欵待，以重邦交。欽此。祈即遵照妥辦。支。等因。嗣復疊准總理各國事務衙門函電前因，當經欽遵查照辦理。本年三月十一日，俄儲到漢口。該船泊定後，即派江漢關道、本標中軍副將登船接候，本部堂隨後前往拜晤俄儲，商訂答拜一節，當經訂明漢陽之晴川閣係本部堂過江查閱鐵廠之行臺，約定即在此答拜。十二日俄儲前來晴川閣答拜，即留筵宴。十三日俄儲開行，飭本標中軍副將持片赴船送行。一切欵待禮儀，已隨時電達總署、北洋大臣各在案。茲於四月十三日承准總署電開：俄儲游歷之地，我皆優待，俄使奉命來謝。特電知。元。等因。到本部堂。承准此。合就行知。札到，該局、道即便遵照。

札南藩、臬司東安縣續稟唐本有挑搶席姓莊穀一案 光緒十七年四月二十六日

查湖南東安縣革員唐本有挑搶席姓莊穀一案，續據東安縣先後來稟，唐本有復敢遣人糾衆，分搶席姓各處莊穀，并稱奉派營兵陸續到縣，分布駐紮防範各情形。又據零陵縣稟同前情，到本部院。據此。除批：查此案前據該府縣來稟，當經本部堂明晰批示，妥爲彈壓，出示曉諭，先解散黨與，剴切開導，聽候查辦，不得另滋事端，并飛咨南撫部院派委大員，并即就近調撥營勇馳往查辦。適因有南省解餉委員田令繼昌來鄂，本部堂接見詢悉該令與唐、席兩家素本熟識，又札委該令馳往曉以利害，幫同設法開導，解散脅從，是非曲直，聽候派委大員持平查辦。旋准南撫部院咨覆，已派署長沙協鄧副將第武馳往，接代親軍防務，就近會同彈壓辦理，并委候補知縣張令銘前往會同查辦各在案。茲據

該縣先後續稟奉派營兵，陸續到縣，已有二百數十名，分布駐紮防範各情形。惟稱唐本有復又遣人糾衆，分赴席姓各莊屢搶，又串通零陵縣地痞挑搶席匯湘等湖塘舖各處莊穀，并將席宅佃户夏崇啟捉去各節。并又接據零陵縣稟同前情。查唐本有并不聽候查辦，復敢如此恃强疊搶，實屬怙惡不悛，藐玩已極。該府縣有地方之責，自應趕緊設法彈壓，妥爲開導，勿使另生枝節，致釀鉅案。務即明白諭知唐本有，該革員曾係武職大員，應知國法，縱與席姓素有錢財膠葛，席姓現有子弟田產，儘可據實呈控地方官各衙門秉公訊斷，何得違法糾搶。如再不散遣夥黨，聽候官爲查辦處斷，則是甘爲不法，煌煌國典，豈能稍事寬容。該印委速即據實稟聞，即行奏明辦理，并須剴切曉示唐姓户族及東安、零陵一帶鄉民游衆人等，唐本有爲私嫌糾搶，與衆人無涉，勿得聽從妄爲，附和違抗，同陷重罪，致爲鄉里之禍。仰南按察司速分飭該府縣，查照上項指飭事理，分別曉示，即會同鄧副將并該委員營汛等嚴密布置，防範彈壓，相機查拏。一切就近稟請南撫部院核示遵行，勿稍輕率疏縱，致令另生事端。仍將查辦情形隨時密稟查考。并將南撫部院委員張令銘帶去告示已否分貼曉諭，刻日抄録示稿，呈報本部堂查核備案。并分飭零陵縣遵照，不分畛域，嚴密彈壓等因，印發并咨明南撫部院。現在湘省已派鄧副將第武到彼會同查辦，應俟其稟報情形如何。倘該印委等未能了結，仍須監司大員前往會督辦理之處，應請南撫部院即行主稿，會銜遴員迅委馳往外，合亟録批札行。札到，該司、府、鎮、將即便分别移行，遵照辦理。

札隨州、棗陽查拏私鑄光緒十七年四月二十八日

案據湖北候補副將錢永林稟稱：竊奉委赴襄郡所屬毗連豫省邊境一帶，會同地方文武營汛官弁，聯絡馬隊操防，堵絶北潞私鹽，不准浸灌，以備官引日行暢銷等因。奉此。卑職遵即於十六年十一月初九日由省起程，至十一月二十九日始抵襄樊。卑職由樊十二月初四日動身，前赴光化、均州，繞道襄陽、棗陽楚豫交界各處地方周歷巡緝，至十二月二十七日回樊。又光緒十七年正月二十五日，卑職由樊起行，前往棗陽東北兩鄉與隨州并豫省南陽府屬之桐栢、唐縣一州三縣各交界處所查緝。卑職於正月二十八日由棗陽起程，前往棗陽屬東北鄉離城四十五里之劉城地方住宿。沿途目見手推小車數十輛，每車載有釐金白銅大錢四十餘串。即時查問車夫，悉及推至隨州屬之三河店、棗陽屬之劉城山内購辦貨物。卑職抵劉城，詳細訪問紳耆徐禹門等，悉此中青錢係推至隨州、棗陽、桐栢、唐縣四交界地方之雞鳴山、温家坑一帶深山村莊，鎔鑄小錢。卑職聽聞，隨時黑夜僱一探線速往山内，暗中查訪。二十九日，探線回報隨州屬之三河店，與隨州、棗陽、桐栢、唐縣四交界之雞鳴山温家坑一帶深山村莊，竟有私鑄小錢鑪户二百餘家，聚集匠人一千數百餘人。查私鑄小錢大干律禁，況以制錢鑄私，情更不法。卑職本當會同地方文武前往拏捕，因未奉明文查辦，不敢冒昧擅便。且該處與豫省交界，民情强悍，匠人衆多，卑職所帶隨從十二騎，彼衆我寡，恐另滋事端。惟既有所不見，不敢不稟明，俯賜查核批示等情。據此。查湖北制錢缺乏，襄、鄖北路各屬小錢充斥，大爲民間之害，皆由匪徒私銷私鑄，公行無忌，地方文武不能隨時訪查拏禁，以致如此。今據

該副將所禀眼見裝載小車至數十輛，皆運至隨州、棗陽與豫境桐栢、唐縣四交界之雞鳴山一帶深山村莊鎔鑄小錢，鑪户至二百餘家，聚集工匠至千餘名之多，實屬大干法紀。若再不認真查拏，剗除巢穴，杜絶來源，以後制錢日少，爲患豈可勝言。亟應密飭查拏。爲此，札行該州、縣、司速即會同棗陽縣、隨州嚴密查訪確切，移商河南桐栢、唐縣，購覓眼線，迅速會同入山掩捕，務將私鑄匪徒拏獲，私鑪平毁，分别訊明究辦，勿稍遲延，漏洩疎縱。如能迅速拏獲，其從前失察之咎悉予寬免不究，仍行記功奬勵。如瞻徇推諉，任聽私錢充斥，定惟該州縣是問，嚴行參處。至以後應如何於交界各處不分畛域，隨時巡查捕逐，其販運制錢入山、轉運私錢出山應如何扼要駐紮兵勇稽查禁阻，務期永遠禁絶。即會商豫省鄰縣籌議妥善章程禀覆，并先將查明捕拏情形飛禀查核。勿違。切切。

札裕庚等查辦武穴教案 光緒十七年五月初二日

現據漢黄德道、監督江漢關税務孔慶輔轉據武穴總卡委員華聘三禀稱：四月二十九日戌刻，武穴教堂滋事，華人毆斃洋人二名，一係武穴總卡洋扦手，一係英國教士，并抄録英領事、税務司各函禀報前來。并據武黄同知顧允昌禀同前由，已將教堂洋婦三人、洋孩四人設法保護，全數救出，留署歇宿，次早搭德興輪船往漢口各等情到本部堂。據此。查沿江各屬，各國設有教堂多處，本部堂莅楚以來，遇有教案，無不持平辦理，固不許教士違約妄爲，亦不准匪徒藉端滋事，年來民教尚屬相安。詎意近來蕪湖、金陵等處匪徒妄播謡言，四出滋鬧，以訛傳訛，徧及内地，遂有武穴滋事之案，深堪痛恨。查此事無論有何情節，該處民人并不禀官究辦，輒敢聚衆妄爲，致斃人命，實屬大干法紀。究竟因何滋事，是何實情，亟應派員確查，以憑核辦。查有湖北候補知府裕庚堪以派委，會同黄州府知府李方豫切實查辦。合就札飭。札到，該員即便遵照，即日乘輪前往會同李守將起衅滋事緣由詳晰確查，先行據實禀覆，并查明真實滋事爲首行兇之人，相機查拏務獲，訊明嚴辦，以儆效尤。一面會同地方官出示彈壓，毋許再滋事端。切切。特札。

札廣濟縣嚴拏鬧教匪犯〔一〕 光緒十七年五月初三日

據江漢關道孔道慶輔轉據武穴總卡委員華聘三禀稱：四月二十九日戌刻，武穴教堂滋事華人毆斃洋人二名，一係武穴總卡洋扦子手，一係英國教士金姓等情，并抄録英領事、税務司各函禀報前來。查沿江各屬，外洋各國設有教堂多處。本部堂蒞楚以來，凡遇教案，無不持平辦理，從不許教士違約妄爲，亦不准匪徒藉端滋事，民教尚屬相安。詎意近來蕪湖、金陵等處匪徒妄播謡言，四出滋鬧，以訛傳訛，遂有武穴滋事之案，深堪痛恨。此事無論有何情節，該處民人并不禀官究辦，輒敢聚衆妄爲，致斃人命，實屬大干法紀。除已派委湖北候補知府裕庚馳往武穴，會同黄州府李方豫查明起衅滋事根由，先行據實禀覆，并查拏真實滋事爲首行兇之人，務獲嚴辦。并加派黄州協、田鎮營兩副將，會同派

〔一〕此札同日行黄州協、田鎮營水師兩副將。

撥弁兵礮船馳往彈壓外。合亟札飭該縣即便遵照。該縣身任地方，所屬出此重案，關繫非輕。應即勒限一月，設法訪購嚴拏真實糾衆爲首滋事逞兇之匪犯，務獲訊明嚴辦。逾限不獲，定干未便。懔之。

札江漢關道照會各國領事育嬰堂暫勿收養嬰孩[一] 光緒十七年五月初三日

照得四月二十九日戌刻武穴教堂滋事，正在查辦。刻又據江漢關道轉據英領事面稱，風聞武、漢匪徒散播謡言，亦有滋鬧教堂等語。亟宜先事防範，以備不虞。除密飭地方官及各營將領在於武漢兩岸妥爲防範外。查教堂滋鬧，大都因收養幼孩而起，在地方官雖有保護之責，而教堂亦宜遠嫌自慎。合亟札行。爲此，札仰該關道即便遵照，迅即密行照會各國領事之設有教堂者，務飭各嬰堂暫勿收養，免滋疑惑。俟地方安靖如常，再行收養，以期相安無事。切切。特札。

札裕庚等督飭廣濟縣購拏武穴教堂滋事真犯 光緒十七年五月初八日

光緒十七年五月初六日，據湖北黄州府廣濟縣知縣彭廣心禀稱：卑職於四月三十日辰刻，查閲距縣署七十里武穴地方，有人因事與洋人滋鬧并教堂被燒之事，當即移會城守汛把總吴德亮，并飭令典史傅蒓督率兵役，妥爲保護縣市天主、福音各教堂，遂即冒雨馳往彈壓。接奉武黄同知顧丞函述前情，并據龍坪巡檢鄒振清專差禀稱，前奉檄飭，因蕪湖民教鬧事，令在武穴保護教堂。該巡檢隨時小心，并未稍涉疎懈。詎四月二十九日挨晚，有人挑來小女孩一擔，行至街上被人盤問，圍住爭鬧，因將挑夫扭送請辦，查詢情由，勸解交保，擬俟送縣再究。一時人數衆多，齊擁該巡檢隔壁洋人住屋及後街福音堂，撞門嚷鬧。鄒巡檢攔阻開導。門尚未開，不知屋内如何起火，隨聞前面有追趕執刀洋人，跳入水塘之語。鄒巡檢趕攏護救，致彼衆人毆傷該巡檢額角等處，並將頂帽衣袍扯破。及看洋人，業已被毆身死，并聞福音堂前亦有一洋人毆死門外，請即急往彈壓拏辦等情前來。卑職聞信之餘，因過至湖中，風色不順，遂由陸路率差馳往。及抵武穴，適署馬口巡檢陳培周亦至該處。當查鬧事之人，業經武黄同知顧丞與鄒巡檢各彈壓，星散逃避。隨勘得福音堂及洋人住宅門窗均已擊碎，并住宅前層房屋焚燬，該教堂及住屋内各器物多被搶失無存。已死洋人，一係洋關扦子手柯姓，因見火起，持刀前往救護，致被擊死街中。一係仙姑台外來金姓，執棍救護，亦被擊死該堂門外。并福音堂内，原只洋人二名，已於鬧事之先一往興國，一往漢口，所有洋婦三人、洋孩四人，均經鄒巡檢派差送入武黄同知署内，幸未受傷。查訪起衅情由，實因有人用籮挑來幼小女孩四口行至該鎮，有人看見，疑係送與洋人挖取眼睛配藥，并將女孩蒸食，以致沿街喧傳，愈聚愈衆，鬨鬧撞打福音堂等處大門不已。經鄒巡檢彈壓開導，莫能勸散，自後不知如何搶奪各處器物，并將洋人毆傷身死，悉與該巡檢差禀情形相同。至於市鎮各舖貨物，尚無搶劫騷擾情事。又有田鎮水師營許協鎮聞信帶兵前來彈壓，街

[一] 以下二件録自抄本《督楚公牘》。

市愈形安静。先是有人乘間搶奪洋人教堂住屋什物，即經該巡檢帶同汛捕、約保當場拏獲三人。并卑職到武後，亦復督同差役拏獲七犯，押帶候審，不難從此根究拏辦。祇以武穴濱臨大江，痞匪最易聚集，當時礙難訊供。因飭龍坪、馬口各巡檢派撥差役多名，并移會水師營派撥勇丁，先將拏獲人犯十名押解赴縣收管。卑職隨於今日辰刻，會同兵船洋人五名洋關委員二名，將已死洋人柯姓、金姓各屍身眼同驗明，好爲棺殮，地方安静，因即專差前往九江電禀在案。除繪圖填格另行詳報，一面督同武穴保甲局及本鎮各紳耆、約保，趕緊密查實在糾衆逞兇搶毆滋事首要各犯，嚴拏務獲，提同現犯解省審辦外，合將勘驗大概情形及地方現在安静緣由先行禀報，俯賜查核等情，到本部堂。據此。除批：查武穴匪徒焚搶教堂，毆斃洋人。前據江漢關道轉據武穴總卡委員華聘三禀稱，匪徒往圍福音堂，龍坪巡檢彈壓前門，匪衆即在後門放火等語。該縣事後往查，自應詳查確禀，何得云門尚未開，不知屋内如何起火。作此游移惝恍之詞，實堪詫異。此案已派知府裕守會同黄州府馳往查辦，該縣所獲之犯十名，自應就近交委員等訊明懲辦。若解省審辦，相距過遠，查傳質證及與續獲之犯質訊諸多未便。應即押解黄州府，交裕守、李守等研訊確供，分别禀辦。但須審明實係滋事放火逞兇之匪，不得以事後搶取零物之人充數塞責。武穴既爲匪徒聚集之所，首犯未獲，必仍匿該處。應即責成該縣親赴武穴，勒限五日，購拏真實爲首糾衆逞兇之犯，務獲嚴辦。逾限不獲致令遠颺，定干撤參。此後武穴應如何綏靖地方及擬結此案事宜，分别速由裕守、李守等督同該縣妥議禀辦。保甲本爲清查奸宄而設，聞該處保甲紳士動輒挾制，并由裕守等查明妥議章程，認真整頓，禀明辦理。除另札飭遵外，仰即遵照辦理。仍候撫部院批示。繳。等因。印發及分行外，合就札行。札到，該守、府即便遵照批行事理，會同李守督飭廣濟縣彭令，勒限五日，購拏真實滋事放火逞兇之匪犯，審取確供，禀明嚴行懲辦，不得稍有怠忽延緩，致令匪徒遠颺。其餘事宜，均即會商妥速分别辦理。

札江漢關道飭知設方言商務學堂 光緒十七年五月十三日

據湖北試用知縣曾廣敷禀稱：按兩湖書院原定商籍課額四十名，本爲南、北茶商而設。近來茶事每爲孖佔所困，緣孖佔能通彼國語言文字，貨物之優劣，價值之低昂，胥由孖佔操縱，茶商諸事隔閡，亦不能不仰給於孖佔。商意在利不在科名。不若即以所定商額改爲通商西學，即延請華人之能西學者以訓誨之，俾專習各國語言文字。二三年學成之後，南、北茶商皆可自專，而孖佔之挾制可除，即茶市之利源益廣。惟南省捐數較多，業茶商人亦較多於北省。可否於課額四十名内，以二十五名歸南省，以十五名歸北省，即捐數之多寡，爲課額之等差等情到本部堂。據此。查兩湖書院設有算學、經濟學兩門，講求時務，本已包括其中。兹據稱擬請於所定商額改爲通商西學，專習各國語言文字等語，係爲振興茶業商務起見，正與本部堂維持茶務本意適相符合，所議尚屬可行。應即於兩湖書院外另設學堂，設立方言學、商務學，專習各國語言文字及講求商務應如何濬利源，塞漏卮，暢銷土貨，阜民利用之術。均延華人精通各國語言文字暨曉暢時務者分門教習。除此次甄别録取商籍内課外課各生外，南茶商子弟有願習方言商務者，應由該商自行禀請江漢關道申送，入學堂肄業。北茶及各省茶商子弟，均准其自行禀由關道申送。即非茶商，凡有子弟聰穎願習方言及通曉泰西情事者，均准其隨時具禀本部堂衙門查核，送入學堂。總共額數約以五十名爲率，一切詳細章程統候本部堂斟酌妥善，分别飭遵。應即先由江漢關道諭知各該茶商等遵照。

札廣濟縣查覆武穴教案幼孩四人來歷〔一〕 光緒十七年五月十八日

照得武穴匪徒焚搶教堂、毆斃洋人一案，其起衅之由，因有教民肩挑幼孩四人，行踪詭秘，致啟疑團。究竟該幼孩等係何姓人氏，從何處挑來，將送往何處，有無親人跟隨，如何收羅而有四人同爲一挑，此係本案緊要關鍵。該縣獲犯訊供，竟無一語問及，殊屬粗率。復經本部堂手諭飭查，日久未據禀覆。合行嚴札飭催。札到，該縣即便遵照，立即飭傳挑孩教民暨僱覓挑夫挑送幼孩之人及各幼孩家屬到案，訊明因何將幼女交與教民，是否同日交付。武穴地方洋人并無育嬰堂，傍晚之際，該教民將挑往何處，逐一查明，刻日禀覆，毋再含糊玩延，致干未便。切切。特札。

札南藩、臬司查刊造毁駡洋教書畫 光緒十七年五月十八日

案據湖北江夏縣諸可權禀：竊奉憲諭，以近日沿江各省因教堂疊滋事端，湖北武穴現已出有重案，武、漢一帶訛言四起，民間驚擾，顯係匪徒造言煽動，希圖藉端滋事，飭即查拏究辦等因。奉此。遵即會營嚴密查緝。隨於本月初七日，據巡街兵弁在李德枌店内，睹有毁駡洋教書本圖畫等件，將李德枌并該店夥楊義文、吴么等一併拏送到縣。當經卑職提訊，據李德枌供：本縣人，在省開貿緑皮樑店，已有數年，自來安守本分，不干外務。這書畫是湯夢良自湖南帶來分給小的，説是勸人爲善的。小的前與湯夢良同在漢口布店幫貿，因此認識。楊義文是小的店内做皮樑的司務，吴么是店内伙夫。這書本的事，他們實不知情。湯夢良前寓小的店内數日，現往漢口找尋生意，求飭差拘訊，就明白了。據楊義文、吴么同供：小的們手藝營生，都不識字，那書本的事，小的們實不知情各等供。據此。又經卑職飭差在漢將湯夢良即臣弼拏獲到案，逐加研訊。據供：年三十七歲，湖南湘潭縣人。小的向在漢口元茂合布店幫貿，前年正月辭工出來，即回湖南。今年四月初八日在家動身，仍來武、漢找尋生意。前小的起坡時，有搭船長沙口音人，將書畫一包交給小的，説是長沙周姓托伊散送。伊現有事，要往下江，轉托小的分送，是勸人爲善的。小的因招呼行李，匆忙之中，隨手接過，不及開看，亦未問伊姓名，那人隨即上岸去了。到省拏出，纔曉得是駡洋教的。止分給李德枌等數本，後恐惹禍，就没散了。今蒙查拏，餘剩數本情願繳案銷燬。這書畫并非小的所造，小的并没在别處散過，亦不知此外有無分散的人，不敢謊，求恩全等語。再三研詰，矢口不移。卑職查湯夢良人極愚拙，的係貿易中人，并不通曉文義。據供前件

〔一〕以下四件録自抄本《督楚公牘》。

非伊所造，尚屬可信，惟不揣量事體輕重，冒昧接收散佈，究有不合，業經量予責懲。值此民教多事之時，未便容留在境。應否遞籍嚴加管束，并咨請湖南巡撫部院澈查有無周姓刊造此項書畫，就近核辦之處，伏候鈞奪。再，李德枌等既訊不知情，除吴公因病先行交保外，其餘可否即予開釋，以省株累，併乞批示祗遵。除將起獲書畫呈送憲轅咨送湘省查辦，并將其餘各件銷燬外，所有此案訊擬緣由等情，到本部堂。據此。除稟批：據稟已悉。武、漢爲五方雜處之地，目前又值沿江各省教堂疊次滋事之時，湯夢良不應冒昧接受前件書本散布，大屬不合。姑念訊無別情，既經該縣責懲，即遞解原籍，嚴加管束。李德枌等訊不知情，應予省釋，仰北按察司轉飭遵照辦理。至湘省究係何人刊造此項書畫，已據稟咨明南撫部院，暨密行南藩、臬司飭屬查明，酌核妥辦矣。併飭知照仍候撫部院批示。繳。印發外，合亟密札飭查。札到，該司即便會同按察、布政司，飭屬查明長沙省城有無刊造此項書畫之人，嚴行禁止，酌核妥辦，勿稍輕忽。切切。

札李謙密查武穴教案洋人有無持刀傷殺華人實情 光緒十七年五月二十二日

照得武穴焚毁教堂、毆斃洋人二名一案，傳聞該洋人當火起之時，扞手柯姓手持雙刀，教士金姓手亦持刀，向人叢中衝撞，傷殺華人數名等語。查印委各員來稟，并未言及洋人持刀傷殺華人。究竟有無其事，亟宜派員馳往密查，究明虛實，以憑核辦。查有候補知府李守謙堪以派委。合就札飭。札到，該員即便遵照，即日馳赴武穴，密切查訪該洋人二名有無持刀，是否被毆格鬭以致傷斃民人，抑係洋人先行動手向人叢中持刀亂砍，以致激成事端。當起事之時，旁觀人衆，耳目昭彰，必有能道其原委者。即如龍坪司巡檢始終在場彈壓，該處皮店有洋人走入躲避，皆所目睹，福音堂鄰近居民亦不能一無所見。礮船弁勇親見柯扞手前往救火，曾見該扞手是否持刀。如係洋人砍人在先被毆在後，則當毆打之時，亦必有報復憤恨之語，旁觀見聞所及，何難據實直陳。如果查明有傷殺華人情事，即將受傷幾人、曾否斃命、姓名、籍貫、受傷輕重、是何部位、斃命者掩埋何處。受傷者該處委員立即飭令同知巡檢傳到，會同查驗大概情形，斃命者令該親屬具結標記，派役看守，封固稟覆，一面密速函知該縣馳往開驗，并查詢何以未經報官一一詳晰稟覆。案關中外交涉，務將澈底實情據實直叙，毋許一語揑飾。固不准將無作有，亦不准以有爲無。考諸旁觀之見聞，參以受傷之情節，必案情先無遁飾，而後折衷，方有定衡。該員務須詳慎情密，勿稍張皇粗率，以致別生枝節。是爲至要。切切。毋違。

札楊鈞採運銅鑛過境驗票免釐 光緒十七年五月二十三日

鄂省現在奉旨開辦槍礮廠，需用銅料甚殷。湖北鶴峰州所屬之九台香山即久財鄉地方，素産銅鑛，業經檄委候補知縣楊鈞，前往鶴峰州會同丁牧採取鑛砂送省考驗在案。旋據該員等採取鑛砂、毛銅呈驗，當經發交鐵政局分化考驗，鑛質頗佳。又查有湖南石門縣屬之燕子峽地方産有銅鑛，前經泰和合茶號出資購買，久未開採，廢棄無用。應令石門縣諭令該商號照原價售出，歸官採辦，以濟要需。該處與九台山相距不遠，即由楊令會同石門縣妥籌採辦。已飭鐵政局先行發給銀五千兩，發交候補知縣楊令鈞領往接辦，并刊發採辦銅鑛委員鈐記一顆，以便行用。查採解銅鑛、毛銅，所有經過湖北之東湖、宜都、枝江、松滋、江陵、公安、監利、石首等縣及寶塔洲釐局、荆州府屬釐局，湖南之石門、慈利、澧州、沅江、安鄉、華容、巴陵等州縣，津市州判及駐津釐局、石門分卡、巴陵釐卡，如遇該員採解銅鑛、毛銅過境，立即驗票免釐放行，以免阻滯稽延。除札飭南北布政司及牙釐、釐金局分飭遵照外，合亟札委。札到，該員即便遵照，刻日前往會同地方官分投妥爲接辦，採取鑛砂鎔煉毛銅，解省應用。毋違。

札江漢關道照覆英領事將教案觀審各節分别准駁 光緒十七年五月二十四日

據駐漢口英領事照稱：竊照前派之費、梅兩委員回漢報稱，本委於十九日赴廣濟縣，謁見裕太守并廣濟縣令，旋經傳提收押之華人六名，有天主教民歐陽在内。立即訊供，内有二人承認謀害英人不諱。本委當請要見龍坪巡檢并巡檢衙門弓差等。内有陶姓最爲緊要，蓋當時在場目擊情形之要證也。旋經裕委員云不便追問伊等。第此案原由廣濟縣捉拏二三十人，除此六人以外，餘盡釋放，并有意將此六人再放四名。經本委諄請暫勿釋放，是以仍押六人。查裕委員并未交出口供清單，僅交口供大概節略一紙。竊以承認謀害情事，皆係哥老會匪之類。訪得未滋事之先，有該處婦人四名沿街啼哭，口稱幼孩被拐。并聞當擾亂之時，英人進黄姓皮匠鋪内躲避，詎該皮匠力拒不納，致成鉅案。曾問裕委員，黄姓現在拏獲否，據稱逃往江西。李代領事在武穴時，地方官將惠士禮會堂外門封閉，而匪人前搶之家具什物，仍送還放於堂内。當問地方官此係何故，據云此却不知。并有縣差在武穴乘勢亂拏該處百姓，勒索錢文，竟有一人使錢四五千之數以求脱然。又面告裕委員，以此次燬堂及毆打婦人之犯一名未獲，深爲歎惜等情。據此。本領事隨即繕一札文，行給費委員等遵照：一、飭該委員等速回武穴廣濟觀審。二、立請中國官員將教民范、朱、商、曾等并龍坪司官暨差人邀提到案，細訊口供。如堂訊不便，莫如提至該城内惠士禮會堂内密行研訊亦可。三、黄皮匠必須從嚴拏獲訊究。四、費委員應告訴中國官，本領事委伊，不但觀審查詢謀害之事，并令觀審毆傷英國婦人、搶劫英國人器具各情形。五、更請裕委員暨地方官，將所放之二十餘人再行傳案細訊。如費委員等不聞此等人口供，本領事心難輸服。六、費委員應請裕委員將已訊之口供并稟報制臺底稿等件，統交費委員轉呈本領事察看。七、飭費委員等立即詢問裕委員，已經審實謀害之犯二名何時何處梟首，并告知定於何日行刑，望先知照，以便本領事派員觀看。八、此案之出，皆由平日蓄謀而成，非一旦倉猝滋事可比。若不將首從各犯全行弋獲嚴辦，恐本國家定難依允。除陳駐京大臣查核外，相應照請貴部堂俯賜鑒核辦理。再，本領事現擬飭令費、梅兩委員乘坐本國兵船駛回武穴觀審，合併陳明等情，到本部堂。據此。查近日焚燬教堂之案，同時併起。各省各案情形不同，惟武穴一案詳審各犯供詞，實因教民肩挑幼孩四人，郭六壽疑有挖眼剖心之事，糾衆滋鬧。愚民爲其所惑，隨聲附和，致生事端，兼傷人命，并未見有蓄謀故害之實據。該領事委員所稱未滋事之先，有婦人四名沿街啼哭，口稱幼孩被拐，殆指此爲蓄謀之據，但從未據印委各員稟報有此情節。究不知此語從何而來。如有其事，不難就近傳訊。但恐耳食之言波累無辜，殊可不必。試思若係豫謀，何不將堂内洋婦及洋幼孩三名全行殺害，豈能令其走出。至柯扦手、金教士二人本在局外，與伊等無涉，係自往救火，在教堂左近人叢中被人毆斃。若柯、金二人不往，亦斷不致被毆，其非豫謀顯然。此案郭、戴兩犯倡言惑衆，下手逞凶，供詞確鑿，自應照例嚴辦，以儆將來，供内并無豫謀情節。該二犯既係首要，自必嚴辦，不在豫謀不豫謀也。其餘情節較輕之三名，及僅供檢拾零物之五名，并未釋放，俟供情審實時，亦須按照律例分别懲儆，無妨一併再行覆訊。至已釋之十三人，皆係在旁觀者，並未隨同滋事，與本案無涉。供詞俱在，業已省釋，不能無故復拏，且亦無二十餘人之多。如該領事委員確有證見，實能指質其人，方可再行傳訊。須知誣控有反坐之條，如有挾嫌誣指，自必照例反坐。所請將教民范、朱、商、曾及龍坪司公差等細訊口供，自可照准。惟須在地方官公堂訊問，不得在惠士禮會堂内密訊。至龍坪司巡檢係屬職官，豈有訊供之理，自係該領事未諳中國體制，應毋庸議。該巡檢此次爲保護洋人，致遭衆人毆擊受傷，人所共見。如領事委員以其始終在場彈壓，有話面問，自無不可，即令隨同印委各員一同會晤可耳。黄姓皮匠是否已回江西，應俟查明稟稱，咨行江省差傳到案訊問。查此案重在首要殺人之犯，業已緝獲有人，自應先行懲辦。至毆打洋婦及乘機搶取各物之犯，罪名較輕，應俟訪查續獲有人，再行懲責。所有在逃各犯，如實有證據者，自當按名訪拏，應飭地方官認真辦理，但不能妄攀妄拏。至緝拏各人供詞，即便鈔給該領事委員閲看，惟印委各員稟件，未便發給閲看，向章無此辦法。將來定案後，再當將詳晰原委行知關道轉行知照。如案情有不明晰之處，欲參考委員稟詞，應由該領事備文知照，自可擇要照覆。所請何日行刑，望先知照，以便派員觀看一節，國家刑辟重典，所以伸國法而安善良，事極慎重，責有專司。此爲中國自主之權，豈有聽外國派員監視之理。條約所無，所請萬難准行。將來梟示武穴犯事地方，自可衆目共睹。所稱將會堂門外封閉，前搶之家具什物仍送還於堂内及差役乘勢亂拏勒索錢文，有無其事，應俟查明究辦。總而言之，本部堂辦理此案，一秉至公，友邦之人，理宜保護，不法之徒，律所必懲。屢經嚴飭緝拏懲辦，該印委各員自能共體此心，無所用其偏倚。該印委等於訪拏各犯，研訊各供，十分認真，實已不遺餘力，人所共知。惟中國審辦之法，一切皆有定章，要在準情酌理，無枉無縱，豈能一一與外國吻合。該領事久居中土，熟諳情形，自能深悉本部堂保護彈壓懲戢匪徒之深意。該領事既稱差役有乘勢亂拏情事，其意自亦不願無故株連。若波及無辜，徒結民怨，亦非民教相安之道也。除札飭李守、裕守、廣濟縣遵照外，合就札飭該關道即便遵照，照會英國嘉領事官查照。至費、梅兩委員何日赴廣濟觀審，應行先期知照該道派員護送，較爲妥協，毋庸由兵船前往。并即照知。

札江漢關道駁覆英領事論教案辦理不足各節 光緒十七年五月二十七日

據駐漢口英國嘉領事官照稱：武穴一案，武穴同知不但毫無彈壓，更不准差役兵丁等救護本國人之命。馬口巡檢行爲尤爲可恨，本國婦人携帶小孩到該衙門躲避，該巡檢竟推拒不納。照英人看法，武黄同知并馬口巡檢實爲謀害人命之從犯。然至今尚未撤辦，殊屬詫異。嗣又派費、梅兩委員到武穴、廣濟觀審。費委員回漢面稱，裕委員同廣濟縣府已拏之二十餘人幾欲全放，而緊要見證，一毫不曾訊問，尤未查追此案誰人所爲。如此重案，以爲細事，本領事不免詫異歎惜。恭照五月初七日貴國皇上降旨電諭，各省督撫至今未將諭旨曉諭軍民，本領事又復詫異歎惜。兹謹將意見所及具文敬呈台前，一不足服本國怒惱之心，二不足以示後來保全本國人性命，三不足禁免貴國匪人復萌故智，四不足以使中國官員保護本國人民，五不足以服本國家之意，六不足以篤兩國睦誼照前仍舊和好。除申陳駐京大臣暨本國外部尚書外，相應具文照會。爲此，照請俯賜鑒核等情，到本部堂。據此。查武穴滋事一案，自應先將首要正犯查拏懲辦，餘犯按照情節分别酌量懲儆，一面彈壓保護，俾不至再滋事端，自係一定辦法。其毆斃之洋人二名，無辜殞命，實堪憫惜。本部堂仰體朝廷懷柔遠人之德意，自當優加撫恤。其焚燬教堂房屋、遺失物件，已飭江漢關道與該領事妥商，查開失單，酌核妥辦，本部堂一一俱已處置周詳。溯查滋事之初，本部堂於聞報之後即飛飭地方官設法購綫，嚴拏首要各犯，并派委員馳往廣濟，會同府縣切實審辦，故首兇郭六壽、戴鱲魚二犯不至漏網稽誅。武、漢、宜昌等處謡言四起，疊次定期焚燬教堂，洋人及教士人人自危。復經本部堂出示嚴禁，并分飭地方文武派撥水陸兵勇彈壓保護，不遺餘力，故能轉危爲安，幸未再滋事端。至斃命之英人二名，經本部堂立飭關道即派委員馳往照料，并特派輪船至武穴護送回省，并飭江漢關道統領升字營常副將前往撫慰憫惜，并爲彈壓一切，可謂無微不至。該領事官近在漢口，見聞所及，函謝有案，豈有不知。何以此次來文，歷稱不足各端，皆與本部堂用意相反，殊負本部堂敦篤友誼、安輯遠人之深心，殊爲可惜。該領事久居中土，熟悉情形，向來與地方官辦事尚能浹洽，應於地方官慎重保護之意，詳加體會。邇來滋鬧教堂之案，不一而足。痞類潛踪，人心惶惑，操縱或失其宜，措施即形掣肘。故於緝犯辦犯，皆當熟思審處，要在一秉至公，毫無枉縱，使匪徒知所畏懼，良民悉皆悦服，而後地方乃能如常安謐。若操之過激，使無辜受累，即是騷擾地方，中國律例固不能如此妄爲，且此非爲教堂保護，直爲教堂結怨，殊非永久相安之道。本部堂於此中權衡允當，極費苦心，該領事但當觀其辦理大端，無一不在友好處用意。其餘細節，或體制彼此不同，或辦理各有先後，中國自有定章，不必於此中故作波瀾，挑剔細故，方合兩國敦睦之誼。即如馬口司巡檢，因衆勢洶洶，未敢收留婦孺固屬不合，本部堂早已飭司撤任。但官職卑微，權力有限，且洋婦洋孩數人皆已免禍，何至遂加以謀命之名，實堪詫異。至武黄同知本非地方正印官，手下并無兵勇捕役，且何至有不准差役救護洋人之事。然該同知收留洋婦洋孩在署住宿一夜，人所共知，即是保護之實據。該領事何得誣該同知以謀害人命之咎，未免以德爲怨，情理尤爲不平。且以中國五品官員，該領事何得指斥稱爲從犯，實屬不合，有乖友國體制。所稱裕委員同廣濟縣將已拏之二十餘人幾欲全放一節，查此案首要二犯，供詞審實，業已照例嚴辦。尚有情節較輕之三名及僅供檢拾零物之五名，現仍押候復訊，并無全放之事。所有已放之十三人，皆係在旁觀看，訊明并未隨同滋事，自應立行省釋。此係一定辦法，前文業已詳叙，無須再贅。至五月初七日諭旨，先已由電報局電傳到省各處，無不周知。惟此係内閣明發上諭，并非電旨。中國定章，凡發抄之件，必須接到京城部院衙門行知印文，方能轉行。迨總理衙門咨文到日，隨即恭録刊刻，出示曉諭，通飭各屬欽遵辦理。此係一定辦法，該領事以爲詫異，殊屬錯誤。

札廣濟縣將郭、戴二犯就地正法[一] 光緒十七年五月二十七日

案據湖北候補知府裕守、黄州府李守、該縣令稟稱：奉委督同復審武穴地方焚燬教堂、毆斃洋人案内之匪徒郭六壽等，供認確實，請照章就地懲辦，以昭炯戒。稟懇查核，迅賜批示遵行等情，到本部堂。據此。除批：據稟已悉，此案該犯郭六壽，因見教民挑有小孩，輒行聽信訛言，起意藉端滋事，以致戴鱖魚與各匪徒附和滋鬧，拆毁教堂住屋器物，并有毆傷巡檢委員之事。郭六壽起意煽衆，并下手毆斃救火之洋關扦子手柯姓。戴鱖魚下手毆斃救火之洋教士金姓。既係事不干己，後致殃及無辜，均屬任意逞凶，形同土匪。既據該府等督同復訊，罪無可疑，實係此案首要正犯，未便稍稽並戮。仰北按察司即飛飭廣濟縣，會營監提郭六壽、戴鱖魚二犯一併就地正法，傳首犯事地方示衆，以昭炯戒。其胡東兒等三犯所擬監禁暨陳連升等分别責懲，是否允協，并議飭遵，無干省釋。另單並悉，如稟辦理可也。并行該守等遵照，仍候撫部院批示。繳。供摺存等因印發外，合就録札，徑札行知。札到，該令即便遵照辦理具報。毋違。

札委高培蘭開辦江夏煤鑛 光緒十七年五月二十九日

照得江夏縣屬南鄉馬鞍山、龍王廟等處産有油煤。前經派委員紳，採取煤樣考驗，堪供煉鐵之用。當飭諭武昌府、江夏縣傳集該處紳耆妥爲籌議。旋據該紳等聯名具稟開辦，復飭據該府縣剴切批示曉諭各在案。查江夏南鄉煤鑛，産旺質良，水運甚便，又距漢陽鐵廠較近。既經傳集紳耆曉諭明白，亟應派員前往開采，以裨要需。查有鐵政局委員、湖北候補知縣高培蘭堪以派往。該令應即偕同鑛學生、守備池貞銓，馳往江夏南鄉馬鞍山、龍王廟等處勘明煤層厚薄、煤度深淺，擇定一處開挖煤井。查明該處是否官山民産，分别購辦。高令應支夫馬銀兩，由鐵政局核給，以資辦公。除公行外，合亟札委。札到，該令即便遵照，會同武昌府李守、江夏縣諸令籌辦商協，偕同鑛學生馳往馬鞍山、龍王廟等處，曉諭紳耆人等開導鄉民，曉以有利無害之義，妥爲籌辦。應否派撥礮船營勇以資彈壓之處，并即由該令酌量情形，稟請派撥。是爲至要。

札南臬司勒令唐本有赴審 附單 光緒十七年六月初一日

案據該司申報，接據東安縣稟生席曜衡詞稱：唐本有劫穀九次，贓過四千。鄧第武前在貴州效力，挾伊父撤參之嫌，與唐通信，有釋犯生財之語。委員張銘將已獲之犯開釋。鄧、張、唐聲氣相通，與案實礙等情。該司因原告既不以張令爲然，已札飭張令回省銷差。又據湖南永州鎮馬署鎮稟報彈壓此案情形，并將唐本有所出告白抄呈。又據永州府光守稟稱，經防營總哨唐副將逢

[一] 以下二件録自抄本《督楚公牘》。

治在彼彈壓，當場拏獲唐開藻等送縣收押，復經零陵縣會營拏獲王作等數名，押令繳穀。自此，痞棍稍知畏懼。復派令紳士唐家桐、屈得茂前往開導，唐本有頗知畏悔，現諭令赴府投案各等情。據此。查據馬署鎮抄來唐本有所出告白，以席前司當年欠餉，除已領到外，計欠薪水餉銀共將及五萬兩，屢索不應，并因田價未清，糧米未撥，故往挑莊穀等語。查席前司自黔撤營回湘，已經二十餘年，如果真有欠餉，何以當時不即稟明清算補發，直待事隔二十年席前司身故已久，始行藉詞强索，其欠數已不可信。況唐本有所帶五營之勇久已在黔遣散無存，今日索得此欠，又將付給何人。即使所欠屬實，亦應向湖南撫院及藩司、善後局具呈，懇請查案核算，亦無自行强搶莊穀之理。至席姓如係謀佔該革員置買之莊田及因田價轇葛，亦有地方官衙門可以具控審理。乃該革員竟敢持强率衆叠搶莊穀，已屬藐法妄爲。如有該革員親故交好善爲該革員計，只有勸諭令其速行退還挑穀，歸案首悔，尚可早爲了結，免致身陷重罪，豈有委員反爲該革員生財之理。如果官助唐本有以勒索席姓，然則竟聽其搶奪可矣，又何必派委文武大員兵勇前往查辦耶。如一味勒逼席姓，曲護唐本有，何以爲開導排解耶。此語如果屬實，殊屬謬不可解。況湖南一省自軍興以來，文武大員曾任統兵大員暨數十營統領者，何止數十百家，至曾充分統及營官者，尤指不勝屈，何府無之。若散軍多年，將領已故，尚可追索欠餉，地方官即斷令出資息事，以饜其欲，將來紛紛效尤，恐湖南通省無一府不生事，曾在軍營者無一家能安枕矣。斷斷無此政體。假如唐本有舊日部下之營哨官亦來索欠强搶，該革員何以處之。鄧副將函内生財云云，或別有用意所在，應令該副將明白稟覆。該司迅即轉飭永州府，勒令唐本有即日到府投審，是非曲直，自能爲之公平定斷，并將聽從强挑生事之匪徒交出懲辦。該革員勿再抗延，重干咎戾。抑本部堂之意更有進者，席前司當年起家軍營，家道尚屬充裕，其子弟更事未深，必係於和睦鄉里周恤貧乏之道有所未盡，不免招人怨尤，致唐本有萌此貪妄之念。是今日必宜籌一永遠保全席氏之方，方爲持久盡善之道。應俟此案完結後，由永州府勸諭席氏子弟，令於該縣地方善舉之需，若書院、義學、社倉、養濟、育嬰之類認捐鉅款充公，另案爲之奏明請奬。至唐本有則無論有無欠餉，斷不補給，搶穀勒令退還。如此則席姓樹德既深，鄉里感悦，以後唐本有雖欲煽動鄉愚，欺凌席姓，遠近公論必皆直席而曲唐。唐本有自知不爲公論所容，衆情所嚮，以後狡謀自然永遠消沮。在席氏既可收固結鄉里之實效，亦不致長舊部詐索之刁風。席曜衡等身列膠庠，必皆知禮好義，當能熟思審處，善持門户，無負本部堂教誨成全之深心。儻唐本有頑抗不遵，該府縣等即行飛速據實稟聞，本部堂即當奏明辦理。至永州鎮衡、寶兩協暨永州防營前派往彈壓兵勇，此時亦不宜遽撤，是爲至要。除分飭外，合亟札行該司即便遵照，轉飭該府縣文武委員等查照上項指飭事理，體察現在情形，明白曉諭，勒令唐本有赴府投到，并傳集席曜衡及應訊人等，秉公持平查訊，分别勒交，妥爲辦理，通稟會核飭遵。

唐本有告白

具招狀人唐本有之情。予於咸豐八年從軍，十年轉投席方伯，血戰數省，始得頭銜，不勝感激之至。不料方伯轉眼無情，因同治八年榮君楚珩失利於瓮谷洞，彼時於予已告假回籍，存有薪水銀一萬六千餘兩。方伯説予語言不遜，要將此欵充公。予思告假在先，失利在後，何得云要充公，明係方伯自得而知。後復邀予到營，以收全功，不數年將黔省肅清。未幾而方伯有疾，遂將各軍分帶。頭年八月已分軍，次年五月才分餉。蒙給統帶五營，實占口糧銀七萬九千有奇。方伯祇付一半，下存一半。予以尚在軍營，將來或可彌補。詎意分軍未久，獨將予五營遣散歸家農。不得已將前所存餘積盡行開散兵勇，以全大局。歸家時，蒙方伯憐憫，祇付予銀三千有零。彼時予雖處艱難，尚堪度日，因於光緒二年遠出粵東，蒙劉制軍奏留兩廣，統帶粵安中營。方伯書信去將予撤委，旋又奏調兩江。十餘年株守金陵，并無差遣。因此向曾宫保請咨北上，修禀方伯，借資進京，無奈方伯銀信全無。此時妙手空空，告貸朋友，勉强進京。蒙恩分發粵西，離家較近。本擬歸家討取此欵，始為差務糾纏，繼因方伯去世，皆所不便。及至去臘歸家，今正即函商麓生暨各世兄，復央同營諸君向彼家言及此欵，奈一毫不與，一毛不拔。不得已將謀占予置買之莊谷，挑有四百餘石。況又田價未清，糧米未撥，實不得已而為是舉。予雖不應該如此，在他昆玉，殊屬過於藐視。在方伯待予刻苦之情，合郡咸知，而予從前之報方伯，合營亦無不曉。今恐議者以予為非，然要未知其情耳。故敢具招，告以自白。況俗有云窮不與富斗，其即予之謂乎。還望我闔郡仁人君子長者憐之諒之，為幸甚。

通飭水陸防營勇丁不准短缺[一] 光緒十七年六月初一日

照得湖北地方幅員遼闊，水陸交衝，游會各匪，伏莽未盡。所設水陸防營分布駐紮，操練巡防，以備不虞。無論水師礮船、陸路營勇，自應均照營制定章，足額精壯，練成勁旅，庶一船收一船之用，一哨得一哨之力。乃近年統帶、管帶水陸各營官視爲利藪，任意短缺，以致軍容不整，巡緝不周。每遇查點派撥，臨時僱覓充數。設有緩急，此等烏合之衆，不訓不練，豈能得力。即如水師健捷中營被人指告，經本部堂委員密查暗訪，每船勇丁皆有缺額，竟至三五名不等。已將該管帶丁提督長春從寬先記大過二次，嚴飭補足在案。一營如此，各營可知，且恐缺額更有多於此者。當此帑項支絀之際，各營歲糜鉅餉，一味缺額營私，尤堪痛恨，亟應嚴札通飭。爲此，照仰各該統、管帶官遵照，各宜激發天良，恪遵營制。須知吞冒軍餉，法紀甚嚴，迅即查明所部之營以前缺額，趕緊挑選補足。統帶、管帶不得向營、哨官索取空糧，哨官不得以空名開送統帶、管帶，不准一名短缺，亦不得以老弱濫充。本部堂仍當隨時密查。自經此次訓飭之後，倘敢仍蹈前轍，侵吞欺飾，定即將該統帶、管帶暨各該哨官分別撤參，嚴加懲處，并將虛額冒領餉銀按年追繳，斷斷不能姑容。勿謂本部堂無從查考，陽奉陰違，自干咎戾。仍將遵飭補足情形剋日稟覆。切切。

札施南府、協督飭查拏萬縣竄匪 光緒十七年六月初一日

案據署宜昌府逄守潤古稟稱：光緒十七年五月十四日，卑府

[一] 以下五件録自抄本《督楚公牘》。

探聞四川萬縣有匪徒崔英河借勸善邪術爲名，句結會匪，約期起事，幸經文武各官先期訪聞，豫作准備。本月初十日夜四更時，該匪等放礮爲號，將起舉事，即經兵勇驚覺圍拏，捕獲會匪數十名，內有崔姓頭目數名，并起獲軍器、旗幟，提犯訊認不諱。該匪等僅將萬縣城外小周溪地方電桿砍斷六根，砍壞二十餘根，尚無滋擾地方情事。業經禀蒙川督憲批飭，梟示匪首四名，其起意爲首滋事之犯尚未拏獲。聞川東道勇隊指日可到，跳梁小醜，不難即時撲滅殆盡。惟宜昌密邇萬邑，誠恐該處捕拏緊急，該匪等潛竄境內，隱圖煽惑。現經卑府會同羅鎮督縣，潛派兵役，不動聲色，嚴密稽查防範，罔敢疏虞等情。據此。查施宜各屬萬山重疊，幅員遼闊，有與川省沿邊一帶接壤之區，山徑叢雜，奸宄最易潛匿，向來施南紅綫會匪徒即與川省匪徒向通呼應。現在風聞萬縣滋事之匪黨夥甚多，因事敗被緝，四散逃逸，他路團練嚴密，未能竄逃。惟與楚省接界山箐荒僻，竄入施境者甚多，亟應嚴防查拏。除禀批示外，合亟飛飭查拏。爲此，札仰該鎮、府協即速嚴密督飭各營、縣無分畛域，會同查緝。如有萬縣逃竄匪徒潛匿施南境内暨本地匪類竊發引結者，一體查拏，務獲訊明，禀請懲辦，切勿稍有懈忽，以致遺孽復萌。其宜昌府屬境內，一體嚴防密緝。仍將督飭捕拏情形先行禀覆，勿違。特札。

札李世溥等分往常德、湘潭等處密查川土入口出口及收税銀若干光緒十七年六月初二日

照得前因湖北來鳳地方川土走漏甚多，設立分卡，遵照部章土藥每百斤實徵税銀三十兩，隨徵耗銀四兩七錢。嗣因土販繞越湖南永綏廳屬之吉東坪行走。復經咨商南撫部院派員在吉東坪設卡，照章核實徵收各在案。兹查閲有人呈遞清摺，據稱吉東坪已設卡，所有入湘貨物均在酉陽一帶暫停觀望。如吉東坪仍照湘省向章抽收，則大幫貨物均願在彼納税，收數必可大旺。如照鄂章抽收，必由川省改走貴州遵義，繞入廣西。緣貴州遵義土税每百斤只收銀四兩。土擔改走貴州，只加脚價銀二兩，恐吉東坪一卡又成虚設等語。查湖北野三關及宜昌等處土税自核實徵收以來，收數至今日仍然暢旺，較從前加至數倍。湖北如此，湖南可知。蓋過湖南境入廣東入江西之土可以不來，行銷本省之土豈能不來。湘省不産土藥，本省所需不少，向以川土爲大宗。若不由來鳳、常德，又不由吉東坪，豈有由貴州繞入廣西再折回湘省之理。如吉東坪卡員果能堅持不肯折減，大幫土行土販豈能久停不來，棄絶湘省一省銷路。應即遴員分往常德、湘潭及吉東坪等處密查入口、出口川土挑數每年實有若干，數年以來究竟實在有無減少及實收税釐銀若干。此外，川土入湘之道共有幾路，以憑核辦。查有湖北試用巡檢李世溥堪以派往常德，試用縣丞馮振銑堪以派往湘潭，試用從九品涂經緯堪以派往吉東坪，分别密查。應支盤費，由北善後局墊發，將來移司由土藥經費内撥還。除分委外，合亟札委。札到，該員即便遵照，前往湖南湘潭縣、常德府、吉東坪，改裝易服，密查該處川土過境前數年每月共有若干挑，自去年以來每月共有若干挑，每百斤向收税釐銀數若干，現收銀數若干，係何平色，在湖南境内共收入口出口税釐幾次，土挑過秤每斤實係若干兩，暗中有無讓減。此外，川土入湘省共有幾路，長沙、常德、湘潭川土行棧共有若干家。確切查明，詳悉開具清摺，迅

速回鄂禀覆核辦，毋稍隱飾漏泄。是爲至要。

札管帶鳳字馬隊二營勇丁不准短缺 光緒十七年六月初二日

照得湖北地方幅員遼闊，水陸交衝，游會各匪伏莽未盡。所設水陸防營，分布駐紮，操練巡防，以備不虞。無論水師礟船、陸路營勇，自應均照營制定章，足額精壯，練成勁旅，庶一船收一船之用，一哨得一哨之力。乃近年水陸各營官視爲利藪，任意短缺，以致軍容不整，巡緝不周，每遇查點派撥，臨時僱覓充數。設有緩急，此等烏合之衆，不訓不練，豈能得力。即如水師健捷中營被人指告，經本部堂委員密查暗訪，每船勇丁皆有缺額竟至三五名不等，已將該管帶丁提督長春從寬先記大過二次，嚴飭補足在案。一營如此，各營可知，且恐缺額更有多於此者。當此帑項支絀之際，各營歲糜鉅餉，一味缺額營私，尤堪痛恨。亟應嚴札通飭。爲此，札仰該營管帶官遵照，各宜激發天良，恪遵營制。須知吞冒軍餉，法紀甚嚴。迅即查明所部之營以前缺額，趕緊挑選補足。管帶不得向哨官索取空糧，哨官不得以空名開送管帶，不准一名短缺，亦不得以老弱濫充。本部堂當隨時密查。自經此次訓飭之后，倘敢仍蹈前轍，侵吞欺飾，定即將該管帶及各該哨官分別撤參，嚴加懲處，并將虛額冒領餉銀按年追繳，斷斷不能姑容。勿謂本部堂無從查考，陽奉陰違，致干咎戾。仍將遵飭補足情形克日禀覆。切切。

札南臬司將會匪李典一犯另擬重辦 附單

光緒十七年六月初三日

據湖北荆宜施道方恭釗禀：光緒十七年四月初八日，准北臬司咨開，轉奉憲台批據江陵縣禀覆審會匪葉坤山録供議擬請就地懲辦由，奉批核與章程不符，未便即置重典，飭即親提葉坤山悉心研鞫，究明有無滋事不法重情，録供議擬，禀候核奪。再，南省拏獲李典即李春陽，委員會訊，據禀與奏章不符，批飭南臬司核議定擬，尚未據覆。除俟南臬司覆到另行飭知外，併即轉移知照。又奉撫憲譚批飭移查湖南所獲各犯供詞，一面即提該犯葉坤山研審明確，另行録供，妥議禀辦各等因咨會職道，即移查湖南犯供，親提該犯葉坤山研訊録供，妥議禀辦等因。准此。當即咨請南臬司查抄李典等各供移覆，一面提訊葉坤山，供情狡展。茲於五月初七日准南臬司抄録李典等各供咨覆到道，復提該犯悉心研鞫。據葉坤山供稱，去年五月内，伊與李典即李春陽交好。李典勸伊入會，專講孝弟忠信之事，伊當聽從入會。李典發給標布，叫伊邀人入會。伊隨邀人，騙錢花用，并没爲匪不法等語。再三研詰，矢口不移。檢查南臬司移送李典供詞，據稱，伊開立山堂，邀同葉坤山、胡期山等散放標布[一]二百餘張，得錢花用，并無謀爲不軌暨搶刦拒捕重情，核與葉坤山所供尚屬相符。查該犯葉坤山聽從入會，散標邀人。爲首之李典散標共已二百餘人，雖據供係依齒序列，從犯罪應擬流。惟該犯甘心入會邀人，實非善類。刻下此風甚熾，誠恐到配後復萌故智，致生事端。查光緒十三年

[一]「標布」，亦作「飄布」。

施南府審辦會匪趙玉堂等，十五年宜昌府審辦會匪游代祚等各案，均稟奉批飭嚴行監禁在案。今該犯事同一律，擬請援照成案，將葉坤山發交江陵縣監禁十年，屆時再行察看。該犯已未痛自悔悮，酌核辦理等情。隨呈供摺前來。經本部堂統核前後各供。除批：據稟及供摺均悉。該犯葉坤山輒敢聽糾結會，承領木圖章、黃綾印標及白洋布印標等件，到處邀人入會，數至四五十人，并搜獲紅單號令簿，其爲頭目無疑，謂非不法而何。及至杜良臣等不肯接受標布，該犯因怕有風聲，始將圖章燒燬，而未填之標布及號令簿仍存家中，是更明知其不法而故犯之也。該犯供明李典告以入會後還有許多好處。所謂好處者安在，所謂許多者又係指何事，是固非放飄得財所能畢其志願矣。近日沿江各省教案疊出，即係此等游勇、會匪鼓煽滋事。亟應嚴辦一二，以遏亂萌。葉坤山一犯，先已據湖南拏獲之李典供指該犯爲副龍頭，劉鵬搏供指該犯爲副頭目，有副印。現據供認轉糾入會，到處放飄邀人不諱，復經起獲黃綾印標、紅單號令簿等件，其爲包藏禍心已無疑義，僅予監禁，不足蔽辜。且前據武昌府李守呈閱江陵縣龍令來稟，有該犯匪黨甚多，該犯在監頗生事端之語，久羈囹圄，益恐滋意外之患。葉坤山一犯自以即行就地懲辦爲宜。仰北按察司迅即轉飭江陵縣再行嚴訊該犯葉坤山，務須究出糾夥蓄謀實情，實在同會人數，該犯在監如何頗生事端，迅速據實飛稟，以憑飭司核議懲辦。至南省所獲首犯李典即李春陽，以游勇假冒總兵，糾人結會放飄至二百餘人，并敢私署悖逆名號，領受大元帥僞印。核其情罪尤重，更未容稍涉輕縱。已專札南臬司轉飭嚴加復訊，從重另擬具覆并抄發供詞，另行該司知照矣。即先移該道知照，并録批報明撫部院暨候批示。繳。摺存印發外。查葉坤山供由李典即李春陽勸令入會，李典供內亦稱該犯在會內稱爲龍頭大爺，葉坤山爲副龍頭，是李典之罪更浮於葉坤山。李典供由謝廷玉邀約入會，承領總統、玉龍金象、飛虎蓮花等山、水、路大元帥僞印一顆，飄板一塊。迨聞謝廷玉被拏正法，仍敢在荆州、沙市地方開立蓮花山、義順堂、甘露水、普渡香，先後放過飄布二百餘張，并有禮堂、刑堂名目。又供在福建時稱爲小霸王等語。合之劉鵬搏親書李典所傳口號供詞內，有大順正統山河欽命兄弟壓山鎮寨賓各等語。種種悖逆，即是謀爲不軌，較之搶刦拒捕情罪尤重，謂僅意在得錢，其誰信之。此等匪類聲氣相通，一處蠢動，則各處皆同時思逞。觀於近日沿江各省同時鬧教之案，即其明驗。所供前在澧州滋事之廖星階一犯，雖與該犯同會，只聞其名，并未會見，實無同惡助勢等情，難保非因事無左證，任意狡賴。又稱劉鵬搏所供該犯告以開過四次山堂，共放飄布六萬餘張，是哄他入會之語，亦斷難憑信。劉鵬搏跟隨李典多時，傳授之口號尚能記憶默寫，雖據供開堂四箇、散布六萬餘張係李典自説，亦未看見，不知虚實，難保非積威所刦，且慮其黨夥報復，不敢合盤托出。若再提劉鵬搏當面質證，善爲開導，令其盡言，即不難水落石出。假如劉鵬搏已經開釋，但就李典供認各節及僞印確據，已屬法所必誅。查李典一犯前據該司核議詳覆，以奉南撫部院批飭與章程不符，擬請飭令照異姓結拜弟兄分別例，議擬詳辦，自係爲慎重刑章起見，業經本部堂如詳批示在案。惟現當會匪蠢動之際，自應因時制宜，以遏亂萌，未便稍涉拘泥，致貽鉅患。現經本部堂復核葉坤山情罪，批行北臬司轉飭復訊從嚴擬辦。李典以游勇而糾人結會，爲四山總頭目，且私署悖逆名號，領受有大元帥僞印，即如供認放飄二百餘人，糾黨已屬不少，與該司所引異姓結拜弟兇之例，斷斷不能一一相符。情罪甚重，自更未容稍涉輕縱。現尚未據該司擬定罪名。應由該司飛速轉飭岳州府，再提該犯李典嚴行提訊，務須確究詳情，飛速另擬從重稟辦，以儆首惡而昭炯戒，不得因本部堂批准在先稍存遷就。合亟札飭。札到，該司即便遵照辦理。毋違。

葉坤山供摺

據葉坤山供：年四十二歲，江北廳人，父母都存没，無兄弟。娶妻羅氏，生兩個兒子，年紀幼小。光緒五年，小的到沙市幫貿土鋪。後來土鋪倒塌，就到河下提鹽度日。光緒十五年五月間，有湖南安化人李典即李春陽在沙市放標邀人，與小的會遇交好，勸令小的入他的會，要分別年紀大小，敬神結拜，專講孝悌忠信的事。小的應允他，就發給黃綾印標盒、白洋布標并木圖章一箇，叫小的到處邀人入會，説入會後出門無人打刦，後來還有許多好處。印標上邊刊有蓮花山，下邊刊有義順堂，左有甘露水、同是回頭是岸，右有普渡香、同感應三州，中有八卦太極圖字樣。上等人給黃綾印標一張，收錢四百文。下等人給白洋布印標一張，收錢二百文，囑説如有人入會，就在印標內加填姓名並聽天安命四字，添蓋圖章。小的邀杜良臣們入會，騙錢花用。後來杜良臣們説是犯法的事，把標布退還小的了。小的怕有風聲，就將圖章燒毀，家存未填標布并李典寄放咒語簿，恐怕他來算賬要錢，所以没燒去。年十二月內被文武官員拏獲到案的。李典在湖南供用洋鐵箱裝同會姓名簿據，埋在竹架子土內，小的實不知情，不知埋在何處。小的只聽從入會邀人，平素并没為匪不法的事。求恩典。

札南、北藩司飭各屬講求製茶附單　光緒十七年六月初三日

案照承准總理各國事務衙門咨開：據税務司函稱中國茶務，近閲上海申報新聞紙內，言及湖南安化一處，於茶務已有振作之勢。該處之茶，前數年在漢口出售，每百斤可得價至四十二三兩，嗣漸低減，僅賣十餘兩。地方官以茶葉如此低價，實因種製未善，於光緒十五年時面諭鄉民採茶務須趁早。鄉民頗知遵行，次年售至三十七兩，復於去歲又經示諭，勸令益加謹慎，今年新茶竟增至五十八兩之數。又聞安徽甯國府有一縣官親至鄉間教民種茶之法。甯茶每擔先僅賣三十餘兩，去年增至四十餘兩，今年竟至六十兩。可見茶業并非不能整頓，總須辦理得人等語。查中國茶葉質味本佳，但因採摘不時，或種製未善，或攙雜不净，以致銷數日少，價值日低。疊經本衙門咨請轉飭産茶地方官剴切曉諭在案。今安化等縣留心整頓，大著成效。相應咨行貴督轉飭産茶州縣，剴切曉諭商民實力講求，以期銷路日暢，生計日裕，是爲至要等因，到本部堂。承准此。查茶爲中國商務大宗。中茶味性最佳，遠勝印度所産，外洋需用甚多，亦極肯出善價，俄商給價尤優。然必須葉嫩味香，質無攙雜，製無煙氣者，洋商方肯高價售買，否則退盤壓價，徒貽虧累。本部堂到楚以來，熟察茶市情形，但患茶葉之不精，不患銷路之不暢，價值之不高。此次總理衙門來咨，所云中國茶葉質味本佳，但因採摘不時，或種製未善，或攙雜不净，以致銷數日少，價值日低，洵爲扼要之論。亟應通飭實力講求，以裕民生。查湖南、北産茶州縣約共二十三處，疊經本部堂博采周諮。據湖北牙釐總局候補道曹道南英呈有條議，考究

漢口銷路利病情形，講求製辦紅茶之法，尚屬簡括。應併抄發湖南、北産茶各州縣，體察情形，斟酌照辦。其有未盡事宜及應如何督勸、如何稽察，能令商民切實遵行。即飭各該州縣各就本處情形，迅速妥籌，禀明辦理。如各州縣有能實力講求，以致價高銷暢者，及有膜視民生奉行不力毫無成效者，必應分別勸懲。即飭南、北布政司明定章程，詳候核辦。查安化縣光緒十五年一年係知縣李元善在任，十六年正月至七月係代理知縣程寶文在任，十七年三月二十四日以前係代理知縣龔鶴疇在任。該縣等曾否有勸諭鄉民採茶趁早之事，究係何任勸導之功及應如何給予獎勵之處，并飭南布政司查明迅速詳辦，以昭獎勸。切勿輕忽，視爲具文。

曹南英條議

一、採茶宜時早也。紅茶以葉小而嫩為佳，必須穀雨前數日采折下山，則茶嫩，上有白毛，乃為佳品，洋商最愛此貨。若遲至穀雨以後，則葉老而色黄，茶粗而味淡，洋商不肯出價。推之子茶、秋茶，亦莫不然。

一、製茶宜趁天晴也。製茶若逢太陽，則茶身緊小而顔色光澤，洋商最愛。若遇陰雨，必用火炕，則一味煙氣，洋商最忌。不如趁天晴之日早為采製。一遇陰雨，則改製黑茶，而黑茶又宜煙氣，實為兩便。

一、開莊宜禁陳茶也。洋商售茶，先看泡水。新茶泡出乃是黄嫩之色，陳茶泡出乃是黑片。洋商最忌陳茶，退盤割價，多係此等黑片。自漢口開市以來，從未有僥倖混淆者。

一、揀茶宜精細也。粗枝老葉，最宜揀盡。若稍有不盡，則黄片夾雜其中，而顔色不純，即嫩茶亦因而減色。

一、製茶宜視火候也。太過則氣味毫無，火不足則香味又少。且火太過，一經泡出，盡是燒邊黑片，洋商最忌。惟此掌焙炕之人最為緊要。宜擇其老成而諳練茶性、勤慎而少貪睡酒者為之。

一、茶箱宜較準也。洋商過磅，以輕者為憑，退皮以重者為據。若輕重未能較準，每因之少磅，從未有多出磅者。

一、出箱宜防水濕也。箱面稍有水迹，則臨磅之時，洋樓將此水迹之箱盡行提出，即再為裱飾，為日久而價漸低，喫虧已屬不小。

一、出售宜勿做樣也。洋商看茶最確，每大堆與小樣不對，無不因之退盤割價。不如從大堆中取一小樣，定價後再從大伴中抽一大樣，庶無不對樣之弊。

札南臬司飭益陽縣嚴審匪徒放飄結會〔一〕

光緒十七年六月初三日

據禀拏獲放飄結會之會匪胡少卿，訊據供認經吴忠給與飄布二十張，囑令分糾夥黨，先後誘令周賢佐等入夥等情。該犯領受飄布斷不止二十張，此語殊不足信。即使屬實，既已分糾夥黨，即係頭目。此等會匪明係散布黨羽，潛謀爲亂，何嘗僅爲魚肉鄉民起見耶。所供乃避就之詞，何得遽爲所蒙，率置輕典。現值各省游會各匪伺隙蠢動之時，亟應從嚴懲辦，以遏亂萌。據該縣擬請監禁五年，尚屬太輕，即量予未減，亦須永遠監禁。仰南按察司嚴飭該縣再行嚴審。該會總頭目何人，該犯已放飄布實有若干

〔一〕録自抄本《督楚公牘》。

張并各處會匪大夥者共有若干堂，最大之頭目係何處何人，令其詳繕示稿。總以簡明嚴切爲主，切勿過於拘牽，令團丁事主多所顧忌。剋日稟覆，候即會同南撫部院核定通飭遵行勿延。切切。

札南臬司議捕盜事宜 光緒十七年六月初五日

照得湘省盜風頗熾，劫案疊見，隱患堪虞，業經本部堂札行地方文武、水陸防營嚴緝重辦，并飭該司妥議捕盜懲勸章程各在案。查强盜拒捕，定例本有格殺勿論之條。當此盜風未息，會匪乘間句結，潛謀滋事，迨兵役團丁捕拏，膽敢執持槍械拒捕，屢有拒斃團丁勇役之事，實屬鴟張已極。本部堂一得之見，似惟有頒示簡明科條，令團丁事主皆得自謀捍衛，以輔兵役之不及，庶幾良民膽壯，衆志成城，兇燄可以稍戢。應如何將格殺勿論之條明切曉示，并豫防挾嫌妄殺各流弊之處，爲此，札仰該司即便迅速查明湘省向來有無似此辦過成案，酌核妥議，擬繕示稿。總以簡明嚴切爲主，切勿過於拘牽，令團丁事主多所顧忌。剋日稟覆，候即會同南撫部院核定通飭遵行。

札安襄鄖荊道查辦鄖陽鎮營私妄爲各節[一] 光緒十七年六月初六日

照得本部堂前因訪聞鄖陽鎮總兵綦鎮高會自上年十一月到任以來，於營務一切多所更張。向有馬廠地租以備公用一欵，均提歸鎮署，仍責令中軍供應，重行攤派，無故開革，兵糧過多。除補該鎮由江南帶來之外省勇丁外，仍空額甚多，并私賣操馬多匹，物議沸騰，當經委員密查去後。茲復據鄖陽鎮標中營雲騎尉世職李壽堂以該鎮頓改舊章，空兵冒糧，廢弛營務及巡捕遇事招摇，游擊營主通同作弊，冤遭誣陷詳革等情來轅呈控。查閱所呈空兵冒糧各節，與本部堂訪查情形大略不甚懸殊。又據北臬司呈送李壽堂呈詞，內有該鎮意要營糧百餘分，以還債賬，是以三防營去年底至三月撤革防兵百餘分等語。案關專閫大員空缺兵糧，侵蝕軍餉，情節甚重。亟應遴委大員馳往鄖陽調核案據，詢訪在城文武各員，傳集應訊各弁兵，秉公確查。并遵札傳詢該鎮中軍胡游擊永發、城守營貴游擊玉，查明該鎮開革馬步名糧數目及新補弁兵各日期，及馬廠地租、善後局領欵提用扣存數目，暨重行攤派、變更舊章、任用非人各實跡，分晰據實稟覆，不准稍涉含混。至該鎮詳革之雲騎尉李壽堂是否該鎮挾嫌誣陷，抑係咎有應得，及李壽堂呈控之千總李廷偉遇事招摇，貴游擊年逾七十、違例乘轎，并提操防兵二十名在衙抬轎當役暨通同作弊各節，一併確查虛實，分別稟覆，以憑核辦。查有安襄鄖荊道朱道堪以派委。除將李壽堂押發以備質訊外，合亟札委。札到，該道即便遵照，即日束裝馳往鄖陽，查照粘鈔稟呈及札飭事理，調核案據，詢訪鄖陽在城文武各員，并傳集應行查訊人等，秉公確查，迅速據實稟覆，不得稍有含混徇延。備質之世職李壽堂，已飭本標中軍押發赴鄖。如該道先行到鄖，即行傳集應行查訊人等切實查辦，不必專候李壽堂前來始行辦理。切切。再，李壽堂呈遞臬司稟內，有除稟鄖陽府許守外等語，應即轉飭該守知照。勿違。

[一] 以下三件録自抄本《督楚公牘》。

札黄州府等將胡東兒等犯嚴訊録供擬議禀辦光緒十七年六月初七日

照得武穴一案，首要兩犯前已正法梟示，其從犯及毆傷洋婦、乘機拾取物件之犯，亦應一體照例究辦，以昭烱戒。昨據江漢關道面呈該守等禀函鈔録復訊各供，僅有兩名供認擠碰女洋人檢拾零物，所有幫毆兩洋人之從犯并未審出。查該犯等供詞，僅認幫同吆喝鬨鬧，殊不可信。既係在場，豈有僅止嚷鬧之理。至此内究竟有無毆傷洋婦及擊毁教堂，以致遺火延燒之犯，亦應一體嚴究。此係押候復訊之犯，當日緝拏到案，應非無因，何得聽其狡展，不吐實情，致懸要案日久莫結，抑或此外訪有真正在場滋事之犯。應即一併查拏訊辦。合亟札飭嚴訊。札到，該印委各員即便遵照，將胡東兒等三犯及許洪春等五犯嚴行復訊，務將實情迅速録供，擬議禀辦，并嚴密訪拏真正滋事餘犯訊辦，毋稍疏縱玩延。切切。特札。

札江漢關道致函英領事譯送洋婦供附單

光緒十七年六月初七日

現據駐漢口英國嘉領事照稱：武穴一案，内有緊要關鍵二則等情，到本部堂。據此。除所引中國律例各條另行核覆外，查文内所稱審辦毆傷婦人包、任、白三姓人犯，援引中國鬭毆例文，謂應詳細推究該婦人等受傷輕重，將來能否生育等語。查前接該領事來文，僅言洋婦人受傷，并未言及受傷情形，是以獲犯無從推究。想該領事於各婦人回漢口後，必問有供詞。此婦人三名，其是否均係被毆，内何人所受何傷，係在何處，被何等人所毆，其受傷情形有無經西醫確驗不能生育之實據，應將各供詞備文譯送，以便核覆。若飭地方於獲犯時參考原、被兩造供詞，分别照例懲辦。此係本部堂體念女流，免其到中國公營訊供之美意。但情形務須確實，方能辦理。合就札飭。札到，該關道即便遵照致函該領事查照辦理。毋違。

六月初九日英領事照送供摺文一件并洋婦洋僕口供

為照會事。竊照本領事前派李代領事辦理此案時，囑其將武穴英婦人并所雇各華人及何醫生各口供，繕寫譯出漢文，移送本領事轉呈貴部堂查核，囑令在案。六月初六日，准李代領事函送華字各口供前來，并稱本代領事想此案詳細緣由，湖廣督部堂尚未盡知，蓋各委員未將實在情形禀報等情。正備文間，接准關道來函，奉貴部堂飭詢該英婦三名受傷如何，著將各供據譯送等因。准此。遵將各供繕摺具文照陳。為此，照請貴部堂俯賜鑒核施行。須至照會者。

四月二十九日，任氏將是夜七下鐘親經者，一一供於英領事前。據云：是夜七下鐘，聞包牧住房之左巷衆聲嘈雜，亟問所雇傭人，外間有何事，如此囉唕。雇夫應曰，有拐子拐孩，為人獲送衙門，是以囉唕。約過半下鐘時，中國講書先生范林夫至，云有大危險。故包氏聞信，立送夫片至二府署，請為保護，未獲報覆。旋包牧之宅前街人已站滿，是以諸女眷欲避，無路可由，是以氏亟奔後屋白教士宅。喘息未定，見街衆飛石亂擊，由窗而入者，大石為多。未久，匪衆即將白宅之門撞開，蜂擁而入，故氏與白氏及白氏之孩，又折而上前至包宅。然白氏忙迫之中，仍遺一孩未同至。後見房起火，避入一車屋內。該屋係周圍木栅所造，匪徒用鉅木將包牧前門撞開入屋。見無人，尋至車屋，又將此屋撞倒，蜂擁而入。氏等為其所迫，又見大勢甚不得已，再折轉至白宅，逸出側門，由左巷至正街福音堂。堂後有中國講書范先生住屋三間。氏等即由范宅側門出至後壩馬口司署求援。而白氏行稍緩，及至衙門，祇剩氏與包氏。該衙門不祇不為救援，且推氏等出署，將門緊閉，故市人以足狠踢包氏右腿，受傷甚衆，遍腿成青，而氏則首被擊破，倒地出血甚多，而手仍抱白氏小孩。旋勉力支持而起，同包氏逸入一黑巷菜園，有一人救入篷內。約一點多鐘，始見有小轎二乘，抬氏等至二府署，始免於難。至則氏等見白氏同其一孩已先在此。約過半點鐘，白氏之長女暨包氏之孩，同為人送至。迨三十晨，二府命輿將氏等及四孩送上德興輪船上漢。

任氏所僱熊嘉廉者供稱：四月二十九日晚，站在包牧師後門口，見一年青者在小巷內挑一籮筐，內有四孩，後四女人跟走，又有多人跟走。挑小孩者已被衆打，四女人啼哭不止。挑小孩者出巷口，跪到龍坪司署，衆皆隨至。司官聞外吵鬧，立刻坐堂，問小孩者到何處。應云：到九江府天主堂內，蒙其照應。衆說：此乃是送於洋人煮的等語。司官云：此乃假話，你們快去。皆不肯去。官又云：有做原告者，出姓名上來，方可結案。其中無一人出名，官即退堂。挑籮筐者由堂後挑小孩出，衆人一見，又要打他。其人將籮筐放在衙門口，四女人還站在旁邊。我即跑往包宅，便招呼白氏女孩，以後交代白氏厨房，見包宅已經火熾，即出外尋包、任、白。三街上遇見白氏，我隨白氏到二府衙。從衙回來，遇見金、柯二位先生，我即勸二位休去，恐遭不測。可惜二位不懂，竟往福音堂。走到正街，見衆人執扁擔亂打金先生，金即躲一皮匠鋪內，我亦在皮匠鋪中，即見金頭已劈開。皮匠云，不要在我鋪中殺人，致我受拖累。金先生手中携一皮袋。衆人扭金到堂門口，無一人禁止，皆欲之。金說數句英語，立刻即打死矣。死後又有人云，洋人死後又活，遂用石頭將頭臉打爛，又雙脚在屍身踐踏。柯先生初見金先生被打，就先逃走。我見金先生死，便到包宅，見衆人中尚有手持刀者。

白氏將二十九夜身親經者，一一供訴於領事前。據云：氏是夜七下鐘，於屋內聞街上人聲嘈雜，即詢傭人何故，傭告以鄉人拐四孩事發。約過一下鐘，見任氏奔至，云現在街上大鬧，危險之極。語未畢，亟欲上前。氏見事危，請任氏代抱嬰孩。俄頃，側門已為匪徒撞開，一擁而入。院中滿站匪徒。故氏抱一孩，同任氏上前，至包宅。匪即入房上樓，携來木棍，任意亂擊什物。至石塊大小不一，飛擊樓上下。旋包宅火起，氏與包、任二氏避於園內小屋。迨包氏院門撞開，匪徒亦擁入。初入，意并不在搶物，祇覓人而擊。見氏等在小屋，即將携來大木，將此屋撞倒。氏等只得奔出側巷，至正街福音堂。迨出堂后，即與包、任二氏失散。然擊石者甚衆，幸未受傷，惟於中途失去一孩。途中遇有好善者教民，奔馬口司署。迨至署中，有二女媪納之，且囑氏坐。旋男人至，立推之使出。匪徒笑罵叫殺者甚衆，而氏無法，又不識路，不知如何，又折回。至已住宅前，見包牧師房屋火熾甚，衆人圍繞亂鬧。有二匪徒各手執尺長之刀，見氏至，有囑其殺氏者，有云不必殺，打好。旋有人即擊氏後頭痛甚，又欲搶氏手抱之孩，幸未被搶。然氏已被圍街心，不識如何。又擁氏至二府署，署門已閉。氏立門外，扣門甚急。約數分鐘，始見一人啟門，執燈出而納之。語氏曰，我奉二府命，而來救汝者。氏至署，蒙二府予以鞋襪，蓋夜間往來數里，盡為白足。又蒙二府遣人，代氏尋回失孩，亦遣人尋救包、任二氏。至迨三十日晨，蒙送上德興輪船上漢。

包氏將四月二十九日晚七下鐘身親遇者，一一供訴於領事前。據云：該晚六點鐘三刻，聞任氏云，有人來説，市上有因拐小孩事發，被獲送官，故外間甚為囉唣。迨七下鐘，范、向二先生趕至，云事甚危急，請投刺二府求救。氏如言，遣人持夫片去，未見報復。七點一刻，傭媪由樓奔來告曰，上已有石擊進矣。語未畢，後門已為匪徒撞開，故氏與任、白二氏聚於室商避斯險。旋又有大石由餐房窗擊入，登時擊破碗盞。氏無法，只得出屋。將出時，見儲食物房火勢已起，且石塊飛入，如雨點然。故氏等只得站立園中，以火起為石擊破窗間火油燈所致，亦未可知。迨避入車屋時，前門又為匪徒撞開，蜂涌而入矣。衆人見氏等避入車屋，即正屋而入車屋，意在擊人。氏等只得離開車屋，奔白氏宅。出其側門，奔正街，至福音堂范先生住宅，即承范、朱二先生送氏等至後壩馬口司署求救。一出巷，而白氏即先散。迨至署，門尚未閉，氏等即奔入。奈該署人不祇不為保護，且推出而閉其門，以是市人笑駡不堪。旋氏被踢，受傷甚重。任氏頭擊破，出血亦不少。而此時人伙甚，進退皆為危險。幸遇一黑巷，氏等逸入，逃至一菜園，為園媪納，躲約一點半鐘。而此時氏之孩，竟不知如何先散，幸為范先生照顧抱去。後者朱姓弟兄二人携華服至，囑易西服。少停，又承其唤轎至，送氏等至二府署，而時已約十點鐘。再約半點鐘時，氏嬰與白氏長女俱至。次晨，蒙二府唤輿，送氏等附德興輪船上漢矣。

金先生所僱者姓涂名發德供稱：四月二十九日晚，在麥邊洋棚同金先生等候上水洋船。九點半鐘，聞聽福音堂失火。不多時，柯先生從洋關來，同金先生説話。二人即往福音堂去。金先生手帶小皮袋，柯先生手無一物。我跟隨同到二府衙門前，遇見熊嘉廉阻攔説，不要去。金先生不知為何，依然急走。衆人在衙前説，洋婦人此時躲在衙內。我三人同行，柯在前，金在後之，我又後之。到正街，有多人抓住金先生。離堂不遠，有帶扁擔者，亂打金之頭腦，血如涌泉。有四人捉我，我便退後脱衣。回來時，見金倒在堂門口死矣。有人又用石頭亂打頭面，有人用木棍亂捶頭面，共若有拾人之譜，外又有圍繞者甚多，又有搶掠者甚多。其打金先生者，有大半皆係年少之人，皆係赤膊。我即跑在洋關報信，説金已死，求老爺幫忙尋找柯先生。官云你要小心謹慎。我又到二府衙去求救。二府云此乃縣官之事，與我何干，我無法可治。去見金先生屍首，不能認識，臉面因打碎爛之故。有人用火欲燒金先生的屍身，我急阻住。又到龍坪司衙門前，見柯先生遍體無衣，其屍首打亂，較之金先生更甚。

何西醫驗視三西婦於武穴所受各傷録後：驗得任氏頭受棒擊傷一處最重，流血甚多，因是傷，當時暈倒。餘輕傷在頭者數處，右臉受撻發青，左右腿插骨及右膝蓋皆受擊，成青色。此等凶殘，施之孕婦，本極危險，幸目下已化險為夷，誠令人意想不到。驗得白氏背骨受踢傷甚重，醫治月餘，痛始稍減。然因此受驚過甚，目下一人尚不敢上街，雖花樓洋街，亦不敢獨行，其子女亦然。驗得包氏右腿受踢傷，全腿幾乎盡青，小腿受踢亦不少，唯小腹受傷尤重。該氏正在經期，因受驚受踢，經行立止，是為最險。受傷後一禮拜，腹内疼痛，雖醫治月餘，現尤時疼時止，而夜間時仍驚恐，不能成眠。現雖似無危險，唯將來實難預保。

札南、北臬司飭議嚴辦會匪章程 光緒十七年六月初九日

照得近來各省會匪萌動，紛紛藉端滋事。亟應思患預防，嚴拏重辦，以遏亂萌。查此項會匪開立山堂，散放飄布，糾結夥黨，多者竟至數萬，少者亦過數百。歷來拏犯，起出飄板、號簿、僞印、木戳等物，其所有名目口號，詞意顯然悖逆。凡此即皆謀爲不軌實據，似不得强爲援引異姓結會拜盟等項尋常舊例，以致情重法輕，鉅憝漏網。查該匪徒黨羽衆多，蹤跡詭秘，聲氣靈通，布滿沿江沿海各省。其意欲何爲，顯然易見，斷非爲散飄斂錢，亦不僅共謀爲盜。若謂現無搶刦拒捕形跡，試思該匪等當潛伏未發之初，自屬無從抗拒。迨亂象已成，重煩兵力，閭閻已遭擾害，勦捕必多株連。星火燎原，圖之晚矣。今日豫籌弭亂之道，惟有嚴拏渠魁，一經訊明，立置重典。其煽誘餘匪，量從寛減，予以自新。不惟防患未萌，且可令愚蒙者及早回頭，保全不少。嗣後拏獲會匪如放飄聚衆，爲首者及領受飄布展轉糾夥散放者，及在會中名目較大，充當坐堂、陪堂、刑堂、禮堂等名目者，及入會之後雖未放飄轉糾，而有夥同搶劫滋事實據者，以上各犯，均應從重定擬。此外，核其情罪，稍輕者或分別監禁年限，并鎖帶鐵桿、石墩各條。其能悔罪自首呈繳飄布者，即予寛免。如能投首爲綫，引拏放飄首犯者，除免罪外，仍從重給賞獎勵。應即飭司一併詳繹例意，參考近年成案章程，妥酌核擬，以便通飭遵辦，俾州縣有所遵循，匪徒知所儆懼。

札江漢關照會英領事武穴一案在該處查辦礙難照准[一] 光緒十七年六月十三日

據該道稟稱，接英領事來函并與會晤，據稱武穴一案應在武穴查辦，一切拏人傳證較爲容易。又稱武穴教士應即迅回該處傳教，由地方官覓寓保護，并抄録函稿暨該領事面交照會一件，稟賫前來本部堂。查武穴地方滋事之後，即經嚴飭地方官立將不法匪徒緝拏究辦。該地方官竭力搜緝，獲犯二十餘名，除與本案無涉之十餘人審明隨即省釋外，所有首犯二名業已正法梟示，其餘從犯八名供詞狡展，已飭嚴行復訊，再行按律定擬。此外，隨同滋事餘犯究有幾人早已畏罪遠颺，一時實無憑查確，無從緝捕。又況夜間起事，人影模糊，孰爲匪徒，尤難辨識。該領事所言要證陶春燦及教民陳、范、朱、曾等，已經傳訊再三，曉諭令其指出滋事餘犯，皆堅稱不能指出。該教士觀審親所目擊，是非印委不肯認真緝拏，顯然易見。此案要當嚴辦正犯，以示儆爲重，萬不可波累無辜，以洩憤爲心。如該領事再有確實人證，能於武穴地方指認未獲餘犯。如果情理可信，自必按名查拏審明，照例懲辦。該領事函稱委員與廣濟縣不敢捉拏匪人，斷無此事。如無確證，自不能妄拏。如有真犯，何至地方官尚不敢捉拏耶。至此等要案，應在廣濟縣衙署公堂審辦，方爲妥洽。武穴地方散漫，并無監獄羈所，所請在武穴查辦礙難照准。該領事不過以拏人傳證爲不便。如果有應拏之人、應傳之證，本部堂現已嚴飭廣濟縣懸賞購緝，俟緝獲有人，隨時懲辦。至覓寓傳教一節，條約向無此

[一] 以下七件録自抄本《督楚公牘》。

等辦法。且查此案尚未辦結，人心惶惶，無論武穴地方難覓寬大寓所，即有其處，民間畏事，孰肯租賃。如急欲傳教，應由該教士將教堂迅速估修，需欵若干，由該關道先行酌量核給應用。合就札飭。札到，該關道即便遵照，并即照會英領事查照。毋違。

札漢陽府縣查辦漢鎮商捐 光緒十七年六月十五日

案照前因有人在本部堂衙門呈遞密稟，據稱漢口鎮釐金而外，各商販每百兩貨本，歸行代扣捐輸銀一兩。其欵與釐金相同，每年各行户所繳善後工程等費，不過什之二三，行收行吞，局收局吞，徒使公家受此虛名，商賈出此鉅欵等情。查此項商捐，自光緒五年改章減半收捐，歷據北善後局月報，每年所繳捐數，核與密稟大相懸殊。當經本部堂明查暗訪，博采周諮，并查取廣福幫刻本捐輸章程一本暨商人領到收捐票據互相印證，則每百兩貨本扣捐一兩，及密稟所云商捐鉅欵利歸中飽等情，竟屬實有其事。前派委陳道汝蕃訪查情形，旋據開呈清摺，所查殊欠真切，不免模糊影響之談。查光緒五年司局申報商捐改章原案，係飭委漢陽府督同漢陽縣勸諭辦理，自應查照舊章，仍飭地方官督辦，較爲親切。應即派委署漢陽府知府沈守保祥，督同署漢陽縣知縣陳夔麟詳查妥辦。前署漢陽縣知縣朱滋澤熟悉情形，一併飭令會同籌商辦理。大要在除中飽而紓商力，杜虛縻而歸實濟，寬已往而策將來。凡行户收之衆商，向來皆係值百抽一，茲特量予輕減，以示體恤。先查明每年收捐實數再行酌擬，稟候核定出示。漢鎮有帖行户不下五六百家，凡從前代收代繳之捐項，歷年中飽爲數甚鉅，大屬荒謬。本應查算追繳，姑念積弊相沿，閱時過久，特予格外從寬，無論有無侵蝕，一概免究。自核定辦法之後，均應照實收之數呈繳，不准再有含糊。各行户代公家收繳捐數，自應酌給辛勞，即於所收捐數內酌量撥給。其本省賑捐、順直賑捐及他項地方用度向不出自商捐項內者，不得牽混影射。該府等即於此次查明截數以後，所有行户經收各項捐欵，一概停止，以杜影射而卹商力。再，檢查光緒五年舊案，有由善後總局刊刷三聯票發交填用之語，極爲周妥。近日收捐是否亦有聯票，并即確切查明，是爲至要。發去抄稟一件、刻本廣福幫捐輸章程一件，該府等應即查照各節，先赴漢鎮釐局調齊案據，查明上年一年漢口曾經抽釐賣買貨目實數。應如何酌設公所、籌議章程、添派員紳，即責成該守督同陳令、朱令體察情形，妥議辦法，會同稟候核奪。此捐相沿已久，并非今日創辦之舉，本部堂、部院爲恤衆商、清積弊起見，是以申明舊章，責成地方官辦理。所有行户侵蝕鉅欵概免追繳，以後并議給辛勞，實屬極寬極厚，無以復加。各行户中如有不肖之徒敢於造言阻撓，希圖遂其吞蝕之私者，定即澈底清查，按數追繳。另有人呈遞單稟一件，擬辦貨捐條規清摺一扣，一併發給查閱采擇。除分行外，合亟會札飭委。札到，該府即便遵照札行事理，參考稟陳各節，先行查明漢鎮釐局應捐貨目[一]，督同陳令、朱令等體察情形，妥議辦法，稟候核定。勿得含糊草率，稍有徇飾，以副委任。切切。勿違。

[一] 抄本《督楚公牘》「貨」字下似脫一「目」字。

札麻城縣等如須添撥勇丁准就近酌調緝私營光緒十七年六月十六日

光緒十七年六月十六日據督標中軍副將蔣澤斌呈准統帶鼎字營周提督得升專函，内稱本月十四日亥刻，接准麻城縣張令飛函知會，忽有河南難民百十成羣絡繹而來。詢其因何事故，則稱商城縣被匪滋事，圍攻城池等語。第商城與敝縣連界，既有此警，亟應嚴加防禦，以備不虞。除會督營汛選派兵役嚴密防禦，並飭派丁役前往三河口等處偵探外，惟敝縣兵役無多，用特飛肅耑懇台端，務祈迅撥精兵二三百名，并祈多帶軍火，星馳來縣，以期防堵，俾跳梁小醜聞風遠竄。其有糧餉，應由敝縣措備供給。事關防堵要務，萬望勿稍遲疑，是所切禱等因。惟該處營隊均經分紮外面十數卡，一時趕調不及，且亦未敢擅調。一面立將駐岐營勇就近撥三四十名，派伍弁初鳴携帶軍伙，飛速赴城，協同防禦，一面派人星馳商境偵探確情。但事關重大，而倉猝之間未知確耗，弗敢擅稟，致生駭異。祈先代達各等情到本部堂。據此。查麻城縣與河南商城接壤，有此警傳，亟應豫爲嚴防，且防本地痞匪乘機生事。現既據該營先撥勇丁三四十名，派弁管帶馳往，該縣等務當會同鎮靜彈壓，嚴密防範，不可稍涉大意。并曉諭邊境鄉團互相聯絡，稽察防範。至該難民所傳商城縣匪徒滋事究係何項匪徒，因何起衅，既據該提督派人偵探，現當已有確信，即將探明確信及布置防範情形飛速稟報查考。如尚須添調營勇，該縣即就近知會鼎字營，准將緝私營哨勇酌量添調馳往協同防禦，以免遲誤。如此時商城匪徒尚未解散，該提督即應親率弁勇馳往邊要處所督率彈壓，以靖浮言，一面具報查核。除分飭外，合亟札飭。札到，該縣、該提督即便遵照辦理。勿違。切切。

札行户部咨議准槍礮廠常年經費妥籌專欵摺稿附單 光緒十七年六月二十日

光緒十七年六月十九日准户部咨開：貴州司案呈本部議覆湖廣總督張奏槍礮廠常年經費需欵甚鉅，妥籌專欵以應要需等因一摺。光緒十七年五月十五日具奏，本日奉旨：依議。欽此。相應鈔録原奏移咨湖廣總督，轉飭遵照可也。計單一紙等因，到本部堂。准此。合就札行。爲此，札仰該道、司、局即便遵照辦理。

遵旨議奏摺

户部等衙門謹奏：為遵旨議奏事。湖廣總督張之洞奏槍礮廠常年經費需欵甚鉅，妥籌專欵以應要需等因一摺。光緒十七年四月初八日奉硃批：該衙門議奏。欽此。欽遵由軍機處交出到部。據原奏内稱：前准總理海軍衙門來咨，光緒十六年二月十九日，會同户部具奏議覆，廣東槍礮廠改設鄂省。原奏内稱，開廠後，常年經費應由湖廣總督張之洞預為妥籌，奏明辦理等因，咨行到鄂。臣督飭委員洋匠悉心考求，通盤籌畫，一切工料、員匠雜項常年經費，約需銀七十五六萬兩。此次開廠試辦，所有槍礮彈藥，先擬每年各造一半，約需銀四十餘萬兩。當此度支極絀之際，各省一時不能遽有撥欵，惟有就鄂省財用自行籌畫騰挪。查鄂省土藥稅銀歷年俱係撥充協餉及本省要需，與洋藥稅銀向歸候部撥用者不同。現經整頓，每年除局用經費外，約可取銀二十萬兩。擬即全數撥充槍礮廠常年經費，其每年應解協餉及本省要需，仍隨時騰挪籌撥，他省自不能援以為例。又查光緒十年、鄂省因辦理江防，奏請將楚岸行銷之川、淮各鹽每斤暫行加抽錢二文，以充江防餉需。嗣因籌解海軍衙門北洋海防經費，又奏明以此項湊解。約計淮鹽加抽每年約可收銀六萬餘兩，川鹽加抽可收銀十萬兩。通盤籌計，除淮鹽加抽江防銀六萬餘兩仍留作本省湊解北洋海防經費外，其餘不敷之數，另行於釐金項下設法湊撥，總以照案解足為度。即將川鹽加抽銀約十萬兩騰出，一併撥作槍礮廠常年經費專款。合計土藥税及川鹽江防兩項，每年約可得銀三十萬兩，以充槍礮廠常年經費。土藥税應請自上年七月新章開辦之日起。川鹽加抽本年尚須湊解餉需，應請自光緒十八年正月起。此外，尚不敷銀十餘萬兩，容再隨時籌畫奏明辦理，總以不誤解部之款為斷。捨此兩款之外，實屬無可再籌。懇准將土藥税銀及川鹽加抽江防兩款，撥充槍礮廠常年經費專款。至於鄂省向來應解京協各餉，必當籌措照案解足。將來槍礮開廠後，各項用款自當督飭局員核實撙節辦理，專案咨報查核等語。臣等伏查光緒十五年七月間，據兩廣總督張之洞奏，廣東省籌捐經費購買外洋機器，擇地建廠自造槍礮，以為自强久計等因。又於光緒十六年二月間，海軍事務衙門會同户部議覆廣東槍礮廠改移鄂省摺内聲明，開廠後常年經費應由湖廣總督張之洞預為妥籌，奏明辦理等因各在案。今據張之洞奏稱，槍礮廠常年經費約需七十五六萬兩，款鉅難籌。此次開廠試辦，所有槍礮藥彈，先擬每年各造一半，約需銀四十餘萬兩，懇准將湖北省土藥税銀二十萬兩撥充槍礮廠常年經費，他省不能援以為例等情。當經户部行查海軍事務衙門，此項槍礮等是否急需必須鑄造之處，應由海軍事務衙門酌核定議。旋據海軍事務衙門覆稱：該督所請槍礮廠常年經費若無專款，則一切均不能開辦，前置機器必致皆成廢物，轉得有所推諉。擬暫准其試辦二三年，如有成效，或可行銷各省，所用之款亦不致終歸無著。如無成效，即行令其停辦，以免虚糜帑項等語，咨覆户部核辦。臣等查鄂省槍礮廠前經會議，准其開辦，現在自應仍照前議辦理，冀收實效。該督所籌常年經費請留土藥税銀一節，查本年四月二十五日户部具奏庫款支絀酌擬辦法各款内開，各省土藥一項偷漏中飽，弊不勝言。上年總理各國事務衙門會同户部奏請整頓。現在各省督撫覆奏甫經到齊。擬由總理各國事務衙門會同户部妥議辦法後通行各直省，將此項土藥税銀除開支局用，其餘無論所收多寡，均令盡數解部，不得藉詞截留，移作别用等因，奏准在案。此次湖北省土藥税銀請留為該省槍礮廠經費之用，核與户部奏案不符，本難照准。惟該督此次奏案到部，係在户部籌補庫款奏案以前，且既據該督奏稱，此款之外，實屬無可再籌。自應權其緩急，以應要需。臣等公同商酌，所有湖北省土藥税銀，擬請暫如該督所奏，准其自新章開辦之日起，按照每年約收二十萬兩之數，留撥應用。其餘各省概不得援引辦理。再，查該督此次摺内瀝陳整頓湖北土藥情形，自係通盤籌畫，確有把握。以後每年所收之數，不患不足留撥之數。如果徵收日旺，除留撥二十萬兩外，餘剩銀兩仍應遵照奏案盡數解部，以重庫儲。倘徵不足數，槍礮廠常年經費亦不得動撥京協各餉，以示限制。至原奏内稱，光緒十年鄂省因辦理江防，奏請將楚岸行銷之川、淮各鹽每斤暫行加抽錢二文，以充江防餉需。嗣因籌解海軍衙門北洋海防經費，又奏明以此項湊解。約計淮鹽加抽每年可收銀六萬餘兩。川鹽加抽可收銀十萬兩。除淮鹽加抽銀六萬餘兩仍留作本省湊解北洋海防經費外，其不敷之數另行於釐金項下設法整頓，騰挪湊撥，總以照案解足為度。即將川鹽加抽銀約十萬兩騰出，一併撥作槍礮廠常年經費專欵。本年尚須湊解餉需，應請自光緒十八年正月起。此外，尚不敷銀十餘萬兩，容再隨時籌畫奏明辦理，總以不誤解部之欵為斷等語。以上各節，既據奏明鄂省向來應解京協各餉必當照案解足，均擬准如所請辦理。相應請旨飭下湖廣總督，該省槍礮廠暫准試辦二三年，仍應督飭委員認真經理。如鑄造槍礮等件可以行銷各省，再行據實陳明，作為久遠之圖。倘辦無成效，即行奏請停止，不可稍涉回護，以重庫欵而節糜費。至該廠各項用欵，務當核實撙節，專案報部以憑核銷。所有臣等遵議緣由，理合恭摺具陳，伏乞皇上聖鑒，訓示遵行。再，此摺係户部主稿，會同總理海軍事務衙門辦理。合併聲明。謹奏，請旨。

札行户部咨奏續撥湖北煉鐵廠經費摺附單

光緒十七年六月二十六日〔一〕

光緒十七年六月二十六日准兵部火票遞到户部咨開：山東司案呈准湖北檔房傳付内稱，所有具奏續撥湖北省煉鐵經費一摺、單一分，於光緒十七年六月初八日具奏。奉旨：依議。欽此。相應傳付湖廣等司處，即赴本檔房鈔録原奏、清單，恭録諭旨，飛咨該省遵照辦理等因前來。相應鈔録原奏、清單，恭録諭旨，飛咨湖廣總督遵照可也。又於七月初一日准户部咨開：湖廣司案呈准檔房傳付，所有具奏續撥湖北省煉鐵經費一摺、單一分，於光緒十七年六月初八日具奏。奉旨：依議。欽此。相應傳付湖廣等司處，即赴本檔房鈔録原奏、清單，恭録諭旨，飛咨該省遵照辦理，并由湖廣司移會各處及咨呈軍機處、海軍衙門，暨付知督催所、銀庫等因前來，相應鈔録原奏、清單，恭録諭旨，飛咨湖廣總督，轉飭遵照辦理可也各等因，到本部堂。准此。合就札行。札到，該司、道、局即便遵照辦理。

續撥湖北省煉鐵經費摺

光緒十七年六月初八日

户部謹奏：為續撥湖北省煉鐵經費，擬請仍由該省應解京餉各項劃抵，指定截留欵目繕單，恭摺仰祈聖鑒事。據湖廣總督電稱：續撥鐵路銀七十萬兩，已商准由湖北本年解京之欵截留劃抵。刻下不知已指定欵目具奏否。户部指定截留何欵，電示，俾得分別提用等因前來。臣部查湖北省鐵路經費，係於光緒十五年奏准由部庫及各省共籌撥銀二百萬兩。嗣據湖廣總督張先後因鄂省籌辦煤鐵及煉鐵需費，兩次電請各撥銀一百萬兩，經海軍衙門會同臣部議准，除該省自認籌銀五萬兩外，并由該省應解京餉等欵及海防經費共劃抵銀一百二十五萬兩，實未撥銀七十萬兩，内臣部未撥銀二十五萬兩，海軍衙門收存外省未撥銀四十五萬兩。兹據該督電請截留本年應解京餉，當經臣部咨商海軍衙門。旋據覆稱：本衙門之四十五萬兩，亦在留抵解部欵内，原應歸還部庫以清欵目。惟上年新增經費百萬兩内，户部借撥山東河工銀二十萬兩，應將此欵抵還。下欠二十五萬，即由部存海防新捐盡數扣抵各等因。既據海軍衙門商准留抵解部各欵，自應統由部籌撥。擬仍照數准於湖北應解京餉各項劃抵銀七十萬兩，以供該省煉鐵之用。惟查鐵路現已改道，此項經費本應移解北洋，第念該省籌辦煤鐵，費重事殷，且係十六年奏准未撥之欵，是以通融截撥。該

〔一〕抄本《督楚公牘》為「六月二十六日」，但文内又有「七月初一日」字樣，可知此札當在六月二十六日後。

省務須盡此七十萬兩，撙節動支。倘再請續籌，臣部實無從應付。今將指定截留該省應解各欵欵目繕具清單，恭呈御覽。如蒙俞允，即由臣部電知湖廣總督照數分别提用。所用續撥湖北省煉鐵經費，擬請仍由應解京餉劃抵緣由，恭摺具陳，伏乞皇上聖鑒。謹奏。謹將續撥湖北省煉鐵經費銀七十萬兩，擬仍由該省十七年應解京餉等欵内劃抵銀數，繕具清單，恭呈御覽。

計開

山東司案呈一件清單

釐金邊防經費銀八萬兩

鹽釐京餉銀十萬兩。

湖廣司案呈一件清單

地丁京餉銀三十萬兩

釐金京餉銀十二萬兩

西征洋欵改為加放俸餉銀十萬兩

釐金邊防經費銀八萬兩

鹽釐京餉銀十萬兩

以上湖北省應解光緒十七年京餉等欵銀七十萬兩，擬令該督照數截留劃抵，以為該省煉鐵之用。

飭署大冶縣陸令查覆黄石港教民被欺被打各情光緒十七年六月二十六日

據監督江漢關孔道禀：光緒十七年六月二十四日准英國嘉領事官函稱，今日聞得黄石港地方民人欺負教民，内有教民張興才被打三次，又有中國教士陳姓亦有受打情事，更有不知姓名教民被其子欺負各情。本領事茲特密達貴監督，希即密飭地方官迅即保護教民，并將以上被欺各事即日調停了結，以免續行禀瀆，致動公牘等因。除由職道札飭大冶縣查明情節持平妥辦外，理合照録來函，禀請憲鑒等情，到本部堂。據此。合行札飭。札到，該縣即便遵照，迅速查明黄石港地方民人因何毆傷教民教士各情，即日先行飛速禀覆，一面妥爲開導，實力彈壓嚴禁。如有痞徒無故生事，即行從重懲儆，以免復生事端。是爲至要。切速，切速。

札江漢關道照會英領事復訊擬辦武穴教案從犯事附單　光緒十七年六月二十七日

據署湖北按察使惲署司詳稱：案奉憲台批，據湖北候補知府裕庚、黄州府知府李方豫督同廣濟縣知縣彭廣心禀稱，遵飭復訊武穴教案請示祗遵由，奉批據禀復審武穴一案從犯各供，擬議罪名是否允協，仰北按察司迅即查核律例妥議詳覆核奪，勿稍枉縱。禀摺抄發。此繳。等因。奉此。查該守等禀稱：竊卑府等前將會督卑職廣心復審匪徒郭六壽等，供情確實，擬請遵照定章就地懲辦，并餘犯分别辦理緣由通禀憲鑒核示。卑職廣心于五月二十八日接奉北臬司轉行飭將該犯郭六壽、戴钃魚一併就地正法，其餘各犯聽候北臬司議詳等因。業將郭六壽、戴钃魚會營正法日期具文通報在案。卑府等旋奉憲臺諭飭，將各犯嚴行復訊。遵即復行馳赴廣濟，督同卑職廣心遵照，先后飭行各節，并檄調龍坪巡檢鄒振清，帶同當日弓兵人等及見證陶春燦來縣。又據差查黄皮匠，實係潛回江西瑞昌縣原籍避匿，隔省路遠，委難一時傳到等情禀覆前來。卑府等隨提訊該弓兵田德、田興、王興等，并傳教民范修興、朱懷友、程有餘、曾顯明，并領事所派費委員指傳之柯扦手厨役王七賢等，分别查訊。據各供稱，四月二十九日夜，武穴匪徒鬧事之際，天黑人多，該弓兵隨同鄒巡檢四處彈壓，并保護洋婦小孩，實不知何人如何毆搶福音堂并教士住屋器物以及毆殺洋人之事。其見證陶春燦供稱，認識郭、戴二犯，業已指認，其餘實不認得。詢之教民范修興等，亦無從指認。當即再提在押之胡東兒等八犯逐加詰審。始據胡東兒供認，執有小鐵尺，毆傷柯扦手頭上，并據胡視生亦供明拾起石塊打傷柯扦手頭上，及吕二弟亦摸着石塊擲傷金洋人。又據許洪春、田福兒二犯各供，於人叢中碰撞洋婦，不知是否受傷。許洪春并檢拾零物，旋即拋棄。陳連升僅撿洋料瓶，亦即丢棄。干老五、范四妹二犯聞亂想欲撿取物件，人多未能擁上。各供不諱，反復研鞫，堅執不移。領事所派之費、梅兩委員在旁觀審，亦經聽聞供詞，毫無遁飾，均應按律問擬。查例載：凡同謀共毆人，除下手致命傷重者依律處絞外，其餘共毆之人，審係執持槍刀等項凶器傷人者，發近邊充軍。又律載：搶奪傷人，爲首斬監候，爲從減爲首一等，并刺字。若因失火而乘時搶奪人財物者，罪亦如之。又律載：鬥毆令至篤疾以致不能生育者，杖一百，流三千里。又例載：因失火而乘機搶奪，除有殺傷及計贓重者仍照定例問擬外，其但經得財，罪應擬以杖徒者，俱照本例加一等治罪，將爲首之犯杖一百，流二千里。爲從者杖一百，徒三年，刺字。又例載：搶奪不得財，問不應。又律載：不應爲而爲，事理重者杖八十各等語。此案胡東兒因聞洋人住房火起，携帶鐵尺往看，見衆人圍打洋人，該犯亦用鐵尺打傷洋人頭上。查鐵尺係例載凶器，應照共毆之人審係執持凶器傷人者，發近邊充軍例，擬發近邊充軍。胡視生、吕二弟各因洋房失火往看，見衆人趕打洋人，該犯等各拾摸石塊打傷洋人，均應照搶奪傷人爲從，減爲首罪一等律，各擬杖一百，流三千里，并於右小臂膊上刺搶奪二字。許洪春因洋房失火往看，見人擁擠，適遇教士婦女一人，該犯亦跟隨擁碰一下，雖據供稱不知是否受傷，即就傷至篤疾不能生育而論，按律罪應杖一百，流三千里。該犯撿拾物件，按照因失火而搶奪財物，亦應杖一百，流三千里。二罪相等，向例從一科斷，該犯許洪春，亦擬杖一百，流三千里，并於右小臂膊上刺搶奪二字。田福兒在人群中擁碰教士婦女一下，雖據稱不知是否受傷，并未撿取物件，但擁碰教士婦女，與許洪春相同，亦應按照毆人至篤疾不能生育杖一百、流三千里律，擬杖一百，流三千里。陳連升因聞洋房失火往看，見衆人圍打洋人，據供并未幫毆，惟撿取零星物件。該犯陳連升應照失火乘機搶奪人財物，但經得財，罪應擬以杖徒者，俱照本例加一等治罪，將爲從者杖一百、徒三年例，擬杖一百，徒三年，於面上刺搶奪字樣。干老五、范四妹各因洋房失火，衆人與洋人鬧事，想往撿取什物，未經得財，均應照搶奪不得財，問不應、杖八十例，各擬杖八十。弓兵見證暨教民等，均屬無干，當即飭令各回當差安業。未到之黄皮匠，地屬隔省，應請憲臺咨會江西撫部院，飭行瑞昌縣迅速查傳解案，到日再訊。未獲餘犯，現仍遵檄懸賞，飭差嚴行訪緝，獲日另結。是否有當，理合禀祈大人俯賜查核，批示祗遵。所有現在復審胡東兒等八犯供摺，一併開呈。其弓兵見證暨教民等各供俱無别故，請免開叙，合併陳明等情。奉批：前因本署司查此案該犯胡東兒、胡視生、吕二弟、許洪春、田福兒、陳連升六人因聞洋房失火往看，或執鐵尺毆傷柯扦手頭上，或拾石塊打傷柯扦手，或擲傷金洋人，或碰撞洋婦及撿拾零物，或撿洋料瓶，均屬强橫生事，未便稍涉輕縱。應如該府等所擬：胡東兒合依鬥毆之案共毆人，審係執持凶器傷人例，擬發近邊充軍。胡視生、吕二弟合依搶奪傷人爲從律，各擬杖一百，流三千里。許洪春合依鬥毆令至篤疾不能生育滿流律，與因失火搶奪財物滿流律，從一科斷，擬杖一百，流三千里，與胡視生、吕二弟各於右小臂膊刺搶奪二字。田福兒合依毆人至篤疾不能生育律，擬杖一百，流三千里。陳連升合依因失火乘機搶奪得財爲從例，擬杖一百，徒三年，面刺搶奪二字，分别解配折責安置。干老五、范四妹各因洋房失火欲往撿取什物，未經得財，均合依搶奪不得財，問不應重例，各擬杖八十，折責發落。許洪春所撿零物，陳連升所撿洋料瓶，據供均已丢棄，無從着追。黄皮匠據稱逃回瑞昌縣原籍，應請咨明江西撫部院飭緝務獲，解楚另行審辦。餘如該守等所禀辦理，相應詳請，俯賜核辦等情，到本部堂。據此。除批：查此案從犯胡東兒、胡視生、吕二弟、許洪春、田福兒、陳連升、干老五、范四妹等八名，經裕守等復訊確供，按照律例，從嚴分别擬辦。既據該司復核，該犯等均屬强橫生事，未便稍涉輕縱，應如該府等所擬各罪名分别照辦，應即如詳辦理，以示懲儆。除黄皮匠一名應候咨明江西撫院轉飭查提務獲解鄂質訊外，仰即轉飭該府縣等遵辦，并移江漢關道遵照，仍録報撫部院查照。繳。等因印發外，合就札行。札到，該關道即便遵照，即日照會英領事查照，并將供摺一併鈔録照知。特札。

抄録十犯供摺 共一件

據郭六壽供：年三十二歲，係郭任十六户的人。小的家有母親兄弟，并没妻室兒女。向在武穴街口馮元和屠鋪幫工，與這到案的戴鱰魚向不認識。本年四月二十九日挨晚，小的正在大橋邊閑逛，看見教民歐陽理然同他兒子歐陽學進挑着四箇小女孩，共有一擔走來。當向查問，説是代教堂中收養。小的向來聽人傳説，洋人所收女孩，要挖眼睛配藥蒸食的話，心中忿急，起意與教堂鬧事，就跟着歐陽理然等同走，一路吆喝。就有這戴鱰魚同街上及外來的閑民，聽聞都跑攏來了，一齊擁到後街洋人住屋門前。大家喊鬧，撞打大門。當時龍坪巡司出外彈壓，就把歐陽理然派差看守，并把那小女孩四箇交給鄉保。那知哄來的人越聚越多，怕是巡司將小女孩交給鄉保，還要送往教堂。大家不聽吩咐，各人就拿起磚石，隨手亂打。不曉得是何人打傷龍坪巡司頭上，并把洋人住屋玻璃窗床一同打破。就聽見有人喊説，那前進屋里洋油燈炸了。不一會，火勢燒起來。小的就與大衆鬨鬧一番，小的也没搶着甚麽東西。他們又一齊擁到正街福音堂門前，打壞了門。隨聽説外邊有兩洋人跑來救護，大家就趕到街心亂打。有一洋人跑到水塘邊，人多跑不開，就跳入水塘内。那時是龍坪巡司趕上救起，剛到那公所門前，小的就拾起刀來，砍了那洋人頭上，前後好幾下，倒地。當時人亂，也記不清砍的部位。不料那洋人當時就死了。後來只看見洋關上委員趕來喊救，不知是何人，怎么打傷。小的就將淌刀丢棄，乘空逃避，隨被差拿到案的。今蒙督審，小的知道犯法，求施恩。

據戴鱰魚供：年五十一歲，漢陽縣人。小的早年在武穴後壩鹽局當過僱工，現在閑住，游混度日。與這到案的郭六壽向不認識。本年四月二十九日平黑時，小的正從家内出去閑游。走到街口，只聽説有洋人的教民挑了一擔小孩。大家説是送去挖眼睛配藥蒸食的事，就有一些閑民也都聽聞趕來，一齊擁到後街洋人住屋門前，各自喊鬧，撞打大門。當時龍坪巡司出外彈壓，就把歐陽理然派差看守，并把那小女孩四箇交給鄉保。那知鬨來的人越聚越多，恐怕將小女孩還要送往教堂，大家不聽吩咐，各人拿起磚石，隨手亂打。不曉得是何人，打傷龍坪巡司頭上，并把洋人住玻璃窗床，一同打破。就聽見有人喊説，那前進屋里洋油燈炸了。不一會，火勢就燒起來。小的就與大衆鬨鬧一番，小的也没搶他甚麽東西。他們又一起擁到正街福音堂門前，打壞了門。隨聽説外邊有兩洋人跑來救護，大家就趕到街心，圍住亂打。有一洋人跑到福音堂附近皮鋪内，衆人看見，將他拖出。小的將拾起刀來趕去，連忙狠砍了那洋人幾下倒地，因人亂，也記不清砍的部位。不一會，那洋人就死了。後來只聽説有洋關委員趕來喊救，不知是何人怎樣打傷。小的就乘空逃避，隨被差拿到案的。今蒙督審，小的知道犯法，求生全。

據民人胡東兒供：年二十七歲，住蘄州界。家有母親夏氏，妻室盧氏，哥哥名叫心有，現住大壩上，做豆腐生理。前月二十九日，小的在家睡醒，二更天時，小的母親叫小的説，洋人住屋失火。因小的嬸娘住屋離火處二十多家，恐燒壞嬸娘住屋，小的侄子叫小的去看，打洋人。小的看見小的侄子玩弄一把小鐵尺，小的隨手携那小鐵尺去防手。小的到那處，看見那洋人在塘内起來了，站在塘邊，衆人圍打洋人，小的也用小鐵尺往洋人頭上打了一下，黑夜里，不知打到哪處。不一會，説龍坪司來了，小的害怕。那時人數甚衆，把小的鐵尺擠吊了。小的即回家去了。這是直供，求輕辦。

據民人胡視生供：年三十二歲，是蘄州胡桂户人，家有老母妻室兒女。小的去歲搬到武穴劉家巷胡道士家居住。小的在本街胡德太屠店當雇工。四月二十九日夜晚聽説洋人住屋失火，小的往看，見洋人在水塘内，是龍坪巡司將洋人扯起，衆人跟隨一路追趕。小的在王家巷口，被衆人將小的擠倒在地，隨拾起石磚一塊在手，就在那洋人頭上打了一下，不知打在哪處。那時人衆，小的身抱有暗疾，不能擠上，就回去。至那衆人，小的都不認識，不是本地聲音。今蒙提審，這是小的直供，不敢謊，求恩全。

據民人吕二弟供：年三十六歲，在魏家灣居住，并無父母兄弟妻室，只有一箇兒子，名毛生。小的向在武穴劉家巷余老五家當傭工，幫他種田。四月二十九日平黑時聽説洋房失火，小的由正街往看，走到那里，看見衆人將洋人圍住亂打，小的在地也摸一塊石頭，打了那洋人一下，不知打在哪處。後來戴鱷魚將洋人殺傷倒地，小的看見，就跑回去了。今蒙提審，這是直供，不敢謊，求生全。

據民人許洪春供：年二十一歲，住武穴玉皇閣，駕船生理，家有父母兄弟。四月二十九日洋人住屋發火，小的聽説他前後門俱没打開，火由屋内燒出。小的往看時，人衆擁擠。適撞着一箇女洋人，小的也跟着擠碰一下，撿拾一些零細物件。那時人衆，愈擁愈多，把那些物件擠吊了。手内剩得細物件，小的也丢了，實没有毆打洋人的事。求施恩。

據民人田福兒供：年二十八歲，住武穴鍾陽五井邊下。小的先做油貨燒餅手藝生理，今年在家為農。四月二十九日，小的在家打小麥，小的妻説洋人住屋失火。小的聽説，洋人住屋前後門俱未開，不知屋内從何失火。小的走着，在人群中碰了洋婦一下。後來有洋人在塘内，是龍坪巡司叫那洋人上岸。小的那時在王家巷口站住，看見郭六壽與衆人將洋人圍住。洋人動手打人，郭六壽同衆人隨即打洋人。小的實没有在場打洋人，亦没有拿洋人東西的事。這是小的直供，不敢謊，求施恩。

據民人陳連升供：年二十五歲，住水京廟地方，家有父親妻室。小的向在武穴幫剃頭店剃頭生理。四月二十九日平黑時，小的聽説洋人與衆人打降，小的往看。只見那洋人在正街被衆人圍打，都説他不該將小女孩用鍋蒸食。後小的由王家巷到塘下，看見那洋人在塘内，是郭六壽同衆人將洋人圍住毆打，那衆人不像本地聲音，小的一箇都不認得。小的本没毆打洋人的事。小的回去，撿得零細物件，因龍坪巡司差役看見，小的害怕，當時丢了。小的本没有拿洋人物件，求訪察。這是直供，不敢謊，求施恩。

據民人干老五供：年三十六歲，住草鞋嶺，家有一箇兒子。小的向幫夏德昌當雇工。前月二十九日挨黑時，小的在家，聽説洋人住屋失火，又聽人説前後門俱未開，由屋内起火。聽有人喊叫打洋人，小的也去趕看，想着拾點東西。那時看的人衆，小的挨擠不上。不一會聽人説，洋人在塘内被龍坪司已經救起帶走了。小的隨即回家。别的事情，小的不曉得。求施恩。

據民人范四妹供：年三十歲，在連塘居住，家有老母兄弟，是在武穴剃頭店當傭工。四月二十九日平黑時，小的在店内聽説洋人與衆人鬧事，小的去看，想着拾點東西，并未拾着。那洋人住屋前後門均未打開，不知屋内從何失火。前門外，有龍坪司彈壓。只見那洋人站在塘内，是龍坪巡司叫他上岸。那時龍坪巡司與洋人前後行走，因洋人轉身動手打人，郭六壽與衆人將人圍住毆打。平黑時，那衆人，小的一箇都不認得，内中也有外路聲音的。小的實没有攏身打洋人，也没有搬洋人東西的事。這是小的直供，不敢謊，求施恩。

札江漢關道照會英領事詳告辦理教案情形并議償恤各欵 光緒十七年六月二十七日

照得武穴焚燬教堂毆斃洋人一案，溯自本年三四月間蕪湖等處滋鬧教堂之後，沿江一帶謡言四起，處處堪虞。疊經本部堂嚴飭地方文武密切防範，凡有育嬰、教堂之處，尤爲加意保護，幸口岸重要之區未至滋事。武穴地方距廣濟縣城七十餘里，僻處一隅，向有福音堂而無育嬰堂，民教相安已久，本無藉口之端，原不至有滋鬧之事。詎意四月二十九日傍晚，有教民歐陽理然肩挑幼孩四人，據云將送往九江教堂。適爲郭六壽等所見，疑係送往育嬰堂剜眼蒸食，肆口妄言，激動公憤。頃刻之間，人衆麕集，皂白不分，誤以武穴教堂爲育嬰之處，始則擲石奮擊，以致洋油燈擊破失火，延燒毁壞洋屋一層，共止兩間。繼復逞兇毆人，致斃二命。匪徒遂乘機攫取零星物件，堂中存有鐵櫃，内藏緊要物件，并未搶掠携去。會逢其適，變起有因。其福音堂内教士包姓、白姓兩人，已先期一赴興國，一往漢口，并未在堂。轉致波及洋關之柯扦手、外來散書之金教士，皆以救火之故，無辜被害，教士女眷亦同時被毆，輕重不等，或致成傷，或已平復。本部堂聞報之餘，殊深憫惜，立飭地方官嚴拏首要各犯。五日之内，拏獲多人，并飭關道即派委員乘輪至武穴，將斃命之英人二名照料護送回省，另派文武人員前往漢口撫慰彈壓。又特派委員馳往廣濟，會同府縣切實審辦，故共毆爲首下手致命傷重罪應擬抵之正兇郭六壽、戴鱲魚二犯不至漏網稽誅，其餘從犯八名業經審訊明確。前後十犯，均經該領事所派教士在旁觀審，毫無預謀情節，亦訊無放火圖欵情事。業經飭司核議，按照中國律例，從嚴分別科罪，另札飭遵。所有領事指爲要證之教民程姓、范姓、朱姓、曾姓四名暨陶春燦一名，又觀審教士指爲要證之柯扦手厨役王七賢一名，均經該印委傳到，詳加訊問，令其指出在場滋事之人，當爲拏辦，均堅稱不能認識指出，於廣濟縣所獲各犯之外，不能指出一人。是廣濟縣於此案緝犯認真迅速已可概見，且該教民等亦并不能指出預謀情節。查此案事在黑夜，人數衆多，自難辨識。現在所辦之犯已不爲少，惟在場滋事之犯難保無或有漏網。所有未獲之犯，已飭地方官懸賞購緝，無論軍民教民人等，有能指實同時幫毆兩洋人及毆傷洋婦暨乘機搶奪教堂物件之人，審實給賞，隨時另辦。馬口司巡檢因衆勢洶洶，未敢收留洋婦洋孩，自屬不合，業已撤任。武黄同知本係管理江防，向無緝捕之責，手下并無兵勇捕役，原難責其彈壓，且已收留婦孺在署一宿，即是保護之實據，本無不合。惟迭接該領事來函相商，以撤換同知方便緝犯爲詞。該同知緝捕本非所長，本部堂意存友好，因地擇人，亦即從其所請，已飭司遴委幹員署理武黄同知，并加札飭令該同知會同廣濟縣嚴緝未獲餘犯，隨時審明照例懲儆，有證必拏，有供必辦，總期無枉無縱。總之，此案事起倉卒，皆由誤聽訛言，懷疑蓄憤，以致鬨鬧逞凶。火起之後，宵小乘機搶奪，實情不過如此。本部堂於辦理此案一秉至公。凡情理條約所能辦者，實已無微不至。不惟可以對英國，直可對萬國而無愧。此外，惟有毆斃之英人應行撫卹，受傷之洋婦應給醫費，被毁之教堂應行賠修，以昭示我國家懷柔遠人之至意。亟須及早議妥付給，以便完案，俾各教士得以照常傳教，免致久候延閣。前經檄行關道與領事妥商，日久未據領事覆到，自應再行催辦。

札江漢關道照覆英領事剖釋案情律義光緒十七年六月二十八日

前據英領事照稱：竊照武穴一案内有緊要關鍵二則，一、懲辦犯人應照律例比擬；二、當體中外兩國交誼爲重。其應如何辦理，方與中外交誼相孚，且俟將來再爲議論，現在惟有援引律例而言，以昭核實。一、本領事察看貴國律例，有分別謀殺、故殺之條。此案若是預先圖謀，是爲謀殺。若是當夜釀成，亦爲故殺。本領事揆度，實爲預謀。貴部堂以爲故殺，亦應將滋事各犯悉數按名拏獲，照故殺例辦理。查貴國律例，凡鬬毆殺人者，不問手足、他物、金刃，并絞，故殺者斬。此案殺英人金、柯二命，非止二人下手逞兇，計有多人，亟應全行拏獲審問，分別是否鬬殺、故殺，照例科以絞、斬罪名。二、毆傷婦人包、任、白三姓之人犯，亦應全行拏獲審問。查刑律載，鬬毆分別輕重治罪，又後附毁敗人陰陽者，以致不能生育之語，應詳細推該婦人等受傷輕重，將來能否生育，然後將該犯照例辦理。三、燒毁房屋一節，查刑律，放火故燒人房屋，中國官員應逐細查問是否故燒，分別辦理。四、搶英人物件之犯，亦應全數緝拏，照律辦理。查律例，凡白晝搶奪人財物者，杖一百、徒三年。若因失火而乘時搶奪人財物，罪亦如之。五、武穴同知暨馬口巡檢之罪，查貴國律例，凡知同伴人欲行謀害他人，不即阻當救護，當杖一百。六、該犯人尚有多名，至今未獲。查貴國律例，有盗賊捕限一條。本領事請煩貴部堂嚴飭地方官并印委各員，按照以上所引貴國律例，認真辦理。除申陳駐京大臣外，相應具文照請俯賜鑒核，飭知施行等情。據此。查文内所稱緊要關鍵二則，一、懲辦犯人應照中國律例比擬；二、當體兩國交誼爲重等語，具見該領事明白事理，所謂要言不煩，本部堂深以爲是，極堪嘉許。本部堂辦理此案，懲匪徒之兇暴，執法從嚴，憫無辜之殞傷，體恤從厚，無非重兩國之交誼。案牘具在，可考而知。至按照律例比擬一節，該領事來文所引例文多有誤會，自應將案情律義分條剖釋，以解其疑。

一曰此案非謀殺也。查謀殺之律，造意者斬，加功者絞，擬抵者不止一人。然必情節符合，乃能引辦。若情事絶不相涉，則斷不能牽引，故入人罪。蓋凡謀殺人，必與所殺之人素有仇怨，或圖得其人財物，蓄意欲致其死。其欲殺何人，皆有專指，先設殺人之計，後行殺人之事，或設計陷害，或伺於隱僻。必須謀狀顯著明白者，方可謂之謀殺。武穴之案，事起倉猝，一唱百和，鬨鬧混毆。不惟被毆者不及料，即滋事者當鬨鬧之時，此事聚集幾人，鬧至如何情形，其間有無殺傷或殺傷幾人，亦唱首滋事及附和滋事者所不及料，何謀之有。查武穴教堂有教士二名，人所共識。如有預謀，何不於在武穴之時定期伺隙殺之，而乃於二教士一赴興國，一赴漢口之後，始行滋事。且毆斃者非武穴福音堂之人，又係外來之金教士及無干之洋關扦子手，更與本處教堂無涉。柯、金兩人以由江邊前往救火之故，致被共毆，亦非住在教堂内之人。使當日歐陽理然不挑幼孩赴武穴，或挑幼孩而不遇郭六壽，均不至於生事。使柯、金二人不救火，則亦無從被毆殞命。救火雖無不合，然柯、金之來救火與否，豈衆人滋鬧時所能預料。其非預謀殺害，毫無疑義。況歷觀印委文武各員疊次禀報，覆加各處防查及該領事送來洋婦洋僕供詞，參考各犯口供，均無預謀證據。至跟隨幼孩啼哭之婦女，乃歐陽理然之妻媳，被街衆毆打，以致啼哭，隨即遠避，有供可證，已録交觀審教士。該領事如平心細考，當必釋然。

一曰此案與故殺無涉也。查律例，故殺即在鬬毆條内。律註謂兩相對而毆，一時逞兇，欲致其死，而逕情殺之，謂之故殺，故坐斬罪。中國辦案，凡鬬毆殺人，或臨時起意致死或傷多且重者，則以故殺論。蓋故殺乃一人所爲，亦只有一人擬抵。若多人共毆一人，因而毆傷致死者，是謂同謀共毆。定律係將下手致命傷重之一人擬抵，加功之餘人罪名較輕，無論加功者所傷輕重，不能將幫毆之餘人全謂之故殺而令其抵償。向來辦法如此。武穴一案，柯、金二洋人自係共毆致斃，與一人故殺之條無涉。且故殺罪亦止斬候，今已將郭、戴兩犯擬抵，并從重即行正法梟示，較之故殺治罪已重。若在場幫毆之從犯，當看其兇器情節，自有治罪專條，不能將從犯人人皆辦故殺也。

一曰此案應照共毆人律辦理也。查例載，同謀共毆人因而致死者，以致命傷爲重，下手致命傷重者絞，原謀者杖一百，流三千里，餘人各杖一百，不計人數多寡及傷之輕重。又例載，若原謀共毆，亦有致命重傷，以原謀爲首。又載除下手致命傷重者依律處絞外，其共毆之人，審係執持槍刀等項凶器傷人者，發近邊充軍。此案郭、戴二犯因訛傳剜眼蒸食諸事，深恨育嬰堂而誤以教堂爲育嬰之處，糾衆鬨鬧，即係原謀。又用刀連砍頭上前後，即是例所謂原謀共毆，亦有致命重傷，照律應坐絞監候。本部堂批飭就地正法，梟首示衆，係遵旨重治其罪，就死罪上從嚴辦理。然中國定例，加重亦有等差，其應軍流者，不得加入死罪。此係一定之辦法也。其共毆致斃餘人，常例罪僅滿杖。此案胡東兒所持并非槍刀，雖係鐵尺兇器，然據供云往頭上打了一下，黑夜不知打在何處，其傷之輕重皆不可知。現從重擬近邊充軍。胡視生、吕二弟因本案有搶奪傷人情事，均擬杖一百，流三千里，亦係從重科斷，不可不知。

一曰致傷婦女之犯已重辦也。查鬬毆律載傷人令至篤疾，以至不能生育者，杖一百，流三千里。律註云，毀敗人陰陽，乃指如古之宫刑割勢幽閉而言，自非手足毆傷者可比。此案洋婦三人被毆，惟包氏一人受傷較重，許洪春自供碰撞婦女，不知有無受傷，自係致傷洋婦之正犯，且又兼撿拾零物。因洋婦女流，從寬免其查驗。且將來醫治如何，亦難懸案以待，應從重杖一百，流三千里，以示嚴懲。吕二弟供認擠碰洋婦，其是否成傷，該犯自無從得知。是以比照許洪春，一律擬以滿流。許洪春因兼搶奪罪名，并刺搶奪二字，不爲不嚴。

一曰焚燬房屋非放火故燒也。查洋婦包氏供稱，有大石由餐房窗門擊入，登時擊破盌盞。將出屋時，見儲食物房火勢已起，石塊飛入如雨。在閱各犯口供，僅見擲石入屋，并無放火故燒情節，自以包氏所稱以火起爲石擊破窗間油火燈所致，應無疑義。

一曰攫取零物非搶劫也。搶刦志在圖財。此案起於公憤，擲石教堂，因洋油燈失火延燒，匪徒於教堂既毁，乘人亂之際，攫取零物，事之所有，然非糾夥劫財，顯然易見。試思强盗劫財，何分中外，可劫則刦。如係圖財行劫，何以沿街舖户居民并未搶劫一物，且何以教堂内存放鐵櫃，向係内裝緊要物件，誰人不知，何以并未擡去，只取零物耶。自有失火乘機搶奪本例專條，不得照强盗搶劫例辦理。

一曰地方官非不拏人，亦非不傳訊要證也。查此案起事之時，聚衆至千餘人之多，黑夜模糊，未易辨識。若妄拏無辜，濫加刑典，不惟中國無此律例，即外國亦無此人情。廣濟縣於事後竭力訪緝，五日之内即獲正犯首要二名、從犯八名，辦理可謂認真迅速。除無辜省釋外，當時實無故縱之犯，迨後數十日查無端倪，又無人告發。該領事及教士所指如教民范修興、朱懷友、程有餘、曾顯明及陶春燦、歐陽理然、王七賢等目爲要證者，皆已逐一提訊，無有能指證一人者。所有審問首犯、從犯要證各供，皆觀審教士在旁親見親聞，此即地方官實無知匪不拏、有證不訊之明證也。該領事又疑爲會匪而不敢拏，絶無此理。會匪有干例禁，除匪正以安良，地方官豈有不願拏辦之理。況屢奉諭旨，何至尚不敢拏乎。

一曰武穴同知、馬口司巡檢，不得指爲同行知有謀害不即阻擋救護也。律文同行，係指同伴而言。同知、巡檢皆係職官，豈得謂爲同伴。此案事起倉卒，即在埸滋事各匪，事前本犯亦不能預知，官豈能知。該同知向係專管江防，素無緝捕之責，並無兵勇捕役，況聚衆過多，其勢無從阻止。且閱包、任、白三洋婦供詞，皆藉同知救護至署内，故洋婦洋孩得獲生全，此即是保護之實據。至巡檢尤屬職小力微，惟因人衆洶洶，不敢收留洋婦，已經撤任矣。且現因查緝餘犯，已將該同知調省，另委幹員接署，飭令會同廣濟縣查拏。

一曰餘犯只能隨時認真查緝也。該領事照會稱，應將滋事各犯悉數按名拏獲。又稱該犯尚有多名，至今未獲等語。此案鬨鬧人數雖多，然多係從旁喧嚷，觀看之人不下千餘，豈有一一拏辦之理。至真係動手毆人搶物之犯，誰能知其確數。中國辦案，重在首犯正兇。今首兇二名已經拏獲，加等嚴辦，從犯亦分别軍流徒杖，重辦八名，實爲不少。此外餘犯，只有隨時訪查訊辦。果有確實指證，即當查拏，審明辦理。現已飭地方官懸賞購緝，若能續得真犯，無論係幫毆兩洋人及毆傷洋婦、乘機攫取物件之人，自必分別等差，按律科罪，隨獲隨辦，絶不寬縱。惟不能限定人數，預計時日，更不能妄拏無辜，總以無枉無縱爲主。除將續行復審從犯八名批飭定罪發落另飭該關道備文照會外，合就札飭該關道即便遵照，照會該領事查照。

札武黄同知查拏教案餘犯 光緒十七年六月二十九日

照得湖北武穴焚燬教堂毆斃洋人一案，首犯正兇二名已經拏獲，立即重辦。從犯亦分別軍流徒杖，重辦八名。此外餘犯，自應隨時查拏。遇有人告發及切實指證者，即行傳提到案訊明，分別等差，按律科罪，業經本部堂檄行江漢關道照會英領事在案。查此案餘犯，自應責成地方官就地訪拏，方無枉縱。惟廣濟相距較遠，武黄同知駐紥武穴，得有幹員，假以事權，辦理必能得力。查該同知現已飭委補用知縣黄宗度署理，應即責成該署丞查拏此案餘犯。即由省酌撥鴻字營勇丁二十名，交該署丞帶往，暫行任使，以資彈壓巡緝。武穴尚有黄州協所派外委羅國珍管帶之兵丁三十名在該鎮留防，應一并飭令暫歸該署丞調遣。又廣濟向有捕役多名常川住鎮，於緝捕情形較爲熟悉，並飭撥歸該署丞鈐束差遣。如有玩誤，即行責革選補。所有武穴整頓團防、清查保甲、巡緝盜賊各事宜，均責成該署丞認真經理，以一事權。所獲餘犯，務須指證確實，審明確供，方可懲辦。如有誤拏審虚者，立即開釋，萬不可稍有拖累，尤不可妄拏無辜，縱令捕役索詐。其訊明罪止加杖者，即由該署丞按律科罪稟辦。若徒罪以上，應會同該縣核擬，會稟辦理。查武穴濱臨大江，爲商輪入鄂第一停船搭客之處，人煙稠密，五方雜處，奸宄最易混跡。平時必須就地籌集經費，常川募勇數十名，往來巡緝，以靖地方。即如此次焚燬教堂，若果有勇三四十名，當郭六壽等造言肇衅之時即行彈壓禁止，嚴拏痞棍，解散愚民，亦何致愈集愈衆，馴至不可收拾，貽害地方。而該縣之疲於奔命，又不待言矣。該署丞應於到任後，相機籌辦，會同該縣傳集公正紳耆，剴切勸諭商民，就地籌捐，衆擎易舉，所出甚微，所全甚大，不得推諉延誤。合亟札飭該署丞即便遵照札行事理，會同該縣悉心籌商，分别妥辦，毋得空言搪塞，尤不可縱令捕役藉端索詐騷擾。是爲至要。

札北藩司提土藥税銀交槍礮局存儲撥用〔一〕 光緒十七年六月三十日

案照前准户部咨議覆本部堂具奏槍礮廠常年經費妥籌專欵以應要需一摺，奏奉諭旨允准，業經恭録咨行在案。查户部原奏内稱，所有湖北省土藥税銀，擬請暫如該督奏，准其自新章開辦之日起，按照每年約收二十萬兩之數留撥應用。其餘各省概不得援引辦理等因。現查槍礮廠基久經奏明勘定，一切建廠運機及奏明添購彈藥等項機器，需欵甚鉅。所有鄂省土藥税銀，應自上年七月新章開辦之日起宜昌專局解到司庫之銀，應即全數提歸槍礮局存儲，以便隨時撥用。除行槍礮、鐵政兩局遵照外，合亟札提。

〔一〕以下四件録自抄本《督楚公牘》。

札到，該司即便遵照，查明上年七月土藥新章開辦日期、宜昌事局解到税銀數目，迅即派員全數解赴槍礮局交納應用，并將提解日期具報查考。

札江漢關道照會英領事武穴案已無異議應即在鄂辦結光緒十七年七月初四日

照得武穴一案，首要正兇郭六壽、戴鱖魚二名已經即行正法，梟首犯事地方示衆，其幫毆及毆傷洋婦、拾取零物之從犯胡東兒發近邊充軍，胡視生、吕二弟、許洪春、田福兒等四名各杖一百、流三千里，陳連升杖一百、徒三年，干老五、范四妹各杖八十。共計正犯從犯十名，均係傳集要證，訊取確供，按照中國律例從嚴科斷。未獲各犯，已懸賞緝拏，俟拏獲有人，隨時審實，照例懲辦。應質訊之黄皮匠已咨江西查提，馬口司巡檢業已撤任，武黄同知亦經調省，另派幹員署理。已將此案之供情例意及一切詳細情形，於六月二十七、二十八等日疊次札飭該關道照會嘉領事官，并飭與該領事妥商從優議給撫恤、養傷及修復教堂、賠償失物各欵在案。旋據該關道面稟，亦接英領事函覆，并已會晤領事，據稱辦犯各節均屬允洽。惟胡視生、吕二弟、陳連升各犯請免刺字，以便后來改爲良民，并請嚴禁湖南匿名揭帖，德安府徐輝、廣濟縣藍姓兩案，請速辦結，龍坪司巡檢、長江水師礮船胡弁，請給獎勵，馬口司巡檢請酌量懲處各條。除湖南匿名帖前已會列南撫院銜，刊發告示嚴禁，以後仍當隨時查禁。廣濟縣藍姓一案，業經該族人調處完結詳覆，另飭照會有案。馬口司巡檢，已飭司摘去頂戴示懲。其餘各條，均可允其照辦。所有撫恤、養傷、賠修各欵，應如該領事所請，由穆税司迅速商議妥辦。昨譯閲英領事致蔡道一函，友誼可嘉，本部堂實深欣悦。此案現辦情形，該領事既無異議，似可由該領事電致駐京英國華大臣，准其在鄂辦結。該領事明白事理，本部堂甚願就近與之妥商，以便早爲了結，免致多費周折。合就札飭。札到，該關道即便遵照，照會英領事查照。毋違。此札。

咨覆程軍門鳳字馬隊兩營暫委丁季陞兼管并調撥羅、麻一帶巡緝光緒十七年七月初七日

案准貴軍門咨稱：本軍門自接統鳳字馬隊，兼理緝私，時莅數載。前以精力差强，勉矢督率。惟自去歲患有痞疾，停滯在胸，飲食難化。今年入夏以來，屢次發動，兼時患頭目暈眩等證，自覺精神短少。查馬隊、緝私兩務責任綦緊，病體驟難大愈，督飭照料深恐不週。擬請另行委員接統馬隊，緝私差使亦并委人接替，俾資調養，實爲公便等因，到本部堂。准此。查襄陽一帶查緝潞私事務，自貴軍門兼理以來，督率馬步各隊，巡緝認真，官銷漸見暢旺，深資協助之力，本難照辦。惟來咨病體尚未大愈，馬隊、緝私兩務責任綦繁，自係實在情形。查本年夏間以來，沿江匪徒生事，教案疊出，奉旨嚴加防範，武、漢人情浮動，根本尤關緊要，省垣防營不敷分撥。當經飛調原駐麻城一帶之鼎字副營來省巡防。惟該處緝私地段過形遼闊，北私不免乘間闌入，銷售漸絀。昨准兩江鹽督部堂劉咨，麻城等處北私偷越，緝營單薄，請再調撥以顧緝私等因，并准電同前由。查楚省勇營止有此數，殊難另

行調撥。正費籌維，適於六月間豫省邊界商、固、光、息一帶訛言四起，以致麻城、黄岡、黄陂等處聞風擾動生事，居民紛紛遷徙，漢口亦多訛言。而其時并無陸隊可以派往彈壓，焦急殊深，以後豫邊巡防亦難置之度外。查潞私漸已斂迹，而北私日見鴟張。且襄陽尚有練軍足敷緝私之用，又有豫省南陽鎮府協力查禁，自應移緩就急，以期兼顧。准咨前因，應即審酌事勢，分别如咨辦理。所有鳳字馬隊，擬由本部堂另行派員接統，另行分派地段，刻即分撥馳赴麻、黄、羅田一帶彈壓巡防，兼管巡緝北私事宜。此時統帶尚未得其人，即暫委馬隊營務處參將丁季陞暫行兼管該兩營事務。該營一切事宜，即由該兩營官參將丁季陞、游擊楊紹文徑禀本部堂核示辦理，要事由營務處禀請核辦。至襄陽緝私事宜，近年以來經貴軍門督察巡緝，不憚勤勞，并會商豫省文武籌辦，私鹽各店概行撤退，聲威遠播，成效昭然，自未便更易生手，致棄前功。儘可一面督率籌辦，一面從容調養，以後仍希督飭貴提標練軍，懸賞購綫，認真巡緝，實深企望。除分行外，相應咨覆。爲此合咨貴軍門煩爲查照，分别辦理。飭令馬隊營處務丁季陞等遵照，仍希將緝私事宜督飭襄陽練軍認真巡緝。望切施行。

咨商兩江擬添馬隊緝私請將商捐津貼解鄂充餉 光緒十七年七月十一日

光緒十七年七月初二日准貴督鹽部堂咨開：據湖北督銷局禀，鼎字副營撤防，仍請咨商另撥營勇，俾資堵禦等情，到本部堂。據此。除批據禀鼎字副營奉調回省，邊界地方遼闊，要隘甚多，僅正營五百人不敷分布，自宜早爲籌防，以免私梟侵佔，仰候咨請湖廣督部堂設法另撥營勇，俾資堵禦。繳。等因。印發外，相應抄禀咨請查照，設法另撥等因，到本部堂。准此。查前因省外留防營勇陸續分派出防，省城地方空虚，目前武、漢一帶彈壓緊要，札調鼎字副營來省填紮，勢難再行調回麻、黄一帶。兹准來咨，邊界地方遼闊，正營不敷分布，請另撥營勇堵禦。本部堂再四籌維，鄂省防營無多，委實無可調撥，惟有飭令地方文武認真協緝。并查有駐防襄樊馬隊兩營，共馬勇三百二十名，亦係分派界連豫邊等處堵緝潞私，不能遠顧麻、黄。現擬將此項馬隊添募一百八十名，共成五百名，庶可匀撥麻、羅、黄、孝、隨、棗一帶，協同鼎字正營聯絡聲勢，堵緝北私，以昭周密。惟勇餉、馬乾、帳棚、雜費每年約需銀一萬四千餘兩，鄂省欵無所出。查漢口淮鹽督銷局向有鄂岸商捐津貼一項，原案係歸鄂用，每年將及三萬兩。上年商准前兩江爵督、鹽部堂曾咨覆，檄飭督銷局將此項分半解歸鄂省善後局充公，一半仍留淮局，照舊撥充鄂岸文武緝私經費之用各在案。現若將此項商捐一欵全數撥解鄂省善後局，作爲新添馬隊一百八十名之用，於鄂於淮均屬兩有裨益。所有應支鄂岸地方文武緝費，即由鄂省先墊，照數發給，俟年滿後核計淮銷多寡，應否補還鄂省所墊緝費之處，悉聽貴督部堂、兩江鹽院裁酌辦理。相應咨商。爲此，合咨貴督鹽部堂請煩查照酌核，迅即示覆施行。

札岳常澧道、荆宜施道嚴禁匿名揭帖 光緒十七年七月十一日

案據江漢關道禀稱：據英國領事官送來澧州匿名揭帖二十一

張，并聲明此種揭帖送到華容轉賣，每張銅錢二文等情呈送前來。查匿名揭帖，前經欽奉諭旨嚴禁，當經欽遵刊刷告示，飭發嚴禁拏辦在案，何以該處民間尚敢售賣，官吏并不查拏，殊不可解。近來沿江各省教案紛起，無故生波，處處騷動，事事棘手。官吏困於防緝，兵勇疲於彈壓，刑獄繁興，市面驚擾，軍民商旅受累多端，至今尚未安帖。上勞宸廑，下擾民生。推究所由，皆由此項揭帖散布鼓煽所致，實爲禍首亂源。查此種揭帖既已散至華容，則岳、常、澧一帶必已紛傳，湖北荆州各屬毗連地方，及沿江上游必亦多有。荆、沙一帶五方雜處，宜昌又係通商口岸，人雜俗囂，均易滋生事端，尤應嚴飭查拏禁止，以靖地方。如以後再有散布售賣，甚至匪徒因此藉端與教堂生事，諭旨森嚴，該地方官斷難當此重咎也。合行札飭該道即便遵照，轉飭所屬地方官一體嚴密查禁，務將此項散布售賣匪徒立即拏獲數人先行重責，枷號示衆，再治以應得之罪。如敢玩忽坐視，聽其四出傳播，致釀鉅案，定干嚴參。仍將遵辦情形禀報。

札江漢關道將撫恤等欵解送英領事分給〔一〕 光緒十七年七月十二日

據江漢關道孔道禀稱：接本關穆税務司七月初八日函稱，所商各節，業已晤及領事。據云：此事有關大局，不能如生意往來，錙銖必較。況中英堂堂大國，若爲此區區小事彼此較量，殊爲不便。本税司亦以爲然。祈將此事禀明督憲可也等情，到本部堂。據此。查此案既經該關道與税務司酌議大概，應即從優核給，以昭朝廷懷柔遠人、矜恤無辜之至意。柯扦手、金教士兩洋人無辜殞命，自應從優撫恤，應每人各給予其家屬洋銀二萬元。至武穴教堂，素與該鎮民間無嫌，此次因無干訛言，懷疑鬨鬧，致被焚毁，并非該堂啟釁，自應由官給欵代爲修復，并補給堂内失物以示體恤，應從優酌給洋銀二萬五千元。其被毆洋婦三人，前札原擬給予養傷醫藥之資，現據穆税司與關道面商，此欵未必肯受，請不必提及，應由該關道仍與該税司妥商辦理可也。所有此案各欵全數，共洋銀六萬五千元，即由該關道備文解送英領事查收分給。除分行外，合亟札知。爲此札仰該關道即便遵照辦理，并照會英領事知照。毋違。特札。

札北藩、臬司飭所屬查造教堂册報 光緒十七年七月十七日

准總理衙門咨開：洋人建堂設教，載在條約，豈能置之度外。而各省教堂共有幾處，設在某縣某鄉，各該管上司衙門恐無案可稽，本署向未准咨報有案，遇有滋鬧教堂之事，茫然不辨，甚非思患預防之意。本年四五月間，長江上下游一帶會匪聚衆滋擾教堂，竟有一縣焚燒數處者。大約各教士於唪經教堂外，又將育嬰、施醫各處所概名曰教堂，以致地方官無從稽察。一日變起倉卒，防不勝防，而洋人已嫁詞饒舌。若先經分別查明，當不致臨時舛誤，卒難因應。相應咨行貴督分飭該管地方官，將境内共有大教堂幾處，小教堂幾處，某堂屬某國某教，各堂是否洋式抑係華式，教士是何姓係屬何國之人，是否俱係洋人，堂内有無育嬰、施醫

〔一〕録自抄本《督楚公牘》。

各事，分別確查，按季册報本衙門，以憑稽核。惟當蕪湖等處滋事之後，則查辦此事不可稍涉矜張。各處教堂有經領事官照會者，有經教士自報者，有在照會、自報之外者，務須嚴飭地方官不事虚憍，隨宜履勘，更不得假手胥役，致多騷擾。且不妨豫告教士，以清查教堂處所原備他日保護起見，切勿另生疑慮。此係中國自理之事，各國教士設堂於此，自以得中國保護爲樂。所查僅堂外住址，并非堂内教規，無害公法也等因，到本部堂。准此。合就札行該司即便會同遵照，通飭所屬各州縣遵照，刻日查明境内大小教堂共有幾處，某堂屬某國某教，各堂是否洋式抑係華式，教士是何名姓，係屬何國之人，是否俱係洋人，抑係中國人充當教士，所設堂内有無育嬰、施醫各事，分別確查明晰，迅速逕報藩司，由藩司彙造總册，按季詳賫核咨，毋稍遺漏舛錯。華洋尤不得含混，是爲至要。以後如有新添者，務即隨時詳晰查明禀報，不得遺漏。

飭廣濟縣務將藍姓教民案限日辦結〔一〕

光緒十七年七月十八日

案據江漢關道孔道詳稱：上年閏二月内據廣濟縣詳教民藍世叨等禀訴族人藍丙全一案。現據監生藍棟卿等公呈調處輸服，不願終訟，并提兩造訊明完結，請詳咨銷案等情。業經李署道壽蓉據情詳奉咨銷，并照會英領事查照在案。嗣於本年四月二十二日准英國嘉領事官稱，廣濟縣藍姓族人欺負教民一案，曾於光緒十五年十二月二十五日、十六年正月十六日兩次照會湖廣督部堂暨函致前監督江請辦在案。昨續據英教士李修善禀報，藍姓族衆仍於新修刷印家譜内載有條欵，上云：一子孫皆祖宗所釀，猶水之有源，木之有本也。若廢棄祖宗，是忘其本源，不孝孰甚。近有悖逆之徒，藉西洋教爲名，既斬祖宗香火，而祖宗亦不便容此子孫也。兹届重修，已令此輩俾從其類，譜概不登，嗣後有效尤者，分道揚鑣，各遂各願，不准淆混聯宗，永以爲鑒等語。又於光緒十七年二月初二日復立合約，上云：立公議合約人生員藍博，監生藍華義、藍文焕，職員藍哲、藍兆賢、藍繼玉等合口商議，今因福音教横行我地，其所行所爲，與我大相奇異，不事神，不祭祖。我大藍姓前序家譜，有隨外國之人藍世叨等入教二十餘人，不准入譜。革教不姓藍者，家規嚴如國法也。而教不能，有何爲乎。今户下有藍德基者，將自己住屋基地揚言賣與牧師造作福音堂。我等知之，將基捉至先祠，杖責處罰。吾輩商議，嚴立條規，禁革俺姓不許入教，亦不許與教兩相往來，斷絶教路，其有公山公課田地，一概與入教者無分。如教者有説其動用之費，或照各祭人丁派出可也。自今立約禁起，嗣後户有無恥之徒闖入教者，捆至先祠，重責荆條一百，罰酒八席。如若有違，送公究治。今欲有憑，立此禁約，永遠不許入教，合約爲據憑。藍雲峰等，藍博筆各等語。理合禀懇轉請行知地方官，禁阻藍姓族人欺負教民等情前來。合亟備文，照請查照津約第八欵保護教民，不准藍姓族衆因入教欺負同姓，加以杖責處罰等因前來。當經職道札飭廣濟縣刻日查明原委，秉公妥辦具覆，并行黄州府飭遵，暨照覆英領事查照。旋於六月二十四日准英國嘉領事官照稱：恭查本年五

〔一〕録自抄本《督楚公牘》。

月初七日奉中國上諭，内云其從前各省未結各案，并著從速辦結，不得任聽屬員畏難延宕，以清積牘等因。欽此。自應欽遵辦理。現在未結之案，一德安府隨州考童徐輝毆打醫生，一廣濟縣藍姓族衆欺負教民等案，請設法早爲辦結，并嚴飭屬員毋得畏難延宕等因。又經職道札催廣濟縣遵照先今檄飭事理，妥速酌量辦結，以免久懸而杜藉口，一面將查辦情形據實稟核，并行府飭遵暨查明徐輝一案前准來函，業經札飭安陸縣移催拏解速結，并覆英領事查照各在案，迄今未據該縣詳覆等情，到本部堂。據此。查中英條約第八欵載，凡習教者安分無過，不得刻待禁阻等因，欽奉諭旨，准行已久。不守條約，即屬有違功令。子孫雖習洋教，猶是中國之子民，祖宗之枝葉，要當論其安分與不安分，不當論其習教與不習教。如不安分而干名犯法，處以國法固可，即處以家法亦無不可，豈以習教而聽其越分妄爲。若無不法之事徒以習洋教而歧視除名，甚至立約明禁，加以刑責，罰其酒席，是明立禁阻之條，顯違功令，徒使外人藉口，大屬不合。應由地方官善爲開導，勿令積成嫌隙，多生葛藤，以期民教相安。合就札飭。札到，該縣即便遵照，將藍姓族長父老等傳到，剴切曉諭，務須遵照條約，勿得歧視教民。如有不是，只可按理平心教導，不得以習教之故，有意與之爲難。并嚴飭藍博等將所立公議合約刑責罰席等事刻日削除，公同具結存案。如敢故違，定即傳案懲辦不貸。該縣務遵五月初七日上諭，將藍姓一案限文到五日内辦結，飛速稟覆，毋得稍有延宕，致干未便。再武穴教案大致雖已議妥，須待藍姓此案及德安徐輝一案辦結，方能作爲結案。該縣慎勿稍有稽延，以致有妨全局。仍將遵辦緣由先行稟覆。切切。特札。

札鐵政局飭修算學、方言各學堂 光緒十七年七月二十一日

照得算學最切實用，天文、地輿、水利、武備，無不相需甚殷。至方言、商務，亦爲今日自强要圖。本部堂前經考取兩湖書院諸生，曾將算學一門取録，分列内外課，并擬設算學、方言、商務各學堂，均經奏明在案。查算學一門，舉貢生監皆有，且所習係屬專門。若在書院散處，師長講授多有不便，亦無以收切磋之益。應於鐵政局附近選擇寬敞爽塏之地，專建算學學堂一區，并將方言、商務兩學附列其中，分別延訪教習，另行酌定學生額數章程，以資講習。各學生願兼習三學者聽，如願兼習化學、鑛學等事，亦可就鐵政局觀摩考求，將來博習會通，成效尤大。爲此，札仰該局即便遵照籌議，將各種學堂規模、章程、定額若干名、經費若干兩、需屋若干間，酌擬大略，繪圖呈候核定，一面即行委員，迅速擇地估工興辦。

札北善後局籌造礮船 光緒十七年七月二十一日

照得備豫不虞，古之善經。湖北地處澤國，惟水師最爲得力。近來湖南省匪徒滋事之案層見疊出。岳、常、澧一帶密邇鄂境，勢處上游，一旦有事，荆沙先受其害，武、漢立致驚擾。若待臨時增設水師、船礮，一切非可倉卒取辦，必至誤事，亟應豫防早計。今擬先行製造礮船，以備水師三營之用。内長龍三號，舢板七十五號，所有篷槳、繩索、帳棚及應用各器具一律配齊，限九月底造齊。至應配頭礮、尾礮、腰礮、洋槍、刀械等件，由軍裝所先將所存各件查點考驗，核計船數，是否齊全敷用，并須察其

是否一律完善精良，堪以應用，詳開清單稟覆，如數提存一所，妥爲照料，不得稍有損壞。其不敷者及不合用者，及早購配完備，不得臨時短缺。造成以後，停泊沿江一帶，每船酌派勇丁二三名看守。至水師將領，本部堂早已儲備，萬一需用，將領、船礮具備，旬日即可成軍。即使久安無事，此船亦可分撥江、漢、内湖各段及各州縣，以備更换巡緝之用，不至虚糜。其所需欵項，應由北善後局設法籌撥。無論何欵，移緩就急。以上事體，昨與司道等面加商酌，已有梗概。合亟札飭。該局即便會同藩臬兩司、糧鹽兩道詳籌妥議，如何撥欵，如何派員估工承修，限日告竣，迅速詳覆。

咨呈總署鈔送武穴教案來往文牘附單 光緒十七年七月二十八日

爲照武穴地方焚毁教堂毆斃洋人一案，於六月初二日將兩次與英領事來往文牘鈔録，備文咨呈在案。旋將審實首犯郭六壽、戴鱴魚二犯批飭就地正法，梟首犯事地方示衆，先經由電布達。其餘從犯八名，復經札飭印委各員復加嚴訊確供，分别等差擬議罪名，由北臬司核議具詳，批飭定罪發落。本部堂查此案起事之後，即經廣濟縣緝獲二十餘人。除無辜省釋外，實獲首從各犯十名，業經遵照五月初七日諭旨，查核律例，從重分别治罪。此外未獲餘犯，由地方官懸賞購緝，隨時查獲，隨地審明辦理。馬口司巡檢因滋事之時衆勢洶洶，未敢收留洋人婦孺，亦有不合，業已撤任。武黄同知本係管理江防之員，并無兵勇捕役，原難責其先事預防。現因該領事屢懇在武穴查拏餘犯，該同知某係恂謹文人，緝捕未必擅長，現將該同知調省，另派幹員署理，責令認真查緝。此爲緝犯，并非責處該員。查中外交涉案件，中國民人應按中國律例辦理，萬不能稍潰藩籬。此案首從各犯所辦罪名，皆係於照例之中兼寓從嚴之意，并允其隨時查緝餘犯。在我所能辦者不過如此，斷不能聽其例外苛求，株連洩憤，以致此後援爲成案比例。此外，惟有毆斃之英人應行撫恤，受傷之洋婦應給醫費，被燬之教堂應行賠修，亦經疊次札飭江漢關道與英領事妥商議給，以便完案。旋據該領事致委辦洋務蔡道錫勇洋文一函，譯閲所稱，於辦犯一節已無異議，并經江漢關道面晤該領事，所言亦同，是此案大致業已就緒。至撫恤賠償一節，英領事欲請税務司與教士等斟酌數目，當飭關道與穆税司商辦。旋據該税司覆稱，就己意觀之，兩洋人撫恤之欵共需四萬元，教堂帳未算明，大概數目約需洋二萬五千元左右，統共非六萬五千元恐難竣事等語。本部堂以此項數目既係撫恤爲重，誠不必與之錙銖較量，復飭穆税司與領事晤及。據覆稱，撫恤一層，甚爲得當，六萬五千元一併完案之説，該領事亦以爲然，已將此事據實申呈上憲等語。當經札飭關道，將此案各欵全數共洋六萬五千元備用，解送英領事查收分給。現據該領事函覆，關道以此案未奉駐京大臣札覆，未敢擅專。來文暫收，銀票送還存儲等語。旋於本月十六日該領事拜晤關道，面云已將關道此次原文申呈駐京大臣，此案當無異議等語。是撫卹等欵一節，領事已經允妥，專候英使覆文即可將案完結。此案與英領事往返辯論，甚費操縱。除將辦理情形隨時電達外，理合擇要將來往文牘并各犯供摺共十六件鈔録，咨請察核備案。

計鈔〔一〕

（一）五月初三日札關道照會領事轉飭各嬰堂暫勿收養幼孩由

〔一〕以下十六件録自抄本《督楚公牘》。

一件

（二）五月二十七日札廣濟縣飭將首犯郭、戴二名就地正法由一件

（三）六月初七日札關道致函領事將洋婦受傷供據譯送以憑核辦由一件

（四）六月初九日英領事照送供摺文一件并洋婦洋僕口供

（五）六月二十七日飭關道據臬司議詳委員裕守等復訊武穴教案各從犯擬辦情形轉行照會一件

（六）鈔録十犯供摺共一件

（七）六月二十七日武穴一案首從各犯業已科罪飭關道與領事擬議撫恤償欵轉行照會一件

（八）六月二十八日武穴一案剖釋例義案情飭關道照會領事由一件

（九）六月二十九日英領事致委辦洋務蔡道洋函譯漢一件

（十）六月二十九日英領事致江漢關孔道函一件

（十一）七月初四日札關道叙從犯簡明辦法情形及查緝餘犯咨提人證查禁湖南揭帖，催結德安、廣濟教案等事照會領事由一件

（十二）七月初六日英領事照覆電駐京英使由鄂辦結由一件

（十三）七月初八日江漢關道開呈本關穆税務司來函一件

（十四）七月十二日札關道將撫恤修堂等欵解送英領事分給由一件

（十五）七月十三日關道開呈本關穆税務司來函一件

（十六）七月十五日英領事覆關道函一件

（一）五月初三日札關道照會領事轉飭各嬰堂暫勿收養幼孩由一件

為札飭事。照得四月二十九日戌刻武穴教堂滋事，正在查辦，刻又據江漢關道轉據英領事官面稱，風聞武漢匪徒散播謠言，亦有滋鬧教堂之語。亟宜先事防範，以備不虞。除密飭地方官暨各營將領在於武、漢兩岸妥為防範外，查教堂滋鬧，大都因收養幼孩而起。在地方官雖有保護之責，而教堂亦宜遠嫌自慎。合亟札行。為此，札仰該關道即便遵照，迅即密行照會各國領事之設有教堂者，務飭各嬰堂日内如有送孩到堂者，暫勿收養，免滋疑惑。俟地方安静如常，再行收養，以期相安無事。切切。特札。

（二）五月二十七日札廣濟縣飭將首犯郭、戴二名就地正法一件

為録批飛飭事。案據湖北候補知府裕守、黄州府李守、該縣會稟稱：奉委督同復審武穴地方焚毁教堂、毆斃洋人案内之匪徒郭六壽等，供情確實，請照章就地懲辦，以昭炯戒，稟懇查核，迅賜批示遵行等情，到本部堂。據此。除批：據稟已悉。此案該犯郭六壽因見教民挑有小孩，輒行聽信訛言，起意藉端滋事，以致戴鱶魚與各匪徒附和滋鬧，拆毁教堂住屋器物，并有毆傷巡檢委員之事。郭六壽起意煽衆，并下手毆斃救火之洋關扦子手柯姓，戴鱶魚下手毆斃救火之洋教士金姓。既係事不干己，復致殃及無辜，均屬任意逞凶，形同土匪。既據該府等督同復訊，罪無可疑，實係此案首要正犯，未便稍稽顯戮。仰北按察司即飛飭廣濟縣會營監提郭六壽、戴鱶魚二犯一併就地正法，傳首犯事地方示衆，以昭炯戒。其胡東兒等三犯所擬監禁，暨陳連升等分别責懲是否允協，并議飭遵，無干省釋。另單并悉，如稟辦理可也。并行該守等遵照。仍候撫部院批示。繳。供摺存。

（三）六月初七日札關道致函領事將洋婦受傷供據譯送以憑核辦由一件

為札飭事。現據駐漢口英國嘉領事照稱，武穴一案内有緊要關鍵二則等情，到本部堂。據此。除所引中國律例各條另行核覆外，查文内所稱審辦毆傷婦人包、任、白三姓之人犯，援引中國鬭毆例文，謂應詳細推該婦人等受傷輕重，將來能否生育等語。查前接該領事來文，僅言洋婦人受傷，并未言及受傷情形，是以獲犯無從推究。想該領事於各婦人回漢口後，必問有供詞。此婦人三名是否均係被毆，内何人所受何傷，係在何處被何等人所毆，其受傷情形有無經西醫確驗不能生育之實據，應將各供詞備文譯送，以便核覆。若飭地方官於獲犯時參考原被兩造供詞，分别照例懲辦。此係本部堂體念女流，免其到中國公堂訊供之美意。但情節務須確實，方能辦理。合就札飭。札到，該關道即便遵照，致函該領事查照辦理。毋違。

（四）六月初九日英領事照送供摺文一件并洋婦洋僕口供：

為照會事。竊照本領事前派李代領事辦理此案時，囑其將武穴英婦人並所雇各華人及何醫生各口供繕寫譯出漢文，移送本領事轉呈貴部堂查核，囑令在案。六月初六日，准李代領事函送華字各口供前來，並稱本代領事想此案詳細緣由，湖廣督部堂尚未盡知，蓋各委員未將實在情形禀報等情。正備文間，接准關道來函：奉貴部堂飭詢該英婦三名受傷如何，著將各供據譯送等因。准此。遵將各供繕摺，具文照陳。為此，照請貴部堂俯賜鑒核施行。須至照會者。

四月二十九日，任氏將是夜七下鐘親經者一一供於英領事前。據云：是夜七下鐘，聞包牧住房之左巷衆聲嘈雜，問所僱傭人，外間有何事如此囉唣，僱夫應曰，有拐子拐孩，為人獲送衙門，是以囉唣。約過半下鐘時，中國講書先生范林夫至，云有大危險。故包氏聞信，立送夫片至二府署，請為保護，未獲報覆。旋包牧之宅前街人已站滿，是以諸女眷欲避無路可由，是以氏亟奔後屋白教士宅。喘息未定，見街衆飛石亂擊，由窗而入者，大石為多。未久，匪衆即將白宅之門撞開，蜂擁而入，故氏與白氏及白氏之孩，又折而上前至包宅。然白氏忙迫之中，仍遺一孩未同至。後見房起火，避入一車屋内。該屋係周圍木栅所造，匪徒用鉅木將包牧前門撞開。入屋見無人，尋至車屋，又將此屋撞倒，蜂擁而入。氏等為其所迫，又見大勢，甚不得已，再折轉至白宅，逸出側門，由左巷至正街福音堂。堂後有中國講書范先生住屋三間，氏等即由范宅側門出，至後壩馬口司署求援而白氏行稍緩，及至衙門，祇剩氏與包氏。該衙門不祇不為救援，且推氏等出署，將門緊閉，故市人以足狠踢包氏，右腿受傷甚衆，遍腿成青。而氏則首被擊破，倒地出血甚多，而手仍抱白氏小孩。旋勉力支持而起，同包氏逸入一黑巷菜園，有一人救入篷内。約一點多鐘，始見有小轎二乘，抬氏等至二府署，始免於難。至則氏等見白氏同其一孩已先在此。約過半點鐘，白氏之長女暨包氏之孩同為人送至。迨三十晨，二府命輿將氏等及四孩送上德輿輪船上漢。

任氏所僱熊嘉廉者供稱：四月二十九日晚，站在包牧師後門口，見一年青者在小巷内挑一籮筐，内有四孩，後四女人跟走，又有多人跟走。挑小孩者已被衆打，四女人啼哭不止。挑小孩者出巷口跪到龍坪司署，衆皆隨至。司官聞外吵鬧，立刻坐堂，問小孩者到何處，應云到九江府天主堂内，蒙其照應。衆說此乃是送於洋人煮的等語。司官云此乃假話，你們快去。皆不肯去。官又云，有做原告者，出姓名上來，方可結案。其中無一人出名，官即退堂。挑籮筐者由堂後挑小孩出，衆人一見，又要打他。其人將籮筐放在衙門口，四女人還站在旁邊。我即跑往包宅，便招呼白氏女孩，以後交代白氏厨房，見包宅已經火熾，即出外尋包、任、白三。街上遇見白氏，我隨白氏到二府衙。從衙回來，遇見金、柯二位先生。我即勸二位休去，恐遭不測，可惜二位不懂，竟往福音堂。走到正街，見衆人執扁擔亂打金先生，金即躲一皮匠鋪內，我亦在皮匠鋪中，即見金頭已劈開。皮匠云不要在我鋪中殺人，致我受拖累。金先生手中携一皮袋，衆又扭金到堂門口，無一人禁止，皆欲之。金說數句英語，立刻即打死矣。死後，又有人云洋人死後又活，遂用石頭將頭臉打爛，又雙脚在屍身踐踏。柯先生初見金先生被打，就先逃走。我見金先生死，便到包宅，見衆人中向有手持刀者。

白氏將二十九夜身親經者，一一供訴於領事前。據云：氏是夜七下鐘於屋内聞街上人聲嘈雜，即詢傭人何故，傭告以鄉人拐四孩事發。約過一下鐘，見任氏奔至，云現在街上大鬧，危險之極。語未畢，亟欲上前。氏見事危，請任氏代抱嬰孩。俄頃，側門已為匪徒撞開，一擁而入，院中滿站匪徒。故氏抱一孩同任氏上前至包宅，匪即入房上樓，携來木棍，任意亂擊什物，至石塊大小不一，飛擊樓上下。旋包宅火起，氏與包、任二氏避於園内小屋。迨包氏院門撞開，匪徒亦湧入。初入意并不在搶物，祇覓人而擊。見氏等在小屋，即將携來大木將此屋撞倒，氏等只得奔出側巷，至正街福音堂。迨出堂後，即與包、任二氏先散。然擊石者甚衆，幸未受傷，惟於中途失去一孩。途中遇有好善者教民奔馬口司署。迨至署中，有二女媪納之，且囑氏坐。旋男人至，立推之使出。匪徒笑駡叫殺者甚衆。而氏無法，又不識路，不知如何，又折回至己住宅前。見包牧師房屋火熾甚，衆人圍繞亂鬧，有二匪徒各手執尺長之刀，見氏至，有囑其殺氏者，有云不必殺，打好。旋有人即擊氏後頭，痛甚。又欲搶氏手抱之孩，幸未被搶，然氏已被圍街心，不識如何。又擁氏至二府署，署門已閉。氏立門外，扣門甚急。約數分鐘，始見一人啟門執燈，出而納之，語氏曰，我奉二府命，而來救汝者。氏至署，蒙二府予以鞋襪，蓋夜間往來數里，盡為白足。又蒙二府遣人代氏尋回失孩，亦遣人尋救包、任二氏至。迨三十日晨，蒙送上德興輪船上漢。

包氏將四月二十九日晚七下鐘，身親遇者一一供訴於領事前。據云：該晚六點鐘三刻，聞任氏云有人來說市上有因拐小孩事發，被獲送官，故外間甚為囉唣。迨七下鐘，范、向二先生趕至，云事甚危急，請投刺二府求救。氏如言，遣人持夫片去，未見報覆。七點一刻，傭媪由樓奔來，告曰上已有石擊進矣。語未畢，後門已為匪徒撞開，故氏與任、白二氏聚於室，商避斯險。旋又有大石由餐房窗擊入，登時擊破盌盞。氏無法，祇得出屋。將出時，見儲食物房火勢已起，且石塊飛入如雨點然。故氏等只得站立園中，以火起為石擊破窗間火油燈所致，亦未可知。迨避入車屋時，前門又為匪徒撞開，蜂擁而入矣。衆人見氏等避入車屋，即正屋而入車屋，意在擊人。氏等只得離開車屋，奔白氏宅，出其側門，奔正街至福音堂范先生住宅。即承范、朱二先生送氏等至後壩馬口司署求救。一出巷而白氏即先散。迨至署，門尚未閉，氏等即奔入。奈該署人不祇不為保護，且推出而閉其門，以是市人笑駡不堪。旋氏被踢受傷甚重，任氏頭擊破，出血亦不少。而此時人夥甚，進退皆為危險。幸遇一黑巷，氏等逸入，逃至一菜園，為園媪納躲，約一點半鐘，而此時氏之孩竟不知如何先散，幸為范先生照顧抱去。後有朱姓弟兄二人携華服至，囑易西服。少停，又承其唤轎至，送氏等至二府署，而時已約十點鐘。再約半點鐘時，氏嬰與白氏長女俱至。次晨，蒙二府唤輿，送氏等附德興輪船上漢矣。

金先生所僱者姓涂名發德供稱：四月二十九日晚，在麥邊洋棚同金先生等候上水洋船。九點半鐘，聞聽福音堂失火。不多時，柯先生從洋關來，同金先生説話，二人即往福音堂去。金先生手帶小皮袋，柯先生手無一物。我跟隨同到二府衙門前，遇見熊嘉廉阻攔，説不要去。金先生不知為何，依然急走。衆人在衙前，説洋婦人此時躲在衙内。我三人同行，柯在前，金在後之，我又後之。到正街，有多人抓住金先生。離堂不遠，有帶扁担者，亂打金之頭腦，血如湧泉。有四人捉我，我便退後脱衣。回來時，見金倒在堂門口死矣。有人又用石頭亂打頭面，有人用木棍亂搥頭面，共若有拾人之譜。外又有圍繞者甚多，又有搶掠者甚多。其打金先生者，有大半皆係年少之人，皆係赤膊。我即跑在洋關報信，説金已死，求老爺幫忙尋找柯先生。官云，你要小心謹慎。我又到二府衙去求救。二府云此乃縣官之事，與我何干。我無法可治，去見金先生屍首，不能認識，臉面因打碎爛之，故有人用火欲燒金先生的屍身，我急阻住。又到龍坪司衙門前，見柯先生遍體無衣，其屍首打亂較之金先生更甚。

何西醫驗視三西婦於武穴所受各傷録後：驗得任氏頭受棒擊傷，一處最重，流血甚多，因是傷，當時暈倒。餘輕傷在頭者數處。右臉受撻發青，左右腿插骨及右膝蓋皆受擊，成青色。此等凶殘施之孕婦，本極危險，幸目下已化險為夷，誠令人意想不到。驗得白氏背骨受踢，傷甚重，醫治月餘，痛始稍減，然因此受驚過甚，目下一人尚不敢上街，雖花樓洋街亦不敢獨行，其子女亦然。驗得包氏右腿受踢傷，全腿幾乎盡青，小腿受踢亦不少，唯小腹受傷尤重。該氏正在經期，因受驚受踢，經行立止，是為最險受傷。後一禮拜腹内疼痛，雖醫治月餘，現尤時疼時止，而夜間時仍驚恐，不能成眠。現雖似無危險，唯將來實難預保。

（五）六月二十七日飭關道據臬司議詳委員裕守等復訊武穴教案各從犯擬辦情形由一件

為札飭事。據署湖北按察使惲署司詳稱：案奉憲台批據湖北候補知府裕庚、黄州府知府李方豫督同廣濟縣知縣彭廣心稟稱，遵飭復訊武穴教案請示祇遵由。奉批：據稟復審武穴一案從犯各供，擬議罪名是否允協，仰北按察司迅即查核律例，妥議詳覆核奪，勿稍枉縱。稟摺抄發。此繳。等因。奉此。查該守等稟稱：竊卑府等前將會督卑職廣心復審匪徒郭六壽等供情確實，擬請遵照定章就地懲辦，并餘犯分別辦理緣由通稟憲鑒核示。卑職廣心於五月二十八日接奉北臬司轉行飭將該犯郭六壽、戴鱖魚一併就地正法，其餘各犯聽候北臬司議詳等因。業將郭六壽、戴鱖魚會營正法日期具文通報在案。卑府等旋奉憲台諭，飭將各犯嚴行復訊。遵即復行馳赴廣濟，督同卑職廣心遵照先後飭行各節，並檄調龍坪巡檢鄒振清帶同當日弓兵人等，及見證陶春燦來縣。又據差查黄皮匠實係潛回江西瑞昌縣原籍避匿，隔省路遠，委難一時傳到等情稟覆前來。卑府等隨提訊該弓兵田德、田興、王興等，并傳教民范修興、朱懷友、程有餘、曾顯明并領事所派費委員指傳之柯扦手厨役王七賢等，分別查訊。據各供稱，四月二十九日夜，武穴匪徒鬧事之際，天黑人多，該弓兵隨同鄒巡檢四處彈壓，并保護洋婦小孩，實不知何人如何毆搶福音堂，并教士住屋器物以及毆殺洋人之事。其見證陶春燦供稱，認識郭、戴二犯，業已指認，其餘實不認得。詢之教民范修興等，亦無從指認。當即再提在押之胡東兒等八犯，逐加詰審。始據胡東兒供認執有小鐵尺毆傷柯扦手頭上，并據胡視生亦供明拾起石塊打傷柯扦手頭上，及吕二弟亦摸着石塊擲傷金洋人。又據許洪春、田福兒二犯各供於人叢中碰撞洋婦，不知是否受傷。許洪春並撿拾零物，旋即拋棄。陳連升僅撿洋料瓶，亦即丢棄。干老五、范四妹二犯聞亂想欲撿取物件，人多未能擁上，各供不諱。反復研鞫，堅執不移。領事所派之費、梅兩委員在旁觀審，亦經聽聞供情，毫無遁飾，均應按律問擬。查例載凡同謀共毆人，除下手致命傷重者依律處絞外，其共毆之人審係執持鎗刀等項兇器傷人者，發近邊充軍。又律載搶奪傷人，為首斬監候，為從減為首一等，并刺字。若因失火而乘時搶奪人財物者，罪亦如之。又律載鬬毆令至篤疾以致不能生育者，杖一百、流三千里。又例載因失火而乘機搶奪，除有殺傷及計贜重者，仍照定例問擬外，其但經得財，罪應擬以杖徒者，俱照本例加一等治罪，將為首之犯杖一百、流二千里，為從者杖一百、徒三年、刺字。又例載搶奪不得財，問不應。又律載不應為而為，事理重者杖八十各等語。此案胡東兒因聞洋人住房火起，携帶鐵尺往看，見衆人圍打洋人，該犯亦用鐵尺打傷洋人頭上。查鐵尺係例載兇器，應照共毆之人審係執持兇器傷人者，發近邊充軍例，擬發近邊充軍。胡視生、吕二弟各因洋房失火往看，見衆人趕打洋人，該犯等各拾摸石塊打傷洋人，均應照搶奪傷人為從減為首罪一等律，各擬杖一百、流三千里，并於右小臂膊上刺搶奪二字。許洪春因洋房失火往看，見人擁擠，適遇教士婦女一人，該犯亦跟隨擁碰一下，雖據供稱不知是否受傷，即就傷至篤疾不能生育而論，按律罪應杖一百、流三千里。該犯撿拾物件，按照因失火而搶奪財物，亦應杖一百、流三千里。二罪相等，向例從一科斷，該犯許洪春應擬杖一百、流三千里，并於右小臂膊上刺搶奪二字。田福兒在人羣中擁碰教士婦女一下，雖據稱不知是否受傷，并未撿取物件，但擁碰教士婦女，與許洪春相同，亦應按照毆人至篤疾不能生育，杖一百、流三千里律，擬杖一百、流三千里。陳連升因聞洋房失火往看，見衆人圍打洋人，據供并未幫毆，惟撿取零星物件。該犯陳連升應照失火乘機搶奪人財物但經得財罪，應擬以杖徒者，俱照本例加一等治罪，將為從者杖一百、徒三年例，擬杖一百、徒三年，於面上刺搶奪字樣。干老五、范四妹各因洋房失火，衆人與洋人鬧事，想往撿取什物，未經得財，均應照搶奪不得財問不應，杖八十例，各擬杖八十。弓兵見證暨教民等均屬無干，當即飭令各回當差安業。未到之黄皮匠地屬隔省，應請憲台咨會江西撫部院飭行瑞昌縣迅速查傳解案，到日再訊。未獲餘犯現仍遵檄懸賞，飭差嚴行訪緝，獲日另結。是否有當，理合稟祈大人俯賜查核，批示祇遵。所有現在復審胡東兒等八犯供摺，一併開呈。其弓兵見証暨教民等各供俱無别故，請免開叙。合並陳明等情。奉批：前因本署司查此案，該犯胡東兒、胡視生、吕二弟、許洪春、田福兒、陳連升六人因聞洋房失火往看，或執鐵尺毆傷柯扦手頭上，或拾石塊打傷柯扦手，或擲傷金洋人，或碰撞洋婦及撿拾零物，或撿洋料瓶，均屬强横生事，未便稍涉輕縱。應如該府等所擬，胡東兒合依鬬毆之案共毆人，審係執持兇器傷人例，擬發近邊充軍。胡視生、吕二弟合依搶奪傷人為從律，各擬杖一百、流三千里。許洪春合依鬬毆令至篤疾不能生育滿流律，與因失火搶奪財物滿流律，從一科斷，擬杖一百、流三千里，與胡視生、吕二弟各於右小臂膊刺搶奪二字。田福兒合依毆人至篤疾不能生育律，擬杖一百、流三千里。陳連升合依因失火乘機搶奪得財為從例，擬杖一百、徒三年而刺搶奪二字，分别解配，折責安置。干老五、范四妹各因洋房失火，欲往撿取什物，未經得財，均合依搶奪不得財、問不應重例，各擬杖八十，折責發落。許洪春所撿零物，陳連升所撿洋料瓶，據供均已丢棄，無從着追。黄皮匠據稱逃回瑞昌縣原籍，應請咨明江西撫部院飭緝，務獲解楚，另行審辦。餘如該守等所稟辦理。相應詳請俯賜核辦等情，到本部堂。據此。除批：查此案從犯胡東兒、胡視生、吕二弟、許洪春、田福兒、陳連升、干老五、范四妹等八名，經裕守等復訊確供，按照律例從嚴分别擬辦。既據該司復核，該犯等均屬强横生事，未便稍涉輕縱，應如該府等所擬各罪名，分别照辦。應即如詳辦理，以示懲儆。除黄皮匠一名應候咨明江西撫院轉飭查提，務獲解鄂質訊外，仰即轉飭該府縣等遵辦，并移江漢關道遵照。仍録報撫部院查照。繳。

（六）抄録十犯供摺共一件

據郭六壽供：年三十二歲，係郭任十六户的人。小的家有母親、兄弟，并没妻室兒女。向在武穴街口馮元和屠鋪幫工，與這到案的戴鱺魚向不認識。本年四月二十九日挨晚，小的正在大橋邊閒逛，看見教民歐陽理然同他兒子歐陽學進挑着四箇小女孩，共有一担走來。當向查問，説是代教堂中收養。小的向來聽人傳説洋人所收女孩要挖眼睛配藥蒸食的話，心中忿急，起意與教堂鬧事。就跟着歐陽理然等同走，一路吆喝，就有這戴鱺魚同街上及外來的閒民聽聞，都跑攏來了，一齊擁到後街洋人住屋門前，大家喊鬧撞打大門。當時龍坪巡司出外彈壓，就把歐陽理然派差看守，并把那小女孩四箇交給鄉保。那知閧來的人越聚越多，怕是巡司將小女孩交給鄉保，還要送往教堂。大家不聽吩咐，各人就拏起磚石，隨手亂打，不曉得何人打傷龍坪巡司頭上，并把洋人住屋玻璃窗床一同打破。就聽見有人喊説那前進屋裏洋油燈炸了，不一會火勢燒起來，小的就與大衆閧鬧一番，小的也没搶着甚麽。他們又一起擁到正街福音堂門前，打壞了門。隨聽説外邊有兩洋人跑來救護，大家就趕到街心亂打。有一洋人跑到水塘邊，人多跑不開，就跳入水塘内。那時是龍坪巡司趕上救起。剛到那公所門前，小的就拾起刀來，砍了那洋人頭上前後好幾下倒地。當時人亂，也記不清砍的部位，不料那洋人當時就死了。後來只看見洋關上委員趕來喊救，不知是何人，怎麽打傷，小的就將兇刀丢棄，乘空逃避，隨被差拏到案的。今蒙督審，小的知道犯法，求施恩。

據戴鱺魚供：年五十一歲，漢陽縣人。小的早年在武穴後壩鹽局當過傭工，現在閒住，游混度日，與這到案的郭六壽向不認識。本年四月二十九日平黑時，小的正從家内出去閒遊。走到街口，只聽説有洋人的教民挑了一担小孩，大家説是送去挖眼睛配藥蒸食的事，就有一些閒民也都聽聞趕來，一齊擁到後街洋人住屋門前，各自喊鬧，撞打大門。當時龍坪巡司出外彈壓，就把歐陽理然派差看守，并把那小女孩四箇交給鄉保。那知閧來的人越聚越多，恐怕將小女孩還要送往教堂，大家不聽吩咐，各人拏起磚石，隨手亂打，不曉得是何人打傷龍坪巡司頭上，并把洋人住玻璃窗床一同打破。就聽見有人喊説那前進屋裏洋油燈炸了，不一會火勢就燒起來。小的就與大衆閧鬧一番，小的也没搶他甚麽東西。他們又一起擁到正街福音堂門前，打壞了門。隨聽説外邊有兩洋人跑來救護，大家就趕到街心，圍住亂打。有一洋人跑到福音堂附近皮鋪内，衆人看見，將他拖出，小的將拾起刀來趕去，連忙狠砍了那洋人幾下倒地，因人亂，也記不清砍的部位。不一會那洋人就死了。後來只聽説有洋關委員趕來喊救，不知是何人，怎樣打傷，小的就乘空逃避，隨被差拏到案的。今蒙督審，小的知道犯法，求生全。

據民人胡東兒供：年二十七歲，住蘄州界，家有母親夏氏，妻室盧氏，哥哥名叫心有，現住大壩上做豆腐生理。前月二十九日，小的在家睡醒，二更天時，小的母親叫小的，説洋人住屋失火，因小的嬸娘住屋離火處二十多家，恐燒壞嬸娘住屋，小的姪子叫小的去看打洋人。小的看見小的姪子玩弄一把小鐵尺，小的隨手携那小鐵尺去防手。小的到那處，看見那洋人在塘内起來了，站在塘邊，衆人圍打洋人，小的也用小鐵尺往洋人頭上打了一下，黑夜裏不知打到哪處。不一會，説龍坪司來了，小的害怕，那時人數甚衆，把小的鐵尺擠掉了，小的比即回家去了。這是直供，求輕辦。

據民人胡視生供：年三十二歲，是蘄州胡桂户人。家有老母、妻室兒女。小的去歲搬到武穴劉家巷胡道士家居住，小的在本街胡德太屠店當僱工。四月二十九日夜晚，聽説洋人住屋失火，小的往看。見洋人在水塘内，是龍坪巡司將洋人扯起。衆人跟隨，一路追趕，小的在王家巷口，被衆人將小的擠倒在地，隨拾起石磚一塊在手，就在那洋人頭上打了一下，不知打在那處。那時人衆，小的身抱有暗疾，不能擠上，就回去。至那衆人，小的都不認識，不是本地聲音。今蒙提審，這是小的直供，不敢謊，求恩全。

據民人吕二弟供：年三十六歲，在魏家灣居住，并無父母兄弟妻室，只有一箇兒子名毛生。小的向在武穴劉家巷余老五家當僱工，幫他種田。四月二十九日平黑時，聽説洋房失火，小的由正街往看。走到那裏，看見衆人將洋人圍住亂打，小的在地也摸一塊石頭，打了那洋人一下，不知打在那處，後是戴鱺魚將洋人殺傷倒地，小的看見，就跑回去了。今蒙提審，這是直供，不敢謊，求生全。

據民人許洪春供：年二十一歲，住武穴玉皇閣，駕船生理，家有父母兄弟。四月二十九日，洋人住屋發火，小的聽説他前後門俱没打開，火由屋内燒出。小的往看時，人衆擁擠，適撞着一箇女洋人，小的也跟著擠碰一下，撿拾一些零細物件。那時人衆，愈擁愈多，把那些物件擠掉了，手内剩得細物件，小的也丢了，實没有毆打洋人的事，求施恩。

據民人田福兒供：年二十八歲，住武穴鍾陽五井邊下。小的先做油貨燒餅手藝生理，今年在家為農。四月二十九日，小的在家打小麥，小的妻説洋人住屋失火。小的聽説洋人住屋前後門俱未開，不知屋内從何失火。小的走著，在人羣中碰了洋婦一下。後來有洋人在塘内，是龍坪巡司叫那洋人上岸。小的那時在王家巷口站住，看見郭六壽與衆人將洋人圍住。洋人動手打人，郭六壽同衆人隨即打洋人。小的實没有在場打洋人，亦没有拏洋人東西的事。這是小的直供，不敢謊，求施恩。

據民人陳連升供：年二十五歲，住水京廟地方，家有父親、妻室。小的向在武穴幫剃頭店剃頭生理。四月二十九日平黑時，小的聽説洋人與衆人打降，小的往看。只見那洋人在正街被衆人圍打，都說他不該將小女孩用鍋蒸食。後小的由王家巷到塘下，看見那洋人在塘内，是郭六壽同衆人將洋人圍住毆打。那衆人不像本地聲音，小的一個都不認得。小的本没毆打洋人的事，小的回去撿得零細物件，因龍坪司差役看見，小的害怕，當時丢了。小的本没有拏洋人物件，求訪察。這是直供，不敢謊，求施恩。

據民人干老五供：年三十六歲，住草鞋嶺，家有一箇兒子。小的向幫夏德昌當傭工。前月二十九日挨黑時，小的在家聽説洋人住屋失火，又聽人説前後門俱未開，由屋内起火，聽有人喊叫打洋人。小的也去趕看，想着拾點東西。那時看的人衆，小的挨擠不上，不一會，聽人説洋人在塘内被龍坪司已經救起帶走了。小的隨即回家，别的事情小的不曉得。求施恩。

據民人范四妹供：年三十二歲，在連塘居住，家有老母兄弟，是在武穴剃頭店當傭工。四月二十九日平黑時，小的在店内聽説洋人與衆人鬧事，小的去看，想着拾點東西，并未拾着。那洋人住屋前後門均未打開，不知屋内從何失火。前門外有龍坪司彈壓，只見那洋人站在塘内，是龍坪巡司叫他上岸。那時龍坪巡司與洋人前後行走，因洋人轉身動手打人，郭六壽與衆人將人圍住毆打。平黑時，那衆人小的一箇都不認得，内中也有外路聲音的。小的實没有攏身打洋人，也没有搬洋人東西的事。這是小的直供，不敢謊，求施恩。

（七）六月二十七日武穴一案首從各犯業已科罪飭關道與領事擬議撫恤償欵由一件

為札飭事。照得武穴焚毁教堂毆斃洋人一案。溯自本年三四月間蕪湖等處滋鬧教堂之後，沿江一帶謡言四起，處處堪虞。疊經本部堂嚴飭地方文武密切防範，凡有育嬰教堂之處尤為加意保護。幸於口岸重要之區未至滋事。武穴地方距廣濟縣城七十餘里，僻處一隅，向有福音堂而無育嬰堂，民教相安已久，本無藉口之端，原不至有滋鬧之事。詎意四月二十九日傍晚，有教民歐陽理然肩挑幼孩四人，據云將送往九江教堂。適為郭六壽等所見，疑係送往育嬰堂剜眼蒸食，肆口妄言，激動公憤。頃刻之間，人衆麕集，皂白不分，誤以武穴教堂為育嬰之處，始則擲石奮擊，以致洋油燈擊破失火，延燒毁壞洋屋一層，共止兩間。繼復逞兇毆人致斃二命，匪徒遂乘機攫取零星物件。堂中存有鐵櫃，内藏緊要物件，并未搶掠攜去。會逢其適，釁起有因。其福音堂内教士包姓、白姓兩人已先期一赴興國，一往漢口，并未在堂，轉致波及洋關之柯扦手、外來散書之金教士，皆以救火之故，無辜被害。教士女眷亦同時被毆，輕重不等，或致成傷，或已平復。本部堂聞報之餘，殊深憫惜。立飭地方官嚴拏首要各犯，五日之内拏獲多人。并飭關道即派委員乘輪至武穴，將斃命之英人二名照料護送回省，另派文武大員前往漢口撫慰彈壓。又特派委員馳往廣濟，會同府縣切實審辦，故共毆為首下手致命傷重、罪應擬抵之正兇郭六壽、戴鱖魚二犯不至漏網稽誅。其餘從犯八名，業經審訊明確。前後十犯均經該領事所派教士在旁觀審，毫無預謀情節，亦訊無放火圖刦情事，業經飭司核議，按照中國律例從嚴分别科罪，另札飭遵。所有領事指為要証之教民程姓、范姓、朱姓、曾姓四名暨陶春燦一名，又觀審教士指為要証之柯扦手厨役王七賢一名，均經該印委傳到，詳加訊問，令其指出在場滋事之人，當為拏辦，均堅稱不能認識指出。於廣濟縣所獲各犯之外，不能指出一人，是廣濟縣於此案緝犯認真迅速，已可概見，且該教民等亦并不能指出預謀情節。查此案事在黑夜，人數衆多，自難辨識。現在所辦之犯已不為少，惟在場滋事之犯，難保無或有漏網。所有未獲之犯，已飭地方官懸賞購緝。無論軍民教民人等，有能指實同時幫毆兩洋人及毆傷洋婦暨乘機搶奪教堂物件之人，審實給賞，隨時另辦。馬口司巡檢因衆勢洶洶，未敢收留洋婦洋孩，自屬不合，業已撤任。武黄同知本係管理江防，向無緝捕之責，手下並無兵勇捕役，原難責其彈壓，且已收留婦孺在署一宿，即是保護之實據，本無不合。惟疊接該領事來函相商，以撤換同知方便緝犯為詞。該同知緝捕本非所長，本部堂意存友好，因地擇人，亦即從其所請，已飭司遴委幹員，署理武黄同知，并加札飭令該同知會同廣濟縣嚴緝未獲餘犯，隨時審明，照例懲儆，有証必拏，有供必辦，總期無枉無縱。總之，此案事起倉卒，皆由誤聽訛言，懷疑蓄憤以致閧鬧逞兇。火起之後，宵小乘機搶奪，實情不過如此。本部堂於辦理此案一秉至公，凡情理、條約所能辦者，實已無微不至。不惟可以對英國，直可對萬國而無愧。此外，惟有毆斃之英人應行撫恤，受傷之洋婦應給醫費，被毆之教堂應行賠修，以昭示我國家懷柔遠人之至意。亟須及早議妥付給，以便完案，俾各教士得以照常傳教，免致久候延擱。前經檄行關道與領事妥商，日久未據領事覆到，自應再行催辦，合就札飭。札到，該關道即便遵照，照會英領事并與晤商，將撫恤，醫資及賠修之欵從優議給，妥商允洽，稟候核奪。毋稍違延。切切。特札。

（八）六月二十八日武穴一案剖釋例義案情飭關道照會領事由一件

前據英領事照稱：竊照武穴一案内有緊要關鍵二則，一懲辦犯人應照律例比擬；二當體中外兩國交誼為重。其應如何辦理，方與中外交誼相孚，且俟將來再為議論，現在惟有援引律例而言，以昭核實。一、本領事察看貴國律例，有分別謀殺、故殺之條。此案若是預先圖謀，是為謀殺。若是當夜釀成，亦為故殺。本領事揆度，實為預謀。貴部堂以為故殺，亦應將滋事各犯悉數按名拏獲，照故殺例辦理。查貴國律例，凡鬬毆殺人者，不問手足、他物、金刃，並絞，故殺者斬。此案殺英人金、柯二命，非止二人下手逞兇，計有多人。亟應全行拏獲審問，分別是否鬬殺、故殺，照例科以絞、斬罪名。二、毆傷婦人包、任、白三姓之人犯，亦應全行拏獲審問。查刑律載，鬬毆分別輕重治罪，又後附毀敗人陰陽者以致不能生育之語，應詳細推該婦人等受傷輕重，將來能否生育，然後將該犯照例辦理。三、燒燬房屋一節，查刑律，放火故燒人房屋，中國官員應逐細查問是否故燒，分别辦理。四、搶英人物件之犯，亦應全數緝拏，照律辦理。查律例，凡白晝搶奪人財物者，杖一百、徒三年。若因失火而乘時搶奪人財物，罪亦如之。五、武穴同知暨馬口巡檢之罪，查貴國律例，凡知同伴人欲行謀害他人，不即阻當救護，當杖一百。六、該犯人尚有多名，至今未獲。查貴國律例，有盜賊捕限一條。本領事請煩貴部堂嚴飭地方官並印委各員，按照以上所引貴國律例，認真辦理。除申陳駐京大臣外，相應具文照請，俯賜鑒核，飭知施行等情。據此。查文内所稱緊要關鍵二則，一懲辦犯人應照中國律例比擬；二當體兩國交誼為重等語，具見該領事明白事理，所謂要言不煩，本部堂深以為是，極堪嘉許。本部堂辦理此案，懲匪徒之兇暴執法從嚴，憫無辜之殞傷體恤從厚，無非重兩國之交誼。案牘具在，可考而知。至按照律例比擬一節，該領事來文所引例文多有誤會，自應將案情律義分條剖釋，以解其疑。

一曰此案非謀殺也。查謀殺之律，造意者斬，加功者絞，擬抵者不止一人。然必情節符合，乃能引辦。若情事絶不相涉，則斷不能牽引，故入人罪。蓋凡謀殺人，必與所殺之人素有仇怨，或圖得其人財物，蓄意欲致其死。其欲殺何人，皆有專指，先設殺人之計，後行殺人之事，或設計陷害，或伺於隱僻，必須謀狀顯著明白者，方可謂之謀殺。武穴之案，事起倉猝，一唱百和，閧鬧混毆。不惟被毆者不及料，即滋事者當閧鬧之時，此事聚集幾人，鬧至如何情形，其間有無殺傷或殺傷幾人，亦唱首滋事及附和滋事者所不及料，何謀之有。查武穴教堂有教士二名，人所共識。如有預謀，何不於在武穴之時定期伺隙殺之，而乃於二教士一赴興國、一赴漢口之後始行滋事。且毆斃者非武穴福音堂之人，又係外來之金教士及無干之洋關扞子手，更與本處教堂無涉。柯、金兩人以由江邊前往救火之故，致被共毆，亦非住在教堂内之人。使當日歐陽理然不挑幼孩赴武穴，或挑幼孩而不遇郭六壽，均不至於生事。使柯、金二人不救火，則亦無從被毆殞命。救火雖無不合，然柯、金之來救火與否，豈衆人滋鬧時所能預料。其非預謀殺害，毫無疑義。況歷觀印委文武各員疊次禀報，覆加各處防查及該領事送來洋婦洋僕供詞，參考各犯口供，均無預謀證據。至跟隨幼孩啼哭之婦女，乃歐陽理然之妻媳，被街衆毆打，以致啼哭，隨即遠避，有供可證，已録交觀審教士。該領事如平心細考，當必釋然。

一曰此案與故殺無涉也。查律例，故殺即在鬭毆條内。律註謂兩相對而毆，一時逞兇，欲致其死，而逕情殺之，謂之故殺，故坐斬罪。中國辦案，凡鬭毆殺人，或臨時起意致死或傷多且重者，則以故殺論。蓋故殺乃一人所為，亦只有一人擬抵。若多人共毆一人，因而毆傷致死者，是謂同謀共毆。定律係將下手致命傷重之一人擬抵，加功之餘人罪名較輕，無論加功者所傷輕重，不能將幫毆之餘人全謂之故殺而令其抵償。向來辦法如此。武穴一案，柯、金二洋人自係共毆致斃，與一人故殺之條無涉。且故殺罪亦止斬候，今已將郭、戴兩犯擬抵，并從重即行正法梟示，較之故殺治罪已重。若在場幫毆之從犯，當看其兇器情節，自有治罪專條，不能將從犯人人皆辦故殺也。

一曰此案應照共毆人律辦理也。查例載，同謀共毆人因而致死者，以致命傷為重。下手致命傷重者絞，原謀者杖一百，流三千里，餘人各杖一百，不計人數多寡及傷之輕重。又例載，若原謀共毆，亦有致命重傷，以原謀為首。又載除下手致命傷重者依律處絞外，其共毆之人，審係執持槍刀等項凶器傷人者，發近邊充軍。此案郭、戴二犯因訛傳剜眼蒸食諸事深恨育嬰堂，而誤以教堂為育嬰之處，糾衆閧鬧，即係原謀。又用刀連砍頭上前後，即是例所謂原謀共毆，亦有致命重傷，照律應坐絞監候。本部堂批飭就地正法，梟首示衆，係遵旨重治其罪，就死罪上從嚴辦理。然中國定例，加重亦有等差，其應軍流者，不得加入死罪。此係一定之辦法也。其共毆致斃餘人，常例罪僅滿杖。此案胡東兒所持并非槍刀，雖係鐵尺兇器，然據供云往頭上打了一下，黑夜不知打在何處，其傷之輕重皆不可知。現從重擬近邊充軍。胡視生、吕二弟因本案有搶奪傷人情事，均擬杖一百，流三千里，亦係從重科斷，不可不知。

一曰致傷婦女之犯已重辦也。查鬭毆律載傷人令至篤疾以至不能生育者，杖一百，流三千里。律註云毀敗人陰陽，乃指如古之宫刑割勢幽閉而言，自非手足毆傷者可比。此案洋婦三人被毆，惟包氏一人受傷較重。許洪春自供碰撞婦女，不知有無受傷，自係致傷洋婦之正犯，且又兼撿拾零物。因洋婦女流，從寬免其查驗。且將來醫治如何，亦難懸案以待，應從重杖一百，流三千里，以示嚴懲。吕二弟供認擠碰洋婦，其是否成傷，該犯自無從得知。是以比照許洪春，一律擬以滿流。許洪春因兼搶奪罪名，并刺搶奪二字，不為不嚴。

一曰焚毁房屋非放火故燒也。查洋婦包氏供稱，有大石由餐房窗門擊入，登時擊破盌盞。將出屋時，見儲食物房火勢已起，石塊飛入如雨。在閱各犯口供，僅見擲石入屋，并無放火故燒情節，自以包氏所稱以火起為石擊破窗間油火燈所致，應無疑義。

一曰攫取零物非搶劫也。此案起於公憤，擲石教堂，因洋油燈失火延燒。匪徒於教堂既毁，乘人亂之際攫取零物，事之所有，然非糾夥劫財，顯然易見。試思强盗劫財，何分中外，可劫則劫。如係圖財行劫，何以沿街舖户居民并未搶劫一物，且何以教堂内存放鐵櫃，向係内裝緊要物件，誰人不知，何以并未擡去，只取零物耶。自有失火乘機搶奪本例專條，不得照强盗搶劫例辦理。

一曰地方官非不拏人，亦非不傳訊要證也。查此案起事之時，聚衆至千餘人之多，黑夜模糊，未易辨識。若妄拏無辜，濫加刑典，不惟中國無此律例，即外國亦無此人情。廣濟縣於事後竭力訪緝，五日之内即獲正犯首要二名、從犯八名，辦理可謂認真迅速。除無辜省釋外，當時實無故縱之犯。迨後數十日查無端倪，又無人告發。該領事及教士所指如教民范修興、朱懷友、程有餘、曾顯明及陶春燦、歐陽理然、王七賢等目為要證者，皆已逐一提訊，無有能指證一人者。所有審問首犯、從犯要證各供，皆觀審教士在旁親見親聞，此即地方官實無知匪不拏、有證不訊之明證也。該領事又疑為會匪而不敢拏，絶無此理。會匪有干例禁，除匪正以安良，地方官豈有不願拏辦之理。况屢奉諭旨，何至尚不敢拏乎。

一曰武穴同知、馬口司巡檢，不得指為同行知有謀害不即阻擋救護也。律文同行，係指同伴而言。同知、巡檢皆係職官，豈得謂為同伴。此案事起倉卒，即在場滋事各匪，事前本犯亦不能預知，官豈能知。該同知向係專管江防，素無緝捕之責，並無兵勇捕役。况聚衆過多，其勢無從阻止。且閱包、任、白三洋婦供詞，皆藉同知救護至署内，故洋婦洋孩得獲生全，此即是保護之實據。至巡檢尤屬職小力微，惟因人衆洶洶，不敢收留洋婦，已經撤任矣。且現因查緝餘犯，已將該同知調省，另委幹員接署，飭令會同廣濟縣查拏。

一曰餘犯只能隨時認真查緝也。該領事照會稱，應將滋事各犯悉數按名拏獲。又稱該犯尚有多名，至今未獲等語。此案閧鬧人數雖多，然多係從旁喧嚷，觀看之人不下千餘，豈有一一拏辦之理。至真係動手毆人搶物之犯，誰能知其確數。中國辦案，重在首犯正兇。今首兇二名已經拏獲，加等嚴辦，從犯亦分別軍流徒杖，重辦八名，實為不少。此外餘犯，只有隨時訪查訊辦。果有確實指證，即當查拏，審明辦理。現已飭地方官懸賞購緝，若能續得真犯，無論係幫毆兩洋人及毆傷洋婦、乘機攫取物件之人，自必分别等差，按律科罪，隨獲隨辦，絶不寬縱。惟不能限定人數，預計時日，更不能妄拏無辜，總以無枉無縱為主。除將續行復審從犯八名批飭定罪發落，另飭該關道備文照會外，合就札飭該關道即便遵照，照會該領事查照。

（九）六月二十九日英領事致委辦洋務蔡道洋函譯漢一件

敬啟者。昨接照會三件，本領事因抱恙而又目痛，不能遽覆。惟督憲之美意可感，不敢不將本領事所見先請代陳。查從犯八名定罪，自應由中國官按照中國律例援引比擬，妥為處斷。復閲所引例章及各犯供詞，本領事更無可説，惟覺臬台所擬甚為允洽，本領事亦知要証候已訊供，更知中國官憲處斷均屬情罪相當。至放火故燒一節，查無實據，本領事亦以為然。又未獲之犯允為隨後續拏，并由廣濟縣懸賞購緝，其賞格已得見，均甚妥協。此案於辦犯一節，本領事現已無可異議之處矣。至來文所言交際等情，本領事意見，間有未盡相符者，然此係小節，午後晤孔觀察，當將此案妥議完結，想本國公使當無異議。惟本領事未奉公使允結明文，不敢擅謂此案已結。此係中國官奉旨嚴辦之案，或須公使在京辦結，亦未可知。如公使飭本領事照結，自當遵行。至督憲文中所言惋惜各節，本領事心已深感，又復概許體恤，益增感激。此信雖非公牘，儘可作公牘用。本領事因抱恙，未及抄稿存案，作為公牘亦屬無礙，俟愈再行備文照覆。嘉托瑪 六月二十九日

（十）六月二十九日英領事致江漢關孔道函一件

逕啟者。本月二十七日准貴監督來文，奉督部堂札行武穴一案，據臬司詳轉據黄州府會委督縣，將各從犯復訊，議擬罪名，均屬情罪允當。惟胡視生、吕二弟二犯照例科以杖流外，并於右小臂膊上刺搶奪二字。又陳連升應得杖徒外，亦於面上刺搶奪二字等因。此固照例辦理，然本領事并非意存報仇，屢請發辦，不過欲免將來效尤。閲看刺字，心有不安。兹特商請貴監督轉陳督部堂，可否將該三犯刺字一層免除，以便後來改為良民。專此，順頌台安。六月二十九日

（十一）七月初四日札關道叙從犯簡明辦法情形，及查緝餘犯、咨提人証、查禁湖南揭帖，催結德安、廣濟教案等事照會領事由一件

為札飭事。照得武穴一案，首要正兇郭六壽、戴鱍魚二名已經即行正法，梟首犯事地方示衆。其幫毆及毆傷洋婦、拾取零物之從犯胡東兒發近邊充軍，胡視生、吕二弟、許洪春、田福兒等四名各杖一百、流三千里。陳連升杖一百、徒三年。于老五、范四妹各杖八十。共計正犯從犯十名，均係傳集要証，訊取確供，按照中國律例從嚴科斷。未獲各犯已懸賞緝拏，俟拏有人，隨時審實，照例懲辦。應質訊之黄皮匠，已咨江西查提。馬口司巡檢業已撤任，武黄同知已經調省，另派幹員署理。已將此案之供情例意及一切詳細情形，於六月二十七、二十八等日，疊次札飭該關道照會嘉領事官，并飭與該領事妥商從優議給撫恤、養傷及修復教堂、賠償失物各款各在案。旋據該關道面禀：亦接英領事函覆，并已會晤英領事。據稱，辦犯各節均屬允洽。惟胡視生、吕二弟、陳連升各犯請免刺字，以便後來改為良民，并請嚴禁湖南匿名揭帖，德安府徐輝、廣濟縣藍姓兩案，請速辦結。龍坪司巡檢、長江水師炮船胡弁請給獎勵，馬口巡檢請酌量懲處各條。除湖南匿名帖前已會列南撫院銜刊發告示嚴禁，以後仍當隨時查禁。廣濟縣藍姓一案業經該族人調處完結詳覆，另飭照會有案。馬口司巡檢已飭司摘去頂戴示懲，其餘各條均可允其照辦。所有撫恤、養傷、賠修各款，應如該領事所請，由穆税司迅速商議妥辦。昨譯閲英領事致蔡道一函，友誼可嘉，本部堂實深欣悦。此案現辦情形，該領事既無異議，似可由該領事電致駐京英國華大臣，准其在鄂辦結。該領事明白事理，本部堂甚願就近與之妥商，以便早為了結，免致多費周折。合就札飭。札到，該關道即便遵照，

照會英領事查照。毋違。此札。

（十二）七月初六日英領事照覆電駐京英使由鄂辦結由

為照會事。本年七月初五日准江漢關道文稱，七月初四日奉貴部堂札飭武穴一案現辦各情照會前來。除摘叙文内所云此案現辦情形，英領事既無異議，似可由領事電致駐京英國華大臣，准其在鄂辦結等由，先行電申欽差大臣，并將來文鈔録暨繙出英文，一併申請核奪外，相應照覆。為此，照會貴部堂俯賜鑒核施行。須至照會者。

（十三）七月初八日江漢關道開呈本關穆税務司來函一件

敬啟者。昨在敝寓暢領教言，惟欵洽未周，赧慙無似，忝在至好，諒可鑒原。所商各節，業已晤及領事。據云，此事有關大局，不能如生意往來，錙銖必較。況中英堂堂大國，若為此區區小事彼此較量，殊為不便。本税司亦以為然。在鄂竟觀之，非六萬五千元恐難竣事。兩人撫恤之欵共需洋四萬元。雖教堂賬未算明，聞説大概數目約需洋二萬五千元之左右。祈將此事禀明督憲可也。此佈。順頌時安。惟照，不備。

（十四）七月十二日札關道將撫恤修堂等欵解送英領事分給由一件

為札飭照覆事。據江漢關道孔道禀稱：接本關穆税務司七月初八日函稱，所商各節，業已晤及領事。據云，此事有關大局，不能如生意往來，錙銖必較。況中英堂堂大國，若為此區區小事彼此較量，殊為不便。本税司亦以為然。祈將此事禀明督憲可也等情，到本部堂。據此。查此案既經該關道與税務司酌議大概，應即從優核給，以昭朝廷懷柔遠人、矜卹無辜之至意。柯扦手、金教士兩洋人無辜殞命，自應從優撫恤，應每人各給予其家屬洋銀二萬元。至武穴教堂素與該鎮民間無嫌，此次因無干訛言，懷疑鬨鬧，致被焚燬，并非該堂啟衅，自應由官給欵，代為修復，并補給堂内失物，以示體恤，應從優酌給洋銀二萬五千元。其被毆洋婦三人，前札原擬給予養傷醫藥之資。現據穆税司與關道面商，此欵未必肯受，請不必提及，應由該關道仍與該税司妥商辦理可也。所有此案各欵全數共洋銀六萬五千元，即由該關道備文解送英領事查收分給。除分行外，合亟札知。為此，札仰該關道即便遵照辦理，并照會英領事知照。毋違。特札。

（十五）七月十三日江漢關道開呈本關穆税務司來函一件

敬啟者。頃接嘉領事來信，謂本税司於本月十一日所致一函，業經收到，所云之事，刻尚未奉上憲示覆，不敢擅專。但據其私意論之，撫恤一層甚為得當。惟教堂房屋器具各賬，尚須逐細查清，以便按數照給，大約不能出二萬五千元之數。至督憲所云六萬五千一併完案之説，嘉領事亦以為然。已將此事據實申呈上憲矣。其來函之言如此，茲特譯以奉聞。此佈。順頌日祉。

（十六）七月十五日英領事覆關道函一件

逕啟者。頃准貴監督照送武穴案内撫卹各欵洋銀六萬五千元，請分別給領見覆等因。查此案未奉駐京大臣札覆，本領事未敢擅專，其中為難之處，諒邀洞悉。所有來文暫收，銀票送還尊處存儲。俟奉欽差大臣札文，再行函知貴監督。再，擬明日下午三點鐘親詣高軒密談一切，未知得暇否。祈示為盼。泐此，順頌台安。

札知府裕庚查宜昌教案 光緒十七年八月初一日

光緒十七年七月二十九日申刻，據署宜昌鎮羅鎮縉紳、署宜昌府逢潤古、署東湖縣許之璡電稱：宜昌今早因尋幼孩，聖母堂被焚，現火未熄，洋人無恙等情。即經電飭該鎮府縣實力撲救，確查啟衅詳細情形，務將滋事放火之人拏獲，訊取確供，勿飾勿延去後。現據電覆，稱衅由游姓失落小孩在聖母堂查出不依。先經該府縣會營親往押歸，尚有閒人聚觀。不料間壁聖公會之蘇洋人屋内遽行出彈傷人，至激公憤，聚衆滋鬧，略毁門窗等件。經該鎮等亦復彈壓解散。詎該觀人又至聖母堂，搜出男女幼孩數十人。兩處之西人即自縱火，該鎮等即一面撲救，一面保護西人上船。執意隔半里許之河街天主堂，門窗盡閉，外面並無一人，内忽火起。另有西人住房四所，亦同時火起，并延燒民房多間。該鎮等分頭撲滅。其火皆由内起，衆目共睹，并非外人所放。現小孩由該府縣等分别照管，并查拏滋事之人訊辦等情到本部堂。據此。查自武穴滋事之後，疊經嚴飭該地方文武實力防範。七月十二日，因澧州散布匿名揭帖，又飛札荆宜兩府文武嚴密查拏，以免藉端與教堂生事。何以漫無覺察，又滋事端，實屬玩忽已極。所稱游姓究係何色人，其小孩係何人送至教堂，如何查出。向來各處教堂多有收養小孩。此次查出之幼孩數十人，是否出於民人自願送往。教堂失火究竟係何人所放，教堂共燒燬幾間，俱係何國教堂。另燒西人住房四所，係何國商人、教士。至蘇洋人彈傷之人，傷在何處，曾否驗明存案。失落小孩之游姓已否獲案訊問，有無匪徒句串滋事。亟須派員會督府縣澈底查究，并將倡首滋事之人會營嚴拏懲辦，以儆效尤。查有湖北候補知府裕庚堪以派委。合就札飭。該員即便遵照，即日乘輪前往，會同逢守督同東湖縣，將起衅滋事緣由按照指飭事理刻日查明，據實禀覆，不可絲毫隱飾。并將真實滋事首要各犯會同宜昌鎮相機查拏，務獲訊明嚴辦。一面會同地方官出示彈壓，毋許再滋事端。已燒教堂洋房估值若干，并令教士洋商據實開報，以憑核辦。

飭江漢、宜昌關道照會各國領事查詢教堂被燬情形[一] 光緒十七年八月初五日

照得七月二十九日宜昌地方有焚燬教堂洋房之事，本部堂聞報之後，即經電飭地方文武極力彈壓，嚴拏滋事匪徒懲辦，并特派委員馳往查辦。查此處教堂洋房究係何國教士所設，何國商民之業，堂内房内有無遺失物件，因何起火延燒，焚燒幾處，拆毁幾處詳細如何情形，洋人男婦在彼有無被毆受傷情節，亟應向各領事查詢實情，以憑核辦，合就札行。爲此札仰該關道即便遵照，即日照會駐漢口各國領事，詳查前開各事理，并將教士洋人所供實情迅速照覆具報。毋違。

札夏時泰等查勘湖南沅陵縣金廠 光緒十七年八月初七日

據新海防選用知縣趙上達等禀稱：竊今日之籌海防，以自强爲本。而欲國勢之日强，必先國計之日富。論語終篇歷叙帝王之統，而首以四海困窮爲戒。是知富民富國，本吾儒經世之略，非霸者功利之謀也。夫致富之策夥矣，言開源則以鑛務爲宗，言切用則以煤鐵爲要。欣逢大人經營宙合，抗稜海表，駐節以來，整飭戎備，纖悉無遺，煤鐵之利，漸次大興矣。但此時百廢具舉，

[一] 以下三件録自抄本《督楚公牘》。

需欵甚繁，撥帑則絀告司農，輸財則賢鮮卜式。此而欲求效之速，利之大，計莫如推廣鑛務，因地采金之一策。查湖南辰州沅陵縣有金山一處，距縣治一百二十里，地即以金廠名，向有營汛守之，以防私采。蓋封禁之日久矣，地不愛寶，原以供生民之用，而不值其時，不遇其人，在造物亦若故閟其菁華，而留以有待。前陳文恭以理學名臣撫湘，通飭舉辦鑛務，得其人矣。而時際承平，上下殷富，遂未汲行。咸同間粵匪起，曾文正在籍辦團，籌餉不遺餘力，得其時矣，而鄉紳創行釐金捐輸，卒以濟師，亦未議及。惟道光末，辰屬大飢，前辰州守禀請暫開金廠代賑，賴以救飢，有案可核。前侍郎郭嵩燾自使英歸，盛言鑛産湖南爲最。英夷繪圖立説，覬覦甚久。不如自行開采，而言之卒無應者。扶輿磅礴之氣，遲之又久，實特留以待今日國家海防之用，而惟大人足起乘之。昔管子屢言楚有黄金，出漢水之右千餘里，與齊之鹽筴，同爲天下陰王之國。又言使夷吾得居楚之黄金，能令農毋耕而食，女毋織而衣。及後治齊，果以鹽富。使令治楚，亦必以金富可知矣。又言山之出丹砂者，其下必有黄金，此爲山之榮也。今辰砂最著，例以入貢，則産金之處定當在此。又由漢水之右上溯千餘里，恰至辰酉，其道里亦相符合。卑職上達等，湘産也，素諳礦利，又曾客辰沅幕，披閲府縣志，載金廠甚詳。詢之士人，僉言雖有營汛防守，而環山麓以居者，皆搭蓋草棚采金爲業，但不許用錐鑿等器，賴此生活者甚衆。辰州守每季例委員弁查禁一次。卑職偶購少許視之，其色赤，其光爛，洵上品也。然則證之紀載，考之邑乘，求之禁令，訪之輿論，該地産金之盛，實爲可據。且産之盛，而采之亦易，不同他處鑛務費鉅而力艱。約計之有五便：地係官山，不須租買，一也。官封年久，無一田廬墓舍，二也。僻在湘西，人心古樸，又與苗疆隔絶，三也。地氣極厚，金已成質，不假爐冶之煅鍊，四也。山近西水，運道最順，沿湖東下，一葉可通，五也。一金之價倍銀二十、倍錢三十，效之速而利之大，無逾於此。卑職等目擊時艱，情殷報效，見聞既確，敢不臚陳鈞聽，以資采擇。愚昧之衷，實在爲有裨海防費用起見。公懇大人俯賜察核，賞准賜委，會同該府縣確切查勘，刻期禀辦。至興工必先集費。卑職等自願設法，湊貲承辦，不假洋本，不招外股，不請機器，不僱洋師，惟藉本處之人力，以盡本處之地利，期上益國用，下利民生。其詳細事宜，容俟查勘後再行禀呈等情，到本部堂。據此。查養民阜財，爲政所尚。地不愛寶，盛世休徵。方今開源之道，自以開鑛一端最爲要務。善夫，林文忠公雲南查勘鑛廠情形奏疏之言，曰開鑛之舉，歷代具有成法，周禮早已明著。爲經滇省，跬步皆山，本無封禁，小民趨利若鶩，鑛旺則不招自來，鑛竭亦不驅自去。其謂人衆難散，非真知鑛廠情形者也數語，深切著明，可破一切迂謬之論。果如該員所禀沅陵金鑛素旺，且係官山，若能弛禁開采，洵足以阜民生而裨國用。亟應委員前往，密行確查鑛山形勢，體察民情，於民生廬墓有無妨礙，并與本地公正紳士商酌如何開辦，將來設局，遴選正紳會同委員經理。如開采有效，除局用、薪水、人夫、器具、工料、彈壓勇營口糧及一切經費外，所有餘利，官民各半，無論數千數萬以至數十百萬，皆係如此辦法，決不食言。官任其勞，民享其利。查明後籌擬大概辦法，并將鑛山廣狹、深淺、槽口、道路詳細繪圖貼説，并采取鑛沙帶回鄂省呈驗，聽候核奪。如可開辦時，再行咨明湖南撫部院暨行南藩、臬兩司，轉飭該地方官遵照。查有湖北即用知縣夏時泰，堪以派委。應支川資由鐵政局先行酌給銀兩帶往應用，回日報銷。除行司局外，合亟密委。札到，該令即會同原禀之候選知縣趙上達，馳往查照上項事理，密行確查，并與紳士籌商妥協，將本部堂大公無私、利與民同之意，明白宣布，據實妥籌禀覆，勿稍張皇疏率，稍有虛飾。是爲至要。

札荆宜施道查辦宜昌焚燬教堂光緒十七年八月初十日

光緒十七年七月二十九日，據署宜昌鎮羅鎮縉紳、署宜昌府逢潤古、署東湖縣許之璡電稱：宜昌今早因尋幼孩，聖母堂被焚，洋人無恙等情。即經電飭該鎮府縣確查啟衅詳細情形，務將滋事放火之人拏獲，訊取確供，勿飾勿延。并派湖北候補知府裕庚馳往宜昌，會督府縣切實查辦在案。查自武穴滋事之後，疊經嚴飭該地方文武實力防範。七月十二日，因澧州散布匿名揭帖，甫經又加飛札荆宜兩府文武嚴密查拏，以免藉端與教堂生事。何以漫無防範，又滋事端，實屬玩忽已極。亟應特派該關道前往查辦。除電飭外，合就札行。爲此，札仰該道即便遵照，迅即馳往宜昌，會同委員將起衅緣由刻日查明，據實禀覆，不可絲毫隱飾，并將真實倡首糾衆滋事放火打毀及搶掠物件首要各犯，會同宜昌鎮，督飭府縣相機查拏，務獲訊明嚴辦。一面出示曉諭彈壓，毋許再滋事端。仍將洋人被毆受傷情形及已燒教堂洋房估值若干，迅速查明開報，以憑核辦。毋稍違延。切切。特札。

札江漢關道照會法領事安頓教士并屬將失單核實開送光緒十七年八月十二日

據法國書領事官照稱：本年七月二十九日，宜昌匪徒將法國教堂拆毀焚燒。正擬照請查辦間，旋據江漢關道孔來署，面稱此案業經電飭該處文武官員查辦保護。又准函稱貴督部堂業經派員查辦。茲據法教士及女修道由宜昌來漢面稱，該處匪徒將教堂及嬰孩堂并什物全行拆毀焚燒，教士、修道均受重傷，危險至急，不得不來漢就西醫調治。所有嬰孩共六十五名，雖在官署，礙難久居，懇轉請賠還什物、堂房，并將滋事之人拏案究辦等情前來。本領事查驗，該教士及修道受傷甚重，其苦萬狀。所有堂房全行焚燒，無處安身。相應照請貴督部堂煩爲查照，從速飭令地方官豫備官屋三棟，一爲主教，一爲修道，一爲嬰孩，暫就居住。俟堂房賠修後，即行遷居等情到本部堂。據此。查沿江一帶滋鬧教堂，大都因收養幼孩而起。自武穴滋事之後，即經本部堂於五月初三日札飭該道照會各國領事，轉飭各教堂暫勿收養幼孩，免滋疑惑。武、漢各嬰堂俱已遵辦，獨宜昌之聖母堂不知遠嫌，仍前收養，竟將被拐嬰孩並不查明來歷，輒憑送孩拐匪一面之詞，給錢二串，將孩留養。中國地廣人稠，良莠不一，若送孩到堂可以獲利，則拐賣之匪徒將四處拐竊，其流弊何可勝言。此在平時尚且不可，而況武穴滋事未久，人心未靜，該聖母堂乃貿然行之，至有七月二十九日之事。愚民被惑，集衆滋鬧，固屬不應，而該堂之不遵告誡，啟嫌誤事，實亦不能辭其咎。此節目下姑不具論，且待結案時另行置議。查閱書領事送來供摺所開教堂被焚、教士及女修道被毆各情節，殊堪憫惜。已飭印委各員嚴拏首要各犯，盡法懲治。其供詞是何人之供，抑係數人同供，應詢明該領事聲覆。以後如再録有確供，務望隨時知照，以憑參核考證。茲來文所稱該教士、修道受傷甚重，其苦萬狀，無處安身，請飭地方官豫備房屋，暫就居住等語。查宜昌地方狹陋，整齊屋宇甚少，教士之所深知。此時諸事尚未定帖，亦不宜遽行前往。該教士、修道既已來漢，應即由該道關飭令洋街委員在漢口代爲租覓合式洋房暫爲居住。租錢若干，由官給發，以示體恤。其嬰孩六十五人現在宜昌，應即由地方官租屋妥爲安插，派人看顧，俟教堂修復後再行遷回。所開聖母堂及天主堂被燬各單，爲數甚鉅，應係約略估計，仍須逐條逐欵核實，開明數目，由教士、修道具誓畫押，以昭大信。即由領事官備文送來，再行核辦。

札陳士恒查拏黃陂縣地方刊布謡書[一]

光緒十七年八月二十二日

照得本年五月間，經本部堂會同撫部院札發嚴禁造謡生事告示，通飭各屬嚴密查拏。復欽奉五月初七日上諭，匿名揭帖，造言惑衆，即行嚴密查拏，從重治罪等因。欽此。亦經恭録出示，通飭各屬欽遵辦理各在案。各地方官宜如何嚴密稽查，實力防範，俾免滋生事端。乃風聞黃陂縣地方各當店，竟敢刊印歌謡，公然分布，四處傳唱。如果屬實，大堪詫異。當此教案疊出，豈容匪徒更加造言煽動，多滋事端。亟應派員馳往密嚴查拏。查有署本標左營守備陳士恒堪以派委，合就札飭。札到，該員即便遵照，刻日馳往黃陂地方，按照單開各當店字號，密切查訪有無刊印謡書、歌詞分派傳布。如有其事，并即查明起意主使者何人，刊刻傳布者何人，在何處分派，立即知照黃陂縣，會同督率差役馳往查拏務獲，不准一人漏網，飛稟查核，嚴行審辦。并將謡書板片起獲呈繳，毋許洩漏違延。切切。特札。

札委謝得龍持令駐漢巡查

光緒十七年八月二十三日

照得漢鎮地方，水陸交衝，華洋雜處，地面遼闊，最易藏奸。當此伏莽未清，游、會各匪往來潛匿，句結生事。近日沿江各處，焚燬教堂，疊滋事端，皆由匪徒捏造謡言，煽亂民心所致。現奉諭旨，飭拏會匪及造言惑衆匪徒，從重懲辦，疊經欽遵通飭在案。查前數年曾經專派武職大員，執持大令駐漢巡查，頗爲有益。兹查有管帶水師健捷正營謝提督得龍，駐紮漢口以内，相距甚近，堪以派委兼充。應即會同統帶升字營常副將暨漢口保甲局，隨時聯絡商辦。合亟札飭。札到，該提督即便遵照，迅即來轅，請發令箭，兼司漢口巡查事宜，聯絡陸路防營暨保甲局嚴緊巡查。如有會匪藏匿，夥謀生事，匿名揭帖，謡言惑衆，以及盜匪囤户、地痞棍徒，均即明查暗訪，會同地方文武、水陸防營立時嚴密速拏務獲，交地方官訊明懲辦，勿稍疏懈。至要。仍將到差辦理情形稟報查考。毋違。切切。

札江漢關道照會法領事核減教案賠欵

光緒十七年八月二十四日

照得沿江一帶滋鬧教堂，大率皆因收養幼孩而起。自武穴滋事之後，即經本部堂札飭該關道照會各國領事，轉飭各教士暫勿收養幼孩，免滋疑惑。武、漢嬰堂遵停收養，愚民無可藉口，用能相安無事。詎意宜昌之育嬰堂既不遵勸誡，又復給資拐匪，誤

[一] 以下二件録自抄本《督楚公牘》。

收被拐嬰孩。一旦在堂内尋出，人口喧雜，聚衆數千人，咸謂教堂買孩殘害。倉卒之間，彈壓不及，排解無從。事出公憤，皆欲得洋人而甘心。當此之時，若操之過激，兵勇一經用武，匪衆受傷，必更遷怒於洋人，恐教士道姑無一人能免。是以地方文武先以救出洋人性命爲重，而暫置房業物業於不顧。此中權衡保護之深心，外人不知，妄議爲彈壓不力，非公論也。本部堂事先既已殷殷勸誡，地方官臨事又復極力救護，雖愚民懷疑滋鬧，理所不應。而教堂不遵勸導，不知遠嫌，實不能辭其責。此等案件，事起有因，揆之情理，按之條約，除辦犯懲儆而外，并無作何賠償明文。惟我朝廷素以柔遠寬大爲懷，不欲使遠人無辜受累。凡物業被毁，皆酌量償還。各教士各秉天良，自當仰體朝廷德意，將所毁物業房屋核實開報。如有浮冒，不惟無以對中國，亦且無以對本心。昨閲法領事官抄送各教士所開失單，聖母堂一所并失物共估值銀六萬兩，天主堂一所并失物共估值銀七萬兩，皆係約略估算，並未逐條開列細數，礙難照給。即如修造兩堂房屋，必有購買之地契，承修之攬約，不難指明開列，以昭大信。其被燬之祭服、器用、書籍等項，雖未能逐一繳出原單，不難將物件名目詳細開列，酌衷議價，必質之本心可以具誓，然後開出。若分條核實細開，必有可以删減之處。即如房屋雖毁，地基猶在，磚石俱存，以舊抵新，所省已多。應由該領事再飭各教士分列細數，大加裁減，必可以問心可以具誓，另開核實之單，方能如數發給。

八月二十五日

札委王廷珍漢陽鐵廠總監工〔二〕光緒十七年

照得漢陽煉鐵廠工程浩大，事務殷繁。目下煉生鐵爐一廠，業已佈置就緒，其餘煉貝色麻鋼廠、鋼軌廠、熟鐵廠、制鐵料廠、修理機械廠，各機器圖式多已陸續寄到，亟須次第興工，以期早日落成。各廠需用物料日多，匠夫日衆，支應日繁。其作工程式雖有洋匠按圖指點，不至錯誤，而稽查勤惰，會計收支，考核物料，以及收管外國機器，調和在廠洋匠，使經費不至虚糜，工料皆歸核實，責在委員，事最繁重。該廠開工有日，陸續派委員司分頭經理，各自專司。能否皆勝厥任，無怠無荒，亟須添派總監工一員經理一切，以期得力。查有大挑知縣王廷珍，堪以派委鐵廠總監工，合就札飭。札到，該員即便遵照，迅即赴廠任事。務須常川住工，會同副提調朱令滋澤督率稽查。凡委員司事，如有怠惰不力，准其隨時禀撤，毋稍瞻徇。務期人皆得用，費不虚糜，用副委任，是爲至要。除飭鐵政局將該員薪水夫馬核議給發外，仰將到工日期具報查考。毋違。

札委關教諭、成訓導兼充兩湖書院幫分教 光緒十七年八月二十六日

照得兩湖書院分門課士，均經本部堂延請通儒各任分教，並派委北南兩監院經管院事各在案。惟諸生衆多，課卷填委，將來詳閲講授，事務殷繁。查北監院羅田縣教諭關棠學行端雅，南監院候選訓導成克襄守謹學純，足爲諸生矜式，均素爲本部堂之所敬禮。特以既係職官，且於監院事宜素稱熟悉，於兩省諸生尤爲浹洽，是以委充監院。然諸生學業尤資訓迪，關教諭、成訓導均

〔二〕以下三件録自抄本《督楚公牘》。

堪以派委兼充幫分教，其監院事宜照舊經管。月支幫分教公費銀三十兩，其監院薪水改爲每月二十兩。除分行外，合亟札委。爲此，札仰該教諭、訓導即便兼辦幫分教事務，務須協助各分教盡心訓課，隨方講授，以副優禮委任之意。有厚望焉。此札。

札委陳教諭幫辦兩湖書院北監院事光緒十七年八月二十六日

照得兩湖書院北監院關教諭棠委辦監院以來，識慮周密，措置妥洽。近因時常患病，請假調理，礙難允准。惟該教諭事繁體弱，自應曲加體恤，應再派委幫辦北監院一員分任其勞，以資調理。查有新選竹山縣教諭陳作賓堪以委充。所有繁瑣事件由幫辦之員經理，遇有一切要事仍商之關教諭，由其裁酌。其幫辦監院，月支薪水銀二十兩。除分行外，合亟札委。札到，該教諭即便遵照，赴院充當幫辦監院，協同關教諭、成訓導妥爲辦理。一切要事，隨時與關教諭妥爲商酌。勿違。

札防、緑各營盤查匪黨光緒十七年八月二十七日

光緒十七年八月二十三日，承准總理衙門電開：滬關盤獲英人梅生，據供匪黨大小頭目均在漢口，而不肯舉其姓名，望設法密捕，消患將萌。武、漢軍裝、火藥局尤宜加意，并望諄誡水師鎮將一律防範。又於八月二十四日准南洋大臣兩江總督部堂劉電開：梅生尚無實供。據稱匪目係漢口人，前充礮船武弁，現在長江一帶，不肯説出各匪目姓名。同日并准咨開：現據鎮、滬兩關道電禀，滬關拏獲私帶洋槍三十五箱，鎮關又拏獲私帶炸彈。訊之私帶槍火之洋人梅生，據供係香港之匪託交鎮江會匪等語。查沿江一帶會匪，前已疊經飭令查拏嚴辦。此次該兩關查獲該會匪私運大批槍械軍火，其爲圖謀起事形迹已屬顯然。現在各處會匪甚多，別處亦難保無私行接濟軍火圖謀不軌之事。亟應趕緊嚴密查緝防範，以杜亂萌而除鉅患。咨請查照，一體轉飭施行各等因，到本部堂。准此。查沿江匪徒既經滬、鎮各關盤獲私運軍火，究出接濟各情，來電來咨雖指稱頭目均在漢口。該匪行蹤詭秘，斷不能株守一處。且黨夥衆多，蓄謀狡險，自應各處一律上緊防查，并懸重賞購緝。無論員弁、兵勇、巡役、保甲、團練、商民，如有拏獲會匪頭目，訊明夥黨至一千人以上者賞銀一千兩，夥黨數百人者賞銀五百兩，夥黨百人以下者賞銀三百兩。查獲違禁軍火數多者，賞銀五百兩，數少者賞銀一百兩。湖北武昌省城，漢陽、宜昌兩府，湖南岳州府城及漢口、沙市兩處，拏獲匪首軍火，俱加倍賞給，由善後局立時給發，員弁奏明優奬。除通飭水陸防、緑各營一體查緝防範并沿江各釐局認真盤查外，合亟密行札飭該營將即便遵照，迅速督飭所部會同各營及地方官印委各員，一體選派弁兵勇役，設法盤查，嚴密巡緝，於城關、出入馬頭、上下店廟棲止如查有形跡可疑之人以及携帶違禁軍火，即行細加盤詰捕拏，禀解究辦，以遏亂萌而除鉅患，一面妥籌防範。但須嚴戒兵役，萬不可因此訛索擾累商民，尤不可張皇漏泄，致令該匪等遠颺。於軍裝、火藥各局，尤宜加意防範。是爲至要。

札委李謙總辦漢鎮緝匪事務〔一〕 光緒十七年八月二十九日

案照八月二十三日本部堂准總署電開：滬關盤獲英人梅生，據供匪黨大小頭目均在漢口，而不肯舉其姓名，望設法密捕，消患將萌。武、漢軍裝、火藥局尤宜加意，并望諄諴水師鎮將一律防範。又於六月二十四日准兩江督部堂劉電開：梅生尚無實供，據稱匪目系漢口人，前充礮船武弁，現在長江一帶，不肯説出匪目姓名。又云，聞會匪購軍火有年餘，因上海查得嚴，均在港密處，係假名愛司美經理，雇二十洋人，同他坐致遠船到鎮。中有頭目名泰山，係英人。現在會匪到處都有，確是哥老會云各等語。同日又准兩江督部堂劉咨：滬關拿獲私帶洋槍三十五箱，鎮關又拿獲私帶炸彈，訊云私帶槍火之洋人梅生，據供係香港之匪，托交鎮江會匪等語。除另飭究辦外，查沿江一帶會匪前已疊經飭令查拏嚴辦有案。此次該兩關查獲該會匪私運大批槍械軍火，其爲圖謀起事形迹已屬顯然。現在各處會匪甚多，別處亦難保無私行接洽軍火圖謀不軌之事。亟應趕緊嚴密查緝防範，以杜亂萌而除鉅患。相應咨請查照，一體轉飭施行各等因。准此。當經通行查緝防範在案。惟查漢口爲華洋雜處之區，人烟稠密，匪徒最易藏匿，亟應專委大員總辦查緝匪徒事務，以靖閭閻。茲查有湖北候補知府李謙熟悉漢口情形，堪以委辦。合行札委。爲此，札仰該守即便遵照，刻日前赴漢口鎮總辦緝匪事務，會同漢口同知厲丞暨統帶升字營常副將遠藻、武巡查謝提督得龍，督率文武汛員清查保甲，晝夜梭巡，嚴密稽查，務必訪獲會匪頭目，緝拿禀報究辦，毋任漏網。隨時禀商江漢關道認真妥辦。該員月支薪水銀兩，由善後局議給具報。毋違。

札黄陂縣查出典舖刊印書板正犯解省 光緒十七年八月三十日

案據該縣禀稱：本年八月二十五日申刻，准憲轅署左營守備陳世恒到縣交奉憲台密札，以訪聞黄陂縣地方各當舖竟敢刊刷謡歌，公然分佈，四處傳唱。如果屬實，大堪詫異。當此教案疊出，豈容匪徒更加造言煽動，多滋事端。飭即會同陳守備迅速馳往查拏務獲，飛禀查核，嚴行審辦，不准走漏宣洩，致干嚴議等因，奉此。捧誦之下，惶悚莫名。卑職近在同城，乃竟疏於覺察，仰蒙密札指示，敢不實力遵辦。隨於會晤陳守備之後，立即揀帶幹役，不動聲色，親至單開之厚生典舖，接見該典貿夥黄心成，訊其所刊謡歌板片。始則茫然不知所對，繼照札開書名指示，即據呈出木板八片。據稱，係由其已故店夥由湖南帶到，先前不知，因其故後檢出等語。卑職因其時在該典未便嚴審，即將該管事黄心成拘帶同行，并恐因此走漏風聲，餘店逃避無踪，復督同差役親至貞遠、志成、利濟、二成、謙六等店，將其貿夥逐一拘齊赴縣，卑職立提，嚴行審究。據黄心成供，自來安分守法，從前店内僱有湖南幫夥馮德全，於本年五月回家，帶到此書數本，説是長沙省城善堂發的。到七月間，馮德全患病身亡，職員代他檢查行李，見竹箱内存有板片，就是這書的板，此外還有已刷的書二三十本。職員見是善書，隨意擱在一邊，那曉後來貞遠們同行夥

〔一〕以下七件録自抄本《督楚公牘》。

計來店，各人隨便帶幾本去，這是有的，職員并没佈送傳唱的事。實是一時愚昧，誤行檢藏，委没造作刊刷的等供。研詰至再，矢口不移。卑職明查暗訪，該黄心成等在陂貿易年久，自來安守本分。厚生典實有籍隸湖南幫夥馮德全，係於七月病故。其有城内各刻字書店，亦未代爲刊刻刷印。詢之地方董保，卑縣城廂内外實無執持此書到處傳唱之人。現已密諭明白曉事紳首，外間居民如尚存有此書，即一律赴縣呈繳銷燬，免予深究，不准一人隱藏。除將黄心成等六名嚴行看管外，理合開録供摺，同起到板片一併交由陳守備賫呈查核。至應如何處治懲辦，抑或念其愚昧無知并非有意自造，加恩免究之處各等因，并開呈該典夥黄心成等供摺前來。據此。查近日各處教堂滋事，皆因捏造不根之言、刊布歌謡揭帖，煽惑鼓動所致。疊奉諭旨，嚴禁查拏治罪，均經欽遵恭録通行并出示曉諭各在案。現在亂機未息，武漢及沿江一帶彈壓防範極費籌維。該縣城内刊板布散多家，該令斷無不知之理。乃於此等煽亂匪徒，竟爾縱容刊布，并不遵旨嚴行拏禁，已屬昏謬之極。迨本部堂訪聞密札委員確查飭拏實辦，并不研訊實供，竟敢飾詞搪塞，含糊稟覆。查核所供，情形支離，全是捏詞推卸，意欲以七十六歲之黄心成搪抵了事，實堪痛恨。應將該令先行飭司記大過二次。查此板片及印刷成書既在厚生典舖内搜獲，其中確情惟有嚴審該典，斷不能以衰老舖夥狡展無理之供朦混塞責。且各舖膽敢傳布，亦須訊明懲儆。此案必須水落石出，合亟嚴飭并專派署督標左營守備陳士恒守提正犯要證到省，發審究辦。爲此，札仰該縣迅即查出正犯要證，并務須查出刊刻此板之刻字匠，即日解省。若仍敢狡飾，即將厚生典舖中緊要管事舖夥酌提二三人解省，不准以衰老舖夥搪塞。并將各舖分存之本勒令繳出，不准存留。如有意徇庇當商，再不能查獲正犯要証到案解審，即將該令先行撤任奏明參處，并即將厚生典舖查封，決不寬貸。勿違。切切。

嚴飭署武黄同知緝拏武穴餘犯并行司記過 光緒十七年九月初二日

照得武穴焚燬教堂一案，聚衆逞凶，鬨成重案。其時在場滋事者實繁有徒。雖首犯正凶二名業經立置重典，從犯八名亦經分别照例懲辦。此外餘犯尚多，曾經奏明懸賞購緝，隨時查拏，按律科罪在案。本部堂前以武黄同知顧允昌未諳機宜，不善緝捕，檄行北藩司遴委候補知州黄宗度前往署理，酌撥省協各營兵勇及廣濟縣捕役多名，歸其任使鈐束，加札飭委，假以事權，專其責成，諄飭務將此案餘犯再拏數人，照例科罪稟辦，以符原議而免外人藉口。計各犯逃逸復回及衆人指出者豈乏其人。如果該署丞認真訪拏，何難隨時弋獲。乃該署丞自到任以來將及兩月，毫無展布，并未續獲一匪。查閱來稟，盡是油滑之談，空言搪塞，竟將前案有意置之高閣，實屬玩忽悞公，有負委任，應即行司記大過一次，以示薄懲。合就嚴札飭催。札到，該署丞即便遵照，督率兵勇捕役認真緝捕，務將本案真實餘犯上緊查拏數人，遵照前札，會縣照律科罪稟辦，以便將武穴全案迅速完結。如再推諉延悞，十日之内緝拏無人，以致奏案不能速結，定干嚴參不貸。懔之。切切。特札。

札汪彥份等勘辦興國州富池口銀鉛鑛光緒十七年九月十九日

前據訪聞興國州富池口地方産有銀鉛鑛，當經鐵政局派委汪丞彥份、惲縣丞元復馳往查勘。現據禀稱，查得富池口東西濱臨大江，上對岸爲田家鎮，下對岸爲武穴鎮，背枕大嶺、中嶺、小嶺。大嶺峻削，上下約計八里，距富池鎮約二里許。中嶺路甚崎嶇，惟小嶺較平，距鎮三里許。踰嶺下望，西南一帶爲興國湖，湖外即入富池口，直達興國州内河。對面山如屏列，向東南行七里許爲周家灣，又東南五里許，渡板橋、二石梁一折而南趨上嶺。東行經石磴數百級至山腰，爲封山峒，統計距富池口十有五里。大石尋丈，封識宛然，山勢渾厚，洵係菁華薈萃之區，惟廠基已無形迹可尋。據該處耆老指點確鑿，南下百步，有石窒大峒，以盈丈竹竿從隙處探之，中空莫得底止，非數十百工不能開辦。山屬周姓公産，户長貢生周效東，族人四十餘户。土人前送省鑛樣，即周家灣周姓屋後水晶岩所産。現周貢生不肯領視，土人亦皆隱瞞不言。非飭地方官諭知貢生周效東，一面僱覓老窿頭開探封山老峒暨水晶岩兩處，美質難期必得。又在柯家灣監生柯廷祥屋後勘有窿口形迹。當與柯姓商明開挖約八尺許，露舊窿，口門深邃莫測，乃僱夫設法進探。至六十步，遇石壁而止，蓋進窿五十步，即是石工，上係石板，作冰梅紋。又十步，當面及左手係黄質鬆石，右手係黑質鬆石，雖有苗質紋理，而無玻璃光彩。恐滋糜費，姑即停工，取有石質鑛渣，并將封山峒銀鑛情形，繪圖貼説，帶回呈驗，聽候核奪等情。即經鐵政局分化，據報係屬鉛鑛。若鑛苗暢旺，提煉得法，每百斤可提銀數兩。惟置機購器須費鉅欵等情，禀請核辦前來。本部堂查富池口濱臨大江，轉運便易，既有銀鉛鑛，自應設法開采，以興地利。夫普天之下，莫非王土。名雖有官地民地之區别，實則無自畫自據之事權。愚民無知，以此居奇，獨不思開採之繁難，動費數十萬金。若非由官一力維持，則民本民工豈能辦到。邇來查勘有鑛處所，多經前人試採，舊迹猶存。推其所以終於無成者，或因滋事封禁而廢於半途，或因貲本不繼而虧於一簣。坐廢地寶，殊屬可惜。查封山峒既係周姓、何姓之地，應即派員前往，會同興國州明白曉諭，令將産鑛之地指出，或發價購買，或酌議租直，由官開采。將來開有成效，該處居民藉工作以謀生，裨益已非淺鮮。該貢生等若尚公正曉事，亦可於鑛務中量予差事，以資得力而示鼓勵。除札飭興國州濮牧遵照外，合行札委。札到，該委員等即便遵照，刻日馳往興國州，會商濮牧，將已封未封各舊窿逐一開驗，勘明鑛苗厚薄，籌議開采辦法，詳細禀覆，聽候核奪。應支川資盤費，由鐵政局核給具報。毋違。此札。

咨南學院續行調兩湖書院南省肄業生光緒十七年九月十九日

照得書院肄業各生，北、南兩省均額定一百名，各府廳州均定有額數，各屬遍及，以示公溥。前准貴院遴選南省諸生，陸續咨送來鄂，經本部堂甄别録取内課五十三名、外課十二名，當經咨明貴院查照在案。兹查原定百名之額，缺額尚多，亟應取足，以廣造就而資觀摩，且郴、桂兩處未准咨送。貴院持衡有年，所有志學可造之士，自必博采周知。合即續行咨調，應請貴院按照前咨粘單各府廳額數，續即選調咨送，將各生所長何業注明單內。仍酌量多調，以備或有不到。如長沙、衡、岳等府文風尤盛，無妨多調十數名。此外，較優各府亦可從寬多調。院中雖有分府定額，將來仍可體察情形，隨時增減更定，或暫爲通融借補。其才優額滿者，仍可列入外課候補，庶幾人才不爲額數所拘。並即飭令各生迅速來鄂，以憑選補足額。所有諸生膏火獎賞，前以書院創始，籌欵未定，先行酌量給發。惟恐千里來學，用度不敷，或致以此憚於遠行。現經本部堂籌定從優發給，足敷需用，并希傳諭各屬諸生一體周知。爲此，合咨貴院請煩查照辦理，迅速見覆。望切施行。

札委吴廷華會辦槍礮局事務光緒十七年九月二十一日

照得鄂省槍礮局前經派委北鹽法道瞿道總辦在案。現當建廠興工之際，正關緊要。亟應派委大員會同督辦，以資得力。查有湖北候補道吴道廷華才力明幹，營務熟悉，堪以派委。應支薪水夫馬，由善後局議給。除咨行外，合行札委。爲此，札仰該道即便遵照前赴槍礮局會辦。一切事宜，隨時會商北鹽道瞿道妥籌經理，俾得早日觀成。是爲至要。此札。

札委王開福接辦北路土藥專局事務光緒十七年九月二十四日

照得總辦湖北北路土藥稅務李牧紹遠現在調省另有差委，所遺土藥專局事務亟應委員接辦，以專責成。本部堂、部院查有湖北候補知府王開福老練有守，堪以接辦。薪水夫馬，照前議定章程支給，合行札委。爲此，札仰該守即便遵照，迅赴老河口總辦北路土藥專局事務。務須督率各分局卡委員，嚴飭司巡人等認真查緝，照章抽收，毋任奸商繞越偷漏，亦不得苛擾病民。查北路各局卡專爲稽查堵緝南路繞越而設，該局功過不在本局收數多少，但須南路宜昌及野三關水陸稅收暢旺，即係北路堵截之力。該局委員一體同功，准予獎勵。若委員、司事、巡丁等於川、雲各土減讓圖收，以致有妨全局，務即查明懲處禀報。儻經本部堂、部院查出該局於川、雲各土但有絲毫減折，總辦不行覺察，責有攸歸。大抵河口一局宜嚴於南來之川、雲各土，而寬於北來之陝、豫各土。川、雲各土有宜昌、野三等關抽收，若稍有減讓，則南路正稅大減，故必須堅持嚴罰。陝、豫各土寬則來鄂，嚴則遠避，且多係零星販售。若搜剔太甚，則舖店挑販不免繁擾，仍無大益。至鄖陽本地所産之土，山鄉瘠區，銷場散漫，尤宜斟酌得中，全在該局因地制宜，秉公核實，權度妥善，自然有起色而無流弊。一應事宜隨時禀明辦理，勿稍虚飾徇隱。是爲至要。并須與襄、鄖等處地方官隨時和衷商辦。如地方官有意阻撓掣肘，水陸各營包庇走漏，不肯協力稽察，該守亦即據實禀聞。該守其實力妥辦，以副委任。仍將到局日期具文報查。切切。

札北善後局議開報欵目程式光緒十七年九月二十四日

照得湖北善後局爲用欵總匯，前經本部堂飭據該局開呈收支各欵清摺，收支相抵，不敷甚多。查所支各項，皆係通省重要公事之需，或係歷年舊有，或係近年新增。近年查緝會匪，彈壓教堂，測繪輿圖，皆係奉旨飭辦要政，需費甚鉅。其餘新增用欵，亦皆關繫通省地方利害，刻不可緩之事。該局既無專欵可支，自不能不挪墊應急。然日積日多，以後如何清理。查善後局係支發之所，并無生財之源。乃歷年相沿，凡有關一省要公用欵，即由善後局支發墊用。至如何籌補，則無人議及。通省享其成，而該局獨受其累，於情理實未允協，實屬無此辦法。亟應速籌經久之策，免致虧欠轇轕。爲今之計，大率不外節省、開支、撥正、籌補四策。節省者，將舊有新增各項分晰議定，切實注明何事應動何欵，或將來可歸奏咨之欵方可墊發，或有可指定歸還之欵方可借動。如此事既無本欵可動，又無還欵可指，即稟請暫行停辦。如此，則可將新虧從此截止。開支者，有應請動支司局庫欵之事，即應查明補行奏咨，俾可開支正欵。撥正者，如京協餉、賑捐、平色、川資、匯電等費，此欵應出自藩司、鹽道、牙釐局。籌解此項本欵者，即不應善後局代出，應一一查明撥正，由各衙門各局歸還。又如襄陽發審，何得由省城善後局代爲籌發。此類須一一查明更正，以後永遠删除。籌補者，籌出新增之欵，以備要需應用，並分年彌補舊欠。至借欵雖係有著，亦應早爲催還。以後各隄工等事借撥釐金、鹽釐，即係傷及善後局正欵，亦應示以限制，并另籌隄工備用之欵，不得輕行借撥。以後該局按月開報收支，應將例應内銷之欵分別一摺，未經奏咨有案、暫行挪墊之欵列爲一摺，應歸外銷之欵列爲一摺。内銷外銷分別開明四柱，其收支欵均分列舊有新增兩項，庶幾一目瞭然，可以隨時籌計，量入爲出，酌劑盈虛，俾得永無虧累。爲此，札仰該局司道會同北布政司公同悉心籌議。其核計收支，均自光緒十六年爲始，分晰妥擬辦法，稟候本部堂會同撫部院核定辦理。

札陳民風等分查隨州等處河南北土繞越路徑[一] 光緒十七年九月二十四日

照得湖北隨州、應山、麻城、羅田、德安、雲夢、黄陂、孝感等處，向有河南所産北土販運入境，亦間有徐州之碭山土充雜其中，每年銷售爲數甚多。聞隨州一帶係由州北三合店闌入，經麗山而至州城，分運散銷。其應山、麻城、羅田、德安、雲夢、黄陂、孝感等處亦皆頭頭是道，私商潛販，無税無釐，爲日已久。應即札委巡檢陳民風前往查勘隨州、應山、德安府城及雲夢、孝感等處。通判魏慶昭前往查勘麻城、羅田、黄陂等處以及楚皖接界處所。凡爲商販經行繞越之路，有關隘市鎮可以扼要者，體察情形，查明銷數，便遵照上項指飭事理，前往親歷查勘，迅速稟覆，毋稍疎率含糊。切切。此札。

札發示諭聽誘入會繳飄自首免罪引拏匪首給賞 光緒十七年十月初一日

照得近日會匪頗多，遵旨嚴拏，密派文武員弁兵勇分投拏獲匪首多名懲辦。惟念愚民無知，誤聽會匪煽惑，自首准予免罪。如能引拏匪首，除免罪外，仍准給賞。茲本部堂、部院刊刷告示曉諭，合行札發。札到，該府即便遵照，將發去告示　道，刻日轉發所屬州縣，在於城鄉市鎮及沿江沿河各碼頭遍貼曉諭，俾衆

[一] 以下八件録自抄本《督楚公牘》。

一體周知。仍將貼過告示處所具文報查〔一〕。

咨覆閩浙督伏波輪船遣勇赴岳事竣給煤回閩銷差 光緒十七年十月初四日

案照光緒十七年九月二十一日准貴部堂來電，派副將袁鳴盛乘伏波輪船押游勇五百名赴漢，希飭縣速備船隻，仍由袁副將解長沙等因。當經轉飭漢陽縣豫備民船，并分飭妥爲彈壓，催趲前行。又於九月二十七日准貴部堂咨，閩省查出游勇五百名，分水陸兩起押解回籍，以三百餘名飭袁副將乘坐伏波輪船，由漢口換船押解回籍，請飭地方官會同照料等因，到本部堂。准此。查武漢游勇會匪頗多，現正在查拏清理，若在此間換船，誠恐登岸逗留，易滋事端。查點伏波輪船上尚有勇丁四百餘名，特派差委總兵僉厚安乘坐楚寶輪船會商袁副將，仍坐伏波原船駛往岳州，再換民船裝赴長沙遣散歸農，各交地方官管束，并由伏波、楚寶兩輪拖帶民船赴岳，以備換用，不敷者在岳添僱，仍由北善後局撥銀四百兩發交僉總兵携帶，俟到岳過換民船，裝送到地登岸時點明人數，每名賞銀一兩。現在天氣漸寒，查該勇等衣服多有藍縷，并賞給棉衣二百件查明分給，並賞給食米十二石以示體卹，并行知岳州文武各在案。頃據伏波輪船由岳卸裝回鄂，除飭北善後局發給煤炭四十噸以備回閩應用外，相應咨覆。爲此，合咨貴部堂請煩查照施行。

札各屬嚴密防範會匪附單 光緒十七年十月初五日

案據武昌府訊據武昌縣拏獲會匪頭目高德華等供稱，長江各處匪首約期十月十五日，各人邀集會中黨與，分爲兩支，下游在安慶，上游在沙市會齊，同時豎旗起事。因沙市兵勇無多，如有官兵剿捕，有四川、湖南可作退步等語。又有拏獲數匪訊供皆同。現已將獲案匪目多名正法，逆謀自當必有更變。惟黨夥過多，一時不能遽散，難保不行險妄動，亟宜嚴密防範。當經本部堂密電該道府縣文武等會商嚴防，并飭密速分移各在案。此事逆謀重在沙市。惟既據該匪供有四川、湖南作爲退步等情，而宜昌一帶及湘省岳、常、澧州等處與荊州毗連，亦應一律嚴備。除分別咨行外，合亟密行札飭。爲此，札仰該道府縣、將領、營官即便遵照，會同文武防緑水師各營妥商，一體密查嚴防，萬勿稍有疏虞，尤不可張皇驚擾爲要。仍將稽查防範情形具報查考。勿違。切切。

高德華供詞

據高德華即高道華、又名松山供：年三十五歲，武昌縣人，父克宇已故，母詹氏存，年六十三歲。女人王氏，生有一子一女。早年父親在鎮江府開貿瓷器店生理，丹徒縣屬奔牛鎮相距八九里的禹城地方，置有房産落業。因王氏不能孝順母親，已將他送到母家寄住。岳父王大用現住漢陽城外溝口鹽倉隔壁。小的向來駕船為業，光緒十一、十四兩年，兩次與人夥駕運糧駁船到天津交替。十一年在揚州會遇同幫駕船的湖南人陳得勝，勸小的入哥老會，說出外可以保身，没人欺害，若缺少船費，隨處都有會中的人，只要說出山堂口號，就有人幫助錢文。小的應允，當給小的飄布一張，內寫金台山、福星堂合詞句口號，中蓋篆文紅印方圖

〔一〕示稿見本集《公牘·諭示》類。

章一顆，叫小的唸熟燒燬了，并將海湖口號簿，叫小的鈔録一本唸熟。在外遇見會中的人，都照口號問答。十四年七月，湖南運駁船停泊省城鮎魚套，小的與同船的湖南人陳鰲商議夥開楚金山、護國堂，并擬就詞句口號，請一不識姓名的刻字人刊刻成板，并刻松山暗戳四字篆文方圖章一顆，用白洋布刷印多張，隨邀約素識的湖南人施洪春、蔡小春、李小春、周得貴，同山東人鐵老七、漢陽縣差役陳太，一共八人，同在施洪春所開茶館内敬神燒香結盟。所敬的神是洪世武祖，凡哥老會都敬此神，不知來歷。小的與陳鰲稱為會中龍頭，施洪春為總坐，鐵老七為陪堂，陳太為禮堂，李小春為刑堂，蔡小春為執堂，周得勝為香長各名目。當將所刷飄布分給會中各人在外散賣，邀人入會。小的尚存有十三張，連暗戳圖章一併裝入瓦罐，在禹城家中母親床下埋藏。海湖底簿寄存清江浦漕台部下溜子礮船舵工王富莊處，票板被陳鰲帶往福建。聽得陳鰲現在台灣某營當勇。這余啟宇，十四年同幫駕駁船到揚州，纔與小的認識。小的同陳鰲勸令入會，給他楚金山飄布一張。後來他與劉金魁另開白志山名色，升為正龍頭。小的常在長江一帶往來，交結各處頭目，所有輪船碼頭都有會中為首的人，都稱大哥，與小的時常聚會。在鎮江係卜雲亭、許雲齋，揚州係萬春林、談金榜，金陵係王八先生，安慶係蔣雲、龍松年、許文奎，大通係劉高升，九江係龍海騰、張慶廷，並有當差的廖斌、張彪、吕先，武穴係楊世海，黄石港係尹中安、歐貴鄉，三夾係熊啟渭、袁孝春，巴河係黄有才，樊口係余啟宇，葛店係曾狗奷即曾老五，岳州係田來山，沙市係李典、李得勝。聽得談金榜去年已經江南通州獲案。許雲齋與鎮江駐防鬧事，已發黑龍江充軍。曾狗奷已在揚州犯案正法。許文奎、廖斌、張彪、吕先、楊世海、劉金魁們，現在都已獲案。余啟宇所説漢口的羅定坤，田家鎮的伍明才、賀良果，小的都没見過。十五年五月，小的在上海會遇因案正法、前江南提台李世忠的長子李洪號雨生，説他是會中的大哥，擬邀各路同會的人與他父親報仇，已託洋人在外洋購辦軍火器械，候到齊後再行約期同謀起事，要小的與他幫忙出力，後來定封大官，并説各路頭目應授官職，都要候起事後大衆公同商議。小的應允，以後與他會面，不計次數。今年六月初間，李洪專信知會小的及各處頭目，説軍器已經辦就，叫小的們約齊會議起事。七月初一日，小的到安慶省城蔣雲家中，卜雲亭、劉高升、張慶廷、龍松年、許文奎們都先後趕到，商定十月十五日各人邀集會中黨與，分為兩支。小的同蔣雲們為下游一支，在安慶會齊。李典同李得勝們為上游一支，在沙市會齊，同時竪旗起事。小的們一支又商量分為東西南北中五旗，卜雲亭統東旗，劉高升統西旗，張慶廷統南旗，小的統北旗，蔣雲、許文奎統中旗。奉李洪為大元帥。旋因下游一帶奉官查拏嚴緊，水陸各營甚多，礙難聚集。各處頭目互相知會，七月十三四五六等日都到武昌、大冶、黄岡交界的三夾地方，假名做盂蘭會，再行商議。小的十五日前往，他們都先已到齊，共有五六十人，已在韓道士家做會，只有李典、李洪未到。此次大家會商，沙市地方兵勇不多，又與四川、湖南連界，官兵追來也有退步，仍約定十月十五日各人邀集會中的人到沙市會合起事，並商派劉金魁在漢口、黄有才在黄州、余啟宇在樊口、尹中安在黄石港、熊啟渭、袁孝春在三夾，及楊葉洲、楊世海在武穴，張慶廷在九江，劉高升在大通，許大奎、龍松年在蕪湖，蔣雲在金陵，卜雲亭在鎮江，小的在十二埠各輪船碼頭先行佈置，豫備船隻等項。因韓道士爭索經價，蔣雲與他講狠，被韓道士暗約地方多人，各執器械，把小的們打散，小的就回鎮江去了。聽説李洪現在燕臺藏匿。李典已經岳州獲案，他所統的玉龍、金象、飛虎、蓮花等山，只有蓮花山是他自己開的。玉龍山係早年揚州正法的湖南人艾玉龍開的。金象、飛虎二山係四川不知姓名人開的。萬福龍台山係早經正法的襄陽人陳國楨開的。又陳得勝開的金臺山，李得勝開的龍鳳山，龍海騰與楊世海開的天順山，余啟宇與劉金魁開的白志山，歐貴卿開的忠良山，小的與陳金鰲開的楚金山。所有山堂詞句口號，都係用木板刻就，用藍靛刷印白洋布上，中蓋各人暗號、紅圖章。洋布長約四五寸，寬約二三寸。凡入會的，每人取錢千文及數百文不等。各省及長江一帶入會的人，難以數計。入會時，都囑令唸熟山堂口號，就將飄布燒燬，以後會面都以暗號為憑。因近年各處查拏飄布嚴密，誠恐被人看見，有害自己性命，現今所拏在會的人，是以都無飄布，不能繳出。各頭目也只有海湖口號底簿，并無入會人姓名簿據。會中稱呼開立山堂的為龍頭，入會的為弟兄，又有上四排、下四排名色。大哥、二哥、三哥、五哥為上四排。職分坐堂、陪堂、當家、紅旗及香長、盟証、聖賢、新副各名目，并偽稱為督撫、藩臬。老六、老八、老九、老么為下四排，都聽上四排指揮，以供奔走，并無四、七名色。又入會名為入園，飄布名為公事，燒燬名為扯紅旗，犯案名為跌了，殺死名為升天。此外，敬神拜會，見面結交，喝茶吸烟，無一不有暗號。今年八月，小的在鎮江聽説鎮關、滬關查獲洋人私運軍火多箱，小的害怕，到漢口住了半月，因漢口查拏甚嚴，又逃回本籍，就被兵差獲案的。今蒙查訊，鐵老七已回山東，施洪春、李小春、蔡小春已因犯案正法，周德貴不知何往。這到案的尹中安、余啟宇，都是會中大哥，楊老二、李正安、劉花兒、尹興隆、胡萬禮、湯木匠、楊松妍，實只聽糾入會，小的們圖謀起事，他們都不曉得。求生全。

飭宜昌關道查掛旗洋船走漏私土罰辦光緒十七年十月初五日

據湖北土藥稅務局吴道廷華呈閲宜昌局委員禀稱：渝關以下數百里水路，中途搭行掛旗洋船運載私土，漸行漸多。前令平善壩委員陳剛濟設法密查，今果查出掛洋旗麻陽一隻，係英商第五十三號船隻，内掛生源行南土二件，計重二百零二觔，并有私土在内。惟稅司向不准局員查驗，非咨明總理衙門，嚴行關道轉行宜關稅司，終屬難行等情。據此。本部堂查重慶新關船隻來往宜渝，經總理衙門定有試辦章程通行遵照在案。凡洋商自備、雇用兩項船隻，須報關給發執照，掛用關式旗幟，只准在宜渝兩關上下貨物。又必先領准單，方准裝卸。所裝之貨，兩關皆有單照，稽查單貨不符，照章罰辦。無論何項，官局皆得將所裝所卸之貨查拏充公，一面即屬違章。如出渝之後未抵宜以前中途起卸攬載，報知宜關，將掛旗之船罰辦。惟中途若無裝卸貨物，内地局卡只能令將海關所發之執照呈驗，以明所掛之旗並非假冒，旗照相符，立予放行，不得驗其所載之貨。如無照冒旗，即將該船扣留，禀請罰辦充公。章程本甚明晰，防範亦頗周密。蓋掛旗之船，自有洋關稽查征稅，内地局卡只須查其是否假冒，防其有無私卸足矣。此案平善壩委員查出英商生源行第五十三號掛旗船一隻，有南土二件，并聞有私土在内。查平善壩本係宜關分卡，本有稽查洋船之責，既有私土，即應報關查拏罰辦，税司何至偏袒不允。究竟該英商生源行第五十三號掛旗船所帶土藥有無在渝關納税，是否中途私運，亟須澈底根查，以杜影射，并飭該關委員以後務須會同税司認真嚴查罰辦，以保税釐。合就札飭。札到，該關道即便遵照，查明此項私土宜關如何罰辦，迅速稟覆。一面照會宜關税務司，以後掛旗之船務須加意嚴查，毋任走漏私土，致礙内地税釐，并飭該關委員認真會同稽查。是爲至要。此札。

飭劉恩榮招募馬勇立爲鳳字中營分派緝私 光緒十七年十月初九日

案照前因緝私鼎字副營檄調回省改充省防之用。淮銷邊界地方遼闊，僅鼎字正營五百人專司緝私，不敷分布，擬將襄陽馬隊兩營添募一百八十名，共足成馬隊五百名，匀撥麻、羅、黄、孝、隨、棗一帶，協同鼎軍緝私，當經電致兩江督鹽部堂劉籌商定議。八月初四日准兩江督鹽部堂劉咨開，商捐緝費一項，自本年九月分起全數改解鄂省善後局，以備添撥馬隊之需等因，到本部堂。准此。當經札飭北督銷局、善後局遵照辦理在案。查鄂省淮銷邊界地方遼闊，周提督得升所帶步隊鼎字一營不敷分布。茲鄂岸商捐緝費一半銀兩，業准兩江督鹽部堂劉咨全數解歸鄂局，以充添募馬隊薪糧之用。亟應遴派將領刻日照數添募馬隊一營，共勇一百八十名，采買戰馬一百八十匹，立爲鳳字中營。俟成營後，即與新調來省之鳳字營馬隊前營參將丁季陞、鳳字營馬隊後營守備楊紹文兩營會商妥協，上起襄、樊、隨、棗，下至麻、羅、黄、孝一帶，匀分地段，稟候核定，馳往扼要駐紮，協助鼎字營周提督暨襄陽練軍堵緝北潞各私，以昭周密。查有儘先補用副將劉恩榮任事勇往，操練精熟，堪以委充鳳字營馬隊中營營官，飭令選募。除分飭外，合亟札委。爲此，札仰該將即便遵照，迅速揀派樸誠强健得力哨官，挑募精壯勇丁一百八十名。須擇籍隸河南、淮北一帶嫻習乘騎者始可入選，勿得以吸食洋煙及遊惰疲弱之人濫竽充數，并就地采買北口臕壯戰馬一百八十匹編立成營。一俟人馬募購齊全，即報明本部堂聽候飭委點驗，照章起支薪糧，與馬隊前後兩營開往派定汛地，分段扼紮，隨時認真操練，協助鼎字營及襄陽練軍巡緝北潞各私，勿稍空缺廢弛，虚糜餉項。是爲至要。并由北善後局先行刊刻木質關防一顆，文曰管帶鳳字營馬隊中營關防，移交該將開用具報。毋違。

札南臬司查禁鬼叫該死一書及匿名揭帖 光緒十七年十月十二日

據英國駐漢嘉領事官照稱，現接長沙來信，内稱近日湖南地方定將鬼叫該死一書發店刊刷八十萬本，其定價每萬本需銅錢六萬箇。此書以及匿名揭帖，均在長沙省城小西門内路邊井鄧懋華刻字店發售。再者，聞得此種壞書，長沙府命學内生員在各處戲台宣講聖諭十六條，并講此書等情。查此等污衊宣講最爲緊要，勢不得不據實申陳國家大臣深盼貴部堂速將所辦編造是書之湖南人、陝西候補道周漢并長沙府暨刊刷發售之人，現在如何治罪，迅賜照覆，以便續報國家是荷。爲此，照請查核等情，到本部堂。據此。查近來各省滋鬧教堂，上勞宸廑，曾於五月初七日明降諭旨，倘有匿名揭帖造言惑衆，即行嚴密查拏，從重治罪等因。當經恭録出示曉諭，欽遵在案。凡屬安分紳民，理宜共體時艱，恪遵聖訓，以維大局而息亂萌，豈容推波助瀾，挑衅生事。兹據照稱前情，合就札飭。札到，該司即便轉飭遵照，查明湖南長沙省城内鄧懋華刻字店有無刊刷前項本書及匿名揭帖發售情事，迅即查訊明確，嚴禁拏辦，毋任妄爲，致釀事端。并即查明是否陝西候補道周漢所編，府學生員有無并講此書情事，據實稟明南撫部院查核辦理。毋違。

札江漢關道照會法領事法教堂酌價十萬兩不能加添 光緒十七年十月十五日

照得宜昌焚燬教堂一案，疊經本部堂於八月十三、二十五等日札飭該道照會法國領事官備述起衅緣由，實因法國教堂於教案疊出之後不遵告誡暫停收養，又誤收被拐幼孩，以致啟嫌滋事。倉卒之間，彈壓不及，排解無從，地方文武各官以救出洋人性命爲重，護送教士等登船，一時未能兼顧洋房，致被焚燬，并非彈壓之不力。此等案件，事起有因，揆之情理，按諸條約，除辦犯而外，原無所謂賠償。我國家以寬大爲懷，不欲使遠人負累，未嘗不可酌量卹補，惟數必求其覈實。如有浮冒，不惟無以對中國，亦且無以對本心。應由該教士將所燬房屋物件逐一開列細數，必有可以核減之處。即如房屋雖毀，地基猶存，磚石俱在，以舊抵新，所省必多。凡此皆盡情盡理之辭，可以質諸萬國而無愧。乃該教士等仍不肯將細數開出，徒以約略計算之十三萬兩索賠，不知何所據而定此數，應亦難以自解。昨據該關道面稟，與書領事官晤商，擬以十萬兩給償了結，而書領事猶未應允。本部堂查江南被燬教堂多處，據教士約開失單，有僅給四五成者，有給八九成者，通扯算之不及八折。宜昌事同一律，酌中擬給十萬兩，已屬有盈無絀。現當法領事官莅任之初，應由該關道詳晰照會。如願籠統完案，即以十萬兩爲限，不能加添。否則，必逐條逐款開列細數，呈繳底單，然後請人公平核估，另議價值，酌量給償。合就札飭。札到，該關道即便遵照，照會法領事官查照。毋違。

札北善後局籌撥刻書銀兩 光緒十七年十月十五日

照得表章文獻，治化攸關。湖北歷代名賢通儒著述不少，現經提督學院趙蒐羅校刊，已經刊成者三十一種，其餘應刻者尚多。經本部堂商明，即將已刊各書板片并采獲未刊各書元本，均存留湖北書局，俟陸續彙刻完備，即名曰江漢叢書，以廣流布而裨士林。所有此項刻書板價工資，現經核計，共銀四千餘兩，自應由善後局籌發。除咨行外，合亟札飭該局即便遵照，在於外籌閒款内籌撥銀四千兩，解還學院衙門查收，以清欵目。以後應行續刊各種及校刊章程，隨時聽候本部堂選定發刊，妥爲辦理。

札江漢關道照覆十二國領事查辦匿名揭帖[一] 光緒十七年十月二十一日

案據駐漢口英、美、俄、法、德、奥、義、日、丹、瑞、荷、比十二國領事、副領事、兼理領事、兼理副領事會銜照稱：本領事等恭查本年五月初七日奉有上諭，嚴禁匿名揭帖，而湖廣官憲

[一] 録自抄本《督楚公牘》。

猶未竭力查辦，本十二國領事等殊有不悦之意。本領事等聞得雖有前次諭旨并貴國總理各國事務衙門咨行查拏出匿名帖之匪人。惟現在此等匪徒不僅照舊暗行，抑且竟彰明故犯，惑動華人殺絶教民，并害及教會。本領事等更聞各種匿名帖貼於城墻等處，以湖南省爲最多。并聞該省新纂一書，標名曰鬼叫該死，在長沙省城刷印竟至數十萬本。該省官員并未欽遵諭旨從嚴拏辦。本領事等甚有不悦之處。請煩貴部堂核奪辦理，以禁弊端而挽惡習。本領事等復查此等匿名帖，皆係讀書人暨熟悉公事之人所作，非愚民所造。既作此欺藐之事，無論紳商士民、官職大小，均應嚴辦。除繕呈各本國大憲查核外，相應聯銜合詞賫送台前，以備採擇等情，到本部堂。據此。查匿名揭帖例禁綦嚴，疊經本部堂出示曉諭，并恭録五月初七日諭旨，通飭欽遵嚴禁各在案。近來湖北省地方除黄陂縣當舖一案業經查拏究辦外，并未聞再有此項揭帖。昨據嘉領事官照稱，湖南地方定將鬼叫該死一書發店刊刷八十萬本等情，即經咨請湖南撫部院轉飭嚴禁查辦，即是有犯必懲之明証。各國商民、教士但能照常貿易，安分傳教，遵照本部堂告誡各嬰堂暫勿收養幼孩，自不至再有滋鬧之事，即可享按約保護之益。至於如何嚴禁究辦，此係中國内政，地方官自有權度也。合就札飭。爲此，札仰該關道即便遵照，照會各國領事知照。毋違。

照會提督熊鐵生選募營勇 光緒十七年十月二十二日

照得鄂省地勢衝繁，現值長江一帶巡防彈壓關繫緊要之際，業經奏明增募營勇一千名，奉旨允准在案。亟應遴派得力將領召募成軍。惟查鄂省水陸交衝均資控馭，且荆、沙上游最爲喫重，湘岳鄰境伏莽尚多，防遏策應，均非有水師不可。而鄂省餉力極絀，斷難再行奏請添營。本部堂院督同司道等熟計兼權，惟有變通營制，爲水陸兼顧之計。查湘軍生長水鄉，多習舟楫，擬新募水師中左右三營，令其兼習陸戰。每營五哨，計舢板二十五號，營官長龍一號。照鄂省水師章程，每營計勇丁、舵工等共三百四十五名，三營共一千零三十五名，與原奏勇數所差無幾。水師一船之勇，即作爲陸路一棚，遇有陸路調用，只酌留兩名守船，餘俱登岸，營哨隊伍仍各井然不紊。查長江水師章程，本於岸上操場兼習陸路技藝。茲應於江岸建造營房一所，令此三營中輪派一營駐紮岸上營房，每營一月，周而復始，并將此三營陸路需用鍋帳器械一律備齊。如遇需用，臨時酌量調派，或三營均作水師，或三營均作陸隊，或水陸分用，均候因時制宜。查有記名提督熊鐵生謀勇兼優，威望素著，堪以委充水陸統領。此三營即名爲鐵字營，由善後局刊給木質關防，呈候飭發應用。其餉章及統領、營哨官薪水公費，應飭善後局參酌鄂省水陸章程，會商熊提督迅速妥議詳辦。除分行司局外，合亟照委。該提督即便遵照，選募得力營哨官，妥速召募，刻日成軍。勇丁務須一律精壯樸實，來歷分明，勿令游惰莠民濫充濳匿。至爲切要。

照會提督劉鶴齡統領襄河水師 光緒十七年十月二十二日

照得襄河水師健捷中營管帶提督丁長春現經請假回籍，自應遴員接帶。惟查襄河水師五營，上起老河口，下至漢口，綿亘千餘里，必須首尾一氣，呼應靈通。近年襄河水師漸形廢弛，勇額多缺，捕務疎懈，平日弁勇多不在船，實由汛地遼遠，不相統轄無人考察之故。自應設立統領一員，以資統攝而便稽察。查有記名提督劉鶴齡久歷戎行，沈毅老練，堪以委統襄河水師健捷五營，仍兼帶中營。即令該提督詳細考究，將五營分防地段、巡緝章程，體察情形，斟酌妥擬，稟候核奪。以後此五營水師即名爲襄河水師中左右前後等營，以歸簡明而昭核實。該提督接帶各船向駐鍾祥，地勢居襄河之中，應即名曰中營。提督謝得龍所帶駐紮漢口，爲前營。參將張理玉所帶駐紮老河口，爲後營。副將張國棟所帶駐紮岳家口，爲左營。參將方傑所帶駐紮樊城，爲右營。即由北善後局刊刻統領襄河水師五營木質關防一顆，并分刊前後左右四營關防一顆，呈候飭發應用。該提督薪水公費，并由北善後局查核議給。除分行外，合亟照委。該提督即便遵照，統領襄河水師五營，兼自帶中營，將各營巡緝章程應如何整頓之法斟酌妥擬，稟候核奪。一切弊端務須掃除浄盡，不得缺額一名。認真操練，以備緩急，於緝捕事宜切實講求，勿稍疎懈。

飭委漢陽協督造水師營礮船[一] 光緒十七年十月二十四日

照得鄂省現經奏准添募營勇，并經札飭司局籌議詳覆，豫造礮船三營以備緩急。茲擬變通營制，召募水師三營，作爲水陸兼用。每營舢板二十五號，長龍一號，照楚軍營制共計勇丁一千零三十五名，業經檄委提督熊鐵生統領召募分行在案。所需船隻，應即委員分別督造監造，選擇妥實船廠數家分投趕辦，限一月造竣，并將帆槳、繩索、棚帳、錨鍊等件一律配齊。其工料價值，按照善後局向章給發。除熊提督監造外，合亟札委。爲此，札仰該副將即便遵照領欵，將此項船隻查照定式分別趕造，各件一律配齊。務須堅實靈便，合用經久，勿稍草率遲延爲要。仍將遵辦情形具報查考。

咨南撫院商慶軍赴湘，請酌裁防營騰餉支放附單 光緒十七年十月二十六日

案准新授湖南提督軍門婁文開：案奉兩廣督部堂李文開，照得貴提督原帶慶字全軍，分駐沙角、大角、蒲洲等處礮臺。現奉新授湖南提督，請將慶字全軍統帶赴任。所遺慶軍原管沙角等處礮臺，查有蔡提督金章謀勇兼優，諳練臺務，應即檄委接管。所有各臺軍裝、礮位、子藥等項，并令分別點清接收。其原管臺礮礮位、弁勇，前經貴提督操演多年，點放嫻熟，應否酌留，即由蔡提督與貴提督妥商辦理。至蔡提督原帶營勇，恐不敷分布，應再添成一底營，合前三底營湊足千人，俾資防守。除照會蔡提督遵照分別接管妥辦，一面悉心講求各礮臺内外防護、遠近攻擊各事宜，督飭各弁勇訓練精熟，務使防禦敏捷，施放悉準，勿得稍任懈弛。仍將接管日期稟報，并造具各勇丁花名清册呈繳備查。應咨貴提督將原管沙角、大角、蒲洲等礮臺原配軍裝，礮位、子藥等項悉數交蔡提督查收接管。其原管各臺礮位、弁勇應否酌留若干以資熟手，并希會同蔡提督妥商辦理施行等因。奉此。當於

〔一〕以下四件録自抄本《督楚公牘》。

本月十六日商同蔡提督金章，派委妥員會同軍械局委員，前往沙角、大角、蒲洲等臺，將臺礮、機器、子彈、火藥及舊餘新餘火藥、子碼等件，逐一按照月報礮册及移交清册，眼同點驗，交代清楚。并每臺酌留熟習礮目二名，計二十臺共留礮目四十名，開具花名清摺，於九月二十日移交蔡提督驗收接管，分撥填駐。至營中所存洋槍、子碼、旗幟、刀叉、鋤鏟等件，仍照原隊六成軍火隨營，借撥回湘應用。其餘所存抬槍、線槍、子碼并一切廢槍、廢碼，逐一點交軍械局委員驗收繳局在案。又蒙兩廣督部堂李將各弁勇月餉銀兩截於九月底止，再加賞十冬兩箇月恩餉以作川貲，并飭局雇備船隻运送樂昌，另派火船拖帶，以資快便各等因。蒙此。茲派慶軍營務處朱總兵超發於十月初一日自沙角帶隊，由內地先行南歸。所有隨營借撥各項軍械及起程日期，理合抄粘請鑒核。又准婁軍門函開：接奉鈞電，知湖南伏莽甚多，會匪漸萌，彈壓籌備均關緊要，擬奏催赴任等因。惟查沙角慶字三底營自彭剛直召募東防，迄今已經九載。聞提督服官桑梓，將士各動鄉心，李制帥亦以湖南會匪多事，彈壓在在需人。底營兵少官多，足資分布，庶不致臨事掣肘。每月需餉亦祇四千七八百兩，不如帶赴任所，以收駕輕就熟之效。提督思維再四，士卒既切思歸之志，若任其久滯他鄉，於心實難恝置，是以商同李帥將沙角礮臺交蔡提金章填駐，派營務處總兵朱超發於十月初由內地帶隊南歸，暫住湖南省城。伏望械商張中丞會同奏定，提督准於十月下旬航海趨詣鈐轅，面聆訓誨，俾有遵循各等因，到本部堂。准此。查新授湖南提督軍門婁所統慶字三底營，每營勇丁二百五十名，計共勇丁七百五十名，在廣東分駐沙角、大角、蒲州等處礮臺，操練嫻熟，巡防認真，最稱得力。現值湖南伏莽未靖，會匪萌動，彈壓防緝均關緊要。昨經本部堂奏催赴任，奉旨允准，硃批：即著張咨行李，飭催該提督迅赴新任。欽此。恭録咨行欽遵在案。茲接婁軍門文函各節，業將原統慶字三營統帶起程赴湘，并在粵借撥洋槍等件。查湘省目前情形，提督責任綦重。既經兩廣督部堂咨將慶軍隨帶回湘，在婁軍門可收指臂之效，於湘省亦可增一枝勁旅。惟湘省餉項支絀，斷難另籌鉅欵，以爲慶軍月餉。本部堂籌思至再，若將湘省舊存防軍擇其尚可裁省者酌裁七百五十名，騰出餉項作爲慶軍支放之欵，一轉移間，於餉項無窒礙，於地方亦有裨益。查慶軍月餉廣東省係截至本年九月底止，并加發十月、十一月兩月恩餉以作川資。所有該軍到湘以後，如經留用，月餉自應改照湘省防營餉章，由湘省按月接續支放，以歸畫一。營制仍按三底營，以便分布。惟湘省防營是否可以裁省此數騰出此項餉需，本部堂殊難遙度。其未盡事宜及應如何斟酌變通之處，應請貴部院與婁軍門籌商辦理。相應咨商。爲此，合咨貴部院請煩查照。希即酌核飭，迅爲見覆施行。

謹將借撥回湘各項槍桿軍火開列

計開

毛瑟槍三百桿。

毛瑟碼十四萬粒。

毛瑟銅絲黄二十五套。

十三響呍啫士槍十六桿。內留存八桿，續請八桿。

十三響呍啫士碼十一萬八千五百粒。留存八千五百粒，續請一萬粒。

大嗆來復前膛槍六百桿。

銅帽火二十五萬八千四百粒。内留存十五萬八千四百粒，續請一十萬粒。

洋槍藥三千九百六十磅。

皮紙二萬三千四百張。

札鳳字前後營勇額不准更動 光緒十七年十月二十六日

照得參將丁季陞、守備楊紹文所帶鳳字營馬隊前、後兩營，經前署部堂裕於光緒十一年六月十五日會奏裁減營勇改定餉章案内，定爲酌留馬隊三百二十名，以一百六十名爲一營，分作兩營。奉旨允准，恭録轉行欽遵在案。旋於光緒十三年十一月二十一日准北提督軍門程咨，擬將鳳字馬隊前後兩營分爲三營，并將鳳字名色更易選鋒字樣，行據北善後局詳請奏咨立案。當經前部堂裕批示未便據咨具奏，應仍照舊辦理並咨覆在案。兹查該營官所帶鳳字馬隊兩營，竟改爲以一百八十名爲一營，一百四十名爲一營，殊與奏定營制不符。該營官等奉委管帶，營中凡有應行變更之事，皆當先行禀請核示飭遵，以昭妥洽，豈可任意更張。應飭遵照奏案，迅速將改撥馬勇仍舊撥回原營，以一百六十名爲一營，以符定制而免偏枯。合亟札飭。札到，該營官等即便遵照，照額撥回原營具報。毋違。

照會宋德鴻派隊分紮麻、羅、黄安、黄陂一帶緝私 光緒十七年十一月初三日

照得鄂省淮鹽分銷邊界遼闊，麻、羅、黄、孝一帶鼎字正營不敷分布，業經添設鳳字馬隊中營，派委副將劉恩榮管帶，飭令會商鳳字馬隊前後兩營，上起襄、樊、隨、棗，下至麻、羅、黄、孝，匀分地段，禀候核定，扼紮堵緝北潞各私在案。兹據劉副將等禀，請以鳳字中營匀紮應山、孝感等處堵緝北私，其麻城、羅田、黄安、黄陂一帶地方寥闊，山徑紛歧，仍應添撥步隊前往扼紮，協助鼎字正營巡緝，以臻周密。應即飭統領鴻字營宋提督德鴻，分撥鴻字左營一哨，并於鴻字中、右兩營酌量匀撥一哨，揀委妥員管帶兩哨馳往黄安、黄陂一帶扼紮。查鼎字正營周提督得升，現經來省。該提督應迅即會商派定汛地巡緝北私，以專責成。經此次派撥分布之後，麻、羅、黄、孝一帶鼎字副營雖已調省，而現在添撥之馬隊、步隊人數已與一營相等。其鼎字副營抽調之地段均可分派填紮，與鼎字正營通力合作，堵緝北私，以暢淮銷。除咨行外，合亟照會。爲此，照仰該提督即便遵照，分撥鴻字左營一哨并中右二營酌撥一哨，派員管帶兩哨馳往黄安、黄陂一帶扼紮，并即會商周提督派定汛地分段匀紮，實力堵緝北私。馬步各營將來均應核計功過，以爲勸懲，毋稍疎懈玩忽。是爲至要。

札武黄同知、廣濟縣籌費募勇 光緒十七年十一月十三日

據署黄州協副將丁貞創禀稱：前奉札開，撥防武穴兵丁五十名以後，應留三十名在武駐紮，聽候武黄同知黄署丞節制調遣等因，當即遵照辦理。現届隆冬，宵小最易竊發。郡城倉庫、監獄，防護巡緝尤爲緊要。駐兵不過百名，實形掣肘。可否飭令武黄同知就地籌欵，招募勇丁駐鎮防守，將卑營兵丁撤歸原伍等情，到

本部堂。據此。查此事前據署武黄同知黄宗度、廣濟縣知縣彭廣心籌議會禀，請於淮商繳官巡緝公費每引三錢之内，酌提每引五分作養勇之費，并請將武穴上下釐局船捐撥歸保甲經費等情。當經行司會同北鹽道、牙釐總局妥議詳辦在案，現尚未據司局議覆。查巡緝公費專爲緝私而設，豈能於中酌提撥歸地方之用，自應毋庸置議。查武穴向多游匪地痞，地方官平日漫無覺察，以致今夏釀成焚燬教堂毆斃洋人鉅案。疊經本部堂多方籌畫，彈壓維持，以致該處地方未受擾累。然而煩兵力，議償欵，業已糜費公款無算。該處肇此衅端，孽由自作。試思如果激成中外巨衅，該處商民物業財産，不知傷耗若干萬，該處人民被害獲罪者，不知受累若干人矣。自宜懲前毖後，就地籌欵募勇，以資巡緝而靖地方。乃該令暨該署丞於奉札飭議之後，并不詳求事理之可否，斟酌情事之緩急，剴切勸諭商民，率以一禀議覆。迄今半年之久，儼若置身事外，一任兵勇久留防所，月費餉需，苟且圖安，實出情理之外。應即一面飭令黄州協兵即日撤令歸伍，其鴻字營勇於十二月十五日撤令回省，一面仍責成該署丞會同該令速自籌費養勇。該丞等所擬撥用釐局船捐一節是否可行，并飭司局迅速籌議詳覆。此事屢檄飭該署丞認真經理，固屬責無旁貸。而該令身任地方，安靖與否乃該令考成所關。武穴相距較遠，鞭長莫及，若有勇數十名巡緝彈壓，可省卻無數事端，并可省事後該縣無數勞費。該縣官紳商民何得事過輒忘，竟不作補牢徙薪之想。亟應會同該署丞開誠布公，勸諭商民集捐籌辦。如有不敷，即由該令自行捐備，亦分所應爾。應即趕緊籌議禀覆，不准再有推諉延誤。除禀批發及飭司局速議詳覆飭遵暨分行外，合亟札飭該署丞即便遵照，迅速會同彭令自行就地籌費養勇，留防兵勇撤後，地方儻有疏虞，定惟該縣及該丞是問。懍之。

札委李守謙赴沿江各省查拏會匪[一] 光緒十七年十一月十八日

照得前因沿江會匪不靖，承准總署來電，并先後接准兩江、安徽咨電，當經會委湖北候補知府李謙總辦漢鎮緝匪事務，嚴拏各匪懲辦在案。查會匪黨羽衆多，行踪詭祕，沿江各省，或於市鎮繁盛處溷跡，或於港汊荒僻處潛藏。現因漢口巡緝甚嚴，其大小頭目多已遁往他處。除鄂省、湘省等處已疊經嚴飭地方文武隨時認真查緝外，所有沿江一帶九江、湖口、安慶、大通、蕪湖、江甯、鎮江、揚州等處，亟應不分畛域，派委該守購帶眼綫，前往各處查訪有名頭目，相機跴緝，務獲解鄂究辦，以絶根株而消亂萌。如須先行知照各處地方官及營汛協力查拏者，即由該守臨時斟酌知會，以期得力。除咨行外，合亟札委。札到，該守即便遵照札行事理，購覓眼綫，酌帶勇丁，乘坐官輪前往九江、湖口、安慶、大通、蕪湖、江甯、鎮江、揚州等處訪拏會匪有名頭目，務獲解鄂究辦，以消亂萌。是爲至要。

札知州李紹遠設局收峽路經費 光緒十七年十一月十九日

據湖北布按二司、善後牙釐兩局司道會詳稱：竊奉會札，飭將勘修峽路應如何籌欵集捐，如何分年興修之處悉心會議，妥籌

[一] 録自抄本《督楚公牘》。

辦法，詳候核奪等因。奉此。竊思巫、巴兩峽，爲川、楚商旅往來要道，修路經費亦必於川、楚商貨設法籌捐，方能濟事，情理亦最允協。查來鳳縣地方上年設有野三關分卡抽收土税，其湖南、江西各幫由四川開縣、涪州等處販運土藥假道來鳳地界，數十里即入湖南龍山縣境，行銷常德、長沙、湘潭等處者，本係過境之土，並不至湖北内地行銷，礙難照入境之土一律抽税。若量予變通，免其抽税，酌勸捐助地方善舉，該土販當可仍循故道，藉免繞避險遠之勞。是於恤商之中，即可兼爲籌集路工經費之舉。擬請即於來鳳與川、湘連界適中之地另設一局，專收峽路經費。凡川土入鄂者仍由來鳳現設分卡照舊收税，其不入鄂而入湘行經來鳳地面者，即由新設局員勸令土商酌量輸捐，不准稍有抑勒，聽其自便。似此辦法，既與鄂省土税正項絶不相妨，而川、楚未修峽道亦可一律告成。是否有當，相應會詳呈候核示飭遵等情，到本部堂、部院。據此。查所議各節，均屬妥協，應即照准。除詳批迴外，應即遴員前往設局辦理。查有湖北候補同知、直隸州知州李紹遠，堪以派委專辦抽收峽路經費事宜。候補通判魏慶昭，堪以派委幫辦抽收峽路經費事宜。除分行外，合就札委。該牧即便遵照，迅速前往來鳳，於川、湘連界適中之地，會同魏倅暨地方官擇要設局。凡川土不入鄂而入湘經過來鳳境各土販，由該員等勸令酌量捐助峽路經費，不准稍有抑勒。此項捐欵與鄂省土藥無涉，不得稍有牽混。所收銀兩按季徑解善後局，專欵存儲備用。即由北善後局刊刻木質關防一顆發交該員領用。該員等即將設局處所及開局日期暨辦理情形先行禀報查核。

札南、北各屬停止申送兩湖書院投考各生（一）　光緒十七年十一月二十二日

照得前因各屬申送兩湖書院投考各生多係各士子自行祈請，各該屬等并未詳考各生才分學業，何似遽爲申送，漫無限制。業經通飭各屬嗣後必須諮訪確實方准申送等因在案。乃近閲各屬申送來文，仍未查照原札事理，將各生所長何業注明單内，率爲申送。并據咸豐縣知縣吕福恒申送恩貢馮延緒來文内稱，該貢生志切觀光，力圖上進，禀稱赴省投考等語，實屬荒謬。且聲稱案奉前北學院趙札開本部堂新建兩湖書院，飭各府州縣凡屬士子有志上進，俱由地方官申送投考等因，爲原札文所未有。憑空捏造，尤堪詫異。本部堂選調諸生，疊次札飭，何等慎重。各該屬等漫不經心，平時既未豫爲諮訪，臨時又不詳加考察，致令諸生紛紛前來投考，漫無限制，多半不能入選，往返跋涉，轉滋貽累。若各屬自願入院之諸生不問學業深淺一概收録，豈一書院所能容，從來無此辦法。亟應再行明切嚴飭，停止各屬徑行申送，以示限制。除分行外，合亟札飭。札到，該府、州、廳即便迅速轉飭所屬一體遵照，停止申送諸生。切切，毋違。

札彈壓川土漏私員弁認真堵緝仍聽李牧等指飭　光緒十七年十二月初九日

照得湖北來鳳地方設局專收峽路經費，前經會委李牧、魏倅等前赴來鳳，在於川、湘連界適中之地，會同地方官擇要設局，

（一）以下五件録自抄本《督楚公牘》。

凡有川土入湘經過來鳳各土販，勸令酌量捐助峽路經費。如係入鄂販往漢口、沙市等處銷售者，仍由來鳳原設分卡委員照章抽收等因在案。查來鳳境内設卡專收土税，曾經檄行營縣揀派練兵，添募緝勇，會同彈壓巡緝。此次派員設局，專收峽路經費。誠恐奸商偷漏，一時呼應不靈。所有駐紮來鳳一帶練兵緝勇，李牧如有差遣分布彈壓稽查等事，均應聽候調派，以赴事機，不得膜視貽誤。合就照行。爲此，照行該鎮即便遵照，迅即轉飭從前派往彈壓巡緝川土漏私督率兵勇，在於要隘認真堵緝，仍令諭飭兵勇隨時聽候李牧等指飭調派，毋稍違誤。是爲至要。

咨南學院隨時將出棚按試次第月日咨覆 光緒十七年十二月初十日

爲照兩湖書院北、南兩省甄録諸生，均已入院肄業。南省遠隔重湖，各生明年有須回籍應歲試及歲科連試者，均須先期知悉貴院按臨之期，始免遲誤。應請貴院將明年先後按試九府四州地方次第，約計按臨當在何月時，此時想已排定，即希煩爲咨明，以便飭知南省肄業各生豫備回籍應試。相應咨會。爲此合咨貴院，請煩查照迅即咨復。盼切施行。

札飭李牧等與竇令移送互對川土入鄂過境担數斤兩 光緒十七年十二月十一日

照得湖北來鳳地方設局專收峽路經費，業經會委該員前赴來鳳，在於川、湘連界適中之地，擇要設局，凡川土入湘經過來鳳各土販，勸令捐助峽路經費，如係入鄂販往漢口、沙市等處銷售者，仍由來鳳原設分卡委員照章抽收等因在案。查來鳳縣地方原設土藥税分卡，現經檄委湖北候補知縣竇居恒前往專辦，李牧等應即隨時與竇令互相知照稽察偷漏一切事宜，和衷商辦，以收實效。除分行外，合就札行。爲此，札仰該員即便遵照，隨時與竇令互相知照稽察。凡商販挑土過境，担數若干，斤兩若干，均應飭承逐日開造清摺，彼此互相知照，以資核對。李牧等并按月將所收過境土藥担數斤兩彙移竇令，由竇令呈報宜昌總局查考。竇令亦應按月將所收入鄂土藥担數斤兩彙移李牧，由李牧呈報善後局查考。毋稍疏漏。切切。

札北藩司將北路土藥各局委員薪水照現章補給 光緒十七年十二月十一日

照得前據專辦北路土藥税局委員、候補同知、直隸州知州李紹遠具禀，北路税收不旺，請將各委員薪水、夫馬減半發給。當經批飭照辦，并將大委員每月酌加銀十兩、小委員酌加銀五兩，以示體恤，并飭俟税收暢旺，即照原數補給等因在案。兹查湖北徵收土藥税項一年期滿截數，南路極爲暢旺，北路亦著有成效，且南路税旺亦係北路堵截私土之功。所有北路各委員前領薪水、夫馬均未能照原數發給，自應酌量補給，以昭激勸。查南北兩路委員薪夫，現在已經釐定畫一章程，所有前委總辦北路土藥專局李牧及樊城各路土藥分局、分卡大小委員，張令國蘭等薪水、夫馬，均一律照現在釐定數目分别補給。至該局勇餉，昨據張令禀請自十月起至十二月止，每月加銀四錢，業經批准照辦。兹本部堂詳加酌核，勇餉自宜通省一律。應自十二月起，一律照三兩給發，以前由該局委員體察情形酌量補給若干，以示體恤。除分行外，合亟札飭。札到，該司守令即便遵照現在釐定章程，分別補給具報，并分別轉飭河口專局李牧、徐守等遵照。勿違。

札襄、鄖、荆、宜各屬查明土性試種茶樹附單

光緒十七年十二月十二日

據穀城縣知縣瞿元燦禀稱：卑職上年曾將桑茶兼辦緣由禀奉批示在案。時以四鄉土性尚未深悉，僅於卑署隙地試種，幸均成苗。嗣經考校其土性，宜於植桑者固多，而宜於種茶者亦復不少。現已捐廉赴岳州多購茶子，一面出示曉諭，并將種采焙炙各法分條詳細刊發，俾衆咸知。公推公正紳耆總領分發，概不經書役之手，使小民不費分文等情，并清摺一扣，到本部堂。據此。查茶葉爲出口商貨之大宗，湖南、北兩幫每年貿易價值約銀一千數百萬兩，外洋各國多仿照種植。祇以土性不宜，香味遠遜中國，仍須向中國購買。湖南業此致富者實繁有徒，湖北如崇陽、通山等州縣，近年俱以種茶獲利。此外如襄、鄖、宜、施四府及荆門州所屬當陽、遠安等處，人民素患貧乏。由於山多土瘠，專恃番薯、羊芋爲生，一遇歉收，立形艱困。地方官果能講求，察視地利土脈物性所宜，教民墾治種植，以補雜糧之不足，自可轉貧爲富，起敝爲隆。查種茶惟沙地不宜，其半沙半土之地皆可種植。如穀城瞿令所陳種植採製之法，頗中窾要。亟應札飭地方多山之各屬仿照，勸民種植，以阜民財。爲此，札仰該府州即便遵照，轉飭所屬查照黏抄事理，切實查明。如果土性宜茶，一面購買茶子試種，一面出示剴切勸諭，並籌議勸導倡辦之法，具禀察核。該府州並即督率考察，實力勸諭興辦。如辦有成效，定當奏明優予獎勵。萬勿視爲具文，率以土性不宜、民情窳惰等語一禀了事。是爲至要。

穀城縣勸民興種茶樹示稿（一）

照得養民之道，在於為民興利。興利之法，固以農桑為本，而因地因時，可以併行不悖者，莫如種植茶樹。本縣籍隸湖南，各州縣産茶最廣。近年造作紅茶運赴漢口等處發賣，因此致富者不一而足。即在本鄉肩挑負販，亦復獲利甚豐。其種植之地，惟盡沙處不相宜，此外盡土及半沙半土，皆有樹必獲。無論山阜嶺坡，但擇向陽之處，并無妨於稻麥及桑樹等物。上年冬臘間，本縣捐購茶子，今正於署後隙地如法試種，均已發生。兹復捐廉，選派妥人，前赴岳州一帶地方採購。一俟到縣，即分發各鄉紳耆，轉付該民等領種，不經差役之手，不取分文費用。除將種法詳細開示外，合行出示曉諭。為此，示仰軍民人等知悉。爾等務須遵照領種，雖採葉需五年之後，而一經成樹，即生息無窮。幸勿惜目前勞費，致負本縣為地方興利之至意。其各懔遵毋違。切切。特示。

一、擇向陽之地，無論層山疊阜，高嶺斜坡，先行開辟，使下肥糞，領到茶子，即如法種植。

一、茶子種植之期，自九、十、冬、臘、正月均可，惟不可再遲。其發生總在立夏節前後。

一、種茶須分行，每行相離約三尺。其行中空地，仍可種春、秋兩季雜糧及棉花等物。

（一）録自抄本《督楚公牘》。

一、行内挖穴，亦須相離兩尺，免致成樹時彼此相礙。

一、每一穴種茶子五六顆。此樹本係叢生，不可單種。

一、種後只須間或下糞。如行中兼種他物，下有肥糞，便可滋長，無庸另糞。

一、成樹及一二尺高便可採葉。湖南大茶山採葉，多係婦女，不致有廢男工。

一、茶樹長成，每年交穀雨節採頭次極細葉，即毛尖茶，是貴重之品。谷雨節後數日，採二次略粗葉，亦是好茶。到立夏節採三次葉，其味較遜，然亦可用。

一、採得茶葉不可日曬，曬即有怪味。只須以鍋燒開水，將葉入水燙過，隨即取出，再用微火烤干攤冷，入壇裝緊。謹防風吹，吹即上霉，雖好茶亦不足貴矣。

一、九、十兩月採收茶子，或隨採隨種，或稍遲亦可，總以正月為止。若分種有餘，即留以打油，此油只可點燈，不可吃。

以上十條，務各留心照此種植採制。毋忽。

札宜昌、北路土藥局核定土藥各局卡月支薪水夫馬銀兩章程〔一〕

光緒十七年十二月十四日

照得鄂省南、北兩路徵收土藥稅項，前經檄委各員分設局卡，認真稽徵在案。查南、北路局卡先後設立，以故委員月支薪水夫馬銀數參差不齊，亟應釐定畫一章程開支。現經本部堂、部院酌中核定，同通州縣月支薪水銀三十六兩，夫馬銀二十四兩，共銀六十兩。佐雜月支薪水銀二十四兩，夫馬銀十二兩，共銀三十六兩。北路總辦月支薪水銀一百兩，夫馬銀五十兩，共銀一百五十兩。惟南路督辦現係道員，且收數甚旺，較北路多寡懸殊，應定爲每月薪水銀一百兩，夫馬銀一百兩，共銀二百兩。南路來鳳工程經費局委員李牧紹遠，事係專局要差，應定爲每月薪水銀七十兩，夫馬銀三十兩，薪水夫馬共一百兩。其來鳳幫辦魏倅慶昭，仍按同通州縣章程支給。至南路緝私委員、世襲等輕車都尉樊廉，現係月支薪水夫馬銀三十兩，其北路緝私委員、候補參將羅珍材原議月支薪水夫馬共銀五十兩，應照樊廉月支數目，改爲月支薪水夫馬共銀三十兩，以歸畫一。合就札行。爲此，札仰該局即便分飭各局卡一體遵照。

札委兩標中軍等管理軍裝、火藥各庫

光緒十七年十二月十四日

照得鄂省軍裝所及火藥各庫，向由北善後局派員管理。本部堂前經奏明，由廣東撥運后膛槍礮及子藥等件來鄂，均令分儲軍裝各局所在案。至鄂省向有之後膛槍礮，爲數亦尚不少。查此種後膛精械，外洋多盛以洋鐵匣，將匣内養氣抽盡封固。或以牛油涂抹槍管，内外悉用油封固，使不見天空養氣，則永不生銹。今運來之槍械均未封儲完固，最易生銹。若不用油時常擦洗及講求封儲之法，一經生銹，槍礮内之來福綫爲銹蝕損，不能取準，則十余萬金所購之精械一旦皆成廢物。亟應派委將領會同軍裝所史守悠慶經理，遴選熟習後膛槍礮武弁，講求打磨收藏之法。至火

〔一〕以下六件録自抄本《督楚公牘》。

藥庫關係緊要，尤宜講求存儲收發之法。礮彈槍碼與火藥同儲，最爲厲禁，斷須分庫收存。現有之永靖、元通、新興及操防四庫，何庫存洋土藥各若干，何庫存彈碼若干，何時發放子藥及收入若干，均須按月開單呈報，以備稽核。應即派委本標中軍副將蔣澤斌、撫標中軍參將璞玉、署武昌城守營參將劉清望，會同史守悠慶，管理軍裝所及各藥庫事宜，以專責成。

再，本部堂訪聞土藥制造不精，後膛礮每放四五出，則礮底藥洋結成一塊，關捩不靈，且易傷來福礮綫，必須加入洋藥多半始能施放。又所造拉火，每百枝總有三四十支拉放不過門。如果屬實，尚復成何事體。應即由該將等會同史守查明，講求造法，務期與洋人所制無二，不得稍有敷衍草率。除分行外，合亟札委。札到，該將等即便會同史守遵照札行事理，管理軍裝所及各藥庫事宜，遴選熟習武弁，講求打磨收藏槍械之法及分儲子藥收發、制造火藥等事。并按月將各庫收發火藥數目開單呈報。務須妥慎從事，不得稍有推諉延飾，致負委任。切切。

札長江水師田鎮營哨弁協防武穴以靖地方 光緒十七年十二月十五日

據署武黄同知黄宗度、廣濟縣知縣彭廣心會禀稱：竊奉憲札，以卑職等會禀遵檄籌議募勇，請於淮商繳官巡緝公費内酌提銀兩以作養勇之費。查巡緝公費專爲緝私而設，豈能於中酌提撥歸地方之用。飭即會同勸諭商民集捐，籌費募勇，趕緊舉辦，並將黄州協營及鴻子營留防兵勇，分别撤令歸伍回省等因。奉此。仰見大人慎重公項，保衛地方，敬讀之餘，莫名欽悚。卑職等遵即會晤體察武穴情形，除分銷局行銷淮鹽大宗之外，其次則以花、蔴爲主。本年收成減色，客販稀少，貨物滯銷。至於各行舖買賣無多，生意仍不暢旺。且目下銀錢奇窘，時有倒閉，市面摇動，商賈蹙額咨嗟，非如漢口、沙市大鎮可比。竊以招勇與保甲同係保衛地方，自應相輔而行，歸併辦理。萬一或有盜賊痞匪滋鬧事端，俾得互相聯絡，隨時查拏救護，不致分爲兩途，阻隔無關。該保甲局每年所收商捐不過數百餘串，向來僅於冬季三箇月募勇三十名，分設卡段日夜巡查，然亦僅能防守竊賊而已。若夫游匪痞徒乘間聚衆搶劫，生事爲患，實有難於兼顧。如令刻籌捐欵，另行募勇五十名，誠恐商力莫爲之繼。在地方固係緊要，而商情亦應體卹。兹卑職等恭承憲諭，亟應竭力圖維。現經再三商酌，擬就保甲局現在新募之勇三十名外，并再添募壯勇二十名，益以卑職等各派撥差役、捕役共有六七十名之多，差足以資巡緝而防不虞。仍選諭熟於兵事胆識得力之武紳，以爲管帶約束。即於十二月初一日起合成隊伍，平日按期操練，查拏匪徒，夜間分段巡防，嚴緝盜賊。一有事故，呼應調動較靈，不使散漫荒疎，莫弭禍端。并由卑職宗度隨時督率稽查，考驗勤惰，分别去補。總期有一人得一人之用，防守得力，以衛地方。所有應添薪水、口食、號衣、器械、油燭、雜用等項，目前均由卑職廣心如數捐備錢文，送由卑職宗度核實，支給濟用。容俟明春二月間，再行會同諭傳該鎮各幫紳商切實開導，妥議籌捐經費，從長辦理，斷不敢敷衍塞責，推諉貽誤，有負憲台殷殷誥誡之至意。合將遵飭籌欵、添募勇丁、督率防護地方情形緣由會禀大人俯賜查核，訓示祇遵。再，武穴河下本有長江水師田鎮營中哨礮船三隻駐防，計有勇丁數十名。并求憲恩飭令田鎮營許副將轉行該哨弁等，如遇地方有痞匪聚衆滋鬧情事，一經卑職宗度知照，務即勿分水陸，合力救援，協拏務獲，免致脱逃漏網，竄害鄰境，卑職等與地方一同幸甚等情到本部堂。據此。除批：據禀已悉。一俟開春，該丞等趕即會同飭傳各幫紳商，剴切勸諭，曉以利害，捐集經費，招募勇丁。務須籌議一經久不敝之法，以靖地方，勿得敷衍塞責，致干未便。水師田鎮營礮船既係停泊武穴，遇有痞匪聚衆滋事，自應合力協拏，即另檄飭遵辦。至武穴船捐一項，已飭局議覆批准，留作該處養勇之費，但爲數不多，仍須就地另籌爲要。仰即遵照，仍候撫部院批示。繳。等因。印發外，合就札行。爲此，札仰該將即便轉飭駐泊武穴礮船哨弁遵照，遇有痞匪聚衆滋事，該哨弁迅即督率水師兵丁，會同防勇，勿分水陸，合力協拏務獲，以靖地方。是爲至要。

札王錫韓赴漢、黄、德三府屬聯絡整頓緝私事務附單

光緒十七年十二月十八日

據湖北鹽法武昌道瞿道廷韶、督銷淮鹽局楊道鴻度、統領鴻字營宋提督德鴻、鼎字營周提督得升會禀稱：竊職道廷韶會同職道鴻度禀賚駐紮緝私要隘圖摺呈請示遵一案，兹奉憲台批，已據禀照會鴻字營宋提督德鴻、鼎字營周提督得升，并札該道、局會商，議定派紮汛地，禀覆核飭遵辦。至緝私馬、步各營應如何考察功過以爲勸懲，并由北鹽道妥核議覆矣。仰即查照，另札遵行等因。并奉鈞札内開，昨據劉副將恩榮等禀請以鳳字中營勻紮應山、孝感等處堵緝北私。所有黄安、黄陂一帶地方遼闊，業經照會統領鴻字營宋提督德鴻分撥兩哨，揀員管帶馳往扼紮，會商周提督派定汛地協緝北私在案。兹據禀前請，查核來圖，尚屬明晰。亟應查明扼要處所，派定汛地，分紮周密，以專責成。除分行并飭北鹽道將緝私馬步各營應如何考察功過以爲勸懲并即妥核議覆外，合就札行。爲此，札仰該局即便遵照，會商北鹽道及鴻字營宋提督、鼎字營周提督議定派紮汛地，禀覆核飭遵辦等因。奉此。仰見憲台整飭鹺綱、慎重緝務之至意，職道等遵即會同悉心籌商。伏查淮鹽邊界毗連皖、豫，設有分銷局店之處，西起隨州，東抵羅田，凡七州縣，袤延八九百里，山徑實屬紛歧，營勇祇此額數，歷年巡緝，時有顧此失彼之虞。現奉添派馬、步各隊扼要駐紮，應即分派地段，各專責成。提督德鴻此次奉撥步隊，前往扼紮，自當加意防範。其黄安、黄陂兩縣前駐鼎字副營之七里坪、黄陂站及河口、蔡店共四處，議由德鴻派哨分紮。提督得升向駐歧亭，久辦緝私，近邊各隘境皆親歷。今東起羅田，西經麻城至黄安箭廠河止共計十處，議仍歸得升派撥哨隊，各按汛地填紮，往來梭巡。并由職道廷韶等議定功過八條，互相鈐束，以昭勸懲。至隨州、應山、孝感等處，峻嶺平原，險夷不等，尤爲北私浸灌要途。應即以募添鳳字中營馬隊擇要分紮，遇有山徑曲窄馬力不及之處，擬即飭令該處地方文武汛弁，帶同兵役不時會同稽查，以期周密。如應山之平靖關，隨州之竹林總、小林店、界牌口等汛，均屬就近，堪以互巡。如果認真出力，擬請照營哨一律叙功，以資奬勸。各屬行鹽引地，額銷州縣原有責成。今緝務既專責各營，疏銷當嚴課州縣。職道廷韶前於議覆武、漢、黄、德四府屬津貼案内，聲明責令各牧令實力疏緝，俟一年限滿查核銷數，如果足額，當詳請憲示在於職局所解緝費内照舊發給津貼。倘銷不如數，即行停給，并將銷數過絀州縣分别詳請記過撤任，以示警戒。應請憲

台嚴飭各州縣查照前定章程認真辦理，并督同文武、汛弁一體協拏堵緝。設有土棍劣衿賄串兵役，包庇窩頓，開設私鹽行肆，立即嚴加封禁，按律以肅紀綱而重緝務。以上各節，職道等僅就各營縣考成所在言之。但地方情形各有不同，而疏銷緝私，營中與州縣必須聯爲一氣，呼應方能靈通。并懇憲台檄委州縣一員前赴漢、黄、德三府邊界州縣，會同各牧令暨緝私營官，詳度地方情形，應如何聯絡整頓鹽務，方有起色，妥議通禀察辦。職道等公同商酌，意見相同。理合將各營派紮地段及議定功過章程，分晰開具清摺，禀請批示祇遵等情，到本部堂。據此。除批：據禀已悉。查閱清摺，各營派紮地段及議定功過章程，均尚周妥。仰該道等即分別移行遵照辦理。至緝務既已專責各營，疏銷自當嚴課州縣。應候札飭武、漢、黄、德各屬州縣查照瞿道前議四府屬津貼案内責令各牧令實力疏緝章程，認真辦理其營中與州縣應如何聯絡整頓鹽務方有起色，并候遴委妥員前往會同各牧令詳度地方情形，妥議通禀察辦可也。該道即分移淮鹽局楊道、鴻字營宋提督、鼎字營周提督遵照。仍候撫部院批示。繳。清摺二扣存。等因。印發。并另案札飭武、漢、黄、德各屬州縣查照瞿道前議疏緝功過章程認真辦理外，查疏銷州縣固有考成，緝私尤勇營專責。營中與州縣必須聲氣聯絡，互相策應，和衷共濟，鹽務方有起色。亟應委員前往漢、黄、德三府屬邊界州縣，會同各牧令及緝私營哨各官詳度地方情形，將應如何聯絡整頓商酌辦法之處悉心妥議，禀覆核辦。查有湖北候補知縣王錫韓堪以委派。除通飭外，合行飭委。札到，該員即便遵照上項札飭事理，剋日馳往會商，悉心妥議，禀覆察辦，勿稍率忽。切切。

謹將邊界緝私馬步各營分派駐紮地段詳繕清摺

計開

鼎字正營步隊派紮緝私地段：

羅田縣城駐勇五棚。黄州府在東北一百八十里，距松子關一百二十里，距岐亭一百五十里。

派中哨哨官楊立本管帶。

松子關駐勇五棚。在羅田縣北一百二十里，至長林關三十里，距岐亭二百里。

派前哨哨官周汝芳管帶。

長嶺關駐勇四棚。在羅田縣西北一百五十里，至九碣山六十里，距岐亭一百七十里。

派前哨隊長鍾長元管帶。

九碣山駐勇五棚。在麻城縣東北九十里，至黄土岡五十里、岐亭一百四十里。

派後哨哨官孫大全管帶。

黄土岡駐勇四棚。在麻城縣北六十里，至雙廟關四十里，距岐亭一百三十里。

派中哨隊長鄭康瑞管帶。

雙廟關駐勇四棚。在麻城縣北一百里，至兩路口二十五里，距岐亭一百六十里。

派後哨隊長胡紹金管帶。

兩路口駐勇八棚。在麻城縣正北九十里，西至舊飯店九十里，距岐亭一百八十里。

派右哨哨官袁安國管帶。

舊飯店駐勇五棚。在麻城縣西北八十里，西至黃安箭廠河二十里，距歧亭一百四十里。

派左哨哨官周清溪管帶。

箭廠河駐勇四棚。在黃安縣東北，至七里坪五十里，距麻城歧亭一百三十里。

派左哨隊長張世芳管帶。

歧亭駐勇五棚。在麻城縣西南六十里，距漢口一百八十里。

係提督周得升駐勇五十名巡查各哨。

以上分紮共計十處，均歸周提督統帶。

計開

鴻字營步隊派紮緝私地段：

七里坪。在黃安縣北四十里，東距箭廠河五十里，西距黃陂站五十里。

派右營右哨副哨官余有功帶勇三十名駐紮。

黃陂站。在黃安縣北八十里，東距七里坪五十里，西距黃陂河口鎮六十里。

派右營右哨哨官汪正輝帶勇七十名駐紮。

河口鎮。在黃陂縣東北一百二十里，北距黃陂站六十里，西距蔡店三十里。

派左營總哨官洪貞祥帶勇六十名駐紮。

蔡店。在黃陂縣北八十里，東距河口鎮三十里，西距孝感小河溪六十里。

派左營後哨哨官彭梓維帶勇四十名駐紮。

以上四處共勇兩哨，分紮黃陂、黃安兩縣地方，連接共一百四十里，歸鴻字營宋提督統帶。

里。

計開

鳳字營馬隊派紮緝私地段：

毛家集。北抵河南羅山縣界，南至蔡店六十里，西南至小河溪九十里。

三里城。北距九里關十五里，南距小河溪一百二十里。

小河溪。北至九里關一百三十五里，南至孝感縣治一百二十里，西北至應山廣水驛八十里。

以上三處俱屬孝感縣。

廣水驛。北出武勝關抵河南信陽州界六十里，南至孝感小河溪八十里，東至孝感二郎店三十里，西至應山縣城五十里。

孟畈店。在應山縣西北四十五里，北至黃蓬坳四十五里、黃土關二十五里，西北至仰天窩、漿溪店各六十五里，均抵河南信陽州界，西至宕字河抵隨州界七十里。

以上兩處俱屬應山縣。

殷家店。在隨州東北一百里，係扼北私自信陽州入宕子河來路。

王子城。在隨州城北一百三十里，係扼北私自信陽州入淮河店、竹林總、小林店來路。

厲山鎮。在隨州城西北四十里，係扼北私自三台店、出山店、解衆河各來路。

唐縣鎮。在隨州城西九十里，係扼潞私北自桐柏、唐縣，西自棗陽各來路。

天河口。在隨州城北一百二十里，係扼北潞兩私自河南桐柏、唐縣、黃山、新集、界牌口各來路。

以上五處均屬隨州。

謹將緝私馬步各營酌議功過章程開摺

計開

一、緝私馬步各營哨弁於所派駐巡汛地，有能據報得獲私鹽在一千斤以上者，仍照舊章准予記功一次，人犯解縣審辦。如拏獲二千斤者，照此遞加，俟年終核計記功。積至十次者，專案詳請奬勵。倘該哨弁怠惰偷安，捕務廢弛，即行隨時撤換，以示勸懲。

一、各營哨官如能於所管汛内拿獲私鹽數至三千斤以上者，每案記大功三次，人犯解縣審辦。三案以上，專案詳請奬勵。如僅獲私鹽、犯被脱逃者，仍照前條按所獲鹽斤數目記功。

一、各營所駐地方緝私如果認真，官引必當暢銷，俟年終核計該州縣認銷引數。如果照額多銷一成，准予記功一次。倘銷不足數，亦按成記過。其短銷太甚、州縣撤任者，該哨官一律撤委。

一、私販挑運私鹽過境，如該哨官毫無覺察，後經别縣拏獲發覺者，即將該哨官記大過三次。三案以上，即行撤委。

一、各營勇丁有一哨分駐兩縣者，如此縣緝私認真，銷數暢旺，該哨官照章應得記功。而彼縣認銷之引未能足額，准予以功抵過，免其議懲。

一、販私之犯往往勾通緝私勇丁，得規包庇，最為鹽務之害。嗣後拏獲私犯如審有前項情事，除將該勇丁提究懲辦外，哨官立即撤參，以肅鹺綱。

一、緝私全在哨官督率勇丁認真巡查。營官駐紮之處相距較遠，勢難時時遍歴。嗣後請照兼轄之例，哨官應記大功三次者，營官記功一次。哨官應專案請奬者，營官記大功一次。哨官記大過三次者，營官記過一次。哨官應撤參者，營官記大過一次。

一、凡有營勇駐紮之區，應由各州縣每處選派誠實穩練差役一名，平時協同勇丁認真緝拏。如有拏獲私販，即令該差一同押解赴縣審辦。緣從前營中緝獲販私之犯解縣，往往以恃無質證，任意狡飾，藉圖延宕。今有當場拏獲之縣差在旁指證，可免避就之弊。該差應需飯食，據各該營聲稱，情願由營中籌給。

札委游擊安得永接帶測海兵輪光緒十七年十二月二十日

照得前因武、漢地方需用兵輪，商請總理衙門電致南洋大臣、兩江督部堂劉派撥測海、飛霆兩兵輪來鄂。嗣據王藩司呈遞兩江營務處曾道致該藩司函稱，南洋議裁兵輪，擬將測海輪船撥歸鄂省等語。當於本年十一月十七日電致劉督部堂内開：測海兵輪，尊意撥歸鄂省，甚感。即遵辦等因。旋於十八日准劉督部堂覆電開：測海仰蒙留用，實爲兩全等因。查測海管駕都司董全才，諳練精詳，極爲得力，本擬留於鄂省。惟詢據該都司聲稱，自願仍回兩江，已於十二月初八日電明劉督部堂，并聲明該輪薪糧自明正月起，由湖北支給等因各在案。兹據該都司董全力具稟請假回江前來，除批准即發外，所遺測海兵輪管駕應即遴員接充。查有補用游擊安得永堪以派委接充。月支薪水公費銀兩，由北善後局議給。除分别咨行外，合亟札委。札到，該游擊即便遵照，前往測海兵輪接充管駕事宜。所有該輪船工、水勇、礮手人數及各項機器暨礮位、器械等件點清接收，查明機器及鍋爐、輪管等項有無損壞，大小礮位、礮架等件是否齊全，旗幟、帆檣、錨索及各艙陳設木器是否一應俱全，務須督率勇丁打磨光潔，修整精利，以便駕駛。舵工水勇練習風沙水綫，操演槍礟口令，一律精壯嫻習足額，以副委任。該勇丁等薪糧并自光緒十八年正月起，由北善後局核明支發具報。仍將接帶日期報查。

札北藩司等漢鎮紳商呈改捐江工爲書院工賑專欵光緒十七年十二月二十六日

據漢鎮紳士劉璘、李榮光、黄瑞毓、余能培暨各商幫等呈稱：爲公議長捐，稟請批示，以維義舉而濟要工事。竊商等前奉前憲諭，飭於百貨、藥土、竹木等項加抽一成釐捐，以作江工之用。旋因河工需欵，復經稟奉批示，展限一年各在案。刻今限已届滿，應行停捐。商等維江工綿亘十餘里，洪濤鉅浪，撼播頻仍，河工尚未修竣，水流湍激，南北交衝，歲修之欵未能稍緩。頻年以來，各省及鄂屬偏災叠見，急須賑濟。常有籌捐，皆臨渴掘井，緩不濟急。且商等仰見憲台新設兩湖書院，廣育人才，茶商捐助膏火，各生已蒙考送肄業。商等當軍興之際，捐助軍餉團練等費，爲數甚鉅，各原籍均未仰邀曠典，悉充楚省加廣文武中額學額之數。上年兩湖書院曾奉勻撥江工項下錢三萬串以供工用。伏思茶商既蒙酌定名額，商等懋遷斯土，亦不乏負笈來遊之士，徒以未經稟辦，似覺向隅。擬請准定百貨商籍名額，以資薰陶。竊慮膏火獎賞等費不敷，必須籌欵給發。爰是公同籌議，擬將一成釐捐長年抽收，以作工賑、書院專欵。核計每年竹木、百貨、藥土等項一成所收，約共四萬餘串之數。以五成作爲江河兩工歲修之用及備濟荒賑之需，由局按月或解江漢關，或解漢陽府署，恭候憲裁。所有江河兩岸工程，派委員紳承領督修，逐欵報銷。遇及災賑，動欵濟助，免再集捐。以五成作爲兩湖書院膏火獎賞之需，由局按月報解鹽道衙門給發。如此明定專欵，庶幾要工急賑不致中輟，而膏火義舉可期久遠。所有光緒十七年以前捐收之欵，除江、河兩工支用外，下餘均捐入書院，作爲修理號舍一切工程之需。改收工賑書院捐，請自光緒十八年爲始，長年抽收。至百貨商籍書院肄業生名額，仰求憲台從優賞定，以育羣材。商等爲仰體憲台保衛地方、培植士林、拯濟饑溺德意起見，冒昧瀆陳。除稟撫憲外，理合稟乞大人台前，俯賜查核批示祇遵等情，到本部堂。據此。除批：查從前江工完竣，所借庫欵還清，業經據司、道、局會詳奏明在案。茲據呈，該商等公同籌議，擬將江工捐長年抽收，改爲工賑、書院專款，核計每年竹木、百貨、藥土等項一成所收，約共四萬餘串，以五成作爲江河兩工歲修及備濟荒賑之需，以五成作爲兩湖書院膏獎之需。所有光緒十七年以前捐抽之欵，除江河兩工支用外，下餘均捐入書院修理齋舍。一切改收工賑、書院捐，請自十八年始，長年抽收。至百貨商籍書院肄業生額，仰求從優賞定等情。查該紳商等素稱好義急公，此舉衛民、備災、勸學，一舉而三善備，甚屬可嘉。均即照辦。該商等子弟兩湖書院肄業課額，應從優定爲二十名，即名爲漢商籍課額，其茶捐課額應名曰茶商籍課額，以示區别。所有書院捐欵，按月由各該局解交北鹽道庫存儲。江河兩工應修處所隨時稟明本部堂，會同撫部院核定，派委員紳勘估，承領監修，逐欵報銷。遇有災賑，稟候批准，動支濟用。除另札分别飭遵外，仰北善後局司道會同江漢關道轉飭遵照。合就札行。札到，該局、司、道即便移行遵照。

光緒十八年

飭北藩司等曉諭土藥各商販凡領子口稅單如餘行銷漢口、沙市者仍應投行報局起貨[一] 光緒十八年正月十一日

據荊沙稽查土藥稅局補用知縣朱世守禀稱：案據沙市土藥行錦源、江源、天元禀稱，沙市爲商賈會萃之所，百貨莫不投行分賣，向例如此。今有藥土報完洋關子口稅者，執子稅票内概不重徵一語，抗不投行。竊思捐帖開行，不獨藥土一宗，如花布投子口上川由行起售，雜貨報洋關來楚由行發賣，歷歷可指。況子口稅票載不重徵，係指稅釐而言，行等捐帖納稅，代客買賣，遵例抽取用錢，何得言徵。若任報完子稅商人藉端影射，越行揹用，則行等每年牙稅何出，按月行用何繳等情。據此。查領帖開行，代客買賣，取用納稅，均係遵照部定章程，自米鹽以至雜貨各業皆有行有用，由來已久。本月初八日，有謙吉棧商執運藥土子口稅單自行來關報起藥土，意欲越行揹用，乃誤會不重徵字樣。殊不知洋關稅單内概不重徵一語，係指沿途稅釐而言，故既完子稅，即不重抽稅釐。若行用則商取之商，與棧租船租一律，不得言徵。洋商來華開設行棧，何嘗不收取租用。該商販運藥土來沙，行户捐帖取用，代客買賣，并代客報關起貨，同是將本求利。設有客貨到該謙吉棧出售，亦豈有不向索棧租之理。至卑局所提行用一欵，乃取之行户，并非取之客商，尤不得藉口牽混。向章藥土落地，責成各行户報關起貨，以便查驗。若各商越行報起，卑局更何從查驗。當將此意明白吩諭批示，并示諭運土客商，嗣後請領子口稅單，如單内註明運至沙市銷售，仍遵向章投行報局起貨，不准藉詞越行私起。至沙市開設藥土行五户，現只錦源等三户公禀，尚有福元、上元兩户均未列名。利之所在，孰肯袖手旁觀。其中有無包攬通同弊混之處，查明另行禀辦。是否有當，理合禀祈俯賜查核批示祗遵等情，到本部堂。據此。除批：查各行户領帖開行，代客賣買，取用納稅，乃係部定章程。百貨莫不歸行，土藥亦百貨之一，其完子口稅者，概不重徵，係專指稅釐而言。若既經落地售賣，自應遵例投行，照投子口報洋關之花布雜貨，一律由行報起發售。行户抽取用錢，乃係商取之商，誠如來禀所云，與棧租船租一律，華洋均同此理，不得重徵。若任令越行報起，各局卡無從查驗，影射偷漏，不獨虧損土藥稅釐，兼於部帖牙稅大有妨礙。亟應飭諭各商販，嗣後子口稅單如註明係運至沙市、漢口銷售之土藥，仍遵向章投行報局，起貨發售，不准藉詞牽混，越行私起，以杜偷漏。除另札飭遵外，仰即剴切曉諭各商販遵照辦理，不得越行私起，致干未便。其福元、上元兩行户有無包攬弊混等情弊，并即澈查分別禀辦。合亟札飭。札到，該司、局即便移行遵照。

札北善後局會勘改建軍械局所 光緒十八年正月十四日

照得武備要需，首以軍實爲重。上年秋間會匪萌動，疊經總

[一] 録自抄本《督楚公牘》。

理各國事務衙門暨南洋大臣電咨，諄諄以軍火軍裝爲重，囑令加意防範。本部堂前經奏明，由廣東撥運克虜伯車礮、黎意槍暨礮彈槍碼等件來鄂，旋又奏請開設槍礮廠，鑄造精利後膛槍礮各在案。查鄂省舊有軍裝所街巷逼仄，人煙稠密，地方狹小，屋式粗疏，未能合法。原有之後膛槍礮及由粵帶來之後膛槍械藥彈，均係勉强堆積，殊非慎重之道。其地基潮溼，并不通風，日久必致鏽壞，尤爲可惜。且將來開廠製造，精械日多一日，更屬無從安置。亟應另行擇地，預爲如法建造，以備存儲。當經飭令中軍蔣副將查得本標右營守備衙門地勢適中，基址尚屬寬綽，圍墻整齊，空地甚多，堪以改作軍械局，酌造合式之屋若干間，專儲後膛精械，派定弁勇駐紮守護。以後本省製造槍礮日多，儘可就餘地隨時添蓋房屋，大可節省經費。其右營守備衙署，應即另行擇地造還，亦經蔣副將相度大概，經費亦不甚多。其原有之軍裝所應仍其舊，用以專儲尋常土槍、土礮及刀矛器械、舊敝軍裝之所。應飭北善後局會同本標中軍副將分別勘估興造。事關軍儲，所需欵項即動支善後局正欵，工竣後詳請奏咨。除分行外，合亟札飭該局即便遵照，會同前往相度，并帶同本部堂由粵帶來熟習外洋軍火將弁前往隨同勘視。一面籌撥欵項，派員勘估興工，并另行擇地將守備衙署造還。迅速議定辦法，由局詳候核定舉辦。

札南藩、臬司等嚴禁毀謗教會揭帖附單（一）

光緒十八年正月十四日

光緒十七年十二月十三日據英國駐漢嘉領事官照會内稱：現據湖南新聞，毀謗教會、辱駡西人之揭帖仍在長沙、澧州、石門、界溪橋等處遍行懸貼，猶未净絶，實屬痛惡已極。并悉刷印出賣鬼叫該死等書之人早經釋放，其各書帖木板不但不即劈燬，而且發與造此惡書、激衆毆害之陝西候補道周漢。又聞該道員周漢并未傳案參辦等情。本領事竊思，貴部堂夙善籌維，智謀宏遠，當知此事最爲重要，亦可與泰西各國民意大有關繫。爲此照請俯賜鑒核，立予施行等情。復於光緒十八年正月初十日據英國嘉領事照稱：現接湖南來字，内稱近日仍有無數揭帖遍處黏貼，皆係挑唆華民謀害西人之語。照抄揭帖，呈察前來。茲將常德府河伏謡帖轉呈貴部堂查閱。本領事聞得此項謡帖在常德府城内公然通衢售賣，查地方官并未禁阻此等惡極之事。似此，實與泰西各國大渝和睦。援照萬國公法，即可以此詰問貴國，抑或更有重於詰問也。茲據前情，相應照會。爲此，照請貴部堂請煩鑒核施行。計謡帖一紙等情，到本部堂。據此。查詆毀洋教匿名揭帖、書畫皆由湖南傳播，迭經總理衙門文電嚴禁查辦，均經檄行嚴禁，并咨明南撫部院轉飭遵照在案。茲據照會前情，查閲各種揭帖愈出愈奇。常德揭帖，其中言語尤多鄙俚荒謬，捏造事實，類乎俳優村童所爲。各該府縣等身任地方，豈不知此事有關交涉，何以竟聽其張貼，不行明白曉諭，嚴切查禁，視屢次札飭爲具文，實屬不成事體。此後如再有編造匿名揭帖、歌謡、圖畫刊布張貼者，一經發覺，定將各該府州縣等一面咨明總署，一面即行撤參，以儆玩泄。合亟嚴飭。爲此，札仰該司、府、縣即便轉飭遵照，實力嚴禁究辦。以後如再有任聽張貼者，定行撤參，決不姑寬。懔之。

（一）録自抄本《督楚公牘》。

仍將遵辦緣由禀候查考。毋違。

河伏謡帖

三街公議：李士祥於正月句引鬼子入境，大壞風俗，深體余憲德政，面諭團總保甲逐去境外，不准容留。今有德順甡，不知存何己見，復句鬼頭入境，現今正支事。如有境内句引容留李士祥者，一同革去境外，勿謂言之不預也。

三街　公白

光緒十七年十月　吉日　張貼

火燒天主堂新聞報 澧常各處皆有

近聞上海天主堂乃西洋邪鬼之教，每淫婦女之説，常取孕婦之胎、童子眼目及竊腎子以配藥引。久聞此患，故未拏獲。今前月間，上海各居户一日失去頑童無數。有一張姓，頭日失去了一子，張次日又携一子在街頭假失。其子見父相離，即大哭，忽一人將兒一摸，其子便隨。張見此情，在後趨視。正進教堂，張即大呼其事，比衆一擁而入，搜出童骨數担。張即同衆人四出放火，將教頭燒死無數，共誅大患之留。恐各處未聞此音，故通知滅鬼之計。此實報也。

新刻大閙洋人全本十冊，常德府小西門内錦

華堂三班鼓發客

清朝坐中華，一統洪福大，君明臣良掌天下，四海仰光化。

光緒坐龍廷，四方之政行，四方狼煙干戈静，黎民享太平。

聞言唱不盡，聽唱那洋人，他國鬼種怪得狠，實實多聰明。

洋人起事端，興工架洋船，中間又把火輪安，竟到拗門〔二〕關。

説起拗門關，近在海口邊，海口水中安鐵練，洋船不能前。

洋人心内焦，日夜那得安，只想中國好財寶，此處飛不過。

他國銀錢廣，買動當今王，打幹府部衆都堂，才過拗關上。

初到廣東邊，又過上海縣，順流而下九江關，船攏湖北岸。

一到湖北來，先就拜制台，洋人銀子如土塊，他把地方買。

漢口多熱鬧，洋人仔細瞧，來往客商人不少，果然地方好。

洋人巧商量，要修天主堂，心愛漢口好地方，還要開洋行。

他把洋貨裝，又想上宜昌，宜昌又修天主堂，上下通客商。

那日江邊站，來了幾隻船，花的緑的實好看，都要上去頑。

船内多洋婆，一雙好大脚，桃花杏臉圓眼角，圍裙就地拖。

幾個騷洋婆，他在艙内坐，看見少年好小伙，心想圖快樂。

按下漢口事，再提天津衛，路隔皇城八十里，他又生巧計。

又往北京來，修一七星台，我主皇上多寵愛，照見花世界。

内安千里鏡，照見十三省，朝内忠良彭大人，要看假和真。

他上七星台，洋人多作怪，舉火就焚七星台，趕出皇城外。

洋人結下仇，就請李長壽，銀子三萬交你手，擒他到海口。

説起李長壽，他的才學有，假意接他到揚州，與他做千秋。

大人不知道，上了他圈套，一聲吶（喊）〔喊〕如山倒，搶上船去了。

開船往下走，一直到海口，也是大人洪福厚，礮船把他救。

大人救回程，日夜不安寧，一心要把洋人平，方除心頭恨。

大人多清正，管帶水師營，巡查京外官和民，鐵面不狥情。

〔二〕似指澳門。

自從救回程，久住揚州城，我主光緒有道君，宣他到北京。光緒有道君，叫聲彭愛卿，你是寡人棟良臣，保孤坐龍廷。寡人親封贈，執掌斗大印，上方寶劍賜與卿，朝中殺奸臣。御賜三杯酒，奉與愛卿手，五府六部你不做，封你定天侯。又賜旨一道，你把洋人勦，天下兵將由卿調，你與孤代勞。洋人聽見了，京地傳不好，漢口房屋都不要，就往本國逃。一路到九江，遇見李漢章，統領人馬打一仗，又把洋船搶。自從洋船壞，個個帶頂戴，人人都講發洋財，口也不亂（門）[開]。如今世人輕，總要務正本，富貴貧賤皆由命，還要守本分。奉勸君子們，都要買一本，自古秀才不出門，能知天下情。

咨呈總署付清武穴教案恤欵 光緒十八年二月初八日

據英國嘉領事照稱：現准江漢關孔道照送武穴一案撫卹及賠償洋銀共六萬五千元前來。查此項均應按照本國駐京大臣來文而行。茲詳譯文，內載：前經地方官所允，給予撫恤賠償武穴之項，現在可收。惟收此欵，祇可作爲撫卹賠償，不能謂之完案，或以此欵預作將來不再效尤擔保。其完案擔保兩節，應歸兩國家彼此熟商，或由兩國欽差大臣妥籌辦理，外省地方官自不便主持等因。茲准前因，相應譯札，并將收到銀兩緣由備文照會等情，到本部堂。據此。查該領事所稱收欵未爲完案，自係牽涉宜昌教案償欵未經議定。至於不再效尤擔保者，係恐再有滋鬧之事，故特作此伏筆。查宜昌教案，屢經催促，英領事尚未將失欵開齊。一俟全行開送，即可商議給價。目下各處地方一律安靜，自不至再有滋鬧之事。就武穴本案而論，業已辦犯多名，領事覆文自稱并無異議，卹欵數目亦係彼此商定。今恤欵又已照收，在我所能辦者不過如此。完案與否，無足深辯。現據照稱，應歸兩國妥籌辦理，外省地方官不便主持等語，相應咨呈貴衙門察照施行。

札北善後、牙釐局釐金欵項不得虛解虛收 光緒十八年二月初八日

照得湖北善後局銀錢收欵以釐金爲大宗，每年善後局所收牙釐局銀錢，自應實解到局，再行入收，方可量入爲出，酌盈劑虛。欵目既清，虧累自絕。乃歷年牙釐局撥解善後局銀錢，如各屬借撥隄工、賑項等欵，就近由各釐卡借支，并非奏明借撥者，亦作爲實解到善後局之欵，於每半年詳請奏報釐金收數時，即聲叙解交善後局。而善後局每年詳請具奏收支報銷時，亦即作爲實數入收。至各屬借撥之欵，不免多有拖欠，未能還清，以致借欵愈積愈多，遂爲善後局虧欠之欵，致與奏案不符。收虛數而增實累，將來何所底止。牙釐局既視爲故常，善後局亦不加深考，殊不可解，大非實事求是之道。嗣後除防練各營月餉及一切本係善後局應支應銷之欵，向由釐卡就近劃撥及工賑等事奏明動支借撥者准其作收外，所有各屬隄工、賑務及一切要公用欵，如有關繫地方利害之急需，萬不得已必須就近借撥，係詳准批准暫行借撥者，應由牙釐局會同藩司、善後局詳明立案，俟該欵歸還牙釐局後隨時補解善後局，再列爲實解善後局之欵。善後局應俟該欵解到再行入收，不得預收虛欵。如此則牙釐局既作虛解，善後局亦非虛

收，彼此腳踏實地，而此項借撥之欵，各屬亦知難以虚懸，必須設法歸欵，可以永清虧欠，與奏案毫無參差，裨益餉需，實非淺鮮。

札北善後局籌撥畿輔安平倉穀欵[一] 光緒十八年二月十三日

現准户部尚書翁、協辦大學士徐、工部尚書兼管順天府尹祁函開：前年畿輔水災，米價騰踴，同人辦（賬）［賑］，倉猝買糧，殊難應手。（賬）［賑］務竣後，已於京師琉璃廠内修建畿輔安平倉一所，擬多積穀石以備荒歉。惟買穀需欵甚鉅，須藉公捐，始能集事，函屬廣爲勸集等因，并附寄捐册章程前來。查京畿根本重地，都門内外人民殷蕃，必須儲積豐盈，始能緩急足恃。詳繹章程二十條，用意深遠，立法精密，均足與宋朱子社倉之法後先媲美。查章程内開：非積穀六萬石不能左宜右有。而欲常積六萬石，又非倍其欵，以爲糶一留一，推陳出新之費不可。京師穀價每萬石需銀一萬二千兩左右等語，核計共需銀十二萬兩。鉅欵集捐不易，必須各省通力合作，設法籌畫湊足，始可集事。本部堂現擬就鄂省籌集銀一萬二千兩，湊成一萬石穀價之數，庶可早日觀成。除已會同撫部院倡捐及司道各府捐集銀二千兩外，擬再設法籌集銀一萬兩，匯齊匯解順天府衙門彈收。事關畿輔備荒要政，將來擬再咨商順天府尹奏明立案。合亟札飭籌議。爲此，札仰該局即便會同北布政司悉心妥議，設法籌足此數，連以上捐欵一併開列清單詳請會咨匯解。毋稍稽延。切切。

咨請南省派員會議澧州教案 光緒十八年二月十四日

案准總理衙門咨開：光緒十八年正月十八日准法國李使照稱，湖南省以北教堂，數年來有案數件歷久未結，其中界溪橋教案毆打教士趙本篤受傷，刼掠焚燬教堂、醫館，拆掠教民數家等事，尤覺重大。曾於上年九月間照會貴署行知，催辦速結，不得任聽屬員延宕，以清積牘等因在案。旋准上年十月間貴署照覆，内稱現已分别咨行各省，將未結各案妥爲商辦，以期速結等語。而本大臣據湖南來信，該省并未設法於受累之教士、教民等妥爲辦理，且地方官并未開商，以期結案。本大臣觀此，務須此案由湖廣總督、湖南巡撫派員，會同法國駐漢口副領事官認真察核。彼此既離該處甚近，查估教士教民失物，聽斷兩造所言是非曲直，量訂結案辦法，其中議定細節并所有另案數件，稍覺較輕。而似與此年請辦未結舊案就緒了完。應請行致湖廣總督、湖南巡撫遴派特員或漢口關道，將湖南省以北教案會同法國駐漢口副領事官就近妥爲商辦了結等因，前來本衙門。查教士趙本篤在湖南澧州前後滋事一案，上年七月間疊接貴督文函，業將來咨中所據署澧州直隸州裕守禀詞情節支離及本衙門未便據咨轉覆法使之處，於上年七月十七日函覆貴督在案。嗣後如何辦法，未接咨報。此案貴督業已照會法領事，究竟該領事是否甘心帖服，未准函知。茲法使又來催辦，未便置之不理。因思澧州距湖北較近，應請貴督轉咨

［一］以下二件录自抄本《督楚公牘》。

湖南巡撫派委妥員來鄂，并由貴處遴員會同商酌，應與領事官秉公議結，以清積案等因，到本部堂。承准此。查此案於上年七月間據署澧州裕守稟請擬結緣由，抄録供詞，經本部堂會同貴部院咨請總署核辦去後。續據江漢關道詳准法領事照會，教士趙本篤買産均出情願，請將原契交還。又以澧州順林巡檢同團首許性善封閉房屋、勒令背教，請飭查辦。又據該教士稟，澧州勒供偏詳，又抄呈教民王選廷函澧州勒供，又擬條規六則各等情，均經本部堂分别批飭江漢關道照會法領事，并先後咨明貴部院查照，及飭澧州查明據實稟覆。旋於十一月間准總署來咨，以法使催辦甚切，請飭速結，亦經分别咨行遵照各在案。本年正月間，據裕守以澧州民教不和，由州隨時查看情形，再行稟請酌辦申覆前來。此案硜椀多端，法使、領事嘵瀆不已，誠如總署所言，未便置之不理。准咨前因，相應咨會。爲此，合咨貴部院請煩查照，迅即遴派委員來鄂會議辦結，其案中確要卷宗證據，并飭調齊帶來，以資指駁。望切施行。

札宜昌關道照會英領事開報失單附單　光緒十八年二月十七日

案據駐宜昌英國衛領事官照稱：光緒十七年七月二十九日匪徒鬧事，在宜英人被害不少，所有房産、器具、衣食、銀錢俱已搶燬一空。兹將失單呈報。自鬧事至今，爲日已久，未辦一匪，雖有皇上旨意，貴督部堂及巡撫部院批示諭，在外猶敢時出揭帖，不得不切盼轉飭將已獲之匪急行辦罪。兹雖僅有郭教士及告假歸國之海關英紳格類二位尚未開送失單，其早經開送之人，似不應令伊等久懸望眼，諒貴督部堂亦必以爲然也。理合備文照會查照等情，到本部堂。據此。查宜昌一案，起於法教堂之誤收拐孩，成於美教堂之擲石傷人，因而激動衆怒，致肆焚燒，中外民居同被擾累。滋事雖出於華民，而生事則本於外國。衡情而論，咎將誰屬。中國除辦犯而外，原無所謂賠償。惟我朝政尚寬大，不欲使遠人受累，許爲恤補。然必實在物業被毀，方能酌量給補。查閲送來失單，有雇輪保護、虧損生意各項。此種支節牽連之欵，輾轉需索，何所底止，萬難議給。此外，各失單亦有未盡覈實之處，應俟各失單一律開齊，再行彙辦。查海關英紳格類二人，既已告假回國，可從緩議。此外，僅有郭教士一處，其失單無難開送。應由該領事飭催，早爲開來，以便早議完結。至辦犯一節，前據地方印委各員拏獲燬打教堂各犯，審供定擬，稟由北按察司核議，分别按律擬以軍流枷杖各罪名，當經批飭遵照辦理在案。至於匿名揭帖，亦經嚴飭地方文武實力查禁究辦。所望各教堂暫勿收養嬰孩，外國紳商、教士皆守分營生，自不至再有滋鬧之事。

附録逐次已經開送失單節略〔一〕

光緒十七年九月十五日，照送英商怡和洋行失單，共銀八百八十一兩六錢三分。

十八日，照送英商太古洋行總局失單，共銀五千五百兩。

二十日，照送英民德興船主失單，共銀一萬兩。

十月初十日，照送本國工部特派駐札上海馬委員失單，共英洋二千四百元。

〔一〕録自抄本《督楚公牘》。

十一日，照送蘇教士失單，共英洋二萬二千零九元七角五分，合銀一萬六千五百零七兩三錢一分。

十八日，照送本國住上海羅柏士太太失單，共銀二千二百五十六兩五錢六分，又五百三十一元五角。

十一月初一日，照送英商立德失單，共銀六千零十二兩。

初二日，照送英國李教士失單，共銀一千六百兩。

初三日，照送英國聶教士失單，共銀一千九百九十一兩六錢。

初五日，照送海關英紳阿醫士失單，共銀四千二百兩。

十二月初三日，照送前任宜昌額領事官失單，共洋二百元。

初三日，照送英紳巴納德失單，共洋七百七十八元。

十八年二月初五日，照送英國福音堂金教士失單，共銀二千零十兩。

初五日，照送英國福音堂貝醫士失單，共銀一千三百六十三兩。

總計照送十四件。

咨呈海署續估籌辦煤鐵用欵報明立案附單

光緒十八年二月二十四日

竊照煉鐵廠添購機爐續增用欵并請分別借撥經費緣由，業經本部堂專摺具奏。摺内聲明開具清單，咨呈貴衙門立案。除抄稿咨呈外，所有續增用欵清單，相應咨呈貴衙門查照施行。

煉鐵廠續估添購機爐各件銀數

一、煅鑛爐四座，鐵橋架一道，連起造工料共銀七萬九千兩。

查大冶鐵鑛體質堅硬，含鐵較多，必先煅煉一次，然後入爐，方能鎔化。

一、添購生鐵爐火磚一副，估價一萬二千兩。

查前項生鐵爐兩座，原配火磚各一副，長途轉運，破壞過半，僅敷一爐之用，故須添購一副。

一、添購高白爐即熱風爐火磚一副，估價九千六百兩。

查前項高白爐四座，原配火磚各一副，長途轉運，破壞甚多，僅敷三爐之用，故須添購一副。

一、添設高白爐二座、鐵料火磚及修造人工，共估銀三萬六千兩。

查原定生鐵爐一座，配高白爐二座，一開一閉，用收生鐵爐熱氣以助火力而省煤費。其機關易壞，常須修理，故必多備一座，以備騰挪。計生鐵爐二座，應添設高白爐二座。

一、添購製造魚尾片、鉤頭釘各機器及廠屋鐵料，估銀三萬兩。

查前項魚片、鉤釘，外洋係另廠製造，當日訂購機器時未經議及。此為設軌必須之物，不便取給於外洋，故須添機自製。

一、派員隨帶華匠四十名，分四批赴比國郭格里廠習煉鋼鐵，盤費旅費共銀二萬兩。

查煉鋼煉鐵，門類衆多。華匠素不習見，無從雇用。若概用洋匠，為欵過鉅。故須遣匠赴著名洋廠學習，以一年為期，學成回鄂足供任使，以節縻費。

一、添設焦炭爐四十座，估價三萬八千兩。

查湖南白煤運費太貴，難以合算。現在湖北所開三處，皆係油煤，應先煉焦炭，方合生鐵爐之用。

一、添購開煤機器，估價十萬兩。

查原估開煤機器十八萬五千兩，僅供大冶兩處煤窿之用。該處煤層較薄，恐不敷用，近復在上游馬鞍山添開一處，約須費十萬兩。

一、添造鐵山鋪至王三石煤窿鐵路十六里，估銀十萬兩。

查大冶王三石煤苗甚旺，惟相距稍遠，脚費繁多，必須接修鐵路，與鐵山運道之鐵路相連，方能合算。此欵擬在原估欵内設法變通，節省勻撥，無須添欵。

以上除添接煤窿鐵路不計外，共續估銀三十二萬四千六百兩。

咨順天府匯解捐助京城安平倉積穀經費銀兩附單(一)

光緒十八年二月二十六日

據湖北布政使王之春會同善後局司道等詳稱：案奉札准户部尚書翁、協辦大學士徐公函、工部尚書兼管順天府尹祁公啟開，前年畿輔水災，米價騰躍，同人辦賑倉猝，買糧殊難應手。賑務竣後，已於京師琉璃廠内修建畿輔安平倉一所，擬多積穀石，以備荒歉。惟買穀需欵甚鉅，須藉公捐始能集事，函屬廣爲勸集等因，并附寄捐册及章程前來。當查京畿根本重地，都門内外人民殷蕃，必須儲積豐盈，始能緩急足恃。詳繹章程二十條，用意深遠，立法精密，洵足與宋朱子社倉之法後先媲美。查章程内開非積穀六萬石，不能左宜右有。而欲常積六萬石，又非倍其款，以爲糶一留一推陳出新之費不可。京師穀價每萬石需銀一萬二千兩左右等語。核計共需銀十二萬兩。爲欵雖鉅，然樂善好義，人有同情。若各省通力合作，不難刻期集事。本部堂現擬就鄂省捐集銀一萬二千兩，湊成一萬石穀價之數，庶可早日觀成。除已會同撫部院倡捐及司道各府捐集銀二千兩外，擬一面廣爲勸募，一面設法先行借墊銀一萬兩，陸續收捐歸還，彙齊匯解順天府衙門彈收。事關畿輔備荒要政，將來擬再咨商順天府尹奏明立案。合亟札飭籌議。爲此，札仰該局即便會同北布政司悉心妥議，設法廣爲勸募。能否暫行借墊，湊足此數，連以上捐欵一併開列清單，詳請會咨匯解。毋稍稽延。計粘抄捐册章程一紙等因。奉此。伏查京師根本重地，積穀以備緩急，洵爲切要之圖。凡在各省官紳商富，不乏情殷好義之人，亟應量力書捐。鄂省勸捐一萬二千兩之數，尚能辦到。惟集腋之舉，速就難期。茲蒙憲台首先倡捐，本司職道等勸募書捐，共先捐集銀二千兩。除再廣爲勸募外，現向商號暫行挪借銀一萬兩先行墊解，俾得早資應用，俟陸續收到捐項歸還。總共京市平足色銀一萬二千兩，發交百川通票號領匯赴都，飭赴順天府尹衙門投收備用。理合開具清單，詳請查核轉咨等情。到本部堂、部院。據此。除函覆協辦大學士徐、户部尚書翁查照外，相應咨明。爲此，合咨貴兼尹堂、尹堂請煩查照收存，并希見覆施行。

湖北省集捐京城安平倉積穀經費數目清單

計開

湖廣總督張之洞　捐銀五百兩

湖北巡撫譚繼洵　捐銀二百兩

湖北布政使王之春　捐銀一百五十兩

湖北按察使陳寶箴　捐銀一百兩

(一) 以下五件録自抄本《督楚公牘》。

湖北督糧道惲祖翼　捐銀一百兩
湖北鹽法道瞿廷韶　捐銀一百五十兩
湖北漢黄德道孔慶輔　捐銀一百四十兩
湖北荆宜施道方恭釗　捐銀一百兩
湖北安襄鄖荆道朱其煊　捐銀一百兩
湖北候補道恭釗　捐銀六十兩
署湖北武昌府、黄州府知府李方豫　捐銀一百兩
署漢陽府候補知府沈保祥　捐銀一百兩
湖北荆州府知府舒惠　捐銀一百兩
署湖北黄州府、宜昌府知府存厚　捐銀一百兩
以上共捐銀二千兩

咨行荆州將軍勒交旗丁致斃民人之正兇并拏滋事之民人審辦 光緒十八年二月二十九日

案准咨開光緒十八年二月初八日恭摺具奏旗、民口角紛争聚衆鬭毆等情一案，并鈔録奏稿咨送前來。查此案先據荆宜施道方恭釗、荆州府知府舒惠會禀，荆州草市地方，因演戲酬神，旗、民搆衅，互有受傷，并傷斃民人二命各等因。當以該道府等會禀電禀未能詳明，核與貴將軍咨送奏稿情形亦多參差，當即會同撫部院札委候補知府裕庚馳往查訊禀覆，業經咨行在案。嗣後江陵縣知縣龍兆霖禀稱：查得荆州東門外草市地方泰山廟，於正月二十五日演戲酬神，旗丁小禍等欲上臺看戲，當有管臺之龐家順攔阻，旗丁奪梯上臺，愈上愈多，將龐家順毆打，摔至臺下。龐家順慘呼救命，以致激成衆怒，與旗丁互相鬭毆。當經荆州府屬將受傷之旗丁查明，照章查驗立案，該協領寶俊未允。次日，寶俊徑請理事同知聯興前往滿城查驗，報稱受傷者四十七人，民人亦有受傷。當時擡驗，重傷者四人，其餘傷輕者恐被訟累，不敢報官。旗丁不禀協領移查，回城邀約數百人，執持刀槍，重往草市報復，先後致斃民人王大福、郭光焕二命，業已分别填格通詳在案。又據江陵縣另禀，平日旗、民交涉事件，向由地方官會同理事同知及左司協領會驗會訊。此次雖經聯丞開有傷單，移送前來，而地方官并未眼同查驗，是以小禍當時見荆州府并未有傷，次日報稱魁林，混請查驗，列入傷單。正月二十六七等日，滿營兵丁復紮東門外，見有草市人進城賣貨，將貨掀棄，舉械朋毆，連日毆傷無干之民人楊開甲等十三名。東門爲東鄉買賣要道，難以進城。二月初八、十六等日，又疊據呈報，岳州府客民孫鳳翔、曾科選、劉怡上及草市民人周延喜等進城，均被旗丁無故毆打，將周延喜毆傷，旗、民尚未相安。至該協領所指糾毆之程大、程二等是否實係地痞，縣中并無控案。訪查明確，分别禀辦各等情。兹又准貴將軍咨，已將被控之佐領奏請暫行解任，以備質訊，抄録奏稿，并咨送據左司協領驗報旗丁培玉等四十七名生傷書册，前來本部堂。查此案因看戲起衅，旗、民争鬭互傷，致斃民人二命，其中情節雖有重輕，而彼此互有曲直。亟應將旗、民滋事人等一律查拏到案，秉公持平審訊確情，按律分别懲辦，方足以昭折服而弭衅端。至前准貴將軍咨送奏稿内開，據步營協領魁林暨左司協領寶俊等禀稱，本日草市泰山廟演戲，旗丁間有看戲者。午未時分，忽見臺上口角紛争，不料本村地痞程大、程二、程三、邱大、邱二、邱三、郭三、郭四等二十餘名，趁此鳴鑼聚衆，各

執鐵尺、叉棍、扁担、尖刀，將城内男婦老幼人等逞兇毆打，搶奪衣物等語。該協領所禀情形，與縣禀因旗丁毆人肇衅、激成衆怒情節大相懸殊。惟該民人等如果實係在場鼓衆羣毆，致旗丁受傷多人，情形甚爲可惡。無論是否地痞，有無藉端搶奪情事，均應按名查拏到案，審明確情，嚴行懲辦。現已嚴飭委員裕守、荆州府督飭江陵縣，迅速將程大等二十餘名悉數查拏務獲，審明有無鳴鑼持械情事，將鼓衆倡首及情形横悍者嚴行懲辦，不准一名不獲。其糾衆執械致斃民人二命之旗丁，亦必迅速查出正兇及糾衆爲首之旗丁，交案會審懲辦。至來咨送到該協領所呈旗丁生傷册，前據該府縣禀，均稱未經會同地方官查驗，殊與向章不符。應飭委員、府縣會同理事同知確查禀覆，方能核辦。除分行外，相應咨覆。爲此，合咨貴將軍請煩查照，勒令該管協領趕緊查出旗丁致斃民人王大福、郭光焕之正兇暨糾衆爲首之旗丁交案，以憑會審定擬，并希轉飭約束旗丁，不得再滋事端。望切施行。

札南藩、臬司覆訊革員張銘人證卷宗光緒十八年三月十六日

光緒十八年三月初七日據已革湖南候補班盡先補用知縣張銘禀稱：竊卑職猥以寒賤，謬荷琴栻，自同治十三年到楚迄今十九年，歷奉差遣，均無遺誤。光緒八年奉前升撫憲卞考列上等，並上籌餉、練軍、聯團、安匪時務四條，當蒙加獎，委赴城步縣摘印代理。因越境拏獲逃犯蕭高，留署兩載，在任禀革浮收峒米，又蒙奏明在案。嗣後設育嬰，培書院，築城樓，修監獄，補孤貧，賑流亡，革傳詞，禁截票，皆係捐廉自備，未動公欵。兼理寶慶同知，讓領欵二百金以助李故丞之柩。復米價三百兩，以補各瑶峒之資，整頓堡兵，添設義學。及署道州，又捐四百串以助育嬰，二百串以修驛道。凡此實事皆通禀，有案可稽。亦無錢糧經手未完事件。上年起復回省，蒙沈升司派進督審，尚無薪水，後薦往東安查辦案件，奉府憲發給告示，飭將席、唐兩造解和，以息争端。當時地方官報唐本有聚廣西界首匪徒，出入皆以行伍部署，持執火器，抄槍席穀九次，計四千餘石，兼有刼獄圍城之説，永鎮已調動二府官兵圍拏，革員趲程前往。雖據生員陳吉祥等三十六人聯名公禀稱唐無持械聚匪陳事，然强挑莊穀，罪有應得。但既遵示調和，不能不設法排解，比約席、唐素睦之紳士謝家玉墊銀五千代席了事，飭唐還穀服禮，以期安靖地方。殊席匯湘堅請發禀辦唐，并允謝銀三千兩。革員不敢徇私，力辭不受。彼遂挾行賄不遂之嫌。又因原欠鄧副將存欵二千，恐唐借此作證，自生疑忌，即阻鄧信捏情上控，曾奏撫憲，批飭爲無據浮言。臬批粘抄書信亦釜底抽薪之意，未可借爲口實，准令革員銷差，謂可不辯自明也。詎光守前既徇情捏報，後復諉過自掩，席控鄧之勒索既查無事，一虚百虚，即應辦席誣告，何以反加夫費一層，指由李瑞麟交銀百兩，架詞請將革員傳訊。不知例載文職道府以上、武職副將以上有犯公私罪名應審訊者，照例題參奉到諭旨，再行提訊，其餘文武各員於題參之日，即將應質人犯拘齊審究。如督撫同駐省分，一面具題，一面行知應承審衙門，即行提訊。煌煌巨典，誰敢不遵。時吕署司以案未題參，平情寛厚，遲遲未傳。延至九月内，但道會審，始違例勒傳革員到案，對衆庭辱，袒席匿不拘審，僅支李瑞麟對質。初供過交革員之弟歸標游擊張定喜，

及聞其已經病歿，又改供稱爲過交革員之手，既無收條，何能定讞。且革員縱屬不肖，遇此鉅富，自應需索鉅欵，何至辭重受輕。即使果受百金，亦應袒席虐唐，何至反被席告，此理甚明，不待審辯。況行賄與受賄同科，席豈無罪。今席曜衡、席鏞等受人揶揄，始而仗恃財廣通神，堅請辦唐。繼而代唐邀免，又甘願出銀六千兩與唐私和。理直氣壯毫無情弊者，未必如此。聞唐控席故藩司干没軍餉甚多。此案賄托之人亦復不少，故覺礙難認真。然捨唐、席之是非曲直於不斷，竟將此案含糊了結，蒙蔽院聽，應奏不奏，應辦不辦，反將革員不受賄賂銷差無辜之人員，以舉止浮躁、操守平常另案由年終參革。欲加之罪，何患無詞。夫士可殺身不可辱，官可去名不可誣，大節所關，何以爲人。此生者所以受屈，死者所以含冤也。伏查乾隆四年奏准凡候補、候選以及曾經議處官員，如有應行呈明情節，咸准赴部具呈。倘此内有實屬冤枉，應令其赴都察院具呈等語。是以不揣冒昧，先行呈例、呈辯。可否仰懇憲恩飭提席、唐兩造人證卷宗到鄂，澈底根究，奏明辦理，以彰公道而正紀綱。是否有當，伏乞批示飭遵等情，到本部堂。據此。查湖南省東安縣稟唐本有聚衆强搶席姓莊穀一案，昨據南布、按二司等訊明會詳，當以此案自應奏明辦理。該司道等雖爲解紛息事起見，然曲直是非并無明晰定斷，兩造俱無懲儆。如此辦法是否妥協，以後是否相安，本部堂礙難遥度批飭，聽候南撫部院查核批示，妥爲辦理，勿貽後患等因在案，尚未據該司道等稟覆。兹據稟前情，當經本部堂飭傳該革員來轅親加詰問。查該員張銘前准南撫部院咨，以舉止浮躁、操守平常，匯同衡陽縣樊森等附片分别奏參在案。該革員是否因此案被參，抑係查有别項劣迹，南撫部院自俟考察確實，始行參奏，何得借詞訐控。此風斷不可長。前因席家搶獲副將鄧第武致革員信均有生財之語，經席曜衡赴湘省具控。旋經南臬司呈報，飭令該革員銷差。至湖南省司道如何傳訊，該革員需索是否查實，均未據湖南省詳稟，本部堂無從臆斷。至此案於正月内經本部堂明白批飭，應行奏明辦理，湖南省司道尚未稟覆完結，該革員何以知其爲應奏不奏，尤爲逞臆妄談。具所稱賄托之人亦復不少等語，皆係無據浮詞，更難保非該革員挾忿捏砌。至唐本有强搶席姓莊穀，上年五月内據光守稟稱，究祇其親信十數人暨其管事佃户人等，其餘多係受雇鄉民，唐本有逐名優給力錢，或即當場將穀賤賣。窮檐貪得便宜，有受雇代挑者，有向買穀石者，合之幾不下千百人等語。是該革員所稱光守徇情捏報，顯然相反。前據永州馬署鎮來稟，只云派兵彈壓防護縣城，以致相持數月，并未動手。該革員稟内所云永鎮已調兵圍拏，殊屬添造。又稟内先稱遵示調和，約席、唐素睦之紳士謝家玉墊銀五千代席了事。又云席曜衡等代唐邀免，出銀六千兩與唐私和各等語。如謂席姓不應出銀與唐，則該革員何以又先約謝家玉墊銀代席了事。既斥席、唐爲私和，何以該革員又云遵示調和。席代唐邀免，尚見席氏兄弟意存和睦，不願經訟，稍有明機。該革員既謂席姓恃財堅請辦唐，何以又責席不應代唐邀免，前後自相抵牾。細核來稟情詞，其中遁飾矛盾之處不可枚舉。查唐本有事前並未向地方官衙門控理，遽行率衆疊次强搶莊穀至數千石之多，屢經文武印委員紳開導傳諭，即本部堂批札開導曉諭之語，不啻舌敝唇焦。乃負固四五月之久，抗不到案，亟須兵勇大集，始行窮蹙逃出，豈得謂爲善良無罪。該革員係事外之人，但辯明自己心迹是否需索則可，何以反復懇切專爲唐本有一面申說，其中情事顯然可知。惟據禀稱此案光守前既徇情捏報後復諉過自掩，以需索夫費一層，指由李瑞麟交銀百兩，架詞請將該革員傳訊，但道違例將其傳訊庭辱蒙蔽。又稱席曜衡等始而仗恃財廣通神堅請辦唐，繼而代唐邀免又甘願出銀六千兩與唐私和，聞唐控席故藩司乾没軍餉甚多，此案賄托之人亦復不少，故置礙難認真各等情。究竟此案光守有無徇情捏報，光守初禀係據東安縣張秉煊之禀轉禀，措詞與縣禀亦有詳略，何以但指光守捏報而不責張令。該革員是否有需索夫費情事，席曜衡等出銀六千兩與唐和解，係作爲何欵，何以該司道等并不明白斷給據實聲叙，此案何以礙難認真辦理，席曜衡等是否確有賄托之事，賄托均係何人，均應澈查明確，據實詳辦，始足以昭折服。如審明係屬虛誣，即應照例反坐。又據該革員面禀稱：唐本有前因資用缺乏，將梘頭莊田售與席故藩司，價值銀五千兩，席乘人之急，僅給價銀三千五百兩，額糧又不行過割，歷年仍由唐姓代完。又唐本有前曾有節年積存薪水等銀一萬六千兩寄存在席故司賬房處，因同治八年席故司派唐本有剿瓮谷隴苗匪，唐告假規避不往，改派提督榮惟善往剿，全軍覆没。席故司因此發怒將唐本有所存之項罰充修建榮惟善專祠經費，實則修祠經費係他項公捐，席故司竟將此一萬六千金全數乾没。迨至唐本有參革回家，向席曜衡等索此項存欵，又因田價尚有短少，糧未過割，向席理論，席曜衡等均置之不理。唐本有即將梘頭莊田穀强挑四百餘石，繼又强挑他莊之穀六百餘石，共祗强挑一千餘石。嗣有地痞乘機假冒唐本有之名，挑去席氏各莊倉穀。席曜衡等遂具控唐本有聚衆搶穀，唐本有亦以欠餉具訴。席、唐起釁之由，實在情形本係如此。乃光守既捏報於前，但道復含糊於後等語。查此案唐本有追索遠年欠餉，聚衆搶穀，即如該革員面禀所云一千餘石，亦不爲少。如聽其横行，必致各處廢弁散勇效尤生事，關係湘省大局，刁風斷不可長。然如有他項賬目首尾，自亦必應爲之清算訊斷。是以本部堂疊次批札，皆云如有田價膠葛，飭令唐、席到案，由官秉公持平審訊了結。乃唐本有始終并未遣抱來轅具控。若果如該革員面禀所云，則是此事起釁并不僅追索欠餉。席故司之買田勒價既有不合，其將唐本有所存薪水罰令修祠一事，在統領駕馭將士，因其規避誤事，特以示罰，未嘗非臨敵權宜之計。第罰令修祠則可，扣歸糧台則可，若借此隱匿入己，則殊出情理之外。此事如果非虛，是唐本有之向席氏借貸未爲無因，席氏兄弟等坐擁厚資，一味慳吝不理，殊爲荒謬。持平而論，席故司所勒欠之田價及罰扣之存欵一萬六千兩，此與欠發軍餉無涉，均應查核明確，責令席姓按實欠之數清還，由官明白斷給，似亦非僅六千金所能了事。本部堂一秉至公，務期兩造各得其平，然後能彼此允服，永遠相安。此案來詳殊多疏漏。現在既據該革員禀控，自應復查確訊，再行奏結。亟應札飭湖南省司道復集席、唐兩造人證，并該革員張銘質訊確情，秉公擬辦詳請，會同南撫部院核明具奏，以成信讞而斷葛藤。此案情節重大，牽涉過多，應即添委大員會訊，以免借口。查有辰沅永靖道翁道曾桂，堪以委令馳赴省垣，會同藩、臬兩司暨南撫部院原派之但道、陳道秉公查訊，持平定斷，以昭詳慎。該司等並飭席、唐兩造迅速到案，以便早日訊結，不准稍有藉詞抗延，以致纏訟拖累。除禀批發及飭該革員張銘迅速回湘聽候傳訊暨分行外，合亟札飭。札到，該司道即便遵照，會同翁道、但道暨陳道查照札行事理，復提席、唐兩造及革員張銘并應訊人證到案，秉公查訊明確，持平宣斷，詳候會核奏結，毋稍偏延。切切。

咨南撫院查訊革員張銘一案 光緒十八年三月十八日

光緒十八年三月初七日據已革湖南候補班盡先補用知縣張銘具禀，該革員被參冤誣，遵例呈辯，懇飭提席曜衡、唐本有等兩造人證卷宗到鄂澈底根究，奏明辦理，以彰公道而正紀綱一案。當批：據禀已悉。該革員於甄别案内被參革職，是否因席、唐争控一案，抑因有他項劣迹，南撫部院自係考察確實，始行奏參，何得借詞訐控。至席、唐一案，昨據湖南司道等訊明會詳，當經本部堂明白批飭，以此案自應奏明辦理在案。現尚未據該司道禀覆完結，該革員何以知其爲應奏不奏，殊屬誕妄。該革員是否需索夫費銀兩情事，湘省司道如何傳訊，需索曾否查實，未據該司道等詳禀。既據該革員稱被參冤誣，自應查訊明確，以昭折服。至禀内遁飾矛盾之語太多，其所稱此案賄托之人不少及徇情捏報各情，皆係無據浮詞，更難保非該革員挾忿妄訐。惟牽涉既多，自應一併澈查明確，實究虚坐。但兩造人證案卷甚多，遠在湘省，豈能以一面之詞遽調來鄂，致滋拖累。現已檄行湖南司道復提兩造及應訊人證，秉公查訊，詳覆核辦。仰即遵照迅速回湘，聽候傳訊毋違等因。除印發外，相應咨會。爲此，合咨貴部院請煩查照施行。

通飭嚴禁邊界北私及江岸岱私 附單 光緒十八年三月十九日

案據北鹽法道瞿道詳准北督銷局楊道咨稱：疏銷淮引，以緝私爲第一要義。而私販肆行無忌，實由地棍包庇窩囤所致。前奉發告示分貼曉諭，足儆兇頑。現恐日久玩生，自應重申禁令，請再行給示等情，到本部堂。據此。查地棍包庇窩囤，誠爲私銷之根，最爲可惡。除如詳出示嚴禁并通飭各州縣、水陸各營嚴密拏辦外，合就札行。爲此，札仰該關道即便遵照，迅速照會税務司飭令洋扦手，凡遇到岸輪船及掛洋旗之夾板船、甯波釣等船，一體嚴加搜查。如有夾帶岱私，務將人鹽一併拏獲，送交督銷局照例究辦，勿稍疏縱。是爲至要。

湖廣總督部堂張示

淮北私鹽，充斥邊界。浙江岱私，沿江灑賣。
馬步營勇，分扼要隘。洋關扦手，稽查勿懈。
如敢故違，拒捕持械。格殺勿論，定例俱在。
受雇船騾，嚴辦示戒。地棍窩囤，尤為大害。
州縣嚴拏，責無旁貸。縱容窩販，稽查疏怠。
文武員弁，考成有礙。諭爾商民，懔遵禁誡。

札産棉各州縣試種美國棉子 光緒十八年四月初七日

照得棉布爲民生日用所必需。通商以來，各國之洋布、洋棉紗行銷於中國者，年中值銀不下三千萬兩，久爲外洋獨擅其利，漏卮甚大，不得不力籌補救。本部堂蒞楚以來，奏設織布官局，購辦機器，擇地建廠，不日落成，即可開織。查布局每日出布千疋，一年之中需棉十餘萬擔。武、漢、黄、德、荆州各屬多産棉花，若能講求種法，使産多棉美，未始非地方興利之一端。歷考棉花之佳，以美國所産者爲最。朵大棉多，絨細而長，色白而亮，收成倍富，紡織俱良，是以各國講究種棉之區，莫不購種於美國，歷著成效。本部堂不憚煩費，電請出使美、日、秘國大臣崔[一]在美國選擇佳種，取其與湖北省氣候相仿、地土相宜者採購棉子，寄鄂試種。現准崔大臣寄到棉子三十四擔，係於美國所産百餘種中選出兩種，一宜於濕地，一宜於燥地，於湖北土性氣候最爲相宜。該州縣即便遵照，迅將發去棉子發交種棉之户，剴切勸諭，分投試種。將來收成以後，即由布局派人前赴該處從優給價，儘數收買，斷無慮其種成以後難於銷售，總令領種之户有利無虧。仍將棉子發回各屬再種，如此輾轉傳播，不數年間，楚棉之美當不遜於洋棉。須知此項棉子由數萬里外不惜勞費遠道購來，該州縣務須諄囑領種棉户小心培植，毋得輕易棄置。如本年播種不及，尚可留俟來年。凡領種者飭令於收成之後各繳土種、洋種棉樹各一叢，由該州縣轉送織布局彙同考驗，評定甲乙，擇其培植最佳、花朵最旺者，由布局予該棉户奬賞，以示鼓勵。此係特札飭辦之件，該地方官務須切實勸種，不得以難辦藉詞搪塞。儻收棉之時該州縣并無此項試種之棉堪供布局收買，即係該地方官奉行不力，定干未便。仍將遵辦緣由具報查考。

札江夏縣　興國州　大冶縣　武昌縣　孝感縣　黄陂縣　漢陽縣　漢川縣　沔陽州　黄岡縣　廣濟縣　蘄　州　麻城縣　應城縣　天門縣

咨北撫院、北路防緝局開報局用并派馬千總赴南壩招徠土販[二]　光緒十八年四月十一日

據委辦北路防緝經費局湖北補用知縣張國蘭禀稱：卑職奉委創辦防緝經費，當於二月初三日開局，徐守到口即於十六日交卸專局，疊次分别禀申憲鑒在案。交卸專局後，當將均局各處司事分别派往。隨聞樊局李令紹閔到襄，又復星夜折回清理交代。三月初馳抵均局，所有豫幫在口領照入川者已有多起。惟頭幫馬萬年計算五十日往返，此時當入鄂境，乃沿途探聽，消息尚無。有云川土長價客販購買較難者，有云陝省跌税派人在彼招引，該販鼠首兩端遲疑莫決者。但以山河間阻，遠信難憑。若只在豫境招徠，領票入川者仍不折返，何異爲叢驅雀，依然勞而無功。茲已禀商徐守，特令馬千總德新即於初十日携帶兵勇六名，親往四川南壩産土之地駐紮招徠，必使盡釋疑團，仍歸舊道，引一幫，開一幫，行至楚境核桃園，即由防兵接護到均。似此推之、挽之，庶可絡繹而至。只須南、鄧領照者一唱於前，將來開封各幫自必衆隨於後。且豫中土客均聚南壩，既已源頭尋得，正不必探訪支流矣。卑局巡勇，徐守已派三十名斟酌分布，應領口糧仍歸北路專局給發，以一事權。再，奉徐守行知，撤去均州北税分卡，即歸分局兼辦，并令帶收均州落地釐費，俾節糜費而收實效。至本局司事及前禀外卡司事并局用伙食，茲照樊局章程酌量開報，即

[一] 指崔國因。
[二] 以下十四件録自抄本《督楚公牘》。

於二月内分别起支。是否有當，伏乞核奪飭遵。所有派令幫辦馬千總德新馳赴四川南壩招徠豫幫入境及開報局用清摺，理合備由具禀，陳請察核批示施行。又據另單禀稱：昨奉飛札飭令悉心籌畫，誠實無欺。仰邀信任之深，應竭涓埃之報，惟有盡其力之能至，以期於國課有裨而已。前禀修治二竹〔一〕險徑，尤爲招徠急務，因其利而利之，可謂惠而不費。查馬千總德新於十年八月保康千總任内督修房、保交界之珠藏洞、得勝埡、魚泉洞、玉器店、青峰塘等處險隘，約計六十里，十一年七月完工。前督憲裕批給優奬在案。此次若修二竹，更覺駕熟就輕，將來豫幫招回，即可派令督理，薪夫不須另給，公事則已舉行。妥獻芻蕘，惟希采擇。正封禀間，適有核桃園巡勇過均，詢悉該卡委員謝典史慎典因聞開辦豫幫之舉，川中未肯深信，當於二月十三日馳往招徠。二十五日已抵南壩，文武兩員先後共濟，指日當可湊效矣。鄖鎮所派核桃園、范家埡兩處防兵四十名應給口糧，已遵批轉行，即在鹽釐項下撥付。惟管帶、哨弁二員本營尚係候補，未給口糧，兹擬由卑局每名月給津貼銀四兩，以資薪糧，按月由局開報，不在撥餉之内。合併陳明各等情暨清摺一扣，到本部堂。據此。除批：據禀及另單均悉。頃據鄖陽文署鎮來禀：風聞陝省有人在川導土，陝税每挑減至三兩四錢。又查得四川銷土之處，不止南壩一場。河南土商多以銀信寄川，全憑土行包送。若用土行導引，收效必捷。據該處土行來信稱，陝西只知減税，不知就地用人。北路如能用人，情願效力等語。查陝税日減，豫回各幫盡趨陝省。亟應因時變通，設法挽回，不可坐失大利。商販繞行陝西，究多十日之程，道阻且長，既費脚價，又稽時日，實多不便。若能因時制宜，使商販取道鄂省，總較陝爲利便，自當捨彼就此。該令迅即籌定辦法，一面告知千總馬德新等，令其切時開導商販，一面具禀詳陳，不必候示遵行，致誤事機。用土行引導是否得力，即飭馬千總等相機酌辦。二竹險徑，即派該令督同千總馬德新酌度情形，趕緊興修，以便商旅，工費即由該局所收經費項下核實開支。該令所擬局用雜用各欵及防兵哨弁應給薪糧，尚屬核實，即如所議辦理。除另札飭遵外，仰即遵照辦理。爲此，合咨貴部院請煩查照施行。

咨北撫院、北路防緝經費局張國蘭禀開局日期等事 光緒十八年四月十一日

據代辦北路土藥税務專局、委辦北路防緝經費局、湖北補用知縣張國蘭禀稱：卑職前奉札委開辦防緝經費局務，當將局設均州布置一切情形，縷呈憲鑒在案。日昨馬千總由南陽、新野招徠回口，據云南陽大幫四家每年可銷一千餘挑，此外零星尚難計算，合共南、鄧各處總有五千餘挑。當與舉人馬文燦剴切開導，俱願到河口領照，仍走湖北舊路，不日當可源源而來。惟南陽、開封一帶，川幫、黄幫、西幫尤多，均循回幫前轍。回幫一動，接踵者自必絡繹矣。兹已抽派司事於初三日在均開局，馬千總已禀明鄖鎮中軍速派哨弁二十四名先往核桃園駐紮，以備護送。其范家埡子亦擬派兵十六名隨後往紮，静候該土幫入境赴均完捐。惟税、捐既分兩途，則沿途局卡不免意存畛域，稍有窒礙，盡棄前功，正不得不派一專司以資得力。好在經費各卡既不徵收，又不緝私，

〔一〕指湖北省竹山、竹谿兩縣。

不過入境者照數給照，過卡者按簍驗照而已。兹先於河口派司事一人，專給豫省各幫由口發銀護照。核桃園派司事一人專管由川入鄂豫幫點數給照，并填河口照内數目，會同營弁陸續派兵護送。官渡河水路派司事一人帶勇四名在彼驗照，知會税局一體放行，免得留難阻滯，裹足不來。房縣陸路亦派司事一人帶勇四名驗照，會同税卡放行。范家埡派司事一人會同營弁點數給照，派兵護送。向有鄖縣之黄龍灘，係官渡河水路在此啟旱。由孫家灣赴均者，亦擬派司事一人帶勇二人前往照料。以上六處，只須司事六人，每人約薪水、火食八竿，雜用一竿，每月只須六十竿，則一氣呵成，均無疏漏，亦與税務毫不混淆。至均州本局應用司事幾人并碼頭幾處應用幾人，俟到均後再行察奪稟陳。惟北路税局勇丁二百名分撥數十處，皆有緝私主責，焉能匀及捐局。前次奉札飭於臘月起勇餉均歸三兩，當經卑職稟明，莫如統歸二兩四錢，每月抽出一百二十兩添募五十名，至今未獲憲批，未敢擅便。但捐局業經開辦，一切指策需人。兹已趕緊挑選精壯三十名，除分布官渡、房縣、黄龍灘十名外，其餘二十名帶赴均局聽用，尚有二十名俟徐守到局招募分布。餉不加增，勇已添出，似於税務、捐務、釐務皆有裨益。徐守月内可到，卑職交代清楚後即行赴均。至代辦專局徵收税銀，各局卡具報者將近七千兩，除開支四箇月勇糧、委薪、局用并遵札補給委薪外，計存不過二千餘兩。現擬暫借均局開辦費用二三百金，餘款全數申賫徐守以資應用。所有開辦經費捐局日期及擬派各卡司事、添募巡勇情形，理合備由具稟，伏乞查核批示祇遵。又據另單稟稱：正封稟間，去臘馬千總遣赴南壩場招徠海姓大幫之兵目回口，據云正月初七日到場，海姓已將赴陝八十餘挑脚價發給，即於初八日動身，不能挽歸故道。蓋陝西八仙街税卡每挑已減到五兩三錢矣。所幸鄧幫隨後至彼者皆願仍走鄂境，但必得核桃園派兵護送，方免沿途局卡阻滯刁難耳。除囑馬千總加函催兵星夜前往，并飛示核桃園委員先行照章護送俾免坐失事機外，卑職所派司事須由樊局調往，一輾轉間，非月底不能趕到。只願鄧州頭幫開行無滯，則此經費之捐固已勢如破竹矣。又據該兵目云：南壩場一帶赴豫之土，每年約有數萬挑，向來皆走湖北，只以税局一設視爲畏途。去春招徠數起，又復沿途勒捐，押土加斤，遂致陝路一開，從此裹足。現在費盡唇舌，取信實難。如能招返一二幫，尚可挽回一半等語。考諸該兵目擊復驗，當日李牧所查若北税開創時分別辦理，未始非鄂餉大宗。目下亡羊補牢，亦惟有盡其力之能至而已。但更有請者，湖北減税爲捐，比陝猶重，所恃者取道便捷十一日耳。但蠶叢險阻，陝鄂皆然。而鄂境核桃園下有名長峽者，兩邊峭壁相距不及數丈，一綫天開，惡溪衝出，往來行客均須涉水探石而行，山水忽來，大半淹没，蓋其長數里，誠有躲避不能者。聞峭壁上本鑿有窟，横樁面板，修作棧道，年久朽壞絶踪。馬門子上有野狐溪者，係一斜仄山嘴，下瞰飛流轉灣，稍有未宜，即已尸沉潭底。官渡河上有手爬崖者，計長里餘，懸崖萬丈，只鑿脚窩，過此者以手攀藤，照窩移步，一有失足，粉骨碎身。此三處最險最惡，實爲挑鹽販所必經。倘蒙憲恩札飭竹山縣僱覓就近民夫、石工，諭令核桃園、官渡河兩處局卡委員分別監修，或由鄖陽鎮派員會同經理，多領火藥以備轟擊，此費即於藥土項下先行借給，將來即在過路鹽工挑内酌量收捐歸還，并籌長久修理之費，則險難變爲平易，一路永戴福星，而土挑獲保平安，莫不踴躍而到矣。卑職既有所見，不敢壅聞。是否可行，伏乞批飭祇遵各等情，并附呈護照、告示稿各一紙，到本部堂。據此。除批：據禀及另單均悉。查該令擬設分卡六處及酌派司事巡勇查驗護送等項章程，尚屬妥協，均即照准。至勻撥北部巡緝勇餉統歸二兩四錢發給，前據該令來禀業經批准，應即遵照，募足壯勇五十名，分布各局卡應用。另單所稱長峽、野狐溪、手爬崖三處路徑奇險，應即續禀。所謂二竹險徑，已札該令督同千總馬德新興修矣。餘并如所議辦理。除札行北善後局、北布政司、北路土藥專局外，仰即遵照。爲此，合咨貴部院請煩查照施行。

札委知縣張延鴻等接辦鶴峰銅鑛光緒十八年四月十三日

照得采辦銅鑛委員、湖北另補知縣楊鈞辦理鶴峰銅鑛事務，任用非人，開報不實，以致工費虛糜，所獲銅片價值與原議之數大相懸殊，實屬有負委任。查鶴峰九台山銅鑛疊經本部堂飭查，并詢據會勘委員、即用知縣張延鴻禀稱，該處江黃、天車等窿，鑛脈均旺，均係瓜藤形狀，厚者尺許，由藤求瓜，自可探得大脈。玉帶坪鑛質化出甚佳，亦宜兼采銅斤，爲衆府源流。鄂省缺錢尤甚。該處鑛脈既旺，窮民尤多，均以挖鑛爲生計，自應設法另行派員接辦，以顧官本而濟要需。楊令承辦不力，工費虛糜，應即撤去差使。即派即用知縣張延鴻、補用都司張金生會同接辦。張令應給薪水銀五十兩，夫馬銀二十兩，張都司本有鐵政局薪夫，無庸另給。該令迅即馳往鶴峰，會同張都司暨地方官妥爲辦理。該處境接湖南石門、桑植、慈利等縣，向多私鑄，及不逞之徒造言生事。應即遵札會同各該地方官出示嚴禁，並隨時查拏私鑄及盜買盜賣銅斤等犯，嚴行究辦，以靖地方。前繳毛銅，佳者有八成半淨銅。如能就地煉成淨銅，自應提煉淨盡，以省運脚及到省重煉之費。原估毛銅百斤工費錢十一串，如煉成淨銅，每百斤一切工費約銀十兩以内，不得再有加增。如無提淨良工，則仍運毛銅至省，亦無不可。儻遇見瓜堂大脈，則工省鑛多，應據實另行核計開報，不得牽混。所有添建局屋、雇覓工匠、酌改砂丁章程、核定鑛用器具、推廣分局收買鑛沙酌提花紅各事宜，均由該令、該都司隨時籌議，斟酌妥辦。總以加工省日、計鑛給價兩端最爲扼要，自可收實效而免虛糜。惟經費必須寬籌。即由鐵政局酌撥給銀數千兩交張令帶往，以資開辦。除札飭楊令迅即停工，先將煉出銅斤、挖存鑛砂點交張都司驗收，俟張令到局，即將鈐記及經手事件移交核算清楚，迅速回省銷差外，合亟札委。札到，該令即便遵照，赴鐵政局具領銀兩，迅即馳往鶴峰九台山等處，會同張都司接辦鑛務，點收清楚，查照札行事理，隨時會同地方官妥爲辦理，以副委任。切切。

札麻城等縣整頓淮鹽疏銷緝私光緒十八年四月十四日

據管帶鳳字馬隊中營盡先副將劉恩榮、署隨州知州何錫章、孝感縣知縣沈星標、應山縣知縣官煥傭、委辦東路土藥兼理淮鹽緝私候補知縣王錫韓會禀稱：竊奉札委赴漢、黄、德三府邊界州縣，會同各牧令暨緝私營哨各官詳度地方情形，將應如何聯絡整頓鹽務商酌辦法之處，悉心妥議禀覆核辦等因。奉此。遵即束裝起程，由省馳往黄、孝一帶，詳查緝私並土藥事宜。首晤卑職星標籌商一切，旋至應山縣開辦土藥局務，一面與卑職燠傭、副將恩榮妥議緝私之法，嗣與卑職錫章悉心商議。卑職等所見略同，請爲我憲台縷晰陳之。查豫、鄂連界，道路紛歧，私鹽最易侵灌。駐隊之區如隨州之唐縣、厲山等鎮，爲北潞等私要途。淅河州城爲官銷最煩之處，且係德安分局門户。應山之孟畈爲黄土關、黄蓬坳、分水嶺等處之總匯，且可策應平靖關、廣水驛，正當武勝關衝途。凡此皆扼北私要道。孝感之三里城爲豫私入楚咽喉，小河溪爲北鹽南下總匯。惟原議駐隊之毛家集，因街北隸於河南，副將恩榮擬將該哨移扎青山口以扼其要，庶免越境之嫌。以上各隊星羅棋布，足令私梟畏退。其應如何緝私，卑職錫韓、副將恩榮再三會商，擬隨時出隊，或張旗鼓明查於東，即派哨勇暗緝於西，探有大伙私鹽登時集隊兜拏。訪有私梟票頭，即凶惡棍徒亦必設法拏辦。出隊無定時，巡緝無定向，使鹽販時見隊伍往來，莫測我之虛實。如此認真查拏，私梟當漸斂迹，此卑職錫韓與副將恩榮會議緝私之情形也。若疏銷官引，卑職錫章、星標、燠傭等尤當實力奉行。現擬傳齊紳耆、會首、保正人等剴切嚴諭，令其轉告鄉民，革除舊習，買食官鹽，月終選派妥人赴各集、鎮鋪店調查賬簿，不准短銷官引，并出示嚴禁私販，遇有行棧窩囤，違禁售賣，立即封閉提究。如此整頓，官引可期推廣。此卑職錫韓與卑職錫章、星標、燠傭等會議疏銷之情形也。至營、縣聯絡，尤當謹遵憲札，互相策勵。嗣後州縣則選幹役，營哨則派精兵，彼東此西，彼還此出，晝夜梭巡，無分畛域，一遇私梟，即赴就近文武官稟報，雖值風雨，必集兵役協力緝拏，務獲懲辦。倘營勇有疏縱情弊，州縣查實即告知營哨，責革不貸。差役舞弊，營哨官亦告知州縣嚴加懲辦。互爲稽查，以匡不逮。如此和衷共濟，鹽務當日漸起色。此卑職等會商聯絡整頓之情形也。竊維邊界州縣前因逼近豫疆，小民貪賤食私，以致官引滯銷。兹承憲台力振鹾綱，重申禁令，卑職等敢不盡心圖維，以冀挽回。況自小河、廣水等處添設分銷以來，領引亦較便易，既添馬隊以扼其來源，復定功過以嚴爲課勖，惟有緝私者嚴飭兵勇加意巡緝，疏銷者隨時考查多方勸諭，決不稍事因循，致負憲台整飭鹾務之至意。所有遵札會商一切，理合稟請查核批示等情，到本部堂。據此。除批：據稟會同查照楚、豫邊境形勢，籌議緝私疏銷，聯絡整頓各情形均悉。向來緝私之弊，總由於見有大伙梟販則畏避不追，專尋窮民小户、零星夾帶數斤或數十斤者聊以塞責，於私鹽來路、銷路毫無所損，徒致結怨村民，助私仇官，轉爲私梟引導庇匿。此次經本部堂將緝私馬隊三營極力整頓，人馬足額，器械精利，并添撥鴻字營步勇以輔鼎字營之不及。若再不能捕截大伙梟販，成何隊伍。惟有將馬步緝私各營概行裁撤，以節餉需而已。來稟所云，大伙私鹽集隊兜拏方爲正辦，若零星私鹽，或數斤或數十斤，拏之辦之，有何益處。來稟所云零星亦需拏辦，殊屬無聊搪塞，不合機宜。本部堂當隨時派人密查，如有持械大伙而坐視避讓，不敢截拏，則是庸懦無能，定惟該汛地將弁是問。至本地票頭之勾引、村鎮棍徒之庇囤，最爲大害。内患不清，外梟難絶。此事專責成該州縣清查嚴懲。弁勇如查知，即告知地方官密拏務獲。前已刊發告示，通飭營、縣應即遵照前札認真查禁，不得違道干譽，見好奸民。來稟所云嚴諭紳保、調集各店鋪賬簿嚴加比較，不准短銷，自係疏銷官引之策。惟以何數爲比較，若何即爲長銷，若何即爲短銷，並未叙明辦法，是否實在，無憑考察，應即切實詳晰稟覆。至行棧窩囤立即封閉究懲，及營勇差役疏縱舞弊文武互相關會懲辦，均屬要務，現須實力奉行，勿以空言一稟了事。總之，扼要在入境大伙、本地票頭窩囤、地棍三事。必將此三項痛加懲創，然後可望起色，全在該文武印委等努力爲之。三箇月以后，本部堂但據銷數以責成效可也。除分行鼎字營周提督、鴻字營哨官副將洪貞祥及麻城、羅田、黄安、黄陂各縣外，仰北鹽法道分别移飭，并移行襄陽朱道暨緝私馬隊前后兩營一體遵照。仍候撫部院批示。爲此，札仰該縣即便遵照禀批事理，會商營哨認真辦理，毋得敷衍虚縻，致干查處。爲要。

札北藩司於北路土藥税項下按月支銀一百兩津貼鄖陽鎮 光緒十八年五月初二日

照得鄂省南北兩路設局稽徵土藥税項，所有南路宜昌羅鎮，前因督率弁勇緝私得力，業經行令按月支給公費銀兩在案。茲查北路土藥局卡開辦以來，即經照會鄖陽鎮督飭營汛弁兵協同稽查彈壓，於税收亦屬有益，應即按月支給該鎮津貼銀一百兩，由北路土藥税經費項下支給，以資辦公而昭平允。自光緒十七年正月起，此一年内綦前鎮高會應給津貼，由北布政司核明數目，即在庫存李牧紹遠解交北路土藥罰欵等項下撥給。綦鎮交卸以後，應得津貼由司移交文署鎮漢章收領。自十八年正月起，文署鎮應給津貼及以後鄖陽鎮，均即照案津貼，即由北路土藥税務專局支發開報。除分行外，合行札飭。爲此，札仰該司即便遵照辦理。仍將支過數目報查。切切。

飭湖北各營查明額設鳥、擡槍兵數并現在有無後膛洋槍 光緒十八年五月初八日

照得操練兵技，以槍礮爲先。湖北控扼長江，地當衝要，伏莽未淨，簡核軍實乃整飭武備之急務。特各標營兵所用多係舊式土槍、擡槍，不惟後膛洋槍甚少，即前膛來福洋槍亦不多見。亟應逐行變通，俾得資利器以成勁旅。應飭各營將現在該營額設抬槍兵丁若干，鳥槍兵丁若干，平時練習是否均係舊式土槍，從前有無領過前膛來福洋槍，及後膛洋槍及銅帽打機擡槍各若干，各營是否能自行仿造洋藥，查核明確禀覆，以憑設法籌辦。合就照飭。爲此，照行該鎮、將、營即便遵照，迅將該鎮、協、營額設鳥槍兵前膛來福洋槍、後膛洋槍及銅帽打機擡槍各若干枝，限文到十日内逐項分晰明白禀覆，以憑核辦，毋稍稽延。切切。

札鐵政局撤换道士洑、明家灣等處煤鑛委員 光緒十八年五月初八日

照得大冶縣屬道士洑、明家灣等處煤鑛，前經飭委候選知縣游學詩辦理，并委湖北候補知縣黄建藩管理收支事宜。開辦已久，尚未見有寬厚煤層。游令經手工程功效毫無，而起造樓房，添置器具，一味鋪張，虚開工匠，多用冗人，妄支濫用，難以枚舉，殊出情理之外。黄令專管收支，扶同游令任意開報火食、丁役、工食，漫無限制，鑽工、長夫等項皆多不實，已經本部堂查知。該兩員辦事不實，虚縻鉅欵，均堪痛恨。所有游令、黄令等工程收支差使，應即一併撤去。派委在籍兵部候補郎中余郎中正裔，專辦道士洑、明家灣等處煤鑛工程。其收支事務，前因黄令出差

上海，暫委知縣孫魯接辦。現據鐵政局申報，孫令業經調省改派他差，所有收支事務應派委候選知縣楊鼎福管理。該處每月工程及支銷經費共需若干，應即責成新派委員認真大加裁減，妥議章程，稟由鐵政局核定飭遵。餘如大冶鐵山路工、石灰窰馬頭、王三石煤鑛各局廠在工人員及一切用欵，有可節省者，均應由鐵政局稽查考核，酌量核減。其附近省城各廠工程有無冗費曠工，并即隨時查核，認真整頓，以節經費而重公欵。除分行外，合亟札飭。札到，該局即便遵照，轉飭游令、黄令等迅將道士洑、明家灣等處煤鑛工程收支經手事件核算明白，交代清楚，即行銷差。其黄令上海前求煉鋼事宜一差，應即一并撤去。并將該處工程用欵大加核減，所有虛縻之濫費、無益之冗人一概删除，不准稍徇情面。責成新派委員妥議章程，稟局核定飭遵。其大冶煤鐵各局廠及附近省城各廠工有無冗費曠工，并即認真考核，力求實際，勿稍疏略徇延。

札委宜昌府存厚督催大冶鐵山路工光緒十八年五月十四日

照得湖北大冶縣鐵山路工及石灰窰馬頭，專爲利運鐵鑛煤斤而設，綿亘五十餘里，加以接通王三石煤井，又須添設十餘里，工程浩大。前經檄委候補知縣林佐，會同大冶縣督率洋匠人等勘估興修在案。查該處路工及馬頭工程與漢陽煉鐵廠工相爲表裏，均關緊要，應即派委大員前往督辦，務期早日竣工，以濟要需而免貽誤。查有本任宜昌府知府存厚堪以派委，應需薪水由鐵政局核議支給，以資辦公。除分行外，合亟札委。札到，該守即便遵照，將大冶縣鐵山路工及石灰窰馬頭工程，督催林令等嚴飭員紳司事工頭人等妥速趕辦，務期早日告竣，不得稍有曠誤稽延。切切。

飭大冶縣查拏劫去龍匪之袁姓等解審光緒十八年五月十六日

頃准安徽撫部院沈電開：頃據袁道稟稱，前派出緝匪之李參將振標，在鄂境黄石港拏獲龍松年，當被該處袁姓聚衆二三百人將龍匪劫去，親兵一名、眼綫小胖子均受傷甚重。已經報縣請驗，并求移飭該處袁姓交匪等情，懇速飭催袁姓迅即交出龍匪審究。袁姓恃衆刦匪，其黨惡不法可知。如何提訊懲治，并祈卓奪等因。准此。查龍松年等係會匪大頭目，疊經本部堂密札通飭，并密咨各省一體嚴拏。今據皖省派出緝匪之將弁在鄂境黄石港拏獲龍松年，被該處袁姓聚衆將龍匪劫去，親兵、眼綫受傷甚重，實屬目無法紀，袁姓人等内顯有該匪黨惡。既據報縣請驗，現已多日，該縣何以并不稟報，殊不可解。亟應嚴拏著交解審究辦。除行北按察司外，合亟飛札飭拏。札到，該縣迅即查明，勒令該袁姓將匪首龍松年剋日交出解省，并趕緊查拏袁姓匪黨爲首恃衆劫匪傷人各犯訊供解省，以憑提訊質究懲治。勿稍違延。一面將驗訊皖省親兵、眼綫傷痕情形先行稟報查考。切速。

札北藩司查常德水患規復舊隄等事附單

光緒十八年五月二十五日

光緒十八年五月十七日承准軍機大臣字寄：湖廣總督張、湖北巡撫譚、湖南巡撫張，光緒十八年五月初四日奉上諭：都察院奏，湖南京官郎中張聞錦等以水患日迫，請復舊隄，繪具圖説，赴該衙門呈遞一摺。據稱，湖北藕池口等處湖隄潰決，灌入湖南，常德府屬被害最重。惟有規復舊隄，堵塞潰口，或於藕池口東南築長隄一道，兼濬深洪，俾引入大江，由江入海，以消上下游水患等語。藕池口潰隄情形，前經張之洞親往查勘奏陳大概，擬與湖南巡撫會商辦理。現在該處水勢究竟如何，該督、撫等曾否妥籌辦法，此次張聞錦等所呈各節是否可行，著張之洞、譚繼洵、張煦會同悉心商酌，妥議辦理，總期於湖南、北兩省地方均無妨礙，以弭水患而衛民生。原摺呈均著抄給閲看，原圖一件并著發交張之洞等閲看後仍行繳回。將此各諭令知之。欽此。遵旨寄信前來等因到本部堂、部院。承准此。查藕池口前經本部堂親往察看，口門寬至五百餘丈，自咸豐二年潰決至今四十年，久爲荆江分流鉅口，即議堵塞，施工不易，工費亦恐不貲，曾經附片奏明在案。此次湖南京紳公呈，議於藕池口内東南隅鮎魚鬚横築長隄一道，兼濬深洪，截引荆江南汛之水使折而東流各節，係專爲保護常德府一郡之計。但遏西流倒灌，不阻東南下行，似與徑將藕池口全行堵塞較爲有間。惟所擬辦法究竟是否可行，自應由南、北兩省分派印委各員詳切履勘，籌議禀覆，再行體察情形，是否兩均無妨礙，酌核會商辦理。除札行荆州道府查覆，并由本部堂恭録札行南布政司委員暨岳常澧道查復，并咨南撫院外，合亟恭録札行。爲此，札仰該司即便遵照，遴委妥員前往，會同地方官查明此次湘紳所議擬於藕池口内鮎魚鬚横築長隄一道，究竟於荆州各屬有無妨礙，詳細履勘，并將毛家尖、楊家尖、黄家鋪、陡湖隄、虎渡口、調弦口等處水勢情形一併查明，由道府匯核妥議，會同該委員禀覆核辦，勿稍疏略稽延。切切。

奏聞請旨摺

都察院左都御史臣懷塔布等跪奏為奏聞請旨事。據湖南常德府京官、刑部郎中張聞錦等聯名以水患日迫，請復舊隄以全民命等詞，繪具圖説，赴臣衙門呈遞。臣等公同閲看。據原呈内稱：自咸豐二年湖北石首縣藕池潰，十年江陵縣毛家尖、楊家尖潰，同治九年公安縣陡湖隄、松滋縣黄家鋪潰。荆江横衝而南，惟常德府屬之武陵、龍陽、沅江受害尤重。查藕池口南下一百五十里之地淤積成洲，廣袤二百餘里，奔流倒灌，一出高陵岡西，一出高陵岡東，均灌入常德龍陽、沅江等縣，常德府屬遂成釜底。近年春夏盛漲，不獨鄉民救隄如救命，且地方官救城逾救隄。常德府屬士民現已禀各上司衙門，擬購機器疏濬河道，然非堵塞荆江横流，則疏不敵淤。惟有規復舊隄，堵塞潰口，此為要著。抑或於藕池口内東南隅築長隄一道，兼濬深洪，截引荆江南汛之水，趨岳陽三江口會荆江，統由大江入海，庶幾上游為湖南除水害，下游為湖北瀋水災。伏乞上達天聽，飭下湖廣總督，湖南、北巡撫籌商疏塞等語。查該京官張聞錦等所呈自咸豐二年以來該省潰口數處，以致常德府屬受害尤重，淤洲至二百餘里，奔流倒灌，常德府遂成釜底。惟有規復舊隄，堵塞潰口，兼濬深洪，庶可永除水害等情，係為隄工緊要、民命攸關起見，臣等不敢壅於上聞。除將所遞湖南常德府水害圖説封送軍機處外，謹抄録原呈，恭呈御覽，伏乞皇上聖鑒。謹奏。請旨。

水患日迫請復舊隄以全民命摺

具公呈刑部郎中張聞錦、刑部主事周文鳳、翰林院編修周克寬、翰林院庶吉士王以棗，舉人梅安、劉廷贊、陳壽綸、吴允治、丁燮南、余佑銓、戴展誠，優貢戴德誠等，皆常德人，為水患日迫，請復舊隄，以全民命事。竊湖廣水利，以荆江為大宗。荆江利病又繫乎南北江隄成敗。南江隄舊有虎渡、調弦二口，泄江流入洞庭，以殺江怒。自咸豐二年湖北石首縣藕池潰，十年江陵縣毛家尖、楊家尖潰，同治九年公安縣陡湖隄、松滋縣黄家鋪潰，均屬南江隄新潰口，惟藕池為害尤烈。荆江横衝而南，湖北石首、公安、江陵、松滋四縣，湖南益陽、巴陵、華容、安鄉、臨湘、澧州等州縣，同受其災，惟常德府屬之武陵、龍陽、沅江受害尤重。同治二年，湖北公安縣民人葉華品為請修毛家尖，奉諭旨交該督撫體察情形，妥籌辦理。同治七年，公安縣民人劉照棠為請修毛家尖、楊家尖二處，奉諭旨著該督、撫飭屬勘明，趕緊興辦，毋再玩誤等因。同治八年，前總督李瀚章奏修毛家尖、楊家尖，估費一十五萬有奇。光緒三年，前湖北松滋縣令郭作霖稟請總督估修黄家鋪，需錢四萬二千五百有奇。至三年，湖南、北石首、沅江等十六屬舉人姚德銘、謝盛熙等公稟湘撫估修毛家尖、楊家尖、陡湖隄、藕池四處潰口行隄，共需錢二十萬，皆以經費過多中止。邇來淤州疊出，地勢變遷，修築工費較前又減。前岳常澧道莊賡良稟覆湖廣總督内稱約計不過十萬緡，足資塞口修隄之費。前湘撫王文韶於光緒十五年奏明洞庭情形極宜培官隄以御汛漲，開支渠以導衆流，因擢升滇督未及施行。今總督張之洞念切民瘼，垿塚在抱，於兩湖水勢利害知之深而籌之熟。光緒十六年親至藕池口察看情形，曾奏明酌量堵塞他口、疏濬湖内水道在案。是下民昏墊之苦，無時不在大吏意計之中。惟職等籍隸常德府，目擊水災之苦重於他處，故延頸待拯之情急於他處。查藕池口南下一百五里之地淤積成洲，廣袤二百餘里，河港分歧，奔流倒灌，均由藕池口高陵崗發源。崗當口峙立，水至此分為二，一出高陵崗西，經問食崗趨匯口，入虎渡口來源合，由匯口西南流灌入常德府武陵縣，由匯口南流經安鄉縣至白板口東，合鮎魚鬚西流之水匯大洋湖，出沙夾冷飯洲灌入常德府龍陽縣。此高陵岡、鮎魚鬚西出之水為害於常德府屬者也。一出高陵崗東縈帶鳳凰洲經管家鋪，折而南至鮎魚鬚，又分為三條，西條之水一，南條之水二。其西條之水中殺三支南流，仍匯老艷洲，灌入常德府龍陽、沅江二縣，又以西南折入白板口，灌入龍陽縣。其南條之水分二道，左出九斤、麻東經明山西，入扁擔河，横過常德府下游，右出九都經小南洲灌入常德府龍陽、沅江二縣。此鮎魚鬚南流之水為害於常德府屬者也。常德府為辰、沅、酉、溆、□、漸、鼎、澹諸水出入孔道，洞庭不淤猶嫌容納褊狹，況荆流泛濫阻遏，辰、沅諸水逼脅，湘、澧、資諸水西卷助虐，排空濁浪，觸處成淤。常德府西南皆山，水無所讓，北則淤洲縱横壔蓄無所，東則河身淤澱消泄不通，常德府屬遂成釜底。故近年春夏盛漲，不獨鄉民救隄如救命，且地方官救城逾救隄，此皆藕池潰口游毒所致。以湖北大江東出之水折而南汛，以湖南九江就下之水徑而逆行，以湖南、北各州縣同患之水道而獨當害之所中，不可思議。本年常德府屬士民會同被災各處已稟各上司衙門，擬購機器疏濬河道，暫救目前。然非堵塞荆江横流，則疏不敵淤，勢逾泛濫。惟有規復舊隄、堵塞藕池潰口，此為要著。抑或為張之洞所奏，酌量堵塞他口，於藕池口内東南隅鮎魚鬚横築長隄一道，兼濬深洪，截引荆江南汛之水，使折而東經調弦口徑流故道，趨岳陽三江口，會荆江正流，統由大江入海，庶幾上游為湖南除水害，下游為湖北澹水災。伏乞上達天聽，飭下湖廣總督，湖南、北巡撫相度機宜，籌商疏塞。經費所出，或援同治六年御史阮壽松奏請湖廣、江西官隄民垸提釐興築成案，或請提洞庭官荒租息，非職等所敢擅干。謹繪圖貼説，公懇代奏，候旨施行，不勝迫切待命之至。謹呈。

札委候補知府黄國瓊充當鐵廠提調光緒十八年六月初一日

照得漢陽鐵廠工要期迫，事務繁重，亟須添委大員提調廠工，會同總監工王令廷珍督催經理，以期得力。茲查有咨調安徽候補知府黄國瓊，堪以派委充當鐵廠提調，月需薪水銀兩，由鐵政局核給具報，以資辦公。除行鐵政局外，合亟札委。札到，該守即便遵照，前赴漢陽煉鐵廠充當提調。務須常川駐工，會同總監工王令，督同洋匠、委員、司事、工匠人等認真趕辦，以期早觀厥成。倘在工人等有怠惰玩誤及草率偷減、工作不如法式情事，立即據實稟明總辦蔡道撤換懲儆，不得含糊徇隱。所有廠内應辦事宜，并隨時稟商蔡道，會同王令妥酌辦理。勿稍疎怠，以副委任。

咨北撫院録批湖南茶商呈控袁雪峰等一案光緒十八年六月十三日

據湖南茶商德豐永等公呈盤踞茶業公所霸充首事之袁雲峰、陳敬軒造謡生風，勒抽私費，請拏案訊究等情一案，到本部堂。據此。除批：據呈盤踞茶業公所霸充首事之袁雲峰、陳敬軒二痞造謡生風，勒抽私費，於公所舊斂工費外反添局費、經費兩目，三共於紅茶每百觔估取銀七分乘洋行兑價時攔扣、在握有厚生祥清單、茶業公所收條確據。本年到漢紅茶，雲、敬已扣得銀一萬六七千兩，纍纍飽橐，各號吞聲。至若茶業公所，雲、敬同廣幫張寅賓、文虎卿等倡議，於每石紅茶取銀八分零起，減至本年猶抽一分七釐，積銀二三十萬。僅修公所一區，估費不過五萬，存項尚有鉅數，從未核帳題單。自設此公所，洋局陡變，交單則紛紛退割，過磅則件件欺壓。雲、敬等無所整頓，反卡制盤剥，斂費鉅萬，毫無正用。稟懇拏訊澈究核追等情。查茶務爲楚省出口商貨大宗，若如所呈袁雲峰等盤踞招摇，斂費鉅萬，剥削羣商，藉肥私橐，實爲茶務大害。自應查追究辦，以儆奸儈。核閲粘抄清單，計一單貨價二千七百餘兩，除書院捐已經飭停外，竟坐扣各費六十一兩有奇，及九七扣八十四兩有奇，共扣銀一百四十餘兩之多，大半皆係無名之費。種種剥削，徒飽奸商，良懦商人其何以堪。且無帖取用，尤干例禁。亟應澈底查明，應減者減，應裁者裁，務將中飽濫費概行删除，定立妥善章程，以清茶務而紓商力。仰北布、按二司會同江漢關道遵照，迅速飭提袁雲峰等暨應訊商號人證到案，發交武昌府，調齊該商等所收各種清單、收條暨茶業公所帳據，查訊確情，核算明晰，分别押追究辦。並由該司等會同江漢關道，將應行裁減各項悉心查核，詳考商情，另籌整頓章程，妥議詳辦，毋稍含糊宕延。切切。爲此，合咨貴部院請煩查照施行。

札趙毓楠兼充布局總監工光緒十八年六月二十四日

照得湖北機器織布官局廠大工精，現在廠屋各工雖已告竣，而布機尚未安齊，飛輪機器亦未安設。此外，軋花廠工亦甫經勘辦。此舉原以濬利源而杜外耗，自宜早日觀成開織，以收實效。應即遴員派充總監工，督率華洋各工匠設法趲辦各工，一律告成，以便開織。查有湖北試用知州趙毓楠，堪以委充織工局總監工。該員原有鐵政局收支差使，應仍其舊，作爲兼辦，由織布局按月核給夫馬，以資辦公。除分行外，合亟札委。爲此，札仰該牧即便遵照，前赴織布局總監工程，將布局未完各工、未設機器，督飭洋匠、華工設法趲辦。如有能趕夜工之事，迅即酌擬稟明趕辦，不可再有游移。務期於本年十月一律竣工開織，不得再有遲逾，以副委任。即將到工日期具報查考。

札添派蔡國楨充煉鐵廠總監工 光緒十八年六月二十四日

照得漢陽煉鐵廠工程浩大，事務殷繁。前經派委大挑知縣王廷珍充鐵廠總監工，綜理一切，以期得力在案。查鐵廠以生鐵爐廠、貝色麻鋼廠、鋼軌及魚尾片鉤釘廠工爲最要，熟鐵廠、西門士鋼廠、制鐵料廠、修理機器廠工次之。除修理機器廠業已竣工外，其生鐵爐、貝色麻鋼廠，布置均有端緒。只以生鐵爐磚運自外洋，多有破碎，動需續購更換，兼因各廠圖未到齊，致有延緩。現查各廠圖及未到爐磚各機器，七月底可以一律到齊。該廠工程前經奏明本年秋冬之間告成，制成鋼軌等因在案。限期緊迫，萬難遲逾。各廠同時併舉，端緒浩繁。亟應添派總監工之員，會同原派總監工之王令悉心籌畫，設法趲辦，務於年内制出鋼軌，以竣要工而符奏案。查有湖北候補知縣蔡國楨干練有爲，堪以派委煉鐵廠總監工，會同王令綜理鐵廠工程一切事宜。該員有興國局副提調差使，應仍其舊，作爲兼辦，由鐵政局核給夫馬，以資辦公。除分行外，合亟札委。爲此，札仰該令即便遵照，速赴漢陽鐵廠總監工程。務須常川駐工，會同王令悉心籌辦，設法趲工。洋匠應否增添，華匠如何分派始能得力，應如何趕辦夜工，各廠分投併舉如何包辦分認、如何勒限督催之處，隨時會同王令稟商總辦蔡道，分立程限，妥議稟辦。凡委員司事如有怠惰偷安及購辦物料不以核實者，准其會同王令隨時稟撤，毋稍瞻徇。總期工歸實用，如限觀成，以副委任。仍將到工日期具報查考。

札同知汪彦份等勘辦興國州錳鐵運道 光緒十八年六月二十五日

照得湖北興國州銀山地方産有錳鐵，爲煉鋼所必需。前經派員會同該署州濮牧文旭，督同鑛師勘明在案。兹查漢陽鐵廠將次竣工，每年需煉錳鐵四千五百餘噸，亟須派員勘明運道，安設馬架人推之單行小鐵軌，以資利運。前據濮牧稟稱，勘得前明運道另有一港，彼時可以水運。現在港路已塞，丈量沿港陸路，計十一里，可以達雙港湖，春夏水漲，由湖達河，出富池口至大江，最爲便益等語。查錳鐵每年需用四千餘噸，爲數有限，可趁春夏水漲，趕運完竣。此路沿港向通舟行，必無崇山峻嶺。安設小鐵路僅止十一里，似屬簡易。又據稱銀山距州城十五里，水涸之日，即由州城達河，亦不甚遠等語。究竟由出錳鐵之銀山至雙港若干里，是否平坦，雙港入湖至大河若干里，湖中水大時能行載幾百石之船，大水約有幾月，由銀山至州城之十五里有無山坡險仄之處，能否安設小鐵路，以上二路及有無別道徑通大江邊之陸路，應即委員查勘明確。查有湖北試用同知汪彥份、候選縣丞石紹祖，堪以派委前往，會同濮牧詳細測量。或於此二路中酌定一路，或另有直捷徑通大江之陸路，均即查明，繪圖貼説，稟候核辦。此種小鐵路與大冶鐵山運道迥不相同，無庸修築平礮，但須將道路凹凸及有水間阻處略爲剷修填平，即可逐段鋪設，亦無庸碎石墊底。其應如何取直及有須繞避之處，即責成石縣丞等悉心測繪，不得稍有舛誤。其沿港陸路及銀山入州城之路，均係往來通行之路，自係官道，鐵路所占有限，無礙行人。如有須取直及繞避之處，應如何設法購買，即責成濮牧一手經理。兩路道里俱屬無多，限到州二十日内勘繪明確，妥議辦法稟覆。

咨北撫院户部議准煉鐵廠添購機爐續增用欵并請分別撥借經費摺附單(一)

光緒十八年六月

光緒十八年六月二十日准户部咨開：湖廣司案呈本部會奏議覆湖廣總督張之洞奏煉鐵廠添購機爐續增用欵、奏明立案并請分別借撥經費以濟要工一摺，光緒十八年五月十七日具奏，本日奉旨：依議。欽此。相應鈔録原奏，恭録諭旨，咨行湖廣總督遵照可也等因到本部堂。准此。除行北布政司、糧鹽二道、善後、牙釐、鐵政、槍礮各局遵照辦理外，相應咨會。爲此，合咨貴部院請煩查照施行。

遵旨議奏摺

户部等衙門謹奏為遵旨議奏恭摺仰祈聖鑒事。軍機處交出湖廣總督張之洞奏煉鐵廠添購機爐續增用欵、奏明議案并請分別借撥經費以濟要工一摺。光緒十八年三月十八日奉硃批：該衙門議奏。欽此。欽遵交出到部。據原奏内稱：煉鐵廠添購機爐，續增用欵，請分別撥借銀三十二萬四千六百兩，均係隨時補救變通，萬不容已，擬在本省釐金項下動撥銀五萬兩，鹽釐項下動撥銀五萬兩，其撥銀十萬兩，於部撥京協各餉不致妨礙。又擬借鹽道庫存長江水師申平銀十萬兩，糧道庫存雜欵銀十萬兩，共借銀三十萬兩，由鐵廠分年攤還，於欵項初無出入。其餘均在奏定槍礮廠常年經費項下移緩就急，勻撥應用，并非格外請添之欵等語。臣等查煉鐵廠添購機爐經費不敷，續增用欵，擬請在於釐金鹽釐項下，共動撥銀十萬兩及鹽糧各庫借欵撥銀二十萬兩。即據該督奏稱，就本省設法騰挪，於部撥京協各餉不致妨礙，亦非格外請添之欵，自應准如所請辦理。仍令該督就撥借之欵撙節動用，不得再行添撥，并將應解京協各餉照常按欵依限籌解，以濟要需。所有臣等遵旨議奏緣由，理合恭摺具陳，伏乞皇上聖鑒。

再，此摺係户部主稿，會同總理海軍事務衙門辦理。合併聲明。謹奏。

札委樊本德爲沙防營管帶 光緒十八年閏六月十八日

照得荊州沙市地方上接宜昌，南通湘岳，最爲上游重鎮。商賈輻輳，五方雜處，會匪最易潛踪窺伺。該處向無營勇駐紮，備

(一) 以下三件録自抄本《督楚公牘》。

禦空虛。前經飭據荆宜施道督同江陵縣就地籌欵，招募營勇二百五十人爲一底營，定名曰沙防營，應支月餉，業經司局詳准就地抽捐解歸善後局咨發，其帳棚、旗械、軍火并由局照章發給各在案。所有該營管帶亟應派委，以專責成。查有記名總兵樊本德堪以委充管帶沙防營營官。除分行外，合亟札委。爲此，札仰該員即便遵照，管帶沙防營勇，迅速揀派得力哨弁，挑選精壯勇丁，招募成營，務須查明實係未經入會者，方准募充。應領帳棚、旗械，即赴善後局請領。該營仍歸荆宜施道節制調遣，以一事權。該員務當令勇丁一律精壯足額，勤加操練，俾成勁旅。認真稽查奸宄，嚴拏會匪，綏靖地方，勿得稍有缺額虛糜，以副委任。其駐紮處所，應即聽候荆宜施道酌核指示，妥爲分布。應需木質關防，即由善後局刊刻呈驗，發給應用。仍將成營日期及分紮處所具報查考。

札岳州、巴陵、臨湘、通城等府縣查探汪殿臣確情速覆光緒十八年閏六月二十日

照得昨據武昌府轉呈通城縣稟：訪聞湖南巴陵、臨湘會匪接踵滋事。會匪首汪殿臣於閏六月初十日在臨湘之馬家峒胡竹坡，聚衆二三百人盤踞山上。夜間匪聚更多，迫令近處富民進貢，聲言劫富救貧。馬家峒距通城地界只二十里，人心洶洶，懇請撥勇一哨下縣會同兜拏等情。當經照行鴻字營宋提督德鴻迅速遴員帶勇一哨，馳往通城邊界扼紮巡防，截拏在案。查湖南岳州一帶，伏莽甚多，時有蠢動之慮。上年巴陵大雲、鷄鳴等山會匪滋擾，雖經搜捕解散，而匪首汪殿臣迄未就獲。前因通城縣稟預防鄰匪竄擾，已檄行南省振字營統帶余鎮虎恩迅派哨勇，於巴陵之黄岸市扼紮巡緝。兹復據該縣稟報，匪首汪殿臣在臨湘馬家峒等處聚衆，究竟是何情形，現尚未據岳州、巴陵、臨湘等府縣稟報。查此股匪徒，糾結已久，根株已深，時散時聚，南省兵力尚厚，倘一聞匪警，立即前往圍拏首要，解散脅從，當不難立就撲滅。如果匪勢尚形猖獗，或匪踪飄忽，聚散靡常，急切不能得手，必須添營會拏。當即由北省酌撥大枝勁旅，前往會同振字勇營合力兜拏，務獲渠魁，以絶根株而除後患。應即分飭岳州、巴陵、臨湘等府縣暨通城縣詳探確情，據實飛速稟覆，以憑核辦。如須北省營勇前往，應否取道通城，抑應由水道馳往岳州前進，何路較爲捷便，并即查明飛稟察核。除分行外，合亟札飭。札到，該府、縣即便遵照札行事理詳切查明確情，據實飛稟察核，毋稍隱延。切切。

札道員李謙帶勇赴岳會拏積匪光緒十八年閏六月二十六日

照得前據湖北通城縣稟：湖南岳州大雲山在逃之匪首汪殿臣，復在臨湘馬港峒等處聚衆滋事，當經撥勇飭赴通城邊界扼紮截拏，并檄飭岳州、巴陵、臨湘等府縣確查稟覆，暨分別咨行在案。兹據岳州府鍾守英、巴陵縣陳令濬書稟稱，匪首汪殿臣在馬港峒糾黨數百人，製造軍器，希圖起事。本月二十三日，派匪黨赴各富户催貢，各營兵勇四面兜拏，槍斃匪徒數名，生擒三名。此股匪徒誘脅貧民居多，聚散靡常，現經擊散，似可無煩北省兵力。惟匪首未獲，現擬懸賞購綫嚴拏。又據臨湘縣劉令鳳綸稟稱，本月

二十夜，兵勇、團練先後直抵漁角亭山下，斃匪一人，捕殺二人，擒四人。天明搜山，格殺四人，生擒十一人。又獲看廟人供，汪殿臣於二十黄昏帶八人下山，不知去向。查漁角亭在藥姑山麓，該山跨通城、崇陽、蒲圻、巴陵暨該縣邊界，山徑崎嶇，歧中又歧。該匪句結已深，該縣人心涣散，僅恃團練殊不足以戢凶暴。可否飛飭振字營酌派弁勇駐紮藥姑山要隘，隨時巡緝。又據振字營統領余鎮虎恩稟稱，汪殿臣黨羽號稱千數，在漁角亭豎旗起事，有先取通城，次下蒲圻之説。該總兵會督兵勇於二十夜齊至漁角亭，極力攻破棚寨，陣斬匪目數十名，擊斃七八十名，生擒十九名。因藥姑山面較大，故該匪黨及匪首汪殿臣等得乘間脱逃。應請札行鄂省附近州縣一體嚴拏。其所獲之匪首王有才、袁昌益當即於軍前正法各等情到本部堂。據此。查匪首汪殿臣上年秋間在大雲山聚衆滋事，復於横頭坡、萬峰山等處糾集悍黨，拒敵官軍，均經營勇擊散，該匪首在逃未獲，疊經本部堂嚴飭緝拏。未及一年，該匪復聚黨數百人，在臨湘地方豎旗起事，并未出本境之内，是該府營縣防營等迄未認真緝拏，捕務廢弛，致鉅匪在本境聚散自由，已難辭咎。迨經嚴札飭查確情，該府營縣等查覆，及該處防營余鎮來稟情形互異。三稟所稱槍斃及生擒匪徒名數多寡，迥不相符。該府及巴陵縣會稟，則謂此股匪徒誘脅貧民爲多，聚散靡常，匪首在逃，竟可無煩兵力。臨湘縣與余鎮來稟所稱進勦漁角亭匪衆，均係本月二十日夜，縣稟則稱賊衆無幾，槍斃、捕殺、搜殺共只七人，擒四人，獲竹矛百餘，鳥槍二枝。而余鎮則盛稱賊勢鴟張，鋪叙列隊鏖戰情形，斃匪百餘名，生擒十九人，奪獲器械甚夥。一味鋪張，與攻勦大敵無異。所稱拏獲匪首王有才、袁昌益二名，則該府縣等稟并無其人。且該匪既係頭目，拏獲之後何不解交府縣訊供，概行軍前正法，殊不可解。所稱王有才等是否匪首，殊難究詰。且據稱藥姑山道路紛歧，此拏彼竄，以故該匪黨及匪首汪殿臣等得以乘間脱逃等語，可見匪首悍黨一無所獲。查此起匪衆句結已深，聚散靡常，匪首旋逃旋出，悍黨迄無一獲，隱患方深。本部堂嚴札飭查，正盼該府縣等稟覆確情，以憑核辦。乃該府縣等查覆情形，與余鎮所稟大相懸殊，一至於此，本部堂將何憑辦理耶。各稟歧異太甚，其中必有一虚。此等重大事情，本部堂實難相信。現在匪首俱已在逃，轉瞬之間，必復聚衆滋事。該府縣等一味敷衍，但以懸賞購拏等詞搪塞。余鎮則鋪叙勝仗，張大賊勢，而殺獲十數人以後，遂覺諸事已畢，但請札行州縣緝拏，并不認真講求搜捕兜拏之法，均堪詫異。本部堂詳加審度，現雖賊衆已散，無須大枝兵勇前往，而該渠魁悍黨均在逃伏匿，實爲腹心之患。且該處多與湖北省逼近毗連，尤須兩省合力搜拏，始能有濟。該府縣防營等意見既屬紛歧，所言又多參差。惟有由鄂遴派大員，酌帶營勇馳赴該處，會同文武督飭設法認真緝拏，據實稟報，澈底清理，始足以除後患而靖地方。查有湖北候補道李道謙堪以派委，即飭該道督帶武防營勇兩哨乘輪船馳往岳州，會同該府營縣防營等購覓眼綫，察度情形，分道四面兜拏。并飭湖北境内蒲圻、通城等縣文武兵勇一體截拏。務將該匪首汪殿臣暨著名悍黨悉數弋獲，勿任一名漏網，并妥籌切實善後之法。岳州府營縣及防營養癰至此，責無旁貸，不得仍存意見，稍有推諉。現已飭令鴻字營統領宋提督再撥勇一哨馳往蒲圻羊樓峒一帶，與湖南接界地方扼紮，并飭與扼紮通城之哨勇一體截拏，務將該匪首悍黨等拏獲懲辦，以期浄絶根株。所有通城、蒲圻扼紮之弁勇，李道如有指揮會拏等事，悉聽李道調度，勿得稍有違誤。該道即便遵照，迅即督帶武防營勇二哨即日乘輪馳往岳州，查照札行事理，會商緝拏。務期兩省協力，將渠魁悍黨悉獲懲辦，并妥籌切實善後事宜，以副委任。

札大冶縣查拏李家坊里紳李杜文[一] 光緒十八年七月初一日

照得本部堂訪聞該縣李家坊有里紳候選州同李杜文即李棠人，素不安分，遇事生風。上年開辦鐵山運道工程，經該署縣及專辦委員林令會札派充該處運道首士。原以就地取材，棄瑕録用，該首士宜如何激發天良，力圖報效，庶幾藉晚蓋以贖前愆。乃近聞運道修至李家坊一帶，林令照章派撥熟習工作之長夫五十名前往鋪石，而李杜文竟欲盡用該處鄉夫，不許由石灰窰派往之人與聞其事，并將各夫頭所領鋤鏟物件搶去纍逐旋復帶領多人哄至分局。迨林令函達該縣出差傳訊，李杜文又率族衆趕赴老鶴廟，將夫頭毆打擄捉，勒索訛詐。如果屬實，殊屬恃衆逞横，形同化外，此種風氣萬不可長，亟應飛札飭查。札到該縣，立即查明。如果確有其事，則是李杜文怙惡不悛，阻撓要工。王法具存，豈容寬縱。一面據實禀覆，一面追繳札諭，并查明該職員州同一職是捐是保，飭取部照獎札驗明，呈候咨革，克日由縣簽差拏解來省，以憑從嚴究辦，毋稍回護疏脱，致干未便。切切。此札。

咨南撫院録批岳州府鎮營縣會禀勦辦臨湘會匪情形 光緒十八年七月初三日

光緒十八年七月初二日據岳州鎮張鎮捷書、岳州府鍾守英、振字營統領余鎮虎恩會禀辦理臨湘縣屬會匪事竣，分別回防、留防等情。當批：查此次拏獲之王有才、袁昌益二犯果係汪瀫臣[二]夥同起事之首匪，自應解交該府，飭提大雲山前獲監禁之犯及現獲各犯質證明確，訊取確供，禀請懲辦。乃拏獲後遽於軍前正法，并未質證研鞫，何以決其定爲匪首某某。即匪目李興貴三犯，均未訊有供情，亦未聲明均係凶横叵測，必應立決之犯。且據禀勦辦情形，已稱及時撲散不至再有他虞等語，何須亟亟迫不及待，遽將該犯等立時正法，實不可解。查汪瀫臣等以著名鉅憝，疊次拏辦未獲，悍黨均經在逃，隱患方深。應如何設法緝拿務獲以靖地方之處，悉置不講。而余鎮已起程逕赴醴陵，但行會禀鋪叙勦辦情形，遽請保獎，殊堪詫異。該府、縣、防營於所屬漏網匪首聽其潛伏經年，忽而突出擾害，忽而逃匿無蹤，過之不暇，乃欲請獎耶。仰即遵照先令批行事理，認真籌辦，總以拏獲前禀有名之汪瀫臣等各首要，凈絶根株，妥籌善後事宜，爲此案收束地步。如各匪首不能捕獲，定惟及[三]該府、縣及余鎮是問。所有此次另單請獎之處，應毋庸議，并候批示等因。又據岳州府暨巴陵縣陳令濬書會禀水陸各營會勦臨湘會匪情形，并另禀請將陳令濬書、劉令鳳綸保獎等情。當批：據禀勦辦臨湘匪徒情形，悉本余鎮移會之詞。據稱前禀勦匪情形係屬得之傳聞，致與余鎮移會不符，不知臨湘劉令查覆之禀具在，與余鎮所禀大相懸殊。劉令所派團兵均與是役，該令馳抵清水源，即與轉回各軍相遇，所禀各情豈

〔一〕以下三十二件録自抄本《督楚公牘》。
〔二〕亦作「汪殿臣」。
〔三〕「及」字似為衍文。

亦得之傳聞耶。且查劉令禀稱官兵凱旋較速，汪漑臣今又漏網。該匪句結已深，聚散靡常，兵來則爲民，兵去又爲匪等語，頗中情事。即據余鎮前禀，亦稱山徑紛歧，此拏彼竄，以故該匪黨及匪首汪漑臣等得以乘間逃脱，可見渠魁悍黨并無所獲。轉瞬復出滋事，地方又遭一番擾害，咎將誰歸。試思原禀有名之匪首汪漑臣等一名未獲，搜殺共止數人，而欲奏請保奬，恐從來無此辦法，本部堂實未敢率行具奏。前已派委李道謙由鄂帶勇兩哨馳往會拏，另批飭遵在案。仰即遵照前檄及批飭事理，妥商李道，設法購綫，通力合作，分道兜拏，務將前禀有名之汪漑臣等各首要按名拏獲懲辦，以除鉅患。該府縣等果能會同防、緑各營實心實力商辦緝拿，迅將各首要悉數弋獲，地方永靖，本部堂自當咨商南撫部院擇尤奏奬，現在斷無請奬之理。仍候批示等因。又據臨湘縣劉令鳳綸禀會商振字營余統領辦理善後情形等情。當批：據禀已悉。查該縣前禀勦捕漁角亭匪徒情形，與余鎮所禀匪衆多寡及兵勇擒斬匪徒名數懸殊，攻勦情形迥異，并非與余鎮有詳略之分。茲據禀稱，前禀因尚未接晤余統領，未能詳細等語，顯係迴護之詞。仰岳州府即便查照該令所禀各情，與李道會商妥辦。其藥姑山應否分撥振字營勇常川駐紮，并即妥議禀辦。即飭該縣知照，仍候批示等因。又據臨湘縣禀匪已擊散，匪首汪漑臣逃匿情形。當批：據禀閏六月二十夜進勦漁角亭匪衆情形，核與余鎮所禀大相懸殊。余鎮一味鋪張，該縣所禀似尚切實。現已由鄂派委李道謙帶勇兩哨馳往會拏，并撥勇分紮通城、蒲圻等縣截拏。該縣務即禀商李道、岳州府，并會商余鎮暨鄰縣等合力查緝，迅將汪漑臣及悍黨等悉數弋獲，以絶根株而靖地方，并將善後事宜切實妥爲籌辦，是爲至要。仍候批示等因。除批印發及原禀有案不録外，合就札行。爲此，札仰該司、道即便遵照。

分飭北善後、鐵政兩局籌議方言商務學堂經費、章程 光緒十八年七月初三日

照得楚省洋務交涉近年日益繁多，關繫大局實非淺鮮，必應極力講求。本部堂前擬創設方言商務學堂，疊經奏明在案。查方言商務學堂現已落成。至算學一道，必須融貫中西精藴，應即將算學併入此堂，并添設格致一門，以期於製造、工商等事考求實用。即名曰學堂，內分算學、格致、方言、商務四門。查文字語言乃中外交涉之要領，格致乃製器開礦之本源，算學窮船礮之精微，商務關富强之大計。候即延致教習，分門教授，以期廣收人才，裨益時局。應由北善後局籌撥經費，鐵政局酌議章程。其經費應於新籌善後經費項下酌撥，不足則於新增籌定各欵酌量撥足。其學堂與鐵政局爲鄰，且一切事理本屬相通，應即委鐵政局總辦蔡道兼管。除分行外，合亟飭議。爲此，札仰該局即便遵照札行事理，迅將博學堂常年經費、一切章程妥議詳覆核辦，毋稍稽延。

照會熊提督派鐵字一營馳赴襄、穀一帶查拏會匪 光緒十八年七月初十日

照得近日疊據襄陽道府縣、提標中軍參將電禀稱：襄陽、穀城、光化一帶，近因時疫流行，謡言四起，喧傳以藥毒井及有放紙人之事，皆係哥老會匪與燈花教匪之所爲，欲圖滋事，先惑民心。距襄陽西北三十里之竹篠鋪地方，外來匪徒句結地方痞匪，借教堂爲名，希圖聳惑愚民，滋生事端，乘隙搶劫。二十五日夜

間，襄陽城外楊家岡突有火起，燒燬民房及教民新修未成之屋數間。又據兵勇捕獲在魏家冲放火匪犯朱苟、陳志道、王三等。閏六月杪，穀城千莖樹地方復有燒燬教民房屋之事。現經文武會商，分撥練軍、馬隊四鄉彈壓。凡有教堂之處，分往巡駐，協同汛員加意防範等情。據此。又經本部堂訪聞，有大刀痞王三棍子、梁鉤庇等各帶數百人，已入紫金峒燈花教之夥，相勢蠢動等情。并准貴軍門電同前由。復准函稱，近來會匪各處鼓煽，光、穀一帶訛言風緊，民以惶惑。此地兵勇實屬不敷，可否酌撥兩營前來駐紥，以爲先事之備等因，并抄録竹篠鋪言涉教堂無名揭帖前來。准此。除已電程軍門暨分飭該文武各員嚴切查拏造謡生事各匪，出示安撫居民，并飭將乘機擾亂爲首放火之朱苟、陳志道二犯，即照土匪例懲辦，以定人心，暨懸賞緝拏散布揭帖匪徒，務獲重辦外，查襄陽重鎮，現當民情惶擾，會匪萌動之際，亟應調撥營勇兩營馳往駐紥，彈壓查拏，以爲練軍、馬隊之助。應即先派鐵字一營即日拔隊馳赴襄、穀一帶，會同地方文武營汛分布彈壓，查拏會匪，以靖地方。除咨行外，合亟照飭。爲此，照行該提督即便遵照，迅速先撥一營星夜馳赴襄陽、穀城一帶，彈壓地方，查拏會匪。限文到二日内拔隊開行。并再豫備一營，整備軍裝器械，聽候續行派往，不得稍有延誤。仍將撥營起程日期報查。

咨北撫院電飭襄陽道府縣等將爲首放火乘機擾亂朱苟、陳志道二犯懲辦光緒十八年七月十一日

照得襄陽、穀城一帶近日會匪句結地痞，借教堂爲名，造謡煽惑，放火燒燬民房及教民房屋，藉圖乘機起事。業經該地方文武分派兵勇，在魏家冲拏獲放火匪犯朱苟、陳志道、王三等，訊明供情，電禀前來。查襄陽現當民情惶擾會匪萌動之際，所獲各犯朱苟既經供認爲首，陳志道帶劍放火，現於火所拏獲。該犯等意圖乘機擾亂，與尋常放火案件不同，亟應按照土匪章程，即行懲辦，以靖人心。除已於本月初十日會同撫部院電飭襄陽道府縣、城守遊擊會同遵照，即將朱苟、陳志道二犯正法梟示外，所有電稿合亟抄行。爲此，合咨貴部院請煩查照施行。

札陳汝蕃馳赴襄陽會同地方文武查拏會匪綏靖地方光緒十八年七月十一日

照得襄陽、穀城、光化一帶，近因時疫流行，哥老會匪與燈花教匪乘機煽惑，借教堂爲名，造謡揭帖，放火焚燬民人及教民房屋。又訪聞有大刀痞王三棍子、梁鉤庇等聚衆數百人，已入紫金峒燈花教夥，乘機蠢動，民情惶擾。現准北提軍門程函稱，會匪各處鼓煽，兵力不敷分布，可否酌撥兩營前來駐紥，爲先事之防等因。業經本部堂照飭統領鐵字營熊提督鐵生先撥一營星夜馳往彈壓，查拏會匪，并令豫備一營，整頓軍裝，聽候續行派往在案。查襄陽重鎮，界連豫省，伏莽素多。當此民情惶擾，會教各匪萌動，造謡煽惑，牽涉教堂，關繫甚鉅。必須遴委大員前往會同地方文武，將會、教各匪迅速查拏痛懲，以定人心而弭鉅患。本部堂、部院查有候補道陳道汝蕃堪以派往。除咨行外，合亟札委。札到，該道即便遵照，迅速束裝馳往襄陽，會同地方文武，督飭馬步各營兵勇，將襄、穀、光化一帶哥老會匪、燈花教匪及

刀痞等匪，務將著名匪首及捏造謡言、傳播揭帖之人悉數弋獲，從嚴懲辦，解散脅從，出示嚴禁造謡生事，安撫居民，綏靖地方，以副委任。即將起程赴襄日期報查。此札。

照飭襄河水師統領劉提督馳往老河口一帶查拏會匪 光緒十八年七月十一日

照得襄陽、穀城、光化一帶，近日哥老會匪及燈花教匪句結地方刀痞，借教堂爲名造謡揭帖，放火焚燬教民房屋，藉圖乘機起事，人心惶擾。業准北提督程軍門來函，先撥鐵字一營星夜馳往，彈壓查拏，並豫備一營續行派往。并會委陳道汝蕃馳往襄陽，會同地方文武查拏嚴辦各在案。查光化、老河口等處商賈輻輳，五方雜處，匪徒最易混迹窺伺。應即飭派襄河水師五營統領劉提督鶴齡馳赴老河口一帶，督飭老河口、襄陽兩營水師，會商地方文武相機彈壓，查拏會教各匪，以靖地方。除電飭遵照暨分行外，合亟照知。爲此，照行該提督即便遵照前電暨照行事理，妥速辦理，勿稍刻延。是爲至要。

札張理玉暫准借撥勇丁交穀城縣應用 光緒十八年七月十八日

照得現據委署穀城縣鍾桐山面禀，稱前在光化縣署任内拏辦土匪，會商襄河水師後營管帶官張都司理玉協辦查拏，弁勇極爲得力，情形尤爲熟悉，深資臂助。現在穀城地方會教各匪乘機煽動，查拏匪徒在在需人。光、穀相距不遠，可否懇恩檄飭該營官准由該令隨時商請協助以資得力等情。查襄河水師各有汛地，惟目前穀城查拏會教各匪正關緊要，該令到任伊始，應即暫准會商張都司協同查辦，酌撥弁勇會同緝拏，以期應手。此係一時權宜之計，不得沿爲常例。除分行外，合行札飭。爲此，札仰該都司即便遵照辦理。

札委周玉德幫辦李道善後事宜 光緒十八年七月十九日

照得臨湘縣屬之積年會匪鉅憝汪殿臣，現經本部堂派委李道謙由鄂帶勇前往會同地方文武拏獲，並緝獲著名匪首多名，分別懲辦。現在搜捕悍黨積匪，解散脅從及將來辦理巴陵、臨湘兩縣善後事宜，地方寥闊，端緒紛繁，必須遴委熟悉地方情形之員幫同李道切實籌辦，以期得力。查有前任巴陵縣周玉德治縣有聲，輿情甚洽。現當辦匪吃緊之際，應即飭令隨營辦事，堪以委充幫辦，隨同李道籌辦緝匪及將來善後事宜。應支薪水、夫馬，由岳州府督同巴陵縣籌給具報。除分行外，合亟札委。札到，該令即便遵照幫辦李道隨營緝匪事宜，禀商李道、岳州府，會同巴陵、臨湘兩縣，將目前搜捕悍黨積匪、解散脅從、清查團族、舉辦保甲，將來一切善後各事宜切實籌辦，務期匪戢民安，以副委任。仍將到營日期報查。

咨送總署英領事來往信函及洋報各件 光緒十八年七月二十二日

光緒十八年七月十四日承准貴衙門電開：華使抄送孔道六月十九，蔡道六月二十一、二十四致領事三函，以爲遵教不赴湘之據，謂無違理之處。查漾電，言領事致蔡道書有所派船今早已到，仍擬前往之語。此信當係洋文，華使并未抄來，請即照抄，並領事與孔道及委員問答之語一併寄署，以便酌辦等因。又於本月二十一日承准電開，嘉領事函據并上海洋文載兩船名之報，希一併速寄等因。承准此。查此案英國嘉領事擬乘兵輪赴湘，該領事係派駐漢口之員，湘省無徑行交涉之事，長沙非通商口岸，兵輪尤未便擅往。公使在京既未與貴衙門議及，領事在漢亦無照會見商，僅遣人持片告知江漢關孔道，定期於閏六月二十六日啟行赴湘。孔道阻之不從，索給函據，須允其暫緩兩月前去，並以洋文信函致委辦洋務蔡道錫勇，囑其轉達本部堂，大意欲本部堂許定赴湘日期，方肯從緩，尤爲譎妄。本部堂以新授湖南撫院吴不日赴任，道出鄂垣，有事儘可就近謁見，會同妥議，當易就緒，飭蔡道致函領事，阻其勿庸赴湘。該領事則以事已議定，萬難中止，若欲改期前往，須定有期限，不可過久。并須允明湖南撫院在長沙地方如禮謁見，隨即回拜，并對委員董治勛面稱，若不照允，則刻難從緩，堅欲日内啟行。是以疊次電請貴衙門向公使力阻。嗣於閏六月二十八日據該領事致孔道函稱，奉駐京大臣來電，飭令湖南之行且俟吴撫院到漢再行辦理等語。而同日又用洋文函致蔡道轉達一信，則徑云俟吴撫台到後乃去，語意與致孔道函兩歧，殊屬始終叵測。兹合將領事與孔道、蔡道來往漢洋文函件及委員問答之語，暨上海洋文報二紙、洋函原件，一併譯漢咨呈。爲此咨呈貴衙門，謹請察照施行。

通飭武昌、漢陽等府縣嚴拏會匪首逆楊金榜光緒十八年七月二十五日

照得本年夏間，湖南臨湘縣屬會匪首逆汪瀫臣等滋事，疊據岳州府縣、振字營統領余鎮虎恩等禀稱，汪瀫臣僞稱順天王，夥同湖北著名匪首楊金榜，糾黨千人，在藥姑山、漁角亭竪旗起事，蓄謀先取通城、蒲圻等縣，最爲凶狡。該匪首係漢陽人，頭頂有癩子。現據委辦岳州緝匪事務李道謙自岳州來禀稱，楊金榜即楊金圃，聞已逃回鄂中，業經加派陳龍、李宗藩、梅明桂等前往蒲圻羊樓峒、新店、新隄、羅山踩緝，請飭各州縣及水陸防緑營汛一體嚴拏等情，到本部堂。據此。查此案匪首汪瀫臣、熊名野、吴子餘、僧思陶即夏思道和尚、熊采漢等，均已經李道、余鎮等拏獲。岳州一帶查拏嚴緊，該匪首楊金榜必已逃回鄂境。漢陽是其本籍。沔陽、新隄一帶與岳州接境，尤易竄匿。亟應通飭嚴拏，務獲懲辦，以除鉅患，拏獲者定予優獎重賞。除札北按察司通飭各州縣并照行各鎮、協、營暨水陸防營一體嚴密查拏外，合亟札飭。札到，該府、縣、州即便迅速飭各屬遵照，選派幹役，懸賞購緝，會同防、緑營汛悉心訪拏，四出踩緝，務將該匪首楊金榜弋獲，訊明禀請懲辦，以弭亂階。此係著名會匪首要，特飭嚴拏，毋稍玩忽，致令遠颺漏網。切切。

札南藩司録批李謙等禀拏獲首要各匪并籌辦善後事宜光緒十八年七月二十八日

據委辦緝匪事務補用道李道謙、統領振字營余鎮虎恩會禀拏獲首要各匪，抄録供摺呈核，并籌辦善後事宜等情，到本部堂。

據此。除批：據禀及供摺另單均悉。該道、該統領等拏獲首逆汪溵臣、熊名冶之後，復將匪首熊采漢弋獲。各匪目以次就擒，辦理甚爲得手。汪溵臣頻年豎旗起事，僞封官職，謀爲不軌，熊名冶同惡相濟，既經訊取確供，應即就地正法具報，并傳首岳州一帶懸竿示衆，以昭炯戒。李伯鳳經汪溵臣封爲紅旗五爺，派令管理銀錢，幫同製造軍器火藥。何添直聽派爲哨長，後又封哨官，隨同僞副元帥余正喜拒敵官軍。謝正才受汪溵臣僞封爲副龍頭，入會之人均由該犯帶見汪溵臣，并管飄費等情。各供歷歷，實屬逆匪中之頭目死黨，罪無可逭。該道迅即會同地方官復訊，如果供情毫無游移，即將該三犯一併就地正法梟示具報。張蘭田既經汪溵臣封爲元帥，據供汪溵臣令帶兩三百人上山，又稱怕事走回，難保非狡供避就。亟應再提，同熊采漢等質證，嚴審禀辦。其龔連城等四犯，核其情節稍輕，應另訊議擬，禀候核辦。楊金榜已通飭鄂省一體嚴拏，務獲究辦。除録批行南按察司遵照外，仰即會同督飭員弁查拏悍黨積匪，將歷年伏莽搜捕净盡，以絶根株而靖地方，爲一勞永逸之計。是爲至要。爲此，札仰該司即便遵照。

飭巴陵縣嚴拏未獲著匪 光緒十八年七月二十八日

據湖北候補道李謙、臨湘縣劉鳳綸會禀稱：職道等前將拏獲首逆僞順天王汪溵臣、悍黨熊名冶、李伯鳳、熊采漢等會同訊明確供緣由，開具供摺，禀呈鑒核在案。伏查近年會匪充斥，隨處句煽，官兵來則爲民，去復爲匪，踪跡詭秘，聚散靡常。若涉優柔之見，或存姑息之心，厝火積薪，燎原可慮。卑職鳳綸上年十月到任，正值大雲山、飛鳴寺、横頭坡各處匪徒擊散之後，當以首匪汪溵臣籍隸臨邑，即經不動聲色，嚴密防緝。嗣復疊奉飭拏，迄無踪跡。并查縣屬團練，率皆有名無實。疊次諭辦，復親歷各鄉村會商地方紳耆，剴切勸導。因縣境一百零三團散漫難稽，合成十三大團，聲勢易於聯絡。衹以經費難籌，仍未免虚應故事。而人心涣散，又迥與他處不同。縣屬如馬家峒、忠防市、柳樹廠、桃林一帶，民俗愚頑，罔知法紀。該匪首汪溵臣勾結已深，各鄉村幾於無處不會，無人不匪，轉相容隱，諱莫如深，即團紳亦皆畏其報復，不敢舉發。馬家峒緊連大藥姑山，爲巴陵暨湖北崇陽、通城、蒲圻交界之處，山徑歧出。本年春間探知窩藏之處，並奉本府訪聞，密飭卑職鳳綸與巴陵縣陳令濬書，會同振字營統領余總兵虎恩、幫辦沈總兵玉貴，并水師張總兵捷書，派哨馳往圍拏，早已聞風逃匿。當將窩家房屋拆毁，并將從匪之謝正才、柳仁義拏解巴陵縣，分别收審著交，均經禀明在案。乃該逆驚魂未定，異志復萌，胆敢復行糾黨倡亂。雖經先事擊散，地方幸未被擾，第首匪仍復在逃，餘黨將又潛聚。懲前毖後，焦灼殊深。職道謙奉憲台札委，帶勇馳赴岳州會商緝匪事宜，自抵桃林，會同營縣辦理，尚稱得手。卑職鳳綸先已遍約各鄉紳耆，籌商切實辦團之法，親復會同剴切諭飭，并將本府繕備會縣空白諭帖分别填給。連日據各士紳紛紛來見。職道謙詳核輿圖，熟察地方形勢，縣屬如西南之大雲山頭巾團、沙團、界頭團，東南之豪頭、泥坪、長坪、籮筐及大雲山北與漁角亭相近之龍源各團，均與巴陵、崇、通、蒲圻各處犬牙交錯，最關緊要。會商加派妥紳，編查保甲，十家聯牌，重連坐以杜窩容，禁烟館以絶匪跡。每團練集壯丁，大團三十名或四十名，小團以二十名爲率，按月訂期操演，以壯聲威。團費按田酌捐，由本團公正紳耆因地制宜，團清其團，族清其族，總以富者出資，貧者出力。仍不准抑勒苛派，必令衛民而不擾民，并稍予團紳以權。如團內有爲匪窩匪不安本分之人，由團長會同族長隨時稟官究治，既免挾嫌之私，而又釋不實之疑，且無隔閡之弊。各紳經此諭飭後，羣知保衛身家，無不踴躍從事。似此善後，再無有過於此者。卑職一面仍實力稽查，認真督飭，不准始勤終懈，以期實濟，而慰厪系。竊查此案首逆汪瀏臣供出各匪犯，除以前獲正法之匪首湯春安、王有才、袁昌益、李興貴、王金玉、李定及職道謙會同訊明稟請就地正法之吴子餘、僧思陶即夏思道和尚，又卑職鳳綸在馬家峒搜捕餘黨，稟明就地懲辦之余正喜即月卿，巴陵從義團以前格斃之匪首劉義從即劉炎亮、劉新曜、僧麥吉，通城以前格斃匪首李葵即狗四又名以才外，現獲首逆僞順天王汪瀏臣悍黨熊名冶、李伯鳳、熊采漢，先後交岳州府監禁。又前獲之謝正才即俊才、柳仁義、謝李氏，先經卑職鳳綸稟奉撫憲批示，由岳州府督同巴陵縣提審，狡供不認。職道謙抵桃林後，由縣移提到案質明，應仍解回巴陵縣監收。又李爲清即沉青、鄧汰和即達和、陳丙義、許萌喻、謝盛愛，現在巴陵縣監禁。又萬先佑亦經巴陵縣收管外，何添直、張蘭田、龔連城、馬東海四名，卑職鳳綸押解回縣監禁，聽候憲批遵行。未獲之匪黨除楊金榜即金圃係湖北漢陽人，道士王曉村係江南人，所有陳蘭芳、謝沅青、彭昌恒、余志成、李有田、江景明即姜景明、姜海清、姜克三、陳善慶、何佐臣、李溪堂即溪臣、何疏九、萬福榮、李其昌、李吉昌、何官盛、萬世照，均係巴陵縣人。疊據巴陵紳民紛紛指告，提訊汪瀏臣、熊名冶等均供，該匪等確係在場。職道謙明查暗訪，實屬積年鉅匪，必應嚴拏懲辦之犯。此外有無在場匪黨，除再查明，分派員弁購線嚴拏并由卑職鳳綸隨時查緝外，應請札飭巴陵縣陳令按名嚴緝，務獲懲辦。卑縣地方於該匪等甫經豎旗，即稟奉派撥兵勇擊散，并無被燒搶之家，以故紳民別無指控之人。至馬家峒各處，卑職鳳綸會同長江水師張總兵捷書飭派弁兵及沈總兵玉貴周歷搜捕，已無餘匪。其誤從入會者，前已設立木桶，大張曉諭，准聽自行繳飄首悔，概免牽連，以釋疑慮而安人心。如有匿飄不繳者，則是甘心怙惡，由卑職鳳綸隨時查拘稟辦，斷不敢稍涉優柔，養癰貽患。現已收繳飄布不少，隨繳隨燬，以杜差役藉詐等弊。并由余統領暫留幫辦沈總兵玉貴酌帶數棚駐紮桃林、忠防一帶。其分紮聶市各哨，均歸該幫辦調遣，以便幫同辦理。仰叨慈庇，臨邑自可相安無事。職道謙會同籌辦臨湘善後，已經舉行，頗有成效。此外一切事宜，卑職鳳綸職司守土，責無旁貸，惟當隨時會營督飭團紳認真妥辦，實事求是，熟察地方之利病，并籌賑撫於窮民。務令聲氣交通，守望相助，永靖萑苻，地境綏安，上副憲台保衛閭閻至意。合將會同妥籌切實善後緣由，并將最要各團境地輿圖分別簽明，稟請俯賜查核，訓示祇遵。再，余統領因醴陵有事，已於二十三日回岳之便，將悍黨李伯鳳、熊采漢親自督解赴郡監禁，以昭慎重，合併稟明。

又另單稟稱，正封稟間，適胡外委鳳藻回營，奉到憲批，及另札飭委周令至德〔一〕幫辦善後事宜各等因。奉此。捧讀之下，仰見憲台藎慮周詳，無微不至，欽佩尤深。此次首逆悍黨不次就擒，悉皆仰賴德威所致，俾得殲厥渠魁，迅速蕆事，地方乂安，歡騰遐邇。職道自拏獲匪首汪瀏臣等後，仍飭各員弁嚴緝餘黨，誠如

〔一〕本年七月十九日札委一件作「周玉德」，此件及以後各件均作「周至德」。應係同為一人。原稿如此。

憲鑒，竊恐暫時隱避，久後仍復萌生，自應絶浄根株，以慰廑系。現善後一節，因久駐桃林，臨湘縣屬辦理尚屬切實，認真妥善。現定於本月二十八日帶勇進駐巴陵之楊林街居中地方。應如何辦理巴陵事件之處，候會商周令再行稟呈各等情，到本部堂。據此。除批：據稟及另單、輿圖均悉。查逆首汪溵臣、熊名冶等，已於該道七月二十二日會稟内批飭迅速懲辦具報，并飭將李伯鳳等各犯復訊明確，分别懲辦稟辦在案，應即查照另批辦理。臨湘獲匪甚多，擬辦善後事宜尚屬切實，應即照准，由該令督飭認真籌辦，開誠布公，切諭紳團勿得事過輒忘，又滋萌孽。巴陵未獲積匪首要尚有十七名之多，該道已赴巴陵，務即會同岳州府督飭陳令、周令等撥勇購綫，分道嚴拏，嚴飭各鄉團紳查實指名稟報。其向來多匪之鄉村，臨以兵威，勒令將積年著匪交出，以免官軍搜捕，株連受累，務期迅將各匪按名弋獲。惟巴陵、臨湘一帶會匪蓄謀盤結多年，兩年以來，大雲山、小湄、飛鳴山、漁角亭三次蠢動起事。且據該道前次稟稱，巴陵、臨湘兩縣屬有十數鄉幾於無地不會，無人不匪，此次會稟亦大略相同。巴陵應辦積匪，斷不止一二十名，臨湘亦必仍不少，其單内未經開列者。如查有悍黨積匪，應一併嚴拏，勒交重辦，以絶根株，是爲至要。除録批咨行外，仰即遵照辦理。仍候南撫部院批示。等因。印發外，合亟札飭。札到，該縣即便遵照，迅速稟商李道，選派勇役，懸賞購綫，查照稟内未獲各犯，按名訪拏，迺緝務獲。其單内未經開列之悍黨積匪必仍不少，一併嚴拏，務獲懲辦，毋再泄延。儻任令各匪遠颺，迄無一獲，定干參處。懍之。

咨江西撫部院轉飭萍鄉縣合力協緝各匪 光緒十八年七月三十日

據統領湖南振字全軍余鎮虎恩稟稱：卑軍左營移防長沙之瀏、醴、潭、攸各屬前，風聞該處一帶頗有謡風。當經總兵札飭該營營哨官等嚴加防範，無使外來匪黨溷跡其間，并一面由岳起程，巡查該營各防地，曾將起程日期具稟憲鑒在案。嗣於長沙途次接奉憲札，遵即轉回岳州，會商李道，同抵臨湘縣屬之桃林地方，日以會拏積匪爲務。本月十九日，據該左營營官總兵余福章十四日稟報，風聞江西萍鄉與醴陵交界處所有會匪聚衆搶劫，曾經派勇赴萍往探未回。不意節屆中元，醴陵鄉民多入縣市買辦錢紙祀祖，絡繹不絶。該匪等乘機混入，突於本月十三日夜間，約三四百人擁入縣署，砍開監獄，劫出監犯羅翊廷、劉美林等八人，皆係會匪黨羽，將禁卒砍傷數名，隨搶舖户一家，即由南門而去。營壘距縣城四五里遠，據巡街營勇飛報，當即率同幫辦副將張德朝并前哨哨長吴岳雲帶隊往追。至往萍鄉大路八里坳地方，該匪等瞥見我軍，膽敢聚衆迎敵。該幫辦哨長等奮勇争先，擊斃匪黨三名，該匪等始各敗走。追至十餘里，奪路分竄，復生擒匪徒十二名，并獲軍械十餘件。因天雨昏黑，未便窮追。將獲匪及軍械帶回交縣歸時，夜已四鼓。查點營勇，受傷者五人。復於五鼓時派張幫辦并吴哨長及凱醴汛營兵，仍赴萍鄉大路一帶跟踪力追，以期全數弋獲。至所獲之十二名，經醴陵縣沈令訊供，自認爲匪刦獄不諱，因即分别情罪重輕，於十四日晨間經該縣正法六人，其餘六人收禁候質。十四日午間，該縣沈令接准江西萍鄉縣函稱，該縣會匪蔓延，數約萬計，防軍僅有吉字一營，單薄堪虞。且探聞該匪等有欲赴醴陵劫獄之謡，囑爲防備等語。惜此信到遲，致遭此事各等情。據此。總兵查會匪萌動，到處皆然。當此人心不靖之時，尤深滋蔓難圖之懼。前聞該處謡言散布，即欲前往稽查，迨因公回防，又復嚴行札飭該營官應如何密爲佈置，俾奸宄不敢混藏，乃駐防其間，致令有劫獄搶奪之事。雖營壘隔城數里，而匪黨突來數百，迄無聞知。即萍鄉縣令函稱匪黨數以萬計，亦未聞禀請勦辦。該管官、幫辦等先事既未能豫防，臨時又失於覺察，疏忽之咎誠無可辭。現由總兵札飭該營官總兵余福章、幫辦副將張德朝，均即摘去頂戴，勒限一月，將該匪首要悉數弋獲，逾限不獲，即當禀請憲台從嚴參辦等情，到本部堂。據此。除批：據禀已悉。醴陵縣會匪膽敢聚衆劫獄，疊搶鋪户，實屬猖獗已極。此皆由地方文武平日養癰所致。江西萍鄉鄰境既已探聞劫獄之信，函告醴陵縣防備，該營地方相距不遠，豈竟毫無所聞，何以不嚴加防範。雖經率隊追捕，擒獲十二名，而逃逸匪犯一無追獲。既經該統領先將該營官、幫辦等摘去頂戴，應即勒限嚴拏。仰南按察司移速督飭該營官等遴派弁勇，會同醴陵縣懸賞購綫，并會商江西萍鄉縣文武防營合力兜截，設法嚴拏首要及逃逸匪犯務獲嚴行懲辦。倘届滿一月首要逸匪無獲，即由該統領禀請撤參可也。此繳。等因。印發外。又據湖南醴陵縣知縣沈繼焱禀稱，竊卑縣壤接瀏、攸，界連江右，爲贛[一]湘孔道，屬行旅通衢，良莠不齊，稽察最宜嚴密。卑職到任後，首先舉辦團防保甲，兩月以來，地方尚稱安静。卑職昨於本月初十日親赴北鄉督催舉辦，順道抽盤積穀。詎意於十三日初更時候，忽有匪徒二三百人頭紮白布，手持軍器，由江西萍鄉南路而來，直入縣署，撞破監門，將監内卑前縣擬辦會匪鄧雲輝、羅翊廷，命犯李冬元、易子倫，盜犯吴尚鎬、劉美林、劉發秀及上控案内被告唆訟詐贜之陳懷玉等八名，扭斷刑具，一併劫去。卑職派管監禁家丁及典史家丁、禁卒人等，俱受有傷。維時卑職由鄉折轉，行至距城之五里墩地方，聞報飛馳旋署，點查監内尚存犯人六名，當飭交典史嚴行看守。卑職隨會同駐防振字營余鎮福章、張副將德朝暨城守營毛把總宗發，率帶兵差勇丁，分途掩捕。追至八里坳地方，該匪等竟敢回身拒捕，致傷防營勇丁四名，幸余鎮驍勇絶倫，擒獲匪首黄恩等十二名，并格殺匪徒三名，餘俱四逸。提訊黄恩、李佑全、鄧光前、李初揚、金惟賢、蕭曾祥等六名，均各供認入會謀劫等情不諱，其文樹明等六名狡供不認。旋據箕斗坑職員丁欽照及城内錢店裕順長各禀報被匪搶劫銀錢衣物、綑縛事主等情前來。查該匪等入會聚衆劫掠，拒捕傷人，實屬罪大惡極，本應通禀請示就地懲辦。惟卑縣向無城垣，該匪等黨羽衆多，行踪詭秘。若將現獲之犯羈收監禁，誠恐若輩復萌故智，反生意外之虞，殊不足以昭慎重，似應量爲變通辦理。是以卑職於訊明後，當即會同營汛將黄恩、李佑全、鄧光前、李初揚、金惟賢、蕭曾祥六名綁赴市曹正法，以彰國法而快人心。其文樹明等六名，一俟訊出確供，即當分別禀辦。除仍選差會營嚴拏餘匪及在逃監犯鄧雲輝等務獲究辦外，所有匪徒劫掠情形及拏獲正犯緣由，理合禀請核示等情，到本部堂。據此。除批：據禀該縣被匪劫獄，將監禁會匪鄧雲輝、羅翊庭并別案監犯共八名劫去，并傷禁卒人等。拏獲匪徒十二名内，黄恩等六名訊已供認，即予正法各情已悉。查昨據余鎮虎恩禀稱，該

[一] 抄本《督楚公牘》為「豫」，似應為「贛」。

營移防瀏陽縣各屬，即風聞該處一帶頗有謡傳。當札飭該營哨嚴加巡防。並稱江西萍鄉縣探聞有赴醴陵劫獄之信，函囑該縣防備等語。鄰省既已知覺，何以該令毫無所聞，絶不布置防範。迨匪徒二三百人紮巾持械公然入署劫獄，并連劫鋪户兩家，并無絲毫阻礙，實屬昏憒可怪。匪首係何姓名，各匪究竟現竄往何處，一切細情亦均未詳晰聲叙。雖據拏獲十二名，已認供懲辦六名，其匪首未獲，黨羽甚多，被劫之要犯八名一無所獲。仰南按察司迅即轉飭會同營汛振字營，并會商江西萍鄉縣文武防營，合力截拏，勒限一月，務將此起會匪首要暨被劫各匪犯悉數弋獲，訊供稟辦。逾限不獲，定干參處。先將辦理情形稟報查考，并候撫部院批示。繳。等因。印發外。查湖南醴陵與江西萍鄉邊界一帶會匪醴陵刦獄，將監禁之會匪羅翊庭等二犯并各案犯劫去，又隨搶鋪户兩家。亟應兩省營縣防營聯絡聲勢，不分畛域，設法購綫，合力兜拏，務將該匪首要各犯悉獲懲辦，以免此拏彼竄，致滋蔓延。相應飛咨。爲此，合咨貴部院請煩查照，迅速轉飭萍鄉縣文武防營合力兜截協緝，并希見覆施行。

札南藩、臬司等查禁長沙府揭帖 光緒十八年八月初三日

照得本部堂訪聞長沙省城正值歲考，生童雲集。謡傳洋人不日將到長沙開設馬頭，以致揭帖傳單，街市紛擾，實堪詫異。查英領事前曾有赴長沙之説，經本部堂電商總理衙門阻其勿往。時值新授湖南撫部院吴[一]在京，當經吴撫院往晤英國駐京公使，剴切商論，力止其行。英使當即允許，已電飭領事勿庸前往，是洋人赴湘之説已經中止，且亦本無在長沙開馬頭之説。總署未經議及，豈能輒開口岸。至岳州兵船，乃本部堂派往巴陵、臨湘緝匪之船，何得妄造不根之談，摇惑衆聽，滋生事端。合亟飛飭曉諭。爲此，札仰該司道、保甲局等即便遵照，將上項情節即日迅速出示曉諭，督飭長沙府縣詳切開導，以免衆情驚疑。如敢有匪徒造謡揭帖，藉端生事，即行嚴拏懲辦。勿違。此札。

咨南撫院録批李道謙等稟辦李溪臣等六犯及辦團情形 光緒十八年八月初五日

據湖北候補道李謙、岳州府鍾英、巴陵縣知縣陳濬書、前巴陵縣知縣周至德會稟稱：職道謙率同卑職濬書、卑職至德於本月初五日馳抵楊林，先後拏獲匪徒李溪臣、李潤明、何官盛、何正乾、杜恩隆、湯在田、湯永耀、李與人等八名，并焚燬大雲山窩匪廟宇暨籌辦團練各情形，業經會同卑府鍾英稟明憲鑒在案。旋又督飭勇役，協同團紳，拏獲李吉昌、何佐臣、萬復榮、湯和兒、魯復祺、姜美仁等六名，疊經卑職濬書，會同卑職至德提案研訊。除杜恩隆、湯永耀、李與人、何佐臣、萬復榮、湯和兒、魯復祺、姜美仁等八名供俱狡展，應俟押解回縣，提同前獲之陳蘭芳等再行確切質審外，其李溪臣、李潤明、何官盛、何正乾、湯在田、李吉昌等六名，并未稍事刑求，均各供認入會焚搶等情不諱。職道謙復加研訊，供無異詞。除將各犯詳細口供另開清摺呈賫外，卑府等查李溪臣聽從汪溷臣入會，充當坐堂大爺，僞封巡查將軍，

[一] 指吴大澂。

并爲糾查催貢抗拒官兵。李潤明以多年會匪，復入汪漵臣會内，充當刑堂大爺，糾黨謀逆，搶劫劉錫純家得贓，并持械同燒彭小舫家房屋，拒敵官兵。何官盛起意從匪入會，并持械同燒彭小舫家房屋，旋復搶劫王茂發家得贓。何正乾聽從湯春庵入會，搶劫劉錫純家錢文，持械同燒彭小舫家房屋，拒敵官兵，旋又搶劫王茂發家得贓。湯在田聽從湯春庵入會，隨同焚搶彭小舫家得贓。李吉昌聽從汪漵臣入會，屢爲催貢持械同燒湯高翥、彭小舫等家房屋，旋又疊次搶劫得贓。均屬□不畏法，死有余辜，核與就地懲辦新章相符。本應先行請示遵辦，因職道謙前曾禀奉憲台批示拏獲著匪悍黨，會同地方官訊有確供，即先就地正法等因，自應遵照解郡辦理。惟卑職濬書與卑職至德連日接見各團紳耆，僉稱該匪等屢次滋事均在楊林，附近一帶地方受害甚深，此次若不從嚴懲辦，不足以儆凶暴而遏亂萌，不在本處懲辦亦不足以快人心而消怨氣。禀經卑府鍾英查係實在情形，自應准如所請，函商職道謙，意見相同，已於本月二十三日，即在楊林地方將該匪李溪臣、李潤明、何官盛、何正乾，湯在田、李吉昌等正法梟示，以昭炯戒。現在地方安謐，良民感德，頑民畏威，或可不致再滋事端。至未獲各匪及善後事宜，卑職濬書身任地方，責無旁貸，自應認真緝捕，切實籌辦，以期無忝厥職。伏思善後之法，莫善於舉行團練，清查保甲。查巴邑團練，上年冬間據各鄉團紳公同擬定章程，本係按畝派費。嗣因近於加賦，改歸富户捐資，以致有名無實。昨經卑職濬書於本月十六日帖請各團紳士齊集楊林，妥籌盡善之方、經久之法。該團紳等咸知爲保衛地方起見，均各欣然樂從，議定仍照舊章，每石種派錢二百文，以歸實濟。如人在此團居住，而田在别團者，此團酌量捐資，仍照田歸别團派費。若實係殷實之户，除按田派費外，仍須量力捐輸，視團分之大小，派費之多寡，酌定練勇數目，各歸各團辦理，官爲稽查，并不假手胥役，以免索擾。現在附近已到各團，均經遵照辦竣。遠處未到各團，亦均具禀不敢違抗，一律照行。仍由卑職濬書移請楊林鄧縣丞振江、城守營蔣千總聲耀，帶同保甲局紳李鑫、杜顯鈺等親赴各團，取具各該團族認真辦理團練保甲，不敢隱藏匪類切結。所有素多匪類之熊家山、甘田、公田、月田、茅田、黄岸市、大雲山、姜家冲、南冲等處，尤須格外認真。如該團有未獲著名匪黨，勒限户族交出訊辦。每團設一木桶示諭，被誘入會愚民自行繳飄免罪。倘該團自出切結後仍前奉行故事，不將團練保甲事宜實力舉辦，或查有隱藏匪類情事，定將該團總、族長一併照章連坐，决不稍從寬貸。如此切實辦理，庶幾匪徒無從託足，閭閻悉獲安居，仰副憲台綏靖地方之至意。現在職道謙楊林事已辦竣，定於二十五日帶勇起程回駐岳州，會訊縣監匪類。除俟訊取確實口供另行分别禀辦外，合將訊明續獲匪黨李溪臣等遵批先行就地正法日期，并辦理善後事宜情形，會同禀報，俯賜查核批示。又據李道另禀稱：巴陵善後妥速竣事，初非意料所及。至未經弋獲之犯，該户族等均能實力不惜重資，派往湖北沙市、郝穴，湖南龍陽有隄工等處踹緝，應可獲案。緣平日頗受其害，現有官力作主，是以十分奮勉從事。連日有東溪峒、倒溪峒等處入會不匪家族，帶令子弟十餘人前來呈繳飄布。職道會同陳、周兩令准其繳飄，後好言勸勉，仍交該家族隨時領回，嚴加管束，毋再非爲。此風一倡，或亦令改過自新一法。十六日公議善後各節，現據楊林鄧縣丞振江等赴各團來信，均稱實力遵行，一無違延。所取先繳各結均甚妥洽之至，惟以後永遠奉行毋懈，則全恃地方官振作精神，推誠相與，紳士一氣認真督辦。再，此次兩月以來，經歷兩縣，遇事加意檢束，一草一夫，均係自備，毫無擾累。合併陳明各等情暨供摺一扣、輿圖一張，到本部堂。據此。除批：據稟及供摺、輿圖暨該道另稟均悉。查李溪臣、李潤明、何官盛、何正前、湯在田、李吉昌等六犯均係聽從汪澱臣入會，充當坐堂、刑堂，僞封將軍，糾黨謀逆催貢，搶劫紳民，抗拒官兵，實屬罪不容誅，業經該道等研取確供，遵批就地懲辦，洵足以儆兇暴而遏亂萌。該縣舉辦團練，清查保甲，現據各團紳公議，按畝捐費，視團之大小，派費之多寡，酌定練勇名數，各歸各團辦理。官爲稽查，不假手胥役，以免索擾，係爲保衛鄉閭起見，尚屬可行。惟貧富每擔種均捐錢二百文，應否於貧民僅收一石種及不及一石種者，酌量核減，以示區別而昭公允。其地方官如須赴鄉巡視各團，一切供應及夫馬等費均須自備，絲毫不得取之此項團費之中，方能經久無弊，該道等應即督同團紳酌擬妥辦。餘均照所議辦。除録批咨行外，仰即遵照辦理。爲此，合咨貴部院請煩查照施行。

咨南撫院等録批李謙等稟辦首逆汪澱臣等各供（光緒十八年八月初十日）

光緒十八年八月初三日據湖北候補道李謙、臨湘縣劉鳳綸會稟稱：案奉憲台批職道謙會同振字營統領余總兵虎恩稟拏獲匪首僞順天王汪澱臣、匪首熊名冶二名，辦理大概情形由。奉批：據稟及另單均悉。查匪首汪澱臣雖經就獲，悍黨尚多，其夥同起事之逆首楊金榜亦尚在逃。禍胎未除，亟應設法購拏，并將地方著名積匪搜捕驅除，以絶根株。至獲有著名要匪悍黨，前已據該道來稟，批飭會同地方官訊取確供，先行就地懲辦，仰即會同遵照先令批飭事理辦理，并候撫部院批示。繳。等因。奉此。遵查此案，職道謙前已會同振字營統領余總兵及卑職鳳綸，將訊明匪首僞順天王汪澱臣、悍黨熊名冶、熊采漢、李伯鳳等供詞開具供摺，稟呈憲鑒。其未獲匪黨除楊金榜即金圃，湖北漢陽人。道士王曉村，江南人。尚有陳蘭芳、謝元青、彭昌恒、余志成、李有田、江景明即姜景明、姜海清、姜克三、陳善慶、何佐臣、李溪棠即溪臣、何疏九、萬福榮、李其昌、李吉昌、何官盛、萬世照，均係巴陵縣人。疊據巴陵紳民紛紛指告，提訊汪澱臣，均供該匪等確係在場。職道謙明查暗訪，實屬積年鉅匪，必應嚴拏懲辦之犯，業經分派員弁購綫嚴拏，一面由卑職鳳綸隨時查緝，并已稟請札飭巴陵縣陳令按名緝拏，務獲懲辦。兹奉前因。查首逆汪澱臣、熊名冶、李伯鳳、熊采漢四犯，前經會商余總兵，先後解交岳州府監禁，謝正才、謝李氏、柳仁義三名，卷查前奉撫憲批示，應由岳州府督同巴陵縣審辦，業已解回收審外，職道謙會同復提現犯何添直、龔連城、張蘭田、馬東海等詳細研審。何添直供認與汪澱臣爲心腹，龔連城供認曾辦矛桿送碗上山，均各在場拒敵官兵。張蘭田供聽從入會封元帥，因畏罪并未上山。馬東海供只聽從入會，汪澱臣商議起事，實因病未到各等供。查何添直與匪首汪澱臣往來最密，同豫逆謀。龔連城逃奔時經振字營勇丁捕拏，尤敢逞兇互扭。現均供認在場拒敵官兵，實屬罪大惡極。遵奉憲批，即於二十五日會營將該犯何添直、龔連城就地正法，懸首犯事地方示衆。張蘭田平時與匪結交，必非善類，且曾僞封元帥，惟堅供并未轉糾一人，亦未上山，擬請永遠監禁。馬東海供祗聽從入會，起事時因病未經在場。訪查素不安分，擬請監禁五年，限滿察看省釋。除將臨湘善後事宜商辦已有成效情形另行詳晰稟陳外，職道謙於二十六日起程前赴郡城，會同岳州府鍾守提犯審明，分別懲辦，并會同鍾守及巴陵縣陳令濬書，前巴陵縣周令至德，妥籌緝匪善後事宜，稟候憲示遵行。合將復提現犯訊明分別懲辦緣由開具供摺，稟請俯賜查核，訓示祇遵等情。當批：據稟及供摺均悉。查張蘭田一犯，係汪瀫臣僞之元帥，歷經各犯供指，該犯亦經自認不諱。亟應訊明平時曾否放飄糾衆，及上年大雲、飛鳴等山拒敵官軍焚劫紳民，該犯曾否在場，提同他犯質訊明確，再行擬議稟辦，不得以此次并未糾人上山，聽其狡脱。餘照所擬辦理。除録批彙行外，仰即遵照，并候南撫部院批示。繳。供摺存。等因。又據該道暨振字營統領余鎮虎恩會稟稱：職道謙於本月二十五日在臨湘縣屬桃林地方接奉憲台札飭，查匪首汪瀫臣、熊名野等，前經該道會督營縣拏獲，業經訊有確供。現在該匪等或已解府，或仍在臨湘監禁，應即隨地會同岳州府、臨湘縣復訊確供後，即行就地懲辦，傳首巴陵、臨湘一帶，懸桿示衆，以免疏虞而昭炯戒。限文到二日内，即行稟覆等因。奉此。先是，職道因臨湘縣緝匪善後事宜均已辦有端倪，擬於本月二十八日帶勇移駐巴陵縣屬楊林地方，察看情形，籌辦一切，報明憲鑒在案。茲奉前因，自應改道先赴郡城，會同辦理。隨於二十六日在桃林啟程，二十七日早抵郡，會晤卑府鍾英，當即在於巴陵縣監内提取前獲解交之匪首汪瀫臣、熊名野即名冶、李伯鳳、熊采漢，及巴陵縣續獲之萬先右即先佑等，到府逐一復加研訊，各供均與原審相同。再三究詰，矢口不移。除汪瀫臣、熊名野即名冶、李伯鳳、熊采漢等四犯口供，已由職道會同振字營統領余鎮開摺稟賚，萬先右即先佑一犯，亦曾由卑府會同巴陵縣陳令稟賚供摺，邀免重録外。職道等查匪首汪瀫臣，以革逐遊勇，藉與先年正法反叛王聯露報仇，起意與前獲懲辦之匪首湯春菴等開立山堂，結會放飄，疊次在於大雲、飛鳴、藥姑等山豎旗起事，僞稱王號，抗拒官兵，實屬罪大惡極，死有餘辜。熊名野即名冶，聽從汪瀫臣等入會，焚燒搶掠，抵敵官兵，無不在場。李伯鳳受汪瀫臣僞封，爲之製造軍器火藥，管理銀錢帳務。熊采漢聽從熊名野等入會，前於飛鳴山案内帶領八十餘人，燒燬彭小舫房屋，隨同抵敵官兵，均屬同惡相濟，法無可寬。萬先右即先佑，供認入會爲匪，抗拒官兵不諱。前經卑府會同巴陵縣陳令稟請就地懲辦，尚未奉到批示，職道等會同商議，此等著名悍黨，多收押一日即多躭心一日，自應與汪瀫臣等一併先行懲辦，以免疎虞，已於是日復訊後當堂驗明汪瀫臣、熊名野即名冶、李伯鳳、熊采漢、萬先右即先佑各正身，飭令巴陵縣陳令與城守營蔣千總，帶領兵役綁赴市曹正法，傳首巴、臨兩縣各犯事地方懸桿示衆，以昭炯戒而快人心。除職道前在桃林正法之何添直、龔連城兩犯應俟會同臨湘縣劉令另行稟報，所有巴陵縣前獲在押稟請監禁之謝盛愛等，現經卑府督同該縣陳令及委員周令至德提同汪瀫臣等質訊明確，容俟另行稟請更正外，合將汪瀫臣等正法日期會同稟報，俯賜查核，批示飭遵等情。當批：查會匪首逆汪瀫臣，上年兩次糾黨滋事，搶劫居民，拒敵官軍。此次復夥同熊名野等豎旗起事，僞稱王號，圖謀不軌，逼民貢獻，實屬罪不容誅。據稟已提同熊名野即名冶、熊采漢、李伯鳳、萬先右即先佑等復訊確供，就地正法梟示，實足以昭炯戒而快人心。除録批彙行外，仰即遵照，并候南撫部院批示等因。又據該道暨岳州府鍾英、巴陵縣陳濬書會稟稱：卑府英奉南臬司札飭，遵奉憲台暨撫憲批示核議據卑府稟，督飭巴陵縣訊明匪犯謝祖庚等議擬開摺請示一案，除謝祖庚已據巴陵縣申報在監病故應毋庸議外，萬高照、李萌卿、李啟賚、李維青、李壽康五名，既據訊明并未入會，因係匪徒焚燒房屋，聞驚前往查探，致被團勇誤拏到官，應如所擬，分別枷杖發落，取保釋放。其餘各犯，均一味狡展，未得確實口供。現據稟報，匪首汪溯臣等業已拏獲，應即提取謝盛愛等與汪溯臣等質訊明確，按照定章妥協議擬，另稟核辦，并將萬高照等先行分別枷杖保釋等因。奉此。伏查此案前於上年冬間及本年正二等月，經卑職濬書會同防、綠各營及鄧縣丞振江，先後拏獲大雲、飛鳴等山滋事匪徒謝祖庚、謝盛愛、鄧汰和、陳炳義、李沅青、湯正位、楊榮勝、萬高照、李萌卿、李啟賚、李維青、李壽康、許明喻等十三名，屢經提訊，均各恃無質證，狡供避就，而許明喻一犯爲尤甚。嗣因案懸已久，匪首汪溯臣等獲案無期，據供擬請將謝祖庚就地懲辦，謝盛愛永遠監禁，鄧汰和、陳炳義、李沅青、湯正位、楊榮勝分別酌擬監禁年限，萬高照、李萌卿、李啟賚、李維青、李壽康分別枷杖保釋。許明喻暫行監禁，俟拏獲汪溯臣等再行提同質訊等情，開具供摺，賫由卑府鍾英復訊轉稟。旋經卑職濬書飭差協同團族拏獲匪黨萬先右即先佑，并經職道謙在臨湘桃林地方會督營縣拏獲匪首汪溯臣、熊名冶、李伯鳳、熊采漢等，先後押解到郡。經卑府鍾英督同卑職濬書先將萬先右即先佑一犯訊取確供，開摺稟辦，聲明容俟提取許萌喻與汪溯臣等質訊明確，另行辦理。并擬將前擬監禁各犯，再行提同汪溯臣等確切質審。如供有爲匪情事，前辦尚輕，亦即稟請加重懲辦，以儆兇暴等情在案。正提訊間，適奉前因，遵即監提一干質訊。除李萌卿一名前因在押患病業已取保醫調病故，又楊榮勝、萬高照、李啟賚、李壽康等供與前審相同，應俟再提確訊外，其餘謝盛愛、鄧汰和、陳炳義、李沅青、湯正位、許明喻、李維青七犯，一經汪溯臣等當堂對質，不能狡賴，均各供吐入會爲匪實情。復經卑府鍾英札委前任巴陵縣知縣周令至德逐一研訊，矢口不移。除各供另開清摺賫呈憲鑒外，查謝盛愛聽從汪溯臣、謝沅青入會，屢次爲之催貢，并持械同燒彭小舫房屋，抗拒官兵。鄧汰和聽從謝沅青入會，隨同搶劫劉錫純家得贓。陳炳義聽從汪溯臣入會，屢爲催貢，并持銃同燒彭小舫家房屋。李沅青聽從汪溯臣入會，隨同焚搶彭小舫家得贓。湯正位聽從湯春菴入會，隨同至周南橋家索取槍礮，并持械同燒彭小舫房屋。許明喻聽從汪溯臣入會，屢爲催貢，并隨同焚燬湯高翥、彭小舫兩家房屋，分得搶劫贓物。均屬同惡相濟，罪不容誅。李維青一犯，雖汪溯臣供其自開山堂，堅不承認即聽從朱魁元入會，充當刑堂大爺，并領受飄布，轉放至二十餘人之多，已屬法無可貸。當茲會匪充斥屢思蠢動之時，若不立置重典，殊非除暴安良，辟以止辟之道。本應先行請示遵辦，因職道謙曾經稟奉憲台批示獲有著匪悍黨，會同地方官訊取確供，先行就地懲辦等因，自應遵照辦理，以免疏虞。已於本月初一日經職道謙會同卑府鍾英，監提謝盛愛、鄧汰和、陳炳義、李沅青、湯正位、許明喻、李維青到案復訊無異，當堂驗明正身，飭經卑職濬書會同城守營千總蔣聲耀，綁赴市曹正法，傳首犯事地方懸桿示衆，以昭炯戒而快人心。竊思自上年九月以來，會匪聚衆滋事，至再至三，皆由地方不法之徒入會從匪者多，故一經匪首倡亂，動輒聚集千數百人，實屬大爲地方之患。仰賴憲台威福，匪首汪溯臣等既已拏獲正法，現又懲辦匪黨多名，從此匪徒有所儆懼，或可不致再滋事端。除仍將緝匪善後各事宜會商妥爲辦理，并由卑府鍾英通飭各屬仿照臨湘縣辦法，設立木桶，准被誘入會者自行繳飄首悔外，合將復訊匪黨謝盛愛等確實口供，遵批先行就地正法日期會同禀報，俯賜查核，批示飭遵。再，前據巴邑紳民指告之未獲匪黨十七名，内陳蘭芳一名已經卑職濬書飭差拏獲，容俟研訊確供，與前獲之楊榮勝等一併另擬禀辦，合併聲明等情。當批：據禀及供摺均悉。查謝盛愛、鄧汰和、陳炳義、李沅青、湯正渭、許明喻等六犯，均係聽從汪溵臣、湯春葊等入會，爲之催貢及搶劫有案。李維青一犯既經汪溵臣供指自開山堂，復充當朱魁元會内刑堂，放飄糾衆，均屬法無可貸。業經該道等復訊確供，就地正法，甚屬允協。除録批彙行外，仰即會同將善後事宜切實籌辦，並將獲匪陳蘭芳提同楊榮勝等研訊確供，分别禀辦。來禀漏填日期，殊屬疏忽，并飭。并候南撫部院批示。繳。供摺存。等因。除各禀印發外，相應咨會。爲此，合咨貴部院請煩查照施行。

札行會奏兩省合勦臨湘會匪首要就擒遵旨保奬有功員弁摺光緒十八年八月十一日

照得本部堂於光緒十八年八月初三日會同湖南撫部院張〔一〕前銜專弁具奏湖南岳州會匪疊次糾黨竪旗謀逆，兩省合力勦捕，將首要擒獲懲辦，地方肅清，遵旨將在事出力員弁擇尤請奬，以昭激勸一摺。除俟奉到硃批恭録另行外，所有摺稿合先鈔行。爲此，札仰該司、府、局、道即便移行遵照。

札襄陽府縣認真嚴拏妄殺擅殺匪犯務獲從重懲辦光緒十八年八月十八日

照得襄陽、光化、穀城一帶，自六、閏七等月，謡言四起，訛傳置毒，各處紛紛妄殺，動輒毆斃溺斃本處良民及外來客民，死者甚多。疊據訪聞及來省人員面禀，皆言河中流屍已有數十人。衆口一詞，斷非虚語。并據朱道禀稱，瘟疫盛行之日，凡道途中有形跡可疑之人，皆謂爲放藥者，無論虚實，概行毆斃而棄諸河等語。似此造謡妄殺，若不查究，以後民間以擅殺爲無罪，痞匪横行，必成大亂。至今地方官於此等案并未查出禀報一案，實堪詫異。該道府應即迅速分别轉飭，切實查明，按律懲辦。儻竟置之不問，尚復成何政體。此爲禁止妄殺擅殺，與教民無涉，查辦時務須分别明晰曉諭，切勿誤會。除電飭外，合就札行。札到，該縣即便遵照，迅速確實查明，嚴拏主謀倡衆妄殺真犯，務獲從重懲辦，以弭亂階。儻敢彌縫諱飾，定干未便。仍將查辦情形飛禀查核。切切。

咨南撫院録批李謙等會禀焚燬大雲山窩匪廟宇光緒十八年八月二十日

光緒十八年八月二十日據湖北候補道李謙、湖南岳州府鍾英、前任巴陵縣知縣周至德、巴陵縣知縣陳濬書會禀稱：職道謙等於八月初四日由岳帶勇移駐楊林，業將起程日期禀報憲鑒在案。伏查禀奉飭拏匪犯十七名暨匪黨所供、團紳所禀與夫暗地所訪，各

〔一〕即張煦。本年閏六月十二日調任山西巡撫。

匪以謝沅青、李其昌、李溪臣、李潤明、楊得元、任隆盛、何正乾、何官盛、彭昌恒、姜景明、姜海青、何疏九、熊式燕、熊其上等十四名爲最要，陳蘭芳、余志成、李有田、姜克三、陳善慶、何佐臣、萬福榮、萬世照、李吉昌、杜恩隆、湯在田、湯永耀、李與人、熊志善、熊玉珍、熊良正、李二伢子等十七名次之。職道謙率同卑職濬書、卑職至德，初五日馳抵楊林後，四路密跴匪踪。其潛逃出境者，已漸次跴有踪跡，隨跴隨拏，可期陸續弋獲。其尚未遠颺者，嚴飭各團族按名交出。現據該團族隨同勇役，先後拏送李溪臣、李潤明、何官盛、何正乾、杜恩隆、湯在田、湯永耀、李與人等八名到案，容俟與前獲之陳蘭方一併研訊確供，分別議擬，稟候核辦。并據各團紳僉稱，同治以來，地方屢次滋事，一經擊散，多未嚴拏黨羽，以故閱時不久，萌孽復生。此次仰荷憲恩，臨以兵威，從嚴拏辦，莠民知懼，良民知感，地境必獲久安，實造無窮之福。是以該紳等仰體德意，不畏匪徒報復，隨即綑送，并願覓人作線，隨勇緝拏。職道謙等竊思該團紳等既知感奮協拏多名，似不必再用兵力按村搜捕，致多驚擾，亦不敢因此疏懈緝捕，鬆勁潦草塞責。又查此次匪黨作亂雖在馬家峒，而其肇端則始於大雲山。該山高約十餘里，雖屬巴陵管轄，而山後則與臨湘及湖北通城壤地相連。山上原有石廟一座，內供祖師神像。廟外另有六宮，亦各供有神像，名爲廟宇，實係飯店。各供皆有道士數人，各招人在宮開店，歇客賣飯。又有茅屋草棚數十間，或賣洋烟，或賣吃食，每年七、八、九等月香火最旺，每日千餘人或數百人進香。該道士等以六宮爲利藪，索取香錢，積有多貲，肆意妄爲，或招年少幼童爲徒弟，或與附近痞徒結乾親，奸淫不法，無所不至。去年汪澱臣等在該山起事，實永樂宮道士王曉村招之使來，聚衆其間。蓋進香人多，匪類易於混入，又據岳城百四十里，地方官難於稽查。懲前毖後，若不將六宮焚燬，難保不復爲聚匪窩巢。職道謙函商卑府鍾英，意見相同，會銜出示，禁止燒香，并經卑府鍾英飭由卑職濬書派令管帶城團之劉千總長端帶勇前往彈壓，稟明憲鑒亦在案。旋復先期派弁前往，諭令該道士等將六宮神像移入石廟，并諭煙館小貿人等將茅屋草棚一概拆去。卑職濬書會同城守營蔣千總聲耀，於十一日帶勇上山，立將六宮焚燬，以後再不准私建廟宇，起屋搭棚。又查該廟管有田畝山地，無論施主何人，不准退回，擬就近充入至公團，作爲該團公業，不准私行買賣，以資辦公，由縣立案，以垂久遠。責成楊林縣丞就近稽查，此後如有在山起屋窩匪情事，即惟該縣丞是問。如此，則巴陵東南一帶屢次滋事山鄉，燬去聚匪一大巢穴矣。至公田、熊家山、小湄、飛鳴山、大洲、東溪峒、到溪峒、黄岸布、萬峰山、南冲、大雲山應行舉辦團練等處共有四十九團，由卑職濬書定期十六日帖請各團紳士前來楊林，會同籌商切實善後。職道謙先親往尤爲富實各家，勸其如期齊集，以免中下等户觀望不來。一俟各團紳士到時，議定辦法，再行稟候核示，遵照辦理。所有職道等帶勇移駐楊林緝拏匪黨、焚燬大雲山窩匪廟宇、舉辦團練各緣由，理合稟請俯賜查核，訓示祗遵。再，此次拏獲之李溪臣，訊與上年九月内經振字營在横頭坡擒斬之李溪臣係屬二人，合併聲明等情到本部堂。據此。除批：據稟已悉。查該道自移駐楊林以來，督飭勇團先後拏獲著匪李溪臣、李潤明等八犯，并將大雲山向來窩匪之廟宇六所一律焚燬，該廟田畝山地悉數充入至公團作爲公業，由縣立案，以垂久遠。滌瑕蕩穢，永杜亂萌，辦理甚爲得力。以後永不准於該處私建廟宇，起蓋棚廠及有盜買公産情事。應即遵批速於該山立石刊碑，垂爲厲禁，并責成楊林縣丞就近稽查，如有在山起屋窩匪等事，隨時牒縣稟府嚴辦。其一切善後事宜，即由該道會督府縣勸導紳耆切實籌辦，爲一勞永逸之計。再，本部堂訪聞該府團紳急公慕義，保衛鄉閭者，隨在多有其人。聞有一二刁生劣監，包庇匪徒，盜竊團紳多名，投遞公呈，希圖保釋。顛倒是非，淆惑衆聽，甚或搜括匪徒財物，縱令遠颺，庇匪殃民，實堪痛恨。亟應飭該府縣認真訪查，破除情面，稟明從嚴懲辦，以儆效尤。除録批咨行外，仰即會同遵照，分別辦理，并候南撫部院批示。等因。印發及分行外，相應咨會。爲此，合咨貴部院請煩查照施行。

札行具奏修理楚材兵輪匀撥測海、金甌兩輪薪糧經費 光緒十八年八月三十日

照得本部堂於光緒十八年八月二十七日會同湖北撫部院譚專弁具奏湖北沿江上下游需用兵輪，擬將南洋撥來兩輪及鄂省原有兵輪修理完固，匀撥薪糧以資巡防而節經費一摺，除俟奉到俱批恭録另行外，所有摺稿合先抄行。爲此，札仰該司、局、關道即便查照。

札北善後局籌撥織布局官本 光緒十八年九月十二日

照得本部堂前准兩廣督部堂李〔一〕咨承准總理衙門咨開，光緒十五年十二月十七日，本衙門會同户部議覆詹事志鋭奏請飭整頓商務以保利權一摺。本日奉旨：依議。欽此。總署原奏内稱，棉布爲用甚廣，大利悉歸洋人，亟宜自謀織造，以塞漏卮。查上海已設立織布機器局，兩廣總督張之洞亦經奏明設局織布，因時興利，實爲不可緩之舉，必須實力講求，逐漸推廣，方能有濟。如果經費不敷，或撥官款，或招商股，隨時分別奏咨辦理。除咨南北洋大臣、户部外，相應咨行欽遵辦理可也，等因。查廣東機器織布官局業經奏明移設鄂省，相應咨請欽遵查照辦理，等因。當經咨行欽遵辦理在案。查湖北省機器織布官局現經工竣，陸續安設機器，冬間即行開織。該局購機造廠經費銀六十餘萬兩，均係本部堂在廣東籌撥。嗣因添購軋花機器及廠屋鐵料暨運保等費，增欵三十餘萬兩，除司、局詳准提撥當息銀十萬兩外，餘均係借撥鐵政、槍礮兩局欵項墊用。現在兩局需用孔殷，亟須各還本欵。布局開織在即，購花儲棉在在需欵，所存暫欵二十萬，經費實屬不敷。亟應遵旨籌撥官欵，以資周轉而濬利源。應如何籌撥之處，即由該司局迅速妥議具覆，以憑酌核奏咨辦理。合亟札飭。爲此，札仰該司、局即便會同遵照辦理。

札北臬司行請旨飭下各省密拏會匪首翦煌等密片 光緒十八年九月十四日

照得本部堂、部院於光緒十八年九月十四日附奏請旨飭下各省密拏會匪首翦煌等密片，除俟奉到硃批恭録另行外，所有片稿合先鈔行。爲此，札仰該司即便查照。

〔一〕即李瀚章。

札鳳字中營赴樊城換鐵字右營回省、督標練軍鴻字營勇赴應山、孝感緝私 光緒十八年九月十六日

照得襄樊地方邊要界連豫省，爲楚省北門重鎮。現在匪踪未淨，巡防彈壓兵力尚單，前經調派鐵字右營前往駐防。該營係水陸兼操之勇，現須回省操練，以備沿江内河之用。至邊地寥闊平衍，馬隊尤爲相宜。查有駐紮應山、孝感一帶緝私之馬隊中營副將劉恩榮，紀律嚴明，素稱得力，應即調派該營前往樊城填紮，以顧邊防而壯聲威。所遺緝私地段，即派督標操防營練軍二百名，暨鴻字左營勇丁一百名前往填紮，合前派鴻字營副將洪貞祥勇丁兩哨，共成步隊五百人，仍符向來緝私鼎字副營一營人數。其鴻字左營勇丁應與洪副將兩哨合爲一氣，由該統領宋提督酌核飭辦。督標練軍即派操防營幫辦遊擊歐陽榮章率帶前往。所有練軍幫辦、哨官及兵丁應予酌給津貼，其帳棚價值及來往船夫，均由善後局議給。定爲每半年換防一次，届期即由本營另派二百人前往，更替回省操練。其緝私地段，由鹽道核議匀派。查鳳字中營劉副將屢獲大夥私梟，緝私最爲出力。該練軍營勇等均仍應仿照劉副將辦法，嚴申紀律，實力緝私，毋得稍有疏懈以及騷擾居民。除分行外，合亟照飭。爲此，照行該提督等即便遵照，迅速派撥左營勇丁一百名、練軍二百名馳往應山、孝感等處，與洪副將兩哨合成一氣，照派定地段匀紮，實力緝私，以暢淮銷。仍將派撥隊伍及拔隊起程日期具報查考。

札北藩司等移行會奏鄂省續獲會匪首要各員弁彙案保獎一摺 光緒十八年九月十七日

照得本部堂、部院於光緒十八年九月十四日專弁具奏湖北省續獲長江襄河一帶著名會匪首要及鄰省解到歸案質訊匪首，訊明分别懲辦，遵旨將出力員弁彙案擇尤保獎一摺。除俟奉到硃批恭録另行外，所有摺稿合先抄行。爲此，札仰該司等即便遵照，飭取此案保獎各文武員弁出身、履歷，詳賚核咨。

札北臬司等移行嚴懲會匪分别輕重酌議辦理章程摺 光緒十八年九月十七日

照得本部堂、部院於光緒十八年九月十四日專弁具奏嚴懲會匪分别輕重酌議辦理章程一摺。除俟奉到硃批恭録另行外，所有摺稿合先抄行。爲此，札仰該司、局、道即便移行所屬各州縣及各緑營、水陸防營遵照。

咨南撫院録批黔陽縣貢生黄忠浩呈試開金鑛 附單 光緒十八年九月十九日

據湖南黔陽縣貢生黄忠浩、職員楊映彪爲稟請試開金鑛，以助餉源而成要公事：竊山川無盡之藏，原供時局非常之用，地不愛寶，政在乎人。伏見憲台統籌海宇，獨任鉅艱，凡所舉興，動關大計。惟度支無虞掣肘，宏濟乃可從心。願效涓埃，謬資海岱。貢生籍隸湖南沅州府黔陽縣。縣東六十里，地名深溪，兩岸石壁峻峭，右爲老團官山，左爲周姓私山，占地十餘里，均産金砂，

并無田墓有礙。居民從前屢開屢禁。光緒二年，吴道自發奉前撫憲王札飭開採，旋移縣仍封。前沅州府朱守履任之始，曾條具鑛情，上之前督撫憲，得請弛禁公開，經飭貢生襄事。時以奉諱家居，辭不赴。各憲復有升移，事遂寢。近無賴貧民往往私採，事無統紀，劫奪鬬殺，害累横生。地方文武疊申前禁，以利在，争趨訖不能止。爰與各紳面禀縣主徐令，與其名禁而利耗於私隱，害至不可言，何如實開而利歸諸公，百廢得以具舉。縣亦謂然，因未奉憲令，不敢專决。今特投轅縷陳各情，如蒙允准，懇賞派委員踏勘，并札調沅州防營分駐，兼飭沅州協轉行熟坪汛把總一體彈壓。所需貲本，貢生等自行籌備。出鑛之日，除遵章繳公外，擬再酌提一二成，以助本府沅水校經堂暨縣中招解，并補修城垣各經費。爲此謹懇憲台大人賞賜批示祗遵等情并粘單，到本部堂。據此。除批：據呈黔陽深溪金鑛，吴道自發奉文開采，朱守其懿續禀弛禁。該貢生等請自備貲本開辦，招募土著充丁，以免私采之害等情。查閱粘單所擬辦法，尚屬周密。仰候咨明南撫部院吴查核原案，酌派委員前往查勘。利在民趨禁之不止，貨出於地棄之可惜。如果悉如該貢生等所呈，既有益於地方民生，吴撫部院自無不樂於施行也。至金鑛開采獲利，自應酌提成分，以充湘省要公。湖北省鐵、布等局經費自當另行籌畫，無庸湘省鑛務報效也。爲此，合咨貴部院請煩查照核辦施行。

計粘單一紙

一、開採毫無滯礙也。深溪距沅水經流二十里，其間地名大坳、小坳各産鑛之處，彌望石山，絶無田畝、墳墓。懇派廉明之員往勘。如有虚辭，甘任其咎。

一、募丁不至隱憂也。開鑛募丁，每虞衰旺不時，易聚難散，流而為匪，或至燎原。深溪附近，周、張二族環居，向以田少山多，若傭雜作。擬於允准開採之後，即招土著充丁，既耐勞苦，兼有身家。旺固聚而資其力，衰亦散而有所歸，流弊於何有。

一、劫鬬更可陰消也。平常私開，官主其禁，謹願者不敢前，惟無賴游手乃以身試。苟有所獲，痞棍乘而向詐，弱者劫奪一空，强者格鬬，禍每不測。一經明開，諸弊自絶。所募之丁，更以部法束之，決無慮也。

一、公儲大小有濟也。憲台艱難興創，如鐵政、織布等局告成，自以保富於華，功在海内，原非區區出入之間所得，衡其贏絀。然目前上海各局，銷路已有大較。增此鉅製，添造尤多，更能勝算豫操，益免將來拘較成本，或致因小失大。願於試辦見金時，遵章源源繳解。事機儻順，積細成鉅，自在意中。况他鑛廣開，來源尤裕。再請酌提一二成，以全地方要公。沅州山郡僻遠，士鮮興學。前朱守創設沅水校經堂，稍著成效，祇以地方瘠苦，經久之欵難籌。今復離任，此舉成敗難知，良甚惋惜。願以一成襄助山川靈佑，或望有濟。再，南省西路一帶，命盗案多。黔陽距省窵遠，招解不易，前此一案出，而十里内外幾無安土。經禀請前縣從錢糧贏餘内年提錢三百串，通禀立案，不擾閭閻。惟費尚不敷，猶多滯礙，再得有以補助，官民之困俱紓，保全實為不少。又黔陽界接貴州，地當邊要，近城垣多圮。上年古州有警，民心皇皇，縣主曾議完修，亦以民力竭蹷，未遑興事。及此未雨綢繆，似亦非迂計也。

一、事宜恢張以漸也。興辦一切，求聽自為籌畫，但賞派委員以通上下隔閡之情，兼調防營藉為周巡彈壓之用，舉辦有效，巧法漸諳。或官加成本，鑛硐多開。或附近諸山再行開採，如芷江榆樹灣之煤鑛，黄岩之鐵鑛及辰州會同之砂金各鑛，自可以次類推，利源廣裕。再有慇者，前代開鑛之弊，在平税課定額，間或廠廢而課存，病民病官，無有止境。今請試辦，見鑛之日，自奉一日餉項。萬一後或就衰，即求工停税止，不為定則。雖屬過慮，亦事所不得不計。不辭冒昧，合併豫陳。

札通城鴻字營哨勇回省派城守練軍五十名填紮光緒十八年九月二十七日

照得閏六月間，湖南臨湘會匪聚衆滋事，曾經調派鴻字營勇一哨前往通城地方駐紮防截。迄今數月之久，岳州匪徒業經查辦竣事，地方已漸臻安謐。現值冬防緊要，亟應飭調回省，以資操練而重巡防。所遺通城地段與岳州毗連，未便全無隊伍駐紮。查通城本係武昌城守營所轄汛地，應飭署武昌城守營參將劉清望迅即挑派該營練軍五十名，派委妥弁帶領前往填紮。所有該練軍哨官兵丁，應予酌給津貼，其帳棚價值及來往船夫，均由北善后局議給。仍照督撫兩標練軍章程定爲每半年換防一次。届期由本營另派五十名前往更替回省操練，以均勞逸。該練軍到防后，務須嚴申紀律，實力巡防，勿得稍有疏懈以及騷擾居民。除分行外，合亟札飭。爲此，札仰該將即便遵照，迅速派撥練軍五十名前往通城填紮，實力巡防。仍將派撥起程到防日期具報查考。

札襄陽道等查辦教民被匪勒索一案光緒十八年十月初十日

據江漢關道詳稱，光緒十八年十月初四日准法國德領事官照會内開：照得襄陽一案，頃又接南主教函，稱該處教民張義久避在外，不能歸家安業。嗣因地方官飭令回家，不料到家後，突有匪徒多人將伊房屋緊圍，并捉該教民，勒其供給衆人飯食，并訛索錢三十串文爲買火藥之用。該教民無錢付給，只得俟匪飯時乘機遠避，免遭嚇詐毒害等語前來。本領事查此案前已疊次照請迅速查辦在案。前月二十五日，貴監督照覆内稱電飭彈壓保護，教士等所當知感等語。今南主教函稱，教民張義又被匪等圍捉嚇詐錢文，仍不得家居安業，可見地方官彈壓保護尚屬虚文，何由而令教士知感耶。兹准前因，相應照請查照來文，稟請札縣趕緊驅散匪黨，禁止兇訛，是爲至要等因，詳請核辦示遵等情，到本部堂。據此。查匪徒聚衆滋擾，訛索錢文，如果屬實，無論民教，均應懲儆，豈可漫無覺察，必待告發而後查辦。惟所稱究竟有無其事，亟應飛札飭查，合就札飭。札到，該道、縣即便遵照，切實查明教民張義究係何縣人，如有被匪嚇詐訛索，務即查挐究辦，勿稍寬縱，以安民教。是爲至要。此札。

飭織布局派四委員往大冶等十州縣收買洋種棉花光緒十八年十月十一日

照得本部堂前經購得美國棉子燥、濕二種，檄飭織布局發給武、漢、黄、德各屬出棉最旺之區分種在案。兹查棉花早經收成上市銷售，除漢川、孝感兩縣業經該局派員前往收買，及江、漢兩縣無庸派員外，其興國、大冶、武昌、黄陂、黄岡、蘄州、麻城、廣濟、應城、天門十州縣，應即由該局迅派委員四人分投速往，查明原發棉種若干，酌量寬帶價銀，前往各屬會同各該州縣遴派公正紳耆妥爲收買。不經吏胥之手，隨到隨收，按照向來最高之棉花價值，每斤連子收買，從優給價。如有培植得法收成較多者，格外加賞，以示鼓勵。各該州縣迅即出示，曉諭領種洋棉子之民户迅速前來繳棉。倘有胥役藉端需索及有意壓擱剋扣棉價等情弊，致民間以繳售領種爲難裹足不前者，查出該州縣定干未便。再，本年棉子發種稍遲，又洋棉一本所收，有華棉兩本之多，叢高葉茂，栽種宜疏，每株須相隔三尺餘，稍密則陽光不能下射，結桃多不能開，又易生蟲。開花時宜勤加剔除。今因初次，不知種法，故收成不能甚多，并非土性不宜之故，并即明切曉諭鄉民知悉。明年自應早行發給，廣爲如法勸種。除分飭各該州縣遵照迅速出示曉諭外，合亟札飭。札到，該局遵照趕緊遴派委員四員，從寬發給價銀帶往收買，回日據實報銷。并札漢川、孝感兩縣委員遵辦，暨飭江、漢兩縣出示曉諭。仍將委員銜名及發給價銀具報查考。

密札副將周世勳飭拏會匪頭目匡世明 光緒十八年十月十四日

照得會匪著名頭目匡世明即曠世鳴，湖南人，係江南訊出洋人梅生私買軍火案内之要犯。又經匪首龍海騰供出光緒十年在福建交通洋人，與蒯煌、彭清泉等潛搆逆謀之首犯。業經本部堂密奏請旨，飭下各省嚴密查拏在案。茲訪聞該匪首匡世明現在湖南沅州府麻陽縣距城四十里之大坪頭地方潛匿，其地距鳳凰廳亦不甚遠。現據該署副將稟請，密派哨官副將周世勳帶同眼綫健勇星夜馳往該處，務將該犯匡世明拏獲即由該處營縣簽派妥實兵役，兼程押解來鄂訊辦。除密行辰沅永靖道暨麻陽縣，俟周副將到彼嚴密緝獲外，合亟密委。札到，該副將即便遵照，帶同眼綫健勇，即日馳往湖南麻陽縣大坪頭地方，務將匪首匡世明拏獲，解鄂訊辦。發去辰沅永靖道、麻陽縣密札公文二角，均交該副將携往。應於何時投遞，臨時酌量，相機辦理，毋稍漏洩稽延。是爲至要。

檄行北臬司轉飭宋令、張牧前往隨州會審王炳祥十五犯録供稟辦 光緒十八年十月十五日

據該司鈔呈襄陽會審委員張牧茂時電稟：據稱隨州小林汛於八月中旬盤獲匪徒王炳祥等十五犯，身無行李，各帶洋礟刀棍，形狀凶横。業經陳令豪研訊。據供，河南泌陽、桐柏、南陽縣人，脅從周老五糾約，欲往信陽搶劫鹽行。陳令因並無犯案，尚未稟報，電請稟商核辦等情。據此。當查此夥匪徒皆係豫人，若未在楚境行劫，何以在楚拏獲。現當楚豫邊境盜匪日滋之際，斷不能聽其狡供倖脱。近來襄屬盜案頗多，隨棗毗連，其中恐有牽涉。即經本部堂電飭襄陽朱道轉行委員張牧、署棗陽宋令。一同馳赴隨州，會同陳署牧研審確情録供，稟候核辦在案。查此起匪徒情形强横，膽玩已極。昨據德安營張參將壽廷面稟，稱轉據小林汛千總稟報，豫省匪徒同時至該汛分投各店住宿者人數尚多，拿獲者一起十數人。該匪大夥持械，横行無忌，一至於此，實堪詫異，豈可不嚴行懲創，以遏亂階。合亟札行。爲此，札仰該司即便遵照，轉飭隨州陳署牧、委員張牧、棗陽宋令等，一俟宋令、張牧

到州，即行提犯，會同陳署牧嚴加研審確情，是否會匪，或楚或豫曾否犯有盜案，據實録供，禀候核辦，毋稍輕縱。無論審出曾犯何案，辦法輕重，總不准釋放一人。切切。

札南、北臬司通飭各屬查禁佐雜擅受民詞 光緒十八年十月十六日

本年九月二十九日據委員湖北候補知縣龔令瑞清禀覆，查明沔陽州民人劉生才與許銀狗口角起衅，在沙鎮司喊禀。該巡檢李錬成擅受，濫刑私押，致許銀狗在巡司頭門樓上身死。又十月十四日，據湖南岳州府鍾守英禀稱，平江縣梁令訪聞民人張三泰被賴遠興在長壽巡檢衙門控告，張三泰畏罪溺斃。現飭該巡檢赴郡備質各等情，到本部堂。據此。查兼旬之内，兩省佐雜擅受釀命之案，層見疊出，不勝駭異，類係詐贓逼勒，以致小民畏累輕生，可恨已極。此外，索擾害民，未經控發，暨在府州縣衙門控告未經揭禀者，想更不知凡幾。清夜思之，實爲悚惕。近來印官積習，率以瞻徇捕巡雜職，爲體恤市恩之計，而置民生性命於不顧，無怪乎民怨其上，刁棍藉口，動輒有抗官毆差之舉也。除湖北沙鎮巡檢一案批飭該府提訊禀覆核辦外，合行札飭，嚴行查禁。仰該司即便會同南、北布政司遵照，通飭各該管知府、直隸州暨各州縣，將所屬佐雜人員通行嚴查。如有擅受害民之員，立即迅速禀聞，分別揭參撤任，不得姑容。一面嚴行申禁，不准違例擅受，印官亦不得批發重要案件委驗命案。如再有此等釀命之案，一經控發查出，除將該員斥革照例審辦外，該管府州縣印官併干未便。切切。

札北臬司議整頓邊境緝捕辦法 光緒十八年十月十六日

照得隨州小林汛盤獲匪徒王炳祥等十五犯一案，前據該司呈閲委員張牧茂時來電，業經本部堂電飭襄陽道轉行張牧及棗陽宋令馳往隨州，會同陳署牧嚴行懲辦，暨檄行該司轉飭在案。查此起匪徒，均係河南人，同時至小林汛分投客店住宿者共有數起，人數尚多，不止所獲之十五犯。近來鄂省邊境盜匪日滋，即如黄陂縣職員陳福愷家被劫一案，匪徒人數不少，徇日之間，連劫三縣，拏獲王少山等七犯，均係安徽人。沿邊如襄陽各屬，劫案尤多。此皆由湖北省沿邊各郡縣文吏法令之不明，武營兵力之不强。州縣但以彌縫諱飾，倖免處分爲得計。營弁但以懶惰偷安，細故擾民爲長策，均不能認真緝捕，以致鄰省匪徒敢於湖北境内明目張膽，大夥持械，公然結隊游行，伺便劫掠，本部堂實恥之。似此盜匪滋熾，若不嚴行整頓，必馴致釀成咸豐年間捻匪之禍而後已。然空言戒飭，各該員弁必仍置若罔聞。亟宜籌一切實查拏懲勸之，方有實濟。仰該司即便悉心籌議，應如何派員督捕，整飭邊團，收羅豪健，懸立重賞，兼責營員，寬其文法，破除積習，密行訪查，嚴定功過之處，妥擬辦法，迅速詳候核定，通飭辦理。

札襄陽道府勒限各州縣拏獲及訊明各要犯〔一〕 光緒十八年十月十八日

照得上年據襄陽縣禀辦會匪敦五斤一犯，當經批道復審，迄

〔一〕録自抄本《督楚公牘》。

今尚未稟辦。查該匪坐堂放飄，搶人拒捕，供情甚明。且窩藏梁鉤庇家，其爲著匪無疑，斷斷不能輕縱。此外，由營送州縣收審會匪，如提標後營外委海占鰲拏獲之李興五，提標差弁黄浩然等拏獲之譚子達、張其合、張炳富、葉萬若，提標左營游擊丁大文拏獲之錢品訓、曹興瀊、平兆貴，襄陽城守營千總張得元拏獲之蕭作雲、龔茂興，襄陽城守營差弁唐安順拏獲之王仕亭等，荆門營差弁張發魁拏獲之徐家濤、萬家清，至今均未稟覆，實屬玩延。又穀城縣千莖樹雷謝氏焚斃一案，正犯至今未獲。此案無論總署，斷不容延宕了事。即論地方政體，亦無糾衆焚斃人命竟不查拏治罪之例。以上各節，均經電飭該道查覆。旋據該道電稟稱，會匪敦五斤，遵諭嚴飭梅令稟辦。譚子達、張其合、張炳富已於去臘今正病故。襄陽禁所王仕亭、李興五在襄陽收審，蕭作雲、龔茂興在宜城收審，錢品訓、曹興瀊在南漳收審，葉萬若曾據團紳張瑞麟等請保，仍行襄陽質訊。千莖樹火案，嚴飭鍾令稟復等情前來。查各該犯等如訊明，情節重則應稟請正法，情節輕則應稟請分別監禁。如實係無辜被誣者，即應分別保釋，斷無不辦、不放、不稟覆之理。乃各該縣等一味模糊，悠忽度日，致各犯瘐斃多名，其積惡者倖逃顯戮，其被誣者枉死囹圄。輕縱與冤濫，均難辭咎。而糾衆放火行兇斃命之犯，又復延不訪拏，但事推宕，無怪乎襄陽各屬盜賊横行，肆無忌憚，日甚一日也。至襄陽監禁要犯，延不審訊，監斃多名，該道府近在同城，亦復置若罔聞，直至本部堂電詢，該道始行查覆，亦屬可怪，此外方命盜各案牽累拖斃者，尚可勝計耶。亟應嚴飭該道府分别飭催各州縣，勒限將收審各犯復訊確供，分別稟辦。倘再泄延，定干未便。並飭穀城鍾令將千莖樹焚斃雷謝氏一案正犯迅速訪拏務獲，以儆效尤，不准藉詞推宕。合亟飛札飭催。札到，該道、府即便遵照辦理，毋稍刻延。

咨河南撫院抄送鄂豫會緝章程附單 光緒十八年十月二十一日

據河南南陽鎮總兵崔鎮廷桂、署河南南汝光道吴道重熹、湖北安襄鄖荆道朱道其煊會稟稱：鄂、豫郊圻，民心浮動，遇事每易虚驚，盜匪亦多互匿，必須認真巡緝，庶冀少靖地方。當經會同湖北提督軍門程妥議章程，另摺呈覽。并擬於每年冬季，擇扼要地方會巡一次等情，到本部堂。據此。除批：查楚、豫邊地寥闊，交界之處素有盜匪出没，往往互相越境行劫逃匿，此拏彼竄。茲經該道會同北提軍門與豫省鎮道晤商，定議每年冬季，兩省提鎮監司大員擇扼要地方會巡一次，於詰奸緝匪事宜無分畛域，互相協助，於邊境大有裨益。所擬會緝章程，均尚切實可行，惟前數條中應添入楚省馬隊字樣，責令一律緝匪。末一條意是而語未妥，已爲酌改妥協抄發。除另札飭遵並咨請河南撫院核定立案轉飭遵照外，仰安襄鄖荆道即便遵照，另札辦理，并分移河南南陽鎮崔鎮、南汝光道吴道知照等因印發外，爲此，合咨貴部院請煩查照核定立案，轉飭遵辦。望切施行。

鄂豫兩省會緝章程

一、兩省鄰境駐紮練軍馬步兵勇，宜令與地方官每一兩月會哨一次。信陽、桐柏與隨州連界，唐縣、新野、鄧州與棗陽、襄陽、光化連界，淅川與均州連界，平時即須互相嚴密迺訪，一有確實蹤跡，在何省地方，立即通知何處駐紮兵勇，無論練軍、馬隊、勇營，一體會商密緝，合力兜拏。尤在相機迅速，不得以未奉本管上司公牘推託。不論弋獲何省要犯，均准從優保奬，遲誤漏洩者責治。

一、緝匪首在購綫。苟有知情送信願作眼綫之人，無論本省鄰省軍民人等，一體優用。即有曾經為匪之人投誠破案，亦准改過自新，寬其既往，照章給賞，量才録用。

一、捕役通賊，往往不免。其為匪不在本處，多在鄰封。惟當彼此勿拘情面，遇有鄰境踹緝既實、行文關提者，不得以並無其人率行回覆。

一、保甲最為清盜良法，請各飭州縣出示曉諭，如能訪緝贓犯並獲及遇搶劫之案守望相助、隨時綑送者，以案之輕重定賞之多寡。即臨時未能捕拏，務必派人暗地跟蹤，就近禀知營縣或管帶兵勇之營哨官，急速派人追捕，獲犯之後亦從優給賞。儻徇隱不報，追拏獲盜匪訊明在何處窩囤，甲長則懲責，地保則治罪。

一、楚豫交界地方多有以江湖會煽惑愚民者。如查有開堂放飄，聚衆生事，及設立教會名目，編造邪説，捏造謡言，煽惑人心者，暨領受飄布，展轉糾夥，散放多人者，均應不分畛域，彼此互相緝捕，務獲懲辦。如係無知愚民被誘被脅，隨從入會，領受匪徒飄布，圖保身家，並未展轉糾人，隨同搶劫滋事者，即設法解散。但能悔罪自首，呈繳飄布，一概寬免究治，以免株連。

咨兩江督鹽院還兩淮商捐緝費[一]　光緒十八年十一月初二日

案照前因淮銷邊界遼闊，鼎字正營緝私不敷分布，當經電致貴部堂籌商，定議添募鳳字馬隊中營，歲需餉乾雜費銀一萬數千兩，以鄂岸商捐津貼一半銀兩全數撥歸鄂省，作爲新添馬隊之用，所有應支鄂省文武緝費，即由鄂先墊等因，咨行查照辦理在案。查馬隊中營駐紮應山、孝感一帶緝私已及一年，屢獲大夥私梟，均經禀報有案。本年九月，因襄樊邊界與河南接壤一帶地方匪蹤未淨，須得力勇營駐紮。巡防鐵字營暨水陸兼操，以備沿江内河之用，鄂省别無他營可撥。查邊地平衍，馬隊尤爲相宜。當經調派該營前往樊城駐紮，所遺緝私地段即派督標練軍二百名，飭委該營幫辦游擊歐陽榮章管帶前往，暨鴻字左營勇丁一百名前往填紮，合前派鴻字營副將洪貞祥兩哨，共成步隊五百人，仍符向來緝私鼎字副營一營人數，飭令仍照馬隊中營劉副將章程辦法，認真巡緝。所有練軍幫辦哨官兵丁均酌給每月津貼，及帳棚價值、來往船夫，計一年須添籌銀三千七百餘兩，均由湖北善後局發給。督標練軍定爲每半年換防一次，届期由本營另派二百人前往更替，均經分飭遵照在案。查此項馬隊自上年十二月成軍，至本年十月底止，實應支人馬餉乾、薪費、帳棚等銀一萬七千五十七兩零，均已由湖北善後局籌欵發給，並未動支商捐緝費。據鹽法道查明，自上年九月起至本年八月止，淮鹽督銷局共解到商捐緝費銀一萬五千四百四十三兩零。所有湖北地方文武應給津貼之欵，除已由該道查照舊案在緝費項下發給若干外，此項緝費無論餘存若干，應即移還督銷局，即由督銷局將本年未發各州縣之津貼銀兩照數核發。以後湖北省地方文武應給津貼，仍統由督銷局照章發給。此項緝費，應請貴部堂札飭督銷局勿庸再解交湖北鹽法道，以省

[一] 以下二件録自抄本《督楚公牘》。

周折。所有支過馬隊餉項及新增緝私練軍津貼，均無須兩江補還。除行湖北鹽法道查開收發緝費細數，即將未發之緝費移還督銷局兑收，并行督銷局暨湖北藩司、善後局外，相應咨會。爲此，合咨貴部堂請煩查照，轉飭施行。

札扎勒哈哩赴襄陽府會審南漳兵丁李鴻飛等妄拏平兆貴等案光緒十八年十一月初六日

照得本部堂前因訪聞駐紮南漳縣之提標左營游擊丁大文，以查拏會匪爲名，將所獲之人擅用非刑，拷打成廢。據該民人家屬在安襄鄖荆道具控。該道飭襄陽縣復驗各傷無異，復經該縣訊明，該民人並無爲匪確證。又，駐紮老河口練軍與淮鹽局丁口角争鬧，糾約數十人持械將該局委員及局内人等毆傷，搜搶錢物。又，雙溝汛把總李尚光因勒索未遂，栽誣良民，指爲梟販送縣各等情。并據陳道汝蕃回省，本部堂查詢各情，面禀亦復相同。當經札飭安襄鄖荆道朱道分別確查去後。茲據該道禀稱：遵查閏六月初八日據南漳縣民婦平劉氏以伊子平兆貴向係良民，被游擊丁大文營内兵丁李鴻飛等妄拏詐贓不遂，誣爲會匪。該游擊酷刑打審，死而復甦者三次，送縣驗明刑傷。并據生員萬世選等赴道公呈前情，將平兆貴擡送到道請驗，當飭襄陽縣復驗各傷無異。復據萬世選等赴道呈控該營兵丁猖獗愈甚，開列嚇詐之案五起，先後批飭該縣分別訊明詳覆等情。其老河口練軍糾衆毆官、雙溝汛把總李尚光誣良爲梟各案，均據該道聲覆開呈原控各案清摺，核與本部堂訪聞大略相同。查該游擊丁大文於閏六月間，曾經禀報拏獲會匪錢品訓、曹興隆、平兆貴等三名，係在平劉氏控道之後。查拏會匪乃該游擊應辦之事，所拏亦未必果係無干良民。惟該游擊但宜管拏匪之事，并無刑訊之責。乃疊次平兆貴擅用非刑拷打，以致成廢，并未訊出爲匪確據。且據萬世選等疊控，有兵丁嚇詐情節，實屬任性妄爲。至老河口練軍因何與鹽局啟衅，以致如此藐法逞凶，亟應澈查嚴辦。如委員實有不合，亦應查明咨會兩江督鹽院加以懲儆。至練軍滋事，若竟置之不問，成何軍律政體，管帶練軍蒯參將何以并不禀聞。又雙溝汛把總李尚光誣指私梟各節，據尚朝選呈稱，尚光俊年已六十有餘，在館訓蒙，殘跛不能步履，此等人即使知情，亦斷不能奪槍拒捕，顯與定例人鹽併獲之條不合。該弁何以不將李和順等獲案質訊，該縣何以日久并不訊明虚實禀報，開釋無辜，緝拏真犯。案關營弁濫刑索擾，縱兵詐害，如果屬實，洵屬大干軍紀，三案均應澈底訊辦。茲持派委大員，會同襄陽府隨同安襄鄖荆道將案證提郡，分別會訊禀辦，以昭核實。雙溝汛私梟案，應將該把總李尚光暫行撤任，摘去頂戴，以便提同質審。除分飭各該營縣先行查案明白禀覆，一面將應訊弁兵犯證由營縣分別解訊暨行襄陽道府，并咨北提軍門外，合亟札委。札到，該守即便遵照，迅速束裝馳往襄陽府，會同該府分案行提人證卷宗到郡，隨同安襄鄖荆道秉公審明，通禀核辦，勿稍徇延。切切。此札。

咨呈總署請照會英使兵艦勿入内地光緒十八年十一月二十四日

爲照本部堂前因本年七八月之間，聞有英國兵輪一艘由長江上駛至岳州，停泊一日始行開往宜昌，洋報曾言其事。當經密飭湖南岳州鎮總兵暨岳州府查覆去後。兹據總兵張捷書稟稱：本年七月初六日，有外國小兵輪船一隻到岳，灣泊對河。據管事人稱，因赴宜昌，天色已晚，水道不熟，恐有疏失，特駛至岳州府停泊一夜等語。告以岳州并非通商馬頭，且現值府試，文武考童雲集，切不可停泊無故登岸，以免生事。該兵船即於初七日起程，駛赴宜昌等情到本部堂。據此。又據岳州府知府鍾英稟同前由。查外國師船，原以護商捕盜爲重。英約載英國師船别無他意，或因捕盜，駛入中國無論何口，一切買取食物甜水、修理船隻，地方官妥爲照料等語，自係指沿海沿江船隻必經之處而言。若岳州遠在內地，距荆河界二十五里，既非通商馬頭，原無洋商之可護，又非洋船必經之處，更無需用食物修理之可言。今英國兵船無故越境，遠入內地。湘省人心浮動，最易生事。當時正在謡傳紛紜、枝節横生之際，幸該船停泊未久，船上人等亦未登岸，故能彼此相安。以後若再駛進內地，難保不滋生事端，殊與英國無益，而於中國有礙。爲此，咨呈貴衙門謹請察照，照會英使轉飭各兵船以後勿得擅進湘境。望切施行。

札知州宋熙曾等專辦沿邊州縣緝捕事宜

光緒十八年十一月二十五日

照得湖北襄陽、光化、隨州、棗陽、應山各州縣界連豫省，素爲刀痞，教、會各匪出没之區。本年夏間，襄、穀一帶時疫流行，匪徒藉端造謡煽亂，各處放火劫搶，沿漢居民紛紛遷徙，幾釀大變。當經撥勇派員馳往彈壓查辦，并經本部堂、部院查開各匪名單，檄飭嚴拏各在案。秋冬以來，襄陽盗案頗多，隨州復有查獲豫匪多人執持洋槍刀械入境圖劫之事，是楚豫沿邊匪勢日滋，亂萌已見。當經督飭臬司詳加籌議，必須遴派幹員專司督捕，專其責成，假以事權，輔以兵力，始足以靖邊境而弭亂階。查有本任興國州知州宋熙曾强毅有爲，聲望素著，熟悉沿邊情形，堪以派委總辦楚省北路沿邊緝捕事宜。惟邊地平衍遼闊，匪蹤飄忽，追截不易，自以馬隊爲最得力。查有管帶鳳字馬隊中營副將劉恩榮，向來約束嚴明，辦事認真，新經移駐樊城。即委該副將督率所部，幫同該牧辦理沿邊五屬緝捕事務，以便追截而期迅捷。該營須多方偵緝，不時巡邏，相機遏截，尋蹤追捕。所獲匪徒，即送交該牧訊明辦理，務令本地盗匪不能劫後逃逸，鄰省盗匪不能入境行劫。并准該牧招募緝勇四十名，以資驅策。應需差遣之委員，准由該牧自行遴選，稟請派委，并派儘先守備羅心溶隨同該牧派委緝捕。該守備亦准募緝勇二十名。所有駐紮襄陽一帶之鳳字馬隊兩營，亦責令以緝捕盗匪爲主，緝私一帶只作爲兼管，不得藉詞株守，虚置勁旅。此兩營及沿邊地方營汛操防練軍，均准由該牧隨時隨地知照，各該營哨汛官務須協同截緝，以期應手。該牧即於樊城及隨州兩處擇要輪流駐紮，相機籌辦，仍不時來往巡查，以期東西兼顧。緝捕本地方官專責，所有襄、光、隨、棗、應山等沿邊州縣遇有應緝匪徒，自應會同該牧通力合作，不得藉詞推諉，致滋貽誤。此外，襄陽、德安所屬州縣及鄖陽、安陸等府屬縣境內如有匪徒，經該牧派人踹緝，務須一律協力截拏，不得坐視，令其逃逸。如匪徒在何處拏獲，即由該牧隨時會同該處地方官訊取確供，照章稟請委員復訊，就地懲辦。如有情節重大及牽涉他案須解交襄陽道、德安府復訊稟辦者，應俟臨時斟酌情形飭遵。豫省如有移緝及過境追捕匪徒等事，該牧等亦應認真協緝，不得推諉。應即刊給木質關防一顆，其文曰總辦湖北北路沿邊緝捕關防，由北善後局刊發該牧開用，并將該牧及守備羅心溶薪水、緝勇口糧、軍裝器械迅速核議，稟請發給。所有往來夫馬及購覓眼綫、鼓勵團練獎賞銀兩并局用一切，均准核實開報。酌帶銀若干前往備用。如能多獲著名首要盜匪，邊境肅清，必當奏請優獎。其餘未盡事宜，并由該牧隨時妥議稟辦。

札大冶林令迅將路工積欠工價清查明晰〔一〕 光緒十八年十一月二十七日

照得本部堂現據鐵政局呈閲鐵山運道委員李令增榮來函及大冶縣林令佐致李令函，知本月二十一日東方堡有鄉民索欠做工錢文，阻車爭鬧之事，實堪詫異。查大冶路工早經告竣，據鐵政局九月分册報，已發銀二十一萬四千八百餘兩、錢三十二萬九千六百餘串，較原估已多用銀八萬餘兩，均係林令一人經手，何以尚有積欠鄉民做工錢文。是否委員侵挪，抑係委紳冒領，均應澈底查辦。委員則應提省勒追，紳士則應詳革究辦，何得延不清理，致令小民守候工價，滋生事端。據該令函稱，通工欠帳，實尚不少，數月未發未算，各局委員辦理不易，累請總局飭派曾委員速來，將補土補修一切零星統爲核算明確，方能核定欠與不欠，及欠亦方能悉知錢數之多少等語。查該令經手銀錢數十萬，管理員司數十人，月糜局費甚多，豈無一精於核算之人，而必待總局派員爲之核算，已屬離奇。且工程已竣，各夫工價欠與不欠何以久不核定。即云有補土補修之工，轇轕不清，而欵項已發若干，未發若干，具有帳目可查，何以并所欠錢數多少均未能悉知，實屬顢頇已極。現在釀成事端，不自責其辦理之不善，而反矜先見之明，謂東方堡阻車事早料及，尤爲大謬。應即責成該令迅將所欠鄉民工價若干，會同李令澈底查明，究係何員何紳侵挪冒領，致此積欠，分别稟請參革勒追，不准稍有含混稽延。查本年十月内，鐵政局復發錢六千串、銀一千兩，何以該令函稱數月未發未算，并即明白稟覆。至東方堡鄉夫雖有工價未清，儘可向地方衙門及委員分局稟懇呈訴，何得擅行聚衆，擲石阻車傷人，實屬刁頑，目無法紀，此風斷不可長。并責成該令勒限十日，將爲首滋事之人拏獲稟辦，以儆效尤。除分行外，合亟札飭。札到，該縣即便遵照，刻日會同李令清查核算明晰，據實稟覆核奪，并勒限十日將東方堡爲首滋事之人拏獲，稟候核辦，逾限不獲，定惟該縣是問。

札宜昌關道照會英領事撥給宜昌教案償欵 光緒十八年十一月二十九日

承准總理衙門電開：英新使歐格訥催結宜昌案甚切。據稱領事初開四萬三千餘兩，委員止允二萬九千八百餘兩。現伊告知領事，斷定三萬四千四百餘兩不能再減。此事既經英使作主，宜即了結等因。承准此。本部堂查宜昌教案英國償欵，前經裕守庚在宜昌與英領事第一次議定四欵，共合洋例銀五千五百六十一兩。第二次議定六欵，共合洋例銀二萬六千九百兩、洋九百一十圓，

〔一〕録自抄本《督楚公牘》。

先後給發收領在案，此外尚有未經議定八欵。茲准前因，除札飭北藩司遵照撥解洋例銀三萬四千四百兩交江漢關道收存，聽候英領事收領完案外，合就札飭該道即便遵照户部核准，由司庫湊撥五萬兩項下，會同裕守照會英領事，按照英公使斷定末次找付銀三萬四千四百兩備文領收完案。并宜昌關道聲明，此欵比原擬允給之數加增四千餘兩，爲數無多。既係英公使調停議結，本部堂不復另行計較，應即就此結案。查其中惟太古躭誤生意受虧一欵，最爲牽强無理，應行删除，始終并未允給分文，免致開藉端要索之漸，自不應於此次末批償欵内攤派。至此外各家共七欵應如何按照公使所定總數分派各失主收領完案之處，悉聽該領事自行斟酌，詢商匀給，即此結案。其太古行一欵，從此應作罷論，斷不得於此外再行提及。爲要。

嚴飭王三石煤局委員并飭鐵政局將所呈清摺再核裁涉（一）

光緒十八年十一月三十日

據鐵政局轉呈張令飛鵬等王三石局用每月常支各欵及應買雜用各物清摺一扣。本部堂詳加披閲，濫支糜費，任意浮開，實堪駭異，當飭鐵政局逐條簽駁。茲據簽出各條，濫用司事，多立名目，浮支薪資，局丁、巡丁、縣差重複開支，離奇已極。各局雇用匠役及機器各匠，從無另給火食及雇用厨役之例，該令等獨創此格，聲明解説亦欠情理。各房點燈洋油月用十箱，礮工食鹽月一千斤，日食三十三斤有餘，尤駭聽聞。機器木料豈能時刻扛抬，乃日用長夫六十名，散夫隨時添雇，多寡豈能一定，乃每月約數錢三百串之多，挑錢挑雜物脚力月需錢七十串，添補鍋碗月二十四串，均作長支之欵。機器打鑽等匠，鐵政局已派去六名，該局復添雇二十三名之多，内中分列畫圖、開車、修整、起重，各色俱備，復設立學習下手。名目種種，荒謬離奇，不可殫述。當此經費支絀，疊經本部堂嚴諭各局加意撙節。該令等宜如何激發天良，認真節省，核實開報，乃浮濫至此，實出意料之外。煤務爲鐵廠之根本，現在尚未大舉，濫支浮開已屬如此，將來何所底止。應速由鐵政局逐條再加詳核，大加裁涉。凡妄用浮開者斷不准銷，以前濫支者均一律駁斥，應先將該令等嚴加申飭。除將清摺發交鐵政局再加詳核大加裁涉外，合亟嚴札申飭。札到，該員等即便遵照，迅將鐵政局發還清摺查照簽駁裁涉各條，遵即照裁照涉，另行核實，繕册呈核。倘再有浮開，一經核出，定干未便。懔之。此札。

札沈保祥查算大冶路工積欠

光緒十八年十二月初四日

照得大冶鐵山運道工程早經告竣，核計經費，銀錢併計已發銀四十四萬餘兩，均係林令佐一人經手。乃現在林令已經委署到任，尚有積欠鄉民做工錢文，大冶縣民來轅呈控者計有三起，並閲林令函稱各項工價尚需錢二三萬串，方能清結無事，實堪駭異。查閲林令致李令增榮函，亦稱通工欠帳實尚不少，數月未發未算，請鐵政局飭派曾委員速來核算，方能核定欠與不欠等語，可謂顢頇已極。查林令身充路工總辦，管理員司數十人，月糜薪資甚多，

（一）以下二件録自抄本《督楚公牘》。

豈無一通曉核算之人，而必待總局派員爲之核算，實不可解，其中顯有員司侵挪蒙混之處。且工程早竣，林令所司何事，何以數月不發不算，致令小民守候工價，滋生事端，尤爲可怪。此項工價是否委員、委紳、司事侵挪、短扣、冒領，或係工頭浮開，亟應派員前往確切澈查，分別辦理，以除弊混而重公欵。查有候補知府沈守保祥，堪以派往查辦。除行鐵政局外，合亟札飭。札到，該員即便遵照，刻日束裝馳往大冶，督飭林令暨委員李令調齊案據，查詢各委員、司事，查明所有路工土方工價共實發過錢若干，現欠民間工價實有若干，局中是否曾經發足所欠工價，究係何人濫支，員司委紳有無挪用、短扣、冒領，何以尚有積欠，何以數月以來帳目並不算清，究係何員何紳侵冒，究係現在尚應補發若干，追繳若干，核駁若干，均即秉公確切查明，分別妥籌，議定辦法，迅速稟覆核辦。現當公欵支絀之際，已用鉅欵如許之多，斷不能任其妄開重領。其中如有膠葛不清之處，均責成林令一人趕緊清理，照數究追。務期帳目清結，民夫帖服，不得一味希冀發無名之公欵，以填侵冒之谿壑。如敢推諉含混，即行據實稟覆，定干未便。并查明林令數月未發未算延不清理，其中係因何故，一併據實稟候核辦，勿稍瞻徇飾延。

札有隄各州縣趕修隄防光緒十八年十二月二十一日

照得湖北省濱臨江、漢各州縣，民命田廬，全賴隄工爲之保障。本部堂近閲滬上電報，本年入冬以後，南北各省無不大沛雪澤，地甚寬廣。四川、陝西、甘肅等省地處西北，尤極高寒，雪勢必更較大。隴、蜀爲江漢來源，明年春令雪消，水來必早。有隄各州縣皆有經理修防之責，必須先事豫防，斷不可稍存悠忽，以致臨時貽誤。就中以荆州府萬城大隄、安陸府鍾祥隄、襄陽府老龍隄等工尤爲喫緊，且皆係官工，更宜加意籌防。合亟飛札通飭預爲告戒，該州縣立即遵照，將境內經管各段隄垸察其素有險工及原有隄壩、石磯、閘座卑薄損壞處所，務於明年正二月内儲料加工。荆州萬城、鍾祥、襄陽等隄，則該管官親自督修，其餘各州縣則督率紳首圩業人等認真培補，一律修理完固，豫爲防備。一面剴切勸諭隄内紳民，慎勿遷延觀望，後悔無及。經此次豫飭之後，該府州縣如或玩泄偷安，徼幸無事，并不趕緊督率修防，明年春汛早臨，儻有疏虞，該管官責有攸歸，定當從嚴懲處，決不寬假。其各懔遵。仍將豫籌辦理情形，限文到五日内先行稟覆查考。

札辰沅永靖道將匪首匡世明解鄂[一] 光緒十八年十二月二十二日

本年十二月十六日，據辰沅永靖道翁曾桂、鎮筸鎮總兵周瑞龍會稟遵札會同密拏匪首匡世明大概情形由，當批已於該鎮另稟批示，并行該道查照矣。仰速會派弁兵，隨同周副將迅將該匪匡世明暨其弟匡生明一併押解來鄂，并轉飭該弁兵等沿途小心護解，毋稍疏虞。至此案在事出力文武員弁，即由該道等查明核實請奬，勿滋冒濫。又於十七日據周鎮瑞龍稟奉文密拏首要匪犯及現在籌

[一] 以下三件録自抄本《督楚公牘》。

布冬防各情形由，當批查該匪匡世明，前據署本標中軍副將謝得龍訪悉住址蹤跡，稟請密派哨官副將周世勳帶同眼綫弁勇，赴湘查拏等情。當經本部堂於本年十月十四日札飭迅速派往，并徑札該哨官周世勳星夜馳往，會同地方官密拏在案。昨據謝署副將呈閱辰沅永靖道翁道十一月三十日函稱，已密派道標左營守備會同麻陽縣，督率勇役，隨同周副將在大坪頭村掩捕該匪匡世明無獲，拏得其弟匡生明，隨又懸賞飭令弁勇團役四路搜拏，在舒家村岩溪地方，將該匪匡世明拏獲解案。因該匪拒捕受傷，俟傷痕稍愈，即派兵勇會同周副將押解來鄂等語，情形甚爲明晰。昨據該鎮會同翁道會稟，措詞已覺含糊。茲閱稟叙各節，似該鎮發稟之時，竟不知有周副將奉札拏匪之事。查所填發稟日期雖在翁道致函之先，而本部堂衙門於本月十七日始行遞到，又在翁道信函暨該鎮等會稟之後，顯係倒填蒙混。且查本年三月内江西解到會匪頭目龍海騰等來鄂歸案審辦，即據該匪龍海騰供指會中大頭目有匡世明在内，當經本部堂於四月初一日分咨南撫部院轉飭各地方文武水陸防營一體嚴拏。又於四月十五日准兩江督部堂劉咨開揚州訪獲會匪曾同等三犯，供出各逸匪姓名單内又有該匪匡世明名目。復經本部堂鈔單札飭北、南按察司移行地方文武一體拏緝各在案。該鎮自已先後接准咨移，當時如何撥派弁勇，如何查探匪蹤，半年以來，迄無隻字具稟。迨經北省訪知該匪潛匿地方，飭派周副將帶勇前往，始行補稟卸責，且豫爲該營弁兵等冒功地步，大屬不合。再，查此案昨據翁道來稟，奉札後密派道標守備劉元發率帶弁勇，會同麻陽吕令等隨同周副將前往馳拏，并商之該鎮，諄屬弁兵認真緝捕，是翁道於此事辦理尚爲切實。乃該鎮并不將翁道知會一節叙及此稟，忽稱選派遊擊張慶元等分途悄訪，其周副將跟蹤訪拏、翁道商約會緝各情一概湮没，殊屬非是。要知此案匪蹤所在，由於謝署副將之訪悉備細，始稟請派員馳拏，剋期幸獲。該匪潛匿處所，又即在該鎮轄境之内，平時漫無覺察。此次北省訪探明確，派員掩捕，該地方文武其在事出力之員，本部堂量功酌奬，原不没其勞績，然斷不容稍涉冒濫。除札行辰沅永靖道查照外，仰即會商派撥弁兵，隨同周副將迅將該匪匡世明暨其弟匡生明一併押解來鄂，并嚴飭該弁兵等沿途小心護解，毋稍疏虞，是爲至要。又，於十九日據翁道曾桂稟拏獲會匪匡世明情形由，當批已於該道會稟批示，仰即分別遵照辦理各等因。除印發外，合并札行。札到，該道即便查照，一面會同該鎮派撥弁兵隨同周副將，迅將該匪匡世明暨其弟匡生明一併押解來鄂，聽候飭發審辦，并飭管解弁兵人等沿途務須小心護解，毋稍疏虞。切切。此札。

札辰沅永靖道勸辦鎮筸鎮標榮禄會借欵 光緒十八年十二月二十二日

案照本年十一月十一日據鎮筸鎮周鎮瑞龍稟：據署鎮標中軍遊擊配聯呈據五營中軍守備向生明、羅亨傑、楊開第、謝紹堂、吴萬華呈據五營千把外額劉玉龍、滕國柱、符星奎、羅開霖、徐承忠等稟稱，竊照本標千、把、外、額等弁，向有朋幫榮禄會，係助給升調、革故、出營之弁，按其年分先後，挨次發給，革故者千、把總應領銀一百七十九兩，外委一百二十三兩，額外七十一兩，升調者照數減半，歷經辦理無異。自道光、咸豐年間以來，出師陣亡、革故、升調者實繁有徒，奈扣幫之銀力難加增，而應領之人過於擁擠，以故積壓至今，尚有二百五員無從發給。若論次序挨推，近則數十年，遠或百餘載。不獨本身莫能望領，即其子若孫，亦不知待到何日，是有義助之名而無濟急之實。前經署鎮憲鄧深念積壓過多，准議此後革故之弁作爲新會，與舊會參互，各幫一半。如無新會，仍幫舊會，酌以每年秋季幫新會一員，冬季幫舊會一員。迨前鎮憲唐清查營欵，將從前挪借正欵墊發，宋長魁等各弁，豫支榮禄會計銀二千四百五十六兩八錢，未便久懸。禀奉前督憲李批，准在每年冬季公幫舊會一員之銀提還正欵，除節年扣收外，尚欠銀八百五十四兩一錢六分八釐。至前署鎮憲崧，又因秦國禄等各家屬索領不休，萬難措發，將每年冬季提還正欵銀一百七十九兩内，仍挪一半給發，通融辦理，禀奉督憲張批准飭遵在案，今尚欠正欵銀六百四十五兩六錢六分八釐。本年五月自鎮憲周回任後，每遇行香公出，該弁等家屬扶老携幼，攔騎喊禀求領求借者絡繹不絶，殊難理喻。隨蒙鎮憲傳諭弁等云，查此會雖屬私情，固爲美舉，但當日立法未善，以致積壓二百餘員無力助給，糾纏不已。若再不設法籌辦，將來愈積愈多，終無了局，受累何堪。且汝等各弁所得俸廉儘資事畜，何能津貼他人。況照此每歲扣幫，則在營年久者，幫出之銀不下數百兩，將來出營又不能隨時給領，迨其子若孫耐到挨領，所獲亦僅百餘兩、數十兩。是幫者源源而扣，無殊剜肉醫瘡，而領者遥遥無期，何異望梅止渴。兩無裨益，且貽後患。仰該弁等公同會議，務期斬斷葛藤，以清積累。倘因需欵甚鉅，礙難措辦，或按照年分遠近作折扣發，諒該家屬等望領情切，應無不願。允洽與否，着即通盤扣算需銀若干，籌得欵項後禀覆核奪，示期飭發可也。切切。此諭。等因。奉此。捧讀之下，足見鎮憲體卹末弁，永杜後累之至意，罔不感戴。業經禀請鎮憲將借欵墊發，按照年分遠近自六成折起，以次遞減至一成七分止，按數扣發，出示曉諭。近日甘願折領者紛紛而來。兹已遵將應發千、把、外、額二百五員榮禄會銀照折扣算，需銀二千六百二十七兩七錢六分五釐，合前欠正欵墊發銀六百四十五兩六錢六分八釐，二共需銀三千二百七十三兩四錢三分三釐。公同婉商鄉紳田、劉二家，如數借撥，并情願將紅白車馬等會概行停止，公出鈐結。嗣後無論正、署，照缺請在俸廉内由中營每季照舊章分扣，歸償借欵，約計四年内歸清，後再行止扣，庶積滯疏通，均有裨益各等情。據此。查此項係營弁公幫私會，積壓年久，幫無了期。今據衆議借欵折成減發，各家屬既得現銀，謀生有資，僉稱願領借項給發，仍在各弁名下分扣，四年歸還，前欠正欵一併完結，而現任各弁亦免幫貼苦累，一舉三便，均有裨益。是否有當，理合據情轉禀，伏乞查核，訓示祗遵等情。據此。除批：據禀已悉。查榮禄會係營弁公幫私會，既據禀稱幫者無殊剜肉醫瘡，領者無異望梅止渴，有何裨益。兹據公議借欵折成減發，僉稱願領，并願將紅白車馬等會概行停止，借欵仍在各弁名下分扣四年歸還等情，自係爲清釐營累起見，用意甚善，本可照准。惟借欵分扣歸還，各弁力仍不支，且使此四年中各弁獨受幫貼之苦累，亦未免偏枯。田、劉二家均係該處好義富紳，如能將此項借欵慨然捐出，惠及鄉里，洵爲義舉。如二家未能全捐，此外當不乏殷實好義富紳，或再酌勸數家湊定此欵，俾合營永除此累，離營者有□濟之實，在營者無攤扣之累，尤爲盡善盡美之事。本部堂當爲奏請旌獎，俾鎮筸鎮弁兵從此力重寬舒，有厚望焉。除札飭辰沅永靖道督飭鳳凰廳妥爲商勸外，仰該鎮即便遵照，督飭鳳凰廳妥爲商辦。仍會同周鎮籌議，迅速禀覆勿延。切切。此札。

札南藩司等查革員張銘禀訴冤參一案 光緒十八年十二月二十四日

案查上年八月間據該司、道等會禀：東安縣廩生席曜衡等具控已革提督唐本有强搶穀谷一案，擬請仍照原詳完結。并查明革員張銘係挾忿妄訴，請照例立案不行等情。兹于十二月二十三日據該革員張銘復以冤參屬員，請飭提席曜衡等兩造人證到鄂，澈查辦理等情來轅具禀。當批：查此案因該革員被參，挾忿控訴，批據南省司道禀覆，請予立案不行在案。該革員經前撫部院張于甄别案内參劾，并未言及席、唐兩姓控案，何得借此意存要挾，纏擾不休，且禀叙牽涉拉雜，多屬空言。至唐本有應領之款，已經善后局查明報效有案。該革員此次禀内既雲席復與唐開親，自係賬目已經算清，何勞他人代爲追討。該革員妄請提鄂，希圖拖累，斷斷無此辦法。除將該革員原禀抄行南按察司，會同原派辰沅永靖道翁道查核，此次禀内添列各節，會同各司、道禀請南撫部院查核批示并咨明外，該革員應即回湘聽候批飭遵照，毋庸多瀆。抄摺存等因。除揭示外，查唐本有應領之款既經善后局查明報效有案，并據委員聲稱兩造不願構訟。且據該革員禀稱席復與唐開親，自係兩家賬目已經算清，所有席、唐一案，自可勿庸再議。惟該革員以在省局傳審觸怒被參各節，又復嘵瀆不休，牽涉尤多拉雜。湘省遠隔重湖，本部堂礙難懸擬。查翁道係原派會審之員，去年禀覆時尚未赴省，現閲邸抄，翁道已奉旨調補岳常澧道，當可不日到省，應仍飭派會同查核該革員張銘此次禀訴添列各節應否銷案，禀請南撫部院酌核批示，仍禀覆本部堂查考。除行新調岳常澧道翁道外，合行札飭。札到，該司即便移行遵照辦理，勿違。此札。

光緒十九年

札裕庚等復勘藕池口、鮎魚鬚地方水道[一] 光緒十九年正月十四日

案照前據湖南常德府京紳張聞錦等以請築藕池口、鮎魚鬚等處長隄兼濬深洪等情，呈由都察院奏，奉諭旨飭令會商辦理，當經欽遵札行南、北兩省司道委員查勘，并會同北撫部院飭辦，咨明南撫部院轉飭各在案。嗣據南、北兩省印委各員將查勘情形繪圖貼説，詳悉稟覆。復據南布政司議詳，大略與印委原稟相同，并請嚴禁淤洲私隄、培修常德郡城等情前來，并准南撫部院咨同前由。復據湖北監利縣紳士舉人熊登校等公稟，以藕池口、鮎魚鬚長隄斷不可築等情來轅具稟。查兩省印委等稟議如原呈横築長隄、疏濬深洪各節，均屬窒礙難行。且據原呈列名之常德紳士舉人梅安等面稟，亦謂原呈原圖係屬錯誤，鮎魚鬚築隄一節自可毋庸置議。惟此事關涉兩省水道民生利害，自不妨一再勘查，能否籌出别項妥善辦法，以期詳核周妥。查上年該印委等奉札履勘，正值秋汛盛漲。現值河身涸出，春汛未臨，應再委員查照上年該印委等原稟，詳細復勘，稟候彙核辦理。惟常德係屬大郡要衝，連年均有水患，自宜先籌保護之方。似惟有將該郡臨水一面城垣培修堅厚，并於城墻内面酌量開通隙地，加築土墻，務令城身逾形堅厚。似此因城爲隄，雖遇盛漲，郡城亦可無虞。如此辦法，較有實際。應飭常德府一面督同武陵縣切實籌度，先行妥速舉辦。至常德受上游辰、沅、酉諸水爲新長南洲所阻，停壅不消，則禁止南洲添築私垸，尤爲急務。以上培郡城、禁私垸兩條，誠如南省司詳所云，均爲切近要圖，應由南布政司先行移飭，分别速辦、嚴禁。除分行外，合亟札委。札到，該道即便遵照，刻日束裝，乘坐輪船，帶同由粵調來之測繪委員學生從九老穎安、監生潘元普、陳慶燾等，馳赴鮎魚鬚一帶地方，分别會同石首、華容、安鄉三縣，再行詳細復勘水墊寬窄深淺，江水由藕池南流入決口後，其向東南流注鮎魚鬚歸入洞庭湖之水約有幾成，向西南流注高陵岡、曹家廠之水約有幾成，高陵岡、曹家廠等處河道情形是否專分江流倒灌之水，抑亦兼洩安鄉一帶内出之水，石首縣王家大路地方近年新衝出北流仍歸入大江之直河，實在已分減南決之水幾成，藕池口每年盛漲時之水約加高幾尺，藕池口距常德府幾百里，藕池口以内南行若干里即有沙洲淤淺，現深若干，每年是否逐漸淤淺，其西南流經曹家廠等處之水或緩或急，藕池上游荊州府以上虎渡口之水，近年較前多少，是否亦能倒灌至安鄉以上，阻塞常德河道，虎渡口之水係由何處東流歸入大湖，調弦口所洩之内水是否即由鮎魚鬚而來，一併逐條測量明確，繪圖貼説，迅速據實詳晰稟覆，聽候核奪，毋稍疏略稽延。切切。特札。

札宜昌土税總局查緝奸商在鄂境私售過路土藥 光緒十九年二月初六日

照得前因川省土藥經過湖北境内行銷下游各省者，於過鄂境

[一] 以下十件録自抄本《督楚公牘》。

後尚有應完鄰省税釐，格外從寬，量予酌捐經費，以卹商情。乃本部堂訪聞，近來多有不法奸商，販運川土在宜昌野三關詐稱過境土藥，報完峽路經費後并不運往他省，仍即在宜昌以下各州縣市鎮潛行灑賣。各地方行棧舖户利其私土價賤，不免句串銷售。似此奸商取巧，不惟於税釐有損，且令完税良商充斥受累，大非情理之平，亟應設法嚴禁。合行札飭。爲此，札仰該局即便迅速傳諭各土商，令其自立行規，設法稽查。并須明白告知，凡過境土藥向不粘貼印花，以後如有并無印花之土藥在各州縣市鎮售賣者，概係私土，即行密稟地方官衙門及釐税各局拏案訊究，即將所獲私土全數給查報之人充賞，并將句串私販銷售之行棧、舖户一併查封，以示懲儆。仍將遵辦情形報查。切切。

札南臬司拏獲會匪劉先祥會同審訊 光緒十九年二月初八日

據統領湖南振字營余鎮虎恩稟稱：竊本年正月二十八日，曾將查辦華容會匪情形并飭各鄉團舉辦保甲團練各緣由，業經具稟憲鑒在案。查華容會匪劉先祥倡首放飄，糾結黨羽，分佈華容、石首、安鄉、永定各縣，約期在華起事，希圖兩省聯爲一氣，同時併舉，逆謀顯著，狡黠異常。嗣因舒寶林、張苣得等陸續被獲，明正典刑，又因起獲軍裝，情形敗露，是以聞風逃匿，蒙憲台札委都司蔣聲耀帶領武防營來華會緝，并飭轉飭卑中營右哨長眭小春會商查拏。誠恐首要在逃，則散者仍將復聚，撫憲復飭總兵到華查辦。抵華後，即與蔣都司聲耀妥商熟籌。該都司率領哨弁馳赴各鄉暗訪明查，認真巡緝。總兵并分派各哨，會同城團局紳廣購眼綫，四處嚴拏，總期防範維周，以免此拏彼竄。旋經該都司訪有踪跡，挑派弁勇，帶同劉先祥之户族數人以作眼綫，前赴湖北荆州、安陸一帶跟踪密追。復會商卑營哨長眭小春，選派幹弁數名，會同武防營勇，分作數起，不後不先，以冀合力截緝。嗣經踹至湖北安陸府屬之潛江縣，確知該匪首劉先祥所在，經該眼綫指點。該弁勇等恐其驚逸，因密爲佈置，設法圍拏，遂於該縣城外之十餘里地，將該匪首劉先祥一名登時拏獲起解。正月二十八日晚間，據派去弁勇飛報回華，當於是夜商同蔣都司加派弁勇，前往調弦口一帶隨同護解，於二十九日午後押解到城。總兵因會同都司蔣聲耀傳齊該劉氏户族數人，令與該匪首劉先祥認識明確，即提該匪首劉先祥略加訊問。據供放飄糾黨，約期起事各情不諱，其爲首惡無疑。現將該匪首劉先祥送交華容縣監收，并囑其無稍大意。惟據供匪黨多名，尚有不實不盡之處，容俟訊取確供再行請示遵辦。至匪首宋瑞林杳無消息，聞已遠颺，總兵仍飭該哨長眭小春同武防營蔣都司，各派弁勇，覓綫嚴緝。此間漸次安静。總兵以岳城防務緊要，未便久離，擬即於二月初二日起程回岳，將防務妥爲料理，即當趨詣憲轅面稟一切。除俟華容縣陳令錕會同蔣都司聲耀復提匪首劉先祥細加研鞫，再行録供稟請懲辦，并飭哨弁將應拏各悍黨務期悉數弋獲分別稟辦外，所有拏獲匪首劉先祥會同審訊各緣由，理合稟請批示祇遵。又據另單稟稱：華邑會匪嘯聚，黨羽蔓延，訛言繁興，民心惶恐，該署縣陳令錕孱軀善病，辦理張皇，撥哨調營，紛紛瀆請。幸本邑團紳張縣丞蔭祚精明幹練，才識兼長，爰出家貲，召募團勇，并商同該縣蔡生員世昌、張生員柄謙，措貲練團，稟請縣令於城中設立團防總局，疊經會營率勇緝匪，搜獲竹錨、僞印、飄旗等件，并拏獲匪首舒寶林、張茬得等交縣稟辦在案。總兵抵華後，歷派各哨弁分途緝匪，并飭該縣丞等同赴各鄉認真清查，督令各鄉團舉辦保甲、團練各事宜。查團練已一律遵辦，地方亦漸次敉平，桑梓保全，得力不少。總兵到華日久，與該縣丞等辨論一切，詢及地方利弊，言之頗詳。該邑應辦事件尚多，即責成該縣丞等會營妥籌，當能次第奏效。總兵聞見既確，用敢據實以陳。是否有當，伏祈鑒核各等情到本部堂。據此。除批：現據署本標中軍副將謝提督得龍稟，都司蔣聲耀等購線在華容地方拏獲匪首周迎椿一犯，并起出飄布、印板等件，旋即派弁帶線前往湖北潛江縣總口地方，將會匪渠魁劉先祥設法擒獲，先後解交華容縣訊辦等情。并據華容縣會同都司蔣聲耀稟同前由。業經札飭岳州府，由鍾守酌核，或由府委員馳赴華容會同該縣復訊，或飭該縣將該匪等解赴府城復訊。如果供情無異，即將該二犯就地正法梟示，并行司轉飭在案。茲據稟，匪首劉先祥係該營派弁會同蔣都司拏獲，核與謝署將轉稟情形互異。仰仍督飭該哨長畦小春隨時與都司蔣聲耀等和衷商榷，剋速將在逃各匪黨認真嚴密協緝，務期按名悉數弋獲，稟解究辦，以絶根株而弭後患，是爲至要。至署華容縣陳令於匪謀敗露旋即拏獲舒寶林等稟請正法，措置并無不合。前當該匪蓄謀起事，夥黨出没兩省界上，人心驚惶。該令請撥營勇赴縣截緝，以期及早撲滅，可免燎原，係爲保全地方起見，乃係正辦，何以另稟反謂該令辦理張皇，撥哨調營，紛紛瀆請，殊屬措詞乖謬。然則各省防營養勇糜餉，將安用之。來稟意存傾軋，殊不可解。至該縣應辦事件，自應責成陳令妥爲經理，或應會同營汛，或應督率團紳，該令身任地方，斷不能置身事外。稟叙又稱該邑應辦事件尚多，責成團紳張縣丞會營籌辦，置地方官於不問，尤爲無理，從來無此辦法。併飭仍候撫部院批示。繳。等因。印發外，合就札行。爲此，札仰該司即便知照，并飭華容縣督飭團紳，會同營汛妥爲辦理。勿違。

札南臬司、岳州府前往復審匪首劉先祥 光緒十九年二月初八日

據委辦華容緝匪事宜儘先補用都司、湖南岳州營千總蔣聲耀、署華容縣知縣陳錕會稟稱：竊照卑縣地方前因匪首劉先祥等放飄邀會，約期起事。旋經卑職錕風聞，會督營勇兵役團紳先後拏獲劉幅先等數名，起獲僞印等件，并將匪首舒寶林、匪目張茬得先行議擬，稟奉撫憲批府正法。嗣奉憲台飭委千總聲耀，帶領武防營弁勇下縣籌辦，并統領振字營余鎮親率勇丁先後下縣。卑職等會同熟商，竊以劉先祥等現雖逃匿，難保非暫時逃竄近處客留，倖圖苟免。千總聲耀當即加懸重賞，親率隊伍馳赴東北各鄉高真等團，藉查保甲爲名，暗地踹緝，飭令劉姓户族覓得素與劉先祥等相識之人充當眼線，由千總聲耀發給口糧工值，偕同弁勇及振字、城守各營兵勇並卑縣差役捕快，分赴石首、監利、永定、龍陽、益陽各縣并縣屬各團，改裝易服，不動聲色，不分畛域，嚴密查拏，務將此起悍黨渠魁悉數弋獲，以浄根株。其縣境瀕湖各處淤洲，蘆柳叢生，更慮藏匿奸宄。前經示諭繳飄，嗣於陸續所收飄布内，查有金鳳山名目。千總聲耀以非劉先祥等所開山堂，必另有匪徒潛匿放飄。確切訪查，知係周迎椿所開，自應澈底清查，一律拏辦，俾免滋蔓，遺患將來。千總聲耀選派弁勇前往南鄉一帶訪緝，茲於正月二十七日據弁勇在於縣屬黃土窖地方，將

周迎椿一名拏獲解縣。卑職等會同提訊，據該匪供認開堂放飄各情，并據供稱飄布板片現埋堤旁泥內。千總聲耀隨派弁勇，押同該匪前往該處，挖出小洋鐵匣一箇，內裝印板、小木戳等件。正擬訊辦，二十九日又據弁勇協同振字、城守各營兵勇及卑縣捕役團勇，在於湖北潛江縣總口地方，緝獲匪首劉先祥即劉小春一名，隨同獲解到縣。卑職等當即照格給賞，會提該匪研訊。據供爲首開堂放飄，謀爲不軌，約期起手各情不諱。提同先獲之劉幅先等當面質訊。亦據劉幅先、廖組瀠、劉子貞供認聽從劉先祥，魯宗潰供認聽從舒寶林，鄭步青供認聽從宋瑞林入會各情。再三磨訊，僉供如一，開具供摺，賫呈鈞覽。卑職等復查劉先祥夥同宋瑞林、李天罡等謬立山堂，放飄邀會，并敢謀爲不軌，製備軍械，約期起手滋事，實屬渠魁。周迎椿與劉先祥雖非同黨，質之劉先祥亦不相識，惟該匪始則聽從彭義勝入會，充當頭目，復敢自行刷印飄布，放買至二百餘張之多，且木戳語句實屬悖逆，亦屬另夥渠魁，厥罪維均。當此伏莽潛滋，非立置重典不足以昭炯戒而弭亂萌。該二匪均屬供詞確鑿，法無可逭，雖黨羽尚有未獲，未便久稽顯戮，致有疏虞。劉先祥即劉小春、周迎椿均擬請遵照上年奏定新章，即行就地正法，梟首懸竿示衆，以快人心而懾匪胆。廖組瀠聽從入會，偷竊鐵矛，實屬甘心爲匪，擬請永遠監禁。劉幅先、劉子貞、魯宗潰、鄭步青均止被誘聽從入會，訊無不法情事，尚非甘心爲匪，亦應照章酌定年限，分別監禁。劉幅先、劉子貞即劉席儒入會稍久，情節略重，均擬請監禁五年。魯宗潰甫經領飄入會，即被拏獲，鄭步青僅止偶爾同行，應允入會，尚未領受飄布，情節更輕。均擬請監禁二年，與劉幅先、劉子貞俱俟年限屆滿，由縣察看能否改悔，分別開釋。起獲僞印、飄布、小旗并板片、木戳等件，案結銷燬。除劉先祥所供未獲之宋瑞林、李天罡等各匪現仍飛移各營縣并會派弁勇兵役上緊嚴拏，務將全數弋獲，再行訊明，隨時馳禀，及將該匪等嚴行監禁外，所有拏獲匪首劉先祥等訊明供詞暨議擬懲辦緣由是否有當，理合開録供摺，禀祈核示祇遵等情，到本部堂。據此。當批：據禀已悉。查會匪頭目劉先祥等膽敢糾黨分布兩省交界地方，約期在華容同時起事，逆跡昭彰，實屬狂悖已極。現經該都司等設法拏獲另夥匪首周迎椿一犯，并起出飄布、印板等件，旋即購線，會派弁勇兵役帶同劉匪户族，前往湖北潛江縣屬之總口地方，復將該匪首劉先祥即劉小春擒獲，解經該縣會審。據該匪等供認開堂放飄及約期起事各情不諱，并提同先獲之劉幅先面質無異，亟應照章懲辦。除札岳州府由鍾守酌核，或由府委員馳赴華容會同該縣覆訊，或飭該縣將該匪等解赴府城復訊，將匪首劉先祥、周迎椿二犯復加研審。如果供與原審無異，即將該二犯禀請就地正法，梟示犯事地方，以昭炯戒。一面將廖組瀠等各犯一併復審，分別妥擬禀辦，并行南按察司轉飭外，查此次該都司等多設方略，能將已經遠颺之渠魁設法擒獲，甚屬可嘉。仰仍懸賞購線，會派弁勇兵役，嚴拏在逃匪首宋瑞林等，務浄根株，是爲至要。仍候撫部院批示。繳。供摺存。等因。印發。又據兼帶武防營署本標中軍副將謝提督得龍禀稱：竊據督辦緝拏華容會匪、岳州營千總蔣聲耀、幫帶武防營都司楊運淇會禀稱，於十八日率帶隊伍馳赴東北鄉十三團一帶，巡緝首要，傳集紳耆，飭令開導被誘愚民繳飄首悔，一面選派精細弁勇改裝易服，帶同眼線，四出密拏。適聞統領振字營余軍門率隊來華，卑職隨後返縣，禀商一切。惟查華邑各團所繳飄布，并據被誘愚民供稱，會匪竟有數起，除劉先祥所開飛龍山外，又有所謂大名山者，係李長生所開。更有所謂金鳳山者，係周迎春所開，且有所謂諸天堂者，係已獲正法之舒寶林所開。匪類既多，辦理更非易易。卑職多方購覓眼線，并派弁勇嚴密緝拏。二十五日，在明山頭地方拏獲匪首周迎春，并起獲飄布一張，洋藥粉條數十根，銅帽火百餘顆。當即訊據口供，係湖南湘鄉人，年四十一歲，曾在浙江、福建、江南等處充當營勇。光緒十六年由鎮海同散勇回鄂，在洋船上出銀四十兩，投入總頭目彭義勝會中，派充紅旗五爺。後聞彭在江南犯案正法，知其尚有飄布印板、圖章，該匪復至江南，將板件取出，携帶回湘，前年在華邑明山頭附近佃田耕種，旋在五福垸修築隄工，充當包頭，陸續散放飄布二百餘張。近因查拏綦嚴，遂將印板圖章埋窖土内等語。卑職隨派弁勇押同該匪前赴離城九十里許之張家垸隄工，挖出洋鐵盒一箇，内裝飄布印板一方，上節刊金鳳山、名聖堂、長清水、松柏香，口號福星高照，外口號秉公執正，下節刊國正天心順，官清民自安，忠孝登大位，合義立家邦，左旁刊洪命大師馬開花一等鄒玉吉令金花堂。又八卦乾字八方圖章一顆，又正文會同英雄四方圖章，又篆文没清福明四方圖章一顆，即取獲飄布上蓋用各件。并供益陽人李得勝、彭東山，湘鄉人周樹堂，臨湘人唐得勝等，皆係該匪悍黨，分同放飄之人，均屬做工流民，未載簿據，茫不記憶等語。除將匪首周迎春并起獲之印板等件一併送交地方官嚴行審訊，再行録供呈報外，至奉飭查拏在逃之匪首劉先祥等，及周匪所供李得勝等，仍當加派弁勇，帶同眼線，嚴密查拏，并會商地方官移知匪黨李得勝等各原籍緝拏，務獲究辦，以清後患。所有卑職拏獲匪首周迎春訊據口供及起獲飄布印板各情。又據再禀，風聞匪首劉先祥已過鄂境，隨即挑選精幹弁勇，購覓妥實眼線，前赴石首、公安、江陵、監利等縣以及沙市、車灣、郝穴、新場各埠，授以管見，改裝易服，分道踹緝，四面兜拏。正封禀間，據前派出之弁勇回稱，於二十五日在潛江縣所屬之總口地方將匪首劉先祥拏獲，押解回營，當即訊問，供認不諱。惟此次渠魁就擒，人心快然。除將該匪送交地方官研訊確供，再行呈報，以及未獲各要匪仍當嚴密緝拏等情請轉禀前來。卑職復查無異，除飭該千總等仍督同弁勇多購眼線，馳赴各縣踹踪緝捕，毋使一名漏網，以期剗浄根株外，理合據情禀請查核示遵。又據湖南岳州府鍾守英禀：竊照卑府前因華容地方有匪首劉先祥等約期起事，據該縣陳令禀報訊據拏獲之張茞得供稱，劉先祥等糾集黨羽數百人，分佈湖北石首，湖南永定、安鄉、華容等縣，約期在華起事等語。誠恐此拏彼竄，貽害地方，當經禀請憲台飭派熟悉情形之蔣都司聲耀酌帶營勇，不分疆界會同嚴拏，以期浄絶根株。兹於本月初二日接據蔣都司函稱，正月二十八日據派出購緝之弁勇回稱，正月二十五日在湖北潛江縣屬之總口地方，將匪首劉先祥拏獲，現今押解在途，當即撥勇接護。次日午刻抵營，略加訊問，供認不諱，業已送交地方官訊辦等情。除札飭華容縣研訊確供開摺照章禀辦外，合將首要就擒緣由禀報查核各等情，到本部堂。據此。除分別批示外，合亟札飭。爲此，札仰該司、府即便轉飭岳州府遵照酌核，或由府委員馳赴華容會同該縣復訊，或飭該縣將該匪等解赴府城復訊，將匪首劉先祥、周迎椿二犯復加研審，如供與原審無異，即行禀請將該二犯就地正法，梟示犯事地方，以昭炯戒。并將廖祖漛等各犯一併復審，分別妥擬禀辦。勿稍延緩。

飭委同知朱滋澤坐辦鐵政局各廠事宜 光緒十九年二月初十日

照得鐵政局事務殷繁，必須添派精明幹練之員在局坐辦，以期得力。查有專辦馬鞍山煤務候補同知朱滋澤堪以委充鐵政局坐辦。所有漢陽、江夏、大冶、興國煤鐵各廠一切工作經費，均責成該丞稽查綜核，并隨時親往各處巡視，考查經費應如何撙節，工作應如何督催，即由該丞稟商總辦蔡道酌核辦理，務期節省迅速，以蕆全功。該丞所遺馬鞍山煤務，查有在局管理收支河南候補知府桑寶堪以調往接辦，督率原派委員司事人等會商洋匠，將應辦各事宜悉心籌畫，妥速辦理。除分行外，合行札委。爲此，札仰該丞即便遵照札行事理，充當鐵政局坐辦，隨同蔡道隨時稽查綜核，親赴各處巡查，以副委任。仍將到局日期報查。

飭北藩司等再議籌無礙部案欵項借撥織布局官本 光緒十九年二月十二日

照得前據該司局等議詳遵旨籌撥織布局官本各節，當經批飭如詳辦理在案。惟查減平一欵俟聽候部撥之欵，未便遽行動撥。其盛道辦理電綫借欵五萬三千兩現雖已陸續歸還，惟全數還清尚需時日，自應再飭籌議。爲此，札仰該司、局即便遵照，再爲悉心籌畫。此外，如尚有不與解部欵項相涉歸於本省公用之欵，酌量借撥，照章生息，以濟本省公用，較爲周妥。迅即議覆酌核，以憑奏咨辦理。毋違。

飭北藩司等議籌墊欵項撥濟鐵政局要需 光緒十九年二月十三日

據鐵政局詳稱，該局需用浩繁，前經奏准在槍礮局經費項下騰挪匀撥應用。茲查光緒十九年槍礮局應收土稅、川淮鹽加抽欵收齊解到尚需時日，而鐵煤各廠正當趕辦工程之際，礙難停待。擬請札飭司局先行設法籌墊銀五六萬兩以濟要需等情，到本部堂。據此。合亟飭議。爲此，札仰該司、局即便遵照，妥爲籌議有無現存無礙閒欵，能否設法騰挪，先行籌墊銀五六萬兩，以濟要需。迅即詳覆核奪，勿違。

咨明陝甘督户部咨駁湖北在甘餉内劃給張前臬司廉銀請徑覆核銷 光緒十九年二月十三日

案准户部咨開陝西司案呈准陝甘總督楊〔一〕咨，據甘肅布政使沈晉祥詳稱，湖北籌撥光緒十八年第四批甘肅新餉銀五萬兩，前奉陝甘總督楊電，請在鄂省協餉内劃給張前臬司岳齡未支廉銀二千二百五十七兩三錢三分六釐六毫，業經照發。茲已在前項餉内照數扣除清欵。前甘肅臬司張岳齡自同治六年三月二十二日奉到部文之日起，至八年五月二十五日開缺前一日止，照軍營例應支全廉銀兩内，除在於西征糧台兑繳前在江西吉南贛甯道任内短收關稅並支應處以及湖北糧台兑撥外，尚未支銀二千四百一兩四錢二分一釐，内除應扣減平外，實銀二千二百五十七兩三錢三分

〔一〕指陝甘總督楊昌濬。

六釐六毫。茲蒙前因，本司已於本年九月二十九日在於公用欵内照數提撥，歸還湖北省協濟餉内訖。相應詳覆鑒核，咨部查照，以便造銷等情。據此。相應咨明等因前來。查前甘肅臬司張岳齡未支廉銀，本部并無案據，此次請由湖北協解新餉内劃扣，何以陝甘、湖廣各總督事前并不報部聽候核覆，乃率行劃給，毋論其爲并無案據之欵，即甘肅簡明奏銷册列未支之三百數十萬兩，久已奏明停發，亦斷不能復開補發之漸。且甘肅新餉爲關内外計口授食之需，本部奏定章程，原不准填補舊欠，早經行知遵照在案。何以湖北於新餉内劃付早年欠欵，實屬紊亂定章。若不責令追賠，不足以警效尤而重軍餉。相應飛咨湖廣總督，迅即飭司將前項劃給張岳齡銀二千二百五十七兩三錢三分六釐六毫，於文到日趕緊追令回繳，俟解十九年分甘肅新餉時附搭解甘。倘因欵已發出或致不能追回，惟有飭令不請部覆擅自劃付之藩司照數賠繳。如延不追賠解甘，是該省應解十八年分甘肅新餉尚欠解銀二千餘兩，將來必照解餉遲延之例議處可也等因，到本部堂。准此。查張前臬司在甘肅臬司任内未支養廉銀二千二百五十七兩零，其應否補發及能否在協餉内劃扣，湖北并無案據，無從知悉。前准陝甘督部堂楊來電，請即在鄂省協餉内就近劃扣給領等因，當經札行北布政司會同善後局遵照，即在湖北應解光緒十八年第四批甘肅新餉銀五萬兩内照數劃撥發給，實非湖北省擅自劃付，且於湖北省籌撥欵項并無出入。現查此欵既經部駁，不准給發，其應如何追繳，抑應如何設法籌補之處，自應由貴部堂酌核辦理，咨覆湖北，以便咨覆户部。爲此，合咨貴部堂請煩查照酌核，迅速見覆施行。

札南藩、臬司嚴禁常德府城鄉一帶新刻歌文附單

光緒十九年二月十四日

案查前據漢口英國嘉領事官函稱，常德府城鄉一帶又復新刻歌謠，共分三類，概屬毀謗之言，四處散賣，請即核奪辦理，所有新文歌俟抄竣，再行呈請鈞鑒等情。當經札飭該司飛速嚴飭常德府各屬查拏嚴禁，并咨明南撫部院迅速轉飭遵辦在案。茲據該領事送到歌本前來，查核所言，虚誕謬妄，愈出愈奇，甚至以購用洋槍、洋礮、安設電綫皆指爲洋人所爲，有害中國，以後於各種要政諸多妨礙。尤可惡者，揑造去年四月安福縣拏獲洋人所使迷拐匪徒四名，言之鑿鑿，足以搖惑人心，激成事變。必須拏獲編造刊布之人認真懲辦，方足以弭亂端。南撫部院現在巡閲常德、鎮筸一帶，應請就近飭查，勒令地方官究出真犯嚴辦，庶不致視爲具文。除飛咨南撫部院外，合亟札行。爲此，札仰該司即便遵照，迅速轉飭該地方官勒交編造刊播揭帖之真犯嚴加懲辦。仍將遵辦情形禀覆查考。勿違。

新文歌(一)

上卷　洋人十惡

大清膺景命，四方克大定，君明臣良世稱盛，海内樂昇平。

萬方齊來朝，八蠻皆進寶，惟有洋人心不好，有些古怪搞。

面黑毛又短，一進年上臉，形似夜叉活判官，人丑心不善。

(一) 以下歌詞中的錯别字，如「果定」（應為「裹定」）、「上引」（應為「上癮」）、「奸姣」（應為「奸狡」）、「風升井」（應為「風聲緊」）、「川套」（應為「圈套」）等均予保留，以存原貌。

一心把怪作，共有十大惡，件件害人非小可，聽我從頭説。
第一請拐子，拐人兒和女，個兒獨子都拐去，不怕絶人嗣。
用的藥迷人，加以邪法靈，小兒一沾便黄昏，只自跟他行。
后似有虎追，不敢把頭回，兩邊大路皆變水，那怕你會飛。
有符頭上巴，小兒就變化，有人敢到也不怕，人已變羊打。
今年四月間，拐子到湖南，一火四個仝一伴，來在安福縣。
住在猪兒橋，假庄客人到，只説收羊誰知道，神人也不曉。
近羊説不急，先買遠方的，日日千有羊子回，放在飯店内。
拐了八九個，才仝店主説，你莫把水羊子合，我自己招和。
莫説無神明，他忘記關門，羊子去外把水尋，合了又變人。
店家作一京，這是怪事情，羊子如何變成人，一一問分明。
小兒把話表，地方才知道，才只各處把信報，都來哭不了。
地方開言道，都不哭的好，莫把拐子放走了，快些悄悄找。
地方風升井，拐子不知音，一個一個用繩捆，才只叫保正。
保正叫送縣，團上要私辦，送官必有錢打敢，一定放他還。

中卷　拐子受死

到官定放他，不如團上殺，拐子仗他有邪法，一點也不怕。
彼時用刀砍，只有白皮見，几多刀口盡砍轉，不見血一點。
地方作了急，這又怎下地，一人他説有主意，快把黑狗覔。
找個黑狗來，黑狗血破怪，拐子聽見魂不在，才只哭起來。
一齊才跪下，哀求饒恕他，壯丁冒火把狗殺，邪法不靈打。
都用亂刀砍，尸首砍稀爛，到處示衆把頭懸，第一惡貫滿。
第二天主教，哄人入川套，只要進了他的道，銀錢任你要。
列位你且猜，因甚出錢才，將人一家性命買，不久要死歹。
仝他把教行，不准用醫生，頭次接他藥最靈，不久定方病。
二次接他來，親人要占開，私自才將你辦壞，那時你莫怪。
藥往口中下，當時人就啞，用刀剖肚把心挐，雙眼一齊挖。
又將苦胆行，老水也弄盡，才用膏藥巴刀痕，尸用布果定。
進棺忙蓋作，神仙也不覺，吃了他教逃不脱，是他第二惡。
第三興洋煙，弄盡中國錢，害了多少英雄漢，骨水也燒干。
將些英雄漢，他才好作怪，明知此計真利害，偏偏人人愛。
花錢還是小，身子呼敗了，如若上引實不好，第三惡可惱。
第四又謀脈，洋婆急好色，后生見他只一月，死不消説得。
洋婆色性大，到手不放他，那怕后生是鐵打，井燒也要化。
第四惡可笑，脈又謀不到，第五要把洋船造，火輪安得巧。
其船快無比，一日行千里，多少搭船人未回，財因命休矣。
他船又不小，搭的人又少，辦了人往江中抛，如何得知道。
這第五惡真，還有五惡很，列位要知其中情，下文看分明。

下卷　賣巧弄乖

第六洋槍炮，鬼計甚奸姣，造來中國把銀搽，傷的人不少。
中國宜争氣，四海皆兄弟，必須仁義和為貴，免中他的計。
第六惡已極，第七造玩器，一切洋貨雖希奇，與人有何益。
就是鐘與表，到底有甚好，花的銀錢又不少，不久便亂了。
口説定時辰，還又時常整，你不整了也不靈，愚弄中國人。
洋貨總消泊，出錢買阿或，這第七惡由自可，第八假銀惡。
白鉛做成銀，中國認不真，只求肥己那管人，不怕喪性命。
第八惡害人，第九惡欺神，無祖無宗不孝親，是個活畜生。
第九不信善，第十安電綫，其名好把好信傳，其實將地探。
中國地脈好，土内多珍寶，假安電綫暗中盗，地理圖也曉。
中國十九省，各省有電信，一共只有三不准，到底安不成。

江西天不肯，怕雷不能行，福建土上栽不穩，地脈也不准。
湖南人不依，要從澧州起，州道相觀是白的，團緊人心齊。
大團四十八，要將鬼子殺，告明官府要犯法，洋人赫走打。
赫起洋人行，電莊用火焚，湖南因此安不成，全仗澧州人。
洋人這十惡，件件皆的確，雖然名叫新文歌，看了受益多。
只花錢幾箇，得力非小可，看了好對小兒説，免得中他惡。

札岳州府飭華容縣研訊要匪宋瑞林 光緒

十九年二月十八日

據署本標中軍副將兼帶武防營謝提督得龍稟稱：竊據都司蔣聲耀、楊運淇稟稱拏獲匪首劉先詳[一]等審訊情形，業經轉稟沐批在案。茲據都司楊運淇稟稱，本月初十日，據前派出之弁勇回稱，會同振字營勇及團丁帶同眼綫，於初八日在安鄉屬之荷花嘴地方將要匪宋瑞林拏獲押解來營，當即轉送華容縣訊供，直認爲會中當家三爺，約期起事各情不諱。旋據劉姓族人亦將會匪劉承明交出，送縣審訊在案。惟蔣都司現赴華邑西南各鄉清查保甲未回，合併聲明等情前來。卑職伏查該都司等遵奉憲批，懸賞購綫，節次拏獲匪首，地方謡風漸息，民心安定。此次復將宋瑞林拏獲，一面開導頑蒙，寬其既往，予以自新，而被誘者無難革面滌心，地方可期靖謐。查振字營現仍駐防在彼，又有團防練勇，足資彈壓，可否請將原派卑營勇丁兩哨，飭令該都司等督帶回鄂以實營伍之處，伏候鈞裁。謹將續獲要匪宋瑞林等并應否撤防回省各緣由，稟請批示祇遵等情，到本部堂。據此。除批：據稟已悉。該都司蔣聲耀等派出弁勇，會帶眼綫，在於安鄉縣屬之荷花嘴地方續將要匪宋瑞林拏獲，并據劉姓户族交出會匪劉承明，先後送交華容縣訊辦。該都司蔣聲耀辦理甚爲妥速，殊屬可嘉。除飭岳州府轉飭華容縣迅提該匪宋瑞林及匪夥劉承明二犯先行研訊確情，稟由該府復核録供稟辦并行南按察司轉飭外，查此次華容會匪渠魁現已次第就擒，地方漸臻安静，所有該營派往兩哨勇丁，應即撤回湖北原防，以資操練。仰即轉飭都司蔣聲耀等遵照。仍將拔隊回防日期具報，并候北撫部院批示。繳。等因。印發外，合亟札飭。札到，該府即便轉飭華容縣遵照，迅提該匪宋瑞林及夥匪劉承明二犯先行研訊確情，稟由該府復核録供稟辦。毋稍延緩。

札發各營縣試種美國購回棉子 附單 光緒

十九年二月二十二日

照得湖北省奏設織布官局，購辦機器，建造廠屋，現已一律告成，次第開機紡織，原以濬利源而塞漏巵。查布局每日出布千疋，每年計需用棉十餘萬石，武、漢、黄、德各屬雖素産棉花，究不（知）［如］美國所産之棉叢高葉茂，朵大棉多，絨細而長，色白而亮，一本收成實較華棉有兩本之多，於紡織尤爲精良。歷考外洋各國種棉之區，皆係購種於美國，著有成效。本部堂上年電請出使美日秘國大臣崔[二]在美國代購佳種棉子，取其與湖北土性氣候相宜者，選擇兩種，一宜於濕地，一宜於燥地，運寄來

[一] 前件作「劉先祥」。
[二] 指崔國因。

鄂，曾經札發武、漢、黄、德各州縣，分發種棉各户試種。無如上年所購棉子到鄂稍遲，發種已逾節候，且因初次不知種法，栽種太密，洋棉包桃較厚，陽光未能下射，結桃多不能開，是以收成稀少。然所收新棉數千觔，絨長色美，確有明徵，可知上年歉收之故，實人事有未盡，非土性之不宜。本部堂又經電請出使美日秘國大臣崔再行多購美國棉子百餘石，運寄來鄂，并考究外洋種法，刊刷種棉章程分發曉諭，以冀廣爲如法勸種。將來楚棉之美當不遜於洋棉，足供布局收買應用，實爲花户之利。除分行外，合亟札行。爲此，札仰該提督、將、縣、紳即便遵照，迅將發去棉子分發種棉各户，按照章程種法，剴切勸諭，分投試種，小心培植，俟收成後即由布局派人前往該處從優給價，儘數收買，總令種棉之户有利無虧，以示勸勉。須知此項棉子由數萬里外不惜勞費遠道購來，務須諄囑棉户小心培植。如本年播種有餘，仍可存俟來年，毋得輕易棄置，是爲至要。

暢種美棉説

嘗思布出於棉，棉各有種。中國棉花絨絲粗短，紡紗不能細匀，成布焉能密緻。一自洋布運來中國，上而士夫，下而黎庶，競相豔羨購用，而中國棉布遂覺相形見絀。查近年海關總册，每年洋布進口價值四千五六百萬金。人謂鴉片為中國漏卮，豈知洋布之為漏卮更大。夫洋布之所以動人者，由於棉絨匀細柔韌，所以布貌光滑耐看。今本局購美國棉種三千數百斤，佈散鄂省名産花各州縣，分給鄉民承領種植，蓋為窮究根源，挽回風氣，以保全中國利權耳。然而習慣成自然，積習最難返。當此創種美棉伊始，論者或謂中國自有棉花，何必見異思遷，改易別種。不知中國棉花豈始自中國哉，當日亦自外洋來耳。南宋以前，交趾亦知取棉成布，然其法流傳未遠。迨元世祖用兵印度，得棉種而歸，中國始暢收其利。聖祖仁皇帝溯棉種來自外洋，喜其有裨民生不淺，遂御製木棉賦。乾隆三十年，太子太保直隸督憲方恪敏公亦有進呈棉花圖册十六條，在外洋曰吉貝，在中國曰棉花。此中國棉花之本末也。惟中國棉花朵瓣細小，絨絲粗短，較之美棉，優劣顯判。近日印度亦購美國棉種佈種各處，五年換種一次，生發極旺，要無非善善從長之意也。楚省小民得此美國棉種，正宜按時播種，大興地利，以裕日用之需。茲列種棉法十則於左。

一、每距三尺，種棉子三顆，為一堆。長至四五寸高，擇其壯者留一株，其餘二株或移植他處，或竟拔去。相距三尺，取其易受陽光，易通風氣。地方足，棉身偉，結桃大，收棉必多。否則，枝葉相擠，不通風日，易於生蟲，收成不旺。

一、每地一畝六千方尺，相距三尺種棉一顆，可種六百六十六顆。

一、洋棉蒂桿强硬，桃多向上。説者謂恐為雨水所傷，此必無之事。桃大皮厚，非烈日不能開放，縱為雨濕，翼日天晴即乾，絶無妨礙。

一、洋棉結桃多者每樹百餘顆，少亦六七十顆，扯算每樹至少可收花六兩，每畝可收二百五十斤。樹數比土棉為少，收數似比土棉加多。

一、湖北居赤道北三十度，美國棉種百數十樣，若與湖北地氣不合，買來亦屬無益。今本局所購棉種，亦出自美國赤道北三十度，正與湖北地氣相宜。

一、洋棉枝幹［壯］大，播種宜早，約在清明時節即須下種。

一、播種之時，假如天旱土乾，宜將棉種浸水半日，然後下土，蓋洋種子殼較厚故也。

一、棉樹生蟲，隨時摘去。所摘枝葉不可放在樹畔，恐蟲復上樹。

一、前次所發棉子播種太遲，故收成不豐，遂有謂洋棉不如土棉者。若使播種及時，自比土棉較勝。

譯美國種棉花論

一、種美棉之法，須豫早深耕，耙鬆泥土，分別行數。其下種處宜將土培高一二寸，以備瀉水，庶免受浸之虞。

一、兩棉樹相距約須三尺，宜東西向，使全日得受陽光，庶結桃易於裂開。

一、每處下種子三四顆，覆以細土。俟萌芽發生，有葉三四片，即芟除青草，將種邊泥土翻鬆，周環其根，使不生青草，但不可損傷樹根。俟長至三寸高，除去細弱，衹留一壯大者。及樹已長成，當截去中枝，使横枝叢茂，收成自多。

一、種洋棉子，泥土須擇細軟。自生發後，須常加細土保衛樹根。俟枝葉茂盛後，即不必復加細土。

一、預儲牛馬猪糞，加以青草，浸水朽爛，肥田莫妙於此。未下種之前，即以草灰糞水三者調和灌溉，然後下子。或用糞土先置於地，翻鬆其泥，則糞土漸漸化爛。泥土滋潤，花收必豐。

一、棉花之根甚少，其中間一根最忌水浸。晴多雨少，生長自速。下種時須在清明後、穀雨前。

一、如遇淫雨，恐誤下種之期，即將田地加土略高，分別成行，猶種麥然。下種後，不用蓋土，俟泥稍乾，再將細土掩覆。若過三四日地尚仍注水，則種子必壞，當另换種子。

一、用荒蕪之地種棉，收成格外豐稔，但須早日深耕，翻起草根，日久化爛，可當肥田之用。大凡田土頻年專種一物，秋收不免歉薄。棉花與豆麥當每年輪流種植，泥土可由瘠變肥，且可免蟲蟻之患。

一、棉花出蟲有兩種，一曰綱蟲，二曰殼蟲。綱蟲由花地被淹而生，當於田中開通水道，不使蓄水。其殼蟲即食粟蟲，身長三四分，色青黄，多爪，滋生極蕃。其初下子於粟樹上，越數日出蟲，大如蟻，入地約半月，出後即棲於棉樹上。惟有用灰肥田，早日深耕，可以減除蟲患。此蟲最喜食粟之包皮，倘無粟之處，即食棉桃皮。美國有人設法取之，約每田一畝，置木桿於棉樹中，高與棉樹齊，木桿上端置瓦盤，盤内用糖水與醋調和，蟲聞其味，趨集於盤，為糖膠所粘，不能行動，每夜得蟲甚多。此亦除蟲患之一法。

一、收花宜於日出霧散之時，方不變色。擇樹枝茂盛、花朵壯大者，留作種子，以備來年之用。

咨兩江督院委周耀崑押解匪犯匡世明等赴江甯隨同審訊附單〔一〕

光緒十九年二月二十五日

據湖北按察使陳寶箴詳稱：光緒十九年二月二十一日，奉憲台札開，照得前因湖北派員赴湖南麻陽地方拏獲會匪頭目匡世明

〔一〕以下十八件録自抄本《督楚公牘》。

解鄂審辦，供甚狡展。當經電請兩江督部堂劉〔一〕，飭將江省所問各匪供詞凡有指出匡世明不法情節及句串洋人牽涉軍火之事鈔〔二〕録寄鄂，以憑研究等因。旋准兩江督部堂劉咨鈔各案匪供過鄂，又經札飭該司轉飭委審衙門詳核各供詞，再提該匪匡世明虛衷逐細研究。一俟審定供招，即行開摺詳咨質訊澈究在案。茲據該司稟，遵飭武昌府督同讞局委員再提該匪匡世明研審。據該犯堅供，與徐春庭等并不認識，亦無購運軍火情事。再三熬審，矢口不移。由府開録供摺，呈請核辦前來，難保非恃無質證，狡供避就。亟應飭令該司迅速遴委明幹之員，派撥兵勇差役乘坐輪船，刻日將該匪匡世明解赴江甯，聽候兩江督部堂飭發質訊澈究，以成定讞。再，近年各處拏獲會匪，供指匪首匡世明，或稱爲匡生明，即係一人訛傳。至該匪之弟匡生明另係一人，尚訊無爲匪情事，現已一併在麻陽縣拏獲解鄂，茲應併解江甯質訊。鄂省委員，即令在江甯會訊數次後，先行回鄂稟報核奪。除咨兩江督部堂俟該匪匡世明等解到，飭發質訊澈究，仍俟審定確情録供見覆外，合亟札飭。札到，該司即便遵照，迅速遴委明幹之員，派撥兵勇差役乘坐輪船，刻日將該匪匡世明等解赴兩江督部堂衙門投收，飭發質訊澈究。仍將委員銜名并派撥起解日期詳咨勿違等因。奉此。除飭委補用直隸州知州、候補知縣周耀崑將該犯匡世明即曠世鳴並該犯之弟匡生明即盛斌二名，乘坐輪船，小心押解，赴兩江督部堂衙門投收，聽候審辦。惟查匡匪供稱於光緒十六年回籍以後並未出外。而此次派弁緝獲該匪之襄河水師統領劉提督鶴齡，距該匪家僅百餘里，訪知該匪確係上年九月回籍，其爲有心狡供避就，即此可見。已由司諭知周令，以憑會審，并飭在甯隨同會訊數次後即行回鄂稟報核奪，并飭江夏縣起具文批，僉差妥役，移撥營勇隨同委員押解外，所有委員銜名及起解緣由，相應詳請核咨等情，到本部堂。據此。正在核咨間，據該司開送續訊供詞前來。查此次所訊供詞，該匪自認開立山堂，充當正龍頭各節，較爲切實，自應併將楊清和帶往，以備質證。除批示外，相應抄録咨明。爲此，合咨貴部堂，請煩查照，俟該匪匡世明等解到，飭發質審澈究。仍俟審定確情録供見覆，并令該委員在甯隨同會訊。望切施行。

匡世明供詞

據匡世明即曠世鳴供：小的本是匡盛明，弟匡盛斌，匡世明、匡生明都是叫别了的。小的身材小，外人都叫小的是匡矮子。女人楊氏是揚州人，十六年二月娶的，只生一女，於十八年正月初一日死了。小的前在福建入會，是潘漢秋即潘登科、彭鏡泉開的雙龍山、忠義堂，派為老六。外口號義秉秋霜，内口號及香、水的名目都忘記了。光緒十一年，小的在福建因潘登科正法，捉拏嚴緊，逃往崇明地方。十五年十月，小的到清江，夥同譚金榜、王福章、高德華、李得勝、宋安清們，開盛龍山、明華堂、四海水、五湖香，内口號志大剛强，外口號正大光明。小的同譚金榜是正龍頭，王福章是派為第三，高德華是坐堂，王得勝是部堂，江西的張金標是刑堂，宋安清是禮堂，揚州人李金標是老么，高慶豐也是上排頭目。小的住在揚州，常到七濠口來往，路不甚遠。那裏來往米船甚多，小的曾住過幾月，管住弟兄們不許多事也。

〔一〕指劉坤一。
〔二〕抄本《督楚公牘》為「録」，似應為「鈔」。

没有多少錢，會内人打楊清［和］是有的。十六年九月不記日期，回到湖南家裏。去年八月初三四間，到常德住了月餘，聽開煙館的龍玉亭説，外國裝運軍火到關上犯了，被捉的人説是小的買辦官有文書捉。九月十幾日，小的回家躲避被拏，解送來鄂的。今蒙提訊，小的入會，開過山堂是［實］，辦軍火的事，小的不清楚。求施恩。

楊清和供詞

據楊清和供：光緒十年，小的在福建凱字營當勇，匡盛明在那裏閑住，常到他同會的各營内居住。匡盛明是入的潘登科的會，潘登科正法後他就到鎮江去了。光緒十六年八月間，小的在六濠口會遇，他唤同會内的五六十人要將小的致死小的聽聞，私自跑了，同行二人被他們綑去。至匡盛明開的是盛龍山，與譚金榜是一起的。匡盛明怕惹聲名，不出名字，以盛字開的盛龍山，所有譚金榜放飄的銀錢，都歸匡盛明的。他住在揚州，常到七濠口地方來往，收米船的錢。他在揚州做了搶案，逃回家的。所供是實。

札督標中軍會同楊游擊迅將在漢鎮洋街滋事之兵丁查明嚴辦 光緒十九年三月初四日

據江漢關道惲道禀稱：昨午，督標兩哨兵丁前赴廣水換防，因車輛未齊，暫紮漢鎮通濟門。下午四點鐘，時有兵丁七八人至洋街閒逛，中哨韓全勝酒醉溲便，與洋巡口角。適值女洋人經過，携帶小孩，該兵等口稱看小洋人，作趕逐之勢。洋巡吹號，巡兵齊到，彼此兇鬧，扭去六人，收押洋卡，其時聲勢汹汹。據洋街委員董治勳禀報，職道立即知會漢同知厲丞、通判孫倅暨防緑各營前往彈壓，并囑高都司會同董委員赴英國芾領事處竭力調停，商將未傷兵丁五名、受傷兵丁一名釋放。楊游擊龍章亦由省垣趕到，當交令帶回查明懲處，旋即安静無事。查操防紀律不嚴，洋巡兇蠻素著，致相争鬭，互有受傷。幸而芾領事人頗平和，登時開釋，文武早到彈壓，否則因被押而報復，便成鉅案。頃催楊遊擊督飭全隊迅速開差，英領事處稍有口舌，無關緊要等情，到本部堂。據此。查操防兵丁向來習氣甚重。昨日該哨官來轅禀辭，當經本部堂面諭諄諄，務須嚴加約束，不准生事。詎甫至漢口，已在洋街無故生事，成何軍律。此事幾致釀成衅端，實屬可惡已極。亟應嚴加懲辦，以肅紀律而懲惡習。合行札飭。札到，該將立即遵照，會同管帶督標操防營營官楊游擊龍章，速將滋事之兵丁刻日查明，嚴加懲辦，一面查取該哨哨官職名詳請斥革，迅揀派得力之弁詳請更换。毋稍刻延。切切。

札江漢關道查明緝獲私鹽被巡划水手糾衆搶奪事 光緒十九年三月初六日

據湖北鹽法武昌道瞿廷韶、督銷淮鹽局江蘇遇缺題奏道楊鴻度會詳稱：光緒十八年十二月二十一日，據沿江總巡卡員分省補用知縣高承惠禀稱，竊據卑卡八號哨官楊龍翔報稱，於本月十八日訪知漢鎮花樓後街有一小民彭義興亦名岡，窩屯浙私，該哨官隨率勇丁四名，并傳該處地保王祥發前赴彭宅查看，其堂屋後有一暗室，須從樓房出入。是樓兩架樓梯分置前後，秘密異常，乃慣藏私鹽處所。是日僅存有浙鹽一百餘斤。該哨官正提鹽出户，忽闖來兇徒十餘人迎頭搶奪，鋭不可當，僅拏獲私鹽六十餘斤，并扭執行兇之柴志寬一名，眼同王地保解卡，其餘鹽六七十斤，爲該羽黨奪去。卑職傳該地保細訊，各情無異。又訊柴志寬，係漢陽縣人，向在江漢北關充當巡划水手，與彭義興之子交好。其子在輪船上當水手，帶回作食鹽的，故爲糾合同人阻拏，被執時并未受傷，惟所服洋式號衣上，有江漢關三字扯脱線縫二寸有奇，其餘毫無損失。卑職驗訊之後，隨飭地保驗視，并未受打各情，即將柴志寬交地保送回江漢關，其奪去鹽斤亦未追究。皆因時值封印之期，逼近歲闌，姑從寬貸。詎意十九日，有一乘坐藍呢轎、頂帽脚靴之人，姓曹名堯字燮臣者，操安徽音，隨從四名着穿號衣，係江漢關親兵字樣，跟丁二名，轎夫三名，又水手五名，有柴志寬在内，赴八號楊哨礮船内，要抓昨日執獲柴志寬之勇丁，與伊帶回。各礮船勇丁驟聞此言，殊憎狂妄，未免口角争衡。曹某亦自知冒昧，含羞蓄怒，轉至卑卡投一名片。拜會接見之餘，聲色俱厲，言被該勇丁所辱，刺刺不休。卑職惟願關卡和衷，盡以善言勸慰，許俟查明該不法勇丁等，立行重責，送關謝罪，並當曹某復詢柴志寬昨日曾否受打，究竟有無損傷。而柴志寬所言一如昨日，并無飾詞。奈曹某言詞愈傲，未肯罷休，悻悻而去。竊思彭義興乃一窩屯之私販，何由而得柴志寬爲護符，儘敢呼衆搶奪私鹽，又不知曹某是何等官員，狥庇私販，隨帶江漢關親兵水手十餘人來船抓人。卑職無從查其底藴。僅據該地保聲稱，彭義興有二子，皆在輪船充當水手，有一妻在本處税務司充當女僕，其窩屯之淅私一百餘礮，業已起獲一半，諒難抵賴。在卑職已法外施仁，不加深究。渠等尚聳動曹某，意圖尋衅，直是怙惡不悛。曹某等如係在官人役，事不干己，悖理狥私，大干法紀。倘非在官人役，恃强冒詐，結黨胡行，此風更不可長。惟有據實禀請鑒核，可否轉飭漢陽縣將屯販私鹽之彭義興住屋查封，并提搶奪私鹽之羽黨到案切實根究，以儆兇頑實爲公便等情。據此。除批飭外，當即咨明江漢關照會税務司查明核辦去後。兹准江漢關咨開，案照前准局咨，以沿江總巡卡員高令承恩禀八號礮船弁勇赴花樓後街彭義興住屋拏獲私鹽一案，忽有曹堯率衆尋衅，請照會查明核辦等因。當即備文照會敝關税務司穆查明見覆去後。兹准照覆，内稱本税司閲悉之餘，不勝駭異。曾記去年十二月十九日據本關副理船廳禀稱柴水手被鹽局勇丁毆辱一事，當即派請文案曹堯撥帶水手等前往查問。嗣准曹先生所覆，以爲此案早經了結矣。不料事隔十餘日之久，忽監督照會來關，本税司逐細查詢，曹先生與柴水手均無不合，高委員所禀各節，皆係一面之詞，殊難憑信。相應抄録供詞備文照覆。應如何辦理之處，請煩查照施行等因。計抄粘一紙前來，相應咨覆。爲此咨局查照，核辦施行等因並抄單到局。准此。職道等復查輪船夾帶岱私，均係水手人等句通本地私販窩屯銷售，侵佔官引，爲害非輕，以故設有洋扞手上輪搜緝，復派礮船江面梭巡，均能仰遵憲飭，嚴密查拏，屢有報獲，水手人等不敢肆行無忌。今彭義興窩屯私鹽，於礮哨查獲之後，經水手柴志寬糾衆搶奪，實屬目無法紀。而税務司文案曹堯遽爾聽信水手，庇護私販，亦屬不合。若不嚴行整頓，緝務必致棘手。可否仰懇憲恩，札飭江漢關照會税務司秉公懲辦，以儆將來。是否有當，理合會詳，伏祈鑒核批示祇遵等情，到本部堂。據此。除批：據詳已悉。查此案緊要關鍵，在查明彭義興平日是否窩屯私鹽。上年十二月十八日緝獲淅鹽之時，忽闖來兇徒十餘人迎頭搶奪，應爲衆目所共覩，且有地保在場，不難盤詰實情，以昭折服。如果當時緝獲私鹽不止二十斤，實有百餘斤之多，柴志寬實爲糾合同人，阻挈被執，則關役之恃勢包私可不煩言而解，税務司自不能爲之袒庇。已札飭江漢關道迅將此案查明確實情形，究係何項匪徒藉口包庇，照會税務司秉公懲辦以儆將來，并嚴定以後章程，以杜影射而暢官銷。仰即遵照。此繳。清摺存。印發外，合就札行。爲此，札仰該關道即便遵照，迅將此案查明確實情形，究係何項匪徒藉名包庇，照會税務司秉公懲辦，以儆將來。並嚴定以後章程，以杜影射而暢官銷。是爲至要。

飭大冶縣等將往大冶鐵山之丹馬國洋人勸令出境 光緒十九年三月初八日

據漢陽鐵廠提調、知府黄國瓚呈稱，二月十五日，查有丹馬[一]國洋人搭坐火車往鐵山。問係前來賣書。隨據鐵路工師錫樂巴密告，云該丹國人不僅賣書，恐有設堂傳教之意。當即查知，已有石灰窰路工局附近之大王廟僧賃給屋宇，議定租錢每月二千文，尚未移入。卑府因在路工相近，兵民夫匠人數既多，往來不定，稍有參差，關係非淺。當經函告大冶縣林，令其速爲設法料理，勿任久停，并屬李令、錫工師一同留意，務須妥爲處置。現在林令尚未回信，其人去否，無從得知等情，到本部堂。據此。查大冶鐵山將次開車運鑛，兵民夫匠人數衆多，往來不絶。設堂傳教，最易滋事，不可不預爲隄防。該丹馬國洋人前往鐵山，如無護照呈驗，應即阻其前往。即有遊歷護照，亦應設法勸令出境，勿任久羈，以免生事。除分行外，合就密札飭知。爲此，札仰該縣即便遵照，設法善爲開導，勸令刻日出境，并令地方居民勿得容留，以免藉端生事。諸事務須慎密。仍將遵辦情形稟報查核。

咨北撫院北路請停峽費一案 光緒十九年三月十一日

昨據宜昌土税局趙道濱彦稟陳：北路委員請停收峽路經費應否照准請示衹遵一案。正在核批間，玆於本月初十日據宜昌土税局趙道電稟稱：有稟北路請停峽費，諒蒙鈞鑒。訪聞私銷鄂境者皆非大幫，現定成二十挑方完峽費，似此變通當更周密等情前來。查北路委員張令國蘭既稱樊城查獲數起均係完過峽路費者，是各處影射走漏，顯然於正税大有妨礙。雖經示禁充賞，恐賣放之弊難除，自宜早籌善策。惟棄之又覺可惜。應即先照二十挑方准完峽路經費之辦法，并遣員押送出境，川資在所不惜。試辦一月，再行酌定。當經電飭該道籌議去後。旋於本月十一日據該道復電稟稱：電諭敬悉。押送出境，陸路較繁，擬請專歸水路凡野三關已完土挑，應令押送來宜，再派員往送。往江西等省者，應至武穴釐局驗明，土票相符即放行出境，并在護照内注明數目相符，及何日出境字樣，蓋用關防，俾解員持回銷差。或有不符，將土扣留，稟請查究。似此辦法，當無私銷賣放等弊。如蒙照准，應請札飭牙釐局轉飭各釐局遵照等情，到本部堂。據此。應即照議速辦。除電覆趙道迅即照辦并札行北布政司、善後局遵照外，合亟札飭。札到，該局即便遵照，迅速轉飭沿江各釐局遵照辦理，毋稍稽延。并行北布政司、善後局、宜昌土税局趙道一體移行遵照外，相應咨明。爲此，合咨貴部院請煩查照施行。

[一] 今譯丹麥。

咨呈總署吴達雲勘界保案經部議駁未便再行續請附單　光緒十九年三月十二日

光緒十九年正月初八日承准貴衙門咨開：光緒十八年十二月二十二日，據分省補用巡檢吴達雲呈稱，卑職於光緒十一年九月奉廣東撫院倪札委，隨同欽差大臣、鴻臚寺正堂鄧，勘辦廣西中越界務。十二年九月，蒙兩廣總督部堂張奏保免補巡檢，以縣丞仍分發省分前先補用。當經部議，以未先行咨部立案撤銷。是時卑職因公離省，未及禀求復奏。後兩廣總督張復奏請奬，卑職仍在他省，未及附列，未免向隅。今原保大臣業已回籍，只得取具同鄉京官印結，叩求垂念微勞，俯賜仍照原保給奬等語。查該員所請各節，本衙門未便代奏。茲將原呈抄録寄閱，應請貴督酌核辦理可也等因，到本部堂。承准此。查巡檢吴達雲，前在廣東委實隨同出關，勘界出力，經本部堂會同欽差勘界大臣鄧開單奏保，請免補巡檢，以縣丞仍分發省前先補用。旋准吏部咨，以該員先未奏咨有案議駁，奏奉諭旨咨行在案。嗣查明奏咨有案之各員仍請照原擬給奬。該員吴達雲一名因未經奏咨遵照删去，當時經部議駁，以後其未經咨有案者皆未續請奬叙，并不僅止吴達云一人。惟查該員隨同出關勘界，艱苦備嘗，實屬在事出力，只以從前漏未奏咨，經部議駁。今本部調任已久，未便再行續請，合將原日兩次奏案清單一併抄呈衙門，謹請查酌核辦理施行。

照録吴達雲原呈

謹將越南勘界未邀奬叙艱苦情形，懇恩附片成全，繕具清摺，恭呈憲鑒。

計開

卑職現年四十五歲，安徽安慶府望江縣人，由俊秀於光緒八年投効廣西邊營。是年剿辦越南邊匪生擒逆渠陸之平案内在事出力，蒙前廣西撫部院倪奏保，准作監生，以巡檢分發省分歸試用班補用，經部議准復奏，九年五月二十日奉旨：依議。欽此。遵奉行知在案。嗣於光緒十年隨同統領靖邊龍字等軍董履高剿辦思恩五峒，以及攻打法酋轉戰越南諒山、谷松、山莊等處各案在事出力，曾蒙三次列保，均經部駁，未邀奬叙。十一年九月十三日奉廣東撫部院倪札委，以卑職越南熟悉，隨同欽差大臣、鴻臚寺正堂鄧勘辦廣西中越邊務，十二年九月初五日又奉兩廣總督部堂張加委隨同欽差大臣鴻臚寺正堂鄧勘辦廣東欽廉中越邊界。十三年八月差竣，蒙欽差大臣、鴻臚寺正堂鄧會同兩廣總督部堂張保奏，免補巡檢，以縣丞仍分發省分前先補用。當經部議，以未經先行立案撤銷，是因公離省，効力河南鄭工，未及禀批求復奏。續後兩廣總督部堂張復奏請奬，卑職仍然遠在他省，未及附列。查申復具奏一案，未經先行咨部者共有八人：馬復賁、顧潮、張炳麟、韓貞元、孔繼棨、姚文炳、陳陔、李壽田等，均於光緒十四年九月二十四日奉旨：仍照原擬給奬。片並發。欽此。又供事任克成以未經先行咨部立案撤銷，呈請總理衙門片奏。光緒十四年八月十九日奉硃批：任克成著仍照原保給奬。該部知道。欽此。伏思卑職此次隨同勘界廣西界務，上至保勝，下至隘店隘；廣東界務，上至公母山，下至白龍尾，東西將近萬里，時日已及三年，奔走瘴鄉，備嘗艱險，實係親歷其境，人所共知。原案列保各員，以漏咨撤銷，既經復奏，均邀奬勵。卑職事同一律，未免向隅。今原保大臣業已回籍，無處可求，只得不揣冒昧，仰懇憲恩不分畛域，垂念微勞，俯賜附片仍照原保給奬，則感戴鴻慈，靡有涯矣。所有勘界未邀叙緣由，縷細繕具清摺，恭呈察核施行。

札襄陽城守營游擊嚴拏光化練軍毆官案内脱逃兵丁張全喜等三名解審 光緒十九年三月十三日

本年二月二十五日據襄陽縣梅令詳稱：光化縣練軍毆官案内，由府飭發遞回之兵丁張全喜、傅安國、寇得昌等三名，會營派撥兵役起解，行至朱家坡古廟住宿。該犯等乘兵役睡熟潛逃無踪，并押解之營兵周宏奎、陳光第一并潛逃等情。并據督銷淮鹽局楊道面稟該犯等脱逃情形，與縣詳相同。不勝詫異。查此案前據委員扎守會同襄陽府王守稟覆提審，兵丁張全喜、寇得昌俱係鬧局毆官當場捉獲之犯，因供情狡展，請發光化縣飭拘在逃兵丁高有餘質究擬辦。傅安國一犯供認毆傷司事麻慕陶不諱，亦請發縣按律懲辦等情，當經本部堂批示行司轉飭遵照在案。該營縣等於護解此等重案要犯，宜如何責成兵役嚴加防範，乃甫經起解旋即脱逃，押解之營兵周宏奎等亦復同時逃匿，顯係受賄故縱，藐法已極。該營據報，并不立時會縣加派兵役設法拏回，反以畏罪潛逃等詞移縣掩飾，難保非該將官有意疏縱。該縣梅令簽差不慎，含糊具詳，均屬顢頇已極。查張全喜等所犯情罪重大，斷不能任其漏網。除札飭襄陽縣迅提原差柳運春等嚴究，一面另派幹役會營嚴拏張全喜等務獲稟報外，合亟嚴札飭緝。札到，該游擊立即遵照，責成該營哨弁於奉文十日内，將解犯之逃兵周宏奎、陳光第查獲送縣審辦，一面另撥弁兵，會同縣差，勒限一月，將張全喜、傅安國、寇得昌等按名拏獲，不准稍事延宕。倘該哨弁等膽敢任意玩縱，不能迅速拏獲，定即從嚴革辦，決不寬貸，該游擊亦定干嚴參。仍將遵辦情形并撥派哨弁銜名先行呈報查核。懔之。毋違。特札。

札委童錫珩、范希連分掌兩湖書院南北書庫 光緒十九年三月十六日

照得兩湖書院建立南北書庫分儲書籍，專供在院肄業諸生誦讀觀覽。亟應派員分掌其事，以期藏弆有法，曬晾以時，收發立有定章，繙閱務加珍惜。查有候選訓導童錫珩、候選鹽大使范希連，堪以派委分掌兩湖書院南北書庫，每員月給薪水銀十六兩，由書院專款項下支給。除分行外，合亟札委。札到，該員即便遵照，前赴兩湖書院分掌南北書庫，查照札行事理，會同兩監院妥議章程，編立册籍，稟由提調呈請核定，并將到院日期具報查考。

札歐陽炳榮等查勘李家灣、細塘灣、上漳山煤鑛 光緒十九年三月十八日

據興國州州判夏峻峰稟稱：竊卑職於光緒十八年十二月初二日准署興國州知州陸牧佑勤移開，據善福里漳源口生員費文起，監生陳聲玉、程作霖、程祖佑，文童柯光釗等稟稱，該生等附近之李家灣、細塘灣、上漳山等處産煤甚旺，并無廬墓違礙，懇請勘明賞示開挖等情。准此。爲此合移貴廳，請煩查照，親往查勘確實，以便稟請開挖等情。准此。卑職即於是月初六日親往該處，傳集各山主與該生等同往查勘。旋勘得李家灣山勢高聳，離漳源口江邊三里餘許，係李士英私山，前因荒年開過，煤苗甚旺，後

乃停止。又勘得細塘灣山勢寬闊，素産煙煤，離漳源口河邊五六里許，係陳聲玉等公山，前於光緒十三年有馮姓私開數月，出煤甚旺，後因山主阻止停工。又勘得上漳山山勢平闊，離漳源口河邊一里許，係陳祖佑私山，亦係開過老窿。卑職徧查各處窿口，均可試辦。當即訊問各山主并在場人等，無不心願開挖，比即各書契約存案。卑職以未經稟明，不便開挖。茲因該生等疊次稟催，爲此詳晰稟懇憲台查核，可否賞准開挖，以濟地方而慰民望，並如何辦理之處，伏乞批示祇遵等情，到本部堂。據此。查鄂省奏辦鐵政、織布各局，需煤甚多，雖經派員分投開採，尚恐不敷應用。據稟李家灣、細塘灣、上漳山等處産煤甚旺，經該州判勘明并無廬墓關礙，各山主均願開採，書有契約存案。如果煤旺質佳，自應由官給價購買，委員設局開採，以濟公用。亟宜派員前往復勘，合就札飭。札到，該員等即便遵照，於查勘龍角山鉛鑛之便，會同興國州州判前往李家灣、細塘灣、上漳山等處，將該處所有煤鑛并將局委查勘之富家山頭、佛烟冲、鳳凰山等處煤鑛一併切實勘驗，具報核奪。毋違。

咨南撫院永綏協副將與署保靖營參將互相稟訐一案 光緒十九年三月十八日

據湖南綏靖鎮總兵吴鳳柱呈稱，遵檄查覆永綏協副將王金鼎，與署保靖營參將董文華互相稟訐一案，議擬請示遵等情，到本部堂。據此。除批：據呈已悉。查永綏協副將王金鼎與記名總兵署保靖營參將董文華互訐一案，現據該鎮查覆前來。查王金鼎因營中公費虧空甚鉅，輒於停募名糧取銀彌補。雖據稟明前署綏靖鎮劉鎮批令由營設法彌補遵示辦理，所扣銀兩皆係填補公費，并非暗飽私囊，究屬有違定例。行裝息銀一項，查與該將無涉，其收受德政銀兩一節，自非無因，大干例禁。惟據該鎮呈稱經手之守備楊秀鍾等相繼身故，無從根究，現在該副將又已病故，更屬無憑質訊。至署保靖營參將董文華應支署永綏協廉俸，不候藩司核發，即在預墊欵内通融支借，雖認候核册回營，應找應退再爲照算，究有不合。該員等俱係二品武職大員，似此舉動謬妄。若王金鼎尚在，自應一併澈底質究，分别參辦。惟王金鼎既已病故，而董文華久在軍營，著有戰功，巡緝操防亦稱得力，從寬暫免深究。應即將該署參將董文華撤任察看，以示薄懲而觀後效。如以後不知愧奮，仍即嚴參。其多支永綏協任内半廉銀兩，嚴飭立即照數繳還藩司。如有虧短遲延，即由該鎮呈請參追。其保靖營千、把各弁，即由該鎮分别責懲，嚴禁以後效尤。除將各該員缺分别委員接署另檄飭遵，并咨明南撫部院查照外，仰即遵照。此繳。抄由批發等因印發，并將所遺副、參各缺分别揀員接署另咨外，相應咨明。爲此，合咨貴部院請煩查照施行。

札歐陽炳榮〔一〕等查勘興、冶交界龍角山等處鉛鑛 光緒十九年三月十八日

照得興國、大冶交界之龍角山旁支土名百泉灣及王家坳各處産有鉛鑛，前經鐵政局委員劉副將開全馳往查勘，據稟實見該處有生鐵封禁二峒。當於峒口挖獲鑛苗賫回化驗，成色頗佳。惟未

〔一〕亦作「歐陽柄榮」。

得正脈，獲鑛無多。正在核辦間，復據興國州監生趙林秀、馮浩川、馮有卿，生員石再池、梁文書、熊利三，監生曹林書，附貢劉清聯，恩貢趙林默，從九馮文周，生員焦世英、侯西司，文童石知澤、馮芹甫、趙廷柱子名石敬如等公禀稱：生等世居鹿耳山下，與龍角山毗連，中夾一山，俗名百泉灣，係龍角山旁支，實屬興、冶兩邑交界之地。相傳灣内銀鑛甚夥，昔有刁巧者從所封之旁另鑿小峒竊取，乾隆年間發覺并行封固，故老亦能指實其地。百泉灣山主石鴻明、鴻昌、成發等於銀鑛峒下覓得一穴，邀同生等往看。生等均見實有銀苗，即知會副貢陳球等報明劉委憲，於峒口取得銀苗若干。龍角山銀苗甚旺，每逢薄暮，寶光灼天。其東隅之旁支名百泉灣係興、冶地界，内有銀鑛峒、王家坳、銀鑛壋等處。其西隅之旁支名廣溝山，係冶邑地界，内有大泉寶峒銀鑛，礰砂坪等處，自唐宋開煽後，雖被生鐵凝封，土人尚能逐一指出。僉云百泉灣一開，則各處銀苗均皆樂獻，擬議開採章程并山主甘結各等情，禀由鐵政局轉呈前來到本部堂。據此。查龍角山百泉灣鑛苗曾經鐵政局化驗，實係鉛鑛，煎煉得法，每鉛百斤可提銀三四兩，而開采煎煉爲欵甚鉅，斷非民力所能舉辦。即由官開采，亦必確見大脈，鑛苗寬厚而後能置機設爐，大舉興辦，方有實效。乃愚民無知，誤以鉛鑛爲白鏹，私挖有獲，即羣起紛争，地方官不能不概行封禁。或見鑛苗外露，即掩藏私匿，惟恐人知，致以有用之鑛棄諸無用之地，未免可惜。亟應委員前往，會同地方官按照所禀地方逐一詳確查勘。所稱鑄鐵封禁之處果否屬實，是否前人曾經開過，於民間廬墓有無妨礙，并與本地公正紳士商酌如何辦法，將來設局，或遴選正紳隨同委員經理。如開采有效，除局用、薪水、人夫、器具、工料、彈壓勇營口糧及一切經費外，尚有餘利，當酌撥若干以爲地方善舉，使民間得以均沾其益。查有候補知縣歐陽炳榮、鑛務委員都司張金生、千總李長福堪以派委。除札鐵政局酌支盤費并分行外，合就札飭。札到，該員即便遵照馳往興國、大冶，會同地方官將龍角山百泉灣銀鑛峒、王家坳銀鑛壋、大泉寶峒、礰砂坪各鑛逐一詳勘，籌議大概辦法，并將鑛山廣狹深淺、槽口道路詳細繪圖貼説，并采取鑛砂賫回呈驗，聽候核奪。毋違。

札沈保祥赴唐山廠考求塞門德土廠工物料造法光緒十九年三月二十三日

照得直隸開平唐山廠仿製塞門德土，現已講求得法。製造合用此項土料，爲礮臺、隄工所必需，民間造物築基各項工程亦多需此，爲用甚溥。現查湖北大冶縣地方亦産有矸子土，據洋匠考驗，堪以仿造塞門德土。擬集貲建廠，購機仿製，以濟官民各項工用。惟中外風土物料不同，唐山廠仿製兩年有餘，始能合法。亟應遴員派往該廠，將工程、機器、成本、物料、造法考究明晰，確有把握，始可籌議興辦。查有湖北補缺後道員用候補知府沈保祥堪以派往。除咨明直隸爵閣督部堂外，合亟札委。札到，該守即便遵照，迅速束裝馳往直隸唐山廠，將製造塞門德土廠工、機器、物料、造法及一切配合拉力用法，暨成本、價值、銷路，詳細考求，分晰禀覆，以憑核辦。毋稍遲延。

札北臬司將拏獲匪要曾鳴皐解司審辦附單

光緒十九年三月二十九日

據署本標中軍副將兼帶襄河水師前營謝提督得龍禀稱：竊卑

職前奉憲台札開，准兩江咨會通緝會匪私購軍火一案，內開洋人美生、細崽徐春庭等供出曾鳴臯串通匡世明合謀情形，飭營嚴密查拏，務獲解辦等因。奉此。叠經卑職隨時揀派妥當弁勇，覓購眼綫，備文飭帶出省跴緝去後。三月二十六日據緝匪哨弁陶啟亮回鄂面禀：標下奉飭會同劉哨官嗣熙前往長沙一路，帶同勇綫尋跡密跴。行抵長沙省城，加布眼綫，連日探訪，跴得曾鳴臯是日在善化縣所屬之怡長街大喜祥煙館內吸烟。當經會合營縣，督同眼綫認識真確，登時拏獲，送赴善化縣審訊，確係曾鳴臯正身。該犯吐供不諱，理合先行回營禀報等情。據此。次日，接准長沙、善化兩縣移會前情，由選鋒水師派撥長龍一隻、舢板二隻，又撫標親軍後營加派哨官瞿廷蔚率帶親兵二十名，並由縣派役隨同，將曾犯解鄂歸案，并録供詞等因。移覆前來。卑職當將曾鳴臯一犯正身解送北臬司衙門收審。所有派弁出省緝獲匪要各緣由，理合禀請察核，批示祇遵等情，到本部堂。據此。當批：查曾鳴臯係會匪大頭目，前經湖北省已獲正法之會匪濮雲亭供出，並准兩江督部堂劉咨鈔曾同供出匪單有該犯姓名在內，咨請飭拏，疊經通飭嚴緝在案。現又經解歸江南質訊之首犯匡世明，供指與該犯夥同購械，謀逆情節尤爲重大。兹據禀派出哨弁陶啟亮帶同眼綫，在湘省善化縣地方會營將該犯曾鳴臯拏獲，押解回鄂歸案審辦等情。該署副將屢獲匪首，洵屬緝捕得力，深堪嘉奬。除行北按察司迅將該犯曾鳴臯飭發委審衙門，詳核匪首匡世明在江省原供案據，虚衷研訊，務得確情録供禀辦外，仰即遵照。此繳。供摺存等因。印發外，合就札飭。爲此，札仰該司即便遵照，迅將該犯曾鳴臯飭發委審衙門，詳核匪首匡世明在江省原供案據，虚衷研訊，務得確情，録供禀辦。

曾鳴臯供詞

據曾鳴臯供：年五十一歲，湖北漢陽縣人。父母俱故，並無兄弟。娶妻言氏，生有二子。歷居花樓，小貿營生。光緒九年不記月日，小的到九江與吴有楚會熟。他要小的入會，給小的飄布一張，是天壽山、三義堂、一把香、一心水，放小的在九江當走信差事。吴有楚是行堂太爺，還有個翦煌，也是會內頭目。那年在九江雞灣地方小的同他會過兩次，聽得他已回川去了。上年六月間，會內的人要問小的逼索借錢，小的實在没錢應酬，故來湖南躲避。七月回去，九月後來，因與做蕩班的金小雲同鄉，在原籍時本來認識，就在他家幫他彈唱。於今金小雲收場，前日小的纔搬到同鄉孫姓家裏暫住。那孫姓也是幫蕩班的。小的正想仍回湖北，不料委員帶同差勇把小的拏獲到案的。吴楚有現在何處，小的並不曉得。所領飄布，已於上年燒燬，無從呈繳。今蒙提審，這是實話，求恩典。

札北臬司查穀城縣雷財義房屋被燒其母雷謝氏被焚事 光緒十九年四月初一日

據署湖北谷城縣知縣鍾桐山禀稱：卑前署縣汪令任內，據教民雷財義具報房屋被焚，其母雷謝氏被燒身死一案，差獲葉興茂等到案，訊非正凶，議擬呈請示遵等情，到本部堂。據此。除批：據禀已悉。葉興茂等三名現據該縣訊明，均無造謡滋事及燒殺雷謝氏各情事，應即另行查緝造謡滋事之犯。惟前據該縣電禀：訪聞雷財義房屋係自行失火，其母雷謝氏因躲避不及被燒斃命。復據南主教商請緩辦，似自行失火不爲無因等語。兹復據該縣禀稱：教士南熙因該縣拏匪，教民畏懼，函請緩辦。并據紳耆胡桂新等、教民鄭發文等來縣具結，兩相和好，并經南熙來縣面稱前禀滋事之人商請緩等語。查此案經本部堂疊次電檄嚴飭查拏審辦。在該縣先後訪拏形迹可疑之匪多名，查拏不爲不力，乃多方研訊刑嚇，毫無確據，是當日焚斃情節果係何人放火，殊難指實。現在既據教士南熙請予緩辦，自係爲欲使民、教經久相安起見，民、教又經赴縣具結和好，則從此結案，亦是地方官保全教堂、教民之道，未嘗不可。惟必須訊明屍親，當日指控各情有無確據。如果實係懷疑誤控，今日不願堅執誣累，方可據情禀請了案。仰安襄鄖荆道轉飭遵照，迅速確訊禀覆核奪。至葉興茂等三犯，所擬分年收禁外監之處，是否允協，已札飭北按察司核議詳覆飭遵。仍候撫部院批示。爲此，札仰該司即便轉飭遵照。勿違。

札北藩司查旗營建曠銀兩曾否解司每年奏銷作何聲叙光緒十九年四月初五日

照得本部堂現准鎮守湖北荆州等處將軍祥、左翼副都統瑞、右翼副都統德函開：前因敝營牧馬廠地課租連年歉收，練軍經費不敷，擬將建曠銀兩移作練軍津貼，曾經詳陳一切。叨承惠愛，指示周詳，摺稿并蒙斧削，實深心感。本擬會銜入告，因從前建曠并未咨部有案，恐干部詰，故此躭延。昨於光緒十八年八月初四日接准户部來咨，内稱滿營建曠一欵遵咨留支撥潤者係何時接准部咨，限文到日先行專案聲覆，并抄原咨送部查核，其補支出事故官員積欠、撥潤兵丁兩項章程，抄録送部核辦等因。當於十一月初四日將出事故官員、撥潤兵丁兩項逐細咨覆。本年二月二十一日接准部覆：查建曠一欵，本應解歸藩庫。惟據聲明官兵困苦，礙難追繳等語，亦係實在情形。所有動支此項建曠銀兩，姑准免其提還各等因前來。查荆防練軍疊據協領等禀陳窮困情形，并查驗損傷軍械，懇請籌欵貼補。旗營除常年所撥俸餉銀兩外，實無閒欵可籌，而練軍津貼及修整添製軍械，勢在必須。擬請設法變通，請將建曠銀兩撥給練兵津貼及添製軍械之需。查各省駐防練軍及本省緑營操防兵丁除本身錢糧外，均有另加口糧津貼。惟去歲新疆巡撫、西安將軍均仿閩浙粤省各營，奏准添支津貼。惟荆州常操一軍，僅食本省錢糧，毫無津貼，昕夕操演，不無賠累。從前添練之時，正值庫欵支絀，方議開源節流，是以軍火器械均係自行捐置，未能籌及練餉，雖於奏報成軍之後奏奉諭旨，准將廠租移作經費。惟馬廠課租目下情形幾成無著之欵，若不設法變通，年復一年，公私交困。查十六年分，僅收獲租銀六百餘兩，十七年分收獲租銀一千一百餘兩，十八年分收獲租銀七百餘兩。歷年所收租銀，以之購買子藥不敷尚鉅。練軍雖終年操演，仍絲毫不能津貼。況荆州地當衝要，爲南北數省重鎮、長江上游，操防一切最爲緊要。前歲會匪糾約滋事，幸前期破獲。疊奉密電并准大咨，當派常操練軍會同地方營汛晝夜稽查，嚴密防範，得以安定無事。爲日無多，而需用津貼籌給已經匪易。現在常川操練之馬步各隊，所有洋槍、擡槍、旗幟、號令、刀矛、鞍轡各械，亟應隨時添置修理。且在隊逐日常操官兵共二千數百員名，列陣步法整齊，槍聲聯絡有準，刀矛各技亦均便捷。校閲之時若不優加奬賞，未足振武備而恤兵艱。當此省中藩庫支絀，實無閒款，夙所悉知，曷敢援案瀆請。惟查有旗庫官兵俸餉歸額後，餘存建曠一欵可以通融動支。擬請仍將此欵留作旗營練軍經費及修理器械，購買藥鉛、門火、銅帽一切之用，以自存之餘欵，作目前之急需，挹彼注此，尚非另外加增。前承厚誼，久蒙惠允。茲擬摺稿一紙奉閱，懇祈摯愛會列台銜入告，將來奏蒙恩准，旗營練兵有資，緩急可恃，胥出鼎力玉成。又准另函開：敝營常川練軍，疊據該協領等禀明在隊官兵窮困情形，僅食本身錢糧，昕夕操演，不無賠累。且所需軍械一切亟應添製修理。滿營官兵除支俸餉外，毫無别欵可籌。近年牧馬廠地所收租銀，不但不能津貼，即子藥、門火、銅帽等項尚須籌欵墊買，懇請設法籌辦等情前來。查荆防練兵早經成軍，自當逐日勤操，未便因津貼無著致滋疏懈。若不設法變通，將來年復一年，勢必公私交困，深恐功虧一簣。爲此，擬將光緒十七年分官兵建曠銀兩，咨請撥給練兵津貼及添製軍械歸還墊欵之用。正擬咨商間，時值户部來咨查詢此欵，故此稽遲。現已接准部覆，所有光緒十七年分官兵建曠銀兩，撥作練軍墊欵之處。除備公牘咨達冰案外，敬此奉懇允行各等因，并清摺一扣，到本部堂。准此。查此項旗營餘存建曠一欵，准將軍等咨部鈔稿内稱，向係由營留作補發出事故官員積欠俸餉及撥潤旗營兵丁，均經藩司議詳批准，咨覆有案。光緒十年奉到大部行知，奏明截至十一年五月止，各將實欠數目造報聽候清釐，不准擅自補發等因在案，除十六、十七兩年餘存建曠銀兩應即遵咨解交藩庫外等語。茲准將軍等來函及所擬奏稿，均稱自光緒十七年分起作爲本營練軍經費等語，并未言及十六年之欵如何辦法，聲叙尚未明晰。究竟此項建曠銀兩光緒十六、十七兩年曾否解交藩庫，該司每年奏銷册此項作何開支，如何聲叙，事關庫欵會奏，斷不可稍有錯誤。亟應飭查明確，以憑核覆。除清摺所鈔部文及咨部各件已徑送該司不再重録外，合亟札查。札到，該司即便遵照札行事理，迅速分晰查明。限文到二日内申覆核辦，毋稍稽延。

咨北撫院黄陂縣民徐天聰家被捕役王貴升等藉案行搶會訊情形 光緒十九年四月十九日

據同知銜分間補用知縣龔瑞清、署黄陂縣知縣程懋祺會禀稱，奉臬司札，訪聞民人徐天聰家被捕役王貴升等藉案行搶一案會訊情形贓摺等情請示遵前來。除批：據禀已悉。查差役藉案行搶，殊屬大干法紀，自應嚴辦。惟查摺開徐天聰家失物僅只布衣粗賤物件，其爲貧户可知。捕役王貴升等如果專爲行搶，所欲恐不止此。且來禀[一]有到縣訊明徐運狗係屬正賊在卷一語，是徐運狗是否果係安分之人，亦必質究明確，方成信讞。來禀但謂案情可疑多端，犯供未經審定，該縣委等遽請就地懲辦，殊屬草率。此案現經該司報明提省審辦，仰北按察司迅飭委員催提全案人犯卷宗來省，發交委審衙門悉心研訊，務得確情，不得聽其狡展。一面勒限嚴飭該縣比挈行竊馬家駟質鋪贓賊，務獲一併解省，歸案質審，分别禀辦，毋稍枉縱。切切。爲此，合咨貴部院請煩查照施行。

札北善後局籌助山西賑欵 光緒十九年四月二十九日

照得山西本年災歉甚重，前蒙聖典，發帑賑濟，并奉諭旨截

〔一〕抄本《督楚公牘》為「未禀」，依文義，似應為「來禀」。

撥湖南、北漕折散放，業經恭録咨行在案。查晉省豐甯等廳被災尤重，地方遼闊，道殣相望，官賑不敷。疊接北洋大臣及晉省官紳電函告急，諄懇籌濟前來。亟應不分畛域極力籌濟，以拯災黎。合亟札飭。札到，該局即便遵照，迅速設法先行籌撥銀一萬兩，刻日電匯天津，請直隸爵閣督部堂李〔一〕飭局彈收，轉解災區散放。仍將撥欵及電匯日期具報查考。

密飭荆宜施道查拏徐士昌等到案質訊光緒十九年五月初一日

光緒十九年四月二十八日據江陵縣民人劉大海呈稱：爲誤墮叛阱，後患叵測，不得不首懇質押，密飭拏辦，以除鉅害而靖地方事。惟蟻祖世業耕讀，循禮守法，從不毫非。不料前年蟻因探親外出，突有一介執柬來家，向蟻妻告伊乃章華寺廟徐士昌等著來，現有緊急之事務接蟻往，且囑恐蟻歸遲，即夜半亦須急往。及蟻回歸，妻告以介接之由。蟻聞語意窘急，茫不知故，當即趨往。至彼，見其人煙濟濟，酒席重重，劃拳飲酒，歡聲振地，呼弟叫兄，嘻笑喧天。當有素慣非爲案積如鱗之張永厚、朱德春等整衣出迎，邀蟻入座。蟻當驚問其故，伊乃告稱今係九龍山之支會，特約蟻爲幫辦之協領，今既赴會，請毋推辭。即出以九龍山之會簿令登名目，著俟九龍山號令之一發，即爲弟兄們出頭之日期，具令飲血酒爲盟，囑蟻勿漏絲毫之風，插箭爲誓，許以功成有爵禄之賞。蟻當既罹陷阱，進退兩難，欲從則干禁令之典，欲違立有羞惡之辱，是以呆思良久，含忍允從，希冀暫脱虎口，後自不善。蟻回歸之後，每見伊等倚仗會衆之勢，慣作不法之非，强佔他人之田地，因其小也。霸姦他人之妻女，慣其習焉。一呼百諾，個個皆奸盜詐僞之輩。彼兄我弟，人人悉謀反叛逆之徒。而尤結黨逞横，動輒統會上之兄弟，甚至尋隙逗詐，害絶他人之家產。投人則人莫敢制，控官又官法遠寬。愚民不諳訟理，多受弄巧反拙之害。伊等善於擺佈，每致求伸反屈之冤，因而鄉民受害者忍不敢較，惟有將就飲忍，暫圖苟安。茲蟻既誤墮陷阱，業已深知其情，既不甘鄉民遭塗炭之苦，又何堪盛世遭叛逆之害。欲禀地方官，恐地近風漏，反遭畫虎不成之害。欲久忍不首，恐伊等叛逆事敗，蟻干知情不首之愆。但案問叛逆不得，投奔大人台前，賞訊明確，一面將蟻押所，現拏獲在押猾賊之王道聖解省對質，迅委幹員會同沙防營密拏爲首徐士昌、張永厚、朱德春、嚴東山、王玉材、艾志仁、伍大明、李定生等，一併解省質訊究辦。如蟻稍有虚涉，願甘加等反坐，不勝待命迫切之至等情，到本部堂。據此。當飭收呈委員詢據該民供稱，光緒十六年二月，伊被徐士昌等誘至離城三十里之章華寺即二聖寺勒令入會，云是福建九龍山之支會，飲血酒，約定將來九龍山號令發到，同時起事。有傳教海狐書一本，在徐士昌手中。徐士昌及張永厚爲正副龍頭，伊爲陪堂，吴光品當家三爺，張永厚管事四爺，朱得春紅旗五爺，趙正黼黑旗五爺，蕭成銀么爺，王道盛老爺。王道盛現因盜案經紳士送縣，押在江陵捕卡。口號旱路爲騰雲而來，水路爲身挂龍珠而來。有難曰奔醬。伊誤墮陷阱，現悔誤出首。徐士昌、張永厚、朱得春均住沙市街江瀆觀梁松亭甲下，王玉林、艾

〔一〕指李鴻章。

志仁、嚴東山住沙市尾街李保正甲下。拏他須派營，江陵縣差多與之通，恐走漏消息等語。查該民誤罹陷阱，既已深知其情，何以事隔數年之久，始行出首，其中恐有不實不盡。惟控情既係會匪糾黨謀逆，未便置之不問，自應確查訊明，實究虚坐。除將該民人劉大海飭發江夏縣暫行管押外，合亟密飭。札到，該道即便遵照，揀派沙防弁勇，不動聲色，將徐士昌等查拿并搜取海狐書到案，發交江夏縣，先提在押之王道盛訊明，再提同徐士昌等，隔别質訊虚實，迅速據實禀覆，以憑核辦。如係挾仇誣陷，亦即從嚴懲辦，以遏刁風，毋稍疏漏延緩。切切。

札北鹽道撥編書經費 光緒十九年五月十七日

照得本部堂前因洋務一端爲方今要政，交涉之事動關國計民生，因應稍昧機宜，即妨大局。誠以今日有志之士欲達時務，必悉洋情。近今譯出外洋各書及時人紀述，或言一國之政令，或記一時之事情，或采專門之藝術，無關全體。前經本部堂議定體例，分别十二門，延訂上海格致書院王山長韜，蒐羅外洋書籍，詳加采擇，依類編纂，聘請外洋高手、精通中西文字英國儒士傅蘭雅、布茂林等廣購洋書，選擇繙譯，并檄飭北鹽道籌撥經費，節經該道於宜昌川鹽税鋪捐欵項下撥支具報各在案。查全書已創定，稿本由滬寄鄂。本部堂詳加披閲，叙次間有傷於繁冗之處。緣洋人紀載筆墨，向來不免細碎重複。續經延訂楊主事楷、楊明經模、華明經世芳、王訓導錦榮，將全書重加編纂，提要鉤元，删其繁複，補其未備，務期義例精審，考據詳明，使各國今昔之情形，政治之得失，富强之要圖，犁然備載，深切著明，俾我志士學人開卷瞭然，得以博考通籌，無虞隔膜，裨益時局，實非淺鮮。所需經費，仍於税鋪捐項下提撥應用。應支脩火及繕校謄寫一切事宜，仍由蔡道錫勇隨時妥酌，禀明辦理。書成後，應照原議寄送出使德俄奥各國大臣許〔一〕復核，隨時由本部堂裁定，再行發刊。

札李謙查辦麻城縣郝家舖毆斃教士事〔二〕 附單 光緒十九年五月二十日

現據漢黄德道惲道祖翼禀稱：瑞典國教士前往麻城縣宋埠一帶傳教，地方不願，幾致滋事。適麻城張令經過該處，彈壓無事，禀經職道疊次函牘切商丁領事，俟地方官開導百姓信從，再往傳教，否則難於保護。領事已允照辦，該教士旋復執意前往。四月望間，宋埠出有揭帖要打洋人，又經職道飛札張令妥爲彈壓。頃丁領事來，云五月十八日宋埠附近郝家舖地方，竟聚多人將教士梅寶善、樂傳道二人毆斃等語，并鈔録丁領事送到清單一摺，到本部堂。據此。查上年沿江一帶屢出教案，疊經本部堂通飭各屬曉諭地方，嚴禁造謡生事，務期民教相安，遇有造謡揭帖之匪徒即行查拏嚴辦。倘失於覺察，不能先事防範，致釀成重案，定惟該管地方文武及防營將弁是問，已不啻三令五申。乃今復有麻城宋埠附近郝家舖地方毆斃教士二人之案，深堪痛恨。查此事無論有何情節，該處民人并不禀官究辦，輒敢聚衆妄爲，毆斃人命，實屬大干法紀。究竟因何滋事，是何實情，亟應飭派大員馳往查辦。查有湖北候補道李道謙堪以派委，督同黄州府知府高蔚光馳

〔一〕指許景澄。

〔二〕以下十六件録自抄本《督楚公牘》。

赴滋事地方切實查辦，合就札飭。札到，該道、府即便遵照，即日督同高守將起衅滋事緣由詳晰確查，先行據實飛速禀覆，并將真實滋事爲首行兇之人迅速督飭該縣查拏務獲，訊明照例嚴辦，以儆效尤，斷不准含糊敷衍，任聽真犯遠颺。一面會督地方官出示彈壓，毋許再滋事端。切切。特札。

丁領事清單

抄搶燒殺傷斃數命。

李加崇率領大有寨、陳家寨、天星區等處之人，喝令為惡。

郝子坡匿名揭帖，造謡惑衆。

郝家鋪：樂傳道、梅寶善。

札謝得龍會同查辦嘉魚閘工 光緒十九年五月二十三日

照得嘉魚縣港口建閘一事，口内口外民人争執不決。現據藩、臬兩司禀稱，已飭委候補知縣石令廷鑾前往該縣會商查辦，應再加派本標中軍副將謝提督得龍馳往嘉魚縣，會同委員石令、該縣趙令，查明該處隄内隄外確實情形，如何方能内外均享利益，此事是否痞棍從中藉端滋鬧。遵照面飭各節，傳集隄内外兩造紳首剴切開導，體察情形，妥籌禀覆核奪。合亟札委。札到，該署將即便遵照迅速馳往，妥爲查辦禀覆，并將到縣日期具報查考。

咨南撫院奏奬拏獲華容匪首劉先祥一案出力員弁附單 光緒十九年五月二十三日

上年十二月間，本部堂疊據岳州府知府鍾英、署華容縣知縣陳錕禀報，十二月初間，風聞華容地方有外來會匪糾黨約期起事等情，當經該府縣等飭派巡緝勇丁，協同高真團總拏獲劉幅先、張茁得二匪，訊據供認聽從匪首劉先祥、宋瑞林、李天罡入會，布黨華容、安鄉、永定、益陽及湖北石首等縣交界地方，約期十二月二十一日在華容起事等供。時屆歲暮，謡言四起，經該縣會營督紳設局練團，彈壓清查。惟地方遼闊，縣城空虚，駐防慶字營一哨不足資分布，禀請撥勇下縣等情。當經本部堂飭署本標中軍副將謝得龍迅撥武防營勇二百名，於正月初二日乘輪駛往華容，檄委儘先都司蔣聲耀就近馳往接帶，會同地方文武分道拏辦。旋據該府縣暨都司蔣聲耀先後禀報，查出華容各團所繳飄布，除劉先祥所開飛龍山外，又有大明山係李長生所開，金鳳山係周迎椿所開，諸大堂係舒寶林所開。當派勇購線，四出查拏。據雷應團拏獲舒寶林，各團疊獲廖組溁、鄭步青，慶字營哨官湯弼廷拏獲劉子真、魯宗潰，該都司蔣聲耀拏獲周迎椿及起事之匪首劉先祥，并會同振字營哨弁暨團紳等拏獲匪首宋仙洲、李天罡，先後解交華容，提犯質審，訊取確供，禀請懲辦前來。除隨時由貴部院及本部堂批司飭由岳州府派員會同華容縣復訊，均與原供相符，批飭將各犯分別懲辦監禁。其李天罡一犯，在益陽狡不認供，并飭解赴華容，與續獲之宋瑞林質訊明確再行懲辦暨飭將未獲之卿雨山、劉湘洲各要匪嚴緝務獲外，查此案匪首劉先祥等糾黨分布兩省五縣交界地方，約期歲暮圖爲不軌。事起倉卒，縣城空虚，民情汹懼。署華容縣陳錕力籌布置，該縣團紳蔡世昌、張廕祚等捐資募勇，設局練團，拏獲匪首黨多名。儘先都司蔣聲耀接帶武防營勇馳往華容，在縣屬黄土窖拏獲周迎椿。維時匪首劉先祥已聞風遠颺，該都司派弁購綫分投踹緝，在湖北潛江縣總口地方竟能將該匪首劉先祥拏獲，復會同振字哨弁眭小春暨團紳等緝獲宋瑞林、李天罡等。未及兩月，首要次第就擒，而匪首劉先祥逃匿隔省地方，該都司設法購拏，不遺餘力，俾起事首惡迅速成擒，剗除鉅患，在事文武員弁均屬異常出力。自應欽遵光緒十七年六月初六日所奉諭旨，照異常勞績，隨案奏請優獎。現經本部堂飭據署本標中軍副將謝提督得龍查明尤爲出力員弁，開具清摺請獎前來。查此起會匪在華容滋事，所獲各匪，均籍隸湘省，出力各員弁紳首均在湘省，自應由貴部院就近將該處文武員弁紳首及振字營弁勇擇尤查案核辦，主稿會奏，較爲詳核，并將華容續獲各匪查明，彙入此次具奏。其千、把以下應獎之弁兵勇丁，應予咨部請獎，可無須歸入此次奏案，以免人數致形繁多。應由貴部院彙案核明會咨。相應抄録謝提督得龍請獎員弁清摺咨會。爲此，合咨貴部院請煩查照核辦，查叙案情，主稿挐銜，會奏會咨。望切施行。

謝提督請獎員弁清摺

署理中軍副將、記名提督謝得龍，謹將都司蔣聲耀率帶營勇，在華容辦理會匪，拏獲首要各犯出力各員，擬請保獎，以示鼓勵，理合分别開具奏獎咨獎清摺，呈請憲核。

計開

藍翎游擊銜儘先都司蔣聲耀，請免補都司，以游擊留於兩湖儘先補用。

指發湖北試用縣丞蔣宜孫，該員率帶弁勇眼線，拏獲匪首劉先祥，由縣訊明稟奉懲辦在案。并親赴各鄉團，協同團紳清查保甲，開導被誘愚民繳飄首悔，收繳飄布甚多，在事勤奮異常。請俟仍歸原省補缺後，以知縣儘先補用。

以上奏獎二員。

委辦華容團防儘先外委謝運銓，隨同清查保甲，協緝匪首，在事出力，請以把總留於湖廣督標，儘先補用。

五品軍功閔佑炳、六品軍功林普照、謝敦友，該弁等帶同眼線勇丁拏獲匪首周迎椿，由縣訊明稟奉懲辦在案。并協同團練拏獲匪黨廖組滐、劉成名等，在事尤為出力。均請以外委儘先拔補。

岳州城守營華容汛外委楊逢春，率帶汛兵辦理團防，協拿匪要，遇事出力，不辭勞苦。請以把總儘先拔補。

以上咨獎。

飭江漢關道照覆領事備述宋埠教案起衅緣由辦理并無不合 光緒十九年五月二十七日

光緒十九年五月二十二日據瑞典國駐紮漢口丁副領事照稱：光緒十九年五月十八日，敝國梅寶善、樂傳道兩牧師在麻城縣宋埠之郝家舖地方教堂中，爲無數頑民戕害，并抄搶焚屋等情，業經敝副領事將大概情形并即派員會同在漢牧師馳往該處，先將屍身妥爲運漢各等因，備文照會江漢關惲監督查照辦理各在案。茲據派出李道台及委員各一員，已於本月二十一日晚伴同敝國牧師等迅馳前往該處，即將被害兩牧師屍身趕緊妥速運漢，約計本月二十五日必能到此。應請届期遴派大員來漢，會同惲監督親至敝處，面同敝副領事看驗，以免稽俟。除函咨惲監督查照外，相應備文照會。爲此照會貴部堂請煩查照，臨時專派大員會同惲監督親至敝處，面同看驗等情。本月二十四日又據該領事照同前情，并稱茲於本月二十二日據牧師盧義德及英牧師等復返回漢來署稟稱，該牧師等會同派出李道台、陳委員等馳往黄州府稍停即擬前行，詎料該處地方官及同委員均即阻止，不令前往，亦不照料一切，慢禮非常。直至切實面詢李道台既奉伴送至彼運屍，何得中途阻止等云，説之再三，李道台出示公文，據云上司原委，並無飭令伴送至麻城縣鬧事地方運屍明文，是以不能照辦。牧師等當聞此言，不勝詫異。既在漢確言同往，何中途忽有更變，顯見設意誘延，上下其手。牧師等以屍身爲重，未便聽其阻守黄州，空無所見，不得已仍回漢口，伊等亦並不攔阻。該牧師等以謂此案辦理是此不合，斷難妥協等情禀稱前來。敝副領事據禀，誘延阻止，洵屬實情。事關殺教焚堂抄搶重案，委員上下其手，地方官慢禮非常，種種不合，出於意表。本日又據洋街董委員携來電報籌辦各等因。准此。非敝副領事所能核辦。至於梅、樂兩牧師屍身究竟如何，盧牧師等既爲誘延，無從往運，應作何辦理之處，事在貴國，敝副領事亦無從措置。除備文照會江漢關惲監督查照外，相應照會查照，接洽備案施行各等情，到本部堂。據此。查麻城縣向無教堂，此案該教士等徑往麻城縣宋埠之郝家舖地方租屋售書，鄉人素不信從，咸相驚訝，紛紛聚觀，愈集愈衆，幾釀事端。經麻城縣馳往彈壓保護，始行解散。又值該處五月間有龍舟盛會，聚觀人衆，最易滋事。加以民情强悍，距城較遠，保護尤爲難周。經地方官禀由該道疊次照會領事，勸令該教士等迅速回漢，暫勿前往傳教，領事已允爲諭知。乃該教士等不聽地方官勸導，執意逗留，久不回漢。會期已迫，經麻城縣勸令該教士移寓縣城，宋埠巡檢勸其暫避署中，均不允從。該縣見無可理喻，會營彈壓，幸未滋事，其委曲保護之深心固已無微不至。迨會期已過，於十八日午後，有賣桃賣菜數人路過洋人門首，欲入觀看，被教士及教民等喝令所雇保衛鏢手捉獲吴治太、劉元燦、陳觀壽、朱應四人綑禁，飭令所雇鏢手持其名片繞道解城。鄉民不知索放無獲，疑爲已經致斃，立激衆怒，擲石奮擊，致將教士二人毆斃。使該教士不受教民之愚，聽從地方官勸導早日回漢，及無縱任教民逞强綑捉鄉民四人之事，何至激動衆怒，自蹈不測。其禍雖由自取，而情殊堪憫惻。案關毆斃教士二命，地方不免驚擾。當經飭派大員李道，督同黄州府馳往查辦，意在彈壓地方，緝拏兇犯，并非爲伴送教士運屍而往。旋因該教士等堅欲隨行，故携其同去。乃該教士未諳中國體制，誤以所派大員爲伴送運屍，遂多方挑剔，殊屬無當。迨李道行至黄州，據報該縣已將梅、樂二教士屍棺妥爲護送至鵝公頸，候派輪船拖運來漢，即經告知該牧師勿庸前往郝家舖。該牧師堅執不從，定欲陸行前往，不得已派兵護行。乃該教士中途變計，旋復折回漢口，誣稱委員阻止不令前往，慢禮非常，設意誘延，上下其手等語，核與所辦情形大相懸殊。是否該牧師等不諳華語，致有誤會，抑係有意作難，莫可理喻，殊不可必。此案梅、樂二教士屍棺已由麻城縣起運至鵝公頸，即經派撥輪船前往拖帶，并派員會同關道俟教士之屍棺運到漢口時妥爲照料措置，并無不合。除飭委員督同地方官嚴緝兇犯照例懲辦外，合就札飭。札到，該道即便遵照照覆該副領事知照。毋違。

札江漢關道等查拏漢口私設織布分局包攬之人并出示曉諭 光緒十九年六月初一日

照得湖北省織布官局收買棉花，均係籌撥官本，派委妥員分赴各屬，會同各該州縣采買，公平交易。民間有自運棉花赴局銷售者，均即刻收買給價，不准稍有停待剋扣抑勒等弊。局中所出紗布無論多寡，均任商民自行赴局購買運赴各路銷售，并無另籌商股。今紳商承領採辦棉花及在外另設分局分銷紗布等事，前據孝感附生王作霖及職員仇時化等稟請籌資本承領采辦棉花兼銷紗布等情，均已嚴行批駁，不准干預包攬各在案。兹本部堂訪聞漢口地方竟有人膽敢私設織布分局，揑造批示，妄稱領有織布局札文，承領採辦棉花、包銷紗布，藉此私集商股，招摇撞騙，膽大妄爲，實堪痛恨。除札飭江漢關道、漢陽府縣嚴密查拏務獲究辦外，合亟出示曉諭。爲此，示諭通省商民人等知悉，爾等須知織布局係奏明奉旨開辦，一切支銷均係籌撥官本，并未集有商股，所需棉花均有委員采買，民間欲赴銷售儘可自運赴局，所出紗布應自行赴局購買，多寡均聽其便。漢口及各屬地方均未設有分局，凡外間有託言布局集股承領采辦棉花、設局分銷紗布者，均係匪徒假冒，切勿受其詐騙。如有能查悉私行集股撞騙包攬之人赴局報信帶往緝拏者，并分別酌給獎賞。其各懔遵毋違。特示。

札南北臬司、咨南撫院會奏會匪渠魁解赴江南訊辦謹將獲犯出力員弁保獎摺 光緒十九年六月初一日

照得本部堂於光緒十九年六月初一日會列湖南撫部院吴(一)前奏會匪渠魁解赴江南，業經訊明奏請懲辦，謹將獲犯出力文武員弁擇尤保奬，以昭激勸一摺。除俟奉到硃批恭録另行外，所有摺稿合先鈔行。爲此，札行該司、道將即便查行取造保獎各履歷清册三本，呈賫核照咨。此札。

爲照會匪渠魁解赴江南，業經訊明奏請懲辦，謹將獲犯出力文武員弁擇尤保獎，以昭激勸一摺，前經本部堂擬定摺稿，繕具會回稿先行咨請貴部院核定書奏，將會稿存案回稿鈐印移還，以憑繕發在案。旋於光緒十九年六月初一日准貴部院咨，除書奏將會稿存案外，所有回稿相應鈐印移還等因。准此。查此案摺稿現經本部堂於光緒十九年六月初一日會列貴部院台銜具奏。除鈔稿咨行并俟奉到硃批恭録另咨外，所有出奏日期相應咨明。爲此，合咨貴部院請煩查照施行。

札織布局籌議撥還山西善後銀二十萬兩 附單 光緒十九年六月初五日

光緒十九年五月十三日准兵部火票遞到軍機大臣字寄湖廣總督張。光緒十九年五月初一日奉上諭：張煦奏，山西省向有善後銀二十萬兩，張帶至鄂省應用。現在山西辦賑需欵，請飭該督迅即撥還等語。山西北路荒歉，賑撫一切待用孔殷，即著張將前借山西善後銀二十萬兩迅速籌欵撥還，交商限期匯解晉省以應急需。原片著鈔給閲看。將此諭令知之。欽此。遵旨寄信前來等因。到本部堂。承准此。合亟恭録札行。爲此，札仰該局即便欽遵查照，迅速籌議詳覆。毋違。

張煦片

再，山西省向有善後銀二十萬兩，光緒十年經兩廣總督臣張之洞借赴粤省應用，每年付息銀一萬八千兩。嗣該督臣調任兩湖，

(一) 指吴大澂。

又將此欵帶至鄂省，均經先後奏咨有案。伏查此項銀兩本係丁、戊大祲辦賑所餘，存儲司庫作為善後欵，以備地方不時之需。該督臣前在晉省撫任内知有此欵，到粵即奏明借用。在晉省彼時以為本係閒欵，既付息，即與在晉發商生息同一營運，故無異議。旋於十六年，該督臣又將此項息銀奏明減去五釐，晉省辦公遂益形支絀。去年北路荒歉，冬春賑撫用銀至七十餘萬兩，糧三十餘萬石，凡有可以搜括之處羅掘靡遺，刻尚不能停止。該司道等去冬疊經告貸鄰疆，無非以晉民歷捐各省賑欵，冀報施之往來。幸各省督撫臣力顧大局，如江南、江蘇、安徽、山東，均匯寄鉅欵，以濟要需。該督臣公忠體國，念切民瘼，山西又其舊治地方，如聞災況，及籌辦為難情形，當亦惻然動念，必不忍隔膜視之。江漢地大物博，該督臣又才善經營，即無此欵，當無難於設法挹注。雖此欵挪借鄂省亦屬辦公，但本省之公欵，原備辦本省之公事。今以山西之欵辦湖北之事，而山西民情疾苦反至束手無策，一再上煩聖慮，揆之情理，似亦未為允當。合無仰懇天恩，敕下湖廣總督臣張之洞迅將前借山西善後銀二十萬兩籌欵撥還，交商限期匯解來晉，以應急需。據賑捐局司道具詳請奏前來，臣復核無異。除分咨查照外，理合附片具陳，伏乞聖鑒訓示。謹奏。

光緒十九年五月初一日奉硃批：另有旨。欽此。

飭荊宜施道迅查利川縣南坪等處滋擾教堂情形 光緒十九年六月初六日

據監督江漢關道惲道禀稱：頃准法國德領事來函，近聞施南府利川縣，於南坪、支羅、汪家營、涼霧山四處激動紳民起衅，擾害教堂，自應詳細照請辦理。但事關緊急，亟應先行函請札飭利川縣遇事遵照條約，不得激成事端，否則釀成鉅案，尤形棘手。請飭照約辦理等因，開摺禀請札飭荊宜施道速爲飭查保護等情，到本部堂。據此。查利川縣屬南坪等處地方，紳民滋擾教堂，究竟因何起衅，有無其事未據禀報。亟應飭查明確，以安民教。合行飭查。札到，該道立即遵照，一面飛飭利川縣查明究竟有無其事，因何起衅，即日飛速禀覆，并飭該縣按照條約妥爲保護彈壓，毋得滋生事端，是爲至要。如稍有枝節，該縣定干未便。并一面委員馳赴該縣查明確實情形，飛速禀覆核辦。

札歐陽炳榮等前往萍鄉等處採買油煤焦炭 光緒十九年六月初六日

照得漢陽煉鐵廠現經次第工竣，亟需開爐試煉。惟馬鞍山、王三石兩處煤井工程均奉趕辦。馬鞍山雖漸已出煤，第焦炭爐座甫經安設。且目前一處出煤不敷試煉之用，亟應查照奏明原議，暫行採辦湘煤藉資接濟。湘煤産旺質佳，惟煤處煤色不一，必須擇定一兩處派員前往采買，籌定轆轤轉運之法，庶不致稍有缺乏。茲查長沙、醴陵交界之江西萍鄉縣向産油煤，所煉焦炭亦勝他處。此外，湘潭縣係耒陽、常甯兩縣煤斤屯聚之處，該兩縣産煤亦佳，運道均便。應即派員前往萍鄉採買油煤三百噸，務於本年八月中旬以前由該處運到鐵廠交收。價銀運費至多不得過三兩，方能合算。每月能運幾次，共運若干噸，應如何雇備船隻源源轉運不窮之處，即由委員體察情形，妥議辦法，分晰禀辦。其土煉焦炭向多粗疏，不甚合用，應如何設法精煉，并由委員選帶鐵政局化學生前往，與該處工匠講求煉法。先煉焦炭一百噸運鄂試用。查有湖北候補知縣歐陽炳榮、湖南試用典史王天爵堪以派往。應先行帶銀若干前往，即由鐵政局核定發給。除分飭遵照外，合亟札委。札到，該員即便遵照札行事理，迅速束裝會同帶銀前往萍鄉妥爲辦理，并順道至湘潭查看。如有耒陽、常甯運出佳煤，一并訂購，先行採買一二百噸運鄂試用，并將起程日期報查。

札北藩司等迅速籌撥湖南醴陵等處災賑 光緒十九年六月十四日

案准南撫部院吴咨具奏醴陵縣等處上年秋成歉薄，本年入夏乾旱，疫氣盛行，飢民待哺孔殷，懇恩發給帑銀三萬兩分别撥往災區賑濟一摺，抄録奏稿咨會前來。查醴陵、攸縣、茶陵等州縣被災歉收，民情困苦，兼有瘟疫流行，道殣相望，亟需賑濟。救災恤鄰，古今通義。矧鄂湘誼屬一家，亟應設法籌撥協濟，以拯災黎。除已由本部堂捐廉銀五百兩移送助賑外，應即飭司局迅速設法，籌撥銀兩解湘兑收，稍資協濟。合亟札飭。札到，該司局即便遵照，會同北善後局迅速籌撥協濟，詳覆委解，毋稍稽延。

飭織布局刊刷查拏漢口私設織布分局招摇包攬之人告示附單 光緒十九年六月二十二日

照得本部堂訪聞漢口地方有人胆敢私設織布分局，捏造批示，妄稱領有該局札文，籌集商股，承領采辦棉花、分銷紗布者，均係匪徒假冒招摇。愚民無知，難保不受其詐騙。亟應出示曉諭及嚴札查拏究辦。除札飭查拏外，合將示稿札發。札到，該局即便遵照，迅速刊刷二百道，刻日呈賫來轅蓋印飭發張貼曉諭，俾商民一體周知。勿違。

捏造批示

内閣中書曹本觀：職員等稟請承領採辦棉花開局一案，理合准行。著該職會同紳商妥為籌辦，所有欵項俟行文藩、臬兩司商定章程入奏，開立總局，列名匯保。凡織造局需用棉花，務著該員按月呈繳，不得違誤干咎。凡各路採辦分委，著該員擇選老成官紳商民承領，仰即遵行不貸。著發給委札，備案呈核。總辦委員曹本觀號悟生、王昆山、楊中衡、韓可亭、陳金山、童老爺、周師爺。局立黄陂街打扣巷上首德成茂扇號後内。

札北藩、臬司等按約保護西人 光緒十九年六月二十五日

據美國駐紮漢口安領事官呈送駐紮漢口各國領事官會銜照會一件，内稱駐漢各國領事現觀瑞國傳教二人在宋埠被殺一案，殊勝驚訝，并聞湖北内地傳習教者多處被擾不平。若不合行照請設法嚴辦，以儆將來，誠恐在貴屬行商、傳教各西人統難保其身家性命，斯他日之禍不較上年宜昌、武穴更鉅耶。敝領事職司通商交涉，茲見聞若此，理應相商照會。爲此備文照會貴部堂，請煩查照。希即按約嚴行究辦，并請札飭各地方官，凡西人之在通商各口及内地往來傳教遊歷，其身家性命統希按約實力保護，以杜後禍，是所切禱等情，到本部堂。據此。查上年武穴、宜昌兩處教案，費盡調停，刑獄繁興，市面驚擾，官民交受其累。疊經嚴

飭各屬切實防範，毋許再滋事端。乃案結未久，復有麻城縣宋埠地方毆斃洋教士二命之案，辦理尤多棘手。當經飭派李道謙馳往麻城確查起衅緣由，并督同府縣嚴拏逞兇滋事各匪犯，務獲懲辦在案。茲據照會前情，合亟札飭。爲此，札仰該司、道即便移行各屬一體遵照，凡西人在通商各口及内地往來傳教遊歷，務須按照條約密切妥爲保護，毋許居民再滋事端。是爲至要。此札。

札南北藩、臬司等嚴密防範勿許居民滋生事端光緒十九年六月二十五日

據署英國駐紮漢口芾領事官照稱：竊照麻城縣宋埠地方莠民毆斃瑞典國教士二命一案，固有關各國大局，而於英國關繫尤多。本署領事深恐該處人民毒害西人之心，流移於英人所駐各他埠，宜先事防範。因特趁此機會，籲請貴部堂迅速嚴飭屬下兩省各地方文武官員，令其即出妥當告示，曉諭百姓，并一面設法彈壓保護各該境内旅居之英人，似此庶免宋埠臆想不及慘烈之事。爲此照請俯賜查核等情，到本部堂。據此。合就札行。爲此，札仰該司、關、道即便移行各屬一體遵照，嚴密防範，毋許居民稍滋事端。至地方官出示一節，事關毆斃教士，一經出示，民間轉多疑訝。應由地方官先事豫防，消弭無跡，方爲妥協。所請出示曉諭一節，應毋庸議。此札。

札江漢關道移飭襄陽縣瑙美會牧師在樊城買地修屋一案光緒十九年六月二十七日

據安襄鄖荆道朱道稟稱，襄陽縣稟瑙美會牧師在樊城買地修屋一案，通融定議，請示祇遵。又據江漢關惲道稟，接朱道來函，以美國瑙美會牧師在樊城置買房地一案，并屬職道代爲請示電知等因，稟請示遵各等情，到本部堂。據此。除批：稟悉。查美約准在通商各港口設立禮拜堂，必須無礙民居，不關方向，方准起造，本無准在内地設立禮拜堂明文。嗣因内地設堂相沿已久，美國亦准通融援照辦理，然必無礙民居，不關方向，經賣主稟明地方官核准，方得動工興造。此案瑙美會私買地基，未經地方官核准，輒自興工起造，實與條約成案不符。旋經襄樊紳商士庶聯名公稟，有礙風水、方向、隄工，情詞懇切，均關緊要。丁令勉强調停，不過爲目前了事之計，日久終難相安。雖據稱與教士訂明隄工如有坍塌，應向内修，民人房屋讓地若干，伊等亦願照讓。此係一時權宜之言，將來教堂落成，欲其讓地築隄，實同虚語。教士函中言明上蓋樓房，高矮以本房合式爲度，尤屬含混，均難照准。應即查照紳商等所議，籌欵備價贖産，以杜葛藤。由該教士另行覓地，照章報明印税，方准興修。此案未經地方官核定印契，輒自鳩工興造，是其自誤，所有工料聽其自行變價，官不豫聞。仍將私賣地基之孫錦蘭勒緝，務獲懲辦，以儆效尤。仰即遵照辦理。仍候撫部院批示。繳。摺存等因。印發並電飭外，合就録批行知。爲此，札仰該關道即便移飭遵照。

咨北撫院户部咨海署會奏鐵廠預籌開煉成本分别准駁摺附單光緒十九年六月二十七日

光緒十九年六月二十七日准户部咨開：湖廣司案呈准北檔房

付據海軍衙門會奏鄂省鐵廠預籌開煉成本一摺、咨文一件，付司辦理行文等因前來。相應鈔録前項原奏，恭録諭旨，咨行湖廣總督遵照可也等因，到本部堂。准此。除分行外，相應咨會。爲此，咨貴部院請煩查照施行。

鄂省鐵廠預籌成本分別准駁摺

奏為遵旨速議具奏事。竊准軍機處鈔交湖廣總督張之洞奏鐵廠工程計日告竣，開煉成本謹籌撙節騰挪辦法，以免再請部款一摺。光緒十九年三月十五日奉硃批：該衙門速議具奏。欽此。欽遵鈔交前來。查該督原奏，内稱遵旨籌辦煉鐵事宜，自光緒十七年八月開工，刻下生鐵大鑪二座、熱風大鑪六座、煅鑛大鑪四座，統為煉生鐵廠，已於二月完工。其煉貝色麻鋼廠、造鋼軌廠、造鐵貨廠，均定於四月内完工。煉西門士鋼廠、熟鐵廠均定於五月内完工。總計六大廠，五月内一律完竣。其機器廠、鑄鐵廠、打鐵廠已於上年完工。其大冶縣鐵路，暨大冶石灰窑、鐵山舖，漢陽鐵廠水陸馬頭，亦於上年秋冬間先後完工。至煤為煉鐵第一要務，於江夏、大冶兩縣訪得鐵煤苗兩處，分用西法開采，並先用湘煤試煉。至開煉經費，亟須預籌。此乃出貨成本，與造廠經費兩不相涉，只須籌此一次，以後即可周轉。謹就湖北物力之所能辦到者，籌一節省騰挪之法。擬先開一鑪，從容擴充，以節經費。現在關東修路，湖北造軌，本是相因而起。十六年三月籌辦設廠之初，即經商明直隸督臣李〔一〕。接其電覆，云將來鄂鋼煉成，自可撥用。是以特購各機器分建各廠。中國既能造軌，斷無再購洋軌之理。查關東議定每年修路二百里，曾向李詢明，每年約需軌價十九萬餘兩。鄂廠造軌，仍係官物，先發官本，不比商賈圖利，可以墊辦，似應由北洋每年將此二十萬先行支付，以為工本。惟北洋造路，工費浩繁，未便全行預支。擬將湖北、湖南兩省每年應解北洋鐵路經費各五萬兩共十萬兩，截留劃撥充用，作為預支軌價。此乃鄂廠應得銷軌價值，并非無故分用。再由湖北糧道無礙京餉之雜款内借撥十萬兩，作為代北洋籌墊軌本之用。兩項共計二十萬兩。其劃扣北洋經費之十萬兩，俟軌成運津後，核計實用若干，尚短價若干，由津補足。在北洋不過預支半價、後付半價，似亦酌中平允。以後每年即照此辦理。如再有不敷，所設織布局當有贏餘，亦可酌量撥補鐵廠之費等語。總理海軍事務衙門查鄂省開廠煉鐵，原為修辦鐵路造軌之用。今該督詳陳所建各廠均已次第完工，克日開煉，所需經費自應豫為籌畫。惟臣奕與臣李往返電商，臣李以為部撥鐵路經費每年僅有此數，現修關東鐵路，事體正繁，需款正多，時有不敷之勢，若將湖北、湖南應解之款一旦扣留，辦理必頓形棘手，所請騰挪礙難照准。然鄂省鐵廠開煉亦屬要需，應請由户部設法代籌，以觀厥成而免作輟。至由湖北糧道無礙京餉之雜款内借撥十萬兩作為代北洋籌墊軌本之用，户部查該督擬由湖北糧道借撥銀十萬兩，既據原奏聲明借動雜款無礙京餉，俟兩年後由鐵廠分為十年歸還，應如所請辦理，所有該省應行解部協撥之款，不得分毫挪用，以重要需。其借撥糧道銀兩，究係何項雜款，將來按期歸還，均須隨時聲明報部，以憑查核。至李電稱鐵路經費礙難挪用，請由户部代籌鐵廠要需一節，查帑項支絀，各省皆然。張之洞原奏亦稱此時度支極絀，

〔一〕指李鴻章。

斷不敢請部撥欵。是户部指撥為難，為該督所深悉。所有户部設法代籌之處，礙難辦理，應請毋庸置議。此次鄂省鐵廠開煉，既籌有成本，若誠如該督所陳大冶鐵鑛依法制煉，與洋廠所造無異，將來行銷不難暢旺，不惟關東鐵路可以擇用，亦未始非經費開源之一端。相應請旨飭下該督於開辦後詳訂行銷各省章程，并將月出鋼鐵數目分季造報總理海軍事務衙門、户部，以憑查核。所有建議各緣由，是否有當，謹合詞具陳，伏乞皇上聖鑒。

再，此摺係總理海軍事務衙門主稿，會同户部辦理。合併聲明。謹奏。請旨。

札江漢關道照會瑞典副領事提解人証歸案訊辦 光緒十九年七月初二日

案據黄州府知府高蔚光督同麻城縣知縣張集慶禀稱：郝家舖民人與瑞典國梅、樂兩教士互毆致斃教士二命一案，業將查明起衅情形及解犯回郡審訊各緣由會禀在案。伏查該教士句留郝家舖，皆倚劉子翰、楊敬臣等爲耳目。訊據洋教士所僱鏢手郝永豐即九箇蛋供稱，鬧事之時，劉子翰即老六與郝方坤、郝光鼎即梅臣、周恒祖即幹臣、楊敬臣、劉司務等均在場目睹。那日捆捉地方的人，都是劉子翰、周幹臣、劉司務喝令捉的。自鬧事後，聽説郝方坤全家同周恒祖等都往漢口洋街居住，教士的衣物錢財是劉司務經手等語。卑府等訪聞郝方坤等均赴漢口洋街藏避，與郝永豐之言大致相同。此案劉子翰、郝方坤數人當鬧事之時均在場目睹，劉司務尤有經手錢財衣物等事，且均係中國民人，又爲洋教士所任用，始終在事。現獲各犯供詞閃爍，必須教士所用之人一併到案，互證旁參，庶足以資折服而成信讞。禀懇札行關道照會瑞典國領事，將現居洋街之劉子翰、郝方坤、郝光鼎、楊敬臣、周恒祖、劉司務等就近解交關道衙門轉遞來郡歸案質訊，實爲公便等情，到本部堂。據此。查郝家舖地方滋事一案，迭據李道等會禀，實因捆捉鄉民四名，激動衆怒，致釀鉅禍。現已獲犯多名，恃無眼證，供詞閃爍，難以定讞。該劉子翰等六人皆洋教士所用，始終在事，見聞必確，自應一併到案，以資互證。儻此數人并不到案質訊，則供詞難定，此案實屬無從辦結。合就札飭。札到，該關道即便照會瑞典國副領事，將現居洋街之劉子翰、郝方坤、郝光鼎、楊敬臣、周恒祖、劉司務等傳到，交送江漢關道轉解黄州府歸案質訊，以便速爲了結。如該劉子翰等避匿不到，即是藐法抗傳，自有應得之罪，應由該關道督飭漢陽縣嚴切查拏務獲，解赴黄州審辦，毋稍違延。切切。此札。

札江漢關道照會英領事飭黄州教士回漢 光緒十九年七月初四日

案據該關道禀稱：前准兼理丹國事務、英國芾署領事照會，以丹國教士路化中在黄府城客棧居住，請飭黄岡縣隨時保護等因。前此即經禀明憲台，一面照覆芾領事，論令路教士切勿赴黄，免致生事。頃復接准芾領事來文，辯論多端，其意路教士未必肯離黄州。轉瞬考試，與各童逼處旅店，深慮難以相安。將來文照録，清摺呈閲，到本部堂。據此。查内地傳教爲條約所准，地方官按約保護，亦分所應爲，順情理而行之，原可不待辯論。第處事有經權，時勢有險阻，必須準情酌理，因地制宜，方能相安於無事。

查條約但有准其傳教之文，并無强令民人從教之例。若必勉强民情所不願，以致有意激成事端，殊失兩國通誠相與之道。查教士傳教，原以勸人爲善，本天理之自然，必能循循善誘，由漸而入，毫無勉强，庶傳教不至於滋事，保護亦易於爲力，此條約之本意也。夫所謂保護者，意在一視同仁，待華民如此，待教士亦如此耳。今如教士到境，民情既不願其來，而教士又堅持而不肯去，不自責其傳教之無方，而責人以保護之不力，西教之道，果如是乎。在教士有冒險之虞，在地方官有掣肘之患。且教士游歷，并無定在，豈能處處皆以兵力彈壓。此非入内地傳教也，特入内地生事耳，條約之本意果如是乎。黄州城内向無洋人居住，現值考試之期，各處考童雲集，體察民情，甚不願洋人在彼傳教。若必勉强久住，勢必激成事端，彼此均屬無益。仍應由芾領事迅即諭知路化中，刻日回漢，以期相安。俟試期過後，民情如有轉機，再行前往傳教，并未爲遲，何必故意與地方官爲難。該關道即便照覆芾領事知照。

咨總署穀城縣教民具結呈悔誤控房屋被焚燒斃人命一案[一]

光緒十九年七月初六日

案據署湖北穀城縣知縣鍾桐山稟據教民雷財義具呈，前誤控房屋被焚，斃伊母雷謝氏一案，現已查明，自行呈悔。又據教民鄭發文、羅章氏、吕張氏等赴縣呈稱，前因同教之雷財義房屋被焚，伊母雷謝氏被燒斃命，并茨河地方教民羅德生等不知遠遁何處，疑係被匪殺斃，經主教郭登瀛赴縣稟請查緝。現在訪察確實，雷財義房屋實係母隻身卧病，自行失慎，致遭燒斃。教友羅德生、李南瓜、鍾興友、吕永有當時因民間有教民下毒之謡，聞言遠避，均已遠遁地方，不知踪跡。從前情急懷疑誤控，現已查明，不敢始終堅執誣累，據實陳懇詳銷，免究坐誣。經該縣訊與呈詞相符，分别取結，稟請銷案等情，到本部堂。據此。除批：據稟及另單均悉。查穀城金牛寺地方教民房屋被焚，燒斃婦人一案，疊經本部堂嚴飭該縣選差勒拏放火滋事匪徒從嚴懲辦在案。兹據該縣稟據教民雷財義赴縣具呈，伊家房屋并教士所造之屋，實因伊母雷謝氏年老卧病，失慎延燒，并非匪徒放火，情願出具甘結，悔請銷案，并聲明一時痛母情切，懷疑誤控，邀免坐罪。又據教民鄭發文、羅章氏、吕張氏等赴縣呈稱，前因同教之雷財義房屋被焚，伊母雷謝氏被燒斃命，并茨河地方教民羅德生等不知遠遁何處，疑係被匪殺斃，經主教郭登瀛赴縣稟請查緝。現在訪察確實，雷財義房屋實係伊母隻身卧病自行失慎，致遭燒斃，教友羅德生、李南瓜、鍾興友、吕永有當時因民間有教民下毒之謡，聞言遠避，均已遠遁他方，不知踪跡。從前情急懷疑誤控，現既查明，不敢始終堅執誣累，據實陳懇詳銷，免究坐誣等情。經該縣訊與呈詞相符，分别取結，稟請銷案前來。查此案既據雷財義及教民鄭發文等自行查明呈悔，該縣訊取供結相符，應准如稟銷案。其前獲之貢生許順理、周稱二名，訊係無干，亦應即予省釋，以免牽累。仰北按察司轉飭遵照辦理具報，并分移安襄鄖荆道、江漢關道知照等因。印發外，相應録批抄稟咨呈。查此案實因該處主教南熙意在民教永遠相安，從中開導勸息，是以各教民不致始終狡執，

[一] 以下三十七件録自抄本《督楚公牘》。

合併聲明。爲此，咨呈貴衙門謹請察照施行。

札委朱滋澤赴李士墩籌辦煤務兼督察鐵山運道事宜光緒十九年七月初九日

照得大冶道士洑、李士墩等處煤務開辦已久，經費已多，成效尚鮮。現在鐵廠工程均經告成，亟應試煉，需煤甚急。本部堂查李士墩地方煤窿，前據余郎中稟明試辦，該處煤層甚厚，煤脈亦廣，民間開采尚少，氣脈完整。惟該委員等辦理諸多延緩膠葛，亟應特委幹員前往督催籌辦，以應要需。應即派委鐵政局坐辦候補知府朱滋澤速赴大冶李士墩等處，會商余郎中正裔，督飭各委員工匠認真籌辦。所有李士墩、道士洑等處各窿口何處應開，何處應停，以及購地、購料、開窿試鑽及選用員司工匠、核定經費一切事宜，均責成該守悉心籌畫妥協，會商余郎中迅速舉辦。土窿出煤多不堅結，所出亦少，難供煉鐵之用。應如何酌采西法，添用機器，以期出産暢旺，采獲佳煤之處，并由該守相機妥籌，迅速稟辦，勿稍游移。其鐵山運道工程、調處洋匠各事宜，一併飭由該守就近督察，務期核實撙節，諸臻妥協，勿稍延誤。風聞鐵路鋼板及螺絲釘等件仍不免有偷竊等弊，并由該守確查嚴辦。除分行外，合亟札委。札到，該守即便遵照，速赴大冶李士墩等處，按照札行事理認真籌辦，并力求撙節，以副委任。并將到工日期具報查考。

札北善後局將測海兵輪管帶安得永記大過一次光緒十九年七月初九日

照得駕駛兵輪，首以練習風濤沙綫爲要務。長江圖綫路明顯，較海道尤易練習。如測海兵輪上年臘月派往安徽，竟至擱淺，派輪拖帶，費盡心力，始行出險。且查擱淺之處并非輪船應行之路。測海往來長江有年，舵工管機人等不少熟手，該管帶安都司得永不知所司何事，必係任用非人，不擇好手，以致駛入險地擱淺，船身幾至受傷，實屬荒謬已極。本應即行撤差，姑念船身未受大傷，姑從寬記大過一次，以示薄懲。嗣後如再有似此情事，定即撤參，勿謂言之不豫也。合亟札飭。札到，該管帶即便懔遵，以後務須選用好手充當大副、管輪等事，并雇募熟悉水道之人充當帶水。懔之，慎之。毋違。

飭德安衛將所辦黄金、銅古二山銅鑛是否漸有成效稟覆核辦光緒十九年七月十一日

照得德安府安陸縣屬黄金、銅古二山銅鑛，前據鐵政局申報，係飭德安衛守備宗承烈暫行試辦在案。迄今日久，未據將辦理情形及領過經費若干稟報。是否已經加工開挖漸有成效，抑係未得大脈辦理尚無端倪，鐵政局亦未經稟報。應飭該守備將該處銅鑛每日開挖雇用人夫若干名，掘深若干丈尺，支用數目若干，能得鑛砂若干，較前賫呈鑛樣質色優劣如何，迅速據實稟覆，以憑察核酌辦。合亟札飭。札到，該守備即便遵照，限三日内迅將現辦情形及支領過經費數目據實稟報，勿稍含糊虚飾延緩。是爲至要。

咨南撫院會奏會匪渠魁解赴江南訊辦、保奬獲犯出力員弁摺 光緒十九年七月十六日

照得本部堂於光緒十九年六月初一日會列貴部院前銜，具奏會匪渠魁解赴江南，業經訊明奏請懲辦，謹將獲犯出力文武員弁擇尤保奬，以昭激勸一摺，當經鈔稿咨行在案。茲於七月十三日欽奉硃批：著照所請。該部知道。欽此。合就恭録照行。

飭都司安得永接帶楚材輪船 光緒十九年七月十六日

案照前因楚材兵輪鍋鑪機器節年未加修換，奏明派員勘估修改，并以鄂省餉力極絀，奏明通融辦理，以兩輪之費勻作三輪之用，就測海、金甌兩輪薪糧勻作三船經費。平日駐防巡緝，礮手、水勇人等自行通挪勻撥。如三輪須併開之時，臨時照原定人數薪糧一律募足，事竣即行停止。一年開支三輪薪糧，行住合併牽算，以三箇月爲度等因。經海軍衙門核准，會同兵、户、工三部奏奉諭旨咨行，當經轉飭善後局遵照在案。茲查楚材兵輪鍋鑪機器業經修竣，應即派委管帶測海兵輪之都司安得永前往兼帶，薪水毋庸另支。其原委之都司劉紀賢改爲幫同照料，月給薪水二十四兩。除分行外，合亟札委。爲此，札仰該都司即便遵照，迅往楚材輪船接帶，查照奏案，將楚材、測海、金甌三輪平日駐防礮手、勇丁應如何通挪勻撥，三輪併開時應如何募足及事竣停止之處，妥議章程，報由善後局核定，詳候核辦。并隨時督率勇丁，將鍋鑪機器一切打磨光潔，舵工水手練習風濤沙線、操演槍礮，務令一律嫻習，以副委任。仍將接帶日期報查。

札武昌府出示禁止鄉試文武士子及送考人等前往布局游觀 光緒十九年七月十六日

照得湖北省奉旨建設織布官局紡紗織布，以期暢銷土貨，杜塞外耗，關繫極爲重大。所有局中軋花、摇紗、紡紗、織布各廠，安設機器櫛比鱗次，藝徒工作皆須眼明手快，小心將事。緣廠中機器之外餘地無多，各處飛輪皮條上下掣動，若閒人過往，襟袖辮髮稍有挂礙，即致損傷肢體。且各廠棉花山積，紗布縱横，晚間工作均係電燈照耀，尤以火燭爲厲禁。藝徒一二千人，皆懸挂腰牌，出入稽察，禁止局外一切人等不得入内觀看，最爲嚴緊，以防游手好閒之人混跡入内，誠恐或有疏虞，貽害匪淺。現值鄉試，省中文武士子及送考人等先後雲集，恐不知禁忌，前來游觀。亟應明白示諭禁止。爲此，示仰鄉試文武各士子及送考人等知悉：爾等須知織布官局成本重大，廠中四處皆是棉花，禁止閒人入内，防範火燭，理宜嚴密。鄉試人多，無從辨認，尤恐閒雜人等混跡，肇衅生事，禁止游觀，不得不格外從嚴。且廠中機器林立，飛輪皮條到處掣動，爾等衣衫襟袖最易牽惹挂礙。其中機器房飛輪廣大，半嵌地中，廠屋深暗，易致傾跌。又有電房電機，尤防人觸，若不知誤入其中，設有所觸，危險已極。爾等父兄師友，務當互相勸戒，約束子弟，切勿前往游觀。若有不知者行至局門，守門勇丁務當明白勸阻，引令觀看告示，曉以一切，即當止步勿前，毋負本部堂諄諄告誡之至意。其各懔遵毋違。特示。除將告示札發布局張貼門首外，合行繕發。爲此，札仰該府即便

發去告示二十道，遍貼曉諭。仍將貼過處所報查。

札歐陽炳榮等精煉焦炭毋庸拘定限期 光緒十九年七月二十六日

據鐵政局呈開湘煤知縣歐陽炳榮、典史王天爵等來函，內稱在萍鄉召募向煉枯塊老手，當面教習，頗有成效，視萍人向惜工本者較良。若再依法奉行，自能精益求精。惟限期太窄，諸事傯忙，難保不滋草率等語。查煉鐵之炭，以灰少爲最要，而燒煉焦炭，以大塊堅結、燒透中心、內外一色者爲佳。惟於未煉之先，尤以洗煤爲第一要義，能洗淨則劣煤變爲佳煤，未經淘洗則佳煤亦不合用。其法將整塊上等油煤一律搗碎，用水淘洗，務將煤內沙石及雜質洗濾淨盡，再行入爐燒煉。煉出之炭，其灰自少。若不講求洗煤之法，則雖極力加工燒煉，亦仍徒勞無功。該令等務當悉心講求，從容設法燒煉，無庸拘定限期，總以焦炭煉精可用，并將油煤出產運道價值船價考究清楚，每月每路能運若干，能否源源接濟，辦理確有把握，再行運煤回鄂。除行知鐵政局外，合亟札飭。札到，該員等即便遵照辦理，并將遵辦情形飛稟察核。

札鐵政局、槍礮局及所屬各局、廠、鑛每月册報到院 光緒十九年七月二十七日

照得鐵政局事務繁重，槍礮局工費亦漸繁多，所有漢陽鐵廠、槍礮廠以及馬鞍山、王三石、李士墩各煤局，大冶石灰窯運道暨鐵山開採鐵鑛，富池口鉛鑛各局，經費浩繁，每月支銷用數，自應按月册報本部堂以憑綜核。乃各局月報竟有遲至兩三月始行彙報者，實屬不成事體。嗣後各該局上月支銷册報，至遲限於下月初五以前具文申報，初十日以前到院，如能趕早報出者尤善。上月經費或餘存若干，或不敷若干，或欠發若干，墊支若干，本月應請領若干，分晰開具簡明四柱清摺，隨同上月支銷册稟報，聽候本部堂批發鐵政局或槍礮局，方准該總局發給。如上月支銷册并未到院，本部堂未經批准發給數目者，一概不准給領。倘總局收支委員不見上月支銷册，不候本部堂批示擅行發給者，定行駁斥扣回，仍將收支委員懲儆。除分行外，合亟札飭。札到，該守、員等即便懍遵辦理。毋違。

札李增榮查鐵山開鑛情形 光緒十九年七月二十八日

照得大冶鐵山開鑿鐵鑛機器久經照設停妥，前經檄委鐵山運道委員、候補知縣李增榮兼辦開鑛事宜在案。查鐵鑛每日斷須開采二百噸，方足供煉鐵之用。前據洋匠世瓦而茲籌定開通鐵山橫路二道，采鑛始能便捷。現在本部堂風聞鐵鑛橫路開至深處，工匠多不肯深入，工程甚爲延緩。該令所司何事，何以漫不經心，毫無覺察。鐵廠業經告成，不日即須試煉，若橫路不能開通，將來鐵鑛何以能每日開足二百噸之數。亟應責成該令實力督催稽查，工匠不得偷嬾，不入深處。其橫路工程現已開深開寬若干丈尺，鑛砂每日究能采取若干噸，工匠共用若干名，每名工價若干，該令應即督飭巡檢朱沛確切查明，分晰稟覆。倘將來開煉生鐵，運到鐵鑛每日不足二百噸，定惟該令是問。合亟札飭。札到，該令即便懍遵辦理，迅即稟覆察核。毋延。

咨北撫院海軍衙門議奏鄂省鐵廠成本不敷籌撥請由糧鹽兩庫借撥銀兩摺 附單

光緒十九年七月二十八日

光緒十九年七月二十八日准兵部火票遞到總理海軍事務衙門咨開：本衙門會同户部於光緒十九年七月初十日具奏議覆鄂省鐵廠開煉成本不敷籌撥，請由該省糧鹽兩庫借撥銀兩一摺。本日奉旨：依議。欽此。除咨行户部外，相應恭録諭旨抄奏咨行湖廣總督遵照辦理可也等因，到本部堂。承准此。除行北布政司、糧鹽兩道、鐵政槍礮局外，相應咨會。爲此，合咨貴部院請煩查照施行。

鄂省鐵廠成本不敷籌撥請由該省糧鹽兩庫借撥銀兩

奏為遵旨議奏事。竊准軍機處鈔交湖廣總督張之洞奏鐵廠開煉成本，部議未能如數籌撥，實屬不敷，謹仍照原奏另籌借撥以應急需一摺。光緒十九年六月十一日奉硃批：該衙門議奏。欽此。欽遵抄交前來。查原奏内稱：鐵廠先行開煉一爐，前奏歲需經費五六十萬兩，實與洋匠多方考究，撙節估計，無可再省。現在鋼鐵各廠將次告成，但開辦煤井、建造焦炭爐各項工程正在吃緊之際。蓋開煤井、煉焦炭，實為煉鐵之根，必須趕辦。而修理演試各種機器，添雇洋匠教練藝徒，修守鐵路，填築廠内餘地各事宜，端緒甚繁，需用甚急，均須迅速督催布置周妥，始能開煉。即使前奏所請借撥二十萬兩如數撥到，而其餘尚須專指槍礮廠經費湊足，究竟槍礮廠經費能收若干，能挪用若干，尚未可知，已恐不敷。今鐵路經費十萬兩既不允截留，短此十萬鉅欵，實屬無從措手。北洋大臣李鴻章亦深知開煉要需，勢有難緩，故有請户部代籌以觀厥成而免作輟之議。今此項經費户部既不能代籌，只可仍由湖北本省自行設法騰挪借撥，以免功虧一簣。再四籌維，惟有仍由湖北糧道庫無礙京餉之雜欵再借撥銀五萬兩。又查湖北鹽道庫尚存有長江水師申平銀五萬兩，一併借撥應用，以敷原奏之數，仍照原議統自光緒二十二年起，分作十年歸還。此兩項於京協各餉均無妨礙。至户部原奏稱借撥糧道銀兩，究系何項雜欵，將來按期歸還均須隨時聲明報部等語。查前奏所請，係兑費、水脚、幫津三欵，此各欵向係留備本省奏撥餉需之用，此次擬借五萬，仍就此三欵内撥用，將來歸還時，自應與申平一欵一併隨時報部等語。總理海軍事務衙門查本年三月間，會同户部議覆湖北鐵廠開煉成本奏請借撥銀二十萬兩，當經會議准由該省糧道庫借撥銀十萬兩，其豫支北洋軌價銀十萬兩，經臣奕訢電商臣李鴻章，以為部撥鐵路經費每年僅有此數，現修關東鐵路事件正繁，需欵正多，時有不敷之勢，礙難照准。然鄂省鐵廠開煉亦屬要需，請由户部設法代籌。户部議以帑項支絀，各省皆然。張之洞原奏亦稱此時度支極絀，斷不敢請部撥欵。是户部指撥為難，為該督所深悉。所有户部設法代籌之處殊難辦理，應請毋庸置議等因。奏明奉旨：依議。欽此。欽遵抄録行知在案。會據該督奏稱現在鋼鐵各廠將次告成，開煉一切，前撥欵項不敷，請由湖北糧道庫無礙餉京之雜欵，再借撥銀五萬兩，又鹽道庫尚存有長江水師申平銀五萬兩，一併借撥應用。臣等公同商酌，該省開廠煉鐵，專為修建鐵路造軌之用，前籌欵項不敷應用，所請借撥糧道、鹽道兩庫銀兩，既據聲稱無礙京協各餉，自應准其借撥以濟要需。户部查湖北糧道庫雜欵一項，係奏定盡數徵解，毋得擅行挪用。鹽道庫長江水師申平一項，係留為水師閏月俸餉等項之用。是兩項銀兩原難輕易借撥。惟鄂省煉鐵經費原議需銀二十萬兩，除前由糧道庫借撥銀十萬兩外，尚短銀十萬兩。該督所稱煉鐵成本不敷，自屬實情。且查糧道庫兑費、水脚、幫津等項，如有緊要餉需，向准奏明撥用。水師申平銀兩，尚非解部之欵，所有湖北煉鐵經費自應如該督所請，准其由糧道庫雜欵項下借撥銀五萬兩，長江水師申平項下借撥銀五萬兩，以符原定之數。仍令查照前奏，將來按期歸還，均須隨時聲明報部，以憑查核。所有遵議緣由是否有當，謹合詞具陳，伏乞皇上聖鑒。

再，此摺係總理海軍事務衙門主稿，會同户部辦理。合併聲明。謹奏。請旨。

札委史賡雲選收商煤 光緒十九年八月初二日

照得鄂省鐵廠不日開爐試煉，亟須先行購買湘煤以濟急需，業經飭諭鐵政局派委黄守國瓌督同曹倅受詔，在漢口設法收買。查煉鐵所需油煤，必需質佳且净，方可備製焦炭之用。商船所運之煤，其中難免攙雜烏板、碎塊及沙礫、泥土、水濕等件，必須認真挑選，核實議價，按斤兑收，事體極爲繁重。且湘煤以衡州之耒陽、常甯爲一路，永州爲一路，寶慶之邵陽爲一路，長沙之安化爲一路，務宜分投招致，以備選擇。應即添派候補知縣史賡雲隨同黄守、會同曹倅認真核實迅速辦理。除分行外，合亟札委。札到，該令即便遵照，迅速前往鐵政局稟商總辦蔡道，隨同黄守、會同黄倅多方考究收買，認真挑選，核實議價，按斤兑收，不可稍有疏忽延緩，毋負委任。是爲至要。

札委曾時霖赴耒陽、常甯兩縣購買油煤 光緒十九年八月初六日

照得鄂省鐵廠告成，亟須開爐試煉，馬鞍山等處煤井尚未竣工。前有湘煤煉冶鐵之議，曾經奏明有案。查湘省油煤以衡州府屬之耒陽、常甯兩縣所産爲佳，永州府之陽林司所産亦屬可用，運道亦均近水，尚較他處爲便。應即派委候補從九品曾時霖前往耒陽、常甯、永州等處採辦。應先購辦各窿上等油煤，每種各數十噸迅速運鄂。記清窿口，勿得淆誤，聽候總局化驗能否合用，再行定議多購，以應急需。并將該處煤窿情形、價值、運費及每月能運若干噸，能否源源接濟各節，詳切查明籌計，開具清摺，呈候核辦。即由鐵政局酌發銀兩交該員帶往，核實迅速辦理。除行鐵政局外，會亟札委。札到，該員即便遵照，迅速束裝前往購運油煤，認真挑選堅結整塊，不得稍有攙雜烏板、石塊、土渣、水濕等件。能擇定一窿購買一色之煤，更爲合用。該員務當悉心講求選擇，核實議價，按斤兑收，迅速運回，毋稍疎略稽延，致負委任。切切。

札通山縣將俄商採辦茶樹被鄉民作壩揹阻情形查明稟覆 光緒十九年八月初九日

據監督江漢關惲道詳稱：光緒十九年八月初三日准俄國王領事官函開，查百昌商人在通山採辦之茶樹，因鄉民作壩阻揹，不准放行。曾經本領事兩次函請貴道查照，飭通山縣趕緊究辦在案。因通山縣奉文後任意玩延，并不趕緊辦理，以致採辦之茶樹躭延日久，現在均已枯死無用，該商虧耗甚大。且該處紳民勒索錢三

百千文，理應賠償。現在尚未查明該商虧耗實數，俟查明實數後，再行函知。相應函請貴道煩爲查照，希即飭通山縣勒令該紳民將勒索之錢如數繳完，一面訪拏爲首聚衆之人到案，照例嚴辦。望切施行各等因。准此。查此案本年五月二十九日准俄領事函據本國商人達尼羅夫稟稱，欲遣僕人黄鋆如赴通山羊樓峒、聶家市等處採辦茶樹，請填給護照，應徵税銀由漢口呈繳等因。職道當查同治二年英商寶順行欲赴内地購買茶子出洋一案，經福州將軍、福建撫部院咨准總理衙門核覆，查例禁之物均載在税則，茶子既未載在例禁之條，若必欲禁阻，徒費唇舌，應照善後條約第一條，按值百抽五徵税，准其販運出口等因咨行在案。此次俄商採辦茶樹，事同一律，自應照准，并録案面稟憲台，奉諭准辦。當即函覆俄領事，照洋商赴内地辦土貨章程，由領事備文聲明該商請領赴某處採辦茶樹運照報單若干套，以便填給。旋准俄領事函，請填給該商赴通山羊樓峒、聶家市辦茶樹單照各一套，共三套。當經查照定章，如數填送給領去後。嗣於七月初七日准俄領事函稱，據百昌商人即達尼羅夫稟，該商在通山地方辦就茶樹，裝船運漢，被該處鄉人作壩阻止，勒索重價，請飭辦前來。經職道札飭通山縣刻日剴切開導鄉民，迅將茶樹船隻放行，勿任阻撓生事，仍將實在情形先行稟核，并行武昌府轉飭遵辦。七月二十日，復准俄領事來函，以通山縣尚未奉文，該處鄉民仍行阻止，又經專差札飭通山縣趕辦具復各在案。事經一月之久，兩次行文，該令竟無隻字稟覆。接准前因，除再由職道迅飭通山縣妥速查辦據實稟報暨照復俄領事外，相應具文詳請憲台俯賜查核，嚴札飭令武昌府、通山縣一體遵照，趕緊查明，妥辦速復，批示祗遵等情，到本部堂。據此。查洋商請領單照赴内地採辦茶樹販運出口，曾經總理衙門核准有案，各省通行已久。今俄商請照赴通山羊樓峒採辦茶樹，通山縣鄉民何得抗照阻撓，妄行生事。嗣經江漢關道兩次札行趕辦速覆。事經一月之久，竟無隻字稟覆，殊屬玩延已極。案關洋務交涉，全賴消息靈通，上下應手，方能弭患無迹。乃該縣率意漠視，漫不經心，如何措辦，久不稟覆，致滋外人藉口，大屬不合。亟應嚴札申飭。札到，該縣立即遵照，趕緊查明俄商領照販運茶樹，該處民人因何作壩阻撓，有無勒索重價情弊，務將此案刻日妥速辦結。如有勒索錢文情事，并即查明追繳。一面將滋事匪徒嚴拏懲辦，毋許片延，致干未便。切切。

札李謙查辦湖南臨湘縣民毀棄俄商茶樹一案光緒十九年八月初九日

監督江漢關惲道詳稱：光緒十九年八月初三日准俄國王領事官函開，據百昌商人稟稱，商人前持關憲發給單照，往聶家市採辦茶樹七百餘株，裝箱二百餘口，正在上船運漢。於七月二十五日五記鐘時，該處突來鄉民百餘人，不問情由，竟將茶樹箱二百餘口全行毀壞，連茶樹一併抛於河中各等情前來。據此。本領事查該商領有單照辦貨，此貨是俄商輸税之貨，該鄉民敢將商貨聚衆搶劫，商人虧耗資本甚多，且躭悞工夫。相應函請貴道煩爲查照。希即飭臨湘縣訪拏搶劫之鄉民，并勒令賠償該商之虧耗。現在尚未查明該商虧耗實數，俟查明後再行函知可也。等因。准此。查此案本年五月二十九日准俄領事函據本國商人達尼羅夫稟稱，欲遣僕人黄鋆如赴通山羊樓峒、聶家市等處採辦茶樹，請填給護照，應徵税銀由漢口呈繳等因。職道當查同治二年英商寶順行欲赴內地購買茶子出洋一案，經福州將軍、福建撫部院咨准總理衙門核覆，查例禁之物均載在税則，茶子既未載在例禁之條，若必欲禁阻，徒費唇舌，應照善後條約第一條，按值百抽五徵税，准其販運出口等因咨行在案。此次俄商採辦茶樹，事同一律，自應照准，并録案面稟憲台，奉諭准辦。當即函覆俄領事照洋商赴內地辦土貨章程，由領事備文聲明該商請領赴某處採辦茶樹運照報單若干套，以便填給。旋准俄領事函請填給該商赴通山羊樓峒、聶家市辦茶樹單照各一套，共三套。當經查照定章，如數填送給領去後。接准前因，除照覆俄領事外，相應具文詳請憲台俯賜查核，嚴札飭令湖南臨湘縣遵照，趕緊查明，妥辦速覆，批示祇遵等情，到本部堂。據此。查洋商請領單照，赴內地採辦茶樹販運出口，曾經總理衙門核准有案，各省通行已久。今俄商持照赴臨湘縣聶家市採辦茶樹，該處民人竟將茶樹箱二百餘口全行毁壞，抛棄河中。如果屬實，殊出情理之外。事關商務交涉，鄉民抗照阻撓。亟應飭派大員馳往查辦。查有湖北候補道李道謙堪以派委，合就札飭。札到，該道即便遵照，刻日馳往湖南臨湘縣，會同岳州府查明該處鄉民因何將洋商茶樹抛棄河中，有無別項起釁情節，會同督飭臨湘縣徹底查究，秉公辦結，不准稍涉迴護，并將爲首抗照滋事匪徒嚴拏務獲懲辦，以儆效尤。毋違。此札。

咨總署各國商人及教士請照游歷湖北等省者均未呈驗保護邀免詳報

光緒十九年八月十四日

據湖北荆宜施道監督宜昌關税務周懋琦詳稱：案奉札准總理衙門咨，光緒十九年五月初四日准美國田使函稱，有本年三月間之畢竟成遊歷護照一張，兹擬更改省份，現已將請改之湖北、陜西各省份於照內改明，并希再於所改處加蓋印信，請分咨各省保護等因前來。除於原照內將所改之省份加蓋本衙門印信，并函覆田使外，相應咨行貴督，轉飭地方官於美國人畢竟成持照到境時沿途照約保護，并將到境出境日期聲覆本衙門存案備查可也等因，行關轉飭所屬一體遵照，於美國人畢竟成持照到境，務須照約妥爲保護，并將到境出境日期由關查核詳咨等因，奉此。除通行各屬，如有美國人畢竟成至湖北荆、宜、施三府所屬地方妥爲保護外，復查職道自光緒十八年十月十三日奉飭到任之日起，截至本年五月底止，共計奉到憲台、撫憲飭知各國游歷姓名文札共計六十起，計男女一百九十九名口，內商人游歷三十八名，餘一百六十一名口均係教士、教女。時閲八月，無從一人至荆、宜、施等府縣地方報過到境之案。查外洋各國商民教友雖有指請順赴湖北游歷執照，至楚以後，并未親身赴荆、宜、施三府所屬各州縣地方有司衙門報到，職關無從知其曾否出入境內。合無仰懇咨明總署，各國洋人無論在京在外請給游歷執照者，但至湖北省，未至州縣官衙門親身報到并報往何處游歷者，職關應請邀免詳報。既未報官，到境有案，遇有事故，不能責該州縣保護。理合具文詳報查核等情，到本部堂。據此。查該關道所詳，係爲慎重保護，力杜後患起見。州縣屬境遼闊，民人良莠不一，若該洋人不向地方官報知，何從施其保護。應請與各國公使籌商妥善辦法，以期彼此兩益。相應據情咨呈。爲此，咨呈貴衙門謹請察核見覆施行。

札委袁敏功赴王三石幫辦煤務光緒十九年八月十四日

照得前據鐵政局呈報，大冶王三石煤礦工程［緊］要，檄委候補通判袁敏功前往幫同張令延鴻照料在案。查王三石煤務南新井鑽工、東鉅井機器氣鋼接就，應即責成該倅督飭工匠，迅將東鉅井抽水均係目前急務，輪班抽水，晝夜不得稍有間斷。該倅應即駐工監視數晝夜，察看井内之水能否抽乾，并會同張令妥商洋匠，趕將南新井鑽機安就，即日開鑽，祇候本部堂親莅查勘一切。應由鐵政局核給薪水銀兩以資辦公。除分行外，合就札委。札到，該倅即便遵照，迅赴差次，幫同張令認真督工，以副委任。

飭襄河水師及鐵字營聽候校閲光緒十九年八月十六日

諭旨查閲湖北營伍，所有長江水師、岳漢兩標八營官弁兵丁，前據岳州、漢陽二鎮先後稟請一體閲看。業經本部堂定於九月初三日校閲，其襄河水師及鐵字營水師，自應一體校閲，合亟先行飭知。爲此，照行該提督即便遵照，迅即酌量情形，在於較近各營選撥礮船若干號馳赴漢口，與鐵字營商定地段聽候校閲。勿違。

札興國州查富山頭煤鑛情形光緒十九年八月十七日

該州與江西武甯交界之富山頭地方向有煤鑛。前據漢口電報局委員王希閏稟，此山煤鑛該處民人陳慕嬰等已售歸該職員王庭楨開采，當經飭據委員歐陽炳榮等暨該牧查覆，稟稱勘得富山頭江楚相錯，其界址未易區分，惟業已收買到官，無論屬楚屬江，均可一律開挖。其煤質成塊者頗屬堅實，以應機器所需，較勝大冶各窿之産。其運道由窿口至小河十四五里，至大河二十里，夏秋水長，可以一徑運省。所有水陸價值，由王庭楨先行試運，再爲開報。附近尚有民窿數處現均有水，惟細茅坑、柴坑兩處可勘。細茅炕煤質過鬆，柴坑與富山相仿。第民間開掘已十數年，可采之煤已屬無多。計柴坑運至龍港約三十餘里，中有小溪，可以用竹簰盤駁。若欲另開窿口，必須備有鉅貲，只可留爲緩圖等語。查富山頭煤鑛前據委員張金生面禀，煤質既佳，運道亦便，附近各煤窿均遠遜此山之煤。惟此山煤鑛業已售歸職員王庭楨，自係該職之産，何以該牧會禀稱業已收買到官，無論屬楚屬江，均可一律開挖。又云由王庭楨先行試運，再爲開報，殊屬含混。豈該山之煤除王庭楨收買之外，尚有可開之處已爲該牧收買，抑係王庭楨暫行試辦，將來仍可歸官。若皆非是，則是富山頭佳鑛已爲王庭楨收買。柴坑之煤，據該牧禀已稱開辦不易，且運道亦遠遜，此外安得復有佳煤如富山之鑛可供官局開采耶。合亟札查。札到，該牧即便遵照，迅速明白禀覆，不得仍前含混，致干未便。切切。

札北善後局奬勵練習洋槍各員弁兵勇附單

光緒十九年八月十八日

照得武、漢七營及各防營，前經飭令練習後膛洋槍，認真講求，分别行知遵照在案。茲本部堂於本月初四、十二等日，將督撫兩標五營，武、漢兩協營實任候補官弁兵丁，并礮隊營、鐵字、鴻字、升字、武防、襄河水師等防營官弁勇丁，親加校閲，中靶者頗多，足見平日練習尚屬認真，自應優加獎賞，以勵操防。所有中靶最多各員，除副將程悦賢已經即行委署及已有薪水者只照章給獎外，參將王蘭芳，游擊袁家瑶、姜成立等三員，即行充補查城差使，副將龔宏寶，把總李安福、何之森等三員，即行充補津貼員額，此次勿庸另給獎賞。其餘各員弁，候補總兵以下、都守以上及防營營官，中靶五槍者獎銀八兩，中靶四槍者獎銀五兩，中靶三槍者獎銀四兩，千、把、哨官差弁及兵勇中靶五槍者賞銀六兩，中靶四槍者賞銀四兩，中靶三槍者賞銀三兩。其同日閲看襄河水師陸路陣式、刀矛雜技，礮隊營刀矛雜技，一併按單給賞。該統領將官等務須傳知各該營認真努力，勤加練習，益臻精熟，以後仍當隨時課閲，慎勿懈怠。合行開單札飭。爲此，札仰該局即便遵照清單發給，并移行各營一體遵照。毋違。

中靶五槍四十八員名

緑營將官

督標候補游擊袁家瑶現已委查武勝門差使

防營將官

管帶礮隊營補用游擊吴良儒

緑營實任、候補都、守、千、把

署督標中營都司張彪

督轅武巡捕候補都司胡文達

候補守備鄧成思　趙紹榮

期滿世職方開榮

督標操防營洋槍隊哨官署督標左營千總朱國林　候補千總程鳳池　董錦祥

候補把總劉金泰　李安福現已充補津貼費額

防營哨官

礮隊營總教司補用都司王得勝

鐵字營哨官周清華

武防營哨官羅友勝

緑營外額差弁

督轅戈什孟廣發　韓勝杰　李得標　陳廷彪　孫福翔　王其山

防營差弁

礮隊營教司五品軍功　徐正興

礮目五品年功　孫應培

五品軍功盡先外委　姚廣順

緑營兵丁

撫標右營兵丁陳啟泰

漢陽協營操防兵丁吴祥勝　王魁林

防營勇丁

礮隊營勇丁王世明　王連升　孫玉同　卓占標　羅振聲　馬振坤　徐炳升　姚春發　張忠元　李篤才　任得慶　王貴元　方悦琦　張連升　李云青　孫長道　曹永順　王玉標

鐵字營勇丁　馮有勝

鴻字營勇丁　陳思謨　蕭經五

中靶四槍六十五員名

緑營行官

候補副將程悦賢　龔宏寶現已委署荆州城守營參將，充補津貼員額

候補參將王蘭芳現已委查望山門差使
候補游擊姜成立現已委查漢陽門差使
綠營實任、候補都、守、千、把
候補守備張朝品　江金榜　羅思忠　吳錫龍
朝滿世職　孫貴成
撫標右營千總楊啟泰
督標操防營哨官高云青
撫標操防營哨官張國新
候補把總陳龍　蕭成均　朱長明　何之森現已充補津貼欠額
防營哨官
鐵字營哨官董榮貴
鴻字營哨官孫金山　宋文彬
礮隊營各幫辦候選從九方悅魯
右哨哨官盡先把總張懷林
綠營外額差弁
督轅戈什朱恩慶　馬光啓　王錫林　向國柱　郭長勝
撫轅戈什劉啟勝
防營差弁
礮隊營礮目盡先把總邱春林
五品軍功溫玉
五品軍功董其順
盡先千總彭占鰲
綠營兵丁
督標中營兵丁許文鰲
督標中營兵丁夏然瀛　安高升　劉治金

撫標左營兵丁沈家祥　傅得元
撫標右營兵丁鄧從全
督標操防營兵丁鄧崇勝
漢陽協操防營兵劉占勝　孫遠啟
防營勇丁
礮隊營勇丁薛三昌　羅慶云　宋京元　何連奎　吳長興　陳
學先　王心同　晉寶生　孫憲武　湯廷杰　陳得勝　劉寶太　張
應魁　孫得彪　吳有和　劉義川　任大發
鐵字營勇丁王貴達　何玉泉
鴻字營勇丁馮廣發　熊世才
升字營勇丁丁良程

中靶三槍四十七員名

綠營總兵將官
記名總兵彭勝彪
候補副將文有亮　吳惠吉
候補參將楊茂盛　羅珍材
綠營實任、候補都、守、千、把
候補守備黃有選　朱景元　楊金鍾　石坤城
漢陽協領哨千總彭紹美
操防營哨官熊大鎧
候補千總魏福升　祝登山　楊洪元
候補把總黃得起　魏國順　高連升
防營哨官
礮隊營哨官盡先把總鄒正元

鐵字營哨官吴長發

綠營外額差弁

候補外委王嘉隆

督轅戈什賈文登

防營差弁

礟隊營教習盡先外委陳玉泉

盡先千總石金城

綠營兵丁

督標中營兵丁安興發

督標左營兵丁陳鳳祥　蔣占鰲

督標右營兵丁彭兆興

撫標左右營兵丁周洪魁　汪大海

武昌城守營兵丁張同章　胡興翔　吴逢吉

漢陽協營兵丁肅洪勝　王明清　喻占魁

督標操防營兵丁張永年

撫標操防營兵丁王宏勝　楊名順

防營勇丁

礟隊營勇丁孫玉友　周升榮　高吉泰

鐵字營勇丁彭福蔭　鄭興福

鴻字營勇丁汪錦堂

武防營勇丁石洪升

升字營勇丁張廷玉　蕭永和

中三槍者，只給奬賞，不得派城差及津貼薪水；其五槍、四槍，已有城差及津貼薪水者，應照章給予奬賞；至中槍較多，新委城委給津貼者，此次勿庸另給奬賞。

襄河水師操演陸路陣式、刀矛雜技，共賞錢六十串。幫辦副將周世勳賞馬掛料一件，哨官八員每員賞荷包、佩刀一分。

礟隊營操演刀矛雜技勇丁十二名，每名賞銀一兩，教習張魁元、孫憲武、高占魁三弁，各賞銀四兩。

飭北藩司、善後局借撥布局銀七八萬兩以應急需光緒十九年八月十九日

據湖北織布官局詳稱：布局紡紗織布逐日加增，現開夜工，出貨尤多，市面銷售甚暢，他省商販來局訂購紗布者亦陸續不絶，銷土貨而杜外耗，實爲利源所在。現值新棉上市，亟需籌撥鉅欵購儲棉花，俾供紡織，兼以息儲商欵，亦須陸續抽還，以輕成本。應請憲台迅飭司局設法借撥紋銀七八萬兩解局以應急需。應如何分年歸欵之處，再由布局會商司局妥議詳辦等情，到本部堂。據此。查布局紗布出多銷旺，機勢甚爲順利。現在購備新棉需欵尤亟。應如所請，迅由司局於新籌外銷之欵設法騰挪借撥銀七八萬兩，具詳核辦。除詳批迴暨分行外，合亟札飭。札到，該司、局即便遵照，會同迅速籌議借撥，毋稍稽延。

札委五路委員赴湘採煤并設立轉運局光緒十九年九月初二日

照得鄂省鐵廠現已一律告成，亟須開爐試煉，江夏、大冶等處煤井未盡竣工，目前尚不敷用。自應查照奏案，採買湘煤以資開煉。現在需煤甚多，應即分爲五路派員赴湘，分投採買，并於湘潭縣地方設立轉運局，五路之煤統歸一路轉運，以期迅速。五

路專購油煤，須挑選堅結整塊，其散碎及攙雜烏板、石塊、泥沙、水濕者，務須挑選剔除，不得含混收買，萬不可受煤户蒙混，致誤要公。如煤色不佳不符，鐵政局即行駁回。其白煤一種，又名硬枝，於煉鐵不宜，亦勿庸購。五路委員先赴各山看定窿口，先採買一批送湘潭轉運局化驗，如灰在十分以下者方爲上品，可煉焦炭，即應多爲收買。如灰在二十分以下而價較廉者，亦尚可用，亦可酌買。以後即包定窿口，照樣訂購該窿一色之煤陸續購運。所有湘鄉一路派委浙江候補府税課大使洪士龍，衡州、清泉、常甯一路派委候補知縣駱文彩，耒陽一路派委試用從九品曾時霖，永州、祁陽一路派委候補通判段鴻猷，其與醴陵交界之江西萍鄉，即專派原委之候補知縣歐陽炳榮在該縣采買。湘潭轉運局派委五品頂戴、湖南試用府經歷王天爵駐紮該處辦理，應刊給木質關防一顆，其文曰湖北采辦湘煤轉運局之關防，以資開用。五路委員一切均須與轉運委員和衷商辦，實事求是，并須與各該地方官紳聯絡，各該地方官務須隨時妥爲照料。特派楚玉輪船一艘駐泊濱湖地方，爲拖運煤船過湖之用。應泊何處，由轉運局委員酌定稟辦。此項採運湘煤、萍煤，專供煉鐵要需，經過沿途局卡概免釐金。每船明定斤數，只准裝載八分，不得貪多滿載，并嚴飭船户不得稍有夾帶私貨，隨時由轉運局委員知照各釐卡認真盤查，毋稍瞻徇，亦不得稍有留難阻滯。五路委員及轉運局先由鐵政局各酌發銀若干兩帶往備用。各該員薪水夫馬，由鐵政局從優核給。如有實在因公雜用，准其核實開報。除咨行外，合亟札委。札到，該員即便遵照，迅速束裝前往，查照札行事理妥慎迅速辦理，毋負委任。切切。

札委裕道庚赴黄州將麻城教案提犯覆訊定讞光緒十九年九月初六日

據湖北漢黄德道、江漢關監督惲祖翼稟稱：職道頃閲麻城縣張令於八月二十九日致職關委員陳令承澤信函，内稱今晨計洋人、盧洋人偕馬、郭二通事，携一細崽忽到黄州。馬通事先入城，示意仍欲居住許化龍棧房。黄岡縣楊令得信，即派差保護，一面囑典史劉瀛周旋，用轎接至伊署，餽以盛饌，飲以香酒，兩洋人暢飲，席間談叙此案，劉典史與之争辯。席終，欲入卡查看諸犯。弟等籌商并請示高守，以爲照公令本難允准，但拂其意，彼必不悦，且或造言，謂我等羈押之人多有不實，即令該典史作爲通融私情，引入縣監、府監，逐一指示，各犯證所答，悉合機宜，而李縞粑亦面認毆兩教士不辭，洋人一一筆之於册。午後，仍派差護送而去等語。查麻城郝家舖地方毆斃瑞國梅、樂兩教士一案，前蒙憲台札委候補道李道謙馳赴該處，督同府縣拏獲在場滋事首從各犯并案内要證解府訊供，聽候復訊核辦。計、盧兩洋人一係英教士，一係瑞教士，并非官員，按照定章不能干預地方公事。即謂此案與教士相涉，亦應稟由領事官照會職道轉請憲示遵行。乃竟帶同教民私赴黄州，直入縣府監任意查看，并訪聞該教士等入監後，與各犯證一一問答，故意要看案内要證郝九箇蛋有無刑傷，又將衣被等物發給九箇蛋等以示矜卹。跡其所爲，非特有妨中國政體，更難保無暗遞消息教令翻供情事，殊出情理之外。該府縣等身任地方，明知監獄重地，并不據理阻攔，又不發稟請示，竟令該典史引入縣府兩監，指示各犯，任其查看問答，尤屬昧於事理，荒謬糊塗。此案前次瑞國柏總領事來漢，曾與職道議定將來獲犯定案時，決不派教士觀審，商派一曾姓前來等云。現在犯供早經李道督同府縣審定，擬請憲台迅派大員馳赴黄郡提犯復訊，稟請檄行職道照會柏總領事速派曾姓來漢，由職道委員護送赴黄觀審定案，以期早日完結。至黄州府高守、麻城縣張令及黄岡縣楊令，任令教士入監查看，爲歷來辦洋務者所創見。此端一開，將來各處效尤，貽誤大局不淺。職道既有見聞，未便緘默，用敢據實直陳。應如何酌予懲處之處，并候核辦示遵等情，到本部堂。據此。查中外交涉之案，當案情未定之先，其如何緝犯問供定罪一切，洋人均不得干預。即至案情既定，領事官只能在旁觀審，并不容其開口。前數月丁領事來索各犯姓名供詞，即經本部堂飭關道駁斥拒絶，該領事亦遂無詞。此乃辦案一定章程，中外一定界限，豈有准令洋人入監看視各犯之理。况教士并非洋官，且即係原告乎。乃該教士等帶同教民私赴黄州，該府縣等既不明事理，又不稟請本部堂及關道核示，竟敢通融私情，引入府縣監任令查看各犯，與要證一一問答筆記，并給予衣被等物。從來無此政體，實爲中國創見之事，誠如該道所慮，更難保無暗遞消息教令翻供情事。似此不遵定例，不合條約，實屬荒謬妄爲，無以復加，將來此案難保不别生波瀾，致難收拾。除飭該道并行布、按二司即將該府縣高守、張令、楊令等嚴行申飭，均先行各記大過一次，以後倘再有似此專擅通融等事，定即從嚴參處外，查此案業經李道謙督同該府縣將犯供審定，應即派委湖北補用道裕庚馳往黄郡親提犯證，覆訊確供，定讞稟辦，并即照瑞國柏總領事原議，催令速派繙譯曾姓赴黄觀審，應由該道屆時迅即稟請行知江漢關道遵照辦理。除咨行外，合亟札委。札到，該道即便遵照，迅速束裝馳赴黄州，親提此案犯證，復訊確供，詳核案情，妥速定讞，稟候核辦，無稍稽延。

札委徐守家幹帶同鑛學生查勘興山銅鑛 光緒十九年九月十四日

在籍湖南候補道吴錦章稟稱：竊惟制錢日少，亟宜規復鼓鑄，以暢來源。但滇銅價昂，購之不易，若申嚴銅禁，又慮騷擾閭閻，仍無實濟。計惟就出銅之山細加查勘，果係苗脈深長，可望開堂大鑛，足供久採之處，稟請委員開辦，以收成效。查楚北鄖、宜、施三府所屬産銅之山頗多，凡未經考究者，不敢妄言。惟興山縣西鄉距城一百三十里地名千家坪，素出銅鑛，山場廣闊，人烟稀少。咸豐年間曾經土人私採，挖動三處，其最大一礲深十餘丈。自經官查禁之後，爲雨水浸灌，脈路已在水底，不能挖取。其兩小支均未成礲，去秋派人往看尚有形跡，見每支銅苗寬三五寸、六七寸不等。深入山腹，當經挖取數十斤試煉一次，每礦一百兩約煉得紅銅三十餘兩。此外，岩頭土面銅緑積厚數寸，未經挖動者不止幾處，想見此山鑛氣充足，定有開堂大結之所，決非瓜籐雞窠等類苗脈細微虚費工力者可比。昨晤分省補用同知查紳有鏞詢及此事。該紳本海甯人，寄籍此地。去歲自滇回鄂，歷奉唐督辦委辦昭通、東川督催轉運銅鉛差使三載有餘，徧歷各山各廠考究情形，深悉鑛務利弊及開採鎔煉之法，并能辨認山形，卜其出産多少，有無堂鑛，自信十得八九。此人素有心計，又肯遇事講求，故能言之確鑿，亦今日有用之材也。渠又言創辦新山，必須雇募老練砂丁、爐頭，俾令教習工匠。砂丁管看山放水及開礲認脈等事，爐頭專司鍛煉，關係非輕。有此兩種得力之人，方有把握，萬不宜省此小費，致妨大局。又云開銅較開鉛稍難，非萬金不敷周轉。似均從閱歷中所得，不無可採。方今到處錢荒，翹盼鼓鑄。可否轉達憲聰，派委樸實耐勞之員挈帶查紳，親赴千家坪地方勘明山勢鑛苗是否可辦，并就便查訪歸州、巴東、房縣與該山毗連之處銅鑛出産何如，能否一律舉辦等情據實禀覆，聽候憲示行止。倘委員往勘果與傳聞無異，似可由省局籌撥工本，專委一員駐紮千家坪認真辦理，以開風氣而圖擴充，實今時之要務，僻土之大幸也。芻蕘之見，是否可行，謹奉陳節略，伏惟鑒察等情，到本部堂。據此。查鄂省制錢缺乏，開採銅鑛自係目前急務。惟據禀稱，該處銅苗寬三五寸、六七寸不等，是與鶴峰、安陸等處銅鑛相同。鶴、安等處試辦均難得大脈，此處銅鑛必須派員先行勘明是否鑛氣充足，確有開堂大結之所，查勘情形，確有把握，始可舉辦。查有湖北候補知府徐家幹堪以派委。應令該守帶同鑛學生都司池貞銓暨分省補用同知查紳有鏞，趁此天氣不甚寒冷，迅速馳赴興山詳細確切查勘該山銅苗是否實係暢旺，鑛質厚薄實係若何，開鑿轟炸施工難易若何，積水是否易於抽盡，鑛砂每百斤實能煉出浄銅若干，水陸運道以何處爲便。此外，毗連之歸州、巴東各處山場究有銅鑛幾處，能否開采，一併查勘明確，禀覆核辦。該員等應需盤費由鐵政局核給。除分行外，合亟札委。札到，該守即便遵照札行事宜，帶同池貞銓等迅速馳往查勘，悉心考究，并采取各鑛樣呈賫飭發化驗，勿稍率忽。切切。

會委曹南英赴上海、福建訪查茶務光緒十九年九月二十二日

照得湖南、北兩幫紅茶與外洋交易，爲鄂省稅釐大宗。近年銷售不旺，茶商資本每多折閱，動以洋人退盤割價，致貽虧累爲詞。前經承准總理各國事務衙門來咨，以中國茶葉質味本佳，但因採摘不時，或種製未善，或攙雜不浄，以致銷售日少，價值日低等因。當經本部堂、院轉飭産茶州縣，曉諭商民講求採摘焙製之法。查本年稅釐收數愈形短絀，於餉源大有關係。查中國茶葉出口，鄂省而外，閩省銷售最多，每年出産若干，與洋商交易是何情形，是否亦有退盤割價之事，閩省商人與洋商交易有何妥善辦法。上海爲各國茶船總匯之所，亟應派員前往上海及福建省城詳切訪查，抑因印度出産漸旺所致，中茶消滯是否因外洋屯儲過多，參考互證，務得要領，據實禀陳，以資整頓。查湖北候補道曹道南英督辦牙釐局有年，熟悉茶務，堪以派往，所需川資由善後局核給。除咨行外，合亟札委。爲此，札仰該道即便遵照，迅速束裝前往上海及福建省城，按照札行事理詳切訪查，務得要領，分晰禀辦，毋稍疏略。切切。

札委曹南英赴閩查詢船廠鋼鐵價及需用物料多寡光緒十九年九月二十五日

湖北省奉旨創設煉鐵廠，現在漢陽煉鐵全廠業經告成，即日開煉。前准户部咨，令於開辦後詳定行銷各省章程等因在案。查各省製造機器等局，各係購用外洋鋼鐵各料，福建船政局需用鋼鐵尤多，每年需用鋼鐵板、鋼鐵條及廠内行用各種鋼鐵料件共需

若干，歷年向洋廠購買各種鋼鐵料價值每噸需銀若干，運脚保險等費每噸共需若干，訂購時先付定銀若干，均須一一查詢明確，以憑酌擬行銷章程。鄂省設有煉生鐵廠、煉熟鐵廠、煉貝色麻鋼廠、煉西門士鋼廠、造鋼軌廠、造鐵貨廠，共爲六大廠。此外，有機器廠、打鐵廠、鑄鐵廠、魚片鉤釘廠，爲四小廠。各省如有需用生鐵、熟鐵、貝色麻鋼、西門士鋼及各種鋼鐵製成物料，或開明尺寸，或繪寄圖樣，均可製造。應即派員赴閩省船政局詳詢一切。查有湖北候補道曹道南英堪以派委。除咨行外，合亟札委。札到，該道即便遵照，束裝馳往福建省，稟商閩浙督部堂譚(一)，詳悉面陳鐵廠情形。此事關係自强要圖，所煉鋼鐵均精益求精，料件均與洋廠無二，并請轉飭船政局詳開清單，交該道帶回。如有未盡事宜，局員均可與該道面商，妥議辦理。此外，輪船及各營如需用克虜伯七八生至十二生車礮、船礮、臺礮及新式小口徑十響連珠快槍，不拘多寡，鄂省槍礮廠均可照造。該道并即稟商譚督部堂，請示遵辦，勿稍疏略。切切。

札北善後局籌欵委員赴滬購買洋槍回鄂分發各營練習附單

光緒十九年九月二十九日

照得湖北省各標協營額設槍兵，向來多用土槍，火力遲鈍，不能及遠。且年久多已銹澀不堪，不足以備緩急。亟應一體改用前膛來福洋槍，以求訓練實際，業于此次校閱黄、蘄等營事竣回省摺内奏明在案。查省城軍裝局前膛來福槍存儲無多，應即飭由善後局派員迅赴上海購買前膛來福洋槍一萬枝來鄂，分發各營認真操練，以備明年出省閲伍親加校閲，兼備勇營更换。所有各營額設槍兵單抄發該局，查明已發、未發，各營俟前項槍枝購齊，以便分別飭發更换。合行札飭。爲此，札仰該局即便遵照，迅即撥欵，揀委通曉外洋軍器廉干之員前赴上海購買前膛來福洋槍一萬枝，刀頭零件俱齊。務須精堅適用，刻日分批運解回鄂，以便分別轉發給領應用，毋稍延緩。切切。

計抄各營鳥槍兵丁額數單

計開

督標　額設鳥槍兵丁二百四十名。

撫標　額該鳥槍兵丁三百八十八名。

武昌城守營　額設鳥槍兵丁二百七十名。

漢陽協　額設鳥槍兵丁二百六十八名。

黄州協　額設鳥槍兵丁二百三十三名。

蘄州協　額設鳥槍兵丁六十七名。

興國營　額設鳥槍兵丁一百三名。

德安營　額設鳥槍兵丁一百六十名。

北提中營　額設鳥槍兵丁一百七十四名。

北提左營　額設鳥槍兵丁一百六十六名。

北提後營　額設鳥槍兵丁一百六十六名。

北提前營　額設鳥槍兵丁一百六十六名。

北提后營　額設鳥槍兵丁一百六十二名。

均光營　額設鳥槍兵丁一百五十名。

荆州城守營　額設鳥槍兵丁二百三十六名。

(一) 指譚鍾麟。

襄陽城守營　額設鳥槍兵丁一百八十三名。
荆門營　額設鳥槍兵丁一百八十六名。
安陸營　額設鳥槍兵丁一百五十八名。
鄖鎮中營　額設鳥槍兵丁一百七十五名。
鄖鎮左營　額設鳥槍兵丁三百二十六名。
鄖鎮右營　額設鳥槍兵丁二百五十六名。
鄖鎮前營　額設鳥槍兵丁一百六十五名。
竹山協　額設鳥槍兵丁二百三十名。
鄖陽城守營　額設鳥槍兵丁二百七十一名。
宜鎮中營　額設鳥槍兵丁二百三十名。
宜鎮左營　額設鳥槍兵丁一百八十三名。
宜鎮前營　額設鳥槍兵丁一百八十二名。
宜鎮後營　額設鳥槍兵丁二百二十八名。
施南協　額設鳥槍兵丁六百六十八名。
衛昌營　額設鳥槍兵丁二百八十九名。
遠安營　額設鳥槍兵丁一百六十五名。
宜都營　額設鳥槍兵丁一百六十一名。

札委蔡錫勇等總辦坐辦鄂省開鑄銀元事宜 光緒十九年十一月二十六日

案查湖北省前因制錢缺少，商民交困，經本部堂會同本任撫部院譚[一]具奏，請援照廣東成案開鑄銀元。嗣准户部核議覆奏，奉旨允准，咨行到鄂。當經分别咨行，并咨請兩廣督部堂抄録詳細章程及户部議准成案覆鄂核辦在案。查湖北省開鑄銀元本爲利用便民之要策，既奉俞允，自應欽遵迅速舉辦。所有度地、建局、購機、雇匠及一切事宜，繁重精密，亟應遴委大員總辦局務，以昭詳慎。所有湖北藩、臬兩司，督糧、鹽法、江漢關三道，均堪派委總辦局務，候補道蔡錫勇一併委充總辦局務，并委充駐局坐辦。除分别咨行外，合亟札委。札到，該司、局即便遵照，會同悉心籌畫，將應辦事宜迅速布置，隨時禀候核奪。應需經費，遵照奏案，即在藩、鹽兩庫鼓鑄存款内動支。如一時籌撥不能迅速，即暫由善後局墊支，將來照數撥還。勿稍延誤。切切。

札江漢關道爲盛道轉借華商欵蓋印 光緒十九年十一月二十七日

照得湖北布局開辦以來，漸著成效。現擬添設紡紗廠，以期收回利權。惟需欵甚鉅。適值津海關道盛道[二]奉差在滬。當經電商盛道，代湖北布局向上海華商借銀十萬兩。兹據該道飭委湖北候補知縣宗令得福賫呈借欵合同票式，請由江漢關道蓋印前來。應即飭委該關道與宗令面商一切，查核所擬辦法如尚妥協，應即如議照借。合同票據各件即鈐用該關道關防。將來應還本息之期，當由湖北織布局如數備欵解交江漢關道轉給歸還。如届期現銀設有不敷，即將局中紗布按照時價合銀補足清還，不得稍有遲逾蒂欠。總期商人信服，以符政體。除行織布局外，合就札飭。札到，該關道即便遵照，核明妥辦，其合同等件仍交宗令賫回上海，交

[一] 指譚繼洵。
[二] 指盛宣懷。

付盛道轉給，并將遵辦情形申報查考，并移知布局立案遵辦。勿違。此札。

飭劉保林赴滬考核機器繅絲辦法光緒十九年十一月二十八日

照得絲斤爲出洋土貨大宗。湖北省每年産絲不少，第以人工繅製未能精細，以致銷路尚未大見暢旺。查廣東、上海地方，近年多用機器繅絲，專售洋商，銷流甚旺，實爲暢銷土貨之一大端。光緒十二年，曾准海軍衙門咨行粤省飭令查明辦理，合亟委員赴滬訪查詳實，以憑籌辦。查有湖北候補道劉道保林堪以派委，川資由北善後局發給銀二百兩應用。爲此，札仰該道即便遵照，束裝馳赴上海，將機器繅絲辦法考核詳明，每機一張每日可出絲若干，需用人工若干，每一大廠應設機若干張，其機器是否必需外洋定購抑可在滬製造，銷路是否暢旺，每年此項機器繅成之絲出口共有若干，上海機器繅絲廠共有幾家，一一考核明確，回鄂詳細禀覆。勿稍疏率。切切。

札牙釐局查存局暫不需用之欵酌量借撥添設紗廠急需光緒十九年十一月三十日

照得湖北布局現擬添設紡紗廠，業經札行該局迅速籌辦在案。現在期限甚迫，購地備料需欵甚急。亟須籌撥欵項，以便早日興工。惟布局招商集股等事，倉猝未能就緒。查布局籌撥官欵，係總理衙門奏准通行，前經本部堂疊次奏撥官欵，均奉旨允准在案。現值年終，善後局餉需浩繁，殊形支絀，自須另行設法籌畫。查牙釐局每月所收釐金，均經隨時解交善後局充餉，未便動撥。此外，如有存儲該局暫不需用之欵，尚可暫行酌量借撥，以應急需。合亟飭查。除咨明北撫院衙門暨行北布政司外，爲此，札仰該局即便遵照，查明除解善後局充餉之外，如尚有存儲牙釐局暫不需用之欵，即暫行酌量借撥銀數萬兩移解布局，以應急需，俟明年春夏間滿三箇月後，如布局籌有欵項，即行如數撥還。儻屆時未能清還，即由該局核明借撥過數目若干，詳請奏明辦理。勿違。此札。

飭布局速籌添設紗廠事宜光緒十九年十一月三十日

照得湖北織布局業經辦有成效，惟體察沿海各口商務情形，北自營口，南至鎮南關，洋紗一項進口日多，較洋布行銷尤廣。川楚等省或有不用洋布之區，更無不銷洋紗之地。開源塞漏，斷以此爲大宗。現經北洋大臣李〔一〕奏派津海關盛道專赴上海，籌辦推廣機器紡織總局，籌集欵項，號召華商設法擴充，以土産敵洋貨等因。已據盛道申報到滬，是添設紡織廠一事北洋業已奏明大舉，極力擴充，汲汲趕辦。查湖北所産棉花質地粗壯堅韌，於紡紗最爲相宜。爲楚省計，尤不可緩。富民裕國，無過於此。其簡易迅捷，尤可以輔布局之不足。亟應迅速籌辦，以濟民用而保利權。一俟辦有規模，即行具奏。合亟札飭。爲此，札仰該局即便遵照，將添設紡紗廠事宜悉心籌畫，迅速定購上等機器，總以

〔一〕指李鴻章。

每一日夜出紗一百包爲度。一面購地備料，電催外國圖式，趕速興工，限明年十一月初必須開機出紗，不可遲悞。一面籌集欵項，并酌議招商集欵辦法，隨時禀候核定，勿稍稽延。切切。此札。

札催採辦湘煤委員趕購運用 附單 光緒十九年十二月初十日

照得漢陽鐵廠開煉在即，需煤甚殷。前經委員赴湘分路採買，迄今尚未據大批趱程運解來鄂供用，殊屬延緩。亟應嚴飭該員等趕緊購運，以濟急需。合亟開單飛札飭催。札到，該員立即照單抄録，飛速轉遞傳知曾時霖等三員，遵照單開事理刻速辦理，毋再行延貽誤。切切。

抄單

鐵政局飛札傳知交信局專足限日遞到。

飭曾時霖，千萬不可回鄂，無論何處所産之煤，或耒陽，或永興均可，如灰係十二分以下者，即買。

飭洪志龍，照單開灰在十分以下者，兩種盡量多買，但須整塊，不要碎粉末，以防攙假，可買五六千擔。該員自行運送回鄂，價雖貴無妨。

飭段鴻猷，只要順發、合勝、興發三窿，灰或在十分以下，或在十一分以下，盡數收買。其灰較多者，不必買。

以上三件，札王天爵轉傳亦可。

告王天爵，江西釐不必免，照舊完納。

飭曾時霖收買湘煤運鄂并行知照料免釐 光緒十九年十二月初十日

據鐵政局轉呈據湘潭轉運局委員、湖南試用府經歷王天爵禀稱：竊卑職接采辦耒陽煤斤曾委員時霖函稱，所有耒陽産煤地段之新城司等處，業已查取煤樣送驗，類少油烟，恐不適用。另查得淝江以上六十里屬永興管轄之三都地方，煤窿極多，煤質佳美，價亦不昂，當往採看取樣送衡化驗，如合用月内便可趕運。第越境采辦，恐不能不禀請督憲補飭永興、郴州各地方官知照，及山石溪、西河口兩處釐金一併免完，方爲穩便。其餘尚有興甯所轄之東江一處，聞産煤亦好。是處離耒陽止百里，濱臨大河，轉運極便，亦擬往查云云。卑職伏查耒陽一路所産煤斤，内中烟煤本不甚多，前經面陳憲聽。兹據曾委員函詳各情，自係實在。永興一路既有合用之煤，似應兼采，以助要工。至該地方官及釐金各卡應行札飭之處，仰懇轉陳督憲補咨飭行，俾曾委員便於從事等情轉呈，到本部堂。據此。查漢陽鐵廠開煉在即，專俟湘煤運鄂，需用孔殷。永興縣屬三都及興甯縣屬東江兩處既均煤質佳美，價廉運便，亟應迅速采辦以濟急需。應飛飭從九曾時霖親往各該處查看，速即買收煤樣送交學生化驗。如果合用，立即儘數購買，趱程運解來鄂，勿稍觀望疑慮，致誤事機。并令將應辦一切事宜隨時與該地方官會商，妥爲照料，免滋遲滯。此舉本係奉旨飭辦之件，所有煤船經過沿途地方，應准一律免完釐金，驗單放行，勿得留攔阻滯。押運及船户人等倘有包攬夾帶情事，查出仍由各局卡照章罰辦。除行永興、興甯兩縣遵照會商妥爲照料并分別咨行外，合亟飛飭。札到，該員立即遵照上項札行事理妥速切實辦理，勿稍遲誤。

札饒崇恕帶親兵正副右營防堵湘、粵邊境 光緒十九年十二月十二日

據湖南衡永郴桂道隆文稟稱：本年十一月二十九日，據郴州屬之宜章縣陳令玉祥丹稟：接據笆籬堡千總蔣有光函稱，廣東陽山縣之大灣一帶，土匪嘯聚三千餘人，官軍剿辦失利。該處與宜章瑶山小路接壤，會商宜章營參將唐淦，派兵五十名前往思人坳擇要扼紮。誠恐兵力單薄，懇暫調防勇二百名以資保衛等情。據此。職道查日前郴州曾署牧并桂陽縣吕令等具稟朱、范二姓争山兇鬥一案，均稱粵東邊界匪徒有攻毁碉堡之事。茲據稟前情，當經批令郴州曾牧迅飭宜章縣，會督營團擇要嚴防，一面就近移撥防營勇丁馳往思人坳駐紮，以壯聲威而免竄越。職道隨派得力勇丁前往陽山一帶，將匪首姓名、匪黨實數、如何剿辦，偵探確實，另行馳稟。如果粵地匪勢披猖，宜章防務戒嚴。擬即會商鄧鎮調撥兩路口親軍營馳往，擇要嚴防，以資鎮攝而固邊圉。所有陽山土匪嘯聚、宜章營派兵防守各緣由，理合據情稟明察核。并據宜章營參將唐淦稟稱：卑營地處楚邊，與廣東樂昌、乳源、英德、陽山各縣犬牙相錯。本年十月，傳聞乳源有土匪數百人四出劫掠，當經卑職會縣選派兵役偵探巡防。嗣聞粵省已派勇搜拏，匪漸解散，故未敢率爾稟陳。本月十八日，據卑營駐防笆籬堡千總蔣有光稟報：廣東英德縣之大灣一帶地面，近有匪徒哨聚三千餘人，官軍剿辦失利，粵民驚恐遷徙，扶老携幼，逃入宜章所轄之莽山等處，以致居民聞風騷動。卑職查英德地方與宜章猺山小路接壤。得信後，隨即會商宜章縣陳令玉祥，選派幹兵五十名并發火藥鉛彈，於十九日飭令千總蔣有光領帶，前往邊界擇要扼紮，盤詰奸匪。所有兵丁例領行粮，由營暫行墊發起程。隨即商請陳令酌籌，以期源源有濟，并請陳令示諭莽山各團紳士，安撫居民，會集團練，協同防守。卑職仍一面督率弁兵，整頓器械，相機策應。復選派汛弁領兵分道巡防探訪，候探得該匪確實踪跡，道里險易，另行馳稟各等情，到本部堂。據此。當批：據稟，廣東陽山縣現有土匪滋事，該處與宜章縣接壤。如匪勢披猖，即商調兩路口親軍營馳往嚴防。并據郴州及桂陽縣稟，均稱粵境因搶匪日熾，派勇築碉，而匪黨竟有毁碉等事。桂陽緊接其邊，實虞竄越，請派郴防營勇彈壓，留防冬令，幫同巡緝。又據宜章營唐參將淦稟，廣東乳源、英德地方土匪嘯聚，官軍失利，粵匪逃入宜章轄境，居民騷動各等情。查廣東乳源、英德地方伏莽素多，此次土匪滋事，并非大股，雖擾及陽山，斷不至遽然出境滋擾。惟現在既據探報粵省官軍失利，自應豫籌防範。宜章乃楚粵門户，平日游勇會匪出没其間，與廣東樂昌一帶之游匪往來句串，動輒生事，時露逆萌，前數年往往有之。現在此種游匪難保不因粵省有事乘機嘯聚，滋擾兩省邊界地方，爲患非細。必宜速籌嚴防，勿令生心蠢動。蓋所慮者在本省界上之游匪，不在粵匪也。除飭統帶親軍正副右營饒丞崇恕迅速酌派勇隊往宜章沿邊擇要嚴防，并咨南撫部院飛速轉飭饒丞外，仰即迅速移行沿邊文武，趕緊督率兵團，探明確情，一體妥爲防遏，鎮静彈壓，勿得稍疏虞。仍將辦理情形隨時馳報，并候撫部院批示。繳。等因。印發，并批飭該參將確探嚴防外，合亟飛飭。札到，該丞即便遵照，迅速酌發哨隊，星夜馳往宜章沿邊一帶擇要駐紮，并會商地方官，聯絡營汛團練

嚴密防範，勿令匪黨闌入。一面確探情形，隨時馳報查核。

札委員赴滬籌議添設紡織新廠事光緒十九年十二月十七日

照得鄂省土產以棉花爲大宗，民間日用以紗布爲最廣。武、漢爲七省通衢，貿易繁盛，進口紗布日見其多，雖省中已設有布局，近又新造紗廠，核計所出紗布尚不爲少，然比之漢口進口之數相去遠甚。如能在省城再添設紡織新局，力圖擴充，實足以保利權而濟民用。現據該道面稟，有上海商人願在省城地方墊借資本辦成紡織全廠，不領官本，衹用官地，所有機器廠屋以及開局以後花本人工一切費用，俱歸墊借。至造廠及開辦一切事宜，仍聽候本部堂派委總辦之員經理，事事稟承本部堂核示遵行，墊辦商人不得專擅干預。俟全廠開辦得有餘利，再行將本息按年攤還，還清之後，全廠歸官。在商人將本圖利，所獲良多，而官爲維持，得以借欵添廠，洵屬兩益之舉，亟應派員赴滬籌議。合就札飭。札到，該道即便遵照，刻日赴滬籌商，所有墊欵計息購機建廠以及分年歸還一切詳細章程，即由該道與商人先行妥議，酌擬大略章程，帶同商人來鄂，聽候本部堂派員復加核議，稟候本部堂核奪飭遵。其中有無窒礙之處，必應一一考究明確，詳晰聲叙。總之，須候批准方能作爲定議。此事關繫緊要，該道務須詳慎籌議，力顧大局，勿得稍有含糊，致滋流弊。如稍有違礙，此事即勿庸辦理，不可貪功遷就。如籌辦有成，即行檄委該道總辦局務，以一事權而專責成。尚其勉之。毋違。特札。

札布局籌議官本提回五十萬兩以供各局之用光緒十九年十二月二十九日

照得鄂省各局現已次第告成，均係利國利民之要政，需費浩繁。茲擬將布局官本提回五十萬兩以供他局之用，俾得各局同時併舉，庶幾軍國所需，商民所用，無不精好蓄滋，塞漏開源，大局蒸蒸日上。自應另行籌欵，將布局成本補足，方能措置裕如。合行札飭。爲此，札仰該局即便悉心籌議擬一切實辦法，迅速詳覆核奪。勿違。

光緒二十年

札道員李謙等查撤簺壋光緒二十年正月初五日

照得湖北濱臨江、漢一帶地方，湖渠港汊紛歧雜出，居民取魚爲業，原自與人無害。惟有等土豪地棍於冬春水涸時攔河築埂，巧設麻簺，截流排樁，祇留一綫口門以通舟楫。又或於水底暗釘簺樁，名爲軟絡。長江上下則有攔江網、霸王罾等名目，往來商船防範偶疏，輒致撞絓沈没，人財俱失，行旅患苦，陷阱無殊。屢且築埂留淤成灘，水不暢行，兩岸隄防常遭潰決，爲害甚大。自應經示禁。上年夏間，又據司道等詳，經飭委各員分賫告示，會同各州縣查明，設有簺壋阻礙行舟水利處所，以半月爲限，自行撤毁在案。兹據各委員陸續查明有簺處所先後開單會禀前來。派委文武大員，率領輪船、礮船馳往各處，復加巡查，以期核實。查有湖北候補道李道謙、署督標中軍副將謝提督得龍堪以復加委令巡查。合就札行該道即便遵照，會同謝提督帶領輪船、礮船，查照單開處所，體察情形，擇其距省較近地方馳往，復加認真巡查各該處是否實已遵辦。儻有不法痞棍陽奉陰違，仍敢私設麻簺、樁木、高罾、撒網、土埂阻礙行舟水道者，立即押令撤毁，并將其人拏送地方官嚴加究辦，毋稍輕縱。其距省較遠地方，應候另行委員往查。事竣後，即將遵辦情形據實禀覆。

札各營縣再試種美國棉子光緒二十年二月二十九日

照得湖北省奏設織布局，早經開機紡織，銷路甚屬暢旺，年需棉花十餘萬石。現又添設紡紗廠，需棉尤多。美國産棉最爲精良。本部堂曾於光緒十八年購美國棉子，分發試種，因初次不知種法，收成稀少。又於去年購棉子多石，并考究外洋種法，刊刻種棉章程，分發曉諭。兹查上年土棉收成本不豐稔，而所收洋子花已比前年加多，實人事有未盡，非土性之不宜。亟應將原購棉子分發各營縣再行試種一年，以資參考互證。仰該將、縣即便遵照，將發去棉子分發試種。總冀展轉傳布，後來楚棉之美不遜洋棉。是爲至要。

札襄河水師營管帶預報上游水勢光緒二十年三月二十四日

據江漢關道惲道詳稱：據署漢陽縣李觀濤詳稱，襄河口一帶帆檣雲集，每值襄水陡漲，建瓴而下，奔突衝激，各船户猝不及備，覆没難以數計。查欽差大臣薛奏長江上游設綫以禦水患一片，意美法良，惟係指荆江隄工而言。今襄水爲害，甚於荆江，若上游一見暴漲，飛電至漢，船户早知戒備，保全必多。擬懇咨明襄陽道憲飭電報總司設立樁綫，一遇襄水陡漲，無論晝夜，即時速電漢局，就近先行報知都司衙門，派勇馳往河岸一帶摇旗鳴鑼，傳知各船户立刻防範，一面分報道府縣，仍由縣派役幫同防護等情。當經職道電商津海關盛道去後。旋准覆稱，已分行立案等因。理合詳請查核示遵等情，到本部堂。據此。查襄河水勢，每當春夏之交或山水暴發，勢如建瓴，沿河灣泊船隻猝不及防，沖撞沈没，實堪憫惻。茲既擬由襄陽電報局電通消息，應并責成襄河上游水師員弁及地方官，督令水保正隨時留心水勢。如已斗漲五六尺，即飛報電報局，將此事作爲頭等官報急電，刻即電達漢口電報局轉禀江漢關道，以憑知照漢陽府縣、漢口同知、襄河水師前營、長江水師中營豫爲保護。合就札行該　即便遵照，轉飭哨弁督同水保正，凡遇發水之時，無論風雨晝夜，在於河干留心水勢，詳細考求天時風色，河内水泡，上流溜頭。情形確有暴漲之勢，如已斗漲至五六尺，即飛報電局，毋稍疏懈。是爲至要。

札各屬嚴禁非刑濫刑 光緒二十年五月二十四日

照得大計八法之中，酷居其一，處分最重。定例問刑衙門於刑律所載應用刑具之外私設非刑者，係州縣官革職，府州降二級調用，道降一級調用。又官員於犯人滿杖之外違例疊責致死者，革職。如將無辜之人杖責致死者，革職提問，道府州亦照前例分别降調。未致死者問刑，官降一級留任。又本年四月間接准部咨：據御史楊晨以近來各省州縣有濫用酷刑等弊，奏奉上諭，飭令各督撫同藩、臬兩司嚴加查訪。如有前項情事，立即嚴參懲辦，不准稍涉徇隱等因。當經欽遵通行在案。是非刑濫刑，例禁何等森嚴。茲本部堂訪聞湖北各州縣中，其宅心仁恕、治獄精詳，刑不妄用者固不乏人，然亦頗有性情暴戾粗率、用刑不檢者。審問一切案件，并未細訊其是非曲直，往往因數語應對不合，或事屬細微，動輒笞責數百千餘，甚至有以非刑從事者。慘酷情形，不堪言狀。在案中正犯，揆之於法已有不合，至其中或係誣攀到案虛實未分，或係質證牽連因人受累，何得輒加重刑，此豈爲民父母之道。即使命盜會匪案件，亦應先行虛衷研審，推求證據。必察其確係狡展妄供，然後可加刑嚇。儻遽加重刑，三木之下，何求不得。此等刑求之供，豈足爲據。就此定讞，加以刑誅，該地方官果能心安理得乎。至濫押久繫，亦爲虐政之一大端。或疾疫淩虐日久瘐斃，或廢業糜費因而破家。此雖無殺人之跡，亦與殺人無異。總之，殺人必當其罪，刑人必依其法。本部堂不尚姑息之政，然亦深惡殘酷之爲。亟應通飭嚴禁，以重民命而符例章。合亟通飭。爲此，札仰該府州立即轉飭所屬遵照，不得違例私設非刑濫刑，杖責無辜。即審問命盜會匪案件，亦必須悉心研鞫，明慎用刑，萬不可專恃刑求，草率定讞。其尋常詞訟，并須隨到隨審，隨審隨即結釋，毋得將案内人證經年累月羈押拖累，以致瘐斃、破家。尤不得任聽經管監羈、禁卒丁役訛詐淩虐。自此次通飭之後，該府州務須隨時稽察。如所屬有任意妄爲，立即據實禀揭，以憑從嚴參辦，勿稍徇縱。儻經查出告發，并干未便。戒之，慎之。

照札水陸防營認真操練 光緒二十年七月初八日

照得倭人啟衅，奉旨籌備江防。所有湖北水陸各防營，從前曾經通飭挑補精壯足額，不准一名短缺，并練成勁旅在案。但恐日久懈玩，各該統帶營官不免仍蹈從前短缺故習，一遇調派出防，登時倉皇招雇，焉能冀其得力。現值江防喫緊，亟應飭照營制定數，將營内勇丁汰弱補强，募足人數，督飭認真操練。旱隊則訓練技藝陣法，水師則練習風濤行駛，槍礮施放命中，俾各悉成勁旅，以備調遣。本部堂日内即當派員前往密行查點，儻遇勇數不足，訓練不精，定將該統帶營官及各哨官分別撤參，嚴行懲處。至武、漢操防各營及七原營暨長江水師各營，均應迅速一體認真操練，一期軍容整肅，藉壯聲威而資鎮懾。并隨時嚴密稽查，實力巡緝，以免奸匪乘機竊發，是爲至要。除通飭外，合亟照札飭該　即便遵照上項札行事理妥速認真辦理。勿稍懈忽。

札鎮防各營發礮臺圖説 光緒二十年十月初十日

照得田家鎮爲湖北第一門户，扼守之策無過於此。前經本部堂會同撫部院親往履勘，督飭各營將領并洋匠、學生等逐細測量，詳加籌度。該處江面最窄，南岸半壁山前岡阜連綿，遠望二十餘里，可築憑高擊遠之礮臺。北岸馮家山山勢參差，可資隱蔽，可築伺便近攻之礮臺。中路吴王廟地勢當衝，近外臨港處正對長江中洪，敵船來路，可築迎頭攻擊之大礮臺。近内正對半壁山，山根處江面寬止一里零二分，勢如狹路短兵，可築據險腰擊之羣礮臺。半壁山近山山脚龍王寺地方，依山近水，遠望不見，可築埋伏暗擊之礮臺。南岸前路大磯頭外楊泗墓地方，地踞山頂，前路有山隱蔽，可築保護水雷之礮臺。大磯頭地方水勢較平較淺，約在五六丈内外，可安水雷。大磯頭岸上及對岸，均宜作小土臺，安快礮數尊以護水雷。水雷以内可設錨鍊繫墜之木簰。江漢關洋員巴得勝擬有圖式，南岸舊有石壘宜用土在外，將前三面墊平，作成極坦斜坡。此壘可紮陸勇，以護南岸山上礮臺，擊登岸之舢板。壘前數丈外，可開通一小河，引江水通湖，寬約四五丈，深約二丈，可以護石壘，防敵人陸兵。吴王廟近外舊有横港横隄，亦宜開掘寬深，引入江水。港内横隄加高培厚，隄外面作成斜坡勢，布置槍隊，以護吴王廟之大礮臺。至田鎮口門以内西北之陽城山，山之右邊半坡距地平十餘丈處地段頗寬，後面又復空闊，有路可通，於建臺最爲相宜，地勢雄壯而又深穩，前有北岸諸山遮蔽。如作此臺，敵礮不能環攻，而我礮可以遠擊，最爲得勢。惟距江較遠，必須甚大之礮方能得力。擬俟將來購有鉅礮，再爲布置，可築明臺兩座。總之，高處宜明臺，低處宜暗臺。大礮宜明臺，小礮宜暗臺。臺前必宜作極坦之斜坡，坡斜則礮力不入，斷不可作成墻式。斜坡之半必宜有濠，以伏護臺步隊。臺後必宜空闊，陡坡尤好。臺後空則敵礮過而不傷，斷不可後靠高山，致留礮子碎石。近臺之山頂必宜紮營，安土礮以防敵人占踞，憑高下擊。前路各山包山坳，必須作疑臺數處，略築墻壘，安土礮一二尊以亂敵人耳目，且可瞭望報信。各臺之外，凡登山來路及沿江岸邊，可分布土礮，愈多愈善。現在省局選出並湖南撥來之土礮甚多，可撥二百尊發往分布。惟湖北素無臺上大礮，即中等後膛礮亦復寥寥。現經電商兩江督部堂劉，借到大礮三尊、中礮二尊，其餘將各輪船之礮暨鴻字營舊臺之礮酌量起下移用，并向滬局訂造廿二生礮二尊，百磅彈快礮二尊。雖造成尚須數月，此時可將臺位預留，以待礮來即行安設。惟礮法必須操練，方能純熟有準，且免損壞礮位。兹特委縣丞鄺國華爲田鎮礮臺總教習，千總黄萬華爲副總教習。目前修築各臺，將來安設礮位，教練礮準，俱責成該二員經理。各該統領營官等務須切飭哨弁勇丁盡心學習，不得輕忽粗率。現將各礮臺地位、礮數、作法繪具圖説，合行分發各營俾有遵守，并將各礮數目一併開單札發。

札沿江沿海各屬辦理漁團 光緒二十年十二月初六日

照得防務喫緊，沿海各處口岸紛歧，亟應嚴行防範。查江蘇沿海各廳州縣漁船甚多，練習風濤，熟諳沙綫，其中不乏勇敢之士，堪資禦侮。應即責令地方官趕辦漁團，編成保甲，遴選衆望素孚者舉爲團董，隨時講明大義，俾知敵愾同仇，毋使貪餌助敵及接濟引水等事。遇有奸細，立時擒獲送官，并可訓練技勇，隨時操演。所有編成保甲、設局會操各事宜，查左前閣部堂奏辦，曾經飭辦有案，應由該廳州縣各就本地情形，酌量損益，妥爲辦理。至從前成案，設爲八分局，每局仍兼顧兩處，計華金之金山嘴一團兼顧奉賢一處，南匯之江家路一團兼顧川沙一處，寶山之吴淞口一團兼顧上海一處，太鎮之劉河一團兼顧常昭之滸浦一處。其餘江、靖、鹽、阜、海、贛各州縣，均兩處設一分局，惟通州東臺分局兼顧海門一廳，係辦理三處各節，亦由該地方官酌量辦理。總以確有實際，不受倭人雇募，充當帶水，窺探沿海沿江軍情，爲倭人載運接濟各物爲第一要事。除分行外，合行札飭該廳州縣即將各該處海口形勢，并奉文辦理情形刻日禀覆查核，聽候本部堂委員前往查看點驗，以昭核實。如果該漁團等深明忠義，同心合力，能拒倭人雇募，查出確有實據，且能相機出奇，隨處邀截掩襲，攻敵獲勝，或擊毁敵船，或奪獲敵船，本部堂不吝重賞，當查照頒發賞格，立時賞給，并將該團董破格優獎。其各努力圖功，以副厚望。

照札水陸各營禁革積弊 光緒二十年十二月初九日

照得行師之道，紀律爲先。爲將之道，仁廉爲首。若爲將領者平日待士無恩，治軍無法，徒糜鉅餉，一旦臨敵，必然相率潰逃，雖有百萬，何益於用。自髮捻肅清，承平日久，駐防各營積弊日深，視爲利藪。統領、營官專講應酬結納，剋扣牟利，并不以愛惜士卒、整飭訓練爲事，本部堂久已知之。自到兩江以來，訪查各營將領，其中廉潔自愛者固不乏其人，而積習相沿者亦復不少。茲訪聞淮軍所發勇糧，向歸統領於新米上市之時，按每石三兩豫支米價，每勇月發三斗，扣餉九錢。在同治初元定章之始，上海米價本貴，故每石定價三兩。今則每石僅合銀一兩五六錢，而各營仍援舊例按扣三兩，所餘之價視爲固有之利。在勇丁月餉既領不足，通年實發九關，而每月又格於舊章，領食貴價之米，暗中喫虧，敢怒而不敢言。又查營制，凡營官名曰管帶。近來湘軍營官，有請帶名目。每有統領禀請管帶，私與請委之員包定每月祇給薪水五十兩，其公費、夫價、截曠各欵，概歸統領作酬應之費。該營官始則感提拔之德，久則生觖望之心。似此情形，何能收其臂助之力。又各軍統領每借辦差、送禮、局費、門包等項名目，藉端科派，以及代買營中應用各物，强行銷售攤扣，以致軍糧日薄，積爲怨咨。又有身爲統領除兼帶中營以外，又兼帶一營者，但圖專利，不顧營規。統領既多弊端，於是將營官專選親故庸輭之人禀充，因而營官任意缺額。上行下效，層層剥削。其精强勇敢之哨弁勇丁，自不肯爲所羈縻，但以庸劣疲滑之人充數，於是不受約束，不講訓練，技藝不精，營規不肅，種種廢弛，致鉅餉連營，皆成無用。又或統領營哨官弁勇丁，往往携帶眷屬住居營中，吸食洋煙，不耐勞苦。種種驕惰廢弛，兵氣不揚，安望其殺敵致果乎。又本省督標水師、太湖水師各營，積弊與陸營亦復大略相同。又如練兵各營廢弛疲弱，更較勇營爲甚。又查各輪船開銷既鉅，積弊亦多。派委之始，或由鑽營而得，每月有查船費，有統領規費，但知多開煤價，任意浮冒，而於薪糧則諸多剋減。不覓上等礮手、水手、管機、帶水，以致駕駛生疏，礮法不諳，遇事規避。若遇戰事，必然貽誤。以上水陸諸軍積弊，言之實堪痛恨。亟宜嚴飭禁革，以肅軍政。玆自十二月初一日爲始，所有淮軍食米，悉照湘軍改歸哨官什長自行按照實在市價購買分給各棚，不得絲毫增加，其餉銀即按名照數實發。即將來調赴前敵，轉運艱難，有必須預爲籌備者，祇准照購價略增實在所需經費，不得任意浮加。但領食與否，聽勇丁自便，不准勒買，其柴草亦照此辦理。其各軍營官雖有由統領稟請者，亦不准照從前請帶名目辦法，其公費、長夫係恤給辦公，不准絲毫扣發。儻敢仍蹈故轍，本部堂即以剋扣論劾。統領除兼帶中營外，不准兼帶別營。未派營官者，迅速稟請派委。凡營中不准私留眷屬婦女，有者速即遣出。此外，各種積弊查出，一併嚴參。各輪船如有仍前積弊，亦即撤換懲處。本部堂治軍任將，一秉至公，不知情面，不喜應酬，惟以實事求是爲主。無論湘淮閩粵以及他省各軍，本部堂一律看待，一應將弁兵勇但係樸實勇敢，能爲國家出力勦賊者，本部堂皆敬之愛之。艱苦必優加體恤，勞績必力加獎拔。若貪劣疲玩，告戒不悛者，本部堂惟有嚴申軍律，決不遷就姑寬。除分行外，合亟照、札飭該將領即便切實遵照，有則改之，無則加勉。勿干軍律，以副厚望。

札參將李田管帶兵輪 光緒二十年十二月二十五日

照得兵輪一差最關緊要。若管帶之員不能得力，全船皆爲無用。平日徒糜鉅餉，遇有戰事斷難禦敵。查南瑞兵輪管帶葉伯鋆，氣質柔弱，於管駕兵輪非其所長。前經派委赴粵洋公幹，推諉不前，實屬有負委用，不能稱職。本應即行褫革，從寬姑予撤差。該員於測量之學尚能諳習，應俟另委測量水道差使。所遺南瑞兵輪管駕事務，查有副將銜儘先參將李田堪以派委管帶。除分別咨行外，合行札委該員即便遵照接管，將在船一切軍火器具點收清楚，認真整頓，掃除積弊，將向來所有油滑無用之人概行裁去另補，向來無名浮費概行删除，不准妄費。管機、管礮帶水均須挑選上等好手，上緊操練，講求駕駛、礮法。藥彈務須配足，時常檢點，妥慎存儲。該船機器一切什物，擦洗潔净，整理完全，遇有調派，立即開行。務須事事整飭，俾成精强水師，以收實用而裨海防。毋負委任。

光緒二十一年

札道員錢德培等督辦民漁團練開築隄濠光緒二十一年正月十三日

照得倭寇犯順，擾及山東，南洋襟帶毗連，通州、海門均應嚴備。而海門外臨鉅海，若敵乘間登岸，内擾通、泰、如皋、東臺以窺揚州，則米鹽利源關繫尤重。現派記名提督張仲春，統率所部湘軍仲字五營先行前往海門扼守，餘營隨後陸續派往。惟地段綿長，兵力尚薄，必須民團協助，以期衆志成城。應由地方官分飭紳董整飭團練，趕作隄濠。海灘則就范公隄舊址，江岸則自通州任家港以東，經如皋、靖江接至泰興。原有江隄或別有扼要處所，亦宜開築。總之，必須酌量地勢，擇其易於施工便於防守者，一律趕作長隄、長濠。隄厚下約兩丈，上約一丈，隄外開挖長濠。隄外之濠宜寬深丈餘，濠底及隄之外面酌量布置荆棘樹枝，多插削尖木樁竹枝及一切礙足之物。隄内之溝，上須深五六尺，勇丁即藏溝内。即以隄外開濠、隄内開溝所挖出泥土疊作八尺之隄，外面斜坦，裏面陡削。靠裏一面寬窄分作兩層，可以容足站立擊賊，便於伏兵狙擊，施放槍礮。我軍於隄内地溝中來往，外有土隄遮蔽，則敵彈不能及我。隄根裏面，每隔數丈即就隄作一土穴，多半在地下，少半在地上。隄脚高五六尺，橫寬六尺，深五尺，用較粗樹枝撑架，以爲駐守兵房。如遇土乾水少之處，此土穴兵房即全在地平之下，尤爲穩固。似此扼守有憑，庶可固士氣而限奔突。若工力有餘及緊要處所，則外濠能作兩層尤善，并於隄外灘地多挖坑坎，俾其不便大隊長驅。於必由要路多埋旱雷，令其疑慮不進。惟此事必須分段籌辦，使富者出資，貧者出力，則事固易集，守亦有資。隄濠既成，當由官發給槍礮子藥，令各團分認長隄長濠，分段守護，而以派去營勇專當衝要。兵民合力，聲勢自壯。本部堂當屯重兵於各路適中處所，一遇有警，即行派往，相機迎擊。若遇官軍接戰，各團即協力助勢，或包抄兩旁，或截其後路。設或倭寇深入，距岸數十里或百餘里，則彼與船相去太遠，接濟不易，後路空虛，各民團即當各就地勢，挑選奮勇勇丁横攻暗襲，斷其後路，截其軍火糧餉，敵人前師必潰。設或團勇力單，敵勢較衆，敵四顧則引去，敵前進則復來，多方擾之，敵必疲困驚疑，不能深入。此事得力團練，皆能爲之，不比衝鋒迎擊，列陣對戰，必須大隊精兵也。總之，不責團練以獨當一面，但責團練以協助官軍，開濠築壘，巡邏瞭望，哨探接應。不責團練以迎擊衝鋒，但責團練以隨地設伏，抄襲後路，斷敵接濟。如有壯士健丁願告奮勇，自成一隊前驅殺賊者，更所嘉許，團勇給予重賞，帶團紳董奏請優獎。第必須特委大員前往督辦，以期鼓舞奮興，聯絡一氣。查有江蘇候補道錢道德培久歷外洋，明習防務，堪以派委督辦海門、通州一帶。江蘇候補道陸道元鼎端謹切實，盡心民事，堪以派委督辦如皋、泰興、東臺一帶。民漁團練、開築隄濠事宜，均即會督該處文武紳董勸諭士民，激以忠義，曉以利害，俾知敵愾同仇，上報君國，下衛身家。務令感發奮興，不可諉延自誤。應給薪水、夫馬及親兵名數，即由江藩司會同營務處、支應局酌量擬議，稟候核定照發。經費即由籌餉勸捐局酌撥帶往備用，并由軍械所酌撥槍礮，接續運往酌發，并由局刊給關防，以資應用。

札道員錢德培等兼辦鹽場團練 光緒二十一年正月二十二日

案照本部堂前因倭寇犯順，擾及山東，南洋襟帶毗連，尤當嚴爲之備。通、海各屬屏蔽清、淮，關繫南北運道。當經飭令地方官分飭紳董整飭團練，趕作隄濠，并札委錢道德培、陸道元鼎分赴海、通、如、泰、東臺等處督辦在案。茲查鹽場竈丁團練，自應一體舉辦。陸道元鼎近經本部堂札委督辦如皋、泰州、東臺一帶民漁團練，所有鹽城、阜甯一帶民漁鹽竈團練及開築隄濠事宜，應即一併責令該道督飭印委趕速妥辦，以期各縣聯絡一氣。其如皋一縣，即併歸錢道德培督辦。該兩道均將各該州縣鹽場竈丁團練一併會商運司，督同該分司妥速籌辦。

札洋員性森查驗兵輪 光緒二十一年正月二十五日

照得南洋防務喫緊，各兵輪船、蚊礮船均亟應準備戰守，所有船上礮彈子藥均須配足，船上執事、水手、礮勇人等均須招募齊全，訓練純熟，及煤油機器一切，均宜時加整理，遇有調派，方免貽誤事機。若管帶之人駕駛不精，水勇槍械不熟，全船皆爲無用。亟應派熟諳輪機船械之員，前往各船逐一查驗，密爲禀覆，以資整頓。查有水師學堂測量洋教習性森堪以派委。除分飭遵照外，合行札委該洋員即便遵照，迅速前赴各兵輪，破除情面，將各船駕駛事宜及船上礮彈槍械逐一查驗，子藥與礮位是否配合得宜，儲備是否敷用，機器有無損壞，礮勇能否熟諳礮法，人數有無缺額，刻日密爲禀覆。所有應行整頓事宜，一併禀候核奪，勿稍瞻徇。

札洋員柯尼斯料理各礮臺礮位事宜 光緒二十一年正月二十六日

照得現在防務喫緊，沿江沿海各礮臺必應布置周密，或須添設新礮，或須遷移舊礮。所有起卸、盤運、安設、修理、開路、興築各工程，均須熟諳機器之人照料，方能合法而免貽誤。且何礮應用何藥，各礮零件是否齊整，尤須熟悉機器兼通礮火之人隨時檢點，以免臨時或有遺漏遲誤。茲查有上海機器局洋機器師柯尼斯，堪以派委料理各礮臺礮位事宜。除飭遵外，合行札飭該機器師即便遵照，遇各礮臺有以上各工程，隨時聽候調往，分別妥爲照料，并將各礮位、子藥檢點齊整，務須事事實心辦理。除遇事與該臺統領、營官商辦外，并隨時禀候本署大臣核奪。毋稍草率敷衍，以副委任。

札廣義軍統領李先義整頓營務 光緒二十一年正月二十九日

照得銘武春字八營駐防江陰，幾閱念年。故統領蘇松鎮張鎮景春督修礮臺，教練軍士，時日既久，委任尤專。乃上年海防戒嚴，本部堂親臨察閱，見所築礮臺不得地勢，所安礮位排聚一隅，則布置未善矣。試放水雷四具，僅發二具，餘未發聲。試放臺礮十數門，命中者少，則操演未精矣。隊伍步伐首貴嚴整，號令所指更當響應。而本部堂驗演雷礮之時，既無號筒以爲進止，又無旗色以爲辨認，則調度不靈矣。其他親兵走卒，奔走窺伺，毫無禁約，則平日漫無紀律尤可概見。且聞該故統領攤扣甚多，勇額不足，弁勇怨嗟，不遵調度，種種弊竇，通省皆知。正擬奏明參處，以肅戎行，乃適據報病故。本部堂特派該鎮接統是軍，非謂該鎮相從多年，優以委任，誠欲該鎮激發忠義，力争上流。兹應將原有春字等八營汰弱留强，改爲六營。除現已挑選礮臺專勇不在其内，其裁汰之法，先斥嗜好，次及疲老，次及游滑。如有携家牽累者，務即遣歸本籍以作士氣。務使所留之士人人精練，毫無習氣。嗣後勤操槍礮，兼課技擊，習苦耐勞，練爲勁旅。古今有不可用之將，無不可用之兵。將領得人，轉移至速，何難壁壘一新耶。該鎮務宜廉以卹下，忠以課心。長夫不得擅提，喜怒不當任意。本部堂期望既深，責備亦重，勿謂恩有可恃，勿謂事有可欺。懍之，慎之。

咨呈總署奏銷金陵電報局及同文館月支各欵片稿及清册〔一〕光緒二十一年三月十四日

金陵電報局及同文館委員教習人等自光緒十八年六月起至二十年五月止支用薪糧等項銀兩造册報銷一案，經本署大臣於光緒二十一年正月十六日會同北洋通商大臣李、江蘇巡撫部院奎專摺具奏，相應將片稿、清册咨送。爲此，咨呈貴衙門謹請查照施行。

咨呈購買快槍等項江、鎮、九、蕪各關籌撥價欵情形光緒二十一年六月初二日

案奉本署大臣奏准，在上海瑞士、地亞士兩洋行購買比、奥、德三國快槍一萬五十枝，無煙彈藥一千五百萬顆，共價值銀一百萬五千兩，電准户部飭在預完鹽釐及江、鎮、九、蕪四關洋税藥釐項下湊撥。當經派定豫完鹽釐攤銀二十萬兩，江海關攤銀五十萬兩，蕪湖〔關〕攤銀五萬兩，共合庫平銀一百萬兩。嗣因江海、九江兩關有應解京協各餉甚多，蕪湖關米禁出口收數亦絀，復又斟酌盈虚量爲改撥。計江海關原派五十萬兩減去五萬兩，實該攤銀二萬兩。鎮江關原派十五萬兩，將前項減派之十萬兩并歸認籌，實該攤銀二十五萬兩，先後計解銀六萬兩，核與減派五萬兩之數已溢解銀一萬兩。先後咨明飭遵在案。兹查九江關前已解過銀四萬兩，現於未接減派各札之先，復又報解銀二萬兩。惟江海雖經略減派數，爲數尚多，一時難於湊集。九江關多解之一萬兩，似可勿庸發還，應即改爲九江關實攤銀六萬兩，於江海關減派之四十八萬兩再減去一萬兩，作爲攤派銀四十七萬兩，以符總數。除飭遵外，相應咨呈。爲此，咨呈貴衙門謹請查照施行。

咨呈總署送煉成鋼鐵造成鋼軌、快槍、快礮進呈試驗摺稿光緒二十一年九月三十日

竊照本署大臣於光緒二十一年八月二十八日專弁具奏，進呈煉成各種鋼鐵，造成各種鋼軌及鐵路應用各件，并將造成快槍、快礮分别咨送試驗一摺。所有奏稿，相應抄録咨呈。爲此，咨呈貴衙門謹請查照施行。

〔一〕以下三件録自抄本《督楚公牘》。

光緒二十二年

札委知府劉祖桂兼辦槍礮廠提調〔一〕光緒二十二年四月初二日

照得漢陽槍礮廠實併槍廠、礮廠、礮架廠、礮彈廠、槍彈廠共爲五廠，事關武備要需，機件繁重，工作精微，廠內督催稽核，在在均關緊要。前經飭委湖北候補知府汪洪霆提調廠務在案。茲查汪守不日請咨赴部引見，所有槍礮廠提調亟應遴員兼充，以資整頓。查有奏調湖北差委浙江候補知府劉祖桂辦事認真，堪以派委兼辦提調廠務。一切工作物料，令即商同洋匠妥實經理，隨時督催，究竟一年能出槍礮架彈各若干件，切實核計趕辦，不得虛飾。一切經費尤須悉心籌計，撙節開支。廠內鋼鐵均須切實檢點，不得虛擲妄費，短少遺失。在廠委員、司事、工匠、人役，均責成該守稽察約束。倘有怠惰玩誤，蒙混滋弊，物料以楛爲良，工匠以少報多等事，以及工作粗率舛誤不如法式各情，即行稟請總辦蔡道酌量撤換懲儆，不得含糊徇隱。其一切應辦事宜，隨時稟商總辦蔡道妥酌辦理。如有重要事件，仍稟由蔡道稟請本部堂核定示遵。除分行外，合亟札委。札到，該守即便遵照，兼辦槍礮廠提調事務，查照札行事理，認真妥籌辦理，以副委任。仍將兼辦日期具報查考。

札委朱守滋澤查勘蘄水煤鑛光緒二十二年四月初二日

照得蘄水縣屬蘭溪附近鹿蜐山地方産有煤鑛。前據監生郭柏齡撿取炭樣呈經鐵政局化驗，質佳灰輕，甚爲合用。當即由局給諭，准令會合紳耆妥商試辦，得煤運廠，給價收買。如有成效，或收爲官辦，或歸商辦，另行核議，并行縣示諭彈壓。旋據蘄水縣稟覆，郭柏齡辦理未善，難期成效，又經鐵政局批令停止，將該山暫行封禁，另候委員履勘酌辦在案。查煉鐵以採煤爲要務。現值漢陽鐵廠需煤甚急，僅只開採馬鞍山煤窿一處，不足供機爐之用。且屢次欽奉諭旨，飭令設法廣開鑛産，是地方如有佳煤，無論何處，均應由官開採，以濟廠需。所有蘄水縣鹿蜐山煤鑛既經化驗合用，亟應派員帶同洋鑛師詳確查勘。查有湖北候補知府朱滋澤，現經委辦武穴釐局。該守於煤鑛情形最爲熟悉，堪以飭委。一俟到差後，即帶洋鑛師馬克斯就近馳往蘄水，督同地方官親往履勘，該處煤苗片段縱橫若干里，所合炭質若干分，煤層厚薄若何，能否煉作焦炭，目下土人開挖每日能出若干擔，由山窿運至水路脚價幾許，務速逐細確切查明，繪圖附説，剋日詳晰稟覆，并將整塊煤樣賫繳來省飭發考驗。如果查勘該山實係佳煤，即一面傳集地方紳耆剴切開導，妥爲籌商，使知開鑛乃於地方有益之事，既可以供鐵廠要需，又可以資貧民生計。切勿瞻顧猜疑，致令鄉民阻撓生事，是爲至要。除分行外，合亟札飭。札到，該守即便遵照上項札行事理，帶同洋鑛師馳往詳確查勘，迅速逐晰

〔一〕以下三件録自抄本《督楚公牘》。

稟覆，勿稍疏率延緩。切切。

札發湖北省新鑄本省銀元及銀元、官錢各印票准完納丁漕稅釐告示 光緒二十二年四月初二日

照得本部堂、部院前經奏明於湖北武昌省城設立銀元局，開鑄銀元通行各省。嗣因湖北省制錢缺乏，將銀元酌價，准其完納丁漕、關稅、鹽課、釐金。旋經查明各省皆有銀元，既准完納本省公欵，必須加鑄本省字様，方免混淆滋弊，節經示諭在案。本部堂、部院慨念錢法日壞，亟圖補救之方。現飭司局於省垣設立官錢局，權衡出入。查湖北省每年應收丁漕、釐稅爲數甚鉅，而制錢之少城鄉一律。民間百計購錢竭蹶輸納情形，亦屬最苦。故調劑錢法之窮，必自公欵始。銀元所以代制錢，自應有畫一之錢價，方便行使。茲議定每新鑄之本省銀元一元，准作制錢一千文，該商民等照此價赴局購取，即照此價赴關卡、州縣完納，無絲毫增減，以昭大信。一面增購機器添鑄對開、五開、十開、二十開之小銀元，亦加鑄本省字様，其價照一千文以次遞減，亦如制錢之可以零星使用。并刊發銀元官票，加蓋本省藩司印信，與善後局所發加蓋司印每張一千之錢票相輔而行，以期轉輸不竭。爲此示仰軍民人等知悉。爾等須知制錢雖一時短少，而新鑄本省銀元及銀元印票、官錢印票實與制錢無異。三項充足，流轉民間，自富商大賈以至鄉曲編氓，凡持此項銀元及各印票赴官呈繳者，賦稅可以早完，釐金可以速納。如有照章繳銀元之欵，即照銀元定價之制錢一千文校計市價，高下折算平色，取携既便，略無阻滯，制錢不足而自足。通行既久，錢價無有不平也。本部堂、部院更風聞民間於丁漕、釐稅各項完納制錢，官吏司事不免有多方挑剔，甚至有索取規費之弊，深堪痛恨。今既有此本省銀元及銀元印票定爲一千之價，又有每張一千之官錢印票，務令隨到隨收，斷不准再有苛求。仍嚴札各關卡、州縣如取藉詞不收，或稍有留難需索，准該商民等赴轅呈控。一經查實，立即嚴參重辦。此舉乃整頓圜法、體恤商民之要政，法在必行，斷不容吏胥人等弊混梗阻。各宜懔遵毋違。特示。

照得湖北省現經新鑄本省銀元及銀元印票、官錢印票，并於省城設立官錢局，權衡出入，以濟制錢之缺乏。凡持此項銀元及各印票完納官欵，無論地丁、漕糧、關稅、鹽課、釐金，皆准一律照收，官吏、司事不准稍有挑剔，吏胥人等不准索取規費。倘敢藉詞不收，及有留難需索情事，一經查出，或被告發，立即嚴參重辦，決不寬貸。除通飭各關卡、州縣遵辦外，合將本部堂、部院告示刊刷札發。札到該州、縣，即便懔遵辦理，并將發去告示一百六十道，刻日在於城鄉市鎮及各馬頭張貼曉諭，務使軍民人等一體周知。仍將貼過處所具報查考。

札委盛道督辦漢陽鐵廠 附單 光緒二十二年四月初二日

照得湖北漢陽鐵廠本部堂經營有年，各種鐵爐、鋼爐、煤井早經次第告成，冶煉各件均能精好如式。此乃造軌鑄械之根源，洵爲自强要務。惟經費浩繁，前曾欽奉諭旨，飭令招商承辦，於

上年九月内具奏鐵廠另籌辦法摺内奏明在案。兹查有總辦招商局、直隸津海關道盛道〔一〕才猷宏達，綜核精詳，於中國商務、工程、制造各事宜均極熟習，經理商局多年，著有成效。因該道從前曾有承辦鐵廠原議，適因請假在滬，現經電調來鄂面商，并親往鐵廠、鐵山、運道等處詳細查勘，議定湖北鐵廠即歸該道招集商股，官督商辦。應即飭委該道督辦湖北鐵廠事務。所有廠内廠外凡關涉鐵廠之鐵山、煤鑛、運道、馬頭、輪剥各船以及應用委員、司事、華洋工匠人等，應如何派司職事，及應辦一切事宜，機爐應否添設，欵項如何籌措，均由該道一手經理，督飭商董酌量妥辦，但隨時擇要禀報本部堂查考。務速體察情形，籌畫盡善，酌議章程，截清用欵，限數日内禀候本部堂核定後，即行接辦。該道仍俟接辦後再行回滬。惟煤鐵開采轉運等事處處皆與地方關涉。鐵廠現歸該道督辦，至武昌省城鐵政局仍未便裁撤，且有清理欵目事件，應仍舊歸原派司道總辦。該道接辦後，遇有關涉地方之件，亦須咨會鐵政局知照，以便量爲協助。除具奏并分行外，合亟札委該道即便遵照上項札行事理，督辦湖北鐵廠，迅速招商承辦，妥爲經理，以副委任。是爲至要。

盛道覆禀

敬禀者。接奉憲札，内開湖北鐵廠即歸該道招集商股，官督商辦，應即飭委該道督辦湖北鐵廠事務，務速體察情形，籌畫盡善，酌議章程，截清用欵，限數日内禀候核定後即行接辦等因。奉此。伏查大冶鐵鑛，光緒三年職道督率英國鑛師所勘得，風氣未開，無力籌辦。逮光緒十五年憲台建議蘆漢鐵路，職道條陳，就鄂鐵造軌，毋庸購買洋鐵，可塞造路漏巵。蒙醇賢親王發交憲台核議辦理。此固天欲以自强大任待憲臺而始發也。光緒十八年以後，屢蒙函電諭商，官倡其始，商守其成，飭議招商辦法。此次奉差到滬，蒙憲台電令來鄂面商，并飭親赴鐵廠、鐵山等處詳細查勘，仰見規模閎遠，創造艱難，斷非始願所能企及，亦非駑鈍所能參豫。奉札後，徘徊中夜，毫無成算。疊經面求收回檄命，另委賢能。面諭諄諄，催令接辦後再行回滬。聞命之下，彌切感惶。當即詳查鐵廠實在情形。洋總管德培、洋鑛師馬克斯、化鐵總管盧柏均稱馬鞍山煤質磺多灰多，取製焦炭，不宜鎔煉，是以先開一爐，屢作屢輟。借資開平頭等焦炭，運到每噸需銀十三兩，加以鐵錳灰石均由大冶運來，每噸需銀數兩，加以辛工用項，煉成生鐵，每噸不過值銀二十兩左右，無不虧本。熟鐵、鋼件皆由生鐵轉造，更無不虧本。又向鐵政局開查支欵，每月局用約需銀七萬餘兩，其中購煤之價只有一萬數千兩。如生鐵兩爐全開，月需焦炭三千六七百噸，開平、萍鄉煤兼用，煤價即需銀四五萬兩，尚須添購各項機器。而洋人三十六名，可删者合同未滿，必應用者尚須添雇，每月薪水一萬餘兩，有增無減。所出鋼〔二〕鐵亦無暢銷之路。是以開煉以來，售出生鐵無多。現據德培、盧柏函稱，合用焦炭僅供十餘日所需，又須停爐待炭。此辦理為難之情形，固不能責效於前人也。復查大冶鐵山，用之無窮。運道已經造成，必須在長江一帶趕緊覓求上等煤鑛，俟得煤鑛，添籌商本，再就大冶添設生鐵爐兩座，方能保本，漸圖利益。此將來推廣辦法也。所最難者，目前煤鑛難期必得，而鎔鐵必須借資開平及萍鄉、日

〔一〕指盛宣懷。

〔二〕底本為「銅」，似應為「鋼」。

本各處焦炭，每噸通扯，需銀十數兩，且恐轉運不及，斷續堪虞。聞外洋焦炭至多不過銀六兩，加以洋匠辛工之貴倍於外洋，所煉鋼鐵難與洋貨爭銷。官本數百萬業已用罄，華商魄力甚微。現擬籌集商本一百萬兩，除去添購機器，不過支撑數月。幸聞憲台奉辦蘆漢鐵路之命，從前開廠煉鐵，原為自造鋼軌，以免鉅欵外溢，醇賢親王曾有先軌後械之諭，意甚深遠。近來國計民生俱為外洋漏卮所困，豈堪再以數千萬造軌之資浪擲於外洋。自應查照原議，所有鐵路需用鋼軌各件，均責成湖北鐵廠按照極新西法自行製造。核計實在工本，每噸需價若干，其未得煤鑛以前，軌價每噸恐須增貴數兩。為大局起見，亦應通融存記。將來長江續開煤鑛，大冶添設化鐵爐，華匠習練可以做工，鋼價必能比較外洋更賤，自當如數補還路局。挈長補短，總不使華軌昂於洋軌。此目前支持之辦法也。總之，非支持不能推廣，非推廣不能持久，實一定不移之理。惟中國辦事最易紛歧，萬一鐵路所用鋼軌等件仍欲取材於外洋，使華鐵銷路阻塞，商局何能挽回。届時應請准其停工，發還華商資本，仍歸官辦。此華商與職道堅明訂約，職道所不能失信於華商者也。職道從前創設電報，整頓輪船，規復布局，擴充紗廠，無不備極艱辛。及覩成效，無不横生疑謗，以為商務之利權專屬也。目前鐵廠人人視為畏途，將來萬一經理得手，商人竟獲轉圜，又將人人視為利藪，方謂職道招攬事權，大人輕忽委任，雖百喙亦難置辯。況此次以直隸道員越省代籌，且欲越省遥制，在職道因恐鐵廠屬於洋人，有礙國家自强大局，有負憲台經始宏謨，不得已，不避嫌怨，冒險承接。在局外，又以為職道願舍關缺來膺鐵廠，以小人之私見，度君子之公心。一人毁譽何足惜，其如大局何。現在華商未見章程，股本尚多觀望。鋼軌未訂合同，銷路尚無把握。則目前需用商本一百萬兩，將來應繳官本一百萬兩，均屬懸虚。生平辦事，脚踏實地。必須俟議定章程，恭候核奏，職道一面回滬招齊商股，并赴天津與開平鑛局妥議運煤章法，限三箇月内來鄂接辦，以期妥實。所有遵議招商章程，謹呈清摺一扣。是否有當。伏乞札發鐵政局司道核議，批示祇遵。

札委劉祖桂充當織布局提調〔一〕

光緒二十二年四月初二日

照得湖北織布局所出棉紗、布匹數多欵鉅，紗廠又有夜工，事務繁重，衛役衆多。前經飭委湖北試用同知趙毓楠提調局務在案。茲查趙丞委解京餉尚未回省，所有布局提調亟應遴委認真得力之員接充，以資整頓。查有奏調湖北差委浙江候補知府、現充銀元局提調劉守祖桂，堪以調往布局提調局務。一切工作，務須商同洋匠，督率委員、司事認真經理，隨時督催。至經費開支欵目出入，尤須悉心籌計，核實妥辦。在局委員、司事、工匠、人役均責成該守稽察考核，約束彈壓。倘局内負役人等有怠惰玩誤蒙混滋弊及工作不如法式情事，即行禀請總辦蔡道分别撤换懲儆。無用浮冗之員司即行删汰，不得含混徇隱。其一切應辦事宜，隨時禀商總辦蔡道妥酌辦理。如遇重要事件，仍禀請本部堂核定示遵。該守既有槍礮局提調差，應月支夫馬銀五十兩，以咨辦公。除分行外，合亟札委。札到，該守即便遵照提調織布局務，按照札行事理認真妥籌辦理，實力整頓，以副委任。仍將到局日期具

〔一〕以下十六件録自抄本《督楚公牘》。

報查考。

札發督辦湖北鐵廠關防 光緒二十二年四月初十日

照得湖北鐵廠現經札委直隸津海關道盛道招集商股，官督商辦，分別咨行在案。茲據北善後局刊就督辦湖北鐵廠事宜木質關防一顆呈賫前來，合行札發。札到，該道即便遵照收領開用具報。

札北藩、臬司等照册點驗鐵廠各項交盛道接收 光緒二十二年四月十一日

照得湖北漢陽鐵廠，昨經札委本任直隸津海關道盛道督辦廠務，妥議章程，招商承辦。現據該道稟覆，并擬議招商章程各條。查閱大致均尚妥協，當經飭發司局核議，詳請奏咨并批飭該道刻日接辦廠務在案。查鐵廠所置機器、爐座、廠屋、隄溝、鑛廠、煤井、運道、馬頭，以及現存鋼鐵、焦炭、煤斤一切物料器具、輪剥各船，數目繁多，應由原派管廠各員逐一清查，由鐵政局造册移交，并派委司道大員公同點驗交代盛道接收。除分行外，合亟札飭。札到，該司即便遵照，會同該道及鐵政局將册開鐵廠物料等項，全數逐一點驗交代清楚，具報考查。勿違。

札北藩司等核議盛道稟覆鐵廠招商承辦章程 附單 光緒二十二年四月十一日

照得湖北漢陽鐵廠經本部堂經營有年，迨落成後，冶煉鋼鐵、製造鋼軌均能精好適用。現值籌辦鐵路、製造槍礮，需用正股，工作豈能少緩。惟經費支絀，用度浩繁。前經奏明遵旨，招商承辦，并札飭直隸津海關道盛道督辦鐵廠事務，招商集股，官督商辦，酌議章程，稟候核定，即行接辦在案。茲據該道稟覆并議招商章程各條。除批：據稟及招商章程均悉。所議各條，大致均屬妥協，已飭鐵政局司道核議詳覆，即行具奏。該道到鄂以來，迭經晤商，并與藩、臬兩司詳加籌議，規畫一切，大局已定，自應先行接辦，以赴事機。該道才望素著，久爲華商所信服，將來招集商股，無難一呼即應。所請先赴津滬，限三箇月内來鄂接辦，爲時過久，不免延曠工作。仰即刻日接辦，力任其難，及早經營，以副委任，是爲至要。此繳。摺存。印發外，合就札飭。札到，該司、局等即便遵照，會同鐵政局悉心核議，刻日詳覆，以憑奏咨辦理，毋稍延緩。切切。

湖北鐵廠招商承辦章程

計開

一、湖北鐵廠遵奉諭旨，招商承辦。現蒙飭委招集商股，官督商辦，自應遵照原奏，官局用欵及各項欠欵，截至商局承接之日為止，以前用欵及各項欠欵均歸官局清理報銷，以後收支各欵均歸商局籌辦，以清界限。

一、漢陽鐵廠，大冶鐵鑛、錳鑛，興國錳鑛，李士墩、馬鞍山煤鑛，以及廠内廠外凡關涉鐵廠之鐵山、煤鑛、煉鋼、煉鐵、製造、修理、燒焦各爐座、各機器、輪車路、挂線路、運道馬路、輪剥各船、房屋、地基，以及存積在廠之鋼鐵、煤炭、材料、什物各項，皆係官局成本，均於承接之日由官局交付商局逐項接收，造册呈報，即以交付實在各項為接收官局成本根據，俾各商咸知

官局成本數目，有所考核。

一、鐵廠既歸商辦，自應招集商股，以固根本。惟目前承接之始，諸事尚無把握。華商欲速見小，未免觀望。現擬先招商股銀一百萬兩，仍以一百兩為一股，自入本之日起，第一年至第四年，按年提息八釐，第五年起提息一分。此為本廠老商，必須永遠格外優待。辦無成效額息必不短欠，辦有成效餘利加倍多派。嗣後氣局豐盛，股票增價，其時推廣加股，必先儘老商承認，有舊票呈驗方准其納入新股，以示鼓勵舊商而杜新商趨巧之習。

一、官局截至商局接辦日止，所有用欵欠欵，據官局摺開，總數　萬兩，連撥商局備還官局已定機器及耶松購物各欠銀十五萬兩，共約計銀　萬兩。非常之局，創辦之費，本難逆料。內有試開各處煙煤礦中止停廢，以及試辦鐵廠七年常年經費，積少成多，皆如船政及滬津各製造廠所用之欵無可交代者也。今蒙大憲體念華商氣餒力薄，鐵廠事艱任鉅。商辦之後，籌措支撐已屬萬分竭蹶，深恐難於接濟，至以前官局用欵欠欵，商力急切難籌。惟有寬其歲時，免權子母，收得一分補償一分，參酌商情局勢，總以籌銷鋼軌為補救要計。擬自路局購辦鋼軌之日為始，所出生鐵售出，每噸提銀一兩，按年核計，共出生鐵若干，共應提銀若干，彙數呈繳，以還官局用本。其煤與熟鐵、鋼件應免再提。俟官用還清之後，每噸仍提捐銀一兩，以伸報效。地稅均納在內，并無另外捐欵。

一、官局用欵已定煉出生鐵每噸提銀一兩陸續歸繳，如果鐵廠、鐵路一氣呵成，所用鋼軌各料悉歸鄂廠購辦，毫無隔閡，則出鐵每噸提銀一兩自有把握，屆時擬請札飭路局，鐵廠在於預付軌價之內，分作兩次先行提銀一百萬兩，儘先歸還最要之官本。此一百萬兩即在造軌之後應提每噸銀一兩內扣抵，俟豫付一百萬兩扣清之後，每噸一兩再行按年彙繳。如路軌不能一氣，則鐵廠危殆可立而待。每噸一兩既不能提，自無所謂豫付矣。

一、鐵廠必須寬籌銷路。中國現尚不能成鐵艦，不慣用鐵屋，不知造機器，民間農具、爨器，土鐵足敷所用，銷鐵之處無多。從前立廠本意，專為造軌製械而設，本省槍礮廠、各省製造廠所需鋼鐵，自應悉向鄂廠定購，然亦每年所用無多。現今議造各省鐵路，所需鋼軌及應用鋼鐵料件係屬大宗。擬請奏明無論官辦商辦，必要專向湖北鐵廠隨時定購。約計兩爐出鐵，每日夜可煉成鋼軌三四華里，每年約可成軌千里。所製之軌與外洋頂好之軌相同，可派鐵路洋員試驗壓力，自有定評。此為塞漏巵、興鐵廠第一要端。司鐵路者當無不公忠體國，悉用鄂廠鋼鐵。雖造路數萬里，除雇用洋匠辛工外，所費皆在國中。藉使鄂廠立定脚，不歇手，創辦之用欵數百萬，可期逐漸有著，何樂不為。惟目前遠運焦炭，多用洋匠，恐鋼價比較外洋每噸略貴數兩，當為存記。將來長江續開煤鑛，大冶添設化鐵爐，華匠習練可用，鋼價必能比較外洋更賤，自當如數補還路局。挈長補短，通籌合算，總不使中國軌價昂於外國。萬一路局秦越視鐵廠，則必大開漏巵，華鐵銷路阻塞，斷難支持，與設鐵廠主意相背，關係國計甚大。商人無力挽回，應請准其停工，發還商本，或仍歸官辦，或即奏請停止，官欵亦即停繳，以免賠累。

一、大冶鐵鑛，各種鋼鐵可煉，取之不竭。所惜馬鞍山煤鑛直層不能多取，磺重不合化煉，必須派鑛師在長江一帶另尋上等煤鑛，俾與鐵廠相為配合。鄂廠利鈍之源，在此一著。應請奏明，如湖北本省無相宜之鑛，准在湖南、江西、安徽、江蘇四省沿江沿河之處，隨時稟明派員勘尋開採，以成利國利民之大政。

一、中國費鉅款開鐵廠，專為保守自有利權起見。然欲與外洋鋼鐵爭衡，非輕成本不能抵制。故歐亞於自産鋼鐵，運銷無不免稅，以杜他國鋼鐵進口分奪本國之利。所有湖北鐵廠自造鋼軌及所出各種鋼鐵料，並在本省或外省自開煤鑛為本廠煉鐵煉鋼之用，應請奏明免稅十年。届時督看本廠如有優利，足可抵制洋鐵，再行徵稅。

一、鐵廠目前支持局面，必須將化鐵爐兩座齊開，添購各項機器。將來推廣，必須另開大煤鑛一處，并就大冶添造生鐵爐數座，方能大舉，保本獲利，否則萬無轉圜之法。現在公欵難籌，自應續招商股二三百萬兩。如一時商股不及，應請准由商局不拘華商洋商，隨時息借以應急需，即以鐵廠作保。商借商還，庶可及早推廣，商本不致斷缺，而以前官本亦不致毫無著落。

一、鐵廠奉委商辦之後，用人理財，籌畫布置，機爐應否添設，欵項如何籌措，委員、司事、華洋工匠人等如何撤留及應辦一切事宜，悉照輪船、電報各公司章程，遵照憲札，均由督辦一手經理，酌量妥辦，但隨時擇要稟報憲台查考。

一、漢陽總廠擬派總辦一員，聯絡上下官商之情，稽查華洋員匠之弊。并派總董三員，一司銀錢，一司製造，一司收發，其餘各執事均擇要選派。大冶鐵礦、馬鞍山煤鑛各派一員一董，互相鈐制，悉除官場習氣，皆須切實保人。其緊要之缺派定後，仍隨時詳報。三年後如有成效，應請准照漠河金鑛之例，分別異常、尋常勞績，擇尤酌保數員，以示鼓勵。如有查出重咎，有職者詳參降革，無職者送官懲治，庶幾賞罰維明。

一、鐵廠收支銀錢，採煉鋼鐵，出售貨物，查照輪船商局章程，按月由駐局總辦將清帳送與督辦查核，按年由督辦復核，轉送憲台衙門查核，并刊刻詳細帳略，布告衆商，准有股各商隨時到局稽查督看。

一、督辦應由有股衆商公舉，湖廣督憲奏派。總辦及委員應由督辦稟派。辦事商董、查帳商董應由衆商公舉。司事應由總辦及駐局商董公舉，庶幾相聯指臂，互為句稽。所有情薦恐致亂羣，應如西例，概不收用，并無乾脩挂名，以昭核實。

一、漢陽鐵廠濱臨襄河，隄工實為全局保障，且有槍礮廠在內，關係官民休戚甚重。所有大修經費，請歸善後局開支。礮廠鐵廠近在咫尺，如果目睹險工，當隨時稟報，即由善後局派員修理。所有隄外地基租稅，仍應歸公，備作襄隄歲修欵，其不敷之費，由鐵廠七成、礮廠三成開支，總期大局無虞。

一、漢陽鐵廠連礮廠在内，從前因無墻圍，民人日夜入廠，毫無防閑，以致槍廠失慎，煤鐵時有偷竊。總因磚石之墻，工價難籌，屢議屢輟。現在稟奉憲台允准援照天津製造局，酌撥防勇兩三營，築成土圍，以謹出入。所有筐鍬、賞號以及歲修之費，均按鐵廠七成、礮廠三成開支。

一、漢陽、大冶及馬鞍山三處廠局，向派營勇駐紮彈壓。嗣後應仍請照章辦理，由鐵廠酌給賞犒，并請通飭有鑛各州縣營汛照常保護。洋鑛師所到之處，必須地方官盡力保護，以免滋生事端。商局接辦後，遇有關涉地方事件，遵札咨會鐵政局司道知照，以便量為協助。

一、鐵廠内各爐廠所用火磚土磚甚多，是以專設造磚機器。現因該廠在礮廠左近，其地恐須改為礮廠所用，自應暫歸礮廠管理。惟商局需用火磚土磚必須向磚廠照常自造，但照實用工本計算。將來燒磚之地若須并設礮機，而以磚機歸還鐵廠，官局用磚，亦照實用工本計算。

一、鐵廠歸商承辦，萬一遇有兵革、水火災異之事，機爐一切無法搬移，應照西例，各聽天命，無從保險。

以上十八條，應請批准奏定，刊刻章程，以便遵照招股辦理，合併聲明。

札委王樹藩總稽察銀元局光緒二十二年四月十二日

照得銀元局事繁工精，欵鉅責重，所有熔化銀條，配合鑄造，較準成色，分兩收發，一切欵目，均關緊要。亟應派員專司稽核，以昭慎重。查有原委銀元局收支候選知縣王樹藩操守廉介，辦事認真，堪以委充銀元局總稽察。應令常川駐局，諸事稟商總辦蔡道暨各司道等認真經理，循照定章，實力整頓。倘委員、司事、工匠人等辦事未能得力，查有弊端以及制造未能盡依法式、銀色分兩或有短絀參差情事，即由該員稟明總辦，以憑撤換懲儆，毋稍徇隱。除分行外，合亟札委。札到，該員即便遵照札行事理，充當銀元局總稽察。務須破除情面，隨時稟商蔡道等核實經理，毋負委任。仍將遵辦日期具報查考。

札委聯豫充當銀元局提調光緒二十二年四月十二日

照得銀元局鑄造日多，事件繁重，現在尚須添設機器，擴充辦理。所有防察弊端、清理欵目，在在均關緊要。前經飭委奏調湖北差委浙江候補知府劉守祖桂提調局務在案。茲查劉守業經改委布局提調，所遺銀元局提調事務亟應另行遴員接充，以資整頓。查有奏調差委浙江候補知府聯豫，堪以委任銀元局提調。應辦諸事隨時稟商總辦蔡道暨各司、道等，督率在局委員、司事人等，循照定章，認真辦理。務須破除情面，嚴加考察，實事求是，勿稍含忽徇隱。薪水、夫馬共月支銀一百兩，以資辦公。除分行外，合亟飭委。札到，該委即便遵照充當銀元局提調，稟商蔡道等認真核實經理，以副委任。仍將到局日期具報查考。

札南藩、臬司催提張銘京控案內人證光緒二十二年四月十三日

照得已革湖南候補知縣張銘京控大吏枉法營私、冤參屬員勒扣鉅案等情一案，所有案內應訊、被證，前經該臬司報委押解席曜衡、席鏞、席匯湘、李瑞麟、唐承緒五名，內只席鏞、席匯湘、李瑞麟稟明投到。其席曜衡，據稱因病在岳郡就醫。惟唐承緒，係屬委員一同押解之人，何以未據報到，係在何處逗留。經本部堂飭司查明，趕緊催令來鄂。并被控之但道湘良，趙道環慶，候補通判王寓生、蔣聯庚，候補知縣鄭襄，記名總兵歐飛林，前代理東安縣知縣田繼昌暨應行查訊之前署東安縣知縣張秉煊等，亦經本部堂先後咨行飭令來鄂候訊在案。惟現續據丁憂補用通判蔣聯庚稟稱，該倅患病沉重，不能起程出具親供，懇免到案等情。除該倅現既患病批示免予到案，并據臬司具報歐飛林業經病故外，其餘以上人證，應即催飭趕緊赴鄂，以憑訊辦。現在懸案以待，不容再涉延緩。至唐承緒尤爲案內要證，必須到案質訊，何得任

憑逗遛。若緊要各人證推延不到，必致全案拖累。案懸三年，未便再行延宕，合行札飭。札到，該司即便遵照，迅速查明押解委員因何將唐承緒延不解到，究在何處逗遛，即行據實呈報。一面責令該委員趕緊將其解送至鄂，并移行催令但道等刻日來鄂，以備查詢，均毋再延。切切。

札江漢關道等妥議川、鄂協力阻日輪入川 光緒二十二年四月十四日

光緒二十二年三月初一日准四川成都將軍恭、督部堂鹿咨：據署川東道張道華奎稟稱，案據署巴縣知縣國璋稟稱，查日本領事已抵夔門緣由，業經稟明在案。其馬頭地段，自應堅守前議，仍以王家沱爲定，一切辦法亦應仿照甯波辦法，總使華官有自主之權，外人無專擅之弊。此事雖難，尚可藉手。其尤難者莫如川江行輪一事。憲台時與籌商，棘手情形有不能不爲縷晰陳明者。查上年阻止固陵之役，卑職親事其間，雖經竭盡智力，煞費經營，然尚有可爭之道。一則以川江水凶灘險，礁石林立，馳駛不便，以挫其志。再則以川民强悍，惡争利源，彼此碰撞，時虞滋事，以餒其氣。且其時在西人原屬試辦，利薄害重，是以就我範圍，允作罷論。今日欲再以上年之危言恫喝，恐日本領事不惟不聽，並恐尚有從旁慫恿，冀其同沾利益者。卑職訪聞西人此次川江行輪，有擬定造吃水四尺、樓高八尺新式小船，以期便利之説。雖船身不大，載貨無多，而彼則上水專運綢緞細軟值價之貨，下水則專運麝香鹿茸等件，復於新洩諸大灘起剥。此等浮議原不足信。然西人性專力果，每辦一事，堅忍精思，不成不止。渠果毫無把握，何肯一再力争。竊恐此次碼頭既定之後，輪船即尾隨而來，蓋明明載諸約章，不肯再與我議也。彼時阻之，則顯違諭旨。議之不惟無所藉詞，亦且事機已落人後，議無可議。加以川民不知其中利害，設稍有齟齬，勢必干瀆總署，有挾而來，不但種種爲難，且恐川民更添疑懼，實於大局所關匪淺。卑職日夜籌思，旁皇無措，不得不豫爲之防。就目下情形而論，阻之則不可，聽之則實又萬難，因於萬分無可如何之中，亟思補救之術。伏查川江門户不在川而在楚，川江極險大灘亦在楚。此次行輪，斷難飛越歸州、巴東一帶。愚昧之見，似宜密咨兩湖督憲暨湖北撫憲，札飭宜昌上游一帶官商先與日人從長計議，行川之難在楚省。代人籌議，似易動聽，如能中止，誠屬萬幸。設其志在必行，無計阻遏，可否勸其先暫試行歸巴上下各灘。果能不觸礁石，不撞民船，彼此無礙，再與川省會議上駛善後章程。倘在彼處即有觸礁撞船諸事，楚界尚且難行，則川江寸節皆灘，行輪難易，昭然若揭，自可不謀而罷。設使西人果有禦石避船之法，而宜昌一帶行輪已久，楚民視爲故常，斷無阻撓争鬭之事。將來即使上駛，而川民目睹楚界各灘行輪無礙情形，又無阻鬧之舉，則平日之疑慮稍減，而川中隨時開導，亦易爲力。所以卑職自到任辦理此事以來，時懷隱憂，凡遇宜昌一帶交涉之件，或電或信，無不詳細通知，以期聲息相通。即西人在宜一舉一動，楚省官商亦宜隨時密爲致電，俾卑職等得豫爲之備，庶不致臨事周章，稍資補助。芻蕘之見，是否有當，伏候衡奪。附呈峽江圖考，并乞察鑒等情。據此。職道復查光緒二年煙台定約，即許英人輪船通商至重慶。嗣因體察川江險灘林立，萬難行輪。且江流迅急，來往帆檣時有碰觸之虞，沿江數十州縣人民不憚以身家性命争之。而查江路極險極狹之境，

誠如國令所稟，在鄂省境内尤多。於是光緒十四年於英人將開埠時，時由川、鄂兩省同派員至宜昌，與英領事辯論年餘，英領事亦知衆怒難犯，觸礁難行，事遂中止。現猶此人民，猶此地勢，其立約允許行輪情事正屬相同，其有關生民之休戚，兩省亦無或異。英人既不能行之於前，日人亦豈能行之於後。前既由兩省派員協力論阻，現亦仍應仰懇憲台咨商湖廣督部堂、湖北撫部院暨南洋大臣一律與之堅持，庶使日領事知人情地勢之所決不能行，亦當同於曩日英領事知難而退，就我範圍。附呈國令送到峽江圖考，伏乞憲鑒。是否有當，理合稟請察核批示祗遵等情到院。據此。當經本將軍、本部堂批：據稟及所呈峽江圖考均已閱悉。查川、鄂鄰省，唇齒相依，川江極險大灘又多在鄂省地面。此次日本議欲行輪入川，該道等請與鄂省一律堅持，所稟不爲無見。仰候咨商南洋大臣、湖廣督部堂、湖北撫部院妥酌辦理，仍候行洋務局知照。峽江圖考存。此繳。除批印回暨行洋務局知照外，相應咨請查照，妥酌辦理等因，到本部堂。准此。查川省來咨各節，自係爲豫防洋輪妨礙民船多生枝節起見。惟川、鄂鄰省，峽江行輪之事，其利害得失，川、鄂事同一律。日人將來如在鄂省議及此事，但能設法勸阻，自當竭力籌維。若商人則向無與洋人議事之權。至洋人峽江行輪，意在直達重慶，攬川省之利，并非僅欲來往歸、巴一帶。若勸其暫試行歸、巴上下各灘，既勸試行，必酌定停泊之所，似於條約之外暗添一通商口岸。中國之所以靳予行輪者，意在防碰船争利諸弊，川省所宜防者，自亦爲鄂省所宜防。若如川省來咨所云，由鄂省與議禁其洋輪入川而許其行鄂，此説是否可行事關兩省，不憚詳籌，合亟飭議。爲此，札仰該關道即便會同宜昌、江漢關道，督同荆宜兩府即便遵照上項指飭事宜，迅速妥議。究應如何辦法，有何妥善之策，稟覆核奪。勿違。

札萍鄉、湘潭兩局停辦煤斤截清用欵造册申報查考 光緒二十二年四月十七日

照得湖北漢陽鐵廠大功早經造成，現因經費支絀，飭委直隸津海關道盛道招集商股，官督商辦，所有關涉鐵廠之各處煤鑛，議定由盛道一手經理，督飭商董酌量妥辦。應即飭令江西萍鄉採煤委員知縣歐陽柄榮、湘潭轉運局試用府經歷王天爵等，各將經手事宜均於本年四月初十日爲止，截清用欵，先經由鐵政局函令停止購運。歐陽令即將已購煤斤趕緊掃數運清，支發各欵核算明晰，不得稍涉轇轕。各該局領過欵項若干，支用若干，以及局中現存器具什物等項，均應核實開報，造出細數清册。一面申報本部堂查考，一面報明鐵政局核辦。除分行外，合亟札飭。札到，該員等即便遵照上項札行事宜妥速辦理，勿稍違延。

札委鄭官應總辦漢陽鐵廠 光緒二十二年四月十九日

據督辦湖北鐵廠事宜直隸津海關道盛道詳稱：竊奉憲台札委督辦湖北鐵廠，悉照官督商辦章程，遵於四月十一日到廠視事。查稟覆章程第十一條内開：擬派總辦一員駐廠聯絡上下官商之情，稽查華洋員匠之弊。第十三條内開：總辦應由督辦稟派。均蒙批准在案。現值接辦之初，頭緒尤繁，駕馭洋人，通籌工作，購運煤炭，稽核收支，隨在俱關緊要。職道赴滬、赴津以後，必須明干大員駐廠總辦諸事，方有統率。查有三品銜候選道鄭道官應，

講求時務，諳習洋情，居常慷慨自期，不名一錢，力任艱鉅，職道前奉督辦招商之命，稟請入局，設法整頓，勞怨不辭，頗著成效。此次職道奉飭按辦鐵廠，往日同志辦事之人，莫不心存畏避。惟鄭道得電後如約來鄂，昨與面商大概，悉合機宜。擬請該道剋日到廠總辦，暫駐漢陽，督同全廠總董、委員、洋匠、華工以及大冶鐵鑛，馬鞍山、李士敦煤鑛員董人等，認真妥籌。遇有重大事件，仍與職道函電商酌辦理，可期勝任。但該道爲招商局必不可少之人，仍當往來鄂、滬，彼此兼顧。除詳北洋大臣外，理合具詳應請憲台俯賜批准，并請加札飭令到廠，以收得人之效等情，到本部查。據此。除如詳批准并分行外，合亟札飭。札到，該道即便遵照刻日到廠總辦，暫住漢陽，督同全廠總董、委員、洋匠、華工以及大冶鐵鑛、馬鞍山、李士敦煤鑛員董人等，認真妥籌，遇有重大事件仍與盛道函電商酌辦理，勿違。切切。

咨南、北洋大臣札委盛道督辦漢陽鐵廠事務招商辦理并發關防 光緒二十二年四月二十日

爲照湖北漢陽鐵廠經本部堂經營有年，各種鐵爐、鋼爐、煤井早經次第告成云云，以便量爲協助，并飭北善後局刊刻督辦湖北鐵廠事宜木質關防一顆，呈賫札發開用。除具奏並飭委盛道遵照督辦湖北鐵廠迅速招商承辦妥爲經理暨分行外，相應咨會。爲此，合咨貴大臣請煩查照施行。

札委李紹遠查朱錦章等設局收售硝磺有無影射流弊 光緒二十二年四月二十六日

案查前據浙江試用同知朱錦章等稟，自備資本，在於漢鎮設局收售硝磺，請援照黔省章程，每硝一石繳公費銀一兩，每磺一石繳公費銀五錢，并請由善後局發給三聯票，以資考核等情。當經本部堂批據善後局會同藩司詳覆，准其試辦，并令仿照先課後引辦法，隨照繳費在案。惟查朱錦章故後，又經顧壽松接遞承辦，迄今將及五年之久。究竟請領執照若干，所銷硝磺若干，共計繳過公費銀若干，以後并未據該局呈報有案，豈有數年來全不行銷之理。且風聞該局派人采買，不免藉端騷擾，買後沿途灑賣，影射販私，并將舊票重照，亦難保無售與來歷不明之人情事。且該商果係滯銷，何以近日又有商人具稟争欲承充。查硝磺關係軍火，設局收售原期杜絕私販，有裨餉需。茲該局完繳未能足額，究因何故。至該局係如何采買，如何發售，是否專售與花炮舖，抑或另有別項商人分售，每年約可收售硝磺若干，有無以多報少、藉官販私情弊，究應如何稽查，如何整頓，方能弊絕餉充，亟應委員確查。本部堂查有候補同知直隸州李牧紹遠堪以派委。合行札委。爲此，札仰該牧即便遵照，迅赴漢鎮，將該局歷年請領印票若干，未繳票根若干以及銷過硝磺各若干，所有應繳經費銀兩現已解繳若干，未繳若干，刻日稟覆，并將以上所指各弊，確切查明暨應如何整頓之法，一併據實具覆，以憑核奪。勿稍迴護。切切。

札委錢永林等接帶鳳字馬隊中、左營 光緒二十二年五月初一日

照得鳳字馬隊中、左兩營分駐襄樊，上自光化，下至棗陽，兼管沿邊一帶緝私緝匪事務，責成重要。茲查管帶鳳字馬隊中營總兵蕭世義、管帶鳳字馬隊左營參將何官佑二員，人地不甚相宜，應即調省，另候差委。所遺鳳字馬隊中營，查有湖北儘先補用副將錢永林，前曾派委襄樊一帶緝私，情形熟悉，堪以飭委接帶。又鳳字馬隊左營，查有儘先游擊李福田，前隨北提軍門吴出征關外，遇事奮往，堪以飭委接帶。務各將原領軍裝、器械、馬匹等件照數點收清楚，督飭哨弁，嚴申紀律，實力整頓。勇丁挑選精强，馬匹喂養膘壯，均須一律足額，不准一名短缺，及以老弱之勇、疲廢之馬濫竽充數。仍隨時會同營汛、練軍、步隊、勇營及水師右、後兩營，聯絡聲勢，認真堵緝，勿任私販偷越入境。倘弁勇有得受私販陋規、包庇及藉端滋擾情事，立即查明，稟請從嚴懲辦。如遇刀痞、會匪、盜犯應緝之案，尤須會同地方官嚴密查拏務獲，稟解究辦，以靖邊疆。營中應辦一切事宜，皆當稟商總理鳳字馬隊營務處、安襄鄖荆道酌度辦理，聽候該道考查約束，以期妥協。襄陽道及各衙門，不准私派該馬隊營一人一騎在各衙門充役供差，致啟缺額扣餉之漸。如有此弊，定即奏明嚴參。除分行外，合亟札委。札到，該將、游擊即便遵照，接帶鳳字馬隊中、左營，將上項緝私兼辦緝匪事宜認真妥實辦理，勿負委任。仍將接帶日期稟報查核。

會委王秉恩總辦營務處 光緒二十二年五月初四日

照得前年江防戒嚴，添募多營，事務繁重，設立營務處，檄委現任各司道兼充總辦、會辦，并委候補道會辦在案。現值防務久定，所有添募各營均經陸續裁撤，事務較簡，自應另派大員總辦，以專責成而免紛歧。查有奏調湖北差委廣東補用道王道秉恩，老成穩練，曉暢戎機，堪以飭委總辦湖北全省營務處，隨時將各營操防一切事宜認真整頓，切實稽查，力洗防營積習，以期武備整飭，餉不虚糜。該道薪水、夫馬，即由北善後局按月支給銀一百兩，以資辦公。其原派會辦之趙道、薛道，應仍其舊。所有原委現任各司道，皆有地方專責，即毋庸兼充總辦、會辦。除分行外，合亟札委。札到，該道即便遵照總辦營務處，隨時妥籌稟辦，以副委任。切切。

札鐵政局轉飭洋匠照常工作 光緒二十二年五月初五日

照得湖北漢陽鐵廠及大冶、江夏煤鐵各鑛，早經次第告成，冶煉鋼軌鐵件均能精好如式。惟經費浩繁，公款支絀，遵旨招商承辦。當經札委直隸津海關道盛道督辦鐵廠事務，由該道招集商股，官督商辦。所有廠內、廠外凡關涉鐵廠之鐵山、煤鑛、運道、馬頭、輪剥各船，以及應用委員、司事、華洋工師、工匠人等，應派職事及應辦一切事宜，均由該道一手經理，酌量妥辦，隨時擇要稟報本部堂查考。旋據盛道稟報，於四月十一日接辦在案。查鐵廠所用洋總管及鑛師、洋匠三十餘人，訂有合同條欵，現雖改爲官督商辦，其機爐、鑛地及現有物件，具係官本所置，實與官廠無異，盛道一手經理，仍須隨時擇要稟報本部堂查考，所有合同自應照原訂條欵辦理。已飭前總辦蔡道於四月二十四日

明晰傳諭洋總管等，自盛道接辦後應歸盛道節制，務須照常作工去後。昨據盛道面禀：洋總管德培及總鑛師馬克斯，均以未奉本部堂明諭，不肯到工辦事等情。合亟札飭。札到，該局即便遵照，將札飭事理行知德培、馬克斯等遵照，務須照常作工，以符原議。查設廠煉鐵，爲中國創辦之舉，該總管、鑛師等誠能竭力襄理，以資臂助，固足揚名中外，亦不負本部堂遠道延訂之美意。慎勿別存意見，致礙工作，是爲至要。此札。

札北臬司先行細核席寶田有無吞餉實據并唐本有搶穀各情形光緒二十二年五月初十日

案照光緒二十年六月初五日承准軍機大臣字寄光緒二十年五月二十日奉上諭：都察院奏，已革湖南候補知縣張銘，以大吏枉法營私，寃參屬員，勒和鉅案等詞赴該衙門呈遞。據稱，光緒十七年四月間，永州府知府光熙禀報東安縣屬已革提督唐本有，聚衆抄搶席姓莊穀，總兵馬朝龍調兵圍剿，擒獲生員唐光藻等，前撫張煦恐釀鉅案，派該革員前往解散，即有總兵歐飛林來送夫費。及抵東安，生員陳吉祥聯名公禀唐本有並無持械聚匪情事。並據唐本有呈報，已故藩司席寶田勒指欠餉及冒領軍餉各節，席寶田之子廪生席匯湘疑懼，商諸光熙，因署糧道但湘良求通關節，該前撫飭光熙催兵圍辦，即將唐宅抄燬。唐本有投省疊控，該前撫派但湘良會審，經年不結。長沙府知府趙環慶用歐飛林銜名，呈遞和息，席姓賄唐姓銀六千兩。因席寶田吞餉原單尚存該革員手中，遂將伊甄別等語。案關被參寃抑，牽涉大員侵吞軍餉，賄和鉅案，情節較重，亟應澈底根究，以期水落石出。著張之洞按照原奏各節，確切查明，據實具奏。原摺呈及公禀各一件均著抄給閱看。將此諭令知之。欽此。遵旨寄信前來。時值海氛不靖，本部堂籌兵籌餉，諸務倥偬。旋復奉旨調署兩江督篆，不及提訊，奏交前兼護部堂審辦。經前兼護部堂察核，此案情節較重，枝節叢生，牽涉湘省實缺文武官紳人證甚多，又須澈查遠年案卷。鄂省重湖遠隔，勢難紛紛提解，奏明檄委湖北督糧道岑道春蓂赴湘，先行會同臬司確切查訊，仍俟訊明後酌提緊要人卷來鄂審辦。因張銘不肯赴湘備質，僅由岑道會同臬司，將查訊被告供情詳覆到院，批飭解鄂審辦。嗣准都察院咨，據張銘以疆吏罔上等詞，赴院呈訴。本院於光緒二十一年七月二十九日奏奉上諭：據都察院奏，已革湖南候補知縣張銘呈稱前控被參寃抑之案，回鄂年餘，終未提訊，復行來京呈訴等語。此案前諭令張查奏，嗣經調署兩江，奏明移交譚繼洵審辦。現已年餘，何以尚未訊結。著譚繼洵迅即提集人證，研訊確情，據實覆奏。該革員張銘仍著該衙門飭令前赴湖北聽候傳訊。欽此。抄録原奏及副呈甘結咨送欽遵辦理。等因。復經催提人證未到，旋即卸篆，奏明仍交本部堂查辦。欽奉硃批後，隨迭次嚴札催提去後。茲據案内被證席曜衡、席鏞、席匯湘、唐承緒、李瑞麟先後具禀投到，其但道湘良等亦復據報不日即當來鄂，亟應發交北按察司查核審辦，并將本部堂衙門及岑道由湘携帶回鄂各卷宗先行飭發，逐細核明，以便詰訊。查此案枝節甚多，第先由已革提督唐本有以索席故司寶田欠餉起衅，嗣經搶穀請兵，提省審辦，和息後經張銘以被參寃抑京控。則此數端，實爲案中緊要關鍵。必須先將席故藩司有無吞餉實據并唐本有如何搶穀情形，該地方文武有無抄燬情事，以後提省審辦如何和息，以及張銘有無索得席姓賄銀，被參是否寃抑，分別澈底查訊明確，以憑核辦。合亟札委。札到，該司即便遵照，將發來卷宗先行逐細核明，一俟但道等到鄂，即行按照指飭之處并京控各節，遴委公正明幹之員，在該司署内分別查訊提質，由該司督同秉公切實研究。務得各確情，録供議擬，詳候本部堂親提復審具奏。此係欽奉諭旨飭查之件，該司務須虚公妥速訊明詳辦，不得稍涉徇延。是爲至要。切切。

札知縣王廷珍查勘由漢口至信陽鐵路地勢 光緒二十二年五月初十日

照得本部堂欽奉諭旨會辦蘆漢鐵路，官督商辦，業經恭録咨行在案。所有自湖北漢口以北之灄口起，經黄陂、孝感、應山等縣以達河南信陽州，經過路程實在若干里，此路修造鐵路是否合宜，其中有無山水阻隔，與民間村鎮墳墓有無妨礙，能否設法繞避，武勝關一帶山勢較高，能否由山麓興修，抑須開鑿穿山，直過山路約有若干里，亟應查勘明確，以憑核辦。查有湖北大挑知縣王廷珍堪以委派。除分行外，合亟札委該員即便遵照，迅速帶同化學堂洋文教習羅國瑞及繪圖生束裝起程，由漢口馳赴信陽州。沿途會同地方官詳細查勘明確，由該委員、學生繪圖貼説，稟賫查核。

飭委張延鴻偕洋員由漢口至襄樊以至黄河南岸查勘修造鐵路（一） 光緒二十二年五月初十日

照得本部堂欽奉諭旨會辦蘆漢鐵路，官督商辦，恭録咨行在案。查自漢口至蘆溝橋鐵路，自以由灄口北行經黄陂、孝感、應山等縣入豫境信陽州一路驛站大道，北趨黄河上游鄭州一帶渡河，最爲直捷簡省，成功可期迅速，日後商民貨物運載諸多簡易。惟楚豫交界之武勝關等處山勢較高，恐或有須開鑿之處，工費較鉅。或謂若西出襄陽，再入豫境新野一帶，東北行以達鄭州，則地勢平坦，惟程途較遠數百里。自應兩路併勘，比較工費繁簡，核計日後商民利益多少，以定從違。所有自漢口以北之灄口起，經漢川、應城、京山、鍾祥，宜城，至襄陽、樊城以至河南鄭州之黄河南岸止，并西抵河南府城外，計程若干里，此路修造鐵路是否合宜，其中有無山水阻隔，與民間村鎮墳墓有無妨礙，能否設法繞避，較之信陽州一路道里遠近、工費難易孰爲相宜，亟應查勘明確，以憑比較核定。現已飭委洋員錫樂巴等二員前往查勘，俟鄭州河南府一路勘畢後即折回，取道信陽州回鄂。亟應添派委員偕同照料，以期周妥。查有湖北即用知縣張延鴻堪以委派。所有洋員、委員等川資，即由北善後局核明暫爲墊發，將來由鐵路公司歸還。除分行外，合亟札委。札到，該員即便遵照，迅速偕同洋員錫樂巴等及繪圖生束裝起程，由漢口馳赴襄樊，以至河南鄭州黄河南岸止，并西抵河南府城外，一併測勘，即行折回取道信陽州回鄂。沿途會同地方官詳細查勘明確，由洋員繪圖貼説，稟賫查核。沿途務須妥爲照料，勿令民間驚疑。此次委勘之路，定限三箇月工竣，回省銷差，不得稍有延誤。切切。

（一）以下三件録自抄本《督楚公牘》。

札委王秉恩總辦織布局務光緒二十二年五月十一日

照得湖北織布局前經飭委現任江漢關道瞿道廷韶、補用道蔡道錫勇總辦局務在案。茲查該局正當講求製造疏銷之際，亟應遴委大員駐局總辦，以昭周妥。查有奏調湖北差委廣東補用道王道秉恩堪以委派總辦織布局務。所有督催工作、考核物料、籌計款項、疏通銷路，均會商瞿道、蔡道督同提調劉守考核在局委員司事，通盤籌畫，破除情面，實力整頓，以期日有起色。遇有重要事件，仍隨時稟請本部堂核定示遵。月支薪水銀一百兩、夫馬銀五十兩，以資辦公。除分行外，合亟札委。札到，該道即便遵照，總辦織布局務，查照上項指飭事理悉心籌辦，以副委任。并將到局總辦日期稟報查考。

札襄、鄖二府及各屬會同官運局嚴緝私鹽并重申緝私銷引功過章程附單 光緒二十二年五月十三日

據委辦湖北下游官運川鹽局兼抽荆沙官鹽緝費局候補同知張賡颺、委辦湖北上游官運川鹽局候補通判杜焕章稟稱：竊卑局迭據各邊界分局、子店紛紛呈報，私鹽充斥，銷數疲滯，請設法整頓，以維官引等情。卑職等伏查自光緒二十一年入冬以後，雨雪甚稀，本年正、二月内尤形亢旱，以故販私者日見其多。因馬隊查緝甚嚴，相率成羣結黨，執持器械，擁護同行。遇見馬隊緝拏，動輒拒捕，并敢邀約各村寨無知之徒幫同抗拒，致奪鹽傷勇之事時有所聞。及至到官，無非飾詞搪抵。有司意存大事化小之見，從未聞照例懲辦，遂致梟販膽玩日甚，幾於遍地皆私。在地方印官，以爲窮民販售私鹽，賴以治生，一經禁止，恐於民生有礙。此視民如傷之意，固亦宜然，但此等風氣一開，竊恐兇頑成習，釀成鉅案。政治不尚姑息，正不當以非法之事，任民間爲衣食之資。水懦民翫，宜所究心。卑職等職司疏銷，不敢安於緘默。伏思川銷與宜課相表裏，有關於國計者至重。可否仰求憲台俯念時局艱難，飭刷禁私告示數百道分發張貼。并通飭襄、鄖各屬，嗣後遇有私梟拒捕之案，一經到官，務須認真照例嚴辦。倘有弁勇藉端訛詐者，亦儘可據實稟陳，實於鹽務地方大有裨益。卑職等更有請者。伏查光緒十七年，曾稟蒙憲台批行北鹽道擬議各州縣、營汛緝私銷引功過章程，通飭襄、鄖各屬遵辦在案。歷時已及五載，州縣、營汛率多更調，亦求憲台查案通飭，俾資遵守，實爲公便。再，光緒十六年，曾蒙憲台查照定章，咨商豫省，將豫邊各鹽行一律撤退三十里以清其源。現在私鹽紛至，誠恐各鹽行又復私開。卑職等擬派員前往詳細澈查，容俟查明情形後另行稟陳等情到本部堂。據此。除批：查邇來襄鄖一帶沿邊地方，潞私充斥，官運滯銷，皆由各該州縣、營汛及練軍、馬隊玩視鹽務，緝捕懈弛，甚至任令差役、兵勇暗受陋規，串通朦弊，地方痞棍包庇窩囤，以致梟販肆無忌憚，持械拒捕、奪鹽傷勇之案層見叠出。迨至拏獲到官，該地方官又復意存姑息，曲爲開脱，并不照例懲辦，殊堪痛恨。官運與宜課相表裏，而宜課實爲鄂餉大宗，關繫甚鉅。亟應認真整頓，以保餉源。據稟擬請頒發禁私告示，并通飭襄、鄖各屬，嗣後遇有私梟拒捕之案，務須照例嚴辦。倘有弁勇藉端訛詐，亦准據實稟陳，暨將前定緝私銷引功過章程，一併查案通飭遵守，應均照准。除通飭外，仰北鹽法道即將發去簡明

示稿迅速刊刷八百道，刻日呈賫來轅蓋印，分發襄、鄖所屬各州縣張貼，曉諭周知，以戢梟風。并由道轉飭該局，將配運行銷事宜隨時察度情形，妥籌經理，毋稍貽誤爲要。仍候撫部院批示。繳。等因。印發并通飭外，合行札飭。札到，該府、州、縣即便轉飭所屬，遵照上項批飭事理，務須會商官運局員認真疏銷。如遇私梟拒捕之案，立即嚴密協緝務獲，訊明禀辦。差役如敢暗受陋規，痞棍爲之包庇窩囤，均即查明從嚴懲辦，毋再玩泄徇縱，致干咎戾。切切。仍將遵辦情形先行報查。

緝私銷引功過章程

計開

光緒十七年北鹽法道酌議官運引岸州縣營汛及鳳字馬隊哨弁緝私銷引功過章程

一、州縣印捕各官拏獲私鹽，定例向分大夥、小夥及獲鹽次數給予議叙，自應照例辦理。至督銷鹽引，應按分數計算。湖北行銷川鹽界内并無銷引分數可考，無從核計，應請飭令官運局就近隨時考察。如該州縣疏緝認真，銷鹽暢旺，年終由該局核實禀明鹽道覆核，詳請記功，并將缺苦州縣請調優缺，以示鼓勵。倘不實力查緝，以致銷數短絀，由鹽道察核，詳請記過。如有暗受私販陋規情事，查實立即詳請撤參。

一、緝私營汛及鳳字馬隊哨弁，有能據報於駐巡汛地拏獲私鹽數在一千觔以上者，仿照淮鹽界内緝私章程准予記功一次。如不及一千觔者，准其前後併計。倘拏二千觔者，照數遞加，俟年終核計記功。積至十次者，即由總理馬隊營務處專案詳請奬勵。倘該汛弁哨官怠惰偷安，捕務廢弛，亦即隨時詳咨撤换，以昭勸懲。其駐防襄河水師右、後營哨弁拏獲私鹽，與營汛、馬隊一律辦理。

一、緝私營汛及馬隊哨弁如能據報於所管汛内拏獲私鹽數至三千觔以上者，每案准予記大功三次，人犯解縣審辦三案以上，專案詳請奬勵。如僅獲私鹽、犯被脱逃者，仍照前條，按所獲鹽觔數目記功，以昭核實。

一、各營汛弁記功積至十次應照章專案請奬者，如係外委，遇有把總缺出，准予儘先拔補。若係千、把，以次遞陞。其鳳字馬隊及襄河水師哨官已歸標者，一體存記儘先酌補，未歸標者先行存記，俟歸標後酌量委用，用示優奬。

一、私鹽過境，在别處地方發覺，失察之印捕各官例有處分，各營汛弁及馬隊哨官專司巡緝，尤不容漫無覺察。嗣後如私販挑運私鹽過境，經别汛營哨拏獲者，將失察之汛員哨官每案記大過三次，三案以上即行撤委。倘該營哨得規包庇，或有藉端騷擾商民情事，查出立即詳請撤參。

一、緝私營汛及馬隊哨官，固應帶同練兵、勇丁於所管汛内隨時認真巡緝，以戢私踪，兼轄之都、守及馬隊營官均有督率之責，亦應予以功過。嗣後汛弁哨官應記大功三次者，都、守、營官記功一次。汛弁哨官應專案請奬者，都、守、營官記大功一次。汛弁哨官應記大過三次者，都、守、營官記過一次。汛弁哨官應撤參者，都、守、營官記大過一次。

湖廣總督部堂張示

北潞私鹽，充斥邊界。
佔奪官引，課餉有礙。

馬隊練軍，分扼要隘。
州縣疏銷，考成俱在。
一體嚴拏，毋得懈怠。
倘再横行，拒捕持械。
格殺無論，定例明載。
諭爾邊民，懔遵示誡。

札盛道添定鐵廠招商章程附單　光緒二十二年五月十四日

據湖北藩臬兩司、鐵政局司道會詳稱：奉札開，漢陽鐵廠前經奏明遵旨招商承辦，并札飭直隸津海關道盛道督辦，招商集股，酌議章程，稟候核定。茲據盛道擬議章程，大致均屬妥協，飭即會同核議，刻日詳覆，以憑奏咨辦理各等因。奉此。伏查漢陽鐵廠自十六年開辦起，凡勘鑛、開窿、購機、建廠，千頭萬緒，任鉅時艱。經費廠工有初不及綜計者，亦洋匠鑛師有所不能逆料者。蓋非常之功，經始之業，工作極其精密，不能盡無增改。機器極其繁多，必得相資爲用。他如各處勘鑛尋苗，有試辦未見成效中止者，有窒礙難行停辦者。歷年支銷之欵，積少成多，又兼英鎊價漲，較開辦之時幾增一倍。凡外洋訂購機件、支發洋匠薪工等，暗中虧耗，遂成鉅欵，是以經費屢增屢絀。迨各廠落成之後，規模大備，冶煉生熟各鐵，拉成各式鋼料、鋼軌、鐵料，分寄各省官局商號試驗行銷，均屬精好適用。現值籌辦鐵路，製造鋼軌需料甚多。工作正殷，而經費支絀，用項浩繁，自不得不藉商力，以期衆擎易舉。查盛道經理商務有年，歷著成效。此次奉飭督辦鐵廠事宜，擬議章程，如劃清官局用欵，擬自路局訂購鋼軌之日爲始，每出生鐵一噸，提銀一兩，按年計數呈繳，以還官局用本，并先行豫提銀一百萬兩，以應官局尤爲緊急之欠欵。在憲台恤商利民，事事寬假，以保中國利權，該商人等當不存觀望之心。將來兩爐齊開，添購各種機器，并就大冶添造生鐵爐數座，擬請准在湖南、江西、安徽、江蘇四省沿江沿河之處，隨時稟明派員勘尋開采相宜之鑛。此皆爲鐵政急切之要圖，中國富强之至計。鐵廠煉出鋼軌鋼料，自開煤鑛，爲本廠之用，擬請奏明免税十年。届時察看本廠如有優利足可抵制洋鐵，再行徵税，係欲輕成本抵制外洋杜塞漏卮起見。他如鐵廠員董三年後辦有成效，應准分別勞績，擇尤酌保數員以示鼓勵。兩廠築成土圍，派撥防勇工作，及漢陽、大冶、馬鞍山三處廠局照舊派營，藉資彈壓各節，亦請照准。其餘用人理財各條，均屬妥協。惟查由商局不拘華商、洋商，隨時息借，以應急需一節，但恐洋商藉口以鐵廠作保，恐不免暗受牽制，盛道當亦豫防及之。其造磚機器，當日原因槍礮架彈各廠需用尤多，便於取土，故於槍礮廠擇地建設，應請仍歸槍礮局經管。如鐵廠需磚，自應照實用工本代燒，不取餘利，以示公允。本司職道等會同商酌，尚有槍礮廠需用鋼鐵料及公共馬頭、道路、鐵廠隄工各事，另擬八條開摺附呈，應請飭令添入章程條内，用昭信守。理合詳請察核，批示祇遵等情，到本部堂據此。除批：據詳及所擬章程八條均屬妥協，應准照辦，業經札飭盛道添入前定章程條内，仰即移行遵照。此繳。等因。印發外，合就札行該道即便遵照，將所擬章程八條添入前定章程條内具報。

計開

一、槍礮廠製造需料甚殷，鐵廠自應隨時供用，但算工料原價，不另計利。

一、上下廠碼頭道路，均與槍礮廠公用。

一、鐵廠限界至鋼軌廠尾木栅為止，此外俱歸槍礮廠界。

一、鐵廠占地居多，所有隄工歲修經費，鐵廠應擬七成，槍礮廠應擬三成。至大修經費關繫地方，應歸湖北善後局辦理。

一、隄外官地應收民房地租，應提歸公，以為漢陽地課及津貼修隄之用。

一、槍礮廠洋匠住房一所、平房兩間仍前留出，以為將來槍礮廠洋匠住處。

一、薛姓營學生被火車壓斷脛骨，因公受傷，雖經醫愈，已成殘廢。先經訂明月給十金以資養贍，應仍舊給發。

一、湘鄉賓館係善後局欵購買，為建彭、楊二公祠而設，不在鐵廠之內。鐵廠如願購用租用此館，應由鐵廠自向善後局議辦。

札知縣惲積勛查勘萍鄉煤鑛

光緒二十二年五月十八日

照得湖北漢陽鐵廠本部堂經營有年，各種鐵爐、鋼爐、煤井早經次第告成，冶煉鋼鐵均能精好如式。現值籌辦鐵路，製造槍礮，需用鋼鐵甚多，亟須添開爐座大舉冶煉。查煉鐵所需以煤爲大宗。而煤之體質不一，尤以無磺無燐能煉焦炭者爲上品。湖北産煤之區，歷經考驗，多屬磺氣過重，未盡合用。即馬鞍山自開煤井出煤雖旺，煉成焦炭仍須攙合無磺之煤，方能煉成佳鐵。自鐵廠開辦以來，疊經派員四處採辦煤斤，詳加考驗。惟江西萍鄉所産磺輕灰少，煉焦最佳。年來派員駐萍採運購煤甚多，用欵甚鉅，於地方窮民久已同沾利益。惟是土法開採，僅得淺處之煤，稍深水多，無法去水，即將舊窿廢棄，另行開挖。小民手胼足胝，終歲僕僕，所得無多，用力甚苦，勞而無功，情殊可憫。若仿西法用機器開採，出煤之多何止十倍，而挑挖民夫、轉運船户皆相因而增。國家以此興利，小民即以此養生，理所必然，毫無疑義。然必有熟悉鑛務洋鑛師親詣履勘，妥爲籌計，審察煤層片段何處可用舊窿，何處宜開新井，置機設廠，計開成一大井，每日須能出煤三百噸者，需費若干，爲期約須若干月，方能竣工出煤，以憑籌議開辦。據奏派督辦湖北鐵廠盛道，稟請委員偕同洋鑛師前赴萍鄉查勘前來。此舉係爲維持鐵廠暢興鑛利起見，自應照准。除分別咨行外，合亟札委該員即便遵照，刻日束裝，帶同總鑛師德國人馬克斯及繙譯人等馳往萍鄉，取道江西省城，聽候江西巡撫部院德派員會同保護，并通飭沿途所經各州縣妥爲照料，務將萍邑産煤地方詳細履勘，按照札飭事理，妥爲籌議，稟覆核奪。毋稍率忽，是爲至要。

札行鐵廠經費難籌遵旨招商承辦摺〔一〕

光緒二十二年五月二十日

照得本部堂於光緒二十二年五月十六日專弁具奏湖北鐵廠經費難籌，遵旨招商承辦，議定章程，截限交接，以維大局而計久遠一摺。除俟奉到硃批恭録另行外，所有摺稿合先鈔行。爲此，札仰該道、司、局即便查照。

〔一〕以下三件録自抄本《督楚公牘》。

札善後局迅撥銀兩作繪刻承華事略補圖用欵 光緒二十二年五月二十二日

照得本部堂上年在署兩江總督任内，准南書房函開敬將承旨發交兩江繪刻欽定承華事略補圖原書提要、凡例、圖説、進表一分，又南書房公函一封，點交來員知縣寶豐領訖，所有一切刊刻事宜，公函詳盡等因，到本部堂。准此。當將發交原書祗領，隨委寶令豐在金陵續移蘇州敬謹繪刻在案。茲據寶令禀稱：奉委經管繪刻承華事略，於去年十二月及本年正月兩次在金陵支應局所領銀兩，綜計選訂畫士、招募刻工各費，以及購置書籍、器具、板片、薪水、火食、電報一切用欵，實屬不貲。現在領欵已經用竣，石印書成，價值即須付清。刻又趕催刻手，加給辛工，需用尤爲浩繁。應請再行發給銀三千兩以濟要工。特專丁賫呈領字一紙，伏乞批發祗領各等情，到本部堂。查欽定承華事略補圖係奉旨發交本部堂欽承繪刻之件，疊准南書房來電奉旨屢催，刻難延緩。既據寶令禀稱用欵不敷請再行發給等情前來，合行札飭。札到，該局即便查照，發給銀三千兩，交寶令來丁祗領具報，工竣後飭由寶令核實報銷，勿違。

札委汪洪霆管解新造槍礮、藥彈赴京投收 附單 光緒二十二年五月二十二日

竊照湖北漢陽槍礮廠以自煉精鋼制造新式快槍、快礮，前於光緒二十一年八月間已將試造槍樣進呈，并咨送督辦軍務處查核在案。近來所造新槍工徒習練漸熟，頗有進境，而快礮一種尤覺運動靈捷，機關簡妙。茲查有湖北補用知府汪洪霆歷年委充槍礮廠提調，現因咨赴部引見，特飭槍礮廠配就造成三生七新式快礮一尊，礮車并零件俱全，無煙火藥礮彈一百顆；新式小口徑毛瑟快槍十枝，無煙火藥槍彈二千顆，均經演放，頗見靈捷，另裝木匣，安配齊全。飭委該府汪洪霆管解至京，呈賫督辦軍務處閲看。除開具該單咨呈督辦軍務處查核驗收外，合亟札委。札到，該員即便遵照，將發去公文及上項新造槍礮藥彈等件領解赴京呈投。沿途務須小心照料，勿稍疏虞。仍將起程日期報查。

抄單

計開

三生七新式快礮一尊，連車架全，計裝一箱。

三生七生鐵彈子八十顆，計裝兩箱，每箱四十顆。

三生七鋼彈子二十顆，計裝一箱。

三生七快礮彈鋼殼一百箇，計裝兩箱，每箱五十箇。

無煙火藥十五磅，計裝一箱。如演放時，臨時裝藥，每彈需用無煙火藥一兩六錢。

氈墊二百箇，計裝一箱。

新式小口徑快槍十杆，刀頭裝潢全，計裝四箱。

新式小口徑鋼頭無煙火藥槍彈二千顆，計裝兩箱，每箱四盒，計一千顆。

皮條佩帶皮袋十副，計裝一箱。

共計大小十五箱。

札盛道將招商章程未經入奏各條立案 光緒二十二年五月二十三日

照得湖北鐵廠經費難籌，遵旨招商承辦，議定章程，截限交

接，以維大局而計久遠一案，業經本部堂專摺具奏，并將商局議定章程十八條，擇其關繫重要者十六條詳加核定，繕具清單，恭呈御覽，并抄録摺稿清單，分别咨行在案。惟查第十五條章程内稱：一、漢陽鐵廠連礮廠在内，從前因無圍墻，雖周圍設有木栅派勇看守，究屬防閑未密，以致槍廠失慎，煤鐵時防偷竊，總因磚石之墻工價難籌，屢議屢輟。現在稟准援照天津製造局酌撥防勇兩三營，築成土圍，以謹出入。所有筐鍬賞號以及歲修之費，均按鐵廠七成、礮廠三成開支等語。查鐵廠并槍礮廠磚石之墻因工價難籌，一時既不修築，營勇築土圍乃暫時防閑之計，其事甚小，只可外間立案，不必入奏，且商局亦無須刊刻入本，與衆商閲看。又第十七條章程内稱：一、鐵廠内各爐廠所用火磚土磚甚多，是以專設造磚機器。現因該廠在礮廠左近，其地恐須改爲礮廠所用，自應歸礮廠管理。惟商局需用火磚土磚，必須向磚廠照常自造，但照實用工本計算。將來燒磚之地若須併設礮機，而以磚機撥歸鐵廠，官局用磚，亦照實用工本計算等語。此條亦只可外間立案，毋庸奏明。

札周提督派蔣聲耀督帶勇哨往通山縣彈壓[一]　光緒二十二年五月二十六日

案照前據通山縣知縣高震鑠稟地方痞徒藉平糶聚衆，訛詐紳富，并糾衆直入衙門閧鬧等情，當經本部堂批飭臬司報委管帶緝捕營候補知府傅守屺孫，帶同卸署通山縣葉令熙錕前往通山會同該縣查辦在案。茲據該守等將痞徒滋事情形查明通稟到院，并據藩、臬兩司轉據傅守屺孫稟稱，通山民情澆薄，刁悍成風，近來不法之徒動輒聚衆，藉端訛詐，擾害善良，挾制官長，毆差拒捕，糾夥抄搶等案層見疊出。似此刁蠻風氣驟難挽回，若不嚴加懲創，將來貽害伊於胡底。卑府隨帶營勇無多，雖刻下審訊各犯尚屬安静，風聞痞徒有擬俟解辦後復行滋鬧之謡。請派撥營勇一哨來通，在於要隘處所酌派分紮，以資鎮攝等情前來。應即飭派升字左營勇丁一哨，交督標候補游擊蔣聲耀督帶。前往通山，會同傅守暨地方官妥爲彈壓防護。除分行外，合亟札飭。札到，該提督立即遵照，刻速派撥左營勇丁一哨，交督標候補游擊蔣聲耀督帶前往。仍將派撥銜名及起程日期報查。毋延。切切。

咨户、兵部鄂省護軍前後兩營并工程隊一哨營制餉章附單　光緒二十二年五月二十六日

爲照本部堂、院於光緒二十二年五月十六日具奏鄂省設立洋操護軍兩營暨工程隊，酌仿直隸武毅軍餉章，練習洋操，并裁營抵支餉項一案，曾經於摺稿内聲叙，將弁勇餉項暨華洋教習薪費詳細章程咨部在案。茲據湖北善後局司道開具護軍前後兩營并工程隊一哨營制餉章清單呈賫請咨前來。除咨兵、户部外，相應將清單咨送。爲此，合咨貴部請煩查照施行。

湖北護軍前後兩營并工程隊一哨營制餉章

一、護軍前營礮隊兩哨，步隊三哨

管帶官一員，月支薪水銀五十兩，辦公費銀一百五十兩。副

[一] 以下八件録自抄本《督楚公牘》。

帶官一員，月支薪水銀三十兩。辦理文件、巡查醫官、經理軍裝各員弁，月支薪費銀六十兩。共月支銀二百九十兩。均不扣建。

礮隊兩哨計礮十八尊

正哨官二員，月各支薪水銀二十四兩，共月支銀四十八兩。副哨官二員，月各支薪水銀十二兩，共月支銀二十四兩。總礮弁一名，月支薪水銀二十四兩。礮目三名，每名月給餉銀七兩二錢，共月支銀二十一兩六錢。護勇十名，每名月給餉銀四兩五錢，共月支銀四十五兩。什長十六名，每名月給餉銀四兩八錢，共月支銀七十六兩八錢。礮兵一百六十四名，每名月給餉銀四兩二錢，共月支銀六百八十八兩八錢。伙勇十八名，每名月約餉銀三兩三錢，共月支銀五十九兩四錢。拉礮車馬六匹，每匹月給喂養銀三兩，共月支銀十八兩。馬夫二名，每名月給餉銀三兩，共月支銀六兩。均扣建。

以上礮隊兩哨薪水、喂養，共月支銀一千零一十一兩六錢。再，拉礮車馬匹現時操練，暫配用六匹，以資節省。出征時再派。五生的以上車礮每尊馬六匹，五生的以下車礮每尊馬四匹。運送子藥車馬，亦出征時酌量多寡再派。登明。

步隊三哨

正哨官三員，月各支薪水銀二十四兩，共月支銀七十二兩。副哨官三員，月各支薪水銀十二兩，共月支銀三十六兩。正排長一名，月支薪水銀二十四兩。副排長九名，每名月給餉銀七兩二錢，共月支銀六十四兩八錢。鼓號教習一名，月給餉銀九兩四錢。鼓號兵七名，每名月給餉銀七兩二錢，共月支銀五十兩零四錢。正槍匠一名，月給餉銀十二兩。副槍匠一名，月給餉銀九兩四錢。護勇十名，每名月給餉銀四兩五錢，共月支銀四十五兩。親兵六十名，每名月給餉銀四兩五錢，共月支銀二百七十兩。什長二十二名，每名月給餉銀四兩八錢，共月支銀一百零五兩六錢。正兵一百五十八名，每名月給餉銀四兩二錢，共月支銀六百六十三兩六錢。伙勇二十六名，每名月給餉銀三兩三錢，共月支銀八十五兩八錢。均扣建。

以上步隊三哨薪餉，共月支銀一千四百四十八兩。

製辦官弁兵丁冬夏衣袴、操靴，除管帶官、副帶官外，自正副哨官以下共四百九十六分，馬夫不給，伙勇兩分作一分算。每名各月攤銀四錢，共月支銀一百九十八兩四錢。不扣建。

以上前營礮隊兩哨、步隊三哨，統計大建月共支薪餉、衣袴、操靴費用等項銀二千九百四十八兩，小建月共支銀二千八百六十六兩零一分三釐三毫三絲四忽。

一、護軍後營馬隊兩哨，步隊三哨

管帶官一員，月支薪水銀五十兩，辦公費銀一百五十兩。副帶官一員，月支薪水銀三十兩。辦理文件、巡查醫官、經理軍裝各員弁，月支薪水銀六十兩。共月支銀二百九十兩。均不扣建。

馬隊兩哨

正哨官二員，各月支薪水銀二十四兩，共月支銀四十八兩。副哨官二員，各月支薪水銀一十二兩，共月支銀二十四兩。正排長一名，月支薪水銀二十四兩。副排長四名，每名月給餉銀七兩二錢，共月支銀二十八兩八錢。獸醫一名，月支餉銀八兩。什長十名，每名月給餉銀四兩八錢，共月支銀四十八兩。馬兵八十四名，每名月給餉銀四兩二錢，共月支銀三百五十二兩八錢。伙勇十二名，每名月給餉銀三兩三錢，共月支銀三十九兩六錢。馬一百匹，每匹月給喂養銀三兩，共月支銀三百兩。馬夫二十名，每名月給餉銀三兩，共月支銀六十兩。營官給馬乾二匹，正哨官每員給馬乾二匹，副哨官每員給馬乾一匹，共八匹，每匹月給喂養銀三兩，共月支銀二十四兩，均扣建。醫治馬匹藥料月支銀十六兩，修補鞍轡、馬嚼、馬掌、馬槽共月支銀二十四兩，均不扣建。

以上馬隊兩哨薪餉、喂養、藥料、修費，共月支銀九百九十七兩二錢。

步隊三哨

正哨官三員，各月支薪水銀二十四兩，共月支銀七十二兩。副哨官三員，各月支薪水銀一十二兩，共月支銀三十六兩。正排長一名，月支薪水銀二十四兩。副排長九名，每名月給餉銀七兩二錢，共月支銀六十四兩八錢。皷號教習一名，月給餉銀九兩四錢。皷號兵七名，每名月給餉銀七兩二錢，共月支銀五十兩零四錢。正槍匠一名，月給餉銀一十二兩。副槍匠一名，月給餉銀九兩四錢。護勇十名，每名月給餉銀四兩五錢，共月支銀四十五兩。親兵六十名，每名月給餉銀四兩五錢，共月支銀二百七十兩。什長二十二名，每名月給餉銀四兩八錢，共月支銀一百零五兩六錢。正兵一百五十八名，每名月給餉銀四兩二錢，共月支銀六百六十三兩六錢。伙勇二十六名，每名月給餉銀三兩三錢，共月支銀八十五兩八錢。

以上步隊三哨薪餉，月共支銀一千四百四十八兩。

製辦官弁兵丁冬夏衣袴、操靴，除管帶、副帶官外，自正副哨官以下，共三百九十九分，馬夫不給，伙勇兩分作一分算。每名各月攤銀四錢，共月支銀一百五十九兩六錢，不扣建。

以上後營馬隊兩哨、步隊三哨，統計大建月共支薪餉、馬乾、衣袴、操靴費用等項銀二千八百九十四兩八錢，小建月共支銀二千八百一十四兩六錢二分六釐六毫六絲七忽。

工程隊一哨

正哨官一員，月支薪水銀二十四兩。副哨官一員，月支薪水銀一十二兩。木匠首一名，月給餉銀七兩二錢。鐵匠首一名，月給餉銀七兩二錢。磚石匠首一名，月給餉銀七兩二錢。編籬結繩匠首一名，月給餉銀七兩二錢。什長八名，每名月給餉銀四兩八錢，共月支銀三十八兩四錢。正兵八十名，每名月給餉銀四兩二錢，共月支銀三百三十六兩。伙勇十二名，每名月給餉銀三兩三錢，共月支銀三十九兩六錢。護勇六名，每名月給餉銀四兩五錢，共月支銀二十七兩。均扣建。刀斧、鍬鋤、筐擔等項工匠須用器具物料，共月支銀三十三兩四錢，不扣建。

以上工程隊一哨薪餉銀五百三十九兩二錢。

製辦官弁兵丁冬夏衣袴、操靴一百零六分，伙勇兩分作一分算。每名各月攤銀四錢，共月支銀四十二兩四錢。統計大建月支銀五百八十一兩六錢，小建月支銀五百六十四兩七錢四分。

再，現在工程隊暫設一哨，無庸專設營官，由前營管帶官兼管，將來擴充時再派。其工匠支用器具、物料，專為操練而設，出征時需用甚多，屆時再行添備。登明。

以上前後兩營並工程隊一哨，通共大建月支銀六千四百二十四兩四錢，小建月支銀六千二百四十五兩三錢八分零一忽，自本年二月初一日起支。

一、擦礮油料，每尊每月給銀三兩。

一、帳房、馬棚，照章每六箇月更換一次。如將來仿西制設立兵房，則此項即不復開支，但支歲修之費。

一、馬匹倒換，隨時核實報補，仍不得逾向章每百匹按年換三十六四之數。

一、號衣、袴操、靴鞍、轎礮衣、洋鼓號并洋式鍬鋤等項，照初成軍例製給一次。

一、洋總教習一員，德將貝倫司多爾夫，上年因江南開練自强軍，同德國駐京公使薦來，本年二月到鄂。該洋將欲仿照江南洋教習薪水，每月支洋一千馬克，再四議減，始與言明先行試辦，每月給銀二百兩，俟數月後教法果善，再訂合同。該洋將猶謂如訂合同，須照江南薪數，尚未知將來能否仍照現在薪數支給。繙譯一名，亦係由江南調來，每月支銀四十兩，因德語繙譯較少，不得不照江南原支薪數給發。

一、華分教習五員，係前在江南選募之天津、廣東武備學生轉調來鄂。計護軍前營步隊三哨教習一名，礮隊二哨教習一名，後營步隊三哨教習一名，馬隊二哨教習一名，工程隊一哨教習一名。該教習等本係江南自强軍教習，仍照原支薪數，每名月給銀四十兩。

以上洋總教習一員，華分教習五名，繙譯一名。查直隸武毅軍三十營，用洋教習五員，馬、步、陸軍用總教習一名，每軍正副教習各一名，礮隊五營總教習一名，每營用正副教習各一名，獸醫一名，共二十九名。湖北護軍雖只兩營一哨，而有馬、步、礮、工程隊之分，蓋因餉力不足，未能各設專營。又以初開風氣，不能不各備一格，以備將來推廣。所有馬、步、礮、工程等項技藝各別，教練不能兼顧。除洋總教習一名外，以華教習五名分教各項，實屬萬不可少。湖北向未講求洋操，非如天津選募教習之易，所有華洋教習，均係由江南調鄂雖洋教習以試辦減薪，而華教習五名、繙譯一名本係有差之員，非照原支薪數，不足以安其心而收實效，故其薪水較武毅軍稍優，實因情事不能强同之故。此項薪水仿照武毅軍奏定章程酌量加給，不在前項餉内。合併聲明。

札發羅田、麻城嚴禁私梟告示 附單 光緒二十二年五月二十七日

據管帶武勝新營副將吳清泰稟稱：竊沐恩自光緒二十一年閏五月接帶斯營，無日不殫精竭力，勉圖報效。惟是羅、麻兩屬爲楚、豫鄰界地方，自二十年五月内周提督將所帶鼎字營調防樊城，至八月杪吳提督始募此營填紮，其中空防數月。該處愚民竟謂私鹽可以南北通行，膽大妄爲，益形猖獗，以致松子關於去年正月内有拒捕傷勇一案。查此案内失去洋槍二十八桿，號衣二十八件，勇丁之受傷者斫脛刮骨，無一完膚，慘不忍言，莫此爲甚。前經緝私卡蔡委與吳提督建瀛會稟督銷局轉稟督憲、撫憲各在案。旋經督銷局札飭羅田縣拘兇究辦，而吳提督與蔡委均於去歲先後交卸，是以此案至今懸擱，一切軍裝、鹽觔并未追出一樣，由此該地方百姓刁風日熾。近有羅、麻地痞勾結豫省人民，在鄰界三五里之遥開設鹽店，窩囤浸灌，占銷引地。沐恩伏思楚、豫毗連地段遼闊，其中羊腸小道防不勝防，遏其流不若清其源也。本擬親督大隊馳赴界外擣其巢穴，除其黨羽，將私鹽與梟首一鼓而蕩擒之。無如此疆彼界，朗若列眉。設使鹵莽相從，又恐蹈越疆之誚。此近來緝務爲難之實在情形也。沐恩亦曾嚴出示諭，曉明大義，而該梟等終置若罔聞。茲特稟請憲台頒發緝私告示數十道，懸貼界口各要隘處，俾鄰界之區勿准窩囤販賣，庶百姓見而

知畏，或得歇業而改途焉。即不然，沐恩帶隊前往查拏，送官治罪，彼亦無所藉口矣等情，到本部堂。據此。當批：查淮鹽滯銷，由於北私充斥，沿邊引地往往被其侵佔，疊經示禁飭緝在案。茲據稟麻、羅地痞勾結豫省奸民在鄰邊開設鹽店，竊囤浸灌，佔銷引地，請頒發緝私告示，懸貼界口各要隘，使邊民見而知畏，該營前往查拏送究，庶無所藉口等情，係爲整頓鹺務起見，應即照准。茲發去簡明示稿，仰北鹽法道迅即移送善後局刊刷六十道，刻日呈賫來轅蓋印，分發麻、羅各縣邊界張貼曉諭，并轉行該營官遵照，督飭營勇認真緝捕，迅將私開各鹽店會同地方官一律查明封禁，勿稍觀望疏縱。切切。此繳。等因。印發在案。茲據北善後局刷印告示六十道，呈賫請轉發前來。合亟蓋印札發。札到，該縣即便遵照，在於邊界各要隘地方張貼曉諭。仍將貼過處所具報查考。一面會同武勝新營認真緝捕，迅將私開各鹽店一律查明封禁。倘敢違抗不遵，即行拏案究懲，勿稍寬縱。切切。

湖廣總督部堂張示

鹽梟販私，大干例禁。
疊經飭緝，猖獗猶甚。
私開鹽店，竊藏寄囤。
兵役營勇，查拏務盡。
持械拒捕，格殺勿論。

札鐵廠盛道歸還官局欠歀 光緒二十二年五月二十九日

據湖北鐵政局司道詳稱：案奉憲台札開，照得湖北鐵廠現經札委直隸津海關道盛道招集商股，官督商辦等因。奉此。自應將各項機件物料欠歀清算。查有比國郭克里廠訂購機件物料等價尾，除提開大氣錘三項歸槍礮廠用外，結未付英金四千四百六十七鎊十一先七本，法銀二十萬零四千零四十八法郎五十四分，約折八千一百六十鎊零。英金、法銀并計，合規銀八萬二千零八十餘兩。又耶松廠物料等價尾欠，約規銀二萬八千二百餘兩。又瑞記洋行鐵鎂鐵矽缸磚、西門爐吹風機等價，洋例銀二萬三千一百餘兩。又開平鑛局焦炭、火磚，價約長平銀二萬二千餘兩。又欠江南籌防局煤歀三萬兩。以上共應銀十八萬五千餘兩，當經分別開摺呈奉憲諭，以商局接辦伊始，需歀孔殷，飭將光緒二十年奏撥釐金、鹽釐項下之長平二十萬兩，除上年已解到官局五萬兩外，尚有未提之十五萬兩暫緩付還欠歀，撥借商局應用。并奉批：局呈清摺內所有欠歀，統盡鐵政局交去之十五萬兩內歸還。其有不敷之數，應由商局與該行酌議緩期歸還之法。如有必須給息者，酌議給息，亦可將來核算確數。凡在十五萬之外者，統由官局認還，由商局即於應豫繳一百萬兩內折抵可也各等因。奉此。除將清摺存案遵照辦理外，理合詳請察核批示立案。再，將來結算確數時，應照各平色折合長平扣算，以歸一律等情，到本部堂。據此。查鐵局所開各欠歀，先經議明由該道酌量緩急分別歸還，即在鐵政局交去之十五萬兩及應行豫繳官本項下扣抵，應即由該道豫爲安頓，以免各鋪户臨時催問。除批示外，合就札行。札到，該道即便遵照。

札北臬司查勘唐本有并無捏報詐死印甘各結核明辦理光緒二十二年五月二十九日

案照已革湖南候補知縣張銘京控案内之已革提督唐本有，前經永州府朱守查覆業經病故，取有東安縣沈令及户鄰甘結。嗣據張銘疊次稟稱，唐本有係屬詐死，并以朱守奉文查覆，不調鄰封，不委别員，以沈令所報之件仍派沈令查報。沈令又僅委典史葉桂秋勘報，朱守含糊轉覆，不肯加結，即此爲唐本有詐死之憑實無疑義。請派員往縣重勘確查唐本有有無捏報詐死，取具朱守、沈令切實印結，以昭公信等情。當經本部堂行令南臬司委員迅往東安縣復勘確查唐本有有無捏報詐死，出具切結，并取具朱守、沈令切實印結，賫呈核辦去後。兹據湖南臬司俞廉三詳，札委候補知府周幹前往查勘，取結核辦。隨據該委員周幹稟稱，前往東安縣會同該縣查勘明確，唐本有前報病故，并無捏報詐死情弊，取具户鄰甘結，東安縣知縣吴鼎榮、署永州府知府朱其懿加具印結，粘連鈐印，由委員周守幹加結，呈請轉詳前來。查此案本部堂已經飭發該司審辦，所有賫到府縣及委員印甘各結，亟應札發核明辦理。合行札發。札到，該司即便遵照，將發來各結查收，核明辦理。毋違。

發給洋員錫樂巴等勘修鐵路護照光緒二十二年五月二十九日

照得本部堂欽奉諭旨，會同督辦蘆漢鐵路，官督商辦，恭録咨行在案。查自漢口至蘆溝橋鐵路，自以由灄口北行，經黄陂、孝感、應山等縣入豫境信陽州一路驛站大道，北趨黄河上游鄭州、

滎澤一帶渡河，最爲直捷簡省，成功可期迅速，日後商民貨物運載諸多簡易。惟楚豫交界之武勝關等處山勢較高，恐或有須開鑿之處，工費較鉅。或謂若西出襄陽，再入豫境新野一帶，東北行以達鄭州、滎澤一帶，則地勢平坦，惟程途較遠數百里。自應兩路併勘，比較工費繁簡，核計日後商民利益多少以定從違。所有自漢口以北之灄口起，經漢川、應城、京山、鍾祥、宜城至襄陽、樊城以至河南鄭州、滎澤一帶之黄河南岸止，并西抵河南府城外，計程若干里，此路修造鐵路是否合宜，其中有無山水阻隔，與民間村鎮墳墓有無妨礙，能否設法繞避，較之信陽州一路道里遠近、工費難易孰爲相宜，亟應查勘明確，以憑比較核定。現已飭委洋員錫樂巴、顧培二員前往查勘，俟鄭州、滎澤、河南府一路勘畢後即折回，取道信陽州回鄂，并派委湖北即用知縣張延鴻偕同照料，以期周妥。除分别咨行外，合亟發給護照。爲此，照仰該洋員即便遵照，迅速偕同顧培及委員、繪圖生沿途詳細查勘明確，繪圖貼説，稟覆查核。經過沿途各州縣一體知照，妥爲照料。毋違。須至護照者。

札盛道槍礮廠用火車飭商局照常撥用光緒二十二年五月二十九日

據湖北鐵政、槍礮兩局司道會詳稱，據槍礮廠提調劉守稟稱：竊槍礮廠與鐵廠毘連，地處上游，距馬頭窵遠，向來轉運機器物件以及上下往來，多借用鐵廠火車坐車，隨時拖帶起剥，不致有誤要公。刻下鐵廠已歸商辦，若不稟請知照該廠仍照向章辦理，恐有窒礙等情。據此。查槍礮廠遇有起剥機件物料，所需起

重機、吊車及火車運送，從前均與鐵廠公用。現鐵廠招商承辦，一切皆歸其經理。惟槍礮廠據鐵廠上游，距馬頭寫遠，遇有起重運送一切，不得不向商局借用吊車、火車。自應豫議辦法，以免臨事推諉。嗣後倘有需用之時，擬即豫先知照鐵廠隨時借用，其煤價人工，未便令商局賠墊，計需若干，按照借用時日攤算，由鐵廠開單，每月算結一次，由槍礮廠歸還，以免誤公而昭平允。是否有當，理合詳請俯賜查核，批飭商局遵照等情，到本部堂。據此。查槍礮廠與鐵廠同處漢陽堤內，馬頭、鐵路本爲兩廠公用而設，遇有起運機件，需用吊車、火車，自應隨時借用，無分畛域，以免誤公。據詳擬由槍礮廠按照借用時日分任費用，尚屬允協。除如詳批准外，合就札行。札到，該道即便遵照辦理，勿任廠中員董推諉延誤。是爲至要。

札北臬司等將朱蕙蘭轉發讞局審辦并飭拏何南峰解辦附單 光緒二十二年六月初三日

案據總辦營務處王道秉恩面禀：據督帶鎮南左旗黄中書忠浩函稱，訪聞省城鮎魚套地方，有外來會匪朱蕙蘭在於該處茶肆中放飄，往來之人終日不斷，手下并有小頭目四五人等情。當經本部堂密飭管帶護軍前營候補游擊張彪嚴密查拏去後。兹據該游擊禀稱，遵即飭派弁勇在於該處訪獲一人，自稱朱焕章，而在其寓中查其行李，并無飄板飄布並號令簿等件及他項違悖信物。但有名戳、朋友書信及租屋字據等件，均名朱焕南。詢之旁人，則又稱其謂朱萬蘭。其寓内并有一婦人同住，旁人指係拐騙爲妻，朱焕南自稱實係伊妻，憑媒用財禮娶到，呈出婚書，此外别無他項形跡，是否會匪，無從確指等情。嗣據王道禀，續接黄中書函，稱朱萬蘭即朱蕙蘭，萬、蕙口音略同，即現所拏獲之朱焕南，因有所拐婦人，情形不錯。此輩踪跡詭秘，飄布搜獲不易。另有幫同放飄之小頭目何南峰，查係湖南瀏陽縣人，前曾在武剛左營當勇被革，現住省城武勝門外蕭宅等語。又經飭據黄中書親往該處將何南峰拏獲，送交營務處，由王道轉禀前來。亟應將朱焕南何南峰二名一併飭發讞局，細心研審核辦，合行札發。札到，該司立即遵照，將發去朱蕙蘭即朱萬蘭又即朱焕南及何南峰轉發發審局虚衷研審，務得確情，據實録供，禀候核辦。毋稍枉縱，切切。

計發：朱蕙蘭一名，何南峰一名，名戳一箇，租屋字一張，書信兩封，婚書一紙，手刀一把。

札知縣張延鴻改勘由漢口繞道襄樊至黄河南岸鐵路地勢 光緒二十二年六月初三日

照得本部堂前因由漢口至蘆溝橋鐵路擬分兩路查勘。其一路自漢口起，由灄口北行經黄陂、孝感、應山等縣以達河南信陽州，北趨黄河上游鄭州一帶渡河。已飭委知縣王廷珍帶同化學堂洋文教習羅國瑞及繪圖生前往，沿途會同地方官詳細查勘。其一路自漢口以北之灄口起，經漢川、應城、京山、鍾祥、宜城，至襄陽、樊城以至河南鄭州之黄河南岸止，并西抵河南府城外，飭委洋員錫樂巴、顧培二員前往，并添委知縣張延鴻偕同照料，沿途會同地方官詳細查勘在案。兹查自漢口以北之灄口起，取道漢川、應城、京山、鍾祥、宜城以至襄陽，計陸路九百四十里，其中且有山路阻隔，雖係驛站大路，程途較遠，工費較重，諸多不便，應毋庸赴此路查勘，以免跋涉徒勞。惟查自漢口以北之灄口起，取道黄陂、孝感、雲夢、安陸、隨州、棗陽以至樊城，計陸路六百九十里。此驛站大路，地勢較爲平坦，程途較爲直捷簡便。應即飭令洋員錫樂巴等及知縣張延鴻改由灄口直趨北大路，歷隨州、棗陽以達樊城，至河南鄭州、滎澤一帶之黄河南岸止，并西抵河南府城外，查勘修造鐵路是否合宜，其中有無山水阻隔，與民間村鎮墳墓有無妨礙，能否設法繞避，較之信陽一路道里遠近工費難易孰爲相宜。又由棗陽至樊城，計一百四十里，由樊城至河南南陽，計一百八十里，共計程途三百二十里。若由棗陽北路直趨南陽，計只一百五十里。惟樊城爲南北衝途，商賈輻輳之區，日後商賈運載貨物，以由何路較有利益，尤應查勘明確，詳加核計，以憑比較酌定。該委員及洋員等俟鄭州、滎澤、河南府一路勘畢後，即折轉取道信陽州回鄂。除分行外，合亟札委該員即便遵照，迅速偕同洋員錫樂巴等及繪圖生束裝起程，改由漢口取道黄陂、孝感一路馳赴樊城，以至河南鄭州、滎澤一帶黄河南岸止，并西抵河南府城外，一併測勘，即行折轉取道信陽州回鄂。沿途會同地方官詳細查勘明確，由洋員繪圖貼説，禀賫查核。限三箇月工竣回省銷差，不得稍有延誤。

札委恒榮充繅絲局幫辦〔一〕 光緒二十二年六月初六日

照得幫辦繅絲局湖北候補知縣宗令得福，現已另有差委，所遺繅絲局幫辦事務，亟應委員接辦。查有武昌府糧捕通判恒榮堪以委派。該倅署中公事無多，應飭常川到局，隨時與提調盛守督催工作，稽察物料，廠規嚴加整頓，經常核實開支。倘工作人等有制造粗率不如法式，怠惰偷安不守定章暨糜費棄材偷漏繭絲情事，以及司事人役等倘於廠内女工不能整肅規條，稍涉遊戲，立即據實禀明總辦蔡道撤换懲儆，勿稍徇隱。且該廠係屬婦女工作，禁止閒人入内，乃兵勇攔阻，動輒不服，易滋事端。該倅係實缺人員，人地熟習，應即隨時妥爲彈壓約束，勿使再蹈前轍。所有廠中應辦一切事宜，均當禀商總辦蔡道斟酌妥辦。總期廠務日有起色，以暢土貨而阜民生。該員應領薪水，由該廠按月照宗令章程支給銀四十兩，以資辦公。除分行外，合亟札委。札到，該委即便遵照幫辦繅絲局務，禀商蔡道，與盛守會商妥籌，認真辦理。勿稍率忽，以副委任。切切。

札委楊悦接辦繅絲局監工 光緒二十二年六月初六日

照得繅絲局監工委員、候選從九張玠，現已另有差委。所遺繅絲局監工差事，亟應委員接辦。查有湖北試用府經歷楊悦堪以委派。應飭該員常川駐局，隨時隨同提調盛守、幫辦恒倅督催工作，清理物料，稽查廠規。倘工作人等有制造粗率、不如法式、怠惰偷安、不守定章暨糜費棄材、偷漏繭絲情事，以及司事人役等於廠内女工不能整肅規條，稍涉遊戲，立即據實禀明總辦蔡道撤换懲儆，忽稍徇隱。總期廠務日有起色，以暢土貨而阜民生。該員應領薪水由該廠按月按照從九張玠章程支銀三十兩，以資辦

〔一〕以下九件録自抄本《督楚公牘》。

公。除分行外，合亟札委。札到，該員即便遵照接辦繅絲局監工事宜，稟商蔡道，隨同盛守、恒倅認真妥慎經理。勿稍率忽。切切。

札北藩司、鹽法道等籌議湖北省每年認還俄法、英德兩款本息一案光緒二十二年六月初八日

案查前准户部咨具奏每年應還俄法、英德兩款本息，數鉅期促，擬由部庫及各省、關分别認還一摺清單，内開俄法一款應還本息，由鹽斤加價項下指撥湖北川鹽六萬兩，由西征洋款改爲加放俸餉項下指撥湖北五萬兩，由各省地丁、鹽課、鹽釐、貨釐、雜税等款項下指撥湖北十六萬兩，由各海關洋税、洋藥、税釐項下攤派江漢關十六萬兩、宜昌關八萬兩。英德一款應還本息，由鹽斤加價項下指撥湖北川鹽六萬兩，由西征洋款改爲加放俸餉項下指撥湖北五萬兩，由各省地丁、鹽課、鹽釐、貨釐、雜税等款項下指撥湖北二十二萬兩，由各海關洋税、洋藥、税釐項下攤派江漢關二十四萬兩、宜昌關十二萬兩。除常年應解京餉、東北邊防經費、甘肅新餉、籌備餉需、加放俸餉、加復俸餉、旗兵加餉、固本兵餉、備荒經費及内務府經費、税務司經費、本關經費、出使經費等項仍照常分别批解留支外，其餘無論何款，俱准酌量劃提，各照分認數目按期解交江海關彙總，付還俄法、英德兩款本息等因，即經轉飭該司道等遵照，會同妥籌辦理。本月初七日并准户部魚電開，七月應還英德款，務遵奏撥銀數期限，速匯滬彙付，萬勿貽誤。何時匯希電覆等語，復經發閲轉電各在案。惟查部咨湖北省指撥攤派應還洋款數目，總計每年共銀一百二十萬兩，數鉅期促，擬於何項劃提若干，其不敷之數如何籌措，必須早爲指確劃定，奏明辦理，庶以後有所遵守，免致部文重複催解，無從籌措。合亟札飭。札到，該司道即便會同江漢、宜昌關道、善後局遵照，迅速通盤籌畫此案各期洋款如何劃提湊解，妥爲籌議，一面先將六月應還之款如數匯解上海，并即詳覆核奏，毋稍遲延。切切。

札惲積勛帶同洋鑛師赴萍鄉煤鑛勘察光緒二十二年六月十一日

照得湖北漢陽鐵廠冶煉鋼鐵，需煤甚急。現值籌辦鐵路，亟須添開爐座大舉冶煉，尤以采煤爲先務。湖北馬鞍山所開煤井出煤雖旺可煉焦炭，仍須攙和無磺之煤方合煉鐵之用。惟江西萍鄉所産之煤，磺輕灰少，煉焦最佳，甚屬合用，歷年派員駐萍採運，該處貧民久已得沾利益。因係土法開採，出煤無多。若仿西法用機器開採，見效較速，出煤何止十倍。然必有熟習鑛務洋鑛師親詣履勘，審察煤層片段何處可用舊窿，何處宜開新井，置機設廠，計開成一大井每日能出煤三百噸者，需費若干，爲期若干月方能竣工出煤，以憑籌議開辦。據奏派督辦湖北鐵廠直隸津海關道盛道稟請委員偕同洋鑛師前赴萍鄉查勘等情，業經飭委候選知縣惲積勛，帶同總鑛師德國人馬克斯及繙譯人等，馳往萍鄉詳細履勘，并飭取道江西省城，聽候江西撫部院德〔一〕派員會同保護，通飭

〔一〕指德馨。

沿途經過各州縣妥爲照料在案。兹據馬克斯禀請擬帶鑛工匠首德國人帕特勃克同往萍鄉，以便勘商一切。自應照准，并札飭委員惲令會同沿途各州縣一體妥爲照料。除咨行外，合亟札飭。札到，該員即便遵照，將添派德國人帕特勃克一併帶往萍鄉詳細履勘，妥商籌計，禀覆核奪，勿稍率忽。

札岳常澧道轉飭華容等縣運米分糶荆、宜兩郡 光緒二十二年六月十一日

案准荆州將軍祥、荆州左翼副都統瑞、荆州右翼副都統德咨：據荆州駐防八旗滿蒙協領寶俊等禀稱，旗營兵丁計口授食，專賴餉米爲生活。在南漕未改之前，每制錢一串，計銀不及四錢，兵丁應支米石在府倉實領，所領餉銀又多易錢文，且户口復不及今日之半，邇時度日猶且維艱。自咸豐季年改支折色，每米一石折銀九錢，嗣後加至一兩四錢，其時米價在三串上下，錢價尚五錢數分，一月之餉，已不敷念日之需。數十年來，兵丁之貧苦基於此，元氣之難復亦基於此。近年錢價漸貴，米價尚平，兵丁度日猶可支持。迨至客冬錢價漲至八錢數分，米價漲至四串數百，月領餉米銀兩，每支折銀一石尚不能買米四斗，每銀一兩易錢僅在一串二百。不獨兵丁啼飢號寒，餓殍時聞，即官員中亦有累日不能舉火者。貧苦情形，不堪言狀。仰邀恩施飭司設措，兩次調濟，殘冬得以延過，幸無他虞。職等意謂本年錢、米二價必有一減，不料不減，更有甚焉。加以春夏霪雨連綿不休，内河水勢近又倒溢浸灌入城，兵房坍塌甚多，僻街小巷露宿飢餐，比户皆然，窮迫情狀實係目擊心傷。現在夏令尚衹糊口一節猶且朝不謀夕，轉瞬秋涼，又值米石折支之時，飢寒交迫，何堪設想。職等庸劣，難任艱鉅。綢繆於未雨，消患於未形。雖抱杞憂，實愧未逮。然貧苦下情，不敢不據實上陳。查前蒙省憲先後撥來平糶米二千四百石，雖爲數無多，兵丁得沾餘潤，不無小補。公同籌議，惟有仰懇憲恩咨商撫憲再行撥米數千石，於六、七、八等月飭解來營平糶，以恤兵艱而免他虞，闔營幸甚，職等幸甚。其米價仍請由旗營陸續扣還等情，理合據情咨請惠照飭撥等因。并准荆州將軍函同前由。查湖北民間素鮮蓋藏，平時民食均仰給於湘省。自上年湖北各屬水旱交乘，又值湘省亦有災歉，禁米出境，民食艱窘異常，雖迭經在於下游蕪湖一帶購米至鄂，并經湖南撫部院准由鄂省將湘省在皖所購米穀截留賑撫，綜計雖有十數萬石之多。無如各屬紛紛請領，災區甚廣，賑糶兼施，立時俱盡，民食仍有不繼之虞。加以本年入夏之後雨潦頗多，以致各屬需米皆急，而上游荆州、宜昌爲尤甚，米價尤貴，泝運尤艱。兹准荆州將軍來咨並另函，待米正急。又值江陵縣地方多被水淹，無處購辦，情形危迫。宜昌委員來省乞米，守候多日，無米可領。此外，如咸甯、蒲圻、通山、黄州等處官紳紛紛請米平糶，至再至三，現已無從應付。通山因貧民勒糶搶穀，竪旗聚衆千餘入城，幾釀禍變。昨經派員帶兵前往，多方開導彈壓，始就安帖。而潛江、應山、孝感、羅田等處，疊報水災淹潰隄垸田廬不少，民情困苦，愈不可支。省内省外，各倉穀均已散發將罄。似此情形，不得不趕籌接濟。現已飭司多爲籌款，委員赴皖採米，一時尚難運到，難應急需。且庫欵萬分支絀，採運無多，何能有濟。近得蕪湖電，皖南、北霖雨爲災，稻禾腐爛，荒象已成，外運之米日少，以後恐亦難購辦，殊深焦灼。迭次咨函交馳，商經南撫部院函覆，允於華容、

安鄉、龍陽、沅江四縣共撥穀四十萬石，由鄂招商發照，前往購運等因，足紉鄰誼。惟鄂省招商往購較多周折，緣濱湖四縣地勢散渙，何縣能購多少未能豫料，商情未必踴躍。且鄂省礱坊素少，運到後再行碾售，不免紆折稽遲。而遠道運穀，運費過重，商情亦恐不願。似不如徑由湘省給照，准由湘民運米出境。至出江以後，無論上下游皆係湖北地方，其米自係全銷湖北，無虞影射。至此四縣准銷之米穀既有定數，隨處皆有釐卡、礮船可以稽查，則無論或湘民運出，或鄂省往運，何縣多售，何縣少售，均聽其便。總之，各卡稽核通計，總不逾南撫部院所定之數，亦不出南撫部院所指數縣之地。如此辦法，較爲簡易迅速。現在荆州、宜昌需米孔亟，應請南撫部院飛速札飭華容、安鄉、龍陽、沅江四縣出示曉諭，准由湘民或鄂商就縣領照，以穀二十萬石折合米十二萬石，由藕池口、太平口等處及以上各口出江。此各處江口皆係荆州轄境，自可運濟荆沙、宜昌等處。其餘二十萬石穀之米由何口運鄂，應聽商民之便。惟澧州距荆最近，大河通流，似可添入澧州一處，其米亦准出江，庶於荆州受益較速。應請南撫部院酌定，飛速飭遵。至應如何趕令商人販米到鄂，妥速放行之處，查現有札道勒哈哩因公委赴澧州。彼時湖田新穀計已登場，應令就近會商岳常澧道，督同澧州暨華容、安鄉、龍陽、沅江等縣，遵照南撫部院前定購撥穀數出示辦理，統由該道等體察情形，酌量迅速妥辦。至米照應否用南撫部院之照，或即由各該州縣發照，統候南撫部院酌核，飛速飭遵。仍由岳常澧道轉飭各該州縣，將遵辦情形飛速稟報查核。除分別咨行外，合就札行。札到，該州、道、縣即便遵照，勿稍違延。切切。

札委楊湘雲等前往南省沿湖各州縣考核年歲豐歉并米價平減情形 光緒二十二年

六月十一日

照得湖北食米向來仰給湖南。去歲湖北水旱交乘，米缺價踴，湖南亦因災歉至今米禁未開。現在鄂省上下游各屬民食艱窘，危迫殊甚。查湖南岳常澧一帶凡濱湖圩田，連年收成豐稔，目前新穀計日即可登場。現經湖南撫部院軫念鄰疆，允於安鄉、龍陽、華容、沅江四縣撥穀四十萬石，由鄂省招商發照，前往販運濟鄂。惟鄂省招商往購殊多周折。且鄂省礱坊素少，運穀來鄂碾售稽遲，運穀船費較重，商情亦多不便。不如徑由湘省給照，准其運米出境爲便。一出湘境，無論長江上下游皆是湖北地方，自然全銷湖北，無虞影射。至此四縣准銷之米穀既有定數，各卡可稽查統計，則無論或湘民運出，或鄂商往運，何縣多售，何縣少售，均聽其便。如此辦法，較爲簡易迅速。查岳常澧各屬州縣近日新穀已登，年歲是否豐收，米價是否平減，何處收成最好，該處農民餘穀向來行銷何處，有無屯聚鎮市，何處商民販運爲便，至岳州屬之臨湘、巴陵米穀向來是否需他處接濟，平江米穀是否可運至他縣，自應一併查明。本部堂於湘鄂兩省自必統籌兼顧，以期兩省均受其益。應即委員前往查明目前米穀情形，以便與湖南撫部院籌商辦理。爲湘鄂兩利之計，即將來偶有偏災，亦可豫爲籌計，免致臨時周章。查有候補知縣楊湘雲堪以委赴岳州府之巴陵、平江、臨湘、華容及長沙之湘陰濠河口。候補知縣羅忠祥堪以委赴常德之武陵、龍陽、沅江。候補知縣李端榮堪以委赴澧州及所屬之安鄉縣。除咨行外，合亟札委。札到，該員等即便遵照馳往指派各處，查照上項指飭事理迅速確切查明，限於半月內回鄂具報，無稍延誤。切切。

咨雲貴督院漢口天順祥商號擬運布匹赴雲貴銷售請勿重徵税釐附單 光緒二十二年六月十二日

據總辦湖北織布局江漢關道瞿廷韶、補用道蔡錫勇、奏調湖北差委廣東候補道王秉恩稟稱：竊照湖北開設織布局，原爲暢銷土貨，杜塞漏卮起見。年來雲、貴、川、陝等省行銷洋布爲數甚多，一經洋商加納半税，請領運照，無論行銷何處，沿途所經，皆准免釐，獨於鄂省官局紗布奏准在江漢關完一正税，概免各省內地税釐有案之貨，經過各卡反有仍行重徵之事，較之洋貨似覺偏枯。武、漢據上游孔道，亟應將雲、貴、川、陝各省銷路設法疏通，辦理方易起色。職道等現已傳商漢口天順祥商號，擬即領運原布數百匹、色布數十匹，先往雲、貴等處試銷。惟該商人初次運辦，誠恐沿途關卡未奉轉行奏准免完税釐明文，不免有留難阻滯情事，於行銷不無妨礙。擬請體恤商情，俯念係初次試運，准給護照一次，并將官局紗布已在江漢關完過正税概免內地沿途税釐奏案及詳定憑單章程，咨明雲貴督憲，雲南、貴州撫憲，通飭沿途各關卡遵照。凡遇商運湖北官局紗布到境，隨時驗明紗包內、布面上印有雙龍抱珠牌名爲記并湖北官布局字樣，如係貨單相符，立即蓋戳放行，勿再重徵税釐以及稍有留難阻滯，致礙商銷等情，到本部堂。據此。查湖北織布局紗布發商運往各處及各口岸銷售，應完税釐經本部堂於光緒十九年附片奏請援照上海布局成案，在武昌、漢口本地零星銷售者，照章免完税釐。如由武、漢巡運內地及分運通商口岸轉入內地者，應照洋布洋紗花色，均在江漢關完一正税概免內地沿途税釐等因，奉旨允准。當經粘抄原片，恭録分咨。旋據織布局會同江漢關詳賫刷印關道憑單式樣及續據織布局詳賫刷印布局憑單式樣，聲明援照滬局向行章程，商運紗布既在江漢關完清正税，其由武、漢巡運內地者，即由關道印給沿途概免税釐憑單。至運赴通商他口轉入內地者，即由布局印發憑單，沿途關卡祇須查驗貨、單相符，蓋戳放行，勿論運往何處，概免重徵税釐等情，又經先後分咨各在案。近來土貨滯銷，洋貨充斥，日本新約復准設廠改造土貨，各國從而效尤。上海各洋廠業已陸續開設，利權漸分，民生日促，關係大局實非淺鮮。前奉諭旨整頓商務，凡有益商便民之舉，自應竭力振興，以保華民生計。鄂省織布局紡織紗布，奏准完一正税概免內地税釐，原係援照上海紡織各局，經北洋大臣奏准成案。爲自保利源、杜塞漏卮起見，上海各廠紗布歷年通行南北各省，均係照免税釐。鄂局紗布事同一律，自應一體照辦。貴部堂、部院公忠體國，覩此時艱，必能無分畛域，共相維持，以暢土貨而保民生。據稟前情，查商人販運官局紗布赴各處及各口岸銷售，沿途關卡皆當照章以湖北關局所發運單爲憑，本勿須發給護照。惟念上游雲、貴等省此次商號係屬初次試運，應即照准，以廣招徠。除分咨并發給護照外，所有原奏及關局憑單各原詳，相應再行鈔録咨明。爲此合咨貴部堂、部院，請煩查照，通飭經過各關卡，嗣後凡遇商人販運湖北官局紗布到境，立即驗明紗包內、布面上印有雙龍抱珠牌名爲記，并湖北官布局字樣。如係貨單相符，迅速蓋戳放行，勿得重徵税釐，以符奏案。望切施行。

光緒十九年正月十七日附片

再，湖北創設織布官局，購辦織布紡紗各機器，以興商務而塞漏巵。前由兩廣督臣李瀚章奏准，將臣在粵所購機器移設鄂省，户部咨行到鄂。復經臣於光緒十六年閏二月將籌欵建廠各事宜奏奉諭允在案。查湖北素産棉花，為土産大宗。近來洋布盛行，本省花紗之銷路日隘。此局既設，以後本省種棉之利，當可日漸蕃滋，於小民生計不無裨益。目下廠屋業已落成，各項機器亦經配設完備，次第開機紡織，亟需豫籌銷路，以便發商領運。查上海創設機器織布局於光緒八年三月間，經北洋大臣李鴻章奏明在上海本地零星銷售，應照中西通例，免完税釐。如由上海逕運內地及分運通商他口轉入內地，應照洋布花色均在上海新關完一正税，概免内地沿途税釐，以示體恤等因。奉旨允准。由李鴻章咨行各省，欽遵辦理在案。湖北省布局事同一律，自應援照辦理。所出布匹棉紗在武昌、漢口本地零星銷售者，應予照章免完税釐。如由武、漢逕運内地及分運通商他口轉入内地者，應照洋布洋紗花色，均在江漢關完一正税，概免内地沿途税釐，以暢土貨而便民用。謹援案附片具陳，伏祈聖鑒。謹奏。光緒十九年正月十七日附奏。三月初三日欽奉硃批：户部知道。欽此。

蔡錫勇、惲祖翼會詳（一）

為會詳核咨事。案奉憲台札開：照得本部堂於光緒十九年正月十七日附片具奏湖北布局援案請在江漢關完一正税概免内地沿途税釐一片，兹於三月初三日差弁賫回原片。欽奉硃批：户部知道。欽此。除分别咨行外，合就恭録札行，備札行關，即便欽遵查照。計抄片稿一紙，内開：湖北官布局紡織紗布援照滬局成案，在於武昌、漢口零星銷售，照中西通例免完税釐。如由武、漢逕運内地及分運通商他口轉入内地，應照洋布洋紗花色，均在江漢關完一正税，概免内地沿途税釐，以暢土貨而便民用。并奉撫憲譚札同前由各等因，奉經遵照在案。職道錫勇奉委專辦織布局務。現在局中紗布存積漸多，自應及時售賣，以暢銷路而收利權。既准由江漢關徵收正税，應即由關發給憑單，會同職道祖翼酌擬憑單式樣兩紙，一係商人販運官局紗布由武、漢逕運内地之憑單，一係運赴通商口岸轉入内地之憑單，現已刊刷齊全，編列號次，蓋用江漢關監督關防，送交大關收存備用。遇有商人販運官局紗布，查驗明確，照章徵清税項，分别填給憑單。其運赴内地者，沿途關局查驗，單貨相符，蓋戳放行，概免税釐。若運赴通商他口轉入内地者，擬請於運抵所指之關，即由該關查驗，單貨相符，蓋戳放行，仍將原領憑單發還該商，准其轉入内地銷售，免完税釐，毋庸在他關另請運單，以歸簡便而免稽遲。伏查從前職關奉刊運洋貨入内地税單，曾經詳奉分咨各省飭遵在案。此次鄂局紗布憑單，事屬創始，各省未能周知，商人販運前往，不無阻滯之虞。理合將空白憑單，具文詳賫憲台俯賜查核示遵。如蒙照准，請將憑單分咨各省督撫憲轉飭各關局及地方官衙門一體遵照，并札飭湖北牙釐局、宜昌關道照辦，暨咨達總理衙門、户部查照，實為公便。再，此案係職道祖翼主稿，擬俟奉到批示後，即行照會税務司遵照開辦。合併聲明。

蔡錫勇、惲祖翼、趙濱彦會詳（二）

竊照發商運售紗布應完税釐，前蒙憲台援照上海布局成案，奏准除在武昌、漢口本地零星銷售者免完税釐外，其由武、漢逕運內地及運赴通商他口轉入內地者，均在江漢關完一正稅，概免沿途稅釐等因，奉經職局遵照，將徵完正稅，照章應給沿途免稅憑單，由江漢關印發，并酌擬憑單，刊刷式樣，會詳呈請核示，咨行照辦在案。伏查職局出布日多，上海商販多來購買，惟應給憑單。該商因由關印發，不無周折遲緩。查滬局現行章程，在上海通商口岸逕運內地，係由布局咨請江海關道空白分運單照，隨時填給。其運赴通商他口轉入內地應給憑單，則由布局刊發印單。上海歷年俱係如此辦理。鄂局所出布匹與滬局事同一律，自應援照滬局章程辦理。其由武、漢逕運內地，由局請江漢關道衙門給發分運單。至運赴通商他口轉入內地者，即在江漢關早已完清正稅，無論何處概免重徵，於別處口岸關稅內地釐金毫無出入，應請援照滬章由局給單，庶商販運售不致稽遲，而局布得以暢銷。相應將刊刷布局憑單式樣具文詳請，伏乞憲台俯賜查核，咨明各省轉飭各關道、釐局一體查照，實為公便。

札行洋操提調錢恂遵擬護軍前、後兩營洋操薪餉章程附單

光緒二十二年六月十八日

據委辦洋操提調、分省補用知府錢恂稟稱：竊惟憲台由江南奏調來鄂之護軍前營，業經分爲前、後兩營，選補新勇，逐日開操，而薪餉章程尚未釐定。前奉憲諭，以江南新創自强新軍，餉糈較厚，鄂省未易仿行。北洋所練武毅全軍，採用淮軍舊制，改練洋操，應可仿照辦理，飭令核議等因。查淮軍舊制，步營每營官弁勇丁五百員名，長夫一百八十四名，大建月支薪餉銀三千零十兩四錢，外加柴草銀一百六十兩，共月支銀三千一百七十兩四錢。武毅軍步營每營官五員，勇丁五百名，長夫一百八十名，月支薪餉銀二千八百九十二兩二錢，外加柴草銀一百六十兩，共月支銀三千零五十二兩二錢，而隨軍辦理文件、巡查等項另行開支，統計已在三千二百兩以外。又聲明用西法操練，如有變通增添款項，隨時奏咨，則斷非三千二百兩之數所能包括一切。鄂省現仿德國軍制，開練洋操，每哨哨官既須加多一員，又須設排長以總司口令，設槍匠以修理槍械，兵丁衣履須歸一律以肅軍容，而朝夕勤操，又須遠出試操，登山涉水，所須衣袴靴履自較尋常迴費。又哨官既無貼夫名目，則薪水不得不量爲增加，以養其廉。經卑府會同管帶護軍前營都司張彪、管帶護軍後營參將岳嗣儀悉心商酌，惟有將長夫一項删除，以夫餉攤入，作爲添設哨官、排長、槍匠、鼓號手及官弁兵丁四季衣袴之用，極力節省。計前營礮隊二哨、步隊三哨，月支薪餉、衣袴等項銀三千一百四十六兩八錢。後營馬隊二哨、步隊三哨，月支薪餉、衣袴、喂養銀三千零八十五兩。核計均在三千二百兩以內，固較江南自强新軍餉項爲減，即較武毅軍餉項亦屬有減無增。至工程隊一項，武毅軍將每營奉裁之長夫六十名餉項移工程隊之用，原爲節省起見。查外洋軍制，凡軍中工程，除挖掘站溝、跪溝、卧溝皆由步隊任役外，其餘造橋、修路、築壘等事，皆由工程隊任役。工程隊又須於步隊之槍法、陣法，無不通曉，是此項兵丁兼有步法、工程二技之長，並非專曉工程不曉步法，宜與正兵同重。今遵諭酌設工程隊百人爲一哨，擬由前營營官兼管，俟將來推廣，再行添設營官。其木匠首、鐵匠首、磚石匠首、編籬結繩匠首，比照礮隊之礮目、馬步隊之副排長，餘與他哨相同，官弁衣袴亦與他哨相同，另加刀斧鍬鋤等項器具，共月支銀七百兩零一錢。統計礮隊、馬隊、步隊、

工程隊兩營一哨，薪餉、衣袴、雜用每月共銀六千九百三十一兩九錢，華洋教習薪資不在内，亦與武毅軍同例。伏查洋操規制嚴肅，其勞苦倍蓰常營，不准一名缺額，不准經日不操，務洗尋常軍營積習，故官弁不略加優異不能責其必廉，兵丁不曲加體恤，不能責其必勤。向章營哨官薪費不多，每借夫餉一項通融津貼，兵丁衣履未立專欵，每致參差藍縷。現在整頓軍制，事事均須核實，而欵項又未便多費。再四思維，與其借夫餉名目挪作他用，何如實用實銷，昭示大信。是以將原定夫餉一項節省删除，即將此欵分作官弁薪費以及添設排長、槍匠、鼓號手并四季衣袴、靴履一切等用，仍核與淮軍舊章、武毅新章均不逾越。此係爲整頓洋操起見，他營不得援以爲例。所有遵議洋操薪餉章程，另繕清單，恭呈鑒核。是否有當，伏候批飭祗遵等情，到本部堂。據此。除批：該提調所擬護軍前後兩營洋操馬、步、礮并工程隊薪糧章程，仰北善後局迅速妥議，詳覆核辦。仍候撫部院批示。繳。稟摺抄發等因。印發外，合就札行。爲此，札仰該營官即便查照。

護軍前後營洋操薪餉章程

計開

護軍前營礮隊兩哨，步隊三哨

營官一員每月薪水銀五十兩。每月五十兩。每月公費銀一百五十兩。每月一百五十兩。

副營官一員，每月薪水銀三十兩。每月三十兩。

辦理文件、巡查醫官、經理軍裝各員弁，每月薪費銀六十兩。每月六十兩。

以上營官及辦理文件等員薪費銀，每月共二百九十兩。

礮隊兩哨計礮十八尊

正哨官二員，每員每月薪水銀二十四兩。每月四十八兩。

副哨官二員，每員每月薪水銀十二兩。每月二十四兩。

總礮弁一名，每月薪水銀二十四兩。每月二十四兩。

礮目三名，每名每月餉銀七兩二錢。每月二十一兩六錢。

護勇十名，每名每月餉銀四兩五錢。每月四十五兩。

什長十六名，每名每月餉銀四兩八錢。每月七十六兩八錢。

礮兵一百六十四名，每名每月餉銀四兩二錢。每月六百八十八兩八錢。

伙勇十八名，每名每月餉銀三兩三錢。每月五十九兩四錢。

拉礮車馬六匹，每匹每月喂養銀三兩。每月十八兩。

馬夫二名，每名每月餉銀三兩。每月六兩。

前件

拉礮車馬匹，現時操練暫配用六匹，以資節省，出征時再行請派，五生的以下車礮每尊馬四匹。運送子藥車馬，亦出征時酌量多寡，再行請派。

以上礮隊兩哨薪水喂養銀，每月共一千零一十一兩四錢。

步隊三哨

正哨官三員，每員每月薪水銀二十四兩。每月七十二兩。

副哨官三員，每員每月薪水銀十二兩。每月三十六兩。

正排長一名，每月薪水銀二十四兩。每月二十四兩。

副排長九名，每名每月餉銀七兩二錢。每月六十四兩八錢。

鼓號教習一名，每月餉銀十兩。每月十兩。

鼓號兵七名，每名每月餉銀七兩二錢。每月五十兩零四錢。

正槍匠一名，每月餉銀十二兩。每月十二兩。

副槍匠一名，每月餉銀九兩四錢。每月九兩四錢。

護勇十名，每名每月餉銀四兩五錢。每月四十五兩。

親兵六十名，每名每月餉銀四兩五錢。每月二百七十兩。

什長二十二名，每名每月餉銀四兩八錢。每月一百零五兩六錢。

正兵一百五十八名，每名每月餉銀四兩二錢。每月六百六十三兩六錢。

伙勇二十六名，每名每月餉銀三兩三錢。每月八十五兩八錢。

以上步隊三哨薪餉銀，每月共一千四百四十八兩六錢。

製辦官弁兵丁冬夏衣袴、戰靴四百九十六分，馬夫不給，伙勇兩分作一分算。每名每月攤銀八錢。每月三百九十六兩八錢。

前件

除營官、副營官外，自正副哨官以下，概給操衣袴、靴。

以上前營礮隊兩哨、步隊三哨，統共每月支薪餉、衣袴、戰靴費用等項銀三千一百四十六兩八錢。

護軍後營馬隊兩哨，步隊三哨

營官一員，每月薪水銀五十兩。每月五十兩。每月公費銀一百五十兩。每月一百五十兩。

副營官一員，每月薪水銀三十兩。每月三十兩。

辦理文件、巡查醫官、經理軍裝各員弁每月薪費銀六十兩。每月六十兩。

以上營官及辦理文件等員薪費銀，每月共二百九十兩。

馬隊兩哨

正哨官二員，每員每月薪水銀二十四兩。每月四十八兩。

副哨官二員，每員每月薪水銀十二兩。每月二十四兩。

正排長一名，每月薪水銀二十四兩。每月二十四兩。

副排長四名，每名每月餉銀七兩二錢。每月二十八兩八錢。

獸醫一名，每月餉銀八兩。每月八兩。

獸醫藥料每月支銀三十兩。每月三十兩。

什長十名，每名每月餉銀四兩八錢。每月四十八兩。

馬兵八十四名，每名每月餉銀四兩二錢。每月三百五十二兩八錢。

伙勇十二名，每名每月餉銀三兩三錢。每月三十九兩六錢。

馬一百匹，每匹每月喂養銀三兩。每月三百兩。

馬夫二十名每名管五馬，每名每月餉銀三兩。每月六十兩。

營官給馬乾二匹，正哨官每人給馬乾二匹，副哨官每人給馬乾一匹，共八匹。

每匹每月喂養銀三兩。每月二十四兩。

前件

營官等馬由自備，但月給馬乾銀兩。

修補鞍轡、馬嚼、馬掌、馬槽，每月支銀四十兩。每月四十兩。

以上馬隊兩哨薪餉、喂養、鞍轡、藥料銀，每月共一千零二十七兩二錢。

步隊三哨

正哨官三員，每員每月薪水銀二十四兩。每月七十二兩。

副哨官三員，每員每月薪水銀十二兩。每月三十六兩。

正排長一名，每月薪水銀二十四兩。每月二十四兩。

副排長九名，每名每月餉銀七兩二錢。每月六十四兩八錢。

鼓號教習一名，每月餉銀十兩。每月十兩。

鼓號兵七名，每名每月餉銀七兩二錢。每月五十兩零四錢。

正槍匠一名，每月餉銀十二兩。每月十二兩。

副槍匠一名，每月餉銀九兩四錢。每月九兩四錢。

護勇十名，每名每月餉銀四兩五錢。每月四十五兩。

親兵六十名，每名每月餉銀四兩五錢。每月二百七十兩。

什長二十二名，每名每月餉銀四兩八錢。每月一百零五兩六錢。

正兵一百五十八名，每名每月餉銀四兩二錢。每月六百六十三兩六錢。

伙勇二十六名，每名每月餉銀三兩三錢。每月八十五兩八錢。

以上步隊三哨薪餉銀，每月共一千四百四十八兩六錢。

製辦官弁兵丁冬夏衣袴、戰靴三百九十九分，馬夫不給，火勇兩分作一分算。每名每月攤銀八錢。每月三百十九兩二錢。

前件

除營官、副營官外，自正副哨官以下概給操衣、袴靴。

以上後營馬隊兩哨、步隊三哨，統共每月支薪餉、馬乾、衣袴、戰靴費用等項銀共三千零八十五兩。

工程隊一哨

營官

副營官

前件

現在工程隊暫設一哨，無庸專設營官，由前營營官兼管，將來擴充，再行請派營官。

正哨官一員，每月薪水銀二十四兩。每月二十四兩。

副哨官一員，每月薪水銀十二兩。每月十二兩。

本匠首一名，每月餉銀七兩二錢。每月七兩二錢。

鐵匠首一名，每月餉銀七兩二錢。每月七兩二錢。

磚石匠首一名，每月餉銀七兩二錢。每月七兩二錢。

編籬結繩匠首一名，每月餉銀七兩二錢。每月七兩二錢。

什長八名，每名每月餉銀四兩八錢。每月三十八兩四錢。

正兵八十名，每名每月餉銀四兩二錢。每月三百三十六兩。

伙勇十二名，每名每月餉銀三兩三錢。每月三十九兩六錢。

護勇六名，每名每月餉銀四兩五錢。每月二十七兩。

刀斧、鍬鋤、筐擔等項工匠須用器具物料，每月支銀一百兩。每月一百兩。

前件

此項專為操練所用，出征時需用器具物料甚多，屆時再行請備。

製辦官弁兵丁冬夏衣袴、戰靴一百零六分，伙勇兩分作一分算。每名每月攤銀八錢。每月八十四兩八錢。

以上工程隊一哨，統共每月支薪餉、器具、衣袴、戰靴費用等項銀共七百兩零一錢。

一、擦礮油料，每尊每月給銀三兩。

一、帳房、馬棚，照章每六箇月更換一次，如將來仿西制設立兵房，則此項即不復開支，但支歲修之費。

一、馬匹倒換，隨時核實報補，仍不得逾向章每百匹按年換三十六匹之數。

一、號衣袴、戰靴、鞍韂、礮衣、洋鼓號并洋式鍬鋤等項，照初成軍例製給一次。

札南釐金總局湘煤萍煤過境飭卡查驗放行光緒二十二年六月二十一日

照得光緒十九年湖北鐵廠開爐冶煉鋼鐵，需煤甚多，曾經遵照奏案，委員赴湖南産煤各處及江西萍鄉地方。分途採辦油煤，以供鐵廠要需，經過湖北、湖南兩省沿途局卡，概免釐金，嚴飭船户不得稍有夾帶私貨，各釐卡認真盤查，亦不得稍有留難阻滯，札飭南布政局、牙釐總局轉飭各釐卡遵照，并咨明南撫部院一體轉飭。此後採運湘煤、萍煤陸續赴鐵廠公用，經過釐卡歷年均係照辦。本年因湖北鐵廠經費難籌，札飭直隸津海關道盛道宣懷督辦鐵廠事務，招集商股，官督商辦，所有各處採煤購煤事宜，均歸盛道一手經理。業經本部堂於本年五月十六日恭摺具奏，曾經於摺内聲叙冶煉鋼鐵非煤不濟，湖北産煤之區堪作焦炭者甚鮮，將來必於湘省及沿江各省擇地另開煤井，添爐多煉。至商廠需用煤觔，係爲多煉鋼鐵出售，逐漸收回官本。所有本省外省自開煤井，爲本廠煉鐵煉鋼之用。廠中有官本鉅欵，與他項商業不同，援案請旨飭部免税十年，鈔稿咨行在案。茲據督辦鐵廠直隸津海關道盛道宣懷稟稱：竊職廠奉飭煉鋼煉鐵，因生煤、焦炭短少，疊派員董馳赴萍鄉、長沙等處趕購生煤、焦炭，由萍鄉、湘潭運至鄂境。近因存數日少，幾致未能接濟。復經羽書疊催，幸經萍鄉裝煤三十餘船趕運前來。頃接文紳廷鈞專差飛函，内稱前項船隻行至岳州，爲該處釐局扣留不放請示前來。理合稟請鑒核，俯念待前項煤炭急如星火，迅賜飛咨湖南撫憲，飭行岳州釐局即日查驗放行，實爲公便。再，職道等又查光緒十九年十二月初七日奉憲台札鐵政局文，内開采運萍煤專供煉鐵要需，經過湖北、湖南兩省，沿途局卡概免釐金，不得稍有夾帶私貨等因轉飭有案。今職廠采運萍煤，自應仍遵憲札辦理，并請一併咨明飭免。如有夾帶私貨即將私貨扣存，照章一面究辦，一面仍即放行等情，到本部堂。據此。查鐵廠分設采煤局，員董運煤赴鐵廠濟用。該廠每年均有應繳官本鉅欵，則該廠需煤係屬官物，與商運煤觔發售圖利者迥然不同，經過北、南兩省釐卡，應照官運煤觔向辦章程，祇須查驗船户有無夾帶私貨及煤局所發運單。如果貨單相符，船户并無夾帶，即宜迅速放行，勿得留難阻滯，致誤要需。茲據稟前情，除批准外，合亟札飭。札到，該局即便轉飭岳州釐局遵照歷年鐵廠運煤免釐成案及此次奏案，迅速查驗，免釐放行，勿得扣留，致誤廠需。切切。

札道員蔡錫勇改定自强學堂章程光緒二十二年六月二十七日

照得本部堂奏設自强學堂，内分方言、算學、格致、商務四齋。除方言一齋招選學生在堂肄業外，其餘三齋均按月考課，憑文甲乙，歷辦在案。查西學既極邃密，西書又極浩繁，探討誠非易事。自强之道，貴能取人所長。若非精曉洋文，即不能自讀西書。若不能多讀西書，即無從會通博採。本部堂再四推求，知舍學習洋文、廣儲高材以探西書精微，更無下手取法之處。今更定自强學堂章程，除算學一門中國書籍較多可不假道西文，業於本年五月移歸兩湖書院另課外，其格致、商務兩門，前經月課，諸生不免多空談而少實際。莫若改課方言，可爲一切西學之階梯，而格致、商務即包其内。自後此兩門毋庸命題專課，一律改課方言。所謂方言，即兼指各國語言文字。方言各國不同，擇其最要，分立英文、法文、俄文、德文四門。每門學生以三十名爲額，四門約共一百二十名，各延教習，分門課授。查英文爲東方各國所通用，故學者較多。法文、德文雖屬無多，尚易訪求。目下初學基址，可先延通曉英法德文之華人爲教習。惟俄文向祇總理衙門同文館一處專課，外省從未開設，殊屬珍罕。中俄近鄰，需用尤殷。况俄文原本希臘，與英、法、德文之原本拉丁者不同，更爲專門之學。自宜延訪俄人之通華語者爲教習，庶裨指授。惟原有講堂尚不敷用，該堂後尚有餘地，可添造數間。本部堂講求各國語言文字之意，在於培植志士，察鄰國之政，通殊方之學，以期共濟時艱，并非欲諸生徒供繙譯之用。其如何嚴訂課程，分延教習，添招學生，并酌量開拓講堂學舍之處，亟應迅速籌定開辦。又本部堂前設化學學堂一區，延洋人駱丙生爲教習，附隸鐵廠。雖爲化驗鑛産而設，其實該教習學術以及所備器具，均不止專化金石，兼可化驗動植物各種原質與地土所宜，舉化學之大綱。查西學事事原本化學，凡一切種植畜牧及製造式食式用之物，化學愈精，則能化無爲有，化無用爲有用，而獲利亦因之愈厚，是總理衙門同文館亦設有專科。今鐵廠已招商承辦，所有鐵政局内原設化學一堂，即併入自强學堂，別爲一門。舊日學生其學業已成者，半已分赴各省各局之招，堂中自應選補。惟化學精奥，斷非不通西文者所能受業。亟宜另選已通西文之學生陸續挑補。仍令駱丙生接續教授，以副本部堂創始經營之意。又西書之切於實用者，充棟汗牛。總理衙門同文館所譯，多交涉、公法之書。上海廣方言館所譯，多武備製造之書。方今商務日興，鐵路將開，則商務律、鐵路律等類亦宜逐漸譯出，以資參考。其他專門之學，如種植、畜牧等利用厚生之書，以及西國治國養民之術，由貧而富、由弱而强之陳迹，何一非有志安攘者所宜講求。亦應延聘通曉華語之西士一二人口譯各書，而以華人爲之筆述，刊布流傳，爲未通洋文者收集思廣益之效，亦即附入自强學堂中，別爲一事。其如何訪覓西士，購求圖籍，亟宜妥籌趕辦。所有自强學堂改課方言兼課化學并附譯西書，以及添建堂舍各項費用，除原撥款項外，一併在本部堂新籌善後經費各欵及銀元局贏餘項下動支。其學堂事宜，仍由總辦蔡道錫勇提調，錢守恂總稽查，姚令錫光經理。其估工監造堂舍事宜，查有武昌府通判恒倅榮堪以派委。合行札飭該道即便遵照上項事宜，督同提調等員，悉心妥速籌議，稟候本部堂酌定舉行。

札北藩、臬司等查照湖北鐵廠經費難籌招商承辦議定章程摺〔一〕　光緒二十二年

六月二十九日

照得本部堂於光緒二十二年五月十六日專弁具奏湖北鐵廠難籌，遵旨招商承辦，議定章程，截限交接，以維大局而計久遠一摺，當經鈔稿咨行在案。茲於六月二十八日欽奉硃批：户部速議具奏。單併發。欽此。合就恭録札行。爲此，札仰該司、道、局即便欽遵查照。

〔一〕録自抄本《督楚公牘》。

札道員王秉恩等籌辦武備學堂光緒二十二年七月初一日

照得自强之策，經武爲先。所有練陸軍、整海軍、立學堂等事，均於光緒二十一年閏五月二十八日欽奉上諭，飭令及時舉辦，自應欽遵辦理。查湖北地據上游，陸軍尤爲急務。本部堂前經會同撫部院奏練護軍兩營，專教洋操，力洗舊習在案。惟練兵必兼練將，而練將又全賴學堂。西國軍制，兵則期滿遣歸，各理舊業。將則戎行永隸，學有專長。故武備事宜，尤以設立學堂教育將材爲首務。比來天津、廣東、江南各處次第仿行。鄂省亦宜亟設武備學堂一區，儲練將材，并延聘洋員專司教習。前經本部堂電商出使德國大臣許，轉託德國兵部酌派二員前來，以重其選。業已訂定東來。當經電達總理衙門在案。亟應創建學堂，招選學生來堂受業。查外洋學習武備之區，有大小淺深之分，均以教練將材。最大學堂名爲阿喀特米者，尤爲總匯之所，非此學堂出身，不得任提督，用意至爲精密。別有武弁學堂，則專以教弁，而不以教將，其鄭重將材如此。向來各省招選學生，多係民間幼童及營學生兩項，地望寒微，仕進不易，以故見功甚緩，收效甚微。今本部堂此堂之設，意不在於充兵勇之用，而在於儲將領之材，故專取文理明通及本有功名、易於仕進者選録教練，爲其領悟較速，成就較大。兹特爲酌定章程，凡文武生員、貢監、文武候補員弁以及官紳世家子弟，無論何省之人，均可收録。惟必須文理明通，身體强壯者，均准赴堂報名，聽候挑取，入堂肄業，操練馬步礮各隊陣式兵法，槍礮、藥彈、旱雷、火箭運用製造理法，營壘、橋道、行軍、鐵路、電綫、測量、繪圖、體操以及行軍各種機要應行通曉事宜。除洋員總司教習外，另派津粵武備學堂出身、學業已經入門之員作爲領班學生，隨同洋教習傳達指授。一俟學有成效，即派入各營及有關武備各局當差，以資歷練而示鼓勵。堂内學生將來皆可爲科名仕宦中人，無論文武，一登仕途，即可爲國家效用，見諸實際。且此類學生資性既高，自能會悟推闡，精益求精，從此輾轉倡導，自不難廣開風氣，多造人材。惟學堂規矩必須嚴肅，無論文武生監、文武候補員弁以及官紳世家子弟，既願入堂，即與學生一例，自應恪守堂規，聽洋教習之訓練，領班學生之指授，遵提調、總稽查及管學委員之約束。如有紊亂堂規者，一經稟明，立即開除，決不能遷就姑容。如自揣不能概循規矩，即不必入堂肄業。現在洋教習已到上海，自應招選員生，刻日開學。其學堂操場處所，查武昌省城東隅寛曠地方最爲合宜。一面購地繪圖，委員估工興造。需用各欵，即在本部堂於善後局新籌善後經費等欵及銀元局贏餘項下動支。其學堂房屋未成以前，暫借鐵政局爲學堂，并租賃民房爲委員、學生居住之所，先行開學。除俟奏明立案外，合先委員舉辦。查有奏調差委廣東候補道王道秉恩，堪以委充武備學堂總辦。奏調差委、分省知府錢守恂堪以委充提調。知府用候選知縣姚令錫光堪以委充總稽查。候補直隸州李牧紹遠堪以委令估工監造。除分行外，合亟札委該道即便遵照，總辦武備學堂，督同提調等員迅將應辦事宜即行妥籌，稟請核定。嚴立堂規，無得稍涉敷衍縱弛，以副本部堂整飭武備，廣儲人材之意。

札行户部咨議覆湖北鐵廠經費難籌招商承辦議定章程摺附單(一)

光緒二十二年七月初三日

光緒二十二年六月二十九日准兵部火票遞到户部咨開：北檔房案呈本部議覆湖廣總督張之洞奏湖北鐵廠經費難籌、招商承辦、議定章程一摺，光緒二十二年六月十二日具奏。本日奉旨：依議。欽此。除刷印原奏恭録諭旨飛咨各省督撫外，相應咨行湖廣總督遵照。惟查此件係與外洋交涉，各將軍、都統、督撫接奉部咨奏底，一律各加慎密，毋令傳播，致生事端可也。計劃原奏等因，到本部堂。准此。除分行外，合就札行。札到，該司、道即便遵照辦理。

遵旨速議具奏摺

户部謹奏為遵旨速議具奏恭摺仰祈聖鑒事。據湖廣總督張之洞奏湖北鐵廠經費難籌，招商承辦，議定章程，截限交接，以維大局而計久遠一摺，光緒二十二年六月初七日奉硃批：户部速議具奏，單併發。欽此。由軍機處抄交前來。查原奏内稱湖北鐵廠兼鑛務、煉鐵、開煤三大端，為中國造軌制械，永杜漏卮之根。今廠工早已次第告成，各種鐵爐、鋼爐冶煉鋼鐵、制造軌械，均能精美合用，以致鐵山、煤井一切機器運道皆已燦然大備。惟是經費難籌，銷場未廣。當此度支竭蹶，不敢為再請於司農之舉，亦更無羅掘於外省之方。惟有欽遵上年六月二十日諭旨招商承辦云云。仰懇天恩，敕部免税十年，屆時察看本廠如有優利，足可抵制洋鐵再行徵税各等語。臣等查湖北鐵政一廠，為中國制造之權輿，亦為外人觀聽之所繫。督臣張之洞由兩廣移官兩湖，奏明以粤省煉鐵廠機器改運鄂省，原欲抵制購買外洋鋼鐵，以收我自有之利權。設廠以來，該督竭力經營，苦心調護，前後請撥鉅款，臣部無不一力贊成，匪特以之開拓始基，實亦所以扶持大局也。無如發端雖大而收效甚遲，用意雖深而程功未密，是以公家未收煉鐵之益，而已受設廠之累。上年該督奏稱請由明年籌撥該廠的欵，經臣部議令該督查明該廠自開煉之后，究竟墊用經費若干，實出各項鋼鐵若干，銷售獲價若干，應墊撥來年經費若干，以及制煉之為楛為良，價值之或高或下，一併奏明報部，該督迄未聲覆。此次該督陳奏則謂所煉鋼鐵成軌械均精美合用，現以經費難籌，遵照上年六月諭旨招商承辦，責成直隸津海關道盛宣懷招集商股，一手經理，自係為權衡時勢急圖補救起見。臣等公同商酌，所請將鐵政改歸商局承辦之處，應即照准。惟原奏聲稱從前用去官本，概由商局承認分年抽還，每年出生鐵一噸抽銀一兩，陸爐計日出生鐵四百餘噸，每年可出十餘萬噸，即每年可繳官欵十餘萬兩一節。查出鐵之數雖可豫期，而煉鐵之工殊難臆斷。湖北鐵廠不患無鐵，而患無煤，設使鐵廣豐盈而煤鑛仍難尋獲，則提煉不淨，鋼質不純，安能强各省必向鄂廠購求，即官本仍歸無著。應令該督責成該道督率商人加工精制，必使所出鋼鐵與外洋無異，庶銷路暢而利權可保。又原奏聲稱鐵廠歷年各項用款，當官商交接之際，一時未能截清，俟核明后即將確數行知商局立案，一面督飭司道分欵詳細造報一節。查該廠自開設以來，部撥經費銀二百萬兩，又奏撥鄂省鹽課釐金銀三十萬兩。嗣因添設爐座，兩次

(一) 以下十五件録自抄本《督楚公牘》。

借撥鹽糧道庫銀四十萬兩，并由槍礮局常年經費內借撥銀一百數十萬兩，織布局湊撥銀三十四萬餘兩，及江南籌防局借撥銀五十萬兩，兩淮鹽票商捐撥充銀五十萬兩。此有奏報可憑者也。此外有無挪借通融之欵，未據分晰報部。現在官商交接，應令該督迅飭該局司道將歷年用過確數詳細造報，以為將來商局按噸籌〔還〕銀欵之根。自歸商辦以後，每年出鐵若干，歸還官本若干。還清官本後，每年按噸報效若干，亦應分年造具收支清册報部。又原奏內稱鄂廠采煉原為杜中國鐵路漏卮而設，華商承辦鐵廠，以盧漢鐵路必向鄂廠定購為斷，并請飭下南北洋大臣及各直省各督撫，凡官辦鋼鐵料件，一律向鄂廠定購，不得再購外洋之物一節。查盧漢鐵路現由該督與王文韶督率興辦，鄂廠所造鐵軌是否合用，不難躬親查驗。如果鋼質較外洋為佳，鋼價較外洋更賤，該督既確有把握，即北洋大臣亦無不樂從。至各省需用鋼鐵，若如原單所稱工美價良，自必向鄂廠購用，萬無秦越相視之理。應請旨飭下南北洋大臣及各省督撫和衷共濟，維持鄂廠，即所以開濬利源，於大局實有裨益。又原奏內稱，中國仿照西法煉成各種鋼鐵料件運售出口，為從來關稅之所無，請酌照廣西絲綢、煙臺果酒、江西洋式瓷器免抽稅釐成案，從優免稅十年一節。查商辦鐵廠專為自保利權，必成本稍輕，運銷始暢。該督奏請仿照絲綢、果酒、洋瓷各案暫免稅釐，原應照准。惟查本年五月據總理衙門奏准通行摺內聲稱：凡機器制造貨物，不論華商、洋商，統計每值百兩徵銀十兩，此後無論運往何處，概免稅釐等因行知各省遵照在案。該廠現在招商承辦鐵務，即為商局，自應遵照總理衙門奏案辦理。將來各省果能購運暢銷，應俟辦有成效，再由該督詳細奏明核辦。此外，清單所開各節，如鐵廠添設爐座，派用商董司事一切事宜，或稱仿照輪船、電報公司章程，或稱參用西例，應由該道督率商人妥為經理，分別具報。抑臣等更有請者，洋商包攬之議既作罷論，既招華商集股承辦，自不准暗攙洋股，兼用洋商，致與抵制洋鐵之意相背。該督尤當嚴飭該道劃清界限，考究來歷，毋得影射牽混。至商務之興，必以能自樹立為主，良工待價決不求助於人。倘因煉冶不精以致銷路不暢，惟該道是問，即該督亦不能辭其咎也。所有臣等遵旨速議具奏各緣由，理合恭摺具陳，伏乞皇上聖鑒。謹奏。

札武備學堂許大臣咨送訂定湖北武備學堂聘用德國教習合同附單　光緒二十二年七月初三日

光緒二十二年六月二十九日准欽差出使俄、德、奥、和國大臣許〔一〕咨開：案照德國副將利伯特代薦德國現任都司、守備各一員，前往湖北充當武備學堂教習，業將商訂要節，疊次由電陳達，並准貴督部堂電覆各在案。茲與德都司法勒根漢、德守備根次於本年五月初九日訂立合同，計兩年爲期，自抵上海之日起算，並酌給德都司法勒根漢兩月薪水三千四百馬，德守備根次兩月薪水二千五百馬，爲整裝安家之費。又自德至上海，川資各二千五百馬，共計德銀一萬九百馬，即在匯存欵內如數撥訖，取具收單。該都司等於五月二十一即西本年七月初一日，由那波里海口附搭德公司船趲行赴華。除由上海至漢口川資應請飭局另行核給外，

〔一〕指許景澄。

相應將定訂洋文合同配譯漢文并收單咨送察照等因，到本部堂。准此。所有洋文合同、收單，合行札發。札到，該學堂即便遵照，俟德國教習法勒根漢、根次二員到鄂，按照合同訂立事宜辦理，并將由上海至漢口川資核給具報。

合同

中國出使大臣許與德國都司法勒根漢、守備根次訂立合同各欵列後：

第一欵

一、法勒根漢、根次前赴中國充當武備差使，係湖廣總督張制台聘用，應歸制台并制台所派管理武備之總辦官或係提督或係道員節制，如德國軍營屬員聽從上司之例。若派在武備學堂教習武備事務，亦願充當。計所教之事，即馬、步、礮三項并軍械之事，交戰之法，以及礮臺、營壘、工程、測量、繪圖、地輿等學教授時，因須繙譯人員傳譯之故，自必安心忍耐，使所教意義明白曉暢，各學生易於領悟。

第二欵

一、湖廣制台或親臨或派員，均可隨時查察所辦差事如何情形，其第一欵所載制台所派總辦官，亦可隨時查察。

第三欵

一、合同以兩年為期，自法勒根漢、根次行抵上海之日起算。約在西本年七月初一日，在那波里海口附搭德公司船赴華，屆時應將起程時期由電報明柏林使館。抵上海後，前赴漢口川資，歸中國付給，另由柏林使館知照辦理。

第四欵

一、如彼此願意商展合同期限或一年或多年，均可續訂，然須在第一次一年滿時豫先知照。

第五欵

一、自到差之日起，中國允給法勒根漢職銜，與布國倭勃斯特同品。准給根次職銜，與布國邁育耳同品。倭勃斯特如中國副將，邁育耳如游擊。

第六欵

一、法勒根漢遇有稟報總督文函，應由第一欵所載管理之員代遞。若法勒根漢或遇別事相阻，亦准根次照辦。所呈稟件，制台允即批覆，不作緩辦。

第七欵

一、起程兩禮拜之前，各先付兩箇月薪水作為整裝，并給川資德銀二千五百馬。將來回德時，無論事故，亦在起程兩禮拜前各給川資二千五百馬。現在赴華川資，由駐德使館支付，以後回德川資，由湖廣總督發給。

第八欵

一、法勒根漢每月薪水德銀一千七百馬，根次每月薪水德銀一千二百五十馬，在每月初一日發給，并代備與本員體面相合之住房，連同傢具，照天津、南京前案辦理。此外一切費用不必另給。若因公派往他處，其路費、住房仍由官給。

第九欵

一、法勒根漢或根次合同未經期滿自行告退，應先期六箇月歸法勒根漢稟明制台辦理。

第十欵

一、合同未滿期内制台如欲辭退兩人差使，自可遵照，然每人須各津貼薪水一年。其所以辭退之故，應請制台給諭為據。

第十一欵

一、如法勒根漢或根次在合同期内患病，經德國駐中國領事署官醫驗明立有必須回國之據，制台允即照准，并另給三箇月薪水以示體恤。若所患之病恐至成廢，亦可暫留中國等候，照十二欵所載恤欵定斷。

第十二欵

一、如法勒根漢或根次在合同期内，經德國駐中國領事署官醫驗明確已成廢，立有證據，則本年應得薪數中國允照全給外，另再加給全年薪水為恤。如兩人中或有一人身故，應得恤銀即按以上所開之數由其家屬承領。該兩人是否成廢之處，照德國軍營章程定斷。

此項合同計立五分，一留使館，一由使館咨送湖北，法勒根漢及根次各執一分，另一分送交德國外部存案。

光緒二十二年五月初九日

一千八百九十六年六月十九日

咨南書房委員賫解刊刻承華事略補圖等書赴京投收光緒二十二年七月初三日

竊照本部堂於光緒二十一年十月二十六日在署兩江總督任内接准南書房公函，欽奉發下御筆題籤内府鈔本承華事略一本，又奏蒙欽定提要一篇，凡例一篇，圖説一分，原進表一道，并傳面奉諭旨，著即由南書房詳具公函，發交兩江總督張之洞付蘇州書局照説畫刻，并提要刻入，俟刻成時仍解交南書房。欽此。當即欽遵發下式樣次序，派委湖北試用知縣竇豐恭領原書，就近發交江甯書局，敬謹督工繪刊，以便本部堂隨時督察審定。因係特旨飭辦之件，詳慎將事，不敢稍從草率。本部堂旋於本年春初奉旨回湖廣本任，各畫士皆蘇滬之人，不願赴鄂，當令委員帶同畫士赴蘇州書局接續辦理，晝夜督催趕辦。兹各工一律告竣，恭校刷印，裝訂成册，計木刻二百部，又以石印精細另印二百部，以備一格，合共四百部，并御筆題籤、内府鈔本原書一併恭繳。其南書房發出提要、凡例、圖説、進表原件，暨此次刊刻版片，亦即隨同繳還備查，飭委原派督工委員湖北試用知縣竇豐賫送南書房恭呈御覽。除恭摺具奏外，所有奏稿相應一併咨送。為此，合咨南書房大人請煩查照施行。

札委竇豐賫解刊刻承華事略補圖等書赴京投收光緒二十二年七月初四日

照得本部堂前在署兩江總督任内，接准南書房公函，欽奉諭旨，畫刻欽定承華事略補圖一書，當即欽遵發下式樣次序，派委湖北試用知縣竇豐在蘇州督工繪刊，并因前在江南所發經費不敷，復飭善後局撥發畫刻工費在案。現在書已告成，應即飭委該員賫送南書房恭呈御覽，合行札委。為此，札仰該員即便遵照，迅將奉發原書各件，并前書木刻二百部、石印二百部及木刻版片，連同發交咨文一角，小心賫送至京，前赴南書房呈投，毋稍疏虞。所有該員應支川資銀兩，迅赴北善後局具領。仍將起程日期稟報查核。

札方友升等將回鄂升字三營挑留兩底營餘遣散光緒二十二年七月初九日

光緒二十二年七月初七日准北洋大臣、直隸督部堂王[一]咨開：照得此次遣撤湘軍康强福壽等營，方鎮幫同左道辦理一切，甚爲得力。現在海防安謐，所存升字三營應即遣撤回鄂，需用火車、輪船裝載，應飭鐵路總局、招商津局查照前次辦理，妥爲豫備。所有鄂中原來軍械，仍應一律帶回，月餉截至六月二十九日止按數發給，并由本大臣籌備恩餉兩箇月，交該分統隨身携帶。到鄂後聽候湖廣督部堂、湖北撫部院鈞諭。如須留防本省，即作爲七、八兩箇月月餉。如即遣撤歸農，應由原船送至岳州登岸，即將兩月恩餉按名發給，勿任哨弁什長等稍有尅扣。此項正餉、恩餉，仍由該分統核明，逕向海防支應局具領。除飭方鎮遵照並分行外，相應咨請查照等因，到本部堂。准此。查副將方友升所統升字三營，現經北洋大臣遣撤回鄂，本應全數裁撤。本部堂因念該營出征邊關經年，防戍殊形勞苦，且聞該營在山海關操練尚勤，概行裁撤，亦覺可惜。惟湖北餉項支絀，實難添留多營。茲於無可設法之中，格外體卹，飭令該將於原帶三營中挑選技藝嫻熟、年輕力壯之勇丁五百名作爲兩底營，不得以老弱疲滑之勇充數，遴派得力營哨官弁管帶，留鄂聽候本部堂調派，擇地駐紮，操練巡防，以後按照楚軍餉章。至挑留之五百人原領槍件，照數開單呈驗。其餘營勇，業經飭派署本標中軍副將僉總兵厚安、統帶升字營周提督得升、署簰州營參將章參將文彬，乘坐輪船先行前往田家鎮閘曠地方等候，會同方副將友升暨黄中書忠浩、長江水師田鎮協陶副將樹恩，督同各該營哨，將原領軍裝、器械照數繳收清楚，槍械不准一枝短少，仍派輪裝送至岳州，發給兩月恩餉，登岸妥爲遣撤。務令各自安静回籍，不准一名逗遛。除分行外，合亟札飭。札到，該將即便遵照上項札行事宜，會同僉署將、周提督、章參將妥速辦理具報。

札委朱滋澤查辦陳龍争開李士墩煤窿附單

光緒二十二年七月十八日

案照前據奏派督辦湖北鐵廠津海關道盛道稟：大冶縣李士墩煤窿現經另招新商包辦，墊資雇工抽水，乃有署興國營保安汛外委陳龍出而霸阻，出示争開窿口，并串通譚國鈞將新商包辦煤窿横佔等情。當經札飭興國營參將速飭該外委嚴行禁止，勿得妄爲干咎，并即據實稟覆。并飭大冶縣開導愚民，嚴禁痞徒勿得藉端阻擾滋事，致干拏辦，一面差傳譚國鈞到案訊究暨分行在案。茲查該外委陳龍，係前開辦保安煤務張令延鴻稟准鐵政局委令就地彈壓，當即飭令鐵政局查清成案，稟覆核奪。茲據該局查覆前來。查張令延鴻開辦保安煤務，自光緒十九年十月起截至二十年五月止，先後稟由鐵政局領過煤價銀七千二百九十餘兩，陸續運到煙煤焦炭，算合價值，并用過經費及地價、窿户欠欵，兩相抵算，約計支用之數適與領欵相符，無甚參差。惟窿户欠欵銀一百六十餘兩，未據該令聲叙係何窿名及欠户姓名，勒限於何時繳還，其

[一] 指王文韶。

地價銀二百九十九兩零所買地段，應有契據可查，此外別無轇轕。乃現據該外委陳龍赴本標中軍具稟，領用官欵及在汛通挪自行變産，計共七八千串，爲欵甚鉅，實堪詫異。不知該外委所稱官欵係由何處請領挪墊，變産之欵更屬難以憑信。去年該外委迭次赴鐵政局具稟，擬集股試挖保安汛、横山堡等處煤窿，均經該局以民間集股開煤，未便由該外委具稟，礙難照准批駁在案。該外委係奉委彈壓保安煤務，保安早經停止開采，無所用其彈壓，當日開辦之時，所有領欵若干、支用若干，均據張令延鴻造册報銷有案，與該外委不相干涉。即據該外委摺開價買十處窿口，已經停止八處，僅廣興、五福兩窿現在出煤，何能向鐵廠采煤商董索賠價值至八千餘串之多。應即飭委湖北候補知府朱守滋澤迅速前往該處，督同大冶縣確切查明，一面勒令外委陳龍先行停止開采，按照摺開價買窿口。其中如實係該外委自行價買，有契據可憑，即將何窿係自某處起至某處止，縱横佔地若干丈尺，原買山價若干。如鐵廠願將該外委窿口收回開采，應照原價給還收買，歸鐵廠管業，以昭公允。如陳龍摺開各窿内中實係民産，該外委並未價買，亦即商明鐵廠商董妥酌辦理。總宜一律收買，以免再起争端。并開導地方愚民，須知鐵廠采煤煉鐵，係欽奉諭旨招商承辦，奏准飭委盛道督辦廠務，招集商股，官督商辦，關繫最爲重大。切勿妄聽痞徒唆弄，藉端阻撓滋事，致干拏辦。除飭鐵政局查明張令延鴻購窿契據。移交鐵廠管業。如該廠租與民間開采，應令將窿户欠欵一百六十餘兩歸還鐵政局以清官欵外，合亟札委。札到，該守即便遵照，迅速束裝前往，按照札行事理，督同大冶縣查明妥籌辦理具報，勿稍率忽。切切。

外委陳龍購買各山煤窿及用過錢文數目清摺

計開

一、價買金山堡、馮家巷、廣豐煤窿官地，共錢四百三十八串，係鐵政局給價。此窿出煤數千噸解省，現已停辦。

一、價買王山坳尹姓煤窿、開廣金窿，地價錢一百二十二串，係張委員給價。此窿共用錢九百八十五串，係外委經手，虧官局錢一百餘串，現已停辦。

一、價買橋店堡陳姓煤窿、開日興窿，地價錢一百八十五串，係外委自行籌欵發給，未經出炭，共用錢八百餘串，停止。

一、價買金山堡石姓煤山、開恒豐窿，地價錢九十四串，係外委自行籌欵發給，與民開挖，未經出炭，共用錢九百餘串，停止。

一、價買黄土堡馮姓煤山，地價錢一百七十串，係外委先給錢五十串，未開辦。

一、價買金山堡朱樹下煤山，地價錢二百六十串，係外委籌欵給發。此窿係天慶窿，又用去錢五百餘串，未曾見煤，停止。

一、價買金山堡苗兒山對金窿，地價錢二十六串，係外委給發，共用錢三百六十餘串，未經出煤，現已停辦，内虧官項四十串。

一、價租司徒堡陳姓大王山，開保豐窿，租價錢二十八串，係外委發給，上年開辦，被朱慶年等朋搶，共用錢一千餘串，此案未結。

一、價買尚和堡華姓伏虎山廣興窿，地價錢八十串，外租民地每年五十串，前經開挖，共用錢一千三百餘串，外官項錢三百餘串，係外委經手領借，茲又開挖，於六月中旬得見塊煤，業經呈繳鐵政局煉鐵廠查收在案。

一、價買黄石堡洗脚港五福煤窿，地價錢一百八十串，又用去錢一千餘串，現出鐵煤呈局，亦在案。

飭裁武勝右等營旗改作底營騰餉添設三臺專勇光緒二十二年七月十九日

照得近日講求武備之道，以嚴立新章、加功操練爲切實有用，以整飭礮臺爲江防扼要辦法。田家鎮之馮家山、半壁山、吴王廟三處各礮臺規模未備。亟應專設礮臺官弁礮勇，另立礮臺章程，選募熟習礮法教習，認真操練，以專責成而備緩急。黄中書忠浩管帶之鎮南左旗及礮隊，現擬調至省城，合爲五百名一整營，另立營名，更定新章，加功操練，亦應酌加薪餉。著督標中軍僉總兵厚安管帶之武勝左旗形勢單薄，亦須改作兩底營，添募足額，另立操練章程，認真操練。方鎮友升升字三營新自山海關回。該軍遠戍年餘，異常勞苦，且在防操練甚勤，於戰事敵情見聞較廣，如全行裁撤，殊覺可惜。應即挑留精壯勇丁五百人分作兩底營，駐紮省城，時加操練，以示體恤而收實效。惟該營與周得升升字營營名重出，亦須另立營名。除均另案札知外，查現在整頓辦法需餉較多，鄂省庫儲現值拮据之時，必須設法騰挪，方敷支應。查有提督王春發所帶分駐大冶、江夏、黄州之武勝右營，參將朱積之所帶駐漢口之升字左營，游擊劉水金所帶駐沙市之鎮南後營，均額勇五百名，應各裁去二百五十名。游擊金明亮所帶駐漢口之漢防營除撥漢鎮緝捕勇一百名，餘勇四百名應裁去一百五十名。漢鎮緝捕勇一百名，應將餉項歸入另款開支，其餉額騰出作爲添補防營之用。總兵江得意所帶駐省城之武剛左旗，提督李考祥所帶駐襄陽之鎮南中旗，均額勇三百六十名，應各裁去一百一十名，一律改作底營。各底營應領月餉，按名仍照舊章支給。張提督慶雲所帶駐省城之武勝中旗應行全行裁撤騰出餉項，即爲添設田家鎮礮臺專勇及僉總兵厚安武勝左旗添足兩底營暨方鎮友升挑留兩底營薪餉之用。約計所裁各營、旗勇數一千五百八十名，餉數略有不敷，另行設法籌措添足。至鎮南左旗改爲全營，擬加操練餉項究應酌加若干，亦須另行籌辦。各營旗所裁勇丁，應責令該管帶督率哨弁查明原領給軍裝、號衣、旗幟、器械、槍礮，飭令一律繳儲善後局，應領月餉發至上船之日爲止，照章另給予一箇月恩餉，以示體恤。由局雇船裝運，由各該管帶派委員弁押送回籍遣散。除分行外，合行札飭。札到，該營官即便遵照，督率哨弁將各裁勇原領軍裝、旗幟、號衣、器械、槍礮概行繳局，槍礮尤不准短少一件。發給各勇一箇月恩餉，務令發足，不得稍有剋減，致滋藉口。一面派委員弁俟局雇船到日，即令押送各勇回到原籍地方分别遣散，沿途不准逃逸逗遛，致生事端。仍將裁撤及到籍遣散日期具報。切切。

札委鄧正峰充田家鎮總臺官光緒二十二年七月十九日

照得田家鎮北岸馮家山、南岸半壁山、中路吴王廟仿照西式修築明暗礮臺，安設前後膛各礮，應設總臺官一員、專臺官三員，并分設礮弁、礮勇、槍勇、水雷勇等項。除將章程另札行知外，查有記名提督鄧正峰，紀律嚴明，熟諳礮法，堪以委充田家鎮總臺官，作爲三臺統鎮，居中調遣，以資節制。至三臺應設專臺官三員，即飭該提督迅即遴選熟諳礮法之員稟請札委，分駐各臺，以資督率操練，并將礮弁、礮教習、礮勇、槍勇、雷勇照札選募，聽候點驗成軍。除分行外，合亟札委。札到，該提督即便遵照充統領田家鎮礮臺各營總臺官。一切應辦事宜，按照另札章程妥籌，稟明辦理，以副委任。切切。

札調鎮南左旗及礮勇來省改爲武靖營光緒二十二年七月十九日

照得黄中書忠浩管帶之鎮南左旗勇丁三百六十名及礮隊勇丁一百八十名，駐扎田家鎮礮臺。查該中書志趣遠大，訓練認真，該營尤多樸實健壯之士，深堪期許。惟築臺練礮係屬專門，現須另募臺勇專習礮務。該營素習陸操，留彼亦不相宜，不如調省另立新章，加增餉項，將勇丁精加挑選，一律强壯，立爲五百人一整營，分作五哨，改名爲武靖營，即委黄中書督帶，擇地駐紮。嚴定課程，督飭勤加操練，講求新式槍礮理法準頭及西法陣式、營壘、畫圖、工程等事，務期一律嫻熟，以成勁旅。該中書辦事認真，自能破除防營積習，嚴申紀律，剔除疲滑，勤奮操練，尚不至怠惰曠廢，短缺勇額。其薪糧應俟操練見有成效後，准照別項防營酌量增加，以示鼓勵。應飭北善後局、營務處會同酌核議覆，飭遵發餉，以除積習。除分行外，合亟札飭。札到，該中書即便遵照上項札行事理，迅速拔隊來省，妥籌稟明辦理。總期實有成效可觀，以副委任。切切。

札田家鎮三臺設總、專臺官及礮弁勇丁光緒二十二年七月十九日

照得田家鎮爲湖北下游門户，前經本部堂、院會同親往履勘，相度南北岸形勢，督飭仿照西式，於北岸馮家山、南岸半壁山、中路吴王廟三路擬修築明暗礮臺，安設前後膛西製、局製各礮，派員督勇操練。惟修築尚未完竣，大礮尚未到齊，各臺未設專官，礮勇未有專司。若不明定章程，則各臺終未能經畫久遠，緩急可恃。查馮家山、半壁山、吴王廟三路分作三臺，應設總臺官一員，作爲統領居中調遣，以資節制。應設專臺官三員分駐三路各礮臺，以督率操練。三臺分設大礮十尊，每尊應設礮弁一員，頭等礮勇四名，二等礮勇八名，共計礮弁十員，礮勇一百二十名。中礮十尊，每尊應設二等礮勇二名，三等礮勇四名，共計礮勇六十名。護臺次礮三十尊，每尊應設三等礮勇二名，共計礮勇六十名。以上中礮十尊及護臺次礮三十尊，共應設礮弁六名，就近各管數尊，以專責成。蓋有大礮、中礮以擊遠，又有護臺次礮以擊近，庶水陸遠近均可兼防。惟礮勇各有專責，非另設槍勇，不足以資防護。三臺又應各設護臺槍勇一百二十名，共三百六十名，内計什長三十六名，槍勇二百七十名，瞭望、巡哨槍勇五十四名。此項護臺槍勇，三臺應各設哨官一員，以資約束。三臺均應各設礮教習一員，以資訓練。并應各設機器匠一名，以資修理槍礮。再，水雷與礮臺相輔而行，大磯頭地方水勢較平較淺，約在五六丈内外，可安水雷。至該處沙綫起伏，水勢淺深，何處爲敵船所經必須安

設水雷之所，水雷如何點放靈捷，可以制敵船之命，亦應另設操練水雷、測量水勢專勇四十名，內計什長四名，水雷勇三十六名，以期訓練純熟。總計三臺應設礮勇、槍勇及瞭望巡哨勇、水雷測量勇共六百四十名，共應設長夫六十四名。此項礮弁礮勇，取其操練純熟，測望準確，斷不准無故更換。即使統領、管帶各將弁遇有更動，亦不得擅行更換礮弁礮勇，著爲定章。除開單札發營務處會同善後局將各員勇薪餉議覆飭遵外，合行札飭。札到，該總、專臺官即便遵照，精選專臺官三員稟請札委，一面認真選募礮槍各勇，督令專臺官會同教習，逐日督率礮弁、礮勇一體隨同練習，務須精加測量標準，體驗礮性藥力，并親自下手演放，以資督率。槍勇逐日練習手法、身法、步法，務期打靶命中，其槍礮拆卸、配合、擦抹之法，均須講求明習。槍礮藥彈尤須檢點完善足用，水雷勇務須講求安設靈捷命中之法，沙綫水勢須令隨時考究，繪其圖說，呈專臺官、總臺官考驗。此等弁勇不准令當雜差，其操練純熟者不准無故更換，務期司礮者習礮性，司槍者習槍性，司瞭望巡哨者習山川之險要、礮臺前後之路徑，司水雷測量者習水雷之功用、沙水之淺深，一旦有事，演放測準，均易程功。該總、專臺官務須精加選募，不得以尋常不諳槍礮之勇濫竽充數，隨時認真督率教練，無負委任。懍切懍切。此札。

札劍厚安統帶武防中、左兩營，蔣聲耀管帶武防左營 光緒二十二年七月十九日

照得署督標中軍副將記名總兵劍厚安所帶武勝左旗駐紮省城，操練巡防，最關緊要。該旗三百六十人，形勢單薄。應將該旗改爲兩底營，每底營二百五十人，另立營名，爲武防中、左兩營。此兩營均委該署將統帶，并兼帶中營。其左營委候補游擊蔣聲耀管帶。所有兩底營勇丁，務須挑選年輕力壯之人，添足額數，不得以老弱疲滑之人收録入伍。需用哨官，遴派樸誠勇敢員弁稟請批飭委充。一俟編列成營，即稟請委員點驗，起支薪糧。除分行外，合亟札飭。札到，該署將即便率同蔣游擊遵照，將兩底營重加挑選，招募足額，嚴申紀律，另立新章，勤加操練，講求新式槍礮理法準頭及西法陣式，營壘、繪圖、工程等事，務須一律嫻熟，以成勁旅。不准一名短缺，尤不得怠惰曠廢。發餉按照新章，改用銀元，折合銀數，由委員會同該營點名發餉，以除積習。仍將成營日期具報。勿負委任，切切。

札黃中書忠浩更換後哨哨長暨請假回籍募勇 光緒二十二年七月二十一日

據該中書稟更換後哨哨長暨請假回籍等情，到本部堂。據此。除批：據稟更換後哨哨長暨請假回籍，就便選募勇丁各情均悉。查該中書原稟所稱，哨長得人則全哨皆振，勇宜自募素同里閈之人，語言既習，情意易通等語，皆切要之言，具見該中書整飭營伍，實事求是。該營後哨哨長郝鴻翥沾染嗜好，難期振作，應如稟屏斥出營。其所遺哨長，并准即委千總何學斌接充。至所稱本籍黔陽縣盜賊蠭起，請給假三箇月回籍籌辦團練一節，應准給假兩箇月，一俟假滿，即速選募樸壯勇丁數十名帶同來鄂，將該營勇丁中疲弱油滑及有嗜好者挑換補足，以期得力。至該營事務，即飭該中書遴委該營哨官之能孚衆望足資管束者暫行代管，并將

銜名報查，仰營務處轉移遵照。仍將起程回籍日期報查爲要。仍候撫部院批示。繳。等因。印發外，合亟札飭。札到，該中書即便遵照批飭事理辦理。

咨北撫院總署咨總税務司申派聶務滿署沙市税務司附單 光緒二十二年七月二十一日

光緒二十二年七月十九日准總理衙門咨開：光緒二十二年七月初二日，據總税務司申稱，擬派前署瓊海關税務司頭等幫辦聶務滿署沙市税務司等因。相應照録原呈，咨行貴督查照可也。粘抄等因，到本部堂。

照録總税務司來申呈

為申呈事。竊按馬關條約，蘇州、杭州開為通商口岸，曾派孟國美、李士理二員為該兩關之署税務司，業於本年五月初八日申呈在案。此外約開重慶、沙市兩處，其重慶久有税務司，而日約既載明准輪船來往，并照他處通商海口一體辦理之語，是以此後重慶税務司之責成，與歷來略有差别。已由總税務司札飭該税務司，以應照蘇杭等處所擬之章辦理，凡各國人住寓之處，不得分給專管之租界，祇應定有總租界。其日本人所住之處，亦應作為總租界内之一段，所有界内事宜，亦應由地方官督同各國領事官與該處洋商值事商辦，其道路、碼頭、巡捕等項，應由中國建設經管。總之，如有與中國自主之權衡有不合之處，不得輕為允讓云云。如此札行，以期辦理劃一，而免日後另生枝節。至沙市一處，原派鎮江關頭等幫辦柏甯敦赴宜昌，聽候札飭前往。該員在宜染患重病，嗣又遴派江海關副税務司哈富參前往。該員自恐不勝其任，呈請告辭。現值中日通商條約業經畫押，沙市開辦在即。兹查有前署瓊海關税務司、四品銜雙龍三等第三寶星頭等幫辦聶務滿，德國人，堪以派往作為署税務司。伏思宜昌、沙市雖歸一道管轄，而相距數百里之遥，故莫若各處俱有税務司，以免稽延而專責成。惟宜昌、沙市、漢口三口相連，均在長江一帶，貿易情事相同。現特飭諭聶署税務司務與宜、漢兩處税務司互相聯絡為要。除札飭遵照前往并分别申照外，理合備文，申請貴衙門鑒查可也。須至申呈者。

札北善後局在於新籌項下捐助上海約翰書院西士譯書經費光緒二十二年七月二十三日

照得洋務一端爲今日要政，交涉之事，動關國計民生，因應稍昧機宜，即妨大局。方今四裔環伺，時事日艱，自非博通時務，熟悉洋情，無以祛積習而善操縱。此本部堂設立譯書局之本意也。惟是譯人難得，經費浩繁，以前編纂洋務各書，稿本甫經創定，搜羅尚未大備。亟須合中外之心思才力，旁蒐博采，廣爲提唱，以期譯本日多，流傳日遠，使天下才傑聰明之士，咸知各國之形勢性情、虚實强弱，以裕因應之方，而籌自强之策。本部堂上年資助上海廣學會銀一千元，譯輯泰西新史攬要一書，凡泰西近百年中之新政，提綱挈領，犁然備載，海内争相購閲。兹有上海約翰書院掌教西士李氏，擬譯輯列國史鑑一書，專論各國治亂興衰之本源與夫政教民俗轉移之關鍵，以英國史學家包氏原書爲底本，兼輯名人著述，附印地理、人物各圖，延請中國通儒秉筆譯成漢文，呈請資助前來。應即由北善後局在於新籌項下捐助銀一千元，移交自强學堂譯書處轉送該書院西掌教查收，以期早日觀成。合行札飭。札到，該局即便遵照辦理。毋違。

札南臬司飭令候補知府周幹來鄂面質光緒二十二年七月二十四日

據湖北按察使惲祖翼詳稱：案奉札開案照已革湖南候補知縣張銘京控案内之已革提督唐本有，前經永州府朱守查覆業經病故，取有東安縣沈令及户鄰甘結。嗣據張銘疊次禀稱，唐本有係屬詐死，并以朱守奉文查覆不調鄰封、不委別員，以沈令所報之件，仍派沈令查報，沈令又僅委典史葉桂秋勘報，朱守含糊轉覆，不肯加結，即此爲唐本有詐死之憑，實無疑義。請委員往縣重勘確查唐本有有無捏報詐死，取具朱守、沈令切實印結，以昭公信等情。當經本部堂行令南臬司委員迅往東安縣復勘確查唐本有有無捏報詐死，出具切結，並取具朱守、沈令切實印結，賫呈核辦去後。兹據湖南臬司俞廉三詳，札委候補知府周幹前往查勘，取結核辦。隨據該委員周幹禀稱，前往東安縣會同該縣查勘明確，唐本有前報病故，并無捏報詐死情弊，取具户鄰甘結，東安縣知縣吴鼎榮、署永州府知府朱其懿加具印結，粘連鈐印，由委員周守幹加結，呈請轉詳前來。查此案本部堂已經飭發該司審辦，所有賫到府縣及委員印甘各結，亟應札發核明辦理。合行札發。札到，該司即便遵照，將發來各結查收，核明辦理，毋違。此札。計發府縣印甘各結一套，委員加結一紙等因。奉此。正核辦間，兹於光緒二十二年七月十二日據武昌府知府李方豫禀，據已革湖南候補知縣張銘禀稱，前聞唐本有詐死一節，業經南臬司委周守往勘，勒令扶同報故等情，由府轉禀前來。本司查唐本有病故，已奉憲台札飭南臬司委派候補知府周幹前往東安縣復查明確，并無捏報詐死情弊，取結加結轉詳在案。該革員張銘仍以唐本有詐死，周幹往勘勒令扶同報故等情具禀，似非札調周幹來鄂與之面質，恐難折服其心。除將奉發各結存候核辦外，相應具文詳請查核，札調湖南候補知府周幹來鄂，俾與該革員張銘面質，以昭覈實而免狡延等情，到本部堂。據此。除批示外，合就札行。爲此，札仰該司即便遵照，迅即飭令周守幹刻速來鄂，以便查詢一切，俾可折服。仍將起程日期具文報查。毋違。

札方友升將挑留兩底營改名爲武功中、左兩營光緒二十二年七月二十五日

照得方鎮友升原帶升字三營。現據該鎮禀報，業經挑留技精壯勇五百名來省駐紮。前因該營與提督周得升升字營營名重出，須另立營名，已于裁改武防各底營案内聲叙，候即另案札知在案。應將此兩底營另改營名爲武功中、左兩營，均委該鎮統帶并兼帶中營，其左營即委記名提督李清貴管帶。惟該提督現已請假回籍修墓，應俟假滿來營時，再由該鎮禀請，照章由本部堂札委。其未來營以前，准由該鎮派委中營右哨哨官參將方中和暫行代理。該鎮俟布置紮定，即當申明紀律，嚴定課程，督飭營哨官弁勤加操練，講求新式槍礮理法準頭，務期一律嫻熟，以成勁旅。勇額不得一名短缺，薪糧改照鄂省防營章程，并按照新章改用銀元折合銀數，由委員會同該營點名散放，以除積習。除飭北善後局分

別刊刻木質關防呈賚飭發開用外，合亟札飭。札到，該鎮即便遵照上項札行事理，督飭妥籌辦理。總期操練、巡防皆有成效可觀，勿得怠惰曠廢，以副委任。切切。

札善後局籌發時務報價附單〔一〕 光緒二十二年七月二十五日

照得新報一項，有裨時政，有裨學術，爲留心經世者必不可少之編。百餘年來，泰西各國推廣不遺餘力，如英之泰晤士報，法之勒當報，德之科隆尼司報，其尤著者也，每日所出各數十萬張。其他各地有各地之報，各業有各業之報，各學有各學之報。英國報館幾二千所，可謂盛矣。二十年來，中國亦漸通行，但其始皆出自洋商牟利，故於事之是非虛實，不免失真，且所録多齊語鄙説，無關宏遠，宜爲士大夫所不屑道。比來内外臣工，頗有奏請設立報館者。本月准總理衙門咨行議准刑部侍郎李〔二〕條陳摺内，亦有選譯西報一條，奉旨允准。可見報館有益大局，實非淺鮮。查上海新設時務報館，每一旬出報一本。本部堂披閲之下，具見該報識見正大，議論切要，足以增廣見聞，激發志氣。凡所採録，皆係有關宏綱，無取瑣聞。所採外洋各報，皆係就本文譯出，不比坊間各報訛傳臆造。且係中國紳宦主持，不假外人，實爲中國創始第一種有益之報。湖北地據上游，交涉日繁，他日又爲築造鐵路所自始。凡在官員士庶，於時務一門固不乏留心探討之人。第恐聞見稍隘，欲擴末由，則時務報裨益實多。現已飭知時務報館，所有湖北全省文武大小各衙門，文職至各州縣、各學止，武職至實缺都司止，每衙門俱行按期寄送一本，各局、各書院、各學堂分别多寡分送，共計二百八十八分，每分每月三本，每分每年報價，照該報館章程，先期兑付之價，計銀元四元，總計每年報價一千一百五十二元。本年以半年計算，應付銀元五百七十六元。自應即日付給，飭令速寄。以後按年於正月初豫付，統由善後局在於閒款項下彙總支發，即交漢口電報局轉寄上海該報館查收，取具收據存查，無庸向各衙門及各局書院學堂收取報費，以期簡速。應自該報館開館第一次所出之報第一册起，概行印送足數。至如何寄送報本，由該報館自行設法，毋庸官爲經理。合行札飭。札到，該局即便遵照辦理具報。毋違。

計開

督院　一本

撫院　一本

湖北學院　一本

荊州將軍　一本

左、右翼都統　各一本

湖北提督　一本

鄖陽鎮　一本

宜昌鎮

漢陽鎮

北藩司

北臬司

糧道

〔一〕以下十三件録自抄本《督楚公牘》。

〔二〕指李端棻。

鹽道
漢黄德道
荆宜施道
安襄鄖荆道　以上衙門各一本
十府一直隸州　共十一本
十九同知通判　共十九本
六十八州縣　共六十八本
府州縣學　共七十九本
五協　五本
七參將　七本
十七遊擊　十七本
十一都司　十一本
善後局
牙釐局
銀元局
鐵政局
槍礮局
織布局
紡紗局
繅絲局
蠶桑局
保甲局
發審局
漢口緝捕局　以上十二局各局一本
兩湖書院　二十四齋每齋一本共二十四本
經心書院　内課四十名每十名一本共四本
江漢書院　二本
勺庭書院　二本
晴川書院　一本
高觀書院　一本
自强學堂　英法俄德四堂每堂一本共四本
武備學堂　每三十名一本共四本
以上共計二百八十八本
共價一千一百五十二元

咨北撫院總署咨議覆李端棻奏請推廣學校以勵人才摺附單　光緒二十二年七月二十六日

光緒二十二年七月二十二日准總理各國事務衙門咨開，本衙門議覆刑部左侍郎李端棻奏請推廣學校以勵人才一摺，於光緒二十二年七月初三日具奏。本日奉硃批：依議。欽此。相應恭録諭旨并抄録本衙門暨侍郎原奏，并咨行貴督欽遵辦理可也。計刷原奏二件等因到本部堂。准此。除行北布政司轉行通省一體遵照，切實辦理并行各道、府、州縣外，相應咨會。爲此，合咨貴部院請煩查照施行。

照録總理衙門原奏

奏為遵旨議奏事。光緒二十二年五月初二日，軍機處抄交刑部左侍郎李端棻奏請推廣學校以勵人才一摺。本日奉上諭：著該衙門議奏。欽此。臣等查該侍郎原奏所陳各節，大抵以時事多艱，人才凋乏，朝廷之旁求雖切，薦剡之奇杰罕聞。固推原於立學之方，育才之術，蕲以樹風聲而開趨向，淺學擴其聞見，通才益便精研。其在於今，誠為切要。綜觀環球各國，三十年來，莫不以興教勸學為安内攘外之基。崇學者積治以富强，虚偽者積衰以貧弱。事如操券，成效炳然。則今日廣勵學官，誠屬自强本計。惟是施行宜為之次第，條理必致極精詳。近日風氣大開，士崇新學，詞林郎署，願就同文館肄業者頗不乏人。外間各省書院，亦多有斟酌時宜，於肄業經古以外增加算學、制造諸課者。臣衙門於去年十二月議覆御史陳其璋推廣學堂奏内，請旨飭下沿江沿海將軍督撫，於已設學堂者量為展拓，未設學堂者擇要仿行。聽令官紳集貲，奏明辦理，亦即該侍郎所謂推廣學校以勵人才而資御侮之意，業經奉旨通行各省遵辦在案。如内地各府縣紳耆聞風向慕，自可由督、撫酌擬辦法，或就原有書院量加程課，或另建書院肄習專門，果使業有可觀，三年後由督撫奏明該衙門再行議定章程，請旨考試録用，以昭激勸。其藏書樓、儀器院、譯書館三節，均可於新立學堂中兼舉併行。西人報刊有專談時務者，有專談藝學者。時務之報譯者尚多，藝學之報譯者寥寥，而為用甚廣。亦不妨令學堂中選擇譯之，以收知新之助。凡此皆朝廷所樂為鼓舞，惟在地方官之勸導有方。而興學校以嘉惠士林，要仍視人士之樂於向學。若地方官自安僻固，無意講求，雖加提唱，固亦無益也。該侍郎所請選派游歷一節，與臣衙門奏派同文館學士出洋學習所議章程大意略同。遊歷誠多多益善，而過多亦慮經費之難支。應請嗣後游歷諸學生由學堂選派者，即由學堂籌給資斧。由商局選派者，即由商局籌給資斧。出洋時，仍由督撫給與文憑。到洋後，仍由出使大臣一體照料。推廣之中仍存限制，庶幾事無窒礙，可以經久常行。以上各節，均係就臣衙門奏定成案量與擴充。如蒙諭允，恭候命下，即由臣衙門通行各省，責令實力奉行，以期得收實效。至該侍郎所請於京師建設大學堂，係為擴充官書局起見，應請旨飭下管理書局大臣察度情形，妥籌辦理。所有臣衙門遵議緣由，理合恭摺具陳，伏乞皇上聖鑒，訓示遵行。謹奏。

照録刑部左侍郎李原奏

奏為時事多艱，需才孔亟，請推廣學校以勵人才而資御侮，恭摺仰祈聖鑒事。竊臣聞國於天地，必有與立言人才之多寡，繫國勢之强弱也。去歲軍事既定，皇上順窮變通久之義，將新庶政，以圖自强，恐辦理無人，百廢莫舉，特降明詔求通達中外能周時用之士，所在咸令表薦，以備擢用。綸綍一下，海内想望，以為豪傑雲集，富强立致。然數月以來，應者寥寥。即有一二，或僅束身自好之輩，罕有濟難瑰偉之才，於側席盛懷，未能盡副。夫以中國民衆數萬萬，其為士者十數萬，而人才乏絶至於如是，非天之不生才也，教之之道未盡也。夫二十年來，都中設同文館，各省立實學館、廣方言館、水師武備學堂、自强學堂，皆合中外學術相與講習，所在而有。而臣固謂教之之道未盡，何也。諸館該徒習西語、西文，而於治國之道，富强之原，一切要書多未肄及，其未盡一也。格致制造諸學，非終身執業、聚衆講求，不能致精。今除湖北學堂外，其餘諸館，學業不分齋院，生徒不重專門，其未盡二也。諸學或非試驗、測繪不能精，或非游歷、察勘不能確。今之諸館，未備圖器，未遣游歷，則日求之於故紙堆中，終成空談，無自致用，其未盡三也。利禄之路不出斯途，俊慧子弟率從事帖括，以取富貴。及得科第，遂與學絶，終為棄材。今諸館所教，率自成童以下，苟逾弱冠，及已通籍，雖或向學，欲從末由，其未盡四也。鉅廈非一木所能支，橫流非獨柱所能砥。天下之大，事變之亟，必求多士，始濟艱難。今十八行省只有數館，每館生徒只有數十。士之欲學者，或以地僻而不能達，或以額外而不能容。即使在館學徒，一人有一人之用，尚於治天下之才萬不足一，況於功課不精，成就無幾，其未盡五也。此諸館所以設立二十餘年，而國家不一收奇才異能之用者，惟此之故。曰：然則岩穴之間，好學之士豈無能績學以待驅策者。曰：格致、制造、農、商、兵、鑛諸學，非若考據、詞章、帖括之可以閉户獺祭而得也。書必待繙譯而後得讀。一人之學能繙群籍乎。業必待測驗而後致精。一人之力能購群器乎。學必待遊歷而後證實，一人之身能履群地乎。此所以雖有一二倜儻有志之士，或學焉而不能成，或成矣而不能大也。乃者欽奉明詔，設官書局於都畿，領以大臣，以重其事。伏讀之下，仰見聖神措慮，洞見本源。臣於局中一切章程雖未具悉，然知必有良法美意以宣達聖意，闡揚風化者。他日奇才異能，由斯而出，不可勝數也。惟育才之法非限于一途，作人之風當遍于率土。臣請推廣此意，自京師以及各省府州縣，皆設學堂。府州縣學選民間俊秀子弟年十二至二十者入學。其諸生以上欲習者聽之。學中課程，誦四書、通鑒、小學等書，而輔之以各國語言、文學及算學、天文、地理之粗淺者，萬國古史、近事之簡明者，格致理之平易者，以三年為期。省學選諸生年二十五以下者入學，其舉人以上欲學者聽之。學中課程，誦經史子及國朝掌故諸書，而輔之以天文、輿地、算學、格致、制造、農、商、兵、鑛、時事、交涉等學，以三年為期。京師大學選舉貢監年三十以下者入學，其京官願學者聽之。學中課程一如省學，惟益加專精，各執一門，不遷其業，以三年為期。其省學、大學所課門目繁多，可仿宋胡瑗經義治事之例，分齋講習，等其榮途，一歸科第，予以出身，一如常官。如此則人爭濯磨，士知向往，風氣自開，技能自成，才自不可勝用矣。或疑以此與作所費必多。今國家正值患貧，何處籌此鉅欵。臣查各省及府州縣率有書院，歲調生徒入院肄業，聘師講授，意美法良。惟奉行既久，積習日深，多課帖括，難育異才。今可令每省、每縣各院，其一院增廣功課，變通章程，以為學堂。書院舊有公欵其有不足，始撥官欵補之。因舊增廣，則事順而易行。就近分籌，則需少而易集。惟京師為首善之區，不宜因陋就簡，示天下以樸。似當酌動帑藏，以崇體制。每歲得十餘萬，規模已可大成。中國之大，豈以此十餘萬為貧富哉。或又疑所立學堂既多，所需教習亦衆，竊恐乏人堪任此職。臣以為事屬創始，學者當起於淺近，教者亦無取精深。今宜令中外大吏各舉才任教習之士，悉以名聞，或就地聘延，或考試選補。海内之大，必有可以充其任者。學堂既立，遠之得三代庠序之意，近之采西人廠院之長，興賢教能之道，思過半矣。然課其記誦而不廓其見聞，非所以造異才也。就學者有日進之功，其不能就學者無講習之助，非所以廣風氣也。今推而廣之，厥有與學校之益相須而成者，蓋數端焉：

一曰設藏書樓。好學之士，半屬寒畯，購書既苦無力，借書又難其人。坐此固陋寡聞無所成就者，不知凡幾。高宗純皇帝知其然也，特於江南設文宗、文匯、文瀾三閣，備庋秘籍，恣人借觀。嘉慶間，大學士阮元推廣此意，在焦山靈隱起立書藏，津逮後學。自此以往，江浙文風甲於天下，作人之盛成效可睹也。泰西諸國頗得此道，都會之地，皆有藏書，其尤富者至千萬卷，許人入觀。成學之衆，亦由於此。今請依乾隆故事，更加增廣，自京師至十八行省省會，咸設大書樓，調殿板及各官書局所刻書籍暨同文館、制造局所譯西書，按部分送各省以實之。其或有切用之書，為民間刻本官局所無者，開列清單，訪書價值，徐訂購補。其西學書陸續譯出者，譯局隨時咨送，妥定章程，許人入樓看讀，由地方公擇好學解事之人經理。其事如此，則向之無書可讀者，皆得以自勉於學，無為棄才矣。古今中外有用之書，官書局有刻本者，居十之七八。每局酌提部數分送各省，其費至省，其事至順。一奉明詔，事即立辦，而餉遺書者增益人才，其益蓋非淺鮮也。

二曰創儀器院也。格致實學，咸藉試驗，無視遠之鏡，不足言天學。無測繪之儀，不足言地學。不多見鑛質，不足言礦學。不習覩汽機，不足言工程學。其餘諸學，率皆類是。然此等新器所費不貲，家即素封，亦難備購，學何從進，業焉能成。今請於所立諸學堂咸別設一院，購藏儀器，令諸學徒皆就試習。則實事求是，自易專精。各器擇要而購，每省撥萬金以上，已可粗備。以后陸續添置，漸成大觀，則其費尚易措籌，而學徒所成，視昔日紙上空談相去遠矣。

三曰開譯書局也。兵法曰知己知彼，百戰百勝。今與西人交涉而不能盡知其情偽，此見弱之道也。欲求知彼，首在譯書。近年以來，制造局、同文館等處譯出刻成已百餘種，可謂知所務也。然所譯之書，詳於術藝而略於政事，於彼中治國之本末、時局之變遷，言之未盡。至於學校、農政、商務、鐵路、郵政諸事，今日所亟宜購求者，一切章程條理，彼國或有專書，詳哉言之。今此等書悉無譯本。又泰西格致新學、制造新法，月異歲殊，後來居上。今所譯出者，率十年以前之書，且數亦甚少，未能盡其所長。今請於京師特設大譯書館，廣集西書之言政治者、論時局者，言學校、農商工鑛者，及新法、新學近年所增者，分類譯出，不厭詳博，隨時刻布，廉值發售。則可以增益見聞，開廣才智矣。

四曰廣立報館也。知今而不知古，則為俗士。知古而不知今，則為腐儒。欲博古者，莫若讀書；欲通今者，莫若閱報。二者相須而成，缺一不可。泰西每國報館多至數百所，每館每日出報多至數萬張，凡時局、政要、商務、兵機、新藝、奇技，五洲所有事故，靡所不言。閱報之人，上至君后，下至婦孺，皆足不出户，而於天下之事了然也。故在上者能措辦庶務而無壅蔽，在下者能通達政體以待上之用。富强之原，厥由於是。今中國邸抄之外，其報館僅有上海、漢口、廣州、香港十餘所，主筆之人不學無術，所言率皆淺陋，不足省覽。總署、海關近譯西報，然所譯甚少，又未經印行，外間末由得見。今請於京師及各省會並通商口岸、繁盛鎮埠咸立大報館，擇購西報之尤善者，分局譯之。譯成除恭繕進呈御覽并咨送京外大小衙門外，即廣印廉售，布之海內其各省政俗、土宜，亦由各館派人查驗，隨時報聞。則識時之俊日多，干國之才日出矣。

五曰選派游歷也。學徒既受學數年，考試及格者，當選高才以充游歷。游歷之道有二：一、游歷各國肄業於彼之學校，縱覽乎彼之工廠，精益求精，以期大成。一、游歷各省，察驗鑛質，鉤核商務，測繪輿地，查閱物宜，皆限以年期，厚給薪俸，隨時著書歸呈有司。察其切實有用者為之刊布，優加獎勵。其游惰而無狀者，官則立與降黜，士則奪其出身。數年之後，則輶軒絶域之士，斐然成章。郡國利病之書，備哉粲爛矣。或頗疑近年兩次所派游歷學生，未收大效。不知前者所派游歷，乃職官而非學童，在中國既未經講求，至外洋亦未嘗受學，故事涉空衍，寡有所成。其所派學生，又血氣未定，讀中國書太少，遽游歷絶域，以染洋風，雖薄有技能，亦不適於用。今若由學堂選充，兩弊俱免，其所成就，必非前此之所能例也。

夫既有官書局、大學堂以為之經，復有此五者以為之緯，則中人以下皆可自勵於學，而奇才異能之士其所成就益遠且大，十年以後，賢俊盈廷不可勝用矣。以修内政，何政不舉。以雪舊恥，何恥不除。上以恢列聖之遠猷，下以懾强鄰之狡啟。道未有急於是者，若仰蒙採擇，乞飭下中外大臣妥議章程，取旨施行。臣愚一得之見，是否有當，伏乞皇上聖鑒訓示。謹奏。

札荆、宜、施等府轉飭所屬各州縣如遇各局卡營兵緝獲私土秉公嚴訊光緒二十二年七月二十六日

照得本部堂前因宜昌土藥總局暨各分卡土税徵收不旺，難保無奸商繞越偷漏。現在楊溪雖設分卡，歧路最多，地段綿長，緝私營勇誠恐照料難周。所有宜、施兩府各營汛，均係宜昌鎮所轄。當經照飭宜昌鎮轉飭所屬營汛督率汛弁，選派兵丁，會同緝私營哨弁巡勇，在於所駐地段無分畛域，實力巡緝，并行宜昌土藥税局轉飭遵照在案。兹據宜昌土藥税局喬道稟稱：遵即轉飭遵辦。惟營兵緝獲私土，必須送交地方官究辦。合無仰懇通飭各州縣一體遵照，遇有職局及各分局卡及營兵查獲私土，立即秉公訊究罰辦，以儆效尤等情到本部堂。據此。自應如稟辦理，合就札行。為此，札仰該府即便轉飭所屬各州縣一體遵照，如遇各局卡以及營兵緝獲漏私土販，立即提案，秉公嚴訊明確，照章罰辦，毋稍輕縱。切切。

飭俞厚安等挑裁召募武防中、左兩底營光緒二十二年八月初一日

照得署督標中軍副將俞總兵厚安所帶武勝左旗，業經飭令改為兩底營，另立營名為武防中、左兩營，會同撫部院札委該署將統帶并兼帶中營，其左營委候補游擊蔣聲耀管帶在案。兹查俞署將原帶武勝左旗勇丁三百六十名成軍已閲多年，其中恐不免有疲老充數，應勿庸全行留營。兹飭令汰弱留强，將其中年力輕壯、平時操練技藝較為嫻熟者挑留二百五十名，立為一底營，仍改名為武防中營，其餘一百一十名即行裁撤。此外，凡有疲老不能操練者，亦一併認真汰遣，不准含糊姑容。總之，挑留者必須精壯。其遣勇派輪裝送至岳州登岸，責成哨弁押送回原籍，勿令逗遛逃逸滋事。應領月餉，截至登輪之日止仍加發一箇月恩餉。原領軍裝器械等件，查明收繳善後局存儲。其武防左營一底營，應飭該署將督同蔣游擊聲耀另行挑選年三十歲以下身體强壯樸健之人，召募二百五十名，不得以疲弱油滑之人濫收充數。俟挑募足額，一面選派哨官稟請批飭委充，一面編列成營，稟請委員點驗，起支薪糧。除分行外，合亟札飭。札到，該署將、游擊即便遵照，迅速認真辦理。切切。

札北善後局補足北紡紗局官欵尾數附單

光緒二十二年八月初五日

據北紡紗局、漢黄德道瞿道廷韶，候補知府盛守春頤禀稱：竊職道等前以紡紗局招集商股，官商合辦，共集成本銀五十萬，因工用繁鉅，并有應付洋商機價，前集成本似有不敷。現當廠務尚未開辦，無可騰挪，擬請官商各添本銀五萬兩，共合成本銀六十萬兩，以應要需，禀請憲核遵辦。仰蒙恩慈體察，飭由善後局先借撥銀四萬兩以爲續添成本，當經祗領備用，并飭商股照數添補足額。查先後奉撥官欵，共已收銀二十九萬七千一百有零。謹將所收銀數開摺呈核。統計官本三十萬兩，除已收前項各欵外，尚應補發銀二千八百九十七兩零。此項尾欵爲數無多，飭知善後局照數補發，俾符集數而速蕆功等情，到本部堂。據此。除如禀批准外，合亟札飭。札到，該局即便遵照，迅將紡紗局官本三十萬兩欠發尾欵銀二千八百九十七兩零照數籌撥，解交該局查收應用具報。勿違。

謹將紡紗局先後奉撥官本銀欵數目開摺呈核

計開

收織布局移交墊用除收回售屋及磚價外共銀九萬三千五百九十六兩六錢八分七釐二。

收織布局股票項下銀一萬八千四百八十七兩九錢正。

收鹽道、善後局、糧道移撥存息公欵共銀八萬兩正。

收鐵政局移交銀四萬兩正。

收鐵政局移兩江撥付鐵屋定銀二萬五千十七兩六錢八分二釐。

收善後局借撥銀四萬兩正。

統共收銀二十九萬七千一百二兩二錢六分九釐二毫。

應補發銀二千八百九十七兩七錢三分八毫。

咨直隸督院會奏承辦蘆漢鐵路另籌辦法等摺光緒二十二年八月十二日

爲照本部堂於光緒二十二年七月二十五日會列貴部堂前銜，專弁具奏遵旨體察具呈承辦蘆漢鐵路，各員商俱不可恃，另籌辦法，以速觀成而裨大局一摺。又附奏鐵路官督商辦，請撥英德借欵作官本一片，又會銜密奏一片，均係疊經與貴部堂往返電商，專弁賫送貴部堂酌核改定繕發。除俟奉到硃批恭録另咨，其會銜密奏一片另行密函抄送備案外，所有會回稿相應咨送。爲此，合咨貴部堂請煩查照書奏，將會稿存案回稿鈐印，移還施行。

飭北藩司、鹽道將應發文武員弁俸廉薪糧及一切雜欵一律改發銀元光緒二十二年八月十四日

照得鄂省銀元局鑄造大小銀元，原以輔錢法之不足，利商民之行用。前經於光緒十九年奏准湖北省各局卡、釐金、鹽課，均准一律用銀元交納支發官欵，一體酌量搭用，按照市價核算等因。嗣准户部咨議覆御史陳其璋奏請推廣仿鑄案内，行令各省藩、運庫及户部銀庫，凡一切雜課雜項，准用官造銀元兑收開放等因。光緒二十一年十二月初一日具奏。本日奉旨：依議。欽此。均經咨行遵辦在案。查近來制錢益形缺乏，鑄造銀元行用，實爲救時

良策。況銀元鼓鑄日裕，市面亦樂於暢行。亟應遵照部議，推廣辦理，以期逐漸流通。湖北善後局每月應發水、陸、防、練各營薪糧及一切薪水、辛工等項，前經詳定一律改發銀元，已有成效。所有藩司衙門嗣後應發闔省大小文武員弁養廉及一切雜欵，鹽道衙門應發一切雜欵，均應飭令該司道按照漢鎮英洋市價，折合向來平色，一律改發銀元，以廣流行。騰出銀兩，即隨時撥解銀元局供鑄，源源周轉，實於錢法、民用大有裨益。除分行外，合亟札飭。札到，該司、道即便遵照上項札行事宜辦理具報。勿違。

札北善後局辦理粵錢局代鑄制錢二萬串運領保險等事宜 光緒二十二年八月十九日

照得鄂省制錢缺乏，錢價昂貴，當飭北善後局采購銅鉛寄粵省錢局附鑄，并電商兩廣總督部堂譚[一]，飭局代鑄二萬串在案。昨准兩廣總督部堂譚電開：據司局稟稱，新錢造有成數，每包三十串，重一百三十二觔，應運往何處交收，請飭上海招商總局議定水脚、保險等費，由尊處核給，并知照粵局向善後局陸續領運爲禱。准此。即經電詢上海招商總局，由粵領運至漢水脚、保險需費若干。當據覆稱，由粵裝錢至漢，遵例每串水脚共銀一分半，照章已作七五折，代保險，二萬串共實費五十兩，每包祇可限裝十六串，如過重更多殘破等情。除電覆兩廣總督部堂譚，云：文電悉，新錢已議定由招商局保險承運來漢。據稱，每包祇可十六串，多恐殘破。請飭錢局照辦發交商局領運，費由鄂付。并電飭上海招商總局照來電辦理，即電粵局向錢局領運，并照保險費由鄂付外，合就札飭。札到，該局即便遵照辦理。

札北善後局軍務處議准鄂設洋操護軍兩營令將洋將薪水定章報部 光緒二十二年八月二十二日

光緒二十二年八月十九日承准欽命督辦軍務和碩恭親王、幫辦軍務和碩慶親王文開：准户部咨呈案准湖廣司案呈，准湖廣總督張等咨，將鄂省設立洋操護軍前後兩營并工程隊一哨營制餉章開具清單，送部立案。復據督辦軍務處咨，將議覆鄂省請練前項洋操護軍兩營并裁營抵支餉項一摺，抄録原奏，知照前來。查督辦軍務處原奏内稱，該軍請練洋操兩營，一切餉項均照武毅軍章程，較自强軍爲省，自係爲核實整頓起見。且裁鄂省三旗之兵以供洋操之餉，費不加增，而於地方大有裨益，應即照准。惟延訂洋將，議給薪水，亦須先有定章，庶不致漫無限制等語。本部查鄂省請練洋操護軍兩營，既經督辦軍務處議准，所有開支餉項，據該督奏稱照直隸武毅軍步隊兩營餉數適符，本部查核均屬相符，亦應照准。至延訂洋將應給薪水，俟議有定章，仍應專案報部，以憑核辦。相應咨覆湖廣總督、湖北巡撫轉飭遵照，并抄録原單咨呈前來。合即行該督查照可也等因，到本部堂。承准此。查此案尚未接准户部咨，茲承准前因，合就札行。札到，該局即便遵照勿違。

[一] 指譚鍾麟。

札北善後局繅絲局稟懇添發官本銀二萬兩光緒二十二年八月二十三日

據總辦繅絲局湖北補用道蔡道、提調候補知府盛守春頤稟稱：竊照前奉憲批官督商辦章程，以十萬兩爲常本，分作十成，官八商二，復蒙撥發銀三千四百餘兩湊補足額，以符八萬成數，當經祇領發廠支用在案。兹據商董黄晉荃稟稱，現在開辦兩年，女工日就嫻熟，人數亦日加增。今夏蠶事暢盛，收繭亦復較多，擬即乘時擴充，添設繅車一百部，以副憲台創開風氣、保利便民之至意。惟是工作既多，費用亦因而加鉅。今歲銀價過跌，以致滬漢市面銀根日緊，挹注爲難。并以廠存絲繭頗多，成本爲之佔擱，現在添車工作，費用彌繁，辦理情形殊爲竭蹷。可否設法保全，賞添官本等情，懇請轉稟前來。職道等查本年繅絲一項，因滬市洋莊未開，絲觔存積未銷，成本爲之佔擱，支絀情形是爲屬實。可否仰祈憲台俯念廠務振興，恩加保護，再發官欵二萬兩，以爲續添成本，共合官本十萬，俾得藉資周轉，以顧要需。伏祈批示祇遵等情，到本部堂。據此。除批：據稟，該廠本年女工日增，收繭亦多，擬乘時擴充，添設繅車工作，費用較繁，請再撥官欵銀二萬兩，以爲續添成本，連前共合官本銀十萬兩等情。查該局稟稱現已添設繅車一百部，共合成繅車三百盆，自是正辦。所請添撥成本應即照准，官商即共作爲十二成，官十商二。此係常本，不與活本相涉。其每年隨時需用活本，仍由該商自籌，勿稍牽混。除飭北善後局在於閒欵項下迅即籌撥銀二萬兩解交該局查收應用外，仰即遵照收用具報。此繳。等因。印發外，合亟札飭。札到，該局即便遵照，迅速在於閒欵項下籌撥銀二萬兩解交繅絲局查收應用，作爲續添官本。具報。勿違。

札委趙毓楠等充當繅絲局提調、幫辦光緒二十二年八月二十五日

照得繅絲局原係飭委湖北候補知縣吴元彬專爲兼收支委員。旋據北善後局呈報，該員赴南洋偵探，派委候補知府盛春頤暫行兼辦并提調廠務，仍兼管收支在案。查盛守本係因吴令元彬出差派委代辦之員。此時吴令業經病故，而盛守所管局所事務較繁，勢難兼顧，應即改委專辦，以專責成。查有候補知府趙毓楠，堪以委充繅絲局提調兼管收支。又武昌府通判恒榮，現經委署監利縣篆務，所遺繅絲局幫辦事務，應仍飭委候補知縣宗得福接辦。所有廠内催工察料、整條規、節支用應辦一切事宜，均責成該員等會同商董、同知黄晉荃認真妥辦。儻工作人等有制造粗率不如法式、怠惰偷安不守定章暨糜費弃材偷漏繭絲情事，以及司事人役等儻於廠内女工不能整肅條規，各守職事，立即據實稟明撤换懲儆，勿稍徇隱。且該工係屬婦女工作，照章禁止閒人入内，該員等尤應隨時妥爲稽查約束，勿使稍有紊濫。趙守月支薪水銀五十兩、馬夫三十兩，其商董薪水亦比照支給一份，由黄丞酌量添給。宗令薪水仍照舊章支給。除分行外，合亟札委。札到，該守即便遵照提調繅絲局務，遇事會同宗令稟商蔡道妥籌辦理，勿稍率忽，以副委任。切切。

咨兩江督院歸還江南撥解辦煤經費光緒二十二年八月二十五日

據湖北鐵政局司道詳稱：案奉憲台札開，光緒二十二年六月

初九日准南洋大臣、兩江督部堂劉〔一〕咨開，據江南籌防局呈稱，竊奉憲札，四月二十五日准湖廣督部堂張咨江省撥欵採購萍鄉煤斤，咨請飭局驗收一案，札局遵照辦理，并將此案各銀數已解未解若干，該局收煤若干，下欠若干，詳細查明，刻日呈覆查考等因到局。奉此。查此項前奉前署督部堂張飭撥規平銀五萬兩，發交上海縣黃令承暄轉寄萍鄉以工代賑，所採煤斤迄今半載，並未解到江南，亦未據萍鄉煤局文報。茲奉前因，理合呈祈核咨查考。又據另單稟稱，竊奉憲札，有原文內開江西萍鄉煤局歐陽令柄榮又稟，二十年冬，承辦江南籌防煤斤停撤後，仍存錢合銀七百十七兩零，轉交王府經天爵收抵轉運江南煤斤水力短銀一千餘兩之欵一節。案查二十年十一月間奉前署督憲張飭撥湘平銀二萬兩，兑交歐陽令採煤濟用。二十一年五月間一律轉運來甯。據湖北轉運煤局王府經冊報，運解正耗煤五千四百四十四噸有奇，除失水朱青山、朱高山、莫景祺三船計煤二百二十五噸零，又未運到之周享吉一船計煤七十三噸外，實收煤五千零八十一噸零，分次報明在案。至歐陽令採辦價值以及王府經裝運水脚，均未具報到局，無從查悉。該令等所稱尚短運力銀一千餘兩，以辦煤餘存銀七百十七兩有零之數抵付，究係兩未歸結，欵無實據，擬請憲台咨覆湖廣督部堂請轉飭採運各員，將價值、水脚分晰具報，以歸核實。又續奉撥湖北鐵政局採辦萍煤銀三萬兩，及上海縣黃令承領購米赴萍作爲糶本轉給辦煤銀五萬兩，合將各欵分別開摺呈請鑒核各等情并清摺，到本大臣。據此。除批：據呈并稟摺均悉。查江南於光緒二十年十一月間撥銀二萬兩交歐陽令炳榮採辦萍鄉煤斤，該局實收煤五千八十一噸零。究竟此項價脚共用若干，自應由該令開報以便江省造銷。并二十一年七月間，撥解湖北鐵政局採煤銀三萬兩，既未運煤來江，此欵應如何辦理，候一併咨請湖廣督部堂分別飭查核明見覆，以憑核辦。其撥交上海縣黃令銀五萬兩購米運赴萍鄉平糶，收回糶本採煤運江濟用。此欵既由黃令承領，仰即由局飭令查明購煤經費若干，下餘銀兩、煤斤應如何運交，餘欵應如何繳還，分別妥籌辦理復奪。繳。印發外，抄摺咨請查照，轉飭查明見覆，以憑核辦等因，到本部堂。准此。查前據萍鄉采煤委員、知縣歐陽炳榮稟，擬將應運江南煤斤改運鐵廠等情。當經本部堂以江南撥欵採煤，係因萍鄉賑務，體恤災民而設，於湖北採煤本屬兩不相涉。所有前項採辦煤斤，自應儘數解歸江南籌防局驗收應用。用過經費若干，專案開報江省核銷，以清欵目，批令鐵政局轉飭遵照，并咨明兩江督部堂轉飭江南籌防局，俟前項煤斤運到，驗收應用在案。茲准前因，札局遵照，迅速轉飭萍鄉采煤委員歐陽令，趕緊將江南采購煤斤儘數運解至江南籌防局驗收，用過價值水脚若干，分晰開報江省核銷，勿得稍有轇轕，是爲至要。并飭湘潭轉運局府經歷王天爵遵照，仍一面將江南撥解該局采煤銀三萬兩應如何辦理，查明詳覆，核咨計單等因。奉此。除分飭前辦萍鄉煤局委員歐陽炳榮并前辦湘潭轉運局委員王天爵遵照札飭事宜迅速辦理外，查上年七月間，准江南籌防局咨解采辦萍煤銀三萬兩，因文內僅叙撥解辦煤經費，并未准叙明應解江南收用，鐵局已列入收支。嗣又准江南籌防局以未解煤咨詢到局。適值鐵廠改歸商辦，所有前項銀三萬兩，當彙列入欠欵清單，詳蒙憲台批飭鐵廠在於本局撥交之十五萬兩内支還歸欵等因，

〔一〕指劉坤一。

分别詳報咨明在案。奉飭前因，除備文咨請鐵廠動撥歸欵外，理合詳覆核咨等情，到本部堂。據此。查前據該局詳，所欠江南採煤銀三萬兩，應由商局在於借去之十五萬兩内歸還等情，當經札飭督辦鐵廠盛道遵照。旋准貴部堂咨，又經札飭盛道迅速照數歸還在案。兹據詳前情，除批示外，相應咨明。爲此，合咨貴部堂請煩查照施行。

札委王道秉恩暫行代辦槍礮局光緒二十二年八月二十九日

照得總辦槍礮局湖北補用道蔡道錫勇，現已請咨赴部引見，所有漢陽槍礮廠，實併礮架、礮彈、槍彈三廠爲五廠，事機繁重，工作精微，督同洋匠研究製造，催工察料，稽核約束，在在均關緊要。亟應派委大員暫行代辦，以資督飭。查有奏調湖北差委廣東候補道王道秉恩，堪以派委暫行代辦槍礮局事務。應即會商北按察司惲臬司，督率在廠提調委員、司事人等，悉心考校，妥實經理，總期工作漸臻精良，廠務日有起色，勿稍率忽。如遇重要事件，仍稟請本部堂核定示遵。除分行外，合亟札委。札到，該道即便遵照，暫行代辦槍礮局事務，查照札行事理妥酌辦理。仍將代辦日期具報查考。